Rudolf Stertenbrink

In Bildern und Beispielen

Rudolf Stertenbrink

In Bildern und Beispielen

Exemplarische Texte zur Besinnung und Verkündigung

Band 1

Herder
Freiburg · Basel · Wien

Umschlaggestaltung: Finken & Bumiller
unter Verwendung des Motivs „Seiltänzer" von August Macke,
Städtisches Kunstmuseum, Bonn.
Satz: Fotosetzerei G. Scheydecker, Freiburg im Breisgau
Herstellung: Freiburger Graphische Betriebe 1998
ISBN 3-451-26650-4

Vorwort

Wo Menschen miteinander sprechen, gebrauchen sie immer wieder Bilder und Beispiele. Dafür gibt es vielerlei Gründe, von denen hier nur wenige angedeutet werden sollen:

Oft sagt uns ein Bild mehr als tausend Worte. Das ist nicht nur den „Vielrednern“ gesagt. Wer beispielsweise ein persönliches Erlebnis zu erzählen sucht, spürt sehr bald, daß dieses nicht in nüchterne Worte eingehen will. Unmittelbar greift man zu einem Bild, um an ihm das Erlebte aufleuchten zu lassen. So können uns Bilder und Beispiele helfen, schwierige Dinge anschaulich und verständlich zu machen. „Tausend Ströme fließen in das Meer, und doch ist das Meer nie voll; könnte der Mensch Steine zu Gold verwandeln, sein Herz wäre doch nie zufrieden.“ Dieses Bild aus der chinesischen Weisheit veranschaulicht den mit bloßen Worten nicht zu beschreibenden Hunger des Menschen nach Glück, der durch nichts in dieser Welt zu stillen ist. Vielleicht kann das Tiefste und Letzte immer nur „in Bildern und Beispielen“ ausgesagt werden, weshalb auch von Jesus aus Nazaret an mehreren Stellen in der Bibel berichtet wird, er habe gern in Bildern und Gleichnissen gesprochen.

Hier zeigt sich eine besondere Eigenschaft des Bildes. Es hat die Fähigkeit, über unsere Alltagswelt hinauszuweisen und unser Auge für jene unsichtbaren Bereiche zu öffnen, aus denen wir letztlich leben. „Bilder sind, richtig gesehen, wie Fenster, die den Blick auf Überweltliches freigeben“ (Eugen Biser). Daher wächst der Rang eines Bildes – wie auch eines Beispieles – mit seiner Fähigkeit, den Betrachter über die Alltagswirklichkeit hinauszuheben und ihn gerade so zu sich selbst zu führen.

Ein alter Satz sagt: „Verba docent, exempla trahunt. – Worte unterweisen, Vorbilder ziehen.“ Wir können aber auch übersetzen: „Worte belehren, Beispiele reißen mit.“ Weil Bilder und Beispiele in den Menschen viel tiefer eindringen als belehrende Worte, können sie in uns Kräfte wecken, die uns in eine ganz andere Richtung treiben. Bilder und Beispiele zeigen, was menschenmöglich ist. Sind sie gut, dann können sie uns zu einem neuen Leben befähigen.

Diese wenigen Hinweise mögen genügen, um die Absicht zu rechtfertigen, die dem vorliegenden Buch zugrunde liegt. Es beinhaltet fünfundvierzig Einheiten, die jeweils aus einem Bild oder Beispiel, einer Deutung und einem entsprechenden Bibeltext bestehen. Hinsichtlich der Beispiele handelt es sich fast immer um eine – oft geraffte – Nacherzählung des Originals. Aus diesem Grund wird auf eine genaue Quellenangabe großer Wert gelegt. In der Deutung wird versucht, die geschilderten menschlichen Verhaltensweisen von ihren Konsequenzen her zu verstehen. Durch den Schrifttext am Ende einer jeden Einheit werden jene Verhaltensweisen dann – entweder direkt oder indirekt – bestätigt, beziehungsweise in die Kritik genommen.

Die angesprochene Dreiteilung bietet dem Leser verschiedene Möglichkeiten. Er kann sich zunächst einmal mit der Lektüre des Beispiels zufriedengeben und sich darüber seine eigenen Gedanken machen. Dadurch wird die Auseinandersetzung mit der nachfolgenden Deutung und dem Schrifttext intensiviert. Am Anfang kann aber auch das Meditieren des Schrifttextes stehen, in dessen Licht dann das Beispiel und seine Deutung überdacht werden. Wo die Deutung mit einer menschlichen Grunderfahrung beginnt, kann schließlich diese als Ausgang gewählt werden, um von ihm aus den Weg zum Beispiel, seiner näheren Erklärung und zum Schrifttext zu finden.

Inhalt

Vorwort 5

Sich selbst zur Heimat werden

1. Was heißt Selbstbesinnung? 11
M. Buber: Selbstbesinnung – Heb 4,12–13

2. Die ausdrucksvollen Hände? 15
St. Zweig: Aus dem Leben einer Frau – Ps 144,7

3. Unsere Stimme, das sind wir selbst 20
St. Andres: Die Liebesschaukel – Joh 10,11–16

4. Der Weg zu sich selbst 25
R. Kipling: Kim – Mt 13,31–32

5. Die Wandlung meiner selbst 29
Eine altchinesische Geschichte – Lk 15,11–24

6. Wer bin ich? 34
D. Bonhoeffer: Wer bin ich? – Ps 139,1–3. 8–10. 13–14

7. Christliche Innerlichkeit 37
A. Solschenizyn: Am Oka-Fluß entlang – 1 Kor 13,12–13

8. Fruchtbare Einsamkeit 43
A. Solschenizyn: Krebsstation – Gen 1,26–27

Die Melodie der Seele Hören

9. Was macht uns heute krank? 47
Eine Anekdote – Lk 10,38–42

10. Wer deutet uns das Leben? 50
A. Solschenizyn: Das Spiegelbild im Wasser – Weish 4,7–15

11. Sind Sie ein Doppelgänger? 53
H. Kasack: Mechanischer Doppelgänger – Ps 8,2–7

12. Das Kind im Erwachsenen 58
A. de Saint-Exupéry: Der kleine Prinz – Lk 10,21–22

13. Je weniger Absichten jemand hat, desto mächtiger ist er .. 62
E. Kishon: Inkognito – Phil 2,5–9

14. Was bedeutet Psychohygiene? 67
J. Green: Dem Unsichtbaren zu – Jes 42,1–4

Erneuerung durch neues Denken

15. Der Mensch wird, was er denkt 71
H. Koch: Michelangelo – Gal 5,16–26

16. Dem Negativen keinen Raum in sich geben 78
H. Hesse: Prosa aus dem Nachlaß – 1 Thess 5,4–11

17. Die Kunst, sich zu vereinigen 88
W. Bergengrün: Die Kunst, sich zu vereinigen – Lk 22,39–43

18. Ich betrachte, soviel ich kann 95
J. Green: Jeder Mensch in seiner Nacht – Ps 19

19. Man öffnete ihr das Herz 100
A. Döblin: Autobiographische Schriften – Mt 5,8

20. Zwischen Illusion und Wirklichkeit 104
A. Huxley: Parallelen der Liebe – Röm 8,8–9. 12–17

Das Vorbild ist ein Kompass, der uns Weg und Ziel zeigt

21. Haben Sie ein Vorbild? 113
S. Lenz: Das Vorbild – 1 Tim 4,12–16

22. Herzensgröße ist die wahre Größe 120
St. Zweig: Erinnerungen an Emile Verhaeren – Joh 17,20–21

23. Das große Ich will durch mich Leben 125
E. Caruso: Ich kann nicht singen – Ijob 22,28; Jak 1,2–8

24. Am Berg zeigt sich, wer wir sind 130
P. Teilhard de Chardin: Vom Glück des Daseins – Mt 16,24–26; 17,1–9

25. Vergiß nicht, daß du Flügel hast 137
E. Ell: Vergiß nicht – Mt 6,24–27.33

26. Wer ist eine Persönlichkeit? 143
H. Portmann: Kardinal von Galen – Ps 40,1–3; 5–6; 9–11

27. Wer hoch hinaus will, der muß tief hinunter 148
Deutsche Bundespost: Der Fernmeldeturm in Köln – Phil 2,5–11

28. Das Gefühl für Humanität hat mich noch nicht verlassen .. 153
I. Kant: Das Gefühl für Humanität – Joh 13,1–15

29. Einfache Leute sind oft echter 157
A. Huxley: Parallelen der Liebe – Offb 3,20

30. In meinem Elternhaus war es immer warm 161
J. H. Rösler: Meine Frau und ich – Lk 15,11–24

Es gibt eine Gewißheit, die nur die Liebenden kennen

31. Vom Unzerstörbaren in jedem Menschen 167
B. Brecht: Der Arzt Hunain und der Kalif – Ps 119,97–102

32. Mit seinem Gewissen in Freundschaft leben 173
Eine Alltagssituation – Mt 11,25–27

33. Dankbarkeit ist das Gedächtnis des Herzens 177
P. Bamm: Die unsichtbare Flagge – Lk 17,11–19

34. Das menschliche Gesicht – die kleinste Bühne der Welt ... 182
F. M. Dostojewski: Der Jüngling, Ps 34,6

35. Sind sie liebesfähig? 188
B. Brecht: Die unwürdige Greisin – Lk 10,25–28

36. Nur die Unentschiedenheit macht den Menschen müde ... 192
St. Zweig: Die Flucht zu Gott – Joh 19,12–18

Es gibt keine Triebbewältigung ohne Triebverzicht

37. Triebsteuerung und Triebverzicht 199
Eine japanische Anekdote – 2 Tim 4,1–8

38. Der Neid ist allgegenwärtig 204
J. Steinbeck: Die Perle – 1 Sam 18,5–9

39. Da kam Eifersucht in mir auf 209
Ein moderner Schlager – Mk 10,46–52

40. Es lohnt sich, auf seine Stimmungen zu achten 215
Meister Eckehart: Von dem guten Morgen – Mt 14,24–31

41. Haben Sie einen Charakter? 220
J. Anouilh: Der Herr Ornfile – Mt 3,1–6; 14,3–10

42. Von der Anfälligkeit und Versuchbarkeit des Menschen ... 223
Fr. Dürrenmatt: Der Besuch der alten Dame – Jak 2,14.17

43. Was der Versucher tut, hat immer Format 226
E. Roth: Tücke – Mt 4,1–11

44. Flieh deinen Schatten nicht 232
Tschuang-Tse: Sinfonie für einen Seevogel – Gal 2,19–20; 6,14–16

45. Wie werde ich mit meinen Fehlern fertig? 236
E. Jungclaussen: Der Meister in Dir – Mt 9,9–13

Quellenangaben 243

Sich selbst zur Heimat werden

1 Was heißt Selbstbesinnung?

M. Buber: Selbstbesinnung
Heb 4,12–13

Ein Rabbiner war wegen seiner Glaubenshaltung bei der Regierung denunziert worden. Als er im Gefängnis dem Verhör entgegensah, suchte ihn der Polizeichef jener Stadt in seiner Zelle auf. Der Geistliche war so in sich versunken, daß er seinen Eintritt nicht bemerkte. Da begann der Polizeichef zu erahnen, welcher Art der Gefangene war. Er kam mit ihm ins Gespräch und brachte bald die eine oder andere Frage vor. Zuletzt fragte er: „Wie ist es zu verstehen, daß Gott der Allwissende zu Adam spricht: ‚Wo bist du?'" Der Rabbiner erwiderte ihm: „Jede Zeit, jede Generation und jeder Mensch ist in die Schrift hineingeholt, denn in jeder Zeit ruft Gott den Menschen an: ‚Wo bist du?' So viele Tage und Jahre von der dir zugemessenen Zeit sind bereits vergangen. Was hast du aus diesen Tagen und Jahren gemacht? Wo stehst du? So spricht Gott etwa: ‚Sechsundvierzig Jahre hast du gelebt. Was ist inzwischen aus dir geworden? Wo bist du angekommen?'" Als der Polizeichef die Zahl seiner Lebensjahre hörte, raffte er sich zusammen. Er legte dem Rabbiner die Hand auf die Schulter und sagte ihm: „So wird es sein. Du hast gut geantwortet." Während dieser Worte begann jedoch sein Herz zu flattern.

Vgl. Martin Buber, Werke III, Schriften zum Chassidismus, Kösel-Lambert Schneider, München - Heidelberg 1963, S. 715.

Wo ist Gott? Ist er oben in der Höhe oder unten in der Tiefe; ist er diesseits oder jenseits; hält er sich in der Vergangenheit oder in der

Zukunft auf? Diese und ähnliche Fragen beschäftigen in unserer Zeit viele Christen. So wichtig ihre glaubwürdige Beantwortung für unser Glauben- und Betenkönnen ist, so notwendig ist es, sich zuvor daran zu erinnern, daß die Frage „Wo bist du?", die erste Frage der Bibel überhaupt, nicht der Mensch an Gott, sondern Gott an den Menschen stellt. „Adam, wo bist du?" So spricht Gott den Menschen an. Erst wenn der Mensch bereit ist, sich dieser Frage zu stellen, wird er Gottes Gegenwart erfahren. Das verdeutlicht die vorangegangene Weisheitserzählung.

Der Polizeichef erinnert uns zunächst an Menschen, die mit ganz gezielten Fragen einen Widerspruch in unserem Glauben aufzudecken suchen. Sie sagen etwa: „Wie kann der Mensch frei sein, wenn Gott doch schon alles voraussieht und vorausbestimmt?" Oder sie sagen: „Die Gläubigen behaupten, daß Gott die Liebe sei. Wieviel unverschuldetes Leid gibt es aber in der Welt! Und Gott läßt es zu. Wie kann man dann noch an einen Gott der Liebe glauben?" In solchen Situationen geben wir uns alle Mühe, um die vorgebrachte Kritik zu widerlegen und dem anderen klarzumachen, daß hier kein Widerspruch besteht. Abgesehen davon, daß bei solch ‚intellektuellen Zweikämpfen' in den meisten Fällen nichts herauskommt, überfällt die Gesprächspartner am Ende oft ein ungutes Gefühl. Man sagt sich dann: „Es lohnt sich nicht, über religiöse Dinge zu streiten." So geht man auseinander, indem man sich noch fremder geworden ist. Meistens entdecken wir nicht, daß solch intellektuelle Fragen in nicht wenigen Fällen viel tiefere Wurzeln haben, an die man auf diese Weise nicht heranzukommen vermag. Der Rabbiner und der Polizeichef gingen jedenfalls anders auseinander. Dem Rabbiner war es gelungen, Leben in den Herzenstiefen seines Gesprächspartners zu wecken. So wurden sie zu Brüdern: Der Polizeichef legte dem Geistlichen die Hand auf die Schulter. Wie war es dazu gekommen?

Der Rabbiner hatte das Gespür, hinter der intellektuellen Frage des anderen sein eigentliches Problem zu vernehmen. Er wußte nämlich, daß das Glaubensleben eines Menschen stets sehr eng mit seiner praktischen Lebensführung verbunden ist. Glaube ist ja nicht nur eine theoretische Überzeugung, neben der unser alltägliches Tun und Lassen ihre eigenen Wege gehen könnten. Wenn beispielsweise ein Mensch fortwährend dem Willen Gottes widerspricht und nicht bereit ist, sich von seinen verkehrten Neigungen zu verabschieden, dann kann dies der Glaube eine gewisse Zeit verkraften. Es wird jedoch nicht allzulange dauern, bis er seinen zwiespältigen Zustand nicht mehr erträgt und den Glauben auf die Seite schiebt. Bevor es zu dieser

Absage kommt, verschafft sich die innere Spannung im Zweifel an den Glaubenswahrheiten Luft, mit denen sich die persönliche Lebensführung in Widerspruch befindet. Was hier angesprochen wird, drückt der evangelische Theologe Helmut Thielicke so aus: „In Wahrheit ist unsere Gemeinschaft mit Gott niemals dadurch in Frage gestellt, daß uns diese oder jene Lehre, sagen wir kurz: daß uns das Dogma rationale Schwierigkeiten bereitete: daß wir etwa die Menschwerdung Christi nicht begreifen könnten oder daß uns die Gnade und das Richtertum Gottes intellektuell unvereinbar schienen. Gewiß sind diese Schwierigkeiten in bedrängender Fülle da. Aber etwas ist ebenso gewiß: daß aus diesen Intellektualitäten niemals der Bruch mit Gott und die Anfechtung entstehen. Sondern wenn jene rationalen Schwierigkeiten eintreten, dann ist das immer ein Zeichen dessen, daß etwas viel Realeres nicht in Ordnung ist, nämlich unsere Gemeinschaft mit Gott, unser Leben vor seinem Angesicht. Und nachdem wir so mit Gott in Unordnung geraten sind und unser Leben von ihm abgeschnitten haben, ‚nachdem' dies alles geschehen ist, forschen wir nach Gründen und diese stellen sich auch geschwinde ein."[1]

Von hier aus wird verständlich, warum der Rabbiner mit seiner Antwort in eine ganz andere Richtung zielte, als wir es erwartet hätten. Er ließ sich nicht darauf ein, die Bibelstelle zu erklären. Auch war er nicht daran interessiert, den vorgebrachten Widerspruch aufzuheben. Statt dessen wandte er sich dem Fragenden in einer ganz persönlichen Weise zu und sagte ihm: „Du selbst bist Adam. Zu dir spricht Gott: ‚Wo bist du?'" Martin Buber kommentiert: „Wenn Gott so fragt, will er vom Menschen nicht etwas erfahren, was er noch nicht weiß; er will im Menschen etwas bewirken, was eben nur durch eine solche Frage bewirkt wird, vorausgesetzt, daß sie den Menschen ins Herz trifft, daß sich der Mensch ins Herz treffen läßt"[2]. Damit wird die Erzählung für jeden Menschen bedeutsam, denn jeder Mensch ist Adam. Die Frage „Adam, wo bist du?" gehört also nicht in längst vergangene Zeiten. Mit ihr spricht Gott immer wieder jeden Menschen an, um ihn zur „Selbstbesinnung" zu rufen. Wenn sich der Mensch diesem Anruf stellt, wird sein Leben zu einem Weg, der ihn Gott näherbringt. Weicht er ihm aus, dann mag er noch soviel Erfolg haben, sein Leben bleibt letztlich ausweglos. Übersehen wir hier nicht, daß es auch eine verkehrte Selbstbesinnung gibt. Man erkennt sie daran, daß sie dem Anruf Gottes unmittelbar hinzufügt: „Für dich gibt es keinen Ausweg mehr."[3] Der gläubige Mensch weiß jedoch, daß es seit dem Tod und der Auferstehung Jesu keine Situation geben kann, die für ihn wirklich aussichtslos wäre.

Denn voll Leben ist Gottes Wort und voll Kraft und schärfer als jedes zweischneidige Schwert; es dringt durch bis zur Scheidung von Seele und Geist, Gelenk und Mark, und ein Richter ist es über Gesinnungen und Gedanken des Herzens; und es gibt nichts Geschaffenes, das vor ihm verborgen wäre; vielmehr liegt alles bloß und enthüllt da vor den Augen dessen, vor dem wir Rechenschaft abzulegen haben.
Hebräer 4,12–13

2 Was sagen uns die Hände?

St. Zweig: Aus dem Leben einer Frau
Ps 144,7

In seiner Erzählung „Vierundzwanzig Stunden aus dem Leben einer Frau“ bringt Stefan Zweig (1881–1942) eine Frau zu Wort, die im Alter von vierzig Jahren ihren Mann innerhalb zweier entsetzlicher Wochen verlor. Es schien ihr unmöglich, in dem verlassenen Haus, das sie mit jedem Gegenstand an den Verlust ihres geliebten Mannes erinnerte, auch nur noch einen Tag länger zu bleiben. Da ihre beiden Kinder sie nicht mehr brauchten, beschloß sie, die nächsten Jahre viel auf Reisen zu gehen. Auf dieser uneingestandenen Flucht vor einer für sie wertlos gewordenen Zeit kam sie auch nach Monte Carlo. Und da es sie reizte, auf den Gesichtern anderer Menschen Beglückung und Bestürzung unruhig hin und her wogen zu sehen, während in ihr selbst eine entsetzliche Ebbe lag, ging sie öfters ins Kasino. Zudem war ihr Mann gern gelegentlich Gast des Spielsaals gewesen. Von ihm hatte sie eine besondere Art des Zusehens gelernt, nämlich nicht auf ein Gesicht zu sehen, sondern einzig auf das Viereck des Tisches und dort wieder nur auf die Hände der Menschen, nur auf ihr besonderes Benehmen. Viele Jahre später schilderte sie einem Gesprächspartner die Eindrücke, die ihr diese Hände machten:

„Die vielen hellen, bewegten, wartenden Hände rings um den grünen Tisch, alle aus der andern Höhle eines Ärmels vorlugend, jede ein Raubtier, zum Sprung bereit (...) Alles erkennt man an diesen Händen, an der Art, wie sie warten, wie sie greifen und stocken: den Habsüchtigen an der krallenden, den Verschwender an der lockeren Hand, den Berechnenden am ruhigen, den Verzweifelten am zitternden Gelenk; hundert Charaktere verraten sich blitzhaft schnell in der Geste des Geldanfassens (...) Weil alle ihre Aufmerksamkeit sich krampfig konzentriert, ihr Gesicht als das Sichtbarste ihres Wesens zu bemeistern, vergessen sie ihre Hände und vergessen, daß es Menschen gibt, die nur diese Hände beobachten und von ihnen alles erraten (...) Ich kann Ihnen gar nicht schildern, wieviel tausend Spielarten von Händen es gibt, wilde Bestien mit haarigen, gekrümmten Fingern (...) und nervöse, zittrige, mit blassen Nägeln (...), noble und niedrige, brutale und schüchterne, listige und gleichsam stammelnde – aber jede wirkt anders, denn jedes dieser Händepaare drückt ein anderes Leben aus ...“

Vgl. Stefan Zweig, Vierundzwanzig Stunden aus dem Leben einer Frau, in: Phantastische Nacht, S. Fischer Verlag, Frankfurt a.M. 1982, S. 88–90.

Die Seele eines Menschen ist in allen Gliedern seines Leibes gegenwärtig. Alles ist von ihr durchseelt. In jeder Bewegung bringt sie sich zum Ausdruck. Am deutlichsten aber tritt sie im Gesicht und in den Händen in Erscheinung. Bleiben wir für einen Augenblick beim Gesicht. Es ist das deutlichste Bild der unsichtbaren Seele. Von jener Frau heißt es, es habe sie gereizt, auf den Gesichtern anderer Menschen Beglückung und Bestürzung unruhig hin und her wogen zu sehen, während in ihrer eigenen Seele eine entsetzliche Ebbe lag. In der Tat gibt es viele Gemeinsamkeiten zwischen dem Meer mit seinem ständigen Steigen und Fallen und der Seele mit ihren wechselnden Hochs und Tiefs. Im Gesicht tut es sich am deutlichsten kund.

Doch neben dem Gesicht sind es vor allem die Hände, in denen sich die Seele ausgestaltet. Jeder weiß, daß es große und kleine, breite und schmale, gepflegte und ungepflegte, saubere und schmutzige, glatte und verwelkte, frische und blasse, weiche und harte Hände gibt. Es gibt die Männerhand, die Frauenhand, die Künstlerhand; es gibt die elementare, die motorische, die sensible und die seelische Hand. Und unwillkürlich übertragen wir den Eindruck, den wir von einer Hand gewonnen haben, auf den ganzen Menschen: „Eine schöne Hand ziert den ganzen Menschen“, lesen wir bei Heinrich Heine.

Wenn nun schon die Gestalt einer Hand so etwas wie ein Lautsprecher der Seele ist, um wieviel mehr die Bewegungen, die die vielgegliederte Hand durchlaufen! So steckt der Gleichgültige oder Unhöfliche die Hände in die Tasche; der Erregte umgreift einen Gegenstand, um sich vor einer unüberlegten Handlung zurückzuhalten; der Entsetzte schlägt sie über dem Kopf zusammen; der Wütende ballt sie zu Fäusten; der Bewundernde klatscht in die Hände; der Sieger wirft sie jubelnd in den Himmel; dem Machtlosen sind die Hände gebunden; der Ausgelieferte muß die Hände hoch nehmen; der Schuldige schlägt mit seiner Hand an die Brust. In dieselbe Richtung weist die Schilderung der Hände am Spieltisch im Kasino von Monte Carlo. Indem die Spieler ihr Gesicht zu wahren suchen, darüber aber ihre Hände zu meistern vergessen, verraten sie sich blitzhaft schnell. Hier bestätigt sich, was Romano Guardini in einer kleinen Meditation über die Hand geschrieben hat: „Beobachte einmal einen Menschen – oder dich selbst –

wie eine Bewegung des Gemütes, Freude, Überraschung, Erwartung sich in der Hand kundtut. Sagt nicht oft ein rasches Heben oder ein leises Zucken der Hand mehr als selbst das Wort? Scheint das gesprochene Wort nicht zuweilen grob neben der leisen, so vielsagenden Sprache der Hand? Sie ist nach dem Antlitz der geistigste Teil des Leibes."[1]

„Ich kann Ihnen gar nicht schildern, wie viel tausend Spielarten von Händen es gibt (...) – aber jede wirkt anders, denn jedes dieser Händepaare drückt ein anderes Leben aus." Dieses Wort formuliert den Grund, der die Künstler immer wieder zur Darstellung von Händepaaren veranlaßt. Man denke beispielsweise an das Ölgemälde, das der Maler Ewald Vetter 1945 vom Dichter Reinhold Schneider geschaffen hat. Man sieht den Dichter, wie er mit beiden Händen sein Antlitz bedeckt. „Das Gemälde entspricht nicht den üblichen Vorstellungen, da man das Gesicht von Reinhold Schneider nicht zu sehen bekommt, das uns doch vor allem interessiert hätte. Wer sich über die Physiognomie Reinhold Schneiders klarwerden möchte, kommt nicht auf seine Rechnung. Trotzdem hat Vetter mit seinem ungewöhnlichen Bild Reinhold Schneider im Wesentlichen erfaßt. Das Gemälde zeigt den Schmerz und den von der Verzweiflung geschüttelten Menschen, der sein tränenüberströmtes Antlitz in seinen Händen verbirgt. Das Porträt weist auf den seelisch aufgewühlten und bedrängten Dichter viel elementarer hin als alle Fotos zusammen, die oft gar nicht der Wahrheit entsprechen."[2]

Oder man betrachte die Plastik „La Cathédrale" von Auguste Rodin. Sie besteht aus zwei rechten Händen, einer männlichen und einer weiblichen, die aufrecht zueinander streben. Beide sind schön; jede auf ihre Weise. Die männliche ist fest und doch gelöst; entgegenkommend und doch zurückhaltend; bereit, aufzunehmen und zu beschützen. Die weibliche ist zart und schlank; sie wölbt sich zur männlichen hin, sich in diese einfühlend, sie ganz öffnend und offen haltend. Aus beiden spricht Sehnsucht, Zartgefühl und Zusammengehörigkeit. Beide sind frei von jeder Gier; keine verschlingt die andere. Es ist, als berge sich in ihrem Zwischenraum etwas Großes, das leicht zerbrechlich ist; etwas Teueres, das ihnen gemeinsam gehört. Dieses zu halten, ohne es verkrampft festhalten zu wollen, ist ihre Absicht. Von oben fällt Licht auf sie; es fällt in den von ihnen umgrenzten Innenraum. So bilden sie eine in die Höhe strebende Kathedrale gegenseitigen Vertrauens, ehrfürchtiger Liebe und gemeinsamer Erfüllung.

Schließlich sei auf das Abendmahlsbild von Leonardo da Vinci an der Abschlußwand des Klosterrefektoriums von Santa Maria delle

Grazie zu Mailand hingewiesen. Der Erfolg dieses Werkes begründete den Ruhm Leonardos. Das Gemälde stellt die Aufregung an der Abendmahlstafel dar, die durch die Worte Jesu: „Einer ist unter euch, der mich verrät!“ (Mt 26,21) ausgelöst wurde. Über diese Ankündigung gerät die Jüngergemeinschaft in heftige Unruhe: Ein Wort, das zwölf sehr unterschiedliche Reaktionen hervorbringt. Goethe hat in seiner Betrachtung zu diesem Kunstwerk die Bewegung der Hände als das ‚große Mittel‘ hervorgehoben, durch das der Künstler dieses Bild hauptsächlich belebte.[3]

Jedes Händepaar drückt ein besonderes Leben aus. Das gilt auch für mich. Welche Hände sind mir also selbst zu eigen? Große oder kleine, schmale oder breite, gepflegte oder ungepflegte, feine oder grobe, weiche oder harte, frische oder blasse, glatte oder verwelkte, saubere oder schmutzige, freigebige oder habsüchtige, sparsame oder verschwenderische, großzügige oder berechnende, ruhige oder nervöse, gelassene oder zittrige, noble oder niedrige, zarte oder brutale? – Überdenkenswert ist auch, welche Bewegungen meine Hände in verschiedenen Situationen durchlaufen: in Augenblicken der Erregung, der Freude, der Überraschung, der Erwartung, der Kritik, der Niedergeschlagenheit, der Hilflosigkeit, der Angst, der Schuld, des Erfolges, der unguten Nachricht, des Schmerzes, der Verzweiflung, des Aufgewühltseins. – Und auch dies dürfte hier von Interesse sein: Welchen Eindruck macht auf mich meine Hand-schrift? Schreibe ich zügig, kraftvoll, bestimmt; lahm, träge, bedächtig; verkrampft, unsicher, fahrig; markant, eckig, einheitlich; schulmäßig, unpersönlich, einförmig; klar, ausgewogen, übersichtlich; wirr, zerrissen, verstrickt? – Wieder neuen Stoff zur Betrachtung gibt die Frage, wie ich meine Hand einem andern reiche: gleichgültig, wohlwollend, herzlich, einfühlsam, mißtrauisch, ablehnend, gelöst, lässig, steif, gehemmt, fest? – Es bleibt die Frage: Wie be-handle ich meine Mitmenschen? Habe ich im Umgang mit ihnen „ein glückliches Händchen“? Halte ich meine Hände über sie, wenn ihnen Unrecht widerfährt? Habe ich bei Aktionen gegen diesen oder jenen „die Hände im Spiel“? Kenne ich einen, für den ich „meine Hand ins Feuer legen“ würde? Gibt es in meinem Leben einen, den ich auf Händen trage? In seiner Bergpredigt sagt Jesus: „Wenn du Almosen gibst, so laß deine linke Hand nicht wissen, was die rechte tut“ (Mt 6,3). Ist es so bei mir? Dieses Jesus-Wort erinnert mich an ein Wort von Sören Kierkegaard: „Verschwiegenheit und Kraft zu handeln entsprechen einander ganz; Verschwiegenheit ist Maßstab für die Kraft zu handeln; ein Mensch hat niemals mehr Kraft, zu handeln, als er Verschwiegenheit hat. Jeder Mensch versteht ganz gut, daß Handeln etwas weit größeres ist, als darüber zu reden; ist er deshalb seiner selbst sicher, daß er es tun kann, und hat er beschlossen, daß er es tun will, so redet er nicht darüber. Worüber ein Mensch in Verbindung mit seinem Handeln redet, ist just das, worin er seiner selbst nicht sicher ist. Ein Mann, der sich mit Leichtigkeit selbst überwindet, den Armen zehn Taler so zu geben, daß es ihm ganz natürlich fällt – ja so, hier haben wir es –, daß man darüber nicht zu reden braucht: er redet nie darüber. Aber vielleicht wirst du ihn sagen hören, daß er einmal den Armen tausend Taler zu geben gedenke – ach, die Armen werden gewiß mit zehn zufrieden sein müssen." Von diesen Erläuterungen her ist Shakespeare zu verstehen, wenn er erklärt: „Wer Worte macht, tut wenig, seid versichert; / Die Hände brauchen wir und nicht die Zungen."[4]

Was offenbaren uns unsere eigenen Hände? Vielleicht ist es ein Abgrund, der sich in uns auftut und uns bodenlos werden läßt.[5]

Streck deine Hände aus der Höhe herab,
und befreie mich;
reiß mich heraus aus gewaltigen Wassern,
aus der Hand der Fremden!
Psalm 144,7

3 Unsere Stimme, das sind wir selbst

St. Andres: Die Liebesschaukel

Joh 10,11–16

„Nein, Ulrich, es geht nicht mehr so!“ Mit diesen Worten begann der letzte Akt in den Auseinandersetzungen zwischen dem Bildhauer Ulrich Hull und Katta. Seine ersten Risse bekam das Glück der beiden in dem Augenblick, da Ulrichs Freund, Reinhold Latten, Professor für Philosophie, zwischen sie trat. Hull, der unter dieser zerbrochenen Beziehung sehr litt und seitdem vollkommen abgekapselt lebte, offenbarte sich über den Entfremdungsprozeß viele Jahre später, als er mit liebenswürdigen Nachbarn ins Gespräch kam.

„Oft freilich steht eine solche Gesprächseinleitung zwischen Liebenden vor einem neuen Beginn“, sagte er, „meistens sogar, aber ich setzte es mir an jenem Abend in den Kopf: Das war der Auftakt zum Finale. Ich muß Ihnen hier verraten, daß ich die Veranlagung habe, nie sonderlich auf die wörtliche Mitteilung zu achten, die mir ein Mensch macht. Das geschieht nicht einmal aus der allerdings richtigen Überlegung, daß viele Menschen gerade in den entscheidenden Augenblicken nicht Herr ihrer Worte sind und Phrasen wählen oder stammeln.“

Da er sich in seinen Schilderungen nicht das Wort nehmen lassen wollte, bat er: „Unterbrechen Sie mich bitte nicht – höchstens wenn Sie mir eine Antwort auf dies Geheimnis der Stimme zu geben vermögen, ich meine: auf diesen merkwürdigen Befund, daß die Stimme, die doch der Leib, das Außen der gesprochenen Mitteilung ist, das Innerste aussagt – häufig sogar etwas, das dem Inhalt der Worte widerspricht, ihn entlarvt – oder aber ihn weit überflügelt an Mitteilungskraft, ja, das Wort überflüssig macht.“

Hull preßte die Hände kurz gegen die Ohren und Schläfen: „Diese Stimme Kättas – diese lächerliche Phrase tragend. ‚Nein Ulrich, es geht nicht mehr so!‘ – Wenn die Seele redet, denke ich mir, kommt in unsere Stimme die Musik. Meist spricht der Verstand, und das ist die Geschäftssprache in unseren Beziehungen zur Umwelt. Kättas Stimme war noch immer die eines kleinen Mädchens, sie war damals aber schon großjährig. Ihre Stimme wird immer noch aus dünnem Silber sein. Aber ich hatte – wir standen im Schlafzimmer – die Empfindung, als käme das heitre silberne Geklingel plötzlich blechern und kalt und auch aus einer großen Entfernung. Es war die Stimme eines Weckers unter einem Kissen."

Stefan Andres, Die Liebesschaukel, Fischer Bücherei, Frankfurt a.M. – Hamburg 1954, S. 73f.

Das Wunder der Stimme tritt in Erscheinung, wenn man bedenkt, daß es bis heute noch nicht gelungen ist, ein Musikinstrument zu bauen, das es mit der menschlichen Stimme, ihrer Schmiegsamkeit, ihrer Elastizität und Beweglichkeit sowie mit ihrem Resonanzkörper aufnehmen könnte. Dabei hat jede Stimme ihr individuell geartetes Schwingungssystem. Aus diesem Grund ist es beispielsweise möglich, ein Schloß mit Hilfe der Stimme zu öffnen. Es ist auf das Schwingungssystem einer bestimmten Stimme einstellbar und öffnet und schließt sich, wenn der Betreffende, und nur er, ihm ein Kodewort zuruft. Damit ist die alte Geschichte vom „Sesam, öffne dich!" Wirklichkeit geworden. Hinzugefügt sei, daß es neben „Fingerabdrücken" auch „Stimmabdrücke" gibt, durch die eine Person identifiziert werden kann.

Die Stimme ist also ein deutliches Kennzeichen unserer Persönlichkeit, unseres Charakters. Sie offenbart nicht nur, in welcher Gegend wir aufgewachsen sind. Sie verrät zudem unsere Bildung und gesellschaftliche Stellung. Sie läßt unsere innere Haltung und unseren seelischen Zustand erkennen. In ihr sprechen wir uns selber aus. Hier liegt ihr Geheimnis. Obwohl sie ‚nur' das Äußere, der Leib, der Träger des gesprochenen Wortes zu sein scheint, bringt sie das Innerste des Menschen zur Sprache. Durch ihre Klangfülle kann sie sogar den Inhalt unserer Worte überflügeln, ihn nahezu überflüssig machen. Gegen unseren Willen kann sie sich verändern, indem sie unecht wirkt, wenn wir nicht bei der Wahrheit bleiben. So erlebte es Ulrich Hull, als Kätta ihm erklärte: „Nein, Ulrich, es geht nicht mehr so!" Aus diesen Worten sprach nicht Kätta. Deshalb empfand sie Hull wie eine Phrase. In der Tat: Kätta hatte sie von Reinhold Latten, einem völlig verkopften Menschen, übernommen, ohne in sie mit ihrer Seele einzugehen. Daher fehlte ihrer Stimme die Musik. So ist es immer, wenn in gesprochenen Mitteilungen die Seele dem Verstand zum Opfer fällt. Dann verkehren wir mit unserer Umwelt nur noch in der Geschäftssprache. In eine solche Beziehung war Kätta zu Ulrich Hull getreten. Wie konnte es zu diesem Wechsel kommen? Kättas Stimme sagt es uns. Sie war noch immer die eines kleinen Mädchens, das leicht beeinflußbar ist, weil es nicht in sich selber steht. Mit ihrer Hinwendung zu Latten, den sie nie von Herzen liebte, veränderte sich ihre Stimme. Das ehemals heitere silberne Geklingel ihrer Stimme klang plötzlich blechern und kalt, wie aus großer Entfernung. „Es war die Stimme eines Weckers unter einem Kissen."

Wenn es nun so ist, daß wir in unserer Stimme unser Innerstes aussagen, dann ist es auch möglich, durch unsere Stimme zu unserem Innersten zu gelangen. Das geschieht, wenn wir versuchen, auf unsere eigene Stimme zu achten, darauf, was wir sagen und wie wir es sagen. Dadurch werden wir Herr unserer Worte und damit Herr über uns selbst. So erweist sich die Stimme als ein Ort der Selbstbegegnung, der Selbstbeherrschung und der Selbsterfahrung. Wir erfahren beispielsweise, ob wir zu laut oder zu leise sind, innerlich ausgeglichen oder unruhig, wohlwollend oder mißgünstig, glücklich oder unzufrieden, aufrichtig oder unehrlich, mit uns selber eins oder zwiespältig.

Wer sich darin übt, sorgfältig auf seine eigene Stimme zu hören, erfährt noch Tieferes. Er entdeckt, daß in seiner Stimme noch eine andere Stimme gegenwärtig ist, die aus den Tiefen der Seele kommt und den Menschen in die Wahrheit ruft. Diese „Stimme in der Stimme" ist die „Stimme des Gewissens". Durch die Kontaktnahme mit dieser Stimme werden wir bessere Menschen. Davon erzählt F.M. Dostojewski in einer kleinen Geschichte, die er in seinen umfangreichen Roman „Der Jüngling" eingeblendet hat. Im Mittelpunkt steht ein Mann, der schweres Unrecht auf sich geladen hat. Entsprechend sah es in ihm aus. Jeder, der ihn hörte, konnte spüren, daß er nicht im Einklang mit sich selber war. Dann änderte er sein Leben. Er ließ das Trinken und tat viel Gutes. Von ihm sagt Dostojewski: „Seine Rede wurde ehrbar, und sogar seine Stimme änderte sich."[1]

Vielleicht hatten wir schon einmal die Möglichkeit, unsere Stimme von einem Tonband zu hören. In der Regel zweifelt man im ersten Augenblick daran, ob man es wirklich ist. Dieses Erlebnis zeigt, daß unsere Stimme in den Ohren unserer Mitmenschen anders klingt, als wir sie gleichsam durch unser Blut und im inneren Gehäuse unseres Seins vernehmen. In ähnlicher Weise werden wir uns selbst ganz anders einschätzen, als unsere Umwelt es tut. So stehen wir vor der Frage: „Wer bin ich denn in Wirklichkeit? Wie erfahre ich die Wahrheit über mich selbst?" Eines wird hier jedenfalls deutlich: Es genügt nicht, nur auf seine eigene Stimme zu hören. Wir brauchen auch die Stimmen anderer. Gut, wenn wir Menschen haben, die uns dann und wann erfahren lassen, welchen Eindruck sie von uns haben.

Vielleicht wird man sagen: „Ich habe die Erfahrung gemacht, daß man Menschen nur selten bessert, indem man ihnen ‚die Wahrheit sagt'." Doch die entscheidende Frage lautet, wie dies geschieht. Man kann sie nämlich auch in einer Weise sagen, daß man dabei die Liebe vergißt. Darauf macht Max Frisch in seinem „Tagebuch" mit sehr bezeichnenden Sätzen aufmerksam: „Wenn wir zuweilen die Geduld verlieren, unsere Meinung einfach auf den Tisch werfen und dabei bemerken, daß der andere zusammenzuckt, berufen wir uns mit Vorliebe darauf, daß wir halt ehrlich sind. Oder wie man so gerne sagt, wenn man sich nicht mehr halten kann: Offen gestanden! Und dann, wenn es heraus ist, sind wir zufrieden; denn wir sind nichts anderes als ehrlich gewesen, das ist ja die Hauptsache, und im weiteren überlassen wir es dem anderen, was er mit den Ohrfeigen anfängt, die ihm unsere Tugend versetzt. Was ist damit getan? Wenn ich einem Nachbarn sage, daß ich ihn für einen Hornochsen halte – vielleicht braucht es Mut dazu, wenigstens unter gewissen Umständen, aber noch lange keine Liebe, sowenig wie es Liebe ist, wenn ich lüge, wenn ich hingehe und ihm sage, ich bewundere ihn. Beide Haltungen, die wir wechselweise einnehmen, haben eines gemeinsam: sie wollen nicht helfen. Sie verändern nichts."[2] Damit ist gesagt: Wo sich in der Stimme Wahrheit und Liebe miteinander vereinen, da bekommt sie eine Schwingung, die es vermag, verschlossene Herzenstüren zu öffnen.

Der Evangelist Johannes hat den Kerngedanken christlichen Glaubens zu Beginn seines Evangeliums in den Satz gefaßt: „Und das Wort ist Fleisch geworden" (1,14). Das heißt, daß sich Gottes unbedingte Wahrheit über uns mit seiner unbedingten Liebe zu uns in der Person Jesu Christi verbunden hat. Daher ist ihm eine Stimme zu eigen, die das Letzte und Tiefste im Menschen anzusprechen, zu wecken, zu heilen und zu erlösen vermag. Am deutlichsten wird sie in der Stimme des ‚guten Hirten' vernehmbar. Übersehen wir hier nicht: Jesus sagt nicht, er sei ein guter Hirt. Vielmehr sagt er: „Ich bin *der* gute Hirt." Es gibt also keinen, der unser Leben besser führt und behütet als er. „Ich kenne die Meinen, und die Meinen kennen mich." Sie erkennen ihn an der Unverwechselbarkeit seiner Stimme. Wie aber lernen wir seine Stimme kennen? Durch das Hören auf sein Wort. Wer auf sein Wort hört, lernt seine Stimme kennen. Aus diesem Grund schlug der französische Schriftsteller François Mauriac regelmäßig das Neue Testament auf; er wollte das Wort des Herrn an seiner Quelle auffangen: „Um das zu erreichen, verlasse ich mich jetzt weniger auf professionelle Exegeten als auf mein inneres Ohr. Es gibt einen Ton, den ich erkenne, eine Sprache, von der ich gewiß bin, daß sie mich nicht täuscht. Welcher

Mensch hat jemals gesprochen wie Jesus Christus?"[3] Das Hören auf sein Wort schärft nicht nur unser Ohr für die Unverwechselbarkeit seiner Stimme. Es verwandelt zugleich unser Innerstes. Wir hören auf, uns wie Wölfe oder wie bezahlte Knechte zu verhalten, und fangen an, unsererseits gute Hirten für die uns anvertrauten Menschen zu sein. Was sind wir also: Wölfe, bezahlte Knechte oder gute Hirten? Hören wir auf unsere eigene Stimme; sie wird es uns sagen.

Ich bin der gute Hirt. Der gute Hirt gibt sein Leben hin für die Schafe. Der bezahlte Knecht aber, der nicht Hirt ist und dem die Schafe nicht gehören, läßt die Schafe im Stich und flieht, wenn er den Wolf kommen sieht; und der Wolf reißt sie und jagt sie auseinander. Er flieht, weil er nur ein bezahlter Knecht ist und ihm an den Schafen nichts liegt. Ich bin der gute Hirt; ich kenne die Meinen, und die Meinen kennen mich, wie mich der Vater kennt und ich den Vater kenne; und ich gebe mein Leben hin für die Schafe. Ich habe noch andere Schafe, die nicht aus diesem Stall sind; auch sie muß ich führen, und sie werden auf meine Stimme hören; dann wird es nur eine Herde geben und einen Hirten.
Johannes 10,11–16

4 Der Weg zu sich selbst

R. Kipling: Kim
Mt 13,31–32

Viele Asiaten haben die Fähigkeit, sich in eine Art Verzückung zu versetzen, indem sie immer wieder ihren Namen aussprechen und auf diese Weise zur Einheit mit sich selbst zu kommen suchen. So versucht auch ein in Indien lebender Junge namens Kim, von dem Rudyard Kipling in seinem gleichnamigen Roman erzählt, den Weg zu sich selbst zu finden. Da er schon sehr früh Vater und Mutter verloren hat, fühlt er sich oft einsam und verlassen.

Im Winkel eines geräuschvollen Warteraumes sitzend, überfällt ihn plötzlich der Gedanke: „In ganz Indien ist keiner so allein wie ich! Stürbe ich heute, wer würde davon sprechen – und zu wem?“ Dieses Gefühl löst in ihm die Frage aus: „Wer ist Kim – Kim – Kim?“ Die Hände im Schoß gefaltet und die Pupillen zu Stecknadelspitzen zusammengezogen, entfernen sich alle anderen Gedanken von ihm. Vor ihm steht nur noch die Frage: „Wer ist Kim – Kim – Kim?“ Dabei spürt er, daß er der Antwort ganz nahe ist. Er hat den Eindruck, daß sich ihm im allernächsten Augenblick dieses gewaltige Rätsel lösen wird. Doch dann fällt sein Geist aus den erreichten Höhen wieder herab, wie ein Vogel abstürzt, der verwundet ist. Er bedeckt die Augen mit der Hand und schüttelt den Kopf.

In diesem Augenblick nähert sich ihm ein langhaariger Hindu, ein heiligmäßiger Mann, der eben ein Billett gelöst hatte. Gespannt starrt er den Jungen an. „Auch ich habe es verloren“, sagt er traurig. „Es ist eines der Tore zu dem Weg.“ „Was soll diese Rede?“ fragt ihn Kim verlegen. Der Hindu antwortet ihm: „Du wolltest in deinem Geist ergründen, was für ein Ding deine Seele wohl sei. Der Anfall kam plötzlich. Ich weiß. Wer sollte wissen, wenn nicht ich.“ Indes erhebt sich der Junge, da sein Zug ausgerufen wurde. „Gehe in Hoffnung, kleiner Bruder“, sagt ihm noch der heilige Mann. „Es ist ein weiter Weg bis zu den Füßen des Einen. Aber dahin wandern wir alle.“ Nach dieser Begegnung fühlt sich Kim nicht mehr so verlassen.

Vgl. Rudyard Kipling, Kim. Ein Roman aus Indien, List Verlag, München 1967, S. 209f.

Was hatte der Junge im Augenblick tiefer Einsamkeit und Verlassenheit gewollt? Kim hatte versucht, mit seinem Namen sein eigentliches Ich einzuholen. Das ‚Ich' ist ja etwas sehr Merkwürdiges und Rätselhaftes.[1] Da es uns am nächsten liegt, scheint es uns das Selbstverständlichste zu sein. In meinem Leben geschieht ja nichts ohne mich. Bei allem, was ich denke, rede oder tue, bin ich selbst dabei. Wohin ich immer gehe, stets nehme ich mich selber mit. Ich mag das eine oder andere vergessen, wenn ich mich auf den Weg mache, niemals aber vergesse ich, mich selbst mitzunehmen. So scheint mein Ich das Selbstverständlichste in meinem Leben zu sein. Aber seien wir vorsichtig. Ich bin mir nämlich nicht nur selbstverständlich, sondern auch fremd und unbekannt. Das geht uns zuweilen auf, wenn wir vor einem Spiegel stehen.

Ein Kind, das kaum auf seinen Füßen stehen kann und in den Spiegel schaut, meint einen anderen zu sehen. Deshalb versucht es, in den Spiegel hineinzulaufen. Der junge und erwachsene Mensch sieht im Spiegel in der Regel nur sein äußeres Erscheinungsbild und ist bemüht, dieses so zurechtzumachen, daß es auf andere seine Wirkung nicht verfehlt. Der älter gewordene Mensch tritt vor den Spiegel und erkennt, wie sein Äußeres zerfällt. Nachdenklich fragt er sich: „Wer bin ich eigentlich?" Er, der sich nach einem langen Lebensweg zu kennen glaubte, steht sich auf einmal als der Fremde gegenüber. Freilich widerfährt dies nicht nur dem älteren Menschen. Stunden der Verlassenheit und Einsamkeit können dieselbe Frage in jedem Menschen heraufbeschwören. So geschah es selbst im Leben jenes Jungen, von dem Kipling erzählt.

Die Frage „Wer bist du eigentlich?" bringt uns jedenfalls sehr deutlich zu Bewußtsein, wie wenig selbstverständlich wir uns selber sind. Sie läßt uns irgendwie erfahren, daß sich hinter unserem äußeren Ich ein anderes verborgen hält. Wegen seiner unauffälligen Verborgenheit beachten wir es meistens nicht. Und doch kommen wir nur zu uns selbst, wenn wir versuchen, in der Tiefe unserer Seele unser eigentliches Ich zu ergründen. Der anhaltende Ruf des eigenen Namens „ist eines der Tore zu dem Weg". Die Erfahrung aber, daß wir im Verlauf unseres Lebens diesen Weg nie bis ans Ende zu gehen vermögen, läßt uns etwas vom Geheimnis des Todes erahnen. Erst im Tod kommt der Mensch vollends zu sich selbst, erlangt er seine volle Einheit. Er erlangt sie in dem, der restlos eins ist mit sich selbst und den wir ‚Gott' zu nennen wagen. „Gehe in Hoffnung, kleiner Bruder", sagte der heilige Mann dem Jungen. „Es ist ein weiter Weg bis zu den Füßen des Einen. Aber dahin wandern wir alle." Was immer der Hindu unter diesem ‚Einen' verstehen mochte, es ist für ihn wie für uns das göttliche Geheimnis. Daher können wir sagen: Erst im Tod wissen wir, was gesagt wird, wenn wir sagen: „Ich bin!"

Daraus ergibt sich ein Dreifaches. Erstens: Am Anfang unseres Daseins steht nicht der blinde Zufall, wie man uns zuweilen glauben machen will. Am Anfang unseres Daseins steht vielmehr ein göttlicher Ruf, ein göttlicher Entschluß, eine göttliche Initiative. Von hier aus erhält eine alte Frage, von der ein Philosoph unserer Tage sagt, daß sie die Philosophie seit ihren Anfängen in Atem hält, ihre Antwort. Es ist die Frage: „Warum bin ich eigentlich, und warum bin ich nicht vielmehr nicht?" Die christliche Antwort lautet: „Ich bin, weil mich Gott – und ich weiß nicht, warum gerade mich – ins Dasein gerufen hat."

Zweitens: Weil ich mir von Gott gegeben bin, deshalb erschließt sich mir die Freude und der Sinn des Daseins erst, wenn ich mich als den annehme, der ich bin und nur ich sein kann. Ich muß also darauf verzichten, ein anderer sein zu wollen. Selbstannahme und Selbstbejahung sind Grundakte, von denen her alle anderen Unternehmungen meines Lebens ihr inneres Licht bekommen. Nur wer sich selbst anzunehmen bereit ist, kommt auf den Weg zur Einheit mit sich selbst.

Drittens: Es gibt für den Menschen aber auch die Möglichkeit, die Einheit mit sich selbst zu verlieren. Das geschieht beispielsweise, wenn wir schuldig werden. In jeder Schuld verliert der Mensch mit jener inneren Einheit ein Stück des Wissens um sich selbst. Das bedeutet: Wenn ein Mensch schuldig wird, so trifft er damit nicht in erster Linie Gott, sondern sich selbst. Indem der Mensch auf sein eigentliches Ich zugeht, geht er auf Gott zu, und indem er auf Gott zugeht, geht er auf sein eigentliches Ich zu. Aber es gilt auch das Gegenteil: Indem der Mensch sein eigentliches Ich verläßt, verläßt er Gott, und indem er Gott verläßt, verläßt er sein eigentliches Ich. Daher schreibt Dag Hammarskjöld: „In jedem Augenblick wählst du dein Selbst. Aber wählst du – dich selbst? Körper und Seele haben tausend Möglichkeiten, aus denen du tausend Ich bauen kannst. Doch nur eines von ihnen ergibt die Kongruenz zwischen dem, der wählte, und dem Gewählten. Nur eines – und du findest es erst, wenn du alle anderen Möglichkeiten ausgeschlossen hast, alles neugierige Tasten, verlockt von Staunen und Begehren, zu seicht und flüchtig, um Halt zu finden im Erlebnis des höchsten Mysteriums des Lebens: dem Wissen um das anvertraute Pfund, das du bist."[2]

Wer bin ich eigentlich selbst? Auf diese Frage antwortet die hl. Therese von Lisieux: „Ich bin wie ein kleines Samenkorn; man kann noch nicht wissen, was daraus wird." Ist diese Antwort nicht ein Schlüssel, der uns das Gleichnis Jesu vom Senfkorn erschließt? Es ist ein Bild für das Reich Gottes. Gottes Kraft lebt in uns. Sie sucht sich jeden Tag mehr zu entfalten. Keiner kann erahnen, zu welchen Zielen sie uns führt.

Ein anderes Gleichnis legte er ihnen vor und sprach: „Das Himmelreich ist gleich einem Senfkorn, das einer nahm und in seinen Acker säte. Das ist zwar das kleinste von allen Samenkörnern. Wenn es aber ausgewachsen ist, ist es größer als die Gartengewächse und wird zu einem Baum, so daß die Vögel des Himmels kommen und in seinen Zweigen wohnen."
Matthäus 13,31–32

5 Die Wandlung meiner selbst

Eine altchinesische Geschichte
Lk 15,11–24

Um seinen Schülern den Weg vom Seichten zur Tiefe und vom Groben zum Feinen zu weisen, hat der Zen-Meister Kuo-an um die Mitte des 12. Jahrhunderts n. Chr. eine Serie von zehn Ochsenbildern gezeichnet und diese mit Lehrgedichten versehen. Auf den Bildern sehen wir zunächst einen Hirten, der sich an die umweltlichen Dinge verloren hat und von diesen hin und her getrieben wird. Daher wird ihm sein Ochse fremd und läuft ihm fort. Der Hirt, der den Verlust bemerkt, macht sich auf den Weg, das Tier zu suchen. Er läuft in endloser Wildnis herum und kommt schließlich in ein tiefes Gebirge, wo er die Spuren des Ochsen entdeckt. Entschlossen geht er den Spuren nach und erblickt schließlich den Ochsen selbst. Es kostet ihn viel Mühe, ihn einzufangen, denn die gewohnte und angenehme Welt der Wildnis läßt ihn nicht los, so daß er schwer zu halten ist. Erst allmählich wird der Hirt Herr über ihn und reitet ihn dann ohne Schwierigkeiten nach Hause. Vor seinem Haus sitzend, vergißt er den Ochsen und sich selbst. Man sieht nur noch Blumen in friedlicher Landschaft. Das zehnte und letzte Bild zeigt, wie der Hirt in die Welt zurückkehrt und wie es ihm gefällt, die betrunkenen Menschen in den Wein- und Fischkneipen zu sich selbst erwachen zu lassen.

Vgl. Der Ochs und sein Hirt, Eine altchinesische Geschichte, Verlag Gunther Neske, Pfullingen 1958.

Alle Arbeit des Menschen an sich selbst beginnt damit, jene inneren Unstimmigkeiten, Widersprüche und Gegensätze, die sich aus der Disharmonie unserer unterschiedlichen Stimmungen und Gefühle, unserer Triebe und Leidenschaften, unserer Neigungen und Sehnsüchte, unserer Ängste und Hoffnungen ergeben, von jener Mitte her zu einen, die die Wesensmitte des Menschen ist. Viele Menschen haben heute ihre Wesensmitte verloren. Daher gleicht ihr Leben einer Zickzackbewegung, die ruhelos von hier nach dort eilt, aber an kein beglückendes Ziel gelangt. Solche Menschen sind innerlich oft sehr unzufrieden.

Immer wieder zweifeln sie am Sinn des Lebens. Oft wissen sie nicht mehr, was recht und unrecht, wichtig und unwichtig, nützlich und schädlich ist. Leicht verfallen sie den Einflüssen ihrer Umwelt. Weil jeder Mensch in eine solche Situation geraten kann, gab es zu allen Zeiten Lehrer, die bemüht waren, Wege zur Wesensmitte zu weisen. Sie alle betonen jedoch, daß es eine ernste Anstrengung erfordert, um in jenes unbekannte und geheimnisvolle Land zu gelangen, in dem sich die eigentliche Menschwerdung ereignet. Ein solcher Lehrer ist auch der Zen-Meister Kuo-an gewesen.

Um seine Ochsenbilder und die dazu gehörenden Lehrgedichte richtig zu verstehen, müssen wir berücksichtigen, daß der Ochse in der altchinesischen Weisheit das Symbol der Geisteskraft ist. Entkleiden wir also diese altchinesische Geschichte ihres Bildcharakters, so steht vor uns ein Mensch, der seine geistigen Kräfte auf mannigfaltigen Irrwegen verloren hat. Die Gier nach Gewinn und die Furcht vor Verlust beherrschen sein Leben. Sein inneres Licht ist getrübt, so daß er Recht und Unrecht nicht mehr zu unterscheiden vermag. Entschlossen macht er sich auf den Weg, seine zerstreuten Kräfte zurückzuholen. Er liest in den heiligen Büchern, hört die heilige Lehre und beginnt, sich unaufhaltsam in der Zen-Meditation zu üben. So entdeckt er die Spur seines ursprünglichen Wesens. Doch seine Sinne schweifen noch umher, und seine ungeordneten Triebe verlieren sich immer wieder in der Welt früherer Leidenschaften. Durch standhafte Meditationsübungen nähert er sich jedoch mehr und mehr seinem ursprünglichen Wesen. Seine schweifenden Sinne beruhigen sich; die Begierden fallen von ihm ab; die früheren Gegensätze heben sich auf. Sein Geist läutert sich und erhebt sich zum Schauen der Wahrheit. Eine innere Einheit durchwaltet sein Tun und Lassen. In der vollkommenen Selbstvergessenheit wird sein Herz klar und durchsichtig, sein Wesen offen und weit. Alles, wovon er sich zuvor frei machen mußte, kehrt verklärt zu ihm zurück. Jetzt schaut er mit anderen Augen in die Welt. Er kehrt in sie zurück, um seine Kraft in den Dienst der Menschen zu stellen und ihnen zur wahren Freiheit und Erleuchtung zu verhelfen.

Die Zen-Meditation hat ihren Ursprung im Buddhismus, der sich in wichtigen Punkten von der christlichen Glaubenslehre unterscheidet. So ist im Buddhismus nirgendwo die Rede von einem persönlichen Gott im christlichen Sinn. Daher kann hier auch nicht von ‚Schöpfung' und ‚Offenbarung' gesprochen werden. Ebenso gibt es im Buddhismus auch kein ‚Ich' und kein ‚Selbst', keine individuelle und daher auch keine unsterbliche Seele. Damit hängt zusammen, daß das Wort ‚Sünde' als Widerspruch gegen den Willen Gottes im Buddhismus nicht vorkommt. Wohl gibt es den Begriff von der ‚Erlösung'. Doch verstehen Christen und Buddhisten darunter jeweils etwas anderes. Die Christen verstehen unter ‚Erlösung' die Vergebung von Schuld. Sie erwirkt das Bei-Gott-Sein des Menschen. Im Zen-Buddhismus hingegen bedeutet ‚Erlösung' die Befreiung vom Leid, das vor allem durch Begierde und Verlangen entsteht. Daher lehrte Buddha den achtfachen Pfad, auf dem das Leiden durch die Überwindung der Begierden ausgelöscht wird. Auf diese Weise befreit er aus der Kette der Wiedergeburt. Der achtfache Pfad beinhaltet: rechte Erkenntnis, rechte Gesinnung, rechte Rede, rechte Werke, rechte Lebensgewinnung, rechte Anstrengung, rechte Achtsamkeit, rechte Sammlung. Wo dies durch die Zen-Meditation erreicht wird, gelangt der Mensch zur unbedingten Freiheit von allen Bindungen, zur völligen Leere, die nicht das negative Nichts, sondern jenes Absolute ist, zu dem alles zurückgeführt werden muß.

Von hier aus versteht sich, daß die Zen-Meditation nicht einfachhin vom gläubigen Christen übernommen werden kann. Dennoch kann sie der christlichen Meditation wertvolle Impulse geben, wie H. M. Enomiya-Lassalle in seinem Buch „Zen-Meditation für Christen"[1] dargestellt hat. Wenn wir hier einmal vom Methodischen absehen, so kommt es inhaltlich in der christlichen Meditation im wesentlichen darauf an, daß wir vor Gott zur wahren Kindlichkeit gelangen. Das verdeutlicht sich, wenn wir auf Jesus schauen. Er, der selbst immer aus der Meditation kam und zur Meditation zurückkehrte, sieht ihr Wesen in der dauernden Rückkehr zur echten Kindlichkeit. Kind aber wird der Mensch nur in dem Ausmaß, als er den Weg zum Vater findet und den Willen des Vaters vollzieht. Der Vater, auf dessen Willen Jesus alles hinordnete und von dem er sich in allem bestimmen ließ, war die Wesensmitte seines Lebens. Im meditativen Gebet suchte er seine Nähe und durfte immer wieder erfahren, wie sich ihm der Himmel öffnete. Wenn nun auch der Christ in der Nachfolge Christi vor Gott als dem Vater seines Lebens zur wahren Kindlichkeit gelangt und so frei wird für das Geheimnis des Empfangens, darf er darauf vertrauen, daß sich auch ihm der Himmel öffnet und Gott ihn als sein Kind annimmt. Oft genug führt aber der Weg zur Kindlichkeit über die Stationen des ‚verlorenen Sohnes', von dem Jesus in einem seiner Gleichnisse erzählt. Dieses Gleichnis, das das christliche Pendant zu jener altchinesischen Geschichte darstellt, stellt uns immer wieder vor die Frage, ob wir Kind des himmlischen Vaters oder Sklave eines unmenschlichen Gebieters sein wollen.

In der Gleichniserzählung Jesu geht es also nicht um Auseinandersetzungen, die sich zu allen Zeiten zwischen Jung und Alt abspielen können. Auch werden in ihr den Eltern keine Ratschläge gegeben, wie sie sich in solchen Situationen am klügsten verhalten. Jesus veranschaulicht vielmehr, wohin ein Menschenleben kommt, wenn es sein Glück in der Gottesferne sucht. Der junge Mann will seine Freiheit haben und nicht ständig an die Hausordnung gebunden sein. Daher macht er sich selbstbewußt auf den Weg. Der Vater hält ihn nicht zurück. Er weiß, daß sein Sohn nur durch das Leben selbst belehrt werden kann. Genauso verhält sich Gott. Auch er schweigt, wenn der Mensch sich von ihm trennt und, ohne sich um seinen Willen zu kümmern, seinen eigenen Vorstellungen folgt. Indem der Sohn sein Vermögen und seine Kräfte bedenkenlos verausgabt, verausgabt und verliert er sich selbst. Das macht ihn unglücklich. Da er nicht mehr alleine sein kann, stürzt er sich tiefer ins Vergnügen. Schließlich ist er so tief gefallen, daß ihm nichts anderes mehr übrigbleibt, als in das Abhängigkeitsverhältnis eines Bürgers zu treten, der ihn mitleidlos zu den Schweinen schickt. Hier gehen ihm die Augen auf. Er geht in sich und denkt über alles nach. Nach langer Zeit wird er zum erstenmal wieder wesentlich. Wo aber ein Mensch wesentlich wird, da ist Gott ihm nahe, gleichgültig, in welchem Zustand man sich selbst befindet. Denn Gottes Wege nehmen dort ihren Anfang, wo der Mensch seine Selbstsicherheit aufgibt und seinen Standort ehrlich überprüft. Ist er bereit, die Finsternis in seinem Herzen zu erkennen, dann leuchtet ihm mitten in dieser Finsternis ein neues Licht. Er darf erfahren, daß Gott nicht nur für diejenigen Vater ist, die ihn nie verlassen haben, sondern auch für jene, die sich in Schuld von ihm abgewandt haben. Von dieser gläubigen Zuversicht getragen, macht sich der verlorene Sohn auf den Heimweg, um sich selbst in den Armen seines Vaters, dessen Liebe alle seine Erwartungen übersteigt, wiederzufinden.

Der meditierende Mensch hält sich dieses Schicksal des verlorenen Sohnes vor Augen. Es fällt ihm nicht schwer, ihn in sich selbst zu entdecken. Wir selbst sind es nämlich, die Gott in der einen oder anderen Weise immer wieder verlassen. Daher müssen wir meditierend in uns gehen und so den Weg zu Gott zurückfinden. Wenn wir die Meditation immer wieder neu vollziehen, dann wird unser Herz gereinigt und verwandelt. Es gelangt zur Offenheit, zum Aufgeben seiner Gier, zur Lösung aller Ich-Fixierung.

Ferner sprach er: „Ein Mann hatte zwei Söhne. Der jüngere von ihnen sagte zum Vater: ‚Vater, gib mir den Anteil des Vermögens, der mir zukommt.‘ Da teilte er den Besitz unter sie. Wenige Tage darauf packte der jüngere Sohn alles zusammen, zog fort in ein fernes Land und vergeudete dort sein Vermögen durch ein verschwenderisches Leben. Nachdem er aber alles durchgebracht hatte, kam eine schwere Hungersnot über jenes Land, und er fing an zu darben. Da ging er hin und verdingte sich an einen Bürger jenes Landes, und der schickte ihn auf seine Felder zum Schweinehüten. Gerne hätte er sich den Magen gefüllt mit den Schoten, die die Schweine fraßen, aber niemand gab sie ihm. Da ging er in sich und sprach: ‚Wie viele Taglöhner meines Vaters haben Brot im Überfluß, ich aber komme hier vor Hunger um. Ich will mich aufmachen und zu meinem Vater gehen und zu ihm sagen: Vater, ich habe gesündigt gegen den Himmel und vor dir. Ich bin nicht mehr wert, dein Sohn zu heißen; halte mich wie einen von deinen Taglöhnern.‘ Und er machte sich auf und ging zu seinem Vater. Als er aber noch weit entfernt war, sah ihn sein Vater und wurde von Erbarmen bewegt, lief herbei, fiel ihm um den Hals und küßte ihn. Der Sohn aber sprach zu ihm: ‚Vater, ich habe gesündigt gegen den Himmel und vor dir; ich bin nicht mehr wert, dein Sohn zu heißen.‘ Der Vater aber sprach zu seinem Knecht: ‚Holt schnell das beste Kleid heraus, und zieht es ihm an, und gebt ihm einen Ring an die Hand und Schuhe an die Füße! Holt das Mastkalb und schlachtet es! Wir wollen essen und fröhlich sein, denn dieser mein Sohn war tot und ist wieder lebendig geworden; er war verloren und ist wiedergefunden worden.‘ Und sie fingen an fröhlich zu sein."
Lukas 15,11–24

6 Wer bin ich?

D. Bonhoeffer: Wer bin ich?
Ps 139,1–3.8–10.13–14

In der Zelle eines Gestapogefängnisses hat der evangelische Theologe Dietrich Bonhoeffer (1906-1945) ein Gedicht mit der Überschrift „Wer bin ich?" geschrieben. Darin fragt er zunächst die anderen, für wen sie ihn halten. Ihnen erscheint er gelassen, heiter und fest; gleichmütig, lächelnd und stolz, wie einer, der gewohnt ist, aus den schwierigen Situationen des Lebens als Sieger hervorzugehen. Kurz: in ihren Augen erscheint er als ein angesehener Charakter.

Dann versucht Bonhoeffer, selbst herauszufinden, wer er ist. Er erkennt das genaue Gegenteil. Er fühlt sich unruhig, sehnsüchtig und krank – wie ein Vogel, der in einem Käfig eingesperrt ist. Von Gelassenheit, Lächeln und Stolz ist keine Spur in ihm. Vielmehr durchzittert ihn ein Zorn denen gegenüber, deren Willkür und Kränkung er ständig ausgesetzt ist. Er ist zu müde und leer, um ein Gebet sprechen zu können. Daher ist er bereit, von allem Abschied zu nehmen. Kurz: in seinen Augen erscheint er als ein recht unansehnlicher Charakter.

So stellt sich ihm die Frage, welches von beiden Bildern das richtige ist. Dieses oder jenes? Oder stimmen sie beide zugleich, was bedeuten würde, daß er vor den anderen ein Heuchler und vor sich selbst ein Schwächling ist? Bonhoeffer ist sich bewußt, daß der Mensch letztlich nicht wissen kann, wer er eigentlich ist. Deshalb heißt es in der letzten Zeile: „Wer ich auch bin, Du kennst mich, Dein bin ich, o Gott!"

Vgl. Dietrich Bonhoeffer, Widerstand und Ergebung, Siebenstern-Taschenbuch-Verlag, Nr. 1, Hamburg 1971, S. 179.

Es gibt eine Reihe von Fragen, die sich früher oder später wohl in jedem Menschenleben stellen, weil jeder Mensch sich selbst ein Geheimnis bleibt, das er nicht zu durchschauen vermag. Eine dieser Fragen lautet: „Wer bin ich eigentlich?" Sie stellt sich vor allem dann, wenn wir unsere Selbstsicherheit verlieren, wenn unser Leben in eine existentielle Krise gerät und wir auf uns selbst zurückgeworfen werden. Es können Augenblicke der Einsamkeit oder der Verzweiflung sein, Augenblicke, in denen wir nicht mehr wissen, wie es weitergehen soll, aber auch Augenblicke unerwarteter Freude. Die Frage „Wer bin ich eigentlich?" kann in uns lebendig werden, wenn wir älter geworden sind und uns plötzlich als diejenigen erkennen, die wir im Verlauf eines langen Lebens geworden sind. Dem evangelischen Theologen Dietrich Bonhoeffer stellte sie sich, als man ihn ins Gefängnis sperrte und ihm die Bewegungsfreiheit nahm.

Wer kann uns auf diese Frage eine Antwort geben? Es legt sich nahe, zunächst einmal die Meinung derer zu hören, die täglich in unserer Nähe sind und in den verschiedenen Alltagssituationen unsere Reaktionsweisen erleben. Sicherlich werden sie uns manches sagen können, was uns selbst verborgen bleibt. Wer von uns wüßte denn von sich selbst aus zu sagen, wie er auf seine Mitmenschen wirkt? Aus diesem Grund hält die Regel vieler Ordensgemeinschaften ihre Mitglieder dazu an, von Zeit zu Zeit einen der Brüder um eine „correctio fraterna" (eine brüderliche Korrektur des eigenen Verhaltens) zu ersuchen. Etwas Ähnliches geschieht heute in den „gruppendynamischen Prozessen". Doch kann uns die Meinung des anderen nie eine letzte Antwort auf die Frage „Wer bin ich eigentlich?" geben. Der Blick des anderen kann zu leicht durch Oberflächlichkeit, Schmeichelei oder gar Gehässigkeit verstellt sein. Und selbst dort, wo man sich um Objektivität bemüht, sieht und beurteilt man den anderen immer „durch die eigene Brille". „Was wir sehen, hängt nicht nur von dem ab, was wir vor Augen haben, sondern auch von dem, was in unseren Herzen und Hirnen ist" (William Barclay). Nur der Mensch, der mit sich selbst im Einklang ist, kann uns hier ein Stückchen weiterhelfen.

Darüber hinaus besteht die Möglichkeit, die Wahrheit in uns selbst zu suchen. Ihr kommen wir nahe, wenn wir einmal genauer überprüfen, weshalb wir eigentlich das eine tun und das andere lassen, aus welchem Grund wir dieses oder jenes denken und reden. Auf diese Weise können wir einen kleinen Einblick in unsere Motivationen gewinnen, die uns sonst völlig unbewußt bleiben. Ein solcher Einblick kann uns zuweilen vor uns selbst erschrecken lassen. Wir erkennen nämlich, wie selbstsüchtig, unruhig und leer, wie herrschsüchtig, verzweifelt und ohnmächtig wir im Grunde unseres Herzens sind. Wir werden uns bewußt, wie wenig das gute Bild, das andere von uns haben, mit jenem Bild übereinstimmt, das wir von uns selbst gewinnen. Auch Bonhoeffer mußte diese Erfahrung machen.

Welches der beiden Bilder stimmt aber mit unserer Wirklichkeit überein: das „Fremdbild" der anderen oder das „Selbstbild", das wir von uns selbst gemacht haben? Obwohl beide Bilder etwas Wahres aussagen, gibt uns weder das eine noch das andere die ganze Antwort auf unsere Frage. Sie bleibt dem vorenthalten, der unser „Wesensbild“ zu erkennen vermag. Dieses bleibt jedem irdischen Auge verborgen. Daher lesen wir immer wieder im Neuen Testament, daß wir kein Recht haben, über einen anderen zu richten. In jedem Menschen gibt es Tiefen, die einem Außenstehenden verschlossen bleiben. Aber nicht nur ihm. Keiner kann sich selbst durchschauen. Deshalb überantwortet sich Bonhoeffer mit Hoffnung und Vertrauen dem Urheber seines Lebens. Dieser ist restlos eins mit sich selbst. Das befähigt ihn dazu, alles zu durchdringen. Nichts bleibt ihm verborgen. Er allein kann und wird uns sagen, wer wir eigentlich sind.

So verwirklicht der gläubige Mensch sein Leben, indem er sein Wollen und Handeln nicht vom Ansehen seiner Person bestimmen läßt. Er achtet auf sein Gewissen und ist für andere da. Zuversichtlich harrt er jener Antwort entgegen, die ihm allein von Gott gegeben werden kann.

Jahwe, du erforschest mich, und du kennst mich:
wann ich sitze und wann ich stehe, du weißt es.
Meine Gedanken schaust du von ferne;
du schaust mich, wann ich gehe und ruhe;
all meine Wege sind dir vertraut.
Stiege ich zum Himmel empor, so bist du zugegen;
wollte ich in der Unterwelt lagern, so bist du auch dort.
Nähm ich des Morgenrots Schwingen und ließe mich
nieder am fernsten Gestade:
Auch dort noch wird deine Hand mich geleiten und
halten mich deine Rechte.
Du bist es, der meine Nieren geschaffen; du hast mich
im Leib meiner Mutter gewoben.
Ich preise dich, daß ich geschaffen so wunderbar,
daß wunderbar all deine Werke.
Psalm 139,1–3. 8–10. 13–14

7 Christliche Innerlichkeit

A. Solschenizyn: Am Oka-Fluß entlang
1 Kor 13,12–13

In seiner Prosa-Miniatur „Am Oka-Fluß entlang“ schildert der russische Nobelpreisträger Alexander Solschenizyn den Zustand der Kirchen seines Heimatlandes, aus dem er am 13. Februar 1974 gewaltsam ausgeflogen wurde. So beglückend es ist, wenn man diese Kirchen in der weiten Landschaft aus der Ferne sieht, so erschütternd ist es, sobald man sie betritt. Diesen Gegensatz kennzeichnet der Dichter mit knapp bemessenen Worten, um dann als Prediger ebenso kurz und treffend die Hintergründe aufzudecken.

„Aus verstreuten Ortschaften, die füreinander unsichtbar bleiben, erheben sie sich zum gleichen Himmel. Und wo du auch durch Feld oder Wiesen streifen magst – weit von menschlichen Behausungen –, bist du doch nie allein: Jenseits der Wand des Waldes und aufgetürmter Heuschober, über die Wölbung der Erde hinweg, lockt dich immer die Spitze eines Türmchens ...

Beim Betreten des Dorfes jedoch erfährst du, daß nicht Lebende, sondern Erschlagene dich von weitem grüßten. Die Kreuze sind längst zerschlagen oder schief, aus der zerstörten, klaffenden Kuppel ragen die Stümpfe des verrosteten Gerüstes. Auf den Dächern und in den Mauerritzen wuchert Unkraut ... Die Altarbilder – vom Regen der Jahrzehnte verwaschen – sind mit schamlosen Aufschriften verschmiert.

Dicht vor der Kirchentür stehen Fässer mit Dieselöl. In ihre Richtung wendet ein Traktor. Dort wieder fährt ein Lastwagen zum Tor der Kirchenvorhalle hinein und wird mit Säcken beladen ... Immer waren die Menschen selbstsüchtig und oft wenig gut. Aber das Abendläuten ... mahnte, die unbedeutenden, irdischen Dinge abzulegen, Zeit und Gedanken der Ewigkeit zu widmen. Dieses Läuten ... bewahrte die Menschen davor, zu vierbeinigen Kreaturen zu werden ... So wühl doch, Witjka! Hack nur zu! Hab keine Bedenken! Das Kino fängt um sechs Uhr an, der Tanz um acht.“

Alexander Solschenizyn, Am Oka-Fluß entlang, in: Im Interesse der Sache, Hermann Luchterhand Verlag, Neuwied und Berlin 1970, S. 277f.

Man mag hierzulande das Schicksal dieser Kirchen bedauern und die Menschen, die der Schriftsteller im Auge hat, bemitleiden. Und doch gibt es in dieser Miniatur-Prosa irgend etwas, das uns selbst betroffen macht. Was wir meinen, kommt ans Licht, wenn wir uns ein biblisches Wort vergegenwärtigen: „Wißt ihr nicht, daß ihr (selbst) Gottes Tempel seid und daß Gottes Geist in euch wohnt? Wenn einer den Tempel Gottes verdirbt, wird Gott ihn verderben. Denn der Tempel Gottes ist heilig, und der seid ihr" (1 Kor 3,16f.). Paulus hat diese Sätze geschrieben, weil er wußte, wie leicht jeder einzelne Christ vergessen kann, was er ist. Er vergißt es heutzutage vor allem dann, wenn Arbeit, Erfolg und Vergnügen seine Hauptinteressen sind. So ist es durchaus möglich, daß wir plötzlich begreifen: Jene Kirchen, deren Zustand der Dichter schildert, sind wir selbst; sie sind das Spiegelbild jenes Tempels, der wir selber sind! Wem wäre nicht die Sogkraft bekannt, mit der das unersättliche Alltagsleben den heutigen Menschen verschlingt? Wir alle kennen diesen Alltag. Es ist die Welt „der tausend Dinge, Sorgen, Bestrebungen, wo alles durcheinanderläuft, wo alles durcheinanderredet, wo jeder seine eigenen Wünsche und Ziele verfolgt, wo der Kampf ums Dasein sich abspielt, wo man sich nicht versteht, wo es Parteien gibt ... Dazu kommt zu seinem Wesen noch all die Mühsamkeit des Alltags hinzu, das Gleichmäßige, das Lieblose, das immer Wiederholte, das uns Anstrengende, das Sich-nicht-Lohnende des Alltags, die Grauheit unserer Stimmung, die Müdigkeit unserer Nerven, unseres Herzens, unseres Geistes ... Der Alltag, so möchte man sagen, verzehrt uns eben – mindestens das ist die Gefahr – so in sich hinein, daß wir meinen, es könne gar nicht anders sein, es gäbe gar nichts anderes als dieses Alltägliche, und wir selber werden dann – das ist die Gefahr – selber durchschnittlicher Alltag, der sich selber gar nicht mehr als solchen erkennt, sondern gleichsam innerlich in sich geschlossen, ohne einen Ausblick auf das eigentliche unendliche Leben, das wir Gott nennen, in sich selber kreist."[1]

Es kann nicht ausbleiben, daß ein Mensch, der selbst nur noch bloßer Alltag ist, an einem immer stärker um sich greifenden Gefühl der Leere und Sinnlosigkeit leidet. Wir haben es hier mit einem Zeitphänomen zu tun, das der Begründer der Logotherapie, Prof. Dr. Viktor E. Frankl, immer wieder neu zu analysieren und zu meistern sucht.[2] Die Logotherapie (etwa: Sinn-Therapie) Frankls bildet innerhalb der Psychotherapie die dritte Wiener Schule. Steht im Mittelpunkt der Psychoanalyse Freuds der Wille zur Lust, beruft sich Adler in seiner Individualpsychologie vorrangig auf den Willen zur Macht, so ist in der Logotherapie Frankls alles auf den Willen zum Sinn ausgerichtet.

Wie der sogenannte Logo-Test deutlich gemacht hat, wurzeln etwa zwanzig Prozent aller Neurosen in einem tiefen Sinnlosigkeitserleben. Frankl spricht in diesem Zusammenhang von ‚noogenen Neurosen'. Sie beschränken sich keineswegs nur auf die westliche Überflußgesellschaft, sondern sind auch in den östlichen Ländern und in den Ländern der Dritten Welt verbreitet. Noogene Neurosen haben ihre Ursache nicht in erster Linie in Triebproblemen, sondern in Existenzproblemen, in einem existentiellen Vakuum. Frankl sagt: „Im Gegensatz zum Tier sagen dem Menschen keine Instinkte, was er muß. Und im Gegensatz zu früher sagen ihm keine Traditionen, was er soll. In dieser Orientierungslosigkeit liegen zwei Auswege nahe: Das zu wollen, was die anderen tun (das ist Konformismus), oder das zu tun, was die anderen wollen (das führt zum Totalitarismus)." Frankl macht auf verschiedene Fluchtmechanismen aufmerksam, mit denen der Mensch seine innere Leere zu fliehen sucht. Neben dem Vergnügen dient vielen die Arbeit als Mittel zur Betäubung. Wird jedoch der Mensch, etwa an Wochenenden, auf sich selbst zurückgeworfen, weiß er dann mit sich selbst nichts anzufangen, so kann dies zu dem führen, was man als „Sonntagsneurose" bezeichnet.

Eine andere Möglichkeit, der inneren Leere zu begegnen, bietet die Flucht in die Sexualität. Wird in ihr nur Lustbefriedigung gesucht, dient sie als bloßes Mittel des Lustgewinns, so bedeutet dies eine Selbstentfremdung und damit eine Entwertung der Sexualität. „Menschliche Sexualität ist mehr als Lustbefriedigung. Man könnte sagen: sie ist Ausdrucksmittel für personale Verbundenheit (und natürlich noch vieles mehr)." Man würde Frankl sicherlich gründlich mißverstehen, wollte man annehmen, er plädiere gegen die Lust. „Es ist paradox", sagt Frankl vielmehr, „je mehr es einem um die Lust geht, desto mehr vergeht sie einem auch schon." Eine noch direktere Möglichkeit, die existentielle Leere zu betäuben, ist die Flucht in den Rausch. Ist einer dem Alkohol oder auch den Drogen verfallen, so liegen dieser Süchtigkeit zu neunzig Prozent Existenzprobleme zugrunde, die aus einem starken Sinnlosigkeitsgefühl erwachsen. In diesem Zusammenhang nimmt Frankl auch zu einem heute weitverbreiteten psychologischen Modell Stellung, nach dem sich die Zufriedenheit des Menschen aus der Befriedigung seiner ‚Bedürfnisse' ergeben soll. Mit diesem Modell wird das Eigentliche des Menschen verfehlt. Denn das Eigentliche des Menschen entfaltet sich nach Frankl erst dort, wo sich der Mensch nicht mehr um sich selbst dreht. „Der Mensch ist letztlich und zutiefst nicht bekümmert um sich selbst, sondern um etwas anderes oder um einen anderen. Ganz ist der Mensch dort, wo er sich vergißt über etwas anderem. Wann nimmt das Auge etwas wahr von sich selbst? Wenn es von grünem oder grauem Star befallen ist. Ein gesundes Auge sieht sich selbst nicht. Der Mensch ist ganz er selbst in dem Maße, in dem er sich vergißt, in dem er aufgeht in einer Aufgabe, im Dienst an einer Sache oder in einer Person. Gerade dann verwirklicht er sich selbst." Er verwirklicht sich in der Selbsttranszendenz. Wenn auch Frankl darauf bedacht ist, daß die Logotherapie als Wissenschaft auf der Ebene der säkularen Wissenschaft bleiben muß, so ist sie für ihn doch offen ins Theologische hin. Es ist zwar die Aufgabe des Therapeuten, die Tür zur Transzendenz offenzuhalten; ob aber der Patient sie durchschreitet, liegt in seiner Entscheidung.

Unsere bisherigen Erörterungen haben gezeigt, daß ein Mensch seine Verwirklichung verfehlt, wenn er nicht über sich selbst und seinen Alltag hinauswächst. Wie sich die Kirchen mit ihren Türmen aus den Ortschaften zum gleichen Himmel erheben, so muß sich der Mensch selbst transzendieren. Andernfalls fällt er der Sinnleere anheim und errichtet sich seine eigenen Tempel, um in ihnen Erlösung von seiner inneren Not zu suchen. Weil Solschenizyn nicht sehr viel Hoffnung hat, daß der Mensch unserer Tage für diese Wahrheit einsichtig ist, schließt er mit den Worten: „So wühl doch, Witjka! Hack nur zu! Hab keine Bedenken! Das Kino fängt um sechs Uhr an, der Tanz um acht." Dies klingt so, als wolle er sagen: „Treibe es nur so weiter: Du wirst schon sehen, wohin es führt." Hier stellt sich uns die Frage: Wie werden wir zu dem, was wir als Christen sein sollen? Unüberhörbar sagt uns der russische Schriftsteller: Es muß in unserem Alltagsleben Augenblicke geben, da wir die unbedeutenden, irdischen Dinge ablegen, um Zeit und Gedanken der Ewigkeit zu widmen. Wer dies tut, bleibt seinem Wesen treu, bewahrt sich eine göttliche Innerlichkeit und erniedrigt sich nicht zur Daseinsebene der vierbeinigen Kreatur.

Bereits die alten Griechen sahen das Eigentliche des Menschen in seiner Fähigkeit, nach oben zu schauen. Diese Fähigkeit erschien ihnen so bedeutsam, daß sie von hier aus ihre Bezeichnung für den Menschen herleiteten. „Mensch" heißt im Griechischen „anthropos". Übersetzt man wortwörtlich, so heißt es: der „Nach-oben-Blickende". Verliert also einer diese Blickrichtung, weil er nicht mehr an dem interessiert ist, was über ihm ist, wendet er seine ganze Aufmerksamkeit nur noch den Dingen unter ihm zu, so hat er eigentlich aufgehört, Mensch zu sein. Denn seine Würde empfängt der Mensch von oben, von dem, was über allem irdischen Wechsel und Wandel erhaben ist, vom Bleibenden und Ewigen, vom Unvergänglichen und Göttlichen.

Was die Griechen aufgrund ihres lebendigen Geistes erkannten, vermittelte sich dem Apostel Paulus aufgrund seines lebendigen Glaubens an den auferstandenen Herrn. Durch seine Auferstehung hat Jesus Christus das menschliche Dasein in die Sphäre Gottes erhoben. Daher schreibt Paulus: „Ihr seid mit Christus auferweckt, darum strebt nach dem, was im Himmel ist, wo Christus zur Rechten Gottes sitzt. Richtet euren Sinn auf das Himmlische und nicht auf das Irdische" (Kol 3,1f.). Dabei bedeutet für Paulus der Wegblick vom Irdischen die Loslösung von den ungeordneten Leidenschaften und der selbstsüchtigen Habsucht. Solcher Wegblick vom Irdischen ist aber nur durch den Hinblick auf das Himmlische, den der Geist Gottes schenkt, möglich.

Der Hinblick auf das Himmlische, wodurch der Mensch am Glück Gottes teilnimmt, wird von alters her „Kontemplation" genannt. „Kontemplation" heißt vom Wortsinn her: in den Tempel eintreten, in die Sphäre des Heiligen, um nichts anderes zu tun, als still und schweigsam auf Gott hinzuschauen, so wie ein Kind auf Vater und Mutter schaut. Dazu kommt, wer sich täglich einige Augenblicke Zeit nimmt, um mit Gott allein zu sein. Die großen Meister inneren Lebens weisen uns hier den Weg. Sie lenken unsere Aufmerksamkeit vor allem auf drei Dinge.[3] Zunächst müssen wir uns das Geheimnis mit Hilfe der Phantasie vorstellen. Dann kommt es darauf an, das so vorgestellte Geheimnis mit Hilfe des Verstandes zu betrachten. Als Drittes und Wichtigstes folgt das stille Verweilen beim Geheimnis, damit sich dieses dem betrachtenden Herzen erschließt und es zur Erleuchtung führt. Der heilige Pfarrer von Ars erzählt eine schlichte Geschichte, die uns veranschaulicht, worin das Geheimnis der Kontemplation besteht: „Hier in der Pfarrei lebte ein Mann, der vor einigen Jahren gestorben ist. Frühmorgens vor seinem Gang aufs Feld ließ er seine Hacke vor der Tür stehen, trat in die Kirche und vergaß sich dort vor seinem Gott. Ein Nachbar, der auf dem gleichen Stück arbeitete und die Gewohnheit hatte, ihn zu beobachten, wunderte sich über seine Abwesenheit. Er kehrte um, und im Gedanken, er könnte ihn vielleicht daselbst treffen, kam ihm der Einfall, in die Kirche zu gehen. Tatsächlich traf er ihn dort. – ‚Was machst du denn so lange da?' fragte er ihn. Worauf der andere die Antwort gab: ‚Ich schaue den lieben Gott an, und der liebe Gott schaut mich an.'" Dieser Geschichte fügte der Pfarrer von Ars die Worte bei: „Er blickte den lieben Gott an, und der liebe Gott blickte ihn an. Alles liegt daran."[4] Hier liegt in der Tat das Entscheidende aller Kontemplation: Kind vor Gott zu sein – schauend, liebend, sich freuend.

Wir sehen jetzt durch einen Spiegel rätselhaft,
dann aber von Angesicht zu Angesicht.
Jetzt ist mein Erkennen Stückwerk,
dann aber werde ich ganz erkennen,
wie ich auch ganz erkannt worden hin.
Nun aber bleiben Glaube, Hoffnung, Liebe, diese drei;
am größten unter ihnen ist die Liebe.
1 Kor 13,12–13

8 Fruchtbare Einsamkeit

A. Solschenizyn: Krebsstation
Gen 1,26–27

Doktor Oreschtschenkow, den Alexander Solschenizyn in seinem Arzt- und Krankenhausroman „Krebsstation" beschreibt, war fünfundsiebzig Jahre alt und hatte ein halbes Jahrhundert als Arzt gearbeitet. In seinem Leben mußte er viele Verfolgungen erleiden. Die bedrückendste traf ihn, weil er standhaft auf seinem Recht beharrte, eine Privatpraxis zu führen, obwohl die meisten inzwischen streng verboten waren. Erst mit fünfundsechzig begann er ungehindert, das Leben eines Arztes zu führen, wie er es für richtig hielt.

Jetzt mußte er sich oft ausruhen. Wörtlich lesen wir: „Nicht nur sein Körper brauchte die Ruhe, um Kräfte zu sammeln; seit dem Tode seiner Frau verlangte sein Inneres danach, sich schweigend zu versenken, losgelöst von allen äußeren Geräuschen, Gesprächen, geschäftigen Gedanken, sogar von allem, was ihn zum Arzt machte. Sein Inneres verlangte danach, sich gewissermaßen zu reinigen, zu klären. Und das regungslose Schweigen mit seinen ungezwungenen, schwebenden Gedanken gab ihm Reinheit und Klarheit zurück.

In solchen Augenblicken schien ihm der Sinn des Daseins - seiner eigenen langen Vergangenheit und kurzen Zukunft, seiner verstorbenen Frau, seiner jungen Enkelin, der Menschen überhaupt - nicht in dem zu liegen, womit sie sich hauptsächlich beschäftigen, wofür sie sich interessieren und wodurch sie berühmt werden, sondern nur darin, ob es ihnen gelänge, ungetrübt, unerschüttert und unentstellt das Bild der Ewigkeit in sich zu bewahren, das jedem mitgegeben ist. Wie das Bild des Mondes in einem ruhevollen Teich."

Vgl. Alexander Solschenizyn, Krebsstation II, Hermann Luchterhand Verlag, Neuwied und Berlin 1969, S. 165–187. Die zitierte Stelle S. 186f.

Warum bestand Doktor Oreschtschenkow darauf, seine Privatpraxis weiterzuführen? Weil ihn ein tiefes Mißtrauen gegenüber dem medizinischen Wissenschaftsbetrieb einer Klinik erfüllte. Zu gut konnte er nachempfinden, daß sich der kranke Mensch gehemmt fühlt, wenn es für ihn nur noch einen Spezialisten gibt, der Professor ist und sich nur auf seine kranken Teile versteht. Deshalb wollte er selbst nichts als Arzt sein. Und er war es mit Leidenschaft. Entscheidend kam es ihm darauf an, den Patienten in seiner psychologischen Ganzheit zu begreifen, das heißt, ihm von Mensch zu Mensch zu begegnen. Es spricht für das tiefe Einfühlungsvermögen Alexander Solschenizyns, daß er den Arzt auch die Voraussetzung zur Sprache bringen läßt, ohne die eine solche Betrachtungsweise des Menschen nicht möglich ist: Um den anderen in seiner Ganzheit sehen zu können, muß man sich selbst als ein Ganzes verstehen. Dies gilt freilich nicht nur für einen guten Arzt; es gilt vielmehr für jeden Menschen, denn jeder Mensch sollte in einer gewissen Weise der Arzt des anderen sein. Er ist es, wenn er seinen Mitmenschen nicht nur unter einem bestimmten Gesichtspunkt ins Auge faßt, sondern aus dem Erleben der eigenen Ganzheit den anderen als ein Ganzes zu begreifen sucht. Steckt nicht bereits in solchem Bemühen ein wesentlicher Sinn menschlichen Daseins?

Es erhebt sich hier die Frage, welchen Weg man gehen muß, um sich selbst in dieser Weise zu erfahren. Hierauf kann das innere Verlangen des alten Arztes nach stiller Zurückgezogenheit eine Antwort sein. Die Gründe, die ihn zur häufigeren Zurückgezogenheit veranlaßten, waren mit seiner augenblicklichen Situation gegeben: Der 75jährige brauchte Ruhe, um neue Kräfte zu sammeln; außerdem verlangte sein Inneres danach, seit seine Frau gestorben war. Indem er sich jetzt immer öfters von allen äußeren Geräuschen, Gesprächen, geschäftigen Gedanken, sogar von allem, was ihn zum Arzt machte, loslöste und sich in das regungslose Schweigen mit seinen ungezwungenen, schwebenden Gedanken versenkte, fand er zur inneren Reinheit und Klarheit und damit zu seiner ursprünglichen Ganzheit zurück. Das heißt also: der Weg zum Erlebnis dessen, was man im Ganzen ist, führt immer zu den Tiefen des inwendigen Menschen, die sich im regungslosen Schweigen reinigen und klären. In der stillen Zurückgezogenheit werden wir „Mensch“, werden wir ganz Mensch. In ihr fällt alles Uneigentliche ab. Sie läßt uns zur vollen Wirklichkeit erwachen. Aus diesem Grund sprach Rabbi Mosche Löb, den Martin Buber in seinen „Schriften zum Chassidismus“ erwähnt: „Ein Mensch, dem nicht an jedem Tag eine Stunde gehört, ist kein Mensch.“ In dieser einen Stunde kommt es darauf an, sich von allem loszulösen, um sich selbst als ungeteilte Ganzheit zu vernehmen. Darin liegt ein weiterer Sinn, der uns zur Verwirklichung aufgegeben ist.

Aber damit ist noch nicht alles gesagt. In solchen Stunden der Zurückgezogenheit wurde sich Doktor Oreschtschenkow einer noch tieferen Sinngebung bewußt. Er erkannte, daß der eigentliche Sinn menschlichen Daseins nicht in dem liegt, womit man sich hauptsächlich beschäftigt; auch nicht in dem, wofür man sich interessiert oder wodurch man berühmt wird. All das macht den Menschen noch nicht zu dem, was er im Tiefsten und Letzten ist. Er liegt vielmehr darin, jenes „Bild der Ewigkeit“ ungetrübt, unerschüttert und unentstellt in sich zu bewahren, das jedem mitgegeben ist. Was Alexander Solschenizyn hier als „Bild der Ewigkeit“ bezeichnet, kennzeichnet das erste Buch der Heiligen Schriften als „Bild Gottes“, das jeder Mensch ist und den Menschen zum Menschen macht. Es lohnt sich nachzuforschen, was damit über den Menschen gesagt wird.[1]

In der ganzen Alten Welt gab es eine Fülle von Götterbildern. Ihnen wurde eine ungeheure Macht zugesprochen, denn in seinem Bild war der Gott auf geheimnisvolle Weise gegenwärtig. Deshalb war es nicht möglich, sich dem Götterbild auf direktem Weg zu nähern. In Ägypten führte eine lange Allee dorthin. Hatte der Fromme sie unter dem Anblick seltsam unheimlicher Tierbilder durchschritten, so kam er vor das gewaltige Tempeltor. Ehrfürchtiger Schauer erfaßte ihn, wenn er, zwischen riesigen Säulen stehend, die Nähe des Gottesbildes erreichte. Er wurde der Heiligkeit des Ortes gewahr und vermochte nur noch in stiller Anbetung zur Erde zu sinken.

Im Gegensatz zur heidnischen Welt gab es in Israel keine Gottesbilder. Warum nicht, bleibt bis heute ein Geheimnis. Der alttestamentliche Schriftsteller meint hierzu: Gott selbst hat sich seine Bilder geschaffen; jeder Mensch ist sein Bild, unüberbietbar in seiner Würde, weil nicht von Menschenhand gemacht, sondern von Gott selbst erschaffen. Weil der Abgebildete stets in seinem Bild gegenwärtig ist, deshalb ist jeder Mensch Zeichen der Anwesenheit Gottes. „Wollte man Gott bitten, er möge ein Bild seiner selbst zeigen, so könnte er auf den Menschen deuten: So bin ich.“ Von hier aus verdeutlicht sich aber noch etwas anderes: „Wer ein Bild ehrt oder schändet, trifft unmittelbar auch den, den es darstellt ... Wenn der Mensch Gottes Bild in der Welt ist, dann kann niemand den Menschen angreifen, ohne zugleich und unmittelbar auch Gott selbst anzugreifen.“ So lesen wir beim Propheten Sacharja: „Wer euch antastet, tastet meinen Augapfel an“ (Sach 2,12). Ähnlich sagt es Jesus: „Was ihr dem Geringsten meiner Brüder getan habt, das habt ihr mir getan!“ (Mt 25,40)

Der Mensch vermag aber nicht nur Gott zu treffen, wenn er sich gegen einen anderen Menschen wendet. Er trifft ihn nicht weniger, wenn er nicht jenes „Bild der Ewigkeit“ ungetrübt, unerschüttert und unentstellt bewahrt, das ihm selbst mitgegeben ist. Wodurch – so wäre noch zu fragen – gelingt es, jenes Bild zu bewahren? In seinen Erzählungen und Romanen gibt Alexander Solschenizyn auf diese Frage immer wieder dieselbe Antwort: Es gelingt ihm durch sein Gewissen, das kostbarer als das Leben ist. In ihm spiegelt sich das „Bild der Ewigkeit" und gibt so dem menschlichen Antlitz sein Licht und seine Schönheit. In der Erzählung „Matrjonas Hof" heißt es von der alten Frau, die als eine jener Gerechten geschildert wird, ohne die kein Dorf, keine Stadt und kein Land leben kann: „Das vereiste Fensterchen im kürzer gewordenen Flur glitzerte rosig im rötlichen Sonnenschein des Wintermorgens, warm lag dieser Schein auf Matrjona. Immer haben die Menschen ein schönes Gesicht, die im Einklang mit ihrem Gewissen leben."[2]

Gott sprach: „Laßt uns den Menschen machen nach unserem Bild, uns ähnlich. Sie sollen herrschen über die Fische des Meeres und über die Vögel des Himmels, über das Vieh und über alles Wild des Feldes und über alles Gewürm, das auf dem Erdboden kriecht!" Und Gott schuf den Menschen nach seinem Bild, nach dem Bild Gottes schuf er ihn, als Mann und Frau schuf er sie.
Genesis 1,26–27

9 Was macht uns heute krank?

Eine Anekdote
Lk 10,38–42

Ein chinesischer Professor kam nach Berlin. Sein deutscher Kollege erwartete ihn am Bahnhof. Als sie zum großen Bahnhofsvorplatz kamen, sah der Deutsche den Bus an der Haltestelle. Schnell ergriff er die Hand des Chinesen. „Kommen Sie rasch!" rief er ihm zu. Die beiden liefen hastig über den Platz und stiegen eilig in den Bus, der sich – kaum daß sie drinnen waren – in Bewegung setzte. Aufatmend schaute der Deutsche auf die Uhr und sagte: „Gott sei Dank! Jetzt haben wir zehn Minuten gewonnen!" Der Chinese aber fragte ihn mit sanfter Stimme: „Und was machen wir mit diesen zehn Minuten?"

Vgl. Wladimir Lindenberg, Die Menschheit betet, Praktiken der Meditation in der Welt, Ernst Reinhardt Verlag, München–Basel 1970, S. 20.

Wir haben es hier mit zwei sehr unterschiedlichen Menschentypen zu tun: Der Deutsche ist ein ruheloser und gehetzter Mann. Er wollte Zeit gewinnen und bemerkte nicht, wie man sich dabei selbst verlieren kann. So geräuschvoll unsere heutige Welt ist, so lautlos kann sich in ihr der Selbstverlust vollziehen. „Die größte Gefahr – sein Ich zu verlieren – kann sich so still vollziehen, als wäre es nichts; jeder andere Verlust – von einem Arm oder Bein, von fünf Dollar, von einer Ehefrau und so weiter – fällt einem bestimmt auf" (Carson McCullers). Davon hatte der besonnene und gelassene Chinese eine Ahnung. Auf seine Frage: „Und was machen wir mit diesen zehn Minuten?" hatte er gewiß keine Antwort erwartet. Welche Erklärung hätte ihm auch der Deutsche vernünftigerweise geben können?

Um besser verstehen zu können, inwiefern uns die Hektik unseres Alltagslebens krank macht, werfen wir zunächst einen Blick auf das sogenannte „vegetative Nervensystem". Dieses hat seinen Ursprung im Gehirn und umgibt das kleinste Organ oder Zellengefüge. Daher ist jedes unserer Organe, jedes Blutgefäß, jede Drüse durch dieses ‚nervöse Netz' mit dem Gehirn verbunden. Weil aber das vegetative Nervensystem seinerseits von seelischen Regungen und Erregungen beeinflußt wird, ist es so etwas wie ein Bindeglied zwischen Seele und Leib. Schauen wir noch genauer hin, dann entdecken wir, daß es sich hier eigentlich um ein doppeltes System handelt. Es sind der ‚nervus vagus' und der ‚nervus sympathicus'. Beide sind ständig im Zusammenspiel oder Gegenspiel miteinander verbunden. Während der Vagus der Erhaltung, der Erholung und der Beruhigung dient, besorgt der Sympathicus die Aktivität, das Weiterkommen, die Unruhe. Sind beide Systeme gleichmäßig aufeinander bezogen, so lebt der Mensch im Gleichklang seiner Kräfte. Er ist in körperlicher und seelischer Hinsicht harmonisch. Dieser Zustand ist heute selten geworden. Doch zeigt uns eine biblische Parallele, daß der Mensch zu allen Zeiten in der Gefahr steht, der ruhelosen Aktivität anheimzufallen. Wir denken hier an den Besuch Jesu bei den Geschwistern Marta und Maria.

„Marta, Marta, du machst dir viele Sorgen und Mühen. Aber nur eines ist notwendig. Maria hat das Bessere erwählt, das soll ihr nicht genommen werden" (Lk 10,42). Diesen Worten Jesu hat der evangelische Theologe Paul Tillich eine meisterhafte Deutung gegeben. Sie zeigt uns, worauf wir in unserem alltäglichen Leben immer wieder achten müssen.[1] Die Tatsache, daß Jesus Marta zweimal beim Namen nennt, verdeutlicht, daß er ihr Wichtiges zu sagen hat. Er möchte sie – und uns mit ihr – nachdenklich machen. Um aber genau zu erkennen, worauf es Jesus ankam, müssen wir zunächst bemerken, daß das Verhalten Martas nicht schlechthin verurteilt werden kann. In ihm versinnbildet sich nämlich jene Aufmerksamkeit, Hingabe und Leidenschaft, ohne die der Alltag nicht gelingen kann. So notwendig aber diese Hinwendung zum Vielerlei ist, so unheilvoll wirkt sie sich aus, wenn sie uns letztlich bestimmt. Die Hinwendung zum vielen ist wichtig, aber sie darf nicht zum Wichtigsten werden, wenn wir den Halt in unserem Leben nicht verlieren wollen. Wo ein Mensch im vielen aufgegangen ist, verliert er nicht nur seinen Halt; die Angst hält ihn gefangen, und die Sorge treibt ihn umher. Warum ist das so? Weil all dies viele der Vergänglichkeit unterliegt, weil es nicht von Dauer ist. Deshalb ist der Mensch, der um das viele besorgt ist, immer auf dem Sprung zum Neuen, von dem er sich alles verspricht. Aber auch dieses

Neue vermag uns weder Glück noch Sicherheit zu geben, weil auch in ihm das schwermütige Gesetz der Vergänglichkeit herrscht. Dennoch klammern wir uns an das Vorläufige, als sei es das Endgültige, und selbst wenn wir uns zu befreien suchen, läßt es uns nicht los. Warum? Weil das eine und einzige, das notwendig ist, nicht mehr unsere Heimat ist. Was aber ist dieses eine, das so wichtig ist? Es ist das, was die Zeiten überdauert und jeden Menschen in dieser Welt mit letztem Ernst angeht. Hier ist der Punkt, an dem sich Maria von Marta unterscheidet. Im Gegensatz zu Marta, die sich in der Hauptsache vom vielen beanspruchen läßt, weiß sich Maria vom einen in Anspruch genommen. Deshalb lobt Jesus ihr Verhalten. Wenn wir uns von dem einen ergreifen lassen, dann beginnt sich die Welt der vielen Dinge zu verwandeln. Wir gewinnen ein neues Verhältnis zu ihnen. Sie gehen uns noch an. Aber sie bedeuten uns nicht mehr das Wichtigste in unserem Leben. Wenn wir sie verlieren, verlieren wir nicht das eine, das uns nicht genommen werden kann.

Es begab sich aber, als sie weiterwanderten, kam er in ein Dorf. Eine Frau namens Marta nahm ihn in ihr Haus auf. Sie hatte eine Schwester namens Maria. Diese setzte sich zu Füßen des Herrn und lauschte seinem Wort. Marta aber war durch vielerlei Dienste beansprucht; sie trat hinzu und sagte: „Herr, macht es dir nichts, daß meine Schwester die Bedienung mir allein überläßt? Sag ihr doch, daß sie mir helfen soll." Doch der Herr antwortete ihr und sprach: „Marta, Marta, du sorgst und beunruhigst dich um viele Dinge. Doch weniges ist notwendig, nur eines. Maria hat den guten Teil erwählt, der wird ihr nicht genommen werden."
Lukas 10,38–42

10 Wer deutet uns das Leben?

A. Solschenizyn: Das Spiegelbild im Wasser

Weish 4,7–15

In seiner Prosa-Miniatur „Das Spiegelbild im Wasser“ vergleicht Alexander Solschenizyn das menschliche Leben mit einer raschen Strömung, deren bewegte Oberfläche keine Spiegelungen erkennen läßt. Auch wenn sich die Wellen gelegt haben, bleiben die widergespiegelten Bilder doch im ständigen Wechsel der kräuselnden Oberfläche des Wassers undeutlich und gebrochen. Erst wenn der Strom eine breite stille Mündung erreicht hat, wenn er in einer flachen Bucht verweilt oder in einem stillen kleinen See, wird in seiner vollkommenen Glätte das Spiegelbild jedes Blättchens eines nahen Baumes, jedes Federchens des zarten Gewölks und der blauen Tiefe des Himmels unverzerrt erkennbar. Alexander Solschenizyn schließt: „Dies gilt für dich und gilt für mich. Wenn wir die unsterbliche, klare Wahrheit bis zum heutigen Tag nicht sehen, wenn wir sie auf keine Weise widerzuspiegeln vermögen – liegt es nicht daran, daß wir uns noch irgendwohin bewegen? Daß wir noch leben? ...“

Vgl. Alexander Solschenizyn, Das Spiegelbild im Wasser, in: Im Interesse der Sache, Hermann Luchterhand Verlag, Neuwied und Berlin 1970, S. 265.

Solschenizyn hält dafür, daß sich der menschliche Lebenslauf mit dem Lauf eines Flusses vergleichen läßt. Dieser ist an seinem Anfang eine rasche Strömung mit einer sich ständig wechselnden Oberfläche. Je mehr er aber zu seiner Mündung gelangt, desto tiefer und breiter und ruhiger wird er. So auch das menschliche Leben. Dabei ist es die Glaubensüberzeugung von Solchenizyn, daß am Grund jeder menschlichen Existenz eine unsterbliche, klare Wahrheit liegt. Sie ist das Bild der Ewigkeit, das Gott jedem Menschen eingesenkt hat. Daher erfüllt sich das Leben eines Menschen, wenn es die Ewigkeit Gottes unverzerrt und deutlich widerspiegelt.

Wenn unser Leben seiner Bestimmung, Spiegelbild des Ewigen zu sein, noch nicht entspricht, so liegt dies an der Bewegtheit irdischen Daseins, in dem sich Sein und Schein ständig miteinander vermischen.

Erst wenn unser Inneres zur vollkommenen Ruhe gelangt, wenn es gereinigt und geklärt ist, fällt der Schein, und die Wahrheit wird offenbar. Das geschieht im Augenblick des Todes, „denn unruhig ist unser Herz, bis es ruht in Gott" (Augustinus). Menschliches Leben bedeutet somit eine fortlaufende Bewegung, die im dauernden Hin und Her voll innerer Unruhe ist und deshalb nicht deutlich werden läßt, was sie in ihren Tiefen mit sich führt. Erst wenn unser Lebensfluß im Tod zur vollkommenen Ruhe gefunden hat, werden wir ganz sein, wozu wir geschaffen worden sind: reines Spiegelbild des ewigen Gottes. Daher betet die Kirche für ihre Verstorbenen: „Herr, schenke ihnen die ewige Ruhe!" Diese Bitte beinhaltet den Wunsch: „Laß sie ein vollkommenes Spiegelbild deiner selbst sein!" Vollkommenes Spiegelbild Gottes zu sein macht denn auch die ewige Glückseligkeit des Menschen aus; denn glücklich nennen wir den, der restlos geworden ist, worauf er seinem Wesen nach angelegt wurde.

Das Wort Solschenizyns, daß wir die unsterbliche, klare Wahrheit auf keine Weise widerzuspiegeln vermögen, solange wir leben, darf nicht mißverstanden werden. Wir vermögen sie in unserer irdischen Lebenszeit auf keine Weise *vollkommen* widerzuspiegeln. Dennoch ist es uns möglich – und dahin sollte unser ganzes Bemühen gehen –, sie immer deutlicher in Erscheinung treten zu lassen, so wie der Strom es tut, dessen bewegte Oberfläche sich mehr und mehr glättet und die Spiegelbilder immer klarer zu erkennen gibt. Ob uns dies gelingt oder nicht, hängt davon ab, was wir als Glück erachten. In seinem Roman „Der erste Kreis der Hölle" wird dazu gesagt: „Das russische Wort ‚Glück' setzt sich zusammen aus den Worten ‚Teil' und ‚von', das heißt ‚Teil von', was bedeuten soll ... wer welchen Teil dem Leben entrissen hat. Die Etymologie gibt uns eine sehr tiefgründige Anschauung vom Glück."[1] Wer den Schein sucht, erlangt weder innere Ruhe noch Glück und verfehlt somit sein Wesen, Spiegelbild der ihm innewohnenden Ewigkeit zu sein. Je mehr wir hingegen auf das Wahre aus sind, um so ruhiger werden wir, um so mehr vermögen wir zu sein, was wir sein sollen, um darin das Glück unseres Daseins zu erfahren.

Der Gerechte aber wird, auch wenn er vorzeitig stirbt, in Gottes Ruhe sein. Denn ein ehrenvolles Alter ist nicht das eines langen Lebens; es wird nicht nach der Zahl der Jahre gemessen. Einsicht gilt für die Menschen mehr als graues Haar und mehr als Greisenalter ein unbeflecktes Leben. Er war Gott wohlgefällig und wurde von ihm geliebt, und weil er mitten unter Sündern lebte, ward er entrückt. Er wurde

hinweggenommen, damit nicht die Bosheit seinen Sinn verkehrte noch Arglist seine Seele verführte. Denn der Zauber des Lasters verdunkelt das Gute, und der Taumel der Lust verdirbt ein argloses Gemüt. Wer früh zur Vollendung reifte, hat lange Zeiten ausgefüllt. Der Herr hatte an seiner Seele Wohlgefallen; darum eilte sie aus der Mitte der Gottlosigkeit hinweg. Die Leute sehen es, aber sie verstehen es nicht und nehmen es nicht zu Herzen, daß Gnade und Erbarmen seinen Auserwählten zuteil wird und gnädige Heimsuchungen seinen Heiligen.
Weisheit, 4,7–15

11 Sind Sie ein Doppelgänger?

H. Kasack: Mechanischer Doppelgänger
Ps 8,2–7

Tobias Hull, ein Herr in besten Jahren mit einem glattrasierten und freundlichen Gesicht und sehr korrekter Kleidung, spricht bei einem Unternehmer vor, um ihm einen „mechanischen Doppelgänger" anzupreisen. „Erschrecken Sie nicht, weil ich eine Art Automat bin, eine Maschine in Menschenform, ein Ersatz sozusagen", erklärt er dem Unternehmer. „Mr. Tobias Hull existiert wirklich. Der Chef einer großen Fabrik zur Herstellung von mechanischen Doppelgängern. Ich bin, wie man sagt, seine Projektion ... Wenn Sie daran denken, daß die meisten Menschen heutzutage ganz schablonenmäßig leben, handeln und denken, dann werden Sie sofort begreifen, worauf sich unsere Theorie gründet! Herz und Verstand werden bei uns ausgeschaltet. Sie sind es ja, die im Leben so oft die störenden Komplikationen hervorrufen. Bei uns ersetzt die Routine alles."

Zweifelnd und mißtrauisch betrachtet der Unternehmer das seltsame Geschöpf, das vorgibt, sich in vielen Sprachen verständigen zu können, wozu nur verschiedene Knöpfe an der Weste zu drehen sind. Alle Themen und Vokabeln aus den Bereichen Film, Sport, Politik, abstrakte Kunst seien in ihm vorrätig. Auch eine Spule von Gemeinplätzen sei vorhanden. Der Vorteil eines mechanischen Doppelgängers sei, wie er betont, daß man an mehreren Tagungen gleichzeitig teilnehmen und überall gesehen werden kann. „Sie haben einen Stellvertreter Ihres Ich ... Sie können sogar sterben, ohne daß die Welt etwas davon merkt. Denn wir Automaten beziehen unsere Existenz aus jeder Begegnung mit wirklichen Menschen." Der Unternehmer, der immer hellhöriger wird und bald nicht mehr weiß, ob er einen Menschen oder einen Automaten vor sich hat, befürchtet, daß solche Automaten den Menschen allmählich völlig ersetzen. Doch diese Befürchtung weist das seltsame Wesen energisch zurück: „Zwei Menschenautomaten können mit sich selber nur wenig anfangen ... Darf ich also ein Duplikat von Ihnen herstellen lassen? Morgen wird ein Herr kommen und Maß nehmen." Der Unternehmer ist von dieser ihm dargebotenen

Kostprobe verblüfft. Er möchte nur noch erfahren, ob der Herr, der morgen kommen soll, nun ein Automat oder ein richtiger Mensch ist. „Ich nehme an, noch ein richtiger Mensch. Aber es bliebe sich gleich." Mit diesen Worten empfiehlt er sich.

Irgend etwas muß jedoch diesem Geschöpf nach dem Besuch zugestoßen sein, denn in den folgenden Tagen ist niemand gekommen, um für des Unternehmers Doppelgänger Maß zu nehmen. Seit jener Unterhaltung ist ihm jedenfalls bewußt geworden, im Theater und im Kino, bei Versammlungen und auf Gesellschaften und bei vielen anderen Gelegenheiten nicht wenigen Menschen begegnet zu sein, die bestimmt nicht sie selber, sondern bereits ihre mechanischen Doppelgänger gewesen sind.

Vgl. Hermann Kasack, Mechanischer Doppelgänger, in: Deutsche Erzähler der Gegenwart, hrsg. v. Willi Fehse, Reclams Universal-Bibliothek Nr. 8262-8265/65a Reclam-Verlag GmbH, Stuttgart 1970, S. 151–155.

Diese Kurzgeschichte bringt uns zu Bewußtsein, daß der moderne Mensch auf dem besten Weg ist, ein „mechanischer Doppelgänger" zu werden. Der Unternehmer gewann jedenfalls den Eindruck, im Theater und im Kino, bei Versammlungen und auf Gesellschaften und bei vielen anderen Gelegenheiten nicht wenigen Menschen begegnet zu sein, die nichts anderes als „mechanische Doppelgänger" gewesen sind. Auf seine Frage, ob der Vertreter, „der morgen kommen soll, nur ein Automat oder ein richtiger Mensch ist", erhält er die kurze Antwort: „Ich nehme an, *noch* ein richtiger Mensch. Aber es bleibt sich gleich." Das heißt: beide sind sich bereits so gleich, daß es zwischen ihnen kaum noch einen Unterschied gibt. Fragen wir, welches die Merkmale eines „mechanischen Doppelgängers" sind. Auf diese Weise können wir wohl am besten feststellen, inwieweit wir uns selbst inzwischen zu einem solchen Wesen entwickelt haben.

Der „mechanische Doppelgänger" ist eine Art Automat, eine Maschine in Menschenform. Er lebt, handelt und denkt schablonenhaft. Er hat also keine eigenen Ansichten und Überzeugungen. Sein Wissen besteht aus jenen Fetzen, die er aus den Zeitungen, aus dem Rundfunk, beim Fernsehen oder während der Begegnung mit anderen „aufgeschnappt" hat. Aufgrund solcher Informationen vermag er über alle Themen aus den verschiedensten Bereichen des Lebens mitzureden. Die „Informationslücken" füllt er mit Gemeinplätzen aus. Er verhält sich, wie man sich verhält, und kleidet sich, wie die Mode es augenblicklich diktiert. Weil er seine personale Einmaligkeit und Originalität verloren hat, lebt er ausschließlich von der Nachahmung zweifelhafter

Typen oder Stars aller Art. Alles tut er aus Routine. Dabei sind Herz und Verstand ausgeschaltet. Aus diesem Grund ist er zu allem fähig. Der „mechanische Doppelgänger“ ist der Mensch einer vertechnisierten und versozialisierten Welt, in der alle und alles gleichgeschaltet ist und zu funktionieren hat, damit es mit der Wirtschaft und anderem weitergehen kann. Fällt er aus irgendwelchen Gründen aus, kann er unmittelbar ersetzt werden, denn von seiner Art gibt es viele. Er kann sogar sterben, ohne daß sein Tod von der Massengesellschaft bemerkt wird.

Warum ist nach dem Besuch des Automaten-Menschen niemand gekommen, um für den „mechanischen Doppelgänger“ des Managers Maß zu nehmen? Vielleicht dürfen wir antworten: Es brauchte niemand zu kommen, denn in jener sonderbaren Gestalt erkannte sich der Unternehmer mehr und mehr selbst. Es wurde ihm klar, daß sein Ich bereits in einem solchen Ausmaß verlorengegangen war, daß er jederzeit durch einen anderen vertreten werden konnte. Es könnte also durchaus sein, daß wir selbst Mr. Tobias Hull sind. Übersehen wir jedoch nicht: die Auffassung von der Ersetz- und Vertauschbarkeit des Menschen löst den Menschen in Funktionen auf. Sie läßt genau das außer acht, was die Würde des Menschen ausmacht: seine Unwiederholbarkeit, seine personale Einmaligkeit. Wenn man auch meint, daß die Welt nicht stehen bleibt und es doch immer weitergehen muß, sollten wir nicht vergessen, daß es entscheidend darauf ankommt, *wie* es weitergeht. *Daß* es weitergeht, wird keiner leugnen. Ob aber aufwärts oder abwärts, dies allerdings sollte uns interessieren. Weil in der heutigen Massengesellschaft der Prozeß der Selbstentfremdung, dem sich keiner restlos zu entziehen vermag, weit fortgeschritten ist, werden heute allerorts Mittel und Wege gesucht, sich selbst zu entdecken. Von hier aus verstehen wir den vielfältigen Ruf nach Meditation.

Worin besteht das Wesen der Meditation, von der man sich eine positive Veränderung der eigenen Persönlichkeit erhofft? „Das Wesen der Meditation kann man sich an einem Bild klarmachen. Man erzählt, unter der Sahara sei ein gewaltiger See. Wenn es gelingt, dieses unterirdische Meer anzubohren, dann steigt Wasser aus der Tiefe empor, das den Wüstensand befruchtet und herrliche Pflanzen emporsprießen läßt. Das Bild ist charakteristisch für die Situation des Menschen. Viele Menschen leben an der Oberfläche ihres Wesens dahin, ohne die belebenden Wasser der Tiefe für den Alltag fruchtbar zu machen; sie müssen versanden. Durch die Meditation ist der Mensch fähig, in die Tiefen seines Wesens einzudringen und die Wasser der Tiefe emporsteigen zu lassen.“[1] Die Meditation ist also der Weg zum innersten

Leben des Menschen. Menschen, die sich im Ablauf ihres Alltags regelmäßig eine ruhige Zeit aussparen und einen Raum der Stille schaffen, um sich in der Meditation des Wahren, Guten und Schönen zu üben, leben aus ihrem Personenkern heraus. Ihre äußeren Verhaltensweisen sind von ihrer Wesensmitte her geeint und werden von ihrer Wesenstiefe durchdrungen. Alles Wesenswidrige, alles Unechte, alle Masken und Schablonen fallen von ihnen ab. Sie sind innerlich ruhig, offen und ausgeglichen. Sie erleben die Einheit von Körper und Geist. All das ermöglicht ihnen ein bewußteres Leben. Es wachsen ihnen Augen, denen sich völlig neue Welten zeigen. „Jeden Tag fuhr ich mit der Fähre zur Arbeit", berichtet ein Geschäftsmann, „aber ich nahm das Meer kaum wahr. Wenn ich von meiner Zeitung aufblickte, hatte ich nicht das Gefühl, etwas Neues oder Interessantes zu sehen. Doch nachdem ich zu meditieren begonnen hatte, saß ich oft an Deck und hielt wirklich die Augen offen. Und was für ein neues Meer entdeckte ich da – goldglänzend, silbern, grün, schwarz, in jedem Augenblick anders."

In diesem Fall handelt es sich um eine „natürliche Meditation". Wir schauen mit gelöstem Blick auf die Dinge, nehmen ihr Geheimnis in uns auf und werden eins mit ihm. Offenheit, Aufnahme und Einswerdung, darauf kommt es an. Dabei stellen sich die Dinge auf uns ein: „So wie wir auf die Dinge hinblicken, so blicken sie auf uns. Sie erwarten, daß wir sie aufnehmen, und sie ermöglichen es, daß wir in der erkennenden Vereinigung reicher werden."[2] Sehen wir jedoch mit gläubigem Herzen in allem jenes Geheimnis, das uns trägt, lenkt und leitet, aus dem wir kommen und zu dem wir unaufhaltsam unterwegs sind und das wir ehrfürchtig Gott nennen, dann sprechen wir von einer „religiösen Meditation". Welchen Einfluß dieses Geheimnis auf den meditierenden Menschen und seinen Alltag ausübt, veranschaulicht ein Vergleich des großen englischen Mathematikers und Physikers Sir Isaak Newton (1643-1727). Newton verglich sein Leben und Arbeiten mit dem Spiel eines Kindes, das sich am Strand eines Meeres eifrig mit Muscheln und Steinen beschäftigt, während vor ihm der unermeßliche Ozean rauscht. Was sagt uns dieses Bild? Es läßt uns zunächst den Vorgang nachempfinden, der sich zwischen dem Meer und dem Kind abspielt: Die Weite des Meeres weitet das kindliche Herz; sie macht es offen und vertrauend; vielfältig weiß sich das Kind angesprochen. Hier fühlt es sich geborgen. Darüber hinaus geschieht etwas anderes: Das Meer bestimmt den Umgang des Kindes mit seinem Spielzeug. Das Kind würde sicherlich mit seinen Muscheln und Steinen anders umgehen, wenn es das Meer nicht vor sich hätte. Dieses Bild vom Meer mit seinen Weiten und Tiefen, mit seiner Kraft und seiner Lebensfülle ist für den gläubigen Menschen ein Gleichnis für das unergründliche, ewige und namenlose Geheimnis Gottes. Vor ihm erkennt der Mensch seine Geschöpflichkeit und erahnt staunend die göttlichen Tiefen seiner selbst: „Was ist der Mensch, daß du seiner gedenkst!" Das Geheimnis Gottes durchwaltet sein ganzes Denken, Reden und Handeln; es durchwirkt seine alltäglichen Beschäftigungen und Beziehungen. Meditation ist also keineswegs eine Flucht vor dem Leben und dem Dienst am Mitmenschen, sondern eine notwendige Voraussetzung dazu. Je mehr sich der Mensch vor dem unendlichen Mysterium des Lebens selbst entdeckt, desto näher ist er den anderen, um für sie dazusein.

Jahwe, unser Herr!
Wie wunderbar ist auf der ganzen Erde dein Name!
Dein Glanz über den Himmel hin wird besungen aus
dem Munde der Kinder und Kleinen.
Du hast ein Bollwerk gebaut deinen Feinden zum Trotz,
um Widersacher und Rebellen zum Schweigen zu bringen.
Ich schaue den Himmel, das Werk deiner Finger,
den Mond und die Sterne, die du geschaffen:
Was ist der Mensch, daß du seiner gedenkest!
Des Menschen Sohn, daß du Sorge tragest um ihn!
Du hast ihn fast zu einem Gotteswesen gemacht,
hast ihn gekrönt mit Glorie und Glanz.
Du hast ihm Macht gegeben über das Werk deiner Hände,
alles hast du ihm zu Füßen gelegt.
Psalm 8,2–7

12 Das Kind im Erwachsenen

A. de Saint-Exupéry: Der kleine Prinz
Lk 10,21–22

Der kleine Prinz begegnete einem Weichensteller und fragte ihn: „Was machst du da?“ „Ich sortiere die Reisenden nach Tausenderpaketen“, antwortete ihm der Weichensteller und fuhr fort: „Ich schicke die Züge, die sie fortbringen, bald nach rechts, bald nach links.“

In diesem Augenblick raste ein Schnellzug an ihnen vorbei und ließ das Weichenstellerhäuschen erzittern. „Sie haben es sehr eilig“, wunderte sich der kleine Prinz. „Wohin wollen sie?“ „Der Mann von der Lokomotive weiß es selbst nicht“, erwiderte ihm der Weichensteller ratlos.

Kaum hatte er dies gesagt, da donnerte ein zweiter Schnellzug in die entgegengesetzte Richtung. „Sie kommen schon wieder zurück?“ fragte der kleine Prinz erstaunt. „Das sind nicht die gleichen“, klärte ihn der Weichensteller auf. „Das wechselt.“ „Waren sie nicht zufrieden dort, wo sie waren?“ „Man ist nie zufrieden dort, wo man ist“, bemerkte der Weichensteller.

Mit hoher Geschwindigkeit sauste ein dritter Schnellzug an ihnen vorüber. Der kleine Prinz war erneut verwundert: „Verfolgen diese die ersten Reisenden?“ „Sie verfolgen gar nichts“, erklärte ihm der Weichensteller. „Sie schlafen da drinnen, oder sie gähnen auch. Nur die Kinder drücken ihre Nasen gegen die Fensterscheiben.“ Der kleine Prinz verstand. „Nur die Kinder wissen, wohin sie wollen“, sagte er. „Sie wenden ihre Zeit an eine Puppe aus Stoff-Fetzen, und die Puppe wird ihnen sehr wertvoll, und wenn man sie ihnen wegnimmt, weinen sie ...“ „Sie haben es gut“, stimmte ihm der Weichensteller nachdenklich zu.

Vgl. Antoine de Saint-Exupéry, Der kleine Prinz, Karl Rauch Verlag, Düsseldorf o. J., S. 53f.

„Saint-Ex“ – wie Freunde den Schriftsteller-Piloten nannten – möchte mit seinem Büchlein „Der kleine Prinz“ das Kind im Erwachsenen ansprechen, um dem heutigen Menschen einen neuen Halt zu vermitteln und seinem Leben wieder Sinn und Richtung zu geben. Dabei ist er der Überzeugung, daß eine Erneuerung unseres Daseins nur gelingen kann, wenn wir uns jenes Kindes erinnern, das wir selbst einmal waren. Weil das Kind im Erwachsenen niemals stirbt, liegt eine Erneuerung zu jeder Zeit im Bereich des Möglichen. Es kommt einzig und allein darauf an, den Weg zum ‚kleinen Prinzen' unserer eigenen Kindheit, zur kindlichen Reinheit und Weisheit, zurückzufinden. In der Widmung, die Saint-Exupéry seinem „Märchen für Erwachsene" vorausschickt, lesen wir: „So will ich dieses Buch dem Kinde widmen, das dieser Erwachsene einst war. Alle großen Leute sind einmal Kinder gewesen (aber wenige erinnern sich daran)." Saint-Exupéry sieht also die wahre Menschwerdung des Menschen in seiner fortwährenden Entwicklung zu wahrer Kindlichkeit. Sobald er aufhört, Kind zu sein, bricht sein Reifungsprozeß ab. Nur bei wenigen Menschen „hat das Kindsein nie ein Ende: das sind die Heiligen, die Helden und die Dichter" (Luc Estang).

Die Schnellzugreisenden – und mit ihnen der Mann von der Lokomotive – haben aufgehört, Kinder zu sein. Sie haben keine Zeit mehr, irgend etwas wirklich kennenzulernen. An allem rasen sie vorbei. Weil man aber nur das kennt, was man sich vertraut gemacht hat, womit man Freund geworden ist und wofür man sich Zeit genommen hat, deshalb haben die Dinge für die Schnellzugsinsassen ihre Einzigartigkeit verloren. Die Welt besteht für sie aus einem bedeutungslosen Einerlei, bei dem es sich ihrer Meinung nach nicht zu verweilen lohnt. Durch diese Einstellung geht ihnen ihre eigene Einzigartigkeit verloren. Schlafend oder gähnend rasen sie in ‚Tausenderpaketen' in alle Richtungen, ohne zu wissen, wohin sie eigentlich wollen, und ohne dort zufrieden zu sein, wo sie angekommen sind. Über dieses Verhalten ist der kleine Prinz sehr verwundert, denn er „dachte über die ernsthaften Dinge völlig anders als die großen Leute" (36). Hier haben wir den Grund, weshalb Saint-Exupéry an früherer Stelle schreibt: „Kinder müssen mit großen Leuten viel Nachsicht haben" (13). Kinder sind tatsächlich anders. Sie drücken ihre Nasen gegen die Fensterscheiben, um möglichst nahe bei dem zu sein, was sie sehen. Sie wissen, wohin sie wollen, und sind dort zufrieden, wo sie sind. Sie verstehen es, den Dingen im vertrauten Umgang ihr Geheimnis zu entlocken und so mit ihnen Freund zu werden. Sie verwenden ihre Zeit an eine billige Puppe aus Stoff-Fetzen. So wird sie ihnen wertvoll. Weil sie sich ihr ganz hingeben, ist sie ihnen einzig in der Welt. Sie fühlen sich für sie verantwortlich, denn das Kind weiß, daß man zeitlebens für das verantwortlich ist, was man sich vertraut gemacht hat. Deshalb weinen sie, wenn man ihnen die Puppe wegnimmt. Sie weinen nicht nur, weil sie ihnen Freund geworden ist, sondern auch, weil sie befürchten, es könnte ihr etwas passieren. Wahre Kindlichkeit erwächst also aus der Zuwendung zum einzelnen, das dadurch einzigartig wird und freundschaftlich bindet, bei dem man nicht nur mit den Augen, sondern mit dem Herzen verweilt; denn „man sieht nur mit dem Herzen gut. Das Wesentliche ist für die Augen unsichtbar"(52). Darum weiß der kleine Prinz. Darum weiß auch der moderne Romancier Julien Green, der diesen Gedanken in seine ihm gebührende Tiefe zurückführt: „Gott spricht mit äußerster Sanftmut zu den Kindern, er sagt ihnen ohne Worte, was er ihnen zu sagen hat. Die Schöpfung liefert ihm das Vokabular, das er braucht, in Gestalt der Blätter, der Wolken, des Wassers, das vorüberfließt, eines Lichtflecks irgendwo. Es ist dies eine Geheimsprache, die man nicht aus Büchern erlernt, die aber von Kindern trefflich verstanden wird ... Ich meinerseits habe gewußt, was Kinder wissen, und keine Logik der Welt hat dies Unsägliche mir je völlig nehmen können. Worte vermögen es nicht zu beschreiben. Es verbirgt sich unter der Schwelle der Sprache und bleibt auf dieser Erde stumm."[1]

Der Weg zur wahren Kindlichkeit ist – wer sollte sich jetzt noch wundern – der von Jesus verkündete Weg zum Himmelreich: „Ich sage euch, wenn ihr euch nicht bekehret und werdet wie die Kinder, werdet ihr nicht in das Himmelreich eingehen" (Mt 18,1–5). Denn es ist nicht der logisch geschulte Verstand, sondern „es ist das Kind in uns, das glaubt", schreibt Walter Nigg und fährt dann fort: „Man muß glauben, wie die Kinder glauben – sie sind die einzig wahren Metaphysiker –, nur dann wird der Glaube nicht vom Unglauben unterwühlt."[2] So sind denn auch die Kinder die Träger lebendiger Gotteserfahrung. Ihnen bleibt sie vorbehalten – und solchen Erwachsenen, die in sich das Kind wiedergefunden haben und dadurch zu ‚Unmündigen' im biblischen Sinn geworden sind. In ihrem unverbildeten Herzen erfahren sie, „daß Gott im Kleinen wohnt, der Weg zum Allmächtigen über das Kleine geht und im Kleinsten oft das Größte verborgen ist ... Die Unmündigen haben zur gegenwärtigen Stunde tatsächlich den Christen ein vordringliches Wort zu sagen, ein Wort, das den Menschen wieder das Unschaubare vor Augen rückt, ohne das niemand leben kann. Doch wäre es nicht richtig, wollte man allzu hohe Töne von ihnen anstimmen; dies würde ohnehin ihrem demütigen Wesen widersprechen. Gestattet sei höchstens der Zuspruch: Wollen Sie nicht einmal diese Unmündigen etwas näher anschaun?"[3] Nur die persönliche Begegnung mit ihnen läßt uns etwas von ihrer Seligkeit und Ehrfurcht, von ihrer Kraft des Staunens erahnen.

In dieser Stunde rief Jesus voll Freude im Heiligen Geist aus: „Ich preise dich, Vater, Herr des Himmels und der Erde, daß du dies vor Weisen und Klugen verborgen, Unmündigen aber geoffenbart hast. Ja, Vater, so war es wohlgefällig vor dir. Alles ist mir von meinem Vater übergeben. Niemand weiß, wer der Sohn ist, als nur der Vater, und niemand weiß, wer der Vater ist, als nur der Sohn und wem der Sohn es offenbaren will."
Lukas 10,21–22

13 Je weniger Absichten jemand hat, desto mächtiger ist er

E. Kishon: Inkognito
Phil 2,5–9

Ein Künstler, der überall großes Ansehen genoß, ging immer wieder inkognito unter das Volk. Dabei hatte er den sehnlichen Wunsch, daß bald ein Schwarm junger Bewunderer zusammenlaufe und die Öffentlichkeit auf ihn aufmerksam mache.

Eines Tages betrat er unerkannt ein Modegeschäft, um sich eine Krawatte zu kaufen. Der Ladeninhaber, der nichts von der Ehre ahnte, die ihm durch den Besuch eines solchen Kunden widerfuhr, schenkte ihm kein besonderes Interesse. Deshalb sah der Künstler zu, das Gespräch unauffällig in eine Richtung zu lenken, die ihm Gelegenheit gab, seinen Namen wie zufällig fallenzulassen. Doch der Ladeninhaber sprang immer wieder von der eingeschlagenen Fährte ab. Schließlich sagte der Künstler: „Hören Sie, ich bin der berühmte Maler ..." Aber auch das hinterließ beim Ladeninhaber noch keinen besonderen Eindruck. Erst als der Künstler seinen Namen mehrmals wiederholte, kam er zu Besinnung.

„Ausgeschlossen", erklärte der Unterwiesene verwundert. „So eine Überraschung! Entschuldigen Sie, daß ich Sie wie eine gewöhnliche Kundschaft behandelt habe! Wählen Sie, was Ihnen gefällt! Der ganze Laden gehört Ihnen ..."

Vgl. Ephraim Kishon, Inkognito, in: Kishons beste Geschichten, Herbig Verlag, Berlin – München 1972, S. 55–59.

Menschen, die einen Namen haben, über deren Verhalten man spricht und schreibt, stehen ständig in der Gefahr, sich so zu geben, wie die Öffentlichkeit es von ihnen erwartet. Das ist nicht erst heute so. Wenn die Leute vor etwa zweitausend Jahren Jesus begegneten, dann wollten sie vor allem Wunder sehen. Wie reagierte Jesus auf dieses Volksbegehren? Er zog sich an einen einsamen und unbekannten Ort zurück und hielt sich verborgen. So ist das Inkognito eine Schutzhülle derer, die in der Öffentlichkeitsarbeit stehen. Sie bedürfen in regelmäßigen Abständen des verborgenen Lebens, um erneut zu jenem inwendigen Brunnen zurückzukehren, aus dem man schöpfen muß, wenn man Bedeutsames geben will. Bedenken wir von hier aus das Verhalten des Künstlers. Vielleicht ist es, wenn auch in abgeschwächter Weise, unser eigenes. Zumindest können uns seine Fehler und Schwächen auf wichtige Lebenshaltungen aufmerksam machen.

Der Psychologe wird gewiß darauf hinweisen, daß dieser Mensch als Kind wahrscheinlich sehr vernachlässigt worden ist. Weil er in seinen früheren Jahren kaum Beachtung fand, hat er jetzt das übersteigerte Bedürfnis, sich künstlich in den Vordergrund zu drängen. So wahr es ist, was uns die psychologische Forschung lehrt, so wenig dürfen wir dem Fehler anheimfallen zu glauben, daß unsere Fehlhaltungen, deren Wurzeln bis in die Kindheit zurückreichen können, unser unabänderliches Schicksal seien. Wir können uns für unsere Charakterfehler nicht einfach mit dem Hinweis entschuldigen, daß Erziehung und Milieueinflüsse in unserer Kindheit an uns gesündigt hätten. Wer es tut, nimmt seine Unzulänglichkeiten als schicksalhaft gegeben hin, anstatt durch Selbsterziehung davon frei zu werden. Auch der Glaube an das scheinbar Schicksalhafte der Typenzugehörigkeit ist eine Flucht vor der Verantwortung, seine Charakterfehler durch Selbsterziehung auszugleichen. Weil jeder Mensch letztlich einzigartig und einmalig ist, ist er auch frei. „Eigentlich ist es mir gleichgültig, ob ich mich für frei oder nicht frei halten soll; fühle ich doch, daß ich beides bin in geheimnisvoller Verzahnung, und ich weiß damit sicher die wirkliche Wahrheit, und solang ich's bei diesem unzerdachten Wissen belasse, ist alles klar."[1] Trotz allem Schicksalhaften bleibt uns also noch ein Freiheitsraum, von dem aus wir an uns Korrekturen vornehmen können. Eine klare Erkenntnis des Zieles, ein ehrlicher Entschluß und ein gewisses Training sind dabei unerläßlich.

Wir gehen nun von der Voraussetzung aus, daß ein Mensch „normal" ist, wenn er „arbeiten und lieben" (Sigmund Freud) kann, wenn er in der Lage ist, seine Arbeit mit Interesse, Ausdauer und Konzentration zu verrichten und dies einfach aus Liebe zur Sache. „Er tut die Arbeit, die jeweils wichtig und an der Zeit ist. Ist ihr innerlich zugewandt und tut sie so, wie sie selbst getan werden will. Er lebt in ihr und mit ihr, ohne Rücksichten und Seitenblicke" (Romano Guardini). Wenn wir diesen Maßstab an den Künstler unserer Geschichte anlegen, dann zeigt sich, was ihm fehlt. Seine Arbeit läßt gerade das vermissen, was sie wertvoll macht: die selbstlose Hingabe an das Werk. Nicht der schlichte und einfache Dienst an der Sache, sondern er selbst mit seinem Verlangen nach Geltung, Beifall und Ansehen steht im Mittelpunkt. Ein solcher Mensch vermag nichts mit kindlicher Absichtslosigkeit zu tun. Er ist nicht „bei der Sache", sondern bei seinem eitlen und törichten Ich. Alles, was er tut, bezieht er insgeheim auf sich selbst. Nur das ist ihm im Grunde bedeutsam, was seinem Image nützt. Er gibt, damit man auf ihn aufmerksam wird; er sucht die Unauffälligkeit, damit er dann um so mehr auffällt; er hebt das Können anderer hervor, damit sein Talent hervorgehoben wird. So dient er mit allem, was er tut, nur einem: sich selbst. Einem solchen Menschen ist es natürlich auch nicht möglich, wahre Ich-Du-Beziehungen einzugehen. So wenig er „bei der Sache" ist, so wenig ist er auch bei einem Du. Und wie die Sache so hat auch der andere nur insofern einen Wert, als er in irgendeiner Weise nützlich ist. So kommt es nie zu einer inneren Beziehung oder Bindung. Der andere wird gebraucht. Und wenn er verbraucht ist, ist er nutzlos geworden. Man schiebt ihn ab. Wie arm und ohnmächtig ist, wer so mit den Dingen und den Menschen umgeht!

Ein Weisheitswort aus dem alten China sagt: Je weniger Absichten jemand hat, desto mächtiger ist er. Das ist die Macht der Absichtslosigkeit. Sie bewirkt, daß unsere Gedanken, Motive und Wünsche echt, aufrichtig und durchschaubar sind. Sie befähigt uns zu persönlichen Begegnungen, in denen sich der andere so gesehen und verstanden fühlt, wie er in sich selbst ist. Damit ist die Absichtslosigkeit eine der anspruchsvollsten Haltungen. „Sie verlangt strenge und absolut ehrliche Selbstprüfung, und eine solche Selbstprüfung führt unweigerlich zur Demütigung. Selbst eine Handlung, die absolut großmütig, ja aufopferungsvoll erscheint, kann einen Rest von Eigenbefriedigung oder Geltungsbedürfnis oder Stolz enthalten, auch wenn uns das kaum bewußt ist. Selbst in der edelsten Tat lauert unter Umständen das Verlangen, sich selbst zu gefallen und den Beifall anderer Menschen zu gewinnen, auch wenn wir das nicht wissen, bis wir unsere Herzen rigoros erforschen."[2] Dem wird der eine oder andere entgegenhalten: Ist das Streben nach Geltung, Anerkennung und Verehrung dem Menschen nicht natürlich? Ihm sei erwidert, daß all das nur die Frucht unserer absichtslosen und selbstvergessenen Hingabe sein kann.

Vergegenwärtigen wir uns hier einen Menschen, der diese Absichtslosigkeit und Selbstvergessenheit vorbildhaft gelebt hat. Wir meinen den Dichter und Schriftsteller Reinhold Schneider (1903–1958). Von ihm schreibt Werner Bergengruen (1892–1964), der seinen Weg zwei Jahrzehnte in Freundschaft und Bewunderung, in Verehrung und Dank begleitete: „Der erste Eindruck, der von dem großen, über zwei Meter messenden Manne ausgeht, ist der einer strahlenden, strömenden Lauterkeit. Auffallend und unvergeßbar ist die Kraft seines Händedrucks, der fast Schmerzempfindungen hervorruft und zugleich das Gefühl gibt, als ströme eine Kraft von Reinhold Schneider zu seinem Partner hinüber."[3] In seiner Tischrede zum 50. Geburtstag von Reinhold Schneider sprach der Dichter-Freund ihn unmittelbar an: „Keiner, der aus der Begegnung mit Ihnen nicht einen neuen Reichtum, eine neue Gewißheit, einen neuen Lebensvorrat empfangen, keiner, der nicht die Güte, Zartheit und Noblesse Ihres Herzens, der nicht dies Element der Lauterkeit, Selbstlosigkeit, Tapferkeit und aristokratischen Bescheidenheit als Beglückung erfahren hätte."[4] Bei all den Ehrungen, die ihm zuteil wurden, so meint Bergengruen, wird er den einfachen Dankesbrief oder den schlichten Händedruck eines unbekannten Menschen, der stellvertretend für viele andere stand, als die höchste Auszeichnung empfunden haben. Obwohl sein Leben ständig voller Kränklichkeit und Schmerzen war und das Schreiben ihm meist nur im Liegen möglich war, redete er auch im vertraulichsten Gespräch nur selten und widerwillig von sich selbst.[5] Es war seine Art, sich restlos von seiner eigenen Person zu distanzieren. Frei von sich selbst waren seine Sinnesorgane offen für jeden Eindruck. Alles, was ihn ergriff, berührte oder auch nur streifte, ging unverfälscht in seine Schatzkammern ein. In das ihm Aufgegebene und von ihm Verrichtete schmolz er sich selbst völlig ein. Fragt man Bergengruen, worin jener Künstler und dieser Dichter sich unterscheiden, so antwortet er: „Ich bin gewiß, daß in jedem Menschen, auch im niedrigsten, noch etwas von einem verehrungswürdigen Geheimnis steckt, und je höher sein Rang, um so zentraler wird dies Geheimnis sein, das bei vielen in eine kaum mehr wahrnehmbare peripherische Existenz hinabgedrückt ist. Das Geheimnis steht bei Reinhold Schneider im absoluten Mittelpunkt der Existenz."[6]

Reinhold Schneider war ein gläubiger Christ. Christ ist, wer auf Jesus Christus schaut und seinen Weg nachgeht. Damit verliert er sich selbst aus dem Auge. Wie das Auge sieht er sich selbst nicht und kommt so zur Absichtslosigkeit und Selbstvergessenheit, aber auch zur Furchtlosigkeit. Tut er etwas Gutes, so weiß seine linke Hand nicht, was seine rechte tut. Die anderen werden seine guten Taten sehen, er selbst sieht sie nicht. Wer auf Jesus Christus schaut, gelangt aber nicht nur zur Selbstlosigkeit. Im Blick auf ihn sieht er Gott. Denn in Jesus Christus tritt Gott aus seiner Verborgenheit heraus. In ihm zeigt er sich, wie er ist: „Er ist das sichtbare Bild des unsichtbaren Gottes" (Kol 1,15). Wer auf Jesus schaut, der weiß schließlich, wie er zu leben hat. Wie Jesus vernimmt er im Anspruch der gegenwärtigen Situation einen Anruf aus der Ewigkeit. Indem er sich auf ihn absichtslos und selbstvergessen einläßt, läßt er sich auf den Willen seines Vaters ein und wird sein Kind.

Solche Gesinnung habt untereinander,
wie sie auch in Christus Jesus war:
Er, der in Gottesgestalt war,
erachtete das Gottgleichsein nicht als Beutestück;
sondern entäußerte sich selbst,
nahm Knechtsgestalt an und wurde den Menschen gleich.
In seiner äußeren Erscheinung als ein Mensch erfunden,
erniedrigte er sich selbst
und wurde gehorsam bis zum Tod, bis zum Tod am Kreuz.
Darum hat Gott ihn erhöht
und ihm den Namen gegeben, der über alle Namen ist.
Philipperbrief 2,5–9

14 Was bedeutet Psychohygiene?

J. Green: Dem Unsichtbaren zu
Jes 42,1–4

Neben vielen Romanen hat der in Paris lebende Schriftsteller Julien Green (geb. 1900) verschiedene Tagebücher geschrieben. Unter dem 23. Oktober 1971 erzählt er von einem Photographen, der zu ihm kam, um ein Bild von ihm zu machen. Während der Arbeit sprach er von einer Reise, die er seinerzeit nach China unternommen hatte. „Eines Tages", so sagte der Photograph, „spreche ich mit einem Chinesen, als ich ihn plötzlich erröten sehe. Ich frage den Dolmetscher: ‚Was ist eigentlich los? Warum errötet er auf einmal?' Der Gefragte antwortet mir: ‚Sie haben ein wenig zu laut gesprochen. In China muß man leise reden.'" Der Kommentar des Schriftstellers: „Oh, Europäer, die ihr das lest, beruhigt euch, erhebt nicht die Stimme, um zu erklären, was man nicht auf Anhieb versteht! Glaubt nicht, daß man sich durch Geschrei besser verständlich machen kann."

Vgl. Julien Green, Dem Unsichtbaren zu, Auswahl aus den Tagebüchern, Europa-Verlag, Wien 1975, S. 256.

Bevor wir auf diese Begebenheit eingehen können, müssen wir unsere Aufmerksamkeit auf ein uns vertrautes Wort lenken. Wir meinen das Wort „Hygiene". Eine recht betriebene Hygiene hält viele Krankheiten von uns fern. Außerdem steigert sie unsere körperliche Leistungsfähigkeit. Schließlich wirkt sich die körperliche Hygiene in heilsamer Weise auf unser seelisches Befinden aus.

Viele übersehen nun, daß es nicht nur eine körperliche, sondern auch eine ‚seelische Hygiene' gibt und daß diese nicht weniger wichtig ist. Fachleute setzen uns ein Signal, wenn sie sagen, daß viele körperliche Erkrankungen ihre Ursache im seelischen Bereich haben. Unser seelischer Zustand nimmt jedenfalls einen tiefen Einfluß auf unser körperliches Wohlbefinden. Von unseren Gedanken und Stimmungen strahlen Kräfte in unseren Körper aus, die seine Tüchtigkeit heben und festigen, aber auch bremsen und gefährden können. So kann beispielsweise eine arge Verstimmung uns stark behindern und hemmen.

Darüber hinaus bestimmt unsere seelische Gestimmtheit entscheidend unsere mitmenschlichen Beziehungen. Oft machen wir uns nicht genügend klar, daß von unserem Inneren viel mehr offenbar wird, als wir bewußt feststellen können. Wie oft begegnen wir Menschen, deren mürrischer Gesichtsausdruck uns sofort verrät, was in ihnen vor sich geht. Oft erleben wir aber auch das Gegenteil. In der Regel haben wir es aber lieber mit frohen als mit bedrückten Naturen zu tun. Zur seelischen Hygiene gehört nun, daß wir uns immer wieder unsere gefühlsmäßigen Abläufe bewußt machen, etwa unsere geheimen Ängste, unser Geltungsbedürfnis, unsere innere Unzufriedenheit und Unsicherheit, unser verdrängtes Liebesbedürfnis und unsere vielfältigen Zwänge. Wenn wir das tun, werden wir uns selbst gegenüber feinfühliger und wahrhaftiger und unseren Mitmenschen gegenüber glaubwürdiger. Unser Sprechen bekommt auf einmal einen anderen Ton, ein anderes Klima. Es ist nun einmal so, daß wir nicht nur *etwas*, sondern immer zugleich auch *uns selbst* aussagen.

Stellen wir in diesen Zusammenhang jene Begebenheit, von der Julien Green erzählt. Ein europäischer Photograph spricht mit einem Chinesen, der gewiß in der Kulturwelt von Altchina groß geworden ist. Plötzlich bemerkt der Europäer, wie der Chinese errötet. Diese Reaktion hat für den Sprechenden Signalwirkung. Plötzlich verliert er seine Sicherheit. Der Dolmetscher muß ihm sein Verhalten ‚verdolmetschen': „Sie haben ein wenig zu laut gesprochen!" Das war ihm gar nicht aufgefallen. Warum nicht? Wahrscheinlich gehörte die Psychohygiene nicht zu seinen täglichen Übungen. Sonst hätte er bemerkt, daß wir oft in solchen Augenblicken zu laut werden, da wir uns selbst zu wichtig nehmen oder in irgendeiner Weise übertreiben. Wenn Julien Green dieser Begebenheit ein Nachwort gibt, dann tut er es, weil er hier für uns Europäer eine typische Gefahr erkennt. Wir müssen uns fragen, ob uns selbst das Wort des Dolmetschers gilt: „Sie haben ein wenig zu laut gesprochen!"

Dieser Hinweis ist Ausdruck einer liebenswürdigen Höflichkeit. Er hätte auch ganz anders lauten können. Nämlich: „Ihr Verhalten ist unmöglich. Schreien Sie immer, wenn Sie mit anderen reden? Nehmen Sie sich nicht so wichtig; dann finden Sie auch den richtigen Ton!" Aber hätte er dann dem anderen wirklich geholfen? Hier zeigt sich, welche Wirkung zwei unscheinbare Wörtchen haben können. Sie können einem Satz, ja einem Gespräch einen ganz anderen Atem geben. „Sie haben *ein wenig* zu laut gesprochen!" Wo uns in dieser Weise die Wahrheit gesagt wird, da können wir sie uns zu Herzen nehmen. Übersehen wir aber nicht: Worte zu finden, die für den andern die Wahrheit annehmbar machen, vermag nur die Liebe, durch die wir uns in die Situation des andern versetzen können. Weil sie immer auf die Person des Gesprächspartners schaut, sagt sie ihm die Wahrheit so, daß sie ihn nicht umwirft. Der Dolmetscher spricht leise, weil er untertreibt. Doch tut er es so, daß er sich dieser Untertreibung bewußt ist und sie auch den anderen erkennen läßt. Er ist ein Mensch der Psychohygiene.

Ich erinnere mich hier an ein chinesisches Sprichwort: „Wer sanft auftritt, kommt weit!“ Was hier als eine Erfahrungstatsache festgestellt wird, ist dem gläubigen Christen als eine Verheißung Gottes zugesichert: „Selig die Sanftmütigen; denn sie werden das Land besitzen“ (Mt 5,5). Doch hier bricht der Unterschied zwischen chinesischer Weisheit und christlichem Glauben voll auf.

Weil das Wort „Sanftmut“ dem heutigen Menschen nichts mehr sagt, tun wir gut daran, seine biblische Bedeutung zu erforschen. Sanftmut beschreibt eine Haltung des Menschen gegenüber Gott und dem Mitmenschen. Der Sanftmütige gibt sich so in Gottes Hand, daß er sich restlos von ihm beherrschen läßt. Im gläubigen Vertrauen, daß Gottes Wege ohne Gewaltanwendung zum glücklichen Ziel führen werden, unterstellt er sich ganz und gar seiner Führung und Vorsehung. Das macht ihn gelassen und festigt ihn. Er hat seine Instinkte und Leidenschaften unter Kontrolle. Weil er nicht aus eigener Macht handelt, sondern Gottes Macht in ihm wirksam wird, hat er eine besondere Einstellung gegenüber seinen Mitmenschen. Milde und Stärke in einem bestimmen sein Verhalten. Einem solchen Menschen wird gesagt, er werde das Land besitzen. Es ist das Land Gottes. Der Mensch kann es sich nicht selbst geben. Es wird ihm von Gott gegeben, wenn er sich seiner Herrschaft anvertraut. Daher können wir die genannte Seligpreisung wie folgt übersetzen: „Wohl dem Menschen, der sich Gott so ausgeliefert hat, daß er ganz und gar von ihm beherrscht wird, denn ein solcher Mensch wird ein geordnetes Verhältnis zu Gott, zu sich selbst und zu seinen Mitmenschen haben, und er wird in das Leben eingehen, das Gott verheißen hat und das Gott allein geben kann“ (William Barclay).

Jesus war ein sanftmütiger Mensch. Als er sich im Jordan taufen ließ, übergab er sich vorbehaltlos der Führung Gottes. Gottes Geist nahm von ihm Besitz: „Zusammen mit dem ganzen Volk ließ auch Jesus sich taufen. Und während er betete, öffnete sich der Himmel, und der heilige Geist kam sichtbar in Gestalt einer Taube auf ihn herab, und eine Stimme aus dem Himmel sprach: Du bist mein geliebter Sohn, an dir habe ich Gefallen gefunden“ (Lk 3,21f.). Das Bild vom heiligen Geist, der einer Taube gleicht, ist nicht zufällig. Die Taube ist das Symbol der Sanftmut. Es besagt in diesem Zusammenhang: Jesus wird den Sieg davontragen, und sein Sieg wird ein Sieg der Liebe sein. Damit ist nun auch uns gesagt, worin für einen Christen, der dies durch die Taufe geworden ist, das Wesen der Psychohygiene liegt. Es liegt in dem unaufhörlichen Bemühen, im gläubigen Vertrauen auf Gottes Führung, das eigene Leben seinen Händen zu übergeben. Alles andere wird sich daraus wie von selbst ergeben.

Seht, mein Knecht, den ich stütze, mein Erwählter, an dem ich mein Wohlgefallen habe! Ich lege meinen Geist auf ihn, daß er den Völkern die Wahrheit verkünde. Er wird nicht schreien und nicht lärmen, noch läßt er auf den Straßen seine Stimme hören. Ein geknicktes Rohr zerbricht er nicht, und einen glimmenden Docht löscht er nicht aus. In Treue trägt er das Recht hinaus. Er wird nicht müde und bricht nicht zusammen, bis er auf der Erde das Recht verkündet hat.
Jesaja 42,1–4

15 Der Mensch wird, was er denkt

H. Koch: Michelangelo
Gal 5,16–26

Zu den wertvollsten Kunstschätzen im Petersdom zu Rom gehört die Pietà von Michelangelo (1475–1564). Der Vertrag über dieses Kunstwerk ist uns erhalten. Darin heißt es, „daß es die schönste Marmorskulptur sein wird, die es heutigentags in Rom gibt, und daß kein Meister von heute sie würde besser machen können". Der florentinische Bildhauer wählte für das Werk einen weißen Marmorblock, der breiter war als hoch. Ein Jahr später – 1499 – vollendete er im Alter von 24 Jahren die Marmorgruppe, die bis heute unvergleichbar geblieben ist, nicht nur in Rom. Mit berechtigtem Stolz meißelte der Künstler seinen Namen in das Band, das über die Brust der Gottesmutter läuft.

Die ursprünglich in einer Kapelle von Alt-St.-Peter aufgestellte Statue befindet sich seit 1749 an ihrem heutigen Platz und hat ihn seitdem nur verlassen, als sie 1964 zur Weltausstellung nach New York reiste. Die dunkelste Stunde erlebte das Marmorbild, als ihm am Pfingstsonntag 1972 ein 34jähriger Australier ungarischer Abstammung mit einem Hammer fünfzehn Schläge versetzte, ehe ein Feuerwehrmann ihn überwältigen konnte. Der Verrückte war der Überzeugung, Gott habe ihm aufgetragen, die Madonna „umzubringen". Einer Gruppe von sieben Wissenschaftlern und Restauratoren gelang es, im Verlauf von zehn Monaten das einzigartige Kunstwerk wiederherzustellen. Als Papst Paul VI. (1963-1978) vor dem restaurierten Werk stand, sagte er: „Hier ist Arbeit Gebet geworden!" Eine tragische Ironie will nun, daß der heutige Besucher des Petersdomes das friedvolle und schöne Antlitz der Madonna nur noch durch eine kugelsichere Scheibe betrachten kann.

Dem Betrachter fällt aber nicht nur dieses friedvolle Antlitz auf. Noch deutlicher ist sein jugendliches Aussehen. Spontan fragt man sich, wieso Michelangelo einer Mutter mit einem über dreißig Jahren alten Sohn ein so jugendliches Gesicht hat geben können. Dies forderte bereits die zeitgenössische Kritik heraus. Michelangelo verteidigte seine Auffassung, als sein Schüler Ascanio Condivi ihn eines Tages darauf ansprach:

„Weißt du nicht, daß die keuschen Frauen sich viel frischer erhalten als die unkeuschen? Um wieviel mehr also eine Jungfrau, welcher niemals auch nur der geringste wollüstige Gedanke befiel, der ihren Leib hätte entstellen können (...) Das war bei dem Sohn nicht nötig; vielmehr eher das Gegenteil, weil zu zeigen war, daß der Sohn Gottes wirklich einen menschlichen Körper angenommen hat (...) Darum steht's dir nicht zu, dich zu wundern, wenn mich diese Einsicht bewog, die Allerheiligste Jungfrau, die Mutter Gottes, im Vergleich zu ihrem Sohn weit jünger zu gestalten, als es jenes Alter gewöhnlich fordert, dem Sohn aber sein Alter zu lassen."

Vgl. Heinrich Koch, Michelangelo, rowohlts monographien Bd. 124, Reinbek bei Hamburg 1966, S. 48ff.

Michelangelo hatte also die Einsicht, daß sich das jugendliche Aussehen eines Menschen in seinen Gedanken entscheidet. In ihnen vollzieht sich seine Humanität. Schauen wir näher zu.

Das Tier hat kein Wissen von seinen inneren Vorgängen und Abläufen. Das Kind ist sich seiner Einfälle und Vorstellungen vor dem Erwachen seiner Vernunft nicht voll bewußt. Viele Menschen bleiben ihr Leben lang in einem unvollkommenen Teilbewußtsein. Je geistiger hingegen ein Mensch wird, desto mehr gibt er sich Rechenschaft von all seinen Gedanken und Absichten. Auf diese Weise verkörpert er in sich jene jugendliche Schönheit, von der der russische Schriftsteller F. M. Dostojewski (1821–1881) in seinem Roman „Der Idiot" sagt: „Schönheit wird die Welt erlösen." Es ist die Schönheit, die aus der Lauterkeit der Gedanken erwächst. Darüber hinaus erwähnt Michelangelo, daß schlechte Gedanken den Leib entstellen. Aufgrund dieses von schlechten Gedanken ausgelösten Entstellungsprozesses verliert der Mensch seine Frische; er beginnt zu altern.

Dieser Hinweis läßt uns die Macht unserer Gedanken erahnen. Aus ihnen entwickelt sich unser ganzes Leben. Daher ist es richtig, wenn wir sagen: Immer wird der Mensch, was er denkt; was er in seiner

Gedankenwelt sät, wird er auch ernten. Das berücksichtigen die meisten nicht. „Weil sie nicht (unmittelbar) sehen, wie schädlich negative Gedanken sind, dulden sie dieselben in ihrem Bewußtsein. In Wirklichkeit aber sind Gedanken des Zorns, des Hasses und der Rachsucht, der Sinnlichkeit oder des Übelnehmens, des Ärgers oder des Neides (...) Zerstörer der Gesundheit, des Glücks und des Lebens. Sie ruinieren die Nerven, dämpfen die Schaffensfreude, lähmen den Mut, untergraben den Willen und mindern die Entschlußkraft."[1] Bedenkt man dies, dann versteht man jene Ärzte, die sagen: „Die unheilvollste Krankheit des heutigen Menschen ist die Negativität seines Denkens. Vielen Patienten fehlt nichts außer gesunden Gedanken. Sie fühlen sich allein deshalb schlecht, weil sie schlecht denken."

Die Reinigung der Gedanken von allem Ungesunden, Schmutzigen, Unsinnigen, Negativen und Destruktiven sowie die Bemühung um ein positives und konstruktives Denken leiten also einen Heilungsprozeß ein, der von innen nach außen, vom Unsichtbaren zum Sichtbaren verläuft. Aber nicht nur das. Mit dem positiven Denken wachsen dem Menschen Augen für ganz neue Werte. Er beginnt, Gott durch alles hindurchzuschauen. Gott, über den hinaus es nichts Positiveres gibt, wird für ihn zu einer lebendigen Realität, zu einem wirklichen Gesinnungspartner. Das macht ihn innerlich stark und gibt ihm ein neues Selbstverständnis, ein neues Selbstvertrauen. Seine Lebensangst schwindet, seine inneren Konflikte lösen sich. Kurz, seine Sorgen verwandeln sich in Freude, seine Schwäche in Stärke, sein bisheriger Mißerfolg in Erfolg, seine Hoffnungslosigkeit in Zuversicht. Immer mehr wird aus ihm eine beherrschte und überlegene Persönlichkeit, die in jeder Situation über den Dingen steht.

Welcher Unterschied zwischen negativem und positivem Denken waltet, offenbaren die folgenden verschiedenartigen Perspektiven, in denen ein und dasselbe Phänomen gesichtet und beurteilt wird: „Als Goliath den Israeliten entgegentrat, da dachten alle Soldaten: ‚Er ist so groß, den können wir niemals überwältigen.' Auch David sah sich den Riesen an. Doch er sagte sich: ‚Er ist so groß, den kann ich gar nicht verfehlen.'"[2] Diese kleine Situationsschilderung verdeutlicht, in welch unterschiedliche Richtungen negatives und positives Denken bei ein und demselben Ausgangspunkt gehen. Auf seiten der Soldaten herrschen mangelndes Selbstvertrauen, Niedergeschlagenheit, Trübsinn, Pessimismus, Resignation; auf seiten des David dagegen Selbstbewußtsein, Mut, Überlegenheitsgefühl, Entschlußkraft, zugleich aber auch innere Ruhe, Gelassenheit und Humor.

Hier wird noch etwas anderes sichtbar. Aus der Art unseres Denkens ergibt sich eine ganz bestimmte innere Einstellung, aus der sich entsprechende Erwartungen entwickeln, die nicht selten zur Wirklichkeit unseres Lebens werden. Angst beispielsweise ist meist nichts anderes als „Erwartungsangst“, das heißt, man erwartet von vornherein, daß es nicht gut gehen wird. Kein Wunder, daß der Pessimist, der sich nicht viel oder gar nichts verspricht, in der Regel recht behält. Auch die Freude verknüpft sich oft mit Erwartungen und wird so zur „Erwartungsfreude“, das heißt, von Anfang an herrscht die Überzeugung vor, daß alles einen glücklichen Lauf nehmen wird. Solche „Erwartungsfreude“ setzt die stärksten Kräfte frei und läßt uns Berge versetzen; sie beflügelt und trägt uns über Abgründe hinweg.

In unseren Gedanken fällt aber nicht nur die Entscheidung, ob wir alt oder jung, krank oder gesund, elend oder glücklich sind, sondern auch, ob man uns ablehnt oder liebt. Darum wußte jener Weise, zu dem viele Menschen kamen, um sich Rat zu holen. Eines Tages suchte ihn ein Fremder auf, der sich in der Stadt des Weisen niederlassen wollte. Daher fragte er ihn: „Was für Leute wohnen hier?“ Der Weise aber entgegnete ihm: „Was für Leute wohnen in der Stadt, aus der du kommst?“ – „Ach, eine üble Sorte von Menschen, unfreundlich, minderwertig und ungefällig“, sagte ihm der Fremde. „Nun“, erwiderte der Weise, „die gleiche Menschensorte wird dir hier begegnen.“ – Die Geschichte will es nun, daß bald darauf ein anderer in die Stadt kam und dem Weisen dieselbe Frage vorlegte. Da fragte der Weise auch ihn: „Was für Menschen wohnen in deiner Heimatstadt?“ Der Fremde lächelte und sagte: „Ein prächtiger Menschenschlag, liebenswürdig, freundlich und kameradschaftlich. Es tut mir leid, sie zu verlassen.“ Doch der Weise beruhigte ihn, indem er ihm erklärte: „Sorge dich nicht; du wirst in dieser Stadt den gleichen Menschenschlag antreffen.“[3] Der Weise wußte genau, was er tat. Indem er sich nach den anderen erkundigte, erforschte er die Gedanken und die innere Einstellung seiner beiden Besucher. Daraufhin konnte er ihnen genaue Auskunft geben, welche Mitmenschen sie in Zukunft zu erwarten haben. Da wir uns durch unsere Gedanken entsprechende Verhältnisse zuziehen, werden uns unsere Gedanken auch unter diesem Gesichtspunkt zum Schicksal.

Geliebt wird, wer sich für den anderen wirklich interessiert. Aufgrund dieser so einfachen Erfahrung faßte Norman Vincent Peale, der bekannte Autor vieler Bücher über „Die Kraft positiven Denkens“, einen Entschluß. Er schreibt: „Ich beschloß, nie mehr an ein Rednerpult zu treten, bevor ich nicht Gedanken der Sympathie und der Liebe für meine Zuhörer empfunden hatte. Ich überblicke mein Publikum und bitte Gott, er möge mir helfen, als ein Mittler zwischen ihm und meinen Zuhörern zu walten."[4] Dieses Prinzip läßt sich praktisch in jeder mitmenschlichen Begegnung anwenden. Andere Menschen gern haben, das gelingt nur demjenigen, der sich an ihren guten Eigenschaften erfreut. Dies ist keineswegs leicht, nicht einmal in der Ehe. Warum? „Es ist eine Tatsache, die wir uns nicht gern bewußt machen, daß wir zutiefst an den Fehlern (selbst) unserer nächsten Angehörigen interessiert sind. Jeder Fehler meines Partners gibt mir nämlich die Möglichkeit, mich in diesem Punkt weniger fehlerhaft, also ihm überlegen, zu fühlen. Und auf diese Schein-Überlegenheit verzichten wir nicht gern."[5] Wer anderen wirklich liebendes Interesse entgegenbringt, kennt diese Schein-Überlegenheit nicht; er besitzt genügend Selbstvertrauen. Er praktiziert, was ein östlicher Schriftsteller jedem empfiehlt, der sich um positives Denken bemüht: „Wenn ein Mensch zehn gute und eine schlechte Eigenschaft hat, so blicke nur auf die zehn guten und nicht auf die eine schlechte; hat er aber zehn schlechte und eine gute Eigenschaft, so sieh nur auf die eine gute und nicht auf die zehn schlechten" ('Abdu'l-Bahá). Denselben Rat gibt uns das Sprichwort: „Die Fehler deines Nächsten schreibe in fließendes Wasser, aber seine Güte grabe in Marmor ein." Wer aber an den guten Eigenschaften seines Mitmenschen zweifelt, dem versichert der Schriftsteller Ernst Jünger: „Jeder Mensch hat seine guten Seiten, man muß nur die schlechten umblättern."

Es könnte nun einer meinen, der positiv denkende Mensch sei nicht realitätsbezogen; er sehe die Menschen nicht, wie sie in Wirklichkeit sind; er mache sich also selbst etwas vor. Wer dieser Auffassung ist, bedenkt nicht, daß alle menschlichen Verbindungen nur durch die Vermittlung positiver Gesichtspunkte möglich werden. Wer beispielsweise an einem Schicksalsschlag oder an einem unliebsamen Mitmenschen nichts Positives zu entdecken vermag, kann sich weder hier noch dort zu einer wirklichen Annahme durchringen. Außerdem übersieht der positiv denkende Mensch das Negative keineswegs. Er nimmt es wahr, aber er läßt sich davon nicht bestimmen. Er gibt dem Negativen, in welcher Erscheinungsform es auch auftreten mag, keinen Raum in sich. Schließlich darf die schöpferische Verwandlungskraft positiven Denkens nicht außer acht gelassen werden. Auf sie setzt nicht zuletzt der Apostel Paulus, wenn er auch an unsere Adresse schreibt: „Laß dich nicht vom Bösen besiegen, sondern besiege das Böse durch das Gute" (Röm 12,21). Der positiv denkende Mensch erweist sich somit als ein „Trotzdem-Mensch". Obwohl alles dagegen spricht, trotzdem verliert er nicht den Mut; denn er ist ein Mensch des Vertrauens, und Vertrauen wirkt Wunder. Er hofft gegen alle Hoffnung; denn er ist ein Mensch des Glaubens, der auf das Wort setzt: „Nichts wird euch unmöglich sein" (Mt 17,21).

Ein solcher „Trotzdem-Mensch" ist Alexej Fjodorowitsch, der Held in dem berühmten Roman „Die Brüder Karamasoff" von F.M. Dostojewski. Alexej ist ein „Sonderling" eigener Art. „Denn ein Sonderling ist nicht nur ‚*nicht* immer' eine Ausnahme und ein einzelner, der für sich allein existiert, sondern es pflegt, im Gegenteil, vorzukommen, daß womöglich gerade er manchmal das Innerste, das Mark des Ganzen in sich trägt, während sich die übrigen Menschen seiner Epoche alle aus einem unbekannten Grunde, gleichsam durch einen irgendwoher herüberwehenden Wind, zeitweilig vom Mark losgerissen haben ..." Der „Sonderling" Alexej ist also ein „besonderer" Mensch. Worin liegt das Besondere, durch das er sich von seiner Umwelt deutlich unterscheidet? Dostojewski sagt es uns: „Er liebte die Menschen: er glaubte an sie anscheinend sein ganzes Leben lang, und *trotzdem* hielt ihn niemand jemals für beschränkt oder naiv. Es war etwas in ihm, was ihm die Menschen zu richten verbot und ihm immer zuflüsterte, daß er nicht der Richter der Menschen sein, nicht das Verurteilen auf sich nehmen wolle und darum auch um nichts in der Welt verurteilen werde (...) Ein jeder, der ihn ansah, wußte sofort, daß er nicht finster oder mürrisch war, sondern heiter und gutmütig. Unter seinen Altersgenossen suchte er nie, sich hervorzutun. Vielleicht kam dies daher, daß er niemanden und nichts fürchtete (...) Beleidigungen trug er nie nach. Es kam vor, daß er nach einer Stunde dem Beleidiger antwortete oder mit ihm selbst so heiter und unbefangen ein Gespräch begann, als wäre niemals etwas zwischen ihnen vorgefallen. Und niemals hatte es dabei den Anschein, daß er absichtlich vergessen oder dem Beleidiger verzeihen wolle, sondern es geschah immer ganz harmlos von ihm, als hätte er das Vorgefallene gar nicht für eine Beleidigung gehalten (...) Er konnte gewisse Worte und Gespräche über Frauen nicht ertragen ..." Selbst auf seinen dem Trieb verfallenen Vater übte er einen gewissen positiven Einfluß aus: „... als wäre in diesem vorzeitig Gealterten etwas von dem wiedererwacht, was in seiner Seele schon längst verstummt war."[6]

Eigentlich kann man sich die Menschheitsgeschichte nicht ohne solche Persönlichkeiten vorstellen. Ich denke hier vor allem an Jesus: „Bei Jesus fällt uns eines mit einer geradezu monotonen Beharrlichkeit auf: Immer wieder tauchen in seiner Nähe Menschen auf, die ihr Gesicht verloren haben, deren Leben zerbrochen ist, auf die man mit Fingern zeigt und über die man überall Böses denkt und redet. Und seltsam, sie leben auf in seiner Nähe, die abstoßenden Aussätzigen, die Ketzer, der feindliche Besatzungssoldat, die kultisch Unreinen, Zachäus, die Dirne, der Verbrecher am Kreuz. Es geht etwas tief Befreiendes von Jesus aus. Menschen, die ihm begegnen, denken gar nicht daran, ihr lädiertes Aussehen zu retuschieren. Er nimmt sie ernst, nimmt sie, wie sie sind, hält bei ihnen aus. Mit welch großer Selbstverständlichkeit gibt er allen, die ihn aufsuchen, die Ehre zurück! Er macht sie zu Jüngern, traut ihnen zu, was sie sich nie zugetraut hätten. Er sendet aus, wo andere verstoßen; er sammelt, wo andere verwerfen; er heilt, wo andere verloren geben. Ich habe den Eindruck: Das haben wir noch nicht einmal annähernd in unsere Zeit übersetzt, in welch einer grenzenlosen Weise Jesus positiv ist."[7] Jesus bleibt positiv bis zum Ende: „Vater, vergib ihnen, denn sie wissen nicht, was sie tun" (Lk 23,34). Nie weiß der Mensch wirklich, was durch ihn geschieht, wenn er Böses tut. Das Böse aber beginnt immer in den Gedanken.

Laßt euch vom Geist leiten, dann werdet ihr das Begehren des Fleisches nicht erfüllen. Denn das Begehren des Fleisches richtet sich gegen den Geist, das Begehren des Geistes aber gegen das Fleisch; beide stehen sich als Feinde gegenüber, so daß ihr nicht imstande seid, das zu tun, was ihr wollt. Wenn ihr euch aber vom Geist führen laßt, dann steht ihr nicht unter dem Gesetz. Die Werke des Fleisches sind deutlich erkennbar: Unzucht, Unsittlichkeit, ausschweifendes Leben, Götzendienst, Zauberei, Feindschaften, Streit, Eifersucht, Jähzorn, Eigennutz, Spaltungen, Parteiungen, Neid und Mißgunst, Trink- und Eßgelage und ähnliches mehr. Ich wiederhole, was ich euch schon früher gesagt habe: Wer so etwas tut, wird das Reich Gottes nicht erben. Die Frucht des Geistes aber ist Liebe, Freude, Friede, Langmut, Freundlichkeit, Güte, Treue, Sanftmut und Selbstbeherrschung; dem allem widerspricht das Gesetz nicht. Alle, die zu Christus Jesus gehören, haben das Fleisch und damit ihre Leidenschaften und Begierden gekreuzigt. Wenn wir aus dem Geist leben, dann wollen wir dem Geist auch folgen. Wir wollen nicht prahlen, nicht miteinander streiten und einander nichts nachtragen.
Galaterbrief 5,16–26

16 Dem Negativen keinen Raum in sich geben

H. Hesse: Prosa aus dem Nachlaß
1 Thess 5,4–11

Hermann Hesse (1877–1962) empfiehlt einmal, sich die eigene Seele als einen tiefen See mit kleiner klarer Oberfläche vorzustellen. Durch die Berührung mit Luft und Licht ist die Oberfläche des Sees ständig in Bewegung; fortwährend verändert sie sich, wechselt ihr Aussehen. Dabei steigen Teile von unten nach oben und von oben nach unten.

Ähnliches geschieht in unserer Seele. Auch ihre Oberfläche, unser Bewußtsein, ist hell und klar; auch sie ist ständig in Bewegung. „Reich und gesund nun und zum Glück fähig scheint mir die Seele, in der aus dem großen Dunkel nach dem kleinen Lichtfelde hin ein beständiger, frischer Zuzug und Austausch vor sich geht." Nach des Dichters Ansicht lassen es die allermeisten Menschen dazu nicht kommen. Sie hindern das, was im Seelengrund fault und Qual bereitet, an die helle Oberfläche zu gelangen. Weil es verdächtig ist und gefürchtet wird, sperrt man sich dagegen und weist man es ständig zurück.

Es gibt nun eine Institution, die H. Hesse für diese unerfreuliche Behinderung verantwortlich macht: es ist die Moral: „Das ist der Sinn jeder Moral – was als schädlich erkannt ist, darf nicht nach oben kommen! Es ist aber nichts schädlich und nichts nützlich, alles ist gut, oder alles ist indifferent. Jeder einzelne trägt Dinge in sich, die ihm angehören, die ihm gut und zu eigen sind, die aber nicht nach oben kommen dürfen. Kämen sie nach oben, sagt die Moral, so gäbe es ein Unglück. Es gäbe aber vielleicht gerade ein Glück! Darum soll alles nach oben kommen, und der Mensch, der sich einer Moral unterwirft, verarmt."

Vgl. Hermann Hesse, Lektüre für Minuten, Gedanken aus seinen Büchern und Briefen, suhrkamp taschenbuch 7, Frankfurt a.M. 1971, S. 192f.

Ich denke zunächst an ein anderes Wort des Dichters: „Es ist ein seltener Glücksfall, wenn ein großer Gelehrter zugleich ein bedeutender Schriftsteller ist. Der Impetus und die Gestaltungsfreude, die zum großen Schriftsteller gehört, wird von der Vorsicht des Gelehrten (...) fast immer erstickt."[1] Was geschieht aber, wenn ein großer Schriftsteller durch seinen Impetus und seine Gestaltungsfreude die von großen Gelehrten durch mühsame Arbeit entdeckte Wahrheit erstickt? Dann kommt es zu sonderbaren Verzerrungen. Das scheint hinsichtlich der vorhin wiedergegebenen Moralauffassung von Hesse der Fall zu sein. Weil es darin um das Problem der „Verdrängung" geht, die „Verdrängung" aber ein zentrales Kapitel innerhalb der Psychologie ist, wollen wir sie zu Rate ziehen. So wird sich uns eine bemerkenswerte Erkenntnis vermitteln.

In seinem Buch „Methode und Erfahrungen der Psychoanalyse" weist der bekannte Psychotherapeut Albert Görres bezeichnenderweise darauf hin, daß der Mensch seit jeher von der ihm eigenen Fähigkeit Gebrauch gemacht hat, seine spontanen Regungen, seine Wahrnehmungen und Gefühle, seine Antriebe und Gedanken zu fördern oder zu verdrängen, um sich gegen sich selbst, gegen die Macht seiner triebhaften Abläufe, gegen die Fülle von Versuchungen zu schützen. Da die seelischen Regungen ohne Maß, ohne Form und ohne Richtung sind, bedürfen sie der Kultivierung, damit der Mensch als Mensch leben kann. Darum wußten alle Religionen und alle ethischen Lehren. Darum wußte auch H. Hesse, als er an einer anderen Stelle von „gewissen moralischen Grundbedürfnissen" sprach, zu denen der Mensch nach jeder Verrücktheit zurückkehre. Der Mensch ist also von Natur „ein verdrängendes Wesen". Aufgrund derselben Überzeugung schreibt der Schweizer Arzt Paul Tournier: „Es gibt kein Leben ohne Verdrängung. Wir können nicht großzügig sein, ohne unseren Egoismus zu verdrängen, noch dem Egoismus nachgeben, ohne unseren Edelmut zu verdrängen. Wir können unserer Phantasie nur freien Lauf lassen, wenn wir unser Ordnungsbedürfnis verdrängen, und diesem Ordnungsbedürfnis nur nachgeben, wenn wir unserer Phantasie die Flügel stutzen."[2]

An dieser Stelle wird jedoch eine sehr wichtige Unterscheidung notwendig. Es gibt nämlich nicht nur eine heilsame Verdrängung, von der bislang die Rede war, sondern auch eine pathogene (krankheitserregende). Deshalb unterschied Sigmund Freud (1856–1939), der Begründer der Psychoanalyse, auch begrifflich die pathogene (krankheitserregende) Verdrängung von der heilsamen und lebensnotwendigen, die er als „Verurteilung und Unterdrückung" bezeichnet. Verurteilung und Unterdrückung einerseits und pathogene Verdrängung andererseits müssen also streng auseinandergehalten werden. Versuchen wir nun, ein wenig Licht in diese noch dunklen Begriffe zu bringen.

„Unterdrückung“ bedeutet das ehrliche Ringen und die bewußte Auseinandersetzung mit einem fragwürdigen Inhalt unserer seelischen Regungen. So sprechen wir von Unterdrückung, wenn sich in unser Bewußtsein etwas Eingang verschafft, das wir nicht für gut halten können und deshalb von uns verurteilt und abgewiesen wird. Dies geschieht beispielsweise, wenn wir uns auf eine schwierige Aufgabe konzentrieren und alle uns dabei störenden Einflüsse und Ablenkungen zurückweisen; es geschieht auch, wenn uns Gedanken kommen, die unserer sittlichen Einstellung widersprechen und von uns abgelehnt werden, indem wir unsere Aufmerksamkeit auf einen anderen Gegenstand lenken. Da die Auseinandersetzung mit solchen „Störungsfaktoren“ bei vollem Bewußtsein geschieht, können sie jederzeit erneut den Versuch unternehmen, unserer habhaft zu werden. Aus diesem Grund ist der seelisch gesunde Mensch sein Leben lang ein Kämpfer. Nur der in der Arena des Bewußtseins geführte offene und tapfere Kampf erringt den Sieg, durch den der Mensch innerlich wächst. Daß ein solcher Kampf Verzicht und Opfer verlangt, ist nicht schwer einzusehen. In dem erwähnten Buch von Albert Görres finden sich einige Sätze, die uns in diesem Zusammenhang sehr bedeutsam erscheinen: „Die gelungene Unterdrückung und Verurteilung wird häufig ein schmerzhafter Verzicht sein und den Menschen in Not bringen, aber sie schenkt als eigentümliche Freiheitserfahrung einen Zuwachs an Selbstwertgefühl. Sie ist darum keine demütigende Kränkung, nicht Einbuße, sondern Gewinn an personaler ‚Substanz‘. Der Begriff der Verurteilung läßt eine Vorstellung vom gesunden Menschen sichtbar werden, die Freud auch später nie aufgegeben hat. Die Entwicklung des Menschen entscheidet sich daran, ob er lernt, urteilend mit sich selbst umzugehen, oder ob er über das Verdrängen nicht hinauskommt. Der gesunde Mensch ist das Wesen, das sich urteilend zu sich selbst verhält, seine Regungen bejahen oder verurteilen und unterdrücken kann.“[3] Hier wird deutlich, daß „Unterdrückung und Verurteilung“ auch vom Standpunkt der Ethik und Moral aus für die Persönlichkeitsbildung notwendige Vorgänge sind. Durch sie unterwirft der Mensch die Vielfalt seiner seelischen Regungen bewußt einer sittlichen Wertordnung.

Bei der „pathogenen Verdrängung“ laufen die Dinge anders. Hierbei schließt der Mensch seine Augen vor unangenehmen Erlebnissen und den in ihnen auftretenden Regungen. Er läßt sich nicht auf eine klare und eindeutige Stellungnahme ein. Vielmehr weicht er einer bewußten Auseinandersetzung und Verarbeitung aus, weil er die Anstrengung und die Unlust, die damit verbunden ist, nicht auf sich nehmen will.

Statt dessen schiebt er die peinlichen, anstößigen oder widerlichen Dinge immer wieder aus seinem Bewußtsein hinaus, bis sie unbewußt geworden sind. Doch damit verlieren sie ihre Gefährlichkeit nicht. Kraft ihrer psychischen Energie wirken sie in der unbewußten Personentiefe unkontrolliert weiter, indem sie die positiven Kräfte lähmen, die Erkenntnis trüben, das Gefühl verunreinigen und die Richtung des Wollens stören. All das verursacht im Betreffenden mehr Leid und Schmerz als in dem Fall, da er sich dem offenen Kampf gestellt hätte. Außerdem bringt er sich durch seine Verdrängung um die Möglichkeit, die Energie des Verdrängten zur Erlangung höherer Ziele nutzbar zu machen. Um die Wirkweise der Verdrängung anschaulich zu machen, bringt Sigmund Freud einmal einen Vergleich: Stellen wir uns einen Unruhestifter vor, der während eines Vortrages durch halblaute Zwischenbemerkungen und höhnisches Lachen stört. Drängt man nun diesen Mann aus dem Saal, so ist nichts gewonnen, wenn dieser draußen keine Ruhe gibt, sondern dort zu schreien und zu wüten beginnt und dabei mit den Fäusten an die Türe pocht. Wer zweifelt daran, daß er auf diese Weise den Vortrag mehr stört als durch sein vorheriges Verhalten.[4] Wenn dieses Beispiel auch spürbar hinter der Dynamik und Feinheit seelischer Vorgänge zurückbleibt, so läßt es doch erahnen, welche seelischen Störungen pathogene Verdrängungen heraufbeschwören können.

Kehren wir von diesem erreichten Standpunkt zu Hermann Hesse zurück. Seiner Auffassung zufolge ist der Sinn jeder Moral nichts anderes als eine pathogene Verdrängung. Hätte Hermann Hesse recht, dann würde der Mensch, der sich einer Moral unterwirft, nicht nur seelisch verarmen; er würde darüber hinaus seelisch krank. Auch widerspricht es – wie wir gesehen haben – den psychologischen Erkenntnissen, wenn Hesse sagt, *nichts* sei schädlich, sondern alles gut oder indifferent. Die Wahrheit liegt vielmehr in folgendem: Da es im Herzen eines jeden Menschen nicht nur das Gute gibt, sondern auch das Selbstsüchtige, Grausame und Zerstörerische, ist es notwendig, daß alles nach oben kommen darf, um dort geprüft und beurteilt zu werden. Dazu hält uns Paulus in einem seiner Briefe an: „Löschet den Geist nicht aus (...) Prüfet alles, das Gute behaltet – von allem Unechten aber haltet euch fern" (1 Thess 5,21). Dieses Wort gilt nicht nur im Hinblick auf das, was von außen auf uns zukommt, sondern auch hinsichtlich aller Regungen, die in uns von unten nach oben drängen. Paulus hätte auch sagen können: Habt kritischen Sinn für das Echte und Unechte, für das Positive und Negative; bejaht das eine, das andere aber überwindet. So haben es alle großen Meister des sittlichen

Lebens getan. Auffallend ist, wie oft sie auf die Notwendigkeit der „Gedanken- und Gefühlskontrolle" hinweisen. Immer wieder wird betont, daß damit die Erneuerung unseres Lebens beginnt. Zu ihnen wollen wir in die Schule gehen.

Daß Gedanken nicht inhaltslose Gebilde sind, sondern geistig-seelische Kräfte in sich bergen, die zu Taten treiben, haben wir bereits erkannt. Dies bedeutet: Unternehmungen, die wir im Sinn haben, werden uns leichter fallen, wenn wir uns darüber unsere Gedanken machen. Dann entfalten unsere Gedanken ihre Kräfte, und ein entsprechendes Handeln wird nicht mehr lange auf sich warten lassen. Leo Tolstoi sagt es bildlich: „Die Gedanken sind der Samen der Taten"; „was du heute denkst, das wirst du morgen tun." Zu berücksichtigen ist allerdings, daß dies nicht nur für unsere positiven, sondern auch für unsere negativen Gedanken gilt. Daher kommt es in unserem sittlichen Leben darauf an, die guten Gedanken zu fördern und die schlechten zu überwinden; denn so lesen wir ebenfalls bei Leo Tolstoi – „der Gedanke ist der Anfang von allem. Die Gedanken aber kann man lenken. Deshalb ist die Hauptsache der Vervollkommnung, seine Gedanken zu bearbeiten." In ihnen entscheidet sich, wer wir sind: „Der Unterschied zwischen einem Weisen und einem Narren ist der, daß der Weise seine Gedanken beherrscht, während der Narr von ihnen beherrscht wird" (Johannes Allen). Wie aber lernt man, seine Gedanken zu beherrschen? Dadurch, daß man sie unter Kontrolle bringt.

Manch einer strebt nach solcher Gedankenkontrolle; doch er meint es nicht ernst damit. Oder er beginnt, erliegt aber bald einer Müdigkeit und gibt auf, um in den viel bequemeren Zustand negativen Denkens zurückzufallen und seinen Gedanken und Gefühlen wieder freie Fahrt zu geben. Er scheut die Selbstdisziplin und Anstrengung, die Wachsamkeit und Nüchternheit, ohne die es keine Kontrolle, auch keine Gedankenkontrolle, gibt. Um zur Gedankenkontrolle zu kommen, muß man sie also wirklich wollen. Sie setzt ein mit der Unterscheidung der Geister. Den Grund nennt der französische Schriftsteller Georges Bernanos in seinem Roman: „Die Sonne Satans": „Die Sünde dringt selten mit Gewalt in uns ein, sondern mit List. Sie kommt herein wie die Luft. Sie hat keine Form, keine Farbe, noch Geschmack, die ihr eigentümlich wären, sie nimmt sie aber alle an. Sie unterhöhlt uns von innen." Daß diese Feststellung keineswegs zu düster gesehen ist, zeigt das Lehrstück „Biedermann und die Brandstifter" von Max Frisch; es zeigt sich vor allem in der uralten biblischen Versuchungsgeschichte von Adam und Eva (Gen 3,1–8). Die darin zunächst recht harmlos und gutmütig auftretende Schlange erinnert uns an das Wort Jesu: „Seid klug wie die

Schlange.“ Dann fügt er hinzu: „und arglos wie die Tauben!“ (Mt 10,16). Johannes Chrysostomus kommentiert dieses Wort so: „Die Klugheit der Schlange nahm er, damit du nicht tödlich getroffen wirst in dieser Welt, die Einfalt der Taube nahm er, damit du nicht Vergeltung übest an denen, die dir Unrecht tun, und damit du dich nicht an denen rächest, die dir nachstellen. Denn noch einmal: die Klugheit nützt nichts, wenn die Einfalt fehlt!“ (PG 57,389f). Ohne Einfalt würde unsere Klugheit schnell zur List degenerieren, und wir wären nicht besser als die Schlange.

Die biblische Versuchungsgeschichte von Adam und Eva bringt uns aber noch etwas anderes zu Bewußtsein, das nicht übersehen werden soll. Darauf kommt Thomas von Kempen in seiner „Nachfolge Christi“ (I. 13. 5) zu sprechen: „An der Wiege aller Versuchungen stehen Unbeständigkeit und karges Gottvertrauen. Wie nämlich die Wogen ein steuerloses Schiff hin und her schleudern, so die Versuchungen einen schwachen, wankelmütigen Menschen. Eisen wird in Feuer erprobt; der Gerechte in der Versuchung. Oft täuschen wir uns über das Ausmaß unserer Kraft; die Versuchung bringt es uns zum Bewußtsein. Dennoch heißt es sich vorsehen, besonders am Anfang. Der Feind läßt sich nämlich leichter überwinden, wenn ihm jeder Eintritt in unsere Gedankenwelt verwehrt wird und man ihm schon an der Schwelle, beim bloßen Anklopfen, entgegentritt. So mahnte ja auch ein Dichter: Wehre bereits dem Beginn; zu spät erscheint die Arznei, wenn, nach verpaßter Frist, Siechtum zur Herrschaft gelangt! Zuerst stellt sich ein Gedanke ein; dann erscheint ein lebhaftes Vorstellungsbild. Es folgen Lustempfindung, sinnliche Regung und schließlich die Einwilligung. Auf diese Weise dringt der böse Feind allmählich ganz ein, wenn ihm nicht schon anfangs die Tür verriegelt wird. Je länger jemand mit dem Widerstand zuwartet, um so mehr erschwacht er innerlich täglich, wogegen der Feind erstarkt.“ Durch die gedankliche Beschäftigung mit dem, was unserer sittlichen Überzeugung widerspricht, werden nämlich mit jeder Wiederholung die bestehenden Bedenken und inneren Hemmungen abgebaut. Zugleich wird es nicht bei einer Niederlage bleiben. Augustinus, der in seinen jungen Jahren dem unsittlichen Treiben Tür und Tor geöffnet hatte, schreibt in seinen berühmten „Bekenntnissen“ (VIII. 5), wie sich der weitere Verlauf entwickelt: „Mein Wollen aber hielt der Feind gebunden und daraus hatte er die Kette mir geschmiedet und mich damit geschnürt. Denn aus verkehrtem Willen wird die Lust, und da der Lust ich diente, kam es zur Gewohnheit, und da nun der Gewohnheit ich nicht widerstand, ward sie zum Zwang. So waren's Ringe, in sich selbst gefügt – und darum nannte ich es eine Kette – mit denen mich die harte Knechtschaft nun gefangen hielt." Augustinus gibt hier eine gute Beschreibung dessen, was die Psychologie als „Wiederholungszwang" beschreibt. Der Zwangscharakter einer solchen Knechtschaft ist nicht zuletzt darauf zurückzuführen, daß die üblen Gedanken in der Regel wenig produktiv sind und immer wieder mit denselben Verbindungen arbeiten, die sich mit jedem Mal intensivieren. „Gedanken sind (also) wie Gäste: wir sind nicht verantwortlich für ihr erstes Kommen, aber sie werden uns von neuem und oft nur besuchen, wenn wir sie entsprechend empfangen haben."[5] Deshalb: sobald die Bedenklichkeit der Gedanken erfaßt worden ist, ist ihnen gemäß dem alten Grundsatz Widerstand zu leisten: „In principiis obsta – Widerstehe im Anfang." – „Man muß gewissermaßen sein eigener Wachhund werden, der sofort anschlägt, wenn sich etwas Verdächtiges regen will. Ein Beispiel: Man erfährt, daß eine bestimmte Person unwahre und beleidigende Dinge über einen verbreitet hat. Die spontane Reaktion wird in den meisten Fällen so sein, daß man sich in berechtigtem Zorn zu mehr oder minder unfreundlichen Bemerkungen hinreißen läßt. Jetzt ist der springende Punkt der: Hört man auf die im Anfang noch leise Mahnung des inneren Wachhundes, oder läßt man sie von seinen in Aufruhr geratenen Leidenschaften überstimmen und damit zum Erlöschen bringen? Nehmen wir an, der nach Wahrheit Suchende vernimmt die Mahnung. Wie hat er sich dann, um seinen Bemühungen voranzuhelfen, praktisch zu verhalten? Zunächst wird er in seinem Zorn erschrocken innehalten und prüfen, wie weit er sich infolge der Verleumdung nun selber zu ungerechten Gedanken oder schlimmen Worten hat hinreißen lassen. Eine solche Prüfung ist, um Erfolg zu haben, unablässig. Hat man klar erkannt, inwieweit man nun selber gefehlt hat, dann ist der nächste Schritt der, die eben noch unguten Gedanken zu verwandeln, wobei wiederum scharf zu beachten ist, daß man nicht einen neuen Fehler begeht und in Gefühlssentimentalität, eines der schlimmsten Hindernisse auf dem Weg der Selbsterkenntnis, verfällt (...) Bei einem solchen Verfahren bekommt man nicht nur sich selbst in die Hand, sondern auch den Gegner; denn man ist nunmehr fähig, die eigene Sache so kühl und präzis zu vertreten, als ob man die in Unordnung geratenen Dinge nicht für sich, sondern für einen Dritten richtig zu stellen habe. Dieses Beispiel läßt sich natürlich unendlich variieren (...) Die Gedankenkontrolle aber hat sich natürlich nicht nur mit der Umwelt, sondern vor allem mit der eigenen Person und ihren mehr oder minder großen Fehlern zu befassen. Fehler hat jeder Mensch, aber nicht jeder ist sich darüber im klaren, daß es unsere vornehmste Aufgabe in diesem Dasein ist, diesen Fehlern zu Leibe zu rücken (...) Einen Fehler, dessen ein Mensch nicht Herr werden kann, gibt es nicht. Das ist eine Gewißheit, die Trost und Verheißung zugleich ist."[6]

Durch die in dieser Weise praktizierte Gedankenkontrolle werden die guten Kräfte in uns geweckt, die Erkenntnis erhellt, das Gefühl gereinigt und der Wille gestärkt. Aus der inneren Ordnung und dem darin wurzelnden seelischen Frieden wachsen neue Augen, die in allem und jedem etwas Positives entdecken können. Vergegenwärtigen wir uns einige Beispiele, die uns davon eine Ahnung vermitteln: „Zu den Errungenschaften unserer Gesellschaft", sagt der positiv denkende Mensch, „leisten Optimisten wie Pessimisten ihren Beitrag: Der Optimist erfindet das Flugzeug, der Pessimist den Fallschirm!" – „Auch Egoisten haben ihr Gutes", sagt der positiv denkende Mensch, „sie reden wenigstens nicht über andere." – An Weihnachten 1937 meinte der positiv eingestellte Prälat Robert Grosche: „In der Bedrängnis dieser Zeit – auf der Flucht nach Ägypten – ruht das Kind in den Armen seiner Mutter; aber beide trägt ein Esel ... Und es ist groß, das Gottes Sohn sich und seine Mutter, die das Urbild (...) der Kirche ist, von *uns* Eseln tragen läßt." – „Wohin wir auch auf dieser Welt blicken", sagte der amerikanische Politiker Nelson A. Rockefeller, „überall entwickeln sich die Chancen aus Problemen." – Bei P. Morril lesen wir schließlich: „In schlimmen wie in besseren Zeiten habe ich mich bemüht, auch noch dem trübsten Tag etwas Bewundernswertes abzugewinnen." Zu einer solch positiven Sichtweise ist der Mensch blinder Leidenschaften nicht fähig: „Ein leidenschaftlicher Mensch deutet auch das Gute schlimm und glaubt rasch Böses. Ein guter, friedfertiger hingegen weiß überall Lichtseiten zu entdecken. Wer den Frieden in sich trägt, verdächtigt niemand. Der unzufriedene, übelgelaunte Mensch dagegen wird von allerlei Argwohn bewegt. Er findet selbst keine Ruhe und läßt sie auch andere nicht finden. Oft redet er Ungereimtes und versäumt seine Pflicht. Für anderer Obliegenheiten hat er ein scharfes Auge; die eigenen vernachlässigt er" (Nachfolge Christi II. 3. 1).

Das positive Denken, zu dem wir kraft der Gedankenkontrolle gelangen, darf sich aber nicht nur auf die Situationen im Tagesablauf beschränken; es sollte bereits das Aufstehen am Morgen und das Schlafengehen am Abend erfassen. Beginnen wir den Tag bewußt mit einem positiven Gedanken, den wir bereits am Vorabend ausfindig gemacht haben. Dann wird es ‚hell' in uns und unser inwendiges Licht wird das Lichtvolle, das der Tag in sich trägt, auf sich ziehen. Der Tagesablauf bekommt eine positive Grundtendenz. Das folgende Gebet von Elsi Schindler kann eine Hilfe sein, den Tag in positiver Weise zu beginnen:

Herr, ich möchte es mir abgewöhnen,
jeden Tag zu kritisieren,
Urteile zu fällen
und zu mißtrauen,
mich abzukapseln
und um mich selbst zu kreisen.
Herr, ich möchte es lernen,
einfach zu lieben
alle und alles
und dich in allem!

Hilf mir zu beidem,
damit du dich freust.

Am Abend sollten wir uns fragen, was es an Erfreulichem im Tagesablauf gab. Vielleicht war es nur ein kleines und unscheinbares Erlebnis; doch auch dieses enthält Stoff genug, um daraus ein Dankgebet zu formen. Selbst das Mißlungene sollte bedacht und positiv verstanden werden.

Wer nicht darauf wartet, bis seine Umgebung eine bessere geworden ist, sondern sein eigenes Denken ins Positive wendet, erneuert nicht nur das Angesicht seines Lebens, sondern auch das Angesicht jener Welt, in der er täglich lebt. Und er kann nicht wissen, von welch großen Auswirkungen dies sein wird. Durch die Überwindung des Negativen stirbt er dem Finsteren ab und tritt ins Licht. Darin vollzieht sich das Geheimnis des Kreuzes, in dem die Verheißung der Auferstehung zu neuem Leben liegt. Daher schreibt Cyprian von Karthago († 258) in einem Brief: „Keiner denke an den Tod, sondern an die Unsterblichkeit, keiner an die Mühsal dieser Zeit, sondern an die ewige Herrlichkeit." Sonderbar, daß gerade das Kreuzzeichen das Pluszeichen ist, das Zeichen, das für alles Positive steht.

Rabbi Levi Jizchak sprach: „Es ist uns verboten, üble Gedanken zu denken. Denn das Gehirn des Menschen ist das Allerheiligste, darin ist die Bundeslade mit den Tafeln des Gesetzes, und wenn er üble Gedanken in sich aufkommen läßt, stellt er ein Götzenbild im Tempel auf ..."[7] In diesem kurzen Bildwort leuchtet der tiefste Grund auf, der uns zur Beherrschung unserer Gedanken motiviert.

Ihr aber, Brüder, lebt nicht im Finstern, so daß euch der Tag nicht wie ein Dieb überraschen kann. Ihr alle seid Söhne des Lichts und Söhne des Tages. Wir gehören nicht der Nacht und nicht der Finsternis. Darum wollen wir nicht schlafen wie die andern, sondern wach und nüchtern sein. Denn wer schläft, schläft bei Nacht, und wer sich betrinkt, betrinkt sich bei Nacht. Wir aber, die dem Tag gehören, wollen nüchtern sein und uns rüsten mit dem Panzer des Glaubens und der Liebe und mit dem Helm der Hoffnung auf das Heil. Denn Gott hat uns nicht für das Gericht seines Zorns bestimmt, sondern dafür, daß wir durch Jesus Christus, unseren Herrn, das Heil erlangen. Er ist für uns gestorben, damit wir vereint mit ihm leben, ob wir nun wachen oder schlafen. Darum tröstet und ermahnt einander, und einer richte den andern auf; wie er es schon tut.
1. Thessalonicherbrief 5,4–11

17 Die Kunst, sich zu vereinigen

W. Bergengruen: Die Kunst, sich zu vereinigen
Lk 22,39–43

In einer südlichen Hafenstadt diente ein ehemaliges Kapuzinerkloster als Obdachlosenasyl für Männer. Unter den mit einiger Regelmäßigkeit Zurückkehrenden befand sich ein sehr alter Mann. Er hatte sich eine zähe und muntere Lebendigkeit bewahrt. Auffallend waren seine großen und strahlenden Augen. Mit allen, die hier zusammentrafen, verkehrte er in einer vollkommenen Unbefangenheit. Nicht selten wandte man sich bei Streit an den alten Mann um Schlichtung. Abends, bevor nach der Hausordnung das Licht gelöscht wurde, pflegte sich eine gesellige Unterhaltung zu entwickeln. An einem Abend erzählte der Alte, wie er die Kunst, sich zu vereinigen, gelernt hatte.

Wegen einer Verfehlung gegen irgendeine Bestimmung wurde er von der Militärpolizei in einer Schule gefangengesetzt. Während er sich nun in tiefer Verzagtheit und Verlassenheit befand, so daß er nicht einmal die Kraft zu haben meinte, Gott um seine Errettung anzurufen, starrte er hinaus und sah in einem nahegelegenen Pfarrgarten einen jungen Priester sein Brevier beten. Bei diesem Anblick durchfuhr ihn plötzlich ein Gedanke des Trostes. „Ich weiß nicht, was für ein Gebet er spricht“, sagte er sich. „Aber hindert mich denn das, in sein Gebet einzustimmen. Ich brauche nur mein Herz gänzlich mit seinem Herzen und mit seiner Zunge zu vereinigen, und Gott wird alles, was er spricht, als von mir gesprochen annehmen.“ Er gab sich nun alle Mühe, sich mit diesem unbekannten Priester zu vereinigen, ja er warf ihm sein ganzes Herz zu. Auf diese Weise fand er sich wunderbar gestärkt. Später erkannte er, daß es auch möglich sein muß, sich mit den Gedanken aller Menschen zu vereinigen, auch solcher, die unserem Anblick entzogen sind und von deren Dasein wir vielleicht keine Kenntnis haben. Darüber hinaus suchte der alte Mann, wie er den anderen erzählte, auch von den Eigentümlichkeiten der Tiere etwas für sein eigenes Leben zu gewinnen. „Da könnte man an die Wachsamkeit des Hundes denken, an den Stolz und die Großmut des Löwen, an die

Weisheit und Dankbarkeit des Elefanten usw." „Oder an die Dummheit des Esels!" rief jemand dazwischen. „Gewiß, auch an die Eigenschaften des Esels, der ein sanftes, bescheidenes und arbeitsames Geschöpf ist, wenn man recht mit ihm umgeht", antwortete unangefochten der Alte und fuhr fort: „Durch diese Vereinigung empfand ich einen Aufschwung der Seele und empfand eine innere Seligkeit, die ich nicht zu beschreiben vermag." Aber der alte Mann beschränkte die Möglichkeit des Vereinigens nicht nur auf Menschen und Tiere. „Wir müssen dahin kommen, daß wir uns ohne unser Zutun und Wissen mit allem Vereinigungswürdigen vereinigen. Ich denke, daß wir auch gut tun, uns mit allem zu vereinigen, das uns widerfährt oder widerfahren will, also mit Trennungen und Verlusten und Krankheiten, mit den Besonderheiten des Alters, unter denen ja viele lästige sind, und zuletzt auch mit dem Tode." – An dieser Stelle unterbrach ihn ein Matrose, der interessiert zugehört hatte: „Sage mir, womit man anfangen muß?" „Damit, daß man zuvörderst seinen Eigenwillen an dasjenige verlorengibt, mit dem man sich zu vereinigen denkt." Obwohl ein Zeitungsleser den alten Mann mit dem Zuruf „Unendlichen Dank, Herr Vereiniger!" zu verwirren suchte und ein anderer verächtlich grinste, verriet er sein letztes Geheimnis: „Ich habe ein Obdach, wo ich mich auch befinde." „Ja? Da bin ich neugierig! Her damit! Wo steht es?" „Ich verrate es gern. Ich habe es oft genug ausprobiert. Nämlich wenn es sich so trifft, daß ich genötigt bin, unter freiem Himmel zu übernachten, so ziehe ich mit einem Stock einen Kreis, so weit mein ausgestreckter Arm und mein Stock eben reichen. Den so abgesteckten Platz empfehle ich den hl. Aposteln, die ja auch Wandersleute gewesen sind, und im Vertrauen auf ihren Schutz lege ich mich innerhalb dieses Kreises zur Ruhe."

Der nächste Tag war sehr heiß. Der alte Mann brach wieder auf. Unterwegs blieb er inmitten des Fahrdammes stehen, senkte den Kopf und begann zu schwanken. Er preßte die linke Hand gegen sein Herz, während die zitternde rechte mit dem Stock mühsam einen Kreis beschrieb. Er sah sich um und machte eine Handbewegung, als bitte er die Welt um Entschuldigung. Darauf ließ er sich langsam sinken, legte sich auf die Seite und schob sich zurecht, bis er sehr ordentlich auf den Rücken zu liegen kam. Er kreuzte die Arme über der Brust und rührte sich von nun an nicht mehr.

Vgl. Werner Bergengruen, Die Kunst, sich zu vereinigen, Erzählung, Im Verlag der Arche, Zürich 1956.

Wer das Meditieren erlernen will, tut gut daran, sich mit den Eigentümlichkeiten des alten Mannes zu vereinigen. Erwägen wir zunächst jene Gewohnheit, die er seinen Zuhörern zum Schluß verriet. War er genötigt, unter freiem Himmel zu übernachten, so zog er mit einem Stock einen Kreis und legte sich innerhalb dieses Kreises zur Ruhe. Müssen nicht auch wir, die wir den dunklen Mächten des Lebens ausgeliefert sind, tagtäglich einen solchen Kreis ziehen, um darin zur Ruhe zu kommen und unsere alltäglichen Erfahrungen zu verdauen, um unsere innere Einheit zu bewahren, um von unserer vielfältigen Verkrampftheit und der unnötigen Anspannung frei zu werden, um außerhalb des Kreises mit gesammelter Kraft leben zu können? Wo der Mensch darauf bedacht ist, diesen Meditationskreis immer wieder neu zu ziehen, um sich darin los- und niederzulassen, da gelangt er zu seiner Wesenstiefe. Er weiß sich von einem geheimnisvollen Grund getragen, der voller Licht ist und sein ganzes Wesen durchleuchtet. Solche Erfahrungen beschreibt Pierre Teilhard de Chardin in seinem Buch „Der göttliche Bereich“ mit folgenden Worten: „So habe ich – von dem man annimmt, daß er täglich meditiere! – vielleicht zum erstenmal im Leben die Lampe genommen, den scheinbar kleinen Bereich meiner täglichen Beschäftigungen und Beziehungen verlassen und bin hinabgestiegen in das Innerste meiner selbst, in jenen tiefen Abgrund, aus dem, wie ich es undeutlich fühle, mein Vermögen zu handeln aufsteigt. Und je mehr ich mich von den herkömmlichen Gewißheiten entfernte, die das Leben der menschlichen Gesellschaft oberflächlich erhellen, um so mehr habe ich erkennen müssen, daß ich mir selbst entglitt. Mit jeder Stufe, die ich hinabstieg, enthüllte sich in mir eine andere Persönlichkeit, deren genauen Namen ich nicht mehr nennen konnte und die mir nicht mehr gehorchte. Als ich meine Forschung aufgeben mußte, weil der Weg unter meinen Schritten aufhörte, da öffnete sich vor meinen Füßen ein bodenloser Abgrund, aus dem, ich weiß nicht woher, der Strom floß, den ich *mein* Leben zu nennen wage.“[1] Was Pierre Teilhard de Chardin hier schildert, wird für uns vielleicht verständlicher, wenn wir uns die verschiedenartigen Stufen der menschlichen Seele zu Bewußtsein bringen.

Zunächst ist nicht sicher, woher das Wort ‚Seele‘ stammt. Einige Sachverständige bringen dieses Wort mit dem Wort ‚See‘ in Zusammenhang. Wenn dies auch von anderen nicht unbestritten hingenommen wird, so kann uns doch ein See Abbild und Spiegelbild der menschlichen Seele sein.[2] An ihrer Oberfläche befinden sich unsere verschiedenen Sinnesorgane. Durch sie empfangen wir die vielfältigen und sich ständig ändernden Eindrücke und Reize aus der Außenwelt, und durch sie äußern wir unsere seelische Innenwelt. Man denke hier beispielsweise an die Augen. Durch sie nehmen wir wahr, was sich in unserer Welt tut; zugleich aber bringen unsere Augen zum Ausdruck, wie es uns innerlich zumute ist. In der nächst tieferen Seelenschicht sind unsere intellektuellen Denkfunktionen beheimatet. Zu diesem Bereich gehört beispielsweise das folgerichtige Denken. Wer folgerichtig denken kann, überblickt die Folgen, noch ehe diese eingetreten sind. Hierher gehört unsere intellektuelle Schlagfertigkeit, die uns in Gesprächssituationen mit unverhofften Gegebenheiten fertig werden läßt. Zu diesem Bereich gehört u. a. das praktische Denken, durch das wir Ordnung in die Aufgaben unseres alltäglichen Lebens bringen. Steigen wir eine weitere Stufe hinab, so kommen wir zum Bereich unserer Gefühlsfunktionen. Diese begleiten nicht nur unser Denken und Handeln, sondern beeinflussen es erheblich. Wir können ja überhaupt nichts tun, ohne dabei irgend etwas zu fühlen, sei es nun Erleichterung, Freude, Zuversicht, Erwartung, Furchtlosigkeit oder aber Unlust, Abneigung, Widerwille, Kummer, Trauer, Angst usw. Meist machen wir uns dies nicht genügend klar, obwohl diese unsere Gefühlswelt für unsere Leistungsfähigkeit von großer Bedeutung ist. Während frohe Zuversicht unser Denk- und Handlungsvermögen beflügeln kann, vermögen Unlust und schlechte Laune dieses sehr zu behindern. Schreiten wir noch tiefer hinab, so kommen wir zu unseren Antriebskräften, die hinter unserem Fühlen, Denken und Handeln walten. Zu diesen Antriebskräften gehören unsere unbewußten Wünsche, Sehnsüchte, Bestrebungen, Bedürfnisse und Triebe. All diese Kräfte sind uns im allgemeinen noch viel weniger bewußt als unsere Gefühle, obwohl sie für unser Verhalten noch entscheidender sind. Wenn man beispielsweise jemand fragt, wie er sich augenblicklich fühlt, wird er meist nach einigem Besinnen darüber Auskunft geben können. Fragt man ihn aber, was ihn zu seinem augenblicklichen Tun getrieben hat, so wird er sich viel schwerer tun, eine genaue Antwort zu geben. Mit der nächsten und letzten Stufe erreichen wir das Zentrum unserer Persönlichkeit. In ihm sind unser tiefstes Wollen und Erleben verankert. Aus ihm erwachsen unser Selbstvertrauen und unsere Selbstachtung. Hier erleben wir in lichtvollen Augenblicken unsere personale Einmaligkeit, unsere Unwiederholbarkeit, unsere Einsamkeit, die mit jedem personalen Sein gegeben ist. An diesem tiefsten Punkt empfinden wir weitgehend dasselbe. Daher sagt Johann Wolfgang von Goethe einmal: „Das Einsamste ist das Gemeinsamste."

Hier ergreift uns das religiöse Erlebnis, von dem wir dann bis ins letzte ergriffen sind, das unser ganzes Wesen von seiner Wurzel her durchleuchtet. An diesem Punkt wissen wir uns von Gott geliebt und angenommen. Dieses Erleben, das in den für einen Außenstehenden unzugänglichen Tiefen aufbricht, bezeichnet man als ‚X-Erfahrung' (E. Fromm) oder als ‚Evidenzerleben'. Es berührt nicht nur die rationale oder emotionale Ebene des Erlebens, sondern die existentielle. Aus ihm erwachsen Umorientierung und Veränderung des eigenen Daseins.[3] Von hier aus können wir erahnen, welche Wirklichkeit Pierre Teilhard de Chardin in den vorhin zitierten Sätzen zur Sprache bringt. Was all dies für unsere Glückserfahrung bedeutet, die die Meditation vermittelt, erhellt ein Vergleich von Sören Kierkegaard. Dieser schreibt: „Wenn ein Araber in der Wüste plötzlich in seinem Zelt eine Quelle entdeckte, so daß er beständig Quellwasser im Überfluß hätte: wie glücklich würde er sich preisen – so auch ein Mensch, der als sinnliches Wesen beständig nach außen gekehrt ist, in der Meinung, daß seine Glückseligkeit außer ihm liege, wenn er plötzlich nach innen gekehrt wird und entdeckt, daß die Quelle in ihm selbst liegt, und noch um wieviel mehr, wenn er die Quelle entdeckt, die das Gottesverhältnis ist."[4] Voraussetzung, diese Quelle zu entdecken, ist jedoch unsere Entschlossenheit, jenen Kreis immer wieder neu zu ziehen. Der Weg aber, der in ihm zur Quelle führt, ist die Kunst, sich zu vereinigen.

Es gibt in unserer Welt nichts, womit wir uns nicht vereinigen könnten, denn in allem birgt sich ein göttlicher Gedanke, ein göttliches Geheimnis. Daher sind alle Dinge gleichsam Boten, die uns eine göttliche Botschaft zu bringen haben. Damit wir diese vernehmen, müssen wir uns in der Begegnung mit allem und jedem fragen, welche guten Eigenschaften hier zu entdecken sind. Haben wir sie erkannt, so sollten wir sie in kurzen Abständen immer wieder nennen, damit wir sie mit jeder Wiederholung tiefer in uns aufnehmen können. In dieser Weise vereinigte sich der alte Mann mit der Wachsamkeit des Hundes, dem Stolz und der Großmut des Löwen, der Weisheit und der Dankbarkeit des Elefanten, mit der Sanftmut, der Bescheidenheit und Arbeitsamkeit des Esels. Dadurch wurde er selbst wachsam, stolz, großmütig, weise, dankbar, sanft, bescheiden und arbeitsam. Er vereinigte sich mit dem betenden Priester und wurde selbst zu einem betenden Menschen. Indem er sich mit allen Menschen vereinigte, selbst mit denen, die seinem Anblick entzogen waren, gewann er alle Menschen lieb. Durch die Kunst des Vereinigens söhnte er sich auch mit den Widerwärtigkeiten des Lebens aus, mit Trennungen und Verlusten und Krankheiten, mit den Besonderheiten des Alters und zuletzt auch mit dem Tode.

Denn auch diese Dinge haben Eigenschaften, aus denen wir Gewinn und Bereicherung ziehen können. Die Kunst des Vereinigens faßt also das Positive ins Auge, das, was den Menschen erhebt und ihn in seinen tieferen Seelenschichten glücklich stimmt. Weshalb gibt es so viele unglückliche Menschen? Weil sie immer nur das Negative sehen. Die Einübung ins Positive ist eine grundlegende Übung, um die Kunst, sich zu vereinigen, zu erlernen. „Der Blick für den Wert, das Eigentliche, das Wesentliche, das Richtige, Schöne, Große, das Heile und Heilende, das Erquickende, Stärkende, Aufbauende muß ständig geübt werden. Nur im Positiven leuchtet ja das letzte Sein auf. Wer nicht Mängel beiseite legen und auf das Positive blicken kann, bleibt im kritischen Denken hängen (auch das ist nötig, aber zu anderer Zeit) und kommt nicht in die Tiefe ... Mit der Einübung ins Positive wird auch eine negative Gestimmtheit überwunden, die sich in einer miesen, abwertenden, unzufriedenen Verfaßtheit ausdrückt, des Lebens nicht froh werden kann und mit der wir im Grunde zum rechten Leben nicht fähig sind."[5]

Der alte Mann, der durch ständige Übung dahin gelangt war, daß er sich ohne sein Zutun und Wissen mit allem Vereinigungswürdigen vereinigte, unterschied sich deutlich von seinen Mitmenschen. Er hatte sich bis in sein hohes Alter eine zähe und muntere Lebendigkeit bewahrt. Auffallend waren vor allem seine großen und strahlenden Augen. Mit allen, die ihm begegneten, verkehrte er in einer vollkommenen Unbefangenheit. Selbst unerwartete Zwischenfälle vermochten ihn nicht aus der Ruhe zu bringen, weil er auch in ihnen spontan das Positive erfaßte. Das zeigt, in welchen Tiefen er mit seinem Wesen verankert war. Als gläubiger Mensch war er nicht zu erschüttern. Voll inneren Gleichmaßes und ruhiger Bereitschaft stand er dem gegenüber, was der Tag ihm bringen mochte. Durch die Kunst, sich zu vereinigen, war er neu geboren; durch sie hatte er sich eine neue, siegreiche Einstellung dem Leben gegenüber angeeignet. Selbst der Tod vermochte ihn nicht zu überraschen. Mit dem Stock beschrieb er, wie er es gewohnt war, seinen Kreis, sah sich noch einmal um und machte eine Handbewegung, als bitte er die Welt für alles begangene Unrecht um Entschuldigung. Darauf ließ er sich langsam sinken. Womit müssen wir anfangen, um dorthin zu gelangen? Damit, daß wir unseren Eigenwillen an dasjenige verloren geben, mit dem wir uns zu vereinigen denken. Mit diesem Hinweis kommen wir zum Lebensgeheimnis Jesu. Hätte er seine Gleichnisse erzählen – und sich den Menschen in der von ihm bekannten Art und Weise zuwenden können, wenn ihm die Kunst, sich mit allem und jedem zu vereinigen nicht vertraut gewesen wäre? Treffend wurde von ihm gesagt, daß es seine Eigentümlichkeit war, nie zuerst den Schmutz zu sehen, in den die kostbare Perle gefallen war, sondern immer die kostbare Perle, um sie aus dem Schmutz zu holen. Die Kunst des Vereinigens ist das Geheimnis seiner Liebe gewesen. Dabei kam es ihm letztlich nur auf eines an, nämlich seinen Eigenwillen an den Willen seines Vaters zu verlieren. Mit dem Willen seines Vaters vereinigte er sich auch in seiner Todesnot am Ölberg, um dann gestärkt und mit Würde sein Kreuz zu tragen. Selbst in seiner letzten Todesqual sah er bei seinen Henkern noch einen Grund, ihnen zu verzeihen: „Vater, verzeih ihnen, denn sie wissen nicht, was sie tun" (Lk 23,34).

Und er ging hinaus und begab sich nach seiner Gewohnheit an den Ölberg: es folgten ihm die Jünger. Als er an den Ort kam, sprach er zu ihnen: „Betet, damit ihr nicht in Versuchung fallt." Und er trennte sich von ihnen etwa einen Steinwurf weit, kniete nieder und betete: „Vater, wenn du willst, laß diesen Kelch an mir vorübergehen. Doch nicht mein, sondern dein Wille geschehe."
Da erschien ihm ein Engel vom Himmel und stärkte ihn.
Lukas 22,39–43

18 Ich betrachte, soviel ich kann

Julien Green: Jeder Mensch in seiner Nacht
Ps 19

Wilfred Ingram war zu einem Besuch bei Knights eingeladen. Herr Knight, der vor kurzem einen Schlaganfall erlitten hatte, wirkte auf ihn wie ein Unbekannter. In seinem Blick und seinen Gesichtszügen bemerkte der Besucher im Gegensatz zu früher, da er ihm unangenehm und fanatisch erschien, etwas Gütiges und Leidendes, und ganz hinten in seinen großen, schwarzen Augen neben unermeßlicher Traurigkeit eine Art Erstaunen.

„Ich habe mich ziemlich rasch erholt", sagte Knight. „Dabei hatte ich einen Augenblick lang geglaubt, es sei recht ernst; ich hatte, was man als eine Vorahnung, eine Vorwarnung bezeichnet ... Seither kommt mir alles anders vor. Das Licht zum Beispiel. Das Licht ist schön. Ich hatte es für etwas ganz Gewöhnliches gehalten; das war falsch: wenn man anfängt, es zu beobachten, es von Stunde zu Stunde zu verfolgen, dann begreift man, daß es dazu beauftragt ist, uns vielerlei Dinge sehn zu lassen, und daß man unbedingt hinsehn, genau beobachten muß ... Ich betrachte, soviel ich kann", sagte er. „Etwa im Garten: jedes Blatt. Selbst nachts ... Vielleicht haben Sie diesen Seelenzustand nie durchlebt. Nichts um einen herum hat sich verändert. Dennoch fragt man sich, wieso man diesem und jenem auch nur die mindeste Bedeutsamkeit hat beimessen können. Es gibt keine Unruhe, nichts Bedrohliches mehr..."

Vgl. Julien Green, Jeder Mensch in seiner Nacht, Jakob Hegner Verlag, Köln und Olten 1960, S. 202–205.

Es gibt keine Krankheiten, die nicht in irgendeiner Weise eine Veränderung des Lebensgefühls im Betroffenen bewirken würde. Der erkrankte Mensch wird aus seinen bisherigen Lebensgewohnheiten herausgerissen. Er erfährt Abhängigkeit und Unfreiheit; er muß mannigfaltige Entbehrungen auf sich nehmen; Minderwertigkeitsgefühle und depressive Stimmungen steigen in ihm hoch. In der Regel ist es freilich so, daß sich durch solche Erfahrungen die gesamtseelische

Struktur nicht wesentlich, sondern nur graduell wandelt. Persönliche Eigenarten und Absonderlichkeiten treten hervor und erreichen deutlichere Ausmaße. Anders ist es hingegen bei bestimmten Erkrankungen, die eine strukturelle Persönlichkeitsveränderung heraufbeschwören können. Vor allem in diesem Fall überfällt den Kranken ein starkes Unsicherheits- und Angstgefühl. In ihm breitet sich eine mit Furcht gemischte Traurigkeit aus. Sie ergibt sich aus dem Bruch zwischen Körper und Seele, wodurch sein inneres Gleichgewicht erschüttert wird. Solche Verunsicherung kann eine „Wendung nach innen" bewirken. „Ja, sie begünstigt und ermöglicht ... oft die ‚Wendung nach innen', der Mensch wird empfindsamer, bekommt einen feineren Sinn für Dinge, an denen er sonst vorbeistolpert, für die anorganische Natur, das Tierreich ..., Kunst und Religion."[1]

Diese Informationen erhellen den inneren Zustand von James Knight, in den er durch den erlittenen Schlaganfall versetzt wurde. Knight hatte sich so verändert, daß sein Besucher glaubte, vor einem Unbekannten zu stehen. Aus seinen Augen sprachen zugleich Güte und Leid, Traurigkeit und Erstaunen. Vielleicht waren es diese Gegensätze, die es Wilfred Ingram schwer machten, das richtige Wort zu finden, um seinen Eindruck wiederzugeben. Seit dem Augenblick, da Knight vom Finger des Todes angerührt worden war, hatte alles seine Selbstverständlichkeit und Gewöhnlichkeit verloren. Erst jetzt erwachte er zum eigentlichen Leben, das uns die Gabe des Hinsehens, des Beobachtens, des Betrachtens schenkt. So erlangte jede Kleinigkeit für ihn eine große Bedeutung, die ihm Wichtiges zu sagen hatte. Das Verwunderliche dabei war, daß sich um ihn herum nichts geändert hatte. Weil er selbst ein anderer geworden war und alles mit anderen Augen sah, deshalb fiel auf alles ein neues Licht, in dem die Dinge ihr Geheimnis offenbarten. Der lebendige Einklang mit dem Unscheinbaren und Kleinen, das keine laute Sprache spricht, nahm ihm jede Unruhe und hielt alles Bedrohliche von ihm fern. All das macht uns auf eine tiefe Wahrheit aufmerksam, die Romano Guardini so formuliert: „Unsere Erwartung sucht gern das Interessante und Ungeheure; so lange wir aber diesen Wunsch festhalten, umgibt sich das wirklich Bedeutungsvolle mit dem Charakter der Alltäglichkeit und entschwindet darin dem Blick. Der wirklich Denkende muß lernen, den Schein der Selbstverständlichkeit zu durchdringen und in die entsunkene Tiefe einzutauchen."[2]

Weil sich das wirklich Bedeutungsvolle dem Menschen nur im liebenden und geduldigen Hinsehen offenbart, kommt er allein auf diesem Weg zum Sinn seines Daseins. Der Mensch ist letztlich zum

Sehen da. Auf die Frage: „Wozu bist du auf Erden?" antwortete der griechische Philosoph Anaxagoras (500–428 v. Chr.), von dem Aristoteles (384–322 v. Chr.) sagte, er nehme sich unter seinen Gefährten aus wie ein Nüchterner in der Gesellschaft von Betrunkenen: „Zum Schauen – von Sonne, Mond und Himmel." Josef Pieper sagt dazu: „Es ist kaum anzunehmen, daß diese Antwort die physischen Himmelskörper gemeint habe und nicht vielmehr das Ganze von Welt und Sein. – So stimmen also die Weltweisheit des frühen Griechentums und die Heilslehre des Neuen Testamentes überein, daß die Vollendung, um derentwillen wir leben, uns im *Sehen* zuteil werde."[3] Ob es erst eines schweren Schicksalsschlages bedarf, bis wir zum eigentlichen Leben kommen?

Wir müssen wieder sehen lernen. Das ist eine Aufgabe, die wir zeit unseres Lebens nicht hinter uns bringen können. Nie werden wir aus der Schule des Sehens entlassen. Der Grund liegt auf der Hand: Ständig stehen wir in der Gefahr, aus der Fülle des Sichtbaren einen Bereich auszuwählen und damit viele andere zurückzustoßen. Auf diese Weise bauen wir uns eine Welt, die so eng wie unsere Sichtweise ist. Gleichen wir nicht oft einem Tier auf dürrer Heide, während sich ringsumher eine schöne grüne Weide ausbreitet? Wir sitzen in unserer Eierschale und bemerken nichts von der Unendlichkeit des Universums. Wir kommen aus dieser uns einengenden Schale nicht heraus, es sei denn, wir durchbrechen sie von innen, indem wir uns dem „Ganzen von Welt und Sein" öffnen. Wer darum bemüht ist, wird die beglückende Erfahrung machen, daß sich ihm mit jeder noch so kleinen Entdeckung eine völlig neue Welt des noch nicht Gewußten erschließt. Solche „Erschließungs-Situationen" werden ihm zu Brückenköpfen für die Transzendenz, in der er über sich hinauswächst und etwas von jenem Licht und jener Wärme erahnt, die uns alle trägt und unser tiefstes Wesen ‚ausbrütet'. Das Sich-Öffnen für das „Ganze von Welt und Sein" wird ihm zum Weg, der ihn vom menschlichen Ich zum unbegreiflichen, aber alles umgreifenden göttlichen Du führt, das allein Heimat, Geborgenheit, unbedingte Ruhe und Frieden schenkt. Hier zeigt sich die spezifische Eigenart des Menschen. Sie liegt in seiner „Gottfähigkeit, darin, daß er von Gott angesprochen und grundsätzlich gerufen ist, ihm zu antworten". Wo das geschieht, da weiß sich der Mensch unsterblich. „Wer im Gespräch mit Gott steht, stirbt nicht. Gottes Liebe gibt Ewigkeit" (J. Ratzinger). Dieses Bewußtsein verwandelt ihn bis in die letzte Faser seines Herzens und läßt ihn alles mit ganz anderen Augen sehen.

Zu solchem Sehen will Jesus unser Auge befreien. Wie seine Jünger hält er auch uns an, nicht in unserer kleinen Welt von tausend Sorgen und Mühen unterzugehen: „Seht die Lilien an: sie weben nicht und nähen nicht. Doch ich sage euch: Selbst Salomo war in all seiner Pracht nicht gekleidet wie eine von ihnen. Wenn aber Gott schon das Gras so prächtig kleidet, das heute auf dem Feld steht und morgen ins Feuer geworfen wird, um wieviel mehr dann euch, ihr Kleingläubigen" (Lk 12,27f.). „Betrachten bedeutet ... hier ganz einfach: meditieren. Jesus fordert den Hörer des Gleichnisses auf, Gestalt und Schönheit der Lilie zu meditieren ..., um durch innere Anschauung zur Gewißheit zu gelangen, daß der Mensch sich unbesorgt Gott anvertrauen dürfe ... Die Weckung des Vertrauens, Voraussetzung eines Lebens aus der Hingabe und Gelassenheit, geschieht nicht durch rationale Denkakte, sondern durch ‚Anschauung', durch die Eröffnung des Geistesauges, durch das innere Sehen."[4]

Aus dem Gesagten ergeben sich drei Regeln, deren Verwirklichung uns hilft, den „Himmel auf Erden" zu erleben. Die *erste* Regel: Nimm dir die Zeit, still und ruhig bei irgendeinem Gegenstand zu verweilen. Dann wird dir aufgehen, daß es wahr ist, wenn die Dichterin Gertrud von Le Fort sagt: „Nichts Irdisches ist ewig, aber alles Irdische kann Sinnbild des Ewigen werden." Wir werden erkennen, wie die kleinen, einfachen und unscheinbaren Dinge, an denen wir so schnell vorbeilaufen können, immer mehr enthalten als das, was sie an ihrer Oberfläche zeigen; wie sie voll innerer Reichtümer und Geheimnisse sind, die sich wie von selbst dem ehrfürchtig nahenden Auge offenbaren. Sie sind gleichsam wie „vorauslaufende Boten, die, bestürzt von der Botschaft, die sie bringen, die kommende Ewigkeit verkünden" (K. Rahner); sie sind wie „der Wellenschlag eines ewigen Meeres hinter der Zeit" (R. Guardini). Daher die *zweite* Regel: Laß dich von ihrer Botschaft ansprechen und von ihrem Wellenschlag ergreifen, der dich vom Strand deiner Zeitlichkeit zum Ufer der Ewigkeit tragen wird. Gott ist immer ein uns abholender Gott. Er schickt seine Boten aus, die uns seine Einladung bringen. In ihr ist er bereits gegenwärtig, um uns ins Vertrauen zu rufen. Und die *dritte* Regel: Vor dem Geheimnis deines Lebens angekommen, erzähle Gott mit schlichten und einfachen Worten, was du erleben durftest. Ob nicht solches „Erzählgebet" (W. Bernet) die schönste Form des Betens ist? Wo der Mensch Gott von seinen Erlebnissen erzählt, da wird er ihm zum Vater, der ihm zuhört, bis er in kindlicher Freude alles erzählt hat.

Die Himmel rühmen die Herrlichkeit Gottes,
das Firmament verkündet das Werk seiner Hände.

Ein Tag verkündet es dem andern,
eine Nacht ruft es der anderen zu.
Da ist keine Sprache, kein Wort,
unhörbar bleibt ihre Stimme.
Und doch eilt ihr Ruf über die ganze Erde,
ihre Botschaft bis an die Enden der Welt.
Dort hat er der Sonne ein Zelt gebaut,
und sie geht strahlend daraus hervor,
so wie der Bräutigam aus seiner Kammer.
Sie freut sich wie ein Held,
der seine Bahn durchläuft.
Vom Ende des Himmels kommt sie herauf,
und bis zum andern Himmelsende führt ihr Weg,
nichts vermag sich vor ihrer Glut zu verbergen.
Die Weisung des Herrn ist vollkommen,
sie macht den Menschen froh.
Das Gesetz des Herrn ist verläßlich,
es belehrt die Unwissenden.
Die Befehle des Herrn sind gut,
sie erfreuen das Herz.
Das Gebot des Herrn ist lauter,
es erleuchtet die Augen.
Die Furcht des Herrn ist rein,
sie besteht für ewig.
Die Urteile des Herrn sind wahr,
sie sind gerecht.
Kostbarer als Gold sind sie,
als lauteres Gold in Menge.
Sie sind süßer als Honig, als Honig aus Waben.
Dein Knecht bleibt ihnen treu,
er ist bemüht, sie zu beachten.
Doch wer ist gewiß, daß er sich nicht verfehlt?
Von Sünden, die ich nicht kenne, befreie mich.
Auch vor Überheblichkeit bewahre deinen Knecht,
daß sie nicht Macht über mich gewinne.
Dann bin ich ohne Makel
und rein von schwerer Schuld.
Die Worte meines Mundes mögen dein Gefallen finden,
ebenso die Gedanken meines Herzens,
Herr, du bist mein Fels und mein Erretter.
Psalm 19

19 Man öffnete ihr das Herz

A. Döblin: Autobiographische Schriften
Mt 5,8

In seinen „Autobiographischen Schriften und letzten Aufzeichnungen" erzählt der Arzt, Dichter und Schriftsteller Alfred Döblin (1878–1957) von einer Frau, die knapp über dreißig war. Sie lebte bei ihrer Mutter; ihr Vater war gestorben. Die junge Frau hatte ein Herzleiden, aber es behinderte sie nicht in ihrem Beruf. Schlimmer war, daß sie an nichts wahre Freude hatte. Sie war ernst und neigte zu einer unbestimmten Trauer, von der sie sich nicht zu lösen vermochte. Eines Tages fand man sie in einem ziemlich elenden Zustand in ihrem Bett. Man konnte an Selbstmord denken. Als man sie in das Krankenhaus überführte, war sie tot. Sie starb so still, wie sie gelebt hatte. „Medizinisch war sie gestorben, ich möchte sagen, auf redliche Weise: zu ihrer alten Herzklappenerkrankung war eine neue getreten. Wäre sie nicht jetzt gestorben, so wäre sie dem schleichenden inneren Leiden in Kürze erlegen. Nun war's zu Ende." Man legte die junge Frau auf den Seziertisch und öffnete ihr das Herz, das sich der Welt nicht hatte öffnen können. Und alle, die im Raum waren, betrachteten ihr krankes Herz.

Vgl. Alfred Döblin, Autobiographische Schriften und letzte Aufzeichnungen, Walter-Verlag, Olten–Freiburg i.Br. 1980, S. 553f.

Wenn wir einmal auf unsere Sprache achten, stellen wir fest, daß wir eine Fülle von Worten aus dem Englischen übernehmen, um mit ihrer Hilfe unsere alltägliche Geschäftigkeit zu regeln. So sprechen wir von „full-time-job", von „rush-hour", von „timing", von „marketing". Zu allem gehört der „Manager", der alles noch einmal „durchzuchecken" hat. Im Prozeß einer solchen Sprachveränderung könnte es sein, daß wir über solche „Nutz-Worte" den Sinn für die „Ur-Worte" unseres Lebens verlieren. Ur-worte sind Worte, in denen der Mensch etwas vom Geheimnis seines Daseins aussagt. Sie sind nicht zusammengesetzt, sondern einfach; meist sind sie nicht lang, sondern kurz. Ich denke hier an Worte wie: Kraft, Freude, Friede, Leben, Glück, Glaube, Liebe. Sie alle nehmen sich zurück auf das Ur-wort schlechthin, das wir „Gott“ zu nennen gewohnt sind. Wo dieses „Ur-wort“ seine Bedeutung verliert, da werden uns auch die anderen Ur-worte nicht mehr viel zu sagen haben.

Zu den erwähnten Ur-worten gehört auch das Wort „Herz“. Bei diesem Wort fällt uns etwas auf. Es hat gleichsam einen „doppelten Boden“. Zunächst bezeichnet es den zentralen Muskel, der das Blut durch die Gefäße treibt und den Blutkreislauf aufrechterhält. Zugleich bedeutet „Herz“ aber auch: Quellgrund des Lebens. So lesen wir im Alten Testament im Buch der Sprichwörter: „Ein fröhliches Herz macht das Gesicht heiter, Kummer im Herzen bedrückt das Gemüt“ (15,13). Warum hat dieses Ur-wort eine doppelte Bedeutung? Vielleicht deshalb, weil zwischen dem organischen Muskel und dem Quellgrund des Lebens ein tiefer Zusammenhang besteht, den man so formulieren könnte: Wenn das Herz in seinem Grund nicht mehr stimmt, bekommt es nicht selten auch der Muskel zu spüren. Damit dürfte die Ursache für den Tod jener jungen Frau genannt sein, von der Alfred Döblin erzählt. Im Hinblick auf ihr Herz schreibt er: „Es hatte sich der Welt nicht öffnen können, das Messer des Anatomen öffnet ihre Brust, und alle, die im Raume sind, betrachten das kranke Herz.“ Wer spürt nicht die Tragik, die aus dieser Anmerkung des Dichters spricht? Schlußfolgernd können wir sagen: Wer sich der Welt und der Freude, die sie uns vermitteln möchte, öffnet, bewahrt sich in der Regel auch ein gesundes Herz. In dieser Fähigkeit liegen des Menschen Lebenskunst und Lebensweisheit. Wie gelangen wir dazu, uns der Welt von Herzen zu öffnen?

Die Antwort vermittelt uns ein Erlebnis des großen Russen Fjodor Michailovitsch Dostojewski (1821-1881). Im Sommer 1862 machte er seine erste Auslandsreise. Bei dieser Gelegenheit kam er auch nach Köln. Vom Kölner Dom versprach er sich viel; denn bereits in seiner Jugend, als er sich mit Architektur befassen mußte, hatte er den Dom „mit Ehrfurcht“ nachgezeichnet. Als er dann vor ihm stand, war er enttäuscht. Der Dom gefiel ihm keineswegs: „Er kam mir wie ein Galanteriegegenstand vor, der nur aus Spitzen und Spitzen und nichts als Spitzen bestand, oder wie irgend so ein Ding, das als Briefbeschwerer auf den Schreibtisch zu stellen ist, allerdings von guten siebzig Faden Höhe. ‚Wenig Imposantes‘, urteilte ich ...“ Einen Monat später kehrte Dostojewski, von Paris kommend, nach Köln zurück. Jetzt sah er den Dom zum zweiten Mal. „Da hätte ich ihn auch ‚kniend um Verzeihung bitten‘ mögen, weil ich seine Schönheit das erste Mal nicht begriffen hatte.“ Selbstkritisch fragte sich Dostojewski, weshalb sein erstes Urteil so ungünstig ausfiel. Zwei Umstände machte er geltend.

Einmal ärgerte ihn das Eau de Cologne. Die ganze Zeit glaubte er, dessen Vertreter lägen ihm mit den Worten: „Eau de Cologne ou la vie! Kölnisch Wasser oder das Leben!" – in den Ohren. Der zweite Umstand, der ihn erboste und ihn in seinem Urteil ungerecht machte, war der Stolz der Stadt auf ihre neue Brücke und zudem die Miene des Mannes, der von ihm am Brückenkopf die Brückensteuer erhob. Er benahm sich, „als fordere er eine Strafzahlung für ein von mir unbewußt begangenes Verbrechen"[1]

Dieses Kölner Erlebnis von Dostojewski macht deutlich, wie Randerscheinungen von unseren Herzen Besitz ergreifen – und uns zu völlig subjektiven und unsachlichen Äußerungen treiben können. Horaz (65–8 v. Chr.) setzte dieses Phänomen in ein Bild. Er sagte: „Wenn ein Gefäß nicht rein ist, wird alles, was du hinein tust, bitter." Subjektivität und Unsachlichkeit bedeuten also, daß das Herz nicht offen ist für die wirklichen Gegebenheiten, für das Licht der Wahrheit.

Jeder weiß aber, daß nicht nur Traurigkeit und Ärger die Fähigkeit haben, das Herz unter Verschluß zu bringen. Alles Negative, Schlechte, Schmutzige und Böse, alles Unlautere, Begehrliche, Lieblose und Selbstsüchtige beengt das Herz und entzieht ihm somit die wahren Freuden dieser Welt. Und verschließen und zurückziehen wird sich auch das mit solchen Augen Angeschaute. Wie sehe ich beispielsweise die Menschen an? Tue ich es mit Angst, mit Begehrlichkeit, mit Absichten, mit Forderungen, tue ich es mit dem Nebengedanken oder Hintergedanken, ob er mich achtet, ob ich ihn anpumpen kann? Wo dies geschieht, da sehe ich die anderen nicht, wie sie in Wirklichkeit sind; ich sehe sie vielmehr als Zerrbilder meines unreinen Wollens. Erst wo wir nichts haben wollen, erst wo unser Auge nichts begehrt, erst wo unser Sehen reine Betrachtung geworden ist, tut sich „das Herz aller Dinge" auf und offenbart uns seine inwendige Schönheit.[2] Wir spüren auf einmal, wie alles merkwürdig und faszinierend wird und uns mit tiefer Freude erfüllt. Es geht uns auf, daß alles Irdische nur verschiedenartige Erscheinungsweisen des Himmlischen ist. „Wer ein Brot auf dem Tisch sieht, wer den Wein im Glase vor sich stehen sieht, was sieht er? Wer ein Kindlein in der Wiege gewahrt, was gewahrt er? Es ist nichts in der Welt, das dich nicht auf die Knie zwingen könnte, weil Er dir darin erscheint. Es braucht nicht einmal den feurigen Dornbusch. – Ein gewöhnlicher tut's unter Umständen auch."[3] Wo das menschliche Herz vom Schöpfer durch seine Schöpfung angerührt wird, da kann es nicht anders, als sich in Anbetung zu verlieren und darin seine tiefste Bestimmung zu erlangen. Sie weckt in ihm die Sehnsucht, den von Angesicht zu Angesicht zu schauen, den das reine, starke und frische Wollen in dieser Welt nur andeutungsweise zu erkennen vermag.

So erleben es vor allem die Heiligen. Der Dichter Reinhold Schneider (1903–1958) erzählt einmal von einem Spaziergang, zu dem die hl. Theresia von Avila den hl. Johannes vom Kreuz eingeladen hatte: „Jenseits des kleinen Flusses stiegen Schafweiden gelinde an zu einem Kiefernwäldchen, hinter dem die Wolken in abendlichem Lichte rasteten; zur Seite leuchtete weithin die rote Ackererde (...) Theresia führte den Bruder an den Saum des Wäldchens (...) Sie hob eine Ameise mit einem dürren Blatt auf: ‚Glaubst du nicht auch, daß Gottes ganze Weisheit dazu gehörte, dieses kleine Tier zu ersinnen? Und also könnten wir vielleicht in die Anschauung Gottes versetzt werden, wenn wir es betrachten. Oh, ich kann dir nicht sagen, wie ich mich hinübersehne in die andere Welt ...'"[4]

Wie von selbst spricht sich uns am Ende dieser Meditation die Notwendigkeit zu, unser Wollen von allem Dunklen zu reinigen. Das ist eine Aufgabe, die täglich neu übernommen werden muß. Wen kann es wundern? Täglich bringen wir doch unser Haar in Ordnung; warum nicht auch das Herz?

Selig, die ein reines Herz haben; denn sie werden Gott schauen.
Matthäus 5,8

20 Zwischen Illusion und Wirklichkeit

A. Huxley: Parallelen der Liebe
Röm 8,8-9.12-17

Im zweiten Teil des Romans „Parallelen der Liebe“ von Aldous Huxley (1894–1963) erzählt Francis Chelifer Bruchstücke aus seinem Leben. Als er ungefähr vierzehn Jahre war, begegnete er zum erstenmal Barbara Waters. Vor allem ihre dunklen Augen faszinierten ihn. Sie leuchteten vor tiefem, heimlichem Glück. Gern hätte er gewußt, was das Geheimnis ihrer unaussprechlichen Freude war: „Ich wurde beinahe andächtig, ich fühlte beinahe etwas wie Ehrfurcht, als wäre ich plötzlich in die Gegenwart eines überirdischen Wesens geraten.“ Mit siebzehn verlor er sie aus den Augen. Als er sie einige Jahre später wiedersah, lächelte sie noch immer wie das Leben selbst. Doch je öfter sie sich nun begegneten, um so deutlicher bemerkte er ihre Unfähigkeit, die Rolle zu spielen, die seine Einbildung ihr alle diese Jahre hindurch zugeteilt hatte. „Sie war selbstsüchtig; sie lechzte nach Vergnügungen der gewöhnlichsten Art; sie liebte es, sich in einer Atmosphäre erotischer Bewunderung zu sonnen; es amüsierte sie, Anbeter um sich zu sammeln und sie schlecht zu behandeln, sie war dumm und verlogen – mit anderen Worten, sie war einer der normalen Typen gesunder junger Weiblichkeit.“ Der Gegensatz zwischen dem, was Barbara in Wirklichkeit war, und dem, was sie mit ihrem betörenden und lieblichen Gesicht hätte sein sollen und in seiner Phantasie auch war, wurde für Francis zu einer ewigen Quelle der Verwunderung und des Schmerzes. Mit der Entdeckung der wirklichen Barbara hatte sich zugleich seine Liebe für sie verändert. Hatte er sie früher um Gottes willen geliebt, so begehrte er sie jetzt. Obwohl er immer deutlicher erkannte, daß sie nicht zu ihm paßte, einen schlechten Charakter hatte und ihn eines Tages unglücklich machen würde, trennte er sich nicht von ihr.

Es war an einem heißen Sommerabend, als er sie nach Hause brachte. Sie waren tanzen gewesen, und es war spät geworden. „Wie wäre es mit einer Tasse Tee bei mir als Abschluß?“ schlug sie vor. Er schüttelte den Kopf. „Komm doch!“ wiederholte sie. Wieder wehrte er ab. Instinktiv wußte er, daß sie ein Verhältnis beginnen würden, wenn er mit ihr ins Haus ginge. Sein alter Vorsatz, seinem niederen Begehren zu widerstehen, festigte seinen Entschluß, nicht mit ihr hineinzugehen. „Na, wenn du nicht willst ..." Sie zuckte die Achseln. „Dann also gute Nacht." Doch bereits nach ein paar Schritten brach sein Entschluß schmählich zusammen. Er kehrte um. Noch vor der Haustür stehend, erklärte sie ihm: „Wenn du nicht so ein lieber dummer Kerl wärst, würde ich dir sagen, du solltest ..." In diesem Augenblick fühlte er sich glücklich und unglücklich zugleich; glücklich, weil er wieder bei ihr stand, unglücklich, weil er wußte, daß sein Tun aller Vernunft widersprach, Sünde war: „Ich war nicht ich; sie, wenngleich ihre Züge dieselben blieben, war nicht mehr sie." In diesem Zwiespalt sagte er zu ihr: „Wenn du willst, daß ich weggehe, dann gehe ich." – „Wie du willst", antwortete sie leichthin. Die Haustür war jetzt offen. Sie ging in die Finsternis hinein, und er folgte ihr ...

Vgl. Aldous Huxley, Parallelen der Liebe, Roman, Fischer Bücherei Nr. 416, Frankfurt a. M. – Hamburg 1961, S. 102–116.

Es gibt wohl keinen Menschen, der völlig frei von Illusionen ist. Solange diese sich in Grenzen halten, können sie nicht schädlich werden. Sie nehmen dem Häßlichen die scharfen Konturen, mildern die Härten des Lebens und steigern seine angenehmen Seiten. Negativ werden sie erst, wenn sie das gesunde Maß überschreiten. Dann erscheint alles in einem trügerischen Licht. Der Mensch wird zu einem Illusionisten. Was diesem fehlt, ist vor allem die Klarheit des Denkens, die Fähigkeit zur Selbst- und Fremdkritik und der Mut, das Leben so zu ertragen, wie es ist. Hinzu kommt, daß ein Mensch um so leichter Illusionen anheimfällt, je gefühlsbetonter er ist. Auch ist die bekannte Tatsache nicht zu übersehen, daß in einem Liebesverhältnis Illusionen gerade dann gedeihen, wenn man den Partner nicht genügend kennt. Erwähnenswert erscheint uns in diesem Zusammenhang ein Wort des französischen Schriftstellers François Mauriac: „Auch die Frau wird in unseren Augen erst in einem gewissen Alter eine wirkliche Persönlichkeit: wenn sie zu jung ist, schiebt sie zwischen uns und ihr wahres Herz einen Nebel von Reizen, welchen nur sehr wenige Männer zu durchdringen vermögen; deshalb waren sehr oft die am meisten geliebten jene, die man am wenigsten kannte – und darum nehmen so viele schöne Liebesgeschichten ein böses Ende."[1]

Alle diese Feststellungen spielen in der eben erzählten Geschichte eine wichtige Rolle. Daß Francis ein stark gefühlsbetonter Mensch ist, leuchtet an seinem Verhalten auf. Seine Gefühlsstärke übte auf sein Denken einen solchen Einfluß aus, daß es zum Wunschdenken umgeformt wurde: „Alles, was ich bei den Dichtern über Liebe gelesen hatte, ordnete sich bedeutungsvoll um die Erinnerung an jenes liebliche, geheimnisvoll lächelnde Gesicht" (106). Solches Wunschdenken ging Hand in Hand mit einer nahezu grenzenlosen Sehnsucht: „Ich hatte alle Schönheit, alles, was es Gutes und Wahres gibt, in dem einen Gesicht versinnbildlicht und fleischgeworden ersehnt" (113). An diesem Vorgang war Barbara nicht unbeteiligt. Auch sie verstand es, zwischen Francis und ihr wahres Herz einen Nebel von Reizen zu schieben, der nicht leicht zu durchschauen war. Die heimliche Glückseligkeit in ihren Augen erweckte den Eindruck, als feiere sie in ihrer Seele einen ewigen Festtag. Wenn Francis sie beim Namen nannte, sah sie ihn mit einem festen, unbewegten Blick aus halb geschlossenen Augen an. Es schien, als komme sie aus einem geheimnisvollen Hintergrund. Ihre geschlossenen Lippen lächelten in einem freudigen Machtbewußtsein. Wenn sie wollte, konnte sie in Schweigen leben; dann erschien sie wie ein Wesen in seinem natürlichen Element. Daher vermochte sie ihr Schweigen auch als Verteidigungswaffe einzusetzen. Und sie tat es, wenn sie auf Fragen, die sie in Verlegenheit hätten bringen können, nicht antworten wollte. Dabei gab sie sich, als sei sie in einer anderen Welt beheimatet. Wenn sie sprach, war ihre Stimme kühl, ruhig und sicher. Für alles schien sie ein geheimes und tiefes Verständnis zu haben. So waren es einerseits die unkontrollierten Illusionen von Francis und andererseits das Rollenspiel von Barbara, was diese in seinen Augen als ein überirdisches Wesen erscheinen ließ. Francis hatte sich seine Barbara erschaffen. Es war nicht die Barbara der Wirklichkeit, sondern die Barbara seiner Sehnsüchte und Vorstellungen, seiner Phantasie und Träume.

Es stellt sich nun die Frage, wie es im Leben dieses jungen Mannes zu einer solchen Sehnsucht nach einer Idealgestalt hatte kommen können. Offensichtlich konzentrierte er auf Barbara alles was ihm selber fehlte oder verlorengegangen war. Diese Vermutung bestätigt sich durch den folgenden Hinweis: „Meine Freunde pflegten mit ihren kleinen Abenteuern zu prahlen. Ich lächelte neidlos, da ich nicht in der Theorie, sondern aus tatsächlicher Erfahrung wußte, daß dergleichen nicht Liebe war" (106). Die hier angesprochene Erfahrung erwuchs aus einem Abenteuer, das er als frischgebackener Student in einem Nachtlokal hatte: „Nachher schämte ich mich fürchterlich und fühlte, daß ich mich der Liebe unwürdig gemacht hatte" (106). Als Folge davon stürzte er sich in die Arbeit und widmete viele Stunden seiner freien

Zeit der sozialen Hilfe in der akademischen Fürsorgestelle. Doch ein guter Sozialhelfer war er nicht. Jeder Augenblick, den er in der Fürsorgestelle verbrachte, war ihm im Innersten zuwider. Aber gerade deshalb gab er die Stelle nicht auf. Damals schrieb er Barbara einen Brief. Er erwartete nicht, daß sie ihn erhalten würde: „Es war ein Brief, der weniger an eine Frau als an Gott gerichtet war, eine Erklärung und Selbstverteidigung, die ins Weltall abgesandt wurde" (107).

Wie viele Briefe gehen täglich in die Welt, die eigentlich ins Weltall gehen sollten? In wie vielen Briefgeheimnissen birgt sich letztlich ein Beichtgeheimnis?

Francis vergöttlichte Barbara, weil er im Aufblick zu ihr sein Heil zu finden glaubte. Ihr verborgenes geheimnisvolles Glück, ihr fester Blick, ihr freudiges Machtbewußtsein, ihr natürliches Schweigen, ihre kühle, ruhige und sichere Stimme, ihr tiefes Verständnis für alles, ihre scheinbare Verwurzelung in einer anderen Welt, all das schien ihm geeignet, bei ihr Halt in seiner Haltlosigkeit, Glück in seinem Unglück, Festigkeit in seiner Labilität, Ruhe in seiner Ruhelosigkeit, Sicherheit in seiner Unsicherheit, Geborgenheit in seiner Ungeborgenheit zu finden. So wurde Barbara für ihn zu einem *Ersatz für Gott*. Wie er sich etwas vormachte, so machte sie ihm etwas vor. Sie tat es, indem sie die Rolle, die er ihr übertrug und die ihr nicht fremd war, gut zu spielen verstand. Es brauchte seine Zeit, bis er ihre Unzulänglichkeit durchschaute. Damit trat *neben* die symbolische Lieblichkeit, von der und für die er all die Jahre gelebt hatte, Barbaras Wirklichkeit aus Fleisch und Blut. Im Zwiespalt zwischen seinen Illusionen und Barbaras Wirklichkeit stehend, fühlte er sich hin- und hergerissen. Fühlte er sich angesichts ihrer höheren Natur nach oben gezogen, was ihn mit Bewunderung, Achtung und Ehrfurcht erfüllte, so spürte er durch die Begegnung mit der wirklichen Barbara, wie diese in ihm die niedrigsten Kräfte begehrender Leidenschaft zu wecken vermochte. Er fühlte sich zu einem Sklaven erniedrigt, der von einem anderen Geschöpf abhängig geworden war. Das war für ihn um so beschämender, da er sehr viel von dem in sich hatte, was versklavt und gebunden werden konnte. Der Glaube entgegen aller Vernunft und allen Beweisen zum Trotz, daß Barbara doch irgendwie das war, was er sich vorgestellt hatte, und sein Begehren nach ihr als individuellem Weib wurden für ihn zu einer Quelle der Verwunderung und des Schmerzes. Da er Barbara von jenem heißen Sommerabend an immer wieder in die Finsternis folgte, verlor er mehr und mehr sein besseres Ich. Er lebte nur noch dem Augenblick. So verlernte er, Ursachen, Beweggründe und Vorhergegangenes zu beachten und der Verantwortung für Kommendes

Rechnung zu tragen. Dennoch ließ ihn solche moralische Unbekümmertheit nicht in Ruhe, da jede Nacht einmal ein Ende nimmt. „Und sogar solange sie währte, und eingehüllt in das ‚Temperament', konnte ich nie, nicht einmal für einen Augenblick, ganz vergessen, wer Barbara war, wer ich war und morgen sein würde. Der Gedanke daran beraubte jede Wonne ihrer leidenschaftlichen Vollkommenheit, und unter der Oberfläche jeder stillen, schweigenden Verzückung breitete sich ein tiefes Mißbehagen aus. Wenn ich sie küßte, wünschte ich, ich küßte sie nicht; wenn ich sie umarmt hielt, wünschte ich, ich hielte eine andere. Und manchmal, in der dunklen Stille, dachte ich, es wäre besser, tot zu sein". Es bedarf keiner weiteren Erörterungen, um zu verstehen, daß dieses Verhältnis nicht von langer Dauer sein konnte. Der Zeitpunkt, da Francis von einem anderen verdrängt wurde, ließ nicht sehr lange auf sich warten. Deutlich fühlte er, daß seine Erniedrigung nicht weiter gehen konnte.

Mir scheint, daß diese Liebesgeschichte manches in sich birgt, das von allgemeiner Bedeutung ist. Sie hält uns zunächst einmal dazu an, darüber nachzudenken, inwieweit unser eigenes Leben von Illusionen bestimmt wird oder davon, im Leben anderer bewußt oder unbewußt eine gewisse Rolle zu spielen. Während wir durch Illusionen vor der Wirklichkeit fliehen und so das Leben betrügen, betrügen wir durch Rollenspiel einen anderen und versuchen, ihn in irgendeiner Weise von uns abhängig zu machen. So behindern uns Illusionen und Rollenspiel auf dem Weg zum eigentlichen Leben. Erst wo der Mensch aus Liebe zur Wahrheit den Mut hat, sich seiner Illusionen und seines Rollenspiels zu entledigen, wird er innerlich frei und entläßt den anderen in seine Freiheit. Ob nicht alle Schuld auf Illusionen und Rollenspiel beruht?

Darüber hinaus stellt sich hier die Frage, inwieweit es im eigenen Dasein den Zwiespalt als Quelle von Verwunderung und Schmerz gibt. Was hier gemeint ist, formuliert Aldous Huxley so: „Von zweierlei Treue hin- und hergerissen zu werden, ist das schmerzliche Los fast jedes Menschen. Hie Gott, hie Teufel; hie Geist, hie Fleisch (...) Dieser Konflikt, in seinen verschiedenen Gestalten, ist der Gegenstand jedes Dramas" (50). Das Hin- und Hergerissenwerden offenbart immer seelische Haltlosigkeit, Ruhelosigkeit, Unsicherheit und Ungeborgenheit. Es macht deutlich, daß das eigene Dasein keine Mitte hat. Nur wer die Mitte seines Lebens gefunden hat und sich in sie immer tiefer einwurzelt, erfährt Halt, Ruhe, Sicherheit und Geborgenheit. Auf den Weg zur Mitte kommt man aber nur – wie das Wort es selber sagt – durch Meditation. In ihr sah Aldous Huxley die Rettung des Menschen. Am

Ende seines Romans vermittelt er uns durch Calamy und Mrs. Thriplow, die miteinander befreundet sind und durch Meditation zum wahren Menschsein zu kommen suchen, einige Erkenntnisse, die für uns bedeutsam werden können.

„Der Geist muß offen sein, unverstört, frei von unwichtigen Dingen und völlig ruhig", sagt Calamy zu Mrs. Thriplow. „Es ist kein Platz für Gedanken in einem halb versperrten, wirr angeraumten Geist. Und Gedanken wollen nicht in einen lärmerfüllten Geist; sie sind scheu, bleiben in ihren dunklen Verstecken unter der Oberfläche, wo man nicht an sie heran kann, solange das Hirn angestopft und voll Lärm ist. Die meisten von uns gehen durchs Leben, ohne zu wissen, daß die Gedanken überhaupt da sind. Wenn man sie hervorlocken will, muß man ihnen Raum freimachen, muß man den Geist offen halten und warten. Und es dürfen keine nebensächlichen Ablenkungen an den Türen herumlungern. Von diesen muß man sich befreien" (277). Wo der Mensch seinen Geist mit so viel irdischem Kleinkram füllt, daß Gott darin keinen Raum mehr findet, da begeht er „die Sünde wider den Heiligen Geist". Es ist sehr schwer, sich von dieser Sünde freizuhalten. Dementsprechend notierte Mrs. Thriplow in ihrem Tagebuch: „Wie leicht vergißt man, wie gedankenlos läßt man sich unter einem Berg kleiner irdischer Interessen begraben! Die Stimmen werden erstickt, die Seele wird verrammelt; es bleibt kein Raum für den Geist Gottes. Wenn ich arbeite, fühle ich, daß alles gut ist; dann lebe ich in der Tugend des Heiligen Geistes. Denn dann tue ich das Beste, dessen ich fähig bin. Aber in der übrigen Zeit, da geschieht es, daß ich fehlgehe. Man kann nicht die ganze Zeit tätig sein, man kann nicht immer ausgeben. Man muß auch passiv sein, muß auch empfangen. Und das ist es, was ich unterlasse. Ich flattere umher, fülle meinen Sinn mit Plunder, mache es mir unmöglich, etwas aufzunehmen. Man kann nicht so fortfahren; man kann nicht weiter gegen den Heiligen Geist sündigen – man kann nicht – nicht, wenn man es sich einmal klar macht" (284). Ihre nächste Aufzeichnung begann mit folgenden Worten: „Stetig und intensiv über etwas nachzudenken, ist eine wunderbare Geistesübung; sie hilft mit, die Geheimnisse zu erschließen, die unter der alltäglichen Oberfläche des Daseins liegen; und vielleicht, wenn man lange und fest genug nachdächte, könnte man durch das Geheimnis hindurch zu seiner Erklärung gelangen. Wenn ich zum Beispiel an meine Hand denke ..." (284). Wenig später schrieb sie: „Unlängst habe ich gebetet, wie ich es als Kind zu tun pflegte. Vater unser, der du bist im Himmel – die Worte helfen, Herz und Sinn zu reinigen, sie von Tand zu säubern und für das Kommen des Heiligen Geistes freizumachen (...) Es besteht kein Zweifel, daß die tatsächliche Ausführungsart des Gebetes – das Knien, das Verbergen des Gesichts in den Händen, das Aussprechen der Worte *mit hörbarer Stimme*, der Worte, die in den leeren Raum gerichtet sind – schon durch ihre Verschiedenheit von den gewöhnlichen Handlungen des täglichen Lebens einem hilft, sich in eine fromme Gemütsstimmung zu versetzen ..." (284–285). Durch diese ihre Art zu meditieren hatte sich ihr Wesen verwandelt. Alles sinnlose Streben war durch ruhige Betrachtung entkrampft worden, und ihr leidenschaftliches Liebesbedürfnis hatte sich ins Mystische gewandelt.

Solches Meditieren, das dem Geist Gottes in der Seele Raum verschafft, bedarf eines stillen Ortes. Von dieser Notwendigkeit haben die Heiligen gewußt. Von Philipp Neri beispielsweise wird erzählt, er habe in seinen Jugendjahren ein Seil durch seine armselige Kammer gespannt und daran seine Wäschestücke aufgehängt. „Jetzt habe ich – wie die vornehmen Leute – zwei Aufenthaltsräume", sagte er zu seinen Freunden. Diese Äußerung ist nicht nur Ausdruck seiner humorvollen Selbstironie, sondern auch ein Gleichnis für die beiden Lebensräume, in denen sich der Heilige bewegte. Im äußeren spielte sich sein öffentliches Leben ab; hier empfing er seinen Besuch, hier führte er mit seinen Gesinnungsgenossen geistliche Gespräche. Im inneren hingegen war er mit Gott allein. Beide Räume waren ihm wichtig, doch wichtiger war ihm der innere.[2] Dem entspricht, was von Katharina von Siena bekannt ist. In ihrem Elternhaus richtete sie sich eine kleine Zelle ein, die sie „die Zelle der Selbsterkenntnis" nannte. In dieser Cella interna vollzog sich ihr Verinnerlichungsprozeß; in ihr fielen alle ihre Entscheidungen, die den Gang der Kirchen- und Weltgeschichte tief mitbestimmen sollten.[3] Diese Zelle hatte François Mauriac vor Augen, als er schrieb: „Nur im Innern bleiben wir frei, und dort spielt sich das einzige Drama ab, das wir zu entwirren vermögen. Wer hätte sich je für den Gebieter des Weltalls halten können? Aber der letzte der Menschen bleibt, bis zu seinem Tode, der Gebieter seiner Seele."[4] Die Cella interna ist der leidenschaftslose Teil unserer Seele, in dem Gott lebt. Daher finden wir dort die Kraft, die uns über alle scheinbar unüberwindlichen Schwierigkeiten Herr werden läßt. Glauben wir, von der Last des Lebens erdrückt zu werden und am Ende unserer Möglichkeiten zu sein, so wächst uns dort das Gefühl, mit dem Leben überhaupt erst zu beginnen. Die Cella interna ist der Ort der Verklärung des Menschen, da sich hier alles klärt. Denn was uns von Gott, von uns selbst und den Menschen trennt, ist ja nichts anderes als „die Öde im Geist, das wüste Brachland im Herzen, in dem man verloren und fremd umherirrt" (Anne M. Lindbergh). Daher hat alles verloren, wer den Weg zur Cella interna verloren hat; jedoch hat alles derjenige gefunden, der in ihr seine eigentliche Heimat hat.

Wer vom Fleisch bestimmt ist, kann Gott nicht gefallen. Ihr aber seid nicht vom Fleisch, sondern vom Geist bestimmt, da ja der Geist Gottes in euch wohnt. Wir sind also nicht dem Fleisch verpflichtet, Brüder, so daß wir nach dem Fleisch leben müßten. Wenn ihr nach dem Fleisch lebt, müßt ihr sterben; wenn ihr aber durch den Geist die (sündigen) Taten des Leibes tötet, werdet ihr leben. Denn alle, die sich vom Geist Gottes leiten lassen, sind Söhne Gottes. Denn ihr habt nicht einen Geist empfangen, der euch zu Sklaven macht, so daß ihr euch immer noch fürchten müßtet, sondern ihr habt den Geist empfangen, der euch zu Söhnen macht, den Geist, in dem wir rufen: Abba, Vater! So bezeugt der Geist selber unserem Geist, daß wir Kinder Gottes sind. Sind wir aber Kinder, dann auch Erben; wir sind Erben Gottes und sind Miterben Christi, wenn wir mit ihm leiden, um mit ihm auch verherrlicht zu werden.
Römerbrief 8,8–9. 12–17

Das Vorbild ist ein Kompaß, der uns Weg und Ziel zeigt

21 Haben Sie ein Vorbild?

S. Lenz: Das Vorbild
1 Tim 4,12–16

Im Mittelpunkt des Romans „Das Vorbild" von Siegfried Lenz stehen der konservative Rektor in Ruhe Valentin Pundt, der progressive Junglehrer Janpeter Heller und die etwas intellektuell anmutende Lektorin für Lesebücher Dr. Rita Süßfeldt. Sie haben den Auftrag, ein repräsentatives Lesebuch für die Bundesrepublik Deutschland zusammenzustellen. Nachdem die beiden ersten Kapitel überprüft und beschlossen sind, treffen sich die drei in einer Hamburger Pension, um das dritte Kapitel „Lebensbilder – Vorbilder" zu erarbeiten. Jeder von ihnen bietet mehrere Beispiele vorbildhaften Verhaltens an, die kritisch besprochen und dann fallengelassen werden. Dem Leser wird alsbald klar, daß es unter diesen drei verschiedenartigen Pädagogen zu keiner Einigung kommen kann. Zu vielfältig sind die Forderungen, die ein Vorbild in ihren Augen zu erfüllen hat. Außerdem scheinen sie sich selbst mit ihrer eigenen wenig vorbildhaften Lebensgeschichte im Weg zu stehen. Schon sind sie bereit, ihren Auftrag zurückzugeben, da werden sie unvermutet von außen her auf den Lebenslauf der jüngst verstorbenen Biologin Lucy Beerbaum aufmerksam gemacht.

Als die Obristen in Athen die Macht übernahmen und mit vielen Intellektuellen auch ihre griechischen Freunde inhaftiert wurden, entschloß sie sich, fortan unter den gleichen Bedingungen der griechischen Häftlinge zu leben. Sie ließ sich auf unbestimmte Zeit vom Institut beurlauben und zog sich in ihr Zimmer zurück. Sie aß nicht mehr, als die Inhaftierten zu essen bekamen; sie empfing nicht häufiger Besuch, als ihnen Besuch gestattet war. Ja, sie bemaß sogar ihre Spaziergänge in der frischen Luft genau nach der Zeit, die den inhaftierten Freunden zugemessen wurde. „Weil ich mich diesen Menschen auf besondere Weise verbunden fühle, möchte ich ... ihr Los teilen ...", erklärte sie ihrem Chef vom biologischen Institut, der sie vergebens von der Unwirksamkeit und Sinnlosigkeit ihres Opfers zu überzeugen suchte. Lucy Beerbaum gab nicht auf. Sie hielt durch, bis sie einer schweren Lungenentzündung erlag.

In diesem Leben glauben die drei Pädagogen zu finden, was sie seit langem suchen. Da sie sich jedoch nicht einigen können, welche Lebensphase dieser Frau in das Kapitel aufgenommen werden soll, erreicht ihr gemeinsames Vorhaben erneut einen kritischen Punkt. Schließlich kommt es zu einem Kompromiß. Doch dieser wird zu guter Letzt vom jungen Verleger abgelehnt. Er will Vorbilder, die handeln, gegebenenfalls gewalttätig. Kurz und gut: man schließt diesen 527 Seiten umfassenden Roman unter dem Eindruck, daß es nicht möglich ist, ein zeitgemäßes Vorbild ausfindig zu machen.

Vgl. Siegfried Lenz, Das Vorbild, Hoffmann und Campe Verlag, Hamburg 1973.

Die Suche nach einem Vorbild wurzelt in irgendeiner Weise in dem Wunsch, nicht allein zu sein. Es ist hier wie mit einem geliebten Menschen. Er ist uns immer gegenwärtig. Wer ein echtes Vorbild hat, ist nicht mehr allein. Darüber hinaus gibt es in jedem Menschen ein Bewunderungs- und Verehrungsbedürfnis. Wir bewundern und verehren Menschen, an denen etwas Außergewöhnliches aufleuchtet, die aus sich etwas Großes gemacht haben, es auf diesem oder jenem Gebiet zur Meisterschaft brachten. Ob jemand sich nun einen Sportler, einen Dichter, einen Wissenschaftler, einen Künstler, einen Politiker oder einen Heiligen als Vorbild erwählt, hängt davon ab, was er als besonders wertvoll erachtet. Wem hingegen nichts als Wert erscheint, der bleibt blind für das, was ein Vorbild ist, und wird seinerseits nie ein Vorbild werden können. Schließlich ist es unsere menschliche Hilfsbedürftigkeit, die uns nach einem Vorbild Ausschau halten läßt. Von ihm geht eine geheimnisvolle Macht aus, die unser Herz groß und weit macht und in uns ungeahnte Kräfte weckt, ihnen aber zugleich durch die Hinordnung auf ein hohes Ziel eine Richtung gibt. Ich denke hier an den österreichischen Komponisten Anton Bruckner (1824–1896), der einmal notiert hat: „Gestern am Grab meiner Mutter hab' ich's wieder bedacht; eigentlich hab' ich, was meine Freunde jetzt ‚groß' nennen, nur fertiggebracht, weil ich von Jugend an Ehrfurcht gehabt habe vor allem Echten und Heiligen. Jedesmal, wenn ich ehrfürchtig aufgeschaut habe zum Vater oder zur Mutter oder einem meiner Meister oder gar zu Gott, da ist mein Herz weit und groß geworden. Aus solchem Zustand hab' ich meine schönsten Sachen geschaffen."[1] Wie werden wir also groß und weit, ehrfürchtig und glücklich, natürlich und frei? Niemals durch Zufall oder Warten, sondern nur, indem wir mit guten, großen, weiten und ehrfürchtigen, eben mit vorbildhaften Menschen in Berührung kommen, zu ihnen aufschauen und uns von ihren Werten anstecken lassen.

Wenn man auch einem anderen nicht einfach ein Vorbild vorsetzen kann, so ist es doch möglich, ihm behilflich zu sein, sich ein geeignetes Vorbild zu suchen. Damit stehen wir vor der Problematik, um die es in dem Roman von Siegfried Lenz geht. Warum bleibt die Suche nach einem Vorbild in diesem Roman ergebnislos? Siegfried Lenz mißtraut allen einfachen Lösungen. Er legt Wert darauf, „daß ein Vorbild nicht chloroformieren, sondern zum Zweifel anstiften soll". Deshalb unterzieht er das vorbildhafte Verhalten, das zur Nachahmung empfohlen werden soll, immer wieder einer kritischen Betrachtung und übt den Leser zugleich darin ein. Der Leser soll das Zweifeln lernen. Eine solch kritische Betrachtungsweise zeigt, daß es ein gebrauchsfertiges und unter jedem Gesichtspunkt ideales Vorbild nicht gibt. „Niemand ist ideal, alle Vorbilder sind ‚leicht beschädigt'" (Hans Wagener). Je mehr ein Mensch sich profiliert und sich einem idealen Vorbild nähert, um so deutlicher treten mit seinen Lichtseiten auch seine Schatten hervor. Diese verhindern es, die vorgeführten Personen als vollkommen nachahmenswert anzuerkennen. Wozu dann der Roman? Siegfried Lenz möchte uns selbst auf die Suche schicken, wenn auch nicht nach idealen Gestalten, so doch nach Zügen vorbildlichen Verhaltens im Alltag. Mehr will er nicht. Wir sollen also selber suchen. Was liegt für einen gläubigen Menschen näher, als sich in seinen eigenen Reihen nach heiligmäßigen Vorbildern umzusehen?

Vielleicht haben die vielen Kerzen, die wir in den vergangenen Zeiten vor den Heiligen entzündeten, ihr Gesicht etwas angeschwärzt, so daß wir heute ihr wahres Antlitz nur noch undeutlich erkennen. Jedenfalls wußten die Heiligen um ihre Begrenztheit und Armseligkeit, um ihre Ohnmacht und Gebrechlichkeit, um ihre Zwiespältigkeit und Sündhaftigkeit viel besser als mancher ihrer Verehrer. Sie alle blieben sich stets bewußt, daß nichts Menschliches ihnen fremd war. Daher ist das Wort: „Das könnte mir nie passieren!" gewiß nicht die Rede eines Heiligen. Wenn sich beispielsweise der hl. Franziskus von Assisi für einen der größten Sünder hielt, dann war dies für ihn kein leeres Wort, sondern seine ehrliche Überzeugung. Oder wenn die hl. Theresia von Lisieux erklärte, sie sei sich bewußt, daß sie an jedem Stein hätte zu

Fall kommen können, wenn Gott diesen nicht beizeiten aus ihrem Lebensweg weggeräumt hätte, dann war sie sich ihrer Hinfälligkeit sehr wohl bewußt. Aus diesem Grund lag es den Heiligen fern, in sich ein vollkommenes Vorbild zu sehen und sich selbst als solches zur Nachahmung zu empfehlen.

Das Bewußtsein ihrer eigenen Unzulänglichkeit macht uns aber auf einen ersten vorbildlichen Charakterzug im Leben der Heiligen aufmerksam. Ihr durch einen lebendigen Glauben beseeltes Wahrnehmungsvermögen war so geschärft, daß sie nahezu unfehlbar zwischen dem Wahren und Falschen, dem Schönen und Häßlichen, dem Guten und Gemeinen zu unterscheiden vermochten. Daher hatten sie auch die Fähigkeit zu bereuen, auf die Knie zu fallen und zu beten, die Fähigkeit, durch die Teilnahme an der Fülle des kirchlichen Lebens zu moralisch hochstehenden Menschen zu werden, der Kirche ungeachtet der vielen Unvollkommenheiten, die es auch in ihr gibt, in Treue zu dienen und mit Liebe, Erwartung und Hingabe die Gemeinschaft derer zu suchen, die das gleiche taten. So wurden sie zu Wegweisern, die über sich selbst hinauszeigten, auf das Vorbild hin, in dessen Nachfolge sie standen: auf Jesus Christus, ihren gekreuzigten und auferstandenen Herrn. Dies erinnert uns an den großen evangelischen Theologen Karl Barth (1886–1968), dessen katholischer Arzt, Dr. Briellmann, folgendes erzählt: „Karl Barth war uns Katholiken in wirklicher, echter Freundschaft verbunden ... Die menschliche Seite Karl Barths war bestimmt durch eine äußerste Einfachheit im Auftreten, durch eine unmittelbare, direkte Zugänglichkeit, eine große Freundlichkeit und Herzlichkeit und das Fehlen jeglichen diplomatischen Verhaltens ... In der Studierstube von Karl Barth konnte man sich's wohl sein lassen und sich hinsetzen, solange man wollte. Sehr bald wurden Zigarren angeboten, es wurde ein guter Tropfen Wein herbeigeschafft, und man war im Nu von Gemütlichkeit umgeben. Das Studierzimmer war vom Boden bis zur Decke mit Büchern angefüllt, und nur über dem Schreibtisch hing das Bild, welches ihn sein ganzes Leben lang an dieser Stelle begleitet hatte, nämlich die Kreuzigung des Isenheimer Altares von Grünewald. Auf diesem Bild hat ihm vor allem der heilige Johannes der Täufer Eindruck gemacht, der mit einem langen Zeigefinger auf Christus hinweist. Mir hat immer geschienen, Karl Barth hätte in seinem Leben die gleiche Funktion wie dieser große Heilige ausgeübt ...“[2] Wie Johannes der Täufer auf Christus hinwies, so haben es alle Heiligen getan. Sie taten es weniger durch ihre Worte als vielmehr durch ihr tägliches Leben. Dadurch unterscheiden sie sich deutlich von den Schriftgelehrten und Pharisäern, von denen Jesus sagte:

„Sie reden, handeln aber nicht danach" (Mt 23,3). Jesus und die Heiligen waren Wegweiser, indem sie den Weg selbst gingen. So wurden sie für uns zu einem Weg, zu einem Vorbild. Jesus sagt es ja ausdrücklich: „Ich bin der Weg ..." (Joh 14,6).

Wohin kommen wir auf diesem vorbildhaften Weg? Zur Mitte des Lebens. In ihr waren die Heiligen als Nachfolger Jesu fest verwurzelt, und von ihr her vermochten sie ein „rundes" Leben zu gestalten. Hier gibt uns Meister Eckehart einen von ihm selbst erprobten Rat: „Wer ein gutes Leben beginnen will, der soll es machen wie einer, der eine Kreislinie zieht: erst setzt er den Zirkel fest an, so wird die Kreislinie gut. Also der Mensch lerne zuerst, daß sein Herz stetig bleibe bei Gott und so sich im Guten bestätige."[3] Viele Menschen haben diese Mitte des Lebens verloren. Deshalb gleicht ihr Leben weniger einer ruhigen Kreislinie als vielmehr einer ruhelosen und rastlosen Zickzacklinie.

Im ruhenden Mittelpunkt ihres Lebens verwurzelt, war es Jesus und den Heiligen möglich, ihren Mitmenschen Ruhe und Zeit zu schenken. „Nur wer selbst ruhig bleibt, kann zur Ruhestätte alles dessen werden, was Ruhe sucht" (Konfuzius). Im Hinblick auf Jesus schreibt Ladislaus Boros in „Geborgene Existenz": „Was uns, selbst beim flüchtigen Lesen des Evangeliums, an Christus am meisten beeindruckt, ist: Er war ein ruhiger Mensch. Er hatte eine Mitte, die den Zufälligkeiten der Welt enthoben war." Weil Jesus voll innerer Ruhe war, hatte er auch Zeit für den Menschen, mit dem ihn der Augenblick verband. Für den Ratsherrn, der ihn in der Nacht aufsuchte und ihn um ein Gespräch bat; für den Hauptmann, dessen Sohn im Sterben lag; für einen Toten, den man gerade beerdigen wollte. Er hatte Zeit für den Einsamen und Alleingelassenen, für den Ausgestoßenen und Verachteten. Und wer es ernst meinte, verließ ihn mit neuem Lebenssinn und neuem Lebensmut. Keiner war ihm unerwünscht.

Diesen Eindruck gewannen auch jene Menschen, die einem Heiligen begegnen konnten. In einem Interview sagte Mutter Teresa, der heutige „Apostel Indiens", einmal: „Wir müssen fähig sein, die Liebe Christi auszustrahlen, sie in unseren Handlungen auszudrücken. Wenn unsere Handlungen nur einfach nützliche Handlungen wären, die den Menschen keine Freude geben, dann würden sich unsere Armen nie dem Ruf öffnen können, den wir sie hören lassen wollen, dem Ruf, Gott näher zu kommen. Wir wollen ihnen das Gefühl vermitteln, daß sie geliebt werden ... Es kommt nicht sehr häufig vor, daß sie Dinge brauchen. Was sie viel mehr brauchen, ist das, was wir ihnen anbieten. In den zwanzig Jahren meiner Arbeit unter den Menschen ist es mir immer klarer geworden, daß die schwerste Krankheit, die ein menschliches Wesen überhaupt erfahren kann, die ist, unerwünscht zu sein. Für alle Arten von Krankheiten gibt es Arzneien und Heilmittel. Aber diese schreckliche Krankheit, unerwünscht zu sein, kann, glaube ich, nie geheilt werden, außer durch willige Hände, die dienen, und ein Herz, das liebt." Ist nicht jeder Mensch, dem wir begegnen, an irgendeiner Stelle arm und krank? Und will nicht auch er im Grunde nichts anderes als angenommen und geliebt werden? „Unerwünscht!" Ein Wort, das wir zwar nicht sagen; aber durch unser Verhalten geben wir es dem anderen oft zu verstehen.

Nur noch einen von vielen weiteren Charakterzügen im Leben der Heiligen wollen wir hier andeuten. Er ergibt sich wie von selbst aus dem bisher Gesagten. Durch die Verwurzelung im Mittelpunkt ihres Lebens konnten die Heiligen auch ihre alltäglichen Pflichten ruhig und gewissenhaft erfüllen. In der Befolgung von Jesu Wort: „Jeder Tag hat genug eigene Plage" fanden sie die heitere Gelassenheit, das Kleinste in großer Weise zu tun. Gelassenheit, wie sie hier gemeint ist, bedeutet das Sich-Einlassen auf das gegenwärtig Zutuende. Franz von Sales schreibt: „Sei sorgfältig und gewissenhaft in allen deinen Obligenheiten. Gott hat sie dir anvertraut, und er will, daß du große Sorgfalt verwendest. Vermeide aber womöglich jede Ängstlichkeit und Besorgnis, das heißt, verrichte sie ohne Unruhe, Beklommenheit und Übereifer. Verrichte deine Arbeit niemals hastend, denn jede aufgeregte Hast trübt Vernunft und Urteil und hindert sogar, die Sache gut zu machen, auf die wir solchen Übereifer anwenden. Der Heiland tadelte Marta mit den Worten: ‚Marta, Marta, du kümmerst und beunruhigst dich um vieles' (Lk 10,41). Siehst du: hätte sie einfach ihre Pflicht erfüllt, sie wäre nicht aufgeregt gewesen. Da sie jedoch voll Besorgnis und Unruhe war, tat sie ihre Arbeit hastig und verwirrt, und deshalb tadelte sie der Herr." – „Warum hat dich Gott so gesegnet in deinem Leben?" wurde ein Weiser gefragt. „Weil ich die kleinste Pflicht wie die größte tat", antwortete er, „darum hat mich Gott gesegnet."

Weil die Heiligen in Gott gegründet waren, deshalb hatten sie eine tiefe Liebe zu ihren Mitmenschen; aus demselben Grund empfanden sie eine selige Freude bei der Erfüllung ihrer alltäglichen Pflichten und vergaßen bei allem nicht, die Schönheit von Gottes Schöpfung zu bewundern. So lebten sie im Heute Gottes und fanden darin das tiefste Glück ihres Lebens. Das wirkliche Leben ging nicht an ihnen vorüber, sondern in sie hinein.

In Thornton Wilders beliebten Schauspiel „Unsere kleine Stadt" stirbt eine junge Frau. Einen Tag ihres Lebens darf sie noch einmal leben. Sie wählt ihren zwölften Geburtstag. Als der Tag beginnt, ist ihre erste Reaktion der intensive Wunsch, jeden Augenblick auszukosten. „Ich liebe euch alle, alles – ich kann mich gar nicht satt genug sehen an allem“, sagt sie. Dann merkt sie zu ihrem Kummer, daß ihre Angehörigen das Leben nicht mit dieser Intensität empfinden. Verzweifelt sagt sie zu ihrer Mutter: „Laßt uns einander ansehen!“ Und später: „O Erde, du bist zu schön, als daß irgend jemand dich begreifen könnte. Begreifen die Menschen jemals das Leben, während sie's leben – jeden, jeden Augenblick?“ Der Spielleiter antwortet ihr: „Nein. Die Heiligen und die Dichter vielleicht – bis zu einem gewissen Grade.“[4]

Sei den Gläubigen ein Vorbild in deinen Worten, im Leben, in der Liebe, im Glauben, in der Lauterkeit. Bis ich komme, widme dich weiterhin der Lesung, der Predigt, dem Unterricht. Vernachlässige nicht die Gnadengabe in dir, die dir verliehen worden ist durch Prophetenwort mit Handauflegung der Ältesten. Das laß deine Sorge sein, damit allen dein Fortschritt offenbar wird. Hab acht auf dich selbst und auf die Lehre; halte daran fest. Wenn du das tust, rettest du dich und alle, die auf dich hören
1 Timotheus 4,12–16

22 Herzensgröße ist die wahre Größe

St. Zweig: Erinnerungen an Emile Verhaeren
Joh 17,20–21

Als junger Mensch war sich der Schriftsteller Stefan Zweig (1881–1942) noch nicht gewiß, ob er wirklich ein Berufener des Wortes sei. Daher wollte er einem jener Dichter von Angesicht zu Angesicht begegnen, dessen Leben ihm Lehrbild sein konnte, dessen Erfahrung ihn zur Entscheidung führte und dessen Einklang zwischen Wesen und Werk ihm innerlich zur Bindung der unsicheren Kräfte verhalf. Er fand ihn in dem belgischen Dichter Emile Verhaeren (1855–1916). Bereits als 17jähriger Gymnasiast hatte er mit großem Interesse seine Bücher gelesen. So brach er eines Tages nach Brüssel auf, um ihn dort zum erstenmal zu treffen. Welche Bedeutung Emile Verhaeren für Stefan Zweig hatte, läßt sich unschwer aus den folgenden Charakterisierungen ermessen:

„Nie habe ich bei einem Dichter so ganz das Gefühl der Größe gehabt wie bei ihm“ (Brief an H. Hesse vom 8. September 1904). „Unwillkürlich zerbrach (...) jede Schüchternheit in mir. Ich fühlte mich frei wie noch nie bisher vor diesem fremden, offenen Menschen. Sein Blick (...) entriegelte das Herz“ (153). „Jeden hörte er an, keinen mißachtete er, und keine Macht war darum fähig, sein Vertrauen zu erschüttern, wo es einmal tiefer eingewurzelt war“ (174). „Er suchte den Kern“ (163). „Mit dem ersten Wort griff er in die Menschen hinein, weil er ganz aufgetan war“ (153). „Seine Güte machte sich das Übersehen kleiner Fehler gewissermaßen zur Leidenschaft“ (173). Alles an diesem Mann war klar, rein und einfach (157, 169). Eine tief innerliche und reife Heiterkeit ging von ihm aus (135). Daher seine Ansprechbarkeit für alles Gute, seine Erlebnis- und Begeisterungsfähigkeit. „Diese Begeisterung war ihm eine heilige Gewohnheit geworden“ (153). „Ich weiß nicht, ob ich's nacherzählend zu schildern vermag, wie unerschütterlich dieser Mensch in seinen Fundamenten ruhte, ob ich's vermag, die wunderbare Sicherheit seines Tuns und Lassens darzustellen“ (175). Diese Ruhe und Sicherheit waren die Quelle seiner Kraft. „An ihm habe ich mein Leben bereichert, wie an keinem Menschen“

(Brief an Ellen Key vom 12. August 1905). „Das Antlitz Verhaerens hat sich mir gleichsam innen hinein in die Seele gemeißelt" (155).

Stefan Zweig, Erinnerungen an Emile Verhaeren, in: Menschen und Schicksale, Fischer Taschenbuch Verlag, Nr. 2285, Frankfurt a. M. 1981, S. 147–196.

Wer seinen inwendigen Menschen gestalten will, wird in der Regel nur Erfolg haben, wenn er von einem geschauten Beispiel ausgeht. Daher kommt normalerweise kein Mensch, der über menschliche Mittelmäßigkeit hinauswachsen möchte, ohne ein erlebtes Vorbild aus. Was Stefan Zweig in diesem Zusammenhang schreibt, dürfte von allgemeiner Gültigkeit sein: Das Leben des Vorbildes ist uns ein Lehrbild, seine Erfahrung führt uns zur Entscheidung, und der Einklang zwischen seinem Wesen und seinem Werk ist uns eine Hilfe zur Bindung unserer unsicheren Kräfte. Ein Vorbild ist also so etwas wie ein Kompaß, der uns den Weg zur Menschwerdung weist. Dabei ist es unwichtig, wie Erich Kästner einmal vermerkt, ob es sich nun um einen großen Dichter, um Mahatma Ghandi oder um Onkel Fritz aus Braunschweig handelt; entscheidend ist allein, daß uns ein Mensch vor Augen steht, durch den wahre und tiefe Menschlichkeit anschaubar wird. Dies wurde Stefan Zweig durch Emile Verhaeren zuteil. Die Begegnung mit diesem Dichter wurde für Zweig zu einem entscheidenden Erlebnis seines Lebensweges.

An Emile Verhaeren leuchtet auf, was menschliche Größe bedeutet. Durch ihn bestätigt sich, was der dänische Philosoph Sören Kierkegaard (1813–1855) zu diesem Thema schreibt: „Was ist nun die wahre menschliche Größe?" So lautet die Frage, die er stellt. Und er antwortet: „Doch wohl die Größe des Herzens. Im eigentlichen Sinne sagen wir nicht, daß der groß ist, welcher große Macht und Herrschergewalt hat, ja wo da ein König lebte oder gelebt hätte, dessen Herrschermacht über die ganze Welt geht – wie geschwinde auch das Erstaunen dabei sei, ihn sofort groß zu nennen: der tiefere Mensch läßt sich von dem Äußerlichen nicht verwirren. Da hingegen, wo es der geringste Mensch wäre, der jemals gelebt – wenn du bei seiner Handlung im Augenblick der Entscheidung Zeuge wirst, daß er in Wahrheit edel handelt, hochsinnig von ganzem Herzen seinem Feinde vergibt, in Selbstverleugnung das äußerste Opfer bringt, oder wenn du Zeuge der innerlichen Langmut wirst, mit der er ein Jahr ums andre liebevoll Böses erträgt, alsdann sprichst du: ‚er ist doch groß, wahrlich, er ist groß.' Mithin, Herzensgröße ist die wahre menschliche Größe; Herzensgröße aber ist eben, daß man sich selbst in Liebe überwindet."[1] Das wegweisende Wort in diesem Text lautet: „Der tiefere Mensch läßt sich von dem Äußerlichen nicht verwirren." Dieses Wort weist aus, daß Macht und

Herrschergewalt etwas bloß Äußerliches sein kann. Daher läßt sich der tiefere Mensch davon nicht sofort beeindrucken. Aus demselben Grund liegt es ihm selbst fern, nach solcher Macht zu streben. Gerade weil er ein tieferer Mensch ist, geht sein Streben nicht auf Äußerlichkeit, sondern vielmehr auf Innerlichkeit. Mithin waltet zwischen äußerer Macht und innerer Größe der Unterschied zwischen Haben und Sein. Zu solchem Sein gelangt man, indem man sich selbst in Liebe überwindet.

Verhaeren war ein Mensch, der sich nicht dem Haben, sondern dem Sein verpflichtet fühlte. Seine Seinsfülle, die Stefan Zweig zu beschreiben suchte, machte seine Herzensgröße aus. Sie war es, die ihn mit großer Bewunderung erfüllte. Zu ihr gelangte der belgische Dichter auf dem von Kierkegaard beschriebenen Weg: Er überwand sich selbst in Liebe. Dafür spricht eine kleine Notiz, die sich ebenfalls in den „Erinnerungen" von Zweig findet: „Es lagen irgendwo in seiner Jugend wilde Exzesse, Schulden, Torheiten, versäumte und scheinbar vergeudete Jahre, die der reife Mann in ihm selbst nicht mehr verstand". Somit erweisen sich Seinsfülle, Herzensgröße und Reife als die entscheidenden Merkmale eines Vorbildes echter Menschlichkeit. Hier drängt sich die Frage auf, wie sich solche „Selbstüberwindung in Liebe" verwirklichen läßt. Dadurch, daß wir es wagen, zu den verschütteten Tiefen unseres Herzens zurückzukehren, um in ihnen die beglückende Entdeckung der „Mitte unseres Daseins" zu machen. Nur von dieser Mitte her gelangt das kümmerliche Herz zu wahrer Herzensgröße. Nur in ihr vereinen sich alle Seelenkräfte, um zur Überzeugungskraft unseres Lebens zu werden. Stellen wir uns zur Veranschaulichung ein großes Karrenrad mit dem umgebenden Reifen, den Speichen und der Nabe in der Mitte vor. Je näher die Speichen zur Mitte kommen, um so mehr nähern sie sich einander, bis sie in der Mitte eins geworden sind. Auf diese Weise erlangt das Rad seine innere Geschlossenheit, seine innere Festigkeit und seine Tragfähigkeit. Ähnlich verhält es sich mit den Seelenkräften unseres Herzens. Ohne die Mitte des Daseins fallen sie der Willkür anheim. In der Mitte gebunden, werden sie eins und geben dem Leben in überzeugender Weise innere Geschlossenheit, Festigkeit und Tragfähigkeit.

Wenn wir nun fragen, wie wir diese Mitte, die in der Tiefe unseres Herzens waltet, genauerhin zu verstehen haben, so tun wir gut daran, uns die Antwort von Jesus geben zu lassen. Er ist ja für einen Christen Vorbild und Lehrbild schlechthin. Für Jesus hatte diese Mitte einen Namen. Es war der vertrauliche Name „Abba, Vater". In diesem Namen birgt sich ein unauslotbares Geheimnis. Es ist der Abgrund des Lichtes, der Wahrheit, der Liebe und des Lebens. Und nun lehrt uns Jesus, daß wir in diesen Abgrund unser ganzes Leben hineingeben dürfen; denn der Vater ist offen für alle Freuden und Hoffnungen, aber auch für alle Kümmernisse und Torheiten seiner Kinder. Ermutigend und Vertrauen weckend sind die Worte, die der Dichter und Prediger Manfred Hausmann in einem ähnlichen Zusammenhang schreibt: „Alles darf der Mensch vor Gott bringen, auch das und gerade das, was er mit dem verständnisvollsten Menschen, mit dem Freund, mit dem Geliebten, mit der Ehefrau, mit dem Ehemann, nicht mehr besprechen kann. Der Mensch darf Gott so tief vertrauen, daß er mit ihm sogar über das spricht, worüber er mit sich selbst nicht zu sprechen wagt, über die Gedanken, die er immer wieder schaudernd von sich wegschiebt, er darf Gott tiefer vertrauen als sich selbst."[2] Solches Vertrauen ist die Seele unseres Glaubens; denn der lateinische Ausdruck für ‚Glauben' lautet: ‚credere'. Wörtlich übersetzt bedeutet das soviel wie: ‚sein Herz jemandem geben'. Glauben heißt also: sein Herz in die Hand Gottes legen. Wo das geschieht, da erfahren wir „die Väterlichkeit, das Erbarmen, die bergende Kraft in tausend stillen Weisen, mitten in all diesen Überfällen und Aussichtslosigkeiten und Preisgegebenheiten. Gott hat Worte, wunderbarer Tröstung und Erhebung voll. Gott hat Wege zum Menschen in alle Verlassenheit hinein."[3]

Diese Worte, die Alfred Delp „Im Angesicht des Todes" geschrieben hat, führen uns zu einem zweiten Hauptpunkt, den uns Jesus durch sein Leben und seine Lehre verkündet. Es ist die Einladung zum Wagnis, Gott vor allem in den dunklen und schweren Stunden unseres Lebens Vater sein zu lassen. Das geschieht dadurch, daß wir uns dem Willen Gottes fügen. Man kann dieses Wagnis nur vollbringen, wenn man rückhaltlos auf Gottes Größe und Liebe setzt. Nur in solch rückhaltloser Hingabe gehen einem seine Größe und Liebe auf. An unsere eigene Erfahrung anknüpfend, sagt daher der bekannte Hamburger Theologe Helmut Thielicke: „Jeder, der das Wort ‚Dein Wille geschehe' einmal in einem sehr schweren Augenblick seines Lebens über die Lippen gebracht und sich zu ihm durchgerungen hat, der weiß, welche unaussprechliche *Erleichterung* es ihm schenkte. Er hat es vielleicht gesagt, als ihm der liebste Mensch genommen wurde oder als der Arzt ihm eröffnete, daß nun keine Hoffnung mehr sei. Und obwohl mit diesem Ja ... der zermürbende Hader aufhörte, war es doch nicht ein Sichabfinden. Denn er wußte etwas, das der Mensch ohne Christus nicht wissen kann. Er wußte nämlich, zu *wem* er dieses ‚Ja' sagte und in *wessen* Willen er sich dabei ergab. Er kapitulierte ja nicht vor einem Schicksal, sondern er ergab sich in den Willen seines *Vaters*. Er stürzte mit seinem Ja an ein Herz, das für ihn schlug und das mit ihm blutete, wenn es ihn leiden sah."[4]

Schließlich lehrt uns Jesus, nicht nur als einzelne „mein Vater", sondern vor allem in Gemeinschaft „unser Vater" zu sagen. In seinem Buch über das Gebet des Herrn schreibt Cyprian von Karthago († 258): „Der Lehrmeister des Friedens und der Herr der Einheit wollte nicht, daß wir nur einzeln und privat beten, so als bete jeder nur für sich allein. Wir sagen nicht: ‚Mein Vater im Himmel' und nicht ‚Mein Brot gib mir heute.' Auch bittet niemand, daß nur ihm allein seine Schuld vergeben wird. Keiner hält darum an, daß nur er nicht in Versuchung geführt oder nur er vom Bösen erlöst wird. Unser Gebet ist öffentlich und für alle. Wenn wir beten, bitten wir nicht nur für einen einzigen, sondern für alle, weil wir ‚das ganze Volk' eins sind."[5] In gleicher Weise hat auch Jesus nicht nur für sich allein, sondern zugleich für alle gebetet. Davon gibt der Evangelist Johannes (17,20–26) Zeugnis.

Hier sehen wir: In unserer Einheit mit Gott, der unser aller Vater ist, erfahren wir die tiefste Einheit mit uns selbst; zugleich aber erfahren wir unsere Mitmenschen als unsere Schwestern und Brüder. So können wir in Abwandlung eines Jesuswortes sagen: „Suchet vor allem die Einheit mit Gott, der die Ursprungsmitte allen Daseins ist, und alles andere wird euch hinzugegeben." Das Offenbarwerden dieser Einheit im Leben der Gläubigen ist der entscheidende Grund für die Glaubwürdigkeit des Evangeliums und seine überzeugende Verkündigung.

Vor einiger Zeit fand irgendwo eine internationale Jugendtagung statt, auf der man sich beriet, wie das Evangelium am besten verbreitet werden könne. Die jungen Menschen sprachen von Propaganda, von literarischen Möglichkeiten und vielem anderen mehr, wozu das zwanzigste Jahrhundert entsprechende Mittel bietet. Da meldete sich ein junges Mädchen aus Afrika zu Wort und sagte: „Wir schicken keine Schriften in die Dörfer, die wir für das Evangelium gewinnen möchten. Wir schicken eine gläubige Familie dorthin, damit die Dorfbewohner sehen, was christliches Leben ist." Nur diejenigen, deren Herz von der Liebe Gottes ergriffen ist, können seine Liebe in die Welt hinein übersetzen, die in die Einheit mit Gott zurückgeführt werden soll.

Jesus erhob seine Augen zum Himmel und sprach: Heiliger Vater, ich bitte nicht nur für sie (die du mir auf der Welt gegeben hast), sondern auch für alle, die durch ihr Wort an mich glauben. Alle sollen eins sein: wie du, Vater, in mir bist und ich in dir bin, sollen auch sie in uns sein, damit die Welt glaubt, daß du mich gesandt hast.
Johannes 17,20–21

23 Das große Ich will durch mich leben

E. Caruso: Ich kann nicht singen
Ijob 22,28; Jak 1,2–8

Es gibt Menschen, die schon lange tot sind, und trotzdem haben wir den Eindruck, daß sie noch mitten unter uns leben. Sie sind wie Sterne, die schon längst untergegangen sind, deren Licht aber noch unterwegs ist. Zu diesen Menschen gehört der Operntenor Enrico Caruso (1873–1921).

Enrico Caruso wurde in Neapel als achtzehntes von einundzwanzig Kindern geboren. Sein Vater war Mechaniker, seine Mutter Waschfrau. Caruso hat in seinem Leben nicht ein einziges Buch gelesen, er konnte nicht einmal richtig schreiben; aber er hatte 64 Opernpartituren im Kopf und sprach fließend sieben Sprachen. Seine Stimme war so rein und strahlend, so gewaltig und beherrscht, daß sie aus einer anderen Welt zu kommen schien. In ihr vereinigten sich eine große Natürlichkeit des musikalischen Vortrags und eine starke schauspielerische Begabung zu seltener Vollkommenheit. Als er einmal nach seiner Lieblingsrolle gefragt wurde, antwortete er: „Ich habe keine, alle sind die Frucht harter Arbeit!"

Bevor Caruso den Höhepunkt seiner Laufbahn erreichte, mußte er einen langen Weg zurücklegen. Dieser begann in seiner Vaterstadt und führte über Mailand und London 1904 nach Amerika. In Europa und Amerika gibt es kaum eine bekannte Bühne, die den Glanz seiner Stimme nicht erlebte. In Petersburg, Wien, München, Berlin, Paris, London, New York und Mexiko feierte er seine Triumphe. Trotz seines Reichtums – er bekam für einen Konzertabend 10 000 Dollar – blieb er immer bescheiden und anspruchslos. Am 11. Dezember 1920 erlitt er in New York auf offener Bühne einen Blutsturz; trotzdem sang er weiter. Nach kurzer Besserung fuhr er mit seiner Frau und seiner Tochter nach Italien zurück, um dort Heilung zu suchen. Wenige Monate später starb er in Neapel im Alter von 48 Jahren, betrauert von seinen Freunden in aller Welt.

Vieles könnte man aus diesem Leben erzählen. Beschränken wir uns hier darauf, eine Situation zu erwähnen: Immer wieder wurde der weltberühmte Tenor unmittelbar vor seinem Auftritt plötzlich vom Lampenfieber überfallen. Einmal war es ganz schlimm. Er glaubte, die Angst schnüre ihm die Kehle zu. Sein Gesicht war schweißgebadet. Der Gedanke, in wenigen Augenblicken aus den Kulissen treten zu müssen, ließ ihn erzittern. Er sagte: „Ich mache mich zum Gespött; ich kann nicht singen!" Dann aber riß er sich zusammen und erklärte energisch: „Mein kleines Ich will das große Ich in mir ersticken!" Daraufhin wandte er sich an dieses kleine Ich und sprach es unmittelbar an: „Hinweg mit dir, das große Ich will durch mich singen!" Als sein Stichwort fiel, betrat er die Bühne, und seine Stimme schlug seine Zuhörer wie gewohnt in Bann.

Vgl. Große Männer der Weltgeschichte, R. Löwit Verlag, Wiesbaden o. J., S. 88; sowie: J. Murphy, Die Macht ihres Unterbewußtseins, Ariston Verlag, Genf 1976, S. 25f.

Menschen mit Lampenfieber leben im Bewußtsein ihrer eigenen Schwäche. Dies ist ein Zeichen ihrer Ehrlichkeit gegen sich selbst. Daher verwundert es nicht, daß viele berühmte Redner und namhafte Schauspieler vor jedem Auftritt den Kampf gegen das Lampenfieber neu zu bestehen haben. Der Psychologe Paul Dubois schreibt in seinem Buch „Die Psychoneurosen und ihre psychische Behandlung": „Die Angst ist, sofern sie gewisse Grenzen nicht überschreitet, eine außerordentlich nützliche Regung." Ohne sie wird es nur selten zu einem wirklich bedeutsamen Werk kommen. Da die Angst im Lampenfieber von Caruso jene „gewisse Grenzen" zu überschreiten suchte, trat dieser ihr energisch entgegen; denn er empfand sie als den Versuch seines „kleinen Ich", das „große Ich" in ihm zu ersticken.

Das kleine Ich, das große Ich – wir selbst kennen beide aus vielerlei Erfahrungen. Das kleine Ich ist der Ursprung all dessen, was den Menschen klein zu machen beabsichtigt. Und was ist unter diesem Gesichtspunkt in uns nicht alles am Werk! Unsere unnützen Sorgen, unser übertriebenes Bemühen um Ansehen, Anerkennung, Einfluß, Geld und Liebe; alles, was wir gewaltsam haben oder durchsetzen wollen; unsere Unfähigkeit, andere in ihren berechtigten Anliegen gelten zu lassen; unser Neid, unsere Eifersucht und Überempfindlichkeit, unser Selbstmitleid, unsere Mutlosigkeit und Resignation ... – all das sind Machenschaften des kleinen Ich, das nach außen hin so mächtig auftreten kann, innerlich jedoch voller Ohnmacht ist. Ich denke hier an Herodes. Als die drei Weisen aus dem Osten nach Jerusalem kamen, um sich bei ihm nach dem neugeborenen König zu erkundigen, da erschrak er und ganz Jerusalem mit ihm. Er ließ alle Schriftgelehrten und Hohenpriester zu sich kommen und forschte sie aus. Dann schickte er die Weisen nach Betlehem und gab ihnen verlogen mit auf den Weg: „Geht und forscht sorgfältig nach, wo das Kind ist, und wenn ihr es gefunden habt, berichtet mir, damit auch ich hingehe und ihm huldige“ (Mt 2,8). In Wirklichkeit hatte er etwas ganz anderes im Sinn. Wieviel Herodianisches aber gibt es in uns selbst? Hier zeigt sich: das kleine Ich ist der Inbegriff alles Selbstsüchtigen, das nur den eigenen Bestand im Auge hat und diesen ängstlich zu halten sucht. – In den drei Weisen hingegen begegnen wir dem großen Ich. Dieses sucht nicht sich selbst; es will in erster Linie nicht haben, sondern geben, nicht herrschen, sondern dienen. Unbeirrbar geht es seinen Weg, bis es bei dem angekommen ist, der größer ist als es selbst. Allein vor ihm geht es in die Knie. So wird es durchlässig für alles Große, Wahre, Gute, Edle, Schöne, Echte, Ehrliche ... Auch diese Weisen aus dem Osten gibt es in uns selbst.

Im Schrifttum von Romano Guardini (1885–1968) gibt es eine Stelle, die auf ihre Weise von der Gegenwart beider Ichformen in uns spricht und den Weg von der einen zur anderen beschreibt, das heißt, von der Selbstbezogenheit zur Selbstlosigkeit: „Es bildet eines der tiefsten Paradoxe des Lebens, daß ein Mensch um so voller er selbst wird, je weniger er an sich denkt. Sprechen wir genauer: In uns lebt ein falsches Selbst und ein richtiges. Falsch ist das beständig betonte ‚Ich‘ und ‚Mir‘ und ‚Mich‘, das alles aufs eigene Gelten und Gedeihen bezieht, genießen und durchsetzen und herrschen will. Dieses Selbst verdeckt das eigentliche, die Wahrheit der Person. Im Maß das erste verschwindet, wird das zweite frei. Im Maß der Mensch in der Selbstlosigkeit von sich weggeht, wächst er in das wesenhafte Selbst hinein. Dieses blickt nicht auf sich, aber es ist da. Es erlebt sich auch – aber im Bewußtsein einer Freiheit, eines Offenseins, einer Unzerstörbarkeit von innen her. Der Weg, auf dem der Mensch das falsche Selbstsein abtut und in das eigentliche hineinwächst, ist jener, den die Meister des inneren Lebens die Loslösung nennen. Der Heilige ist jener, in welchem das erste Selbst ganz überwunden und das zweite frei geworden ist. Dann ist der Mensch einfach da, ohne sich zu betonen. Er ist mächtig, ohne sich anzustrengen. Er hat kein Begehren mehr und keine Angst. Er strahlt aus. Um ihn her treten die Dinge in ihre Wahrheit und ihre Ordnung. Sagen wir es aufs Wesentliche hin: Der Mensch ist offen geworden für Gott. Und, wenn man es so ausdrücken kann: durchlässig für Gott. Er ist ‚Türe‘, durch welche Seine Macht in die Welt einströmen kann.“[1] Türen dieser Art sind die Heiligen in den Romanen von F.M. Dostojewski. Man denke vor allem an den Fürsten Myschkin, an Aljoscha und den Staretz Sossima in den Romanen

„Der Idiot“ und „Die Brüder Karamasoff“. Dostojewski versteht sie als Apostel Jesu Christi.

Die Loslösung vom kleinen Ich und dessen Überwindung besorgte Enrico Caruso dadurch, daß er ihm mit Entschiedenheit entgegentrat: „Hinweg mit dir; das große Ich will durch mich singen!“ Bezeichnend ist nun, daß genau dieses Wort „Hinweg mit dir!“ auch von Jesus zur Klärung zweier Situationen gebraucht wurde. Die Bibel erzählt, wie Jesus vom Versucher in die Wüste geführt wurde, um von ihm zu Fall gebracht zu werden. Als der Versucher wiederholt nicht auf die Argumente Jesu einging, da gebot ihm Jesus: „Hinweg mit dir, Satan!“ Auf dieses Kraftwort hin ließ er von ihm ab, und es kamen Engel und dienten ihm (Mt 4,1-11). So geschieht es immer, wenn das kleine Ich, das ein Satan sein kann, in der Kraft Gottes überwunden wird. Da laufen Wertbewußtsein, Freude, Friede und Sicherheit zum großen Strom des Daseins zusammen. – War dies eine Situation am Anfang des öffentlichen Weges Jesu, so eröffnete sich die andere ungefähr am Ende dieses Weges: „Von da an begann Jesus, seinen Jüngern zu erklären, er müsse nach Jerusalem gehen und von den Ältesten, den Hohenpriestern und den Schriftgelehrten vieles erleiden; er werde getötet werden, aber am dritten Tag werde er auferstehen. Da nahm ihn Petrus beiseite und machte ihm Vorwürfe; er sagte: Das soll Gott verhüten, Herr! Das darf nicht mit dir geschehen! Jesus aber wandte sich um und sagte zu Petrus: Hinweg mit dir, Satan, geh mir aus den Augen! Du willst mich zu Fall bringen; denn du hast nicht das im Sinn, was Gott will, sondern was die Menschen wollen!“ (Mt 16,21–23). Weil Jesus keinen anderen Weg als den „Weg Gottes“ zu gehen entschlossen war, Petrus aber diesen Weg in einen menschlich-allzumenschlichen „Fluchtweg“ umkehren wollte, wies ihn Jesus so scharf zurück. Diese Versuchung, die gerade von einem Menschen kam, der Jesus liebte, macht uns bewußt, daß die schwersten Versuchungen diejenigen sind, die aus einem liebenden Herzen kommen. Das lenkt unseren Blick auf jene, die uns aus Liebe vor Gefahren schützen wollen, welche möglicherweise auf uns warten, wenn wir den Weg Gottes gehen. Doch es ist die Liebe des kleinen Ich; denn Gott erwartet von uns kein leichtes, sondern ein gutes Leben. So wird deutlich, daß wir jede Macht, die uns vom Weg Gottes abzubringen sucht, mit der Entschiedenheit Jesu begegnen müssen, damit sich das große Ich in uns entfaltet und zu einer „Türe“ wird, durch die Gottes Macht in diese Welt einströmt.

In seiner indischen Dichtung „Siddhartha“ schreibt Hermann Hesse: „Die meisten Menschen sind wie ein fallendes Blatt, das weht und dreht sich durch die Luft und schwankt und taumelt zu Boden. Andere aber, wenige, sind wie Sterne, die gehen eine feste Bahn, kein Wind erreicht sie, in sich selber haben sie ihr Gesetz und ihre Bahn."[2] Blatt, das zu Boden taumelt, oder Stern, der einer festen Bahn folgt – zu was wir uns entwickeln, das entscheidet unsere Wahl zwischen dem kleinen und großen Ich.

Beschließt du etwas, dann trifft es ein, und Licht überstrahlt deine Wege.
Jjob 22,28

Seid voll Freude, meine Brüder, wenn ihr in mancherlei Versuchungen geratet. Ihr wißt, daß die Prüfung eures Glaubens Ausdauer bewirkt. Die Ausdauer aber soll zu einem vollendeten Werk führen; denn so werdet ihr vollendet und untadelig sein, es wird euch nichts mehr fehlen. Fehlt es aber einem von euch an Weisheit, dann soll er sie von Gott erbitten; Gott wird sie ihm geben, denn er gibt allen gern und macht niemand einen Vorwurf: Wer bittet, soll aber voll Glauben bitten und nicht zweifeln; denn wer zweifelt, ist wie eine Welle, die vom Wind im Meer hin und her getrieben wird. Ein solcher Mensch bilde sich nicht ein, daß er vom Herrn etwas erhalten wird: Er ist ein Mann mit zwei Seelen, unbeständig auf all seinen Wegen.
Jakobusbrief 1,2–8

24 Am Berg zeigt sich, wer wir sind

P. Teilhard de Chardin: Vom Glück des Daseins
Mt 16,24–26; 17,1–9

„Gedanken über das Glück", so lautet das Thema eines berühmten Vortrages, den Pierre Teilhard de Chardin (1881–1955) am 28. Dezember 1943 in Peking gehalten hatte. Der namhafte Redner ging von einem ganz einfachen Bild aus, das dem heutigen Leser wie dem damaligen Zuhörer zu sagen vermag, zu welchem Grundtyp der Menschheit er gehört und worin er demnach das Glück seines Lebens sieht.

Stellen wir uns also eine Gruppe von Ausflüglern vor, die aufgebrochen ist, um einen schwierigen Berg zu besteigen. Schaut man sich diese Leute einige Stunden später an, so stellt sich unmißverständlich heraus, daß mit ihnen inzwischen etwas Sonderbares geschehen ist. Die Mannschaft hat sich bereits in drei Teilgruppen von sehr unterschiedlichem Charakter aufgeteilt. Um diese verschiedenartigen Teilgruppen geht es Teilhard de Chardin. Und da wir selbst einer dieser Gruppen angehören, sollten sie auch uns interessieren.

Da sind zunächst jene, die – kaum daß sie mit dem Aufstieg begonnen haben – ermüden und bereits bedauern, sich überhaupt auf den Weg gemacht zu haben. Nutzlos erscheinen ihnen die Mühen und Anstrengungen, die der Weg nach oben ihnen abverlangt. Daher verlieren sie die Lust am Unternehmen und kehren in die Herberge zurück. – Neben ihnen gibt es diejenigen, die zwar nicht an eine Umkehr denken, doch wollen auch sie nicht mehr weitergehen. Sie haben einen Punkt erreicht, an dem es ihnen gut geht. Die Sonne scheint, und die Aussicht ist faszinierend. So legen sie sich ins Gras oder streifen durch die Umgebung und erwarten den Augenblick, da es etwas zu ‚futtern' gibt. – Es bleiben schließlich jene, die den Gipfel nicht aus den Augen lassen; denn ihn zu ersteigen, sind sie aufgebrochen. Deshalb setzen sie sich nicht zur Ruhe. Begeistert brechen sie immer wieder von neuem auf.

Müde, Genießer, Begeisterte – das also sind die drei Grundtypen der

Menschheit, die das Glück des Daseins jeweils auf ihre Weise erfahren. Zu welchem dieser Typen gehören wir selbst?

Vgl. Pierre Teilhard de Chardin, Vom Glück des Daseins, Walter Verlag, Olten-Freiburg i. Br. 1969, S. 16f.

Für Teilhard de Chardin ist das Leben seinem Wesen nach eine Entwicklung, die ‚nach oben' führt. Wie die ganze Menschheitsgeschichte, so muß jeder einzelne Mensch einem Höhepunkt entgegenstreben. Nur auf diese Weise erfüllt sich der Sinn seines Daseins; nur auf diesem Weg kommt ihm das wahre Glück entgegen. Daher stellt „der Ruf des Lebens" jeden einzelnen vor die wichtigste aller Fragen: Bist du auf dem Weg nach oben? Gehörst du zu den wahren Alpinisten, die ihre Augen nicht von dem Gipfel abwenden? Verfolgst du ein Ziel, von dem du die Gewißheit hast, daß es größer ist als du? Mit anderen Worten: Bist du ein Müder, ein Genießer oder ein Begeisterter?

Hinsichtlich der Müden haben wir es mit solchen zu tun, die weder Ausdauer noch Widerstandskraft haben. Sobald sich ernsthafte Schwierigkeiten anmelden, fühlen sie sich überfordert, brechen das Begonnene ab und geben resigniert auf. So vielfältig die Anforderungen des Lebens sind, so mannigfaltig können auch die Gründe sein, die sie veranlassen, sich in die eigene Schale zurückzuziehen. Zu den Müden zählt Teilhard de Chardin auch die Pessimisten. Irgendwo las ich einmal: „Ein Pessimist ist jemand, der sein Leben in einer Dunkelkammer verbringt und nur Negative entwickelt." Negative dieser Art lauten: „Es hat ja doch keinen Sinn; es ist nicht der Mühe wert; du bringst es ja doch nicht auf einen grünen Zweig ..." Oder man sagt: „Wenn ich nur wüßte, daß alles gutgeht; wenn ich sicher wäre, dann vielleicht ..." Indem solche „Wenn-Menschen" immer wieder von ‚Wenn' und ‚Aber' sprechen, vergrößern sie die Schwierigkeiten um ein Vielfaches, verzetteln ihre Kräfte und bringen es zu nichts Bedeutsamem. Die Müden wollen am liebsten in Ruhe gelassen werden. Dann fühlen sie sich am glücklichsten. Daher gehen sie allem Ärger, allen Schwierigkeiten, allen Anstrengungen und Risiken aus dem Weg.

Die Genießer wollen etwas vom Leben haben: „Man lebt eben nicht zweimal in dieser Welt!" Hat man, was man braucht, um gut leben zu können, so ist man mit dem Erreichten zufrieden. Mehr will man nicht. Das Anstreben einer höheren Ebene, Weiterbildung oder Übernahme von Verantwortung, die schlaflose Nächte mit sich bringt, all das liegt ihnen nicht im Sinn. So denkt, wenn ich mich nicht irre, die breite Masse der ‚braven' Bürger. Ihrer Meinung nach ist derjenige glücklich, der den Augenblick zu genießen versteht. Solche Menschen erwecken in uns spontan Unbehagen. Sie betrügen das Leben und sich selbst. Während die Müden ihre Talente vergraben, werden diese von den selbstzufriedenen Genießern nicht voll ausgenützt. Durch ihre Trägheit werden sie daran gehindert, größere Zusammenhänge zu sehen; durch ihre Faulheit ersticken sie die Stimme ihres Gewissens, ihre Sehnsucht nach ‚Höherem' und ihr Verlangen nach Wachstum. Aus diesem Grund schreibt Augustinus: „Sei stets unzufrieden mit dem, was du bist, falls du es erreichen willst, ein anderer zu sein, als du bist; denn wo du haltmachst, da wirst du auch bleiben; und sobald du sagst: Ich habe genug geleistet, da bist du verloren."

So sind es nur die für ein hohes Ziel Begeisterten, die etwas vom Sinn des Daseins verstehen. Über den Augenblick vergessen sie nicht das Ganze. Sie sind keine „Wenn-Menschen", sondern „Wie-Menschen". Alles ‚Wenn und Aber' wird sorgsam aus dem Weg geräumt. Treffen sie auf ein Hindernis, so sagen sie: „Hier liegt eine Schwierigkeit – *wie* können wir sie überwinden?" Oder: „Da ist unser Ziel -- *wie* erreichen wir es?" Diese innere Einstellung erfüllt sie mit Schwung und Kraft, den Aufstieg unbeirrbar fortzusetzen. Mit ihm wachsen ihre Erwartungen. Ihr Optimismus, eine Zusammensetzung aus Glauben, Phantasie und Begeisterungsfähigkeit, hält sie bei guter Laune. Aufgrund ihres Bemühens, dem geheimnisvollen „Brennpunkt des Daseins" immer näher zu kommen, werden sie selbst zu „Brennenden". Man mag über diese Abenteurer lachen, man mag sie aufregend oder unbequem finden, sicher ist jedoch, daß nur ihr Leben Zukunft haben wird. Indem sie über sich selbst hinauswachsen, erfahren sie das Glück. Glück ist für sie die Frucht eines geordneten und zielgerichteten Handelns.

Fragen wir nun, wie wir uns praktisch verhalten müssen, um dieses Glück zu erlangen, so nennt uns Teilhard de Chardin drei Grundregeln, denen wir im folgenden unsere Aufmerksamkeit schenken wollen.

Die *erste* Regel lautet: Um das wahre Glück zu erfahren, mußt du eins werden mit dir selbst; du mußt dich auf deinen inwendigen Mittelpunkt konzentrieren; du mußt dich selber finden und gestalten. Solches Bemühen faßt Teilhard in dem Wort „Zentration" zusammen. Glücklich ist demnach, wer sich geistig weiterbildet. Das heißt: Wir müssen danach streben, in unsere Gedanken und Vorstellungen, in unsere Empfindungen und Verhaltensweisen Einheit und Ordnung zu bringen. Bereits nach griechischer Vorstellung galt ein Mensch als gebildet, wenn eine innere Harmonie sein ganzes Wesen mit all seinen Lebensäußerungen und Gewohnheiten durchwaltete und bestimmte. Der Weg zu solcher Zentration ist die Meditation. Teilhard beschreibt seine Erfahrungen auf diesem Weg mit folgenden Worten: „So habe ich – von dem man annimmt, daß er täglich meditiere! – vielleicht zum erstenmal im Leben die Lampe genommen, den scheinbar kleinen Bereich meiner täglichen Beschäftigungen und Beziehungen verlassen und bin hinabgestiegen in das Innerste meiner selbst, in jenen tiefen Abgrund, aus dem, wie ich es undeutlich fühle, mein Vermögen zu handeln aufsteigt. Und je mehr ich mich von den herkömmlichen Gewißheiten entfernte, die das Leben der menschlichen Gesellschaft oberflächlich erhellen, um so mehr habe ich erkennen müssen, daß ich mir selbst entglitt. Mit jeder Stufe, die ich hinabstieg, enthüllte sich in mir eine andere Persönlichkeit, deren genauen Namen ich nicht mehr nennen konnte und die mir nicht mehr gehorchte. Als ich meine Forschung aufgeben mußte, weil der Weg unter meinen Schritten aufhörte, da öffnete sich vor meinen Füßen ein bodenloser Abgrund, aus dem, ich weiß nicht woher, der Strom floß, den ich *mein* Leben zu nennen wage."[1] Auf dem Weg zu diesem inwendigen Strom lernen wir „Gott" als „Tiefe" verstehen. Von ihr her läßt sich unser Leben gestalten. Übersehen wir aber nicht: Zu diesem Strom, der unser Leben ist, kommt nur, wer den Bereich seiner täglichen Beschäftigungen und Beziehungen immer wieder zu verlassen bereit ist.

Der Hinweis, daß aus jenem tiefen Abgrund das Vermögen zu handeln aufsteigt, führt uns zur *zweiten* Regel, die sich, wie folgt, formulieren läßt: Bleibe nicht bei dir selbst, sondern öffne dich den anderen; dann erfährst du eine Bewußtseinserweiterung und eine Glückssteigerung. Diesen Vorgang kennzeichnet Teilhard de Chardin mit dem Wort „Dezentration". Den Zusammenhang von Zentration und Dezentration vermittelt uns die Psychologie. Sie stellt fest, daß jede Selbstentfremdung, jede Kontaktabwehr nach innen, auch den mitmenschlichen Kontakt stört. Wenden wir diese Feststellung ins Positive, dann besagt sie: Ein Mensch, der auf dem Weg in die Tiefe zu sich selbst gefunden hat und in sich selbst gesammelt ist, entdeckt wie von selbst einen vielfältigen Zugang zu seinen Mitmenschen. Die Erfahrungen, die sich auf dem Weg von den Tiefen des Ich zu den Tiefen des Du einstellen, bringen folgende Worte eines Dichters zum Ausdruck: „Es ist ein merkwürdiges, doch einfaches Geheimnis der Lebensweisheit aller Zeiten, daß jede kleinste selbstlose Hingabe, jede Teilnahme, jede Liebe uns reicher macht, während jede Bemühung um Besitz und Macht uns Kräfte raubt und ärmer werden läßt (...) Jedes Selbstlossein, jeder Verzicht aus Liebe, jedes tätige Mitleid, jede Selbstentäußerung scheint ein Weggeben, ein Sichberauben, und ist doch ein Reicherwerden und Größerwerden, und ist doch der einzige Weg, der vorwärts und aufwärts führt. Es ist ein altes Lied, und ich bin ein schlechter Sänger und Prediger, aber Wahrheiten veraltern nicht und sind stets und überall wahr, ob sie nun in einer Wüste gepredigt, in einem Gedicht gesungen oder in einer Zeitung gedruckt werden."[2] Das Verständnis von „Zentration" und „Dezentration" zeigt also, daß der glückliche Mensch immer ein Mensch der Polarität ist. Kraft dieser Polarität verweilt er so in seinem Selbst, daß er den Kontakt zu seinen Mitmenschen nicht verliert; andererseits verweilt er so bei seinen Mitmenschen, daß er sich selbst nicht verlorengeht. Ohne sich selbst entrissen zu werden, tritt der glückliche Mensch so aus sich heraus, daß er durch seine Hinwendung zu anderen sein Bewußtsein erweitert. Doch ist hier mit Teilhard de Chardin sofort hinzuzufügen, daß es heute nicht genügt, sich nur einem Dutzend auserwählter Freunde zuzuwenden. Vielmehr kommt es darauf an, daß unsere Liebe bis an die Grenzen der Erde reicht. Nur eine solch weltweite Liebe hat die Kraft, allen persönlichen und rassischen Egoismus zu überwinden und alle Menschen zum Gipfel des Lebens zu führen. Aufgrund der Pluralität, die dem Menschen von Natur aus zu eigen ist, gibt es aber nur eine Art zu lieben: Die Menschheit muß sich auf einen gemeinsamen Brennpunkt hin orientieren, der die Kraft hat, alle zu ergreifen und untereinander zu verbinden.

Damit sind wir bei der *dritten* Regel: Es macht das Glück und den Wert deines Lebens aus, in etwas Größerem aufzugehen, als du selber bist. Diesen dritten Schritt kennzeichnet Teilhard de Chardin mit dem Wort „Überzentration". Auch diese Wahrheit veraltert nicht. Noch im letzten Jahrhundert war man weithin der Überzeugung, daß der Mensch die Welt in ihren Hintergründen zunehmend entschleiern und das göttliche Geheimnis völlig aus dem Weg räumen werde. Bereits heute erkennen wir hingegen, daß sich mit jeder Entdeckung ein bis dahin noch unbekannter Ozean des Noch-nicht-Gewußten erschließt. Es ist also genau umgekehrt, als man dachte. Das Geheimnis verringert sich nicht mit jeder Entdeckung, sondern es wächst; es wird immer größer. Gerade das macht seinen göttlichen Charakter aus. Aufgrund dieser Erfahrung sagt Teilhard de Chardin: „Gott zeigt sich uns begrenzten Wesen nicht als eine fertige Sache, die wir nur anzunehmen hätten. Vielmehr ist er für uns die ewige Entdeckung und das ewige Wachstum. Je mehr wir ihn zu begreifen glauben, um so mehr enthüllt er sich als ein anderer. Je mehr wir ihn zu halten glauben, um so mehr weicht er zurück und zieht uns in die Tiefen seiner selbst hinein."[3] Wer in dieser Weise in Gottes Tiefen hineingezogen wird, kann nicht anders, als die Haltung der Anbetung einzunehmen. Was ist darunter zu verstehen? Teilhard de Chardin antwortet: „Anbeten heißt, sich im Unergründlichen verlieren, ins Unausschöpfbare eintauchen, im Unvergänglichen Frieden finden, in der begrenzten Unermeßlichkeit aufgehen, sich dem Feuer und der Transparenz hingeben, sich bewußt und willentlich in dem Maße vernichten, als man seiner selbst bewußter wird, sich vom Grund auf jenem schenken, der ohne Grund ist! Wen können wir anbeten? Je mehr der Mensch Mensch wird, um so mehr wird er vom Bedürfnis gepackt, und zwar von einem immer ausdrücklicheren, immer reineren, immer unmäßigeren Bedürfnis anzubeten.“[4]

Sein, Lieben und Anbeten, das sind die drei ineinandergreifenden Stufen des Glücks. Es wird von denen erfahren, die auf dem Weg nach oben bleiben. Zu ihnen gehörte Teilhard de Chardin selbst. 1955, am Ostersonntagabend, fiel der Vierundsiebzigjährige mitten in einer lebhaften Diskussion, vom Schlage getroffen, zu Boden. Einen Monat vorher hatte er den Wunsch geäußert, er möchte an einem Tag der Auferstehung sterben. Zu ihnen gehörte auch jener Bergsteiger, von dem irgendwo in den Alpen ein Bergkreuz Zeugnis gibt. Darauf steht das bezeichnende Wort: „Er starb auf dem Weg nach oben.“ Zu ihnen gehörte allen voran derjenige, der am Ölberg nicht zu einem Müden – und in der Wüste, wohin er vom Versucher geführt worden war, nicht zu einem Genießer wurde, der vielmehr auf Golgata zum Heil aller am Kreuz gestorben ist: Jesus Christus. Ob die Worte „Sein, Lieben und Anbeten“ nicht Schlüsselworte sind, die uns sein Lebensgeheimnis erschließen? Der biblische Text, der von seiner Verklärung erzählt (Mt 17,1–9), veranlaßt uns zu dieser Frage.

Jesus sagte zu seinen Jüngern: Wer mein Jünger sein will, der verleugne sich selbst, nehme sein Kreuz auf sich und folge mir nach. Denn wer sein Leben retten will, wird es verlieren; wer aber sein Leben um meinetwillen verliert, wird es gewinnen. Was nützt es einem Menschen, wenn er die ganze Welt gewinnt, dabei aber sein Leben einbüßt? Um welchen Preis kann ein Mensch sein Leben zurückkaufen? ...

Sechs Tage danach nahm Jesus Petrus, Jakobus und dessen Bruder Johannes beiseite und führte sie auf einen hohen Berg. Und er wurde vor ihren Augen verwandelt; sein Gesicht leuchtete wie die Sonne, und seine Kleider wurden blendend weiß wie das Licht. Da erschienen plötzlich vor ihren Augen Mose und Elija und redeten mit Jesus. Und Petrus sagte zu ihm: Herr, es ist gut, daß wir hier sind. Wenn du willst, werde ich hier drei Hütten bauen, eine für dich, eine für Mose

und eine für Elija. Noch während er redete, warf eine leuchtende Wolke ihren Schatten auf sie, und aus der Wolke rief eine Stimme: Das ist mein geliebter Sohn, an dem ich Gefallen gefunden habe; auf ihn sollt ihr hören. Als die Jünger das hörten, bekamen sie große Angst und warfen sich mit dem Gesicht zu Boden. Da trat Jesus zu ihnen, faßte sie an und sagte: Steht auf, habt keine Angst! Und als sie aufblickten, sahen sie nur noch Jesus. Während sie den Berg hinabstiegen, gebot ihnen Jesus: Erzählt niemand von dem, was ihr gesehen habt, bis der Menschensohn von den Toten auferstanden ist.
Matthäus 16,24–26; 17,1–9

25 Vergiß nicht, daß du Flügel hast

E. Ell: Vergiß nicht
Mt 6,24–27.33

Zuweilen kommt es vor, daß wir ein Buch lesen, ohne uns im Innersten angesprochen zu fühlen. Das muß nicht unbedingt die Schuld des Autors sein. Es kann auch an der Situation liegen, in der wir uns als Leser augenblicklich befinden. Andererseits kann es sein, daß wir hier oder dort – vielleicht von einer Litfaßsäule her – unerwartet von einem Wort getroffen werden. Unmittelbar spüren wir, wie es in uns Kräfte zu wecken vermag, die unser Leben auf neue Wege bringen können.

Ich denke hier an einen Mann, der irgendwo warten mußte. Da griff er zu einer Zeitschrift und begann zu lesen. Plötzlich stieß er auf ein Wort, das ihm wie ein wertvoller Fund erschien, auf den er schon lange gewartet hatte, ohne ihn näherhin zu kennen. In den folgenden Wochen dachte er auf einsamen Gängen immer wieder über dieses Wort nach. Es lautete: „Vergiß nicht, daß du Flügel hast!" Es war ihm klar, daß dieses geheimnisvolle Wort sein weiteres Leben begleiten würde. Klar war ihm auch, daß er dieses Wort nicht für sich allein behalten dürfe. Er sagte sich: „Du mußt es weitergeben; denn es gibt außer dir noch viele Menschen, die in der Gefahr stehen zu vergessen, daß sie Flügel haben ..."

Vgl. Ernst Ell, Erziehung im Alltag, Arena-Taschenbuch, Band 130, Würzburg 1967, S. 88.

„Vergiß nicht, daß du Flügel hast!" Wir vergessen diese Wahrheit deshalb allzu schnell, weil wir übersehen, daß es nicht nur sichtbare Flügel, sondern auch unsichtbare gibt, nicht nur äußere, sondern auch innere, nicht nur leibliche, sondern auch seelische Flügel, die uns viel weiter tragen als die Flügel eines Vogels. Wir müßten nur an die in uns liegende Kraft glauben. Dazu möchte uns die Schriftstellerin Luise Rinser ermuntern. In einem ihrer Romane lesen wir: „Wir haben viel stärkere Flügel, als wir glauben. Wir wagen nur nicht, sie zu entfalten. Wir wagen nicht zu fliegen. Wir machen kleine feste Pläne, wir stecken sie auf dem Erdboden ab und bewegen uns dann vorsichtig und töricht wie Hühner im Abgesteckten, im ängstlich Begrenzten. Warum aber? Draußen und darüber ist die unendliche Weite."[1]

Von der uns oft unbekannten Kraft, die in unserer Seele schlummert, spricht auch eine kleine Fabel, die von einem jungen Adler erzählt, den man aus seinem Nest gestohlen hatte, um ihn an eine Stange zu ketten. Anfangs wehrte er sich gegen seine Fesseln, doch mit der Zeit fand er sich mit seinem Los ab. Eines Tages entdeckte er hoch oben am Himmel einen seiner Artgenossen. Dieser kam jeden Tag näher. Schließlich streifte er den gefangenen Vogel mit seinen Flügeln. Durch diese Berührung wurde in dem jungen Adler eine Kraft lebendig, die ihn mächtig an der Stange zerren ließ. Dann riß er sich los und flog davon.

Ob dieser junge Adler nicht etwas mit uns zu tun hat? Wie viele Dinge gibt es, die auch uns gefangennehmen und uns an die Kette legen, so daß wir die Freude am Leben verlieren und unsere Flügel erlahmen? Eine kleine Auswahl solcher Dinge möge hier genügen.

Wir sind gekettet an eine Vielzahl von *Stimmungen.* Wer kennt sie nicht? „Es lohnt sich, daß wir auf unsere Stimmungen achtgeben", schreibt Henri J.M. Nouwen, ein in Amerika lebender holländischer Theologe und Psychologe. Für sieben Monate zog er sich in das Trappistenkloster Genesee Abbey im Staat New York zurück. Dort lebte er nicht nur als Gast, sondern als „Mönch auf Zeit". In seinen Tagebuchnotizen, in denen er seine täglichen Erfahrungen festgehalten hat, schreibt er unter dem 21. Juni 1974: „Während dieser ersten Wochen in Genesee habe ich entdeckt, daß ich ganz unterschiedlichen Stimmungen unterworfen bin, die oft sehr schnell wechseln. Gefühle müder Niedergeschlagenheit, geringes Selbstwertgefühl, Langeweile und auch Gefühle des Ärgers, der Gereiztheit, ja geradezu der Feindseligkeit – und Gefühle der Dankbarkeit, der Freude und der frohen Erregung – sie alle sind da, und manchmal sogar alle an einem einzigen Tag. Ich habe den Eindruck, daß diese schnell wechselnden Stimmungen zeigen, wie sehr ich noch von all den Dingen abhängig bin, die mir geschenkt werden: von einer freundlichen Geste, einer angenehmen Arbeit, einem Wort des Lobes (...) Kleine Dinge können bei mir schnell Traurigkeit in Freude, Abscheu in Zufriedenheit und Ärger in Verständnis oder Mitleid verwandeln. Irgendwo habe ich in diesen Wochen gelesen, Traurigkeit sei eine Folge der Anhänglichkeit. Losgelöste Menschen lassen sich nicht so leicht von guten oder bösen Ereignissen in ihrer Umgebung bestimmen, und sie können darum in einer gewissen Ausgeglichenheit leben."[2] Die Unterschiedlichkeit und Wechselhaftigkeit der Stimmungen bewirken, daß bei ihnen kein Halt zu finden ist. Daher fällt der von Stimmungen abhängige Mensch – je nach Anlaß – von einem Extrem ins andere. Wie seine Stimmungen ist er selbst unberechenbar.

Vielleicht gibt es in unserem Leben etwas, wovon wir nicht mehr loskommen. Gemeint sind hier die schlechten *Gewohnheiten*. Auf sie kommt F. M. Dostojewski (1821–1881) bezeichnenderweise in seinen „Aufzeichnungen aus einem Totenhaus"[3] auffallend häufig zu sprechen. Welch ein Gefängnis, ja, welch ein „Totenhaus" schlechte Gewohnheiten sein können, geht aus folgenden Zitaten hervor. Aus ihnen könnte man eine „Psychologie der Gewohnheiten" entwickeln. Dostojewski schreibt: „Der Mensch ist ein Geschöpf, das sich an alles gewöhnt, und dies ist, glaube ich, die treffendste Bezeichnung für ihn" (20). Später stellt er mit Entsetzen fest, „bis zu welch einer Ungeheuerlichkeit der Mensch sich an alles gewöhnen kann" (107). „Ich bin der Meinung, daß selbst der beste Mensch aus bloßer Gewohnheit bis zum Tierischen verrohen und abstumpfen kann. Blut und Macht berauschen, sie machen den Menschen trunken: Roheit und Lüsternheit entwickeln sich; dem Gefühl wie auch dem Verstand wird sogar das Anormalste zugänglich und schließlich ein Genuß" (291). „Das Abgewöhnen der Lebensgewohnheiten ist durchaus keine so nebensächliche Kleinigkeit und längst nicht das Leichteste" (371). Wie sehr diese Feststellungen zur leidvollen Wirklichkeit im Leben Dostojewskis wurden, erfährt derjenige, der sich in seinen Roman „Der Spieler" vertieft, in dem sich der Dichter selbst porträtierte. Durch seine Spielleidenschaft erfuhr Dostojewski in eigener Person, bis zu welcher Würdelosigkeit der Mensch sich erniedrigen kann, wenn er einer Sucht verfallen ist. In ihren „Erinnerungen" hält seine zweite Frau Anna Grigorjewna Dostojewski fest: „Fjodor Michailowitsch war vollkommen auf der Seite des Spielers und sagte, er habe selbst viele von dessen Gefühlen und Eindrücken erlebt; er versicherte mir, es sei wohl möglich, daß jemand über einen starken Willen verfüge und dies durch sein ganzes Leben beweise, dabei aber möglicherweise trotzdem nicht die Kraft haben könne, angesichts des Roulettes die Spielleidenschaft in sich zu überwinden."[4] Doch soll hier nicht unerwähnt bleiben, daß Dostojewski dank seiner großartigen Frau jene Kraft in sich fand, durch die er sich von dieser unguten Gewohnheit zu lösen vermochte.

Nicht weniger als die dunklen Gewohnheiten kann das *Selbstmitleid* unsere Flügel lahmen. Warum gibt es eigentlich das Leid? Diese Frage wird sich uns erst in Gottes Ewigkeit beantworten. Dennoch können wir sagen, daß der Mensch nirgendwo so intensiv wie im Leid erfährt, daß er im Letzten und im Tiefsten nicht für diese Welt, sondern für den Himmel Gottes geschaffen ist. Daher schreibt eine große Leidenspersönlichkeit, die hl. Theresia von Lisieux, nur wenige Wochen vor ihrem Tod: „Gott allein muß uns genügen, wenn es ihm gefällt, den

Ast, der den Vogel trug, wegzuziehen. Der Vogel hat Flügel; er ist zum Fliegen geschaffen" (Briefe, Nr. 250). Und anderswo notiert sie: „Wie gut ist der Herr, daß er mich innerlich wachsen ließ, daß er mir Flügel gab ... Alle Netze der Jäger können mich nicht erschrecken, denn ‚vergeblich wirft man das Netz vor den Augen derer, die Flügel haben' (Spr 1,17)" (Drittes autobiographisches Manuskript, Blatt 15, rechte Seite). Zu solch beglückenden Erfahrungen kam die Heilige, weil sie sich in ihrem schweren Leid gegen den geringsten Anflug von Selbstmitleid verwehrte; denn Selbstmitleid ist wie ein süßes Gift, das die besten Kräfte unserer Seele einschläfert und zum Absterben bringt. So wird ein Leid erst durch das Selbstmitleid zum eigentlichen Verhängnis.

Stimmungen, schlechte Gewohnheiten, Selbstmitleid - drei Ketten, die uns gefangenhalten und uns zu Schicksalsgefährten des jungen Adlers machen. Ob es bei diesem gleichen Schicksal nicht auch für uns den großen Adler gibt? Diese Frage stellt uns vor das zentrale Geheimnis des christlichen Glaubens, dessen Mitte Jesus Christus ist. Welche Absicht hatte er, als er aus den Höhen Gottes in die Welt des Menschen herabstieg? Er wollte die in jedem Menschen liegende Kraft Gottes entfesseln, damit wir uns durch sie von allem lösen, was uns wesenswidrig ist, und so aus der Enge in die Weite, aus dem Dunkel ins Licht und aus der Gefangenschaft in die Freiheit gelangen. Offensichtlich hatte der russische Schriftsteller Leo Tolstoj (1828–1910) diese Kraft im Auge, als er schrieb: „Jesus Christus lehrt die Menschen, daß in ihnen etwas ist, was sie über dieses Leben mit seinem Jagen, seiner Angst und Lust emporhebt. Wer die Lehre Christi begreift, hat dasselbe Gefühl wie ein Vogel, der bis dahin nicht wußte, daß er Flügel besitzt und nun plötzlich begreift, daß er fliegen, frei sein kann und nichts mehr zu fürchten braucht." Schauen wir auf die großen Glaubensgestalten in der Bibel. Sie hatten die Lehre Christi begriffen. Von ihm berührt, verspürten sie in sich die Kraft, alles Bisherige loszulassen, aus dem alten Menschen auszuziehen und in dieser Welt als neue Menschen zu leben. Die Bibel vermerkt: „Da verließen sie alles und folgten ihm" (Lk 5,11). Das heißt, von allem konnten sie jetzt lassen, nur nicht mehr von diesem Jesus Christus. Wer ist also ein Christ? Der von Gott durch Jesus Christus Berührte, der von allem lassen kann, nur nicht mehr von diesem Jesus Christus. Bemerkenswert ist, welche Vorbilder Jesus den Seinen gibt. Er verweist sie nicht auf diesen Heiligen oder jenen Martyrer, sondern er sagt ihnen: „Seht euch die Vögel an!"

Niemand kann zwei Herren dienen; er wird entweder den einen hassen und den andern lieben, oder er wird zu dem einen halten und den andern verachten. Ihr könnt nicht beiden dienen, Gott und dem Mammon. Deswegen sage ich euch: Sorgt euch nicht um euer Leben und darum, daß ihr etwas zu essen habt, noch um euern Leib und darum, daß ihr etwas anzuziehen habt. Ist nicht das Leben wichtiger als die Nahrung und der Leib wichtiger als die Kleidung? Seht euch die Vögel des Himmels an: Sie säen nicht, sie ernten nicht und sammeln keine Vorräte in Scheunen; euer himmlischer Vater ernährt sie. Seid ihr nicht viel mehr wert als sie? Wer von euch kann mit all seiner Sorge sein Leben auch nur um eine kleine Zeitspanne verlängern? (...) Euch aber muß es zuerst um sein Reich und um seine Gerechtigkeit gehen; dann wird auch alles andere dazugegeben.
Matthäus 6,24–27.33

26 Wer ist eine Persönlichkeit?

H. Portmann: Kardinal von Galen
Ps 40,1–3.5–6.9–11

Wenn man in einer klaren Nacht zum Himmel schaut, sieht man mit bloßen Auge etwa 2000 Sterne. Fachleute sagen nun, es sei durchaus möglich, daß ein Stern, dessen Licht wir bei Nacht deutlich sehen können, schon längst untergegangen ist. Der Weg von ihm zu uns ist so lang, daß sein Licht immer noch unterwegs ist. Das kann ein Bild und Gleichnis sein für alle Menschen vergangener Zeiten, die es in ihrem Leben zu einer echten Persönlichkeit gebracht haben. Obwohl sie schon lange tot sind, leuchtet uns heute noch immer ihr Licht entgegen. Eine solche Persönlichkeit ist Clemens August Graf von Galen gewesen. Hier nur die wichtigsten Stufen seines Lebens.

1878 wurde er auf Burg Dinklage (Oldenburg) geboren. Über die Atmosphäre in seinem Elternhaus schrieb er selbst in der Familienchronik: „Ich fühle mich außerstande, das Familienleben in Dinklage, in meinem geliebten Elternhaus, so schön und ideal zu schildern, wie es tatsächlich unter der klugen und gütigen Leitung meiner Eltern gewesen ist." Die Mutter war lebhaft, froh und vielseitig interessiert; der Vater ernst und schweigsam. In der Erziehung wurde auf Ordnung, Pünktlichkeit und Fleiß großen Wert gelegt. Strafen gab es nur selten; ein ernster Tadel des Vaters genügte. Wurde eine Bitte einmal abgeschlagen, so blieb es dabei. Das religiös-kirchliche Leben seiner Eltern wurde für Clemens August zur Richtschnur seines ganzen Lebens.

1904 wurde er im Dom zu Münster zum Priester geweiht. Seine erste Predigt hielt der junge Vikar am Pfingstfest in einer bäuerlichen Gemeinde, wohin er zur Aushilfe geschickt wurde. Es sei sehr heiß gewesen, erzählte er später, so daß auch seine Predigt unter der Hitze gelitten habe; aufrüttelnd habe sie nicht gewirkt, denn einige Bauern hätten sogar geschlafen. Auch später war es ihm nicht gegeben, hinreißende Predigten zu halten. Sein Wort war schlicht und klar, sein Tonfall ohne besonderen Schwung. Als er einmal in einer Katechese über das Bischofsamt sprach und die Kinder fragten, ob er denn auch Bischof werden könnte, soll er von einem die Antwort bekommen haben: „Nein, unser Vater hat gesagt, du könntest überhaupt nicht predigen."

1906 ging er als Seelsorger nach Berlin und blieb dort bis 1929. Im Hinblick auf diese Stadt stellte kein geringerer als der Großstadtapostel Carl Sonnenschein (1876–1929) die Frage: „Können die Menschen hier noch die 10 Gebote halten?" Tag für Tag machte sich Clemens auf den Weg, hinab in die Kellerbehausungen und in die Dachstuben, auch in die vornehmen Villen am Kurfürstendamm; aber in die Armenviertel ging er lieber. Es war seine Überzeugung, daß nur eine tief in Gott gegründete Menschheit sozial erträgliche Verhältnisse zu schaffen vermag. Treue war für ihn kein leeres Wort. Schlagfertigkeit war nicht seine starke Seite. Als Pfarrer sagte er einmal zu seinen Kaplänen: „Ich weiß gar nicht, wo ihr so schnell die Antworten alle herbekommt; mir fallen sie erst abends im Bett ein."

1933 wurde er zum Bischof von Münster ernannt. Als er aufgrund des Reichskonkordates nach Berlin reiste, um dort vor dem preußischen Ministerpräsidenten Göring den Treueid zu leisten, steckte er zur Vorsicht auch sein Bischofskreuz ein. In den Räumen des Ministeriums erkundigte er sich nach dem Vorhandensein eines Kruzifixes. Nachdem man vergeblich nach einem solchen gesucht hatte, zog er vor den verblüfft dreinschauenden Beamten sein Bischofskreuz aus der Brusttasche und sagte: „Das habe ich mir gedacht und darum selbst eins mitgebracht." Man entschuldigte sich und versicherte, beim nächsten Bischof für alles sorgen zu wollen. Seinen Wahlspruch fand er in der Präfation zur Bischofsweihe: „Weder Menschenlob noch Menschenfurcht soll mich bestimmen."

Es dauerte nicht lange, bis der neue Bischof mit Jägerblick die teuflischen Machenschaften der Machthaber erkannte. In seinen Hirtenbriefen schaffte er mit kristallklaren Formulierungen Klarheit und riß die Gläubigen aus ihrer Unentschiedenheit und ihrem Mitläufertum heraus. Weltbekannt wurden seine drei Predigten aus dem Jahre 1941, in denen er, den Tod vor Augen, für die schuldlos Entrechteten, Eingekerkerten und Ermordeten eintrat. Die Gläubigen ermutigte er mit einem eindrucksvollen Bild: „Hart werden! Fest bleiben! Wir sind in diesem Augenblick nicht Hammer, sondern Amboß ... Wie hart der Hammer auch zurückschlägt, der Amboß steht in ruhiger Festigkeit da und wird noch lange dazu dienen, das zu formen, was neu geschmiedet wird." Im Propagandaministerium plädierte Tießler für die sofortige Erhängung des Bischofs. Aber man wagte es nicht.

Auch nach Kriegsende verlor der Bischof nichts von seiner Unerschrockenheit. Mutig ging er gegen die Übergriffe der Besatzungsmacht vor; entschieden wies er den Vorwurf einer deutschen Kollektivschuld zurück. Doch lange sollte er den Krieg nicht überleben. Nur wenige Wochen nach seiner Ernennung zum Kardinal erkrankte er schwer. Als alle das Krankenzimmer verlassen hatten, bat er einen seiner Mitbrüder: „Wenn es diese Nacht zum Sterben geht, dann mußt Du aber kommen; ich möchte dann nicht gern alleine sein." Er starb am 22. 3. 1946.

Vgl. Heinrich Portmann, Kardinal von Galen, Verlag Aschendorff, Münster 1961.

Was täglich in unserer Welt geschieht, prägt sich uns nicht immer tief ein. Vieles bleibt an der Oberfläche und berührt uns nicht sonderlich. Dann und wann aber kann es sein, daß wir von einem Ereignis ergriffen und nachhaltig bestimmt werden. Solche Erfahrungen zeigen, daß es in uns verschiedene Seelenschichten gibt, eine mehr äußere und eine innere. In der äußeren erleben wir den ständigen Wechsel des Alltags, in der inneren vollzieht sich unser eigentliches Leben. Was uns hier in seiner Bedeutsamkeit aufleuchtet, geht mit seinem Licht in alles ein, was wir augenblicklich tun. Ein geliebter und uns bedeutsam gewordener Mensch bleibt uns gegenwärtig, auch wenn wir dieses oder jenes jetzt tun. So verstehen wir, was eigentlich eine Persönlichkeit ist und inwieweit wir selbst inzwischen eine solche geworden sind.[1]

Es gibt Menschen, bei denen nicht viel bis in die tiefere Personschicht hinuntersickert. Deshalb sind sie ohne inneren Reichtum. Wieviele Menschen gibt es doch, die herrliche Landschaften durchfahren, Museen und Dome besuchen, Bücher lesen und sich Vorträge anhören, fremde Länder durchreisen oder mit bedeutsamen Menschen in Berührung kommen. Aber all das macht auf sie keinen tieferen Eindruck und hat deshalb auch keine anhaltende und sie verändernde Wirkung. Im Moment sind sie zwar von alldem sehr angetan, aber das Erlebte wächst nicht in die Tiefe: „Aus den Augen, aus dem Sinn." Neue Eindrücke beseitigen die alten und setzen sich an deren Stelle. Was sie heute versprechen, haben sie morgen wieder vergessen. Was sie sich heute anschaffen, hat morgen ihr Interesse verloren. Solche Menschen leben an der Oberfläche. Weil sie zu nichts eine tiefere Bindung haben, sind sie auch zu echten mitmenschlichen Beziehungen unfähig.

Neben ihnen gibt es solche, die wohl das Erlebte verinnerlichen, bei denen viele Eindrücke in der Tiefe Wurzeln fassen, die also innerlich nicht leer sind, die aber von einem konkreten Augenblick so schnell eingefangen werden können, daß ihre in der Tiefe gefaßten Absichten und Vorsätze nicht in den konkreten Augenblick eingehen, um ihm seine Gestalt zu geben. Wenn sie dann erkennen müssen, wie sehr sie die Beute eines solchen sie vereinnahmenden Augenblicks geworden sind, kommen sie zur Besinnung. Solche Menschen können beispielsweise eine tiefe Verehrung einem anderen gegenüber in sich haben. Geraten sie aber in eine bestimmte Situation, so kann es sein, daß sie nicht mehr zu ihm stehen. Menschen dieser Art sind stets in der Gefahr, „Verräter" zu werden. Man denke etwa an Petrus. Er liebte den Herrn. Als diesem jedoch der Prozeß gemacht wurde und man Petrus fragte, ob nicht auch er bei Jesus war, da wehrte er sich entschieden und erklärte wiederholt: „Ich verstehe nicht, was du sagst; ich kenne ihn nicht." Dann aber ging er hinaus und weinte bitterlich.

Es bleiben schließlich die wahren Persönlichkeiten, die das Erlebte nicht nur verinnerlichen, sondern auch in einer konkreten Situation, wie immer diese auch aussehen mag, mutig dazu stehen. Sie halten an dem fest, was sie als richtig erkannt haben. Für sie ist wertvoll, was gut ist, nicht hingegen das, was „aktuell" angepriesen wird. Deshalb fallen sie auch nicht auf den Reiz des Neuen herein. Gegenüber der öffentlichen Meinung und dem Schlagwort „modern" sind sie gefeit. In ihrem Verhalten lassen sie sich weder von Menschenlob noch von Menschenfurcht bestimmen. Ihr Gewissen zeigt ihnen ihren Weg. Auch in dunklen Augenblicken oder in den Stunden der Versuchung lassen sie sich nicht beirren. Sie leben aus der Tiefe und meistern von dorther den konkreten Augenblick. Daher gibt es in ihrem Leben keine Brüche, sondern eine geradlinige Entwicklung. Sie sind die Treuen im Auf und Ab des Lebens. Ohne diese innere Beharrlichkeit und Beständigkeit gibt es keine echte Persönlichkeit.

Es dürfte nicht schwerfallen, die Gruppe ausfindig zu machen, der Clemens August Graf von Galen zuzuordnen ist. An seiner Gestalt wird deutlich, daß Beharrlichkeit und Beständigkeit nur aus der Tiefe wachsen, von der her sich zugleich alle gegensätzlichen Charakterzüge zu einer geschlossenen Persönlichkeit einen. Clemens August Graf von Galen war hart und hatte doch ein weiches Gemüt, er war unbeugsam und doch unendlich gütig, streng und doch herzlich, unnachgiebig und doch nachsichtig, sachlich und doch verständnisvoll, fest und doch mitfühlend, herb und doch wieder milde, tatkräftig und doch voller Ruhe, in sich gekehrt und doch den Menschen zugewandt. Er besaß die Stärke des Mannes, die Liebe der Mutter und die Zärtlichkeit des Kindes. Angesichts seiner hohen Gestalt äußerte damals ein Universitätsprofessor von Münster: „Er ist ein Riese mit einer Kinderseele." Zur Harmonie dieser Gegensätze verband sich bei ihm auch Tiefe mit einer Weite, in der er die Dinge klar zu sehen und einzuschätzen vermochte. Daher gingen von ihm Erhabenheit, Hoheit und Würde aus.

Wenn wir betonten, die wirkliche Persönlichkeit lebe aus der Tiefe, dann bedeutet diese Tiefe nichts anderes als Gott selbst. So sagte es der große evangelische Theologe Paul Tillich einmal in einer Predigt: „Jene Tiefe ist es, die mit dem Wort Gott gemeint ist. Und wenn das Wort für euch nicht viel Bedeutung besitzt, so übersetzt es und sprecht von der Tiefe in eurem Leben ... Wenn ihr das tut, werdet ihr vielleicht einiges, was ihr über Gott gelernt habt, vergessen müssen, vielleicht sogar das Wort selbst. Denn wenn ihr erkannt habt, daß Gott Tiefe bedeutet, so wißt ihr viel von ihm."[2] Indem Clemens August Graf von Galen aus der Tiefe lebte, lebte er aus Gott. Oder umgekehrt formuliert: Indem er aus Gott lebte, lebte er aus der Tiefe. Sein Leben war ein Leben des Gebetes, des Alleinseins mit Gott. Als man einem vierjährigen Kind ein Totenbild von ihm zeigte und es fragte, was der Verstorbene da tue, da erwartete man die Antwort: „Er schläft." Das Kind aber sagte: „Er betet." Tatsächlich ist dies der unmittelbare Eindruck. Das Gebet war das Fundament und der Rückhalt seines ganzen Lebens. In stiller Betrachtung nahm er das Wort Gottes in sich auf und ließ es zum einzigen Maßstab für sein Denken, Reden und Handeln werden, aber auch zum Maßstab, an dem alle menschlichen Ansichten und Unternehmungen geprüft wurden. Darin besteht das eigentliche Wesen der christlichen Persönlichkeit. Christliche Persönlichkeit ist, wer die Botschaft Jesu Christi, die er niemals aus sich selbst haben kann, in sich aufnimmt und daraus lebt. Wenn diese Botschaft wirklich in ihn eingeht, dann geht auch etwas von ihm aus.

Irgendeiner formulierte einmal folgenden Vergleich: „Eines Tages saß ich am Ufer eines Flusses. Ich zog aus dem Wasser einen runden harten Stein und zerschlug ihn. Das Innere war ganz trocken. Dieser Stein war lange im Wasser gelegen, aber das Wasser war nicht in ihn eingedrungen. Ebenso ist es mit den Menschen – in Europa. Jahrhundertelang sind sie vom Christentum umflutet, eingetaucht in seine Segnungen. Sie leben im Christentum, aber das Christentum ist nicht in sie eingedrungen und lebt nicht in ihnen. Die Schuld liegt nicht am Christentum, sondem an der Härte der Herzen. So wundere ich mich nicht, daß viele Menschen nicht verstehen können, was Christus ist." Nun kann man natürlich einen Christen nicht wie einen Stein auseinander schlagen, um in sein Inneres zu schauen. Nur Gott allein durchforscht das Herz des Menschen. Dennoch sollten diese Worte zur Nachdenklichkeit anregen.

Ich habe gehofft, ja gehofft auf den Herrn,
und er neigte sich mir zu und hörte mein Rufen.
Er zog mich heraus aus der Todesgrube,
aus Schlamm und Morast,
er stellte meine Füße auf Felsengrund,
sicher machte er meine Schritte.
Wohl dem Mann, der auf den Herrn sein Vertrauen setzt,
der nicht den Stolzen folgt, noch den treulosen Lügnern.
Zahlreich sind die Wunder, die du getan hast,
und deine Pläne mit uns;
nichts kommt dir gleich, Herr, mein Gott.
Wollte ich sie alle verkünden,
ihrer sind mehr, als man erzählen kann.
Deinen Willen zu tun, macht mir Freude.
Deine Weisung trage ich mitten in meinem Innern.
Deine Gerechtigkeit hab, ich verkündet in großer Gemeinde,
meine Lippen verschließe ich nicht; Herr, du weißt es.
Dein gerechtes Walten verberge ich nicht im Herzen,
ich habe von deiner Treue und deiner Hilfe gesprochen.
Ich habe nicht geschwiegen von deiner Gnade und Wahrheit
vor der großen Gemeinde.
Psalm 40,1–3.5–6.9–11

27 Wer hoch hinaus will, der muß tief hinunter

Deutsche Bundespost: Der Fernmeldeturm in Köln

Phil 2,5-11

Zu den bautechnischen Meisterleistungen heutiger Zeit gehören die Fernmeldetürme, die vielerorts aus dem Boden gewachsen sind und dem Bedürfnis des Menschen nachkommen, über aktuelle Ereignisse möglichst schnell informiert zu werden.

Höchster Fernmeldeturm der Welt ist der Fernsehturm von Toronto, der Hauptstadt der kanadischen Provinz Ontario. Er mißt 549 Meter und ist seit 1976 in Betrieb. Von dem mehrgeschossigen Drehrestaurant in 366 Meter Höhe aus bietet sich ein atemberaubender Ausblick über die Millionenstadt bis zur Nordküste des Eriesees.

An zweiter Stelle steht heute der Fernmeldeturm von Moskau. Er hat 537 Meter. Den dritten Platz nimmt der Fernsehturm der DDR in Berlin (Ost) ein. Er mißt 362 Meter. Der höchste Fernmeldeturm der Bundesrepublik und vierthöchste Turm der Welt steht derzeit mit 331 Metern in Frankfurt/M. Er ist gleichzeitig das höchste Bauwerk der Bundesrepublik Deutschland. Ihm folgt mit 290 Metern der Fernmeldeturm in München, der zu den Olympischen Spielen errichtet wurde. Nach Frankfurt, München und Nürnberg (277 Meter) steht der Kölner Fernmeldeturm an vierter Stelle. Er wurde auf den Namen „Colonius" getauft. Im Endausbau wird seine Höhe 273 Meter betragen. Dann wird er die Domtürme (157 Meter) um 116 Meter übertreffen. Augenblicklich mißt seine Höhe 243,30 Meter.

Beim Kölner Fernmeldeturm befindet sich die dreigeschossige Turmkanzel in 166 Meter Höhe. Im obersten Geschoß befinden sich die Räume für den Fernmeldebetrieb; das mittlere Geschoß enthält eine Cafeteria mit Aussichtsumgang; im unteren Geschoß ist das Restaurant, dessen Tischplätze auf einem Drehring angeordnet sind, der in einer Stunde eine Umdrehung besorgt. An Sitzgelegenheit mangelt es nicht. Die Cafeteria umfaßt 127 Sitzplätze, das Restaurant 224. In die Höhe führen zwei Aufzüge, die in einer Sekunde 6 Meter zurücklegen. Wer den Weg zu Fuß zurücklegen möchte, den erwarten 925 Stufen.

Vgl. Deutsche Bundespost, Oberpostdirektion Köln, Presse-Mitteilungen, Grundsteinlegung für den neuen Fernmeldeturm in Köln 18. April 1978, S. 7ff.

Wer den Namen „Colonius“ hört und nicht weiß, wem er gilt, könnte meinen, es sei der Name eines Heiligen. Wenn auch „Colonius“ keineswegs ein Heiliger ist, so kann er uns doch durch seine Gestalt, die wie ein langer Zeigefinger in den Himmel weist, das Geheimnis echter Heiligkeit vor Augen führen.

Es ist gut, daß es diese Vielzahl „architektonischer Zeigefinger“ gibt. Sie machen uns auf eine Blickrichtung aufmerksam, die uns heute weitgehend verlorengegangen ist. Wir schauen oft genug nicht mehr nach oben. Unser Blick geht vor allem nach unten, wo wir uns allzu schnell im Alltäglichen verlieren können und dies um so mehr, als wir gerade im Alltag „groß herauskommen“ wollen. Auf diese Weise schwindet uns die Erfahrung menschlicher Weite; wir spüren – zunächst unbewußt – etwas von einer seelischen Bewußtseinsverengung, die uns schnell überempfindlich, reizbar und gefühllos werden läßt. Irgendwann stehen wir dann vor der Frage, welchen Sinn das Leben überhaupt noch haben soll. So kann der Alltag zur Grabstätte unseres Menschseins und unserer Menschlichkeit werden.

Wer *als Mensch* groß herauskommen will, der muß sich über das Alltägliche hinauswagen; er muß sein Dasein in jene Weite entfalten, die über ihm liegt. In sie zeigen die Fernmeldetürme in unübersehbarer Weise. Sie, die zur rascheren Information gebaut worden sind, haben uns als wichtigste Information sicherlich dies mitzuteilen: „Laß immer wieder das Alltägliche aus deinen Händen gleiten; dann entgleitest du dir nicht selbst. Schau immer wieder nach oben in die Weite, ins Lichtvolle; dann wird weit und lichtvoll dein Herz. Alle deine täglichen Sorgen werden sich relativieren; sie hören auf, dich zu drangsalieren. So wirst du sie tragen oder ertragen können. Im Aufblick wirst du Mensch. Nahezu unmerklich öffnest du dich mit dem Blick nach oben jener Botschaft, die sich dir aus der Ferne der Ewigkeit zugetragen hat und die dir sagt, daß deine eigentliche Heimat nicht auf Erden, sondern in der lichtvollen Weite und der geheimnisvollen Tiefe deines Gottes liegt, für den der sichtbare Himmel Bild und Gleichnis ist.“

Die Fernmeldetürme rufen uns zugleich ein Wort des hl. Augustinus, in ferner Vergangenheit gesprochen, in die Erinnerung zurück. Damals schrieb Augustinus: „Willst du groß sein, dann fange mit dem Kleinsten an. Planst du, ein hohes Gebäude zu errichten, so sorge dich zunächst um das Fundament in der Tiefe. Und wer auch immer dies will und vorhat, die so schwere Last des Gebäudes darauf ruhen zu lassen, der legt das Fundament um so tiefer, je höher das Gebäude sein wird. Und das Gebäude – wenn es nun errichtet wird – erhebt sich in die Höhe; wer aber das Fundament ausgräbt, muß in die letzten Tiefen hinabsteigen. Also wird auch das Gebäude, bevor es in die Höhe wächst, in die Tiefe getrieben, und der Giebel nach der Grundlegung errichtet."[1] Man kann dieses Wort auf die kurze Formel bringen: Wer hoch hinaus will, der muß tief hinunter. Auch dies ist eine sehr bedeutsame Information, die uns die Fernmeldetürme von ihrer baulichen Seite her übermitteln. Bleiben wir bei „Colonius". Über welch einem Fundament erhebt er sich? Seinetwegen mußten etwa 12 000,00 Kubikmeter Grund ausgehoben werden. Die Tiefe des Fundamentes beträgt 10,52 Meter, der Durchmesser 35,00 Meter und die Breite des Fundamentringes 7,00 Meter.

Der formulierte Grundsatz: „Wer hoch hinaus will, der muß tief hinunter" gilt nicht nur im Bereich der Technik; er gilt für das Leben schlechthin. Ja, er gilt vor allem für ein religiöses Leben, denn nirgendwo sonst versucht der Mensch so weit über sich selbst hinauszuwachsen wie dort, wo er sich zu Gott erhebt. In diesem Zusammenhang können wir das in lyrischer Sprache gefaßte Wort des hl. Johannes vom Kreuz (1542-1591) verstehen: „Indem ich sank so tief, so tief, / Erhob ich mich so hoch, so hoch, / Daß ich mein Ziel erreichen konnte."

In welchen Tiefen das Fundament im Leben eines Menschen reicht, erkennt man, wenn der Betreffende „aus der Fassung" gerät. In seinen Memoiren „Das war mein Leben" erzählt Ferdinand Sauerbruch (1875–1951), den man den „Fürsten unter den Chirurgen" nannte, einen Zwischenfall mit dem nationalsozialistischen Kultusminister Bernhard Rust (1883–1945). Sauerbruch hatte den Reichsminister in dessen Wohnung operiert. Als er ihn nach einer Woche zu einer Krankenvisite besuchte, erwiderte der Patient seinen Gruß nicht, sondern nahm die Uhr von seinem Nachttisch und hielt sie ihm schweigend entgegen. „Ja und ...?" fragte Sauerbruch. Ungehalten sagte Rust: „Ich habe Sie auf sechs Uhr bestellt, und jetzt ist es gleich sieben Uhr." Da entgegnete ihm Sauerbruch, der um scharf gewürzte Widerreden nicht verlegen war: „Erstens, Herr Rust, können Sie mich gar nicht bestellen. Zu sich bestellen tut man Kammerjäger und dergleichen. Und zweitens, Herr Rust, will ich Ihnen eine Geschichte von Hindenburg (1847–1934) erzählen. Als ich einmal zwei Stunden zu spät zur Visite beim Reichspräsidenten erschien, bat ich ihn um Entschuldigung. Wissen Sie, was Hindenburg antwortete? ‚Ich habe mich bei Ihnen zu entschuldigen, daß ich alter kranker Mann Ihnen so viel von Ihrer kostbaren Zeit wegnehme, die doch allen gehört.'" Sauerbruch schließt diese Schilderung mit dem kurzen, aber vielsagenden Hinweis: „Das war Rust."[2]

Bezeichnend ist nun, daß vor allem die Heiligen übereinstimmend die Überzeugung teilen, der Weg in die verborgenen und schweigenden Tiefen bahne sich im Vollzug der Demut. Diese oft mißverstandene Tugend erweist sich somit als das tragende Fundament eines großen Lebens. Tatsächlich sind die wirklich großen Leute immer demütige Menschen gewesen, und so wird es auch in Zukunft sein. Was aber ist gemeint, wenn wir von „Demut" sprechen? Die hl. Theresia von Lisieux antwortet hierauf: „Demut ist Wahrheit." Versuchen wir, dieser Wahrheit wenigstens annähernd auf die Spur zu kommen.

Der demütige Mensch ist sich zunächst bewußt, daß ihm nichts zu eigen ist, das er nicht empfangen hätte. Dieses Bewußtsein befähigt ihn zum brüderlichen Teilen. Vielleicht darf man hier folgende Parallele ziehen: Wie sich im brüderlichen Teilen die Demut zeigt, so offenbart sich im selbstsüchtigen Geiz der Hochmut. Dies vernehmen wir aus einer kleinen Szene, die der Kirchenlehrer Basilius der Große († 379) gestaltet hat: „Zweifacher Art sind die Versuchungen: Das Unglück erprobt die Herzen wie Gold im Feuer, oder das Glück wird zur Versuchung. Es ist ja gleich schwer, in mißlichen Lagen stark und aufrecht zu bleiben, wie in glänzenden Verhältnissen sich vom Erfolg nicht versuchen zu lassen. – Wem tue ich Unrecht, fragt der Geizige, wenn ich zusammenhalte, was mein ist? Aber sag mir: Was ist denn dein? Woher hast du es bekommen? Du gleichst einem Menschen, der im Theater Platz nimmt, aber den anderen den Eintritt verwehren und allein das Schauspiel genießen möchte, auf das alle Anspruch haben ... Dem Hungrigen gehört das Brot, das du zurückhältst, dem Nackten das Kleidungsstück, das du im Schrank verwahrst, dem Barfüßigen das Silber, das du vergraben hast. Aber du bist mürrisch und unzugänglich. Du gehst jeder Begegnung mit einem Armen aus dem Weg, damit du nicht genötigt wirst, auch nur ein Weniges abzugeben. Du kennst nur die eine Rede: Ich habe nichts und kann nichts geben; denn ich bin arm. Ja, arm bist du wirklich: arm an Liebe, arm an Gottesglauben, arm an ewiger Hoffnung."[3] Wir dürfen ergänzen: arm an menschlicher Größe, weil arm an demütiger Tiefe, aus der das Bewußtsein wächst, daß wir nichts haben, was wir nicht selbst empfangen hätten.

In dieser Wahrheit deutet sich eine weitere an, die den demütigen Menschen zutiefst beseelt. Er weiß nicht nur, daß er nichts aus sich hat, er weiß auch, daß er selbst aus dem Nichts hervorgegangen ist. Je höher er nach oben kommt, um so tiefer geht es ihm auf. Im Licht des heiligen Gottes schaut er seine ganze Hinfälligkeit und Verlorenheit. Im Bewußtsein seiner Nichtigkeit und Hilfsbedürftigkeit, erwartet er nichts mehr von sich selbst, alles hingegen von seinem Gott. Diese seine Erwartung, die ihn restlos nach oben hin öffnet, ist sein ganzer Glaube, seine ganze Hoffnung.

Wer hoch hinaus will, der muß tief hinunter. In diesem Wort verbirgt sich eine letzte Konsequenz, die der demütige Mensch in personaler Freiheit zu ziehen bereit ist. Sie berührt das Geheimnis des Todes und besagt: Wer in das Licht Gottes hinauf will, der muß in das Dunkel des Todes hinunter. Das eine ohne das andere ist nicht möglich. In das Dunkel des Todes hinabsteigend, steigt der demütige Mensch in das Licht seines Gottes hinauf. Im Nichts des eigenen Daseins das Alles des ihn liebenden Gottes erfahrend, erkennt der demütige Mensch die Wahrheit, daß wirklich alles Gnade ist.

Seid untereinander so gesinnt, wie es dem Leben in Christus entspricht: Er war Gott gleich, hielt aber nicht daran fest, wie Gott zu sein, sondern er entäußert sich und wurde wie ein Sklave und den Menschen gleich. Sein Leben war das eines Menschen; er erniedrigte sich und war gehorsam bis zum Tod, bis zum Tod am Kreuz. Darum hat ihn Gott über alle erhöht und ihm den Namen verliehen, der größer ist als alle Namen, damit alle im Himmel, auf der Erde und unter der Erde ihre Knie beugen vor dem Namen Jesu und jeder Mund bekennt: „Jesus Christus ist der Herr“ – zur Ehre Gottes, des Vaters.
Philipperbrief 2,5–11

28 Das Gefühl für Humanität hat mich noch nicht verlassen

I. Kant: Das Gefühl für Humanität

Joh 13,1–15

In den letzten Tagen seines Lebens war der achtzigjährige Philosoph Immanuel Kant (1724–1804) sehr krank. Als der Arzt ihn besuchte, nahm er seine letzte Kraft zusammen, um sich von seinem Stuhl zu erheben und den Arzt zu begrüßen. Da bat der Arzt den geschwächten Mann, doch sitzen zu bleiben. Doch Kant erwiderte ihm: „Das Gefühl für Humanität hat mich noch nicht verlassen." Diese Äußerung machte den Arzt zutiefst betroffen.

Vgl. Walter Nigg, in: Große Unheilige, Walter-Verlag, Olten und Freiburg i. Br. 1980, S. 10f.

Diese unscheinbare Begebenheit, von der Walter Nigg sagt, sie sei lichtvoller als ein lärmendes Ereignis, zeigt, wie tief dieser namhafte Philosoph an die Würde des Menschen glaubte. Gerade in den alten und kranken Tagen wird ja der Mensch von mancherlei verlassen: Seine Kräfte schwinden dahin; auf vieles von dem, was einem lieb und teuer war, muß verzichtet werden; die Wege werden immer kürzer, bis man schließlich überhaupt nicht mehr aufbrechen kann. Deshalb zeigt sich gerade in solchen Tagen, was wirklich unser ist und uns durch nichts genommen werden kann. Zu diesen Dingen gehörte für Kant das Gefühl für die Würde des Menschen, ohne das es keine Menschlichkeit gibt. Es erwächst aus der Anschauung, daß im Menschen nicht nur das Hinfällige, das Armselige, das Menschlich-Allzumenschliche gegenwärtig ist, sondern auch das Gute, das Ewige, das Göttliche, weshalb ein Mensch immer mehr ist als ein Mensch. Zeitlebens hatte sich der große Philosoph diese Überzeugung bewahrt. Sie mobilisierte seine letzte Kraft, um sich zu erheben und den Arzt zu begrüßen. So könnte gerade das Grüßen ein Kennzeichen dafür sein, wie es mit unserem Gefühl für die Würde des Menschen steht.

Das Grüßen ist weithin eine Formalität geworden. Wir sagen zwar noch oft genug „Guten Morgen", „Guten Tag", „Guten Abend". Aber was denken wir dabei? Vielleicht ist es gut, daß man es nicht sehen kann. In einem südafrikanischen Stamm grüßt man sich heute noch mit den Worten: „Ich sehe dich!" Darin deutet sich der Grund an, aus dem jeder echte Gruß erwächst: Ich öffne mich, gehe aus mir heraus, schenke dem andern meine Beachtung, neige mich ihm zu. Daher ist der Gruß Ausdruck mitmenschlicher Zuneigung. Je tiefer solch ein Gruß aus dem Innersten des Herzens kommt, um so mehr wird er zu einem Lichtstrahl, der auf den andern übergeht und neues Leben in ihm weckt. In seinen „Aufzeichnungen aus einem Totenhaus" schreibt der große Menschenkenner F. M. Dostojewski einige Sätze, die zu überdenken sich lohnt: „Ein jeder Mensch, wer er auch sei und wie tief er auch erniedrigt wäre, verlangt doch – wenn auch nur instinktiv, ganz unbewußt – Achtung vor seiner Menschenwürde. Der Arrestant weiß es selbst, daß er ein Arrestant ist, ein Ausgestoßener und kennt seine Stellung seinem Vorgesetzten gegenüber; aber es gibt weder solche Brandmale noch solche Fesseln, mit denen man ihn vergessen machen könnte, daß er ein Mensch ist. Und da er in der Tat ein Mensch ist, so muß man ihn auch danach behandeln. Mein Gott! kann man doch mit einer *menschlichen* Behandlung auch solche noch zu Menschen machen, in denen selbst jede Vorstellung von Gott bereits längst erloschen ist. Gerade mit diesen „Unglücklichen" muß man am menschlichsten umgehen. Das ist ihre Rettung und Freude. Ich habe gute und edle Kommandeure gesehen, ich habe auch den Eindruck gesehen, den sie auf diese Erniedrigten machten. Nur ein paar freundliche Worte – und die Arrestanten waren fast wie sittlich auferstanden. Sie freuten sich wie Kinder, und wie Kinder begannen sie zu lieben."[1] Was Dostojewski hier berichtet, dürfte unserem eigenen Erfahrungshorizont nicht völlig fremd sein. Jeder Leser dieser Zeilen wird seinerseits Ähnliches erlebt haben. Er wird wahrgenommen haben, wie die Anerkennung der Würde im anderen, und sei es nur durch ein Grußwort, das von Herzen kommt, eine sittliche Auferstehung bewirken kann.

Jene wenig beachtete Szene aus den letzten Tagen im Leben von Kant lenkt unser Auge auf eine Begebenheit aus den letzten Tagen im Leben von Jesus Christus. Wir meinen hier jenes Ereignis, das der Abendmahlsfeier unmittelbar vorausging. Wie ähnlich ist das, was Jesus damals tat, dem, was Kant getan hat! Und doch ist es zugleich ganz anders. Auch Jesus erhebt sich; auch er verneigt sich; mehr noch: er neigt sich vor dem Menschen bis zum Staub seiner Füße; er geht vor ihm in die Knie, um ihm die Füße zu waschen. Den Geladenen vor dem Mahl die Füße zu waschen war Sache der Sklaven. Daher können wir die Reaktion von Petrus verstehen, der spontan erklärt: „Herr, du willst mir die Füße waschen?" Doch der Herr glaubt nicht, daß dieser Dienst unter seiner Würde sei. Zu solchem Dienst ist nur fähig, wer in seiner Liebe bis ans Ende geht. Betrachten wir diese Liebe Jesu, so erkennen wir ein Zweifaches. Zunächst zeigt sich, daß seine Liebe zu Gott ihn nicht von den Menschen absondert. Im Gegenteil! Sie treibt ihn zu den Menschen hin. Fast hat man den Eindruck, daß er im Dienst an den Menschen besonders weit geht, wenn Gott ihm am nächsten ist. Hinzu kommt, daß ihn von dieser Liebe selbst menschliche Niedertracht nicht abhalten kann. Vielmehr muß man sagen: Je größer das Unrecht ist, das man ihm antut, um so unerwarteter ist das Ausmaß seiner Zuneigung, um im Unliebenswerten das Liebenswerte hervorzulieben. Zugleich will Jesus uns durch sein Verhalten ein anschauliches Beispiel geben: „Tut auch ihr, wie ich euch getan habe!" Weil es keinen Menschen gibt, der jemals seine Würde restlos verspielen könnte, bleibt in ihm stets etwas Göttliches gegenwärtig, das zur Zuneigung einlädt. Wer dieser Einladung folgt, wird die Nähe Gottes auch, ja gerade im dicksten Schmutz mitmenschlicher Schuld erfahren. Dem entspricht, was eine jüdische Legende erzählt: Zu einem Rabbiner kam eines Tages ein Schüler, um ihn zu fragen: „Früher gab es doch Menschen, die Gott von Angesicht zu Angesicht gesehen und gehört haben; warum gibt es sie heute nicht mehr?" Der Rabbiner antwortete ihm: „Weil sich heute keiner mehr so tief bücken kann." Solches Sich-Bücken zum göttlichen Grund, der sich in jedem Menschen birgt und ihm Dasein, Bestand und Würde gibt, macht wahre menschliche Größe aus. In ihm liegt aber auch die Hoffnung auf Unsterblichkeit; denn wer lange leben will, muß dienen; wer hingegen herrschen will, der lebt nicht lange.

Es war vor dem Paschafest. Jesus wußte, daß seine Stunde gekommen war, aus dieser Welt zum Vater zu gehen. Er liebte die seinen in der Welt, und er liebte sie bis ans Ende. Sie hielten ein Mahl, und der Teufel hatte dem Judas Iskariot, dem Sohn Simons, schon ins Herz gegeben, ihn auszuliefern. Jesus aber wußte, daß ihm der Vater alles in die Hand gelegt hat und daß er von Gott gekommen ist und zu Gott zurückkehrt: da stand er vom Mahl auf, legte das Oberkleid ab und umgürtete sich mit einem Leinentuch. Dann goß er Wasser in eine Schüssel und begann, den Jüngern die Füße zu waschen und abzutrocknen mit dem Leinentuch, mit dem er umgürtet war. Als er zu Simon Petrus kam, sagte dieser zu ihm: Herr, du willst mir die Füße waschen? Jesus antwortete ihm: Was ich tue, verstehst du jetzt nicht,

du wirst es aber später erkennen. Petrus entgegnete ihm: Niemals sollst du mir die Füße waschen! Jesus erwiderte ihm: Wenn ich dich nicht wasche, hast du keine Gemeinschaft mit mir. Da sagte Simon Petrus zu ihm: Herr, nicht nur meine Füße, sondern auch die Hände und den Kopf! Jesus sprach zu ihm: Wer gebadet ist, braucht sich nur noch die Füße zu waschen, und er ist ganz rein. Auch ihr seid rein, aber nicht alle. Er kannte nämlich den, der ihn ausliefern sollte; darum sagte er: Ihr seid nicht alle rein. Als er ihnen die Füße gewaschen, sein Oberkleid angelegt und sich wieder zu Tisch gesetzt hatte, sagte er zu ihnen: Begreift ihr, was ich an euch getan habe ? Ihr nennt mich Meister und Herr, und ihr habt recht; denn ich bin es. Wenn ich, der Meister und Herr, euch die Füße gewaschen habe, müßt auch ihr einander die Füße waschen. Ein Beispiel habe ich euch gegeben, damit auch ihr tut, wie ich euch getan habe.
Johannes 13,1–15

29 Einfache Leute sind oft echter

A. Huxley: Parallelen der Liebe
Offb 3,20

Zu Beginn seines Romans „Parallelen der Liebe" schildert der englische Schriftsteller Aldous Huxley (1 894-1963) einen Besuch, auf den sich eine dreißigjährige alleinstehende Frau vorbereitet. Gespannt erwartet sie einen wohlhabenden Herrn, dem der Ruf eines Lebemanns vorausgeht. Um auf ihn Eindruck zu machen, legt sie ihr flottestes Wesen an, bekleidet sich mit ihrem besten Nachmittagskleid und wählt den dazu passenden Schmuck. Es dauert jedoch nicht lange, bis ihr unmißverständlich zu Bewußtsein kommt, daß sie sich mit ihren Vorstellungen über ihren Besucher auf falschem Kurs befindet. Die Hohlheit der Gesellschaft hatte ihn inzwischen dazu bewegt, sein Leben zu ändern. Zwar schätzt er noch immer ein gepflegtes Äußeres, aber sein eigentliches Streben ist seit seiner „Umkehr" nach innen gerichtet. Diese seine Sinnesänderung befähigt ihn, seine Gesprächspartnerin zu ihren eigenen Tiefen zu führen, so daß alle bloße Oberflächlichkeit wie von selbst von ihr abfällt. „Ich stellte mir immer vor, daß berühmte Leute interessanter sein müßten als andere. Sie sind's aber nicht!", sagt sie. „Ich kenne eine Menge unbekannter kleiner Leute, bei denen man irgendwie fühlt, daß sie viel interessanter und viel echter sind als die berühmten. Echtheit, das ist es, worauf es ankommt, nicht wahr?" Und sie fügt hinzu: „Ich glaube, es ist schwer, echt zu sein, wenn man eine Berühmtheit oder eine Gestalt des öffentlichen Lebens oder etwas dergleichen ist (...) Echtheit gedeiht nur im Dunkel. Wie Sellerie ..."

Vgl. Aldous Huxley, Parallelen der Liebe, Roman, Fischer Bücherei Nr. 416 Frankfurt a.M. - Hamburg 1961, S. 9-15.

Menschen unterscheiden sich voneinander nicht zuletzt durch ihre jeweilige Erscheinungsweise. Da sind zunächst jene, die sind, was sie scheinen. Das nahm der Dichter Adalbert Stifter für sich in Anspruch. In einem Brief an Franziska Greipl vom 15.5.1829 schrieb er: „Ich glaube, du solltest mich besser kennen, *ich scheine nie, ich bin*, und ich setze jederzeit meine Ehre darein, auch das zu scheinen, was ich bin. Masken habe ich stets gehaßt." Hier deutet sich an, daß es auch möglich ist, nicht zu sein, was man scheint. Vielleicht erinnern wir uns an einen Menschen, der uns irgendwie interessierte. Doch nach näherem Zusehen waren wir enttäuscht. Wir spürten, daß er innerlich vermissen ließ, was wir von seinem äußeren Anschein her erwartet hätten. Möglicherweise kam uns das alte Sprichwort in den Sinn: „Es ist nicht alles Gold, was glänzt." Schließlich ist auch möglich, daß man nicht scheint, was man in Wirklichkeit ist. Wir hielten etwa diesen oder jenen für einen oberflächlichen, nichtssagenden Menschen. Dann aber zeigte sich, welch ein Reichtum in ihm verborgen war. Erstaunt stellten wir fest: „Manches glänzt nicht und ist trotzdem Gold." Diese unterschiedlichen Erscheinungsweisen können uns Auskunft geben, wie es mit unserer Echtheit steht. Sie lassen uns zugleich jene Situation verstehen, von der Aldous Huxley erzählt.

Beide lebten zunächst mehr dem Schein als dem Sein. Als ihnen aber aufging, daß allein die Echtheit ein Leben wertvoll macht, gaben sie ihr Scheinleben auf und machten sich auf den Weg zum inneren Sein. Dabei entdeckten sie das Geheimnis vieler unbekannter kleiner Leute, die oft viel interessanter und echter sind als jene, die einen Namen haben. Auch wurde ihnen bewußt, wie schwer es ist, echt zu sein, wenn man eine Berühmtheit ist oder eine Gestalt des öffentlichen Lebens oder etwas dergleichen. Warum ist das so? Unbekannte kleine Leute sind nicht auf die Gunst ihrer Umgebung angewiesen. Für die Namhaften hingegen scheint diese nicht selten von großer Wichtigkeit. Oft genug drängt sich ihnen die Frage auf, welchen Eindruck sie machen oder was die andern von ihnen halten. So stehen sie in der Gefahr, sich in ihrer Darstellungs- und Handlungsweise mehr von ihren Bewunderern als von ihrer persönlichen Überzeugung bestimmen zu lassen. In diesem Sinn offenbarte einmal ein Schauspieler seinen Freunden, die beiden Quellen, aus denen er täglich lebe, seien Applaus und Angst. Daher die Frage: Inwieweit lasse ich mich von der Gunst anderer beeinflussen?

Ich denke hier an eine achtzigjährige alleinstehende Frau, die in ihrem Leben nichts als Arbeit kannte. Gebuckelt saß sie mir gegenüber, als ich sie eines Abends besuchte. Von der Last ihres Lebens gebeugt, vermochte sie nicht einmal beim Sprechen aufzuschauen Als sie von ihrer Familie erzählte, erwähnte sie: „Einige meiner Geschwister starben früh. Gott holte sie, weil er sie brauchte. Seit einiger Zeit sage ich ihm jeden Morgen, er solle auch mich zu sich holen. Aber er will mich noch nicht." An dieser einfachen und namenlosen Frau gab es nichts Unechtes. In ihrer Schlichtheit gab sie dem Tod eine Deutung, die ihn annehmbar macht: Gott holt den Menschen zu sich, weil er ihn in seiner Ewigkeit braucht. Ich begann nachzudenken: Gott braucht den Menschen; er braucht jeden einzelnen in seiner Eigenart; er braucht ihn für eine bestimmte Zeit; er braucht ihn in seiner Ewigkeit. Warum und wozu braucht uns Gott? Die Antwort liegt im Geheimnis seiner Liebe verborgen. Durch jene alte Frau durfte ich erfahren, daß Echtheit, Einfachheit, Heiterkeit, Gelassenheit und Humor dieselbe Wurzel haben. Jene alte Frau bestätigt durch ihr Leben, was der französische Schriftsteller François Mauriac erkannte: „Die sichtbare Gegenwart der Gnade in gewissen Seelen ist in meinem Alter der Beweis, der hauptsächlich für mich zählt, das Zeugnis der christlichen Wahrheit, das mich am meisten beeindruckt (...) ‚Wenn einer mich liebt, wird er mein Wort bewahren, und mein Vater wird ihn lieben, und wir werden zu ihm kommen und in ihm unsere Wohnung aufschlagen' (Joh 14,23). Sie können sagen, was sie wollen: es fällt in die Augen, daß es lebende Tabernakel gibt und daß wir manchmal mitten in einem Gespräch, und ohne die Lippen zu bewegen, gezwungen sind, die sichtbare Gegenwart Gottes in einem Menschen anzubeten."[1] Wer vermag zu sagen, wie groß die Zahl solcher Menschen ist? Vielleicht übersteigt sie alle unsere Vorstellungen. Sie tragen diese Welt. Sie sind wie verborgene Wasseradern, die das Land unbemerkt ergrünen lassen.

„Echtheit gedeiht nur im Dunkel – wie Sellerie", das heißt in den Tiefen des verinnerlichten Menschen. Auf dem Weg zu diesen Tiefen gelangt der Mensch zu sich selbst, findet er seine eigene Identität, deren innerstes Geheimnis Gott ist. Daher sagt Bernhard von Clairvaux († 1153): „Du, Mensch, du brauchst keine Meere zu überqueren, keine Wolken zu durchdringen oder die Alpen zu überschreiten. Du brauchst keinen weiten Weg zu machen, sage ich. Geh deinem Gott entgegen bis zu dir selbst."[2] Tun wir das, so fällt alles Unwesentliche, Uneigentliche und Unechte von uns ab; wir erfahren, was Freiheit ist; wir spüren in uns den Atem, der uns sprechen läßt: Ich bin.

Die Erfahrung zeigt jedoch, daß es uns nicht gelingt, diesen Weg aus eigener Kraft zu gehen. Wir brauchen einen, der uns in die Tiefe führt. Wer kommt uns zu Hilfe? Nur derjenige, der erwiesenermaßen diese Tiefen kennt, der in diesen Tiefen zu Hause ist, weil er ganz er selber ist und deshalb von sich sagen kann: Ich bin. Sein Name ist: Jesus Christus. Was hier allzu theoretisch klingt, hat die Samariterin in der Begegnung mit Jesus am Jakobsbrunnen (Joh 4,5–30) erlebt. Diese Frau war gekommen, um Wasser zu schöpfen. In Wirklichkeit aber litt vor allem ihre Seele unter einem qualvollen Durst; denn ihre tiefsten Lebenssehnsüchte, ihr Verlangen nach Geborgenheit, Sicherheit und

Halt, nach Bejahung, Annahme und Anerkennung, waren bislang unerfüllt geblieben. Daher war sie voll innerer Unruhe, die sie von einem Scheinglück zum anderen trieb. Indem sie sich bald an diesen Mann, bald an jenen klammerte, taumelte sie zwischen Begierde und Genuß. Doch nirgendwo fand sie, was sie im tiefsten suchte. So wuchs nicht nur ihre seelische Unruhe, sondern auch die Verwirrung ihrer Lebenstriebe. Sie fühlte sich abgelehnt und ungeliebt. All das brachte ihr Jesus zu Bewußtsein. Immer mehr führte er sie von der Vordergründigkeit zu den Hintergründen und damit zu den Quellgründen ihres Seins. Von Jesus in ihrem tiefsten Daseinsgrund angenommen und geliebt, ging ihr auf, daß sie einem begegnet war, der das menschliche Maß unendlich überschreitet. Das weckte in ihr Vertrauen und Glauben. Durch Jesus war sie ‚sie selbst' geworden. Das gab ihr das Gefühl, ein neuer Mensch zu sein, ein Mensch, der mit Gott, mit sich selbst und mit allen Menschen in Einklang ist.

Wenn wir Jesus auch nicht mehr leibhaftig begegnen können, so haben wir doch sein Wort, in dem er gegenwärtig und wirksam ist. Wo sich der Mensch diesem Wort öffnet, um ihm in seinen Tiefen Raum zu geben, da geschieht etwas. Das Wort Gottes reinigt ihn von allem Unechten, so daß auch er zu sprechen vermag: Ich bin. – Im Sommer 1980 starb in Wien im Alter von vierundsiebzig Jahren die von vielen Menschen aufgesuchte Nervenärztin und Psychotherapeutin Eva Firkel. In einem Brief, den sie nur wenige Tage vor ihrem Tod geschrieben hatte, lesen wir: „Es wird viel geredet, wenig gesprochen, bestimmt zu wenig von Herzen gebetet. Zu einem Text aus dem Evangelium nehme ich mir meist zwei Monate Zeit, jeden Tag das gleiche. So schält man die Herrenworte wie eine Zwiebel, Schale um Schale, bis die Augen tränen, weil das Gewissen einen Biß gespürt oder das Herz eine Liebkosung gefühlt hat."[3] Ob nicht auch der folgende Bibeltext geeignet ist, wie eine Zwiebel, Schale um Schale, geschält zu werden?

Ich stehe an der Tür und klopfe. Wenn einer meine Stimme hört und die Tür öffnet, werde ich bei ihm eintreten, und ich werde mit ihm und er wird mit mir Mahl halten.
Offenbarung 3,20

30 In meinem Elternhaus war es immer warm

J. H. Rösler: Meine Frau und ich
Lk 15,11–24

Es war frühmorgens, als die ältere Tochter ihr Elternhaus verließ. Bevor sie die Türe hinter sich zumachte, hatte sie noch einmal, wie sie es jeden Morgen tat, den Kaffeetisch gedeckt. Gegen die Kaffeekanne lehnte sie ihren Abschiedsbrief, den sie am Abend zuvor geschrieben hatte. Hier ist er:

„Liebster Vater! Beste Mutter! ... Wenn ich morgen mit dem Koffer aus dem Haus gehe, während ihr noch schlaft, wie wir ausgemacht haben, um uns den Schmerz des Abschieds zu ersparen, so weiß ich, wie schwer es für euch ist, allein in diesem Haus zurückzubleiben. Wie voll war dieses unser Haus doch einmal. Dort schliefen die Großeltern ... in diesen beiden Zimmern lebten wir Kinder ... Die Großeltern sind gestorben ... meine Schwester ist im Internat und kommt nur über den Sonntag heim, nur ich blieb bis zuletzt bei euch. Und heute gehe nun auch ich.

Ich habe eine herrliche Kindheit bei euch gehabt. Wenn es draußen wetterte und schneite, in meinem Elternhaus war es immer warm. Wo Vater und Mutter saßen, war für mich der Mittelpunkt der Welt, da fielen alle Nöte in nichts zusammen, man war geborgen ... Immer dachte ich: Bei uns zu Hause kann nichts passieren, Vater ist ja da. Auch wenn die Welt untergeht, unser Haus bleibt stehen ... Nie mußte ich Angst vor euch haben, auch dann nicht, wenn ich etwas angestellt hatte oder schlechte Zensuren heimbrachte. Ich hatte nie ohne Widerrede gehorchen müssen ... Vater schrie wohl manchmal, daß man glaubte, das Haus stürze ein, aber er war so schrecklich komisch dabei anzusehen, daß ich lachen mußte. Und das war das Allerschönste meiner Jugend: Vater konnte lachen; er lachte mit, lachte über sich selbst, und ich hatte ihn niemals lieber, als in diesen Minuten.

An all dies muß ich heute denken, wenn ich aus dem Haus gehe. Aber es ist höchste Zeit, daß ich anfange, selber Geld zu verdienen ... Meine Gedanken werden oft daheim sein, bei euch ... Seid nicht traurig, denkt an die Zeit, wo wir Kinder noch nicht auf der Welt waren und ihr miteinander glücklich wart ... Morgen früh lege ich den Brief neben eure Tassen. Wenn ich nicht da bin, bildet euch einfach ein, ich sei nebenan in der Küche ... Sonntag in drei Wochen sehe ich euch wieder...“ Hier endet der Brief.

Jo Hanns Rösler, Meine Frau und ich, Rowohlt Taschenbuch Verlag, Nr. 4079, Reinbek bei Hamburg 1977, S. 173–175.

Als ich diesen Abschiedsbrief entdeckte, dachte ich spontan an den Abschied des „verlorenen Sohnes“, von dem Jesus in einem Gleichnis erzählt. Dieses gilt als das schönste all seiner Gleichnisse. Man hat sogar behauptet, es sei die schönste und bedeutsamste Kurzgeschichte der Welt. Worin, so wollen wir nun fragen, unterscheidet sich jene Tochter von diesem Sohn?

Sie ist zunächst ein sehr *feinfühliger* Mensch. Aber nicht nur das. Denn es gibt ja erfahrungsgemäß nicht wenige Menschen, die sehr feinfühlig sind, wenn es um die Interessen ihrer eigenen Person geht. Geht es hingegen um andere, selbst um die allernächsten Angehörigen, so können sie sehr gefühlsarm oder gar gefühlskalt sein. So genau sie wissen, was ihnen selber fehlt, so wenig bekommen sie mit, was in den anderen vor sich geht. Woran liegt das? Ihr Einfühlungsvermögen geht nicht sehr tief. Da bei ihnen an die Stelle der Gefühlsqualität die Gefühlsquantität getreten ist, brauchen sie eine Fülle von Ablenkungen und Reizen.[1] So ist es beim „verlorenen Sohn“. Er mag vielleicht intelligent sein; einfühlsam ist er nicht. Die Art und Weise, wie er sein Elternhaus verläßt, zeigt dies deutlich. Wie es seinem Vater zumute ist, kümmert ihn nicht. Ganz anders hingegen verhält sich jene Tochter. Sie ist nicht nur ein feinfühliger, sondern auch ein *einfühlsamer* Mensch. Da sie sich in die Situation ihrer Eltern hineinversetzen kann, weiß sie, wie schwer es für diese ist, allein in ihrem Haus zurückzubleiben.

Bringen wir an dieser Stelle uns selbst mit ins Spiel, dann stellt sich uns die Frage, ob sich unser Feingefühl nur auf die eigenen Belange konzentriert oder ob es sich in die Welt der anderen so einzufühlen vermag, daß es herausspürt, was ihnen fehlt. Das ist deshalb keine nebensächliche Frage, weil aus dem Einfühlungsvermögen die Erlebnisfähigkeit eines Menschen erwächst. Nur wer sich in seine Umwelt einfühlen kann, kann sie auch erleben. Ohne Einfühlung gibt es kein Erleben. Hier zeigt sich ein weiteres Kennzeichen jener Tochter: Sie ist ein *erlebnisfähiger* Mensch. Während wir vom „verlorenen Sohn“ nichts von dem erfahren, was in seinem Elternhaus vor sich ging, erinnert sich jene Tochter bei ihrem Weggehen an die vielen Erlebnisse aus ihrer Kindheit, an die Großeltern, an ihre Schwester, an die Kälte draußen und die Wärme drinnen, an die Geborgenheit und die Sicherheit, an die Furchtlosigkeit angesichts schlechter Noten, die sie heimbrachte, an die Tatsache, nie ohne Widerrede gehorchen zu müssen, und an den lachenden Vater. Man fragt sich: Hat es denn all das nicht auch im Elternhaus des „verlorenen Sohnes" gegeben? Wie Jesus jenen Vater schildert – selbst wenn von der Mutter nicht die Rede ist, aber irgendwo muß ja auch sie gewesen sein –, kann man es sich nicht vorstellen. Das würde bedeuten: Auch gute Eltern können ungute Kinder haben. Wie oft fragen Eltern in solcher Situation: Was haben wir nur falsch gemacht? In diesem Zusammenhang erfahren wir: Eltern können ihre Kinder verlieren, selbst wenn sie alles richtig gemacht haben. Aber übersehen wir an dieser Stelle auch nicht, daß ungute Eltern sehr gute Kinder haben können. Hier erahnen wir etwas vom Geheimnis menschlicher Freiheit, kraft derer manches ganz anders kommt, als wir es vorausgesehen haben.

Obwohl jene Tochter ihr Elternhaus verläßt, um selbständig zu werden, verläßt sie ihre Eltern nicht. Sie bleibt ihnen innerlich verbunden: „Meine Gedanken werden oft daheim sein, bei euch ... Sonntag in drei Wochen sehe ich euch wieder." Ihre Eltern wissen, wo sie ist, was sie tut, wann sie wiederkommt. In ihren familiären Daseinsgrund eingewurzelt, geht sie entschlossen den Weg, den sie gehen muß. So erweist sie sich als eine junge *zielstrebige* Persönlichkeit, die zu allem nicht vergißt, ihre Eltern über den Schmerz des Abschieds hinwegzutrösten. Trostlos, aber nicht hoffnungslos bleibt hingegen der gute Vater im Evangelium zurück. Er weiß nicht, wo sein Sohn ist, was er tut, wann er wiederkommt. Genau darin sieht der gute Vater die Verlorenheit seines Sohnes. Doch vertraut er darauf, daß seine Liebe, die er diesem seinem Sohn zuwandte, nicht umsonst gewesen ist. Er hatte sich nicht getäuscht. Als der Sohn seinem Vater schließlich in den Armen liegt, da erst kommt ihm die unüberbietbare Güte und Liebe seines Vaters voll zu Bewußtsein. Die Kleider, die der Vater holen läßt, bedeuten daß er dem Sohn die verlorene Ehre zurückschenkt; die Übergabe des Ringes ist Sinnbild für die Zurückgabe aller seiner früheren Vollmachten; die Schuhe schließlich verdeutlichen, daß er nicht als Knecht, sondern als geliebtes Kind im Vaterhaus Aufnahme findet. Hier begegnen einander erschreckende Schuld und vergebende Liebe.

Verstehen wir nun beide Abschiedsgeschichten als Gleichnisse, so tritt neben das „Gleichnis vom verlorenen Sohn" das „Gleichnis von der guten Tochter". Was sagt uns das „Gleichnis von der guten Tochter"? Vor allem dies: Gott ist dir Vater und Mutter zugleich Er liebt dich; denn er ist der liebende Grund, aus dem du hervorgegangen bist. Bei ihm findest du eine Geborgenheit, die dir nirgendwo anders zuteil werden kann. Er ist deine unbedingte Sicherheit. Nichts kann dir passieren; denn bei ihm fallen alle Nöte in nichts zusammen. Vor ihm brauchst du nie Angst zu haben, auch dann nicht, wenn das, was du getan hast, nicht gut gewesen ist. Mit ihm kannst du nicht nur reden, sondern auch rechten. Und vergiß nicht: Gott ist ein lachender Gott. Bleibe ihm verbunden auf all deinen Wegen. Sei mit deinen Gedanken oft bei ihm. Kehre immer wieder zu ihm zurück. Vergiß nicht all das Gute, das er dir in all den Jahren deines Lebens getan hat. Dann bleibst du feinfühlig und einfühlsam, erlebnisfähig und zielstrebig. Dein Leben wird glücklich sein. In ihm wird sich das Glück des Himmels spiegeln. – Das „Gleichnis vom verlorenen Sohn" hingegen veranschaulicht, was das Psalmwort meint: „Viele Schmerzen leidet, wer fremden Göttern folgt" (Ps 16,4). Fremde Götter entfremden uns nicht nur gegenüber Gott, sondern auch gegenüber uns selbst und dem Mitmenschen. Sie unterminieren unser Einfühlungsvermögen, unsere Erlebnisfähigkeit und unsere Hinwendung zu guten Zielen. Daher sagt uns das Gleichnis: Du bist nicht wirklich du selbst, solange du ohne Gott lebst. Heimatlos bleibst du, wenn er nicht das Geheimnis deines Lebens ist. Wohin du dich auch immer verirrt hast, du darfst zu ihm zurückkehren. Den Grund nennt der Kirchenschriftsteller Tertullian in seiner Auslegung des Gleichnisses. Was er damals (um 200 n. Chr.) schrieb, vermag auch das Herz des heutigen Lesers zu beglücken: „Wer ist dieser Vater, der den verlorenen Sohn aufnimmt? Offenbar Gott selbst. Niemand ist Vater wie er. Niemand fühlt so zart wie er. Du bist sein Sohn: selbst dann, wenn du vielleicht alles vergeudet hast, was er dir gab; selbst wenn du mit nichts zurückkommst. Er wird sich über deine Rückkehr mehr freuen als über die Klugheit und Tüchtigkeit seines anderen Sohnes."[2]

Weiter sagte Jesus: Ein Mann hatte zwei Söhne. Der jüngere von ihnen sagte zu seinem Vater: Vater, gib mir das Erbteil, das mir zusteht. Da teilte der Vater das Vermögen auf: Nach wenigen Tagen packte der jüngere Sohn alles zusammen und zog in ein fernes Land. Dort führte er ein zügelloses Leben und verschleuderte sein Vermögen. Als er alles durchgebracht hatte, kam eine große Hungersnot über das Land, und es ging ihm sehr schlecht. Da ging er zu einem Bürger des Landes und drängte sich ihm auf; der schickte ihn aufs Feld zum Schweinehüten. Er hätte gern seinen Hunger mit den Futterschoten gestillt, die die

Schweine fraßen; aber niemand gab ihm davon. Da ging er in sich und sagte: Wie viele Tagelöhner meines Vaters haben mehr als genug zu essen, und ich komme hier vor Hunger um. Ich will aufbrechen und zu meinem Vater gehen und zu ihm sagen: Vater, ich habe mich gegen den Himmel und gegen dich versündigt. Ich bin nicht mehr wert, dein Sohn zu sein; mach mich zu einem deiner Tagelöhner. Dann brach er auf und ging zu seinem Vater. Der Vater sah ihn schon von weitem kommen, und er hatte Mitleid mit ihm. Er lief dem Sohn entgegen, fiel ihm um den Hals und küßte ihn. Da sagte der Sohn: Vater, ich habe mich gegen den Himmel und gegen dich versündigt; ich bin nicht mehr wert, dein Sohn zu sein. Der Vater aber sagte zu seinen Knechten: Holt schnell das beste Gewand, und zieht ihm Schuhe an. Bringt das Mastkalb her, und schlachtet es; wir wollen essen und fröhlich sein. Denn mein Sohn war tot und lebt wieder; er war verloren und ist wiedergefunden worden. Und sie begannen, ein fröhliches Fest zu feiern.
Lukas 15,11–24

31 Vom Unzerstörbaren in jedem Menschen

B. Brecht: Der Arzt Hunain und der Kalif
Ps 119,97–102

Der Arzt Hunain wurde eines Tages zum Kalifen gerufen. Der Kalif forderte von ihm Gift für seine Feinde. Er bot dem Arzt verlockende Reichtümer an, falls er gehorchte, Gefängnis hingegen, wenn er sich widersetzte. Nachdem Hunain ein Jahr im Gefängnis zugebracht hatte, wurde er erneut dem Kalifen vorgeführt. Jetzt hatte er zwischen Kleinodien und Folterwerkzeugen zu wählen. „Was soll es sein?" fragte der Kalif. Unbeirrbar antwortete der Arzt: „Ich habe die Kunst des Heilens studiert, keine andere." Der Kalif gab dem Henker einen Wink. Hunain aber, der fühlte, daß sein letztes Stündlein gekommen war, sagte: „Am Tag des Gerichtes wird Gott es mir vergelten. Wenn der Kalif sich versündigen will, so ist es seine Sache." Da brach des Kalifen Lächeln die Spannung. Niemals hatte er beabsichtigt, den Arzt zu verletzen. Er hatte nur seine Ehrenhaftigkeit prüfen wollen.

Vgl. Bertolt Brecht, Der Arzt Hunain und der Kalif, in: Gesammelte Werke, Bd. 11, Prosa 1, Suhrkamp Verlag 1967, Frankfurt a. M. 1967, S. 236.

Es gibt im Bereich unserer moralischen Begriffe einige Worte, die für den heutigen Menschen einen eigentümlichen Beigeschmack bekommen haben. So ist es beispielsweise mit dem Wort „Unschuld", das wir schnell mit „naiver Einfältigkeit" in Verbindung bringen. Auch wären wir sonderbar berührt, wenn man uns für einen „frommen und tugendhaften Menschen" halten würde. Ganz anders ist es mit dem Wort „Gewissen". Würde uns einer sagen, wir seien „gewissenlos", dann fühlten wir uns getroffen. Keiner möchte ein gewissenloser Mensch sein.

Warum nicht? Weil es eine Ehre gibt, ohne die man nicht als Mensch leben kann. Gewissenhaftigkeit und Ehrenhaftigkeit gehören also unbedingt zusammen. Der gewissenlose Mensch ist der ehrlose Mensch. Damit haben wir den Anknüpfungspunkt zu unserer Geschichte gefunden. Wenn diese mit den Worten schließt, der Kalif habe den Arzt auf seine Ehrenhaftigkeit prüfen wollen, dann ging es ihm um seine Gewissenhaftigkeit.

Wer nun erfahren möchte, was das Gewissen, dieses Tiefste und Letzte in uns selbst, eigentlich ist, muß sich auf eine kleine Entdeckungsreise einlassen. Gehen wir einmal von der Tatsache aus, daß jeder Mensch etwas Einmaliges ist. Das gilt zwar auch für jeden Stern, jeden Baum und jedes Tier. Der Unterschied liegt aber in folgendem: Der Mensch ist nicht nur einmalig; er weiß auch darum. Er allein kann sagen: „Nie hat es mich in dieser Welt schon einmal gegeben, und nie wird es mich noch einmal geben, wenn ich von dieser Weltbühne abgetreten sein werde.“ Würden wir in unseren Trieben, in unseren Instinkten oder in unserer Umwelt restlos aufgehen, so gäbe es dieses Wissen um unsere Einmaligkeit nicht. Wir würden uns ihrer nicht bewußt. Diese dem Menschen eigentümliche Einmaligkeit ist ein Stück göttlichen Seins in ihm, das ihm etwas Unzerstörbares verleiht.

Darauf haben die großen Denker und Dichter immer wieder aufmerksam gemacht. So lesen wir in der „Krebsstation“ von Alexander Solschenizyn, wie der schwer erkrankte Schulubin vor seiner Operation sagt: „Manchmal fühle ich es ganz deutlich, daß in mir mehr ist als mein bloßes Ich. Etwas Unzerstörbares, Erhabenes!“ In seinem Leidensgenossen Poddujew erwacht im Angesicht des Todes die tiefe Sehnsucht, trotz eines sehr fragwürdig gelebten Lebens wenigstens etwas Eigenes hinüberzuretten und nicht alles verscharren zu lassen. War das nicht auch der letzte Wunsch des einen Verbrechers, der neben Jesus gekreuzigt wurde und ihn in der Stunde seines Todes bat: „Jesus, denk an mich, wenn du in dein Reich kommst“ (Lk 23,42)? Auch Franz Kafka lebte der tiefen Überzeugung, daß es in jedem Menschen etwas Unzerstörbares gibt. In einem berühmten Aphorismus lesen wir: „Der Mensch kann nicht leben ohne ein dauerndes Vertrauen zu etwas Unzerstörbarem in sich.“ Dieses ist stärker als alle Diktaturen und alle irdischen Systeme. Wäre es sterblich, hätte das Böse es schon längst getötet.

Zum eigentlich Menschlichen gelangt demnach, wer das Wissen um das Unzerstörbare in sich befreit und dadurch selbst unzerstörbar wird. Dahin hatte es der Arzt Hunain gebracht. An seinem Verhalten dem

Kalifen gegenüber leuchtet es deutlich auf und in ihm seine unverwechselbare Einmaligkeit. Was bedeutet das für unser Thema? Vor allem dies: Das *Wissen* um die unverwechselbare und unzerstörbare Einmaligkeit ist das *Ge-Wissen*. Es ruft jeden Menschen auf, in seinem Handeln sich selbst und seinem göttlichen Ursprung treu zu bleiben.

Die Befreiung des Wissens um die unzerstörbare Einmaligkeit und damit des Gewissens geschieht nicht von heute auf morgen. Sie liegt zunächst in der erzieherischen Verantwortung der Eltern. Leider kommt es unter ihrem Einfluß bei nicht wenigen Menschen nur zu einem „negativen Gewissen". Ein „negatives Gewissen" hat, wer sich nur an Geboten und Verboten orientiert. In diesem Zusammenhang sagte der Psychoanalytiker Tobias Brocher einmal: „Mir fällt ... ein Ausspruch von Eduard Mörike ein. Im Alter von 42 Jahren sagt er, die Stimme des Gewissens sei ursprünglich immer die Stimme der Mutter gewesen, dann die Stimme des Vaters und schließlich die Stimme des Herrn Pfarrers oder Lehrers. Man sieht daran deutlich, daß das Gewissen in dieser Form des kindlichen Gewissens immer noch die elterlichen Gebote und Verbote enthält und wiederholt."[1] Ein solches Gebots- und Verbotsgewissen hält den Menschen in der Unmündigkeit. Es macht ihn zum bloßen Befehlsempfänger. Nicht er selbst entscheidet sich, sondern die in ihm verborgenen Autoritäten, die ihm diktieren, was er tun und lassen soll. Wer von einem solchen Gewissen geprägt ist, klammert sich also an das, was andere für verboten oder erlaubt halten, um mit ihnen nicht in Konflikt zu geraten, anstatt aus eigener Einsicht zwischen Gut und Böse zu wählen und sich aus eigenem Willen zu entscheiden. Daher ist es wichtig, daß durch die Erziehung die schöpferischen Kräfte des „positiven Gewissens" geweckt werden. Dieses zeichnet sich dadurch aus, daß es in den konkreten Situationen des Lebens das Gute vom Bösen zu unterscheiden vermag und ausschließlich dem Guten den Vorzug gibt.

Der Arzt Hunain stand in einer konkreten Situation. Aufgrund seines „positiven Gewissens" erkannte er unmittelbar, wie er sich zu entscheiden hatte: „Ich habe nur die Kunst des Heilens studiert, keine andere." Diesem sittlichen Grundsatz blieb er diskussionslos treu. Er zog die innere Freiheit der äußeren vor. Ja, er war bereit, das Schlimmste zu erleiden. Man denke hier an Jesus, der einmal in einer ähnlichen Situation war; damals in der Wüste, als der Versucher ihn auf einen hohen Berg führte, ihm alle Reiche der Welt mit ihrer Pracht zeigte und zu ihm sagte: „Das alles will ich dir geben, wenn du vor mir niederfällst und mich anbetest." Jesus wies ihn energisch zurück: „Weg mit dir, Satan! Denn es steht geschrieben: Du sollst den Herrn, deinen

Gott, anbeten und ihm allein dienen!" Darauf ließ der Versucher von ihm ab und Engel kamen und dienten ihm (Mt 4,8-11). Hier zeigt sich das Gewissen Jesu. Er hatte seine Grundsätze, die er in den konkreten Situationen des Lebens unerschrocken in die Tat umsetzte, was ihm schließlich das Leben kostete. Wenn die biblische Erzählung damit schließt: „Darauf kamen Engel und dienten ihm", dann vermerkt sie, was jeder nach einer gewissenhaften Entscheidung erfahren kann: er erfährt in seinem Innern Bestätigung, Lob und Anerkennung.

Nicht immer ist es leicht, spontan solche Entscheidungen zu treffen. Oft ist es die Angst, von den andern isoliert zu werden, die uns daran hindert. Daher bedarf es vor allem Mut, sich zum Guten auch in gefährlichen Situationen zu bekennen. Eine solch mutige Haltung schildert Alexander Solchenizyn in seinem Roman „Der erste Kreis der Hölle"[2] am Beispiel des russischen Diplomaten Innokentij Wolodin, der sich in der Situation befand, einen ihm bekannten Medizin-Professor am Vorabend des westlichen Weihnachtsfestes vor der Verfolgung durch einen Telefonanruf zu schützen. In seinem Innern stieg Angst auf, und er begann, nervös durch das Zimmer zu gehen. Sollte er anrufen oder nicht? Es kam ihm der Gedanke: „Es wäre besser gewesen, wenn er nie etwas davon erfahren, nie davon gehört oder gewußt hätte." Doch dann erfüllte ihn eine tiefe innere Ruhe. „Er fühlte ganz deutlich, daß er sich nicht anders entscheiden könne. Gefährlich oder nicht, wenn er es aber nicht tat ... Wenn wir immer nur vorsichtig sind – sind wir dann noch Menschen?" Wolodin rief an. Sein Gespräch wurde abgehört und auf Tonband aufgenommen. Mit Hilfe eines neuen technischen Verfahrens konnte seine Stimme identifiziert werden, was zu seiner Verhaftung führte. – Es gibt Werte, die zu schützen wichtiger ist, als sich selbst zu erhalten!

„Gefährlich oder nicht, wenn er es aber nicht tat ... Wenn wir immer nur vorsichtig sind – sind wir dann noch Menschen?" In diesen Worten spricht sich der mahnende und warnende Charakter des Gewissens vor der Tat aus. Anklagend und verurteilend meldet es sich nach der Tat, sofern sich der Mensch gegen sein Gewissen entschieden hat. Auch dafür findet sich in den Werken Alexander Solschenizyns ein Beispiel.[3] Da ist noch einmal Schulubin. Stück für Stück hatte er der politischen Gewaltherrschaft nachgegeben. Er überlebte, weil er sich beugte und schwieg. Er schwieg um seiner Frau, seiner Kinder und seines eigenes Leibes willen. Inzwischen ist seine Frau gestorben, seine Kinder sind unbegreiflich hartherzig geworden, und sein Leib ist von Krebs befallen. In einem Gespräch mit dem aufrechten Kostoglotow sagte er: „Wenn jeder einzelne nach seinem Tod vor der Geschichte

Rechenschaft ablegen muß, wer er war, wird es nach Puschkin nur drei Möglichkeiten geben: In unserem erbärmlichen Jahrhundert ... kann der Mensch nur sein: Tyrann, Verräter oder Gefangener! ... Wir sollen unter drei Möglichkeiten auswählen. Und wenn ich bedenke, daß ich nie im Gefängnis saß, wenn ich genau weiß, daß ich kein Tyrann war, bleibt also ..."

Vielleicht wird man einwenden, daß hierzulande keiner für seine Gewissensüberzeugung ins Gefängnis gesperrt wird. Sehen wir einmal davon ab, daß sich auch in unseren Breiten die Zeiten wieder ändern können, so gilt es doch zu erkennen, daß die hier erwähnten Beispiele Momente enthalten, die immer lebendig werden, wenn unser Gewissen beansprucht wird. Die Gewissensnot, die Wolodin durchlitt, kennt jeder, der schon einmal vor einer schweren sittlichen Entscheidung stand: „Sollst du oder sollst du nicht?" Darüber hinaus ist uns gewiß bekannt, wie man aus Feigheit sich gegen sein Gewissen entscheiden kann, weil man dem anderen nicht wehtun möchte. Aus falscher Vorsichtigkeit und Rücksichtnahme kann man schweigen, wo man ein mutiges Wort sprechen müßte, und so zu einem Verräter werden. Auch wäre es sehr kurzsichtig, wollte man unter einem „Gefangenen" nur den Menschen sehen, den man für seine Gewissensüberzeugung in ein Gefängnis gesteckt hat. Der Gefangene ist immer ein von den anderen Isolierter. Wo aber ein Mensch sich im Einklang mit seinem Gewissen entscheidet und seinen Weg geht, kann er sehr schnell in die Isolation geraten, indem man ihn nicht mehr ernst nimmt, ihn umgeht oder ihn auf irgendeine Weise kaltstellt. Außerdem machen die angeführten Beispiele deutlich, wie ein Mensch, der sich gegen sein Gewissen vor anderen beugt, stets der Gefangene dieser anderen wird. Wer aber ist letztlich glücklicher: der Gefangene der anderen oder der Gefangene seines guten Gewissens?

Erwähnt werden muß noch, daß der Verrat am eigenen Gewissen nicht ohne Folgen für dieses bleiben kann. Mit jedem Male mehr wird es abstumpfen. Diese Erscheinung läßt sich in ein Bild fassen. Eine amerikanische Zeitschrift richtete vor einigen Jahren an ihre Leser die Frage: „Was ist das Gewissen?" Unter den zahlreichen Antworten befand sich auch der Brief eines Indianers aus Oklahoma. Er meinte: „Das Gewissen ist ein dreieckiges Ding in meinem Herzen. Es steht still, wenn ich gut bin; wenn ich aber schlecht bin, dreht es sich, und die Kanten tun ziemlich weh. Wenn ich weiter Unrecht tue, nutzen sich die Kanten ab, und es tut nicht mehr weh." Das Gewissen kann tatsächlich zum Schweigen gebracht werden. Es geschieht dadurch, daß der Mensch mehr und mehr das Gewissen und seine ihm von Gott eingestiftete Einmaligkeit aus den Augen verliert. Oft bricht es in der Erinnerung erst wieder auf, wenn der Betroffene in eine schwere Krise kommt.

Das Tun des Bösen hat aber auch seine Rückwirkung auf unsere innere Freiheit. Sucht ein Mensch in seinen Entscheidungen immer wieder den Weg des geringsten Widerstandes, dann schrumpfen die Bezirke seiner inneren Freiheit. Zuweilen können sie sogar ganz verschwinden. Damit ist zugleich gesagt, daß unsere innere Freiheit mit unserem gewissenhaften Handeln wächst. Wo sich der Mensch bemüht, alltägliche Situationen gewissenhaft zu bestehen, da wird er auch in außergewöhnlichen Situationen Standvermögen haben, denn „in jedem wahren Gedanken und Wort und Tun festigt sich, unmerklich, aber wirksam, die innere Mitte, das wahre Selbst" (Romano Guardini). Wir erahnen, wieviele gewissenhafte Entscheidungen im Kleinen im Leben des Arztes Hunain vorausgegangen waren, damit er seine Standfestigkeit vor dem Kalifen nicht verlor und in vollkommener innerer Freiheit mutig und tapfer das Wort sprechen konnte: „Am Tag des Gerichtes wird Gott es mir vergelten. Wenn der Kalif sich versündigen will, so ist es seine Sache."

Wie liebe ich dein Gesetz,
es steht mir vor Augen den ganzen Tag.
Dein Gebot macht mich klüger als meine Feinde es sind,
immer geht es mit mir.
Weiser bin ich geworden als all meine Lehrer,
weil ich erwäge, was du mich weisest.
Höhere Einsicht hab' ich gewonnen als Greise,
da ich befolge, was du gebietest.
Von bösen Wegen halte fern meine Füße,
auf daß ich bewahre dein Wort.
Von deinen Entscheidungen lasse ich nicht,
denn du selber hast mich gelehrt.
Psalm 119,97–102

32 Mit seinem Gewissen in Freundschaft leben

Eine Alltagssituation
Mt 11,25–27

Vielleicht fünfunddreißig Jahre war sie alt, jene Frau, die am Stadtrand an einem Vorgarten vorbeikam, in dem es schöne Blumen gab. Gern hätte sie eine davon gehabt. Sie dachte an ihre Wohnung, und schon sah sie in ihrer Phantasie den Ort, wo die einzelne Blume in einer schlanken Vase ihren Platz haben sollte. Aber wer würde sie ihr geben? „Soll ich mir einfach eine nehmen?" Doch irgend etwas in ihr wies sie zurecht: „Das tut man nicht!" Da wechselten ihre Gedanken sofort die Richtung: „Soll ich an der Haustür läuten und fragen? Warum eigentlich nicht?" Trotz dieses inneren Aufschwungs fand sie nicht den Mut dazu. „Ach nein", sagte sie sich. „Das macht man nicht. Man läutet nicht bei fremden Leuten. Man drängt sich doch nicht auf. Das Beste ist, ich lasse es." Unverrichteterdinge ging sie weiter, und ihr Weg verlor sich bald im farblosen Einerlei des Alltags.

Vgl. Gertrud Stetter, Ichbewußtsein statt „Man"ie, in: das Thema 22 (1980) 11.

So unscheinbar diese Situationsschilderung ist, so bedenkenswert dürfte sein, worum es darin geht. Was wir hier meinen, deutet sich in der stereotypen Wiederholung des „Man" an. In diesem kleinen Wörtchen birgt sich eine unabschätzbare Macht, von der die meisten Menschen keine Ahnung haben. Darauf hat vor allem der Philosoph Martin Heidegger (1889–1976), der viele Jahre in Freiburg i.Br. gelehrt hat, hingewiesen. In seinem Hauptwerk „Sein und Zeit" spricht er von der „Diktatur des Man". Heidegger schreibt: „Wir genießen und vergnügen uns, wie *man* genießt; wir lesen, sehen und urteilen über Literatur und Kunst, wie *man* sieht und urteilt; wir ziehen uns aber auch vom ‚großen Haufen' zurück, wie *man* sich zurückzieht; wir finden ‚empörend', was *man* empörend findet."[1] Diese wenigen Hinweise genügen bereits, um zu erkennen, wie tief das „Man" die Verhaltensweisen des Menschen von heute bestimmt. Für nicht wenige ist es die einzige Instanz, von der sie sich die Richtlinien für ihr Tun und Treiben geben lassen. Was ‚man' macht, das gilt als wahr und richtig. Es ist also der

Mühe wert, sein eigenes Verhalten immer wieder zu überdenken, um herauszuspüren, in welchem Ausmaß wir selbst unter dieser unauffälligen Diktatur stehen und unser Eigenes an sie verloren haben.

Wer aber ist dieses „Man" eigentlich? Darauf ist schwer zu antworten; denn die „Nichtfeststellbarkeit" macht sein Wesen aus. Bleiben wir bei Heidegger. Er sagt: „Das Man ist überall dabei, doch so, daß es sich auch schon immer davongeschlichen hat, wo das Dasein auf Entscheidung drängt. Weil das Man jedoch alles Urteilen und Entscheiden vorgibt, nimmt es dem jeweiligen Dasein die Verantwortlichkeit ab. Das Man kann es sich gleichsam leisten, daß ‚man' sich ständig auf es beruft. Es kann am leichtesten alles verantworten, weil keiner es ist, der für etwas einzustehen braucht. Das Man ‚war' es immer, und doch kann gesagt werden, ‚keiner' ist es gewesen (...) Jeder ist der andere und keiner er selbst. Das *Man* (...) ist das *Niemand*."[2] Weil dieses Niemand keinen in die Pflicht nimmt, ist man ihm auch keine Rechenschaft schuldig. Damit ‚entlastet' es einen von der persönlichen Entscheidung und Verantwortung; es entlastet uns von jener teuren und wertvollen Last, die jeder Mensch als Mensch auf sich zu nehmen hat; es entlastet uns von uns selbst. So erscheint das Man als großer Friedhof, auf dem das personale Ich täglich neu zu Grabe getragen wird und mit ihm sein innerster Kern, den wir das „Gewissen" nennen.

Ich las von einem zehnjährigen Kind, das eine „Stadt" zeichnen sollte. Das Kind nahm den Bogen einer Zeitung und füllte ihn mit lauter Gesichtern aus. Der Betrachter hat zunächst den Eindruck, es handle sich um irgendeine Massenveranstaltung. Doch beim näheren Hinschauen gewinnt er die Überzeugung, eine Versammlung von zahllosen Gefangenen vor sich zu haben. Die Gesichter sind zwar alle verschieden groß, doch verraten sie alle eine seelenlose Gleichförmigkeit. Der Kommentator fragt: „Oder sind es gar erloschene Gesichter, Totenmasken, denen das Leben verlorenging? Blinde Fenster, die in Grabeshöhlen weisen?"[3] Ob es nicht die Gesichter derer sind, die ihr personales Ich und mit ihm ihr Gewissen an die „Diktatur des Man" verloren haben?

Aber es gibt auch andere Gesichter. In seiner Erzählung „Matrjonas Hof" stellt uns der im Exil lebende russische Schriftsteller Alexander Solschenizyn ein solches vor. Es ist das Gesicht einer alten Frau, die der Schriftsteller offensichtlich genau kennenlernen konnte. Im Leben dieser alten Frau gab es viel Leid. Oft war sie krank; an Schicksalsschlägen fehlte es nicht; vielerlei Unrecht hatte man ihr angetan. Obwohl ihr Mann sie verlassen hatte, ihre Kinder frühzeitig starben und sie kaum das Notwendige zum Leben hatte, klagte sie nicht. Sie war voll innerer Ruhe, voll inneren Friedens. Wer immer sie um Hilfe bat, fragte nicht umsonst. Alles, was sie tat, begann sie „mit Gott". Sie war ein Original. Oft blieb sie unverstanden; von manchem wurde sie sogar für eine lächerliche Person gehalten. Trotzdem hatte sie ihr liebenswürdiges und hilfsbereites Wesen nicht eingebüßt. Immer fand sich in ihren Augen ein strahlendes Lächeln, das ihr Gesicht aufblühen ließ. Angesichts dieser Frau sagt Alexander Solschenizyn auf einmal unvermittelt: „Immer haben die Menschen ein schönes Gesicht, die im Einklang mit ihrem Gewissen leben."[4] Worte von dieser Allgemeingültigkeit formuliert auch die „Nachfolge Christi" von Thomas von Kempen. Auch zu ihnen ist das Leben dieser alten Frau ein lebendiger Kommentar: „Ein gutes Gewissen vermag viel zu ertragen; sogar bei Widerwärtigkeiten bleibt es froh (...) Weltlicher Ruhm ist immer mit Angst gepaart; der Ruhm der Guten liegt im guten Gewissen, nicht im Munde der Leute" (N II. 6, 1 u. 2).

Wenn wir hier vom „Gewissen" reden, dann verstehen wir darunter das, was sich im Innersten eines jeden Menschen birgt; das, was den Menschen zum Menschen macht und doch nicht ihm gehört. Wir verstehen darunter das Unvergängliche und Zeitlose in der Tiefe unseres vergänglichen Daseins, das gleichsam vom in uns liegenden Strand der Ewigkeit aus den Lauf unseres Lebens mitverfolgt und ihn in irgendeiner Art fortwährend Direktiven gibt, damit es sein ewiges Ziel nicht verfehlt. Kurz, wir verstehen unter „Gewissen" das Ewige im Menschen, das allein sein Lebensschiff aus der Zeitlichkeit in die Ewigkeit zu steuern vermag. Damit wird zugleich denen erwidert, die meinen, das Gewissen sei das Produkt biologischer Gegebenheiten oder gesellschaftlicher Voraussetzungen. Mögen sie für ihren Teil recht haben, so übersehen sie doch, daß hinter all dem nochmals das unauflösbare Geheimnis des Daseins steht, das sich jedem Zugriff der Wissenschaften entzieht.[5] Nur wer in diesen letzten Tiefen steht, weiß um das „Gewissen". Er bekommt Standfestigkeit, „so daß er in aller Mannigfaltigkeit der Regungen und Erscheinungen einheitlich, in allem Wandel der gleiche und unter den vielen Menschen er selbst ist, deutlichen Angesichts und unverwechselbaren Namens."[6]

Es drängt sich hier die Frage auf, wodurch dieses Tiefste in uns lebendig wird. Die Antwort liegt so nahe, daß man sie leicht übersehen kann. Sie lautet: Nur das Höchste *über* uns vermag das Tiefste *in* uns zu wecken. Oder anders formuliert: Damit das Tiefste *in* uns lebendig wird, müssen wir aufschauen zum Höchsten *über* uns. Darum haben die alten Griechen gewußt. Sie nannten den Menschen „ho anthropos", das heißt: „der Nach-oben-Blickende". Der aufschauende Mensch wird empfänglich für das Licht, in dem er die konkreten Situationen seines Lebens zu erfassen, zu beurteilen und zu bestehen vermag. Ich denke hier an die Versuchung Jesu (Mt 4,1–11). Da er das Ganze seines Weges im Auge behielt, fiel er augenblicklichen Angeboten nicht blindlings zum Opfer. Der ins Unendliche aufschauende Mensch erfährt aber zugleich, wie sein Herz weit wird, alles Irdische sich relativiert und damit seine Aufsässigkeit verliert. So wird auch das Schwerste für ihn tragbar. Das veranschaulicht sich, wenn wir auf Stephanus im Augenblick seiner Steinigung schauen (Apg 7,55f.) oder auf Jesus in Getsemani (Lk 22,40–46).

Nur das Höchste *über* uns kann das Tiefste *in* uns wecken. Vielleicht erahnen wir an dieser Stelle, welche Bedeutung Jesus für uns hat. Er verließ das Höchste *über* uns, um das Tiefste *in* uns zu befreien. Darin spricht sich das Geheimnis seiner Menschwerdung und unserer Erlösung aus. Er nennt sich das „Licht der Welt“ (Joh 8,12). „Licht der Welt“ ist er, weil er das „Licht des Himmels“ in diese Welt hineingetragen hat. Wer sich diesem Licht öffnet, wird von ihm „Kind des Lichtes“ (Joh 12,36) genannt. „Kind des Lichtes“ bedeutet „Mitwisser Gottes“. Das zu sein, ist die höchste Entfaltung des Gewissens. Ist uns ein solches Gewissen zu eigen? Wir müßten auf die folgenden Fragen ehrlich Antwort geben, um es in Erfahrung zu bringen: Haben wir noch den Mut, so rückständig zu sein, Ideale zu haben, die heute (scheinbar) nichts mehr gelten? Ist uns bewußt, daß vor Gott durchaus klein sein kann, was diese Welt als Größe preist, und daß in den Augen Gottes groß sein kann, was in den Augen dieser Welt nichts gilt? Können wir ruhig und gelassen bleiben, wo man uns aufgrund unseres Glaubens belächelt? Ist es uns möglich, auch einem Freund die Wahrheit zu sagen, selbst wenn er sich daraufhin von uns distanzieren würde? Reden wir nur von Nächstenliebe, oder praktizieren wir sie selbst dort, wo unser Nächster zu unserem Gegner geworden ist? Fragen dieser Art ließen sich mühelos vermehren. Diese wenigen genügen jedoch, um uns zu zeigen, ob das Höchste *über* uns das Tiefste *in* uns bereits erreicht hat.

In jener Zeit sprach Jesus: Ich preise dich, Vater, Herr des Himmels und der Erde, weil du all das den Weisen und Klugen verborgen, den Unmündigen aber offenbart hast. Ja, Vater, so hat es dir gefallen. Mir ist von meinem Vater alles übergeben worden; niemand kennt den Sohn, nur der Vater, und niemand kennt den Vater, nur der Sohn und der, dem es der Sohn offenbaren will.
Matthäus 11,25–27

33 Dankbarkeit ist das Gedächtnis des Herzens

P. Bamm: Die unsichtbare Flagge
Lk 17,11–19

Im Alter von 77 Jahren starb 1975 in Zürich der Arzt Dr. Curt Emmrich, der als Schriftsteller unter dem Namen Peter Bamm bekannt und zu einem der angesehensten Autoren wurde. In seinen Büchern, in denen sich seine Kriegserlebnisse und seine ausgedehnten Reisen widerspiegeln, begegnet er uns als ein geistvoller Plauderer. So erzählt er in seinem damaligen Bestseller „Die unsichtbare Flagge" von einem Erlebnis, das er als Arzt während des Rußlandkrieges auf einem Hauptverbandsplatz hatte.

In jenen Jahren gingen Tausende von Verwundeten durch seine Hände. Nur wenige von ihnen blieben ihm in den späteren Jahren in Erinnerung. Einen aber konnte er bis an sein Lebensende nicht vergessen. Es war ein junger Mann, der ihm mit einem vollständig zerfetzten Gesicht gebracht wurde. Der Chirurg machte sich daran, das Gesicht wieder herzustellen. Allmählich entstand unter den Händen des Arztes das zerstörte Gesicht wieder.

Dann kam die letzte Phase der Operation. Dem Patienten wurde der zweite Mundwinkel zusammengenäht. Am Ende richteten die Helfer den Verwundeten auf. Da er infolge der örtlichen Betäubung noch keine Schmerzen hatte, bat ihn der Arzt: „So, nun sprechen Sie mal!" Der junge Mann bewegte vorsichtig seine Lippen und artikulierte dann mit einem kleinen Lächeln: – „Danke schön!"

Vgl. Peter Bamm, Die unsichtbare Flagge, in: Werke II, Droemer Verlag, Zürich 1967, S. 630.

Es wird heute nicht mehr so viel gedankt wie früher. Bevor wir das bedauern oder negativ beurteilen, müssen wir uns bewußt machen, daß wir heute vieles nicht mehr aufgrund von Gnade und Barmherzigkeit empfangen, wie es in früheren Zeiten oft der Fall war. An die Stelle der Willkür ist inzwischen weitgehend Gerechtigkeit getreten, die uns gewisse Grundrechte zuschreibt. Diese werden von Institutionen und Organisationen eingelöst und von Behörden überwacht. Daher wird heute nicht selten verlangt und gefordert. An die Stelle des Dankes sind vielfach Quittung und Spendenbescheinigung getreten. Außerdem haben wir es heute zuweilen nicht mit einem Menschen, sondern mit einem Automaten zu tun, oder wir bedienen uns selbst. Auch diese Anonymität hat den Bereich, in dem sich Dankbarkeit äußern kann, eingeschränkt.

Geben und Danken sind aber menschliche Urworte, und nur so lange sie in die Tat umgesetzt werden, wird unsere Welt eine menschliche bleiben. Doch muß beides – das Geben wie das Danken – von uns gelernt werden. Wer von uns erinnert sich denn nicht an Situationen, da er das ihm Gegebene am liebsten wieder zurückgegeben oder gar noch Ärgeres im Sinn gehabt hätte? Warum? Weil ihn der Geber mit seiner Gabe verletzt und gedemütigt hatte. Das ist immer der Fall, wenn nicht absichtslos gegeben wird, wenn man den andern in irgendeiner Weise etwas spüren lassen will. Wo das geschieht, wird das Ehrgefühl des anderen getroffen. Wer also einem anderen etwas gibt, muß es in Ehrfurcht und Achtung vor der Würde des Empfangenden tun. Er darf nicht „von oben herab" geben, sondern muß sich mit dem anderen auf die gleiche Stufe stellen. Sonst macht er ihm das Danken schwer oder unmöglich.

Welche Gesinnung in einem Geber beheimatet ist, kann man vielleicht am besten in dem Augenblick erkennen, da er einem Bettler begegnet. Die in Italien lebende Schriftstellerin Luise Rinser erzählt einmal, wie sie längere Zeit in der Nähe einer römischen Bettlerin stand, um diese und die Vorübergehenden zu beobachten. Ein offensichtlich wohlhabender Ausländer legte der Bettlerin ein Geldstück in die Hand, ohne zu ihr hinzuschauen, ohne das Gespräch mit seiner Frau zu unterbrechen. Eine ältere Nonne überreichte mit einem strengen und saueren Blick eine Semmel. Die Bettlerin schickte ihr einen Blick nach, der deutlich sagte, was sie dachte. Ein Einheimischer drückte ihr einen Schein in die Hand, ohne sie anzuschauen, und ging hastig weiter, so als würde er sich schämen, es getan zu haben. Dann kam eine ältere Frau mit Krampfaderbeinen. Sie blieb stehen, unterhielt sich mit der Bettlerin über dies und jenes und ließ während des Redens ganz unauffällig ein Geldstück in die Rocktasche der Alten gleiten. Deren Gesicht verlor zunehmend seine Verdrossenheit und verwandelte sich in ein Gesicht, das sich ansprechbar und ausdrucksvoll zeigte.[1] Zwischen beiden war es zu einer mitmenschlichen Beziehung gekommen. Die alte Frau hatte die Bettlerin als Mensch angesprochen, und diese zeigte ihre Dankbarkeit lautlos mit jeder verwandelten Falte in ihrem Gesicht.

Es muß aber nicht immer am Geber liegen, wenn der Dank ausbleibt. Ich erinnere mich an das Wort eines menschenfreundlichen Chirurgen, der mir sagte: „Sie wären überrascht zu erleben, wie viele Patienten, die wir noch einmal dem Tod entreißen konnten, unsere Klinik verlassen, ohne uns ein Wort des Dankes zu sagen." Möglicherweise dachten diese Patienten: „Die Krankenkasse bezahlt ja alle Aufwände!" Oder sie wurden in ihrem Glück so vergeßlich, daß sie die vielfältigen Zuwendungen, durch die ihre Gesundheit neu gestärkt wurde, restlos aus den Augen verloren. Der junge Mann, von dem Peter Bamm erzählt, dachte anders. Als erstes Erkennungszeichen für die gelungene Operation sagte er: „Danke schön!" Tausenden hatte der Arzt in jenen Jahren geholfen. Die meisten hatte er wieder vergessen. Wer erinnert sich schon gern an undankbare Menschen? Diesen jungen Mann konnte er nicht vergessen, weil man einen dankbaren Menschen nicht vergißt.

Danken kommt von denken. Ein Mensch, der aufgehört hat zu danken, hat zuvor schon aufgehört zu denken, das heißt er hat aufgehört, Mensch zu sein. Wir danken einem anderen für seine Tat, indem wir sie bedenken. Dann wird uns bewußt, wie wenig diese sich von selbst versteht, wieviel Wohlwollen, Selbstlosigkeit, Einsatz, Opferbereitschaft, Hingabe und Liebe in ihr zum Ausdruck kommt. Eine der afrikanischen Sprachen, so las ich einmal, übersetzt das Wort „danken" mit „rückwärtsschauen". Diese Übersetzung zeigt uns den Weg zur Dankbarkeit. Zum Danken kommt, wer zurückschaut und überdenkt, wie alles gelaufen ist. Der Arzt Paul Tournier erzählt von einem alten Freund, einem Industriellen, der weise genug war, von seinem schwierigen Amt frühzeitig genug zurückzutreten, so daß er alles, was er jetzt unternahm, genießen konnte und dabei Zeit genug fand, sein Leben zu überdenken. „Guten Tag! Wie geht es dir?" fragte ihn der Arzt bei einer Begegnung. Der Freund antwortete ihm: „Sehr gut! Ich bin gewahr geworden, daß das Leben mit der Geburt beginnt, sich fortsetzt in der Erkenntnis und endigt in der Dankbarkeit."[2]

Der gläubige Mensch wird solchen Dank gewiß nicht einem zwangsläufigen Schicksal abstatten, sondern vielmehr jener geheimnisvollen Führung, die ihn durch Ungewißheit, Dunkelheit, Irrtümer, Fehler und Schuld mit sicherer Hand hindurch geleitet hat, ohne daß er es augenblicklich gemerkt hätte. Man wird sich dieser göttlichen Führung oft erst hinterher bewußt, wenn man sich nach einer längeren Wegstrecke besinnt und bedenkt, welche Bedeutung das eine oder andere für den Fortgang des eigenen Lebens hatte. Dann wird man erahnen, daß gerade das Lästige und Widrige ein unentbehrlicher Teil unseres Lebens sind, weil unser Leben nur durch dieses Lästige und Widrige in jene Richtung kommen konnte, die auf den Entwurf hinausläuft, den Gott von Ewigkeit her von unserem Leben gefaßt hat. „Vielleicht erweisen sich einst die Fehlformen als die allerbesten, wertvollsten, wie bei den Briefmarken, wer weiß. Ich sage kein Wort von dem, was mir so durch den Kopf geht; ich maße mir nicht an, hier philosophisch zu trösten, und doch weiß ich, daß es so ist wie ich denke, und ich weiß auch, daß ich nur weil ich so denke alle Widrigkeiten meines Lebens habe bestehen können. Das Ganze, immer das Ganze muß man sehen; und nicht groß genug kann man sich dieses Ganze, das eine einzige Ganze, denken."[3] Wo das geschieht, da lernen wir verstehen, daß Gott sich fortwährend um uns kümmert und nichts aus Zufall geschieht. „Der Zufall ist das Pseudonym, das der liebe Gott wählt, wenn er inkognito bleiben will", sagt Albert Schweitzer.

Der Rückblick, der uns dankbar gegenüber Gottes Führung macht, vermittelt uns zugleich ein neues Verhältnis zur Zukunft. Wir fürchten uns nicht mehr vor dem, was aus dem dunklen Schoß der Zukunft auf uns zukommen mag. Die gläubige Gewißheit, daß Gott bei mir ist, ist viel elementarer als die bange Ungewißheit, was mir in Zukunft widerfahren wird. „Und müßte ich gehen durch dunkle Schluchten, ich habe keine Angst; denn du bist bei mir" (Ps 23,4). Hinsichtlich dieses Psalmwortes soll der große Philosoph Immanuel Kant (1724–1804) gesagt haben: „Ich habe in meinem Leben viele kluge und gute Bücher gelesen, aber ich habe in ihnen allen nichts gefunden, was mein Herz so still und froh gemacht hätte, wie die vier Worte aus dem 23. Psalm: Du bist bei mir!" Diese stille Dankbarkeit und frohe Zuversicht waren auch federführend, als der evangelische Theologe Dietrich Bonhoeffer (1906–1945) in der Silvesternacht 1944 das Gedicht „Von guten Mächten"[4] schrieb. Die letzte der sieben Strophen lautet:

Von guten Mächten wunderbar geborgen,
erwarten wir getrost, was kommen mag.
Gott ist mit uns am Abend und am Morgen
und ganz gewiß an jedem neuen Tag.

Am 9. April 1945 wurde er von den Nazis ermordet.

Wo es um Dank und Dankbarkeit geht, müssen also zwei Bedingungen erfüllt werden. Dank und Dankbarkeit gibt es nur dort, wo der Geber es gut mit dem Empfangenden meint und der Empfangende bedenkt, was ihm gegeben wurde. Das ist leicht in der Theorie, aber schwer in der Praxis. Es ist schwer, weil wir schnell vergessen können, noch einmal zurückzuschauen und zurückzukehren, um dem unseren Dank zu sagen, der uns gab, wonach wir begehrten. Immer werden die dankbaren Menschen in der Minderheit sein. Doch ist ihre Zahl stets groß genug, um unübersehbar auf unsere menschliche Seinsverfassung hinzuweisen: „Was hast du, das du nicht empfangen hast?" (1 Kor 4,7).

Bei seiner Wanderung nach Jerusalem zog Jesus durch die Grenzgebiete von Samaria und Galiläa. Als er in ein Dorf kam, da begegneten ihm zehn aussätzige Männer. Sie blieben in der Ferne stehen und riefen laut: „Jesus, Meister, hab Erbarmen mit uns!" Als er sie sah, sagte er zu ihnen: „Geht und zeigt euch den Priestern." Während sie hingingen, wurden sie rein. Einer aber von ihnen kehrte zurück, als er sah, daß er geheilt worden war. Er pries Gott mit lauter Stimme, warf sich vor Jesus nieder und dankte ihm. Und das war ein Samariter. Jesus aber fragte ihn: „Sind nicht zehn rein geworden? Wo sind denn die Neun? Ist keiner umgekehrt, um Gott zu ehren, als nur dieser Fremde?" Und er sagte zu ihm: „Steh auf und geh, dein Glaube hat dir Heilung gebracht!"
Lukas 17,11–19

34 Das menschliche Gesicht – die kleinste Bühne der Welt

F. M. Dostojewski: Der Jüngling
Ps 34, 6

In seinem Roman „Der Jüngling" erzählt F. M. Dostojewski, wie sich der zwanzigjährige Arkadij Dolgorukij auf den Weg macht, um seinen illegitimen Vater Werssiloff zu treffen. Noch war er keine hundert Schritte gegangen, als er plötzlich mit ihm zusammenstieß. „Komm, gehen wir zu mir", sagte Werssiloff. „Du bist noch nie bei mir gewesen." Das erste, was die Aufmerksamkeit Arkadijs im Arbeitszimmer seines Vaters auf sich lenkte, war eine Fotografie seiner Mutter. Von diesem Bild hatte er bislang nichts gewußt. Was ihn vor allem überraschte, war die für eine Fotografie ganz erstaunliche Ähnlichkeit. Sie war wie ein wirkliches Porträt von Künstlerhand und keineswegs wie eine mechanische Aufnahme.

Der Vater nahm das Bild mit beiden Händen von der Wand, hielt es ganz nah vor sein Gesicht, küßte es plötzlich und hängte es wortlos wieder auf. „Merke dir", sagte er dann zu seinem Sohn, „fotografische Aufnahmen sind sehr selten ähnlich, und das ist leicht zu erklären: das Original, das heißt ein jeder von uns, ist ja auch im Leben nur äußerst selten sich selber ähnlich. Das Gesicht eines Menschen zeigt seinen wesentlichsten Zug, seinen kennzeichnendsten Gedanken eben nur ausnahmsweise in Augenblicken. Der Künstler studiert das Gesicht, das er malen soll, und erhascht diesen eigentlichen Ausdruck des Gesichts; er errät sozusagen den Hauptgedanken des Menschen und gibt ihn im Bilde wieder, auch wenn das Gesicht des Betreffenden diesen Ausdruck während des Modellsitzens zumeist gar nicht hat. Die Fotografie aber gibt den Menschen genau so wieder, wie er in dem einen Augenblick der Aufnahme aussieht, und da ist es nicht ausgeschlossen, daß zum Beispiel Napoleon, in einem zufälligen Augenblick fotografiert, auf der Fotografie dumm aussehen könnte, und Bismarck sanftmütig. Hier aber, auf dieser Fotografie, hat die Aufnahme deine Mutter zufällig gerade im Augenblick ihres eigensten Ausdrucks angetroffen."

F. M. Dostojewski, Der Jüngling, Roman, R. Piper & Co Verlag, München–Zürich 1977/1980, S. 702f.

Was selbst nach einer kurzen Begegnung von einem Menschen in unserer Erinnerung zurückbleibt, ist sein Gesicht. Und was wir über diesen Menschen denken, geht vor allem auf den Eindruck zurück, den sein Gesicht auf uns machte. Spontan begreifen wir, daß im Gesicht deutlich wird, was in einem Menschen vor sich geht, was er fühlt und denkt und wes Geistes Kind er ist. Aus diesem Grund hat man zu allen Zeiten im Gesicht den „Schlüssel zur Seele" gesehen.

Wie nun jeder weiß, gibt es zwei Möglichkeiten, das Gesicht eines Menschen bildlich festzuhalten: die Fotografie und das Porträt. Doch waltet zwischen beiden ein großer Unterschied. Darauf macht Dostojewski durch Werssiloff aufmerksam: „Die Fotografie gibt den Menschen (normalerweise) so wieder, wie er in dem einen Augenblick der Aufnahme aussieht, und da ist es nicht ausgeschlossen, daß zum Beispiel Napoleon, in einem zufälligen Augenblick fotografiert, auf der Fotografie dumm aussehen könnte, und Bismarck sanftmütig." Was besagt dies? Weil sich auf einem Foto in der Regel nur der Augenblicksgedanke, nicht hingegen der Hauptgedanke zeigt, geben fotografische Aufnahmen nicht die eigentliche Wirklichkeit des Menschen wieder. Daher können wir uns mit ihnen oft genug nicht restlos identifizieren. Anders wäre es, wenn der Fotograf zufällig den Augenblick erwischen würde, in dem der Augenblicksgedanke gerade der Hauptgedanke ist. In diesem Fall wäre ihm ein „Volltreffer" gelungen. So war es hinsichtlich des Fotos von Arkadijs Mutter. Was den Sohn an diesem Bild überraschte, war die Ähnlichkeit mit dem Original: Der Fotograf hatte die Mutter „zufällig im Augenblick ihres eigensten Ausdrucks angetroffen".

Es gibt allerdings Fotografen, die ihre Aufnahmen nicht einem solchen Zufall überlassen. Zu ihnen gehört der berühmte kanadische Fotograf Yousuf Karsh (geb. 1904). Über 15 000 Fotos von den Großen dieser Welt hat er gemacht. Unter ihnen befinden sich Winston Churchill, Charles de Gaulle, George Bernard Shaw, John D. Rockefeller, Albert Einstein, Nikita Chruschtschow, Ernest Hemingway, Konrad Adenauer und Papst Pius XII. Wodurch gelangte Karsh zu diesem fotografischen Erfolg? Seine langjährige Erfahrung schärfte ihm jenen besonderen Sinn, den jeder Fotograf besitzen und schulen muß. Karsh erklärt es so: „Dieser Sinn erfaßt in einem Sekundenbruchteil die innere Kraft der Größe. In einem bestimmten kurzen Moment spiegelt sich alles, was im Denken, in der Seele, im Geist eines Menschen steckt, in seinen Augen, seinen Händen und seiner Haltung. Das ist der Moment, den es festzuhalten gilt. Man muß hinschauen und nachdenken, ehe man auf den Auslöser drückt. Herz und Verstand des Fotografen sind die eigentlichen Objektive der Kamera." Die Bilder, die Karsh macht, zeichnen sich dadurch aus, daß „sie wie ein wirkliches Porträt von Künstlerhand sind und gar nicht wie eine mechanische Aufnahme".

Hier vermittelt sich das Geheimnis eines guten Porträtisten. Werssiloff umschreibt es kurz und zutreffend wie folgt: „Das Gesicht eines Menschen zeigt seinen wesentlichsten Zug, seinen kennzeichnendsten Gedanken eben nur ausnahmsweise in Augenblicken. Der Künstler studiert das Gesicht, das er malen soll, und erhascht diesen eigentlichen Ausdruck des Gesichts, er errät sozusagen den Hauptgedanken und gibt ihn im Bilde wieder, auch wenn das Gesicht des Betreffenden diesen Ausdruck während des Modellsitzens zumeist gar nicht hat." Einen persönlichen Anschauungsunterricht solchen Vorgehens erlebte Dostojewski drei Jahre vor der Niederschrift dieser Worte. Seine Frau Anna Grigorjewna erzählt davon in ihren „Erinnerungen", in denen sie das Leben Dostojewskis aufgezeichnet hat: „In diesem Winter (1871–1872) kam Tretjakoff zu uns, der Inhaber der berühmten Moskauer Tretjakoff-Gemäldegalerie, und bat meinen Mann, sich für seine Sammlung porträtieren zu lassen. Zu diesem Zweck war der bekannte Maler Peroff aus Moskau gekommen. Ehe dieser die Arbeit begann, besuchte er Fjodor Michailowitsch täglich eine ganze Woche hindurch; er traf ihn in den verschiedensten Stimmungen, unterhielt sich mit ihm, provozierte ihn zum Streit und erfaßte so den charakteristischen Gesichtsausdruck meines Mannes, den nämlich, wenn er in künstlerische Gedanken vertieft war. Man kann sagen, Peroff hat in seinem Porträt den ‚Augenblick des Schaffens Dostojewskis' dargestellt. Diesen Ausdruck habe ich oft auf Fjodor Michailowitschs Antlitz gesehen; manchmal trat ich bei ihm ein, und mir war, als schaue er in sich hinein, und dann ging ich wieder fort, ohne ein Wort zu sagen. Dann erfuhr ich meist nachher, wie Fjodor Michailowitsch mit seinen Gedanken so beschäftigt war, daß er mein Eintreten gar nicht wahrgenommen hatte, und er wollte mir gar nicht glauben, daß ich im Zimmer gewesen sei."[1] Dieser Bericht ist ein wertvoller Kommentar zu Dostojewskis Porträt-Aussage.

Blicken wir nun von hier auf das von Dostojewski geschaffene Werk, so müssen wir sagen, daß er selbst ein großer Porträtist gewesen ist. Von den Porträts, die er auf seine Weise und mit seinen Mitteln geschaffen hat, leben seine Romane. Entsprechend schreibt die bekannte Dostojewski-Kennerin Zenta Maurina: „Dostojewskij ist kein Landschaftsmaler, er ist Porträtist (...) Das, was alle sehen, war ihm gleichgültig. Er wollte das innere Gesicht erfassen und war stets begierig, neue Gesichter kennenzulernen (...) Das Antlitz eines Menschen war für ihn, wie für die Expressionisten, lediglich ein Wahrzeichen der Seele. Die von ihm geschaffenen Menschen vergessen wir nie ...“[2] Immer wieder weist Dostojewski darauf hin, daß man sich aufmerksam in ein Gesicht hineinschauen muß, um in den Gesichtszügen das Besondere eines Menschen zu erfassen. Auch konnte er immer wieder darüber staunen, wie viele unterschiedliche Empfindungen auf einer so kleinen Fläche wie dem Gesicht Platz finden können. Es erschien ihm als die kleinste und interessanteste Bühne der Welt, auf der die Seele mit ihrer Vielzahl von Kräften ihre Vorstellungen gibt. Ebenso entging ihm nicht, daß ein Gesicht jedesmal etwas Neues zum Vorschein bringen kann, etwas, das man bis dahin noch nicht bemerkt hat, auch wenn man ihm schon hundertmal begegnet ist. Im folgenden soll nun versucht werden, zwei sehr unterschiedliche Gesichter nachzuzeichnen. Wenn wir uns aufmerksam in sie hineinschauen, können sie zu Spiegeln werden, in denen wir vielleicht uns selbst erkennen.

Walkowskij[3] war ein Mann von fünfundvierzig Jahren. Seine Gesichtszüge waren regelmäßig und sehr schön. Doch konnten sie ihren Ausdruck schroff, radikal und mit überraschender Plötzlichkeit verändern, als gehorchten sie einem mechanischen Druck auf eine Feder. Das ebenmäßige Oval seines Gesichtes, seine schmalen Lippen, seine gerade Nase, seine hohe und glatte Stirn, seine ziemlich großen grauen Augen, all das ließ ihn beinahe als einen ausgesprochen schönen Mann erscheinen. Aber trotzdem machte sein Gesicht keinen angenehmen Eindruck. Es stieß einen gerade deshalb ab, weil sein Ausdruck kein eigener, sondern vielmehr ein vorgetäuschter, ein übernommener war. Man hätte meinen können, man werde nie seinen wirklichen Ausdruck zu sehen bekommen. „Schaute man noch tiefer zu, so begann man hinter seiner gewohnten Maske etwas Böses, Schlaues und im höchsten Grade Egoistisches zu argwöhnen.“ Das war der Grund, weshalb seine Augen seinem Willen nicht gehorchen wollten. „Vielleicht hätte er auch weich und freundlich blicken wollen, aber die Strahlen seiner Blicke schienen sich gleichsam aufzuspalten, und zwischen den weichen, freundlichen Strahlen blitzten harte, mißtrauische, forschende, böse auf“ (625). – Vordergründiger Schein war die Schönheit dieses Gesichtes. Bei genauerer Hinsicht löste sie sich in ihr Gegenteil auf. Es zeigte sich ein inneres Gespaltensein, aus dem – gleichsam wie durch einen mechanischen Abruf – Schroffheit, Falschheit und Bosheit aufstiegen. Die Richtigkeit dieser Eindrücke bestätigt eine Art von Selbstoffenbarung, durch die uns Walkowskij hinter alle seine Masken schauen läßt: „Man muß nur vom gewöhnlichsten, vom praktischsten Gesichtspunkt aus auf die Sache sehen. Ich habe mich schon längst von allen Fesseln und sogar Pflichten befreit. Ich betrachte mich nur dann zu etwas verpflichtet, wenn mir daraus irgendein Vorteil erwächst (...) Liebe dich selbst – das ist das einzige Gesetz, das ich anerkenne. Das Leben ist in meinen Augen ein Handelsgeschäft: für nichts gibt's nichts (...) Das ist meine Moral" (837). Angesichts dieser Übereinstimmung von Gesichtsausdruck und Selbstoffenbarung zeigt sich, daß man sich in der Tat in ein Gesicht hineinschauen muß, um vom Vordergründen Schein zur hintergründigen Wirklichkeit eines Menschen zu gelangen. So ist es auch hinsichtlich des zweiten Gesichts, das wir anschauen wollen. Es ist das Gesicht von Katerina Fjodorowna, einer noch jungen Frau.[4]

Beim ersten Hinschauen ließ dieses Gesicht keine besondere Schönheit erkennen. Je länger man es aber betrachtete, um so anziehender wurde es. Erst allmählich offenbarte es jene eigentümliche Schönheit, die sich nur verhalten und unauffällig auf dem Angesicht entfaltet. Auffallend waren vor allem ihre lichtvollen Augen. In ihnen verbanden sich kindliche Reinheit und Einfalt mit tiefer fraulicher Nachdenklichkeit. Aus diesem Zusammenspiel leuchtete etwas sehr Geheimnisvolles hervor, das sich nur schwer beschreiben läßt. Vielleicht kommt man ihm am nächsten, wenn man sagt, es sei ihre leidenschaftliche Liebe zum Guten und zur Gerechtigkeit gewesen: „Dieses Doppelspiel eines naiven Kindes und denkenden Weibes zugleich; dieser kindliche und im höchsten Grade aufrichtige Durst nach Wahrheit und Gerechtigkeit wie der unerschütterliche Glaube an die Richtigkeit des eigenen Strebens, all das erleuchtete ihr Gesicht gleichsam von innen her mit einem eigentümlich schönen Licht der Aufrichtigkeit und verlieh ihm eine seltsam höhere, geistige Schönheit; man begann zu begreifen, daß die ganze Bedeutung dieser Schönheit, die sich nicht sofort und restlos jedem gewöhnlichen, gleichgültigen Blick erschließt, nicht sobald auszuschöpfen ist" (806 f.).

In diesen beiden Gesichtern stehen sich Zwiespalt und Einfalt gegenüber. Und wie aus dem Zwiespalt menschliche Niedrigkeit erwächst, so aus der Einfalt menschliche Aufrichtigkeit. In der Niedrigkeit liebt der Mensch sich selbst; in der Aufrichtigkeit liebt er das Wahre, das Gute und Gerechte. Damit bestätigt sich, was Augustinus so formuliert: „Es gibt keinen, der nicht liebt; nur fragt sich, was er liebt."[5] Dieses ‚Was' kann jeder wählen. Es verschmilzt mit seiner Seele und spiegelt sich mit ihr in seinem Antlitz. Daher schreibt Paulus: „Was immer wahrhaft, edel, recht, was lauter, liebenswert, ansprechend ist, was Tugend heißt und lobenswert ist, darauf seid bedacht" (Phil 4, 8). Es könnte jedoch sein, daß der Leser die Anhäufung dieser vielen Tugenden verwirrend findet und angesichts des Vielen das Eine nicht mehr sieht, das letztlich allein notwendig ist. Auch wird er sich fragen, wie es denn möglich sei, in den oft sehr unterschiedlichen Situationen des alltäglichen Lebens auf all das bedacht zu sein. Gewiß wäre er dankbar, könnte man ihm eine kürzere und zugleich einfachere Anleitung geben. Das kann in der Tat geschehen. Denn es gibt ein entsprechendes Wort, das uns nicht nur Wegweiser im Labyrinth des Daseins ist; es enthält zugleich eine doppelte Verheißung, die uns motiviert, dieses Wort zum „Hauptgedanken" unseres Lebens zu machen. Mit ihm wollen wir diese Überlegungen beschließen.

Blickt auf zum Herrn, so wird euer Gesicht leuchten, und ihr braucht nicht zu erröten.
Psalm 34,6

35 Sind Sie liebesfähig?

B. Brecht: Die unwürdige Greisin
Lk 10,25–28

In einem badischen Städtchen lebte eine Frau, die zweiundsiebzig Jahre zählte, als ihr Mann starb. Viele Jahrzehnte hindurch hielt sie allein das alte Haus in Ordnung. Ohne Hilfe kochte sie für ein Dutzend Personen und ernährte sich selbst von den Resten. Sie kannte nichts anderes als Pflicht und Arbeit. Von sieben Kindern, denen sie das Leben schenkte, hatte sie fünf großgezogen. Von all dem war sie mit den Jahren klein geworden.

Mit dem Tod ihres Mannes änderte sich das Leben dieser alten Frau. Ihre Kinder, die inzwischen das Haus verlassen hatten, unterstützten sie mit einer kleinen monatlichen Summe, nachdem man den kleinen Betrieb ohne Gewinn verkaufen mußte. Die alte Frau gestattete sich jetzt Freiheiten, von denen sie früher nicht einmal geträumt hatte. Jeden zweiten Tag ging sie in ein Gasthaus essen. Sie besuchte Kinos, in denen nur Halbwüchsige und Liebespaare zusammenkamen. Sie spielte Karten und begann den Rotwein zu lieben. Öfters in der Woche besuchte sie in einem verrufenen Gäßchen die Werkstatt eines Flickschusters, in der, besonders am Nachmittag, allerlei nicht gerade respektable Existenzen herumsaßen. Hier wurde viel gelacht und zwischendurch über die würdigen Autoritäten der Stadt losgezogen.

Mit ihrem früheren Familienleben schien die alte Frau abgeschlossen zu haben. Obwohl sie das große Haus allein bewohnte, nahm sie die sehr beengt wohnende Verwandtschaft nicht auf. Selbst ihren von auswärts kommenden Sohn wies sie ab und schickte ihn in ein Hotel. Dafür unterstützte sie andere Leute, die sie sich nach ihrem Gutdünken aussuchte. Auf ihren Ausflügen nahm sie ein junges Mädchen mit, eine halb Schwachsinnige, die in dem Gasthaus arbeitete, wo sie zu speisen pflegte. Diesem „Krüppel", wie die Verwandtschaft das Mädchen nannte, kaufte sie einen großen Hut mit Rosen drauf, während sie ihrem Enkel das Kommunionkleid versagte. Den Pfarrer, der sie besuchen kam, lud sie, wie allgemein behauptet wurde, ins Kino ein.

Die alte Frau, deren Lebenswandel von manchem für unwürdig gehalten wurde, fühlte sich keineswegs vereinsamt. Sie sah gesund aus und erfreute sich einer ausgeglichenen Stimmung. Im Sommer stand sie zuweilen morgens früh um drei Uhr auf und spazierte durch die leeren Straßen der Stadt, die sie auf diese Weise für sich alleine hatte. An einem Herbstnachmittag starb sie unerwartet, auf einem Stuhl am Fenster sitzend. Bei ihr war der „Krüppel“, den sie für den Abend ins Kino eingeladen hatte. Sie war vierundsiebzig Jahre alt geworden.

Vgl. Bertolt Brecht, Die unwürdige Greisin, in: Geschichten, Gesammelte Werke II, Suhrkamp Verlag, Frankfurt a.M. 1967, S. 315–320.

Gegen Ende dieser Kurzgeschichte schreibt Bertolt Brecht (1898–1956) drei Sätze, die den Schlüssel zu ihrem Verständnis enthalten: „Genau betrachtet lebte sie hintereinander zwei Leben. Das eine, erste, als Tochter, als Frau und als Mutter, und das zweite einfach als Frau B., eine alleinstehende Person ohne Verpflichtungen und mit bescheidenen, aber ausreichenden Mitteln. Das erste Leben dauerte etwa sechs Jahrzehnte, das zweite nicht mehr als zwei Jahre.“ Wie haben wir diesen Hinweis zu verstehen? In ihrem ersten Leben hatte sie nur für andere dazusein: als Tochter für die Eltern, als Ehefrau für ihren Mann, als Mutter für ihre Kinder. Die ständige Eintönigkeit von Pflicht und Arbeit ließ sie innerlich so verkümmern, daß sie selbst die wenigen Gelegenheiten zu einem Familienausflug „mit einer wegwerfenden Handbewegung“ abgelehnt hatte. Wenn man berücksichtigt, daß sie es später vermied, das Grab ihres Mannes zu besuchen, und auch von ihren Kindern nicht mehr allzuviel wissen wollte, verdeutlicht sich, wie wenig sie in all den Jahren unter den gegebenen Umständen wirklich Frau und Mutter war. Nicht nur körperlich, sondern auch seelisch war sie zusammengeschrumpft. In der ihr abverlangten Selbstlosigkeit hatte sie sich selbst verloren.

Mit dem Tod ihres Mannes trat die große Wende ein. Sie verließ die ihr vorgeschriebenen Bahnen und entledigte sich der ihr aufgenötigten Verpflichtungen, um endlich Mensch zu werden. An die Stelle der Eintönigkeit traten jetzt Eigeninitiative, Spontaneität und Phantasie. Was bedeutet Phantasie? In seinem Buch „Das Fest der Narren“ schreibt Harvey Cox: „Phantasie ist Humus. Daraus erwächst des Menschen Fähigkeit, zu erfinden und zu erneuern. Die Phantasie ist die reichste Quelle menschlicher Schöpfungskraft ... Wie Gott, so schafft der Mensch in seiner Phantasie ganze Welten ex nihilo, aus dem Nichts ... Die Phantasie kennt keine Hindernisse. Wir setzen nicht nur die Regeln des sozialen Benehmens außer Kraft, sondern auch die ganze Struktur der alltäglichen ‚Wirklichkeit'. In der Phantasie verwandeln wir uns nicht nur in unser ideales Selbst, sondern in völlig andere Menschen."[1] All dies trifft wörtlich für das zweite Leben jener alten Frau zu. In ihm entdeckte sie sich selbst, womit sich ihr Dasein von Grund auf erneuerte. Indem sie jetzt unbekümmert ihr eigenes Leben begann und nicht nur die Regeln des sozialen Benehmens außer Kraft setzte, sondern auch die ganze Struktur der alltäglichen „Wirklichkeit", wurde sie in ihrem Verhalten „sozial auffällig", was ihre Umwelt als „unwürdig" erachtete.

Die „Unwürdigkeit" der alten Frau bestand also darin, daß sie es wagte, aus den gesellschaftlich anerkannten Normen und Traditionen auszubrechen. In solcher „Traditionsstörung" liegt der für Bertolt Brecht typische „Verfremdungseffekt". Für diesen ist es entscheidend, daß sich die Greisin nicht bewegen ließ, ihr „abnormes" Verhalten aufzugeben und in die vorgegebene Ordnung zurückzukehren. Denn nur dadurch, daß die Rückkehr nicht vollzogen wird, bleibt der Widerspruch bestehen und mit ihm die Erschütterung und Verwirrung des in der Tradition verharrenden Menschen. Der Kreislauf des kindlich-komischen Verhaltens (Norm – Abnorm – Norm; Integration – Emanzipation – Integration) wird hier nicht vollzogen. „So ist die Verfremdung der bewußt abgebrochene Rückgang zum Komischen des Kindes, die absichtliche Negation von Sicherheit und herkömmlicher Ordnung durch Belassen des Fremden als Stachel im Fleisch der unreflektierten stagnierenden Beruhigung. Der Befremdete ist aufgerufen zum kritischen Durchdenken der soziokulturellen Situation. Die Verfremdung erweist sich damit als Vorstufe der Begründung einer neuen gesellschaftlichen Ordnung, die sich des Reaktionären entledigt."[2]

Das Durchdenken der Situation jener Frau zeigte bereits, daß ein Menschenleben notwendigerweise seelisch absterben muß, wenn es nur in Dienst genommen wird. Andererseits kann nicht übersehen werden, daß auch in ihrem zweiten Leben nicht alles stimmte. Vor allem ihr Verhalten den eigenen Kindern gegenüber macht uns nachdenklich. So muß von ihren beiden extremen Verhaltensweisen her ein neuer Weg erschlossen werden. Dieser Weg geht von der Selbstfindung und der Selbstverwirklichung aus, um die anderen am eigenen Lebensglück teilhaben zu lassen. Wenn nämlich Liebe bedeutet, daß der Mensch nicht irgend etwas, sondern sich selbst gibt, dann ist die Selbstfindung die Voraussetzung zu jeder Selbsthingabe; denn das Verhältnis des Menschen zu seinem Mitmenschen gründet immer im Verhältnis des Menschen zu sich selbst. Hat einer den Weg zu sich selbst gefunden, so wird es ihm nicht schwerfallen, auch den Weg zu seinen Mitmenschen zu finden. Damit also ein Mensch liebesfähig werden kann, muß ihm jener Freiheitsraum gewährt werden, der es ihm ermöglicht, zu sich selbst zu kommen. Aus diesem Grund sagt ein Schriftwort nicht einfach: „Liebe deinen Nächsten!“, sondern: „Liebe deinen Nächsten wie dich selbst!“ Wer sich selbst nicht liebt, wird auch nicht seinen Nächsten lieben können.

Und siehe, ein Gesetzeslehrer trat auf, um ihn auf die Probe zu stellen, und sagte: „Meister, was muß ich tun, um das ewige Leben zu erlangen?“ Er aber sprach zu ihm: „Was steht im Gesetz geschrieben? Wie liest du?“ Jener antwortete: „Du sollst den Herrn, deinen Gott, lieben mit deinem ganzen Herzen und mit deiner ganzen Seele und mit deiner ganzen Kraft und mit deinem ganzen Denken, und deinen Nächsten wie dich selbst.“ Da sprach er zu ihm: „Du hast recht geantwortet. Tu das, und du wirst leben.“
Lukas 10,25–28

36 Nur die Unentschiedenheit macht den Menschen müde

St. Zweig: Die Flucht zu Gott
Joh 19,12–18

Ein Vierteljahrhundert schwankte der russische Schriftsteller Leo Tolstoi (1828–1910) zwischen seiner strengen Lehre und seinem konkreten Leben hin und her. Literarischen Ausdruck fand diese innere Auseinandersetzung in seiner unvollendet gebliebenen dramatischen Selbstbiographie, die später unter dem Titel „Und das Licht scheint in der Finsternis“ veröffentlicht wurde, obwohl sie bereits zwanzig Jahre vor seinem Tod geschrieben wurde. Den fehlenden letzten Akt hat Tolstoi auch später nicht mehr geschrieben; aber er hat ihn gelebt. Den Widerspruch zwischen Lehre und Leben nicht mehr aushaltend, floh er schließlich nach einigen heftigen Auseinandersetzungen bei Nacht und Nebel aus Besitz und Familie, um als 82jähriger in der Einsamkeit streng und nach den aufgestellten Grundsätzen zu leben. Doch da ereilte ihn im Bahnhof von Astapowo der Tod.

Diesen letzten Akt hat Stefan Zweig mit historischer Treue in Szene gesetzt. Zu Beginn der zweiten Szene sagt der Sekretär zu Tolstoi: „Sie sollten sich heute früh niederlegen, Leo Nikolajewitsch, Sie müssen müde sein nach dem langen Ritt und den Aufregungen.“ Doch Tolstoi erwidert ihm: „Nein, gar nicht müde bin ich. Müde macht den Menschen nur eines: Schwanken und Unsichersein. Jede Tat befreit, selbst die schlechte ist besser als Nichttun“ (142). Als Tolstoi im Bahnhof von Astapowo gestorben war, erklärt sein Hausarzt und Freund dem Bahnhofsvorsteher: „Dieser Tod erst erfüllt und heiligt sein Leben (...) Beklagen Sie ihn nicht, Sie lieber, guter Mann, ein mattes und niederes Schicksal wäre seiner Größe nicht gemäß gewesen. Hätte er nicht an uns Menschen gelitten, nie wäre Leo Tolstoi geworden, der er heute der Menschheit ist.“

Vgl. Stefan Zweig, Flucht zu Gott, in: Sternstunden der Menschheit, Fischer Taschenbuch Verlag, Nr. 595, Frankfurt a. M. 1979, S. 130–156; dazu: Leo N. Tolstoi, Dramen, rowohlts klassiker, Nr. 203/204, S. 115–177.

Leo Tolstoi, weit über die Grenzen seines Landes und seiner Zeit berühmt geworden, ist eine der rätselhaftesten Gestalten der Weltliteratur. Doch darauf soll hier nicht eingegangen werden. Vielmehr wollen wir ins Auge fassen, was uns selbst aufgrund der gegebenen Schilderung vom Hin- und Herschwanken des russischen Schriftstellers betroffen machen kann. Es ist die Frage nach der Entschiedenheit unseres eigenen Willens. Daß es dabei für einen gläubigen Christen nicht um etwas Nebensächliches geht, zeigt sich, sobald wir auf die Verkündigung Jesu wirklich zu hören beginnen. Dann wird uns unmittelbar bewußt, daß Jesus immer wieder den Willen des Menschen anspricht oder ihn auf seine Entschiedenheit hin prüft; denn für Jesus ist nicht der Verstand, sondern der Wille das Entscheidende im menschlichen Leben. Wo immer ein Mensch sich entschieden Jesus zuwendet, da wird ihm geholfen, da öffnet sich ihm der Weg zum Heil. Er bekommt neue Augen und lebt in einer anderen Welt; er lebt in der Welt Gottes, in die ihn Jesus hineingeführt hat. Das sei an einigen biblischen Beispielen verdeutlicht.

Ich denke an den römischen Hauptmann von Kafarnaum (Mt 8,5–13). Obwohl dieser Mann im Neuen Testament nur kurz auftritt, gehört er zu den leuchtendsten und anziehendsten Gestalten der Evangelien. Das Merkwürdige und Ungewöhnliche an diesem Mann ist zunächst sein Verhalten gegenüber seinem Diener. Obwohl dieser wahrscheinlich nur ein Sklave war, zeigte der Hauptmann sich entschlossen, ganz für ihn dazusein. Man spürt seine Anteilnahme und Sorge aus dem heraus, was er Jesus sagte: „Herr, mein Diener liegt gelähmt zu Hause und hat große Schmerzen." Offensichtlich war es diese Liebe, weshalb ihm Jesus – allen Reinheitsvorschriften entgegen – antwortete: „Ich will kommen und ihn gesund machen." Doch der Hauptmann war nicht nur ungewöhnlich in seiner Liebe seinem Diener, sondern auch in seinem Glauben Jesus gegenüber. Auf die Kraft von Jesu Wort vertrauend, erwiderte er ihm: „Herr, ich bin nicht wert, daß du mein Haus betrittst; sprich nur ein Wort, und mein Diener wird gesund. Auch ich muß Befehlen gehorchen und habe Soldaten unter mir; sage ich nun zu einem: Geh!, so geht er, und zu einem andern: Komm!, so kommt er, und zu meinem Diener: Tu das!, so tut er es." Als Jesus diesen Glauben sah, war er erstaunt und sagte ihm: „Geh! Es soll geschehen, wie du geglaubt hast." Der einzige Kommentar, den der Evangelist dazu gibt, lautet: „Und in derselben Stunde wurde der Diener gesund." So schenkte Jesus diesem Mann, dessen Grundhaltung die Entschiedenheit war, wegen seiner glaubenden Liebe die Erfüllung seiner Bitte und wegen seines liebenden Glaubens die Gemeinschaft des Königreiches Gottes.

Eine ganz andere Situation finden wir vor, als Jesus am Ende seines öffentlichen Wirkens über Jerusalem die folgenden Worte sprach. Aus ihnen spürt man den ganzen Schmerz zurückgewiesener Liebe heraus: „Jerusalem, Jerusalem, du tötest die Propheten und steinigst die Boten, die zu dir gesandt werden. Wie oft wollte ich deine Kinder um mich sammeln, so wie eine Henne ihre Jungen unter ihre Flügel sammelt; aber *ihr habt nicht gewollt*. Darum wird euer Haus euch selbst überlassen. Denn ich sage euch: Von jetzt an werdet ihr mich nicht mehr sehen, bis ihr ruft: Gepriesen sei er, er kommt im Namen des Herrn" (Mt 23,37–39). Diese Aussagen machen zunächst darauf aufmerksam, daß die Evangelien das Leben Jesu nur bruchstückhaft darstellen; denn die Evangelisten Matthäus, Markus und Lukas erwähnen nie, daß Jesus in der Zeit seines öffentlichen Wirkens auch schon vor dem letzten Paschafest in Jerusalem war. Daß dies der Wirklichkeit nicht entspricht, weisen jene Worte Jesu aus. Ihnen zufolge mußte Jesus dort mehrmals an den guten Willen der dortigen Menschen appelliert haben. Daher sein tiefer Schmerz angesichts dieser Stadt, die sich auf Gottes grenzenlose und geduldige Liebe nicht einlassen wollte. Wo so etwas geschieht, da ruiniert sich der Mensch selbst. Nur wenige Jahrzehnte später, im Jahr 70 n. Chr., war Jerusalem eine wirklich ruinierte Stadt.

In den Evangelien gibt es aber noch eine dritte Situation, die im Zwischenbereich der eben skizzierten liegt. In ihren Tiefen spielt sich etwas ab, was man bei einer nur oberflächlichen Betrachtung nicht in den Blick bekommen kann. Von dieser Situation erzählt der Evangelist Johannes (5,1-9). Es geht um einen Mann, der bereits achtunddreißig Jahre an der Heilquelle in Betesda lag und keine Gelegenheit fand hineinzusteigen. Angeblich stießen ihn die anderen immer auf die Seite. (Die Schuld liegt wieder einmal bei den anderen.) Als Jesus ihn dort liegen sah und erkannte, daß er schon lange krank war, fragte er ihn: „Willst du gesund werden?" Der Kranke antwortete ihm: „Herr, ich habe keinen, der mich in den Teich trägt, sobald das Wasser in Bewegung gerät. Während ich hingehe, steigt schon ein anderer vor mir hinab." Da sagte Jesus zu ihm: „Steh auf, nimm deine Matte und geh!" Sofort wurde der Mann gesund, er nahm seine Matte und ging umher. Aber dieser Tag war ein Sabbat.

Was war das für ein Mann, dieser Gelähmte? Sollte sich in all den Jahren wirklich niemand gefunden haben, um ihm behilflich zu sein? Unsere Antwort lautet: Obwohl er so lange dort an der Heilquelle lag, wollte er nicht gesund werden. Offensichtlich war er ganz zufrieden, am Boden zu liegen; denn inzwischen hatte er sich in diesem Zustand eingerichtet. Wäre er wieder auf die Beine gekommen, so hätte er die Arbeit und Mühe des Lebens auf sich nehmen müssen. Das aber wollte er nicht. Hinzu kommt, daß ihn seine Willenlosigkeit inzwischen müde gemacht hatte. Deshalb dachte er nicht daran, aufzustehen. Da fiel das Auge Jesu auf ihn und durchschaute seine geheimen Absichten. Energisch fragte er ihn: „Willst du (wirklich) gesund werden?"

Die Tiefenpsychologin Hanna Wolff hat hierzu eine Interpretation geschrieben, die uns nachdenklich macht.[1] In der Frage Jesu: „Willst du gesund werden?" sieht sie „die Kardinalfrage einer jeden Therapie" (17). Weil Menschen sich leicht in ihrem Gebrechen heimisch fühlen können, sei ein mächtiger Anstoß notwendig. Ohne diesen könne eine Wende nicht herbeigeführt werden. Aus diesem Grund wende sich Jesus fortwährend mit Energie und Entschiedenheit an den „Wandlungswillen des Menschen". Sein starker Appell an den „Wandlungswillen des Menschen" durchziehe seine ganze Verkündigung, wie sie uns durch das Neue Testament übermittelt worden ist. „Jedenfalls, Jesu Anspruch an den Wandlungswillen des Menschen: ‚Willst du gesund werden?' erfordert ein eindeutiges Ja! als Antwort. In der Analyse ist es genau so. Auch sie will den Menschen letztendlich in die Wahrheit seiner selbst, in die Wandlung führen (...) ‚Willst du gesund werden?' In diese Frage könnte man alles zusammenfassen, was Jesus gesagt und getan hat, vorausgesetzt, man versteht sie in ihrem gemeinten Tiefenbezug" (31f.).

Da sich der Gelähmte trotz seiner Ausrede durch den Anspruch Jesu zur wirklichen Wandlung aufrufen ließ, sprach ihm Jesus das heilende Wort zu: „Steh auf, nimm deine Matte und geh!" Der Gelähmte hätte darauf antworten können: „Achtunddreißig Jahre hat mich die Matte getragen; wie soll ich jetzt auf einmal die Matte tragen?" Aber so sagte er nicht. Vielmehr stand er auf, nahm seine Matte und ging. Wir müssen also aus unserem unguten Zustand – wie dieser auch immer aussehen mag – wirklich herauskommen wollen; dann wirken unser Wille und die Kraft von Gottes Wort zusammen.

Kehren wir nach diesen Erwägungen zu Leo Tolstoi zurück, der sich als „ein Beispiel menschlicher Schwäche" empfand. Er wollte aus seinem zwiespältigen Zustand heraus und wollte es doch wieder nicht. Was lähmte seinen Willen; was hielt ihn in der Gefangenschaft; was hinderte ihn daran, dem zu folgen, was er als richtig und notwendig erkannt hatte? In dem von St. Zweig geschriebenen letzten Akt erhebt ein Student dem Dichter gegenüber folgenden Vorwurf: „Nun, wenn es so gut ist und wohltätig, zu leiden, Leo Tolstoi, nun – warum leiden Sie dann nicht selbst? Warum rühmen Sie immer die Märtyrerschaft bei den anderen und sitzen selbst warm im eigenen Haus und essen auf silbernem Geschirr, während Ihre Bauern – ich hab' es gesehen – in Lappen gehen und halb verhungert in den Hütten frieren? (...) Warum verlassen Sie nicht endlich dieses gräfliche Haus und gehen auf die Straße, selber in Wind und Frost und Regen die angeblich so köstliche Armut zu kennen? Warum reden Sie nur immer, statt selbst nach ihrer Lehre zu handeln, warum geben Sie selbst nicht endlich ein Beispiel? (...) Wären Sie an unsere Spitze getreten, so hätte Ihr Beispiel Millionen gewonnen." Als der Sekretär Tolstois diesen Studenten erbittert zurückweisen will, schiebt ihn Tolstoi sanft zur Seite und sagt: „Lassen Sie doch! Die Frage, die dieser junge Mann an mein Gewissen gerichtet hat, war gut (...) Ich will mich bemühen, sie aufrichtig zu beantworten. Sie fragen mich, warum ich nicht das Leiden auf mich nehme, gemäß meiner Lehre und meinen Worten? (...) Wenn ich bislang meiner heiligsten Pflicht mich entzogen habe, so war es ... so war es ... weil ich ... zu feige, zu schwach oder zu unaufrichtig bin, ein niederer, nichtiger, sündiger Mensch ..., weil mir Gott bis zum heutigen Tage noch nicht die Kraft verliehen hat, das Unaufschiebbare endlich zu tun. Furchtbar reden Sie, junger, fremder Mensch, in mein Gewissen. Ich weiß, nicht den tausendsten Teil dessen habe ich getan, was not tut, ich gestehe in Scham, daß es längst schon, längst meine Pflicht gewesen wäre, den Luxus dieses Hauses und die erbärmliche Art meines Lebens, das ich als Sünde empfinde, zu verlassen und, ganz wie Sie es sagen, als Pilger auf den Straßen zu gehen, und ich weiß keine Antwort, als daß ich mich schäme in tiefster Seele und mich beuge über meine eigene Erbärmlichkeit." Da bittet ihn der Student um Verzeihung, weil er in seinem Eifer persönlich geworden sei. Doch Tolstoi erwidert ihm: „Nein, nein, im Gegenteil, ich danke Ihnen! Wer an unser Gewissen rüttelt, und sei es mit den Fäusten, hat wohl an uns getan (...) Es tut not, daß ich endlich mich aufraffe aus meiner Schwäche und eintrete für mein Wort! Zwei Schritte vom Tod und immer zögere ich noch!" Wenig später fügt er hinzu: „Wie sagte dieser Student heute, dieser wahre, aufrichtige Mensch? Eine Tat verlangt die Welt von mir, endlich Ehrlichkeit, eine klare, reine und eindeutige Entscheidung (...) Alles Nichttun versteckt immer nur eine Feigheit der Seele. Klar muß man sein und wahr, und ich will es endlich werden, jetzt in meiner zwölften Stunde, im dreiundachtzigsten Jahr."[2]

Dieser Text, der uns eine Fülle von Stoff zum Nachdenken anbietet, bringt weitere Gründe menschlicher Willensschwäche ans Licht; Gründe also, die uns daran hindern, unser Leben mit unserer Gewissens- und Glaubensüberzeugung in Übereinstimmung zu bringen. Es sind nicht nur – wie bereits erwähnt – Gewöhnung an einen unguten Zustand, Bequemlichkeit und Müdigkeit; hinzu kommen Feigheit, Unaufrichtigkeit und das niedrige, nichtige und sündige Niveau unseres Lebens. Ob der Hinweis, daß „mir Gott bis zum heutigen Tage noch nicht die Kraft verliehen hat, das Unaufschiebbare endlich zu tun", nicht wieder eine Spielart ist, die Schuld auf einen anderen, diesmal auf Gott, abzuschieben? Wie sollte Gott von uns etwas Unaufschiebbares verlangen können, ohne uns die entsprechende Kraft dazu zu geben? Sie wird uns gegeben, wenn wir uns selbst nichts mehr vormachen, die wahren Ursachen aufzudecken bereit sind und so zur Selbsterkenntnis gelangen; wenn wir unseren Willen von allem Dunklen zu befreien suchen. Daß es hierauf ankommt, lesen wir in einem Brief von Paul Claudel an seinen Freund Jacques Riviére vom 4. August 1907: „Ich weiß ganz genau, daß nicht so sehr der Verstand aufgeklärt; als vielmehr der Wille gereinigt, gekräftigt und geläutert werden muß." Wo dies geschieht, da strömt Gottes Kraft in unseren Willen ein, und wir werden an uns selbst erfahren, was der Psalmist erfahren hatte, als er schrieb: „Mit meinem Gott überspringe ich Mauern" (18,3). Das heißt: Mit Gott vermag unser Wille alle Widerstände und Hindernisse zu überwinden.

Durch das Zusammenwirken von eigenem Willen und Gottes Kraft setzte Leo Tolstoi eine Tat, die sein Leben und seinen Tod erfüllte und heiligte. Durch sie gelangte er zu seiner eigentlichen Größe. Ohne sie wäre nicht nur seine dramatische Selbstbiographie, sondern auch sein Leben nur ein Fragment geblieben. So aber wurde er für uns zum Beispiel. Wo immer der Mensch sich aufrafft, um mit seinem Leben in die Gefolgschaft seiner Gewissens- und Glaubensüberzeugung zu treten, da hört sein Leben auf, matt und niedrig zu sein, da erfüllt und heiligt es sich, da wird es zu einem Beispiel, das immer Nachfolger haben wird; denn Nachfolger hat, wer seiner eigenen Überzeugung Folge leistet. So sei uns hier nur noch die Frage gestattet: Was wäre von einem Mann wie Pontius Pilatus für sein eigenes Leben, für das Leben Jesu, wie für die ganze Welt- und Heilsgeschichte ausgegangen, hätte er sich damals seiner Überzeugung entsprechend entschieden?

Pilatus wollte Jesus freilassen, aber die Juden schrien: Wenn du ihn freiläßt, bist du kein Freund des Kaisers; jeder, der sich zum König macht, widersetzt sich dem Kaiser. Als Pilatus diese Worte hörte, ließ er Jesus herausführen; er setzte sich auf den Richterstuhl an dem Platz, der Lithostrotos, auf hebräisch Gabbata, heißt. Es war Rüsttag des Paschafestes, ungefähr um die sechste Stunde. Pilatus sagte zu den

Juden: Da, seht euren König! Sie aber schrien: fort, fort, ans Kreuz mit ihm! Pilatus aber sagte zu ihnen: Euren König soll ich kreuzigen? Die Hohenpriester antworteten: Wir haben keinen König außer dem Kaiser. Da übergab er ihnen Jesus zur Kreuzigung. Sie übernahmen Jesus; er trug sein Kreuz und ging hinaus zu dem Platz, der Schädel genannt wird; auf hebräisch heißt er Golgota. Dort kreuzigten sie ihn und mit ihm zwei andere, auf jeder Seite einen, in der Mitte Jesus.
Johannes 19,12–18

37 Triebsteuerung und Triebverzicht

Eine japanische Anekdote
2 Tim 4,1–8

Ein Kunstkenner besuchte einmal einen japanischen Kunsthändler. Dieser zeigte ihm ein herrliches Kakemono (ein auf Seide gemaltes Rollbild). Der Besucher war davon so beeindruckt, daß er versunken davor saß. Dann aber wurde er unruhig und wartete in der Hoffnung, der Händler würde ihm noch weitere Bilder zeigen. Der Händler bemerkte seine Ungeduld. Deshalb fragte er ihn: „Ist es nicht schön?" „O ja", erwiderte ihm der andere, „aber ich würde gern noch weitere Kakemonos sehen!" „Sind Sie denn tatsächlich noch in der Lage, nach einem solchen Erlebnis weitere Kakemonos zu betrachten?" fragte ihn der Kunsthändler erstaunt.

Vgl. Wladimir Lindenberg, Jenseits der Fünfzig, Ernst Reinhardt Verlag, München–Basel 1971, S. 133.

So natürlich uns vielleicht das Verhalten des Kunstkenners erscheint, so sehr befremdet uns wahrscheinlich die abweisende Bemerkung des Kunsthändlers. Der Kunstkenner war in das Bild versunken und fand Gefallen daran. Daher reizte es ihn, weitere zu sehen. Wem von uns wäre es nicht genauso ergangen? Waren wir von irgend etwas beeindruckt, so schauten sicherlich auch wir begierig nach Weiterem aus. Was ist daran zu beanstanden? – Achten wir aber einmal auf jene Kräfte, die bei diesem inneren Vorgang in uns lebendig werden. In der Regel nehmen wir ja davon keine Notiz. Der Kunstkenner war voll innerer Unruhe und Ungeduld. Woraus erwuchsen seine Unruhe und Ungeduld? Aus einer versteckten Gier, die immer von der Angst durchsetzt ist, nicht genug zu bekommen. Gier ist ein spontan triebhafter Impuls, der ein übermäßiges Begehren entfacht. Hier steuert nicht der Mensch den Trieb, sondern der Trieb den Menschen, worauf letztlich alle innere Unordnung und Unfreiheit beruhen.

Um den Menschen vor dieser inneren Not zu bewahren, beziehungsweise von ihr zu befreien, weist man seit ein paar Jahrtausenden auf eine wichtige sittliche Grundhaltung hin. Wir meinen hier die Tugend von Zucht und Maß. Neben der Klugheit, der Gerechtigkeit und Tapferkeit gehört die Tugend von Zucht und Maß zu den vier „Kardinaltugenden", die gleichsam die vier Angeln sind, in denen sich das Tor dreht, welches den Weg zum wirklichen Leben öffnet. Die Einübung von Zucht und Maß befähigt den Menschen, in sich selbst Ordnung zu schaffen. Dadurch gelangt er zur inneren Ruhe. „Gemeint ist die den innersten Raum des Menschenwesens erfüllende Ruhe, die das Siegel und die Frucht der Ordnung ist."[1] Übersehen wir aber nicht, daß gerade die Lebenskräfte, die den Aufbau der reifen Persönlichkeit bewirken, den Menschen zerstören können, wenn sie in den Genuß des selbstsüchtigen und gierigen Ich gestellt werden. Unter diesem Gesichtspunkt können wir sagen: Die Tugend von Zucht und Maß befähigt den Menschen zu Triebsteuerung und Triebverzicht, damit aus dem triebhaften Es das personale Ich werde. Was ist damit gesagt?

Für ein Kind ist es ein Entwicklungsgesetz, daß es von Triebimpulsen und Triebreizen gesteuert wird. Sein Verhalten ist noch unmittelbar triebbestimmt und zielt auf eine unmittelbare Trieberfüllung, um eine rasche Beglückung zu erlangen. So will ein Kind beispielsweise ohne Aufschub haben, was es sieht. Was für das kindliche Verhalten entwicklungsbedingt ist, zeugt beim Erwachsenen von Unreife, von Infantilität. Von ihm erwartet man, daß er kraft seiner Vernunft oder auch kraft seines Glaubens seine Triebbedürfnisse, seine Willkürregungen und Einfälle hinsichtlich ihrer Angemessenheit kontrolliert. Wir erinnern uns in diesem Zusammenhang an ein Wort von Georg Bernanos. In seinem „Tagebuch eines Landpfarrers" heißt es an einer Stelle: „Wenn du im Vorübergehen eine Wahrheit antriffst, sieh sie dir genau an, so daß du sie wiedererkennen kannst, erwarte aber nicht, daß sie dir zublinzelt. Die Wahrheiten des Evangeliums blinzeln nie. Mit den anderen Wahrheiten, bei denen man nie genau weiß, wo sie sich herumgetrieben haben, ehe sie bis zu einem gekommen sind – mit ihnen sich zu unterhalten, ist gefährlich."[2]

Triebbewältigung bewirkt eine Ich-Stärkung. Sie läßt den Menschen in seiner Wesensmitte Wurzeln fassen und macht ihn auf diese Weise innerlich frei und unabhängig. Man denke hier an Sokrates. Von ihm erzählt die Anekdote: „Sooft Sokrates über den Markt ging, pflegte er beim Anblick der Waren, die dort in Hülle und Fülle feilgeboten wurden, auszurufen: ‚Wie zahlreich sind doch die Dinge, deren ich nicht bedarf!'“[3] Wer möchte daran zweifeln, daß das Glück, das solche Triebbewältigung gewährt, tiefer und deshalb auch dauerhafter ist als jenes Glück, das der unmittelbaren Triebbefriedigung entspringt? All dies bedeutet selbstverständlich nicht, „daß sich der Mensch von seinen Triebbedürfnissen völlig lösen kann und soll, wohl aber, daß er sich aus seiner unmittelbaren Triebverhaftung lösen muß.“[4]

Die Loslösung aus der unmittelbaren Triebverhaftung schafft eine vorbehaltlose Geöffnetheit. Ohne sie ist keine wirkliche Aufnahme und Hingabe möglich und jedes Tiefenerlebnis bleibt aus. „Sind Sie denn tatsächlich noch in der Lage, nach einem solchen Erlebnis weitere Kakemonos zu betrachten?“ hatte der Kunsthändler den Besucher gefragt. Wäre es bei diesem tatsächlich zu einem Tiefenerlebnis gekommen, dann wäre er sicherlich nicht in der Lage gewesen, weitere Kakemonos zu betrachten. Aber nicht nur das. Er wäre auch mit dem ihm gezeigten Bild nicht so schnell fertig gewesen. Hier stellt sich uns die Frage: Warum sind wir heute mit allem und jedem so schnell fertig: mit den Dingen, die wir uns angeschafft haben; mit der Arbeit, die uns aufgetragen ist; mit den Erfahrungen und Erlebnissen, die wir machen durften; mit den Menschen, die zu uns kommen; mit Gott, der uns in den Situationen des Lebens beansprucht? Schnelligkeit und Oberflächlichkeit gehören nicht selten zusammen und verhindern eine tiefere Aneignung, aus der allein das wahre Glück erwächst.

Vor allem der Hinweis auf Sokrates zeigt uns, daß es keine Triebbewältigung ohne Triebverzicht gibt. Triebverzicht kann schmerzhaft sein und bedeutet besonders im Anfangsstadium immer wieder einen inneren Kampf. Die Triebspannung muß ausgehalten und durchgestanden werden. Wir müssen lernen, immer wieder auch einmal ein entschiedenes Nein zu sagen. So ist das menschliche Leben auch unter diesem Gesichtspunkt ein fortwährender Lernprozeß. Damit dürften sich nun jene Fragen beantwortet haben, die sich gerade heute stellen, da wir uns nahezu jeden Wunsch erfüllen können: Warum sollen wir nicht nehmen, was wir kriegen können? Warum sollen wir uns selbst immer wieder Grenzen setzen und uns das Leben noch schwerer machen, als es ohnehin schon ist? Vielleicht wäre das Leben für uns viel leichter und erträglicher, wenn wir durch das Einüben des Triebverzichts gelernt hätten, ein klein wenig anspruchsloser zu sein. Menschen, die in ihren Triebansprüchen unersättlich sind, machen aber nicht nur sich selbst, sondern auch ihrer Umwelt das Leben schwer.

Rücksichtslos und unnachgiebig verfolgen sie ihre Wünsche und üben auf andere einen kolossalen Druck aus. Es ist genau der Druck, unter dem sie selbst in Form eines psychischen Zwanges zu leiden haben. Solche Menschen haben nicht den Weg zu ihrem wahren Ich gefunden. Deshalb bleibt ihnen auch der Zugang zum Du verschlossen.

Aber noch etwas anderes muß hervorgehoben werden. Es fällt nämlich auf, daß Menschen, die nicht auf ihre Triebansprüche verzichten können, in den Härtefällen des Lebens oft die notwendige Widerstandskraft fehlt und den Kopf deshalb verlieren können, weil sie ihn zuvor nur selten oder überhaupt nicht gebraucht haben. Um hier deutlicher zu sehen, wollen wir einen Begriff der Psychologie erwägen. Wir meinen die Rede vom sogenannten „Triebspannungsbogen". Dieser bezeichnet den zeitlichen Abstand zwischen Triebreiz und Trieberfüllung. Greifen wir noch einmal auf das Kind zurück. Das Kind hat noch einen kleinen Spannungsbogen. Der zeitliche Abstand zwischen Triebreiz und Triebbefriedigung ist sehr kurz. Aus diesem Grund ist die Belastbarkeit und das Durchstehvermögen des Kindes sehr begrenzt. Widerfährt ihm etwas, erleidet es irgendeinen Schmerz, dann schreit es sofort um Hilfe. Ein Erwachsener mit einem kurzen Spannungsbogen wird in einer schweren Belastungsprobe mit seiner Kraft bald am Ende sein. Berücksichtigen wir, daß unsere reizüberflutete Welt nicht gerade die günstigste Voraussetzung bietet, um den Spannungsbogen zu weiten und zu stärken, so können wir verstehen, warum viele Menschen restlos kapitulieren, wenn sie durch den Lauf der Dinge unvorhergesehen in einen Engpaß geraten. Daher erweisen auch Eltern ihren Kindern keinen Dienst, wenn sie ihnen alle Wünsche erfüllen, möglicherweise nur, um ihre Ruhe zu haben, weil auch ihr Spannungsbogen schwach ist. „Das Anziehen des Spannungsbogens gibt dem Menschen allein die ungeheure Kraft, das eigenartige Bewußtsein, daß es fast nichts Menschenunmögliches gibt."[5]

Wir brauchen sicherlich nicht auszuführen, welche Bedeutung ein lebendiger Glaube zur Stärkung des Spannungsbogens hat. Es genügen die Worte, die der Apostel Paulus nach vielen Prüfungen und Härten seinem Freund und Schüler Timotheus geschrieben hat. Durch Glaube, Hoffnung und Liebe stärkt und kräftigt Gott selbst den Spannungsbogen in uns. So verfügt er über eine göttliche Spannkraft, die den Pfeil unseres Lebens in das Ziel trägt, auf das wir hingeschaffen worden sind.

Ich beschwöre dich im Angesicht Gottes und Christi Jesu, der einmal Lebende und Tote richten wird, bei seinem Erscheinen und seinem Reich: Verkünde das Wort, sei zur Stelle – gelegen und ungelegen –, rede ins Gewissen, ermahne mit aller Geduld und Belehrung. Denn es wird eine Zeit kommen, in der die Menschen die gesunde Lehre nicht ertragen, sondern sich nach eigenen Gelüsten Lehrer zusammensuchen, weil sie nach Ohrenkitzel verlangen. Sie werden ihr Ohr von der Wahrheit abwenden und sich Fabeleien zuwenden. Du aber sei in allem besonnen, halte aus im Leiden, vollbringe das Werk eines Verkünders des Evangeliums, gehe ganz auf in deinem Dienst. Was mich betritt: schon bin ich soweit, geopfert zu werden und dieses Leben zu verlassen. Ich habe den guten Kampf gekämpft, ich habe den Lauf vollendet und den Glauben bewahrt. Nun liegt für mich der Siegeskranz der Gerechtigkeit bereit. Der Herr, der gerechte Richter, wird ihn mir an jenem Tag überreichen, aber nicht mir allein, sondern allen, die seinem Erscheinen mit Liebe entgegengehen.
2 Timotheus 4,1–8

38 Der Neid ist allgegenwärtig

J. Steinbeck: Die Perle
1 Sam 18,5–9

John Steinbeck (geb. 1902), der Dichter eines urwüchsigen Stils der einfachen Leute, schreibt zu Beginn seines Romans „Die Perle": „Wenn diese Geschichte ein Gleichnis ist, dann wird vielleicht jeder sie nach seiner Art auslegen, und jeder wird sein eigenes Leben in ihr wiederfinden. Aber wie dem auch sei, die Leute in der Stadt erzählen ..." Was erzählen sie?

In der mexikanischen Stadt La Paz wurde eines Tages bekannt, daß der Perlenfischer Keno im nahegelegenen Golf eine außergewöhnliche Perle gefunden hatte. Weil er und seine Frau über diesen Fund sehr glücklich waren, dachten sie, jeder müßte ihre Freude mit ihnen teilen. Noch erahnten sie nicht, daß die Nachricht von ihrem Glück in vielen das Böse groß werden ließ. Erst nach und nach kam ihnen zu Bewußtsein, daß sie in einer neuen Welt lebten, die kalt und einsam war. Daher wurde Keno von seiner Frau bedrängt, die Perle wegzuwerfen: „Sie wird uns ins Verderben stürzen." Doch Keno hatte bereits Pläne für die Zukunft gefaßt.

In der Stadt saßen die Perlenkäufer in kleinen Büros. In Wirklichkeit waren sie nur die Angestellten eines einzigen Händlers, der auf diese Weise den Anschein der Konkurrenz wecken wollte. Als er von der außergewöhnlichen Perle hörte, da zuckten seine Augen und juckten seine Finger. Er unterrichtete seine Leute, welchen Preis sie bieten sollten und welche Taktik jeder von ihnen einzuschlagen hätte. Keno brauchte nicht lange, um herauszufinden, daß man ihn in diesen Büros betrügen wollte. Entschlossen erklärte er: „Ich verkaufe meine Perle nicht hier. Ich werde sie anderswo anbieten. Vielleicht in der Hauptstadt."

Doch die Perlenkäufer ließen ihn nicht bis dorthin kommen. Sie verfolgten ihn und setzten ihm so zu, daß er schließlich keine andere Möglichkeit mehr sah, als die Perle mit aller Kraft in das Meer zurückzuschleudern. So endete „die Parabel von der kostbaren Perle und dem Glück, zu dem die Menschen noch nicht bereit sind ..."

Vgl. John Steinbeck, Die Perle, Roman, Ullstein-Bücher, Nr. 3292, Frankfurt a.M.-Berlin-Wien 1976.

Die Augen eines Menschen sind so geräumig, daß ein großer Zoo in ihnen Platz finden könnte. Auf diesen Gedanken kann man kommen, wenn man in einer Erzählung von Stefan Andres (1906–1970) folgendes Wort liest: „Vielerlei Tiere sind in der Menschen Augen wie in den Käfigen der Tierzwinger; da geht es mannigfaltig um von Gier, List, Trägheit und Blutrausch, meist jedoch ungefährlich und durch Sitte und Angst vergittert."[1] Zu diesen Tieren, die im Zwinger unserer Augen umhergehen, gehört auch der Neid. Sein Alter reicht bis zu den Uranfängen der Menschheitsgeschichte. Die Bibel erzählt von ihm auf ihren ersten Seiten in der Geschichte von Kain und Abel (Gen 4,1–10). Der griechische Tragödiendichter Euripides (480–406 v. Chr.) hat ihn einmal „die schlimmste aller menschlichen Krankheiten" genannt. Und die kirchliche Moraltheologie zählt ihn zu den sieben Hauptsünden des Menschen.

Kennen wir diese Untugend aus eigener Erfahrung? Um darauf antworten zu können, ist es gut, sich einmal bewußt zu machen, wie sehr eine Familie, eine Verwandtschaft, eine Gemeinschaft oder eine kleine Stadt den einzelnen bewußt oder unbewußt beobachtet. Sagen wir es anders: Solange wir ein gewöhnliches Leben führen, uns von anderen nicht wesentlich unterscheiden, nichts Besonderes unternehmen, die anderen im Frieden und in der Gleichmäßigkeit ihres Tagesablaufes nicht gefährden, wird man von uns wenig Notiz nehmen; wir gehen in der Allgemeinheit unter. Sobald wir aber über das übliche Maß hinausgehen und den gewohnten Rhythmus in irgendeiner Weise stören, beginnen die Augen des einen oder anderen scharf zu werden, und Alarm durchjagt die Bahnen seines Nervensystems.[2] Und dies um so heftiger, je deutlicher Eigenschaften oder Dinge sichtbar werden, die ihm selbst nicht gegeben sind und an die er auch nicht herankommen vermag. Was aber kann das nicht alles sein! Äußere Erscheinungsweise, berufliche Stellung, Einkommen, gesunde Kinder, Begabungen, das, was man sich leisten kann, und vieles andere mehr können Perlen sein, die das neidische Auge reizen.

Da das neidische Auge beim anderen bemerkt, was dem eigenen Dasein nicht vergönnt ist, ist Neid immer Ausdruck von Minderwertigkeitsgefühlen. Von dieser Art Gefühlen weiß der seelisch gesunde und ausgeglichene Mensch wenig. Sind wir solche Menschen? Wenn ja, dann suchen wir zu erreichen, was uns möglich ist; zugleich werden wir uns in unsere Grenzen fügen, um in innerer Freiheit auf das zu verzichten, was jenseits unserer Möglichkeiten liegt.

Wen wundert es nun, daß das neidische Auge nicht in der Lage ist, richtig zu urteilen? Es wird „an anderen kein gutes Haar lassen, ihre Vorzüge schlecht machen, sie entwerten, um sie dadurch zu verkleinern und sich selbst schadlos zu halten für das Entbehrte und für das Zu-kurz-gekommen-Sein".[3] Dabei sieht es geringfügige Angriffspunkte wie durch ein Vergrößerungsglas, so daß auf einmal eine Mücke in der Größenordnung eines Elefanten erscheint. Professor Helmut Schoeck, Ordinarius für Soziologie an der Universität Mainz, hat in seinem Buch „Der Neid und die Gesellschaft" eine Anzahl von Sprichworten zusammengestellt, die diesen „Übertreibungsmechanismus" verdeutlichen: „Neid macht aus niedern Halmen hohe Palmen. – Der Ginsterstrauch wächst in den Augen des Neides zu einem Palmenwald aus. – Im Russischen heißt es: Neid sieht einen Wacholderstrauch für einen Tannenwald an. – In einem neidischen Auge wächst der Pilz zur Palme aus."[4]

Von Kain heißt es: „Sein Blick senkte sich" (Gen 4,5). Immer geht der Blick des neidischen Auges nach unten, weshalb man sich auch einen Neider nicht mit einem strahlenden Gesicht vorstellen kann. Sein Blick senkt sich nicht zuletzt, weil es ihm darauf ankommt, den anderen dorthin zurückzuholen, wo er selber steht. Daher befriedigt das Auge des Neiders nichts so sehr wie die Erniedrigung und Demütigung des anderen. Ein Fischer fand hierfür ein anschauliches Gleichnis: „Für Krebskörbe braucht man keinen Deckel. Immer wenn sich eines der Tiere anschickt, die Innenwand des Korbes zu erklimmen, holen die anderen es sofort wieder herunter. Manche Menschen machen es ähnlich."

Was den Neid reizt, ist also die Ungleichheit unter den Menschen. Der Neider will die Gleichheit aller, damit der Anlaß zum Neid verschwindet. Das aber war offensichtlich nicht die Absicht Jesu. In seiner Verkündigung spornte er vielmehr den Menschen an, die ihm geschenkten Talente zur Ehre Gottes und zum Wohl des Mitmenschen voll zu entfalten. Wie im Himmel so gibt es auch auf Erden „viele Wohnungen" (Joh 14,2). Jesus lehrte also keineswegs die Abschaffung der Ungleichheit, sondern die Überwindung des Neides. Zum Nachdenken lädt hier das Wort eines mit der katholischen Theologie sehr vertrauten Autors ein: „Auf Erden sind wir ungleich, im Fegefeuer sind wir ungleich, im Himmel sind wir ungleich. Vielleicht sind wir in der Hölle gleich – und dort gehört die Gleichheit hin."[5]

Der die Gleichheit verzweifelt anstrebende Neid kann deshalb bereits zur Hölle auf Erden werden, und das vor allem im Herzen des Neiders selbst. Auch hiervon weiß die Weisheit der Sprichworte: „Der Neid ist sein eigen Schindmesser. – Der neid ist sein selbs leyd. – Der Neid mag nichts essen, außer sein Herz. – Der Neid neidet sich selbst. – Neid bringt dem Neider Leid. – Neid frißt seinen eigenen Herrn. – Neid ist seine eigene Geißel. – Neid schlägt sich selbst. – Neid verbittert das Leben. – Der Neidische schadet niemand mehr als sich selbst. – Den wird der Neid noch selber auffressen."[6] Der neidische Mensch zerstört seine seelische Substanz, weil er seine Aggression vor allem auf sich selber richtet. Das ist zugleich der Grund, weshalb ein neidischer Mensch sich selbst nicht lieben kann. Stefan Andres hat diese beiden Seiten des Neides, die Fremd- und Selbstzerstörung, in seiner Erzählung „Das Grab des Neides" eindrucksvoll veranschaulicht. Schon der Titel ist bezeichnend; denn das Grab des Neides ist der Neider selbst.

Hier stellen sich zwei wichtige Fragen. *Erstens*: Wie sollten wir uns neidischen Menschen gegenüber verhalten? Wir dürfen ihre Neidgefühle nicht dadurch provozieren, daß wir einen persönlichen Erfolg in ihrer Gegenwart zur Sprache bringen, um ihnen unsere Größe und Überlegenheit vor Augen zu führen. Als beispielsweise der junge Dostojewski (1821–1881) sein Erstlingswerk „Arme Leute" veröffentlicht hatte, fand er viel Beachtung und sein Werk wurde allgemein als ein literarisches Ereignis gefeiert. Über diesen plötzlichen Ruhm verlor der junge Schriftsteller den Kopf. Da er sich von Kindheit an immer unterlegen fühlte, versuchte er in unbeherrschter Weise, sich durch diesen Erfolg voll zur Geltung zu bringen. Das Ergebnis war, daß sich nicht wenige gegen ihn wandten und der namhafte Dichter Nekrassow (1821-1878) und der Schriftsteller Turgenjew (1818–1883) eine gemeinsame Spottschrift in Versen verfaßten, in der er als „ein neuer glänzender Pickel auf der Nase der Literatur" verulkt wurde.[7] Gewiß ist es übertrieben, wenn man sagt: „Wer will sein ohne Neid, erzähle niemand seine Freud." Doch die Klugheit gebietet, darauf zu achten, wo und wie man von seiner Freude erzählt. Dabei vermittelt uns das Feingefühl der Liebe, was beim anderen Neid wecken könnte. Recht hat der römische Philosoph Seneca (4. v. Chr. – 65 n. Chr.), wenn er rät: „Dem Neid wirst du entgehen, wenn du verstehst, dich im Stillen zu freuen." Auf diese Weise tragen wir zur „Neidvermeidung" oder wenigstens zur „Neidbeschwichtigung" bei.

Zweitens: Wie können wir den Neid überwinden, wenn er in uns selbst sein Unwesen treibt? Hier sollte zunächst nicht übersehen werden, daß jeder Vorteil auch ein Nachteil sein kann. Für diesen sind wir in der Regel blind: „Neid sieht nur das Blumenbeet, aber nicht den Spaten." Darüber hinaus wäre einmal zu überdenken, ob nicht bei jedem Menschen die Summe aller Vor- und Nachteile am Ende immer gleich ist. Ein solcher Gedanke wird vor allem dem einleuchten, der an das Geheimnis von Gottes schöpferischer Gerechtigkeit glaubt. Schließlich sollte es möglich sein, sich am Vorteil des anderen aufrichtig zu erfreuen. Bei Georges Bernanos lesen wir das gute Wort: „Seine Freude in der Freude des anderen finden können: das ist das Geheimnis des Glücks." Auf diese Weise kommt das Licht des Himmels in unsere Welt; denn „im Himmel erfreut sich jeder der Erwählten des Glücks der anderen" (Thomas von Aquin). Johannes Tauler dachte ähnlich: „Wenn ich das Gute in meinem Nächsten mehr liebe als er selbst, dann gehört dieses Gute mehr mir als ihm. Wenn ich am heiligen Paulus alle Vorzüge liebe, die Gott ihm gewährt hat, dann gehört das alles mit demselben Recht wie ihm auch mir. Dank dieser Gemeinschaft vermag ich reich zu sein an all dem Guten, das es im Himmel und auf Erden gibt."

David zog ins Feld, und überall, wohin Saul ihn schickte, hatte er Erfolg, so daß Saul ihn an die Spitze seiner Krieger stellte. David war beim ganzen Volk und bei den Dienern Sauls beliebt. Als sie nach Davids Sieg über den Philister heimkehrten, zogen die Frauen aus allen Städten Israels König Saul singend und tanzend mit Handpauken, Freudenrufen und Zimbeln entgegen. Die Frauen spielten und riefen voll Freude: Saul hat Tausend erschlagen, David aber Zehntausend. Saul wurde darüber sehr zornig. Das Lied mißfiel ihm, und er sagte: David geben sie Zehntausend, mir aber geben sie nur Tausend. Jetzt fehlt ihm nur noch die Königswürde. Von diesem Tag an war Saul gegen David voll Argwohn.
1 Samuel 18,5–9

39 Da kam Eifersucht in mir auf

Ein moderner Schlager
Mk 10,46–52

Nirgendwo zeigt sich der Mensch so empfindlich und verletzbar wie in der Liebe. Davon sprechen nicht selten jene Lieder, die heute an die Stelle der Volkslieder getreten sind und die wir „Schlager" nennen. Auch der folgende Schlager bringt zum Ausdruck, wie empfindlich und verletzbar der Mensch in seiner Liebe ist.

Es gibt Millionen von Sternen,
unsre Stadt, die hat tausend Laternen.
Gut und Geld
gibt es viel auf der Welt,
aber dich
gibt's nur einmal für mich.

Es gibt tausend Lippen, die küssen,
und Pärchen, die trennen sich müssen.
Freud und Leid
gibt es zu jeder Zeit,
aber dich
gibt's nur einmal für mich.

Schon der Gedanke,
daß ich dich einmal verlieren könnt,
daß jemand anders dich einmal sein Eigen nennt,
er macht mich traurig,
weil du für mich die Erfüllung bist.
Was wär die Welt für mich ohne dich?
...

Was macht die Liebe so empfindlich und verletzbar? Es ist „schon der Gedanke, daß ich dich einmal verlieren könnt, daß jemand anders dich einmal sein Eigen nennt". Wer einen anderen wirklich liebt, der wird immer irgendwie etwas von jener Angst in sich spüren, ihn eines Tages zu verlieren. Daher ist es durchaus normal, wenn er alles abwehrt, was seine Partnerschaft ernsthaft in Gefahr bringen kann. Würde es ihm nichts ausmachen, wenn sich sein Partner mit einem anderen amüsiert, dann wäre das gewiß kein Zeichen für großzügige Toleranz, sondern ein Hinweis darauf, daß es zwischen ihnen keine intensiveren Beziehungen gibt, daß sie mehr nebeneinander als miteinander leben. Auch ist es normal, wenn sich in jene Angst, den geliebten Partner einmal zu verlieren, das Gefühl des Traurigseins hineinmischt. Eine Psychotherapeutin erzählt in diesem Zusammenhang von einem jungen Mann, der nach einjähriger Ehe zu ihr in die Praxis kam. Er war voller Traurigkeit, denn bereits nach sechs Monaten traf sich seine Frau regelmäßig mit einem Geschäftskollegen. Mit ihm ging sie zum Tanzen; auch unterhielt sie mit ihm intime Beziehungen. Das machte ihren Mann depressiv und nahm ihm immer mehr die Kraft, sich gegen diesen Zustand zu wehren. Seine Frau schickte ihn deshalb zur therapeutischen Behandlung. Diese sollte ihn so weit bringen, daß ihn die Gegebenheiten nicht mehr stören.[1] Man fragt sich hier, wer von diesen beiden in erster Linie der Behandlungsbedürftige war.

Es hat nun den Anschein, daß der Mensch unserer Tage mehr als früher unter dieser Angst, den Partner zu verlieren, zu leiden hat. Diese Angst, die so schnell zum Quellgrund für krankhafte Eifersucht werden kann, kommt nicht von ungefähr. Unsere Welt ist heute vielerorts kalt und herzlos geworden. Manch einem wird nahezu täglich neu bewußt, wie ersetzbar und bedeutungslos er ist. Daher wagen sich nicht wenige an den ersten besten, der ihnen einigermaßen geeignet erscheint, um bei ihm ein wenig Wärme und Zuneigung, Herzlichkeit und Geborgenheit zu erfahren und wenigstens einen Teil ihrer Träume mit einer gewissen Sicherheit zu erfüllen. So hofft man, den dunklen Mächten dieser anonymen Welt nicht einsam und allein ausgeliefert zu sein. Das führt aber leicht dazu, daß dieser eine Mensch zum einzigen Halt wird, an den man sich klammert, weil man in ihm – wie der Schlager sagt – die einzige Erfüllung und den einzigen Sinn in seinem Leben sieht. Hinzu kommt, daß man diesen einen Menschen für den einzigen Zufluchtsort hält, weshalb man ihn von allen anderen abzuschirmen sucht. Dem Partner werden Kontakte zu anderen untersagt, selbst wenn sie die eigene Beziehung in keiner Weise bedrohen. Aus Angst, den Partner und mit ihm das bißchen „Liebe“ zu verlieren, überwacht man ihn mit aufmerksamen Augen. Fühlt sich der eifersüchtige Mensch zurückgesetzt oder glaubt er, anderen würde mehr Aufmerksamkeit geschenkt, so kann er sehr empfindlich reagieren. Schon geringfügige Andeutungen genügen oft, um sehr unliebsame

Szenen heraufzubeschwören. In all diesen Verhaltensweisen offenbart der Eifersüchtige eine Menge von sich selbst. Er erweist sich als ein seelisch schwacher und unsicherer Mensch, dem es an Selbstachtung und Selbstvertrauen mangelt. Er besitzt ein geringes Selbstwertgefühl.

Diese wenigen Hinweise helfen uns, den eifersüchtigen Menschen auch in der ihm eigenen Herrschsucht zu verstehen. Sie ist getarnte Ohnmacht, die den anderen sich selbst gegenüber ohnmächtig machen will. In seiner inneren Unfreiheit versucht der herrschsüchtige Mensch, dem anderen die Freiheit zu nehmen. Daher fühlt sich der andere in seiner Persönlichkeit unterdrückt. Er weiß sich nicht erkannt in seinem personalen „Du“, das bei aller Gemeinsamkeit auch den Bereich persönlicher Interessen bedarf. Irgendwie wird ihm bewußt, daß der herrschsüchtige Partner immer von „wir“ spricht und doch nur sich selber meint. Kein Wunder: der Eifersüchtige ist im Grunde immer nur mit sich selbst beschäftigt. Hier entlarvt sich der Eifersüchtige nicht nur als der Herrschsüchtige, sondern auch als der Selbstsüchtige, der den Partner schonungslos in das Gefängnis seines eigenen „Ich“ einsperren möchte. Doch darin kann keiner auf die Dauer leben. Entweder wird der „Gefangene“ seelisch abstumpfen und zunehmend die Kraft verlieren, sich zu wehren, oder er wird sich aus seinem Gefängnis zu befreien suchen, da er sieht, wie das Leben an ihm vorüberzieht, ohne daß er selbst zum Leben kommt. So beschwört der eifersüchtige Partner durch sein herrschsüchtiges und selbstsüchtiges Verhalten die von ihm gefürchtete Wirklichkeit herauf. Er wird nicht nur dem anderen, sondern vor allem sich selbst zur Qual. Das meinte offensichtlich Friedrich Schleiermacher (1768–1834), als er formulierte: „Eifersucht ist eine Leidenschaft, die mit Eifer sucht, was Leiden schafft.“

Forscht man nun nach den verborgenen Wurzeln dieser Leidenschaft, so entdeckt man die schmerzlichen Kindheitserfahrungen, die im Umgang mit den eigenen Eltern gemacht werden mußten. Der Arzt und Psychotherapeut Josef Rattner schreibt hierzu: „Jede psychologische Analyse zeigt, daß eifersüchtige Menschen in der Kindheit nicht lieben lernten, weil sie keine guten Beziehungen zur Entfaltung vorfanden. Im kalten, liebesleeren Milieu übt man das Lieben nicht ein.“[2] Hier deuten sich die tieferen Gründe für jene Liebesunfähigkeit und Infantilität an, die den eifersüchtigen Menschen nötigen, den anderen ganz für sich allein besitzen zu wollen.

Es gibt ein Märchen, in dem all das anschaulich zur Sprache kommt: Ein Gärtner pflanzte eines Tages mit seiner Frau einen Baum. Der Baum fand es schön, in der Sonne zu stehen, und er war glücklich, auf der Welt zu sein und zu wachsen. Als er auf die Idee kam, sich mehr zur Seite hin zu entfalten, weil von dort mehr Sonne auf seine Blätter kam, da konnte es der Gärtner nicht länger dulden, in seinem Garten einen schiefen Baum zu haben. Seine Frau gab ihm natürlich recht. „Hol also eine Schere, denn wir wollen unseren Baum gerade schneiden." Der Baum weinte. Aber da sie sagten, daß sie ihn lieb hatten und es gut mit ihm meinten, ergab er sich seinem Schicksal. Der Gärtner fand, er sei ein braver Baum. Allmählich begann der Baum zu verstehen: Lieb und gut war er nur, wenn er tat, was der Gärtner wollte; tat er hingegen, was ihm Freude machte, dann war er ein böser Baum. Jetzt wuchs er in die Höhe. Aber auch das lag nicht im Sinn des Gärtners. Er stutzte die Äste. Darüber weinte der Baum die ganze Nacht. Als er sich schließlich beruhigt hatte, sagte er sich: „Wenn nicht in die Höhe, dann eben in die Breite." Der Gärtner aber erklärte alsbald: „Das könnte dir so passen!" Und seine Frau pflichtete ihm bei. Der Baum weinte nicht mehr; er hatte keine Tränen mehr. Er hörte auf zu wachsen; denn das Leben machte ihm keine Freude mehr. – Nach vielen Jahren kam ein kleines Mädchen mit seinem Vater an dem Baum vorbei, der inzwischen erwachsen geworden war. Das Mädchen, das ihn mitfühlend ansah, fand, daß er traurig war. „Den hat bestimmt niemand richtig geliebt ... Ich glaube, der wollte mal ganz anders wachsen, durfte aber nicht. Und deshalb ist er jetzt traurig." – „Vielleicht", entgegnete der Vater nachdenklich. „Aber wer kann schon wachsen, wie er will? ... Weißt du, keiner darf so wachsen, wie er will, weil sonst die anderen merken würden, daß auch sie nicht so gewachsen sind, wie sie eigentlich mal wollten." Das Kind verstand nicht, was der Vater meinte. Langsam gingen sie weiter. Das kleine Mädchen konnte dieses Gespräch und den traurigen Baum nicht vergessen. Auch der Baum, der den beiden zugehört hatte, dachte lange nach. Er schaute den beiden hinterher. Als er sie nicht mehr sehen konnte, da begriff er, und er begann, hemmungslos zu weinen.[3]

Im Mittelalter lebte ein sehr scharfsinniger Theologe: Thomas von Aquin (1225–1274). Er hatte das Auge, wahrzunehmen, was in Augenblicken geschieht, da Menschen vorgeben, einander zu lieben. Jeder Mensch, der liebt, so betonte Thomas von Aquin, ist bemüht, alles aus dem Weg zu räumen, was seiner Liebe widerspricht. Aber es gibt verschiedene Arten zu lieben. Der Eifersüchtige beseitigt alles, was ihn daran hindern könnte, den anderen ganz für sich selbst zu haben. Im Gegensatz zu ihm räumt der in echter Weise Liebende alles fort, was dem Wohl des anderen im Wege steht; denn die echte Liebe schaut nicht auf sich selbst, sondern auf den geliebten Partner. Ihn zu beleben und zu befreien, zu beglücken und zu beschützen, ist ihr Ziel.[4] Wie kommen wir zu dieser Liebe?

Die Antwort Jesu auf diese zentral biblische Frage lautet in etwa so: Werde dir bewußt, daß die Gründe für all deine unglücklichen Beziehungen in erster Linie nicht im anderen, sondern in dir selber liegen. In diesem Bewußtsein komm mit all deinem mangelnden Selbstvertrauen, mit all deiner Unsicherheit, Armseligkeit und Haltlosigkeit und werf dich in Gottes Liebe hinein, die dich immer schon umfangen hielt. Dann ist dein verletzbares und ängstliches Ich in Gott geborgen, und Gottes Du wird dir zur Ruhe, Kraft und Sicherheit. Der Liebe Gottes in dir Raum gebend, wirst du erfahren, daß du vor Gott etwas bist, daß er dir Achtung, Geltung und Anerkennung schenkt. So blühst du auf. Du fühlst dich wie neu geboren und wirst verstehen, was Glaube ist: „Nicht: die Tatsache der Existenz Gottes hinnehmen. Sondern: Gott, der mich ansieht und mir Ansehen verschafft, bedeutet mir etwas. Etwas nur? ... Er macht mich zu dem, der ich wahrhaft sein kann ... Oder bin ... Er baut mich auf.“[5] Dieser Glaube versetzt dich in die Situation jenes Blinden, der bislang nur am Rande des Lebens saß, an dem Gott aber durch Jesus seine Wunder getan hat, indem er göttliches Licht in seine Augen warf, das seine Blindheit vertrieb. Dieses Licht in deinen Augen läßt dich den anderen in seiner ihm von Gott geschenkten Einmaligkeit erkennen, in jener Einmaligkeit, die jeden Menschen so unverwechselbar und wertvoll macht und die von dir heraus geliebt werden soll, damit der andere durch dich so wird, wie Gott ihn von Ewigkeit her gemeint hat.

Nur wer mit seinem Dasein vor Gottes liebendes Auge tritt und sich von diesem Auge, daß uns in Jesus angeschaut hat, angenommen weiß, kann seinerseits für den anderen ein „Erlöser“ sein. Sind wir Liebende in dieser Weise, oder sind wir wie Blinde, die den anderen rücksichtslos auf sich selbst beziehen, gleichgültig, was aus ihm werden wird, und für den dann vielleicht auch einmal die Stunde kommt, da er begreift, was ihm versagt worden ist, und anfängt, hemmungslos zu weinen?

Wir haben mit einem Schlagertext begonnen. Schließen wir mit einem anderen modernen Liedtext, der in unserem Gebetbuch steht.[6]

Gib mir den Mut, mich selbst zu kennen,
mach mich bereit zu neuem Tun.
Und reiß mich aus den alten Gleisen;
ich glaube, Herr, dann wird es gut.

Denn wenn du ja sagst, kann ich leben;
stehst du zu mir, dann kann ich gehn,
dann kann ich neue Lieder singen
und selbst ein Lied für andre sein.

Drum ist mein Leben nicht vergeblich,
es kann für andre Hilfe sein.
Ich darf mich meines Lebens freuen
und andren Grund zur Freude sein.

Sie kamen nach Jericho. Als er mit seinen Jüngern und einer großen Menschenmenge Jericho wieder verließ, saß an der Straße ein blinder Bettler, Bartimäus, der Sohn des Timäus. Sobald er hörte, daß es Jesus von Nazareth war, rief er laut: Sohn Davids, Jesus, hab Erbarmen mit mir! Viele wurden ärgerlich und befahlen ihm zu schweigen. Er aber schrie noch viel lauter: Sohn Davids, hab Erbarmen mit mir! Jesus blieb stehen und sagte: Ruft ihn her! Sie riefen den Blinden und sagten zu ihm: Hab nur Mut, steh auf; er ruft dich. Da warf er seinen Mantel weg, sprang auf und lief auf Jesus zu. Und Jesus fragte ihn: Was soll ich dir tun? Der Blinde antwortete: Rabbuni, ich möchte wieder sehen können. Da sagte Jesus zu ihm: Geh! Dein Glaube hat dir geholfen. Im gleichen Augenblick konnte er wieder sehen, und er folgte Jesus auf seinem Weg.
Markus 10,46–52

40 Es lohnt sich, auf seine Stimmungen zu achten

Meister Eckehart: Von dem guten Morgen
Mt 14,24–31

Zu den drei großen deutschen Mystikern des Mittelalters gehört neben Johannes Tauler (nach 1300–1361) und Heinrich Seuse (um 1295–1366) als der größte von ihnen Meister Eckehart (um 1260–1329). Eines Morgens, so erzählt die Legende, suchte ihn ein armer Mann auf. Der Meister begrüßte ihn mit den Worten: „Gott gebe dir einen guten Morgen, Bruder!" Doch dieser erwiderte ihm: „Den behaltet für euch selber; denn ich habe noch nie einen bösen gehabt." Erstaunt fragte der Meister, wie so etwas möglich sei. Der andere erklärte ihm: „Weil ich alles, was mir Gott zu leiden aufgab, fröhlich um seinetwillen litt; drum ward ich nie traurig noch betrübt!" – „Was für ein Mann bist du, Bruder?" fragte der Meister. „Ich bin ein König!" – „Ein König muß ein Königreich haben. Wo ist denn dein Reich?" – „In meiner Seele." – „Du magst heilig sein. Wer hat dich heilig gemacht?" – „Das tat mein Stillesitzen und meine hohen Gedanken und meine Vereinigung mit Gott, das hat mich in den Himmel emporgezogen; denn ich konnte nie bei etwas Ruhe finden, das weniger war als Gott. Nun habe ich ihn gefunden und habe Ruhe und Freude in ihm ..."

Vgl. Meister Eckehart, Von dem guten Morgen, in: Deutsche Predigten und Traktate, herausgegeben und übersetzt von Josef Quint, Carl Hanser Verlag, München 1963, S. 444.

Goethe hat einmal gesagt: „Man predigt gegen so viele Laster, ich habe aber noch nie gehört, daß man gegen die üble Laune vom Predigtstuhle gearbeitet hätte." Die vorausgegangene Legende „Von dem guten Morgen" gibt uns die Möglichkeit, dieses allem Anschein nach oft übersehene Thema aufzugreifen.

„Gott gebe dir einen guten Morgen, Bruder!" Mit diesen Worten begrüßte der Meister jenen Ankömmling. Doch sein Wunsch kam bei ihm nicht an; er war bei ihm bereits zur Wirklichkeit geworden. Mit Stimmungen und Launen, wie wir etwas verächtlich sagen, hatte er nichts mehr zu tun. Dazu verhalf ihm eine Entdeckung, die vielleicht zu den größten gehört, die ein Mensch in seinem Leben machen kann. Es war ihm nämlich aufgegangen, daß in jedem Menschen ein Reich mit einer Vielzahl von sehr unterschiedlichen Kräften, Empfindungen und Gefühlen existiert, die aus sich heraus danach drängen, beherrscht zu werden. Indem er dieser Forderung nachkam, wurde er ein König. Das ist die Berufung, die an jeden Menschen ergeht; denn jeder Mensch wird dazu geboren, durch Selbstbeherrschung Regent seiner selbst zu werden. König ist also, wer die Herrschaft über jenes Land erlangt, das in ihm selber liegt: Seine Kräfte stehen ihm nach Maßgabe seines freien Willens zur Verfügung; seine Stimmungen sind unter Kontrolle; seine Launen gehören zur Vergangenheit seines Lebens. Friede herrscht in seinen Mauern.

Anders schaut es in einem Menschen aus, der im eigenen Haus nicht König, sondern Sklave ist. Seine Kräfte machen mit ihm, was ihnen willkürlich in den Sinn kommt; seine Stimmungen werfen ihn hin und her. Deutlich spürt er, daß etwas nicht stimmt. Unzufrieden mit sich selbst, findet er an seiner Arbeit, an seinen Mitmenschen, an Gott und der Welt keine anhaltende Freude. Bereits kleine Dinge, eine ausgebliebene Anerkennung, eine geringfügige Unachtsamkeit, ein harmloses Mißverständnis, ein unachtsam gesprochenes Wort, ein Mißerfolg oder eine leichte Kritik können ihn so verstimmen, daß er seelisch völlig erlahmt. Wie ein verwundetes Reh in die Wälder flieht, zieht er sich auf unbestimmte Zeit in sich selbst zurück. Man kann sich leicht vorstellen, wie bedrückend er auf seine Umgebung wirkt. Ich denke hier an einen Vater, der hinsichtlich der Stimmungen seiner Kinder unerbittlich war. Er konnte es zu Recht, weil er diese Strenge sich selbst gegenüber praktizierte. Als eines Morgens sein zwölfjähriger Sohn mit finsterem Gesicht am Frühstückstisch erschien, sagte er ihm nach einigem Schweigen: „Junge, dein Gesicht gehört nicht dir allein, vergiß das nicht. Es gehört vor allem anderen Leuten. Sie müssen es ansehen, du nicht. Du hast kein Recht, andere zu zwingen, in ein finsteres Gesicht zu schauen.“ Dieser Gedanke war für den Jungen neu, aber heilsam. Er ging mit sich zu Rate, und alsbald erschien sein Wesen wie ausgewechselt.

Worauf hatte der Vater seinen Sohn aufmerksam gemacht? Er brachte ihm auf seine Weise zu Bewußtsein, daß man sich nicht einfach so hinnehmen darf, wie man sich augenblicklich vorfindet. Unser ganzes Leben lang haben wir die Aufgabe, uns zu formen, das heißt, die Augenblicksdinge, die uns so schnell verstimmen können, richtig in das Gesamt unseres Daseins einzuordnen und so zum Einklang mit allem zu gelangen. Wo das gelingt, da erfahren wir Freiheit, Friede und Freude. Alles erscheint schwerelos, hell und freundlich. So stellt sich hier die Frage, wie die Einordnung des einzelnen in das Gesamt unseres Daseins gelingen kann.

Halten wir uns an das, was jener Besucher dem Meister sagte: „Das tat mein Stillesitzen und meine hohen Gedanken und meine Vereinigung mit Gott, das hat mich in den Himmel emporgezogen; denn ich konnte nie bei etwas Ruhe finden, das weniger war als Gott. Nun habe ich ihn gefunden und habe Ruhe und Freude in ihm ..." Was ist damit gesagt? Die Stille hilft uns, den Weg zu den leidenschaftslosen und stimmungsfreien Tiefen unserer Seele zu finden. Dort fallen die Unstimmigkeiten wie von selbst von uns ab; wir haben das Erlebnis von innerer Weite und werden objektiv. Hohe Gedanken, die in Vergessenheit geraten waren, stellen sich ein, erheben uns in die lichtvollen Höhen Gottes und wecken in uns die Sehnsucht, mit ihm eins zu werden. Wir erfahren, daß wir in nichts Ruhe finden können, das weniger ist als Gott. Aufgrund solcher Ruhe können wir alles, was Gott uns schickt, fröhlich um seinetwillen erdulden. Solche Erfahrungen, die jedem irgendwie vertraut sein dürften, schildert der russische Schriftsteller Leo Tolstoi: „An einem Vorfrühlingstag war ich allein im Wald und lauschte seinem Rauschen. Ich dachte an meine Unruhe während der letzten drei Jahre, an mein Suchen nach Gott, an mein dauerndes Schwanken zwischen Freude und Verzweiflung. Und plötzlich sah ich, daß ich nur lebte, wenn ich an Gott glaubte. Wenn ich nur an ihn dachte, erhoben sich in mir die frohen Wogen des Lebens. Alles ringsum belebte sich, alles bekam einen Sinn. Aber sobald ich nicht mehr an ihn glaubte, stockte plötzlich das Leben. – ‚Was suche ich also noch?' rief eine Stimme in mir. ‚Er ist es doch, ohne den man nicht leben kann! Gott kennen und leben ist eins. Gott ist das Leben ...' Seitdem hat mich diese Leuchte nie mehr verlassen."[1] Der entschiedene Glaube wurde für Tolstoi das Teuerste seines alten, einsamen Lebens und half ihm in der Tat, sein dauerndes Schwanken zwischen Freude und Verzweiflung endgültig zu überwinden.

Hier leuchtet auf, was Glaube bedeutet. Wer glaubt, der gibt die kleine Laterne seiner Vernunft, die ihn immer nur dieses oder jenes sehen läßt, aus der Hand und stellt sich in die Sonne Gottes, die alles belebt und das Geheimnis, das in allem waltet, sichtbar macht. In Situationen, die, für sich genommen, sinnlos erscheinen können, fällt ein Licht, das uns tiefere Sinnzusammenhänge erkennen läßt. Glaube ist demnach eine Umformung unseres ganzen Menschseins. Er verleiht uns andere Maßstäbe, die unseren Gedanken eine neue Ausrichtung geben und uns alles mit neuen Augen sehen lassen, so daß wir erkennen können, was wahr und unwahr ist. Wir bekommen eine innere

Festigkeit, die über die dauernden Gemütsschwankungen hinweghelfen. Wir erfahren, daß Glauben und Leben ein und dasselbe sind und daß ohne Glauben das Leben zu stocken beginnt.

In den Evangelien findet sich eine Erzählung (Mt 14,24–31), die anschaulich macht, was damit gemeint ist. Es war nachts. Die Jünger befanden sich auf dem See. Da kam Jesus über das Wasser auf sie zu. Vor Furcht schrien sie: „Ein Gespenst ist es!" Jesus aber sagte ihnen: „Seid getrost! Ich bin es. Fürchtet euch nicht." Das ist eines der schönsten Trostworte überhaupt. Es gilt allen, die plötzlich in Verwirrung geraten; es gilt den Schwankenden und Haltlosen, den Enttäuschten und Zweifelnden, den Leidenden und Kranken, den in irgendeiner Weise Bedrohten. Der Herr nimmt ihnen die Unsicherheit und alles, was aus ihr hervorgehen kann, indem er ihnen sagt: „Ich bin es!" Das heißt, wo Jesus ist, gibt es keinen Grund zur Furcht mehr. Dieses Wort bringt Licht in das Dunkel und Ruhe in den Sturm. Aufgrund seiner tiefen Betroffenheit sagte Petrus zu Jesus: „Herr, wenn du es bist, dann befiehl mir, über das Wasser zu dir zu kommen." Er erbat sich also von Jesus ein Wort, das ihn über Abgründe hinweggehen ließ. Und Jesus gab es ihm: „Komm!" Unmittelbar ließ Petrus die Tat folgen. Er setzte seinen Fuß auf das Wasser, und das Wasser trug. Jesus vor Augen, ging er auf ihn zu. Als er aber den Wind sah, da packte ihn die Furcht, und er begann zu sinken. Was sagt das uns? Solange Petrus auf den Herrn schaute, war er eins mit ihm. Das machte ihn stärker als Wind und Wellen. In dem Augenblick aber, da ihm der Wind die Sicht auf Jesus nahm, begann er zu sinken. Das ist eine Grundsituation unseres Lebens: Solange unser Leben in Jesus verankert ist, sind wir Herr über die Stürme des Lebens, mögen sie von außen oder von innen kommen. Sobald wir uns aber durch sie die Sicht auf Jesus nehmen lassen, beginnen wir zu schwanken und gehen unter. Statt sich in diesem Augenblick um so entschiedener an Jesus zu halten, ließ Petrus ihn los. Sinkend schrie er: „Herr, rette mich!" Wo immer wir zu sinken drohen, kann uns klar werden, daß wir uns selbst nicht retten können. Auch in einem solchen Augenblick, ja, gerade dann ist der Herr für uns da, wenn wir nur rufen: „Herr, rette uns!" Ein Griff genügt ihm, um uns aus unserer Schwachheit herauszuholen. Wenn dann der Herr zu Petrus sagt: „Du Kleingläubiger, warum hast du gezweifelt?", macht er deutlich, daß nicht „der kleine Glaube", sondern nur „der große Glaube" uns in Ruhe und Sicherheit jede Situation bestehen läßt.

Weil aber der große Glaube sehr schnell zu einem kleinen werden kann, muß er täglich neu eingeübt werden. Wie kann das geschehen? Eine Möglichkeit umschreibt Romano Guardini wie folgt: „Wir schlafen in der Nacht. Doch nicht mit allem; vieles in uns wacht und arbeitet weiter. Je tiefer der Schlaf, desto tiefer hinunter in unser Wesen reicht die Ruhe. Ganz aber ‚schlafen' wir nie. Immer wacht und wirkt es in uns. Die Kunst des Schlafens besteht zunächst darin, sich möglichst tief in die Ruhe hinunter sinken zu lassen; aber wohl auch darin, zu sorgen, daß, wenn schon immer etwas in uns arbeitet, es wenigstens etwas Gutes sei. So sagen die geistlichen Meister: Sorge dafür, daß Du mit einem Gedanken aus Gottes Nähe einschläfst. Nicht gewaltsam, mit mühsamer Konzentration, sondern in einem ruhigen, leisen Darandenken. Dann lebt der Gedanke in Dir, wächst, dringt in die anderen Gedanken ein, wird ein Stück Deines Lebens."[2]

Das Boot war schon viele Stadien vom Land entfernt und wurde von den Wellen hin und her geworfen; denn sie hatten Gegenwind. In der vierten Nachtwache kam Jesus zu ihnen; er ging auf dem Wasser. Als ihn die Jünger über den See kommen sahen, erschraken sie, weil sie meinten, es sei ein Gespenst, und sie schrien vor Angst. Doch Jesus sagte zu ihnen: Habt Vertrauen; ich bin es, habt keine Angst! Darauf sagte Petrus zu ihm: Herr, wenn du es bist, so befiehl, daß ich auf dem Wasser zu dir komme. Jesus rief: Komm! Da stieg Petrus aus dem Boot und ging über das Wasser auf Jesus zu. Als er aber sah, wie heftig der Wind war, bekam er Angst und begann unterzugehen. Er schrie: Herr, rette mich! Jesus streckte sofort die Hand aus, ergriff ihn und sagte zu ihm: Du Kleingläubiger, warum hast du gezweifelt?
Matthäus 14,24–31

41 Haben Sie einen Charakter?

J. Anouilh: Der Herr Ornifle
Mt 3,1–6; 14,3–10

In seiner Charakterkomödie „Der Herr Ornifle“ stellt der französische Dramatiker Jean Anouilh einen modernen Don Juan dar, der ständig vor sich selbst auf der Flucht ist und Betäubung sucht, um sich nicht bewähren zu müssen. Durch Betrug und Bluff schafft er den Aufstieg vom erfolglosen Lyriker zum gewandten, gut honorierten Chansontexter und Allesschreiber. Selbst Gott wird als Geschäftspartner einkalkuliert. Ohne Schwierigkeiten verfaßt er zwischen zwei Schäferstündchen einen frivolen Schlager für das Showgeschäft und einige rührende Strophen über das Jesuskind. Ist er einer Geliebten überdrüssig, so gibt er sie samt Baby an einen anderen weiter.

Eines Tages taucht sein unehelicher Sohn Fabrice, ein junger Arzt, auf und will seinen Vater mit einem Revolver erschießen, weil er seine Mutter sitzenließ. Da die Braut des Sohnes die Kugel noch rechtzeitig unbemerkt entfernen konnte, kommt es nicht so weit. Doch angesichts der vorgehaltenen Pistole bricht Ornifle unter einem Herzanfall zusammen. Während sich Fabrice mit seiner ärztlichen Kunst um ihn bemüht, hat sein Vater bereits einen Plan fertig, um selbst die Braut seines Sohnes zu erobern. Als er zum Stelldichein eilt, löscht ein plötzlicher Herzschlag sein Leben aus.

Jean Anouilh, Der Herr Ornifle, Dramen Bd. II, Langen-Müller Verlag, München – Wien 1970.

Charakterlos nennen wir einen Menschen, der sich durch alle Situationen des Lebens hindurchlaviert. Er ist unbestimmt und uneindeutig, unaufrichtig und verschlagen. Ein solcher Mensch steht nicht zu sich selbst und seinen Überzeugungen, weil er keine hat. Weil er keine ethischen Normen anerkennt, setzt er bedenkenlos seine Tat. Seinen Entschlüssen wird er ebenso rasch untreu, wie er sie gefällt hat. Wo es um einen persönlichen Vorteil geht, fällt er um. Von jedem Reiz wird er gefangengenommen. Dabei ist „Charakterlosigkeit“ etwas viel Schwerwiegenderes als ein „fehlerhafter Charakter“. Charakterlosigkeit ist der Verlust der personalen Einheit.

Ein solch charakterloser Mensch ist Herr Ornifle. Keinerlei Verantwortungsbewußtsein ist ihm zu eigen. Daher ist er zu jeder Hintergehung und zu jeder Gemeinheit fähig. Man kann immer wieder nur staunen, wie gewandt und geschickt er ist, um sich eine Situation nutzbar zu machen. Erkennt er einen Vorteil, so hat er seinen Plan bereits gefaßt. Alle und alles dienen ihm nur als Mittel zum Zweck seiner unersättlichen Selbstsucht. Jeder spürt, daß man einen solchen Menschen niemals zum Freund haben kann. Deshalb lebt der charakterlose Mensch stets in einer tiefen Vereinsamung. Weil er es aber bei sich selbst nicht auszuhalten vermag, ist er ständig auf der Flucht. Entweder besinnt er sich auf neue Widerwärtigkeiten, oder aber er sucht den Rausch und die Betäubung, die ihm das Leben erträglich machen sollen. Indem Herr Ornifle nichts anderes tut, als seine Triebnatur auszuspielen, bricht seine personale Einheit auseinander. Wie jeder charakterlose Mensch ist er zu jeder Zeit in der Lage, haltlos in sich selbst zusammenzubrechen.

Es stellt sich hier die Frage, was denn nun ein „Charakter" ist und wer einen Charakter hat. Charakter bedeutet das verantwortungsbewußte, verläßliche und folgerichtige Verhalten, durch das sich ein Mensch vor seinen Mitmenschen, vor sich selbst und vor Gott bewährt. Orientiert einer sein Denken, Wollen und Handeln an ethischen Werten; sagt er, was gesagt werden muß; hat er seine Überzeugung, zu der er sich auch in ungelegenen Situationen bekennt; durchzieht sein Leben eine gerade Linie; kann man sich auf ihn verlassen, dann sagen wir: „Das ist ein Mensch mit Charakter." Er ist und bleibt in einem gewissen Sinn, der er ist und war. Hat man einen solchen Menschen zum Freund, dann steht er zu einem und verrät einen nicht für wenige Silberlinge. Hat man ihn zum Feind, dann ist er wenigstens ein offener Gegner, der Hinterhältigkeit und Intrigen verabscheut.

In jenen Tagen trat Johannes der Täufer auf und predigte in der Wüste von Judäa: „Kehrt um, denn das Himmelreich ist nahe gekommen." Dieser nämlich ist es, von dem gesprochen wurde durch den Propheten Jesaja: „Eine Stimme ruft in der Wüste: Bereitet den Weg des Herrn! Macht seine Straßen eben!" Er aber, Johannes, trug einen Mantel aus Kamelhaaren und einen ledernen Gürtel um seine Hüfte. Und seine Nahrung waren Heuschrecken und wilder Honig. Da zog Jerusalem und ganz Judäa und die ganze Jordangegend zu ihm hinaus, und sie ließen sich von ihm im Jordan taufen und bekannten dabei ihre Sünden.

Herodes hatte (später) Johannes festnehmen und fesseln und ins Gefängnis setzen lassen wegen der Herodias, der Frau seines Bruders Philippus. Denn Johannes hatte zu ihm gesagt: „Es ist dir nicht erlaubt, sie zu haben." Und er hätte ihn gerne töten lassen, fürchtete aber das Volk, weil man ihn für einen Propheten hielt. Als nun Herodes Geburtstag hatte, tanzte die Tochter der Herodias vor den Gästen und gefiel dem Herodes so gut, daß er unter einem Eid versprach, ihr alles zu geben, was immer sie begehre. Die aber sagte, angestiftet von ihrer Mutter: „Gib mir hier auf einer Schüssel das Haupt Johannes, des Täufers." Da wurde der König betrübt, aber wegen seiner Schwüre und wegen der Gäste befahl er, ihn ihr zu geben. Er sandte hin und ließ Johannes im Gefängnis enthaupten.
Matthäus 3,1–6; 14,3–10

42 Von der Anfälligkeit und Versuchbarkeit des Menschen

Fr. Dürrenmatt: Der Besuch der alten Dame
Jak 2,14.17

Die völlig verarmte und verschuldete Kleinstadt Güllen erwartet den Besuch der 63jährigen Claire Zachanassian, die in dieser Stadt aufgewachsen ist, sie dann in Schande verlassen mußte und zu einer Dirne herabsank. In einem Hamburger Bordell lernte sie einen Ölmilliardär kennen, der sie heiratete. Damit hatte ihr Aufstieg zur Macht begonnen. Von ihrem Besuch erhoffen sich die Güllener eine entscheidende Hilfe in der Not.

Zu ihrem Empfang wird alles aufgeboten. Schon in seiner Begrüßungsrede versucht der Bürgermeister, die superreiche Frau zu bewegen, einige Millionen auf den Tisch zu legen. Die alte Dame ist nicht kleinlich. Wider aller Erwartung sagt sie den Bürgern eine Milliarde zu: fünfhundert Millionen der Stadt und fünfhundert Millionen verteilt auf jede Familie. Ebenso überraschend ist jedoch, daß sie an diese Stiftung eine Bedingung knüpft. Sie verlangt, daß jenes Unrecht wiedergutgemacht wird, das ihr vor fünfundvierzig Jahren in dieser Stadt zugefügt worden war. Damals hatte der Kleinwarenhändler Alfred Ill die Vaterschaft ihres inzwischen verstorbenen Kindes geleugnet und zudem zwei Zeugen durch Bestechung zum Meineid angestiftet. Um die Gerechtigkeit wiederherzustellen, fordert sie seinen Tod. Dagegen protestieren die Güllener einmütig, indem sie sich auf die Moral und Humanität berufen. Aber die alte Dame hat Zeit. Sie erwidert ihnen nur: „Ich warte!“

Während sie so mit sicherer Ruhe auf die unfehlbare Erfüllung ihrer Bedingung harrt, hofft insgeheim einer vom anderen, daß er Ill töten wird. Als könne der versprochene Lohn nicht ausbleiben, beginnen alle, Schulden zu machen und auf großem Fuß zu leben, was dem Krämer Alfred Ill nicht verborgen bleibt. Verzweifelt kämpft er gegen die Angst und besiegt sie schließlich. Er ist bereit, seine Schuld auf sich zu nehmen und sich dem Urteil der Güllener zu unterwerfen. Ehemals zerlumpt, erscheinen die Gemeindeväter im Frack zur Abstimmung. „Wer reinen Herzens die Gerechtigkeit verwirklichen will, erhebe die

Hand“, fordert der Bürgermeister sie auf. Alle, auch der Pfarrer, erheben die Hand. Damit ist die Stiftung der Claire Zachanassian angenommen, nicht – wie der Bürgermeister betont – des Geldes, sondern der Gerechtigkeit wegen und aus Gewissensnot.

Die Güllener bilden eine Gasse, die Ill zu durchschreiten hat und die sich hinter ihm lautlos schließt. Als sie sich wieder öffnet, liegt Ill tot am Boden. Man hat ihn erwürgt. „Herzschlag“, sagt der Arzt. „Tod aus Freude“, fügt der Bürgermeister hinzu. Nachdem die alte Dame den Leichnam Ills betrachtet hat, befiehlt sie, die Koffer zu packen, und überreicht dem Bürgermeister den versprochenen Scheck.

Vgl. Fr. Dürrenmatt, Der Besuch der alten Dame, Verlags AG Die Arche, Zürich 1956.

Dieses Stück, das Friedrich Dürrenmatt Welterfolg und Weltruhm einbrachte, wurde im Urteil der Literaturkritik wiederholt als ein Meisterstück der dramatischen Gegenwartsliteratur bezeichnet. In ihm geht es um die Anfälligkeit und Versuchbarkeit des Menschen in der westlichen Welt. Deshalb kann die Kleinstadt Güllen in jedem Land diesseits des Eisernen Vorhangs liegen, und wir alle können ihre Bürger sein. Dürrenmatt nimmt sich selbst nicht aus. In der Anmerkung zu dieser tragischen Komödie schreibt er: „Der Besuch der alten Dame ist eine Geschichte, die sich irgendwo in Mitteleuropa in einer kleinen Stadt ereignet, geschrieben von einem, der sich von diesen Leuten durchaus nicht distanziert und der nicht so sicher ist, ob er anders handeln würde.“

Auffallend ist, daß außer Alfred Ill keiner der Bürger von Güllen namentlich in Erscheinung tritt. „Der Bürgermeister“, „Der Pfarrer“, „Der Lehrer“ oder „Der Erste“ und „Der Zweite“ bleiben namenlos. Der Grund wird im Entwicklungsgang des Schauspiels offenkundig. Die Bürger, die sich anfangs mit dem Krämer Alfred Ill solidarisch fühlen, verlieren unter dem Zuwarten der alten Dame mehr und mehr ihr Gesicht und werden langsam zu Mördern. Während Ill zur Einsicht seiner Schuld gelangt, schwindet diese Einsicht bei den Mitbürgern immer mehr. Das furchtbare Anwachsen einer Kollektivschuld ist die konsequente Folge. Für sie gibt es im Stück weder Ankläger noch Richter. „Denn in der großen Requisitenkiste der Schlagworte, die vom ‚Willen zur Gerechtigkeit‘ bis zum ‚Notwendigen Opfer für die Allgemeinheit‘ alles enthält, findet sich immer eine brauchbare Formel der Rechtfertigung“ (S. Kienzle).

Dieser Selbstbetrug ist es, weshalb das Gerede von „Gerechtigkeit“ und „Humanität“ zugleich lächerlich und erschreckend wirkt. Jedermann empfindet, daß es hier nicht um die Wiederherstellung der

Gerechtigkeit geht. Wird das Verhalten der alten Dame von Rache und Erpressung bestimmt, so kommt im Vorgehen der Bürger die ganze menschliche Armseligkeit zum Vorschein. Vor der Gier nach Geld und Wohlstand weichen Humanität und andere ethischen Werte zurück. Kein Wunder, daß der Kleinstadt von diesen Beweggründen her nur eine Scheinerlösung widerfährt. Claire Zachanassian, die während ihres Aufenthaltes in Güllen im „Goldenen Apostel" residiert und von den Bürgern als einzige Heilbringerin angesehen wird, erweist sich sehr bald als Apostel eines überaus zweifelhaften Heils. „Das Stück ist eine Satire auf das ‚glückliche Leben', das unter fragwürdigen Vorzeichen verheißen wird" (J. Müller).

Zumindest der Pfarrer hätte das Unrecht abwenden und das Heil bringen können und müssen, indem er auf die Frage des Bürgermeisters: „Hat jemand zur Stiftung der Frau Zachanassian eine Bemerkung zu machen?", unmittelbar vor der Abstimmung über Leben und Tod von Ill an ihn als den ersten gestellt, entschieden auf jene fragwürdigen Vorzeichen hingewiesen hätte. Aber er schwieg. Und mit ihm schwiegen alle andern, die vor dieselbe Frage gestellt wurden. Was hier vom Pfarrer gefordert war, wird heute in erster Linie von allen verantwortungsvollen Christen verlangt. Sie haben die Aufgabe, auf die fragwürdigen Vorzeichen eines verheißenen glücklichen Lebens mutig aufmerksam zu machen und für die Betroffenen gezielt einzutreten. Sagen sie: „Das mache ich nicht mit!", dann werden sich gewiß auch andere erheben und erklären: „Ich auch nicht!" Sie hätten bestimmt geschwiegen, wenn ihnen niemand vorangegangen wäre. Fragwürdige Vorzeichen und zu Unrecht Gejagte gibt es heute viele.

Was nutzt es, meine Brüder, wenn jemand behauptet, Glauben zu haben, ohne daß er Werke hat? Kann der Glaube ihn retten?
Wenn der Glaube keine Werke hat – für sich allein ist er tot.
Jakobus 2, 14. 17

43 Was der Versucher tut, hat immer Format

E. Roth: Tücke
Mt 4,1–11

Ein Mensch wird eines schönen Tages
Zwecks Vorbesprechung des Vertrages
Ins feinste Restaurant gebeten. –
Von sich aus hätt ers nie betreten.
Der Gastgeb, als ein Mann von Welt,
Das beste, teuerste bestellt,
Daß sich der Mensch dran tue gütlich.
Gemütlos, gibt er sich gemütlich
Und meint, hier rede sichs bequemer. –
Kein Unter-Mensch, nur Unter-Nehmer,
Weiß er, beim ersten Vorsicht-Zaudern,
Leicht die Bedenken wegzuplaudern;
Der Mensch nun glaubt, – worin er irrt –,
Daß einer, der ihm hier als Wirt
So reinen Wein hat eingeschenkt,
Gewiß an Lug und Trug nicht denkt.
Der Mensch läßt sich, durch ein paar Pullen
In süße Zukunftsträume lullen.
Und gibt – nur weil sichs grad so trifft –
Gern seine kleine Unterschrift.
Er wirds sein Lebtag nicht vergessen:
Das war ein teures Abendessen!

Eugen Roth, Tücke, in: So ist das Leben, Deutscher Taschenbuch Verlag, Nr. 908, München 1973, S. 29

Wenn man am Nachmittag die Stadt Köln auf der Autobahn, die zum Norden führt, verläßt, kann es sein, daß man jenem dunkelgrünen Bus begegnet, der die Strafgefangenen vom Gericht zum Gefängnis in Köln-Ossendorf zurückbringt. Der Anblick eines solchen Busses wird wahrscheinlich keinen vollkommen unberührt lassen. Warum nicht? Hier geht es um Menschen, deren Traum nicht in Erfüllung gegangen ist. Sie wollten dieses oder jenes gewinnen und haben sich dabei selbst verloren. Sie ließen sich von der List des Bösen täuschen und gefangennehmen; so kamen sie zu Fall. Weil jeder Mensch davon eine Ahnung hat, sind ihm jene Strafgefangenen im Grunde seines Herzens keine Fremden. Wie sie, sind auch wir durch die vielen dunklen Kräfte und Mächte, die in uns walten, gefährdet. Verlassen wir uns auf uns selbst, dann sind wir eines Tages die Verlassenen, eingesperrt im Gefängnis unserer eigenen Widersprüchlichkeit und Versklavung. „Womit fange ich an?" schreibt eine alleinstehende Frau in einem Brief. „Am besten mit meinem problembeladenen, mich krank und gleichzeitig glücklich machenden Verhältnis zu H. , der verheiratet ist. Wir kennen uns seit etwa zwei Jahren. Wir wußten beide, daß es sehr schwer werden wird, jemals Schluß zu machen, wenn wir uns nach den Ferien nicht rigoros trennen würden. Aber wir haben es nicht geschafft. So begann für mich eine Zeit voller Gewissensbisse, voller Unruhe und Qual, aber auch voller Glück, endlich jemanden gefunden zu haben, der mich bejaht und mich trotz meiner Ecken und Kanten liebt. In der ganzen Zeit haben wir es uns nicht leicht gemacht, bis vielleicht auf einige Wochen, in denen wir alles sausen ließen. Ich kann mit ihm nicht glücklich sein, aber ohne ihn auch nicht. Es wäre alles leichter, wenn sich nicht mein Freundeskreis inzwischen aufgelöst hätte ..." Von ihren guten Freunden verlassen, bleibt diese Frau sich nun, nicht ohne eigene Schuld, selbst überlassen. Bejahung und Liebe suchend, verliert sie sich zunehmend selbst. Immer mehr wird sie sich selbst zum eigenen Gegner. Zwischen einem vermeintlichen Glück und einer entsetzlichen Qual hin und her schwankend, wird auch sie früher oder später vollends zu Fall kommen, wenn es ihr nicht gelingt, den Weg aus der Gefangenschaft in die Freiheit zu finden. Durch ihre Zeilen bestätigt sich zugleich, daß Paul Claudel recht hat, wenn er schreibt: „Das Böse ist nur interessant, weil es von Leiden begleitet ist." Wäre es nicht so, es würde gewiß nicht so viel Beachtung finden, und manch einer käme schneller von ihm los.

Die Versuchbarkeit zum Bösen aufgrund der inneren Widersprüchlichkeit ist also die empfindlichste Stelle im Wesen eines jeden Menschen. Und genau sie ist es, die sich der Versucher zunutze macht. Die eingangs zitierten Verse von Eugen Roth lassen uns erkennen, mit welch einem ungewöhnlich guten Menschenkenner wir es hier zu tun haben. Als ‚Mann von Welt' sind ihm die geheimen Vorgänge, die zwiespältigen Bedürfnisse und Sehnsüchte, die in den Tiefen der menschlichen Seele schlummern, bestens vertraut. Er kennt die vielfältigen menschlichen Schwächen. Er weiß um unsere Leichtgläubigkeit und Vertrauensseligkeit, um unsere Anfälligkeit für alles, was uns schmeichelt. Es ist ihm bekannt, wie schnell sich der Mensch etwas vormachen läßt, und dies um so sicherer, je einsamer er ist. An Anknüpfungspunkten fehlt es ihm nicht. Der Hamburger Theologe und Prediger Helmut Thielicke schreibt in diesem Zusammenhang: „Wir sind von allen Seiten her angefochten und versucht von den großen und den kleinen Dingen in unserem Leben; wir sind gleichermaßen versucht von den Trieben *und* von den Idealen. Es gibt nichts, das der Versucher nicht zu benützen verstände, um die Völker und um uns einzelne der Hand Gottes zu entreißen. Draußen und drinnen in unserem Herzen, hoch über unseren Häuptern, wo die Ideale wohnen, und unten in unseren Kellern, wo die wilden Wölfe unserer Sinne hausen, überall wohnen die versuchlichen Mächte."[1]

Die Verse von Eugen Roth zeigen aber auch, daß der Versucher ein nicht zu unterschätzender Taktiker ist. Ist am Anfang bloß von der Vorbesprechung eines Vertrages die Rede, so heißt es gegen Ende: „Und gibt – nur weil sichs grad so trifft – gern seine kleine Unterschrift." So klein diese ist, so groß wird bald seine Ernüchterung sein. Denn mit seiner Unterschrift hat er sich restlos aus der Hand gegeben. Glaubt er zuerst, er sei der geladene Gast, so wird ihm auf einmal klar, daß ihm nichts geschenkt worden ist: „Er wirds sein Lebtag nicht vergessen: Das war ein teures Abendessen!" Wie hatte der so seriös auftretende Versucher es geschafft, von einem bedeutungslosen Ausgang zu diesem Ziel zu gelangen? Zuerst hatte er sein Opfer angelockt. Der Vertragspartner wird aus dem Grau des Alltags in eine Traumwelt entführt. In ihrer Atmosphäre – der Versucher weiß es genau – fühlt man sich wohl. Die traumhafte Gemütlichkeit, in der mehr die ausschweifende Phantasie als der nüchterne Verstand in Tätigkeit ist, weist ernsthafte Auseinandersetzungen alsbald ab. Die gefundene Bequemlichkeit liebt es nicht, sich zu größeren Anstrengungen aufzuraffen. So fällt es dem gemütlosen Taktiker nicht schwer, alle Bedenken und alles vorsichtige Zaudern wegzuplaudern. Damit schwinden alle Bedenken und Einwände, alles Mißtrauen und alle etwaigen Gedanken an Lug und Trug dahin. Wer sich so selbstlos gibt, der muß es gut mit einem meinen, der kann keine bösen Pläne haben.

Worin besteht also die Taktik des Versuchers? Durch die Entführung in eine verlockende Welt wird die Phantasie des Menschen angeregt, sein Verstand hingegen verdunkelt und die Widerstandskraft seines Willens vermindert. Auf diese Weise öffnen sich dem Leichtsinn alle Herzenstüren. Mit ihm überläßt sich der Mensch einem Mechanismus, der nun zwangsläufig zum bitteren Ende führt. Interessant sind in diesem Zusammenhang einige Sätze aus dem Roman „Rodion Raskolnikoff" von F.M. Dostojewski: „Anfangs – übrigens schon lange vorher – hatte Raskolnikoff unter anderem die Frage beschäftigt: warum fast alle Verbrecher so leicht aufgespürt und entdeckt werden, und warum die Spuren fast aller Verbrecher so deutlich wahrzunehmen sind. Er kam allmählich zu vielseitigen und interessanten Schlüssen, und seiner Meinung nach lag die Hauptursache nicht so sehr in der materiellen Unmöglichkeit, ein Verbrechen zu verbergen, als in dem Verbrechen selbst. Der Verbrecher, und zwar jeder Verbrecher, erleidet im Augenblick des Handelns eine Einbuße an Willen und Verstand, an deren Stelle ein kindischer, phänomenaler Leichtsinn tritt, und dies geschieht immer gerade in dem Augenblick, wo Verstand und Vorsicht am nötigsten sind."[2] Die Einbuße an Willen und Verstand in dem Augenblick, da beides am nötigsten ist, und der damit gegebene Leichtsinn sind somit die Hauptmerkmale auf jedem Weg zur bösen Tat. Weil dieser Weg immer zum Verlust des lebendigen Lebens führt, nennt die Bibel den Versucher einen Lügner und Mörder.

Schauen wir an dieser Stelle auf die Versuchungsgeschichte Jesu (Mt 4,1–11). In der *ersten* Versuchung wählt der Teufel den Hunger Jesu als Einfallstor. Er schlägt ihm vor, aus Steinen Brot zu machen. Bereits hier hätte Jesus zu einem Phantasten werden können. Er hätte davon träumen können, auf diese Weise nicht nur seinen Hunger, sondern den Hunger aller Menschen zu stillen, um ihrer habhaft zu werfen und sie ohne Schwierigkeiten zu Gott hinzuführen. Denn auch Jesus wußte, daß die Leute erfahrungsgemäß dem folgen, der ihren Hunger vertreibt. Doch Jesus setzt dem Vorschlag des Versuchers seine religiöse Überzeugung entgegen, ein Hinweis dafür, daß man in einer Versuchung nur bestehen kann, wenn man eine feste religiöse Überzeugung hat. In der *zweiten* Versuchung geht es um die Pervertierung von Jesu Wundermacht in eine Wunderschau. Dabei geht der Teufel von der Tatsache aus, daß die Menschen vor allem durch die Sensation zu fesseln sind. Es ist, als wolle er Jesus sagen: „Du mußt die Welt in ein Varieté verwandeln; dann kommen die Leute herbei, und sie folgen dir, wohin du auch gehst." Auch auf diesen Zauber fällt Jesus nicht herein. Er bleibt sich bewußt, daß der Weg, auf dem die Menschen das wahre Heil finden, nichts vom Glanz eines Varietés an sich hat. In der *dritten* Versuchung wird Jesus eine unumschränkte Macht über alle Reiche dieser Welt zugesagt, vorausgesetzt, er erkläre sich bereit, mit dem Teufel Hand in Hand zu arbeiten. Da tritt ihm Jesus energisch entgegen. Was sagt er ihm angesichts dieser Unverschämtheit? „Weg mit dir, Satan!“ Die Entschiedenheit, die aus diesem Wort spricht, bewirkte, daß der Teufel endgültig von ihm abließ. Triebbefriedigung, Sensationslust und Machtgier, das sind die drei Hauptversuchungen des Menschen, durch die schon manch einer seinen Charakter verloren hat. Darauf weist uns diese klassische Versuchungsgeschichte hin. Weil Jesus sich und seinem Weg treu blieb, wurde er zum Erlöser aller, die ernsthaft fragen, wie man sich in der Stunde der Versuchung verhalten muß, um sich selbst nicht zu verlieren. Sie lehrt er: Verlasse dich nicht auf dich selbst, sonst bist du verlassen. Verlasse dich vielmehr auf Gott, und halte dich an sein Wort. So bleibst du auf seinem Weg. Er ist der einzige Weg, auf dem du Mensch sein kannst. Auf ihm geht dir die Hoffnung nie verloren.

Ich erinnere mich an eine junge Frau, die verlobt war. Als sie eines Tages ihrem Verlobten mitteilte, daß sie von ihm ein Kind erwarte, entgegnete dieser, das komme ihm sehr ungelegen; er brauche einige Tage, um Klarheit zu finden. Bei der nächsten Begegnung erklärte er ihr: „Wenn du die *Sache* nicht in *Ordnung* bringen läßt, muß ich mich von dir zurückziehen!“ Damit hatte sich die junge Frau entweder für ihren Verlobten oder für ihr Kind zu entscheiden, und dies mit allen Konsequenzen. Sie entschied sich für ihr Kind und trennte sich für immer von ihrem Verlobten. Heute ist sie voll Freude, und obwohl der Weg, der noch vor ihr liegt, kein leichter ist, geht sie ihn in gläubiger Zuversicht: „Verlasse dich auf Gott, und halte dich an sein Wort. So bleibst du auf seinem Weg. Er ist der einzige Weg, auf dem du Mensch bleibst. Auf ihm geht dir die Hoffnung nie verloren.“

Jesus wurde vom Geist in die Wüste gebracht; dort sollte er vom Teufel in Versuchung geführt werden. Als er vierzig Tage und vierzig Nächte gefastet hatte, bekam er Hunger. Da trat der Versucher an ihn heran und sagte: Wenn du Gottes Sohn bist, so befiehl, daß aus diesen Steinen Brot wird. Er aber antwortete: Es steht geschrieben: Nicht nur vom Brot lebt der Mensch, sondern von jedem Wort, das aus Gottes Mund kommt. Darauf nahm ihn der Teufel mit sich in die heilige Stadt, stellte ihn oben auf den Tempel und sagte zu ihm: Wenn du Gottes Sohn bist, so stürz dich hinab; denn es steht geschrieben: Seine Engel bietet er auf für dich, und sie werden dich auf Händen tragen, damit dein Fuß nicht an einen Stein stößt. Jesus antwortete ihm: Ebenso steht geschrieben: Du sollst den Herrn, deinen Gott, nicht versuchen. Wieder nahm ihn der Teufel mit sich und führte ihn auf einen sehr hohen Berg; er zeigte ihm alle Reiche der Welt mit ihrer Pracht und

sagte zu ihm: Das alles will ich dir geben, wenn du vor mir niederfällst und mich anbetest. Da sagte Jesus zu ihm: Weg mit dir, Satan! Denn es steht geschrieben: Den Herrn, deinen Gott, sollst du anbeten und ihm allein dienen. Darauf ließ der Teufel von ihm ab; Engel aber kamen und dienten ihm.
Matthäus 4,1–11

44 Flieh deinen Schatten nicht

Tschuang-tse: Sinfonie für einen Seevogel
Gal 2,19-20; 6,14-16

Der chinesische Dichterphilosoph Tschuang-tse, der gegen Ende der Blütezeit der chinesischen Philosophie, um 250 v. Chr., lebte, gilt als der spirituellste unter den chinesischen Philosophen. Auf das gesamte chinesische Denken übte er einen nachhaltigen Einfluß aus. Von ihm stammt folgende Erzählung:

Es war einmal ein Mann, den verstimmte der Anblick seines eigenen Schattens so sehr, der war so unglücklich über seine eigenen Schritte, daß er beschloß, sie hinter sich zu lassen. Er sage sich: Ich laufe ihnen einfach davon.

So stand er auf und lief davon. Aber jedesmal, wenn er seinen Fuß aufsetzte, hatte er wieder einen Schritt getan, und sein Schatten folgte ihm mühelos. Er sagte zu sich: Ich muß schneller laufen. Also lief er schneller und schneller, lief so lange, bis er tot zu Boden sank.

Wäre er einfach in den Schatten eines Baumes getreten, so wäre er seinen eigenen Schatten losgeworden, und hätte er sich hingesetzt, so hätte es keine Schritte mehr gegeben. Aber darauf kam er nicht.

Tschuang-tse, in: Sinfonie für einen Seevogel und andere Texte des Tschuang-tse, hrsg. v. Thomas Merton, Patmos Verlag, Düsseldorf 1973, S. 130.

Manchmal hören wir eine – wie uns scheint – verrückte Geschichte. Wir schütteln den Kopf über das unsinnige Verhalten der darin beschriebenen Person. Und wenn ihr Leben ein tragisches Ende findet, dann wundert es uns nicht. Wir denken: So mußte es ja kommen! Dabei bedenken wir nur selten, daß durch eine solche Geschichte nichts anderes als unser eigenes Innenleben veranschaulicht werden soll, damit am Augenfälligen deutlich wird, was an sich nicht so leicht zu erkennen ist. So ist es in der Symbolgeschichte von Tschuang-tse. Der Mann, der seinen Schatten erblickt und davor immer schneller davonzulaufen sucht, bis er schließlich tot am Boden liegt, ist in unseren Augen nicht ganz normal, weil er völlig übersieht, daß man vor seinem eigenen Schatten nicht davonlaufen kann. Genau an diesem

Punkt aber wird die Geschichte bedeutsam für uns selbst. Worüber wir den Kopf schütteln, ist häufig unsere eigene Wirklichkeit. So stellt uns diese kurze Erzählung vor die Frage, wie wir mit unseren Schattenseiten fertig werden. Denn so erfolglos es ist, vor seinem eigenen Schatten davonzulaufen, so unsinnig ist es, vor der schattenhaften und leidvollen Wirklichkeit unseres Lebens zu fliehen.

Die meisten Menschen tun es trotzdem. Sie sind mit ihrem Dasein unzufrieden. Sie beklagen ihre mangelnden Fähigkeiten; sie stoßen sich an ihren Grenzen; sie leiden an ihren Fehlern, ihrer Vergangenheit oder an einem Schicksalsschlag; sie wehren sich gegen die Vergänglichkeit, gegen das Altern, das Sterbenmüssen und gegen ihren Tod. Der Anblick all dessen ruft in ihnen Verstimmungen, Minderwertigkeitsgefühle und Depressionen hervor. Entweder lassen sie sich hängen, oder sie machen sich auf die Flucht; sie suchen Ablenkung in irgendwelchen Illusionen. Doch ihre Schattenseiten folgen ihnen nach und geben ihnen keine Ruhe. Man kann die Schattenseiten fortschicken; aber sie gehorchen nicht. Ungerufen stehen sie plötzlich wieder vor uns. Je mehr wir ihnen davonzulaufen suchen, desto intensiver werden wir mit ihnen konfrontiert. Auf diese Weise verbrauchen wir unsere seelische Energie, so daß wir schließlich total am Ende sind. Spätestens dann erfahren wir, daß ein Fluchtweg dieser Art immer ein Holzweg ist. Auf ihm verfängt sich der Flüchtling immer mehr im Dickicht seiner eigenen Schattenseiten. Er bringt sich selbst zu Fall.

Nachdem sich ein solcher Fluchtweg als Holzweg erwiesen hat, stellt sich die Frage: Wie werden wir unsere Schattenseiten los? Tschuang-tse bietet uns eine Antwort an. Im Hinblick auf jenen unvernünftigen Mann sagt er: „Wäre er einfach in den Schatten eines Baumes getreten, so wäre er seinen eigenen Schatten losgeworden. Aber darauf kam er nicht.“ Verstehen wir diesen Baum mit seinem Schatten als das Symbol für den Ort der Meditation, dann bedeutet diese Antwort für uns: Von seinen Schattenseiten kommt los, wer durch Meditation zur inneren Erleuchtung gelangt und in ihr sein ursprüngliches Wesen entdeckt. Er wird gewahr, wie seine dunklen Leidenschaften sich verlieren, seine Begierden von ihm abfallen, die Gegensätze sich aufheben, sein Geist sich läutert und sich zum Schauen der Wahrheit erhebt. In vollkommener Selbstvergessenheit wird sein Herz klar und sein Wesen durchsichtig. Auf diesem Weg verwirklicht der Mensch seine Wesensnatur und kommt zur unbedingten Freiheit, zur Befreiung von allen Schatten. Darauf kam jener Mann nicht. Seine Verblendung, die das Gegenteil und das Hindernis der Erleuchtung ist, versperrte ihm den Weg.

Der „Baum der Erleuchtung“, von dem in den östlichen Religionen immer wieder die Rede ist, erinnert uns an den „Baum des Lebens“. Darunter wird in der christlichen Religion das Kreuz Jesu Christi verstanden. In seinem Schatten wird dem Meditierenden offenbar, daß er von Gott ins Dasein gerufen wurde und von ihm mit all seinen Schattenseiten angenommen ist, weshalb er sich selbst anzunehmen vermag.[1]

Selbstannahme im Schatten des Kreuzes bedeutet zunächst, daß man damit einverstanden ist, überhaupt zu sein. Das ist gewiß nicht schwer, solange es uns gut geht. Schwindet uns aber das Licht aus den Augen, wissen wir nicht mehr, wie es weitergehen soll, verstehen wir uns selbst nicht mehr, dann kann es sein, daß wir den Tag unserer Geburt verwünschen. Die Annahme der eigenen Wirklichkeit bedeutet auch, daß wir in den Grenzen zu leben bemüht sind, die uns gezogen sind. Ist es nicht oft so, daß ein Vorteil zugleich ein Nachteil ist? Wer beispielsweise über einen scharfen logischen Verstand verfügt, entbehrt dafür nicht selten die Kräfte des Gemütes, aus denen das Schöpferische erwächst. Wer hingegen diese Kräfte des Gemütes sein eigen nennen darf, dem fällt es oft nicht leicht, sich in der harten Wirklichkeit dieser Welt zurechtzufinden. „Wir haben große Weisheit erworben, wenn wir das gelernt haben: daß man an den Grundlagen des Daseins nicht aussuchen kann, sondern das Ganze annehmen muß“ (Romano Guardini).

Selbstannahme im Schatten des Kreuzes heißt darüber hinaus, daß wir ja sagen zu unseren Fehlern und Schwächen. Nicht als sollte hier etwas Böses einfachhin gut genannt werden. Es geht hier vielmehr darum, die gewordene Wirklichkeit unseres Lebens nicht zu leugnen. Diese muß als die von uns entschiedene Wirklichkeit erkannt und anerkannt werden. Damit haben wir uns auf das Fundament gestellt, von dem aus eine Überwindung unserer Fehler und Schwächen möglich ist.

Selbstannahme im Schatten des Kreuzes besagt schließlich, daß wir unser Schicksal, wie immer es auch aussehen mag, zu übernehmen und – den Gekreuzigten vor Augen – zu tragen bereit sind. „Werde durch Freiheit, was du durch Schicksal bist“, sagt Hugo von Hofmannsthal. Dies zu können, darin liegt die Größe des Menschen. Vielleicht bereitet uns hier unser vermeintlicher Glaube, wir würden vom Leben im Vergleich zu anderen benachteiligt, die größte Schwierigkeit. Ich erinnere mich hier an eine Stelle aus dem „Septembertag“ von Luise Rinser, die mich immer wieder nachdenklich macht, wenn sie mir in den Sinn kommt. Die Schriftstellerin erinnert sich an eine

Kranke, die sich selbst bedauert und klagt: „Sehen Sie, wie arm ich bin; Sie sonnen sich, Sie schwimmen und ich?“ Luise Rinser erwidert: „Es ist wahr, ja, aber es ist auch das andere wahr, und wenn ich, wie oft schon, krank war, ein paarmal sehr schwer, und der Schmerz ließ nach, und die Sonne schien auf meine Hände, und eine Blume stand am Fenster, und ein Vogel flog vorüber, da war ich nicht weniger glücklich als jetzt, und wäre sie vielleicht glücklich mit meinem Glück, würde sie es überhaupt Glück nennen, so zu leben wie ich? Mein Lehrsatz, mir so sicher wie der Pythagoreische: Bei einem jeden von uns ist die Summe der Leiden und Freuden am Ende immer gleich.“[2] Sollte dies tatsächlich der Fall sein, dann hat keiner Grund, einen anderen zu beneiden.

Wer sich selbst annimmt, weil er im Gekreuzigten von Gott angenommen ist – welch ein Geschenk des Glaubens! –, der kommt zur Erkenntnis seines ursprünglichen Wesens, das darin besteht, „Gottes Kind“ zu sein. Von dieser Erleuchtung ergriffen, wird er ernsthaft bemüht sein, nicht mehr nach seinem eigenen Gutdünken, sondern nach dem Willen des Vaters zu leben. So wird er Jesus Christus ähnlich. Er wird ihm geistesverwandt: „Wer nach dem Willen meines Vaters im Himmel handelt, der ist für mich Bruder, Schwester und Mutter“ (Mt 12,50). Die Frucht solchen Handelns ist die Selbstvergessenheit, die in uns Raum schafft für Gott. Je mehr wir uns verlassen, desto mehr zieht Gott in uns ein.

Ich bin mit Christus gekreuzigt worden. So lebe also nicht mehr ich selbst, sondern Christus lebt in mir. Soweit ich jetzt aber noch in dieser Welt lebe, lebe ich im Glauben an Gottes Sohn, der mich geliebt und sich selbst für mich hingegeben hat ... Ich aber will mich allein des Kreuzes unseres Herrn Jesus Christus rühmen, durch das mir die Welt gekreuzigt ist und ich der Welt. Denn es kommt nicht darauf an, ob einer beschnitten ist oder nicht, sondern darauf, daß er eine neue Schöpfung ist. Friede und Erbarmen kommen über all diejenigen, die nach diesem Grundsatz leben.
Galaterbrief 2,19–20; 6,14–16

45 Wie werde ich mit meinen Fehlern fertig?

E. Jungclaussen: Der Meister in dir
Mt 9,9–13

Wenn Gläubige einem Prediger nur unwillig zuhören, dann liegt es meistens daran, daß er nicht um ihre eigentlichen Nöte weiß oder diese nicht in der Sprache des Volkes auszudrücken versteht oder aber seine Zuhörer erheblich überfordert.

Anders liegen die Dinge bei dem bedeutenden Prediger und Redner Johannes Tauler (nach 1300–1361). Immer hatte er das Ringen der Menschen vor Augen. Deshalb geht es in seinen 84 Predigten und Ansprachen – das einzige, was wir von ihm haben – nicht um theologische Spekulationen, sondern um die religiöse Praxis. In einer bewegten und zerrissenen Zeit lebend, war Johannes Tauler bemüht, die Menschen aus ihrer bloßen Arbeits- und Vergnügungswelt in die Welt des Geistes zurückzuführen. Dabei kam es ihm einerseits auf die innerliche Loslösung von den Weltdingen an und andererseits auf das Sichverlieren in Gott durch die Anpassung des eigenen Lebens an den göttlichen Willen. Was diesen Prediger besonders sympathisch macht, ist seine Abgeklärtheit. Seine Forderungen sind stets maßvoll und klug. So lesen wir in seiner 6. Predigt einen Vergleich, der sich in seiner Anschaulichkeit wohl nicht überbieten läßt:

„Das Pferd macht den Mist in den Stall, und obgleich der Mist Unsauberkeit und üblen Geruch an sich hat, so zieht doch dasselbe Pferd denselben Mist mit großer Mühe auf das Feld; und daraus wächst der edle schöne Weizen und der edle süße Wein, der niemals so wüchse, wäre der Mist nicht da. Nun, dein Mist, das sind deine eigenen Mängel, die du nicht beseitigen, nicht überwinden noch ablegen kannst, die trage mit Mühe und Fleiß auf den Acker des liebreichen Willens Gottes in rechter Gelassenheit deiner selbst. Streue deinen Mist auf dieses edle Feld, daraus sprießt ohne allen Zweifel in demütiger Gelassenheit edle, wonnigliche Frucht auf."

Vgl. Emmanuel Jungclaussen, Der Meister in dir, Entdeckung der inneren Welt nach Johannes Tauler, Verlag Herder, Freiburg–Basel–Wien 1975, S. 76.

Wir hätten dieses „Gleichnis" gewiß nicht richtig verstanden, wollten wir einfach sagen: „Ich überlasse meine Mängel und Fehler Gott; er wird damit schon fertig." Es stimmt: wir bewältigen unsere Schwächen letztlich nicht aus eigener Kraft; das Letzte tut immer Gott. Doch Gott verzichtet nicht auf unsere Mitarbeit. Zunächst müssen wir selbst „mit Mühe und Fleiß" an uns arbeiten. Was uns dann nicht gelingen will, das dürfen wir getrost Gott überlassen. Daher unsere Frage: „Wie werde ich mit meinen Fehlern fertig?"

Versetzen wir uns einmal in die Lage, da ein Ratsuchender mit dieser Frage zu uns kommt und uns sagt: „Ich möchte an mir arbeiten; wo soll ich anfangen?" Welchen Weg sollten wir ihm weisen? Wir hätten ihm gewiß nicht den schlechtesten Wink gegeben, würden wir ihm antworten: Fange an, wo du willst. Vielleicht bist du ein Egoist, vielleicht kannst du dich schlecht beherrschen, vielleicht gehst du immer wieder leichtfertig mit der Wahrheit um, vielleicht verlangst du von anderen mehr als von dir selbst, vielleicht läßt du andere ständig wegen deiner Unpünktlichkeit auf dich warten, vielleicht bist du geizig, eifersüchtig, geschwätzig, überheblich und verächtlich. Dann fange irgendwo an; entscheidend ist nicht, wo wir ansetzen, sondern der ehrliche und entschlossene Wille, hier oder dort Ordnung zu schaffen. Wenn du das tust, dann wird sich von diesem Punkt aus dein ganzes Leben in irgendeiner Weise ändern. Unser Leben setzt sich ja nicht aus Teilen zusammen, die nichts miteinander zu tun hätten; es ist vielmehr ein lebendiges Ganzes, und alles hängt zutiefst miteinander zusammen. Ich denke hier an einen jungen Mönch, der zu einem alten kam und fragte: „Was soll ich tun? Mich belästigen viele Gedanken, und ich weiß nicht, wie ich ihnen widerstehen soll." Der Befragte sagte ihm: „Streite nicht wider alle, sondern bekämpfe nur einen! Hast du diesen überwunden, werden auch die anderen gedemütigt: sie haben ja alle nur ein Haupt."[1] Fangen wir also an einer Stelle mit Entschiedenheit an; dann wird sich unser Bemühen auf unser ganzes Leben auswirken. Es wird lichtvoller, durchsichtiger und kraftvoller, genauso wie ein Fehler in diesem oder jenem Lebensbereich sich überall geltend macht, indem er seinen Schatten über unser ganzes Leben wirft, es lähmt und undurchsichtig erscheinen läßt. Denn jeder Fehler setzt uns eine neue Maske auf. Mit jedem bewältigten Fehler nehmen wir hingegen eine Maske von uns weg. Auf diese Weise gelangen wir zur menschlichen Größe. „Wenn der Mensch groß ist, so nicht deswegen, weil er die Kanone, das Flugzeug oder das Überseeschiff mit Turbinenantrieb erfunden hat, sondern weil er zur Überwindung seiner Leidenschaften und zur Zähmung seiner Triebe fähig ist" (Georges Duhamel).

Bei der Arbeit an einem dunklen Punkt in unserem Leben können uns drei Regeln eine große Hilfe sein.

Die *erste* Regel: Faß in stiller Betrachtung vor Gott einen bestimmten Fehler genau und ohne jede Beschönigung ins Auge. Warum fällt uns das so schwer? Weil wir um keine Ausrede verlegen sind, um uns vor dem Nachdenken zu drücken; vor allem dann, wenn es gilt, sich über einen persönlichen Fehler Klarheit zu verschaffen. Wo wir aber unseren Fehlern keine Aufmerksamkeit schenken, wo wir vor ihnen davonzulaufen suchen, da verdrängen wir sie und stoßen sie ins Unterbewußte ab. So wird unsere Seele zu einer Rumpelkammer, deren Unordnung sich in irgendeiner Weise in all unserem Denken, Reden und Tun bemerkbar macht. Davon spricht bereits Augustinus (Sermo 19,2-3): „Menschen, die keine Hoffnung haben, achten nicht auf ihre eigene Sünde, um so mehr auf die Sünde der anderen. Sie sind nicht auf der Suche nach dem, was sie bessern, sondern nach dem, was sie verwunden können. Weil sie sich nicht entschuldigen können, sind sie bereit, andere zu beschuldigen. Nicht so David: er hat uns ein Beispiel gegeben, wie wir beten und Gott genugtun sollen, da er sagt: ‚Meine bösen Taten erkenne ich, meine Sünde steht mir immer vor Augen!' Er blickte nicht auf die Sünde der andern. Er richtete seine Augen auf das eigene Ich. Er schlug sich nicht, sondern drang in sich ein und stieg tief in sein Selbst hinab." Sobald sich jemand genügend Zeit nimmt, um seine Fehler klar zu erkennen, wächst er über dumpfe und verworrene Grübeleien heraus; er hört auf, sie in anderen zu entdecken; seine innere Beunruhigung verflüchtigt sich im Licht der gewonnenen Erkenntnis, und er erfährt eine neue Hoffnung. So gilt auch hier: Ein klar erkanntes Problem ist immer ein halb gelöstes Problem. Daher gibt uns Johannes Tauler in seiner 80. Predigt den Rat, einmal in Ruhe den Vers zu betrachten: „Offenbare dem Herrn deinen Weg, und hoffe auf ihn; er wird es schon gut machen." Dann fährt er fort: „Der erste Schritt dieser Betrachtung ist der Anblick und die wahre und tiefe Erkenntnis deiner Fehler. Auf diese Weise beginnen alle auserwählten Gottesfreunde."[2]

Die *zweite* Regel: Versuche, den Wurzelgrund deines Fehlers aufzudecken. Wir Menschen handeln ja immer „aus" etwas. Das heißt: wir haben ein Motiv. Oft täuschen wir uns selbst und auch dem anderen ein edleres Motiv vor, um unser Verhalten besser zu rechtfertigen. Haben wir also den Mut, uns so zu sehen, wie wir im tiefsten wirklich sind. Gehen wir nun fehl, wenn wir sagen, daß an der Wurzel fast jeden Fehlers und sittlichen Versagens immer irgendeine Art von Selbstsucht sitzt? Wir haben irgendwie Angst, etwas entbehren, versäumen oder erleiden zu müssen. Deshalb drängt es uns, nach Mitteln und Wegen zu suchen, dem abzuhelfen. Was wir dann erleben, läßt uns aber nicht selten noch einsamer werden. Hier stellt sich die Frage: „Wie werde ich Herr über diese oder jene Form von Selbstsucht, wie werde ich innerlich weit und somit frei?" Ich glaube, daß uns darauf ein Wort von C. G. Jung eine gute Antwort geben kann. Er beschreibt einmal, wie einige seiner Patienten ihre nahezu unlösbaren Probleme dadurch überwanden, daß sie durch die Entwicklung einer neuen Bewußtseinsebene aus ihnen herauswuchsen: „Irgend ein höheres und weiteres Interesse trat in den Gesichtskreis, und durch diese Erweiterung des Horizontes verlor das unlösbare Problem die Dringlichkeit. Es wurde nicht in sich selber logisch gelöst, sondern verblaßte gegenüber einer neuen und stärkeren Lebensrichtung."[3] Was wir brauchen, ist ein Interesse, das höher und weiter ist als das Interesse am eigenen Ich. Dazu kommen wir, wenn wir von uns selbst absehen, um hinzusehen auf ein mitmenschliches oder auf das göttliche Du. Sollten wir wirklich kein mitmenschliches Du haben, dem wir uns persönlich zuwenden können, das göttliche Du ist immer für uns da. In den „Schriften zum Chassidismus" von Martin Buber[4] findet sich ein Lied, das der Berditschewer immer wieder zu singen pflegte. Warum sollten wir es nicht wenigstens immer wieder langsam und nachdenklich sprechen? In diesem Lied heißt es:

„Wo ich gehe – du!
Wo ich stehe – du!
Nur du, wieder du, immer du!
Du, du, du!
Ergeht's mir gut – du!
Wenn's weh mir tut – du!
Nur du, wieder du, immer du!
Du, du, du!
Himmel – du, Erde – du,
Oben – du, unten – du,
Wohin ich mich wende, an jedem Ende
Nur du, wieder du, immer du!
Du, du, du!"

Dieses Lied „Du" kann uns eine neue Blick- und Lebensrichtung eröffnen, die unseren Gesichtskreis erhöht und erweitert und uns auf eine neue Bewußtseinsebene hebt. Denn in diesem Du weiß sich das Ich aufgehoben, geborgen und erfüllt. Oft glauben wir nicht, daß es diese neue Bewußtseinsebene gibt. Oder wir zweifeln daran, sie zu erreichen. Dann sollten wir uns sagen lassen: „Wir haben viel stärkere Flügel als wir glauben. Wir wagen nur nicht, sie zu entfalten. Wir wagen nicht zu fliegen. Wir machen kleine feste Pläne, wir stecken sie auf dem Erdboden ab und bewegen uns dann vorsichtig und töricht wie Hühner im Abgesteckten, im ängstlich Begrenzten. Warum aber? Draußen und darüber ist die unendliche Weite.“[5] Außerdem sollten wir uns als gläubige Menschen bewußt halten, zu was wir fähig sind, wenn zu unseren natürlichen Kräften noch diejenigen hinzukommen, die man dem Heiligen Geist zuschreibt.

Die *dritte* Regel: Komm zu einem Entschluß, der dich den ersten Schritt in die neue Lebensrichtung tun läßt, und setze ihn in die Tat um. Halte also nicht wieder inne und fange nicht wieder an zu überlegen. Wenn man einmal zu einem sorgfältig überdachten Entschluß gekommen ist, soll man ihn bescheiden und klug in die Tat umsetzen. Sonst fangen wir wieder an zu zaudern und fallen in unseren alten Fehler zurück. „Es kommt einmal der Zeitpunkt, von dem an jedes weitere Nachforschen und Nachdenken schädlich ist. Es kommt der Zeitpunkt, wo wir uns entscheiden und handeln müssen und uns nicht länger um Vergangenes kümmern dürfen“ (Waite Philipps). Von großer Wichtigkeit ist zugleich, daß wir bei der inneren Formulierung unseres konkreten Vorsatzes jedes Gegenargument von vornherein ausschließen. Wenn jemand sich beispielsweise sagt: „Aber ich werde es doch nicht schaffen; ich muß aber ...“, dann wird er mit seinem Vorsatz bald am Ende sein. Wenn er sich hingegen von Anfang an sagt: „Das wird ab heute getan, und darüber wird nicht mehr diskutiert“ und sich dies immer wieder sagt, dann kommt er voran. Etwas von der unbeirrbaren Entschlußkraft Jesu sollte auch seinen Nachfolgern zu eigen sein: Wer die Hand an den Pflug gelegt hat, soll nicht wieder zurückschauen, sondern das Ziel im Auge behalten.

Oft kommt es aber vor, daß wir nach einiger Zeit meinen: „Jetzt sind wir über den Berg hinweg; diesen Fehler sind wir endlich los.“ Doch kann es sein, daß wir über kurz oder lang feststellen müssen: „Es ist wieder alles beim alten.“ Dann sollten wir berücksichtigen, daß die Reifung des Menschen nie geradlinig verläuft. „Reifung vollzieht sich in der Form der Spirale, so daß beim Fortschreiten schon überstanden Geglaubtes berührt wird“ (Eva Firkel). In einer solchen Situation kann uns ein kurzes Wort erneut beflügeln, das sich in der „Nachfolge Christi“ findet: „Semper incipe! – Fang immer wieder an!“ Dieses Wort entspricht der Wirklichkeit unseres irdischen Daseins: Wir müssen immer wieder anfangen: jeden Morgen, jede Woche, jedes Jahr, zu

Beginn einer jeden neuen Lebensstufe. Wir sollen immer wieder anfangen: wenn man uns verletzt hat, nach einer Enttäuschung, nach jedem Schicksalsschlag. Wir dürfen immer wieder anfangen: nach jedem Versagen, nach jeder Schuld. „Es ist traurig, daß wir so oft anfangen müssen – es ist tröstlich, daß wir so oft anfangen dürfen" (P. Redlich). Weil Gott größer ist als unser schuldig gewordenes Herz, deshalb dürfen wir in rechter Gelassenheit immer wieder unsere Mängel und Fehler, unser Versagen und unsere Schuld auf den Acker der unendlichen Geduld Gottes tragen. Er, der Freund der Schwachen und Hinfälligen, wird uns Vergebung und neue Anfangskraft schenken und selbst aus unseren Unzulänglichkeiten noch etwas Göttliches hervorgehen lassen.

Als Jesus weiterging, sah er einen Mann namens Mattäus am Zoll sitzen und sagte zu ihm: „Folge mir nach!" Da stand er auf und folgte ihm nach. Und als er in dessen Haus beim Essen saß, kamen viele Zöllner und Sünder und setzten sich zu Jesus und seinen Jüngern. Als die Pharisäer das sahen, sagten sie zu seinen Jüngern: „Warum ißt euer Meister mit den Zöllnern und Sündern ?" Er aber hörte es und sagte: „Nicht die Gesunden brauchen den Arzt, sondern die Kranken. Geht und lernt verstehen, was es heißt: ‚Barmherzigkeit will ich und nicht Opfer'. Denn ich bin nicht gekommen, Gerechte zu berufen, sondern Sünder."
Matthäus 9,9–13

Quellen

1 Was heißt Selbstbesinnung?

[1] H. Thielicke, Zwischen Gott und Satan, List-Bücher Nr. 162, Paul List Verlag, München 1960, S. 48f.

[2] M. Buber, a. a. O., S. 716.

[3] Vgl. M. Buber, a. a. O., S. 718.

2 Was sagen uns die Hände?

[1] R. Guardini, Von heiligen Zeichen, Matthias-Grünewald-Verlag, Mainz 1927, S. 12.

[2] W. Nigg, Die Zeit, für die ich geboren bin: Reinhold Schneider, in: Was bleiben soll, Walter-Verlag, Olten und Freiburg i. Br. 1973, S. 205.

[3] Goethes Werke in sechs Bänden, sechster Band, Über Leonard da Vincis Abendmahl zu Mailand, Insel-Verlag, Leipzig 1919, S. 419ff.

[4] S. Kierkegaard, Der Einzelne und sein Gott, Herder-Bücherei Nr. 105, S. 131.

[5] W. Shakespeare, König Richard III., 3.

3 Haben Sie schon einmal über Ihre Stimme nachgedacht?

[1] F. M. Dostojewski, Der Jüngling, Roman, R. Piper & Co Verlag, München-Zürich 1977/1980, S. 612.

[3] M. Frisch, Tagebuch 1946–1949, Droemersche Verlagsanstalt, München-Zürich 1965, S. 46f.

[5] Fr. Mauriac, Noch ist es Zeit, Goldmans Gelbe Taschenbücher Nr. 872, S. 100.

4 Der Weg zu sich selbst

1 Vgl. hierzu: R. Guardini, Die Annahme seiner Selbst, Im Werkbund-Verlag, Würzburg 1965, S. 7ff.

2 Dag Hammarskjöld, Zeichen am Weg, Droemer Knaur, München–Zürich 1965, S. 34.

5 Die Wandlung meiner selbst

1 H. M. Enomiya-Lassalle, Zen-Meditation für Christen, Otto Wilhelm Barth Verlag, Weilheim/Oberbayern 1971.

7 Christliche Innerlichkeit

1 K. Rahner, Schriften zur Theologie, Bd. VII, Benziger Verlag, Einsiedeln–Zürich–Köln 1966, S. 205–208.

3 Vgl. zum folgenden: K. Neumann, Die Krankheit der Sinnlosigkeit, ein Akademiebericht, Christ in der Gegenwart 26 (1974) S. 20.

5 Vgl. hierzu: C. Carretto, Wo der Dornbusch brennt, Verlag Herder, Freiburg–Basel–Wien 1975, S. 52f.

7 Zitiert nach: Fr. Trochu, Der heilige Pfarrer von Ars, Otto Scholz Verlag, Stuttgart-Degerloch 1952, S. 157.

8 Fruchtbare Einsamkeit

1 Vgl. hierzu: D. Arenhoevel, Urgeschichte – Genesis 1–11, Verlag Kath. Bibelwerk, Stuttgart 1970, S. 30ff.

2 A. Solschenizyn, Matrjonas Hof, in: Im Interesse der Sache, Hermann Luchterhand Verlag, Neuwied und Berlin 1970, S. 38.

9 Was macht uns heute krank?

1 Vgl. P. Tillich, Was und unbedingt angeht, in: Das Neue Sein, Evanglisches Verlagswerk, Stuttgart 1959; S. 144–150.

10 Wer deutet uns das Leben?

1 Der erste Kreis der Hölle, S. Fischer Verlag, Frankfurt a. M. 1968, S. 68.

11 Sind Sie ein Doppelgänger?

1 H. Donath, Das einfache Betrachten, Christliche Anregungen zu einem Leben in der Meditation, in: Christ in der Gegenwart 24 (1972) S. 253.
2 P. Tillich, Systematische Theologie Bd I, Evangelisches Verlagswerk, Stuttgart 1956, S. 118.

12 Das Kind im Erwachsenen

1 J. Green, Aufbruch vor Tag, Jakob Hegner Verlag, Köln & Olten 1964, S. 39; zitiert nach W. Nigg, Der verborgen Glanz, Walter-Verlag, Olten–Freiburg i. Br. 1971, S. 11f.
2 W. Nigg, a. a. O., S. 11.
3 W. Nigg, a. a. O., S. 13 u. 16.

13 Je weniger Absichten jemand hat, desto mächtiger ist er

1 L. Rinser, Septembertag, Fischer Taschenbuch Verlag Nr. 1695, Frankfurt a. M. 1976, S. 61.
2 W. Barclay, Freut euch und frohlocket, Eine Anleitung zum Verständnis der Seligpreisungen, J. G. Oncken Verlag, Kassel 1968, S. 71.
3 W. Bergengruen - R. Schneider, Briefwechsel, Verlag Herder, Freiburg–Basel–Wien 1966, S. 30.
4 A. a. O., S. 9f.
5 A. a. O., S. 38.
6 A. a. O., S. 38.

15 Der Mensch wird, was er denkt

1 H. Th. Hamblin, In Dir ist die Kraft, Bauer-Verlag, Freiburg i. Br. 1971, S. 52.
2 Russ Johnston, Man muß die Dinge nur aus der richtigen Perspektive sehen, in: Das Beste aus Reader's Digest 9(979)95.
3 Vgl. H. Th. Hamblin, a. a. O., S. 107.
4 Vgl. N. V. Peale, Trotzdem positiv, Emil Oesch Verlag, Thalwil-Zürich o. J., S. 66.
5 E. Blumenthal, Verstehen und verstanden werden, Rex-Verlag, München–Luzern 1977, S. 108.
6 F. M. Dostojewski, Die Brüder Karamasoff, Roman, R. Piper & Co. Verlag, München 1977/1980, S. 8,31f,33,37.
7 J. Katzer, in: Gottes Wort im Kirchenjahr 1971, Bd. 1, Echter-Verlag, Würzburg.

16 Dem Negativen keinen Raum in sich geben

1 H. Hesse, Lektüre für Minuten, Neue Folge, suhrkamp taschenbuch Nr. 240, S. 115.

2 P. Tournier, Jeder Tag ist ein Abenteuer, Herderbücherei Nr. 531, S. 147f.

3 A. Görres, Methode und Erfahrungen der Psychoanalyse, Kindler Taschenbücher Nr. 2019/20, S. 147.

4 Vgl. H. Remplein, Psychologie der Persönlichkeit, Ernst Reinhardt Verlag, München–Basel 1967, S. 98f.

5 Dieses Zitat und die vorausgegangenen: Leo N. Tolstoi, Was Du heute denkst, wirst Du morgen tun, Hyperion-Verlag, Freiburg i. Br. o. J., S. 32f.

6 G. Ital, Der Meister, die Mönche und ich, Otto Wilhelm Barth-Verlag, Weilheim/Oberbayern 1968, S. 5ff.

7 M. Buber, Werke III, Schriften zum Chassidismus, Kösel-Lambert Schneider, München–Heidelberg 1963, S. 350.

17 Die Kunst, sich zu vereinigen

1 P. Teilhard de Chardin, Der göttliche Bereich, Walter-Verlag, Olten-Freiburg i. Br. 1963, S. 72.

2 Vgl. H. Endres, Ich lerne Umgang mit Menschen, Fackelverlag, Olten–Stuttgart–Salzburg 1954, S. 61–69.

3 Vgl. hierzu: L. Wachinger, Erinnern und Erzählen, Reden von Gott aus Erfahrung, Verlag J. Pfeiffer, München 1974, S. 19.

4 S. Kierkegaard, Gebete, hrsg. v. Walter Rest, Verlag Jakob Hegner, Köln–Olten 1957, S. 7.

5 Kl. Tilmann, Übungsbuch zur Meditation, Benziger Verlag, Einsiedeln–Zürich–Köln 1973, S. 26.

18 Ich betrachte, soviel ich kann

1 Vgl. hierzu: P. Bolech, Das Bild des kranken Menschen, in: Arzt und Christ 15(1969) S. 94-106.

2 R. Guardini, Die Annahme seiner Selbst, Werkbund-Verlag, Würzburg 1965, S. 5.

3 J. Pieper, Glück und Kontemplation, Kösel-Verlag, München 1957, S. 102.

4 A. Rosenberg, in: Glaubenserfahrung und Meditation, hrsg. v. J. Sauer, Verlag Herder, Freiburg–Basel–Wien 1975, S. 57.

19 Man öffnete ihr das Herz

1 Vgl. F. M. Dostojewski, Winteraufzeichnungen über Sommereindrücke, in dem Band: Aufzeichnungen aus einem Totenhaus, R. Piper & Co. Verlag, München-Zürich 1980, S. 740f.
2 Vgl. H. Hesse, Von der Seele, in: Mein Glaube, Suhrkamp Verlag, Frankfurt a. M. 1971, S. 11ff.
3 R. A. Schröder, Aphorismen und Reflexionen, Suhrkamp Verlag, Frankfurt a. M. 1977, S. 89 (280).
4 R. Schneider, Die dunkle Nacht, Erzählungen, Herder-Bücherei Nr. 70, S. 45f.

20 Zwischen Illusion und Wirklichkeit

1 Fr Mauriac, Von Tod und Ewigkeit, Drei Brücken Verlag, Heidelberg 1955, S. 94.
2 Vgl. W. Nigg, Philipp Neri, Der Spaßvogel Gottes, Herderbücherei Nr. 576, Freiburg i. Br. 1976, S. 53.
3 Vgl. W. Nigg, Katharina von Siena, Die Lehrerin der Kirche, Verlag Herder, Freiburg-Basel-Wien 1980, S. 19.
4 Fr. Mauriac, a. a. O., S. 95f.

21 Haben Sie ein Vorbild?

1 A. Bruckner, Von der Ehrfurcht, in: Die schönsten Gebete der Welt, Südwest Verlag, München 1964, S. 180.
2 Vgl. Christ in der Gegenwart 21(1969) S. 71.
3 O. Karrer, Meister Eckhart ein „Ketzer"?, in: Christ in der Gegenwart 19 (1967) S. 406.
4 Th. Wilder, Unsere kleine Stadt, Schauspiel in drei Akten, S. Fischer Verlag, Frankfurt a. M. 1972, S. 66ff.

22 Herzensgröße ist die wahre Größe

1 S. Kierkegaard, Christliche Reden 1848, GTB/Siebenstern 618, 1981, S. 313f.
2 M. Hausmann, Nüchternheit, Neukirchener Verlag, Neukirchen-Vluyn 1975, S. 103f.
3 A. Delp, Im Angesicht des Todes, Geschrieben zwischen Verhaftung und Hinrichtung 1944-1945, Josef-Knecht, Frankfurt a. M. 1976, S. 148.
4 H. Thielicke, Der Wille des Vaters, in: Christ in der Gegenwart 49(973) S. 385
5 Siehe: Lektionar zum Stundenbuch I/5,S. 146.

23 Das große Ich will durch mich leben

1 R. Guardini, Tugenden, Meditationen über Gestalten sittlichen Lebens, Werkbund-Verlag, Würzburg 1963, S. 93f.

2 H. Hesse, Siddhartha, Bibliothek Suhrkamp, Bd. 227, Frankfurt a.M. 1969, S. 68.

24 Am Berg zeigt sich, wer wir sind

1 P. Teilhard de Chardin, Der Göttliche Bereich, Walter-Verlag, Olten und Freiburg i.Br. 1963, S. 72f.

2 H. Hesse, Lektüre für Minuten, suhrkamp taschenbuch 7, Frankfurt a.M. 1971, S. 198.

3 P. Teilhard de Chardin, a.a.O., S. 168.

4 P. Teilhard de Chardin, a.a.O., S. 150.

25 Vergiß nicht, daß du Flügel hast

1 L. Rinser, Abenteuer der Tugend, Roman, Fischer Taschenbuch Verlag, Frankfurt a.M. 1975, S. 205.

2 H. J. M. Nouven, Ich hörte die Stille, Verlag Herder, Freiburg i.Br. 1978, S. 37f.

3 F. M. Dostojewski, Aufzeichnungen aus einem Totenhaus, R. Piper & Co. Verlag, München-Zürich 1980.

4 A. G. Dostojewski, Erinnerungen, R. Piper & Co. Verlag, München-Zürich 1980, S. 51.

26 Wer ist eine Persönlichkeit?

1 Vgl. hierzu: D. von Hildebrand, Sittliche Grundhaltungen, Matthias-Grünewald-Verlag, Mainz 1954, S. 27-42.

2 P. Tillich, In der Tiefe ist Wahrheit, Evangelisches Verlagswerk, Stuttgart 1952, S. 55.

27 Wer hoch hinaus will, der muß tief hinunter

1 Augustinus, PL 38, 441.

2 F. Sauerbruch, Das war mein Leben, Im Bertelsmann Lesering, 1956, S. 360.

3 Zitiert nach: Der große Sonntags-Schott, Verlag Herder, Freiburg–Basel–Wien 1975, S. 1370f.

28 Das Gefühl für Humanität hat mich noch nicht verlassen

1 F. M. Dostojewski, Aufzeichnungen aus einem Totenhaus, R. Piper & Co. Verlag, München-Zürich 1977/1980, S. 171.

29 Einfache Leute sind oft echter

1 Fr. Mauriac, Noch ist es Zeit, Wilhelm Goldmann Verlag, Taschenbuch Nr. 872, München o. J., S. 21.
2 PL 183, 39f., zitiert nach: Lektionar zum Stundenbuch, I/1, S. 55.
3 Wort und Antwort 4(1983) S. 128.

30 In meinem Elternhaus war es immer warm

1 Vgl. hierzu: H. Fischle-Carl, Fühlen können, in: Das Thema 22(1980) S. 6f.
2 Tertullian, Über die Buße 8.

31 Vom Unzerstörbaren in jedem Menschen

1 T. Brocher – M. Linz, Schuld und Trauer, Zur Psychoanalyse der Beichte, ti 24, Patmos Verlag, Düsseldorf 1971, S. 10.
2 A. Solschenizyn, Der erste Kreis der Hölle, S. Fischer Verlag, Frankfurt a. M. 1968, S. 9-13.
3 A. Solschenizyn, Krebsstation, Bd. II, Luchterhand Verlag, Neuwied-Berlin 1968, S. 189-199.

32 Mit seinem Gewissen in Freundschaft leben

1 M. Heidegger, Sein und Zeit, Max Niemeyer Verlag, Tübingen 1967, S. 126f.
2 A. a. O., S. 127f.
3 ferment 12(1975) S. 2f.
4 A. Solschenizyn, Matrjonas Hof, in: Im Interesse der Sache, Hermann Luchterhand Verlag, Neuwied und Berlin 1970, S. 38.
5 Vgl. hierzu: K. Rahner, Die Treue zum Gewissen: Die Opfer der ‚Weißen Rose‘, in: Gnade als Freiheit, Herder-Bücherei Nr. 322, S. 274–278.
6 R. Guardini, Das Bild von Jesus dem Christus im Neuen Testament, Herder-Bücherei Nr. 100, S. 57.

33 Dankbarkeit ist das Gedächtnis des Herzens

1 L. Rinser, Gespräche über Lebensfragen, Echter Verlag, Würzburg 1966, S. 48f.

2 P. Tournier, Jeder Tag ist ein Abenteuer, Herderbücherei Nr. 531, Verlag Herder, Freiburg–Basel–Wien 1975, S. 219.

3 L. Rinser, Septembertag, Fischer Taschenbuch Verlag Nr. 1695, Frankfurt a. M. 1976, S. 57.

4 D. Bonhoeffer, Widerstand und Ergebung, Siebenstern-Taschenbuch Nr. 1, Hamburg 1971, S. 204f.

34 Das menschliche Gesicht - die kleinste Bühne der Welt

1 A. G. Dostojewski, Erinnerungen, Das Leben Dostojewskis in den Aufzeichnungen seiner Frau, R. Piper & Co Verlag, München–Zürich 1980, S. 210.

2 Z. Maurina, Dostojewski, Menschgestalter und Gottsucher, Maximilian Dietrich Verlag, Memmingen 1981, S. 165.

3 Vgl. F. M. Dostojewski, Die Erniedrigten und Beleidigten, in: Onkelchens Traum, R. Piper & Co, München-Zürich 1977/1980.

4 Ebenda.

5 Zitiert nach: Lektionar zum Stundenbuch, I/1,S. 55.

35 Sind Sie liebesfähig?

1 H. Cox, Das Fest der Narren, Kreuz Verlag, Stuttgart Berlin 1972, S. 81, 85.

2 H. Helmers, Sprache und Humor des Kindes, Ernst Klett Verlag, Stuttgart 1971, S. 150.

36 Nur die Unentschiedenheit macht den Menschen müde

1 Vgl. H. Wolff, Jesus als Psychotherapeut, Radius-Verlag, Stuttgart 1978, S. 17ff.

2 St. Zweig, a. a. O., S. 136ff,141.

37 Triebsteuerung und Triebverzicht

1 J. Pieper, Das Viergespann, Herder-Bücherei Nr. 361, Freiburg–Basel–Wien 1970, S. 206.

2 G. Bernanos, Tagebuch eines Landpfarrers, Fischer-Bücherei Nr. 116, Frankfurt a. M. 1958, S. 67.

3 R. W. Lang, Geh mir aus der Sonne, König; Menschen und Zeiten im Spiegel der Anekdote, Südwest Verlag, München 1968, S. 20.

4 J. Gründel, Entfaltung des kindlichen Gewissens, Rex Verlag, München-Luzern 1973, S. 45f.

5 E. zur Nieden, Sprechstunden mit deinem Ich, Siebenstern-Taschenbuch Nr. 95, München-Hamburg 1967, S. 97.

38 Der Neid ist allgegenwärtig

1 St. Andres, El Greco malt den Großinquisitor, in: Meistererzählungen, R. Piper & Co Verlag, München-Zürich 1980, S. 31.

2 Vgl. J. Steinbeck, Die Perle, a. a. O., S. 59 u. 33.

3 P. Kutter, Neid, in: Die menschlichen Leidenschaften, Kreuz-Verlag, Stuttgart-Berlin 1978, S. 136.

4 H. Schoeck, Der Neid und die Gesellschaft, Herderbücherei Nr. 395, Freiburg-Basel-Wien 1973, S. 30.

5 Vgl. H. Schoeck, a. a. O., S. 127.

6 H. Schoeck, a. a. O., S. 32.

7 Vgl. J. Lavrin, Dostojewski, rowohlts monographien Nr. 88, Reinbek b. Hamburg 1979, S. 13.

39 Da kam Eifersucht in mir auf

1 Vgl. H. Fischle-Carl, Das schöne schwere Miteinander, Wege zum Du, Kreuz Verlag, Stuttgart-Berlin 1979, S. 152.

2 J. Rattner, Der schwierige Mitmensch, Fischer Taschenbuch Verlag Nr. 6186, Frankfurt a. M. 1979, S. 63.

3 Vgl. H. Körner, Eifersucht, Ein Lesebuch für Erwachsene, amp-verlag, Fellbach 1979, S. 10ff.

4 Thomas von Aquin, Summa theologica I-II,28,4.

5 Kl. Tilmann, Da Gott mich ansieht ..., in: Christ in der Gegenwart 26(1973) S. 208.

6 D. Zils, in: Gotteslob, Kath. Gebet- und Gesangbuch, Ausgabe für das Erzbistum Köln, im Verlag J. P. Bachem, Köln 1975, Nr. 165, Strophen 3,4,6.

40 Es lohnt sich auf seine Stimmungen zu achten

1 W. Nigg, Lesebuch für Christen, Herderbücherei Nr. 650, S. 44f.

2 R. Guardini, In Spiegel und Geheimnis, Bilder und Gedanken, Matthias-Grünewald-Verlag, Mainz 1948, S. 92.

43 Was der Versucher tut, hat immer Format

1 H. Thielicke, Das Gebet, das die Welt umspannt, Quell-Verlag, Stuttgart 1953, S. 136.

2 F. M. Dostojewski, Rodion Raskolnikoff, Schuld und Sühne, R. Piper & Co Verlag, München–Zürich 1977/1980, S. 100.

44 Flieh deinen Schatten nicht

1 Vgl.: R. Guardini, Annahme, in: Tugenden, Meditationen über Gestalten des sittlichen Lebens, Werkbund Verlag, Würzburg 1963, S. 34-44.

2 L. Rinser, Septembertag, Fischer Taschenbuch Verlag Nr. 1695, Frankfurt a. M. 1976, S. 45.

45 Wie werde ich mit meinen Fehlern fertig?

1 B. Miller, Die Wüstenväter, Butzon & Bercker, Kevelaer 1976, S. 9.

2 E. Jungclaussen; Der Meister in dir, a. a. O., S. 53f.

3 Zitiert nach: Anthony Storr, C. G. Jung, Deutscher Taschenbuch Verlag Nr. 988, München 1974, S. 108.

4 M. Buber, Werke III, Schriften zum Chassidismus, Kösel-Lambert Schneider, München–Heidelberg 1963, S. 331.

5 L. Rinser, Abenteuer der Tugend, Fischer Taschenbuch Verlag Nr. 1027, Frankfurt a. M. 1975, S. 205.

Rudolf Stertenbrink

In Bildern und Beispielen

Rudolf Stertenbrink

In Bildern und Beispielen

Exemplarische Texte
zur Besinnung und Verkündigung

Band 2

Herder
Freiburg · Basel · Wien

Umschlaggestaltung: Finken & Bumiller
unter Verwendung des Motivs „Seiltänzer“ von August Macke,
Städtisches Kunstmuseum, Bonn.
Satz: Fotosetzerei G. Scheydecker, Freiburg im Breisgau
Herstellung: Freiburger Graphische Betriebe 1998
ISBN 3-451-26650-4

Vorwort

Warum hängen die Leute in ihren Wohnungen weniger eingerahmte Spruchweisheiten als vielmehr Bilder auf? Darauf gibt es mehrere Antworten: Ein „Spruch" sagt immer dasselbe. Das macht ihn schnell eintönig. Nach einer gewissen Zeit kann man ihn nicht mehr sehen und hören. Zugleich ist ein Spruch nicht selten einseitig. Oft kommt in ihm nur eine Seite der bunten Lebensfülle zur Sprache. Daß die Wahrheit viele Seiten hat, bleibt häufig unberücksichtigt. Damit ist eine weitere ungute Eigenschaft verbunden. Aufgrund seiner Einseitigkeit kann der Spruch recht absolut und eindeutig auftreten. Man hat den Eindruck, er dulde keinen Wider-Spruch. Schließlich enthält er in der Regel einen moralischen Zeigefinger.

Bei einem Bild liegen die Dinge anders. Bilder sprechen uns immer wieder neu und anders an. Man wird mit ihnen nicht fertig, sooft man sie sich auch anschaut. Immer wieder kann man etwas entdecken, was einem früher noch nicht aufgefallen war. Dies liegt nicht zuletzt daran, daß wir uns fortwährend ändern. Ständig erfahren und erleben wir anderes. So erscheint das Bild täglich in einem neuen Licht und kann uns plötzlich ganz andere Zusammenhänge offenbaren. „Das Bild begleitet seinen Besitzer durch viele Jahrzehnte, es redet zu ihm und bereichert und beglückt ihn, es tröstet und ermutigt: wunderbar, was aus solch einem Bilde alles ausströmen kann, zuweilen mehr als aus der freundlichen Hilfsbereitschaft eines Mitmenschen" (Franz M. Moschner).

All das gilt auch von einer guten Geschichte. Auch sie kann uns, sooft wir sie nachdenklich lesen, neue Tiefen und Breiten erschließen. Weil jeder Mensch alle Möglichkeiten in sich trägt, sind wir in jeder guten Geschichte irgendwie selbst gemeint. Damit ist gesagt: jede gute Geschichte kann für uns bedeutsam werden. Sie wird es, wenn wir uns von ihren inneren Vorgängen deuten lassen. Kein Mensch lernt sich in Selbstgesprächen kennen. Er bedarf vielmehr eines anderen, der ihm zeigt, was er selbst nicht sieht. Hier deutet sich die Absicht an, die auch diesem Band zugrunde liegt. Die in ihm vorgestellten Bilder und Beispiele wollen dem Leser dadurch bedeutungsvoll werden, daß sie ihn deuten, indem sie ihn auf das aufmerksam machen, was ihm im Alleingang nicht bewußt werden kann. Darüber hinaus veranschaulichen sie, welche Chancen jeder Mensch hat, um zu einem erfüllten Leben zu kommen. Wer sich für diese Bilder und Beispiele ein wenig Zeit nimmt, den werden sie begleiten; sie werden zu ihm reden, ihn beruhigen und beglücken, aufmuntern, trösten und ermutigen.

Inhalt

Vorwort 5

Das Leben ist ein Abenteuer

1. Achtung bitte – hier und jetzt 11
A. Huxley: Island – Mt 6,31–34

2. Jeder Morgen lädt zu neuem Leben ein 14
F. M. Dostojewski: Ein einziger Tag genügt – Mk 16,1–7

3. Jeder Tag ist ein neuer Tag 20
E. Hemingway: Der alte Mann und das Meer –
1 Joh 5,4–5. 9–12

4. Ihr Alltag – ihre Geschichte 23
A. Camus: Der Mythos von Sisyphos – Röm 6,3–11

5. Den Dingen in der Nähe das Geheimnis der Ferne lassen ... 29
H. Hesse: Die blaue Ferne – 1 Petr 2,11–12

6. Von allen Dingen kann man etwas lernen 34
M. Buber: Von den modernen Erfindungen – 1 Kor 9,24–27

7. Die Spiegelbilder unseres Verhaltens 38
Ein indisches Märchen – Lk 24,13–16. 25–31

8. Eine Situation, in der alle Masken fallen 41
Kl. Tilmann: Leben aus der Tiefe – Eph 4,22–24. 29–32

9. Fast immer ist der richtige Weg der schwerste 45
J. Reding: Die Rolle der Chassence – Lk 24,13–21. 25–26

10. Wenn der Anfang ein guter ist, geht vieles wie von selbst .. 50
P. Casals: Erinnerungen – Mt 20,1–16

11. Das Leben läßt sich nicht belügen 54
Jutta Hiltenkamp: Woher ... – Röm 14,7–9

12. Durch Staunen zu neuem Leben 59
J. Weidmann: Meine Begegnung mit Einstein – Joh 1,1.3.5.9–14

13. Falsches Sicherheitsgefühl 64
Fr. Dürrenmatt: Der Tunnel – 2 Kor 4,16–18

Gott ist das Wunder aller Wirklichkeit

14. Es muß im Leben noch mehr als alles geben 67
M. Sendak: Higgelti Piggelti Pop! – Lk 5,8–11

15. Alles liegt an dem ersten Schritt 72
Fr. Kafka: Vor dem Gesetz – Mk 2,13–17

16. Gott ist immer im Kommen 78
S. Beckett: Warten auf Godot – Mt 25,14–30

17. Wo ist Gott – für mich? 82
J. Reding: Ein Künstler, kaum bekannt – Ps 4

18. Der Himmel grüßt manchen, der ihn nicht grüßt 89
H. Spaemann: Das Wort Gottes erfahren – Joh 12,35–36

19. Gib der Wahrheit die Ehre – du Illusion 93
P. Claudel: Ève Lavallière – Ps 91,1–5.9

20. Gott zürnt nicht bitterer als eine Frau 98
G. Green: Das Herz aller Dinge – Mt 27,45–54

21. Das Leben kann noch einmal beginnen 105
S. von Radecki: Ein schöner Einfall – Jes 53,4–8

22. Wir sind Gottes Angehörige 109
A. M. Bach: Ein unerwarteter Fund – Eph 4,17–24; Ps 40,9

23. Keinem Menschen bleiben Dummheiten erspart 115
St. Andres: Die Dumme – Mt 10,16–17

24. Wie können wir vor Gott bestehen? 121
J. Anouilh: Einladung ins Schloß – Lk 18,9–14

25. Die Freude an Gott ist unsere Kraft 124
W. Saroyan: Die Welt ist voll von Leuten mit Filmgeschichten - Mt 13,44-46

Du machst meine Seele weit und tief

26. Ich habe das Meer gesehen 129
A. Stifter: Briefe - Röm 11,33-36

27. Der Weg zur Quelle führt gegen den Strom 133
François Mauriac: Die Quelle - Ps 42,2-6

28. Durch Einkehr zur Umkehr 137
Der Untergang der Titanic - Mt 24,37-44

29. Umkehr bedeutet: Unterwegssein zu Gott 140
Freiherr zu Guttenberg: Fußnoten - Mt 3,1-12

30. Da kam Licht in mein kummervolles Herz 144
Augustinus: Bekenntnisse - Lk 15,1-7

31. Von allem entblößt 150
N. G. van Doornik: Franz von Assisi - Mt 10,34-39

32. Im Menschen den Menschen finden 156
F. M. Dostojewski: Briefe - Joh 13,34-35

33. Der Überfall Gottes 167
P. Claudel: Meine Bekehrung - 1 Thess 5,16-24

34. Was nicht in meinem Plan lag, das hat in Gottes Plan gelegen 174
E. Stein: Endliches und ewiges Sein - Joh 1,9-14

Jesus - Das Gleichnis Gottes

35. Wer erlöst die Welt? 181
I. Bachmann: Alles - Offb 21,1-4

36. Menschliches Denken kann Gottes Liebe nicht verstehen 186
R. Guardini: Der Herr - Tit 3,4-7

37. Jesus Christus ist das Wort, in das sich Gott ganz hineingegeben hat 190
St. Zweig: Angst – Joh 14,23–29

38. Jesus Christus – wer ist er für dich? 194
St. Andres: Der Reporter Gottes – Mt 12,46–50

39. Ich kenne die Menschen – er war mehr als ein Mensch ... 200
Napoleon Bonaparte: Wider kluge Skeptiker – Lk 9,18–21

40. In ihm will Gott eines jeden Menschen Nächster sein 204
R. Guardini: Aufzeichnungen – Lk 10,25–37

41. Man kreuzigte ihn, weil man ihn für einen Narren hielt ... 209
S. Kierkegaard: Die Tagebücher – Röm 12,1–2

42. Sei gut zu mir 213
W. Borchert: Das Brot – 1 Kor 11,23–26

43. Wehrlos legt er sich in unsere Hand 217
H. Hesse: Vom inneren Reichtum – 1 Kor 11,23–26

44. Wie Erstarrtes wieder lebendig werden kann 222
H. Franck: Das Herzgeschenk – Joh 4,9–14

45. Wer ist ein Christ? 228
J. Niederer: Ein Christ – Eph 5,8–17

46. Was heißt „Stellvertretung"? 233
S. Lenz: Nacht im Hotel – Joh 5,1–9

47. Gehe hinüber 237
Fr. Kafka: Von den Gleichnissen – Lk 18,9–14

48. Wegweiser zur inneren Erneuerung 241
W. Bergengruen: Schreibtischerinnerungen – Mt 1,18–25

Quellenangaben 245

Das Leben ist ein Abenteuer

1 Achtung bitte – hier und jetzt

A. Huxley: Island
Mt 6,31–34

Aldous Huxley (1894–1963) beginnt seinen letzten Roman „Eiland" mit der Schilderung, wie der Journalist Will Farnaby mit seinem Segelboot Schiffbruch erleidet. Während das Boot an den Klippen der Insel Pala zerschellt, versucht Will in die Höhe zu klettern, um sich vor den Wellen in Sicherheit zu bringen. Fast hat er sein Ziel erreicht, da sieht er unmittelbar vor sich eine große grüne Schlange. Erschrocken läßt er sich los. „Jetzt ist alles zu Ende", schießt es ihm durch den Kopf. Nach kurzem Fall bleibt er an einem Baum bewußtlos liegen.

Durch ein „Achtung", das ihm zugerufen wird, wacht er auf. Er ist der Meinung, er sei zu Hause und seine Frau Molly wolle ihn wecken. Dann aber erinnert er sich, daß Molly nach einer Auseinandersetzung mit ihm bei einem Unfall ums Leben gekommen war. Plötzlich entdeckt er, daß ein großer schwarzer Papagei ihm immer wieder dieses Wort zuruft. Diesem „Achtung" fügt der Vogel hinzu: „Hier und jetzt". Kurz darauf nähert sich dem Schiffbrüchigen eine junge Insulanerin mit ihrem Bruder. Mit großem Interesse fragt Will das Mädchen, warum der Vogel gerade diese Worte spreche. „Weil jemand sie ihm beigebracht hat", erwidert es ihm. „Aber warum hat man ihm gerade diese Worte beigebracht?" will Will genauer wissen. Nach einer kurzen Überlegungspause antwortet ihm das Mädchen: „Das ist es, was man immer wieder vergißt. Man vergißt, darauf zu achten, was augenblicklich geschieht. Und das ist dasselbe, als wäre man jetzt nicht hier.

Als sich die Insulanerin erkundigt, wie er auf die Insel gekommen sei, erzählt er, was ihm widerfahren war. Er berichtet vom Sturm, vom

Stranden des Bootes, vom langen Alptraum des Emporkletterns, von der Schlange und dem entsetzlichen Fall. Dabei durchschüttelt ihn ein heftiges Zittern. Das Mädchen lauscht seinen Worten kommentarlos. Dann sagt sie: „Das müssen Sie loswerden." „Ich wüßte gerne wie", stöhnt Will. „Erzählen Sie mir nochmals die Geschichte mit der Schlange und wie Sie heruntergefallen sind." Will aber will nicht mehr daran erinnert werden. Das Mädchen dringt jedoch in ihn ein: „Natürlich möchten Sie nicht. Aber Sie müssen. Hören Sie auf das, was der Vogel sagt. Sie können nicht hier und jetzt sein, bis Sie die Schlange losgeworden sind."

Vgl. Aldous Huxley, Island, Chatto & Windus, London 1966, S. 7–18.

„Man vergißt, darauf zu achten, was augenblicklich geschieht. Und das ist dasselbe, als wäre man jetzt nicht hier", sagt die junge Insulanerin dem Schiffbrüchigen, der durch den Ruf des Vogels zu sich gekommen war. Von diesem Übel sind wohl alle Menschen betroffen, denn wir alle vergessen immer wieder, auf das Hier und Jetzt zu achten. Überprüfen wir einmal, wo wir uns mit unseren Gedanken die meiste Zeit aufhalten. Wir werden herausfinden, daß wir fast immer entweder mit der Zukunft oder mit der Vergangenheit beschäftigt sind. Während der jugendliche Mensch die Zukunft vorausnimmt, da sie ihm zu langsam kommt, ruft der älter gewordene Mensch die Vergangenheit zurück, weil sie zu stürmisch entschwindet. So irren wir, wie Blaise Pascal einmal bemerkt, in den Zeiten herum, die nicht uns gehören. An die Gegenwart, die einzige Zeit, die uns gehört, denken wir meist nicht. Das Ergebnis ist, daß wir nie zum wirklichen Leben kommen und das eigentliche Glück nie erfahren.

Die junge Insulanerin, die den Fremden auf das Hier und Heute aufmerksam macht, ist selbst noch im Kindesalter. Im Gegensatz zum jugendlichen und erwachsenen Menschen ist es eine Eigenart des Kindes, im Heute zu leben. Weil es das Gestern schnell vergessen kann und sich noch nicht in die Zukunft hinein verliert, ist es frei für das, was augenblicklich geschieht. So ist für das Kind jeder Tag ein neuer Tag mit unerwarteten Überraschungen. Daraus erwachsen seine kindliche Unbekümmertheit und seine Freude am Dasein. Froh ist ein Mensch in dem Ausmaß, als er sich selbst gegenwärtig ist. Sich selbst gegenwärtig ist aber nur, wer für den heutigen Tag dazusein vermag. Sören Kierkegaard schreibt: „In demselben Grad, wie du dir selbst ganz gegenwärtig bist, dadurch, daß du heute da bist, in demselben Grad ist der Tag des Unheils, der kommende Tag, für dich nicht mehr da. Die Freude ist die gegenwärtige Zeit mit dem ganzen Nachdruck auf:

gegenwärtig. Darin ist Gott selig, er, der ewig ,heute', sagt, er, der sich ewig und unendlich selbst gegenwärtig ist, dadurch, daß er heute da ist."[1] Den Menschen gegenwärtig zu machen, darin liegt auch die verwandelnde Kraft des Evangeliums. Die Freude, die es uns als ,Frohe Botschaft' verspricht, bedeutet die Freude, im Heute zu leben. Wesentlich wird der Mensch, wenn er im Heute lebt. Im konkreten Anspruch der gegenwärtigen Situation erfährt er unüberhörbar, was Gott jetzt und hier von ihm erwartet. Dauernd greift Gott, den viele Menschen unendlich weit entfernt glauben, in unser Leben ein, um den von uns erfüllten Augenblick in sein ,ewiges Heute' aufzunehmen.

Um im Heute sich selbst gegenwärtig sein zu können, muß jedoch eine wichtige Bedingung erfüllt sein: „Sie können nicht hier und jetzt sein, bis Sie die Schlange losgeworden sind", erklärt die Insulanerin dem Fremden. Das heißt: die Vergangenheit kann nur dann in rechter Weise vergessen werden, wenn sie bewältigt worden ist. Was unbewältigt verdrängt worden ist, kann nicht vergessen werden. Zu jeder Zeit kann die Erinnerung daran erneut hervorbrechen und frühere Wunden wieder öffnen. Ein ungutes Erlebnis, das wir nicht annahmen; eine Wohltat, für die wir uns nicht bedankten; eine Enttäuschung, die wir einem anderen zufügten und für die wir uns nicht entschuldigten; eine Schuld, zu der wir nicht stehen wollen; all dies und vieles andere mehr können Schlangenköpfe sein, die uns immer wieder unerwartet mit bedrohlichen Augen anschauen werden, um uns daran zu hindern, im Heute zu leben. Erst wenn es uns gelingt, mit all dem ins reine zu kommen, werden wir uns voll und ganz auf den gegenwärtigen Augenblick einlassen können.

Macht euch also keine Sorgen und sagt nicht: Was werden wir essen? oder: Was werden wir trinken? oder: Was werden wir anziehen? Denn nach all dem trachten die Heiden. Euer himmlischer Vater weiß ja, daß ihr das alles braucht. Sucht vielmehr zuerst das Reich und seine Gerechtigkeit, und all das wird euch dreingegeben werden. Sorgt euch also nicht um den morgigen Tag, denn der morgige Tag wird für sich selber sorgen. Jeder Tag hat genug an seiner eigenen Plage.
Mattäus 6,31–34

2 Jeder Morgen lädt zu neuem Leben ein

F.M. Dostojewski: Ein einziger Tag genügt
Mk 16,1–7

F.M. Dostojewski (1821–1881) erzählt einmal von einem jungen Mann, den eine schwere Krankheit zum Nachdenken brachte. Auf diese Weise fand er den Weg zu Gott und gewann den Eindruck, erst jetzt zum eigentlichen Leben gekommen zu sein. Vor allem beschäftigte ihn die Frage: „Wie haben wir nur so leben und uns kränken können und haben es nicht gewußt?" Von der Liebe getrieben, stand er nun mit jedem Morgen freudiger auf. Wenn der Arzt kam, scherzte er mit ihm: „Nun, Herr Doktor, werde ich noch einen ganzen Tag auf Erden leben?" – „Nicht nur einen Tag, noch viele Tage werden Sie erleben", antwortete der Arzt, „sogar Monate und Jahre werden Sie noch leben." – „Wozu denn noch Monate und Jahre!" rief er aus. „Wozu die Tage zählen! Dem Menschen genügt ja ein einziger Tag, um das ganze Glück zu erfahren. Meine Lieben, warum streiten wir uns, warum tun wir wichtig voreinander, warum vergeben wir nicht einander? Laßt uns doch lieber in den Garten gehen (...), einander lieben und loben (...) und unser Leben preisen! ..." – „Ihr Sohn ist nicht von dieser Welt", sagte der Arzt zur Mutter, wenn diese ihn zur Tür brachte, „durch die Krankheit verfällt er in einen Rauschzustand ..." Doch der Arzt verkannte den wahren Grund für den Glückszustand seines jungen Patienten. Durch das Fenster seines Zimmers in den Garten schauend, sagte dieser: „So groß war der Ruhm Gottes ringsum: Vögel, Bäume, Wiesen und Himmel, nur ich allein lebte in Schmach und schändete alles, weil ich die Schönheit der Welt und den Ruhm des Herrn nicht beachtete."

Vgl. F.M. Dostojewski, Die Brüder Karamasoff, Roman, R. Piper & Co Verlag, München–Zürich 1980, S. 471f.

Ein einziger Tag genügt, um das ganze Glück zu erfahren; denn ein einziger Tag ist ein Gleichnis für das ganze Leben: „Jeder Morgen ist eine kleine Geburt, jeder Tag ein kleines Leben, jeder Abend ein kleiner Tod" (Bischof P. W. v. Keppler). Dabei kommt dem Morgen besondere

Bedeutung zu. Die Art und Weise, wie wir ihn erleben, bestimmt weithin unseren Tagesablauf. Was ist das Eigentümliche, das von einem Morgen ausgeht und von uns aufgenommen werden möchte, damit wir an einem einzigen Tag das ganze Glück erfahren? Es ist das Licht und die Wärme der aufgehenden Sonne.

Man stelle sich einmal vor, die Sonne würde eines Morgens nicht mehr aufgehen. Was wären die Folgen? Alles Leben würde absterben; denn nichts und niemand kann ohne Licht und Wärme leben. Man bemerkt dies schon, wenn die Sonne am Morgen zwar aufgeht, aber nicht so recht herauskommen will. Dann läuft das Leben – nicht nur für wetterabhängige Leute – irgendwie anders. Daß die Sonne jeden Morgen mit treuer Pünktlichkeit in Erscheinung tritt, sollte nicht mit Selbstverständlichkeit hingenommen werden; es sollte uns vielmehr zum Staunen bringen. Nur staunend kann man die Botschaft vernehmen, die in jedem Sonnenaufgang liegt. Sie sagt uns, daß das Licht erneut über alle Finsternis gesiegt hat und das Leben über den Tod. Sie sagt uns darüber hinaus, daß Gott mit uns noch nicht die Geduld verloren hat, daß er uns vielmehr einlädt, mit dem neuen Tag ein neues Land zu betreten, das noch von keines Menschen Fuß berührt worden ist. Daher ist jeder Tag etwas Ungewöhnliches, etwas, das es zuvor noch nicht gegeben hat und das es nicht mehr geben wird, wenn die Sonne am Abend untergegangen ist. So bringt uns jeder Sonnenaufgang zu Bewußtsein, „daß es *mehr* gibt, als der Mensch anrichten und ausrichten kann (...), daß es das Überwältigende, Strahlende gibt, das Unberechenbare, das gnadenhaft sich Schenkende“ (C. Bamberg).

Durch dieses Erlebnis wurde jener junge Mann, von dem Dostojewski erzählt, in einen Glückszustand gehoben. In diesem Glückszustand haben große Komponisten ihr Erlebnis des Morgens musikalisch gestaltet. Man denke beispielsweise an die Sinfonie Nr. 6 D-dur „Le Matin“ von Joseph Haydn. Große Maler taten es auf ihre Art. „Singt das Morgenlob, der Tag kehrt wieder“, so betitelt Georges Rouault seine Radierung aus der Sammlung „Miserere“. Im gleichen Glückszustand haben viele Dichter ihre Morgenhymnen geschaffen, in denen sie „die Schönheit der Welt und den Ruhm des Herrn“ zur Sprache bringen. Irgend etwas von solcher Faszination spürt man auch aus dem Wort des geistreichen irischen Dramatikers George Bernard Shaw: „Je näher man das Leben an sich herankommen läßt, um so mehr muß man sich mit der Religion beschäftigen.“

Übersehen wir an dieser Stelle nicht die vielen Menschen, die sich nur schwer zu solchem Staunen über den Anbruch eines neuen Tages durchringen können. Mit dem Morgengrauen überfällt sie das Grauen vor dem neuen Tag. Mit dem Sonnenaufgang stehen viele Fragen in ihnen auf: Was wird aus diesem Tag? Wie wirst du heute mit deinem Kummer und deinen Sorgen fertig? Wie wirst du alles geschafft bekommen? Unlust und Widerwillen treten gleich am Morgen neben ihr Lager.

Zu diesen Menschen gehört auch der Prophet Elija (1 Könige 19,9–18). Am Berg Horeb hatte er eine schwere Nacht in einer Höhle verbracht. Auch die Nachtruhe konnte seinen Kummer nicht vertreiben. Am Morgen stand der Herr vor ihm und fragte ihn: „Elija, was machst du hier?“ Da gab Elija dem Herrn zu verstehen, er habe die Freude und die Lust am Leben verloren. Erfolglosigkeit, Mutlosigkeit, Bitterkeit und Angst hielten ihn gefangen, so daß er das Dunkel seiner Höhle nicht verlassen wollte. Der Herr aber sagte ihm: „Elija, geh wieder deines Weges durch die Wüste nach Damaskus ...“ Da verließ Elija die Dunkelheit der Höhle und machte sich auf den Weg. Ob dieses Wort Gottes nicht allen gilt, für die der Tagesablauf ein Weg durch die Wüste ist?

Ich denke in diesem Zusammenhang auch an eine bestimmte Situation im Leben von Petrus. Der König Herodes hatte ihn festnehmen lassen, um ihn dem Volk vorzuführen, damit dieses seinen Tod fordere. In der Nacht nun, ehe dies geschehen sollte, schlief Petrus, mit Ketten gefesselt, zwischen zwei Soldaten. Plötzlich trat ein Engel des Herrn ein. Er stieß Petrus in die Seite und sagte ihm: „Steh auf, gürte dich und geh!“ Da stand Petrus auf und die Fesseln fielen von ihm ab. Der Engel ging voraus, und Petrus folgte ihm. Als sie draußen waren, erkannte Petrus, was geschehen war, und er sagte: „Jetzt weiß ich, daß der Herr mich der Hand des Herodes entrissen hat“ (Apg 12,1–11).

Was ist der Sinn dieser beiden Erzählungen? Was wollen sie sagen? Der Dichter und Schriftsteller Manfred Hausmann antwortet darauf: „Gott sieht die Dinge anders als der Mensch. Er erkennt den Anfang, der in jedem Ende verborgen liegt. Wo sich dem menschlichen Auge nur Untergang und Finsternis darbietet, leuchtet für ihn schon das Licht der Zukunft auf. Während Elija noch glaubt, am Ende seines Lebens zu stehen, hat Gott ihn schon für eine neue Aufgabe erkoren. Während Elija im Nachtdunkel der Höhle hockt (...), bereitet sich das große Geheimnis vor!“[1] Was der Dichter von Elija sagt, gilt gleichermaßen auch für Petrus; es gilt für jeden Menschen und damit auch für uns.

„Steh auf, gürte dich und geh!“ Dieser Weckruf Gottes ermuntert nicht nur, uns von unserem Lager zu erheben; er befähigt uns vor allem, *innerlich* aufzustehen. Nur wer sich innerlich erhebt, vermag so aufzustehen, daß er wach, hoffnungsvoll und tapfer in den Tag aufbricht. Wo sich der Mensch in der Kraft von Gottes Wort „Steh auf, gürte dich und geh!“ von seinem Lager löst, da fallen auch von ihm die Fesseln ab, die Fesseln der Niedergeschlagenheit und Müdigkeit, der Gleichgültigkeit und Lustlosigkeit, des Widerwillens und der Resignation. Und gewiß wird dann auch er irgendwann im Verlauf des Tages sagen: „Jetzt weiß ich, daß mich der Herr an seiner Hand geführt hat ...“

Deutlich zeigt sich hier, daß die Zeit des Morgens eine Zeit der *Entscheidung* ist. Sie macht den Morgen erst zum Morgen; in ihr liegt die Kraft für den Tag. Ausschau haltend, was der neue Tag wohl bringen mag, welche Aufgaben zu erfüllen, welche Schwierigkeiten zu bewältigen und welche Augenblicke, Gutes zu tun, zu nutzen sind, übergibt der gläubige Mensch sein erwachtes Leben dem ihn liebenden Gott, damit er es in seine Hände nehme und es hindurchführe durch diesen neuen Tag. So lebe nicht mehr ich, sondern der Herr lebt in mir. Er wird der Herr meines Tages sein. „Siehst du, wie viel von der ersten Stunde des Tages abhängt?“ schreibt Romano Guardini (1885–1968). „Sie ist sein Anfang. Man kann ihn auch ohne Anfang beginnen, gedankenlos, willenlos hineingleiten. Da ist dann überhaupt kein ‚Tag‘, sondern nur ein Fetzen Zeit, ohne Sinn noch Angesicht. Ein Tag ist aber ein Weg; er will Richtung. Ein Tag ist ein Werk; das fordert klaren Willen. Ein Tag ist ein Lied; das verlangt helles Anheben. Ein Tag ist dein ganzes Leben. Dein Leben ist wie dein Tag.“[2] Das ist der tiefere Grund, weshalb ein einziger Tag genügt, um das ganze Glück zu erfahren.

Der Morgen ist damit auch die Zeit der *Erneuerung*. Was sich nicht mehr erneuert, stirbt ab, und eines Tages ist es tot. Durch die ständige Erneuerung hingegen verjüngt sich unser Leben auf den „Tag Gottes“ hin. Um welche Erneuerung geht es hier?

Ich las einmal von einem chinesischen König, der sich auf seiner Badewanne Schriftzeichen mit der Bedeutung eingravieren ließ: „Erneuere dich vollkommen jeden Tag; tue es immer wieder und stets aufs neue.“ Dieser Merksatz weist über die bloß leibliche Erneuerung hinaus, mit der es nicht wenige gut sein lassen. Davon spricht mit großer Verwunderung der russische Schriftsteller Alexander Solschenizyn in einer Miniaturprosa, die den Titel „Tagesbeginn“ trägt: „Bei Sonnenaufgang liefen dreißig Jugendliche auf die Wiese, stellten sich in Abständen auf, das Gesicht der Sonne zugewendet, und begannen sich zu bücken, hinzuhocken, zu verbeugen, auszustrecken, die Arme auszubreiten, die Arme zu heben, kniend den Körper hintenüber zu werfen.

Dies dauerte eine Viertelstunde lang. Von weitem hätte man meinen können, sie beten. In unseren Tagen wundert es niemand, daß der Mensch Tag für Tag geduldig und aufmerksam seinem Körper dient. Wir wären aber gekränkt, wenn er so seinem Geist diente. Nein, dies ist kein Gebet. Es ist die Morgengymnastik."[3]

Der Morgen ist von seinem Wesen her nicht nur die Zeit der leiblichen, sondern vor allem die Zeit der geistigen und seelischen Erneuerung. Weil man dies leicht vergessen kann, verschaffte sich jener König mit den eingravierten Schriftzeichen eine lebensnotwendige „Gedächtnisstütze".

Wenn hier von der inneren Erneuerung die Rede ist, dann verstehen wir darunter, daß wir heute besser machen können, was gestern nicht gut gewesen ist. Wir dürfen jeden Morgen einen neuen Anfang machen, um innerlich größer zu werden, um zu wachsen in der Wahrnehmung der vielfältigen, meist verborgenen Wunderwerke Gottes, in der Erfüllung unserer alltäglichen Pflichten, in der Geduld mit den Kindern oder mit den Eltern, im Dienst an unserem Nächsten, im Umgang mit den Berufskollegen oder Kunden, im Mitgefühl mit den Bedrängten und Unterdrückten. In alldem vollzieht sich unsere Menschwerdung, das heißt, wir werden von Tag zu Tag mehr Mensch; wir werden unsererseits für manch einen in unserer Umgebung zu einer Sonne. Geht diese Sonne, die wir selber für andere sind, am Ende unserer Tage unter, dann liegt in diesem Untergang die Verheißung des Aufgangs zum Ewigen Leben. Damit wird jeder Morgen zu einer Zeit der *Verheißung*. In der Nachfolge dessen lebend, den die Kirche „die Sonne der Gerechtigkeit" nennt, werden wir zu jenen Gerechten gehören, von denen Jesus sagt: „Sie werden im Reich ihres Vaters wie die Sonne leuchten" (Mt 13,43).

Im Glauben an diese Verheißung starb am 3. Dezember 1964 in einer Zürcher Klinik im Alter von sechzig Jahren der gefeierte Schauspieler und Regisseur Ernst Ginsberg. Als Sohn einer jüdischen Arztfamilie fand er mit fünfunddreißig Jahren den Weg zum katholischen Glauben. Auf dem Höhepunkt seines Lebens überfiel ihn eine unheilbare Krankheit, worüber er sich im klaren war. Der begnadete Schauspieler wurde mehr und mehr gelähmt, schließlich verlor er die Sprache. In den langen Monaten seiner fortschreitenden Krankheit verfaßte er unter anderem Gebete in Gedichtform. Eines trägt den Titel: „Tägliches Gebet in langer Krankheit"[4]. Es könnte zu unserem Gebet am Morgen eines jeden Tages werden, den Gott uns noch schenken will:

„Ich bitte dich, Herr, um die große Kraft
diesen kleinen Tag zu bestehen
um auf dem großen Wege zu dir
einen kleinen Schritt weiterzugehen."

Als der Sabbat vorüber war, kauften Maria aus Magdala, Maria, die Mutter des Jakobus, und Salome wohlriechende Öle, um damit zum Grab zu gehen und Jesus zu salben. Am ersten Tag der Woche kamen sie in aller Frühe zum Grab, als eben die Sonne aufging. Sie sagten zueinander: Wer könnte uns den Stein vom Eingang des Grabes wegwälzen? Doch als sie hinblickten, sahen sie, daß der Stein schon weggewälzt war; er war sehr groß. Sie gingen in das Grab hinein und sahen auf der rechten Seite einen jungen Mann sitzen, der mit einem weißen Gewand bekleidet war; da erschraken sie sehr. Er aber sagte zu ihnen: Erschreckt nicht! Ihr sucht Jesus von Nazareth, den Gekreuzigten. Er ist auferstanden; er ist nicht hier. Seht, da ist die Stelle, wo man ihn hingelegt hatte. Nun aber geht und sagt seinen Jüngern, vor allem Petrus: Er geht euch voraus nach Galiläa; dort werdet ihr ihn sehen, wie er es euch gesagt hat.
Markus 16,1–7

3 Jeder Tag ist ein neuer Tag

E. Hemingway: Der alte Mann und das Meer
1 Joh 5,4–5.9–12

Am Sonntag, den 2. Juli 1961 um 7 Uhr morgens, wurde Frau Hemingway in ihrem Ferienhaus durch die Explosion eines Schusses aus dem Schlaf gerissen. Sie ging nach unten und entdeckte die Leiche ihres Mannes, der sich mit seinem Lieblingsgewehr erschossen hatte. Vier Tage zuvor war Ernest Hemingway mit einer unheilbaren Krankheit aus der Klinik entlassen worden. Am Vorabend hatte er noch mit seiner Frau vergnügt zusammengesessen. Der katholische Priester sprach in seiner Grabrede die Worte: „Herr, gewähre deinem Diener Ernest Hemingway die Vergebung seiner Schuld und schenke ihm ewigen Frieden!" Die Tragik dieses Lebensendes wird in ihrem vollen Ausmaß offenkundig, wenn wir bedenken, was Ernest Hemingway im meisterhaften Kurzroman „Der alte Mann und das Meer" erzählt.

Im Mittelpunkt dieses Romans steht der alte Fischer Santiago, der 84 Tage hintereinander in einem kleinen Boot in den Golfstrom hinausgefahren war, ohne einen Fisch zu fangen. Anfangs hatte er einen Jungen bei sich. Nach vierzig fischlosen Tagen jedoch war er auf Geheiß seiner Eltern in einem anderen Boot mitgefahren, das mehr Glück hatte. Wenn der Junge den alten Mann jeden Tag mit seinem leeren Boot zurückkommen sah, wurde er traurig. Er lief zum Ufer hinunter, um ihm beim Herauftragen der Angelleinen, der Fischhaken, der Harpune und des Segels zu helfen. Wenn das mit Mehlsäcken geflickte Segel zusammengerollt war, sah es wie die Fahne der endgültigen Niederlage aus.

Der alte Mann war dünn und hager. In seinen Nacken hatten sich viele Falten eingegraben. Seine Hände zeigten tief eingekerbte Spuren vom Handhaben der Leinen. Alles an ihm war alt – nur nicht die Augen. Diese hatten die gleiche Farbe wie das Meer und waren trotz aller Glück- und Erfolglosigkeit heiter und unbesiegt geblieben. Denn niemals hatte der alte Mann seine Hoffnung und seine Zuversicht verloren. „Man darf nicht aufgeben", sagte er. „Man kann vernichtet werden, aber aufgeben darf man nicht."

Stets hatte sich der alte Mann an dieses Wort gehalten. Auch als er am fünfundachtzigsten Tag unerwartet seinen größten Fisch gefangen hatte und dieser dann nachts auf dem Heimweg von einem Haifischrudel überfallen und bis auf das Gerippe aufgefressen wurde, gab er nicht auf. Denn nie hatte er seine Liebe zum Meer, das große Gunst gewähren und vorenthalten kann, verloren. Manchmal überfiel ihn der Gedanke: „Du hast kein Glück mehr." Dann sagte er sich: „Aber, wer weiß? Vielleicht heute. Denn jeder Tag ist ein neuer Tag."

Vgl. Ernest Hemingway, Der alte Mann und das Meer, in: Sämtliche Erzählungen, Rowohlt Verlag, Reinbek b. Hamburg 1966, S. 417, 419, 429, 467.

Ernest Hemingway war der Überzeugung, daß das Leben ein fortwährender Kampf ist, der mit Fairneß, Mut, Würde und Ausdauer geführt werden muß, wie immer er auch ausgehen mag. Daher geht es in dieser Erzählung nicht um ein zufälliges Einzelschicksal. Das Schicksal des alten Fischers ist vielmehr Sinnbild für das Leben des Menschen überhaupt. Denn jedes menschliche Leben besteht aus Sieg und Niederlage, aus Höhen und Tiefen, aus Glück und Enttäuschung. Wer wüßte das nicht? Die Sonne des Lebens, die uns jetzt scheint, kann sich morgen verdunkeln. Der berufliche Erfolg, die glückliche Ehe, ein deutscher Fußballsieg, Gesundheit, Freundschaft und politischer Friede, all dies steht nicht unumwerflich in sich selbst. Andererseits ist aber die Mitte einer jeden Nacht, wie immer diese auch in einem Menschenleben aussehen mag, der Anfang eines neuen Tages.

Darum wußte der alte Fischer. Deshalb segelte er mit der gleichen Sorgfalt, die er aufwenden würde, wenn er gewonnen hätte, zum Heimathafen zurück. Deshalb war für ihn jeder Tag ein neuer Tag; denn das Leben lehrte ihn, daß man bis an das Ende staunend und dankbar und ohne Verzweiflung empfangen muß, was das Leben an Neuem bietet. Deshalb waren seine Augen heiter und unbesiegt geblieben. Deshalb verlor er auch in der Niederlage nicht seinen Stolz und sein Ehrbewußtsein. Er war der Überzeugung, daß es eine Wesensbestimmung des Menschen ist, letztlich nie besiegt werden zu können. Nicht die Frage, *welche* Niederlage dem einzelnen widerfährt, ist entscheidend. Das ist Schicksal oder Zufall, die sich wie die Wellen des Meeres ändern können. Entscheidend für den Menschen ist allein, wie er sich in der Niederlage behauptet. Wie aber sollte er sich behaupten? Die Antwort Hemingways lautet: mit Zuversicht und Hoffnung.

So ermutigend diese Weltsicht auch ist, es stellt sich hier die Frage, ob sie von jenem Grund getragen werden kann, den Hemingway ihr gibt. Denn für Hemingway ist die Welt nicht geordnet und weise gelenkt. Über allem waltet das Nichts, dem letzten Endes alles in die Arme fällt. Das Leben ist für ihn der Spielball eines reinen Zufalls. Alles könnte auch anders kommen. Deshalb vermag der Mensch nur auf sich selbst zu vertrauen, auf seine eigene Kraft, auf sein eigenes Können. Der Wunsch, selbst Herr über den Tod zu sein und ihn zu einer ihm genehmen Stunde herbeizurufen, damit er nicht eines Tages ungerufen über ihn komme, dies erklärt zwar nicht sein Ende, läßt uns aber doch erahnen, daß dieses Ende gesetzt wurde, um selbst über die Macht des Todes Sieger zu bleiben.

Der Sieg über die zerstörerischen Schicksalsmächte dieser Welt und des Todes ist letztgültig nicht von menschlicher Seite her zu erwarten. Nur wenn der Mensch in der Hand des Letzten, und das heißt für uns: in der Hand Gottes, ist, vermag ihn die Hand des Vorletzten nicht zu erdrücken. Weil Jesus als der Gott unseres Lebens uns teilhaben läßt an seinem Sieg über den Tod, ist es die Wesensbestimmung derer, die an ihn glauben, nicht besiegt zu werden. Hier liegt für den gläubigen Menschen der Grund, weshalb jeder Tag ein neuer Tag ist, ein Tag mit neuer Hoffnung, und weshalb er selbst in der Nacht seines Todes hinüberschaut in den ewigen Morgen seines Gottes.

Denn jeder von Gott Gezeugte besiegt die Welt. Und das ist der Sieg, der die Welt besiegt: unser Glaube. Wer aber ist der, der die Welt besiegt, wenn nicht der, der da glaubt, daß Jesus der Sohn Gottes ist?

Wenn wir das Zeugnis der Menschen annehmen, so ist das Zeugnis Gottes größer. Denn darin besteht das Zeugnis Gottes, daß er Zeugnis abgelegt hat über seinen Sohn. Wer an den Sohn Gottes glaubt, besitzt das Zeugnis in sich. Wer Gott nicht glaubt, hat ihn eher damit zum Lügner gemacht, weil er dem Zeugnis, das Gott über seinen Sohn abgelegt hat, seinen Glauben versagt hat. Und darin besteht das Zeugnis, daß Gott uns ewiges Leben geschenkt hat, und dieses Leben in seinem Sohn. Wer den Sohn hat, hat das Leben. Wer den Sohn Gottes nicht hat, hat auch das Leben nicht.
1 Johannes 5,4–5. 9–12

4 Ihr Alltag – Ihre Geschichte

A. Camus: Der Mythos von Sisyphos
Röm 6,3–11

Zu den Werken des durch einen Autounfall tödlich verunglückten französischen Schriftstellers Albert Camus (1913–1960) gehört ein umfangreicher philosophischer Essay mit dem Titel „Der Mythos von Sisyphos“. Sisyphos ist eine Gestalt der griechischen Mythologie. Unter allen Menschen war er der verschlagenste. Sogar den Tod vermochte er zu überlisten. Wegen seines schlechten Lebenswandels wurde er von den Göttern dazu verurteilt, einen Felsbrocken auf den Gipfel eines steilen Berges zu wälzen, von dem er immer wieder herunterrollte. Dieses Schicksal vergeblicher Mühe wiederholt sich im Grunde genommen im Alltagsleben eines jeden Menschen. Das bringt uns Albert Camus zu Bewußtsein. Er tut es nicht nur durch seinen erfolgreichsten Roman „Die Pest“, sondern auch durch die kurze Umschreibung dessen, was „Alltag“ ist. Was an dieser Umschreibung besonders besticht, ist ihre Einfachheit und Klarheit. In ihr läuft bereits der ganze Alltag mit all seiner Mühsamkeit ab: „Aufstehen, Straßenbahn, vier Stunden Büro oder Fabrik, Essen, Straßenbahn, vier Stunden Arbeit, Essen, Schlafen, Montag, Dienstag, Mittwoch, Donnerstag, Freitag, Samstag, immer derselbe Rhythmus – das ist sehr lange ein bequemer Weg. Eines Tages aber steht das ‚Warum‘ da, und mit diesem Überdruß, in den sich Erstaunen mischt, fängt alles an. ‚Fängt an‘ – das ist wichtig. Der Überdruß ist das Ende eines mechanischen Lebens ...“

Vgl. Albert Camus, Der Mythos von Sisyphos, Ein Versuch über das Absurde, rde Nr. 90, S. 16.

Vielleicht sind es solche Augenblicke des Überdrusses, da wir meinen, das Leben der Menschen in früheren Zeiten sei leichter gewesen. Ähnliche Gedanken können uns überfallen, wenn wir in andere Länder schauen oder unser Leben mit dem anderer vergleichen. Doch solche Gedanken sind nichts anderes als verlockende Täuschungen. Sie wachsen mit der Entfernung zwischen uns und dem Zielpunkt unserer Träume. Würden wir einmal unseren Träumen nachreisen, könnten wir in die ferne Vergangenheit zurückkehren, würden wir für ein paar Jahre in fremden Ländern leben oder das Leben mit denen teilen, von denen wir annehmen, sie hätten es nicht so schwer wie wir, wir wären alsbald um eine bedeutsame Erfahrung reicher geworden. Es ginge uns auf, daß es das Paradies nirgendwo auf Erden gibt und auch niemals geben wird. Warum nicht? Weil es zu allen Zeiten und in allen Ländern, für alle Generationen und für jeden einzelnen Menschen den „grauen Alltag“ gibt, weil es keinen gibt, der sich nicht in irgendeiner Weise als Sisyphos erlebt.

Vielleicht gibt es aber etwas, das wir Menschen von heute besser erkennen als die Menschen früherer Zeiten. Ich meine die unabweisbare Tatsache, daß jeder Versuch, diesen grauen Alltag endgültig zu verlassen oder gar abzuschaffen, um „das Paradies auf Erden zu verwirklichen, zu einer Hölle auf Erden führt und führen muß, und zwar der Versuch im Großen wie im Kleinen, an der Allgemeinheit oder am einzelnen“[1]. Wir sehen es, wenn wir über die Mauern der totalitären Staaten schauen; wir sehen es aber auch, wenn wir in das Leben des viel besprochenen „verlorenen Sohnes“ (Lk 15,11–32) schauen oder in das Leben derer, die seinem Traum heutzutage folgen. Mit einem Rucksack voller Ernüchterung kehrte der „verlorene Sohn“ aus seiner Verlorenheit ins Alltagsleben zurück. Die Alltagslast des Sisyphos erschien ihm auf einmal erträglicher als der bittere Nachgeschmack von Erlebnisstationen auf dem Weg zum Paradies, das er doch nirgendwo fand: „Wieviele Tagelöhner meines Vaters haben mehr als genug zu essen, und ich komme hier vor Hunger um“ (Lk 15,17). Diese Feststellung lädt vor allem den gläubigen Menschen dazu ein, den grauen Alltag als Realität des Lebens zu bejahen. Damit beugen wir uns zugleich unter das harte Los, das Gott der Menschheit nach dem Verlust des Paradieses auferlegte; wir akzeptieren unsere menschliche Wirklichkeit in dieser Welt, die das Wort Gottes so zum Ausdruck bringt: „Im Schweiße deines Angesichtes sollst du dein Brot essen, bis du zurückkehrst zum Ackerboden; von ihm bist du ja genommen. Denn Staub bist du, zum Staub muß du zurück“ (Gen 3,19).

Was dieser staubige Alltag für uns beinhaltet und wozu er uns alle Tage auffordert, reiht Albert Camus in seiner Alltagsumschreibung aneinander. Die dort genannten Termine machen im wesentlichen den Tagesablauf aus, der im selben Rhythmus immer wiederkehrt. So erweist sich der Alltag als das sich stets Wiederholende und Gleichmäßige, das Gleichschaltende und Durchschnittliche, das Mühsame und Ermüdende, das Anstrengende und uns Überfordernde. Darüber hinaus ist der Alltag der Ort, an dem unsere Armseligkeit und Gebrechlichkeit, unsere moralische Schwäche und unser Versagen, unsere Vergeblichkeit und Erfolglosigkeit unübersehbar zum Vorschein kommen. Und selbst wenn wir zu den glücklichen Naturen gehören, die das Leben zu nehmen verstehen, so kann uns doch nichts darüber hinwegtäuschen, daß unser Dasein ein „Sein zum Tode“[2] ist.

Doch dieser Alltag ist nicht nur – wie Albert Camus meinte – ein sich im Kreis sinnlos drehendes Karussell. Es muß sich in ihm etwas Bedeutsames verbergen. Was ist es? Es ist die Möglichkeit, daß dieser Alltag gleichsam zu einem Ackerland werden kann, in dem menschliches Leben zu menschlicher Größe heranreift. Wo der Mensch seine Arbeit immer wieder von neuem in Treue und Gewissenhaftigkeit tut, da wird sein Alltag zum „Werktag“, in dem er sich selbst unauffällig und lautlos verwirklicht; denn Selbstverwirklichung kann immer nur die Frucht harter Arbeit sein. In einer Diskussion sagte einmal der Schriftsteller Robert Musil (1880–1942): „Ein Schriftsteller besteht aus 99 Prozent Fleiß, Disziplin und Arbeit.“ Nicht anders dachte F.M. Dostojewski (1821–1881). In einem Brief an seinen älteren Bruder vom 31. Mai 1858 schrieb er: „Woher hast Du nur die Theorie, daß ein Bild auf den ersten Anhieb gemalt werden soll usw.? Wann bist Du zu dieser Überzeugung gekommen? Glaube mir, irgendein graziöses, flüchtiges Gedicht von Puschkin, das nur wenige Zeilen enthält, erscheint nur darum so graziös und wie flüchtig hingeworfen, weil der Dichter lange Zeit daran gearbeitet und herumgestrichen hat. Das sind Tatsachen. Gogol hat an seinen ‚Toten Seelen‘ acht Jahre lang geschrieben. Alles, was auf den ersten Anhieb entstand, war unreif ...“[3] Welche Arbeit Dostojewski sich seinerseits mit seinen großen Romanen machte, erfährt, wer sich in ihre Entstehungsgeschichte vertieft. Auch hier wird sichtbar: Nur durch harte Arbeit wird menschliches Leben reif.

Damit deutet sich etwas an, das nicht übersehen werden darf. Der Werktag kann uns nämlich so in Anspruch nehmen, daß wir in ihm unser Menschsein nicht gewinnen, sondern verlieren. Dafür gibt es in der Bibel ein bezeichnendes Beispiel: „Jesus kam in ein Dorf. Eine Frau namens Marta nahm ihn freundlich auf. Sie hatte eine Schwester, die Maria hieß. Maria setzte sich dem Herrn zu Füßen und hörte seinen Worten zu. Marta aber war ganz davon in Anspruch genommen, für ihn zu sorgen. Sie kam zu ihm und sagte: Herr, kümmert es dich nicht, daß meine Schwester die ganze Arbeit mir allein überläßt? Sag ihr doch, sie soll mir helfen! Der Herr antwortete: Marta, Marta, du machst dir viele Sorgen und Mühen. Aber nur eines ist notwendig. Maria hat das Bessere gewählt, das soll ihr nicht genommen werden“ (Lk 10,38–42).

In dieser Erzählung geht es um mehr als um verschiedenartige Menschentypen, Temperamente oder Charaktere. Es geht um den Lebensnerv. Inwiefern? Marta hat in ihrem Arbeitseifer die Fähigkeit verloren, ihre Mitmenschen zu verstehen. Deshalb erfaßte sie auch nicht, worum es Jesus bei seinem Besuch eigentlich ging. Er war ja nicht in dieses Haus eingetreten, weil er darin essen wollte. Er war vielmehr gekommen, um auf seinem Weg ein wenig Ruhe zu finden. Das erkannte Marta nicht. Maria hingegen verstand Jesus und schenkte ihm, was er jetzt notwendig hatte: erholsame Stille. Der biblische Erzähler macht uns also auf etwas Wichtiges aufmerksam: Wer in seinem Werktag aufgeht, gibt sich selber auf. Die Folge ist, daß er die anderen nicht mehr versteht. Das macht ihn gereizt, aggressiv und ungerecht. Er tut vieles, aber dieses Viele kann genau das Verkehrte sein. Nur wer im Werktag immer wieder innehält, vernimmt das Eine, das *jetzt* not-wendig ist. Auf diese Weise versteht er die anderen und kann sich ihnen gegenüber richtig verhalten. Ohne das Innehalten ist ein Aushalten im Werktag auf die Dauer nicht möglich. Im Innehalten fand Jesus die Kraft, die Menschen zu verstehen und auszuhalten.

Es gibt viele Formen, im Alltag innezuhalten. Eine besondere Form ist das Gebet. Vielleicht gibt es keine bessere „Schule des Betens" als den Alltag mit all dem, was darin täglich geschieht. Ob nicht jede Zeitungsinformation am Morgen und jede Fernsehnachricht an Abend Stoff liefert, aus dem sich ein Gebet machen läßt? Und auf wie viele Dinge stößt man im Ablauf des Tages, die in ein Gebet eingehen könnten? Alles, was uns im Alltag begegnet, kann uns Anlaß zum Beten werden. Anfangs wird es uns noch ungewohnt sein, so zu beten; dann aber werden wir beten, ohne daß wir es merken, ähnlich wie es bei Menschen ist, die sich lieben: Sie sprechen miteinander über alles mögliche, obwohl sie sich nicht greifbar nahe sind.

In Dostojewskis berühmten Roman „Die Brüder Karamasoff" gibt es eine Stelle, an der von solchem Beten im Alltag die Rede ist; dabei ist nicht etwa an eine besondere Gruppe von Menschen gedacht: „Vergiß nicht das Gebet. Jedesmal wird dich in deinem Gebet, wenn es aufrichtig ist, ein neues Gefühl durchzucken und damit auch ein neuer Gedanke, den du vorher nicht gekannt hast, der dich von neuem ermutigen wird, und du wirst einsehen, daß Gebet Erziehung ist. Merke dir auch noch dies: jeden Tag und jederzeit, wenn du nur die Möglichkeit dazu hast, wiederhole für dich: ‚Herr, erbarme dich aller, die heute vor dich hintreten.' Denn zu jeder Stunde und in jedem Augenblick verlassen Tausende von Menschen ihr Leben auf dieser Erde und ihre Seele erscheint vor dem Herrn – und wie viele von ihnen sind in der Einsamkeit von dieser Erde geschieden, ohne daß jemand darum wußte, in Trauer und Gram darüber, daß niemand sie vermissen, ja nicht einmal wissen wird, ob sie gelebt haben oder nicht. Und da erhebt sich nun vielleicht vom anderen Ende der Welt aus dein Gebet zum Herrn für die Seelenruhe eines solchen, obschon du ihn gar nicht gekannt hast und er nicht dich. Wie warm wird es dann seine in Furcht vor den Herrn hintretende Seele berühren, wenn sie in diesem Augenblick fühlt, daß auch für ihn jemand betet, daß auf der Erde ein menschliches Wesen zurückgeblieben ist, das auch ihn liebt. Ja, und auch Gott selber wird barmherziger auf euch beide schauen, denn wenn es schon dir leid tut um den Einsamen, um wieviel mehr wird er *Ihm* leid tun, der doch so unermeßlich barmherziger und liebevoller ist als du. Und Er wird ihm schon um deinetwillen vergeben."[4]

Solches Beten verwandelt uns und unseren Alltag. Unsere Seele wird nicht mehr einer Scheune gleichen, „in die alles von allen Seiten wahllos eingefahren wird, Tag für Tag, bis sie bis zum Dach mit Alltag gefüllt ist ..." (K. Rahner). Sie wird vielmehr zu einem Raum, in dem der Glaube zur tätigen Liebe wird. Durch sie wachsen wir über unsere Eigeninteressen hinaus; wir bekommen ein mitfühlendes Herz für andere; wir lernen, sie zu verstehen, und werden rücksichtsvoll im Umgang mit ihnen; wir söhnen uns innerlich mit denen aus, die uns feindlich gesonnen sind, und lassen es sie erfahren; wir fliehen nicht mehr in die Ferne, weil wir die Bedeutung des Nächstliegenden erkannt haben; unsere Selbstsucht die Wurzel allen Übels – an das Kreuz des Alltags schlagend, werden wir solidarisch mit allen Menschen dieser Welt. So gehen wir mit unserem Leben ein in den Tod des Herrn und damit auch in das Geheimnis seiner Auferstehung. Wissend, daß man das Paradies nicht auf Erden finden kann, wachsen wir doch in das „Reich Gottes" hinein, das im Alltag verborgen liegt „wie ein Schatz im Acker" (Mt 13, 44). All das nimmt dem Alltag nicht seine Schwere; aber es gibt ihm einen Sinn, so daß wir in ihm leben und wirken können, ohne selbst alltäglich zu werden.

Wißt ihr denn nicht, daß wir alle, die wir auf Christus Jesus getauft wurden, auf seinen Tod getauft worden sind? Wir wurden mit ihm begraben durch die Taufe auf den Tod; und wie Christus durch die Herrlichkeit des Vaters von den Toten auferweckt wurde, so sollen auch wir als neue Menschen leben. Wenn wir nämlich ihm gleich geworden sind in seinem Tod, dann werden wir mit ihm auch in seiner Auferstehung vereinigt sein. Wir wissen doch: Unser alter Mensch wurde mitgekreu-

zigt, damit der von der Sünde beherrschte Leib vernichtet werde und wir nicht Sklaven der Sünde bleiben. Denn wer gestorben ist, der ist frei geworden von der Sünde. Sind wir nun mit Christus gestorben, so glauben wir, daß wir auch mit ihm leben werden. Wir wissen, daß Christus, von den Toten auferweckt, nicht mehr stirbt; der Tod hat keine Macht mehr über ihn. Denn durch sein Sterben ist er ein für allemal gestorben für die Sünde, sein Leben aber lebt er für Gott. So sollt auch ihr euch als Menschen begreifen, die für die Sünde tot sind, aber für Gott leben in Christus Jesus.
Römerbrief 6,3–11

5 Den Dingen in der Nähe das Geheimnis der Ferne lassen

H. Hesse: Die blaue Ferne
1 Petr 2,11–12

In seinen jungen Jahren stand der Dichter und Schriftsteller Hermann Hesse (1877–1962) oft auf hohen Bergen und schaute in „die blaue Ferne". Dabei erschien ihm alles, was zu seiner alltäglichen Nähe gehörte, kühl, hart und geheimnislos, während die Dinge in der Ferne voller Zauber, Rätsel und Geheimnisse waren. Eines Tages ging ihm auf, daß man in seiner Alltagswelt nur dann Heimat und Geborgenheit finden kann, wenn man den alltäglichen Dingen das Geheimnis der Ferne läßt. Diese erstrebenswerte Kunst erlernte der Dichter, indem er die Aufmerksamkeit und Liebe, die wir gern dem Fernstehenden schenken, auch dem Nahen und Gewohnten zuteil werden ließ. Er fing an, das Nächste und Kleinste sanft zu berühren, es schonend zu behandeln und ihm seine Anmut und Schönheit zu lassen, so, als wäre es vergoldet. Auf diese Weise versuchte er, sich vor aller Gewöhnung und Lieblosigkeit zu schützen. Denn: „Kein kostbarstes Kleinod ist so unanfechtbar schön, daß ihm nicht Gewöhnung und Lieblosigkeit den Glanz des Wertvollen rauben könnte; kein Beruf ist so edel, kein Dichter so reich, kein Land so gesegnet."

Vgl. Hermann Hesse, Betrachtungen und Briefe, in: Gesammelte Schriften, 7. Bd., Suhrkamp Verlag, Frankfurt a. M. 1957, S. 11f.

Zu dem, was wohl in jedem jugendlichen Menschen zu gegebener Zeit aufbricht, gehört die Sehnsucht nach der Ferne. „Es dauerte nicht lange, da packte der jüngere Sohn alles zusammen und zog in ein ‚fernes Land'." So erzählt das „Gleichnis vom verlorenen Sohn" (Lk 15,13). Ob dieser bemerkenswerte Hinweis zufällig in dieses Gleichnis hineingeraten ist? Ich glaube nicht. Da ich dies schreibe, denke ich an einen bekannten amerikanischen Psychotherapeuten, der Direktor einer Klinik in New York ist. Als er von einem seiner Patienten gefragt wurde, warum er in der Bibel lese, antwortete er: „Ich lese sie nicht nur, ich studiere sie. Die Bibel ist bis heute das beste Lehrbuch für jedes menschliche Verhalten (...) Das Buch ist voll von Einsichten von höchstem psychologischem Wert.“ Zudem sollten wir hier nicht außer acht lassen, daß Jesus sich selbst als „Arzt“ verstand. Darum wußte er auch um die psychologischen Gegebenheiten in der Seele eines jugendlichen Menschen. Weil diesem von Kindesbeinen an alle Dinge und Vorgänge im elterlichen Haus bekannt vorkommen, versucht er, sich davon zu lösen. Er macht sich auf die Suche nach dem ganz anderen und glaubt, es liege in der Ferne. Dann aber kommt die Zeit, da er auch der neuen Heimat nichts Außergewöhnliches mehr abgewinnen kann und ihm die alte Heimat lieb und fern erscheint.

Wer etwas von unserem armen und unruhigen Leben versteht, weiß, daß es uns so mit allem ergehen kann, was uns täglich umgibt, und daß davon nichts und niemand ausgenommen ist, kein Beruf, kein Buch, keine Kathedrale, keine Stadt, kein Land, auch nicht der geliebteste Mensch, dem wir unser ganzes Leben angetraut haben; ja, nicht einmal jenes Geheimnis, das wir „Gott“ zu nennen pflegen, macht eine Ausnahme. Für wie viele stand es in ihrer Kindheit fest, daß Gott überall gegenwärtig ist, während sie darüber mit zunehmendem Alter – wie sie sagen – nüchterner denken. Was ist es, das dem von uns ehemals Gefeierten mit der Zeit seinen Geheimnischarakter nehmen konnte? Hermann Hesse antwortet darauf: Es ist nichts anderes als Gewöhnung und Lieblosigkeit; denn „kein kostbarstes Kleinod ist so unanfechtbar schön, daß ihm nicht Gewöhnung und Lieblosigkeit den Glanz des Wertvollen rauben könnte“. Dieses Wort hat das Format eines Lehrsatzes oder einer Spruchweisheit. Wie diese ist es das Resultat vieler Erfahrungen, Einsichten und Schlüsse, in wenige prägnante Worte verdichtet.

Richten wir unser Augenmerk zunächst auf die *Gewöhnung.* Sie ist vorwiegend eine Untugend des Alltags. Deshalb fallen wir ihr um so leichter anheim, je mehr wir uns vom Alltag verschlucken lassen, je alltäglicher wir selbst in unseren Verhaltensweisen werden. Dann läuft jeder Tag wie alle andern ab. Wir nehmen uns nicht mehr die Zeit, die Dinge oder die Menschen unserer näheren Umgebung in ihrer jeweiligen Besonderheit, Eigentümlichkeit und Einmaligkeit zu entdecken. Achtlos, ohne besonderes Interesse oder innere Anteilnahme gehen wir die gewohnten Wege, auf denen uns nichts Ungewöhnliches begegnen wird. Alles, was durch uns geschieht, ist Routine. So läßt die Gewöhnung die Augen erblinden, den Geist ermüden und das Leben verflachen. Zumindest ist das die Gefahr. Dazu sagte der bekannte sowjetrussische Violoncellist Mstislaw Rostropowitsch (geb. 1927), der in allen Erdteilen als einer der führenden Virtuosen auf seinem Instrument konzertiert, im Hinblick auf die eigene

Person: „Gegen die Routine und Gewohnheit kämpfe ich unaufhörlich an, weil ich glaube, daß im Leben eines Menschen kein Tag genau wie der andere sein sollte. Man verliert sonst das Gefühl dafür, daß jeder Tag ein Geschenk Gottes ist." Diese innere Einstellung weist Rostropowitsch zugleich als einen Virtuosen auf dem „Instrument des Alltags" aus.

Erwähnenswert erscheint uns hier auch jenes Mädchen, das eines Tages seinem Vater erklärte: „Ich habe einen Entschluß gefaßt. Nie werde ich heiraten, wenn mir nicht einer begegnet, der so großartig ist, daß ich ein ganzes Leben dazu brauche, ihn wirklich kennenzulernen." Als sie ihn schließlich gefunden hatte, schrieb ihr der Vater in einem Brief: „Du hast recht. Ein Lebensgefährte, bei dem es Inseln zu entdecken, Berge zu erklimmen, Täler zu erforschen gibt, bei dem in der Ferne immer wieder neue Wunder winken, ist ein großes Geschenk. Auf einer solchen Reise wird einem die Zeit nie lang. Ich bin mit deiner Mutter sechsundzwanzig Jahre verheiratet und entdecke noch immer Neues an ihr – und bin noch immer dankbar für diese außerordentliche Frau, zu deren Erforschung ich ein ganzes Leben brauche. Glückliche Reise ins Unbekannte! Dein Vater." – Beachten wir, welche Bilder der Vater in diesem Brief zu Hilfe nimmt, um der Tochter seine Auffassung von der Ehe zu vermitteln, so fällt auf, daß es keine gewöhnlichen Alltagsbilder sind. Dies könnte ein Hinweis darauf sein, daß sich das Geheimnis eines Menschen nur dem erschließt, der sich nicht nur dem Alltag verpflichtet weiß, sondern sich darüber hinaus mit der ganzen Schöpfung verbunden fühlt. Für ihn wird der geliebte Mensch, den zu erkennen ein ganzes Leben nicht ausreicht, zu einem Sinnbild für den Urheber aller Dinge, den zu entdecken eine ganze Ewigkeit nicht genügt. So verhilft uns das Erleben der Schöpfung zur Erkenntnis der Seinstiefe des Menschen, die uns ihrerseits die unausschöpfbare Seinsfülle Gottes erahnen läßt. Wer auf der Reise ins Unbekannte bleibt, dem wird nichts zur „Gewöhnung".

Neben dieser nennt der Dichter Hermann Hesse als zweite Untugend des Alltags die *Lieblosigkeit.* Auch vor ihr ist kein kostbarstes Kleinod so sicher, daß sie ihm nicht den Glanz des Wertvollen rauben könnte. Wodurch geschieht dies? Vor allem durch das selbstsüchtige „Habenwollen", durch den Wunsch, Dinge oder Menschen in den Griff zu bekommen, sie in Besitz zu nehmen, über sie Macht auszuüben, sie gefügig und untertänig zu machen, um sie für eigennützige Ziele gebrauchen zu können. Auf solch liebloses Verhalten kommt der Psychoanalytiker Erich Fromm (1900–1980) in seinem tiefschürfenden Werk „Haben oder Sein" ausführlich zu sprechen[1]. Darin macht er deutlich, wie in einer Gesellschaft, in der der Mensch nur so viel gilt, wie er hat, „Leben" dasselbe wie „Haben" beinhaltet. Im Gegensatz dazu waren sich die großen Meister des Lebens zu allen Zeiten darin einig, daß „Leben" im eigentlichen Sinn „Sein" bedeutet. Dieser Unterschied zeigt bereits, „daß Haben und Sein zwei grundlegend verschiedene Formen menschlichen Erlebens sind" (26). Fromm veranschaulicht ihn, indem er zwei Gedichte ähnlichen Inhalts zitiert. Das eine stammt von dem englischen Dichter Alfred Lord Tennyson († 1892):

Blume in einer rissigen Mauer,
Ich pflücke dich aus den Rissen,
Ich halte dich samt der Wurzel in meiner Hand,
Kleine Blume – und *wenn* ich verstehen könnte,
Was du bist, mit allen Wurzeln, Blättern und Blüten, ganz.
Wüßte ich, was Gott und was der Mensch ist.

Das andere ist ein Haiku des japanischen Dichters Matsuo Basho († 1694). In deutscher Übersetzung besagt es ungefähr dieses:

Wenn ich genau hinschaue,
sehe ich an der Hecke
die *nazuna* blühen!

Beide Dichter beschreiben das gleiche Erlebnis einer Blume, die sie auf ihrem Spaziergang entdeckt haben. Unmittelbar vernehmbar ist jedoch der Unterschied, der sich in ihrer verschiedenartigen Reaktionsweise offenbart. Tennyson muß die Blume haben, um das Geheimnis Gottes und des Menschen verstehen zu lernen. Indem er aber von ihr „Besitz ergreift", zerstört er sie; indem er sie „samt der Wurzel" pflückt, tötet er sie. Auf diese Weise hat er die Blume „sprachlos" werden lassen. Was sollte sie ihm noch vom Geheimnis Gottes und des Menschen sagen? Im Gegensatz zu ihm berührt Matsuo Basha die Blume nicht einmal. Er läßt sie leben; er läßt sie sein. Genau hinschauend, sieht er sie *blühen* und wird eins mit ihr. Im Einswerden teilt sie ihm ihr Geheimnis mit. Der „Modus des Habens" kennzeichnet sich also durch Habgier, Gewinnsucht, Macht, Gewalt, Aggression; der „Modus des Seins" offenbart sich hingegen durch Freude, Bewunderung, Lob, Güte, Freundlichkeit, Geduld und Friede. Biblisch gesprochen, ist es der Unterschied zwischen dem „alten" und dem „neuen" Menschen (Eph 4,22–24), zwischen dem Tun des „Fleisches" und dem des „Geistes" (Gal 5,19–23); es ist der Unterschied zwischen „Lieblosigkeit" und „Liebe".

Die Verbindung von „Gewöhnung und Lieblosigkeit“ ist keine zufällige. Genau diese beiden Untugenden sind in ihrer Verbundenheit der Hauptgegner der Ehr-Furcht. Während nämlich durch die Gewöhnung die bewundernde Verehrung verlorengeht, wird durch die Lieblosigkeit die scheue Furcht vor dem inwendigen Geheimnis alles Seienden untergraben. Das bedeutet: Wer zur Ehrfurcht gelangt, hat Gewöhnung und Lieblosigkeit überwunden. Denn es ist die „hingebende Zurückhaltung“ der Ehrfurcht, die allem und jedem den Schleier des Geheimnisvollen und der Ferne beläßt, „in der immer wieder neue Wunder winken“.

Es gibt nun einen Ort, da uns ehrfürchtiges Verhalten wie von selbst gelingt. Wo liegt er? Dort, wo wir zu Gast sein dürfen. Der gute Gast vermag es, behutsam, zurückhaltend und abwartend zu sein; er vermag es, weil ihn eine eigentümliche Scheu vor dem Gut des anderen beseelt. Daher schreibt Hermann Hesse in seiner Meditation: „Was man roh genießt, wird bitter und entwürdigt den Genießenden. Was man genießt, als sei man ein zu Gast geladener Freund, bleibt uns wert und macht uns edler.“ Dieses Wort erinnert uns an ein Kirchenlied, das mit der Feststellung beginnt: „Wir sind nur Gast auf Erden ...“ Wer die Welt als Gottes Eigentum versteht, in dem er zu Gast sein darf, bekommt ein neues Daseinsbewußtsein, dessen Grundhaltung die Ehrfurcht ist. Und vielleicht besteht der Sinn des Todes, unseres Todes, nicht zuletzt auch darin, daß er uns lehrt: Alles hat Geschenk-Charakter, alles ist Gnade.

Liebe Brüder, da ihr Fremde und Gäste seid in dieser Welt, ermahne ich euch: Gebt den irdischen Begierden nicht nach, die gegen die Seele kämpfen. Führt unter den Heiden ein rechtschaffenes Leben, damit sie, die euch jetzt als Übeltäter verleumden, durch eure guten Taten zur Einsicht kommen und Gott preisen am Tag der Heimsuchung.
1. Petrusbrief 2,11–12

6 Von allen Dingen kann man etwas lernen

M. Buber: Von den modernen Erfindungen
1 Kor 9,24–27

Rabbi Sadagora sagte einmal zu einem seiner Schüler: „Es gibt nichts in dieser Welt, wovon wir nicht etwas lernen könnten. Das gilt nicht nur von den Werken Gottes, sondern auch von den vielen Dingen, die der Mensch gemacht hat." Der Schüler war skeptisch und wollte seinen Lehrer auf die Probe stellen. Deshalb fragte er ihn: „Was können wir denn beispielsweise von der Eisenbahn lernen?" „Daß man vieles versäumen kann, wenn man den rechten Augenblick verpaßt." Der Schüler gab sich noch nicht zufrieden: „Und was von einem Fernschreiber?" „Daß jedes Wort gezählt und angerechnet wird." Daraufhin machte der Schüler seinen letzten Versuch: „Was aber können wir von einem Telefon lernen ?" „Daß man dort hört, was hier gesprochen wird", sagte Rabbi Sadagora.

Vgl. Martin Buber, Von den modernen Erfindungen, in: Werke III, Schriften zum Chassidismus, Kösel-Lambert Schneider, München – Heidelberg 1963, S. 463.

Diese kurze Lehr-Erzählung dürfte vor allem den ansprechen, der die Freude am Dasein verloren hat. Die Dinge und die Menschen bedeuten ihm nichts mehr. In den Kellerräumen seines Herzens haust irgendwo eine versteckte Traurigkeit, die ihn einsam macht. Zwar tut er noch seine Pflicht, aber er tut sie ohne Lust. Ihm zur Ermunterung sagt die Erzählung: Suche den Grund dafür nicht bei den Dingen, denn es gibt nichts in dieser Welt, wovon wir nicht etwas lernen könnten. Gibt es eine positivere Weltanschauung als diese? Sie weist alle Sinnlosigkeitserklärungen zurück, die immer dann laut werden, wenn man sich einer erfahrbaren Wirklichkeit gegenüber verschließt.

Bemerkenswert ist hier, daß *alles* in dieser Welt unser Lehrmeister sein kann. Eine Ausnahme gibt es nicht. Man muß sich fragen, warum dies so ist. Es muß in allen Dingen, seien sie nun von Gott erschaffen oder vom Menschen gemacht, etwas sein, das ihnen gemeinsam ist und ihnen eine Lehrbefähigung erteilt. Was ist es? Wenn wirklich alle Dinge unsere Lehrmeister sein können, dann müssen sie alle Geist in sich haben, denn ein Lehrer, der keinen Geist hat, ist kein Lehrer. Warum gibt es nichts, wovon wir nicht etwas lernen könnten? Weil alle Dinge geisterfüllt sind. Das muß etwas erläutert werden.

Ganz am Anfang des Johannesevangeliums lesen wir den Satz: „Alle Dinge sind durch den ‚logos' gemacht, und ohne den ‚logos' ist nichts gemacht, was gemacht ist." Logos bedeutet zunächst „Wort". Gott hat alles, was ist, durch sein geheimnisvolles, schöpferisches und lebenspendendes Wort erschaffen. Sein Wort bewirkt etwas; es bewirkt, was es sagt. Besonders deutlich wird dies, wenn wir uns an den Schöpfungsbericht erinnern. Dort wird jeder Schöpfungsakt mit den Worten eingeleitet: „Und Gott sprach." Der Hinweis auf die schöpferische Kraft von Gottes Wort begegnet uns in der Bibel immer wieder. Das Buch der Weisheit bezeichnet Gott als den, „der du alle Dinge durch dein Wort gemacht hast" (9,1). Doch „Logos" bedeutet nicht nur „Wort", sondern auch „Geist" und „Weisheit". Durch Gottes Geist und Weisheit wird das Sein aus dem Nichts, die Ordnung aus dem Chaos, die Harmonie aus der Formlosigkeit herausgerufen. Hier haben wir die Antwort auf viele Fragen, die sich dem nachdenklichen Menschen immer wieder stellen: „Welche Kraft bewirkt den steten Rhythmus von Nacht und Tag, von Frühling, Sommer, Herbst und Winter, von Ebbe und Flut, von Sonnenaufgang und -untergang? Welche Kraft erhält die Ordnung des Himmels, in der die Himmelskörper unverändert ihre Bahnen ziehen? Was macht Ursache und Wirkung berechenbar; was bewirkt, daß die Verbindung derselben Elemente im selben Verhältnis immer dasselbe Ergebnis bringt?... Was gibt den Dingen ihre Ordnung, die den Strom und Wandel der Zeit überdauert? Die Antwort der Denker des Alten Testamentes lautet: Der Geist Gottes hat die Ordnung in das Urchaos gebracht und erhält die Ordnung in der Welt. Die Inschrift auf dem Grab des großen Architekten Sir Christopher Wren in der Londoner St. Paul's Cathedral, einer seiner Schöpfungen, lautet: ‚Willst du sein Denkmal sehen, so schau um dich.' Wollen wir das Werk des Geistes sehen, so brauchen wir nur die wunderbare Welt anzuschauen, in der wir leben, denn diese Welt ist vom Geist Gottes geordnet."[1] In allem waltet sein Wort, sein Geist und seine Weisheit. Daher ist die Welt die Welt Gottes. Sie ist sein Eigentum; sie steht unter seiner Macht, trägt seinen Stempel.

Das „Hauptwerk" der Schöpfung aber ist der Mensch. Er ist von Gott als sein Abbild erschaffen und deshalb ihm ähnlich. Worin besteht die Ähnlichkeit zwischen Gott und Mensch? Wie Gott so hat auch der Mensch Schöpfermacht und Schöpferkraft. Sie ist ihm von Gott gegeben, damit er die Welt verändere. So ist der Mensch nicht nur für den Himmel, sondern zunächst einmal für die Erde geschaffen. Durch die Macht seines Geistes soll er sie ordnen und gestalten. Wo das geschieht, da ist er Abbild seines Gottes, da waltet auch in seinen Werken eine geistige Ordnung und Gestalt. Verstehen wir jetzt das Wort von Rabbi Sadagora: „Es gibt nichts in dieser Welt, wovon wir nicht etwas lernen könnten. Das gilt nicht nur von den Werken Gottes, sondern auch von den vielen Dingen, die der Mensch gemacht hat"? Alle Dinge können unsere Lehrmeister sein, weil sie voller Geist und Weisheit sind und uns darum Geist und Weisheit lehren können.

Um aber ihre Weisheit zu vermehren, bedarf es unsererseits einer bestimmten inneren Einstellung zu den Dingen. Was wir im einzelnen erkennen, hängt ja nicht nur von dem ab, was wir sehen, sondern auch von dem, was in unseren Köpfen und Herzen ist.[2] Immer sehen wir die Dinge in dem Licht, das in uns selber leuchtet. Unser Charakter und unsere Geisteshaltung, unsere innere Verfassung und Einstellung beeinflussen und bestimmen unser Wahrnehmen und Erkennen in entscheidender Weise. Nur von hier aus ist es zu verstehen, warum mehrere Menschen, die zur gleichen Zeit dasselbe sehen, davon sehr unterschiedlich angesprochen werden können. So werden beispielsweise ein Förster, ein Holzhändler, ein Maler, ein Pflanzen- und Tierfreund denselben Wald jeweils unter ganz anderen Gesichtspunkten betrachten. Welche innere Haltung ist also notwendig, um von den Dingen Weisheit zu lernen? Es ist die Haltung der Ehrfurcht. Sie bringt uns in die rechte *Nähe* und den angemessenen *Abstand* zu allem, was uns umgibt. Ohne diese „Nahferne" (W. Heinen) oder „hingebende Zurückhaltung" (H. U. v. Balthasar) werden wir keinen Einblick in die eigentümlichen Zusammenhänge des Seins und Geschehens gewinnen können. Einblick wird nur derjenige gewinnen, der in Ehrfurcht zu schauen vermag. Dieses Schauen beschreibt W. Heinen in beeindruckender Weise mit folgenden Worten:

„Es ist ein intensives, erwartendes Sehen mit den Augen, Herz und Geist, und vor allem mit dem guten *Willen*, die Umwelt, den Mitmenschen und nicht zuletzt uns *selbst* so zu sehen, wie sie in Wirklichkeit, ihrem Wesen und Wert nach sind ... Schauen der Weltwirklichkeit und ihrer Werte erfordert von uns, daß wir verweilen können und dabei ganz still werden, wie beim Horchen und Lauschen. Erst in solch stillem wartendem *Verweilen* öffnen sich die Tore zum inneren Menschen ... Dieses staunende Verweilen und ergriffene Schauen läßt uns nicht nur die Oberfläche, das Äußere des Seins und Geschehens wahrnehmen, es läßt uns hindurchschauen bis zum Ursprung, zum tragenden Urgrund, bis zum verborgenen Hintergrund."[3]

Schauend und horchend ist Rabbi Sadagora den Dingen und dem Geschehen zugewandt. Davon zeugt nicht nur sein Wort, das uns viel Stoff zum Nachdenken gegeben hat, sondern auch die Antworten, mit denen er den Schüler von seiner Wahrheit überzeugt: Von der Eisenbahn können wir lernen, daß man vieles versäumen kann, wenn man den rechten Augenblick verpaßt; von einem Fernschreiber, daß jedes Wort gezählt und angerechnet wird; von einem Telefon, daß man dort hört, was hier gesprochen wird. Wer den Sinn dieser Antworten bedenkt, wird ihre unabsehbaren Tragweiten erahnen und sich existentiell betroffen fühlen. Darauf kommt es aber bei jeder echten Belehrung an, denn bei jeder echten Belehrung geht es nie um bloße Wissensvermittlung, sondern um ein Wissen, das den andern betroffen macht, weil man davon selbst betroffen ist. Aus diesem Grund kann nur derjenige in Wahrheit belehren, der eine vorbildliche Persönlichkeit ist. Alle wahrhaft großen Lehrer sind vorbildliche Persönlichkeiten gewesen. Man denke nur an Jesus Christus oder den Apostel Paulus. Der folgende Text aus seinem ersten Brief an die Gemeinde in der Weltstadt Korinth offenbart uns, wie Paulus das bunte Leben mit sehenden Augen schaut, welche Lehre es ihm vermittelt und wie er an sich selbst arbeitet, um in Wahrheit Lehrer zu sein.

Wißt ihr nicht, daß die Läufer in der Rennbahn zwar alle laufen, daß aber nur einer den Siegespreis empfängt? Lauft so, daß ihr ihn erringt! Jeder Wettkämpfer aber übt völlige Enthaltsamkeit; jene tun es, um einen vergänglichen Kranz zu erlangen, wir aber einen unvergänglichen. So laufe ich denn meinerseits nicht wie ins Blaue hinein, ich führe den Faustkampf nicht wie einer, der Lufthiebe schlägt; sondern ich zerschlage meinen Leib und mache ihn mir untertan, damit ich nicht, während ich anderen predige, selbst dastehe wie einer, der verworfen wurde.
1 Korinther 9,24–27

7 Die Spiegelbilder unseres Verhaltens

Ein indisches Märchen
Lk 24,13–16.25–31

Ein indisches Märchen erzählt von einem Hund, der in einem Zimmer umherirrte, in dem alle Wände Spiegel waren. Er sah plötzlich viele Hunde. Da wurde er wütend, fletschte die Zähne und knurrte. Alle Hunde im Spiegel wurden ebenso wütend, fletschten die Zähne und knurrten. Der Hund erschrak und fing an, im Kreis herumzulaufen. Schließlich brach er tot zusammen. – Hätte er nur ein einziges Mal gewedelt, hätten ihm alle seine Spiegelbilder das freundliche Bild zurückgeworfen.

Aus: Stephan Palos, Lebensrad und Bettlerschale, Buddha und seine Lehre, Südwest Verlag, München 1968, S. 80.

Diese indische Fabel läßt gewiß verschiedenartige Interpretationen zu. Gehen wir restlos fehl, wenn wir sie so deuten: Wie die Wände in jenem Zimmer immer das Spiegelbild des Hundes zurückwarfen, so ist das Verhalten unserer Mitmenschen im alltäglichen Leben oft genug das Spiegelbild unseres eigenen Verhaltens? Meist bemerken wir dies genausowenig wie der Hund. Warum sind also viele unfreundlich, knurrend oder gar wütend, wenn sie es mit uns zu tun bekommen? Könnte es nicht auch daran liegen, daß wir ihnen vorausgehend in dieser Weise begegnet sind? Nehmen wir die Situation eines Gesprächs, in dem wir die Initiative ergreifen. Ein Wort ergibt das andere. Unser Gesprächspartner stellt sich mehr und mehr auf uns ein. Werden wir lauter, so können wir in der Regel dasselbe bei ihm bemerken; beginnen wir zu schimpfen, wird er zurückschimpfen; werden wir ausfallend, so wird er in einer entsprechenden Weise reagieren. Treiben wir es so mit allen andern, dann werden sie uns im Kreis herumtreiben, bis wir nicht mehr können und physisch und psychisch am Ende sind. Auf diese Weise ist das Schicksal des Hundes unser Schicksal geworden.

Die Fabel sagt uns aber darüber hinaus, daß es auch anders gehen kann. Hätte nämlich der Hund nur ein einziges Mal mit dem Schwanz gewedelt, hätten ihm alle seine Spiegelbilder das freundliche Bild zurückgeworfen. Das heißt: Sind wir freundlich, aufmerksam, hilfsbereit, ausgeglichen, sachlich, zuvorkommend, verständnisvoll, nachsichtig, haben wir Sinn für Humor, dann wird all dies ebenfalls seine Rückwirkungen haben: man wird gern mit uns zusammensein und auch uns vielfältige Zeichen der Freundlichkeit schenken. Es ist doch ein Unterschied, ob ein Ehemann seiner Frau, die sich ein bestimmtes Kleid wünscht, erklärt: „Du weißt doch, was ich verdiene. Das kommt für dich nie in Frage!" Oder ob er ihr sagt: „Ich wünschte, ich könnte es dir kaufen. Es würde dir sicherlich gut stehen!" Obwohl in beiden Fällen im Grunde dasselbe ausgesagt wird, ist die jeweilige Rückwirkung seitens des Partners eine grundverschiedene. In diesem Zusammenhang verstehen wir das Wort der sympathischen Therese von Lisieux, das sie in einem ihrer Briefe geschrieben hat: „Man kann eine Bitte so liebenswürdig abschlagen, daß die Verweigerung ebensoviel Freude bereitet wie die Erfüllung."

Die Tatsache, daß das Verhalten des anderen vielfach das Echo unseres eigenen Verhaltens ist, bezeichnet man als ‚feedback'[1]. Dieses Wort hat seinen Ursprung in der sogenannten Regeltechnik und bedeutet hier jede Art von Rückmeldung innerhalb eines Systems. Die Sozialpsychologie hat es von hier übernommen, um damit ähnliche Vorgänge im zwischenmenschlichen Verhalten zu beschreiben. Das Wissen um solche Vorgänge im Verhalten des einen zum anderen bietet uns eine gute Möglichkeit zur Selbsterkenntnis. Wir müßten nur einmal genau darauf achten, wie andere unser Verhalten wahrnehmen, verstehen und erleben. Normalerweise werden sie uns nicht ausdrücklich darauf aufmerksam machen. Dennoch geben sie uns unbewußt vielfältige Signale, die uns vor die Frage stellen: „Wie kommt es, daß der andere so auf mein Verhalten reagiert?" Gehen wir dieser Frage nach, dann können wir der Wahrheit über uns selbst ein Stückchen näherkommen. Wo Menschen aber immer wieder einander ausdrücklich sagen, wie einer den anderen erlebt, da kann es zu einem gemeinsamen Lernprozeß kommen, der für alle Beteiligten sehr hilfreich ist. Geschieht dies unter gläubigen Christen, so vollzieht sich innerhalb eines solchen Lernprozesses jene ‚Umkehr', die uns sowohl vor Gott als auch vor unseren Mitmenschen ehrlicher, redlicher und wahrhaftiger werden läßt. Dabei umfaßt das Feedback einerseits die Anerkennung und Förderung des positiven Verhaltens und andererseits die Hilfe, negativ erlebte Verhaltensweisen zu bewältigen. Bei allem ist zu beachten, daß wir uns zu keiner Äußerung hinreißen lassen, die den anderen in irgendeiner Weise endgültig festzulegen sucht. Das wäre beispielsweise der Fall, würden wir ihm sagen: „Du bist so und so!" Vielmehr sollten wir ihm mitteilen, wie sein Verhalten auf uns gewirkt hat.

Zitieren wir hier noch einige Spielregeln, die uns helfen, das Gesagte glücklich in die Tat umzusetzen: „Beziehe dich bei deinen Äußerungen über das Verhalten des anderen auf konkrete Einzelheiten ...; gib deine Informationen auf eine Weise, die wirklich hilft; gib sie sobald als möglich, vermeide moralische Bewertungen; biete deine Informationen an, zwinge sie nicht auf; sei offen und ehrlich; gib zu, daß du dich möglicherweise irrst ... Die so auf dem Weg sind und sich einander so mitteilen, sind nicht ohne jenen geheimnisvollen Begleiter, der die Wahrheit zu finden hilft, ob sie nun durch ‚die Wüste' gehen oder ‚nach Emmaus' oder ob sie der Weg in ein ‚weites Land' führt."[2]

Am gleichen Tag gingen zwei von den Jüngern in ein Dorf namens Emmaus, das sechzig Stadien von Jerusalem entfernt ist. Sie sprachen miteinander über all das, was sich ereignet hatte. Und während sie miteinander sprachen und überlegten, nahte sich Jesus selbst und ging mit ihnen. Doch sie waren wie mit Blindheit geschlagen, so daß sie ihn nicht erkannten ...

Da sagte er zu ihnen: „Begreift ihr denn nicht? Wie schwer fällt es euch, alles zu glauben, was die Propheten gesagt haben! Mußte nicht der Messias all das erleiden und so in seine Herrlichkeit eintreten?" Und Jesus legte ihnen dar, ausgehend von Mose und allen Propheten, was in der ganzen Schrift über ihn geschrieben steht. So erreichten sie das Dorf, zu dem sie unterwegs waren. Jesus tat, als wolle er weitergehen, aber sie drängten ihn und sagten: „Bleibe bei uns, denn es will Abend werden, der Tag hat sich schon geneigt." Da ging er hinein, um bei ihnen zu bleiben. Und als er sich mit ihnen zum Essen niedergesetzt hatte, nahm er das Brot, sprach den Segen, brach es und gab es ihnen. da gingen ihnen die Augen auf.
Lukas 24,13–16.25–31

8 Eine Situation, in der alle Masken fallen

Kl. Tilmann: Leben aus der Tiefe
Eph 4,22–24; 29–32

Klemens Maria Hofbauer (1751–1820), „der Apostel Wiens", liebte vor allem die armen und notleidenden Menschen. Immer wieder nahm er seinen Hut, um für sie zu betteln. Eines Tages kam er in ein Gasthaus, in dem man gemütlich beisammensaß. Als der Geistliche mit seinem Hut von einem zum anderen ging, geriet er an einen Mann, der alles Kirchliche haßte. In dem Augenblick, da er ihn um eine Gabe bat, fuhr dieser ihn an: „Wie kommen Sie dazu, mich um Geld zu bitten?" Kaum hatte er das gesagt, spuckte er dem Priester ins Gesicht. Dieser zog ruhig sein Taschentuch heraus, säuberte sich und sagte dann mit einem bescheidenen Lächeln: „Das war für mich. Nun geben Sie mir bitte noch etwas für meine Armen." Dabei hielt er ihm erneut seinen Hut hin. Der Angesprochene war von diesem liebenswürdigen Verhalten so überrascht, daß er seine Geldbörse zog und ihren ganzen Inhalt in den Hut des Heiligen gab. Welch eine Veränderung der Situation! Derjenige, der zunächst nichts geben wollte, gab auf einmal alles.

Vgl. Klemens Tilmann, Leben aus der Tiefe, Benziger Verlag, Zürich–Einsiedeln–Köln 1975, S. 70.

Wenn der berühmte Maler Oskar Kokoschka Leute porträtierte, dann waren diese nicht selten über ihr Aussehen sehr erschrocken. Sie hätten nie gedacht, daß sie so häßlich, unbeherrscht und innerlich zerrissen seien. Nie hatten sie sich selbst so gesehen, wie das unbestechliche Auge des großen Menschenkenners es tat[1]. Ähnlich könnte es auch uns ergehen. Es gibt aber eine gute Möglichkeit, unser wahres Wesen deutlich zu erkennen. Wir meinen die Situationen, da etwas nicht nach unserem Willen geht oder uns ein Unrecht trifft. Wie verhalten wir uns dann? Unmittelbar lassen wir alle Masken fallen und geben unser eigentliches Gesicht zu erkennen. Zugleich leuchtet in diesem Augenblick der Grund auf, aus dem wir letztlich leben.

In seinem Brief an die Gemeinde in Ephesus (4,22 f.) spricht Paulus vom „alten" und vom „neuen" Menschen. Zugleich fordert er die Gemeindemitglieder auf, den „alten" Menschen abzulegen und den „neuen" Menschen anzuziehen. Mit dieser Rede wußte ich lange Zeit nichts anzufangen. Dann las ich jene Begebenheit, und unmittelbar verstand ich, was der Apostel meinte. Plötzlich ging mir auf, worauf es in unserem christlichen Dasein entscheidend ankommt.

In jenem Kirchenhasser, dessen Namen zu behalten sich nicht lohnt, und dem Heiligen, der in der Kirche unvergeßlich bleiben wird, stehen sich der alte und der neue Mensch gegenüber. Wie deutlich unterscheiden sie sich voneinander! Im Gegensatz zum „neuen" Menschen lebt der „alte" Mensch aus seinem ungezügelten Trieb. Wenn dieser gereizt wird, verliert er jede Kontrolle über sich und läßt oft ein Trümmerfeld zurück. Daher ist ihm nicht über den Weg zu trauen. Weil er plötzlich und unerwartet angreift, müssen wir ihm gegenüber stets wachsam sein; weil er uns sehr schnell in einen rauschhaften Zustand versetzen kann und uns so die Besonnenheit, die Klarheit und das Augenmaß nimmt, ist Nüchternheit geboten.

Doch Wachsamkeit und Nüchternheit allein genügen noch nicht, um dem bösen Trieb seine zerstörerische Wirkung zu nehmen. Wir müssen ihn auf ein hohes Ziel ausrichten, das zu erreichen er uns dann mit seiner gebändigten Kraft hilft. Wenn wir den Trieb so gebrauchen, daß wir seine Kraft einspannen, um ein hohes Ziel anzustreben, dann haben wir seinem Sinn entsprochen; denn nichts anderes will der Trieb von seinem tiefsten Wesen her. Im Alten Testament (Gen 33,12) lesen wir das Wort: „Brechen wir auf und ziehen wir weiter! Ich will an deiner Seite ziehen." Diesen Schriftvers erläuterte Rabbi Michal seinen Schülern auf folgende Weise: „So redet der Böse Trieb heimlich zum Menschen. Denn er, der Trieb, soll und will ja gut werden, indem er den Menschen reizt, ihn zu überwinden und zu einem guten zu machen. Und das ist seine heimliche Bitte an den Menschen, an dessen Verführung er arbeitet: Laß uns doch aus dieser Schmählichkeit ziehen und im Dienst des Schöpfers gehn, daß auch ich gehe und aufsteige von Stufe zu Stufe mit dir, wenngleich ich dir gegenüber zu stehn und dich zu stören und zu hindern scheine."[2]

Das „Es" unseres Triebes „treibt"; das „Ich" unserer Persönlichkeit „steuert". Nie darf sich das Ich das Steuer vom Es aus der Hand nehmen lassen. Hier ist es wie beim Segeln: „Das Segeln besteht auch nicht darin, daß ein Boot sich vom Winde einfach treiben läßt; die Kunst des Seglers fängt vielmehr erst damit an, daß er imstande ist, die Kraft des Windes in einer gewollten Richtung sich auswirken zu lassen, so daß er sogar gegen den Wind zu segeln vermag."[3] Wir sehen, wie hier alles von einem guten Ziel abhängt. Von ihm her werden nicht nur unsere Kräfte geordnet; von ihm geht zugleich eine ungeheure Anziehungskraft aus, die uns innerlich beseelt und verwandelt. Wer kein gutes Ziel verfolgt, der kennt, sucht und lebt notwendigerweise nur sich selbst. Er ist der Laune und Macht der Lebenswinde ausgeliefert. Von ihnen wird er willkürlich hin- und hergeworfen. Das war die Situation jenes Kirchenhassers. Man kann sich leicht vorstellen, wie unglücklich er sich bei seinem „windigen Leben“ fühlte.

Zuweilen aber gaukeln wir uns selbst etwas vor. Wir meinen, wir hätten ein gutes Ziel vor Augen; doch das Gegenteil ist oft der Fall. Es kommt uns beispielsweise plötzlich eine – wie wir meinen – „gute“ Idee. Überprüfen wir sie aber wachsam und nüchtern und richten wir sie auf das letzte Ziel, nämlich auf Gott aus, dann sind wir nicht selten erstaunt, wie schnell wir uns selbst etwas vormachen können. So lesen wir im „Tagebuch eines Landpfarrers“ von Georg Bernanos: „Wenn es mir zustößt, einen Einfall zu haben – einen von den Einfällen, die den Seelen nützen könnten ..., so versuche ich, ihn dem Herrgott vorzulegen. Ich nehme ihn sofort in mein Gebet auf. Es ist erstaunlich, wie anders er dann aussieht. Oft erkennt man ihn gar nicht wieder ...“[4] Was in diesen wenigen Sätzen beschrieben wird, sollte zur guten Gewohnheit im Leben eines jeden gläubigen Christen gehören.

An diesem Punkt offenbart sich uns das Lebensgeheimnis des „neuen“ Menschen. Der „neue“ Mensch ist ein „gläubiger“ Mensch. Das Ziel, auf das er alle seine Triebkräfte, seinen Willen und seinen Verstand ausrichtet, ist Gott selbst. „Wenn ich meinen Sinn an Gott hefte“, sprach der Baalschem, „lasse ich meinen Mund reden, was er will; denn alle Worte sind dann an ihre obere Wurzel gebunden.“[5] Dieses Wort, das durchaus von Klemens Maria Hofbauer stammen könnte, erinnert uns an eine oft mißverstandene Aufforderung von Augustinus, der sagt: „Liebe und tu, was du willst“[6]. Der triebhafte Mensch hingegen tut, was er will, und erklärt dann, es sei aus Liebe geschehen. Wer sich aber mit allem, was er ist und hat, seinem Ursprung zuwendet, der läßt sich von Gottes Geist bis in die letzten Regungen seiner Persönlichkeit hinein bestimmen. Indem er sich Gott restlos öffnet, zieht Gott mit all seinen Eigenschaften in ihn ein. Einige von ihnen wollen wir hier nennen. Sie leuchten auf am Verhalten des „Apostels von Wien“.

Eine erste Eigenschaft, die den von Gott erfüllten Menschen auszeichnet, ist die *Gelassenheit*. Gelassen ist, wer von seinem selbstsüchtigen Ich gelassen hat, indem er sich Gott überläßt. Jeder Angriff ist ihm willkommen, weil er ihm hilft, noch selbstloser zu werden, sich selbst noch mehr auf Gott auszurichten. Gelassenheit bedeutet also etwas anderes als „ein dickes Fell haben". Wer ein „dickes Fell" hat, läßt die Dinge nicht an sich herankommen und bleibt, wie er war. Anders der Gelassene. Er nimmt den Schlag in sich auf, aber er gibt ihm einen Sinn, so daß er sich fruchtbar auswirken kann.

Eine zweite Eigenschaft, die sich daraus unmittelbar ergibt, ist die innere *Freiheit.* Innerlich frei ist, wer über eine innere Weite verfügt. Aufgrund dieser geistgewirkten Weite werden schöpferische Kräfte in ihm frei, die ihm helfen, die Situation völlig unerwartet zu verändern. Klemens Maria Hofbauer veränderte die Situation, indem er spontan positiv reagierte. Darauf war der andere nicht gefaßt. Mit seinem Wort: „Das war für mich. Nun geben Sie mir bitte noch etwas für meine Armen!" riß er das Herz und die Geldbörse des Angesprochenen auf. Hier zeigt sich: nur wer innerlich frei ist, kann auch andere befreien.

Mit der Gelassenheit und inneren Freiheit ist eine innere *Heiterkeit* verbunden, die das Wesen des Menschen leicht erscheinen läßt. Sie verleiht ihm nahezu Flügel. Ihr tiefster Grund ist ein lebendiger Osterglaube: Wir sind nicht mehr den dunklen und zerstörerischen Mächten des Daseins ausgeliefert. Dieser Osterglaube verleiht dem gelassenen, innerlich freien und heiteren Menschen seine geheime Unverletzbarkeit und sein königliches Darüberstehen. Daher sagt Papst Johannes XXIII.: „Glaube – das ist die Heiterkeit, die von Gott kommt." In ihr nimmt der gläubige Mensch die kommende Wirklichkeit vorweg.

Ablegen sollt ihr den alten Menschen eures früheren Lebens, denn er richtet sich seiner trügerischen Lüste wegen zugrunde. Erneuert euch vielmehr durch den Geist eures Denkens, und zieht den neuen Menschen an, der nach Gott geschaffen ist in Gerechtigkeit und Heiligkeit der Wahrheit... Kein häßliches Wort komme aus eurem Mund, sondern nur ein gutes, das erbaut, wo es not tut, damit es den Hörern Segen bringt. Und betrübt nicht den heiligen Geist Gottes, mit dem ihr für den Tag der Erlösung besiegelt seid. Fern von euch sei alle Art von Bitterkeit, Zorn, Wut, Geschrei und Lästerung samt aller Bosheit. Seid vielmehr gegeneinander gütig und barmherzig, einer verzeihe dem andern, wie auch Gott euch in Christus verziehen hat.
Epheserbrief 4,22–24; 29–32

9 Fast immer ist der richtige Weg der schwerste

J. Reding: Die Rolle der Chassence
Lk 24,13–21.25–26

Eve Chassence war zweiundzwanzig Jahre alt, als sie die Schauspielakademie in Bordeaux absolvierte. Dann ging sie wöchentlich zwei bis dreimal zum Personalbüro der Filmgesellschaft „Cinemas creatives“ in Paris – zehn Jahre lang. Doch vergebens. Sie bekam nicht, was sie wollte. Und sie wollte nur eines: ihre große Rolle. Die Produzenten und Regisseure ließen sie zwar vor, drehten ein paar Teststreifen und ließen sie auf Tonband sprechen. Dann aber zerrissen sie mit wenigen Worten all ihre Hoffnungen.

Eve Chassence gab nicht auf. Sie glaubte an ihre Berufung, einmal *das* Mädchen zu spielen. Deshalb ging sie immer wieder zu jenem Büro. Dann kam der Tag, der ihr Leben veränderte. Sie gehörte zu den vier Darstellern, die die Hauptrollen eines neuen Films übernehmen sollten: Ein Mädchen gerät in den Zwiespalt zwischen Zuneigung und Dankbarkeit. Es liebt einen Ingenieur und verehrt einen Arzt, der sie unter vielen Opfern von einer schweren Krankheit geheilt hat. In dieser Situation greift die Mutter ein und bewegt den Arzt zum Verzicht.

So fest Eve Chassence gehofft hatte, die Rolle des Mädchens zu erhalten, so tief war sie enttäuscht, als ihr der Regisseur sagte: „Für Sie haben wir die Rolle der Mutter vorgesehen, denn es scheint, daß Sie eigens für diese Rolle geschaffen sind.“ Danach war sie durch das Verkehrsgewühl zu ihrer Wohnung gewankt. Als sie in den Spiegel schaute, erschrak sie. Das Gesicht, das sie sah, war das Gesicht einer alten Frau. Jedes Nein im Personalbüro hatte seine Spuren hinterlassen. Sie fühlte sich müde wie nie zuvor im Leben und war versucht, ihr Leben wegzuwerfen. Aber sie tat es nicht.

Jetzt, da sie wußte, wer sie wirklich war, war sie bereit, sie selbst zu sein. In der Rolle, von der sie glaubte, daß sie nicht ihre sei, ging sie förmlich auf. Die Premiere des Films wurde das große Ereignis in Paris. Die Filmzeitschriften und die Tagespresse hoben in ihrer Kritik hervor, daß sie die Rolle der Mutter zur beherrschenden Hauptrolle des Streifens werden ließ. Und die Angebote kamen aus aller Welt.

Vgl. Josef Reding, Die Rolle der Chassence, in: Nennt mich nicht Nigger, Georg Bitter Verlag, Recklinghausen 1968, S. 21–26.

Diese Geschichte schildert den Weg eines jungen Menschen, der durch die Gangart des Lebens mehr und mehr von all seinen Illusionen befreit wird und zur inneren Reife gelangt.

Wie jeder junge Mensch wußte auch Eve Chassence am Anfang ihres Strebens noch nicht, wer sie wirklich war. Deshalb war sie unfähig, sie selbst zu sein. Um so mehr erträumte sie sich eine Rolle. Der Prozeß der Ernüchterung setzte bald ein. Mit jeder Ent-Täuschung wurde ihr eine Selbst-Täuschung genommen. Am Tiefpunkt ihres Lebens angelangt, fehlte ihr jede Möglichkeit, sich selbst noch irgend etwas vorzumachen. Jetzt wußte sie, wer sie wirklich war, und war bereit, sie selbst zu sein. Sie ging förmlich in der Rolle auf, von der sie glaubte, daß sie nicht die ihrige sei. Das Leben verschloß ihr viele Türen, um ihr das Tor zu öffnen, das sie zu ihrer eigentlichen Wirklichkeit führte.

Hier wird offenbar, daß ein menschliches Leben, das nicht zu sich selbst gekommen ist, den Sinn und das Glück seines Daseins nicht gefunden hat. Der Weg zu sich selbst ist aber selten die bloße Erfüllung unserer Träume. Meist führt er durch schmerzhafte Enttäuschungen, die uns von unseren trügerischen Selbsttäuschungen befreien. Wie gern erliegen wir aber unseren Selbsttäuschungen, obwohl sie uns den Zugang zu unserer eigentlichen Wirklichkeit versperren. Das vielfache Nein, das unsere selbstsicheren Pläne immer wieder durchkreuzt, ist unsere Rettung. In diesem Zusammenhang verstehen wir wohl das Wort des bekannten Arztes Paul Tournier: „Die fruchtbarsten Tage in meinem Leben waren jene, an denen ich bittere Tränen vergoß." Der französische Schriftsteller François Mauriac verfügt über eine ähnliche Erfahrung: „Fast immer ist der richtige Weg der schwerste." Bei der Schriftstellerin Luise Rinser lesen wir: „Woran wachsen wir denn, wenn nicht an unseren Schmerzen?" Unsere Schmerzen reinigen unser Wesen von allen uneigentlichen Zutaten. Wo aber ein Mensch durch Schmerzen hindurch *seine* Wirklichkeit gefunden hat und diese zu leben beginnt, da wird der Welt eine Bereicherung zuteil. Solche Menschen haben Ausstrahlungskraft, weil sie ihr persönliches Sein zum Einsatz bringen. Sie sind glaubwürdig, weil ihr Äußeres mit ihrem Inneren übereinstimmt. Wie hätte Eve Chassence in ihrer Rolle als Mutter jenen Arzt glaubwürdig zum Verzicht bewegen können, wenn sie selbst das Verzichten nicht gelernt hätte?

Als Eve Chassence sich am Tiefpunkt ihres desillusionierten Lebens befand, da fühlte sie sich müde wie nie zuvor und war versucht, ihr leeres Leben wegzuwerfen. Aber sie tat es nicht. So wurde der durchlittene Tiefpunkt zu einem Wendepunkt. Andernfalls wäre er zum Schlußpunkt ihres Lebens geworden. Keiner kann in seiner subjektiven Ausweglosigkeit wissen, welche objektiven Möglichkeiten ihm angesichts der unüberschaubaren Vielfalt des Lebens immer noch verbleiben. Viktor E. Frankl, Professor für Psychiatrie und Begründer der Logotherapie, schreibt hierzu: „Wir müssen dem zum Selbstmord Entschlossenen vor allem und immer wieder vorhalten, daß ein Selbstmord kein Problem lösen kann. Wir müssen ihm vor Augen führen, wie sehr er einem Schachspieler gleicht, der vor ein ihm allzu schwierig erscheinendes Schachproblem gestellt ist und – die Figuren vom Brett wirft. Damit löst er kein Schachproblem. Aber auch im Leben wird kein Problem dadurch gelöst, daß man das Leben wegwirft. Und so wie jener Schachspieler sich nicht an die Spielregeln hält, genauso verletzt ein Mensch, der den Freitod wählt, die Spielregeln des Lebens. Diese Spielregeln verlangen ja von uns nicht, daß wir um jeden Preis siegen, wohl aber, daß wir den Kampf niemals aufgeben."[1] Eve Chassence gab den Kampf nicht auf. Auf ihre Weise erfuhr sie die biblische Zusage: „Bleibt standhaft, und ihr werdet das Leben gewinnen" (Lk 21,19).

An dieser Stelle ist es möglich, ein Wort einzuführen, gegen das wir uns in der Regel unmittelbar wehren, ohne es genauer überdacht zu haben. Wir meinen das Wort „Wunder". Gewiß hat jeder Mensch schon einmal ein Wunder erlebt, ohne es als solches zu erkennen. Ja, wir haben die Überzeugung, daß das Wunder ein wesentlicher Bestandteil des Lebens ist. Allerdings müssen wir deutlicher sagen, wie wir dieses Wort hier verstehen. Im Roman „Abenteuer der Tugend" von Luise Rinser schreibt die vom Schicksal gezeichnete Nina in einem Brief an Professor F., einem Nervenarzt, der ihren Mann behandelte: „Ich glaube an das Wunder. Ich meine so: der Lebensweg eines Menschen scheint im allgemeinen seine Richtung beizubehalten; es gibt aber Wege, die plötzlich abbrechen, der Mensch ist ‚am Ende', er kommt nicht weiter, er ist verzweifelt, er gibt auf, weiterzugehen. Im Augenblick der tiefsten Verzweiflung aber geschieht etwas. Der Mensch begreift nicht. Aber eine Weile später sieht er sich zu seinem Erstaunen auf einem neuen Weg. Wer hat ihn dorthin gebracht? Gleichviel: er kann weitergehen. Der neue Weg ist sehr verschieden vom alten und sehr weit weg."[2] Wer hätte so etwas nicht schon einmal erlebt?

Vielleicht bereitet uns der Tod die größte Enttäuschung. Aber damit würde er uns auch die letzte und tiefste Selbsttäuschung nehmen, so daß wir erst im Durchstehen der Todesnot wissen, wer wir letztlich sind. Wir sagten vorhin, daß es trotz aller subjektiven Ausweglosigkeit noch einen objektiven Ausweg geben kann. Gilt dieser Hinweis nicht auch für unsere Todessituation? Manch einer meint doch, mit dem Tod sei alles aus. Könnte es nicht sein, daß es auch hier trotz aller subjektiven Ausweglosigkeit noch einen objektiven Ausweg gibt, einfach weil Gott, die Quelle allen Lebens, es so gefügt hat? Der gläubige Christ hat diese Hoffnung. Er lebt der Überzeugung, daß durch Gottes Liebe der Tod zum Wendepunkt geworden ist. Solchem Glauben ist eine gewisse „Trotzmacht" zu eigen: obwohl alles sinnlos zu sein scheint, *trotzdem* gibt der Gläubige nicht auf; obwohl im Tod ihm alle Lichter schwinden, *trotzdem* verliert er seine Zuversicht nicht; obwohl er weiß, daß nicht viel Gutes an ihm ist, *trotzdem* vertraut er Gottes Güte, die größer ist als unser schuldig gewordenes Herz (1 Joh 3,20). Er hält sich bewußt, daß Gott ihn keineswegs vor schweren Situationen bewahrt, sondern ihn vielmehr *durch sie hindurch* errettet. Daher sagt er sich selbst immer wieder: „Gehe den Weg, den Gott dir gezeichnet hat, sei er verschlungen oder gerade, aber verlaß ihn nicht, wie er auch sei, denn er ist dein Weg" (Guy de Larigaudie).

Der innere Wellengang unserer Geschichte machte uns auf den Wellengang des Lebens aufmerksam. Er reicht sogar über die Grenzen unseres irdischen Lebens hinaus. Doch bedenken wir noch dieses: Hätte man Eve Chassence am Höhepunkt ihres Lebens gefragt, ob sie sich einen anderen Schicksalsweg gewünscht hätte, einen Weg, auf dem sie schneller und leichter zum Ziel gekommen wäre, sie hätte sicherlich gesagt: „Erst im Rückblick erkennt man, daß alles gut geworden ist." Alles, was Gott in seine Hände nimmt, wird gut. „Gott sah alles, was er gemacht hatte, und fürwahr, es war sehr gut." So lesen wir im ersten Buch der Bibel. So wird es auch am Ende unserer Lebensgeschichte wie am Ende der Weltgeschichte heißen.

In dem erwähnten Briefroman „Abenteuer der Tugend" von Luise Rinser schreibt Nina ihrer Schwester Margret: „Vor vielen Jahren hat mir eine Handleserin gesagt, ich würde alles bekommen im Leben, was ich mir wünsche; ich hätte ‚Wunschgewalt'. Ich frage mich, ob sie recht hat. Ich glaube ja. Aber welche meiner Wünsche hat sie gemeint? Wie tief hat sie in mich hineingesehen? Wie sehr unterscheiden sich unsre vermeintlichen Wünsche von unsern wirklichen. Die wirklichen Wünsche zu erkennen ist schwer. Wir erkennen sie nur aus der tiefen

Unruhe, die uns befällt, wenn wir unsre vermeintlichen Wünsche erfüllt sehen und um nichts glücklicher geworden sind."[3]

Und siehe, zwei von ihnen gingen am selben Tag zu einem Dorf namens Emmaus, das sechzig Stadien von Jerusalem entfernt ist. Sie sprachen miteinander über all das, was sich ereignet hatte. Während sie nun miteinander redeten und überlegten, kam Jesus dazu und ging mit ihnen. Ihre Augen aber waren wie blind, so daß sie ihn nicht erkannten. Er fragte sie: „Was sind das für Reden, die ihr da auf dem Wege miteinander führt?"

Da blieben sie traurig stehen. Einer von ihnen namens Kleopas antwortete ihm: „Bist du der einzige in Jerusalem, der nicht weiß, was dort in diesen Tagen geschehen ist?" Erfragte sie: „Was denn?" Sie antworteten ihm: „Das mit Jesus dem Nazarener, der ein Prophet war und vor Gott und allem Volk Großes getan und gesagt hat. Ihn haben unsere Hohenpriester und Ratsherren zum Tod verurteilt und gekreuzigt. Wir aber hofften, daß er es sei, der Israel retten werde ..."

Da sagte er zu ihnen: „Ihr Unverständigen, wie träge seid ihr, alles zu glauben, was die Propheten gesprochen haben! Mußte nicht der Messias all das erleiden und so in seine Herrlichkeit eingehen?"
Lukas 24,13-21.25-26

10 Wenn der Anfang ein guter ist, geht vieles wie von selbst

P. Casals: Erinnerungen
Mt 20,1-16

Der spanische Cellist von Weltruf Pablo Casals (1876–1973) erzählt gleich zu Beginn seiner Lebenserinnerungen „Licht und Schatten auf einem langen Weg“, wie es möglich ist, sich die Lebensfreude bis ins hohe Alter hinein zu bewahren: „Ich bin jetzt über dreiundneunzig Jahre alt, also nicht gerade jung, jedenfalls nicht mehr so jung, wie ich mit neunzig war. Aber Alter ist überhaupt etwas Relatives. Wenn man weiter arbeitet und empfänglich bleibt für die Schönheit der Welt, die uns umgibt, dann entdeckt man, daß Alter nicht notwendigerweise Altern bedeutet, wenigstens nicht Altern im landläufigen Sinne. Ich empfinde heute viele Dinge intensiver als je zuvor, und das Leben fasziniert mich immer mehr.“

Die Bewunderung und Ehrfurcht, die Schlichtheit und Herzlichkeit, die Dankbarkeit und der Humor, womit Casals auf sein Leben schaut, geben allen seinen Äußerungen einen unverwechselbaren Charakter, der auch die letzten Worte dieser Erinnerungen beseelt: „Selbstverständlich fahre ich fort, zu spielen und zu üben. Auch wenn ich nochmals hundert Jahre leben sollte, würde ich das tun. Ich würde meinen alten Freund nicht im Stich lassen: das Cello.“

Pablo Casals, Licht und Schatten auf einem langen Weg, Erinnerungen aufgezeichnet von Albert E. Kahn, Fischer Taschenbuch Verlag, Frankfurt a. M. 1971, Nr. 1421, S. 9 u. 223.

Zu den gebildetsten Völkern der Menschheitsgeschichte gehören die Alten Griechen. Wodurch gelangte dieses Volk zu einer solchen Höhe des Geistes? Es war noch des Staunens fähig. Für die griechische Philosophie bedeutete das Staunen die Quelle allen Denkens. Bei Platon lesen wir: „Dies ist der Zustand eines gar sehr die Weisheit liebenden Mannes, das Erstaunen; ja, es gibt keinen anderen Anfang der Philosophie als diesen.“ Aristoteles dachte genauso: „Staunen veranlaßte zuerst wie noch jetzt die Menschen zum Philosophieren.“ Ohne Staunen gibt es keine geistigen Interessen und keine Bildung; ohne Staunen gibt es keine wirklichen Entdeckungen; denn allein das Staunen entbindet im Menschen die schöpferischen Kräfte. Das offenbaren bereits die wenigen Sätze von Pablo Casals. So alt er auch wurde, in seinem Herzen blieb er immer jung. Zeitlebens war er für die Schönheit dieser Welt aufgeschlossen und empfänglich. Daher faszinierte ihn das Leben immer mehr. Zugleich ging ihm auf, daß Alter nicht notwendigerweise Altern bedeutet.

Diese Entdeckung führt uns zu einer Frage, die sehr abstrakt zu sein scheint, deren Beantwortung jedoch zu einer persönlichen Heimsuchung werden kann: Was ist eigentlich der Mensch? Nachdenklich macht zunächst die Tatsache, daß es seit Menschengedenken eine Vielzahl von Wissenschaften gibt, die dieser Frage nachzugehen bemüht sind. Und so viel sie dazu schon gesagt haben, sie kommen doch an kein Ende. Ob diese Frage jemals endgültig beantwortet werden kann? Man kann es bezweifeln. Warum? Weil es dem Menschen nicht möglich ist, über *Anfänge* hinauszukommen. Immer sind es nur Anfänge, die das Leben uns anbietet. Jeder Morgen stellt uns vor einen neuen Anfang. Jede Woche, jedes Jahr und jede neue Lebensstufe tut das gleiche. Und selbst wenn wir alt, sehr alt geworden sind, schauen wir auf nichts anderes als auf Anfänge zurück. Das weist die Erfahrung älterer Menschen aus. Sie sagen, mit zunehmendem Alter trete ihnen immer deutlicher und klarer ins Bewußtsein, mit dem Leben erst begonnen zu haben. Pablo Casals empfand ebenso. Ihm zufolge bleibt jung, wer immer wieder einen neuen Anfang wagt. Selbst mit 93 Jahren setzte sich der Cellist von Weltruf nicht zur Ruhe. Er übte jeden Tag aufs neue. Gibt es also in meinem Leben einen wesentlichen Bereich, in dem ich nicht mehr zu einem Neubeginn bereit bin? „Sobald einer in einer Sache Meister geworden ist, soll er in einer neuen Sache Schüler werden" (Gerhart Hauptmann). – Was ist also der Mensch? Er ist und bleibt sein Leben lang ein Anfangender. Das ist der Grund, weshalb er mit der Erforschung seines Wesensgeheimnisses an kein Ende kommt. Romano Guardini sagt es noch deutlicher. In seinen „Notizen" hielt er fest: „Je älter ich werde, desto größer wird das Geheimnis." So ist es, wenn man nicht verlernt hat, was anfangen heißt.

Wie aber gelangt man zu jener Fähigkeit, immer wieder anzufangen? Mir scheint, daß es vor allem die innere Ruhe ist, die sie uns schenkt. In seinem „Tagebuch eines Schriftstellers" schreibt F.M. Dostojewski: „Nur die Ruhe ist die Quelle jeder großen Kraft (...) Ruhe aber haben wir wenig, besonders geistige Ruhe fehlt uns, und gerade diese wäre die Hauptsache, denn ohne geistige Ruhe gibt es auch keine andere. Dem schenkt man aber bei uns gar keine Aufmerksamkeit (...) In den Köpfen ist keine Ruhe, und zwar in allen Schichten, und so haben wir auch keine Festigkeit, weder in unseren Überzeugungen, noch in unseren Ansichten, unseren Nerven, und zu guter Letzt auch nicht in unseren Ansprüchen."[1] Ähnliches bemerkt der französische Schriftsteller François Mauriac: „Womit füllen die Menschen ihr Leben aus? (...) Alle Leute scheinen sehr beschäftigt zu sein. Man hat keine Zeit, seine Freunde zu sehen ... ‚Mein Lieber, das Leben geht vorüber, und man sieht sich nicht ...' Man sieht sich nicht, weil man nicht die geringste Lust hat, sich zu sehen (...) Der Freund schaut auf die Uhr: ‚Schon zwei Uhr! Ich muß gehen ...' Wohin geht er? Wohin gehen die Leute? Woraus ist das Gewebe ihres Schicksals gewirkt? (...) Eine geheime Schallplatte müßte ohne ihr Wissen alle ihre Worte vom frühen Morgen an, ein Film alle ihre Gesten aufgenommen haben ... Das ist eine der erschreckenden Erscheinungen Gottes: diese sensible Platte, auf der alles in alle Ewigkeit festgehalten wird (...) Es stimmt, daß ein Arzt, ein Chirurg, ein Anwalt nicht weiß, wo ihm der Kopf steht. Aber der Teil ihrer selbst, der sich verausgabt, der in ständiger Bewegung ist, ist nicht ein Teil ihres tiefsten Wesens. Dieser Mann hinter dem Schreibtisch, der dich anhört und sogar gewissenhaft anhört, indem er sich Notizen macht, das ist der Anwalt, der Arzt, aber nicht *er selbst*: er ist nicht das Wesen, das nachher (...) in eine dunkle Kirche eintreten wird, um dort in der Stille zu verweilen, bis man die Türen schließt."[2]

Diese beiden Texte machen deutlich, daß die Ruhe der Anfang eines jeden wahren Lebens ist. Sie ist die Quelle unserer Kraft und Festigkeit. Sie holt uns aus allen Funktionen, in die wir uns so schnell verlieren können, und führt uns zu uns selbst. Sie öffnet und sensibilisiert uns für den Ruf, der in jedem echten Anfang liegt. Wer sich diesem Ruf in jener Ruhe anvertraut, der wird gewahr, wie sich manches zwanglos fügt. Rätsel lösen sich. Was kompliziert erschien, erweist sich als sehr einfach. Hindernisse sind wie weggeräumt. Wir erfahren auf unerwartete Weise Gottes Gegenwart und Beistand. Solche Erfahrungen bestätigen, daß es richtig ist zu sagen: Wenn der Anfang ein guter ist, geht vieles wie von selbst.

Doch übersehen wir nicht: Ein Anfangender bleibt der Mensch auch deshalb, weil er sich trotz seines guten Willens und seiner guten Vorsätze als arm und schwach erfährt. So erweist sich der Mensch auch unter diesem Gesichtspunkt als ein Wesen, das ständig von vorne beginnen muß. Er kann es, weil Gott jedem Menschen in jeder Stunde, selbst in der letzten, einen neuen Anfang schenkt. Diese Gewißheit gibt uns Jesus in seinem „Gleichnis von den Arbeitern im Weinberg" (Mt 20,1–16). Von diesem Gleichnis her können wir sagen: „Für alle ‚Herumstehenden' – und wir alle stehen immer wieder müßig herum –

ist das Evangelium von der Berufung in den Weinberg eine mächtige Ermunterung: Dein Leben ist nicht der Leere und der Sinnlosigkeit preisgegeben! Du bist gesehen und angerufen, ein Vertrauen ist auf dich gesetzt, du hast eine eigene Aufgabe, und nie ist es zu spät, damit anzufangen."[3] Indem der Verwalter im Auftrag seines Herrn gerade mit den letzten *beginnt* und diesen so viel gibt wie den ersten, offenbart er das Geheimnis von Gottes unüberbietbarer Liebe und Güte, die im Gegensatz zum Menschen nicht rechnet und deshalb alle menschlichen Maßstäbe des Urteilens und Wertens außer Kraft setzt. Darin liegt indirekt die Aufforderung, es Gott gleichzutun, das heißt, unsererseits mit keinem Menschen Schluß zu machen, sondern ihm immer wieder einen neuen Anfang zu gewähren.

Mit dem Himmelreich ist es wie mit einem Gutsbesitzer, der früh am Morgen sein Haus verließ, um Arbeiter für seinen Weinberg anzuwerben. Er einigte sich mit den Arbeitern auf einen Denar für den Tag und schickte sie in seinen Weinberg. Um die dritte Stunde ging er wieder auf den Markt und sah andere dastehen, die keine Arbeit hatten. Er sagte zu ihnen: Geht auch ihr in meinen Weinberg. Ich werde euch geben, was recht ist. Und sie gingen. Um die sechste und um die neunte Stunde ging der Gutsherr wieder auf den Markt und machte es ebenso. Als er um die elfte Stunde noch einmal hinging, traf er wieder einige, die dort herumstanden. Er sagte zu ihnen: Was steht ihr hier den ganzen Tag untätig herum? Sie antworteten: Niemand hat uns angeworben. Da sagte er zu ihnen: Geht auch ihr in meinen Weinberg!

Als es nun Abend geworden war, sagte der Besitzer des Weinbergs zu seinem Verwalter: Ruf die Arbeiter, und zahl ihnen den Lohn aus, angefangen bei den letzten, bis hin zu den ersten. Da kamen die Männer, die er um die elfte Stunde angeworben hatte, und jeder erhielt einen Denar. Als dann die ersten an der Reihe waren, glaubten sie, mehr zu bekommen. Aber auch sie erhielten nur einen Denar. Da begannen sie, über den Gutsherrn zu murren, und sagten: Diese letzten haben nur eine Stunde gearbeitet, und du hast sie uns gleichgestellt; wir aber haben den ganzen Tag über die Last der Arbeit und die Hitze ertragen. Da erwiderte er einem von ihnen: Mein Freund, dir geschieht kein Unrecht. Hast du nicht einen Denar mit mir vereinbart? Nimm dein Geld und geh! Ich will dem letzten ebensoviel geben wie dir. Darf ich mit dem, was mir gehört, nicht tun, was ich will? Oder bist du neidisch, weil ich (zu anderen) gütig bin ? So werden die Letzten die Ersten sein und die Ersten die Letzten.
Matthäus 20,1-16

11 Das Leben läßt sich nicht belügen

Jutta Hiltenkamp: Woher ...
Röm 14,7–9

Woher nehmen die Sicherheit
zu sagen: Ich weiß ...
Woher nehmen die Hoffnung
zu sagen: Es wird ...
Woher nehmen den Mut
zu sagen: Ich bin ...
Woher nehmen die Kraft
zu sagen: Ich werde ...
Woher nehmen den Glauben ...
zu sagen: Ich kann ...
Woher nehmen die Freude
zu sagen: Ich lebe ...
Woher nehmen das Vertrauen
zu sagen: Du ...
Woher nehmen die Liebe
zu sagen: Wir ...

Jutta Hiltenkamp, Woher ..., in: Rheinischer Merkur 23 (1976) 16.

Dieses Gedicht löst im Leser unmittelbar etwas aus. Was? Zunächst einmal Zustimmung: So ist es – auch bei mir! Wie oft fühlten wir uns in Sicherheit und taten sie nach außen hin kund: „Ich weiß, daß es so ist; ich weiß, was ich kann; ich weiß, wie man es machen muß!" Die es hörten, schüttelten den Kopf: „Welch eine Selbstsicherheit!" Sie hatten recht. Es war die Sicherheit einer dünnen Eisdecke. Darunter fand sich nichts, was Boden unter die Füße gab. Wir wurden nachdenklich: „Woher nehmen die *Sicherheit* zu sagen: Ich weiß ..."

Wir hielten uns für hoffnungsvoll und zuversichtlich: „Es wird schon gut gehen; es wird schon werden", dachten wir. Aber es kam ganz anders, als wir es uns vorstellten. Manches lief besser, als wir angenommen hatten; vieles aber entsprach unseren Erwartungen in keiner Weise. Unvorhersehbare Schwierigkeiten tauchten auf und durchkreuzten unsere Pläne; Mißverständnisse häuften sich; die Situation wurde undurchschaubar; das Ende des elenden Zustandes war nicht abzusehen: „Woher nehmen die *Hoffnung* zu sagen: Es wird ..."

Wir waren voller Mut und hatten die feste Überzeugung: „Ich bin stark genug; ich schaffe es!" So redeten wir, bis wir erfahren mußten, wieviele Niederlagen, von denen wir nichts ahnten, im Leben möglich sind. Angesichts unserer vergeblichen Mühe und Erfolglosigkeit stieg Resignation in uns auf. Wir wollten aufgeben; die Dinge hinwerfen; Schluß machen: „Es hat keinen Sinn mehr; du schaffst es nicht; wer bist du schon?" Mutlosigkeit breitete sich aus: „Woher nehmen den *Mut* zu sagen: Ich bin ..."

Wir meinten, wir hätten die Kraft und die Fähigkeit, alles besser als andere zu machen: „Ich werde ihre Fehler nicht wiederholen; das könnte mir nicht passieren!" Je älter wir aber werden, um so fragwürdiger werden wir uns selbst. Wir erkennen unsere Grenzen und bemerken, wie kompliziert viele Zusammenhänge sind. Wir werden bescheiden und kleinlaut: „Woher nehmen die *Kraft* zu sagen: Ich werde ..."

Wir glaubten, dies oder jenes sei nicht so ernst zu nehmen: „Du kannst es ruhig tun; was ist schon dabei; die andern machen es doch auch!" Später ging uns dann auf, wie leichtsinnig und leichtgläubig wir waren. Es wurde uns bewußt, daß etwas Unwiderrufliches in unser Leben getreten war und ein Teil von uns selbst geworden ist. „Hättest du die Möglichkeit, dich in dieser oder jener Angelegenheit noch einmal zu entscheiden, du würdest dich gewiß ganz anders verhalten." Minderwertigkeitsgefühle überfallen uns: „Woher nehmen den *Glauben* zu sagen: Ich kann ..."

Wir waren himmelhoch jauchzend und voller Freude. Wir liebten das Leben und kosteten es aus. Das Glück lachte uns ins Herz. Wir dachten, es könne gar nicht anders sein. „Was kann denn schon passieren?" Dann warf das dunkle Schicksal sein Netz auch nach uns aus und fing uns ein. Zerstört lagen wir am Boden und verstanden das Leben nicht mehr. Alle Freude war weg. Wir fühlten uns verlassen, einsam, allein: „Woher nehmen die *Freude* zu sagen: Ich lebe ..."

Wir hatten das Vertrauen, mit diesem Partner eine glückliche Ehe führen zu können: „Du liebst mich; hörst mir zu; kannst mich verstehen. Mit dir kann ich über alles sprechen; bei dir fühle ich mich geborgen; wenn ich mit dir zusammen bin, scheint die Zeit stillzustehen." Doch mit den Jahren verblaßte alles. Gleichgültigkeit, Routine, innere Verschlossenheit und Selbstsucht wurden vorherrschend. „Während er drei Abende in der Woche hier oder dort verbringt, sitze ich alleine zu

Hause. Und wenn ich etwas sage, meint er, ich würde seine Freiheit beschneiden." Skeptisch fragt man sich: „Woher nehmen das *Vertrauen* zu sagen: Du ..."

Wir leben in einer Familie, arbeiten mit anderen Seite an Seite, gehören zu einer kirchlichen Gemeinschaft. Doch was weiß einer vom anderen? Verfolgt nicht jeder nur seine eigenen Wünsche, Interessen und Ziele? Inwieweit sind wir bereit, für den andern dazusein? Wieviel Mißtrauen, Vorurteile, Neid und Eifersucht trennen uns voneinander? „Woher nehmen die *Liebe* zu sagen: Wir ..."

Sicherheit und Hoffnung, Mut und Kraft, Glauben und Freude, Vertrauen und Liebe – wie oft glauben wir, wir hätten diese höchsten Gaben des Lebens. Aber das Leben läßt sich nicht belügen. Es prüft uns, um unser Sein von allem Schein zu reinigen. Durch Mißerfolge, Enttäuschungen, Krankheiten und andere Zwischenfälle zeigt es uns, wie arm und leer wir in Wirklichkeit doch sind. Wenn man einmal alles Schmerzhafte in unserem Leben unter diesem Gesichtspunkt betrachtet, ist es dann tatsächlich nur das Negative? Oder ist es nicht möglich, daß positiv ist, was wir für negativ halten, während negativ sein kann, was wir positiv werten? Wie sehr würden wir uns selbst und andere über unsere eigentliche Wirklichkeit hinwegtäuschen, wenn es das Schmerzhafte nicht gäbe? Vor dieser ärgsten Täuschung will uns das Leben bewahren. Durch seine leidvollen Eingriffe öffnet es uns die Augen für das, was wir zutiefst sind: unsicher, hoffnungslos, mutlos, ohnmächtig, ungläubig, ohne Freude, ohne Vertrauen, ohne Liebe.

Durch solche Erfahrungen sehr ernüchtert, können wir in eine völlige Ratlosigkeit fallen. Von ihr wird das Gedicht beherrscht. Man erwartet eigentlich keine Antwort mehr. Von wem sollte sie auch kommen? Das Leben hat einem nichts Bedeutsames mehr zu geben. Wie kann es zu einer solchen Haltung dem Leben gegenüber kommen?

Im Gedicht wiederholt sich mit pünktlicher Regelmäßigkeit ein Wort, das so etwas wie ein „Schlüsselwort" ist. Immer wieder ist die Rede vom ‚Nehmen'. Deutet sich in diesem Wort nicht die heutige Lebenseinstellung vieler Menschen an? Leben und Nehmen bedeuten heute fast ein und dasselbe. Solange man nehmen kann, glaubt man zu leben. Was kann man sich heute nicht alles nehmen? Eine Ware, ein Taxi, einen Zug, dreimal im Jahr Urlaub, eine andere Frau, Tabletten, Drogen ... Und wenn es nichts mehr zu nehmen gibt, dann bleibt für manch einen nur noch eine Möglichkeit, nämlich sich das Leben zu nehmen. Wie schnell kann man aber in einer Welt, die zu einem großen Warenhaus geworden ist, diesen Vorgang des Nehmens von den Konsum- und Gebrauchsgütern auf die höchsten Lebensgüter übertragen! Wo das geschieht, hat man bereits sich und anderen ein Stück Leben genommen.

Wir wollen damit sagen: Sicherheit und Hoffnung, Mut und Kraft, Glauben und Freude, Vertrauen und Liebe kann man sich nicht nehmen, ohne sich in irgendeiner Weise das Leben zu nehmen. Man kann sie nur als die höchsten Geschenke des Daseins *empfangen*. Daher muß die Frage, wenn sie im Ansatz richtig und verheißungsvoll gestellt sein soll, lauten: „Woher empfangen ...?" Wo wir so fragen, fragen wir nicht mehr ins Dunkle und Leere hinein. Unsere Frage hat eine Richtung bekommen und hört damit auf, überall herumzuvagabundieren. Wir schauen nach einem aus, der des Gebens fähig ist, weil er etwas zu geben hat. Nicht irgend etwas, sondern das, wonach sich jedermann zuinnerst sehnt: Leben. Was ist Leben? Die Antwort wird uns sehr überraschen: „Seit Jesus Christus von sich sagte: ‚Ich bin das Leben' (Jo 14,6; 11,25), kommt kein Denken mehr an diesem Anspruch und der in ihm enthaltenen Wirklichkeit vorbei ... Das Wort Jesu bindet jeden Gedanken über das Leben an seine Person. Ich bin das Leben. Hinter das ‚Ich bin' kommt keine Frage nach dem Leben zurück. Aus der Frage, was das Leben sei, wird hier die Antwort, wer das Leben sei. Das Leben ist nicht ein Ding, ein Wesen, ein Begriff, sondern eine Person, und zwar eine bestimmte und einzige Person. Er sagt nicht: ich habe, sondern ich bin das Leben. So läßt sich das Leben niemals mehr von dem Ich, von der Person Jesu trennen."[1] Mein wahres Leben ist also außerhalb meiner selbst. Und so ist es auch mit allem, was das Leben gibt. Ich finde es nicht in mir selbst, sondern allein in Jesus Christus. Er selbst und er allein ist meine Sicherheit, die mich sagen läßt: Ich weiß; meine Hoffnung, die mich sagen läßt: Es wird; mein Mut, der mich sagen läßt: Ich bin; meine Kraft, die mich sagen läßt: Ich werde; mein Glaube, der mich sagen läßt: Ich kann; meine Freude, die mich sagen läßt: Ich lebe; mein Vertrauen, das mich sagen läßt: Du; meine Liebe, die mich sagen läßt: Wir. Wenn Jesus Christus allein das wahre Leben ist, dann suchen alle, die sich nach dem wahren Leben sehnen, immer nur ihn, auch die, die es selbst nicht wissen.

Nahezu am Anfang ihres Buches „Das Urteil" schreibt die innerlich zerklüftete und einsame Schauspielerin und Chansonsängerin Hildegard Knef: „Keiner sagt, wie man anständig lebt, vielleicht weiß einer, wie man anständig stirbt. Ich bin, laut Steuererklärung, eine natürliche Person und will wissen, wie man anständig stirbt." Gegen Ende dieses Buches schildert sie, wie sie den Gottesdienst eines ihr befreundeten Priesters besucht. Dabei hat sie den Eindruck, der Priester komme auf sie zu, um ihr zu sagen: Jesus Christus hat „uns vorgelebt, wie man lebt und wie man stirbt, wie man froh und traurig ist, umringt und verlassen, umjubelt und verraten und gerade so die höchste Stufe der menschlichen Entwicklung erreicht hat ...“[2] Wir müssen es noch deutlicher sagen: Jesus Christus hat uns nicht nur gesagt und nicht nur vorgelebt, wie man lebt und wie man stirbt; er ist vielmehr unser Leben und unser Sterben und – unsere Auferstehung.

Keiner von uns lebt für sich selbst, und keiner stirbt für sich selbst. Denn wenn wir leben, leben wir für den Herrn; und wenn wir sterben, sterben wir für den Herrn. Mögen wir also leben oder sterben, wir gehören dem Herrn. Ist doch Christus gerade deshalb gestorben und wieder lebendig geworden, damit er über Tote und Lebende nerrsche.
Römerbrief 14,7–9

12 Durch Staunen zu neuem Leben

J. Weidmann: Meine Begegnung mit Einstein
Joh 1,1.3.5.9–14

Jérôme Weidmann, ein in Amerika gern gelesener Schriftsteller, war als junger Mann mit anderen Gästen, unter denen sich auch Professor Albert Einstein befand, zum Abendessen in das Haus eines bekannten New Yorker Philanthropen eingeladen. Nach dem Essen führte die Dame des Hauses die Gäste in einen großen Salon, wo sie von einem Streichquartett unterhalten wurden. Da Weidmann fast kein musikalisches Gehör hatte und ernste Musik für ihn nicht mehr als eine Folge von Geräuschen war, machte er eine Miene, die ‚verständnisvolles Lauschen' zum Ausdruck bringen sollte. Als die Leute nach einer Weile Beifall klatschten, schloß er sich ihnen einfach an.

Im gleichen Augenblick hörte er von rechts eine freundliche, aber merkwürdig eindringliche Stimme fragen: „Lieben Sie Bach?" Der Fragende war einer der Bekanntesten der Welt: Albert Einstein. Weidmann sah den höchst ungewöhnlichen Augen seines Nachbarn an, daß er mit ihm nicht nur ein paar höfliche Worte wechseln wollte. Vor allem aber fühlte er, daß er diesen Mann nicht mit ein paar, wenn auch harmlosen Lügen abspeisen durfte. Deshalb antwortete er: „Ich kenne gar nichts von Bach. Ich habe überhaupt kein musikalisches Gehör. Und so richtig gehört habe ich eigentlich noch keine Musik." Das Gesicht des alten Mannes zeigte einen teilnehmenden Ausdruck. Unmittelbar stand er auf und nahm ihn beim Arm.

Offenbar kannte sich Einstein in diesem Hause aus, denn er führte Weidmann die Treppe hinauf, betrat mit ihm ein Zimmer voller Bücher und schloß die Tür. „Sagen Sie mir bitte, seit wann Ihnen das schon so geht mit der Musik?" fragte er lächelnd. „Mein ganzes Leben lang", antwortete ihm Weidmann. „Gibt es eine Musik, die Sie mögen?" fuhr er fort. „Ich liebe Songs, die einen Text haben, und Musik, wo ich der Melodie folgen kann", sagte er. Wieder lächelte Einstein und nickte beifällig. Dann ging er in eine Ecke des Zimmers, holte etliche Platten hervor, legte sie nacheinander für einige Verse auf und bat Weidmann jeweils, das Gehörte nachzusingen, wobei er mit seinem Pfeifenstiel den Takt schlug. „Ausgezeichnet!“ rief er, nachdem Weidmann geendet hatte. „Jetzt dieses!“ Der ungeübte Sänger brachte eine annähernde Wiedergabe der Töne zustande. Einstein strahlte. Es folgten mindestens ein Dutzend anderer Platten. Dabei war Einstein so hingegeben, als wäre der völlig Fremde der einzige auf der Welt, der ihn interessierte. Schließlich sagte er: „So, junger Mann, jetzt sind wir bereit für Bach!“ Anschließend gingen sie in den Salon zurück. Als das Quartett geendet hatte, stimmte Weidmann aus ehrlicher Begeisterung in den allgemeinen Beifall ein.

Plötzlich stand die Dame des Hauses vor ihnen. „Ich bedauere sehr, Herr Professor“, sagte sie mit einem kühlen Seitenblick auf Weidmann, „daß Sie so viel vom Programm versäumt haben.“ „Ich bedauere es auch sehr“, erklärte Einstein. „Aber mein junger Freund hier und ich waren damit beschäftigt, das Höchste zu tun, was der Mensch vermag.“ Die Frau machte ein verdutztes Gesicht: „Wirklich? Und was wäre das?“ Einstein legte Weidmann den Arm um die Schultern und sagte: „Wieder eine Tür zum Reiche der Schönheit aufgestoßen.“

Vgl. Jérôme Weidmann, Meine Begegnung mit Einstein, in: Die eigene Welt, Verlag Mensch und Arbeit in der F. Bruckmann KG, München 1957, S. 109–113.

Der Mensch wächst mit den Persönlichkeiten, denen er im Verlauf seines Lebens begegnet. Die Wahrheit dieses Satzes wird durch den vorausgegangenen Erlebnisbericht bestätigt. Werfen wir zunächst einen Blick auf die Persönlichkeit Einsteins (1879–1955), wie sie sich dem Schriftsteller Jerôme Weidmann erschloß. Einstein hatte eine Ausstrahlungskraft, die dazu nötigte, offen und aufrichtig zu sein, und die es dem Angesprochenen einfach versagte, die Wahrheit durch ein paar harmlose Lügen verschleiern zu wollen, wie es in ‚vornehmen Kreisen‘ so oft geschieht, um das Gesicht zu wahren. Selbst in einer zwanglosen Unterhaltung ging es ihm um mehr, als nur ein paar höfliche, ansonsten aber belanglose Worte zu wechseln. Dies offenbart seinen Ernst angesichts der tieferen Wirklichkeit, die zu entdecken Einstein zeitlebens auf der Suche war. Seine Augen empfand Weidmann als höchst ungewöhnlich, seine Stimme als freundlich, aber merkwürdig eindringlich. In seinem Wesen zeigte sich keine Spur von verächtlicher Überheblichkeit. Im Gegenteil! Die Unfähigkeit des anderen, Musik zu hören, löste bei ihm tiefe Anteilnahme aus und bewegte ihn dazu, sich dem völlig Fremden in einer Weise zuzuwenden, als sei dieser der einzige auf der Welt, der ihn interessierte. Als es dem ungeübten Sänger unter seiner liebenswürdigen und verständnisvollen Führung gelang, die Töne annähernd wiederzugeben, strahlte er und freute sich. Warum?

Es war ihm gelungen, das Höchste zu tun, was seiner Meinung nach ein Mensch vermag. Er hatte „wieder eine Tür zum Reiche der Schönheit aufgestoßen“. In diesem Wort kommt der eigentliche Lebenssinn und Lebenswille Einsteins zum Ausdruck. In einem anderen Zusammenhang sagte Einstein einmal: „Das Schönste, was wir erleben können, ist das Geheimnisvolle. Es ist das Grundgefühl, das an der Wiege von wahrer Kunst und Wissenschaft steht. Wer es nicht kennt und sich nicht mehr wundern, nicht mehr staunen kann, der ist sozusagen tot und sein Auge erloschen.“[1]

Es war Einstein an jenem Abend gelungen, in einen Bereich des Geheimnisvollen einzuführen, der Weidmann bislang verschlossen geblieben war. Indem er in ihm durch seine Menschenfreundlichkeit neue Verwunderung und neues Staunen weckte, ließ er ihn zu neuem Leben erwachen. Was heißt ‚Menschenfreundlichkeit‘? Menschenfreundlichkeit bedeutet, den Mitmenschen zur wahren Menschlichkeit zu führen, indem man ihm hilft, den Weg zum Reich der Schönheit, Harmonie, Gesetzmäßigkeit und Ordnung zu finden. Von hier aus erschließt sich uns das Wesen aller Pädagogik, denn Pädagogik ist nichts anderes als praktizierte Menschenfreundlichkeit, die den Mitmenschen zur wahren Menschlichkeit zu führen bemüht ist, indem sie ihm hilft, den Weg zum Geheimnisvollen zu finden. Einstein tat es, indem er Weidmann in jenem Bereich der Musik abholte, den dieser mochte. Er führte ihn sorgfältig Schritt für Schritt zum Ziel. Was für Weidmann vorher nicht mehr als eine Folge von Geräuschen war und ihn nur zu einem vorgetäuschten Beifall bewegte, löste jetzt in ihm ehrliche Begeisterung aus. Diese „Tür zum Reiche der Schönheit“ vermochte Einstein nur deshalb zu öffnen, weil er selbst in diesem Reich mit ständig neuem Staunen lebte. Einstein schreibt: „Meine Ideale, die mir voranleuchteten und mich mit frohem Lebensmut immer wieder erfüllten, waren Güte, Schönheit und Wahrheit. Ohne das Gefühl von Übereinstimmung mit Gleichgesinnten, ohne die Beschäftigung mit dem Objektiven, dem ewig Unerreichbaren auf dem Gebiet der Kunst und des wissenschaftlichen Forschens wäre mir das Leben leer geblieben.“[2] Dabei war er sich bewußt, daß eine einmalige Erkenntnis der Wahrheit nicht genügt: „Im Gegenteil, diese Erkenntnis muß ständig und unermüdlich erneuert werden, soll sie nicht verlorengehen. Sie gleicht darin einer Marmorstatue, die in der Wüste steht und ständig in Gefahr ist, vom Flugsand begraben zu werden. Fleißige Hände müssen sich unablässig rühren, damit der Marmor weiter in der Sonne schimmern kann.“[3]

„Das Erlebnis des Geheimnisvollen ... hat“, wie Einstein mehrfach betont, „auch die Religion gezeugt.“ Wirklich religiös ist, wer um die leuchtende Schönheit, die uns nur in ihren primitivsten Formen zugänglich ist, weiß. In diesem Sinn gehört Einstein zu den tief religiösen Menschen. Einen persönlichen Gott, der belohnt und bestraft, und ein Leben, das den Tod überdauert, mag und kann er sich nicht denken. „Mögen schwache Seelen aus Angst oder lächerlichem Egoismus solche Gedanken nähren. Mir genügt das Mysterium der Ewigkeit des Lebens und das Bewußtsein und die Ahnung von dem wunderbaren Bau des Seienden sowie das ergebene Streben nach dem Begreifen eines noch so winzigen Teiles der in der Natur sich manifestierenden Vernunft.“[4] Mit diesen Worten bekennt sich Einstein zu einer „kosmischen Religiosität“, die sich dem Menschen durch Kunst und Wissenschaft vermittelt und ein verzücktes „Staunen über die Harmonie der Naturgesetzlichkeit“ beinhaltet, „in der sich eine so überlegene Vernunft offenbart, daß alles Sinnvolle menschlichen Denkens und Anordnens dagegen ein gänzlich nichtiger Abglanz ist“[5]. Als Einstein am 18. April 1955 verstarb, wurde die Asche seiner sterblichen Hülle in alle Winde zerstreut.

Wir können hier nicht näher auf die „kosmische Religiosität“ Einsteins eingehen. Doch sei es erlaubt, in diesem Zusammenhang einige Fragen zu stellen: Ist die Annahme eines persönlichen Gottes und eines Lebens, das den Tod überdauert, einzig und allein auf die Angst oder den lächerlichen Egoismus schwacher Seelen zurückzuführen? Gibt es nicht sehr viele Menschen, die an einen persönlichen Gott geglaubt haben und auch heute noch glauben, denen man aber keineswegs diese Eigenschaften anlasten kann? Sah Franziskus von Assisi, dem Einstein eine „kosmische Religiosität“ zuschreibt, nicht gerade deshalb in allem und jedem den Bruder, weil er an Gott den Vater und Urheber der Schöpfung glaubte? Was wäre, wenn die Mitte des für uns Undurchdringlichen, von dem Einstein spricht, und der Grund jener leuchtenden Schönheit, welcher er sich verpflichtet fühlt, ein persönlicher Gott ist, dessen Weisheit sich in der Harmonie der Naturgesetzlichkeit, im wunderbaren Bau des Seienden offenbart? Wenn Einstein im Staunen den Anfang des Lebens sieht, könnte es nicht sein, daß das eigentliche Staunen erst durch die Erkenntnis jenes Gottes geweckt wird, der in unzugänglichem Licht wohnt, sich aber aus Güte und Menschenfreundlichkeit in seinem ewigen *Wort*, durch das alles geworden ist, erschlossen hat, um an den Menschen die gute Nachricht von seiner ewigen Berufung ergehen zu lassen? Setzt also Einstein seinem Staunen nicht selbst Grenzen, wenn er sagt, daß ihm das Mysterium der Ewigkeit des Lebens genügt und er sich ein Leben nach dem Tod hinaus nicht denken *mag* und kann?

Im Anfang war das Wort,
und das Wort war bei Gott,
und Gott war das Wort.
Alles ist durch das Wort geworden, und ohne
das Wort ist nichts geworden.
Das Licht scheint in der Finsternis,
und die Finsternis hat es nicht ergriffen.
Das Wort war das wahre Licht, das jeden Menschen erleuchtet;
es kam in die Welt.
Er war in der Welt, und die Welt ist durch ihn geworden,
und die Welt hat ihn nicht erkannt.
Er kam in sein Eigentum, und die Seinen nahmen ihn nicht auf.
Allen aber, die ihn aufnahmen, gab er Macht,
Kinder Gottes zu werden,
denen, die an seinen Namen glauben,
er, der nicht aus dem Blute und nicht aus dem Willen
des Fleisches und nicht aus dem Willen des Mannes,
sondern aus Gott geboren wurde.
Und das Wort ist Fleisch geworden und hat unter uns gewohnt,
und wir haben seine Herrlichkeit geschaut,
eine Herrlichkeit als des Eingeborenen vom Vater,
voll Gnade und Wahrheit.
Johannes 1,1.3.5.9–14

13 Falsches Sicherheitsgefühl

Fr. Dürrenmatt: Der Tunnel
2 Kor 4,16–18

Ein fettleibiger 24jähriger Student stieg eines Sonntagnachmittags unter dem Vorwand, anderntags ein Seminar zu besuchen, in den gewohnten Zug nach Zürich. Doch war er bereits beim Besteigen des Zuges entschlossen, das Seminar zu schwänzen. Da der Zug überfüllt war, kämpfte er sich von vorn nach hinten durch und setzte sich in einem Abteil des letzten Wagens einem noch dickeren Mann gegenüber, der mit sich selber Schach spielte. Um das Schreckliche nicht zu nahe an sich herankommen zu lassen, verstopfte sich der junge Mann „die Löcher in seinem Fleisch“: Er steckte sich eine Zigarre in den Mund, verstopfte sich die Ohren mit Wattebüscheln und setzte eine Sonnenbrille auf.

Es dauerte nicht lange, bis der Zug in einen Tunnel fuhr. Dem jungen Mann wurde alsbald bewußt, daß der Tunnel dieses Mal nicht enden wollte. Deshalb wurde er von einer zunehmenden Verwirrung gepackt. Er trat in den Korridor und schaute in die anderen Coupes. Dort schwatzte man vergnügt miteinander, löste Kreuzworträtsel oder las die Zeitung. Der junge Mann lief zu seinem Platz zurück und fragte den dicken Schachspieler, ob der Zug nach Zürich fahre. Da dieser nicht gestört werden wollte, machte er sich erneut auf den Weg. Auch der Schaffner konnte ihm nicht helfen, die Situation aufzuklären. Am Ausgang des Speisewagens stieß er auf den Zugführer, der ihm erklärte: „Ich bitte Sie zu bedenken: Wir bewegen uns auf Schienen, der Tunnel muß also irgendwo hinführen.“ Während der Zug mit ungeheurer Geschwindigkeit immer tiefer in den Tunnel raste, betraten sie schwankend den Führerraum. Von der Sinnlosigkeit eines Rettungsversuches überzeugt, war der Lokomotivführer bereits nach fünf Minuten abgesprungen.

Der junge Mann lag auf der Glasscheibe des Führerstandes, das Gesicht über den Abgrund gepreßt. Dabei hatte er zum ersten Mal die Augen weit geöffnet. Es wurde ihm bewußt, daß schon alles verloren war, da sie noch ahnungslos in ihren Abteilen saßen. Der Zugführer, der sich auf den Rückweg machen wollte, um in den Wagen eine Panik zu verhindern, stürzte auf das Schaltbrett und kam blutend neben den jungen Mann zu liegen. „Was sollen wir nun tun?“ schrie er ihm zu. „Nichts!“ schrie dieser zurück. „Nichts. Gott ließ uns fallen, und so stürzen wir denn auf ihn zu.“

Vgl. Friedrich Dürrenmatt, Der Tunnel, in: Die Stadt, Frühe Prosa, Verlags-AG Die Arche, Zürich 1952, S. 149–167.

Diese symbolische Erzählung versucht den Menschen unserer Tage anzusprechen, der in der durchrationalisierten Welt einer Wohlstandsgesellschaft lebt und den Sinn für das Unberechenbare und Unbegreifliche weitgehend verloren hat. So ereignet sich denn auch der erzählte Zwischenfall unerwartet mitten in unserem alltäglichen Leben auf einer alltäglichen Wegstrecke, die durch die Abfahrts- und Ankunftszeit genau bestimmt ist. Sobald aber der Zug in den Tunnel fährt, werden alle menschliche Planung und Berechnung mit einem Schlag außer Kraft gesetzt. Dies geschieht ausgerechnet in dem Augenblick, da der ahnungslose Durchschnittsmensch im selbstverständlichen Vertrauen auf die technischen Sicherheiten am wenigsten mit jener Macht des Ungewöhnlichen und Ungeheuerlichen rechnet. Die Reisenden schwatzen, essen und lesen, ohne sich durch die eintretenden Ereignisse aus der Ruhe bringen zu lassen. So wird der überfüllte Zug zu einem Symbol für den „Zug der Zeit“, dem sich der heutige Mensch bedenkenlos anvertraut, ohne sich zu fragen, wohin das Ganze unerwartet führen kann.

Auch der junge Mann nimmt wie alle anderen die Annehmlichkeiten modernen Lebens hin. Nur durch eine Eigenschaft unterscheidet er sich von ihnen. Er hat sich die Fähigkeit bewahrt, jene ganz andere Wirklichkeit zu erspüren, die sich hinter der Fassade unserer Alltagswirklichkeit verborgen hält. Daher wird ihm bald bewußt, daß der von Menschenhand erstellte Fahrplan noch keine Garantie ist, den Einbruch des Unberechenbaren zu verhindern. Der auf Sicherheit und Ruhe bedachte Student wird der Ratlose und Verwirrte und schließlich der innerlich Aufgebrochene. Deshalb vermag er auch den ungewöhnlichen Zwischenfall zu deuten. Als er mit weit geöffneten Augen in den Todesabgrund schaut, wird er zum Erkennenden und erlebt die abgründige Wirklichkeit als die Wirklichkeit des verborgenen Gottes.

Was will Dürrenmatt mit dieser Erzählung sagen? Zunächst möchte er den heutigen Menschen dazu anhalten, der scheinbar verläßlichen Alltagswelt zu mißtrauen. Darüber hinaus geht es ihm darum, den Sinn für das Unberechenbare und Unbegreifliche wachzurütteln und wachzuhalten. Schließlich will er erreichen, daß der Mensch die Welt des Übersinnlichen als die eigentliche Wirklichkeit seines Lebens ernst nimmt.

Deshalb sind wir nicht verzagt; im Gegenteil: wenn auch unser äußerer Mensch aufgerieben wird, so erneuert sich doch unser innerer von Tag zu Tag. Denn unsere augenblickliche geringfügige Trübsal erwirkt uns eine von Fülle zu Fülle anwachsende, alles überwiegende ewige Herrlichkeit, da wir den Blick nicht auf das Sichtbare, sondern auf das Unsichtbare richten; denn das Sichthare ist vergänglich, das Unsichtbare dagegen ewig.
2 Korinther 4,16–18

Gott ist das Wunder aller Wirklichkeit

14 Es muß im Leben noch mehr als alles geben

M. Sendak: Higgelti Piggelti Pop!
Lk 5,8–11

Jennie war eine Hündin, die alles hatte, was das Leben angenehm machen kann. Sie schlief auf weichen Kissen und hatte zwei Schüsseln für ihr Futter. Außerdem besaß sie einen eigenen Kamm und eine Bürste. Bei kaltem Wetter trug sie einen roten Wollpullover. Darüber hinaus hatte sie zwei Fenster zum Hinausschauen. Vor allem aber fühlte sie sich von ihrem Herrn geliebt.

Doch in all dem fand die Hündin nicht ihr Glück. Um Mitternacht packte sie ihre Habseligkeiten in eine große schwarze Ledertasche und blickte zum letzten Mal zu ihrem Lieblingsfenster hinaus. Die Topfpflanze, die zum selben Fenster hinausschaute, schüttelte den Kopf. „Wer kann dich verstehen?" fragte sie. „Alles, was man sich wünschen kann, ist dir zu eigen. Vor allem hast du jemanden, der dich liebt. Warum also willst du fort?"

„Das ist wahr", sagte Jennie und biß von der Pflanze ein Blatt nach dem andern ab. „Ich gehe, weil ich unzufrieden bin." Kaum hatte sie das gesagt, fraß sie den Stengel mit der Blüte. „Ich wünsche mir etwas, was ich nicht habe. Es muß im Leben noch mehr als alles geben!" Die Pflanze sagte nichts mehr; es war ihr nichts geblieben, womit sie hätte antworten können.

Vgl. Maurice Sendak, Higgelti Piggelti Pop! Es muß im Leben mehr als alles geben, Diogenes Verlag, Zürich 1969, S. 11 ff.

Märchen enthalten unvergängliche Weisheiten. So steckt auch in dieser Unterredung etwas, das jeden Leser angeht. Es ist die Frage, wie wir zum inneren Frieden, zur Zufriedenheit kommen. Jennie hatte alles, und trotzdem war sie unzufrieden. Dasselbe gilt von vielen Menschen. Auch sie haben alles: einen Lebenspartner, von dem sie sich geliebt wissen, gesunde Kinder, ein ausreichendes Einkommen, ein eigenes Haus, ein Auto, Urlaub und vieles andere. Und doch genügt ihnen all das nicht. Irgendwie spüren auch sie: „Es muß im Leben noch mehr als alles geben." Diese Ahnung erwächst aus unseren seelischen und geistigen Tiefen, die nicht mit dem je einzelnen, um das sich das alltägliche Leben dreht, auszufüllen sind. Daher kann nie zufrieden sein, wer bei dem stehenbleibt, was er erreicht hat. Zufrieden ist vielmehr, wer unzufrieden bleibt. Diese paradoxe Aussage bestätigt Augustinus, wenn er rät: „Sei stets unzufrieden mit dem, was du bist, falls du erreichen willst, ein anderer zu sein, als du bist; denn wo du haltmachst, da wirst du auch bleiben. Und sobald du sagst: Ich habe genug geleistet, bist du verloren." Das ist es, was Maurice Sendak verdeutlichen will.

Es kommt nun aber nicht nur darauf an, immer höhere Ziele anzustreben, um in ihnen innere Erfüllung zu finden. Solche Ziele, in welcher Höhe sie auch liegen, sind immer endlicher Natur; sie bleiben begrenzt und austauschbar. Deshalb können sie uns nie restlos beglücken. Unsere inwendige Scheune „ist unendlich und bleibt so immer halb leer (viel zu optimistisch gerechnet!). Weil wir über jeden endlichen Gegenstand hinausgreifen, immer aber nur solche endlichen Gegenstände unmittelbar ergreifen, werden wir in endlicher Zeit nie fertig, ist jedes Ende nur ein Anfang. Daher kommt die entsetzliche Langeweile. Man fährt immer Neues in die Scheune seines Bewußtseins ein, und es verschwindet in dessen unendlicher Weite, die, nüchtern gesehen, eigentlich immer leer bleibt".[1] Dieselbe Erfahrung hat Friedrich Hölderlin (1770–1843) in das Wort gefaßt: „Was wir sind, ist nichts, was wir suchen, alles." Dieses „Alles" beinhaltet jedoch etwas ganz anderes, als jenes, von dem vorhin die Rede war. Hölderlin meint das, was alles Endliche unendlich übersteigt; er meint das Unendliche selbst, das der gläubige Mensch schlicht und einfach „Gott" zu nennen pflegt. Erst in ihm, dem letzten und höchsten und alles umfassenden Ziel unseres Daseins, findet der Mensch seine ersehnte Ruhe und seinen tiefsten Frieden.

Man muß sich fragen, warum das so ist. Darauf antwortet Augustinus am Anfang seiner „Bekenntnisse": „Zu dir hin hast du uns geschaffen, o Gott." Romano Guardini (1885–1968) kommentiert dieses Wort so: „Das ist nicht enthusiastisch oder erbaulich gemeint, sondern genau. Gott hat den Menschen in eine Beziehung zu ihm gesetzt, ohne die er weder sein noch verstanden werden kann. Er hat einen Sinn; der aber liegt über ihm, in Gott. Man kann den Menschen nicht so verstehen, daß er als geschlossene Gestalt in sich bestünde und lebte, sondern er existiert in der Form einer Beziehung: von Gott her, auf Gott hin. Diese Beziehung kommt nicht erst als Zweites zu seinem Wesen hinzu, so, daß dieses auch abgesehen von ihr sein könnte, sondern in ihr hat das Wesen seinen Grund. Der Mensch kann zu einem anderen Menschen in mannigfache Beziehungen treten: des Kennens, der Freundschaft, des Helfens oder Schadens usw. In ihnen entfaltet sich sein Wesen, aber es besteht nicht darin. Er bleibt Mensch, auch wenn er diesen oder jenen Anderen nicht erkennt oder ihm nicht hilft. Die Beziehung hingegen, von der wir sprechen, ist anderer Art ... Der Mensch ist nur Mensch in der Beziehung zu Gott. Das ‚Von-Gott-Her' und ‚Auf-Gott-Hin' begründet sein Wesen."[2] Diese Sätze erklären nicht nur das Wort von Augustinus, sie führen uns auch zu jenem Schrifttext, in dem ihr tiefster Grund verborgen liegt: „Und Gott sprach: Laßt uns den Menschen machen nach unserem Bild, uns ähnlich" (Gen 1,26). Der Mensch ist auf Gott bezogen, weil Gott ihn als seinen Partner haben wollte. Er ist zu Gottes Gegenüber erschaffen, damit zwischen Gott und ihm etwas geschehe, damit Gott zu ihm reden – und er Gott hören und antworten kann. Allein in dieser Spannung ist er Mensch.

Wenn man das bedenkt, wird man nicht unberücksichtigt lassen können, was der in Brüssel lebende Schriftsteller Jean Améry (geb. 1913) im Anschluß an Ludwig Feuerbach (1804–1872) erklärt: „Ich glaube nicht an Gott, das ist die reine, einfache Wahrheit. Doch glaube ich ... an die Gottesidee ... Der Atheist muß nicht erst lange nachforschen, um zu erkennen, daß die Gottesidee, das Mächtig-Verborgene, nichts anderes ist als die ins Überdimensionale projizierte menschliche Hoffnung. In der Gottesidee gestaltet der Mensch sich selbst, richtiger: formt er vage aus, was er glaubt, daß seine menschlichen Möglichkeiten seien. *Der Mensch ist demnach der, welcher sich Gott nach seinem Ebenbild schafft.*"[3] Skeptisch machen uns hier vor allem die Worte: „nichts anderes als". Wie leicht und schnell können sich in eine solche Redeweise eine Vereinfachung und Verallgemeinerung des wahren Sachverhalten einschleichen! Die Methoden und Ergebnisse tiefenpsychologischer Forschungen haben uns geholfen, Klarheit darüber zu finden, ob Gott „nichts anderes ist als die ins Überdimensionale projizierte menschliche Hoffnung" oder ob nicht noch etwas ganz anderes im Spiel sein kann.

Zunächst muß festgestellt werden, daß das Gottesbild von vielen gläubigen Menschen ein aus sehr verschiedenen Absichten zusammengesetztes Gebilde ist. Nach fünfzehnjähriger Tätigkeit als Psychotherapeut ist Rudolf Affemann der Überzeugung, daß sich der persönliche Gott der meisten seiner gläubigen Patienten weitgehend als eine subjektive Angelegenheit erwies, als eine unbewußte Projektion innerseelischer Vorgänge, als die Erfüllung eigenmächtiger Wünsche, als eine Versicherung gegenüber allem Unsicheren, als ein Versuch, sich von einer inneren Leere, einer tödlichen Einsamkeit, von Minderwertigkeitsgefühlen, Schuldgefühlen oder Todesängsten zu befreien. Aber damit ist eben noch nicht alles gesagt. Affemann konnte nämlich auch Patienten begegnen, die von einer Wirklichkeit getroffen wurden, die sie erzittern und angstvoll erbeben ließ: „Das Gefühl, vor dieser Macht vergehen zu müssen, stellte sich ein. Zugleich erlebten diese Menschen, daß sie nicht nur von jener Macht gepackt, sondern angezogen und angenommen wurden. All dies ereignete sich ohne erkennbare Absicht meiner Patienten in jener Haltung der Offenheit allem gegenüber ... Sie erkannten spontan, daß der Gott der Bibel hier an ihnen handelt."

Sind solche Ereignisse wirklich „nichts anderes als" Auswirkungen von innen oder können sie nicht auch Einwirkungen von außen sein? Diese Frage kann letztlich nur von jedem einzelnen selbst beantwortet werden. Sie zwingt ihn in die Entscheidung. Der gläubige Mensch, der sich aufgrund seiner urpersönlichen Gotteserfahrung für Gott entschieden hat, wird sich dennoch bewußt bleiben müssen, daß sein Glaube immer nur Stückwerk ist, weil er immer dabei ist, sich Gott nach seinem Bild und seiner Vorstellung zu erschaffen. Er muß ständig bereit sein, sich seiner eigenen Bilder und Vorstellungen berauben zu lassen und seine Selbstsicherheit aufs Spiel zu setzen, um von jenem Gott heimgesucht zu werden, den die Bibel als eine lebendige Wirklichkeit außerhalb seiner selbst verkündet. Von diesem Gott sagt die Bibel, daß er den Menschen unentrinnbar in eine Beziehung zu sich selbst gesetzt hat. „Ob der Mensch will oder nicht: er ist auf Gott bezogen. Wird aus dieser Beziehung des Menschen keine glaubende Gemeinschaft mit dem persönlichen Gott, so muß der Mensch an Stelle dieses Gottes einen Götzen setzen." Das belegt die Bibel wie unsere eigene Erfahrung mit vielen Beispielen. Andererseits zeigen diese beiden Quellen aber auch, daß der Mensch aus der glaubenden Gemeinschaft mit dem persönlichen Gott dazu fähig ist, allem Irdischen gegenüber zu einer unbedingten inneren Freiheit zu gelangen, ja alles zu verlassen und sich in einem radikalen Vertrauen von Gott in das Nicht-Voraussehbare und Nicht-Voraussagbare, in das völlig Unbekannte und Unberechenbare führen zu lassen. Ob der Glaube der

Jünger Jesu, die alles verließen und ihm nachfolgten, unser Glaube ist, zeigt sich spätestens in der Stunde unseres Todes.

Als Simon Petrus dies sah, fiel er Jesus zu Füßen und sprach: „Herr, geh weg von mir, denn ich bin ein sündiger Mensch!“ Denn Bestürzung hatte ihn und alle, die mit ihm waren, ergriffen über den Fischfang, den sie gemacht hatten, in gleicher Weise auch Jakobus und Johannes, die Söhne des Zebedäus, welche Simons Gefährten waren. Und Jesus sagte zu Simon: „Fürchte dich nicht; von nun an wirst du Menschen fangen.“ Und sie zogen die Boote ans Land, verließen alles und folgten ihm.
Lukas 5,8–11

15 Alles liegt an dem ersten Schritt

Fr. Kafka: Vor dem Gesetz
Mk 2,13–17

Franz Kafka (1883–1924) hat eine kurze Erzählung geschrieben, in der die Situation eines Menschen geschildert wird, der im tiefsten Grund eine Sinnerhellung seines Daseins sucht und doch nicht findet: Ein Mann vom Land macht sich auf den Weg zum ‚Gesetz' und bittet den Türhüter um Einlaß. Aber der Türhüter sagt ihm, daß es jetzt nicht möglich sei. Nach einer Überlegungspause fragt der Mann vom Land, ob er später eintreten dürfe. „Es ist möglich", erwidert ihm der Türhüter, „jetzt aber nicht." Da das Tor zum Gesetz wie immer offensteht und der Türhüter beiseite tritt, versucht der Mann, in das Innere zu sehen. Lachend erklärt ihm der Türhüter: „Wenn es dich so lockt, versuche es doch, trotz meines Verbotes hineinzugehen. Merke aber: Ich bin mächtig. Und ich bin nur der unterste Türhüter. Von Saal zu Saal stehen aber Türhüter, einer mächtiger als der andere. Schon den Anblick des dritten kann nicht einmal ich ertragen."

Mit solchen Schwierigkeiten hat der Mann vom Land nicht gerechnet. Er ist im Glauben gekommen, das Gesetz sei immer und jedem zugänglich. Jetzt sieht er den Türhüter genau an. Angesichts seines fremdartigen Aussehens zieht er es vor, doch lieber zu warten. So setzt er sich jenseits der Tür auf einen Schemel, den ihm der Türhüter zur Verfügung stellt, und wartet viele Tage und Jahre. Alle Bemühungen und Bestechungsversuche helfen ihm nicht. Immer wieder sagt ihm der Türhüter, daß er ihn noch nicht einlassen könne. Die Jahre vergehen. Während der Mann vom Land die anderen Türhüter vergißt, behält er den ersten, den er für das einzige Hindernis hält, fest im Auge. Er beobachtet sogar die Flöhe in seinem Pelzkragen und bittet sie, ihm doch zu helfen, den Türhüter umzustimmen.

Schließlich läßt sein Augenlicht nach. Da sieht er im Dunkel einen unverlöschlichen Glanz aus dem Inneren hervorbrechen. Als er das Herannahen seines Todes spürt, sammelt er seine letzten Kräfte, um aus den Erfahrungen der Jahre eine Frage zu stellen, die ihm bislang noch nicht in den Sinn gekommen ist: „Alle streben doch nach dem

Gesetz", sagt er dem Türhüter, „wieso kommt es, daß in den vielen Jahren niemand außer mir Einlaß verlangt hat?" Da er auch mit seinem Gehör dem Ende nahe ist, brüllt ihn der Türhüter an: „Hier konnte niemand sonst Einlaß erhalten, denn dieser Eingang war nur für dich bestimmt. Ich gehe jetzt und schließe ihn."

Vgl. Franz Kafka, Vor dem Gesetz, in: Sämtliche Erzählungen, hrsg. v. Paul Raabe, Fischer Taschenbuch Verlag Nr. 1078, Frankfurt a.M. 1971, S. 131f.

Wer Franz Kafka verstehen will, muß die Einflüsse berücksichtigen, die sein Leben nachhaltig bestimmten. Vor allem die Persönlichkeit seines Vaters war für ihn von entscheidender Bedeutung.[1] Als Geschäftsmann mit einem unbeugsamen Lebens- und Eroberungswillen hatte sich der Vater hoch hinauf gearbeitet. Zu seinen besonderen Eigenschaften gehörten nach dem Zeugnis des Sohnes: Stärke, Gesundheit, Appetit, Stimmkraft, Redebegabung, Selbstzufriedenheit, Weltüberlegenheit, Ausdauer, Geistesgegenwart und Menschenkenntnis. Widerspruch duldete er nicht. Jeder, der anders dachte, schien ihm verrückt. So ließ er auch den Sohn in seinen Besonderheiten nicht gelten. Von vornherein war er gegen jede seiner Interessen, Beschäftigungen und Freundschaftsbeziehungen. Dadurch wurde der Sohn, der sich neben dem „ungeheuren Mann" wie ein „kleines ängstliches Knochenbündel" fühlte, in seinem Selbstvertrauen und Selbstbewußtsein, in seinem Lebensmut und in seiner Entschlossenheit tief erschüttert. Trotzdem bewunderte er den Vater wegen seiner Lebendigkeit und Kraft und suchte seine Zustimmung. Andererseits war er bemüht, sich dem Einfluß des Vaters zu entziehen. Doch beides gelang ihm zeitlebens nicht.

Die Lebenserfahrungen von Franz Kafka wurden darüber hinaus durch das Unrecht getrübt, dem er als Angestellter einer Arbeiter-Unfall-Versicherungs-Anstalt täglich begegnete. Nicht nur das Unrecht, das den leidenden Arbeitern widerfuhr, sondern auch der verzögernde Instanzenweg vermehrten seinen skeptischen Pessimismus. Hinzu kam sein zwiespältiges Verhältnis zur Ehe. Für Kafka waren Leben und Schreiben eins. Beides erwuchs aus seinem unablenkbaren Hinblick auf das Absolute. Strebte er einerseits die Ehe als das dem Menschen Wesensgemäße an, so befürchtete er stets, daß eine eheliche Bindung den Hinblick aufs Absolute verstellen könnte. Schließlich sei auf die unheilbare Krankheit hingewiesen, durch die sein junges Leben beendet wurde. Als sein Freund Max Brod ihn einmal besuchte, lag er im Bett. Schwere Fieberanfälle hatten ihn heimgesucht. Mit verzerrtem Gesicht sagte er dem Freund: „Das dauert so lange, ehe man ganz klein zusammengedrückt und durch dieses letzte enge Loch hindurchgestopft wird."[2]

Doch damit wurde noch nicht auf das Eigentliche an Kafka hingewiesen. So einflußreich auch die gestörten Beziehungen zum Vater, die leidvollen Erfahrungen im Berufsleben, der zermürbende Kampf für oder wider die Ehe und die tödliche Krankheit waren, das Besondere und Einmalige, aus dem das dichterische Werk hervorging, waren seine geniale schriftstellerische Begabung und seine Originalität. Max Brod schreibt: „Es war Kafka absolut unmöglich, etwas Unbedeutendes zu sagen. Ich habe nie ein untiefes Wort aus seinem Munde gehört. Auch dann nicht, wenn er von den alltäglichsten Dingen sprach. Es gab eben für ihn (und für den, mit dem er gerade sprach) keinen Alltag. Und dabei zwang er sich nie zu geistreich zugespitzten Sentenzen, es kam vielmehr alles ganz zwanglos und leicht hervor, sein Wort war vom Ursprung her originell geboren und brauchte nicht etwa nach Originalität zu suchen. Hatte er nichts Wesentliches zu sagen, so schwieg er lieber."[3]

Wenn man nun Kafka nicht einseitig interpretieren will, müssen wie Max Brod, einer der besten Kafka-Kenner, immer wieder betont – zwei Hauptströmungen erkannt werden, die im Werk Kafkas zusammenfließen. Die eine tritt deutlicher in seinen Aphorismen hervor, die andere in seinen Romanen und Erzählungen. Sagen wir es anders: Es geht Kafka um zwei Welten mit unendlichem Abstand, um die Welt des Geistigen und die Welt des Menschen. Kafka hat den Glauben, daß es die Welt des Geistigen, des Absoluten, des Reinen, Wahren, Unveränderlichen und Unzerstörbaren gibt, die Welt der Sündenlosigkeit und der Vollkommenheit, das also, was der gläubige Mensch „Gott" nennt. Eines der Symbole für diese in sich ruhende geistige Welt ist das „Gesetz". Nichts ersehnte Kafka so sehr wie die Vereinigung mit dieser Welt des Reinen und Göttlichen. Alles, was ihm diese Blickrichtung versperrte, war ihm zuwider. Das unermüdliche Ringen um das Absolute hat seinen Grund in dem „Unzerstörbaren", das sich in jedem Menschen birgt. In einem berühmten Aphorismus lesen wir: „Der Mensch kann nicht leben ohne ein dauerndes Vertrauen zu etwas Unzerstörbarem in sich." Daher bedeutet Glaube für Kafka: „Das Unzerstörbare in sich befreien, oder richtiger: sich befreien, oder richtiger: unzerstörbar sein, oder richtiger: sein."

Kafka glaubt also an die Welt des Absoluten. Ja, dieser Glaube war sein Lebenszentrum. Dennoch war er sich bewußt, daß zwischen Gott und Mensch ein unüberbrückbarer Abstand waltet. Obwohl die Welt Gottes nicht rettungslos verschlossen ist, bleibt sie für den Menschen unerreichbar, da Gott als der ganz Andere für den Menschen unvergleichbar ist. Der Abstand ist jedoch nicht nur bedingt durch die unvergleichbare Größe Gottes, sondern auch durch die Schwäche des Menschen. Der Mensch hat die Beziehung zum Unzerstörbaren verloren. Sein Glaube ist gestört. Daher irrt er halt- und ratlos umher. Die göttliche Welt ist in die Ferne gerückt, weil der Mensch den rechten Weg verloren hat, der ihn „in das ‚Gesetz', das heißt in das richtige vollendete Leben"[4], führt. Dennoch bleibt in ihm die unzerstörbare Sehnsucht nach diesem vollkommenen Leben, selbst wenn die vielen Zwischeninstanzen seine Lebenskraft zermürben. Dies ist die Situation des Menschen, die Kafka in seinen Romanen und Erzählungen beschreibt. „Dieses Werk ruft uns gleichsam zu: ‚Entweder ihr stützet euch bedingungslos und völlig auf das Unzerstörbare, auf die geistige Welt, das Ziel, das Gute ... –, oder es ist euch bestimmt, zeitlebens auf komischen Irrwegen in Prozeßkanzleien, auf Dachböden, bei anrüchigen Advokaten usw. euch abzuquälen, ohne je ans Ziel, zum Freispruch zu gelangen, ohne im Labyrinth der skurrilen Beamtenschaft je bis zum Schloß, zum Kaiser, zu Gott durchzudringen.'"[5]

Wenden wir uns von hier aus der Erzählung „Vor dem Gesetz" zu. Der alte Mann vom Land hat sich auf den Weg gemacht, weil er weiß, daß es eine „unverlöschliche" Wahrheit gibt und über seinem Leben ein hohes Gesetz waltet. Auch weiß er, daß nur von dort eine Sinnerhellung seines Daseins zu erwarten ist. Daher ist die absolute Wahrheit für ihn das unbedingt anzustrebende Ziel. Obwohl von diesem Ziel eine starke Anziehungskraft ausgeht, kommt der Mann vom Land nicht an. Warum nicht? Ein in seinem Wesen äußerst zwiespältiger Türhüter versperrt ihm den Weg: Einerseits fordert er den Mann auf, trotz seines Verbots hineinzugehen; andererseits macht er ihn auf seine Mächtigkeit aufmerksam. Bei näherem Hinschauen erweist er sich als eine sich aufblähende nicht ernst zu nehmende Autorität. So erscheint er als Symbolfigur für alle äußeren und inneren Schwierigkeiten, die uns den Weg zur Selbstverwirklichung, zum richtigen vollendeten Leben zu verstellen suchen. Jeder Mensch, der sich der absoluten Wahrheit zu nähern sucht, wird ihnen begegnen. Keiner kann sie ihm letztlich abnehmen. Hier wird jeder selbst gefordert. Mit ihrer Überwindung öffnet sich ein urpersönlicher Weg, auf dem der einzelne wächst und reift. Genau an diesem Punkt scheitert der Mann vom Land, der sich ein Leben lang von dem Tor verscheuchen läßt, das zum Absoluten führt und für ihn persönlich vorbestimmt ist. Er schreckt vor den Schwierigkeiten und Hindernissen zurück, die ihm entgegentreten, anstatt mutig und entschieden nach vorne weiterzugehen.

Nicht er beherrscht das Hindernis; das Hindernis beherrscht ihn. Er kommt nicht zum Ziel, weil er der Macht des Hindernisses mehr glaubt als der absoluten Wahrheit und dem Unzerstörbaren in sich selbst. Anstatt zu wagen, wartet er ab und vertut so seine Zeit und sein Leben. In seiner Passivität liegt seine Schuld. Indem er sich vom hohen und erhabenen Ziel abwendet und dafür mehr und mehr das Nebensächliche und Banale ins Auge faßt, wird er selbst banal und kindisch. Im Pelzkragen des Türhüters entdeckt er Flöhe und bittet diese, ihm zu helfen, den Türhüter umzustimmen. Seine Sehkraft erlischt. Um ihn das Versäumte erkennen zu lassen, bricht jetzt der unverlöschliche Glanz des nicht erreichten Zieles hervor. Seine Lebenschancen sind vertan; der Eingang wird geschlossen. Der Mann vom Land, der sich narren ließ, muß erfahren: Wer den Scheinmächten des Daseins nachgibt und sich ihrer Herrschaft unterwirft, den nehmen sie selbst nicht ernst, den töten sie mit der Taktik des Hinauszögerns und Verschiebens. Dieses Verfahren war Franz Kafka während seiner Berufsjahre deutlich genug geworden.

Kafka war Jude und lehnte die christliche Lehre vom „Mittler" ab. Er war der Überzeugung, daß die Erlösung ohne jede Vermittlung zwischen Gott und dem Menschen ausgetragen werden muß. Doch stellt sich hier die Frage, ob mit der Ablehnung des Mittlers Jesus Christus nicht notgedrungen andere Mächte den Raum zwischen Gott und Mensch füllen werden, Mächte, die den Weg des Menschen zu Gott nicht öffnen, sondern versperren. Jesus Christus ist kein Türhüter, sondern ein Türöffner. Er selbst ist das Tor zum Leben (Joh 10,9). Er weist keinen, der zu ihm kommt, zurück. Er geht uns voraus, bahnt uns den Weg und zieht uns nach oben. Keiner kommt zu Gott, den Jesus Christus nicht zieht. Der Mensch hat in seiner Rat- und Hilflosigkeit, in seiner Unsicherheit und Ängstlichkeit, in seiner Armut und Unentschiedenheit nicht die Kraft; er muß gezogen werden. Jesus Christus ist die „Zugkraft Gottes". Sie ergreift, indem sie ruft. Wer sich von ihm rufen läßt, den zieht er aus seiner Armseligkeit. Schauen wir auf eine neutestamentliche Ruf-Geschichte: Jesus sieht Levi. Levi ist Zöllner. Aufgrund seines Preiswuchers ist er überall verhaßt und wird gemieden. Jesus meidet ihn nicht. Er ruft ihm zu: „Folge mir nach!" Was tut Levi? Er stand auf und ging mit Jesus. Was dabei auffällt und zugleich verwundert, ist die Unmittelbarkeit, mit der es geschieht. Ohne jede Diskussion, ohne jedes Wenn und Aber steht Levi auf und folgt Jesus. Wie ist so etwas möglich? Man kann es nur so erklären: Der Grund für die Unmittelbarkeit, die alle Zweifel und Schwierigkeiten überwindet, liegt einerseits in der Kraft des Rufes und andererseits im sofortigen

Aufbruch. Auf den ersten Schritt kommt es an. Alles hängt von ihm ab. Wird er im Blick auf Jesus mutig und entschieden gewagt, so schafft er eine neue Situation. Er trennt vom bisherigen Leben und führt in einen neuen Lebensraum hinein, in den Lebensraum Gottes, in die Wahrheit, in das Gesetz, das über unserem Leben waltet. Der Zöllner ließ sich von Jesus rufen. Er wagte den ersten Schritt, der ihn von allem Bisherigen trennte. Hätte er diesen Schritt nicht gewagt, keiner würde heute noch von ihm reden. So aber wurde er zu einem Evangelisten, einem Märtyrer und Heiligen, dessen Name in den Gottesdiensten immer wieder verkündet wird.

Und er ging wiederum hinaus an den See. Alles Volk kam zu ihm und er lehrte sie. Und im Vorbeigehen sah er Levi, den Sohn des Alfäus, am Zoll sitzen und sprach zu ihm: „Folge mir nach!" Da stand Levi auf und folgte ihm nach. Und es begab sich, daß er in seinem Hause zu Tische lag, und viele Zöllner und Sünder lagen auch zu Tische mit Jesus und seinen Jüngern. Denn es waren viele, die ihm nachfolgten. Als nun die Schriftgelehrten der Pharisäer sahen, daß er mit den Sündern und Zöllnern aß, sagten sie zu seinen Jüngern: „Mit den Zöllnern und Sündern ißt er?" Das hörte Jesus und sprach zu ihnen: „Nicht die Gesunden brauchen den Arzt, sondern die Kranken. Ich bin nicht gekommen, Gerechte zu berufen, sondern Sünder."
Markus 2,13–17

16 Gott ist immer im Kommen

S. Beckett: Warten auf Godot
Mt 25,14–30

Der in Paris lebende Dichter und Dramatiker Samuel Beckett hat mit seinem Stück „Warten auf Godot" eine weltweite Diskussion ausgelöst. Worum es in diesem Schauspiel geht, läßt sich in wenigen Sätzen zusammenfassen: Berufslos, familienlos und wohnungslos sitzen die beiden älteren Männer Wladimir und Estragon an einer Landstraße und vertreiben sich die Zeit, indem sie sich Geschichten erzählen, sich mit einem merkwürdigen Fremden, der ein menschliches Wrack an einer Leine mit sich führt, unterhalten, einander beschimpfen, mit einem Hut zum Lachen reizende Spiele treiben oder einander vorschlagen, sich aufzuhängen. Keiner weiß, wie lange sie schon hier sind und wie lange sie noch hier sein werden. Sie warten und warten auf einen Herrn Godot. Wer ist Godot? Einer, an den sich die beiden Landstreicher mit einer Bitte gewandt haben und der ihnen sagen ließ, er würde mal sehen, weil er noch seine Familie, seine Freunde, seine Agenten und Korrespondenten, seine Register und sein Bankkonto befragen müßte. Später nimmt dieser Godot die Konturen eines vergreisten Gutsbesitzers mit langem weißem Bart an. Auf ihn setzen die beiden ihre Hoffnung, denn er vermag ihnen Nahrung, Arbeit und Unterkunft zu geben. Doch Godot scheint ihrer nervösen Erwartung gleichgültig gegenüberzustehen. Immer wieder schickt er einen Jungen, der sie mit der Botschaft vertröstet: „Herr Godot kommt nicht heute abend. Aber er wird morgen kommen." So warten die beiden weiter. Sie warten und warten. Aber sie warten vergebens. Godot kommt nicht.

Samuel Beckett, Warten auf Godot, Suhrkamp Taschenbuch I, Frankfurt a.M. 1972.

Das Stück von Samuel Beckett veranschaulicht das zerfallende Leben einer toten Welt, in der es nichts Neues gibt, weil nichts Wesentliches geschieht. Untätig sitzen Wladimir und Estragon herum und leiden an einer ihr Leben tötenden Langeweile. Die Straße, eigentlich zum Vorwärtskommen gedacht, wird zu einem bloßen Warteplatz, zu einem

Teufelskreis, in dem das Ende hoffnungslos in den Ausgangspunkt zurückläuft. Zu einer vernünftigen Unterhaltung kommt es nicht. „Was haben wir also gestern abend getan?" fragt Wladimir im 2. Akt und erhält die Antwort: „Ja, es fällt mir wieder ein, gestern abend haben wir dummes Zeug gequatscht. Das tun wir ja schon ein Leben lang." Die beiden brauchen das fortwährende Gerede, weil sie Pausen nicht ertragen können. „Sag doch bitte etwas", bittet einer den andern, wenn das Wortgeplänkel ins Stocken kommt. Nur durch Handeln könnten sie ihre Situation verändern. Doch die beiden gehen das Risiko einer Entscheidung nicht ein. Sie verharren in ihrer Passivität und warten auf einen Entscheid, der auf dem Amtsweg zu ihnen kommen soll. Weil sie in dieser Weise nichtstuend die Zeit an sich vorbeilaufen lassen, gibt es für sie weder eine Vergangenheit noch eine Zukunft. Damit hängt zusammen, daß ihr Erinnerungsbewußtsein zunehmend verblaßt, so daß sie nicht einmal mehr wissen, welchen Inhalt ihre Bitte an Godot eigentlich hatte.

Wer aber ist Godot, auf den die beiden warten? Im 1. Akt gewinnt man den Eindruck, Godot sei ein Amtsinhaber, der unverbindlich und ausweichend auf die vage Bitte der Wartenden antwortet. Zwischen seinem und ihrem Verhalten lassen sich unschwer mehrere Parallelen finden. Im 2. Akt scheint er eine vergreiste Vaterfigur zu sein, die Wladimir und Estragon dadurch am Leben hindert, daß sie die beiden nicht aus dem Zustand des Wartens befreit. Vom Namen her gesehen, entlarvt sich Godot „als Miniaturausgabe all dessen, was mit ‚Gott' gemeint sein kann (god-ot), und zugleich als ein – weil die erfrischenden Quellen dieser Erde von den Wartenden verachtet werden – ausbleibender Wasserguß (god-eau)"[1]. Wladimir und Estragon, die den Warteplatz nicht verlassen, weil sie sich offenbar vor dem Leben fürchten, benutzen ‚Godot' als Fluchtpunkt, von dem her sie ihr törichtes Verhalten rechtfertigen, ohne sich mit diesem ihrem Verhalten auseinanderzusetzen. In ihrer Entwicklung steckengeblieben, kommen sie weder zu Godot noch zu sich selbst. Die beiden Wartenden stehen für den Menschen, der sich nicht von der Stelle zu rühren getraut, der in der Untätigkeit verharrt und das Unfaßbare – Godot – für seinen Zustand und den Zustand der Welt verantwortlich macht.

Das Warten ist eines der zentralen biblischen Worte. Hier bedeutet es die Erwartung der Ankunft des Reiches Gottes. Jesus spricht in mehreren Gleichnissen davon. Immer wieder macht er uns darauf aufmerksam, daß es auch ein falsches Warten gibt. Wer Gott wirklich versteht, der weiß, daß er *war* und *ist* und sein *wird*. Deshalb kam er und kommt und wird kommen. Weil also Gott immer im Kommen ist und weil er plötzlich und unerwartet „wie ein Dieb in der Nacht“ kommt, deshalb muß man ständig auf ihn warten. Man muß wach, gespannt und gerüstet sein. Die Gefahr des Wartens liegt darin, daß man das Kommen Gottes in das unbestimmte Morgen verlegt und dabei übersieht, wie Gott ständig in dem kommt, was *jetzt* zu tun ist. So läßt man seine augenblickliche Ankunft außer acht und vernimmt seinen gegenwärtigen Schritt nicht. Auf das Kommen Gottes ist also nur gefaßt, wer ihm im ‚tätigen Warten‘ entgegengeht und mit Phantasie und Vertrauen furchtlos tut, was jetzt getan werden muß. Aus diesem Grund lehnt der wirkliche Christ es ab, einerseits einem blinden Aktivismus zu verfallen und andererseits ein stillsitzendes und nichtstuendes Warten zu praktizieren. In der Gewißheit der Ankunft seines Gottes arbeitet er mit seinen kleinen oder großen Talenten, um den Willen Gottes tagtäglich in der Welt und auch gegen die Welt zu verwirklichen. Das ist es, was durch das folgende Gleichnis anschaubar gemacht werden soll.

(Jesus erzählte seinen Jüngern dieses Gleichnis:) Es ist wie bei einem Mann, der, als er verreisen wollte, seine Knechte rief und ihnen sein Vermögen übergab. Dem einen gab er fünf Talente, dem andern zwei, dem dritten eines, jedem nach seiner Fähigkeit. Dann reiste er ab. Sogleich ging der, der fünf Talente erhalten hatte, hin und arbeitete mit ihnen und gewann fünf andere dazu. Ebenso gewann der mit den zweien zwei andere dazu. Der aber das eine erhalten hatte, ging hin, grub ein Loch in die Erde und verbarg das Geld seines Herrn.

Nach langer Zeit nun kam der Herr jener Knechte und rechnete mit ihnen ab. Da trat der, der die fünf Talente erhalten hatte, herzu, brachte fünf weitere Talente und sagte: „Herr, fünf Talente hast du mir gegeben. Siehe, noch fünf weitere Talente habe ich gewonnen.“ Da sprach sein Herr zu ihm: „Recht so, du guter und getreuer Knecht, du bist über weniges treu gewesen, ich will dich über vieles setzen. Geh ein in die Freude deines Herrn!‘

Auch der mit den zwei Talenten trat herzu und sagte: „Herr, zwei Talente hast du mir übergeben. Siehe, noch zwei weitere Talente habe ich gewonnen.“ Da sprach sein Herr zu ihm: „Recht so, du guter und getreuer Knecht, du bist über weniges treu gewesen, ich will dich über vieles setzen. Geh ein in die Freude deines Herrn!“

Da trat auch der herzu, der das eine Talent erhalten hatte, und sagte: „Herr, ich wußte, daß du ein harter Mann bist; du erntest, wo du nicht gesät, und sammelst, wo du nicht ausgestreut hast. Und ich fürchtete mich, ging hin und verbarg dein Talent in der Erde. Da hast du, was dir gehört."

Sein Herr aber antwortete und sprach zu ihm: „Du schlechter und fauler Knecht. Du wußtest, daß ich ernte, wo ich nicht gesät, und sammle, wo ich nicht ausgestreut habe? Dann hättest du mein Geld auf der Bank anlegen sollen, und ich hätte bei meinem Kommen das Meine mit Zins zurückerhalten. Nehmt ihm also das Talent, und gebt es dem, der die zehn Talente hat. Denn jedem, der hat, wird gegeben werden, und er wird Überfluß haben. Wer aber nicht hat, dem wird auch das, was er hat, genommen werden. Und den unnützen Knecht werft hinaus in die Finsternis draußen; da wird Heulen und Zähneknirschen sein."
Mattäus 24,14–30

17 Wo ist Gott – für mich?

J. Reding: Ein Künstler, kaum bekannt
Ps 4

Die junge Claudette besuchte mit ihrem Freund eine Kunstausstellung. Sie sahen die ‚Große Liegende', die ‚Kosmologische Angst', die ‚Komposition in Grün' und vieles andere. Während Claudette unermüdlich von einer Katalognummer zur anderen schritt, suchte ihr Freund auf einem Schemel Erholung von den Strapazen. Von hier aus beobachtete er Claudette, die andächtig vor einem bizarren Drahtgebilde stehengeblieben war. Im Vergleich mit diesen vielen abstrakten und stummen Werken trat ihm plötzlich ihre ganze Anmut vor Augen. Er forschte nach einem treffenden Namen, den er ihr geben konnte. ‚Schöne Betrachtende', so wollte er sie nennen.

Wenig später kam Claudette auf ihn zu. „Was hat dir denn am besten gefallen?" fragte sie. Ohne zu überlegen sagte er: „Die ‚Schöne Betrachtende'!" „Hab' ich sie übersehen? Von wem ist denn dieses Kunstwerk?" entgegnete sie unsicher. Der Freund wurde nachdenklich. Dann sagte er: „Soviel ich weiß, ist sie von Gott." Von diesem Künstler hatte Claudette noch nichts gehört. Daher glaubte sie, dieser Künstler sei eine von den ganz jungen Nachwuchskräften, die mächtig nach vorne drängen. Zugleich aber befürchtete sie, dieser Herr Gott könnte sich mit diesem einmaligen Wurf so verausgabt haben, daß von ihm nichts Nennenswertes mehr zu erwarten sei. Der Freund versicherte ihr jedoch, daß Herr Gott noch allerlei hervorbringen werde und die ‚Schöne Betrachtende' keineswegs allein bleibe, da dieser Künstler äußerst produktiv sei. Das hatte er lächelnd, aber doch bestimmt gesagt. In ihrer Gründlichkeit dachte Claudette noch lange darüber nach, was es mit diesem unerkannten Künstler auf sich habe.

Vgl. Josef Reding, Ein Künstler, kaum bekannt; in: Nennt mich nicht Nigger, Georg Bitter Verlag, Recklinghausen 1968, S. 84–86.

Wilhelm Busch (1832–1908), Deutschlands volkstümlichster Humorist, hat ein Wort geprägt, das ein pädagogischer Grundsatz sein könnte: „Was man ernst meint, sagt man am besten im Spaß." Es ist nicht schwer, den Grund einzusehen. Was mit Ernst und Strenge gesagt wird, bewirkt in der Regel, daß wir uns innerlich verschließen und das Gesagte nicht allzu tief in uns eindringt. Der Spaß hingegen erfreut und öffnet das menschliche Herz. So findet das im Spaß Gesagte leicht den Weg in unser Inneres. Außerdem erinnern wir uns viel lieber an einen spaßhaften Hinweis als an einen strengen Verweis, der von einer gewissen Grenze an sehr leicht ins Lächerliche geraten kann und so seine erzieherische Wirkung völlig verfehlt. Die Geschichte von Josef Reding ist eine kleine Komödie, die uns etwas sehr Ernsthaftes in einer Weise nahebringt, daß wir es bereitwillig in uns aufnehmen werden.

Im Vergleich zu den vielen abstrakten und stummen Kunstwerken erkennt der Freund auf einmal, welch einzigartiges Kunstwerk seine Geliebte mit ihrer Anmut und ihrem reizenden Wesen ist. Da alles, was in der Kunsthalle ausgestellt ist, eine etwas sonderbare Bezeichnung hat, sucht er auch für sie einen etwas aus der Reihe fallenden Namen. Für ihn ist sie nun die ‚Schöne Betrachtende'. So bereitet sich die komische Situation vor. Sie ist vollends da, als sich das junge Mädchen leichtgläubig von ihrem Freund in die Irre führen läßt. In Unkenntnis, wer mit diesem Namen gemeint ist, reiht sie sich unter die von ihr angeschauten Kunstwerke ein und wundert sich über sich selbst, wie sie bei ihrer Genauigkeit und Sorgfalt dieses Kunstwerk hat übersehen können, zumal es auf ihren Freund den nachhaltigsten Eindruck gemacht hat. Voller Unsicherheit fragt sie nach dem Namen des Künstlers, um vielleicht mit seiner Hilfe etwas Licht in den für sie dunklen Sachverhalt zu bringen. Doch ein Künstler namens Gott ist ihr völlig unbekannt. Diese sich nun ausspielende Unwissenheit, die mit ihren Äußerungen von unserer gewohnten Gottesvorstellung völlig abweicht, treibt die Komik auf ihren Höhepunkt: Gott, eine junge und deshalb noch unbekannte Nachwuchskraft, die aber mächtig nach vorne drängt und sich möglicherweise bereits mit ihrem ersten Wurf verausgabt hat. So abwegig diese Befürchtungen sind, so sehr erheitern die Richtigstellungen durch den Freund, der ihr lächelnd aber doch bestimmt entgegnet, daß von diesem Künstler gewiß noch vieles zu erwarten sei.

Welch ernsthaftes Problem verbirgt sich in dieser amüsanten Geschichte? Gott als Schöpfer von Himmel, Erde und Mensch ist heute kaum noch bekannt. Zwar ist das Wort ‚Gott' noch im Umlauf, aber es sagt uns nicht mehr viel, und manch einer scheut sich, es überhaupt noch zur Sprache zu bringen. Was ist, wenn das Wort ‚Gott' einmal restlos aus unserem Sprachgebrauch verschwunden sein wird? Auf diese Frage antwortet der katholische Theologe Karl Rahner: „Dann ist der Mensch nicht mehr vor das eine Ganze der Wirklichkeit als solcher und nicht mehr vor das eine Ganze seines Daseins als solches gebracht ... Der Mensch hätte das Ganze und seinen Grund vergessen ... Was wäre dann? Wir können nur sagen: Er würde aufhören, ein Mensch zu sein." Er würde sich restlos an das je einzelne in seiner Welt und in seinem Dasein verlieren; er hätte sich zum findigen Tier zurückgekreuzt. Das heißt: der Mensch existiert als Mensch nur, wo er wenigstens die Frage nach ‚Gott' stellt.[1]

Vielleicht ist das Wort ‚Gott' für uns deshalb bedeutungslos geworden, weil wir es in der Vergangenheit zu oft gebraucht haben, ohne sein Geheimnis zu überdenken und auf uns einwirken zu lassen. Gingen wir mit ihm nicht oft genug genauso ahnungslos um wie mit den Worten Stuhl, Sonne, Auto, Staubtuch oder Bett? Daher wundert es uns nicht, wenn heute einige Theologen raten, das Wort ‚Gott' für längere Zeit nicht mehr zu gebrauchen, damit es auf diese Weise seine Bedeutung zurückgewinnen könne. Da das Wort ‚Gott' aber zu den Grundworten unserer Sprache gehört und als solches nicht durch einen Beschluß aus der Welt zu schaffen ist, bleibt nur ein gangbarer Weg: Wir sollten mit diesem Wort bedachtsam umgehen, das heißt, wir sollten wissen, wann und wo wir es sagen, und bedenken, was mit ihm eigentlich bezeichnet wird. Genau das wird uns doch im zweiten der „Zehn Gebote" ans Herz gelegt: „Du sollst den Namen des Herrn, deines Gottes, nicht unnütz aussprechen, denn der Herr läßt denjenigen nicht ungestraft, der seinen Namen unnütz ausspricht" (Ex 20,7).

Dieses Gebot und die heutige religiöse Situation drängen uns, mit der jungen Claudette, für die das Wort ‚Gott' bereits ein völliges Fremdwort war, darüber nachzudenken, was uns dieses Wort bedeutet. Mit ihm ist gemeint: „der ‚Unsagbare', der ‚Namenslose' ... das ‚Schweigende', das immer da ist und doch immer übersehen, überhört und ... als Sinnloses übergangen werden kann" (Karl Rahner). Wer Gott in dieser seiner Unbegreiflichkeit erfahren will, der muß ihn zuallererst in sein unbedingtes Geheimnis freigeben. Diese notwendige Freigabe Gottes in sein unbegreifliches Geheimnis fällt uns in unerwarteten Stunden heller Freude und großen Glücks gewiß nicht schwer. Anders ist es, wenn Leid und Schmerz uns plötzlich in die Zange nehmen und uns vom Strom des Lebens abzuklemmen suchen. Dann klagen wir in nicht wenigen Fällen Gott an. Warum aber sollte Gottes Unbegreiflichkeit im Leidvollen und Schmerzhaften nicht genauso gegenwärtig sein wie in den Stunden heller Freude und großen Glücks? Wer Gott erfahren will, muß ihn also in allen Situationen seines Lebens als den Unbegreifbaren anerkennen. Andernfalls gehen wir mit ihm wie mit den

Alltagsdingen um, die uns nach Lust und Laune zur Verfügung stehen.

So wenig Gott für uns greifbar ist, so wenig kann er von uns bewiesen werden, denn Gott ist kein ‚Gegenstand', auch kein ‚Gegenstand der Wissenschaft'. Es ist hier ähnlich wie mit der Liebe. Wer kann beweisen, daß ein anderer ihn liebt? Daß man geliebt wird, kann man nur so erfahren, daß uns die Liebe an diesem oder jenem aufleuchtet. Sie leuchtet auf in einem selbstlosen Rat, in einem verständnisvollen Brief, in einer hilfreichen Tat. Wissenschaftlich zu beweisen sind dabei nur die Stimmbänder, das Papier, die Tinte und die Knochen der Hand. Liebe aber ist das, was in all dem aufleuchtet. Ähnlich ist es mit Gott. Wir können ihn nur wahrnehmen und erfahren als den, der im Geheimnis der Dinge, in allem Wahren, Guten und Schönen, in den wohlwollenden Verhaltensweisen der Menschen aufleuchtet. So leuchtet Gottes Größe auf in den unendlichen Weiten und Tiefen des Alls. „Was wir wissen, ist ein Tropfen; was wir nicht wissen, ein Ozean", sagte Newton. Heute ist es nicht anders. Immer wieder neu erfahren wir, daß sich mit jeder Entdeckung ein Meer des noch nicht Gewußten auftut. Mit jeder Entdeckung wird das Geheimnis nicht kleiner, sondern größer. Auf die Frage: „Gefährden unsere himmelsstürmenden Weltraumfahrer die Grundfesten der Religion?" erwiderte Wernher von Braun: „Meine Antwort ist ein entschiedenes Nein. Aber ich glaube, es ist im Zeitalter der Weltraumfahrt dringend nötig geworden, Gott als einen weit größeren und mächtigeren Schöpfer und Herrn anzuerkennen, als ihn viele von uns bisher gesehen haben." Im selbstlosen Einsatz einer Ordensschwester wie Mutter Teresa von Kalkutta leuchtet Gottes Liebe auf, wie sie unüberbietbar aufgeleuchtet ist im Leben und Sterben und in der Auferstehung Jesu Christi. – In der Anmut und Schönheit seiner Geliebten leuchtete dem Freund unserer Geschichte Gottes Künstlertum auf.

Hier deutet sich auch an, wie wir in berechtigter Weise von Gott sprechen können. Wir müssen uns nach Situationen umsehen, in denen man sehen und sagen kann: So ist Gott! Dieser Hinweis enthält zugleich eine Möglichkeit, auf religiöse Kinderfragen zu antworten! Wie oft fragen Kinder ihre Eltern: „Wo ist Gott?" Sie könnten antworten: „Gott ist dort, wo etwas Großes, etwas Gutes oder etwas Schönes aufleuchtet." Oder sie fragen: „Was macht Gott eigentlich den ganzen Tag?" Eine gute Antwort wäre: „Überall, wo Menschen in dieser Welt Gutes tun, ist Gott an der Arbeit. Und weil es in unserer Welt viel mehr Gutes gibt, als wir erahnen können, deshalb ist Gott rund um die Uhr an der Arbeit."[2]

Häufig wird auf die Frage, wo Gott sei, gesagt: Er ist überall. Kein gläubiger Mensch wird das bezweifeln. Wenn wir jedoch ehrlich sind, werden wir zugeben, daß diese Erklärung zu allgemein ist, als daß sie uns persönlich treffen und betroffen machen könnte. Gerade darauf kommt es aber an. Eine bessere, weil persönlichere Antwort wird uns in der folgenden Geschichte gegeben: „Ein junger Mann fragte einen älteren, von dem er dachte, er könne wohl etwas über Gott sagen: ‚Wo ist Gott?' Der Gefragte antwortete: ‚Setze dich einmal ruhig hier hin' – und er wies auf einen Sitz – ‚dann will ich es dir sagen.' Erwartungsvoll setzte sich der Jüngere. Da begann der Ältere: ‚Gott ist *hinter* mir, denn von ihm komme ich, und er ist mir Rückhalt und Kraft, die mich stützt. Gott ist *vor* mir, denn von ihm kommt unablässig der Strom der Gaben und Aufgaben auf mich zu, zumal in den Menschen, die mir begegnen. Und zu ihm hin bin ich immer unterwegs; auf ihn gehe ich zu. Gott ist *unter* mir; denn er trägt mich im Dasein. Ohne ihn würde ich ins Nichts versinken. Gott ist *über* mir; er sieht mich und lenkt mich und läßt mich den rechten Weg finden. Gott ist *rings um mich*; denn ich komme mit meinen Fehlern zu ihm. Dann umarmt er mich wie der Vater den verlorenen Sohn und hält mich fest umfangen. Schon in den Psalmen heißt es: ‚Vom Rücken und von vorn umschließest du mich'. Gott ist *in* mir. Er gibt mir Freude und Frieden in mein Inneres, Liebe und Geduld, Vertrauen und eine große Erwartung. Willst auch du solches erfahren, so gehe in die Stille, wo dich niemand stört, denke an Gott, der hinter dir ist und vor dir, unter dir und über dir, rings um dich und in dir, und sprich dabei immer: ‚Mein Gott, da bin ich'; oder: ‚Erbarme dich.' Dann wirst du bald erfahren, was ich erfahre, und wirst nicht nur wissen, wo Gott ist, sondern wie er da ist und was er für uns ist.' "[3]

Diese Geschichte ermuntert uns, einmal in die Vergangenheit unserer Lebensgeschichte zu schauen, um uns jene Situationen zu vergegenwärtigen, in denen wir solcherlei Gotteserfahrungen machen durften. Solche Gotteserfahrungen lassen uns Gottes Eigenart im Umgang mit einem Menschen verstehen. Er „meldet sich nicht mit lautem Klopfen; er drängt sich nicht auf wie einer, der uns zum Kauf einer Ware überreden will; nein, er kommt leise, gleichsam auf Zehenspitzen" (Jörg Müller).

Vielleicht kommen wir beim Rückblick in die Vergangenheit unserer Lebensgeschichte so weit zu den Anfängen unseres Daseins, daß wir uns unseren Aufenthalt im Mutterschoß vorstellen können. Von dieser Vorstellung her läßt sich ein Gleichnis gestalten, das uns wohl die intensivste Antwort auf die Frage: „Wo ist Gott – für mich?" geben kann. Überdenken wir: Obwohl die Mutter ihr Kind restlos umfängt, trägt und hält, obwohl das Kind nicht nur in ihr, sondern auch aus ihr lebt, sieht es die Mutter nicht. Erst wenn es geboren worden ist und von der Mutter angelächelt wird, erkennt es seine Mutter und ist glücklich. Genauso erkennen auch wir Gott nicht in unserem irdischen Dasein, obwohl er uns restlos umfängt, trägt und hält. Und wie das Kind seine Mutter erst erkennt, wenn es geboren ist, so werden auch wir Gott erst erkennen, wenn wir ihm in der Stunde unseres Todes, die man ja gläubigerweise die eigentliche Geburtsstunde nennt, gegenübertreten, um ihn so zu sehen, wie er ist.

Wer sich vor Gott in dieser Weise umgriffen fühlt, der redet nicht mehr bloß von Gott, sondern er spricht: „Mein Herr und mein Gott!" (Joh 20, 28.) Er will letztlich nur ihn allein. Bei Martin Buber lesen wir: „Einmal unterbrach Salman das Gebet und sprach: ‚Ich will nicht dein Paradies, ich will nicht deine kommende Welt, ich will nur dich allein.'"[4] Es versteht sich von hier aus nahezu von selbst, daß ein solcher Mensch seinem Gott in allem begegnet. Das macht uns auf etwas Wichtiges aufmerksam. Es ist nämlich keineswegs so, als kämen wir mittels guter Gründe zum Glauben an Gott, den Schöpfer von Himmel, Erde und Mensch. Ein solcher Glaube würde gewiß zerbrechen, wenn uns ein hartes Schicksal trifft. Der Weg zur Gotteserkenntnis verläuft vielmehr so: Zunächst erfahre ich in konkreten Situationen meines Lebens, daß Gott mich liebt. Diese Erfahrung öffnet mir die Augen, so daß ich diesen mich liebenden Gott in allen Dingen seiner Schöpfung wiedererkenne. Solcher Glaube verliert auch in den dunklen Stunden nicht den Boden unter den Füßen. Menschen, die diesen Glauben leben, lassen etwas von religiöser Betroffenheit spüren; sie lassen erkennen, „daß der Mensch bei diesem Gott und bei allen, die ihn ehren, am besten aufgehoben ist" (Johannes Riede).

Wenn ich rufe, erhöre mich,
du Gott meiner Gerechtigkeit.
In der Bedrängnis hast du mir Raum geschaffen.
Sei mir gnädig und höre mein Gebet.
Ihr Mächtigen, wie lange noch schändet ihr meine Ehre?
Wie lange noch hängt ihr am Schein und geht auf Lüge aus?
Erkennt doch: Wunderbar handelt der Herr an den Frommen:
der Herr hört es, wenn ich zu ihm rufe.
Wenn ihr euch ereifert, so sündigt nicht.
Denkt nach im stillen auf eurem Lager und schweigt!
Bringt rechte Opfer dar und vertraut auf den Herrn.

Viele sagen: „Wer läßt uns Glück erleben?"
Herr, laß dein Angesicht über uns leuchten.
Du hast mir größere Freude ins Herz gegeben,
als andere haben bei Korn und Wein in Fülle.
In Frieden lege ich mich nieder und schlafe ein,
denn du allein, Herr, läßt mich in Sicherheit ruhen.
Psalm 4

18 Der Himmel grüßt manchen, der ihn nicht grüßt

H. Spaemann: Das Wort Gottes erfahren
Joh 12,35–36

Der bekannte geistliche Lehrer und Schriftsteller Heinrich Spaemann (geb. 1903) erzählt im Rückblick auf seine Kindheit von einer kleinen Begebenheit, die für ihn viele Jahre später von großer Bedeutung werden sollte.

Als kleiner Bub ging er einmal mit seinem Vater übers Land. Unterwegs begegnete ihnen ein ärmlich aussehender Mann. Der Vater nahm den Hut vor ihm ab und grüßte ihn. Doch dieser grüßte nicht zurück. „Warum grüßt du ihn? Den kennst du doch gar nicht", fragte der Junge seinen Vater, verwundert auch darüber, daß dieser Mann nicht einmal den Gruß erwiderte. Der Vater antwortete ihm mit dem unerwartete Wort: „Gott grüßt manchen, der ihn nicht grüßt."

Was der Vater damit sagen wollte, verstand der kleine Junge damals nicht. Viele Jahre später, nach einer schmerzlichen Wende in seinem Dasein, durch die er den wiederfand, den er lange verlassen hatte, erlebte er in den Bergen einen Sonnenaufgang. „Welch ein Gruß von Gott, welch eine Botschaft", dachte er. Da fiel ihm das Wort seines Vaters ein: „Gott grüßt manchen, der ihn nicht grüßt." Lange und beharrlich hatte er ihn nicht wiedergegrüßt.

Vgl. Heinrich Spaemann, Das Wort Gottes erfahren, in: Christ in der Gegenwart 34 (1982) 301.

„Gott grüßt manchen, der ihn nicht grüßt." Wer könnte sich diesem Wort entziehen? Sind es in Wirklichkeit nicht alle Menschen, die Gott täglich grüßt, die aber oft genug seinen Gruß nicht erwidern? Es stimmt: wir alle sind an das Kreuz des Alltags geschlagen Es ist die Welt der vielen kleinen Dinge und Sorgen; es ist die Welt, „wo alles durcheinanderläuft, wo alles durcheinanderredet, wo jeder seine eigenen Wünsche und Ziele verfolgt, wo der Kampf ums Dasein sich abspielt, wo man sich nicht versteht, wo es Parteien gibt ..." (K. Rahner). Diese Welt des Alltags kann uns in einer Weise in Anspruch nehmen, daß wir meinen, es gäbe überhaupt nichts anderes als diesen grauen

Alltag. So kann es sein, daß uns der Blick für das verlorengeht, was über dem Alltag waltet, und damit auch die Empfänglichkeit für die vielfältigen Grüße, die Gott in unser Leben schickt.

Gottes Grüße sind Grüße des Himmels. Sie verkünden uns die Botschaft des Lichtes, dessen Quelle die Sonne ist. Die Sonne macht lichtvoll die Augen. Nur so kommen wir zum Sehen. In einem seiner Tagebücher schreibt der französische Schriftsteller Andre Gide (1869–1951)[1]: „Wenn man später einmal mein Tagebuch veröffentlicht, wird es, wie ich fürchte, eine ziemlich falsche Vorstellung von mir vermitteln. Während langer Perioden des Gleichgewichtes, des Wohlbefindens, des Glücks habe ich es nicht geführt; wohl aber während jener Zeiten der Depression, als ich seiner bedurfte, um mich wieder zu fangen. Sobald die Sonne wieder scheint, verliere ich mich aus den Augen und bin ganz mit der Arbeit und dem Leben beschäftigt." Was ist damit gesagt? Vor allem dies: Ohne die Sonne – welches Gesicht sie auch immer haben mag – fällt der Mensch auf sich selbst zurück, sieht er nur noch sich selbst. So werden lichtlos die Augen und blind wird das Herz. Die Depression setzt sich wie schwere dunkle Wolken in ihm fest. Die Sonne hingegen bewirkt, daß der Mensch sich aus den Augen verliert. Auf diese Weise findet er sein inneres Gleichgewicht und damit sein Wohlbefinden und sein Glück. Das befähigt ihn, sich ganz mit seiner Arbeit und dem Leben zu beschäftigen.

Die Sonne läßt uns nicht nur dieses oder jenes erkennen. Sie öffnet uns die Augen für das Ganze. Das Ganze des Daseins vor Augen, können wir erkennen, was für uns wichtig ist. Ein Arztehepaar, das an einer Kölner Kinderklinik arbeitet, erzählte mir von einer Siebzehnjährigen, die schwerkrank in die Klinik eingeliefert wurde und dort ein Jahr später verstarb. „In diesem Jahr machte sie einen inneren Reifungsprozeß durch, wie andere ihn zuweilen während eines langen Lebens nicht erleben", sagte die Frau. Als ich sie fragte, woran man diesen Reifungsprozeß erkennen konnte, erläuterte sie: „An der Art und Weise, wie sie alles relativierte. Im Verlauf dieses Jahres erkannte sie zunehmend, was wirklich wichtig ist. Sie verstand beispielsweise nicht, wie ihre Freundinnen modischen Dingen eine solche Bedeutung beimessen konnten." Reif ist demnach, wer das Ganze vor Augen hat und so erkennt, was für ihn wichtig ist.

Nie geht die Sonne unter, ohne irgendwo wieder aufzugehen. Geht sie in unserem Leben hier unter, dann dürfen wir die Gewißheit haben, daß sie sich anderswo wieder zeigen wird. Das gibt uns Trost und Hoffnung in schweren und dunklen Stunden. Als F.M. Dostojewski (1821–1881) seiner Verschickung nach Sibirien entgegensah, da schrieb er seinem Bruder in seiner Gefängniszelle einen vielseitigen Brief, in dem es u. a. heißt: „Soeben erfahre ich, lieber Bruder, daß wir heute oder morgen abtransportiert werden (...) Ich bin nicht verzweifelt und habe den Mut nicht verloren. Leben gibt es überall, das Leben ist in uns selbst, nicht außer uns. Ich werde von Menschen umgeben sein, werde unter ihnen Mensch sein und es immer bleiben. Sich vom Unglück nicht beugen, nicht umwerfen lassen, was auch immer geschehe, das nenne ich Leben, das ist die Aufgabe unseres Daseins (...) Noch habe ich ja mein Herz und mein Fleisch und Blut, die imstande sind, zu lieben und zu leiden, zu wünschen und sich zu erinnern. Und das ist ja der eigentliche Inhalt unseres Daseins. *On voit le soleil* (Man sieht die Sonne). Lebe wohl, Bruder."[2] Heute wissen wir, daß Dostojewski in jenem sibirischen Straflager einen inneren Verwandlungsprozeß durchmachte, ohne den sein späteres Werk undenkbar wäre.

Die Christen aller Zeiten suchten nicht zuletzt von der Sonne her das Geheimnis Jesu Christi für ihr Leben zu deuten. Das kommt nicht von ungefähr. Der biblische Schriftsteller Matthäus erzählt im Zusammenhang mit der Verklärung Jesu: „Sein Gesicht leuchtete wie die Sonne, und seine Kleider wurden blendend weiß wie das Licht" (Mt 17,2). Hinsichtlich der Todesstunde Jesu aber sagt er, daß eine Finsternis das ganze Land beherrschte (Mt 27,45). Dieses Ereignis veranschaulicht das zentrale Thema neutestamentlicher Verkündigung: Wenn es Jesus Christus, die Sonne Gottes, in deinem Leben nicht mehr gibt, dann beherrscht die Finsternis dein Herz. Beim Evangelisten Johannes lesen wir: „Das Licht kam in die Welt, doch die Menschen liebten die Finsternis mehr als das Licht; denn ihre Taten waren böse. Jeder, der Böses tut, haßt das Licht und kommt nicht zum Licht, damit seine Taten nicht aufgedeckt werden. Wer aber die Wahrheit tut, kommt zum Licht, damit offenbar wird, daß seine Taten in Gott vollbracht sind" (3,19–21). Nach dem Zeugnis dieses Evangelisten sagte Jesus: „Ich bin das Licht der Welt. Wer mir nachfolgt, wird nicht in der Finsternis gehen, sondern er wird das Licht des Lebens haben" (8,12).

In diesem Licht verlieren wir uns selbst aus den Augen; wir finden wie durch nichts anderes unser seelisches Gleichgewicht und darin ein Wohlbefinden, wie nur der Himmel es vermitteln kann; wir erleben die Vorfreude unseres ewigen Glücks. So werden wir fähig, uns ganz unserer Arbeit und dem Auftrag des Lebens hinzugeben. Das Licht, das durch Jesus in unser Leben kommt, stellt uns zugleich vor das Ganze des Daseins. Wir erkennen, wer und wie Gott wirklich ist. Wir erfassen, was wichtig für uns ist, und werden reif – reif für den Himmel. Der Tod Jesu und seine Auferstehung bestätigen uns die trost- und hoffnungsvolle Wahrheit, daß auch die Sonne unseres Lebens in dieser Welt nicht untergeht, ohne in der Welt Gottes wieder aufzugehen. Schließlich begreifen wir die Jünger Jesu als jene Boten, die Jesus aussandte, bevor er diese Welt verließ, damit sie zu Wegweisern derer werden, die in der Dunkelheit ihres Lebens nach dem Licht einer ewigen Sonne suchen. Durch diese Boten haben wir das Licht unseres Glaubens empfangen, damit wir, in diesem Licht lebend, unsererseits zu Boten des Lichtes werden für viele suchende Menschen im Dunkel unserer Zeit. In seinem „Geistlichen Tagebuch“[3] erzählt Papst Johannes XXIII. aus seiner Zeit als Apostolischer Delegat in der Türkei und Griechenland: „Hier bei den Jesuitenpatres beobachte ich jeden Abend vom Fenster meines Zimmers aus eine Ansammlung von Booten auf dem Bosporus. Zu Dutzenden, zu Hunderten tauchen sie vom Goldenen Horn her auf. Sie treffen sich an einem bestimmten Punkt und entzünden dann ihre Lichter. Manche hell, manche weniger hell, ein farbenprächtiges, eindrucksvoll leuchtendes Bild (...) Die Lichter scheinen die ganze Nacht, und von ferne hört man die fröhlichen Stimmen der Fischer. Dieses Schauspiel ergreift mich. In der vergangenen Nacht setzte gegen ein Uhr ein starker Regenguß ein; die Fischer aber blieben unermüdlich bei ihrer beschwerlichen Arbeit (...) Dieses Bild ist wie ein Gleichnis. Eine Vision der Arbeit, des Eifers und der uns gestellten apostolischen Aufgabe (...) Laßt uns den Fischern vom Bosporus nacheifern, Tag und Nacht, mit der brennenden Fackel arbeiten, jeder in seinem kleinen Boot ...“

Jesus sprach zum Volk: Nur kurze Zeit noch ist das Licht unter euch. Geht euren Weg, solange ihr das Licht habt, damit euch nicht die Finsternis überfällt; wer in der Finsternis geht, weiß nicht, wohin er geht. Solange ihr das Licht habt, glaubt an das Licht, damit ihr Kinder des Lichtes werdet! So sprach Jesus, dann ging er fort und verbarg sich vor ihnen.
Johannes 12,35–36

19 Gib der Wahrheit die Ehre – du Illusion

P. Claudel: Ève Lavallière
Ps 91,1–5. 9

Ève Lavallière (1866–1929), ihr richtiger Name ist das nicht. Doch die Nachwelt kennt sie nur noch unter diesem Künstlernamen. Eigentlich hieß sie Eugenie-Marie-Pascaline Fenoglio. Als zweites Kind der Familie wurde sie in Marseille geboren.

Eugenie hatte nie erfahren dürfen, was mütterliche, elterliche Liebe bedeutet. Die Ehe ihrer Eltern war völlig zerrüttet. Die Streitigkeiten endeten eines Tages damit, daß der Vater, ein Lebemann, seine Frau und sich selbst vor den Augen der 18jährigen erschoß. Das junge temperamentvolle und sensible Mädchen irrte in der Folgezeit heimatlos in der Welt herum. Immer war sie auf der Flucht. Einmal hielt sie sich an diesen Mann, ein andermal an jenen. Schließlich wandte sie sich dem Showbusiness zu. In Paris, am Théatre des Variétés, avancierte sie schnell zum Star und Publikumsliebling. Ihre einzige Rolle bestand jedoch darin, etwas anderes als sie selbst zu sein. So tief sich ihre Bewunderer vor ihr verneigten, so unglücklich fühlte sie sich mit der Zeit in der Tiefe ihrer Seele. Sie hatte keinerlei Halt.

Eines Tages, während eines Erholungsaufenthaltes auf dem Land, begegnete sie einem Geistlichen. Anfangs belustigte sie sich über seine Glaubensüberzeugung. Doch die Art und Weise, wie er ihr entgegnete, machte sie tief betroffen. Irgend etwas begann in ihr zu arbeiten. So kam der Augenblick, da sie sich nicht länger der religiösen Entscheidung entziehen konnte. Sie sprang von der Bühne ihrer vielfältigen Illusionen in die Wahrheit des verborgenen Gottes. So wurde aus einer Illusionistin eine Realistin, aus einem Star ein Stern. Hatte sich bislang das Publikum vor ihr verneigt, so lebte jetzt in ihr der Wunsch, sich vor den notleidenden Menschen zu neigen. Sie wurde 63 Jahre alt. Da sie sich nicht für würdig hielt, den Namen Gottes zu erwähnen, wählte sie als Grabinschrift: „Du, der du mich erschaffen, erbarme dich meiner.“

Vgl. Paul Claudel, Eve Lavalliere, in: Heilige unserer Zeit, Benziger Verlag, Einsiedeln–Zürich–Köln 1956, S. 83–127 149–152.

Gott ist in jedem Leben gegenwärtig. Aber nicht immer verkünden wir diesen in uns gegenwärtigen Gott durch unser alltägliches Verhalten. In Ève Lavallière begegnen wir einer Frau, die nach ihren tragischen Kindheitserlebnissen zunächst sich selbst und ihr Talent verkündete, bis dann der verborgene Gott zur Verkündigung ihres Lebens wurde. Daher wollen wir hier unser Augenmerk vor allem auf drei Offenbarungen richten, die durch ihr Leben in Erscheinung getreten sind und bleibende Bedeutung haben.

Die *erste* Offenbarung läßt sich so formulieren: Ein Leben, in dem Gott keine Rolle spielt, muß voller Illusionen sein. Da Ève Lavallière in ihrer Familie keinen Ort der Geborgenheit hatte finden können, war sie nach dem Tod ihrer Eltern stets unterwegs, ein Stück Heimat suchend, ohne sie jedoch finden zu können. Sie flüchtete sich in eine Scheinwelt hinein, in der sie allerdings nichts anderes als ein Scheinglück erlebte. Vielen Menschen ergeht es heute ähnlich. Weil sie sich ungeborgen und heimatlos fühlen, hängen sie ihr Herz an dieses oder jenes, opfern ihre besten Kräfte und finden doch nicht, wonach sie sich im tiefsten sehnen. Sie wollen frei sein und ergeben sich doch vielerlei Zwängen. Sie verlieren sich im Vordergründigen; doch erfahren sie alsbald, daß alles Vordergründige das menschliche Herz nicht erfüllt und mit der Zeit seinen Reiz verliert. Sie wollen das Leben; doch das Leben, dem sie sich hingeben, macht sie müde und wird zur Last. Letztlich bietet es weder Halt noch Zukunft. Warum nicht? Jeder Mensch sehnt sich zutiefst nach einer ihn heilmachenden Ganzheit. Sie wird allein in der Begegnung mit dem liebenden Gott erfahrbar, jener letzten Wirklichkeit, wo kein Irren und kein Wanken ist, in der ich deshalb mein Leben verankern kann und von der Hoffnung, Mut und Zuversicht in mein Leben kommen. So erweist sich Gott als der notwendige Halt im Strom vielfältiger Versuchungen, in dem wir ohne Ausnahme stehen. Daher die Fragen: Welche Rolle spielen die Illusionen in meinem Leben? Inwieweit lasse ich mich von ihnen bestimmen?

Das Leben von Ève Lavallière offenbart ein *zweites*. Es bestätigt die biblische Aussage, daß Gott in seiner sorgenden Liebe ständig auf der Suche nach dem Menschen ist, um ihn aus der Gefangenschaft seiner Illusionen zu befreien und in das Licht seiner Wahrheit, die aufatmen läßt, zu führen; denn Gott läßt sein Eigentum nicht im Stich. Hier zeigt sich etwas von Gottes Größe. Jesus macht sie in einem seiner Gleichnisse anschaulich, indem er uns zunächst an die wahre menschliche Größe denken läßt. Zugleich aber sagt er uns, daß Gottes Liebe selbst die edelste, reinste und versöhnlichste Liebe unendlich überbietet: „Da erzählte er ihnen ein Gleichnis: Wenn einer von euch hundert Schafe hat und eins davon verliert, läßt er dann nicht die neunundneunzig in der Steppe zurück und geht dem verlorenen nach, bis er es findet? Und wenn er es gefunden hat, nimmt er es voll Freude auf die Schultern, ruft er seine Freunde und Nachbarn zusammen und sagt zu ihnen: Freut euch mit mir; ich habe mein Schaf wiedergefunden, das verloren war. Ich sage euch: Ebenso wird auch im Himmel mehr Freude herrschen über einen einzigen Sünder, der umkehrt, als über neunundneunzig Gerechte, die eine Umkehr nicht nötig haben" (Lk 15,3–7). Ein neuzeitlicher Dichter kommentiert dieses Wunder von Gottes Liebe mit folgenden Worten: „Ich weiß nichts so Erschütterndes in der Welt wie dies, daß eine Religion, eine Lehre, eine Seelenschule durch Jahrtausende die Lehre von Gut und Bös, von Recht und Unrecht immer feiner und straffer ausbildet, immer höhere Ansprüche an Gerechtigkeit und Gehorsam stellt, um schließlich auf ihrem Gipfel mit der magischen Erkenntnis zu enden, daß neunundneunzig Gerechte vor Gott weniger sind als ein Sünder im Augenblick der Umkehr!"[1] So ist Gott! Ständig ist er unterwegs; er ist es in dieser Stunde, in dieser Stadt. Er ist hier, aber zugleich auch anderswo; dort, wo es Menschen gibt, die sich nach der Befreiung durch die Wahrheit sehnen. Und wie befreit er sie? Dadurch, daß er ihnen die Augen für das Selbstzerstörerische der Illusionen öffnet. Er tut es, indem er in irgendeiner Weise ihre Wege durchkreuzt, etwa durch eine Krankheit, eine menschliche Enttäuschung, eine heilsame Ernüchterung. Er tut es nicht zuletzt durch jene Menschen, die in seiner Wahrheit leben. So geschah es im Leben von Ève Lavallière. Durch einen Geistlichen wurde sie auf den Boden von Gottes Wirklichkeit gestellt. Aus einer Illusionistin wurde eine Realistin, aus einem Star ein Stern, aus einem Idol ein Ideal, ein Vorbild für viele, die bei ihr Halt suchten und fanden. Diejenige, vor der sich viele verneigten, neigte sich nun vor denen, die ihre Hilfe brauchten. Hier stellt sich die Frage: Was sind wir für andere? Sind wir so etwas wie ein Stern, ein Leitstern, an dem man sich orientieren kann?

Daraus ergibt sich ein *drittes*: Ein Stern für andere wird, wer den Mut hat, in seinem Leben Gott an die erste Stelle zu setzen. Bleiben wir bei Ève Lavallière. Von Gottes Wahrheit durchdrungen, wünschte sie sich auf ihrem Grabstein das Wort der heiligen Thais, einer alten ägyptischen Büßerin: „Du, der du mich erschaffen hast, erbarme dich meiner." Dieses Wort sagt nicht zuletzt, daß wir uns und unser Dasein vor allem der namenlosen Liebe Gottes zu verdanken haben. Aus diesem Grunde vermögen wir nur dann wir selbst zu sein, wenn Gott in unserem Leben an erster Stelle steht. Wir alle wissen, daß es in unserem Leben vieles gibt, das wichtig und gut für uns ist: Menschen, die uns lieben; Arbeit, die uns Freude macht; Geld, wodurch uns manches möglich wird; Freizeit, die uns Erholung schenkt. All das ist gut und wertvoll. Aber es darf nicht an die erste Stelle treten. Es darf in unserem Leben nicht zum Wichtigsten werden; sonst verliert es seinen wahren Stellenwert. Es wird absolut, obwohl es doch nur relativ ist; es macht unfrei und abhängig, wo wir doch von Gott zur Freiheit berufen sind und solche Freiheit das Kennzeichen eines vorbildlichen Lebens ist, das für andere die Bedeutung eines Leitsterns hat. Gott die erste Stelle im Leben einräumen, das ist das erste der Zehn Gebote und damit das wichtigste. Es ist das Tor zu allen anderen. Wer dieses erste Gebot erfüllt, vermag auch den anderen nachzukommen. Wer es nicht erfüllt, wird wahrscheinlich mit allen übrigen seine Probleme haben. In einem alten Gesangbuch[2] findet sich ein Lied, das von K.Fr.A. Krummacher (1824–1884) gedichtet wurde. Es lautet wie folgt:

Stern, auf den ich schaue,
Fels, auf dem ich steh',
Führer, dem ich traue,
Stab, an dem ich geh';
Brot, von dem ich lebe,
Quell, an dem ich ruh',
Ziel, das ich erstrebe:
Alles, Herr, bist Du!

Ohne Dich, wo käme
Kraft und Mut mir her?
Ohne Dich, wer nähme
meine Bürde, wer?
Ohne Dich, zerstieben
würde mir im Nu
Glauben, Hoffen, Lieben.
Alles, Herr, bist Du!

Drum, so will ich wallen
meinen Pfad dahin,
bis Dein Ruf wird schallen
und daheim ich bin.
Dann mit neuem Singen
jauchz' ich froh Dir zu:
Nichts hab' ich zu bringen;
Alles, Herr, bist Du!

Wir mögen von diesem Dichter nicht viel wissen; doch das wenige, in dem er sich uns zu erkennen gibt, ist bedeutsamer als alles, was wir sonst noch von ihm in Erfahrung bringen könnten. Denn hier spricht einer, der in seinem Leben Gott an die erste Stelle setzte, wodurch er zur inneren Freiheit fand und uns als Vorbild dienen kann. Welchen Platz räume ich selbst Gott in meinem Leben ein?

Wer im Schutz des Höchsten wohnt
und ruht im Schatten des Allmächtigen,
der sagt zum Herrn:
„Du bist für mich Zuflucht und Burg,
mein Gott, dem ich vertraue."
Er rettet dich aus der Schlinge des Jägers
und aus allem Verderben.
Er beschirmt dich mit seinen Flügeln,
unter seinen Schwingen findest du Zuflucht,
Schild und Schutz ist dir seine Treue.
Du brauchst dich vor dem Schrecken der Nacht
nicht zu fürchten
noch vor dem Pfeil, der am Tag dahinfliegt.
Denn der Herr ist deine Zuflucht,
du hast dir den Höchsten als Schutz erwählt.
Psalm 91,1–5.9

20 Gott zürnt nicht bitterer als eine Frau

G. Green: Das Herz aller Dinge
Mt 27,45–54

Durch seine beiden Romane „Die Kraft und die Herrlichkeit“ und „Das Herz aller Dinge“ ist der englische Schriftsteller Graham Green (geb. 1904) weltbekannt geworden. Mittelpunkt von „Das Herz aller Dinge“ ist Henry Scobie. Scobie, ein knapper Fünfziger, ist stellvertretender Polizeikommandant einer kleinen westafrikanischen Hafenstadt. Seine menschlichen Schwierigkeiten sind uns allerdings nicht so weit entfernt. Seine Freunde bedauern ihn wegen seiner Frau Louise. Sie können nicht verstehen, wie er jemals dazu kam, sie zu heiraten. Aufgrund ihrer Überheblichkeit mag sie keiner. So wird für Louise der Aufenthalt in der kleinen Hafenstadt immer unerträglicher. Eines Tages erklärt sie ihrem Mann: „Ich kann es hier nicht länger aushalten ... Ich werde hier noch verrückt. Ich bin hier so einsam. Ich habe hier keinen Freund.“ Scobie, der Mann mit dem guten Herzen, das nicht Nein sagen kann, ermöglicht ihr einen Aufenthalt von mehreren Monaten in Südafrika.

Während ihrer Abwesenheit lernt er die um dreißig Jahre jüngere Helen Rolt kennen, die trotz ihres jungen Lebens schon viel Leid hat durchstehen müssen. Da sich Scobie seit Jahren bei keinem Menschen so ungezwungen fühlt, erwächst aus seiner anfänglichen Anteilnahme schnell eine tiefe Liebe, die sein bisheriges Leben in immer größere innere und äußere Verwicklungen führt. Deutlich spürt er, daß er immer tiefer in den Bereich der Lüge gerät und sein Seelenfrieden mehr und mehr schwindet. Im Bewußtsein seiner Schuld beginnt er zu beten: „O Gott, ich habe dich verlassen. Verlaß du mich nicht.“ Es wächst in ihm das Gefühl: „Ich bin nicht mehr ich selbst.“ Schließlich sieht er keinen Ausweg mehr. Um weder Helen noch seine inzwischen zurückgekehrte Frau unglücklich zu machen, beschließt er, sein Leben mit Hilfe einer Überdosis von Schlaftabletten „der ewigen Verdammnis zu übergeben“. In tiefer Niedergeschlagenheit sucht seine Frau das Gespräch mit Pater Rank, dem Beichtvater ihres Mannes.

„Er war ein schlechter Katholik“, erklärt sie dem Priester und ist der Überzeugung, daß es sinnlos sei, für ihn zu beten. Energisch weist Pater Rank diese Ansicht als „das albernste Urteil, das man hören kann“, zurück. „Ich bitte Sie, Mrs. Scobie, bilden Sie sich nur ja nicht ein, daß Sie – oder ich – etwas von Gottes Barmherzigkeit wissen.“ Von allen vorausgegangenen Strapazen ist die Frau sehr erschöpft. Mit müder Stimme fragt sie: „Sie meinen also, daß noch Hoffnung besteht?“ „Sind Sie bitterböse auf ihn?“ erkundigt sich der Priester. „In mir ist keine Bitternis mehr.“ Daraufhin Pater Rank: „Und glauben Sie, daß Gott bitterer zürnt als eine Frau? ... Es mag vielleicht sonderbar klingen wenn ein Mensch so sehr im Unrecht war wie er –, aber ich glaube ernstlich, nach allem, was ich über ihn weiß, daß er Gott wahrhaft liebte.“

Vgl. Graham Green, Das Herz aller Dinge, Rowohlt Taschenbuch Verlag, Nr. 109, Hamburg 1954, vor allem S. 225f.

Keiner von uns kann mit Sicherheit im voraus sagen, wie er sich in einer wirklich ernsten Situation verhalten wird. Denn in jedem Menschen schlummern unberechenbare Kräfte, von denen wir augenblicklich noch keine Ahnung haben, vor denen wir aber erschrecken können, wenn sie einmal geweckt werden und ihre Macht entfalten. Wer von uns kann denn heute schon wissen, wie er reagieren wird, wenn man ihn schwer enttäuscht oder ungerecht behandelt; wenn sein Leben seinen Sinn verliert und die Nacht der Einsamkeit über ihn hereinbricht; wenn der liebste Mensch durch den Tod von seiner Seite fortgerissen wird oder eine unheilbare Krankheit ihn überfällt; wenn er in die Ausweglosigkeit gerät und nicht mehr weiß, was jetzt noch zu machen sei. So war auch der stellvertretende Polizeikommandant in den früheren Jahren seines Lebens der festen Überzeugung, daß ein Selbstmord für ihn nie in Frage komme. Wörtlich lesen wir im Roman: „Ihm wurde plötzlich klar, daß dies eine Tat sein würde, die er nie begehen könnte. Eines Selbstmordes würde er nie und nimmer fähig sein.“ Aus diesem Grund sollten wir uns hüten vor der Rede: „Das könnte mir nie passieren!“ Es gibt nichts, was uns selbst nicht widerfahren könnte. Jeder Mensch ist zu allem fähig. Es bedarf nur einer entsprechenden Situation.

In einem der Bücher von Siegfried Lenz findet sich eine Stelle, die diese Wirklichkeit wie folgt beschreibt: „Der Mensch birgt alle Möglichkeiten in sich: er hat seine Tagseite, und er besitzt – wie Breton sagt – auch seinen unspaltbaren Nachtkern. Freilich braucht er diese Möglichkeiten nicht unbedingt zu demonstrieren, sie können verborgen und unerkannt bleiben, nie geweckt, nie herausgefordert, ein Leben lang – was oft jedoch nicht viel mehr darstellt als einen Glücksfall. Die wahre Schärfe aber, glaube ich, erreicht ein Leben erst dann, wenn es gezwungen wird, sich seine letzten Möglichkeiten einzugestehen, sie preiszugeben und damit den Nachtkern sichtbar zu machen, der ganz allgemein zum Menschen gehört. Es ist anzunehmen, daß viele der Männer, deren Namen wir plötzlich mit Schaudern nennen, selbst nicht wußten, welche fürchterlichen Möglichkeiten sie in sich bargen – bis zu dem Augenblick, in dem eine äußerste Lage sie zwang oder es ihnen nahelegte, sozusagen die latente heimliche Existenz hervorzukehren: den schlafenden Scharfrichter, den träumenden Tyrannen. Die extreme Lage, die äußerste Situation ist es, in der wir erprobt, bestätigt oder widerlegt werden, und darum erscheint es unmöglich, Garantien für irgend jemanden abzulegen, solange er sich nicht einer unerhörten Belastungsprobe unterworfen hat. Deshalb ist es keineswegs sonderbar oder befremdlich, daß ein achtbares Leben, das glimpflich und verschont durch die Jahre kam, in einem einzigen Augenblick widerlegt werden kann – nämlich unter den unbarmherzigen Forderungen oder Anfechtungen einer extremen Lage. Schließlich kann man nicht vom Menschen sprechen, ohne seine Schwächen zu berücksichtigen."[1]

Vielleicht verstehen wir jetzt, warum uns Jesus, der den Menschen nur zu gut kannte, dazu anhält, immer wieder zu bitten: „Und führe uns nicht in Versuchung!" Wo wir diese Bitte so sprechen, wie sie gesprochen sein will, da sagen wir: „Führe uns nicht in eine Situation, in der die uns noch unbekannten Mächte und Kräfte unseres Herzens die Herrschaft über uns gewinnen."

Wenn wir auch nicht im voraus sagen können, wie wir uns tatsächlich in einer schwierigen Situation verhalten werden, so können wir doch das unsrige tun, um nicht selbst leichtsinnigerweise eine solche Situation heraufzubeschwören. Immer wird es so sein, daß sich ein kleiner Fehler am Anfang noch relativ leicht korrigieren läßt, da uns die Stimme des Gewissens immer wieder mahnt, den beschrittenen Irrweg zu verlassen. Überhören wir jedoch diesen Ruf oder verharmlosen wir den Ernst der Situation, so geraten wir in immer größere Verwicklungen, unsere Lage wird zunehmend aussichtsloser und unsere Handlungsfreiheit schwindet mehr und mehr. Das verdeutlicht bereits die alttestamentliche Paradiesesgeschichte. Auch hier erwächst unaufhaltsam aus einem mangelnden Ernst am Anfang eine große Tragik am Ende. Diesen Entwicklungsgang hat uns Max Frisch in seinem sehr interessanten Lehrstück „Biedermann und die Brandstifter"[2] in anschaulicher Weise vor Augen gestellt. Schon der Titel dieses Stückes ist bezeichnend. Das neutestamentliche Gegenstück hierzu findet sich in der Versuchungsgeschichte Jesu (Mt 4,1–4). Hier durchschaut Jesus unmittelbar das Unheil im Anfang und wehrt es entschieden ab. Er bleibt sich selbst treu und geht unerschrocken seinen ihm aufgetragenen Weg, obwohl dieser ein Kreuzweg werden sollte.

Zunächst ist es nicht unwichtig, daß Scobie seine fünfzehnjährige Ehe als vergeudete Jahre empfand. Die Schuld hierfür lag gewiß auf beiden Seiten. So wird es immer sein, wenn Eheleute sich nicht mehr verstehen, wenn sie einander fremd geworden sind. Bevor einer der Partner „fremdgeht", hat in der Ehe schon lange ein Entfremdungsprozeß stattgefunden. Doch bleiben wir hier bei Scobie. Obwohl er seiner Frau gegenüber stets ein Verantwortungsgefühl hatte, war seine Liebe zu ihr mit der Zeit verebbt. Er hörte nie zu, wenn sie sprach. Außerdem war für ihn manches nur noch Routine. An einer Stelle lesen wir: „‚Liebling', sagte er, ‚ich liebe dich.' So begann er immer. Das Trösten, wie der Geschlechtsakt, wurde zur Routine." Sein Verhältnis zu Helen änderte sein Leben. Aus Anteilnahme, Mitleid und Verantwortung ergab sich sehr bald eine wechselseitige Liebe. „Ich habe Sie so gern", sagte Helen zu ihm. „Ich habe Sie auch gern", gab er zurück. Es erstaunte ihn, wie leicht und schnell sie Freunde geworden waren. Und doch fühlte er sich jetzt schon erschöpft von all den Lügen, die er früher oder später seiner Frau sagen mußte. Nichts verzehrt unsere Lebenskraft und Lebensfrische so sehr wie Unaufrichtigkeit und Lüge. Sie sind das tödliche Gift in jedem „Doppelleben", das sich auf die Dauer nicht durchhalten läßt, weil es den Kern der Persönlichkeit zwiespältig macht und ihn schließlich auseinanderbricht. Darin liegt das Unwesen aller Sünde und Schuld.

Anstatt einsichtig und hellhörig zu werden, lieferte sich Scobie der jungen Frau aus: „Ich liebe dich mehr als mich selbst, mehr als meine Frau, und ich glaube, sogar mehr als Gott. Bitte, bewahre diesen Brief auf. Verbrenne ihn nicht. Wenn du auf mich böse bist, dann lies ihn. Ich versuche ernstlich, die Wahrheit zu sagen. Mehr als alles in der Welt möchte ich dich glücklich machen ..." Dieser Brief, der in die verkehrten Hände geriet, förderte die Verwicklung seiner Lage. Einmal dachte er daran, seiner Frau einen Brief zu schreiben und beichten zu gehen, um sein Leben wieder einzurenken und seinen Frieden zu haben. Aber dann fielen ihm die Worte ein, die er zu Helen gesagt hatte: „Ich werde immer da sein, wenn du mich brauchst, solange ich lebe." Mit sorgfältiger Überlegung tat er den Schwur: „Ich werde niemals mehr ein Heim haben wollen ohne dich." Mit solchen Erklärungen drang das Leben von allen Seiten drohend auf ihn ein. Scobie war daran, seinen Seelenfrieden endgültig von sich zu werfen. Er betete um ein Wunder: „O Herr, überzeuge mich, hilf mir und überzeuge mich. Gib mir das Gefühl, daß ich wichtiger bin als jenes Kind." Scobie war nicht mehr er selbst. Ständig schleppte er seine eigene Verderbnis mit sich herum und kam nicht mehr von ihr los. Er, der kein Leid mitansehen konnte, verursachte es immer wieder. Zunehmend gewann er den Eindruck, so tief in die Wüste seiner seelischen Verbannung hineingegangen zu sein, daß selbst seine Haut die Farbe des Wüstensandes angenommen hatte. So beschloß er, sich selbst der Verdammnis zu übergeben: „Ich habe Sehnsucht nach Frieden gehabt, und ich werde niemals mehr Frieden kennen." Nachdem er sich ratenweise veräußert hatte, warf er am Ende nur noch eine leere Hülle fort. Ob sich nicht jeder Selbstmord in „Raten" vollzieht? Jedenfalls können wir von hier aus erahnen, welch tragische Schicksale sich hinter den so nüchternen Selbstmordziffern verbirgt. In der Bundesrepublik setzt in jeder halben Stunde ein Mensch seinem Leben ein Ende. Im Jahr 1976 waren es über 14000. Täglich sind es etwa vierzig Menschen, die wegen unbewältigter Konflikte in den Tod gehen. Für die ganze Erde gilt die „Richtzahl" tausend, das heißt: Tag für Tag nehmen sich tausend Menschen das Leben.[3]

Gewiß, keiner kann mit Gewißheit sagen, wie Gott ein Leben wie das von Scobie beurteilt und welch ewiges Schicksal er ihm zuteil werden läßt. „Alle, auch die guten Christen, gehen schweigend in das Dunkel Gottes hinein, und kein leibliches Auge verfolgt dorthin ihren Weg und kein irdisches Ohr vernimmt das Urteil ihrer Ewigkeit" (Karl Rahner). Dennoch gibt es Anzeichen, die uns hoffnungsvoll und zuversichtlich stimmen können. Zu Recht macht im Roman der verständnisvolle Priester die verzweifelte und Rat suchende Frau darauf aufmerksam, daß keiner – auch nicht die Kirche – weiß, „was im Herzen auch nur eines einzigen Menschen vorgeht". Das Leben von Scobie läßt uns wenigstens andeutungsweise erkennen, wie hinter all seiner Schuld ein aufrichtiges Ringen um die Wahrheit und das Gute lebendig war. Außerdem dürfen wir die gläubige Gewißheit haben, daß Gott einem Menschen nicht weniger verzeiht als eine Frau ihrem Mann. „Wir würden die meisten Dinge verzeihen, wenn wir eine genaue Kenntnis der Tatsachen besäßen", hatte Scobie einmal seiner Frau gesagt. Gottes Auge besitzt eine genaue Kenntnis aller Tatsachen. Deshalb ist er gnädiger als wir.

Aber damit ist noch nicht das Letzte und Tiefste gesagt. Dieses liegt verborgen im Titel des Romans. Was ist denn „das Herz aller Dinge"?

Das Herz aller Dinge ist nicht der Mensch in seiner Versuchbarkeit und Verlorenheit, in seiner Schwachheit und Haltlosigkeit, in seiner Einsamkeit und Verlassenheit. Das Herz aller Dinge ist vielmehr Gottes Barmherzigkeit. Anders gesagt: Inmitten aller menschlichen Finsternis, Schuld und Ausweglosigkeit steht das Geheimnis des Kreuzes. Am Kreuz wurde Christus „von allen der größte Räuber, Mörder, Ehebrecher, Dieb, Tempelschänder, Gotteslästerer usw.; ein größerer war niemals in der Welt" (Martin Luther). Denn alle menschliche Tragik und Schuld hat der Gekreuzigte auf sich genommen. Im Vertrauen auf seinen himmlischen Vater hat er die Stunde, da nichts mehr zu machen war, ausgehalten. So wurde die Stunde der Ausweglosigkeit zur Stunde der Wandlung, zur Stunde der Auferweckung. Daher sind die am Gekreuzigten wahrzunehmenden Spuren menschlicher Tragik und Schuld zu Zeichen der Versöhnung mit Gott und somit zu Zeichen unserer Hoffnung geworden.[4] Hätte Scobie sein Schicksal in die Finsternis des Kreuzes hineingegeben, hätte er an Gottes Barmherzigkeit geglaubt – wer aber kann mit Sicherheit sagen, daß er es trotz allem nicht getan hat? –, so wäre auch für ihn die Stunde der Ausweglosigkeit zur Stunde der Wende geworden. Das heißt für uns: Wo wir meinen, daß nichts mehr zu machen sei, und diese unsere Verlassenheit und Ohnmacht in die Finsternis des Kreuzes geben, da wird unser gläubiges Herz die Stunde der Wandlung erfahren. Sie ist die Stunde unserer Auferweckung, die uns neue Zuversicht und Hoffnung gibt. Vielleicht verstehen wir jetzt, warum Menschen in den schweren Stunden ihres Lebens die Nähe des Gekreuzigten suchen. Indem sie sich mit ihrer Not dem Gekreuzigten überantworten, nehmen sie an seiner Auferweckung teil. Mehr noch: Der Auferstandene ist in ihnen selbst gegenwärtig. Wir Christen tun gut daran, einander in diesem Glauben immer wieder zu bestärken.

Von der sechsten Stunde an kam eine Finsternis über das ganze Land bis zur neunten Stunde. Um die neunte Stunde rief Jesus laut: „Eli, Eli, lema sabachtani?", das heißt: „Mein Gott, mein Gott, warum hast du mich verlassen ?" Als einige von den Umstehenden das hörten, sagten sie: „Er ruft Elija." Sofort lief einer von ihnen herbei, nahm einen Schwamm und füllte ihn mit Essig. Er steckte ihn auf ein Rohr und gab Jesus zu trinken. Die übrigen aber sagten: „Laß, wir wollen sehen, ob Elija kommt und ihn rettet." Jesus aber schrie noch einmal laut, gab den Geist auf und starb. Da riß der Vorhang des Tempels von oben bis unten entzwei, die Erde erbebte, und die Felsen spalteten sich. Es öff-

neten sich die Gräber, und viele entschlafene Heilige wurden auferweckt. Nach der Auferweckung Jesu verließen sie ihre Gräber, gingen in die heilige Stadt und erschienen vielen. Als der Hauptmann und die, die mit ihm Jesus bewachten, das Erdbeben sahen und alles, was geschah, da erschraken sie sehr und sagten: „Dieser war in Wahrheit Gottes Sohn".
Matthäus 27,45–54

21 Das Leben kann noch einmal beginnen

S. von Radecki: Ein schöner Einfall
Jes 53,4–8

Eine der Persönlichkeiten, die unvergeßlich in die Geschichte der Stadt New York eingegangen sind, ist Fiorello Henry La Guardia (1882–1947). Als Bürgermeister (1933–1945) gab er der Stadt eine neue Verfassung. Er führte ein vielseitiges Sozialprogramm durch, kämpfte gegen die Korruption und setzte sich für die Beseitigung von Elendsvierteln ein. Zuweilen trat er auch als Polizeirichter in Erscheinung.

An einem Wintertag, so wird erzählt, führte man ihm einen alten, vor Kälte zitternden Mann vor. Man hatte ihn in einem Laden beim Diebstahl eines Brotes ertappt. Sein Hunger trieb ihn einfach dazu. La Guardia sah sich an das Gesetz gebunden, das keine Ausnahme duldet. Deshalb verurteilte er den Mann zu einer Geldstrafe von zehn Dollar. Dann aber griff er in die eigene Tasche und bezahlte den Betrag an Stelle des Angeklagten. Er warf die Zehndollarnote in seinen grauen Filzhut. Daraufhin wandte er sich an die Anwesenden im Gerichtssaal und bestrafte jeden einzelnen von ihnen mit einem Bußgeld von fünfzig Cent und begründete die Strafe mit dem Hinweis, daß sie in einer Stadt leben würden, wo sich ein Mensch zum Brotdiebstahl genötigt sieht, um nicht zu verhungern. Die Geldstrafe wurde sofort vom Gerichtsdiener mit dem grauen Filzhut kassiert und dem Angeklagten übergeben. Dieser traute seinen Augen nicht. Er verließ den Gerichtssaal mit 47 Dollar und 50 Cent.

Vgl. Sigismund von Radecki, Ein schöner Einfall, in: ABC des Lachens, rororo Taschenbuch Bd. 84/85, Reinbek b. Hamburg 1970, S. 190f.

Stellen wir uns vor, diese Geschichte hätte mit den Sätzen geendet: „La Guardia sah sich an das Gesetz gebunden, das keine Ausnahme duldet. Deshalb verurteilte er den Mann zu einer Geldstrafe von zehn Dollar.“ Was wäre in uns lebendig geworden, wenn dies das letzte Wort gewesen wäre? Ein Gerechtigkeits-Fanatiker wird gewiß sagen: „Der Bürgermeister hat seine Pflicht getan. Wo kämen wir hin, wenn jeder, der Hunger hat, in ein Geschäft geht und sich unauffällig selbst bedient?

Er hätte wenigstens fragen können. Hunger berechtigt noch nicht zu Diebstahl. Deshalb mußte der Mann bestraft werden."

Wer von uns möchte es mit einem solchen Menschen zu tun bekommen, wenn er selbst ein Unrecht begehen sollte? Übersehen wir jedoch nicht, daß wir uns oft in ähnlicher Weise äußern, wenn wir über andere urteilen oder wenn uns ein Unrecht geschieht. Warum können wir dann sehr hart und herzlos sein? Weil wir nur den vorliegenden Tatbestand berücksichtigen. Im Blick auf die Sache verlieren wir sehr leicht die Person mit den Umständen, aus denen heraus sie gehandelt hat, völlig aus den Augen. Wären wir oft nicht viel barmherziger, wenn wir nicht nur die Sache, sondern auch die Person des anderen sehen würden?

La Guardia war gerecht. Er faßte das begangene Unrecht genau ins Auge und verurteilte es. Aber dabei blieb es nicht. Er war darüber hinaus barmherzig, weil er die Person des anderen nicht übersah. Der Blick auf die Person des anderen brachte die unerwartete Wende. La Guardia griff in die eigene Tasche und bezahlte den Betrag an Stelle des Angeklagten. Damit hatte keiner gerechnet. Ebenso unerwartet wurden die im Gerichtssaal Anwesenden verurteilt, weil sie an dem Vergehen des alten Mannes mitschuldig waren: „Sie leben in einer Stadt, wo sich ein Mensch zum Brotdiebstahl genötigt sieht, um nicht zu verhungern", hatte ihnen der Richter gesagt. Dieses Wort kann auch uns die Augen öffnen, denn auch wir sind mitverantwortlich für so manches Unrecht, das in unserer Welt geschieht, in der täglich viele Menschen sterben müssen, weil sie kein Brot bekommen. Der Höhepunkt unserer Geschichte aber ist, daß der ganze Betrag dem alten Mann übergeben wurde. Dieser traute seinen Augen nicht; denn jetzt konnte sein Leben neu beginnen.

Hier zeigt sich uns mit einem Schlag das Hand-in-Hand-Gehen von Gerechtigkeit und Barmherzigkeit. Nur dort, wo uns beides widerfährt, wird unsere Vergangenheit bewältigt und eine neue Zukunft öffnet sich für uns. Man überdenke hier einige nüchterne Sätze des Thomas von Aquin (1225–1274), die in diesem Zusammenhang ihren Wahrheitsgehalt voll entfalten. In seinem Kommentar zum Mattäusevangelium (5,2) lesen wir den Satz: „Gerechtigkeit ohne Barmherzigkeit ist Grausamkeit; Barmherzigkeit ohne Gerechtigkeit ist die Mutter der Auflösung." Wir könnten fortfahren: Gerechtigkeit mit Barmherzigkeit baut auf. In seiner Summa theologica (I. 21,3 ad 2) schreibt Thomas: „Barmherzigkeit hebt die Gerechtigkeit nicht auf, sie ist vielmehr sozusagen die Fülle der Gerechtigkeit." Die Gerechtigkeit verlangt förmlich nach der Barmherzigkeit, um wahre Gerechtigkeit sein zu können.

Während nämlich die Gerechtigkeit auf die Sache schaut, schaut die Barmherzigkeit auf die Person. Beide zusammen sehen das Ganze. Aus demselben Werk (II-II. 30,2) sei schließlich noch ein Wort notiert, das eine tiefe Lebenserfahrung offenbart: „Die Alten und die Weisen, die daran denken, daß auch ihnen Übles widerfahren kann, sowie die Schwachen und Furchtsamen sind eher barmherzig. Jene hingegen, die sich für glücklich halten und für so mächtig, daß ihnen nichts Böses widerfahren könne, erbarmen sich nicht so leicht." Für sie wäre es von großem Nutzen, wenn sie einmal am eigenen Leib die menschliche Gebrechlichkeit erleiden müßten. Ihr Urteil würde wahrscheinlich barmherziger.

Nach diesen Erläuterungen dürfte es nicht schwer fallen, unsere Geschichte in biblische Bezüge zu stellen. Hätte Jesus von ihr gehört, er hätte den als Richter fungierenden Bürgermeister nicht nur liebgewonnen und ihn für sein Verhalten gelobt; er hätte mit Sicherheit diesen Vorfall seinen Zuhörern als „Gleichnis" für Gottes eigenes Verhalten erzählt. Wahrscheinlich hätte er so begonnen: „Gott ist wie der Bürgermeister einer großen Stadt, der zuweilen auch als Polizeirichter in Erscheinung trat. An einem Wintertag ..." Warum kann uns diese Geschichte in der Tat ein Gleichnis für eine höhere Wirklichkeit sein? Manche menschlichen Verhaltensweisen sind so außergewöhnlich, daß sie uns eine völlig neue Welt erschließen; eine Welt, die völlig frei ist von aller menschlichen Engstirnigkeit; eine Welt, die uns aufgrund ihrer ungeheuren Weite und Tiefe einen neuen Atem schenkt; eine Welt, die uns zum erstenmal erahnen läßt, was überhaupt gemeint ist, wenn von Gerechtigkeit, Liebe, Güte, Menschlichkeit die Rede ist; eine Welt also, die uns die Welt Gottes spüren läßt.

Müssen wir besonders betonen, daß nur diejenigen uns eine solche Ahnung vermitteln können, in denen Gottes Geist lebendig ist? Wenn man uns daher fragt, wer Gott eigentlich sei, was er denn den ganzen Tag tue und wo man ihn spürbar erfahren könne, dann sollten wir nach Situationen Ausschau halten, in denen Gerechtigkeit, Wahrheit, innere Freiheit, Liebe und Güte aufleuchten; denn wo all das sichtbar wird, *da ist Gott*; da ist Gott am Werk; da scheint durch das menschliche Abbild das göttliche Urbild hindurch. Vergessen wir aber nicht, daß jeder Mensch als ein Abbild Gottes sich so verhalten sollte, daß durch ihn Gottes Gegenwart und Wirken spürbar wird.

La Guardia hat es getan. Die Art und Weise seines Verhaltens bringt uns die alles überbietende Größe und Weisheit Gottes nahe. Indem er aus eigener Tasche die Schuld dessen bezahlte, der sie nicht bezahlen konnte, macht er uns – wenn auch nur annähernd – verständlich, warum Gott seinen Sohn Jesus Christus als „Lösegeld“ für unsere Schuld gegeben hat. Indem er den im Gerichtssaal Anwesenden die Augen öffnete, leuchtet uns die Wahrheit von Jesu Wort auf: „Viele, die jetzt die Ersten sind, werden die Letzten sein, und die Letzten die Ersten“ (Mt 19,30). Indem er dem Hungernden den ganzen Betrag schenkte, deutet er uns die Worte Jesu: „Wohl euch, ihr Armen, denn euch gehört das Reich Gottes. Wohl euch, die ihr jetzt hungert; denn ihr werdet satt werden. Wohl euch, die ihr jetzt weint; denn ihr werdet lachen“ (Lk 6,20f.). Wer wird nicht nachdenklicher, wenn er die Geschichte nochmals überdenkt und sie als ein Gleichnis versteht?

Wahrlich, unsere Krankheiten hat er getragen,
unsere Schmerzen hat er auf sich geladen.
Wir hielten ihn für einen Geschlagenen,
von Gott getroffen und gebeugt.
Doch er wurde durchbohrt um unserer Sünden willen,
zerschlagen für unsere Verbrechen.
Zu unserem Frieden lag die Strafe auf ihm.
Durch seine Wunden wurden wir geheilt.
Wir alle irrten umher wie die Schafe,
jeder ging seine eigenen Wege.
Doch der Herr legte die Schuld von uns allen auf ihn.
Er wurde mißhandelt, doch er beugte sich.
Er tat seinen Mund nicht auf.
Wie ein Lamm, das man zur Schlachtbank führt,
wie ein Schaf vor dem Scherer verstummt,
so öffnete er nicht seinen Mund.
Durch Gewalt und Gericht ward er ergriffen,
doch wer kümmert sich um seinen Rechtsfall?
Er wurde verstoßen aus dem Land der Lebenden;
wegen unserer Sünden wurde er getötet.
Jesaja 53,4–8

22 Wir sind Gottes Angehörige

A. M. Bach: Ein unerwarteter Fund
Eph 4,17–24; Ps 40,9

Große Menschen wurden nicht zuletzt dadurch groß, daß sie zu großen Meistern in die Schule gingen. Diese Feststellung offenbart sich auch im Leben des großen Komponisten und Orgelvirtuosen Johann Sebastian Bach (1685–1750). In ihrer Chronik über das Leben ihres Mannes erzählt seine Frau Anna Magdalena Bach eine Begebenheit, der wir unsere Aufmerksamkeit schenken wollen.

Johann Sebastian Bach machte sich eines Tages von Lüneburg aus auf den Weg nach Hamburg, um dort erneut den meisterlichen Organisten Reinken und die großartige Orgel zu hören. Unterwegs setzte er sich müde auf eine Bank unter einem Wirtshausfenster. Seine Füße waren wundgelaufen, sein Magen leer und in seiner Tasche gab es keinen roten Heller. Wie er nun so dasaß und darüber nachdachte, wie er in diesem Zustand die übrige Wegstrecke geschafft bekomme, öffnete sich auf einmal das Fenster vor ihm, und zwei Heringsköpfe flogen ihm vor die Füße. Nur widerwillig hob J. S. Bach die Köpfe auf; er dachte, daß Heringsköpfe immerhin eine bessere Mahlzeit seien als überhaupt keine. Da machte er eine unerwartete Entdeckung. Zu seiner großen Freude fand er in jedem Kopf einen dänischen Dukaten. So konnte er sich stärken und den Weg nach Hamburg weitergehen. Seine Frau beendet diese Situationsschilderung mit der Bemerkung: „Vielleicht aus Dankbarkeit behielt Sebastian für immer eine Vorliebe für Heringe bei.“

Vgl. Die kleine Chronik der Anna Magdalena Bach, Alfred Scherz Verlag, Bern o. J., S. 40f.

Diese Begebenheit hat etwas Ungewöhnliches an sich; aber ungewöhnlich ist auch, wozu sie uns Bild und Gleichnis sein kann. Zunächst sehen wir, daß in Dingen, die uns unansehnlich, widerwärtig und wertlos erscheinen, an die wir vielleicht nur mit Widerwillen herangehen wollen, sich durchaus etwas Kostbares verbergen kann. Die Erfahrung zeigt uns, daß es oft so ist. Man denke beispielsweise an so manche Arbeit, an ein Leid oder an einen neuen Lebensabschnitt. Wir schreckten zuerst davor zurück. Dann aber rafften wir uns auf, ließen uns darauf ein – und machten die unerwartete Erfahrung, daß in alldem etwas war, das uns wesentlich weitergeholfen hat. Diese Wahrheit, daß in Widerwärtigem etwas Wertvolles liegen kann, gilt aber – wie wir glauben – nicht nur im Hinblick auf dieses oder jenes; sie gilt auch hinsichtlich dessen was wir „Welt" nennen. Wirft man morgens einen Blick in die Tageszeitung, so ist es durchaus möglich, daß man die Freude an dieser Welt verliert. Und doch muß an dieser Welt irgend etwas sein, daß Gott sie über alles liebt. So sagt es jedenfalls der Apostel Johannes: „Gott hat die Welt so geliebt, daß er seinen einzigen Sohn hingab, damit jeder, der an ihn glaubt, nicht verlorengeht, sondern das ewige Leben hat" (Joh 3,16). Dieser Glaube an die Liebe Gottes zur Welt war dem Apostel so bedeutsam, daß er ihn an anderer Stelle noch einmal wiederholt: „Die Liebe Gottes wurde unter uns dadurch offenbar, daß Gott seinen einzigen Sohn in die Welt gesandt hat, damit wir durch ihn leben" (1 Joh 4,9).

Was ist es, daß Gott diese unsere Welt so liebt? Es ist gerade ihre Unansehnlichkeit und Zerfallenheit, ihre Zwiespältigkeit und Schuldverfallenheit, ihre Ohnmächtigkeit, Armseligkeit und Heillosigkeit. Und weil es all das nicht nur in dieser Welt gibt, sondern auch in mir selbst, deshalb liebt Gott auch mich, deshalb hat er auch in mein Dasein Jesus geschickt, damit auch ich durch ihn lebe. Daß Gott durch Jesus Christus in dieser Welt und auch in meinem oft kümmerlichen Dasein gegenwärtig ist, macht unseren Glauben an das „Königreich Gottes" aus – ein Reich, das nicht von dieser Welt ist, sondern von außen her in sie hineingekommen ist. Wo wir diesen Glauben haben, da wird es uns möglich, diese Welt, alle Menschen und uns selbst von Grund auf zu lieben.

Damit erhebt sich die Frage, wodurch ein solcher Glaube in uns lebendig wird. Oder anders formuliert: Wie können wir erfahren, daß es in uns etwas gibt, das nicht von dieser Welt ist? Oder: Wodurch bricht die Welt Gottes, sein Reich, in uns auf? Gehen wir mit dieser Frage zu Jesus, was wird er uns antworten? Er wird uns sagen: Es geschieht dadurch, daß du Gottes Willen tust! „Was aber will Gott? Nichts anderes als unser Heil. Er kann nichts anderes wollen; denn so hat er sich geoffenbart, und so bezeugt ihn die ganze Heilige Schrift: als den Gott unseres Heils. Wenn also sein Wille geschieht, dann geschieht unser Heil. Darum ist dies für uns auch das einzig Wichtige, daß Gottes Wille geschehe."[1] Für Jesus ist nichts charakteristischer als dies. Er hat den Willen Gottes nicht nur verkündet; er hat ihn uns bis zu seinem Lebensende vor Augen geführt. Man denke an sein Gebet im Garten Getsemani: „Mein Vater, wenn dieser Kelch nicht an mir vorübergehen kann, ich ihn also trinken muß, so geschehe dein Wille“ (Mt 26,42). Weil Jesus den Willen Gottes völlig ausführte, deshalb verkörpert er das Reich Gottes. Das heißt für uns: Wer den Willen Gottes tut, der erfährt, daß in ihm etwas lebendig wird, das nicht von dieser Welt ist.

Der bekannte Theologe Karl Rahner führt in seinen „Schriften zur Theologie“ einige Fragen an, durch deren ehrliche Beantwortung uns dies zu Bewußtsein kommt: „Haben wir schon einmal geschwiegen, obwohl wir uns verteidigen wollten, obwohl wir ungerecht behandelt wurden? Haben wir schon einmal verziehen, obwohl wir keinen Lohn dafür erhielten und man das schweigende Verzeihen als selbstverständlich annahm? Haben wir schon einmal gehorcht, nicht weil wir mußten und sonst Unannehmlichkeiten gehabt hätten, sondern bloß wegen jenes Geheimnisvollen, Schweigenden, Unfaßbaren, das wir Gott und seinen Willen nennen? Haben wir schon einmal geopfert, ohne Dank, Anerkennung, selbst ohne das Gefühl einer inneren Befriedigung? Waren wir schon einmal restlos einsam? Haben wir uns schon einmal für etwas entschieden, rein aus dem innersten Spruch unseres Gewissens heraus, dort, wo man ganz einsam ist und weiß, daß man eine Entscheidung fällt, die niemand einem abnimmt, die man für immer und ewig zu verantworten hat? (...) Haben wir einmal eine Pflicht getan, wo man sie scheinbar nur tun kann mit dem verbrennenden Gefühl, sich wirklich selbst zu verleugnen und auszustreichen, wo man sie scheinbar nur tun kann, indem man eine entsetzliche Dummheit tut, die einem niemand dankt? Waren wir einmal gut zu einem Menschen, von dem kein Echo der Dankbarkeit und des Verständnisses zurückkommt, und wir auch nicht durch das Gefühl belohnt werden, ‚selbstlos‘, anständig usw. gewesen zu sein?“[2]

Wo uns das eine oder andere schon einmal gelungen ist, da wird uns bewußt geworden sein, daß es eine Freiheit, eine Kraft, eine Freude, einen Frieden in uns gibt und daß all dies nicht mehr mit den Maßstäben dieser Welt gemessen werden kann. Den Willen Gottes erfüllen, das bedeutet also: tun, was Jesus tat und lehrte; es bedeutet: „Demut im Umgang, Festigkeit in der Treue, Ehrfurcht im Wort, Gerechtigkeit in der Tat, Barmherzigkeit im Werk, Ordnung in der Lebensführung; unfähig sein, Unrecht zu tun, aber fähig, es zu ertragen; mit den Brüdern Frieden halten; den Herrn aus ganzem Herzen lieben: ihn lieben als unseren Vater, ihn fürchten als unseren Gott; Christus nichts vorziehen, weil auch er uns nichts vorgezogen hat ...“ (Cyprian von Karthago). Es bedeutet: „Ein freundliches Gesicht bei der Eintönigkeit des alltäglichen Dienstes; ein vorsichtiges Schweigen, wenn man die Fehler anderer sieht; ein Wort der Anerkennung für das Gute des Mitmenschen; ein kleiner Dienst, dem erwiesen, der für uns arbeitet; ein Wort des Scherzes für die Lieblinge Gottes, die Kinder; ein warmer Händedruck für den, der traurig ist; ein geduldiges Sprechen mit Ungeduldigen und Lästigen; ein Blick des Mitgefühls für den, der verborgenes Leid trägt; ein freundlicher Gruß; ein Bekennen der eigenen Schwachheit; ein ehrliches Bekennen des begangenen Unrechts."

Übersehen wir aber nicht die Frage, warum es uns oft so schwerfällt, den Willen Gottes zu erfüllen. Vielleicht liegt es daran, daß wir meinen, wir wüßten es besser als Gott. Irgendwie sind wir der Überzeugung, die Dinge würden besser laufen, wenn wir sie nach unseren eigenen Vorstellungen und Ideen gestalten. Deshalb sind wir geneigt, unsere eigenen Wege den Wegen Gottes vorzuziehen. Dabei vergessen wir jedoch, daß wir immer nur den nächsten Schritt vor Augen haben, während Gott das Ganze überblickt. Aus diesem Grund können wir den Willen Gottes nur dann mit einer gewissen Leichtigkeit erfüllen, wenn wir uns vor allem an zwei Eigenschaften Gottes halten: an Gottes Weisheit und an Gottes Liebe. Weil Gott allein unseren ganzen Lebensweg zu überschauen vermag, darum weiß nur er, was wirklich gut für uns ist. Solcher Glaube bewahrt uns dann auch davor, im Leben nichts als ein blindes Schicksal zu sehen.

Der Glaube an Gottes Weisheit und Liebe war es, was das ganze Leben von Papst Johannes XXIII. beseelte und ihn selbst weise und liebevoll werden ließ. In diesem Glauben fand er seinen inneren Frieden. Er sagt es selbst: „Das ist das Geheimnis meines Lebens; sucht keine anderen Erklärungen: Voluntas Dei pax nostra – Der Wille Gottes ist unser Friede!" Dieses Wort bringt zugleich zum Ausdruck: Wo wir einig sind mit Gott, da werden wir auch einig untereinander. Unter diesem Gesichtspunkt bedeutet „Reich Gottes" die Gemeinschaft von Menschen, in der der Wille Gottes geschieht (W. Barclay). Eine solche Gemeinschaft verkörpert eine „heile Welt"; sie verkörpert den „Himmel auf Erden", weil sich in ihr die Vaterunser-Bitte erfüllt: „Dein Wille geschehe, wie im Himmel so auf Erden."

Da wir hier vom Wurzelgrund unseres Glaubens sprechen und in der Wurzel alles geeint ist, erahnen wir nun auch, was der Apostel Paulus meint, wenn er vom „alten" und vom „neuen" Menschen spricht (Eph 4,22–24). Der evangelische Theologe Gerhard Ebeling erläutert den wesentlichen Unterschied so: „Der alte Mensch heißt eben darum der ‚alte', weil er veraltet, der Vergangenheit verfallen ist. Sein Menschsein ist eine hoffnungslose Sache, eine Sache ohne alle

Zukunft, auch wenn er sich noch so viel Illusionen über die Zukunft macht und sich die Zeit wegsehnt um angeblich besserer Zeiten willen, die er erträumt. Denn daß man sich die Zeit wegsehnt, ist ein Zeichen, daß man einer sinnlosen Zeit verfallen ist und nicht in Gottes Zeit lebt. Der neue Mensch dagegen heißt darum der ‚neue', weil er als Gott zugewandt der Zukunft zugewandt ist. Aber das heißt: nicht einer Zukunft, um deren willen er sich die Zeit wegwünscht, um dann wie der Teufel einer zu sein, der keine Zeit hat; sondern einer Zukunft zugewandt, die die Gegenwart erfüllt und den Menschen ganz in der Gegenwart leben läßt als einen, der wie Gott Zeit hat (...) Der wahre Zeitmesser ist die Hoffnung. Das ist dann richtig verstanden, wenn wir dafür auch sagen können: Der wahre Zeitmesser ist die Liebe. Denn die Liebe hat Zeit und läßt Zeit und schenkt Zeit. Die Liebe ist das Wesen der Zeit Gottes. Die Liebe ist die Fülle der Herrschaft Gottes."[3] Kurz: Der alte Mensch ist der auf sich selbst schauende Mensch; er leuchtet nicht. Der neue Mensch ist der auf Gott schauende Mensch; er ist für viele ein Licht.

Darüber hinaus erahnen wir etwas vom Geheimnis menschlichen Sterbens, das – in seinem personalen Sinn verstanden – ein aktiver Vorgang ist, eine Tat also, die höchste Tat des Menschen überhaupt. Es vollzieht sich nicht erst am Ende unseres irdischen Lebens, sondern überall dort, wo wir unserem selbstsüchtigen Eigenwillen absterben, indem wir uns in Freiheit an den Willen Gottes wagen. In solch täglichem Sterben üben wir unser letztes Sterben ein. Nur wer in die Schule eines großen Meisters geht, reift zu wirklicher Größe heran. Gott selbst will durch Jesus Christus unser Meister sein, und wir sind seine Schüler, wenn wir tun, was er will. Durch die Gleichschaltung unseres Willens mit dem Willen Gottes werden wir Gott ähnlich, gehören wir zu ihm, sind seine Angehörigen. Deshalb wird er einmal seinen Namen auf unsere Stirne schreiben. Daher die Frage: Wie oft stelle ich mir in meinem Alltag jene Frage, durch die aus einem Saulus der große Völkerapostel Paulus geworden ist: „Herr, was willst *du*, daß ich tun soll?" (Apg 22,10)

Ich sage euch und beschwöre euch im Herrn: Lebt nicht mehr wie die Heiden in ihrem nichtigen Denken! Ihr Sinn ist verfinstert. Sie sind dem Leben, das Gott schenkt, entfremdet durch die Unwissenheit, in der sie befangen sind, und durch die Verhärtung ihres Herzens. Haltlos wie sie sind, geben sie sich der Ausschweifung hin, um voll Gier jede Art von Gemeinheit zu begehen. Das aber entspricht nicht dem, was

ihr von Christus gelernt habt. Ihr habt doch von ihm gehört und seid unterrichtet worden in der Wahrheit, die Jesus ist. Legt den alten Menschen ab, der in Verblendung und Begierde zugrunde geht, ändert euer früheres Leben, und erneuert euren Geist und Sinn! Zieht den neuen Menschen an, der nach dem Bild Gottes geschaffen ist in wahrer Gerechtigkeit und Heiligkeit.
Epheserbrief 4,17–24

Deinen Willen zu tun, mein Gott, macht mir Freude, deine Weisung trag ich im Herzen.
Psalm 40,9

23 Keinem Menschen bleiben Dummheiten erspart

St. Andres: Die Dumme
Mt 10,16–17

In seinem Roman „Die Dumme“ schildert Stefan Andres (1906–1970) eine Wegstrecke aus dem Leben des jungen und hübschen, aber auch gutgläubigen und naiven Mädchens Lina. Eines Tages erliegt es dem Charme und den schönen Reden des fünfzehn Jahre älteren, angesehenen und reichen Fabrikanten Joseph Himmerich. Für ihn ist die „Dumme“ eine bequeme Geliebte, eine – wie er sagt – „Falle der Natur“. Nicht um sie selber geht es ihm, sondern um ihren Rücken, ihre Waden, ihre Brust. Lina spürt es. Die Unersättlichkeit seiner Liebe, seine Gier und rücksichtslose Heftigkeit machen ihr Angst. Es kommt ihr vor, als wolle er sich „durch ihren Körper hindurchfressen“. Wenn er dann aber anderntags mit ausgebreiteten Armen auf sie zutänzelt, sie im Kreise schwingt und irgend etwas für sie aus der Tasche zieht, sinkt jener andere, von dem sie bei Nacht Abschied genommen hatte, in nichts zusammen und plötzlich findet sie alles wieder schön. Als sie ihm dann gesteht, daß sie ein Kind erwartet, gefällt ihm nichts mehr an ihr. „Gut, ich werde für alles Notwendige sorgen“, sagt er ihr und liefert sie den Machenschaften eines ihm befreundeten Arztes aus. Kaum ist sie genesen, schiebt er sie zu seinem Freund Kuhn nach Ostberlin ab.

Hier lernt Lina Dirk kennen. Sie ist glücklich, jetzt ihn zu haben, um nicht so allein zu sein und wieder neu anfangen zu können. Bevor sie von Kuhns wegzieht, um Dirk den Haushalt zu führen, erklärt Herr Kuhn: „Wer nichts aus seinen Erfahrungen lernt, der ist wirklich dumm!“ Später redet ihr Frau Kuhn ins Gewissen: „Dumm sind wir alle mal – dann und wann. Aber Dummheit ist doch kein Beruf. Du bist wieder mal dabei, dich nackt auszuziehen, sagen wir lieber: dich zum Bettvorleger zu machen, und ich kenne kaum einen Mann, der das nicht gnädig annimmt ... Du mußt von diesem Dirk fort, weil du ein liebes, zärtliches Balg bist, immer bereit, mehr zu geben, als du darfst.“ Auch ihr Beichtvater legt ihr nahe, den Dienst bei Dirk aufzugeben, einfach „weil wir unserer Natur keine Situation zumuten dürfen, die wir nicht bestehen können". Er bietet ihr eine Stelle im Pfarrdienst an, wo es – so sagt er ihr – viele Möglichkeiten für ein junges Mädchen gebe. Doch all diese Ratschläge findet Lina zu nüchtern und zu streng. Sie überläßt sich lieber ihren schönen Träumen, Gedanken und Gefühlen: „Bei Dirk bleiben, das willst du, sonst nichts."

Dirk lebt getrennt von seiner Frau und ist kommunistischer Funktionär. Für ihn zählt nur die menschliche Vernunft. „Weißt du", sagt er zu Lina, „ich habe ein Bild von mir und bete zu mir selbst, zu meiner Vernunft." Sie habe ihm schon oft geholfen. Alles Religiöse weist er ab. Es sei „ein Produkt der Unwissenheit" und „der geistigen Unsauberkeit" und bedeute eine „Verunreinigung des geistigen Klimas". Er ist sich sicher, „daß es keine übersinnliche Welt gibt – und damit auch keine Hoffnung auf sie und keinen Beistand durch sie". Der Mensch müsse selber die Verantwortung für die Welt und für den Menschen übernehmen, auf allen Gebieten, in allen Lebenslagen, zu jeder Stunde. Lina weiß, daß Dirk über eine ganze Menge Vernunft verfügt, aber sie spürt auch, daß er seine Seele verloren hat. Alles, was er äußert, erscheint ihr fremd und gemacht. Allmählich sieht sie ein, daß mit Dirk kein wirkliches Zusammenleben möglich ist. Oft fragt sie sich: „Ach, Dirk, du armer Kerl, wer wird gut zu dir sein?" Als sie von ihm fortgeht, sagt sie ihm:

„Wie macht ihr das, die Welt zu regieren – allein mit der Vernunft? Als ich da an dieser Maschine saß und nähte, jeden Tag zehn Stunden, manchmal auch mehr, sonntags, werktags, zwei Jahre lang – da wußte ich wohl, warum ich das tat. Und wie es zu machen sei. Vernünftig war ich also schon. Aber woher nahm ich die Kraft? Das hab ich mich oft gefragt. Ich sah den Faden vom Zwirnröllchen herablaufen – bis an die Nadel. Aber ich wußte: da gab es noch einen andern, einen unsichtbaren Faden, der nähte von unten mit." Dann sprach sie mit erklärendem Ton: „Wenn nämlich einer dieser beiden Fäden reißt, näht die Maschine nur zum Schein. Ja, ich weiß", fuhr sie fort, „in deinen Augen ist das alles, wie du sagst: Wahn. Nach deiner Ansicht habe ich mir das alles nur so zusammengedacht, weil ich Hilfe brauchte. Aber meine Kraft, sagen wir: die Kraft aus der unteren Spule, die stammt nicht aus meinen Tränen. Dann könnte man ja einfach losheulen, und man wäre stark. Die Nähte gerieten manchmal daneben, ich durfte nicht mehr weinen! Aber seit der Zeit, als ich die Sache mit den zwei Spulen erkannt hatte, ging alles besser. Ich wußte: da in der Nadel zwischen den zwei Fäden, da geschieht es ... So ging's – gelt, es ging?"

Murmelnd erwidert ihr Dirk: „Du hast viel für mich getan, ich bleibe in deiner Schuld. Du bist ein – ein guter – ich will sagen: in seinem

Handeln durchaus vernünftiger Mensch, aber dein Denken ist – altmodisch, du kannst dich nun einmal nicht lösen von deiner Vergangenheit ... von der zweiten Spule! Ich versteh nichts von Nähmaschinen, aber sei gewiß: Eines Tages wird man mit einer Spule auskommen; vielleicht ist diese Maschine sogar schon auf dem Markt!"

Nach diesem Gespräch kehrt Lina in den Westen zurück, um noch einmal – nicht für sich selbst – als Bittstellerin den Fabrikanten Joseph Himmerich aufzusuchen. Spät am Abend kommt sie an. Noch in derselben Nacht verläßt sie wieder das Haus und läuft in einen neuen Tag.

Stefan Andres, Die Dumme, dtv 798, München 1973; siehe vor allem: S. 118f.

„So ist nun mal der Mensch gemacht: er merkt nie beim Anhören oder Lesen einer Geschichte, daß er selber gemeint ist. Erst wenn's passiert ist, erst dann – er geht hinaus und weint bitterlich und klagt meistens auch noch darüber, daß ihn keiner gewarnt hat."[1] Diese Worte, die im Roman Frau Kuhn dem jungen Mädchen sagt, deuten auf eine Form allgemein menschlicher Dummheit hin, der auch wir beim Anhören oder Lesen des Romans von Stefan Andres anheimfallen können. Wir können nämlich diesen Roman lesen oder von ihm hören, ohne zu bemerken, daß es hier nicht um irgend jemanden –, sondern um uns selber geht. Der Roman handelt also von dir und mir! Wer sich dessen bewußt wird, hat eine der vielen Möglichkeiten menschlicher Dummheit überwunden; wer es nicht merkt, der hat die eigentliche „Lektion" des Romans nicht begriffen und ist nicht klüger geworden; er wird es vielleicht erst, wenn's passiert ist, wenn er auf irgendeine Weise hereingefallen ist und sich einen Schaden zugezogen hat. Erst durch den Schaden wird er klug. Gut, wenn ihm dann noch zu helfen ist.

So ist es übrigens nicht nur hinsichtlich dieses Romans. Es gilt für jede gute Geschichte; es gilt vor allem für jene Geschichten, die die Bibel erzählt. Wir können sie achtlos „überfliegen", weil sie – wie wir meinen – uns nichts angehen, für uns nicht zutreffen, bis dann der Augenblick kommt, da wir dieser Dummheit überführt werden und wie Petrus hinausgehen, um bitterlich über uns selbst zu weinen: „Wie konnte uns das nur widerfahren?" Daß Dummheit aber ohne Grenzen sein kann, zeigt sich daran, daß wir oft selbst in diesem Augenblick nicht die ganze Wahrheit auf uns zukommen lassen wollen. Anstatt die gemachte Dummheit einzusehen, machen wir andere dafür verantwortlich. Wir klagen sie an, weil sie uns nicht gewarnt haben. Schauen wir uns also die wichtigsten Personen des Romans etwas näher an, um mehr über uns selbst zu erfahren.

Lina, das „dumme“ Mädchen, bewegt sich zwischen zwei „gescheiten“ Männern, dem kapitalistischen Pragmatiker Joseph Himmerich und dem kommunistischen Ideologen Dirk. Gescheit ist Joseph Himmerich insofern, als er besser lügen und Theater spielen kann. Er weiß, wie man es machen muß, um zu seinem eigenen Vorteil zu gelangen. Er ist schlau, listig, hinterhältig, raffiniert. Seine Menschenkenntnis hilft ihm, die Dummheit der andern, die ihn nicht durchschauen, auszunutzen. Echte mitmenschliche Beziehungen liegen ihm fern. Der andere ist für ihn im besten Fall „so eine Art Mottenkugel“, die alles Unangenehme von ihm fernzuhalten hat. Auch Lina ist für ihn nur eine Mottenkugel. In einem Gespräch sagt er ihr: „Wenn ich mir Gäste einlade, meinst du, weil sie mich interessieren? Nein! Mottenkugeln! Die vertreiben mir die Zeit und die dummen Gedanken ... Ja, und die Mottenkugeln, die Gäste zum Beispiel ... Ich bilde mir doch nicht ein, daß auch nur einer einmal zehn Minuten über mich nachdächte ..., ich denke ja auch meinerseits nicht über die andern nach. Was meinst du wohl, wenn diese Damen und Herren mir an so einem Abend die Hand geben und fragen: wie geht es Ihnen – oder selbst: wie geht es dir? – was die, während sie das sagen, in Wirklichkeit denken? – wer weiß! – auf jeden Fall besser, es sich nicht auszumalen!“ In Lina sieht er nicht die Person, sondern „die Falle der Natur“. Er liebt nicht sie selber, sondern nur dieses und jenes an ihr. Als der Augenblick kommt, für sie Verantwortung zu übernehmen, gefällt ihm nichts mehr an ihr, und er schiebt sie ab. Jesus warnt uns ausdrücklich vor solchen Menschen. Er nennt sie Heuchler und vergleicht sie mit Gräbern, deren Äußeres nicht zu erkennen gibt, was im Inneren geschieht. Die Dummheit von Joseph Himmerich besteht darin, daß er nicht bemerkt, wie zerstörend für ihn ist, was er als nützlich erachtet. Was er für seinen Vorteil und seinen Gewinn hält, ist in Wirklichkeit sein Nachteil und Verlust. Joseph Himmerich ruiniert sich selbst und merkt es nicht. Das ist seine Dummheit.

Dirk hält die menschliche Vernunft für einen Schlüssel, der jede Tür öffnet. „Eine Tür aber, die sich mit diesem Schlüssel nicht öffnen läßt, lassen wir geschlossen, denn sie führt sicherlich in irgendeinen Wahn.“ Eine solche Anschauung bezeichnet die Bibel immer wieder als „Torheit“. Torheit bedeutet weit mehr als nur einen intellektuellen Mangel. Ihr Bogen reicht von der Unüberlegtheit bis hin zur Gottesleugnung und Gottlosigkeit. Der älteste Wortstamm im Hebräischen ist „welken, zerfallen“. Ein Mensch, der sich von seiner tiefsten Lebensquelle löst, welkt und zerfällt. Im Leben von Dirk gibt es manche Anzeichen dafür. Er ist liebesunfähig und bleibt deshalb ungeliebt.

„Ach, Dirk, du armer Kerl, wer wird gut zu dir sein?“ fragt sich Lina, als sie ihn besser kennt. Arm ist Dirk, weil er seine Seele vergessen hat. Deshalb ist alles, was von ihm ausgeht, verkrampft. Er vergewaltigt seine Natur. Als seine Seele beim Abschied von Lina lebendig werden will, tötet er ihre Regungen sofort ab: „Du bist ein – ein guter – ich will sagen: in seinem Handeln durchaus vernünftiger Mensch“ – so als wäre „gut“ und „vernünftig“ restlos dasselbe. Auch hier gilt das Wort von Blaise Pascal: „Das Herz hat seine Vernunft, die der Verstand nicht kennt. Man weiß das aus tausend Beispielen.“

Das Verhalten Linas gibt dem Roman seinen Titel. Doch ihre Dummheit ist ganz anderer Art als die von Joseph Himmerich und Dirk. Lina ist unwissend, naiv, gutgläubig, vertrauensselig und einfältig. Zu lange braucht sie, bis sie aus ihren schlechten Erfahrungen lernt und Konsequenzen zieht. Bis sie zur Vernunft gelangt, hat sie viel weggegeben und verloren. Haben Joseph Himmerich und Dirk zuwenig Herz, Lina hat zuviel davon. Deshalb durchschaut sie nur langsam manche Situation. Wo andere die Wirklichkeit unmittelbar erfassen, da hat Lina nur eine Ahnung, die sich mit der Zeit verdichtet und sie – oft sehr spät – zur Entscheidung nötigt. So lesen wir im Roman an zwei bedeutsamen Stellen: „Seit diesem Gespräch ahnte Lina, daß die Zeit in Josephs Haus wahrscheinlich nicht mehr lange dauerte. Die Ahnung war nicht neu, aber jetzt kam sie ihr täglich näher.“ Hinsichtlich ihres Verhältnisses zu Dirk sagt sie selbst: „Ich habe es geahnt, aber nicht glauben wollen.“ Erst nachdem sie viel Lehrgeld hat zahlen müssen, erkennt sie, daß Joseph „kein guter Mann“ ist und daß Dirk „seine Seele vergessen hat“. Aber Lina macht einen – wenn auch langsamen – Lernprozeß durch. Wurde sie von Joseph abgeschoben, so kann sie bezüglich Dirk sagen: Ich machte mich von ihm los, ehe er sich losgemacht hatte von mir. Spät, aber nicht zu spät, fängt und rettet sich Lina durch ihren Glauben an Gott. Aufgrund ihres arglosen Herzens offenbart sich Gott der Näherin als der „unsichtbare Faden“, der von unten mitnäht. „Wenn einer dieser beiden Fäden reißt, näht die Maschine nur zum Schein.“ Es kommt nicht zu ihrer Verknüpfung in der Nadel. So ist es im Leben von Joseph und Dirk. Sie führen nur ein Scheinleben. Anders bei Lina. Bei ihr sind zwar manche Nähte daneben geraten, aber der Faden war nicht gerissen. Was sagt dieses Bild? Das menschliche Leben hat nur Bestand, wenn wir in unseren vielfältigen Entscheidungen und Verhaltensweisen die uns gewährte Zeit verknüpfen mit Gottes Ewigkeit. Seit der Zeit, da Lina die Sache mit den zwei Spulen erkannt hat, geht alles besser. Von diesem Zeitpunkt an weiß sie: „Da in der Nadel zwischen den beiden Fäden, da geschieht es.“

Befragen wir nun die Bibel, wie wir uns als Christen in der Welt verhalten sollen, so finden wir bei Mattäus eine Antwort. Dort sagt Jesus, daß im Umgang mit den Menschen Schlangenklugheit und Taubeneinfalt miteinander verbunden werden müssen. Diese Verbindung ist von großer Wichtigkeit. Schlangenklugheit ohne Taubeneinfalt führt zu listiger Verschlagenheit; Taubeneinfalt ohne Schlangenklugheit hingegen zu blinder Vertrauensseligkeit und unbedachtem Wagemut. Nur wo Schlangenklugheit und Taubeneinfalt sich miteinander verbinden, gelangt der Christ zu umsichtiger Besonnenheit und lauterer Geradheit. Wer kommt von heute auf morgen dorthin? Wem gelingt es, ohne daß er seinen Lebensfaden mit dem mitlaufenden Faden Gottes verknüpft? Aber auch dann bleibt es keinem erspart, dann und wann eine Dummheit zu begehen, durch die er klüger wird und reift, wenn er bereit ist, aus seinem begangenen Fehler zu lernen, denn „es ist dem Menschen nur möglich, mehr er selbst zu werden, wenn er vorher durchlebt, wie wenig er selbst ist" (Rudolf Affemann). Von hier aus gesehen, haben selbst unsere Dummheiten einen tiefen Sinn.

Seht, ich sende euch wie Schafe mitten unter die Wölfe. Seid also klug wie die Schlangen und ohne Falsch wie die Tauben. Nehmt euch aber in acht vor den Menschen.
Mattäus 10,16–17

24 Wie können wir vor Gott bestehen?

J. Anouilh: Einladung ins Schloß
Lk 18,9–14

In der Komödie „Einladung ins Schloß" vom französischen Dramatiker Jean Anouilh (geb. 1910) beginnt der dritte Akt mit einer Unterhaltung zwischen der liebenswürdigen alten Dame Madame Desmermortes, die an einen Rollstuhl gefesselt ist, und ihrer humorlosen, vertrockneten und häßlichen Gesellschafterin Mademoiselle Capulat. Während das Fest in vollem Gang ist und Mademoiselle mit einem Seufzer bedauert, in solchen Nächten nicht mit von der Partie sein zu können, schaut die alte Dame den Tanzenden gelangweilt zu und tröstet ihre Gesellschafterin mit dem Hinweis: „Ihnen bleibt immer noch der liebe Gott ... Sie werden in einem bequemen Sessel zu seiner Rechten sitzen, während ich zunächst einmal zwei oder drei Jahre auf kleinem Feuer geröstet werde." Capulat entgegnet ihr: „Gottes Barmherzigkeit ist ohne Grenzen, Madame." Davon ist auch die alte Dame überzeugt: „Das versteht sich von selbst, daß er seine Versprechungen hält", sagt sie, „sonst wären ja die Gerechten, die sich auf ihn verlassen haben, verraten und verkauft." Lächelnd fährt sie fort: „Ich habe oft vom Tage des Jüngsten Gerichts geträumt und das empörte Geschrei der Glückseligen gehört: ‚Unerhört, er verzeiht ja den anderen auch!' Das trieb ihnen derart die Galle heraus, brachte sie so in Wut, daß sie nicht mehr an sich halten konnten. Sie stießen schreckliche Verwünschungen aus. Und was war die Folge? Sie kamen selber in die Hölle. Es war zu hübsch!"

Vgl. Jean Anouilh, Einladung ins Schloß, in: Meisterdramen, Langen-Müller-Verlag, München–Wien 1967, S. 202.

Zwei Personen unterschiedlichen Standes führten während einer Ballnacht am Rand einer überfüllten Tanzfläche eine merkwürdige Unterhaltung. Während sich die Wogen des Lebens im Mittelraum hin- und herbewegen, überkommt die von der Natur offensichtlich benachteiligte Gesellschafterin das Gefühl, in dieser Welt zu den Zukurzgekommenen zu gehören. Das Glück und die Freuden des Daseins gehen an ihr vorbei. Daher bemitleidet sie sich selbst. Die alte Dame, durch das

Alter ihrer Bewegungsfreiheit beraubt, vermißt angesichts des lustigen und fröhlichen Treibens nichts. Aus Tanzen hat sie sich nie viel gemacht. Seitdem sie an ihren Rollstuhl gefesselt ist, findet sie es geradezu albern. In ihrem früheren Leben hat sie nichts versäumt. Deshalb ist sie mit ihrem jetzigen Los einverstanden. Mit humorvollen Augen sieht sie dem Ablauf der Dinge zu. Das macht sie sympathisch. Sie weiß um Gottes ausgleichende Gerechtigkeit. Daher tröstet sie ihre einsame Gesellschafterin: „Sie haben gar nicht schlecht abgeschnitten. Ihnen bleibt immer noch der liebe Gott ... Sie werden in einem bequemen Sessel zu seiner Rechten sitzen, während ich zunächst einmal zwei oder drei Jahre auf kleinem Feuer geröstet werde." Für die gutherzige Gesellschafterin wird sich also – wie sie meint – das unbequeme Leben in ein bequemes verwandeln. Da sie sich selbst nicht zu den Gerechten zählt, sieht sie für sich einige unbequeme Jahre voraus.

Auffallend ist aber vor allem das scharfe Auge, mit der sie die Gerechtigkeit und Frömmigkeit vieler „Gerechter" durchschaut. Während nämlich der gerechte Gott zugleich auch der barmherzige ist, geht den „Gerechten" diese Barmherzigkeit vielfach ab. Aufgrund ihres gerechten Lebens glauben sie, die ewige Glückseligkeit von Gott als Lohn fordern zu können. Deshalb halten sie seine Barmherzigkeit den anderen gegenüber für eine Ungerechtigkeit sich selbst gegenüber. Das finden sie unerhört. Sie können nicht mehr an sich halten und stoßen aus Haß Verwünschungen aus: „Hätten wir das gewußt ...!" Damit haben sie sich selbst disqualifiziert. Die verzeihende Barmherzigkeit Gottes, die auch die Ungerechten aufnimmt, bleibt ihnen versagt, weil sie nicht erkannt haben, daß sie nichts mitbringen, was sie nicht empfangen hätten. Es braucht hier nicht betont zu werden, daß der in die ewige Glückseligkeit aufgenommene Mensch diese nicht wieder verlieren kann. Wichtig aber ist, sich einmal bewußtzumachen, daß es eine Gerechtigkeit und Frömmigkeit gibt, die sich selbst verurteilen. Das hat die alte Dame mit instinktiver Sicherheit herausgespürt. Jesus, der uns nicht nur die Botschaft von der Liebe Gottes verkündet, sondern auch die eingeschliffenen menschlichen Fehlhaltungen aufdeckt, macht uns gerade darauf mit Nachdruck aufmerksam. Man denke beispielsweise an das Gleichnis vom Pharisäer und Zöllner. Warum heißt es dort vom sündigen Zöllner: „Dieser, nicht der andere, kehrte als ein Gerechter nach Hause zurück"?

Ob wir von Gott angenommen werden oder nicht, hängt von unserer Blickrichtung ab, hängt davon ab, mit wem wir uns vergleichen. Die Blickrichtung des Pharisäers ist verkehrt. Deshalb stimmt sein ganzes Leben nicht. Indem er sich mit dem Zöllner vergleicht, schaut er „nach unten" und hält sich selbst notwendigerweise für den Besseren. Wie oft unterliegen wir selbst einem solchen Verfahren? Das aber ist es, wodurch wir überheblich und lieblos werden. Wahre Gerechtigkeit und Frömmigkeit sind nur dem zu eigen, der seinen Blick „nach oben" wendet und sich mit der Größe Gottes vergleicht. In einem solchen Vergleich bricht der unendliche Abstand zwischen unserer Gerechtigkeit und der Gerechtigkeit Gottes auf. Wo dieser Abstand erlebt und erlitten wird, erfahren wir Gottes Barmherzigkeit und werden selbst barmherzig. Das ist das Besondere am Zöllner. Er schaut nicht auf den Pharisäer, obwohl er sich doch hätte sagen können: „Mit Gewißheit gibt es auch in seinem Leben dunkle Punkte." Nur Gott ist sein Maßstab. Daher findet sich keine Spur von Selbstgerechtigkeit und Überheblichkeit an ihm. Vielmehr schlägt er sich an die Brust und betet: „Gott, sei mir Sünder gnädig!" Weil er im Blick „nach oben" den Unterschied zwischen seiner Gerechtigkeit und der Gerechtigkeit Gottes erkennt, wird ihm Gottes Barmherzigkeit zuteil.

Zu einigen, die sich selbstsicher für gerecht hielten und die übrigen verachteten, sagte er dieses Gleichnis: „Zwei Menschen gingen hinauf in den Tempel, um zu beten: Der eine war ein Pharisäer und der andere ein Zöllner. Der Pharisäer stellte sich auf und betete bei sich so: ‚Gott, ich danke dir, daß ich nicht bin wie die übrigen Menschen: Räuber, Ungerechte, Ehebrecher, auch nicht wie dieser Zöllner da. Ich faste zweimal in der Woche, und ich gebe den Zehnten von allen meinen Einkünften.' Der Zöllner aber stand weit entfernt und wollte nicht einmal die Augen zum Himmel erheben, sondern schlug an seine Brust und sprach: ‚Gott, sei mir Sünder gnädig.' Ich sage euch: Dieser ging gerechtfertigt nach Hause, anders als jener. Denn jeder, der sich selbst erhöht, wird erniedrigt werden; wer sich selbst aber erniedrigt, wird erhöht werden."
Lukas 18,9–14

25 Die Freude an Gott ist unsere Kraft

W. Saroyan: Die Welt ist voll von Leuten mit Filmgeschichten

Mt 13,44–46

Zu Beginn einer seiner Kurzgeschichten erzählt der sympathische amerikanische Schriftsteller William Saroyan (geb. 1908), wie ein Schriftsteller in einem Lokal von einem jungen talentierten Mann angesprochen wurde. „Ich höre", sagte er, „Sie sind Schriftsteller. Ich habe eine Geschichte, aus der sich ein großer Film machen läßt, ich brauche nur jemand vom Fach, der sie für mich aufschreibt. Ich würde sie selbst schreiben, aber ich muß für meinen Lebensunterhalt arbeiten, und wenn ich mit der Tagesarbeit fertig bin, bin ich zu müde zum Schreiben." Bevor der junge Mann mit seiner Geschichte losschießt, spricht der Schriftsteller den Leser persönlich an:

„Wenn (...) Sie (...) etwas herumgekommen sind, stoßen Sie auf die verschiedensten Leute, die Geschichten haben, aus denen sich große Filme machen lassen. Die Welt ist voll von Leuten mit Filmgeschichten, alle ungeschrieben, aber anscheinend begegnen die Leute, die Filme herstellen, nie diesen Leuten, oder wenn sie es tun, lassen sie sich nie ihre Geschichten erzählen, folglich ist der Durchschnittsfilm grausig, sogar als Farbfilm, sogar mit Stars wie ..."

Vgl. William Saroyan, Ein Genie, in: Fußtritt aus Liebe, Fischer Bücherei Nr. 807 Frankfurt a. M.–Hamburg 1967, S. 7.

Eine solche Geschichte, aus der sich gewiß ein großer Film machen ließ, soll hier erzählt werden. In ihrem Mittelpunkt steht der indische Jesuitenpater Philip D'Souza, der vor einigen Jahren erblindete. Nicht selten hört er die Leute sagen: „Wie traurig, daß Sie nicht lesen können, das muß schrecklich für Sie sein." Aber Philip D'Souza ist weder traurig noch findet er sein Los schrecklich. Im Gegenteil! Trotz seines Handicaps ist er heiter und fröhlich. Der Erblindete erklärt: „Der Verlust meines Sehvermögens hat mir in Wirklichkeit die Augen geöffnet. Ich sehe jetzt klarer als je zuvor, und ich habe Gott viel öfter gedankt, als ich es früher getan habe.“ Warum? Die Blindheit war ein Grund, der ihn mitten in die Armut der Slums von Bombay führte und ihn zu dem Entschluß brachte, für immer dort zu bleiben. Anfangs hatte er Sorge, an die Menschen im Elend heranzukommen. Aber sie kamen von selbst, einfach weil er so arm war wie sie. So wurde er vertraut mit der Verlassenheit der vielen Menschen um ihn herum. Auch brachte es seine Blindheit mit sich, verborgene Talente in sich zu entdecken. So wurde er auf sein Gedächtnis aufmerksam, vor allem aber auf die Gabe, den Menschen zuzuhören. Damit lernte er die Nöte vieler Menschen verstehen. Verwunderlich ist auch, wenn wir von diesem Blinden hören, daß er in den vier Jahren seiner Blindheit mehr Bücher gelesen habe als je zuvor. „Die Kinder lesen mir nämlich gerne vor. Dabei entwickeln sie Spaß am guten Lesen, verbessern ihre Aussprache, ihr Schreiben und ebensosehr auch ihr Wissen. Indem ich zuhöre, kann ich sie auf die Fehler, die sie machen, hinweisen, auch auf die Schönheit der Sprache, auf den Stil und den richtigen Gebrauch der Wörter und Sätze. So danke ich Gott und preise ihn für diese Blindheit, die mir in der Tat die Augen für viele verborgene und schöne Dinge öffnete, vor allem für die wunderbaren Wege zu Gott.“[1]

Seltsam, welche Aktualität das Gleichnis Jesu „Vom verborgenen Schatz im Acker“ (Mt 13,44) bekommen kann. Seltsam, daß der hier gemeinte Acker sogar mitten im leiblichen Auge eines Menschen liegen kann und der verborgene Schatz inmitten seiner Blindheit.

Zuweilen haben wir den Wunsch, Gott wie einen Nachbarn sehen zu können, um uns mit ihm gleichsam über den Gartenzaun hinweg zu unterhalten. Dabei vergessen wir, daß Gott nicht unseresgleichen ist, daß er gewaltig größer ist als wir und daß wir – uns selbst zum Heil – ihm seine Größe lassen müssen. Denn nur in dem Ausmaß, wie wir Gott als einen großen Gott erachten, wird er seine Größe in unser kleines Leben hineinübersetzen. So konnte es jener Priester erleben; so erlebten es alle großen biblischen Glaubensgestalten. Daher die Frage, inwieweit ihre Gotteserfahrungen bereits zu Erfahrungen unseres eigenen Daseins geworden sind.

Befragen wir jene, die Gottes Nähe erfahren haben, was ihnen in solchen Augenblicken bewußt geworden ist, so sagen sie als *erstes*: Gott ist derjenige, der mich persönlich kennt und sieht. Im Buch des Psalmen lesen wir: „Begreift doch, ihr Toren im Volk! Ihr Unvernünftigen, wann werdet ihr klug? Sollte der nicht hören, der das Ohr gepflanzt hat, sollte der nicht sehen, der das Auge geformt hat?“ (Ps 94,9). Wir können hinzufügen: Sollte der uns nicht bis in unseren innersten Grund durchschauen, der uns geschaffen hat? – Gott schaut uns, jeden in seiner Eigenart. Aber er tut es nicht mit kalten Augen, sondern mit dem warmen Blick der Liebe. Deshalb versteht er uns in unserem persönlichen Denken und Fühlen, in unseren Stärken und Schwächen. Er nimmt Anteil an unseren Hoffnungen, an unseren Einsichten, an unserer Einsamkeit und Krankheit. Gott weiß also, was in mir vor sich geht. Daher weiß er auch, was er mir zutrauen kann. Nie wird er mir etwas auf die Schultern legen, das meiner Eigenart nicht entspricht oder meine Kräfte übersteigt. Dafür gibt es einen besonderen Grund. Wir erfahren ihn durch die englische Schriftstellerin Anne Lauders: „Eines Nachts träumte ich, ich ginge mit dem lieben Gott am Strand entlang. Am Himmel blitzten Szenen aus meinem Leben auf. Jedesmal entdeckte ich Fußabdrücke im Sand. Manchmal waren es zwei Paare, manchmal nur eines. Während den schweren Zeiten in meinem Leben sah ich nur ein Paar Fußabdrücke. Deshalb sagte ich: ‚Herr, du hast mir versprochen, mich stets zu begleiten. Warum warst du nicht für mich da, als ich dich am notwendigsten brauchte? Warum?' Der Herr erwiderte: ‚Mein Kind, dort, wo du nur ein Paar Fußabdrücke gesehen hast, dort habe ich dich *getragen*!'"

Hier zeigt sich bereits ein *Zweites*. Denn so persönlich Gott uns sieht, uns kennt und uns in unserer Eigenart versteht, so persönlich führt er uns durch die Tage und Nächte, durch das Hell und Dunkel unseres Lebens. Das bezeugen die biblischen Schriften auf immer neue Weise. Immer wieder sprechen sie davon, daß Gott ein „Gott des Weges" ist. Daher sind alle Geschichten, die wir in der Bibel lesen, nichts anderes als „Weggeschichten" oder „Führungsgeschichten", die uns sagen möchten: Glaube es, Gott ist mit dir auf deinem Weg; er führt dich, wie kein anderer dich zu führen vermag. Und er tut es, damit sich unter seiner Führung deine Eigenart und der darin verborgene Sinn deines Lebens erfüllt. Denn auch dein Leben hat einen besonderen, unauswechselbaren Sinn. Bleiben wir an diesem Punkt unserem Glauben an den uns führenden Gott treu, dann müssen wir uns selber sagen: Die Tatsache, daß du in dieser Zeit lebst, daß du zu dieser Familie gehörst, daß du in dieser Stadt wohnst, all das ist kein Zufall. Gerade in dieser deiner Welt soll sich der unwiederholbare Sinn deines Lebens erfüllen. „Wer weiß, wie mancher Mensch in deiner Umgebung lebt, für den gerade du da bist, ohne es zu wissen, der gerade dein Gebet braucht, dein Beispiel, deine helfende Hand, dein freundliches Wort" (Peter Lippert).

Daraus ergibt sich ein *Drittes*: Gott hält uns die Treue. Wenn die Bibel vom „Gott der Treue" spricht, der den einzelnen Menschen wie sein Volk nicht verläßt, dann spricht sie im gleichen Atemzug vom

„Gott des Trostes“. Jeder Mensch ist ein zutiefst des Trostes bedürftiges Wesen. Zwischen den Worten „Trost“ und „Treue“ waltet ein bemerkenswerter Zusammenhang; denn das Wort „Trost“ ist aus dem Wort „Treue“ hervorgegangen. Das will uns sagen: Nur derjenige vermag uns in Wirklichkeit zu trösten, von dem wir die Gewißheit haben, daß er treu an unserer Seite bleibt. Das Trostwort, das wir einem anderen geben, bekommt also erst dadurch sein Gewicht, daß wir ihm zu verstehen geben: Ich stehe dir treu zur Seite; wenn alle dich verlassen, verlasse ich dich nicht. So spricht der Gott, der für uns der „Gott des Trostes“ ist. Von hier aus verstehen wir auch, wie Gott uns tröstet. Seine Art zu trösten macht uns bewußt, daß es nicht gut für uns ist, wenn sich alles nach unseren Vorstellungen und Wünschen erfüllt. Denn oft lernen wir erst durch die Finsternis den Wert des Lichtes, durch die Krankheit den Wert der Gesundheit, durch das Böse den Wert des Guten, durch den Hunger den Wert des Brotes und durch die Anstrengung den Wert der Ruhe schätzen. So können auch Finsternis, Krankheit, Hunger und Anstrengung, ja, selbst das Böse jener Acker sein, in dem sich der Schatz, von dem Jesus spricht, verborgen hält.

Der „Gott des Trostes“ fügt die Dinge nicht nur nach seiner Weisheit. Er macht sich nicht nur mit uns auf den Weg. Er geht uns auch voran. Damit nimmt er uns die Angst vor dem Dunkel unserer Zukunft. In diesem Bewußtsein ging der hochbegabte und doch kindlich fromme evangelische Theologe Dietrich Bonhoeffer (1906–1945) die letzte Strecke seines Lebensweges. Es war der „Weiße Sonntag“ 1945. Dietrich Bonhoeffer hatte seinen Gefangenen-Freunden eine Andacht gehalten. Man hoffte, in Kürze frei zu sein, denn der Krieg hatte bereits weithin sein Ende gefunden. Doch für Bonhoeffer kam es anders. Er gehörte zu jenen von Hitler persönlich ausgesuchten Männern, die unter keinen Umständen überleben sollten. Daher rissen an jenem „Weißen Sonntag“ bald nach der Andacht Schergen die Zellentür auf und riefen: „Gefangener Bonhoeffer fertigmachen und mitkommen!“ – „Das ist das Ende – für mich der Beginn des Lebens“ waren seine letzten Worte an seine Freunde. Die Fahrt an diesem Sonntag dauerte den ganzen Tag bis in den Abend hinein. Das Standgericht tagte; in den frühen Morgenstunden des 9. April wurde der treue Glaubenszeuge hingerichtet. Der Lagerarzt, der ihn abholte, fand ihn in der Vorbereitungszelle im Gebet versunken. Nur 39 Jahre war er alt geworden.[2] Es ist gut, diese Geschehnisse zu wissen, um den folgenden Worten, die Bonhoeffer einige Jahre zuvor niedergeschrieben hatte, jene Aufmerksamkeit zu schenken, die sie verdienen: „Keinen Weg läßt uns Gott gehen, den er nicht selbst gegangen wäre und auf dem er uns nicht vorausginge. Es ist der von Gott gebahnte und von Gott geschützte Weg, auf den er uns ruft. So ist es wirklich sein Weg (...) Gott kennt den ganzen Weg, wir wissen nur den nächsten Schritt und das letzte Ziel!"[3]

Das ist der Gott, der sich uns als der immer größer werdende Gott offenbart, je tiefer wir unser Dasein in das bergende Geheimnis seiner Liebe verlieren. Ihn können wir nicht beweisen, wohl aber bezeugen kraft der Erfahrungen, die wir in gläubigem Umgang mit ihm machen können. Im Buch „Nehemia" (8,10) sagt Esra dem gläubigen Volk: „Macht euch keine Sorgen, denn die Freude am Herrn ist unsere Kraft!" Weil Esra erfahren hat, welche Kraft die Freude an Gott vermittelt, wurde seine Erfahrung zum Zeugnis, das einlädt, es mit diesem Gott zu wagen.

Mit dem Himmelreich ist es wie mit einem Schatz, der in einem Acker vergraben war. Ein Mann entdeckte ihn, grub ihn aber wieder ein. Und in seiner Freude verkaufte er alles, was er besaß, und kaufte den Acker. Auch ist es mit dem Himmelreich wie mit einem Kaufmann, der schöne Perlen suchte. Als er eine besonders wertvolle Perle fand, verkaufte er alles, was er besaß, und kaufte sie.
Matthäus 13,44–46

26 Ich habe das Meer gesehen

A. Stifter: Briefe
Röm 11,33–36

Adalbert Stifter (1805–1868) gehört zu den Dichtern, die lange verkannt waren. Erst in diesem Jahrhundert wurde ihm jene Ehre zuteil, die seinem wahren Rang entspricht. Hermann Hesse charakterisierte ihn 1923 mit den Worten: „In etwas Grundsätzlichem und tief Wesentlichem ist dieser bescheidene alte Dichter modern, aufregend und vorbildlich: Er sucht, jenseits seiner und unserer Zeitprobleme, stets mit glühender Seele nach dem Wesen wahrer Menschlichkeit, und er beginnt sein Suchen und endet sein Finden im Geiste der Ehrfurcht." Wie zutreffend dieses Urteil ist, offenbart sich in der Art und Weise, wie Adalbert Stifter sein erstes Erlebnis des Meeres schildert. Damals war er einundfünfzig Jahre alt:

„Wir sind gestern von Triest auf dem Wege über Udine wieder hier eingetroffen. Ich habe nun das Meer gesehen. O mein lieber Freund, was sind alle Alpen und andere Dinge bei uns gegen die Großartigkeit des Meeres? Jetzt, da ich es gesehen, glaube ich, ich könnte gar nicht mehr leben, wenn ich es nicht gesehen hätte. Die liebliche Größe dieser Erscheinung hat auf mich einen Eindruck gemacht, der einen Wendepunkt in meinem Geistesleben hervorbringt. Ich bin plötzlich reich geworden, und ich habe eine unverlierbare Sehnsucht erhalten, das ‚ewige Meer' (wie Homer sagt) nie mehr ganz aus den Augen zu verlieren. Es ist, als wäre meine Seele viel weiter als früher, und als fließe aus der Unendlichkeit außer mir Nahrung für die Unendlichkeit in mir (...) Der Himmel hat uns sehr begünstigt. Er war ganz heiter, es war bewölkt, ein Gewitter habe ich von Venedig her aufsteigen gesehen, alle Pracht der abendlichen Blitze habe ich über dem Meere betrachtet, einen Nachtsturm brachte das Gewitter (...) Jede Stunde ist Farbe, Gestalt und Bewegung des Meeres anders, immer aber, selbst im Schäumen erschien mir seine Majestät lieblich, auf was ich beinahe nicht gefaßt war."

Adalbert Stifter, Brief an den Freund Johann Ritter von Fritsch vom 28. 6. 1857, in: Briefe, Manesse Verlag, Zürich 1947, S. 269f.

Adalbert Stifter war immer darum bemüht, dem menschlichen Herzen die Größe der Welt, des Menschen und Gottes zu erschließen. Er tat es, weil er an die erzieherische Macht der Dinge und Vorgänge in der Welt glaubte. Oft hatte er diese Macht in seinem Leben erfahren. Am intensivsten aber erlebte er sie angesichts des Meeres.

Warum brechen eigentlich Jahr für Jahr so viele Menschen auf, um sich auf den Weg zum Meer zu machen, oft über Hunderte von Kilometern hinweg? Vielleicht ist es die Sehnsucht nach Unendlichkeit, die in jedem Menschen lebt. Wenn sich diese Sehnsucht nicht entfalten kann, wird die Seele krank und macht den Menschen unglücklich. In einem Aufsatz mit der Überschrift „Von der Seele" von Hermann Hesse (1877–1962) lesen wir hierzu: „Nervös und lebensfeindlich – so sagt deine Seele – wirst du, wenn du mich vernachlässigst, und wirst es bleiben und wirst daran untergehen, wenn du dich mir nicht mit ganz neuer Liebe und Sorgfalt zuwendest (...) Kriege führen auch die Ameisen, Staaten haben auch die Bienen, Reichtümer sammeln auch die Hamster. Deine Seele sucht andere Wege, und wo sie zu kurz kommt, wo du auf ihre Kosten Erfolge hast, blüht dir kein Glück. Denn ‚Glück' empfinden kann nur die Seele, nicht der Verstand, nicht der Bauch, Kopf oder Geldbeutel."[1] Ameisen, Bienen und Hamster sind ständig unterwegs, getrieben von Haben-Wollen und Begierden. Sie haben wenig Seele; denn die Seele sucht andere Wege; Wege, auf denen das rastlose Verfolgen von kleinen Zielen zur Ruhe kommt und begierdelose reine Betrachtung möglich wird. Daher ist der Weg zum Meer mit Sicherheit ein Weg der Seele. Im Schauen seiner unendlichen Ausmaße fällt alles Endliche und alles Haben-Wollen von Endlichem wie von selbst von ihr ab. Das Unendliche schauend, erfährt sie etwas von ihrer eigenen Unendlichkeit. Alle ihre vernachlässigten Kräfte und Empfindungen werden lebendig. Ehrfürchtiges Staunen, mit dem alles wirkliche Sehen beginnt, bricht in ihr auf. So kommt der Mensch durch das Meer zu sich selbst. Es vermittelt ihm eine Ahnung seiner eigenen Größe, Weite und Tiefe. Aus der Unendlichkeit außer ihm fließt Nahrung für die Unendlichkeit in ihm.

Aber das Meer bewirkt Größeres. Es führt den Menschen nicht nur zu sich selbst zurück; es führt ihn zugleich über sich selbst hinaus. Als Adalbert Stifter an einem frühen Morgen, auf einem Hügel sitzend, zwei Stunden auf das tief unter seinen Füßen liegende Meer schaute, da erkannte er: „Wie groß ist Gott, wie herrlich ist seine Welt!“[2]

Durch die liebende Betrachtung des Meeres offenbarte sich ihm die Größe, die Tiefe, die Weite und Vielfalt Gottes. Fasziniert schrieb er gut drei Wochen später in einem Brief an Gustav Heckenast: „Jeden Tag, jede Stunde war es anders und immer herrlich. In Farben wie lichter Smaragd, wie leuchtender Azur, wie tiefes Ultramarin, ja wie ein Panzer mit lauter Silberschuppen spielte es vor mir, je nachdem die Sonne es streifte, eine mit Wolken gestickte oder ganz reine Kuppel über ihm stand, je nachdem der Himmel am Morgen in tiefer Bläue ruhte oder am Nachmittag in fast weißer Hitze glühte. Am einundzwanzigsten nachmittags sah ich ein Gewitter im Westen aus dem Meer emporsteigen. Die Wolken standen senkrecht auf ihm, es erschien wie ein Riesensee, und die Wolken wie schwindelnd hohe Berge, die an seinem fernen Rand emporragen. Wie in jeder andern Lage glaubte ich auch wieder, in dieser sei das Meer am schönsten (...) Gegen acht begann das Blitzen, welches sich spiegelte, daß oft Himmel und Meer ein einziges Feuer waren, und die Unzahl der Schiffe einen Augenblick im Leeren hing. Dabei war atemlose Stille (...) Am nächsten Tag war das Meer bewegt (...) Wolken breiteten wandelnde Schatten über das Schauspiel. Gegen Nachmittag beruhigten sich Himmel und Wasser.“[3] Diese grenzenlose Dynamik und unendliche Vielfalt des Meeres, die den Betrachter fortwährend noch nicht wahrgenommene Neuigkeiten entdecken lassen, offenbaren uns Gottes unendlichen Reichtum, seine Macht und Herrlichkeit, vor der alle menschlichen Worte zu einem hilflosen Stammeln zusammenschrumpfen müssen. Ausdruck solchen Stammelns sind die folgenden Worte von Augustinus. Er hat sie in seinen „Bekenntnissen“ niedergeschrieben, nachdem er von Gottes Größe und Liebe heimgesucht worden war: „Du, über alles bist du der Hohe, der Gute, der Mächtige, der Allmächtige, der Erbarmende, der Gerechte, der Geheime und der Offenbare, der Schöne und der Gewaltige, der Feste und der Unbegreifliche, der Unwandelbare, der alles wandelt: nie bist du neu, nie bist du alt und erneuerst doch alles und ‚lässest die Stolzen veraltern, und sie merken's nicht‘; immer bist du der Wirkende, immer der Ruhende, bist der Sammelnde und nichts Bedürfende, bist der Tragende, Erfüllende, Schirmende über allem, bist der Erschaffende, Nährende und Vollendende, bist Sucher, obgleich doch nichts dir mangelt. Du liebest, doch ohne Wallung; du eiferst und bist doch still sicher in dir ...“ (I, 4). Viele dieser göttlichen Eigenschaften spiegeln sich wider in den Eigenschaften des Meeres. Daher sagt Katharina von Siena (+ 1380) in Form des Gebetes: „Du, ewige Dreifaltigkeit, bist ein tiefes Meer, in dem ich immer Neues entdecke, je länger ich suche. Und je mehr ich finde, desto mehr suche ich dich ...“[4]

Das staunende Erleben des Meeres wurde für Adalbert Stifter zum Wendepunkt seines Geisteslebens. Es erwachte in ihm die Sehnsucht, das ‚ewige Meer‘ nie mehr ganz aus den Augen zu verlieren. Das heißt, er hatte den Wunsch, fortan sein kleines Leben in der Gegenwart des großen Gottes zu leben. Das läßt uns an den englischen Mathematiker und Physiker Sir Isaac Newton (1643–1727) denken, der einmal sein alltägliches Leben mit dem Spiel eines Kindes verglich, das sich am Strand eines Meeres eifrig mit Muscheln und Steinen beschäftigt, während vor ihm der Ozean rauscht. Was sagt uns dieses Bild? Es verdeutlicht zunächst, wie sehr sich Newton bewußt war, all seine Arbeit vor einem unendlichen Mysterium zu tun. Dieses Bewußtsein läßt den Menschen zu einem Kind werden, dessen Herz weit, offen, empfänglich und vertrauend ist, da es dem Unendlichen keinerlei Widerstande entgegensetzt. Deshalb vermag das Unendliche einen tiefen Einfluß zu nehmen auf sein ganzes Wesen, all sein Tun und seinen Umgang mit den Dingen des alltäglichen Lebens. Sagen wir es anders: das Kind würde gewiß mit seinem Spielzeug anders umgehen, wenn es das Meer nicht vor sich hätte. Wo im Menschen die Sehnsucht erwacht, ein solches Kind zu werden, da kommt er mit seinem Geistesleben an einen Wendepunkt, von dem an sein eigentliches Leben erst beginnt.

O Tiefe des Reichtums, der Weisheit und der Erkenntnis Gottes! Wie unergründlich sind seine Entscheidungen, wie unerforschlich seine Wege! Denn wer hat die Gedanken des Herrn erkannt? Oder wer ist sein Ratgeber gewesen? Wer hat ihm etwas gegeben, so daß Gott ihm etwas zurückgeben müßte? Denn aus ihm und durch ihn und auf ihn hin ist die ganze Schöpfung. Ihm sei Ehre in Ewigkeit! Amen.
Römerbrief 11, 33–36

27 Der Weg zur Quelle führt gegen den Strom

François Mauriac: Die Quelle
Ps 42,2–6

In den Kindheitstagen des französischen Schriftstellers François Mauriac (1885–1970) gab es ein Erlebnis, das ihm zeitlebens unvergeßlich blieb. Noch als älterer Mann erinnerte er sich oft daran. Es war der Aufstieg zu den Quellen jenes Baches, der am Garten seines Elternhauses vorbeifloß. Unter allen Ausflügen, die er damals mit seinen Spielgefährten machte, war es vor allem dieser, der ihn mit Glück, aber auch mit Unruhe erfüllte. Sobald verabredet war, bis zu den Quellen dieses Baches emporzusteigen, brach die kleine Mannschaft begeistert und erwartungsvoll auf. Und obschon sich immer wieder unüberwindliche Schwierigkeiten ergaben, verlor keiner die Hoffnung, sie doch endlich einmal zu entdecken. Immer wieder verloren sich die kleinen Abenteurer in den unentwirrbaren Fischzäunen; sie versanken im Sumpf der Wiesen; sie lagen auf den Knien und bogen die Farne auseinander. Und doch waren alle ihre Bemühungen vergebens. Nie erreichten sie mit ihren Händen und mit ihren Lippen das reine, frische und kalte Wasser dort, wo es der Erde entspringt.

Vgl. François Mauriac, Die Quelle, in: Noch ist es Zeit, Goldmanns Gelbe Taschenbücher, Nr. 872, S. 25–27.

François Mauriac war der Ansicht, für die meisten Menschen bedeute „Leben“: sich von der Quelle entfernen. Das läßt uns an den „breiten Strom der Masse“ denken. Wohin führt sein Weg? Nicht selten ins Ödland von Langeweile und Resignation, wo man mit sich selbst nicht mehr viel anzufangen weiß und mit dem Sinn des Lebens die Freude am Dasein verliert. Das kommt nicht von ungefähr. Denn je mehr sich der Strom von seiner Quelle entfernt, um so trüber und undurchsichtiger werden seine Wasser. Daher die Frage: Wie finden wir zur Quelle zurück?

Gewiß gibt es viele Wege, die uns dorthin führen können. Aber ohne einen kundigen Wegweiser bleibt alles mehr oder weniger dem Zufall überlassen. Doch gibt es eine Möglichkeit, die uns mit Sicherheit ans Ziel bringt. Darauf machen uns die Kindheitserinnerungen von François Mauriac aufmerksam. Es ist der Weg flußaufwärts. Das heißt: um an die Quelle zu kommen, darf man nicht mit dem Strom schwimmen; man muß vielmehr umkehren. Damit klärt sich, was Jesus meinte, als er von „Umkehr“ sprach. Umkehr im Sinne Jesu bedeutet: *gegen* den Strom angehen. Nur so gelangt man zur Quelle des Lebens. Dieses Bild zeigt zugleich, wie schwer es ist, in dieser Welt als Christ zu leben. Man könnte es nicht, wenn es Jesus nicht besorgen würde. Seine Hand dreht unser Leben um, vorausgesetzt, daß wir uns nicht dagegen wehren. Ich denke hier an eine Stelle im Roman „Die vollkommene Freude“ von Luise Rinser. Warum der Erzähler der folgenden Situation nicht zur „vollkommenen Freude“ fand, schildert er selbst: „Mich hatte plötzlich eine Hand berührt, deren Vorhandensein ich so gerne nicht wahrhaben wollte. Ich sage ‚eine Hand‘, weil ich es so empfand; es war nicht ein Gedanke, der mich ergriff, es war etwas, das so wirklich, ich meine so unleugbar wirklich war wie eben eine Hand und deren Berührung, eine Hand, die mich, so könnte ich sagen, an der Schulter berührte, zuerst zart, dann stärker, so, als drehte sie mich in eine andre Blickrichtung. Ich folgte erstaunt und unwillig, doch war ich zu sehr überrascht, um Zeit zu finden, mich sogleich zu wehren, und ich sah, was ich sehen sollte: daß nichts aus sich bestand, sondern alles nur in jenem einen einzigen Sinne, der das widerstrebend Ganze der Schöpfung zusammenhielt. Dann freilich begann ich, mich zu wehren, denn ich wollte nichts Neues lernen, nichts, was meine so mühsam errungene Lebensruhe stören konnte. Ich wehrte mich nicht in Worten, denn es ging nicht um Worte. Ich wehrte mich stumm mit meinem ganzen Sein ...“[1] Wo sich ein Mensch in dieser Weise gegen seine Umkehr wehrt, weil er im ruhigen Strom seiner Gewohnheiten weiter dahintreiben möchte, da verliert selbst die Hand Gottes ihre Kraft. Sich wehrlos in eine neue Lebensrichtung wenden lassen, das ist es, was das eigene Leben „mit Glück, aber auch mit Unruhe“ erfüllt und es voller Hoffnung stromaufwärts führt.

Wo aber liegt die Quelle des Lebens? Sie liegt in der verborgenen Tiefe unseres Herzens. Darauf weisen die großen Gestalten geistlichen Lebens immer wieder hin. Zu ihnen gehört der hl. Augustinus (354–430). In seinen „Bekenntnissen“ schreibt er: „Spät habe ich dich geliebt, du Schönheit, so alt und doch so neu, spät habe ich dich geliebt. Siehe, du warst in meinem Inneren, und ich war draußen und suchte dich dort“ (X,27). Ähnlich wird es uns ergehen. Wir haben die Quelle des Lebens in uns und wissen es nicht. So werden wir alt und haben mit dem eigentlichen Leben noch nicht begonnen. Gott aber wartet darauf, daß wir Einkehr halten in den verschütteten Tiefen unseres Herzens, um ihn dort zu finden. „Dann kommt von selbst Ruhe. Die Stille, die nicht mehr flieht. Das Vertrauen, das nicht mehr fürchtet. Die Sicherheit, die keine Versicherung mehr braucht. Die Kraft, die in der Ohnmacht mächtig ist. Das Leben, das im Tode aufgeht."[2] Unter diesem Gesichtspunkt bedeutet „Umkehr" die Wende von außen nach innen, die Rückkehr des Menschen zu seinem göttlichen Ursprung.

Damit ist noch nicht alles gesagt; denn es könnte sein, daß auch wir uns begeistert und erwartungsvoll auf den Weg machen und doch nicht die in uns gelegenen göttlichen Quellgründe erreichen, so daß letztlich alles doch nur wie ein Traum erscheint. So wäre es in der Tat, hätte sich dieser Traum nicht in Jesus Christus erfüllt. Wie alle großen Weisheitslehrer zeigt er uns den Weg zu den Quellen des Lebens, indem er uns zu Umkehr und Einkehr ruft. Aber Jesus Christus ist mehr als ein Weisheitslehrer. Denn er zeigt uns nicht nur den Weg, sondern er ist der Weg. Das ist der entscheidende Unterschied. Weil er nicht nur ein Mensch, sondern der Gottmensch ist, kann er allein uns über alle Hindernisse hinweg und durch alle Schwierigkeiten hindurch zu dem uns inwendigen Gott führen. Im Gottmenschen Jesus Christus kam Gott zu uns, damit wir zu ihm kommen können. Dieses Kommen ist nicht Vergangenheit. Es wird immer wieder gegenwärtiges Ereignis, wenn wir sein Wort hören und seine Sakramente empfangen. Wo das geschieht, da tritt der Gottmensch in unser Leben ein, um uns durch Glück und Unglück hindurch von der schillernden Oberflächlichkeit zur Tiefe zu führen, aus der ewiges Leben quillt (Joh 4,14).

Auf dem Weg zur Tiefe kommt der Mensch nicht nur zu seinem göttlichen Ursprung; er kommt zugleich zu sich selbst. Auf diesem Weg erfährt er allererst, wer er selber ist. Er spürt in sich den Lebensatem, der dem Menschen am Schöpfungsmorgen von Gott geschenkt worden war, und fühlt sich innerlich frei. Er wird sich bewußt, wie wenig man braucht, um glücklich zu sein. So erfüllt sich auf dem Weg zur Tiefe die Seligpreisung des Herrn: „Selig, die arm sind vor Gott; denn ihnen gehört das Himmelreich" (Mt 5,3). Es ist jenes Himmelreich, das in ihnen ist.

In der Nähe Gottes kommt der Mensch aber nicht nur sich selber nahe. Er erfährt zugleich seinen Mitmenschen als „Nächsten". Die Gleichniserzählung Jesu „Vom barmherzigen Samariter" (Lk 10,25–37) weist aus, daß dies nicht bloße Theorie ist. Im Gegensatz zu den dort beschriebenen Räubern und Vertretern des Tempels spürt man beim barmherzigen Samariter unmittelbar, wie nahe er Gott, sich selber und dem Notleidenden ist. In seinem Wesen ist nichts verstellt; alles ist geeint; alles ist transparent bis auf seinen tiefsten Grund hin. Durch diesen Mann tritt Gott in Erscheinung.

Die Erfahrung, daß Gott der in uns liegende Quellgrund ist, vermag uns schließlich mit der Realität des Todes auszusöhnen. Aus unserer gewonnenen Sichtweise bedeutet er das vollkommene Eingehen in den Ursprung unseres Lebens. Er ist die letztmögliche Verinnerlichung des Menschen. Daher ist jede Form wirklicher Verinnerlichung auch eine Anfreundung mit dem eigenen Tod. Dazu hält uns bereits der Prozeß des Älterwerdens an. Mit dem Nachlassen unserer Sinnesorgane löst sich unser Kontakt mit der Außenwelt, auf daß wir mehr und mehr in unsere Innenwelt einkehren, bis wir im Tod ganz hingefunden haben zu ihrem tiefsten Grund. Dann sind wir ganz bei Gott, ganz bei uns selbst und ganz beim Nächsten. Dieser selige Zustand ist der „Himmel".

Wie der Hirsch lechzt nach frischem Wasser,
so lechzt meine Seele, Gott nach dir.
Meine Seele dürstet nach Gott,
nach dem lebendigen Gott. Wann darf ich kommen,
und Gottes Antlitz schauen?
Tränen waren mein Brot bei Tag und bei Nacht;
denn man sagt zu mir den ganzen Tag:
„Wo ist nun dein Gott?"
Das Herz geht mir über, wenn ich daran denke:
wie ich zum Haus Gottes zog in festlicher Schar,
mit Jubel und Dank in feiernder Menge.
Meine Seele, warum bist du betrübt
und bist so unruhig in mir?
Harre auf Gott;
denn ich werde ihm noch danken,
meinem Gott und Retter, auf den ich schaue.
Psalm 42,2–6

28 Durch Einkehr zur Umkehr

Der Untergang der Titanic
Mt 24,37–44

Am Bau der „Titanic", dem größten Passagierdampfer der Welt, waren viele hundert Arbeiter beschäftigt. Doch bereits in jenen Baujahren geschah etwas, das den späteren Untergang dieses Schiffes herausgefordert hatte. Ich meine die vielen skandalösen Sprüche an den äußeren Wänden dieses Luxusdampfers, die beim Anstreichen zwar verdeckt wurden, aber bald danach wieder zum Vorschein kamen. Unter ihnen fiel vor allem die Aufschrift in Buchstaben von einem Meter Höhe auf: „No God", zu deutsch: „Wir brauchen Gott nicht." Da die „Titanic" einen doppelten Schiffsboden besaß, hielt man sie für unsinkbar. Auch die wütendsten Stürme, so glaubte man, würden ihre Macht an ihr vergebens erproben.

Am 10. April 1912 startete sie zu ihrer Jungfernfahrt von Southampton (England) aus, um am Morgen des 16. April in New York einzutreffen. Doch dazwischen lag der 15. April. Am Abend dieses Tages hatte Kapitän Smith für die Schiffsgäste ein Festessen gegeben, um die Sicherheit und Schnelligkeit des Ozeanriesen zu feiern. Eine Viertelstunde vor Mitternacht, als das Fest seinen Höhepunkt erreicht hatte, zerstörte ein dumpfer Schlag plötzlich alle menschlichen Planungen. Der 269 Meter lange Dampfer war mit dem Bug gegen einen Eisberg geprallt, der ein 90 Meter langes Loch vom Vorschiff bis zur Mitte riß. Zweieinhalb Stunden später war von der „Titanic" nichts mehr zu sehen. Chaotische Szenen spielten sich ab, während sie in die Tiefe ging. Von den 2224 Passagieren kamen 1513 ums Leben. 711 Personen, meist Frauen und Kinder, konnten gerettet werden.

Vgl. Chronik des 20. Jahrhunderts, Georg Westermann Verlag, Braunschweig 1982, S. 146.

Im Verlauf der Menschheitsgeschichte kommt es immer wieder zu Ereignissen, die für die Nachwelt unvergeßlich bleiben. Mögen inzwischen auch Jahrhunderte vergangen sein, in einer eigentümlichen Weise sind sie dennoch gegenwärtig. Vielleicht liegt es daran, daß durch solche Ereignisse zutage gefördert wird, was sowohl das Innerste der gesamten Menschheit als auch die Wesenstiefe eines jeden einzelnen erhellen kann. So ist es mit dem Untergang der „Titanic". Mag sie damals in einen Abgrund von 3000 Meter gesunken sein, unversenkbar ist eine Lehre, die sie uns hinterläßt: Was ohne Gott geschieht, hat keine Zukunft, mag es noch so sicher und erfolgreich sein. Gerade darauf hat Jesus wie kein anderer hingewiesen. Als er einmal über dieses Thema sprach, griff er auf ein Ereignis zurück, bei dem es ebenfalls um ein bedeutsames Schiff und – wenn man will – um einen namhaften Kapitän ging. Damals erinnerte er seine Zuhörer an die „Arche des Noach". Im Unterschied zur „Titanic" wurde sie *mit* Gott gebaut. Daher wurde sie zu einem Rettungsschiff, das seine Passagiere vor jenen Fluten errettete, die alle übrigen hinwegrafften. Von hier verstehen wir: Wer sich mit Gott verbindet, der wohnt im Schutz des Allerhöchsten. Er ist es, an dem die wütendsten Stürme ihre Macht vergebens erproben. Daher wird er mit Sicherheit das Ufer von Gottes Ewigkeit erreichen. Sein Glaube lebt zutiefst von der Überzeugung: Das Beste liegt nie hinter uns, sondern immer vor uns.

In diesem Zusammenhang zeigt sich deutlich, daß wir trotz der unüberbietbaren Liebe Gottes zu jedem Menschen nicht der leichtsinnigen Meinung anheimfallen dürfen, das ewige Heil würde den Menschen einfach nachgeworfen. Wenn der Herr in vielen seiner Reden immer wieder darauf aufmerksam macht, daß ein menschliches Leben am Ende seines irdischen Daseins möglicherweise auch nicht in den Hafen der ewigen Liebe gelangt, dann tun wir als gläubige Menschen gut daran, diese Möglichkeit nicht unbeachtet zu lassen und uns um unser ewiges Heil „mit Furcht und Zittern" (Phil 2,12) zu bemühen. Im Bewußtsein, daß jedes menschliche Leben wegen seiner Unwiederholbarkeit ein Ernstfall ist, sagt Jesus: „Seid also wachsam!" Wachsam ist, wer über das Augenblickliche nicht das Ewige vergißt; wachsam ist, wer vom Ende her denkt und sich von dort die Maßstäbe geben läßt, um das Gegenwärtige richtig einschätzen und ausrichten zu können; wachsam ist, wer auf sich bezieht, was Dag Hammarskjöld in die kurzen Verse faßt: „Vor dir in Demut / mit dir in Treue / in dir in Stille."[1] Wer danach strebt, der lebt nicht nur in Wachsamkeit, sondern zugleich in Gottes Gegenwart. Deshalb braucht er weder den Tag noch die Stunde zu kennen, wann und wie der Herr wiederkommt ob plötzlich oder nicht, immer ist er bereit. Mehr noch: mit seinem Herzen ist er bereits dort, wo er in Ewigkeit sein wird.

Im Alten Südlichen Friedhof in München liegt das Grab des namhaften Philosophen und Theologen Martin Deutinger (1815–64) . Im

Alter von 49 Jahren starb er plötzlich auf einer Erholungsreise in der Schweiz. Schüler und Freunde haben ihm auf seinen Grabstein ein Wort aus dem Johannes-Evangelium gesetzt: „Plötzlich war das Schiff an dem Lande, nach dem sie fuhren“ (6,21).[2] Zu welchen Ufern sind wir unterwegs? Um dies herauszufinden, müssen wir uns fragen: Sind wir auf dem richtigen Schiff? Das heißt ohne Bild: Leben wir vor allem in den entscheidenden Augenblicken mit oder ohne Gott? Diese Fragen können uns zur inneren Einkehr führen, ohne die es keine wahre Umkehr gibt.

Jesus sprach zu den Jüngern: Wie es in den Tagen des Noach war, so wird es bei der Ankunft des Menschensohnes sein. Wie die Menschen in den Tagen vor der Flut aßen und tranken und heirateten bis zu dem Tag, an dem Noach in die Arche stieg, und nichts ahnten, bis die Flut hereinbrach und alle wegraffte, so wird es auch bei der Ankunft des Menschensohnes sein. Dann wird von zweien, die auf dem Feld sind, einer mitgenommen und einer zurückgelassen. Von zwei Frauen, die an der Mühle mahlen, wird eine mitgenommen und eine zurückgelassen. Seid also wachsam! Denn ihr wißt nicht, an welchem Tag der Herr kommt. Denkt daran: Wenn der Herr des Hauses wüßte, zu welcher Stunde in der Nacht der Dieb kommt, würde er wach bleiben und nicht zulassen, daß in sein Haus eingebrochen wird. Darum haltet auch ihr euch bereit! Denn der Menschensohn kommt zu einer Stunde, in der ihr es nicht vermutet.
Matthäus 24,37–44

29 Umkehr bedeutet: Unterwegssein zu Gott

Freiherr zu Guttenberg: Fußnoten
Mt 3,1–12

Manchmal stoßen wir auf kurze Worte, die aber eine lange Erfahrung in sich bergen. Solche Worte können wie ein Licht sein, das in das Dunkel des Herzens leuchtet. Sie können sein wie ein Befreier, der uns aus einer verworrenen Situation errettet. Sie können sein wie ein Wegweiser, der aus der Enge in die Weite führt.

Ein solches Wort hat Konrad Adenauer einmal in einem Gespräch mit Karl Theodor Freiherr zu Guttenberg formuliert. Seinerzeit beklagte der Baron: „Ich verstehe nicht die Unvernunft, die Ihrer Politik entgegengebracht wird." Darauf erwiderte der Kanzler: „Herr von Guttenberg, würden Sie von mir einen Rat annehmen?" Der Baron bat ihn zu sprechen. Da erklärte ihm Adenauer. „Dann nehmen Sie die Menschen, wie sie sind; andere gibt's nicht."

Vgl. Karl Theodor Freiherr zu Guttenberg, Fußnoten, Seewald Verlag, Stuttgart 1971, S. 79.

„Nehmen Sie die Menschen, wie sie sind; andere gibt's nicht." Diesen Rat zu befolgen, gehört gewiß zum Schwersten, was ein Mensch vollbringen kann. Warum? Im Roman „Rodion Raskolnikoff" von F. M. Dostojewski steht ein Satz, den man als Antwort auf diese Frage verstehen kann: „Einen vollkommen harmonischen Menschen aber – das ist wahr – gibt es fast überhaupt nicht; unter Zehntausenden, vielleicht aber auch unter vielen Hunderttausenden findet man je einen, und selbst die noch in ziemlich schwachen Exemplaren."[1] Weil es also den idealen Menschen so gut wie nicht gibt, weil alle Menschen an irgendeinem Mangel leiden, deshalb ist es so schwer, die Menschen zu nehmen, wie sie sind, vor allem wenn sie in unserer allernächsten Nähe leben. Daher müssen wir sie mit allen Ausfallserscheinungen, die ihnen zu eigen sind, akzeptieren. Wie kann es uns gelingen? Drei Hinweise sollen die Richtung andeuten, in die der Weg geht.

Um einen Menschen annehmen zu können, wie er ist, muß man zunächst seine guten Eigenschaften entdecken. In einem Brief vom

6.7.1918 schrieb Edith Stein: „Gutes und Böses, Erkenntnis und Irrtum sind auf allen Seiten gemischt, und jeder sieht auf seiner Seite nur das Positive und bei den anderen nur das Negative." Vielleicht zeigt sich hier etwas von jener Wurzel, auf die alle Ungerechtigkeiten in dieser Welt zurückzuführen sind. Wer hingegen aufhört, nur sich selbst in einem günstigen Licht zu sehen, dem wächst das Auge für das Gute, das es auch im Leben des anderen gibt. Man überdenke in diesem Zusammenhang, was Dietrich Bonhoeffer kurz vor seiner Hinrichtung niedergeschrieben hat: „Die Menschen, die Euch begegnen, nehmt, wie sie sind. Stoßt Euch nicht gleich an dem, was fremd ist oder Euch mißfällt, und schaut auf die guten Seiten. Dann seid Ihr nicht nur gerechter, sondern bewahrt Euch selbst vor Engherzigkeit. Im Garten wachsen viele Blumen. Die Tulpe blüht schön, aber duftet nicht, und die Rose hat ihre Dornen. Ein offenes Auge aber freut sich auch am unscheinbarsten Grün. So entdeckt man bei den Menschen meist verborgene erfreuliche Seiten, wenn man sich erst einmal in sie hineinversetzt. Wer nur mit sich selbst beschäftigt ist, hat dafür keinen Sinn." Wenn der Evangelist Johannes schreibt: „Gott hat die Welt so sehr geliebt, daß er seinen einzigen Sohn hingab" (Joh 3,16), dann bedeutet das doch, daß er über allem Bösen in dieser Welt das Gute nicht übersah. Andernfalls hätte er nie das ihm Teuerste für die Menschen in den Tod gegeben. Daher verlangt Gott von uns, was er selbst in unüberbietbarer Weise getan hat.

Zur Sicht der guten Seiten gelangt, wer in der Lage ist, mit dem, was sich im anderen tut, ein tiefes Mitleiden zu empfinden. Mitleiden bedeutet, daß man das oft angeschlagene und verwundete Du des anderen in die Tiefen des eigenen Ich aufnimmt, um ihm darin ein wenig Heimat, Geborgenheit und Schutz zu geben. Solches Mitleiden ist heilsamer als alle Arznei. In ihm verwirklicht sich das ganze Christentum. Hat Gott uns Menschen in seiner Menschwerdung nicht gerade solches Mitleiden geschenkt? Er kam in diese Welt, um unser gefährdetes Du anzusprechen und in sein göttliches Ich aufzunehmen.

Schließlich darf hier nicht übersehen werden, daß der unliebsame Mitmensch ein unersetzbarer Spiegel sein kann, in dem wir unsere eigene Wirklichkeit erkennen. Eine altrussische Geschichte verdeutlicht, wie dies zu verstehen ist. Sie erzählt von einem Geschäftsmann aus Petersburg, der einmal zu einem Starez kam, um sich bei ihm einen Rat zu holen. Vor kurzem hatte er eine neue Mitarbeiterin eingestellt. Doch die beiden harmonierten nicht: „Sie ist ein wahrer Dämon. Seit sie im Haus ist, kenne ich nur noch Wut und Raserei und habe mich nicht mehr in der Gewalt! Jetzt will ich sie entlassen. Was sagen Sie dazu?“ Der weise Mönch sagte ihm: „Schick sie nicht fort! Sie ist ein Engel, den dir Gott gesandt hat, damit du siehst, wieviel Zorn in dir versteckt ist. Ohne sie hättest du es nicht erkannt.“[2] Dieser Mann hatte offensichtlich ein positives Auge. Darüber hinaus verfügte er über ein tiefes Einfühlungsvermögen. Zudem besaß er ein hohes Maß an Weisheit. Gewiß wäre hinsichtlich seines Rates das eine oder andere anzumerken, da mitmenschliches Zusammenleben auch die Grenzen des Zumutbaren erreichen kann. Innerhalb dieser Grenzen kann uns jedoch durch einen Mitmenschen zu Bewußtsein kommen, wie viele Unstimmigkeiten es in uns selber gibt. Sie zeigen sich nicht zuletzt, wenn man uns schonungslos die Wahrheit sagt. In der Bibel gibt es einen, der dies getan hat: Johannes der Täufer.

Die Art und Weise, wie dieser Prediger mit seinen Zuhörern spricht („Ihr Schlangenbrut“, Mt 3,7), läßt uns erschrecken. Wenn man hinzunimmt, wie er ihnen die ewige Verdammnis förmlich um die Ohren schlägt, kann man jene verstehen, die nie ein freundschaftliches Verhältnis zu ihm haben finden können. Aber machen wir einmal den Versuch, das bislang Gesagte auf diesen Menschen anzuwenden. Vielleicht wird er dann für uns zu einem auserwählten Boten, der wie kein anderer verdeutlicht, daß „Umkehr“ letztlich nichts anderes besagt als „Unterwegssein zu Gott“.

Leiden wir zunächst mit ihm. Was macht ihm denn das Leben schwer? Es ist die Gottesferne, in der die Menschen leben. Und weil er sich bewußt ist, welcher Ernst von Gottes Ewigkeit her auf jedem Leben liegt, deshalb läßt es ihm keine Ruhe, jeden einzelnen in unüberhörbarer Weise aufzurufen, seine dunklen Wege zu verlassen und die Wege Gottes zu gehen. Daher ist das Wort „Umkehr“ das Hauptwort aller seiner Reden. Es bedeutet: Abkehr vom Bösen und Hinkehr zum Guten. Wer dies bedenkt, erkennt wie von selbst die guten Seiten dieses Mannes. Bei ihm stimmen Leben und Wort vollkommen überein. Er lebt völlig unabhängig von den Menschen und den Dingen dieser Welt. Zu dieser Unabhängigkeit gelangte er durch seine totale Abhängigkeit seinem Gott gegenüber. Hier zeigt sich deutlich: Je abhängiger ein Mensch von den Dingen dieser Welt ist, desto unabhängiger fühlt er sich von Gott; je unabhängiger einer sich hingegen von allem Irdischen gemacht hat, desto mehr weiß er sich abhängig von der ihn umfangenden Liebe Gottes. Hinzu kommt die völlige Selbstlosigkeit des Täufers. Es liegt ihm absolut fern, den Blick der Leute auf sich selbst zu ziehen. Vielmehr weist alles in seinem Leben über ihn selbst hinaus. Alles zeigt auf jenen, dem sein einziges Interesse gilt: Jesus Christus. So erweist sich Johannes der Täufer als ein radikaler

Christ. Christ ist, wer durch sein Dasein auf Jesus Christus zeigt. Auf diese Weise wird Johannes der Täufer für uns zu einem Spiegel, in dem wir das Ausmaß unseres eigenen Christseins erkennen können. Wir müßten uns nur fragen: Inwieweit stimmen in meinem Dasein Leben und Wort überein? Von wem oder von was habe ich mich im Verlauf meines Lebens abhängig gemacht? Inwiefern weist mein Leben auf Jesus Christus hin? Vielleicht genügt es, sich nur an die eine oder andere Frage zu halten; denn es könnte sein, daß bereits eine dieser Fragen uns vor das Ganze unseres Daseins bringt, das man so schnell aus den Augen verlieren kann.

In jenen Tagen trat Johannes der Täufer auf und verkündete in der Wüste von Judäa: Kehrt um! Denn das Himmelreich ist nahe. Er war es, von dem der Prophet Jesaja gesagt hat: Eine Stimme ruft in der Wüste: Bereitet dem Herrn den Weg! Ebnet ihm die Straßen!

Johannes trug ein Gewand aus Kamelhaaren und einen ledernen Gürtel um seine Hüften; Heuschrecken und wilder Honig waren seine Nahrung. Die Leute von Jerusalem und ganz Judäa und aus der ganzen Jordangegend zogen zu ihm hinaus; sie bekannten ihre Sünden und ließen sich im Jordan von ihm taufen.

Als Johannes sah, daß viele Pharisäer und Sadduzäer zur Taufe kamen, sagte er zu ihnen: Ihr Schlangenbrut, wer hat euch denn gelehrt, daß ihr dem kommenden Gericht entrinnen könnt? Bringt Frucht hervor, die eure Umkehr zeigt, und meint nicht, ihr könntet sagen: Wir haben ja Abraham zum Vater. Denn ich sage euch: Gott kann aus diesen Steinen Kinder Abrahams machen. Schon ist die Axt an die Wurzel der Bäume gelegt; jeder Baum, der keine gute Frucht hervorbringt, wird umgehauen und ins Feuer geworfen.

Ich taufe euch nur mit Wasser (zum Zeichen) der Umkehr. Der aber, der nach mir kommt, ist stärker als ich, und ich bin es nicht wert ihm die Schuhe auszuziehen. Er wird euch mit dem Heiligen Geist und mit Feuer taufen. Schon hält er die Schaufel in der Hand; er wird die Spreu vom Weizen trennen und den Weizen in seine Scheune bringen; die Spreu aber wird er in nie erlöschendem Feuer verbrennen.
Matthäus 3,1–12

30 Da kam Licht in mein kummervolles Herz

Augustinus: Bekenntnisse
Lk 15,1–7

Auf dem Weg zu einem Vortrag in vornehmster Gesellschaft kam Augustinus, Inhaber eines begehrten Lehrstuhles für Redekunst in Mailand, in einer der Gassen dieser Stadt an einem Bettler vorbei. Der Bettler war offensichtlich etwas angeheitert. In sorgloser Fröhlichkeit machte er seine Scherze. Angesichts dieses Bettlers fragte sich Augustinus, wer von ihnen glücklicher sei, der angeheiterte Bettler oder er, der innerlich zwiespältige Redner: „Er war sicherlich in Freuden, ich in Ängsten; er sorglos, ich aufgeregt." In Ängsten und innerer Aufregung war Augustinus, weil ein altes Übel in ihm steckte. Nicht selten auf Kosten der Wahrheit suchte er, den Menschen zu gefallen, um auf diese Weise zu Ansehen und Ruhm zu gelangen. Zwar war er sich bewußt, daß auch die Freude dieses Bettlers nicht die wahre ist. Doch auch seine Ruhmsucht hatte nichts Wahres an sich: „Gewiß, es macht einen Unterschied, an was sich einer freut, ich weiß, und es steht die Freude aus gläubiger Hoffnung unermeßlich weit von jenem Wahnglück. Aber auch zwischen uns beiden gab es damals einen Unterschied: ohne Zweifel war der Bettler der Glücklichere, nicht allein, weil ihn Fröhlichkeit durchströmte, während mich Sorgen auszehrten, sondern mehr noch, weil er mit Heilwünschen an die Leute sich Wein verschafft hatte, ich (dagegen) mit Schmeicheleien nur dem Wind nachjagte." Wie Augustinus dazu kam, mit seinem Leben „nur dem Wind" nachzujagen und dann doch schließlich zur „Freude aus gläubiger Hoffnung" fand, soll hier skizzenhaft dargestellt werden.

Vgl. Augustinus, Bekenntnisse, Kösel-Verlag, München 1966, S. 261–265.

Im Leben von Augustinus (354–430) spielte seine fromme Mutter Monnica eine große Rolle. Durch sie wurde er im Glauben erzogen. Und wohin sein Weg auch führte, nie verlor sie ihn aus den Augen. Der heidnische Vater Patricius trat dagegen in den Hintergrund. „Er konnte bei mir das Vorrecht mütterlicher Gläubigkeit nicht entkräften" (I. 11). Die Schulzeit blieb Augustinus nicht in guter Erinnerung. War er lässig im Lernen, so bekam er seine Schläge. Als für ihn das studentische Leben begann, verlor er seinen Glauben immer mehr: „Immer weiter ging ich fort von Dir, und Du ließest es geschehen" (II. 2). Sein erwachendes Selbstgefühl und seine überschüssigen Kräfte trieben ihn in einen Strudel sittlicher Verirrungen: „Ich Unseliger lebte im Saus dahin und überließ mich dem Ungestüm des Gewoges in mir, los und weit von Dir, und brach ‚all Deine Satzungen'" (II. 2). Dieses Leben beglückte und quälte ihn zugleich. „In solcher Blindheit rannte ich weiter, daß ich mich vor meinen Altersgenossen schämte, wenn ich es weniger schamlos trieb als sie (...), wenn ich keine wirkliche Untat aufzuweisen hatte, die mich der verworfenen Gesellschaft gleichstellte, so log ich ihnen vor, ich hatte getan, was ich nicht getan" (II. 3). Als Sechzehnjähriger hatte er eine feste Freundin, von der er ein Jahr später ein Kind bekam: „Lieben und geliebt werden war mir erhöhte Lust, wenn ich auch des Liebenden Leib genoß. So vertrübte ich das Rinnsal freundschaftlicher Fühlung mit dem Schlamm sinnlichen Begehrens (...) Und gleichwohl, so häßlich und sittenlos ich war, kehrte ich in der Fülle meines Dünkels doch den feinen Mann von Welt hervor" (III. 1). Augustinus tat also genau das Gegenteil von dem, was der Apostel Paulus in seinem Römerbrief (12,2) schreibt: „Gleicht euch nicht dieser Welt an!"

Hinzu kam sein starker Drang nach Geltung, Ansehen, Ehre, Ruhm. Bei alldem gab es etwas in ihm, das sich nach Wahrheit sehnte. Doch während er meinte, der Wahrheit entgegenzugehen, entfernte er sich von ihr mehr und mehr. Später erkannte er: „Mein Sehen mit den Augen reichte nur bis zu Körpern, mein Sehen mit dem Geist nur bis zu Einbildungen" (III. 7). Immerhin, beruflich ging es vorwärts. Nach Abschluß des Studiums wurde er Lehrer für Rhetorik in seiner Vaterstadt Thagaste, dann in Karthago. Da die Studenten jedoch die Vorlesungen störten, begab er sich nach Rom. Auch hier blieb er nicht lange, weil ihn die Studenten um das Honorar prellten. Durch Vermittlung erhielt er schließlich den begehrten Lehrstuhl für Rhetorik zu Mailand. Doch hier hatte er bei seinen Reden immer wieder der vornehmen Gesellschaft nach dem Munde zu reden. Deshalb fühlte er sich wie ein verführter Verführer, wie ein betrogener Betrüger. Seine seelische Not wuchs. Hatte er geglaubt, auf seinen eigenen Wegen das Glück zu finden, so wurde ihm immer deutlicher bewußt, daß er nicht zum Leben kam, sondern einem seelischen Tod entgegenging. Er, der die Freiheit suchte, spürte, wie er an einer unzerreißbaren Kette lag, an der eisernen Fessel des eigenen Willens: „Denn weil der Wille verkehrt war, kam aus ihm das Gelüste, und da ich dem Gelüste dienstbar wurde, kam es zur Gewohnheit, und da ich der Gewohnheit nicht widerstand, kam es zur Notwendigkeit. Durch diese gleichsam ineinander gefügten Ringe – deshalb sprach ich von Kette – hielt mich eine harte Knechtschaft fest" (VIII. 4). Seine Seele erschien ihm wie ein dunkles und schmutziges Haus, in dem es kein Licht mehr gab. Er war voller Unruhe, selbst noch in der größten Müdigkeit. Er wollte vor sich selber fliehen. Doch: „Wohin hätte ich vor mir selbst fliehen sollen? Wohin wäre ich mir nicht nachgefolgt?" (IV. 7). Aufgrund solcher Erfahrungen begann Augustinus zu ahnen, daß dem Dasein des Menschen geheimnisvolle Gesetze zugrunde liegen: „Du hast bestimmt, und so ist es: daß jeder ungeordnete Geist sich selbst zur Strafe ist" (I. 12). Diese Einsicht wurde zu einem seiner beherrschenden Gedanken: „Welches Übel beginge man gegen Dich, den keinen Schaden treffen kann? Gleichwohl strafst Du, aber strafst, was die Menschen gegen sich selbst begehen; denn indem sie an Dir sich versündigen, freveln sie auch gegen die eigene Seele" (III. 8). Augustinus war an einem Punkt angelangt, da er sich selbst nichts mehr vormachen konnte: „So war mein Leben. War's ein Leben?" (III. 2). „Jeglicher Mensch, was ist er für ein Mensch, wenn er nur Mensch ist?" (IV. 1).

Wie aber war es der Mutter angesichts dieser Lage ihres Sohnes zumute? Sie tat ein Zweifaches: sie weinte und betete. Da ihr Mann inzwischen gestorben war, fühlte sie sich wie die Witwe von Nain, die der Bahre ihres toten Sohnes folgte: „Sie hatte mich vor Dir beweint wie einen Toten, aber einen Toten zum Auferwecken, und mich auf der Bahre ihres Sinnens und Denkens Dir entgegengetragen, auf daß Du zum Sohn der Witwe sprächest: ‚Jüngling, ich sage Dir, steh auf' (Lk 7,14), und er zurück ins Leben käme und zu reden anfinge und Du ihn seiner Mutter wiedergäbest" (VI. 1). Schon früher hatte sie einen Bischof aufgesucht, um bei ihm Rat zu holen. Der Bischof hatte ihr gesagt, sie müsse warten, bis die Zeit für den unbelehrbaren Sohn reif geworden sei. Und er fügte hinzu: „Nur bete für ihn zum Herrn (...) So wahr du lebst, es ist unmöglich, daß ein Sohn solcher Tränen verlorengeht" (III. 12). Das Gebet der Mutter blieb in der Tat nicht unerhört. Gott erfüllte die Bitte dieser Frau auf den ihm eigenen Wegen.

In Mailand begegnete Augustinus dem heiligen Ambrosius, dem Bischof dieser Stadt. Augustinus schätzte ihn wegen seiner Liebenswürdigkeit, aber auch weil er ein glänzender Redner war. Da aber Augustinus nichts von der kirchlichen Wahrheit hören wollte, war er ausschließlich an dem „Wie" seiner Rede interessiert, nicht hingegen an dem „Was". Doch mit dem „Wie" mußte er zwangsläufig auch das „Was" in sich aufnehmen. Auf diese Weise fand er zur Bibel zurück, die er früher als eine Sammlung von Altweibergeschichten abgetan hatte. Es ging ihm auf einmal auf, daß dieses Buch eine Wahrheit enthält, die nicht nur den Verstand, sondern vor allem das Herz des Menschen zutiefst betroffen machen kann. Daher las er jetzt immer wieder in diesem Buch und ging, sooft er konnte, in die Kirche; denn im Wort Gottes leuchtete die Wahrheit vor ihm auf wie eine Perle: „Sie stand zu verkaufen gegen Hingabe all des Meinigen, und ich – schwankte noch." Augustinus schwankte noch, weil er seine ungeordneten Leidenschaften nicht aufgeben wollte. Er fühlte sich wie ein im Schlaf Geweckter, doch im Taumel des Halbschlafes schob er den Zeitpunkt des Aufstehens hinaus, um dann wieder in den Schlaf zurückzufallen: „Also war ich von der Schwere der Welt, wie es gewöhnlich ist beim Schlafe, süß beladen, und die Gedanken, mit denen zu Dir ich sann, glichen den Bemühungen der zum Vollerwachen Gewillten, die gleichwohl, von der Tiefe der Schläfrigkeit übermannt, wieder doch sich sinken lassen" (VIII. 5). Ähnliches geschah bereits in seinen Jugendjahren. Seinerzeit hatte er um die Tugend der Enthaltsamkeit gebetet. Aber er betete so: „‚Gib mir Keuschheit und Enthaltsamkeit, nur gib sie nicht schon jetzt!' Denn ich fürchtete, Du möchtest mich sogleich erhören und sogleich mich heilen von der Krankheit der Begier, die ich lieber stillen wollte, als daß sie mir erloschen wäre" (VIII. 7).

Diese Halbheit brachte den Unentschlossenen zur Frage, wie es zu erklären sei, daß der Körper dem leisesten Willen der Seele leichter gehorche als die Seele sich selbst: „Befehl gibt der Geist dem Körper, und sogleich wird gehorcht; Befehl gibt der Geist sich selbst, und da ist Widerstand" (VIII. 9). Diese Feststellung führte ihn zur Einsicht, daß es in jedem Menschen einen zweifachen Willen gibt, einen befehlenden und einen ausführenden. Meint der befehlende Wille seine Anordnungen selbst nicht ernst, dann richtet sich der ausführende Wille danach, und es wird zu keiner wesentlichen Änderung kommen. Augustinus schreibt: „Es hielt mich in der Schwebe. Noch hielten sie mich auf, Torheit über Torheit und Eitelkeit über Eitelkeit, sie meine alten Freundinnen, und zupften heimlich am Gewande meiner Sinnlichkeit und raunten: ‚Schickst du uns weg?' Und dann: ‚Von jenem Augenblick an werden wir nicht mehr bei dir sein in alle Ewigkeit.' Und dann: ‚Von jenem Augenblick darfst du das und jenes nicht mehr tun, nicht in alle Ewigkeit.' (...) Die Gewohnheit, zwingerisch, sprach zu mir: ‚Du glaubst, du hältst es aus ohne sie?'" (VIII. 11). Aufgrund seiner Unentschlossenheit spitzte sich die Situation für Augustinus immer mehr zu. Eines Tages war er völlig am Ende. Vom Anspruch Gottes und den Mächten des Blutes hin- und hergezogen, befand er sich im Garten seines Hauses, als er auf einmal über die Mauer hinweg die Stimme eines Kindes im Singsang wiederholen hörte: „Nimm es, lies es; nimm es, lies es!“ Er dachte, das Kind singe den Vers eines Liedes. Da er sich jedoch an kein Lied mit solch einem Vers erinnern konnte, verstand er diesen Zuruf als einen Wink von oben. Er ging ins Haus und schlug die Paulusbriefe auf: „Still für mich las ich den Abschnitt, auf den mein Auge fiel: ‚Nicht in Schmausereien und Trinkgelagen, nicht in Schlafkammern und Unzucht, nicht in Zank und Neid, vielmehr ziehet an den Herrn Jesus Christus und pfleget nicht des Fleisches in seinen Lüsten‘ (Röm 13,13f). Weiter wollte ich nicht lesen, und weiter war es auch nicht nötig. Denn kaum war dieser Satz zu Ende, strömte mir Gewißheit als ein Licht ins kummervolle Herz, daß alle Nacht des Zweifelns hin und her verschwand“ (VIII. 12). Nur wer diesen Weg aus der Finsternis über die Halbheit zur Ganzheit bedenkt, kann vernehmen, was Augustinus zum Ausdruck bringen wollte, als er zu Beginn seiner „Bekenntnisse“ das berühmte Wort schrieb: „Ruhelos ist unser Herz, bis es seine Ruhe gefunden hat in Dir“ (I, 1). Es wird nur wenige Worte geben, die durch Erfahrung so abgesichert sind wie dieses. Hatte Augustinus diese Ruhe nicht gefunden, er wäre nie jene überragende Persönlichkeit geworden, die das Christentum zutiefst beeinflußt hat.

Lassen wir dem Gesagten nur noch wenige Nachbemerkungen folgen. Der hier skizzenhaft dargestellte Weg des heiligen Augustinus zum entschiedenen Glauben ist zunächst eine Ermutigung für alle Eltern, die ihr Kind gewissenhaft im Glauben erzogen haben und doch feststellen müssen, wie dieser Glaube inzwischen aufgegeben wurde. Sie dürfen die Hoffnung haben, daß all ihr Bemühen nicht umsonst gewesen ist. Augustinus schreibt hinsichtlich seines früheren Glaubens: Ich „behielt ihn tief im Grund“ (III. 4). Gut, wenn es auch heute viele Eltern gibt, die noch weinen und beten können, auf daß der Glaube, tief im Daseinsgrund ihrer Kinder liegend, durch Gottes Wegführung wieder lebendig wird. Denn dies ist das Zweite, was sich im Leben von Augustinus deutlich geoffenbart hat: Gott führt uns, obwohl es den Anschein hat, er ließe uns schweigend einfach laufen. Je weiter sich der Mensch von Gott entfernt, um so näher ist er ihm. Immer laufen wir in Gottes Arme, immer fallen wir in seine uns tragenden Hände; denn seine Sorge gilt jedem einzelnen: „Du Gütiger, Du Allmächtiger, der Du Sorge trägst um jeden von uns, als sorgtest Du nur für den einen, und Sorge tragst um alle, als wären sie nur einer“ (III. 11). Das wird zur beglückenden Erfahrung derjenigen, die „den Herrn Jesus Christus anziehen“, die eingehen in sein Wort, damit sein

Wort eingehen kann in sie. Ob es nicht in einem jeden Gottesdienst wenigstens ein Wort gibt, das wir uns „anziehen“ können? Wo wir in einem Gottesdienst ein solches Wort aufspüren, da kommt in unser kummervolles Herz ein Licht, das alle Nacht vertreibt und uns Ruhe finden läßt.

Alle Zöllner und Sünder kamen zu ihm, um ihn zu hören. Die Pharisäer und die Schriftgelehrten empörten sich darüber und sagten: Er gibt sich mit Sündern ab und ißt sogar mit ihnen. Da erzählte er ihnen ein Gleichnis und sagte: Wenn einer von euch hundert Schafe hat und eines davon verliert, läßt er dann nicht die neunundneunzig in der Steppe zurück und geht dem verlorenen nach, bis er es findet? Und wenn er es gefunden hat, nimmt er es voll Freude auf die Schultern, und wenn er nach Hause kommt, ruft er seine Freunde und Nachbarn zusammen und sagt zu ihnen: Freut euch mit mir; ich habe mein Schaf wiedergefunden, das verloren war. Ich sage euch: Ebenso wird auch im Himmel mehr Freude herrschen über einen einzigen Sünder, der umkehrt, als über neunundneunzig Gerechte, die es nicht nötig haben umzukehren.
Lukas 15,1–7

31 Von allem entblößt

N. G. van Doornik: Franz von Assisi
Mt 10,34–39

Ob es eine dramatischere Auseinandersetzung zwischen einem Vater und seinem Sohn geben kann als diejenige, die sich seinerzeit zwischen dem reichen Tuchhändler Pietro Bernardone und seinem Sohn Francesco (1181/82–1226) abgespielt hat? Der Vater wußte sich eines Tage nicht mehr zu helfen. Das sonderbare Verhalten seines Sohnes, der bereits zum Gespött der Stadt geworden war, ging ihm selbst an die Ehre. Alles drängte einem Höhepunkt zu. Schließlich schlug es dem Faß den Boden aus. Da sich der Sohn schon über einen Monat mit etlichen Ballen Tuch aus dem väterlichen Besitz von seinem Elternhaus abgesetzt hatte, ergriff ihn der Vater, kaum daß er wieder in der Stadt aufgetaucht war, und sperrte ihn in den Keller. Als seine Frau den Gefangenen wieder laufen ließ, verklagte ihn der Vater beim Rat der Stadt und dann, weil der Rat seinem Willen nicht entsprach, beim Bischof. Vor vielen neugierigen Zuschauern kam es zu einer erregenden Gerichtsverhandlung auf einem öffentlichen Platz, der Piazza del Vescovado. Wie Franziskus auf die anklagenden Worte seines Vaters reagierte, schildert Thomas von Celano, der erste Biograph des Heiligen, mit folgenden Worten: „Vor den Bischof geführt, zögert Franziskus keinen Augenblick; ohne ein Wort zu sprechen und bevor man ihm etwas befohlen hat, entledigt er sich all seiner Kleider und wirft sie seinem Vater in die Arme; er behält nicht einmal seine Unterkleider an, sondern bleibt vor den Anwesenden völlig nackt stehen." Der Bischof, der von Anfang an für Franziskus Partei ergriffen hatte und von dieser Szene tief betroffen war, stand auf und legte seinen Mantel schützend über den jungen Mann, denn er war der Überzeugung, daß dieses Geschehen von geheimer Bedeutung war. Daraufhin erklärte sich Franziskus vor der ganzen Menge: „Fortan kann ich in aller Freiheit sagen: Vater unser, der du bist im Himmel. Pietro Bernardone ist nicht länger mein Vater, ich gebe ihm nicht nur mein Geld zurück, sondern auch meine Kleider. Nackt werde ich meinem Herrn entgegengehen." Mit diesen Worten nahm Franziskus Abschied von seinem

Vater. Es glich der Trennung zweier Welten, die nie wieder zusammenkommen sollten. Wie konnte es so weit kommen?

Vgl. N. G. van Doornik, Franz von Assisi, Prophet und Bruder unserer Zeit, Verlag Herder, Freiburg-Basel-Wien 1977, S. 29ff.

Um die gestellte Frage beantworten zu können, müssen wir uns wenigstens kurz die familiären Verhältnisse von Franziskus vergegenwärtigen und die wichtigsten Stationen seines jungen Lebens berücksichtigen. Der Vater war der reichste Mann von Assisi. Dessen war er sich bewußt. Seine Geschäftsreisen führten ihn über die Alpen nach Frankreich und Flandern, wo er vermutlich seine Frau Pica kennenlernte. Diese Situation bedeutete für Franziskus, daß er in Wohlstand und Luxus aufwuchs. An Geld fehlte es ihm nie; leichtsinnig und verschwenderisch ging er damit um. Thomas von Celano schreibt: „Bis zu seinem fünfundzwanzigsten Lebensjahr übertraf er alle seine Freunde an Leichtsinn und war ihr Anführer. Er trug vornehme, elegante Kleidung, war sehr reich, aber keineswegs geizig. Im Gegenteil: Er war verschwenderisch, geschickt in kaufmännischen Dingen, aber er scheute sich nicht, Geld sinnlos wegzuwerfen."[1] In den Tag hineinlebend, war er mit seinen Freunden nicht selten bis zum Morgengrauen unterwegs. Zu dieser Verschwendungssucht kam seine Ruhmsucht. Franziskus wollte hoch hinaus.

Seine Pläne bekamen die ersten Risse, als der Lebemann von einer schweren Krankheit befallen wurde. Durch sie begann seine innere Welt eine andere Gestalt anzunehmen. Aus dem bunten Leben herausgenommen, kam er ans Nachdenken. Auf sich selbst zurückgeworfen, blickte er in den Abgrund seiner armseligen Wirklichkeit und begann am Sinn seines bisherigen Lebens zu zweifeln. Eine tiefe Niedergeschlagenheit breitete sich in ihm aus. In ihm wurde etwas umgewühlt; die in ihm verschütteten Tiefen brachen auf einmal auf. Carlo Carretto dürfte den inneren Zustand von Franziskus richtig wiedergeben, wenn er ihm die Worte in den Mund legt: „Jedenfalls hatte mir die Krankheit die vielen Sicherheiten, an denen ich mich bis dahin festhielt, weggenommen, und mir neue Augen gegeben. Statt meiner früheren Sicherheiten bekam ich die bittere Armut des kleinen, schwachen, gefährdeten kranken Menschen zu schmecken, der nur in der Demut den Weg der Wahrheit und der Liebe finden kann. Was mich am meisten beeindruckte, war die neue Art, mit der ich die Dinge sah. Mir war, als hätte ich vorher nichts gesehen ..."[2]

Die durch die Krankheit ausgehobene Tiefe und die aus ihr hervorgegangene neue Art zu sehen wuchsen durch die Begegnung mit einem Aussätzigen in der Umgebung von Assisi. Empfand er früher vor einem solchen Kranken einen heftigen Ekel, so spürte er jetzt in sich eine Kraft, die ihm half, sich Gewalt anzutun. Er drückte ihm nicht nur ein Almosen in die Hände, er tat mehr: er ergriff sie und küßte sie. Franziskus hatte auf einmal die Augen, nicht mehr allein den Zustand eines Menschen, sondern vor allem die Person zu sehen; er gab ihr nicht mehr irgend etwas, sondern sich selbst. Damit trat eine große Wandlung in sein Leben: Was ihm bislang süß erschien, wurde plötzlich bitter; und was für ihn bitter war, wurde jetzt auf einmal süß. „Das, was mir schwerfiel, wurde mir leicht und machte mich froh." Fortan wird Franziskus „das Bittere statt des Süßen" wählen und immer wieder neu erfahren können, wie sich das eine in das andere verwandeln läßt. In welchem Menschen gibt es diese Kraft nicht, das Bittere, vor dem man nicht selten unverhofft steht, anzunehmen und zu verwandeln?

Der Weg in die Tiefe war noch nicht am Ende. An einem Jahrmarktstag brach Franziskus nach Foligno auf, um dort kostbare Stoffballen abzusetzen. Auf dem Rückweg kam er zu dem verfallenen Kirchlein San Damiano. Vor dem dortigen Kreuz betend, vernahm er eine Stimme, die zu ihm sagte: „Franziskus, siehst du nicht, wie mein Haus zu einer Ruine zerfällt? Gehe und stelle es für mich wieder her!" Bei dieser Christusvision handelte es sich um eine vom Gekreuzigten gewirkte Erscheinung im Abgrund der Seele des Betenden. Diese Erscheinung macht deutlich, wie tief der Herr inzwischen in die Tiefen dieses Menschen eingedrungen war und wie sehr er von ihm Besitz ergriffen hatte. Franziskus nahm das ihm zugesprochene Wort konkret. Er ging zu dem alten Priester, der die kleine Kirche betreute, und bot ihm sein Geld für ihre Wiederherstellung an. Dabei konnte er noch nicht erahnen, daß er in Kürze zum Erneuerer der ganzen Kirche Jesu Christi werden sollte. Immer ist es der je einzelne, der die Kirche trägt. Jeder Christ ist dort, wo er steht, eine Stütze der Kirche; er ist eine Säule, eine kleinere oder größere, je nachdem er dem Wort Gottes Raum in sich gibt. Doch bleiben wir bei jenem alten Priester. Aus Angst vor dem geizigen Vater des Ankömmlings wies er das Geld zurück. Von diesem Zeitpunkt bis zu jenem Augenblick, da der Konflikt zwischen Vater und Sohn vollends ausbrach, dauerte es nicht mehr lange. Daß der Sohn seine Hoffnungen enttäuscht hatte, war schon genug; daß er jetzt aber noch an sein Vermögen ging, war dem Vater zuviel. Daher war er der Überzeugung, seinem Sohn in keiner Weise recht geben zu können. Der Sohn hingegen fühlte in seinem Innersten, daß die Welt des Vaters für ihn immer weniger annehmbar zu werden begann. In der Tat, beide lebten in zwei vollkommen verschiedenen Welten. Das verdeutlichen einige Sätze, die die Schriftstellerin Luise Rinser in ihrer Franziskusgeschichte „Bruder Feuer" formuliert hat: „Jeder Mensch lebt auf zwei Ebenen. Auf der einen leistet man etwas, das von anderen gesehen und beurteilt wird. Da hat man Erfolg oder Mißerfolg, da wird man getrieben von Ehrgeiz und Machtwillen und Besitzgier und Eigennutz und Eitelkeit, und man ist in Unruhe und verzettelt sich in lauter Betrieb. Auf der anderen Ebene sieht einen ein anderes Auge, und man wird mit einem anderen Maßstab gemessen, der läßt nichts gelten als das, was ganz ohne Berechnung getan wird, ganz ohne Egoismus, aus keinem anderen Motiv als dem der Liebe und Freude."[3] Während der Vater sein Leben in der Hauptsache auf der ersten Ebene zubrachte, war sein Sohn von dieser Ebene auf die andere abgesprungen. Er wollte keine „Ameise" sein, die er bei all seiner Tierliebe wegen ihrer ständigen Betriebsamkeit und Habsucht nicht mochte. Auch wollte er nicht mehr unter den Augen der Menschen leben; unter den Augen Gottes zu leben, war von nun an seine einzige Absicht. Daher konnte Pietro Bernardone fortan nicht mehr sein Vater sein; der Vater im Himmel war ihm zum Vater geworden. Daß ihm der Abschied von seinem leiblichen Vater bei alldem nicht leicht gefallen war, offenbart die Antwort, die Franziskus gab, als man ihn später einmal fragte, was ihm in seinem Leben am schwersten gefallen sei. Nur leise hatte er geflüstert: „Das mit dem Vater."

Damit sind wir wieder zu jenem Marktplatz zurückgekehrt, auf dem der Sohn nackt seinem Vater gegenüberstand. Franziskus hatte eine Symbolhandlung vollzogen. Er tat es, weil er erkannt hatte, wie sich hinter äußerem Reichtum eine erschreckende Armut verbergen kann. Zugleich war ihm bewußt geworden, daß hinter äußerer Armut ein ungeahnter Reichtum gefunden werden kann. Die Nacktheit von Franziskus ist also der Ausdruck für „die hüllenlose Wahrhaftigkeit und die totale Preisgegebenheit an Gott" (G. Kranz). Nichts mehr von sich selbst erwartend, begann Franziskus das Evangelium zu leben. Glauben und Leben waren für ihn ein und dasselbe geworden. Welche Erfahrungen vermittelte ihm diese tiefste Einheit mit Gott, der ihm zum Vater geworden war? Franziskus erlebte eine grenzenlose Freude. Von ihr war er ganz durchdrungen. Deshalb nannten ihn seine Brüder „Bruder Immerfroh". Dieser „Bruder Immerfroh" hatte eine Ahnung von dem, was das Evangelium, dem er sich ganz geöffnet hatte, unter Freude versteht. „Wäre nicht diese Freude das Heilmittel für unsere freudelose Zeit, in der die Leute so sehnsüchtig nach dem kleinsten

Fetzchen Vergnügen haschen, das doch stets nur ein schaler Ersatz ist?" (W. Nigg). Man kann aber bei Franziskus nicht von der Freude reden, ohne im selben Atemzug seinen tiefen Frieden zu erwähnen. Mit dem Wort: „Der Herr schenke dir den Frieden!" begrüßte er jedermann. Diesen Frieden, den nicht politische Verhandlungen vermitteln können, vermochte Franziskus weiterzugeben, weil er ihn selbst in Gott gefunden hatte. Mit allen und allem war er ausgesöhnt. Deshalb sah er in allen und allem seine Brüder und Schwestern. Selbst den Tod nannte er seinen Bruder. In seiner Todesstunde ließ er sich nackt auf den Boden legen und empfing den Tod mit den Worten: „Willkommen, mein Bruder Tod!" Singend erwartete er diesen Bruder.

Man fragt sich, wie es eigentlich zu erklären ist, daß Franziskus eine Gestalt ist, die im Verlauf der Geschichte niemals alt geworden ist. Um darauf antworten zu können, schlagen wir noch einmal zwei der von uns erwähnten Franziskus-Bücher auf. Luise Rinser schreibt hierzu: „Er ist immer jung, denn Jungsein bedeutet: die ‚Erstlingsgabe' bewahren, den großen Schwung der Hoffnung und Liebe, der einen Menschen fähig macht zu fliegen, während die Immer-Alten mühsam und verbittert auf der Erde kriechen. Franziskus ist der Heilige der jungen und der sich immer wandelnden Menschen" (13). Bei Carlo Carretto lesen wir: „Ich glaube, Franziskus von Assisi ist in der Tiefe jedes Menschen, der von der Gnade berührt ist, wie in der Tiefe jedes Menschen der Ruf nach Heiligkeit ertönt" (8). So erhebt sich vor uns mit Franziskus die Frage: Wie stehen wir vor Gott? Gibt es in unserem Leben irgend etwas, hinter dem wir unsere seelische Armut vor ihm zu verbergen suchen? Wie viele Schutzwälle gibt es, die wie Wälle zwischen Gott und unserem wahren Inneren treten können. Nur wer es wagt, sich aller Hüllen zu entledigen, um nackt in seiner ganzen Armut vor Gott zu stehen, wird die Ankunft seines Wortes erfahren. Er wird erfahren, wie sich seine Armut in Reichtum, seine Traurigkeit in Freude und seine innere Zerrissenheit in Frieden verwandeln. Durch eine solche Verwandlung wird Franziskus in ihm lebendig, und er wird zu einem Segen für Kirche und Welt.

Denkt nicht, ich sei gekommen, um Frieden auf die Erde zu bringen. Ich bin nicht gekommen, um Frieden zu bringen, sondern das Schwert. Denn ich bin gekommen, um den Sohn mit seinem Vater zu entzweien und die Tochter mit ihrer Mutter und die Schwiegertochter mit ihrer Schwiegermutter; und die Hausgenossen eines Menschen werden seine Feinde sein. Wer Vater oder Mutter mehr liebt als mich, ist meiner

nicht würdig, und wer Sohn oder Tochter mehr liebt als mich, ist meiner nicht würdig. Und wer nicht sein Kreuz auf sich nimmt und mir nachfolgt, ist meiner nicht würdig. Wer das Leben gewinnen will, wird es verlieren; wer aber das Leben um meinetwillen verliert, wird es gewinnen.
Matthäus 10,34–39

32 Im Menschen den Menschen finden

F. M. Dostojewski: Briefe
Joh 13,34–35

Wenige Tage nach seiner Entlassung aus dem Zuchthaus in Omsk schrieb F. M. Dostojewski (1821–1881) einen Brief an Natalja Dmitrijewna Fonwisina. Er schätzte diese Frau wegen ihres außergewöhnlichen Verstandes, ihrer großen Herzensbildung und ihrer tiefen Religiosität. Wie Dostojewski war auch ihr Mann für fünf Jahre in die Verbannung geschickt worden. Aufgrund ihrer Treue verbrachte sie sämtliche Jahre mit ihm in Sibirien. Während dieser Zeit hatte sie alle ihre Kinder verloren. Ihre bedrückte Stimmung hatte ihren Grund in der tödlichen Krankheit ihres Mannes. Dostojewski schrieb ihr unter anderem:

„Ich weiß nicht warum, doch ich errate aus ihrem Brief, daß Sie in trauriger Stimmung in die Heimat zurückgekehrt sind. Ich begreife es (...) Ich habe Ihr Leben nicht gelebt, und vieles davon ist mir unbekannt, wie überhaupt jeder Mensch das Leben seines Mitmenschen nie genau kennen kann; doch das menschliche Gefühl ist uns allen gemein (...) Ich habe von vielen gehört, daß Sie sehr religiös sind. Doch nicht weil Sie religiös sind, sondern weil ich es selbst erfahren und durchgemacht habe, will ich Ihnen sagen, daß man in solchen Augenblicken ‚wie trockenes Gras' nach dem Glauben lechzt und ihn schließlich findet, eigentlich nur aus dem Grunde, weil man im Unglück die Wahrheit klarer sieht. Ich will Ihnen von mir sagen, daß ich ein Kind dieser Zeit, ein Kind des Unglaubens und der Zweifelsucht bin und es wahrscheinlich (ich weiß es bestimmt) bis an mein Lebensende bleiben werde. Wie entsetzlich quälte mich (und quält mich auch jetzt) diese Sehnsucht nach dem Glauben, die um so stärker ist, je mehr Gegenbeweise ich habe. Und doch schenkt mir Gott zuweilen Augenblicke vollkommener Ruhe; in solchen Augenblicken liebe ich und glaube, auch geliebt zu werden; in diesen Augenblicken habe ich mir mein Glaubensbekenntnis aufgestellt, in dem mir alles klar und heilig ist. Dieses Glaubensbekenntnis ist höchst einfach, hier ist es: Ich glaube, daß es nichts Schöneres, Tieferes, Sympathischeres, Vernünftigeres,

Männlicheres und Vollkommeneres gibt als den Heiland; ich sage mir mit eifersüchtiger Liebe, daß es dergleichen nicht nur nicht gibt, sondern auch nicht geben kann. Ich will noch mehr sagen: Wenn mir jemand bewiesen hätte, daß Christus außerhalb der Wahrheit steht, und wenn die Wahrheit tatsächlich außerhalb Christi stünde, so würde ich es vorziehen, bei Christus und nicht bei der Wahrheit zu bleiben."

F.M. Dostojewski, Gesammelte Briefe (1833–1881), Brief v. Februar 1854, R. Piper & Co Verlag, München 1966, S. 86f.

Da Dostojewski sich hinsichtlich seines Glaubensbekenntnisses auf seine persönliche Erfahrung beruft, tun wir gut daran, uns zu vergegenwärtigen, welche Leidenszeit er seinerseits gerade durchgemacht hatte. In seinen jungen Jahren hatte er sich in Petersburg einer revolutionären Gruppe angeschlossen, die die bestehenden gesellschaftlichen Verhältnisse gewaltsam verändern wollte. Nicht zuletzt ging es ihr um die Abschaffung der Leibeigenschaft. Die Gruppe wurde gefangengenommen und in die Peter-Pauls-Festung gebracht, ein von einem russischen Zaren für die gefährlichsten Staatsumstürzler erbautes Gefängnis. Wie der allergefährlichste Hochverräter wurde er in einer Einzelkammer eingeschlossen. Genau sieben Monate später, am 22. Dezember 1849, wurde er morgens um sieben Uhr geweckt und mit anderen Gefangenen in kastenartigen Wagen zum Semjonowplatz gefahren, der trotz der frühen Stunde von einer neugierig gaffenden Menge umgeben war. Die Häftlinge, die einander seit der Verhaftung nicht mehr gesehen hatten, stiegen am Fuß des Schafotts aus. Alsbald ertönte der Befehl: „Mützen herunter!" Man verlas ihnen den Urteilsspruch: „Hinrichtung durch Erschießung." In das lange weiße Totenhemd gekleidet, wurden drei von ihnen an einen Pfahl gebunden. Fünfzehn Soldaten hatten bereits auf sie gezielt, als plötzlich die Amnestie des Zaren und der neue Urteilsspruch verlesen wurde: Verschickung nach Sibirien. „Zar Nikolai I. hatte sich dieses schauerliche Theater der Hinrichtung in allen Einzelheiten ausgedacht (...) Der Alleinherrscher aller Reußen wollte die ‚Verbrecher' und alle Mitwisser, alle Zuschauer wie auch das Militär auf diese Weise erschüttern und für alle Zeiten den Freiheitsgedanken aus ihren Köpfen tilgen (...) Auf dem Schafott erschien der Schmied mit Ketten in der Hand – vom Tode waren sie befreit, nicht aber von der Stiefmutter des Todes – der Katorga" (Zenta Maurina). Als Dostojewski in die Gefängniszelle zurückgekehrt war, schrieb er noch am selben Tag seinem Bruder einen vielseitigen Brief, in dem er den im Geiste erlittenen Märtyrertod schildert. Dann fährt er fort: „Soeben erfahre ich, lieber Bruder, daß wir heute oder morgen abtransportiert werden (...) Ich bin nicht verzweifelt und habe den Mut nicht verloren. Leben gibt es überall, das Leben ist in uns selbst, nicht außer uns. Ich werde von Menschen umgeben sein, werde unter ihnen Mensch sein und es immer bleiben. Sich vom Unglück nicht beugen, nicht umwerfen lassen, was auch immer geschehe, das nenne ich Leben, das ist die Aufgabe unsres Daseins (...) Noch habe ich ja mein Herz und mein Fleisch und Blut, die imstande sind, zu lieben und zu leiden, zu wünschen und sich zu erinnern. Und das ist ja der eigentliche Inhalt unseres Daseins. *On voit le soleil* (Man sieht die Sonne). Lebe wohl, Bruder" (Br 77). Dostojewski resignierte nicht; er ließ sich nicht vom Gefühl des Selbstmitleides überlisten. Das erfüllte ihn mit neuer Lebenskraft, die ihn mit unerschütterlicher Hoffnung in eine neue, wenn auch schwere Zukunft schauen ließ: „Ich blicke zurück auf die Vergangenheit und denke an die verlorene Zeit, die dahingegangen ist in Irrungen, Verfehlungen, Trägheit, Unkenntnis des Lebens; warum habe ich den Wert des Lebens nicht besser erkannt, wie oft habe ich mich an meinem Herzen und meiner Seele vergangen! Mein Herz blutet. Das Leben ist ein Geschenk, das Leben ist ein Glück, jede Minute kann zur Ewigkeit des Glücks werden. *Si jeunesse savait* (Wenn die Jugend wüßte)! Nun gestaltet sich mein Leben neu, es wurde neu geboren in neuer Form. Bruder! Ich schwöre Dir, daß ich die Hoffnung nicht aufgeben werde, daß mein Herz und meine Sinne rein bleiben werden. Ich werde zum Besseren wiedergeboren. – Das ist meine ganze Hoffnung, mein ganzer Trost" (Br 80). Diese Worte, die der Achtundzwanzigjährige in seiner dunklen Gefängniszelle kurz vor seinem Abtransport nach Sibirien geschrieben hat, erinnern uns unmittelbar an Mitja Dmitrij Karamasoff, der aufgrund eines Justizirrtums ebenfalls im Gefängnis sitzt. Des Vatermordes beschuldigt, wartet auch auf ihn die Verbannung. Was er seinem Bruder Aljoscha, der zu ihm ins Gefängnis gekommen ist, sagt, hat auffallend denselben Atem wie jener Brief, den Dostojewski seinem Bruder aus der Zelle heraus geschrieben hat. Dmitrij sagt zu Aljoscha: „Ich habe in diesen zwei letzten Monaten einen neuen Menschen in mir entdeckt, ein neuer Mensch ist in mir auferstanden! Dieser Mensch war immer in mir verborgen, aber es wäre mir nie zu Bewußtsein gekommen, daß ich ihn in mir trug, wenn Gott nicht dieses Gewitter geschickt hätte. Unheimlich ist das Leben! Aber was liegt daran, daß ich zwanzig Jahre lang in Bergwerken Erze mit dem Hammer auspochen werde – das schreckt mich jetzt nicht mehr. Ich fürchte etwas ganz anderes, und das ist meine einzige große Angst: ich fürchte, daß mich der soeben erst in mir auferstandene Mensch wieder verlassen könnte! Man kann auch dort in den Erzgruben unter der Erde neben sich in genau solch einem Zwangsarbeiter und Mörder ein menschliches Herz finden, und man kann ihm dort näher treten, denn auch dort kann man leben, lieben und leiden. In diesem Zwangsarbeiter kann man das erfrorene Herz wieder beleben, Jahre und Jahre kann man um ihn bemüht bleiben, und einmal wird man doch die Seele aus der dunklen Höhle zum Licht emporführen, und dann wird er bereits ein veredelter Mensch sein (...) Ich habe den Vater nicht erschlagen, aber ich muß hingehen. Ich nehme es auf mich! Das alles ist mir erst hier aufgegangen ... hier zwischen den nackten Wänden (...) Ich weiß, wir werden in Ketten sein, und wir werden keinen freien Willen haben, aber dann, in unserem Leid, werden wir von neuem zur Freude auferstehen, zur Freude, ohne die es dem Menschen unmöglich ist zu leben (...) Und wenn ich auch angeschmiedet bin, so lebe ich doch, so sehe ich doch die Sonne, oder wenn ich sie auch nicht sehe, so weiß ich doch, daß sie da ist! Wissen aber, daß die Sonne da ist, – das ist schon das ganze Leben."[1]

Hier schließt sich der Kreis. Dostojewski hatte im Gefängnis in sich „den Menschen im Menschen" gefunden; das befähigte ihn, auch in den anderen „den Menschen im Menschen" zu finden. Als er nach vierjähriger Gefangenschaft am 15.2.1854 aus dem Zuchthaus in Omsk entlassen worden war, schrieb er seinem Bruder: „Glaub mir, es gibt unter ihnen tiefe, starke und schöne Naturen, und es machte mir oft große Freude, unter einer rohen Hülle Gold zu finden. Und das war nicht nur ein einziger, auch nicht zwei, sondern es waren mehrere. Die einen flößten Respekt ein, die anderen waren absolut schön (...) So viele Lebensläufe von Landstreichern und Räubern habe ich kennengelernt und überhaupt das ganze traurige Leben des gemeinen Volkes! (...) Meine Zeit habe ich überhaupt nicht unnütz verbracht" (Br 97).[2] „Den Menschen im Menschen finden", das macht den Realismus von Dostojewski aus. Am Ende seines Lebens notierte er in seinem Tagebuch: „Bei vollständigem Realismus im Menschen den Menschen finden (...) Man nennt mich einen Psychologen. Das ist nicht richtig. Ich bin nur ein Realist im höheren Sinne, das heißt: ich zeige alle Tiefen der Menschenseele."[3] Zum Realisten war Dostojewski durch seine Verurteilung geworden. Damals schon erkannte er, daß die Gewalt nichts zu bessern vermag. War er vorher der Überzeugung, daß die Gesellschaft verändert werden muß, so war ihm inzwischen klar geworden, daß sich der einzelne Mensch verändern muß, um eine Verbesserung der Verhältnisse im Kleinen wie im Großen bewirken zu können. Auf diese Weise entdeckte er die „qualitative Revolution", die immer im eigenen Herzen stattfindet. Es ist die Revolution der Liebe: „An jedem Tag und zu jeder Stunde, in jeder Minute wache über dich und gib acht, daß dein Antlitz Gott wohlgefällig sei. Da bist du vielleicht an einem kleinen Kind vorübergegangen, bist böse, mit einem häßlichen Wort im Sinn, mit zornerfüllter Seele vorübergegangen; vielleicht hast du das Kind überhaupt nicht bemerkt, das Kind aber, das hat dich gesehen, und wer weiß, vielleicht ist der Anblick deines abstoßenden und gottlosen Angesichts in seinem wehrlosen Herzen verblieben. Du weißt es nicht einmal, und hast vielleicht doch schon ein schlechtes Samenkorn in sein Herz gesät, und der schlechte Samen kann womöglich aufgehen, und das alles nur, weil du vor einem kleinen Kind nicht acht hattest auf dich, da du dich nicht zu umsichtiger, tätiger Liebe erzogen hast" (K 523). In seinem Roman „Der Idiot" macht Dostojewski durch den jungen schwindsüchtigen Ippolit Terentjeff darauf aufmerksam, wie jede gute Tat ebenfalls einem Samenkorn gleicht, das dem anderen auf ewig in die Seele geworfen wird, um darin eines Tages aufzugehen: „Hierbei ist ja das ganze Leben mit seinen zahllosen uns verborgenen Verzweigungen mit im Spiel. Der beste, scharfsinnigste Schachspieler kann nur einige kleine Züge voraussehen; von einem französischen Schachspieler, der zehn Schachzüge vorausberechnen konnte, berichtete man wie von einem Weltwunder. Wie viele Schachzüge des Lebens aber sind uns denn bekannt? Und wieviel ist unbekannt! Indem Sie Ihr Samenkorn oder Ihr Almosen ausstreuen, Ihre Tat vollbringen, geben Sie, in welcher Form es auch sei, einen Teil Ihrer Persönlichkeit hin und nehmen einen Teil der anderen Persönlichkeit in sich auf; in dieser Wechselbeziehung stehen Sie beide zueinander (...) Andererseits können alle Ihre Gedanken, alle die Samenkörner, die Sie ausgestreut haben und die von Ihnen selbst vielleicht schon vergessen worden sind, sich verkörpern und heranwachsen; wer sie von Ihnen empfangen hat, wird sie einem anderen weitergeben. Und woher können Sie wissen, welchen Anteil Sie an der zukünftigen Gestaltung der Geschicke des Menschengeschlechts haben werden? Wenn aber das Wissen und ein ganzes Leben in dieser Arbeit Sie zu guter Letzt dafür befähigen, der Welt einen gewaltigen Samen, einen gewaltigen Gedanken als Erbe zu hinterlassen, dann ..."[4]

An dieser Stelle können wir erahnen, welche Bedeutung Jesus Christus für Dostojewski hatte. Sein Christus ist der Christus der Evangelien. „Mit dem Evangelium waren wir in unserer Familie bereits seit der frühesten Kindheit vertraut" (T 76). In der Peter-Pauls-Festung eingeschlossen, bat er seinen Bruder, ihm die Bibel zu schicken. Auf dem

Weg ins Zuchthaus hatte ihm Frau N. D. Fonwisina – die gleiche Frau, an die er den eingangs erwähnten Brief gerichtet hatte – das Neue Testament geschenkt, das ihn zeitlebens begleiten sollte. Während der vier Jahre seiner Gefangenschaft lag es unter seinem Kopfkissen. Aus ihm las er den Mitgefangenen vor; mit seiner Hilfe brachte er einem jungen Zuchthäusler das Lesen bei (T 24). „Eines Abends hatten wir die ganze Bergpredigt durchgelesen. Es war mir aufgefallen, daß er einige Stellen mit ganz besonderem Ausdruck vortrug. Ich fragte ihn, ob ihm das gefallen habe, was er gelesen? Er blickte schnell auf und errötete. ‚Ach, ja!' antwortete er, ‚ja. Issa (Jesus) ist ein großer Prophet. Issa hat Gottes Wort gesprochen. Wie schön er spricht!' ‚Was hat dir denn am meisten daraus gefallen?' ‚Ach, das, wo er sagt: Liebet eure Feinde, tuet wohl denen, die euch hassen.'"[5] „Mir selbst stahl ein Sträfling (...) mein Neues Testament, das einzige Buch, das man im Ostrogg besitzen durfte. Er gestand es mir noch am selben Tage ganz naiv, doch tat er dies nicht etwa aus Reue, sondern nur aus Mitleid mit mir, da ich es lange vergeblich suchte" (AT 35). Was der Staretz Sossima hinsichtlich des Alten Testamentes sagt, hat seine Gültigkeit auch für die Schriften des Neuen Testamentes: „Mein Gott, was ist das für ein Buch und was sind das für Lehren! Welche Wunder enthält diese Heilige Schrift, und welch eine Kraft ist mit ihr dem Menschen gegeben! Es ist wie ein Herausmeißeln des Urbildes der Welt und des Menschen und der menschlichen Charaktere, und alles ist da mit Namen genannt und gedeutet für alle Zeiten. Und wie viele gelöste und offenbarte Geheimnisse" (K 476). Für Dostojewski sind die Worte der Bibel Samenkörner Gottes. Wo ein solches in die Seele des Menschen fällt, da wird es nicht sterben: „Es wird ein ganzes Leben lang heimlich glimmen in seiner Seele, wird sich verbergen in ihm inmitten der Finsternis, inmitten des Gestanks seiner Sünden wie ein lichter Punkt und wie eine große Mahnung. Und es ist nicht einmal nötig, nein, gar nicht nötig, viel zu erläutern und zu lehren; je einfacher es gesagt wird, um so besser versteht er es" (K 479). Kaum ein anderer Schriftsteller dürfte mit dem Evangelium in so enger Verbindung gelebt haben. Immer lag es auf seinem Schreibtisch. Und wenn er über etwas im Zweifel war, schlug er dieses Buch auf und las, was auf der zuerst aufgeschlagenen linken Seite stand. So tat er es auch an seinem Sterbetag. Seine Frau Anna Grigorjewna schreibt in ihren „Erinnerungen": „Auch jetzt wollte Fjodor Michailowitsch das Evangelium befragen. Er schlug es auf und bat mich, ihm vorzulesen: ‚Evangelium Matth. III, 14–15: Aber Johannes wehrte ihm und sprach: Ich bedarf wohl, daß ich von dir getauft werde, und du kommest zu mir? – Jesus aber antwortete und sprach zu ihm: Halte mich nicht zurück! Denn es geziemt uns, das Wort des Herrn zu erfüllen. Da tat er nach seinem Willen.' ‚Hörst du, halte mich nicht zurück, folglich sterbe ich', sagte mein Mann und schloß das Buch."[6]

Wer war also Jesus Christus für Dostojewski? Er war derjenige, der wie kein anderer den „Menschen im Menschen", den neuen Menschen im alten Menschen, das Urbild des Menschen anzusprechen und zu befreien vermag. Dabei weist Dostojewski auf einige Besonderheiten hin. Weil Jesus Christus die Menschen liebte, liebte er auch ihre Freude; und weil auch er wußte, daß man ohne Freude nicht leben kann, verhalf er ihnen dazu. Was Aljoscha in diesem Zusammenhang sagt, sind Dostojewskis ureigene Empfindungen: „Ich liebe diese Stelle so. Die Hochzeit zu Kana, das erste Wunder (Joh 2,1–12) ... Ach, dieses Wunder, dieses herrliche Wunder! Nicht das Leid, nein, die Freude der Menschen suchte Jesus auf, als er sein erstes Wunder vollbrachte, zur Freude verhalf er ihnen" (K 588). Aber Jesus Christus verhalf den Menschen nicht nur zur Freude. Er klärte sie vor allem über das auf, was eigentliches Leben ist: „Sie haben da unter anderem ein großes Wort gebraucht: ‚Aufklärung'. Erlauben Sie, daß ich Sie frage, was Sie unter diesem Wort verstehen: die Wissenschaft des Westens, die Technik, die handwerklichen Fertigkeiten oder die – Aufklärung des Geistes? (...) Unter Aufklärung verstehe ich (und ich denke, daß niemand sie anders auffassen kann), verstehe ich – das, was das Wort buchstäblich besagt: Erhellung, also das geistige Licht, das die Seele erhellt, im Herzen Klarheit schafft, den Geist lenkt und ihm den Weg des Lebens weist." Aufgeklärt ist demnach, wer „Christus und die Lehre Christi in sein Wesen aufgenommen hat" (T 510). Hier bricht die Ursache menschlichen Unglücks auf. Sie liegt darin, daß die Menschen ohne Christus leben wollen. Darauf weist Dostojewski in einem Gespräch zwischen dem scheidenden Staretz Paissij und dem jugendlichen Aljoscha hin: „Vergiß nicht, Jüngling, und sei immerzu und mit aller Standhaftigkeit dessen eingedenk, daß weltliche Wissenschaft, die sich zu einer gewaltigen Macht zusammengeballt hat, alles zu erforschen und zu zerstören sucht, was uns an Himmlischen in den heiligen Büchern hinterlassen worden ist. Besonders in den letzten hundert Jahren. Und jetzt ist nach einer schonungslosen Analyse von allem, was früher heilig war, bei den Gelehrten dieser Welt entschieden nichts mehr davon übriggeblieben. Aber sie untersuchen es stückweise, und dabei ist ihnen der Geist des Ganzen entgangen (...) Sogar in den Regungen dieser selben, die alles zerstört haben, in den Seelen der Atheisten, lebt es wie früher unerschütterlich fort! Denn auch die, die sich vom Christentum losgesagt haben und gegen dasselbe eifern, sind ihrem Wesen nach doch Ebenbilder dieses selben Christus und werden es bleiben, denn bis jetzt ist weder ihre Weisheit, noch die Glut ihres Herzens fähig gewesen, ein anderes, höheres Ideal des Menschen und der Menschenwürde hervorzubringen, als das von Christus vorzeiten gegebene. Was aber an Versuchen bekannt geworden ist, so waren das nichts als Mißgeburten" (K 276f).

Für Dostojewski ist Jesus Christus „das Beispiel und Ideal der Sittlichkeit". Ihr gegenüber erklärt der ungläubige Menschenverstand, daß sie unerfüllbar sei: „Die linke Backe ... mehr als sich selbst lieben ... Aber ich bitte, wozu das, wozu? Ich bin hier für einen Augenblick, Unsterblichkeit gibt es nicht, da lebe ich lieber wie ich will" (T 616f). Der ungläubige Menschenverstand erklärt: „Christus hat sich geirrt." Dostojewski antwortet: „Lieber bleibe ich bei meinem Irrtum mit Christus als bei euch" (T 617). „Natürlich ist das nicht wissenschaftlich, obschon - warum schließlich nicht? Die gewaltige Tatsache der Erscheinung Christi auf Erden und alles dessen, was darauf folgte, verlangt meiner Ansicht nach auch wissenschaftliche Ausarbeitung. Die Wissenschaft kann es doch nicht für unter ihrer Würde halten, die Bedeutung der Religion in der Menschheit zu untersuchen, und wäre es auch nur im Hinblick auf die historische Tatsache, die durch ihre Ununterbrochenheit und Beharrlichkeit frappiert. Die Überzeugung aber der Menschen von der Berührung mit anderen Welten - diese unausrottbare Überzeugung ist doch gleichfalls sehr bedeutsam. So etwas läßt sich doch nicht mit einem Federstrich lösen" (T 620).

Inzwischen dürfte deutlich geworden sein, warum es für Dostojewski außer Jesus Christus „nichts Schöneres, Tieferes, Sympathischeres, Vernünftigeres, Männlicheres und Vollkommeneres gibt". Diese Überzeugung wiederholt er in einem Brief vom 1./13.1.1868 an S.A. Iwanowa: „Es gibt in der Welt nur eine einzige positiv-schöne Gestalt: Christus, diese unendlich schöne Gestalt ist selbstverständlich ein unendliches Wunder (das ganze Evangelium Johannis ist von diesem Gedanken erfüllt: Johannes sieht das Wunder in der Fleischwerdung, in der Erscheinung des Schönen)" (Br 251f). „Das lichte Bild des Gottmenschen, seine sittliche Unerreichbarkeit, seine wunderbare und wunderwirkende Schönheit" (T 21) hat Dostojewski in der berühmten Fabel vom Großinquisitor, dem Kernstück des Romans „Die Brüder Karamasoff", dargestellt. Es ist das 16. Jahrhundert in Spanien, in Sevilla, da der fast neunzigjährige Großinquisitor, ein Greis mit vertrocknetem Gesicht und eingefallenen Augen, alle vermeintlichen Ketzer aufspüren und verbrennen läßt. Zu dieser Zeit kommt Christus zur Erde zurück. Er wird von den Menschen erkannt, obwohl er ganz still und unbemerkt erschienen war. „Eine unwiderstehliche Macht zieht das Volk zu Ihm hin; es umringt Ihn, wächst mehr und mehr um Ihn an und folgt ihm, wohin er geht. Er aber wandelt stumm unter ihnen mit einem stillen Lächeln unendlichen Mitgefühls" (K 405). Er heilt einen alten Mann von seiner Blindheit, damit auch dieser ihn sehen kann, und erweckt ein siebenjähriges Mädchen vom Tod. Der Großinquisitor schaut nicht lange zu. Er läßt ihn einkerkern, um ihn anderntags dem Scheiterhaufen zu überantworten. Er wirft ihm vor, daß er kein Recht habe wiederzukommen; denn er habe die Freiheit der Menschen zu hoch eingeschätzt und sie deshalb ins Unglück gestürzt. Die Menschen aber seien der Freiheit nicht wert. „Wir haben Deine Tat verbessert und sie auf dem *Wunder, dem Geheimnis und der Autorität* aufgebaut (...) Willst Du uns nun stören?" (K 418). „Auf den Scheiterhaufen bringe ich Dich dafür, daß Du uns stören gekommen bist. Und wahrlich, wenn es einen gegeben hat, der vor allen anderen unseren Scheiterhaufen verdient, so bist Du es. Morgen werde ich Dich verbrennen. Dixi!" (K 424). Schweigend steht der Angeklagte vor ihm. „Er hat gesehen, wie der Gefangene ihn die ganze Zeit anhörte und wie tief und still er ihm in die Augen blickte, offenbar ohne etwas entgegnen zu wollen. Der Greis aber hätte gewünscht, daß er ihm etwas sage, und wäre es selbst etwas Bitteres, Furchtbares. Er aber nähert sich schweigend dem Greise und küßt ihn still auf die blutleeren neunzigjährigen Lippen. Das ist seine ganze Antwort. Der Greis zuckt zusammen. Und dann erbebt etwas an den Mundwinkeln des greisen Großinquisitors; er geht zur Tür des gewölbten Verlieses, öffnet sie und sagt zu ihm: ‚Geh und komme nie wieder ... komme überhaupt nicht mehr ... nie wieder, nie wieder!' Und er läßt ihn hinaus auf die ‚dunklen Gassen der Stadt'. Und der Gefangene geht hinaus" (K 428). Das ist jener Christus, zu dem Dostojewski sich bekannte. Er glaubte an ihn nicht wie ein Kind; vielmehr war sein Glaube „durch das große Fegefeuer der Zweifel hindurchgegangen" (T 620). Wenn Dostojewski betont, daß er selbst dann bei Christus bleibe, wenn man ihm beweise, Christus stehe außerhalb der Wahrheit, dann bringt er damit zum Ausdruck, daß seine Christusbeziehung in jenem alogischen, irrationalen Grund wurzelt, der für ihn und alle von ihm geschaffenen Gestalten charakteristisch ist.

In seinem Roman „Der Idiot" hat Dostojewski den Versuch unternommen, ein menschliches Abbild der Person Jesu Christi zu schaffen. Wie schwer ihm die Gestaltung seiner Grundidee, nämlich „die Darstellung eines wahrhaft vollkommenen und schönen Menschen"

(Br 251), fiel, zeigt die Tatsache, daß er unmittelbar vor Absendung des fertigen Manuskriptes an die Redaktion den größten Teil vernichtete und einen neuen Roman in Angriff nahm, um daran Tag und Nacht zu arbeiten. Walter Nigg nennt ihn den „lichtvollsten Roman Dostojewskis“ und Zenta Maurina hält ihn für eines „der menschlichsten aller Bücher“. Tatsächlich ist „Der Idiot“ Dostojewskis Lieblingskind gewesen. Ihm legt er seine Lieblingsgedanken in den Mund. Ja, in diesem Apostel Christi hat er ein Selbstporträt geschaffen. Obwohl er von Jesus Christus selten spricht, legt jedes seiner Worte und jede seiner Taten Zeugnis von ihm ab. In seiner Gestalt wird Christus greifbar. Über den halbkranken jungen Fürsten Lew Myschkin, wie Dostojewski ein Epileptiker, lacht zunächst jedermann. Doch das anfängliche Lachen verwandelt sich in dem Augenblick in Staunen, da man ihn näher kennenlernt. Wer anfänglich glaubte, ihn nicht ernst nehmen zu müssen, wird bald eines Besseren belehrt. So erfuhr es der General Jepantschin, als er meinte, diesen Fürsten nach einem kurzen und oberflächlichen Gespräch fortschicken zu können. „So kann ich jetzt aufstehn und gehen, nicht wahr?“ sagte ihm daraufhin der Fürst und erhob sich mit einem völlig heiteren Lächeln, das sich in seiner etwas peinlichen Situation seltsam ausnahm. „Werden Sie es mir glauben, Exzellenz, bei Gott, obschon ich weder mit den hiesigen Sitten noch mit dem ganzen Leben hierzulande vertraut bin, war ich doch überzeugt, bevor ich herkam, daß mein Besuch unfehlbar so und nicht anders verlaufen werde, wie er jetzt tatsächlich verlaufen ist. Nun! – vielleicht ist es so auch ganz in Ordnung ... Und schon mein Brief ist ja unbeantwortet geblieben ... Also dann – leben Sie wohl und entschuldigen Sie, daß ich gestört habe.“ Doch während er so sprach, war sein Blick so freundlich und sein Lächeln ohne jede Spur eines unangenehmen Gefühls, daß der General plötzlich stutzte und seinen Gast auf einmal mit ganz anderen Augen betrachtete. In einem Augenblick hatte sich seine Meinung über den Fürsten geändert. „Wissen Sie, Fürst“, sagte er lebhaft und mit einer fast ganz anderen Stimme, „ich habe Sie ja eigentlich noch gar nicht kennengelernt“ (I 41f).

Versuchen wir, wenigstens die wichtigsten Charakterzüge dieser faszinierenden Gestalt hervorzuheben.[7] Der Fürst ist zunächst ein großer Verstehender. Von jedem Menschen hält er etwas. Keinen schreibt er ab, selbst nicht den Geringsten. Obwohl sein Vertrauen immer wieder mißbraucht wird, sieht er keinen Grund, es nicht erneut zu schenken. Er vertraut, weil er an den „Menschen im Menschen“ glaubt. Mit seinen großen und ruhigen Augen schaut er seinen Gesprächspartner an. Sein Blick ist weder durch Begehren noch durch Feindseligkeit verstellt. Deshalb vermag er in der Tiefe der Herzen zu lesen. Da sich der andere in keiner Weise bedroht fühlt, öffnet er sich restlos und zeigt sich, wie er ist. Dabei übersieht der Fürst keineswegs die Schwachen, das Ohnmächtige, Armselige und Häßliche im Herzensgrund des anderen. Doch er nimmt es in einer Art wahr, daß sich der andere zwar erkannt, aber trotzdem angenommen und geliebt fühlt. Hier deutet sich eine weitere Eigenart des Fürsten an. Die Lauterkeit, Arglosigkeit und Absichtslosigkeit machen den Fürsten mächtiger als alle wahrgenommene Gemeinheit und Häßlichkeit. Aufgrund der milden Kraft seiner Liebe verwandelt er nahezu alle, mit denen er irgendwo zusammenkommt. Es sind nicht wenige; denn wo immer er in Erscheinung tritt, suchen ihn die Menschen auf. In ihnen wird das Gute, wenn auch nur für kurze Zeit, lebendig. Sein ganzes Wesen ist von tiefer Mitleidskraft durchdrungen. „Mitleiden, das ist das ganze Christentum." Dieses Wort aus dem Notizbuch Dostojewskis nennt zugleich das Geheimnis jener Schönheit, die er in diesem Roman im Fürsten Myschkin gestalten wollte. Aufgrund seines tiefen Mitleids fällt er, der aus der Finsternis seiner Krankheit herausgefunden hatte, endgültig in sie zurück. „Christliche Liebe – das ist der Fürst", vermerkte Dostojewski. Durch seine Gestalt schimmert ein Licht hindurch, das nicht von dieser Welt ist. Daher weist es über diese Welt hinaus. In ihm wird Jesus Christus sichtbar. Da aber jeder Christ christushafte Züge haben muß, um von Jesus Christus zu gegebener Zeit als zu sich gehörig erkannt zu werden, stellt sich uns abschließend die Frage, inwieweit wir selbst sind, was der Fürst gewesen ist.

Ein neues Gebot gebe ich euch: Liebt einander! Wie ich euch geliebt habe, so sollt auch ihr einander lieben. Daran werden alle erkennen daß ihr meine Jünger seid: wenn ihr einander liebt.
Johannes 13,34–35

33 Der Überfall Gottes

P. Claudel: Meine Bekehrung
1 Thess 5,16–24

Es war der 25. Dezember 1886, morgens, als der junge ungläubige Dichter Paul Claudel (1868–1955) in Paris aufbrach, um dem Weihnachtshochamt in der Kathedrale Notre Dame beizuwohnen. Er dachte sich, die Weihnachtsliturgie sei für seine schriftstellerische Tätigkeit ein geeignetes Reizmittel und liefere ihm den Stoff für ein paar dekadente Übungen. „In dieser Verfassung wohnte ich, von der Menge gestoßen und gedrückt, dem Hochamt bei, ohne sonderlich Gefallen daran zu finden." Da er nichts Besseres zu tun hatte, kam er am Nachmittag zur Vesper wieder dorthin. Er stand mitten in der Menge, nahe beim zweiten Pfeiler am Choranfang, rechts auf der Seite der Sakristei. Der Knabenchor sang gerade das Magnificat. Da auf einmal geschah etwas Unerwartetes, das für das ganze Leben des Dichters bestimmend sein sollte. Claudel schildert dieses unvorhersehbare Ereignis so:

„In einem Nu wurde mein Herz ergriffen, *ich glaubte.* Ich glaubte mit einer so mächtigen inneren Zustimmung, mein ganzes Sein wurde geradezu gewaltsam emporgerissen, ich glaubte mit einer so starken Überzeugung, mit solch unerschütterlicher Gewißheit, daß keinerlei Platz auch nur für den leisesten Zweifel offen blieb, daß von diesem Tage an alle Bücher, alles Klügeln, alle Zufälle eines bewegten Lebens meinen Glauben nicht zu erschüttern, ja auch nur anzutasten vermochten. Ich hatte plötzlich das durchbohrende Gefühl der Unschuld, der ewigen Kindschaft Gottes, das Gefühl einer unaussprechlichen Offenbarung. Schon öfter habe ich den Versuch angestellt, die Minuten zu rekonstruieren, die diesem außergewöhnlichen Augenblick folgten; dabei stoße ich auf eine Reihe von Elementen, die indessen nur einen einzigen Blitz bildeten, eine einzige Waffe, deren die göttliche Vorsehung sich bediente, um endlich das Herz eines armen verzweifelten Kindes zu treffen und sich den Zugang zu ihm zu verschaffen: ‚Wie glücklich doch die Menschen sind, die einen Glauben haben! Wenn es wirklich wahr wäre? *Es ist wahr!* Gott existiert, er ist da. Es ist jemand, es ist ein ebenso persönliches Wesen wie ich! Er liebt mich, er ruft mich.'"

Claudel veranschaulichte diesen Zustand völliger Fassungslosigkeit mit dem Zustand eines Menschen, den man kurzerhand aus seiner bisherigen Haut herausgerissen – und in einen ihm noch fremden Körper hineinversetzt hatte. Wie hätte er sich darin zurechtfinden können? Vier leidvolle Jahre sollte es dauern, bis der von Gott Überfallene seine bisherigen Ansichten, Erkenntnisse und philosophischen Überzeugungen mit diesem neuen Zustand, dem Zustand des Glaubens, in Einklang gebracht hatte. Diese geistige Auseinandersetzung glich einem Kampf auf Leben und Tod: „Junge Menschen, die so leichtfertig ihren Glauben wegwerfen, wissen nicht, was es kostet, ihn wiederzuerlangen, mit was für Qualen sie dafür bezahlen müssen. Der Gedanke an die Hölle und auch der Gedanke an all das Schöne und die Freuden, die zu opfern meiner Meinung nach die Rückkehr zur Wahrheit mir auferlegte, waren es vor allem, die mich zurückhielten."

Paul Claudel, Der Strom, Ausgewählte Prosa, Ullstein Bücher Nr. 45, Frankfurt a.M. 1955, S.172ff.

Wenn man durch die City einer Großstadt geht und die vielen Menschen sieht, können einem sonderbare Gedanken kommen. Man fragt sich: Was geht in all diesen Menschen vor sich, was geht vor sich in einem selbst? Ob man es herausfinden kann? Thornton Wilder schreibt in seinem Roman „Der achte Schöpfungstag": „Auf der Straße setzen die Leute ein Gesicht auf, damit Fremde nicht in ihrer Seele lesen können." Wie auch immer, Menschenmassen bringen einen zum Nachdenken. Als religiöser Mensch denkt man in einer solchen Situation auch an Gott. Nahezu automatisch fragt man sich: Ob es wirklich einen Gott gibt, der um all diese Menschen und um einen selber weiß? Welche Antwort wird dieser so bedeutungsvollen Frage gerecht? Mir scheint, nur diejenige, die sich uns aus jenem Erlebnis zuspricht, das der französische Dichter Paul Claudel in seinen jungen Jahren hatte.

Paul Claudel war in einer religiös gleichgültigen Familie aufgewachsen. Die Feier der Erstkommunion war zugleich Höhepunkt und Schlußpunkt seines religiösen Lebens. Durch seine freidenkerischen Lehrer, die ihn am Gymnasium unterrichteten, fühlte er sich in seinem Unglauben bestätigt und ermutigt. Mit achtzehn Jahren glaubte er, was die meisten seinerzeit glaubten: „Ich glaubte, alles sei ‚Gesetzen' unterworfen und diese Welt sei eine Verkettung von Ursachen und Wirkungen, die die Wissenschaft bereits übermorgen entwirren würde. All das kam mir im übrigen sehr betrüblich und höchst unbefriedigend vor (...) Im übrigen führte ich ein unmoralisches Leben und verfiel nach und nach in einen Zustand der Verzweiflung" (171f). Mit seinem Glauben an Gott hatte der junge Dichter also auch seine innere Freiheit, seine Freude und seinen Frieden verloren. Ruhelosigkeit und Betäubung waren für ihn zur Gewohnheit geworden. Das war die innere Verfassung, in der er am Nachmittag des ersten Weihnachtstages aus Langeweile erneut die mit Menschen gefüllte Kathedrale Notre Dame zu Paris aufsuchte und plötzlich, mitten in der Menge stehend, ein so durchgreifendes Erlebnis hatte, daß es für sein ganzes Leben bestimmend sein sollte. Gott hatte ihn, den einen unter vielen, gesehen und ergriffen. Der Ahnungslose war durch diesen Überfall zutiefst erschüttert worden.

Vielleicht geht uns an dieser Stelle auf, was der Mensch eigentlich ist. Aufgrund der von Claudel gemachten Erfahrung können wir sagen: Er ist das von Gott in jedem Augenblick und an jedem Ort einholbare und bis in seine letzten Tiefen hinein zu erschütternde Wesen. Es ist gut, sich dessen alle Tage bewußt zu bleiben und damit auch täglich zu rechnen. Nur dann verlieren wir unsere geschöpfliche Wirklichkeit nicht aus den Augen, jene Wirklichkeit, die in ihrer inneren Ohnmächtigkeit und Armseligkeit so schnell durch irgendeine Betäubung verdeckt werden kann. Wir bewahren uns vor allem Hochmut, der bereits durch einen geringfügigen Anschlag in sich selbst zusammenbrechen kann. Wir bleiben bescheiden und demütig und stehen damit in der Wahrheit; denn Demut bedeutet die Erkenntnis seiner selbst in Gott. Sie gibt uns die Kraft, manche Demütigung einzustecken.

Claudel erlebte den plötzlichen Zugriff Gottes wie einen Blitz. Er schaute auf einmal in ein Licht, das ihm, dem Ungläubigen und Verzweifelten, unbedingte Klarheit und Gewißheit gab und alle Zweifel ein für allemal ausräumte. Unvermittelt wurde er auf eine neue Ebene gestellt, auf die Ebene des Glaubens. In ihm sah Claudel fortan den Inbegriff seines Lebens und seines künstlerischen Schaffens. Er war für ihn das einzige, was selbst durch ein bewegtes Leben nicht erschüttert werden konnte. Der so leicht zu erschütternde Mensch wird zu einem Unerschütterlichen kraft seines überzeugten Glaubens. Daher sagte Paul Claudel: „Wie glücklich sind doch die Menschen, die einen Glauben haben (...) Junge Menschen, die so leichtfertig ihren Glauben wegwerfen, wissen nicht, was es kostet, ihn wiederzuerlangen, mit was für Qualen sie dafür bezahlen müssen."

Lehrreich ist nun, daß Claudel mit drei kleinen Hinweisen andeutet, welchen Inhalt solch ein unerschütterlicher Glaube hat. In seiner Gottesbegegnung ging ihm zunächst unmißverständlich auf, daß Gott wirklich existiert. *Er ist da.* Mit dieser Überzeugung beginnt aller religiöser Glaube. Diese Feststellung ist deshalb von großer Bedeutung, weil nicht wenige immer wieder behaupten, „Gott" sei nichts anderes als das Ergebnis menschlichen Wunschdenkens, eine Projektion menschlicher Hoffnungen und Ängste, Erwartungen und Befürchtungen; ein Machwerk also, vom Menschen geschaffen, um mit der harten Wirklichkeit besser zurechtzukommen. Zu denen, die solches behaupten, gehörte bis zu seiner Bekehrung auch Paul Claudel. Als er dann aber von Gott wie durch einen Blitz getroffen wurde, änderte sich seine Anschauung grundlegend. Mit seinem ganzen Sein nahezu gewaltsam emporgerissen, erkannte er: Es ist wirklich wahr, Gott existiert, er ist da. Unter dem Eindruck einer unaussprechlichen Offenbarung durfte er erfahren, daß Gott sein Vater ist und er sein Kind sein darf. Er wurde sich bewußt, daß er dem Gott der Bibel begegnet war, jenem Gott, der größer ist als unser Verstand, größer als unser Herz, größer als all unsere Ahnungen, jenem Gott, vor dem man seine Knie beugen kann, um ihm das eigene Leben mit all seiner Unzulänglichkeit und Schuld in die Hand zu geben.

Damit deutet sich das Zweite an, das den unerschütterlichen Glauben Claudels ausmachte. Es war die Erfahrung: *Gott liebt mich.* Er liebt mich, indem er mich führt, lenkt und leitet. Selbst den ihm widerstrebenden Menschen führt er auf Umwegen zu sich zurück. Dabei ging Claudel von der Überzeugung aus, daß alle Menschen irgendeine wilde Neigung in sich haben, die ihr Schicksal heraufbeschwört. Doch der Mensch ist diesem Schicksal nicht zwangsläufig ausgeliefert, weil es über allem jene Hand gibt, die ihn selbst durch Schuld hindurch auf den rechten Weg zurückführen kann. Gerade dies hat Claudel immer wieder in seinen dichterischen Werken zum Ausdruck gebracht. Werfen wir einen kurzen Blick auf sein Hauptwerk „Der seidene Schuh" mit dem hoffnungsvollen Untertitel „Oder das Schlimmste trifft nicht immer ein".[1] Es trifft nicht immer ein, weil Gottes Liebe dem Menschen zuvorkommt und ihn vor dem seelischen Untergang bewahrt. Mittelpunktsfigur dieses Dramas, durch das Claudel weltberühmt wurde, ist Donna Proeza, die schöne Gemahlin des greisenhaften Don Pelayos. Da dieser in ihr keine Liebe zu wecken vermag, ist sie leidenschaftlich Don Rodrigo zugetan. Von der Gefahr bedroht, ins offene Meer dieser ihrer sündhaften Leidenschaft abgetrieben zu werden, wendet sie sich an das Bildnis der Gottesmutter. Diese um Hilfe bittend, übergibt sie ihr ihren seidenen Schuh: „Solange es denn noch Zeit ist: mein Herz in der einen Hand, meinen Schuh in der andern, stell ich mich dir anheim! Jungfrau Mutter, nimm meinen Schuh! Jungfrau Mutter, wahre in deiner Hand meinen unseligen Fuß! Ich sage dir voraus, daß ich in Kürze dich nicht mehr sehen und alles in Bewegung setzen werde gegen dich! Doch wenn ich dann versuche, mich ins Böse zu stürzen, dann sei es mit hinkendem Fuß! Und will ich die Hürde überfliegen, die du errichtet hast, so sei es mit lahmem Flügel! Nun ist meine Kunst zu Ende, du aber wahre meinen kleinen armen Schuh" (37f). Im Schlaf von ihrem Schutzengel heimgesucht, beugt sich schließlich ihr Herz unter den göttlichen Willen. Sie wird gewahr, daß Gott sie als „Köder", als „Lockspeise" erwählt hat, um auf diese Weise auch ihren Geliebten zum Himmel zu führen: „Für die einen genügt das Verständnis. Der Geist redet unmittelbar mit dem Geist. Für die anderen aber muß nach und nach auch das Fleisch bekehrt werden und der Frohen Botschaft entgegenreifen. Und welches Fleisch redet mächtiger zum Manne als das Fleisch des Weibes? Von jetzt an kann er dich nicht mehr ersehnen, ohne sich dorthin zu sehnen, wo du weilst" (202). Donna Proeza entsagt ihrem Geliebten. Dadurch ist sie ihm näher als zuvor. Sie ist innen bei ihm. Durch ihren Opfertod verwandelt sie sich in einen Leitstern, an dem sich der suchende Geliebte orientiert. Sein Weg führt zwar immer tiefer in die Erniedrigung, doch auf diesem Weg empfängt er die Gnade Gottes und kommt seinerseits zum Ziel. So verstehen wir, warum Claudel diesem Drama das portugiesische Sprichwort: „Gott schreibt auf krummen Zeilen gerade" als Leitmotiv vorangeschickt hat und ihm das Wort von Augustinus: „Auch die Sünden" hinzufügte. „Sogar die Sünde! Auch die Sünde muß dienen", sagt der Schutzengel zu Donna Proeza (200). Selbst das Böse steht im Dienste Gottes. Es mag zerstörerische Wirkungen haben, aber letztlich dient es doch dem Ganzen. Ja, Claudel war davon überzeugt, daß Gott die Kraft des Aufruhrs zum Gelingen seiner Absichten braucht. Diejenigen, die sich unabdingbar Gott gegenüber auflehnen, zerstören zwar sich selbst und das Leben der anderen, aber sie geben, ohne daß sie selbst es wissen, den Geschädigten den Anstoß, durch den diese zu Gott finden können.

Damit sind wir beim Dritten angekommen, das in den unerschütterlichen Glauben Claudels eingegangen ist: *Gott ruft mich.* Er ruft mich in die Freude, die nur er geben kann. Es ist die Freude, die sich aus der Harmonisierung göttlichen und menschlichen Wollens ergibt; es ist die Freude der Kinder Gottes, die nur im Verzicht auf alles Dunkle und Niedrige erwächst; es ist die Siegesfreude, dich sich dem Menschen nur durch das Opfer vermittelt. Daher gehört das „Opfer" zu den Grundbegriffen im Werk Claudels. Vor allem in seiner dramatischen Dichtung „Verkündigung“[2], um die er jahrzehntelang gerungen hat, leuchtet das Geheimnis des Opfers auf. Es geschieht durch das Leben von Violäne. Violäne liebt, verzeiht, wird krank, verzichtet auf die Ehe zugunsten ihrer selbstsüchtigen Schwester Mara, zieht sich ohne Verbitterung in die Einsamkeit zurück, führt dort ein heiligmäßiges Leben, weckt kraft ihres Glaubens neues Leben im toten Kind ihrer hinterhältigen Schwester, entgeht einem tödlichen Anschlag, den diese auf sie vorhatte, wird – dem Ende nahe – auf den elterlichen Hof zurückgebracht, verwandelt dort durch ihr geläutertes Sein die Atmosphäre und stirbt gottergeben. Im Hinblick auf diese Tochter sagt ihr Vater im Bewußtsein, sie nicht verloren zu haben: „Heißt leben der Zweck des Lebens? Sind die Füße der Gotteskinder an diese armselige Erde gefesselt? Es heißt nicht leben, sondern sterben, und nicht das Kreuz zimmern, sondern es besteigen und unser Besitztum lachend verspenden! Darin wohnt die Freude, darin die Freiheit, darin die Gnade, darin die ewige Jugend!“ (145). „Was ist die Welt wert im Hinblick auf das Leben? Und was ist das Leben wert, wenn es sich nicht opfern will? Und wozu sich quälen, wenn der Gehorsam so einfach ist?“ (146). „Schreite vor uns, Violäne, mein Kind, und ich folge dir. Doch wende zuweilen dein Antlitz mir zu, damit ich dein Auge seh!“ (150). „Selig der Tod, darin alle Bitten des Vaterunsers erfüllt sind“ (153). Opfern bedeutet also: die Last des anderen auf sich nehmen; sein Recht nicht unbedingt geltend machen; zurücktreten; das Schicksal des eigenen Lebens und die damit verbundene Einsamkeit ohne innere Verbitterung aushalten; Geduld bewahren; verzeihen, ohne nachzutragen; dem anderen selbstlos zugetan sein, selbst wenn er mir feindlich gesonnen ist; nicht seinen Vorteil suchen, sondern auf das Wohl seines Nächsten bedacht sein. Solches Opfern macht den Menschen wertvoll. Es läutert, verklärt und verwandelt ihn ins Göttliche hinein, so daß sich Gott in ihn hineinverwandelt: ich in ihm und er in mir. So wird Wandlung. Ohne Opfer gibt es keine Wandlung, und ohne Wandlung gibt es keine wahre Kommunion, keine Gemeinschaft, weder mit Gott noch mit anderen.

Gott ist da; er liebt mich; er ruft mich. Das war die Offenbarung, die Paul Claudel an jenem Nachmittag des ersten Weihnachtstages 1886 zuteil wurde. Sie bringt das kürzeste und doch umfassendste Glaubensbekenntnis zur Sprache. Dieses bestimmte fortan sein Leben, sein Wirken und sein Sterben. Claudel starb am 22. Februar 1955, in der Nacht zum Aschermittwoch, nach schweren Erstickungsanfällen. Er war sich über das Ende im klaren. Um Mitternacht bat er, allein gelassen zu werden: „Laßt mich, laßt mich in Ruhe sterben ... Ich habe keine

Furcht, rührt mich nicht an." Er hatte bereits die Verbindung zur Welt aufgelöst, um vor allem jetzt ganz seinem Gott zugewandt zu sein, jenem Gott, der ihn seinerzeit überfallen und ergriffen hatte.

Freut euch zu jeder Zeit. Betet, ohne nachzulassen. Dankt für alles; denn das will Gott von euch, weil ihr Christus Jesus gehört. Löscht den Geist nicht aus. Verachtet prophetische Worte nicht. Prüft alles und behaltet das Gute. Meidet das Böse in jeder Gestalt. Der Gott des Friedens aber heilige euch durch und durch; unversehrt bleibe euer Geist, eure Seele und euer Leib, damit sie ohne Tadel sind bei der Ankunft unseres Herrn Jesus Christus. Treu ist Gott, der euch beruft. Er wird es tun.
1. Thessalonicherbrief 5,16–24

34 Was nicht in meinem Plan lag, das hat in Gottes Plan gelegen

E. Stein: Endliches und ewiges Sein
Joh 1,9–14

Ich habe ein bestimmtes Studium vor und suche mir dafür eine Universität aus, die mir besonders Förderung in meinem Fach verspricht. Das ist ein sinnvoller und verständlicher Zusammenhang. Daß ich in jener Stadt einen Menschen kennenlerne, der „zufällig" auch dort studiert, und eines Tages „zufällig" mit ihm auf weltanschauliche Fragen zu sprechen komme, erscheint mir zunächst durchaus nicht als verständlicher Zusammenhang. Aber wenn ich nach Jahren mein Leben überdenke, dann wird mir klar, daß jenes Gespräch von entscheidendem Einfluß auf mich war, vielleicht „wesentlicher" als mein ganzes Studium, und es kommt mir der Gedanke, daß ich vielleicht „eigens darum" in jene Stadt „gehen mußte". Was nicht in *meinem* Plan lag, das hat in *Gottes* Plan gelegen. Und je öfter mir so etwas begegnet, desto lebendiger wird in mir die Glaubensüberzeugung, daß es – von Gott her gesehen – keinen *Zufall* gibt, daß mein ganzes Leben bis in allen Einzelheiten im Plan der göttlichen Vorsehung vorgezeichnet und vor Gottes allsehendem Auge ein vollendeter Sinnzusammenhang ist. Dann beginne ich mich auf das Licht der Glorie zu freuen, in dem auch mir dieser Sinnzusammenhang entschleiert werden soll. Das gilt aber nicht nur für das einzelne Menschenleben, sondern auch für das Leben der ganzen Menschheit und darüber hinaus für die Gesamtheit alles Seienden.

Edith Stein, Endliches und ewiges Sein, Versuch eines Aufstiegs zum Sinn des Seins, E. Nauwelaerts/Verlag Herder, Louvain–Freiburg 1950, S. 109f.

Die Frau, die diese Sätze geschrieben hat, trat in der Dunkelheit des Silvesterabends 1938 von Köln-Lindenthal aus eine schicksalhafte Autofahrt nach Echt in Holland an. Sie tat es, um sich vor der „SS" in Sicherheit zu bringen. Doch diese Fahrt war nur der Anfang vom Ende ihrer letzten Lebensstrecke. Denn in Echt wurde sie am 2. August 1942 von zwei SS-Offizieren abgeholt und über verschiedene Stationen nach Auschwitz gebracht, wo der göttliche Odem in ihr durch tödliches Gas für diese Welt ausgelöscht wurde.

Edith Stein wurde als das siebte Kind einer jüdischen Familie 1891 in Breslau geboren. Bereits in ihren jungen Jahren brach ihr jüdischer Kinderglaube zusammen. Überdurchschnittlich begabt, glaubte sie die Wahrheit und den Sinn ihres Lebens im Studium zu finden. In Göttingen besuchte sie die Vorlesungen des berühmten Philosophen Edmund Husserl (1859–1938), der sie alsbald in seinen engeren Schülerkreis aufnahm. So sehr Edith Stein ihren Lehrer, dem sie zeitlebens dankbar verbunden blieb, verehrte, so deutlich wurden ihr eines Tages die Grenzen des Meisters im Bereich des Denkens bewußt. In dieser Zeit machte Max Scheler (1874–1928), der in Göttingen Abendvorträge zu religiösen Fragen hielt, einen tiefen Eindruck auf sie. Noch bedeutsamer wurde für sie die Begegnung mit dem Privatdozenten Adolf Reinach. Bereits beim ersten Zusammentreffen war er mit einer so reinen Herzensgüte und Liebenswürdigkeit auf sie zugegangen, daß sie tief betroffen war. In ihren Erinnerungen „Aus dem Leben einer jüdischen Familie" schreibt sie: „Daß die nächsten Angehörigen und Freunde, die einen jahrelang kennen, einem Liebe erweisen, schien mir selbstverständlich. Aber hier lag etwas ganz anderes vor. Es war wie ein erster Blick in eine ganz andere Welt." Durch die Begegnung mit Adolf Reinach wurde ihr Glaube, die Wahrheit liege vor allem im Wissen, tief erschüttert. Es ging ihr auf einmal auf, daß es Bereiche des Daseins gibt, die sich weder durch Wissensdrang noch durch Willenskraft erschließen lassen. Diese Erfahrung löste in ihr eine tiefe seelische Krise aus: „Ich konnte nicht mehr über die Straße gehen, ohne zu wünschen, daß ein Wagen über mich hinwegführe. Und wenn ich einen Ausflug machte, dann hoffte ich, daß ich abstürzen und nicht lebendig zurückkommen würde. – Es ahnte wohl niemand, wie es in mir aussah." Als sie dann erfuhr, daß dieser für sie so bedeutsame Mensch in Flandern auf dem Schlachtfeld gefallen war, und sich aufmachte, die junge Kriegerwitwe zu besuchen, da überfiel sie die Angst. Was hatte sie, die an kein Weiterleben nach dem Tod glauben konnte, ihr zu sagen? Doch vor dieser jungen Witwe stehend, erlebte sie, wie diese keineswegs gebrochen war. Ja, diese leidgeprüfte Frau brachte es kraft ihres Glaubens fertig, die Ungläubige zu trösten. Edith Stein war überwältigt. Doch war sie immer noch nicht bereit, sich Gott zu übergeben. Daher flüchtete sie sich in Zukunftspläne hinein. Um die endgültige Wende zu vollziehen, bedurfte sie eines weiteren Erlebnisses. Es traf ein, als sie im Sommer 1921 ihre Freundin Hedwig Conrad-Martius besuchte. Eines Abends war sie allein im Haus. Da griff sie nach einem Buch im Bücherschrank der Freundin. Es hatte den Titel: „Das Leben der heiligen Theresia von Jesu". Über diesem Buch verbrachte sie die ganze Nacht. Als sie es ausgelesen hatte, war ihr klar geworden, was die Wahrheit in ihrem tiefsten Kern ausmacht. Sie erkannte, daß ihr Geheimnis nicht im Wissen, sondern vielmehr in der Liebe liegt. Es ging ihr auf, daß Gott nicht ein Gott der Wissenschaft, sondern ein Gott der sich hingebenden Liebe ist. Von dieser Liebe ergriffen, ging sie nahezu zwangsläufig einen Weg, auf dem sich die Wissende immer tiefer in das Mysterium einer Liebenden verwandelte. Gott ließ das Opfer seiner Liebe nicht mehr los. Edith Stein ließ sich am 1. Januar 1922 taufen. Sie verzichtete auf eine wissenschaftliche Laufbahn, wurde Lehrerin bei den Dominikanerinnen zu Speyer und Dozentin am Deutschen Institut für wissenschaftliche Pädagogik zu Münster. Am 14. Oktober 1933 trat sie in den Karmel zu Köln ein, den sie am 31. Oktober 1938 wieder verließ, um in den Karmel zu Echt/Holland überzusiedeln. Von dort wurde sie – wie bereits erwähnt – nach Auschwitz deportiert, wo am 9. August 1942 ihr Leben gewaltsam beendet wurde. Ein holländischer Beamter, der ihr im Lager Westerbork begegnet war, schrieb später: „Ich wußte sofort: das ist ein wahrhaft großer Mensch (...) Bei einem Gespräch sagte sie: ‚Die Welt besteht aus Gegensätzen ... Letzten Endes (aber) wird nichts bleiben von diesen Kontrasten. Die große Liebe allein wird bleiben. Wie sollte es auch anders sein können?‘ (...) Ein Gespräch mit ihr ... das war eine Reise in eine andere Welt. In solchen Minuten bestand Westerbork nicht mehr (...) Ich sah ihr Lächeln – ihre ungebrochene Festigkeit ... die sie nach Auschwitz begleiteten.“[1]

Jüdin – Atheistin – Philosophin – Katholikin – Karmelitin – Märtyrerin: das sind die Stationen im Leben dieses wahrhaft großen Menschen. Ob dieser Lebenslauf der Ergebnis eines Zufalls war? Die Antwort auf diese Frage finden wir in dem eingangs zitierten Text, der – obwohl er in einem ganz anderen Zusammenhang steht – wie ein Schlüssel erscheint, mit dessen Hilfe wir zum göttlichen Hintergrund ihres Lebens gelangen. In diesem Text spricht Edith Stein vor allem von sich selbst, von ihren eigenen Erfahrungen. Doch mit ihr haben wir den göttlichen Hintergrund des Lebens gemeinsam. Daher empfiehlt es sich, wenigstens dann und wann in das Erlebnisfeld des eigenen Daseins zu schauen. Vieles, was wir nicht voraussehen und vorausplanen konnten, wird sich darin finden lassen. Möglicherweise hielten auch wir es zunächst für „Zufälle“; doch mit zunehmendem Alter erahnen auch wir, daß „es hat so kommen müssen“, daß das, was nicht in *unserem* Plan lag, in *Gottes* Plan gelegen hat. Aus solchen Erfahrungen lernte Edith Stein immer mehr, an der Hand und aus der Hand Gottes zu leben. Zugleich war es das einzige, was sie die anderen lehren wollte; denn immer ging es ihr nur um diese kleine, einfache Wahrheit: „Wie man es anfangen kann, an der Hand des Herrn zu leben." „Gott führt jeden seine eigenen Wege, einer kommt leichter und schneller zum Ziel als der andere. Was wir tun können, ist im Verhältnis zu dem, was an uns getan wird, in der Tat wenig. Aber das wenige müssen wir tun." „Mein Leben beginnt jeden Morgen neu und endet jeden Abend; Pläne und Absichten darüber hinaus habe ich keine; d. h., es kann natürlich zum Tagewerk gehören, vorauszudenken – ein Schulbetrieb z. B. ist ja ohne dies unmöglich –, aber eine ‚Sorge' für den kommenden Tag darf es nie sein." „Es ist ein weiter Weg von der Selbstzufriedenheit eines ‚guten Katholiken', der ‚seine Pflichten erfüllt', eine ‚gute Zeitung' liest, ‚richtig wählt' usw., im übrigen aber tut, was ihm beliebt, bis zu einem Leben an Gottes Hand und aus Gottes Hand in der Einfalt des Kindes und der Demut des Zöllners. Aber wer ihn einmal gegangen ist, wird ihn nicht wieder zurückgehen."

Je mehr Edith Stein ihr Dasein ohne jede menschliche Sicherung in Gottes Hände legte, um so tiefer erfuhr sie darin Ruhe und Geborgenheit: „Alles nehmen, wie es ist, es in Gottes Hände legen und ihm überlassen. So wird man in ihm ruhen können, wirklich ruhen, und den neuen Tag wie ein neues Leben beginnen." „Es gibt einen Zustand des Ruhens in Gott, der völligen Entspannung aller geistigen Tätigkeit, in dem man keinerlei Pläne macht, keine Entschlüsse faßt und erst recht nicht handelt, sondern alles Künftige dem Willen Gottes anheimstellt, sich gänzlich ‚dem Schicksal überläßt'." Wie aber findet man zu diesem „Zustand des Ruhens in Gott"? Edith Stein antwortet: „Wenn wir nur verstehen, uns im Innern eine wohlverschlossene Zelle zu bauen, um uns so oft wie nur möglich dahin zurückzuziehen, dann kann uns an keinem Ort der Welt etwas fehlen." Welche Gotteserfahrungen Edith Stein in der im Innern wohlverschlossenen Zelle machte, offenbart sie in einem ihrer Gedichte: „Du bist Raum, / Der rund mein Sein umschließt und in sich birgt. / (...) / Du näher mir als ich mir selbst / Und innerlicher als mein Innerstes – / Und doch ungreifbar und unfaßbar / Und jeden Namen sprengend."

Damit kommen wir zu einer weiteren Erfahrung, die Edith Stein aufgrund ihres Lebens an Gottes Hand und aus Gottes Hand machen konnte: „Je gesammelter ein Mensch im Innersten seiner Seele lebt, um so stärker ist die Ausstrahlung, die von ihm ausgeht und andere in seinen Bann zieht." „Religion ist nicht etwas für den stillen Winkel und einige Feierstunden, sondern sie muß, wie Sie es ja selbst empfinden, Wurzel und Grund alles Lebens sein, und das nicht nur für wenige Auserwählte, sondern für jeden wirklichen Christen (davon gibt es freilich nur eine ‚kleine Schar') (...) Je tiefer jemand in Gott hineingezogen wird, desto mehr muß er auch in diesem Sinn ‚aus sich herausgehen', d.h. in die Welt hinein, um das göttliche Leben in sie hineinzutragen." Auf diese Weise übersetzt der Mensch die in seiner Innenwelt erfahrene Liebe Gottes in seine Außenwelt hinein: „Der Übersetzer muß sein wie eine Fensterscheibe, die alles Licht hindurchläßt, aber selbst nicht gesehen wird." So hatte es Edith Stein vor allem in der Begegnung mit Adolf Reinach und seiner Frau erlebt. Den Unterschied zwischen der Liebe, die aus Fleisch und Blut geboren wird, und jener, die aus Gott kommt, charakterisiert Edith Stein wie folgt: „Die natürliche Liebe gilt diesem oder jenem, der uns durch die Bande des Blutes verbunden oder durch Verwandtschaft des Charakters oder gemeinsame Interessen nahesteht. Die anderen sind ‚Fremd', die einem ‚nichts angehen', einem eventuell sogar durch ihr Wesen widerwärtig sind, so daß man sie sich möglichst weit vom Leibe hält. Für den Christen (hingegen) gibt es keinen ‚fremden Menschen'. Der ist jeweils der Nächste, den wir vor uns haben und der unser am meisten bedarf; gleichgültig, ob er verwandt ist oder nicht, ob wir ihn ‚mögen' oder nicht. Die Liebe Christi kennt keine Grenzen, sie hört nimmer auf; sie schaudert nicht zurück vor Häßlichkeit und Schmutz ..." Hinzu kommt, daß die natürliche Liebe den geliebten Menschen für sich haben – und ihn möglichst ungeteilt besitzen will; der mit der Liebe Christi Liebende aber führt den anderen nicht zu sich, er führt ihn hin zu Gott. Das ist zugleich der sicherste Weg, ihn nicht zu verlieren. Die Sucht hingegen, den anderen zu erobern, führt früher oder später immer zum Verlust.

Augustinus: der von seiner Sinnlichkeit Umhergetriebene wird zum treuen Hirten; Franziskus von Assisi: der Verschwendungssüchtige wird zum Armen, der sich selber vorbehaltlos gibt; Fjodor M. Dostojewski: der Umstürzler wird zum Sucher des Menschen im Menschen; Paul Claudel: der Ungläubige wird zum namhaftesten katholischen Schriftsteller seines Landes und damit zum Verkünder von Gottes Frohbotschaft an die Menschen; Edith Stein: die Wissende wird zur großen Liebenden unserer Zeit. Sie alle wurden verwandelt, weil sie sich von Gottes Liebe ergreifen ließen. Wenn sie auch die Nacht nicht aus dieser Welt vertrieben haben, so waren sie doch ein helles Licht in dieser Nacht, aus der sie selber kamen. Welche Rolle spiele ich im Dunkel dieser Zeit? Die Beantwortung dieser Frage hängt davon ab, ob ich selbst mich von Gottes Liebe ergreifen lasse, um in dieser Welt als der von ihr Ergriffene in Erscheinung treten zu können.

Das wahre Licht, das jeden Menschen erleuchtet, kam in die Welt. Er war in der Welt, und die Welt ist durch ihn geworden, aber die Welt erkannte ihn nicht. Allen aber, die ihn aufnahmen, gab er Macht, Kinder Gottes zu werden, allen, die an seinen Namen glauben, die nicht aus dem Blut, nicht aus dem Willen des Fleisches, nicht aus dem Willen des Mannes, sondern aus Gott geboren sind. Und das Wort ist Fleisch geworden und hat unter uns gewohnt, und wir haben seine Herrlichkeit gesehen, die Herrlichkeit des einzigen Sohnes vom Vater, voll Gnade und Wahrheit.
Johannes 1,9–14

Jesus – das Gleichnis Gottes

35 Wer erlöst die Welt?

I. Bachmann: Alles
Offb 21,1–4

Ein junger Vater steht vor der schwierigen Aufgabe, sein neugeborenes Kind in die Welt einzuführen. Seine Frau Hanna hat er nur geheiratet, weil sie von ihm das Kind bekam. Während Hanna dem Kleinen zu trinken gibt, ihn wickelt und bettet und so immer nur mit dem Nächstliegenden beschäftigt ist, geht im Vater etwas ganz anderes vor sich. Er sieht in seinem Kind den ersten Menschen, durch den die Welt von ihren Unzulänglichkeiten erlöst und von Grund aus erneuert werden soll. Der Vater sagt sich: „Die Welt ist ein Versuch, und es ist genug, daß dieser Versuch in derselben Weise mit demselben Ergebnis wiederholt worden ist. Das Ergebnis war bisher: ein Leben in Schuld, Liebe und Verzweiflung. Ich aber könnte ihm die Schuld, die Liebe und jedes Verhängnis ersparen und es für ein anderes Leben frei machen." Um das Kind in eine andere Welt einzuwurzeln, versucht er, ihm am Wasser die Wassersprache, auf steinigen Wegen die Steinsprache und im Wald die Blättersprache beizubringen. Da er selbst aber kein Wort aus all diesen Sprachen beherrscht, gelingt es ihm nicht, das Kind über die Grenzen der üblichen Sprache und Denkgewohnheiten hinauszuführen.

Je älter der Junge wird, desto mehr verliert er die Unschuld seiner ersten Tage, desto mehr ist er auf Nachahmung aus. Zu seinem Entsetzen erkennt der Vater immer deutlicher, wie der Sohn die Wege seiner Eltern und der Menschen allgemein einschlägt. Er bemächtigt sich der Dinge, untersucht sie, findet Gefallen an ihnen oder zerstört sie. So wächst im Vater die Überzeugung, daß auch sein Sohn zu allem fähig ist, nur nicht dazu, den Teufelskreis, der die Welt gefangenhält, zu brechen. Auch in dem Jungen steckt das Böse wie eine Eiterquelle. Die Hoffnungen des Vaters, die Welt durch seinen Sohn in eine andere Richtung treiben zu können, schwinden dahin. Enttäuscht läßt er ihn aus seiner Liebe fallen. Sein Haß überträgt sich auf alles, was von Menschenhand gemacht worden ist: auf die Straßenbahnlinien, die Hausnummern, die Titel, die Zeiteinteilung, die Müllabfuhr, die Standesämter und auf alle sonstigen gesellschaftlichen Einrichtungen, gegen die keiner anzurennen vermag. Er wütet gegen sich selbst, weil er das Kind in die Welt gesetzt hat.

All das hat ein Ende, als der Junge bei einem Schulausflug ums Leben kommt. Er hatte sich von der Klasse gelöst, rutschte auf einem Felsen aus und stürzte auf den darunterliegenden. Der Vater erkennt seine Schuld. Er ist bereit, weiteren Kindern das Leben zu schenken. Doch will er sie erziehen, „wie die Zeit es erfordert, halb für die wölfische Praxis und halb auf die Idee der Sittlichkeit hin...".

Vgl. Ingeborg Bachmann, Alles, in: Das dreißigste Jahr, Deutscher Taschenbuch Verlag Nr. 344, München 1970, S. 49–65.

Ingeborg Bachmann verstarb im Oktober 1973 mit nur 47 Jahren. „Ihr Sterben, drei Wochen lang, war schrecklich, aber wer Mut hat, der ahnt, daß es zu ihr gehörte. Schwierig wurde ihr alles, nun auch der Tod. Ingeborg Bachmann ist niemals bereit oder fähig gewesen, das eingegrenzte Maß menschlichen Daseins zu akzeptieren ... Ihre eigene Einsamkeit wurde ihr Tod. In der furchtbaren Nacht, als ihr Sterben so erbärmlich begann, kam Hilfe viel zu spät. Sie war allein mit ein paar Tabletten und der letzten, verhängnisvollen Zigarette, über der sie dann einschlief."[1] Die Unfähigkeit, „das eingegrenzte Maß menschlichen Daseins zu akzeptieren", bestimmt auch die Thematik und Problematik der Erzählung „Alles".

Der junge Vater sieht in seinem Sohn den „neuen Adam". Von ihm erhofft er sich die Erlösung und Erneuerung der Welt. Durch einen allseitigen Umbruch soll er ein neues Zeitalter der Menschheit einleiten. Dem Vater geht es also nicht nur um eine Änderung gängiger Gewohnheiten des Lebens oder überlieferter Spielregeln menschlichen Daseins. Vielmehr gilt es, das menschliche Leben in seiner sozialen, ethischen und religiösen Verfassung radikal zu durchbrechen. Gerade weil der Sohn noch ein Kind ist, auf das die Schlechtigkeit der Welt noch keinen Einfluß genommen hat, erwartet er von ihm, daß er einen total neuen Anfang setzt und die Menschheit für ein schlechthin anderes Leben frei macht. Daher dreht sich in seinem Kopf alles nur um die eine Frage, wie man es anfangen kann, mit diesem Kind von vorn zu beginnen.

Am Anfang – so denkt er sich – muß eine neue Sprache stehn. Sie soll ein neues Bewußtsein des Menschen herbeiführen. Ingeborg Bachmann äußerte einmal: „Eine neue Sprache muß eine neue Gangart haben, und diese neue Gangart hat sie nur, wenn ein neuer Geist sie bewohnt." Aus diesem Grund versucht der Vater, sein Kind vor dem Geist der gängigen Welt zu schützen. Die Enttäuschung läßt nicht lange auf sich warten. Der Versuch scheitert, weil der Vater selbst nicht über den neuen Geist verfügt und damit auch die neue Sprache nicht beherrscht. Außerdem steckt das Böse dieser Welt tief in seinem Kind. Weil es die Welt in allem nachzuahmen beginnt und sich von ihr durch nichts unterscheidet, haßt der Vater nicht nur die staatliche Ordnung und die menschliche Gesellschaft, in die jeder durch seine Geburt hineingezwungen wird, sondern auch seinen eigenen Sohn. Indem er ihm seine Liebe vorenthält, wird er an ihm schuldig. Das bringt ihm der plötzliche Tod zu Bewußtsein. Seine Schuld liegt in seinem irrtümlichen Glauben, die menschlichen Daseinsgrenzen total durchbrechen zu können, um das für den Menschen Unmögliche möglich zu machen. Diese Schuld bezahlt er mit dem Leben seines Sohnes. Jetzt erkennt er, daß er in der Ordnung bleiben muß und daß es den Austritt aus der Gesellschaft nicht gibt. Resigniert entschließt er sich, weiteren Kindern das Leben zu schenken und sie zu erziehen, „wie die Zeit es erfordert, halb für die wölfische Praxis und halb auf die Idee der Sittlichkeit hin ..." Genau in dieser Mischung lebt die unerlöste Welt.

Mit Nachdruck stellt sich hier die Frage: Wer überwindet diese unerlöste Welt? Die Erzählung von Ingeborg Bachmann sagt uns deutlich: Der Mensch überwindet sie nicht! Was von der Welt gezeugt wird, ist von der Welt und kann sie deshalb nicht über ihre Grenzen hinausführen. An dieser Tatsache scheitern alle menschlichen Erlösungsversuche. Daher wiederholt sich unsere Frage: Wer besiegt die Welt? Im ersten Brief des Apostels Johannes lesen wir: „Alles, was aus Gott geboren ist, besiegt die Welt. Und der Sieg, der die Welt besiegt hat, ist unser Glaube. Wer sonst besiegt die Welt außer dem, der glaubt, daß Jesus der Sohn Gottes ist?" (5,4f.) Hier hängt alles an einem einzigen Namen: an dem Namen Jesus Christus. Auch er wuchs als Kind auf; auch sein Vater wollte durch ihn die Welt zum Besseren wenden; auch er kam auf außergewöhnliche Weise ums Leben. Aber nicht dies ist das Auffallende an ihm. Das „Weltbewegende" liegt vielmehr in folgendem: Er ist nicht von dieser Welt; er ist „aus Gott" geboren. Sein Vater ist nicht ein Mensch, sondern Gott selbst. Schon als Kind unterschied er sich durch sein Interesse, seine Weisheit und seine Reden von allen anderen. Als er ins Licht der Öffentlichkeit trat, sprach er wie einer, der Macht hat. Er entwertete alles, was in den Augen des Volkes galt, und hob hervor, was ihnen unwert erschien. Nicht um die Abschaffung von Gesetzen und Traditionen ging es ihm, sondern um eine „bessere Gerechtigkeit". Er überwältigte keinen, sondern stellte vor die Entscheidung. Wenn etwas radikal an ihm war, dann nur die Erfüllung des Willens seines Vaters und die Liebe zu allen Menschen. Er war ohne jede Schuld und Sünde. Deshalb hatte der Tod keine Macht über ihn. Seine Auferweckung wurde zu einem Ereignis, mit dem keiner gerechnet hatte. Sie ist sein endgültiger Sieg über diese Welt.

Was befähigte Jesus zu diesem außergewöhnlichen Leben? Es ist die ganze Fülle und die ganze Kraft von Gottes Geist, der in ihm wirkte. Der Geist Gottes zeugte ihn. Durch ihn kam er in diese Welt. „Heiliger Geist wird über dich kommen", sagte der Engel zu Maria, „und die Kraft des Höchsten wird dich überschatten. Deshalb wird auch das Kind heilig und Sohn Gottes genannt werden" (Lk 1,35). Bei Mattäus lesen wir: „Maria, seine Mutter, war mit Josef verlobt; noch bevor sie in der Ehe zusammenlebten, zeigte sich, daß sie ein Kind erwartete durch das Wirken des Heiligen Geistes" (Mt 1,18). „Das Kind, das sie erwartet, ist vom Heiligen Geist", erklärt der Engel Josef. Bei seiner Taufe kam die Fülle des Heiligen Geistes auf ihn herab. Lukas schreibt: „Erfüllt vom Heiligen Geist verließ Jesus die Jordangegend" (4,1). Durch den Heiligen Geist wurde Jesus in allen Phasen seines irdischen Lebens bestimmt. „Wenn wir das Leben Jesu verfolgen, sehen wir, daß sich alles mit einer großen Sicherheit abspielt. Sein Leben verläuft ohne Abweichungen, wie ein Pfeil auf sein Ziel zuschnellt. Es gibt kein Schwanken, kein Zögern und keine Unentschiedenheit. Auf ihm und in ihm war der Geist, der Bote Gottes, der Führer und Lenker seines Lebens."[2]

Dieser Geist ist es, der dem Christen durch Jesus Christus in der Taufe geschenkt wird. Was Taufe bedeutet, wird anschaulich, wenn wir uns das griechische Wort für „taufen" vergegenwärtigen. Es heißt „baptizein", zu deutsch: eintauchen oder untertauchen. Man verwendet dieses Wort auch für das Eintauchen von Stoffen und Kleidern, die gefärbt werden. Der Christ ist also der durch Jesus Christus in den Geist eingetauchte Mensch, der Mensch, der ganz und gar vom Geist durchdrungen ist. Durch den Geist bekommt er eine andere Farbe, ein neues Leben. Es ist das Leben des Glaubens in der Nachfolge Jesu Christi. Ihn hat er vor Augen. Seinen Weg geht er nach. Wie Jesus wendet er sein Empfinden, Denken, Wollen und Leben in die Richtung auf Gott. Es geht also nicht darum, menschliche Ordnungen aufzuheben. Entscheidend ist der Gesinnungswandel. Daraus wird sich alles andere ergeben. Durch den Heiligen Geist gehört der Christ zu Jesus Christus. Deshalb hat er auch Anteil an seinem Sieg über die Welt.

Der Ruf in die Nachfolge, durch die der Christ am Sieg Christi über die Welt teilnimmt, bedeutet das Herausgerufenwerden aus der Unmittelbarkeit zur Welt. Selbst zu Vater und Mutter, Bruder und Schwester, Mann und Frau gibt es in der Nachfolge keine unmittelbare Beziehung. „Christus steht dazwischen. Nur durch ihn hindurch geht der Weg zum Nächsten."[3] Eine Unmittelbarkeit gibt es nur zu ihm. Ihm allein sind wir verpflichtet. So wird der Christ durch den Ruf in die Nachfolge notwendigerweise ein einzelner. Er wird es deshalb, weil der Weg der Nachfolge kein Weg zu weltlicher Macht und Herrlichkeit ist, sondern der Kreuzweg Christi. Aber auf diesem Weg bleibt er nicht allein: „Jeder tritt allein in die Nachfolge, aber keiner bleibt allein in der Nachfolge. Dem, der es wagt, einzelner zu werden auf das Wort hin, ist die Gemeinschaft der Gemeinde geschenkt."[4] Ihr ist das neue Leben gegeben. Verborgen wächst es heran, bis es am Tage Christi offenbar wird. Es ist der Tag, an dem sich vollenden wird, was mit der Menschwerdung Jesu Christi begonnen hat.

Und ich sah einen neuen Himmel und eine neue Erde; denn der erste Himmel und die erste Erde sind vergangen, auch das Meer ist nicht mehr. Und die heilige Stadt, das neue Jerusalem, sah ich herabsteigen aus dem Himmel von Gott her, bereitet wie eine Braut, die für ihren Mann geschmückt wird. Und ich hörte eine mächtige Stimme vom Throne her sprechen: „Siehe, das Zelt Gottes unter den Menschen. Er wird bei ihnen sein Zelt aufschlagen, und sie werden seine Völker sein, und er selbst, Gott mit ihnen, wird ihr Gott sein. Er wird abwischen jede Träne von ihren Augen, und es wird keinen Tod mehr geben, auch keine Trauer, keinen Klageschrei, keine Mühsal wird es mehr geben; denn das Frühere ist vorbei."
Offenbarung 21,1–4

36 Menschliches Denken kann Gottes Liebe nicht verstehen

R. Guardini: Der Herr
Tit 3,4–7

Zu den Fragen, die dann und wann jeden tiefer empfindenden Christen bewegen, gehört vor allem jene, warum Gott eigentlich Mensch geworden ist. Daher verwundert es nicht, daß auch der Religionsphilosoph und Theologe Romano Guardini (1885–1968) von dieser Frage oft genug heimgesucht wurde. Immer wieder überdachte er, warum Gott die Grenzen der Ewigkeit überschritten hat und leibhaftig in die Geschichte des Menschen eingetreten ist, um in ihr ein tragisches Ende zu finden.

So vielfältig die Antworten sind, die Guardini darauf gibt, sie alle stammen doch aus einem gemeinsamen Wurzelgrund, der sich in seinem Hauptwerk „Der Herr" findet. Dort heißt es: „Denken allein kommt hier nicht weiter; ein Freund hat mir aber einmal ein Wort gesagt, durch das ich mehr verstanden habe, als durch alles bloße, Denken'. Wir sprachen über Fragen dieser Art, da meinte er: ‚Die Liebe tut solche Dinge!' Dieses Wort hilft mir immer wieder (...) Es ruft das Herz, läßt es ins Geheimnis Gottes hinüberfühlen (...) Keins der großen Dinge im Menschenleben ist aus bloßem Denken entsprungen; alle aus dem Herzen und seiner Liebe. Die Liebe aber hat ihr eigenes Warum und Wozu – freilich muß man dafür offen sein, sonst versteht man nichts ..."

Romano Guardini, Der Herr, Werkbund-Verlag, Würzburg 1964, S. 14 f.

Greifen wir zunächst auf einen Mann zurück, der lange vor Jesus Christus lebte. In großer Not durfte er Gottes Hilfe erfahren. Das brachte ihm Gottes Macht und Größe zu Bewußtsein. Zugleich ging ihm auf, wie nichtig und vergänglich er selber ist. Was ihn aber zutiefst betroffen machte, war, daß der große Gott sich liebend um den stets gefährdeten Menschen kümmert. Staunend fragte er: „Herr, was ist der Mensch, daß du dich um ihn sorgst, des Menschen Kind, daß du es beachtest? Der Mensch gleicht einem Hauch, seine Tage sind wie ein flüchtiger Schatten" (Ps 144,3–4). – In der Tat: Wie viele Menschen haben schon in dieser Welt gelebt? Wo sind sie geblieben? Sie sind jedenfalls nicht mehr da. Sie kamen, und sie gingen wie ein Hauch, wie ein flüchtiger Schatten. Und doch gibt es wahrscheinlich keinen Menschen, der nicht irgendwann einmal in seinem Leben den Eindruck hatte: „Gott kümmert sich um dich!"

Wie weit Gottes liebende Sorge um den Menschen geht, zeigt sich daran, daß er nicht in olympischer Ferne blieb, sondern selbst Mensch geworden ist, um als Mensch beim Menschen zu sein und ihn herauszuführen aus all seinen Nöten. Warum hat er das getan? Die Antwort, die R. Guardini darauf gibt, hat etwas Beglückendes an sich. Sie erklärt nichts und sagt doch alles, was für uns wichtig ist. Schauen wir näher hin.

Es gibt Taten, die durch das Denken allein nicht zu verstehen sind. Das gilt vor allem für das Handeln Gottes am Menschen. Darauf hat Jesus durch seine Verkündigung und durch sein Verhalten immer wieder aufmerksam gemacht. „Menschliches Denken kann Gottes Handeln nicht verstehen", das war eines seiner wichtigsten Themen. Als „der verlorene Sohn" (Lk 15,11–32) sein Vermögen durch ein zügelloses Leben restlos verschleudert hatte, kam er notgedrungen zu seinem Vater zurück. Das zu verstehen ist gewiß nicht schwer. Wie aber ist das Verhalten seines Vaters zu erklären, das Jesus wie folgt beschreibt: „Er lief dem Sohn entgegen, fiel ihm um den Hals und küßte ihn (...). Zu seinen Knechten aber sagte er: Holt schnell das beste Gewand, und zieht es ihm an, steckt ihm einen Ring an die Hand, und zieht ihm Schuhe an. Bringt das Mastkalb her, und schlachtet es; wir wollen essen und fröhlich sein!"? Als sein älterer Sohn davon hörte, verstand er ‚die Welt' nicht mehr. Er wurde zornig und wollte nicht hineingehen. Da kam sein Vater zu ihm heraus und redete ihm gut zu. Der Sohn aber tat sich schwer, sich von seinem Vater überzeugen zu lassen, daß Denken allein hier nicht weiterkommt. Warum nicht?

Das Denken sucht immer einen berechtigten Grund; die Liebe hingegen rechtet nicht. Weil sie höhere Ziele als das Denken verfolgt, hat sie ihr eigenes Warum und Wozu. Ihr kommt es entscheidend darauf an, vom Tod zum Leben zu führen. Daher sagt der Vater im erwähnten Gleichnis wiederholt: „Mein Sohn war tot und lebt wieder; er war verloren und ist wiedergefunden worden." Verloren und tot aber ist, wer keine Heimat hat. In diesem Zusammenhang erschließt sich das Wort von R. Guardini: „Keins der großen Dinge im Menschenleben ist aus bloßem Denken entsprungen; alle aus dem Herzen und seiner Liebe." Dieses Wort läßt uns in das Geheimnis von Gottes Liebe hinüberfühlen, so daß wir Hildegard von Bingen (um 1100–1179) verstehen können, wenn sie sagt: „Gottes Sohn wird Mensch, damit der Mensch Heimat habe in Gott."

Gottes Sohn ist also Mensch geworden, um sich mit dem Menschen auf den Weg zur Heimat in Gott zu machen. Was damit gesagt ist, verdeutlicht ein Vergleich. Stellen wir uns vor, wir wären in einer fremden Stadt und suchten eine bestimmte Straße. Nehmen wir hinzu, ein Passant würde uns erklären: „Gehen Sie geradeaus. Hinter der dritten Ampel halten Sie sich links; dann gehen Sie die zweite Straße rechts. So kommen Sie an eine Kirche; hinter der Kirche biegen Sie links ein. Dann ist es die dritte Straße auf der rechten Seite, wohin Sie wollen. Ob wir nach solchen Erklärungen tatsächlich dort ankommen, wohin wir wollten? Wahrscheinlich nicht! Würde uns der Betreffende jedoch sagen: „Kommen Sie, ich gehe mit Ihnen!", dann wäre alles anders. So macht es Jesus mit uns. Er zeigt uns den Weg, indem er mit uns geht, so daß wir uns nur an ihn zu halten brauchen, um ohne Verirrungen ans Ziel zu kommen. Dabei ist uns seine Nähe Licht, Kraft und Trost in den unterschiedlichen Situationen, durch die unser Weg führt.

Hier zeigt sich, daß es seit der Menschwerdung Gottes keinen Menschen gibt, der ganz allein wäre, vorausgesetzt, er läßt den menschgewordenen Gott in sein Leben hinein. Wo das geschieht, da wird unser Leben zu einem Weg. Auf ihm kommen wir nicht nur zur Heimat in Gott; er führt uns darüber hinaus in eine immer tiefere Menschlichkeit. Bereits die Erfahrung weist aus, daß ein Mensch um so menschlicher ist, je näher er Gott kommt. Menschlichkeit und Göttlichkeit gehen mithin Hand in Hand. Das ist das Lebensgeheimnis Jesu wie derer, die mit ihm auf dem Weg sind. Auf ihm vollzieht sich unsere Menschwerdung; sie vollzieht sich im Streben nach Menschlichkeit. Daher spielt es keine entscheidende Rolle, „ob einer Bundeskanzler ist oder Bürgermeister, Straßenkehrer oder Lehrer, Nonne oder Schriftsteller, Rentner oder Schüler. Wenn er nicht Mensch ist, hat er den entscheidenden Ruf seines Lebens überhört und daher gar keinen Beruf" (Th. Schmidkonz).

Was ist gemeint, wenn von Menschlichkeit die Rede ist? Mir scheint, daß dabei vor allem drei Gesichtspunkte zu berücksichtigen sind. Menschlichkeit leuchtet zunächst dort auf, wo einer sein augenblickliches Tun unterbricht, weil ein anderer ihn braucht. Durch seine Menschwerdung unterbrach Gottes Sohn seine Ewigkeit, um für den Menschen dazusein. Darüber hinaus müssen wir sagen: Menschlich ist, wer sich auf die Gegebenheiten einer konkreten Situation einläßt. Die Leute in der Herberge, in der die schwangere Frau keinen Platz finden konnte, taten es nicht. Doch Gott machte keine Affäre daraus. Er ließ sich auf die Gegebenheiten eines Stalles ein. Das Eingehen auf die Gegebenheiten einer menschlichen Notsituation gehört gewiß zu den auffallendsten Kennzeichen im Leben Jesu. Menschlich ist schließlich, wer bereit ist, dem anderen zu dienen. Was hat der menschgewordene Gott in seinem irdischen Dasein anderes getan?

Ladislaus Boros, ein Schüler von R. Guardini, erzählt in einem seiner Bücher von einem kleinen Ereignis, das er selbst erlebte. Es war mitten in einem Vortrag, als sich unerwartet die Türe öffnete: „Ein Mann kam hastig herein und stieg zu Romano Guardini aufs Podium. Er sagte ihm ein paar Worte, worauf Guardini sich zum Auditorium mit den Worten wandte: ‚Meine Damen und Herren! Eben erhalte ich die Nachricht, daß ein Freund von mir in Not ist. Freundschaft bedeutet für mich mehr als Vorlesung. Seien Sie mir bitte nicht böse, wenn ich nun die Vorlesung unterbreche, um einem Freund zu helfen!' Und niemand fühlte sich beleidigt. Alle verstanden die Beweggründe Guardinis und auch die Vornehmheit, welche seine Handlungsweise diktierte, aber auch was darin zum Ausdruck kam: die innere Rangordnung der Dinge und der Verpflichtungen."[1] Menschlich ist also, wer sich unterbrechen läßt, wer auf konkrete Gegebenheiten eingeht, wer dienend da ist für den anderen.

Erschienen ist die Güte und Menschenliebe Gottes, unseres Retters. Er hat uns gerettet – nicht wegen der Werke, die wir aus eigener Gerechtigkeit vollbracht hätten, sondern auf Grund seines Erbarmens – durch das Bad der Wiedergeburt und der Erneuerung im Heiligen Geist. Ihn hat er in reichem Maß über uns ausgegossen durch Jesus Christus, unseren Retter, damit wir, durch seine Gnade gerechtfertigt, Erben des ewigen Lebens werden, das wir erhoffen.
Titusbrief 3,4–7

37 Jesus Christus ist das Wort, in das sich Gott ganz hineingegeben hat

St. Zweig: Angst
Joh 14,23–29

Irene war die Frau eines wohlhabenden Juristen. Seit acht Jahren lebte sie mit ihm in einem still pendelnden Glück. Zwei Kindern hatte sie das Leben geschenkt. Eines Tages schlitterte sie, ohne es recht zu wollen und beinahe ohne es zu begreifen, in ein Verhältnis mit einem jungen Pianisten. Vielleicht war es gerade das Gesicherte ihres Lebens, was in ihr die Neugier nach dem Abenteuer weckte. Einmal in Untreue geraten, kam sie immer wieder zu ihm, ohne beglückt, ohne enttäuscht zu sein. Es geschah vorwiegend aus einem gewissen Gefühl der Verpflichtung und einer Trägheit der Gewöhnung.

Dann kam jener Augenblick, da dieses ihr Verhältnis in eine neue Phase trat: Eine Mitwisserin meldete sich zu Wort und erpreßte sie. Irene gab ihr notgedrungen, was sie wollte. Doch die Forderungen ließen weder nach, noch wurden sie geringer. Die Betroffene geriet immer mehr in den Schraubstock der Angst: Eines Tages würde ein Brief an ihren Mann kommen. Sie sah ihn schon eintreten, blaß, mit finsterem Blick, sie beim Arm fassen, sie fragen ... Aber dann ... was würde dann geschehen? Was würde er tun? Es kam ihr der Gedanke, sich ihm zu offenbaren. Aber wie würde er reagieren? Vom Morgen bis zum Abend rüttelte sie an diesen Fragen.

Bei all diesem grauenhaften Brüten und Sinnen ging ihr auf einmal etwas auf, was ihr bislang noch nicht bewußt geworden war. Sie stellte plötzlich fest, wie wenig sie ihren Mann eigentlich kannte, wie wenig sie seine Entscheidungen im voraus berechnen konnte. Jetzt erst wurde ihr klar, wie fremd und unbekannt er ihr in all diesen Jahren geblieben war. Deutlich erkannte sie, daß sie nur um die flache, die gesellschaftliche Schicht seines Wesens wußte, nicht aber um die innere, aus der allein die Liebe lebt. Unwillkürlich begann sie nach kleinen Zügen und Andeutungen zu forschen, um herauszufinden, wie er in ähnlichen Fragen geurteilt hatte. Erstaunt stellte sie fest, daß er fast nie über seine persönlichen Anschauungen zu ihr gesprochen hatte. Ihre alltäglichen Gespräche waren in der Regel in harmloser Banalität verlaufen. Von sich selbst gab er nichts her im Wort.

All das machte es ihr unmöglich, sich ihrem Mann zu öffnen und sich ihm mitzuteilen, obwohl ihre Situation durch die Aufsässigkeit jener Erpresserin immer bedrückender wurde. Daß es dennoch nicht zu einem tragischen Ende kam, ist auf eine unerwartete Wende zurückzuführen, von der hier nicht die Rede sein soll.

Vgl. Stefan Zweig, Angst, in: Die Hochzeit von Lyon und andere Erzählungen, Fischer Taschenbuch Verlag, Nr. 2281, Frankfurt a. M. 1980, S. 89–148.

Zuweilen erreicht uns eine unerwartete Nachricht, die uns vielleicht den Kopf schütteln läßt. Wir sagen dann: „Das ist nicht zu glauben!" Schauen wir aber tiefer, so kann es sein, daß innere Zusammenhänge in unser Blickfeld treten, die wir nicht vermutet hätten. Auf einmal will uns „zwangsläufig" erscheinen, was uns zunächst schockierte. Jetzt sagen wir: „Das mußte ja so kommen." So oder ähnlich war es auch hinsichtlich jener Frau, von der eben die Rede war. „Wie kann man sich an einen anderen hängen, wenn man alles hat?" So fragt der Oberflächenblick. Der Tiefenblick hingegen sieht, daß jene Frau längst nicht alles hatte. Das ging ihr selbst erst auf, als ihre Situation sich änderte. Da wurde ihr bewußt, daß ihr Mann in all den Jahren für sie ein Unbekannter geblieben war. Nur in der gesellschaftlichen Schicht seines Wesens kannte sie sich aus. Seine tieferen Schichten, in denen sich das persönliche Leben eines Menschen abspielt, hatten sich ihr nie geöffnet. Von ihnen gab er nichts ins Wort. So blieben sie einander fremd, auch wenn manch ein Außenstehender einen anderen Eindruck hatte. Hier erahnen wir den Grund, der sie in die Arme eines anderen trieb. Es war derselbe, der sie daran hinderte, sich ihrem Mann zu öffnen: Einem Fremden erschließt man nicht das Herz.

Wenden wir nun diese Erfahrungen ins Positive, so tritt die Bedeutung des Wortes und seine Wirkmächtigkeit hervor. Zunächst: Je mehr ich es wage, mich in mein Wort hineinzugeben, um so mehr offenbare ich mich dem andern. Nur so lernt er mich kennen. Er erahnt etwas von meinem Herzen und meinem Gemüt, von meinen Erfahrungen und Anschauungen, von meinen Einblicken und meinem Glauben. Etwas von mir geht in ihn über. Durch mein Wort halte ich Einkehr in seinem Herzen. Mehr noch: durch mein Wort lebe ich in ihm. Das erfahren wir, wenn uns einer sagt: „Vor langer Zeit haben Sie mir ein Wort gesagt, an das ich immer wieder denken muß. Durch dieses Ihr Wort ist in meinem Leben etwas anders geworden." Man selbst hat dieses Wort oft genug schon längst vergessen. Im anderen aber lebt es weiter; denn in jedem Wort, in das wir uns selbst hineingegeben haben, ist eine Kraft gegenwärtig, die das Leben des anderen tief und nachhaltig bestimmen kann. Aus diesem Grund gibt es im Hebräischen für „Wort" und „Geschehen" nur eine Bezeichnung: „dabar". Die damaligen Menschen wollten damit sagen, daß jedes Geschehen in dieser Welt letztlich auf ein Wort zurückzuführen ist. Anders formuliert: ohne das Wort geschieht nichts, nichts Gutes und nichts Böses. Hier leuchtet die Verantwortung auf, die wir dem Wort gegenüber haben. Sie erwächst aus jener Kraft, die dem Wort innewohnt, weil wir uns selbst hineingegeben haben. Durch Erfahrung klug geworden, betet daher der Psalmist: „Setze einen Wächter vor das Tor meiner Lippen" (Ps 141,3). Um welche Erfahrung geht es hier? Irgendwo las ich ein Gleichnis, das es uns sagt. Es beginnt mit einer bezeichnenden Frage: „Kennst du den Schaden, den du hervorrufen kannst, wenn du einen Stein mit verbundenen Augen wegwirfst? – Ebensowenig kennst du den manchmal schweren Schaden, den du hervorrufen kannst, wenn du herabsetzende Bemerkungen, die dir harmlos erscheinen, ausstreust; denn deine Augen sind durch Unachtsamkeit oder Leidenschaft verblendet" (Josemaria Escriva de Balaguer). Das alles können also Worte werden, wenn wir uns in sie hineinbegeben: ein Stein, aber auch „eine Geburt, ein Stück Brot für einen neuen Anfang, ein Stern, der vom Himmel fällt" (Phil Bosmans).

Eine Geburt, ein Stück Brot für einen neuen Anfang, ein Stern, der vom Himmel fällt – es gibt ein Wort, von dem man all das sagen kann. Es ist das menschgewordene Wort Gottes. In dieses Wort, das den Namen Jesus Christus trägt, hat sich Gott ganz hineingegeben. Daher erfahren wir allein durch dieses Wort, wer Gott im tiefsten und im letzten ist. Ohne dieses Wort wüßten wir es nicht. Wir wußten es genausowenig, wie jene Frau, von der wir erzählten, wußte, wer ihr Mann eigentlich war. Was aber sagt dieses Wort von Gott? Wer ist er? Er ist ganz und gar Liebe. Wie gut ist es, dieses zu wissen. Denn das bedeutet doch, daß ich vor Gott keine Angst zu haben brauche, wer immer ich auch bin, daß ich mich ihm einfach anvertrauen darf mit allem, was es in mir gibt, was ich vielleicht keinem Menschen zu sagen wage. Wir dürfen uns Jesus also nicht vorstellen als einen höherstehenden Menschen, der uns wichtige Lehren erteilt. Nein, er ist das Wort Gottes, in dem Gottes überwältigende Liebe zu uns gekommen ist, um uns jede Angst zu nehmen. Wo dieses Wort in uns lebt, da lebt Gott in uns. Er lebt in uns als unser Friede, als unsere Freude, als unsere Kraft. Wo dieses Wort in uns lebt, da verwandelt sich unser eigenes Wort, weil verwandelt wurde unser Herz. Einfach, wahr und liebevoll wird es sein. Wenn wir das Wort Gottes in uns festhalten, dann fühlen wir uns festgehalten von Gott, und das im Leben und im Sterben.

Jesus sprach zu seinen Jüngern: Wer mich liebt, wird mein Wort festhalten; mein Vater wird ihn lieben, und wir werden zu ihm kommen und bei ihm wohnen. Wer mich nicht liebt, hält meine Worte nicht fest. Und das Wort, das ihr hört, ist nicht mein Wort, sondern das des Vaters, der mich gesandt hat. Das habe ich zu euch gesprochen, während ich noch bei euch bin. Der Beistand aber, der Heilige Geist, den der Vater in meinem Namen senden wird, er wird euch alles lehren und euch an alles erinnern, was ich euch gesagt habe. Frieden hinterlasse ich euch, meinen Frieden gebe ich euch; nicht wie die Welt ihn gibt, gebe ich ihn euch. Euer Herz ängstige sich nicht und verzage nicht. Ihr habt gehört, daß ich zu euch sagte: Ich gehe fort und komme wieder zu euch. Wenn ihr mich wirklich liebt, dann würdet ihr euch freuen, daß ich zum Vater gehe; denn der Vater ist größer als ich. Und ich habe es euch jetzt gesagt, bevor es geschieht, damit ihr glaubt, wenn es geschieht.
Johannes 14,23–29

38 Jesus Christus – wer ist er für dich?

St. Andres: Der Reporter Gottes
Mt 12,46–50

In einer der zehn Hörfolgen, die der Schriftsteller Stefan Andres (1906–1970) in seinem Buch „Der Reporter Gottes“ zusammengestellt hat, wird berichtet, wie der Reporter einige Menschen aus dem Jahr 32, die Jesus aus Nazaret persönlich sahen und hörten, in den Funkraum bestellt. Unter ihnen sind nur wenige, die einen großen Namen haben. Meist sind es kleine unbekannte Leute. In einem Interview möchte der Reporter von ihnen erfahren, wer Jesus eigentlich gewesen ist. Zunächst versichert er den Zuhörern, es sei ein eigenartiges Gefühl, plötzlich Menschen gegenüberzustehen, die in einer fernen Vergangenheit lebten und von unseren heutigen Problemen keine Ahnung hätten, aber dennoch Menschen seien wie wir: „Mögen sie auch andere Sitten haben, mag sogar ihre Moral von der unsern in vielen Punkten abweichen, das Entscheidende ist: sie lachen und weinen wie wir, sie wollen glücklich sein wie wir, fürchten den Schmerz und den Tod wie wir, verlangen nach zeitloser Dauer wie wir – und sie träumen, sehnen sich voll Unruhe nach etwas wie wir.“ Dann bedankt er sich bei seinen Studio-Gästen, daß sie den Weg aus dem Jahre 32 in unsere Zeit nicht gescheut hätten, und bittet sie in zufälliger Reihenfolge an das Mikrophon.

Als erster tritt der Bettler Bartimäus hervor. Ihm hatte Jesus das Augenlicht zurückgeschenkt. Ihn bittet der Reporter: „Sagen Sie mir klipp und klar: für wen halten Sie diesen Menschen?“ „Für wen?“ entgegnet der Gefragte, „er ist mein Augenöffner, mein Licht, meine Sonne. Er macht alles Blinde sehend.“ Nicht so eindeutig ist die Antwort, die der Großgrundbesitzer Manasse auf dieselbe Frage gibt. Ihn hatte Jesus eingeladen, allen Besitz zu verkaufen und sein Gefolgsmann zu werden. Doch Manasse hatte sich davongeschlichen. Für wen hält er diesen Mann aus Nazaret? Seine Antwort: „Dieser Mann fordert zu viel. Er lehnt uns Reiche einfach ab. Wir hätten kein Herz. Sonst gäben wir alles dahin! Er denkt nur an die Armen. Ich weiß nicht, wer er ist! Er stahl mir die Ruhe und den Frieden der Seele.“ Der Reporter hofft, aus dem Mund eines Vetters Jesu Genaueres zu erfahren. Der Vetter aber erklärt: „Das will ich Ihnen genau sagen: entweder ist er aus der Art geschlagen oder ein Narr – ein Verrückter." Der Hauptmann von Kafarnaum, dessen Sohn Jesus geheilt hatte, ist dagegen der Überzeugung: „Er ist ein Gott. Was ist er denn sonst?" Auch die Ehebrecherin, eine junge schöne Frau, die Jesus vor den Gesetzesdienern in Schutz genommen hatte, schwört auf ihn: „Er ist mein Erretter, meine einzige Zuflucht, meine Burg!" Ein Händler, den Jesus aus dem Tempel vertrieben hatte, verflucht ihn: „Es ist gut, daß wir wissen, wer er ist, dieser Rabbi Jesus, der Sohn des Josef von Nazaret. Er wird es eines Tages büßen müssen. So alt werd' ich noch!" Der Zöllner Levi, der viele an der Zollstätte betrogen hatte und dann zu den Jüngern Jesu gehörte, meint: „Man folgt ihm nach, das ist alles. Wenn es sein muß, bis in den Tod."

Nachdem jeder seine Aussage noch einmal bestätigt – und für endgültig erklärt hat, schließt die Reportage mit einem liturgischen Gesang aus dem Propheten Jesaja (53,4 ff.). Auch dieser Gesang gibt eine Antwort auf die Frage, wer Jesus aus Nazaret gewesen ist. „Fürwahr, er trug unsere Krankheiten und lud auf sich unsere Schmerzen. Wir aber hielten ihn für den, der geplagt und von Gott geschlagen und gemartert wäre. Aber er ist um unserer Missetaten willen verwundet und um unserer Sünden willen zerschlagen worden. Die Strafe liegt auf ihm, daß wir Frieden hätten. Und durch seine Wunden sind wir geheilt."

Vgl.: Stefan Andres, Der Reporter Gottes, Eine Hörfolge in zehn Kapiteln, Herderbücherei, Nr. 58, Basel-Freiburg-Wien 1959, S. 44–66.

Die Menschen, die Jesus damals begegneten, sind uns allein durch die zeitliche Entfernung sehr fremd. Immerhin sind es zweitausend Jahre, die zwischen ihnen und uns liegen. Was haben sie mit uns und wir mit ihnen zu tun? Um das herauszufinden, müßte man mit ihnen sprechen können. Wie aber soll ein Gespräch mit Menschen möglich sein, die einer so fernen Vergangenheit angehören? Durch einen literarischen Einfall gelingt es dem Dichter, uns die Zeitgenossen Jesu nahezubringen: Der Rundfunk lädt sie ein. Da er alle Fahrtunkosten und weiteren Belastungen übernimmt, treten sie die lange Reise aus dem Jahr 32 in unsere heutige Zeit an. So werden für uns die längst Verstorbenen wieder lebendig. Die heutigen Lebensbedingungen und Lebensprobleme werden auf einmal nebensächlich angesichts der uralten und stets neuen Fragen, die zu allen Zeiten gestellt wurden und alle Menschen miteinander verbinden; denn die Furcht vor dem Tod, die Sehnsucht nach Glück und das unruhige Suchen nach etwas Unbekanntem sind allen Menschen gemeinsam, gleichgültig wann, wo und wie sie auf dieser Erde gelebt haben oder noch leben werden.

Aber nicht nur die Urängste und Ursehnsüchte verbinden uns mit den Menschen der damaligen Zeit. Der göttliche Anspruch Jesu, der vor die Entscheidung stellt, gilt heute wie damals. Ihm gegenüber gibt es zu allen Zeiten nur Zustimmung oder Ablehnung. Eine dritte Möglichkeit gibt es nicht. Zu welcher Entscheidung kamen die Leute, als sie Jesus seinerzeit begegneten? Sie sagen es uns selbst. Die einen erklären, er habe ihnen die Augen geöffnet; in ihm seien sie Gott begegnet; er sei ihr Erretter und ihre einzige Zuflucht; man folge ihm nach, wenn es sein müsse, bis in den Tod. Die anderen können mit ihm nichts anfangen. Sie fühlen sich von ihm ungerecht behandelt und versuchen, es ihm heimzuzahlen. Er habe ihr Herz in Unruhe versetzt und ihnen den Seelenfrieden genommen. In ihren Augen ist er ein Verrückter. Die Stellungnahme des heutigen Menschen kann nicht anders sein. Auf die Frage: „Wer ist Jesus von Nazaret für dich?" hört man folgende Antworten: „Jesus Christus ist für mich ... der, der meinem Leben Sinn und eine ... tiefe Freude schenkt, die auch Schweres, Leid und Schatten aller Art umschließt." „Man kann sich ihm anvertrauen, zu ihm sprechen: Er hört und sieht und liebt." „Jesus Christus von Nazaret bleibt Basis, Maß und Ziel meines Lebens; auch wenn meine Maße vor den seinen nur wenig stimmen." Andererseits heißt es: „Jesus von Nazaret? Gewiß kein Gott. Vielleicht ein Mensch." „Für mich bedeutet Jesus nichts. Ich muß ja mein Erdenleben selbst durchkämpfen und schauen, daß ich etwas werde. Dabei hilft mir ‚Jesus' nicht."

Wenn man diese unterschiedlichen Reaktionsweisen aller Generationen bedenkt, gewinnt man den Eindruck, die ganze Menschheit sei unterwegs, um sich vor dem Gekreuzigten dem einen oder dem anderen Schächer zuzuordnen. Auch wir sind unterwegs. Auf welche Seite werden wir uns schlagen? Vielleicht haben wir uns noch nicht entschieden und schauen fragend nach einer Antwort aus, die uns sein Geheimnis näherbringt. Wir wollen es im folgenden mit drei bescheidenen Hinweisen versuchen.

Zunächst ist es wichtig, sich bewußt zu machen: *Jesus ist ein wirklicher Mensch*, ein Mensch wie du und ich. Er wurde geboren und ist gestorben; er lachte und weinte; er freute sich und litt; er redete und schwieg; er hatte seine Freunde, aber auch seine Feinde; er erfuhr Anerkennung und Ablehnung. Wie jeder Mensch fühlte er sich oft genug einsam und verlassen. Er wußte, wie es ist, wenn man nicht ernst genommen und von anderen belächelt wird. Auch er hatte Angst vor dem Sterben. „Jesus ist ein *wirklicher* Mensch!“ Das bedeutet aber auch: in seinem Leben gab es keinen Zwiespalt zwischen Denken und Handeln. Wie oft klafft in unserem Leben beides auseinander! Während man uns von außen her für anständige, ehrliche und redliche Leute hält, sieht es in unserem Inneren zuweilen ganz anders aus. „Wenn die anderen wüßten ...!“ Wem wäre dieser Gedanke noch nie durch den Kopf geschossen? Deshalb sehen wir zu, daß der andere uns nicht zu nahe kommt. Was denken wir zum Beispiel, wenn wir einem Menschen begegnen und ihn fragen: „Wie geht es Ihnen?“ Gut, daß der Gefragte es nicht erkennen kann. Aber stellen wir uns vor, Jesus würde uns so fragen. Wir dürften erfahren, daß da einer ist, der uns ganz zugetan ist und an unserem Leben wirklich teilnimmt, weil bei ihm Äußeres und Inneres restlos übereinstimmt. Die Bibel nennt uns den Grund dafür: Er ist ohne Sünde gewesen. Deshalb hatte er nichts vor den Augen der anderen zu verbergen. Menschen, die ihn wirklich kennenlernten, wußten, daß man sich ihm ohne Vorbehalt anvertrauen kann, ohne je enttäuscht zu werden.

Unser zweiter Hinweis lautet: *Jesus ist ein brüderlicher Mensch.* Immer ist er bei den Menschen: bei den Schriftgelehrten und Pharisäern, bei den Fischern am See, bei den Frauen und Kindern, bei den Armen und Reichen, bei den Ausgestoßenen und Sündern, bei den Kranken und Toten, bei den Gesunden und Verkrüppelten, bei den Fröhlichen und Vereinsamten. Für alle ist er da. Eines seiner beglückendsten Worte lautet: „Kommt alle zu mir, die ihr euch plagt und unter Lasten stöhnt. Ich will euch Ruhe geben“ (Mt 11,28). Sonst ist es doch so, daß wir lange suchen müssen, bis wir einen gefunden haben, der uns in unseren Nöten helfen kann. Und haben wir einen gefunden, dann müssen wir ihn oft lange bitten, bis er uns die Türe öffnet. Und wenn er uns tatsächlich hilft, dann geschieht es selten umsonst. Jesus hingegen wartet nicht, bis man ihn bittet. Er kommt uns entgegen und bietet uns selbstlos seine Hilfe an. Der dänische Philosoph Sören Kierkegaard (1813–1855) stellt in diesem Zusammenhang die Frage, warum Jesus nicht genauer erklärt, welche Geplagten und Belasteten er eigentlich meint. Dann antwortet er: „O du Kärglicher, er ist so wortkarg, um nicht kärglich zu sein; du Engherziger, er ist so wortkarg, um nicht engherzig zu sein; das heißt ja Liebe (denn ‚Liebe‘ geht auf alle): verhindern, daß auch nur ein Einziger darauf kommen könne, sich zu ängstigen, weil er grübeln muß, ob auch er zu den Geladenen gehöre!“[1] Weil Jesus ein brüderlicher Mensch ist, deshalb tauchen in seiner Nähe immer wieder Menschen auf, die ihr Gesicht verloren haben und deren Leben zerbrochen ist. In seiner Nähe leben sie auf, denn sie alle dürfen erfahren: Du bist durchschaut, aber durchschaut von einem, der dich liebt und dich versteht, der dich kennt und alles von dir weiß und trotzdem nicht irre an dir wird, sondern der dir sagt: Ich trage deine Last und leide *mit* dir, wenn du das Leben unerträglich findest. Fürwahr, er trug unsere Krankheiten und lud unsere Schmerzen auf sich. „Verstehen wir jetzt, was der Prophet hat damit andeuten wollen und, daß er hier im Grunde nichts anderes als das Geheimnis der Liebe umschreibt?" (Helmut Thielicke).

Um den Quellgrund dieser Liebe zu erahnen, müssen wir einen dritten Hinweis auf uns wirken lassen: *Jesus ist ein göttlicher Mensch.* Er ist es im tiefsten Sinn des Wortes. Seine Person ist geprägt von der unbedingten Offenheit für seinen göttlichen Ursprung, aus dem er kommt und den er *„Abba"* nennt. Was dieses Wort eigentlich aussagt, bleibt unübersetzbar. Wir können es nur andeuten. Es ist das Lallwort eines Kindes, in dem sich die ganze Herzlichkeit, Verbundenheit und Liebe versammelt, mit der ein Kind seinen leiblichen Vater anruft. Zur Zeit Jesu war es nicht nur ungewöhnlich, in dieser vertraulichen Weise den großen und furchterregenden Gott anzusprechen, sondern auch anstößig und respektlos. Die Tatsache, daß es für Jesus selbstverständlich war, so zu Gott und von Gott zu sprechen, enthüllt uns sein besonderes Gottesverhältnis. Sagen wir es deutlicher: Der Anruf *„Abba"* offenbart uns Jesus als den wahren Sohn Gottes. Hier liegt das Ur-Eigene und Unterscheidende in der Person Jesu. Wichtig aber ist, daß Jesus Gott nicht nur seinen Vater nennt, sondern in allen Phasen seines irdischen Lebens das Wagnis eingegangen ist, Gott seinen Vater sein zu lassen. Der ganze Sinn seines Lebens lag deshalb ausschließlich darin, den Willen seines Vaters zu tun und so in Wahrheit „Sohn" zu sein. „Meine Speise ist es, dem Willen dessen zu gehorchen, der mich gesandt hat, und sein Werk zu vollenden" (Joh 4,34). Speise ist das, wovon man lebt. Jesus lebte davon, den Willen seines Vaters zu tun. Hier liegt das tiefste Geheimnis seines Lebens. Weil Jesus als der Sohn Gottes wie kein anderer den Willen seines Vaters tat, wurde er zum Offenbarer Gottes, deshalb kam Gott in allem, was er sagte und tat, zum Vorschein. Daher ist Jesus der Ort in dieser Welt, an dem Gott sich zeigte. Wenn wir also wissen wollen, wer Gott in Wirklichkeit ist, dann müssen wir auf Jesus Christus schauen; denn wie Jesus Christus spricht und handelt, so *ist* Gott.

Das für uns Christen Bedeutsame an Jesus aber ist, daß er uns mit all unseren Sehnsüchten und Armseligkeiten in sein Gottesverhältnis hineingenommen hat. Auch wir dürfen mit kindlichem Vertrauen Gott unseren Vater nennen. Das bewahrheitet sich vor allem dort, wo auch wir das Wagnis eingehen, Gott in unserem Leben Vater sein zu lassen, indem wir unser Leben ihm übereignen und seinen Willen tun. Dann werden auch wir im eigentlichen Sinn zu leben beginnen und mitten in dieser Welt zu einem Ort, an dem sich Gott offenbart, dann werden auch wir inmitten der Dunkelheit unserer Zeit zu einem Licht, in dem Gott sich zeigt. Aus diesem Grund haben die großen Christen, die wir die „Heiligen“ nennen, immer wieder im einsamen Gebet gefragt: „Herr, was willst du, das ich tun soll?“

Woraus ein Mensch lebt, das kommt in seinem Leben zum Vorschein. Wer aus sich selbst lebt, zeigt nur sich selbst; wer aus Gott lebt, macht Gott offenbar. Warum kommen wir nicht zum eigentlichen Leben? Woran liegt es, daß wir in unserem Leben so wenig die liebende Nähe Gottes spüren und für andere oft kein Licht sind? Liegt es nicht daran, daß wir uns vor dem Abenteuer seiner Liebe fürchten? Wie kann Gott unser Vater sein, wenn wir unser Leben nicht aus der Hand geben wollen? Jesus sagt uns: Alles wird sich in deinem Leben ändern, ja, du wirst überhaupt erst erfahren, was Leben eigentlich ist, wenn du den Sprung in Gottes Liebe wagst; dann wirst auch du ein wirklicher Mensch, ein brüderlicher Mensch, ein göttlicher Mensch, ein Mensch, der aufgrund desselben Geistes zu meiner Verwandtschaft gehört.

Während er noch mit den Leuten redete, standen seine Mutter und seine Brüder draußen und wünschten ihn zu sprechen. Da sagte jemand zu ihm: „Deine Mutter und deine Brüder stehen draußen und wollen dich sprechen.“ Er antwortete ihm: „Wer ist meine Mutter, und wer sind meine Brüder?“ Und er streckte die Hand über seine Jünger und sprach: „Siehe, meine Mutter und meine Brüder. Denn jeder, der den Willen meines Vaters im Himmel tut, der ist mir Bruder und Schwester und Mutter.
Mattäus 12,46–50

39 Ich kenne die Menschen – er war mehr als ein Mensch

Napoleon Bonaparte: Wider kluge Skeptiker
Lk 9,18–21

Napoleon Bonaparte (1769–1821) wird auch heute noch als der größte Franzose gefeiert. Er war ein Regent mit einem außergewöhnlichen militärischen Genie. Weit über sechzig Schlachten hat er gewonnen. Doch nach den Siegen kamen die Niederlagen. So groß der irdische Ruhm war, den er auf dem Höhepunkt seines Lebens genoß – ich weiß nicht, wie Gott darüber denkt –, so tief saß dann die Enttäuschung in ihm, als man ihn nach der verlorenen Schlacht von Waterloo (18. Juni 1815) endgültig auf die kleine Insel St. Helena im südlichen Atlantik verbannte, wo er sechs Jahre später, wahrscheinlich an den Folgen einer langjährigen Arsenvergiftung, im Alter von 52 Jahren starb. Was machte er in diesen Jahren weltlicher Abgeschiedenheit? Er diktierte seine Memoiren und diskutierte viel mit den wenigen Getreuen. Vielleicht war es bei einer solchen Gelegenheit, als der Name Jesus Christus in die Diskussion fiel. Aufmerksam hörte Napoleon zu. Als schließlich ein paar kluge Skeptiker versuchten, das Licht Jesu unter den Scheffel zu stellen, mischte sich Napoleon in das Gespräch ein und sagte: „Meine Herren, ich kenne die Menschen. Jesus Christus aber war mehr als ein Mensch!“

Es mag uns vielleicht wundern, ein solches Wort aus dem Mund eines entthronten Kaisers zu hören. Warum? Vergleicht man die Taten Jesu mit denen Napoleons, so könnte man den Eindruck gewinnen, daß Jesus wenig oder gar nichts geleistet hat. Aus diesem Grund haben die Historiker ihm keine Beachtung geschenkt. Während sie Napoleon mit Alexander dem Großen und mit Gaius Julius Cäsar in eine Reihe stellen, nehmen sie von Jesus keine Notiz. Es stimmt: Jesus hat keine politischen Leistungen vorzuweisen. Er war kein weltlicher Herrscher und kein irdischer Machthaber er hat keine Schlachten geschlagen und kein Weltreich aufgebaut. Was ist es dann gewesen, das Napoleon zu seiner Äußerung veranlaßte? In der nüchternen Einsamkeit seines Verbannungsortes ging ihm offensichtlich auf, wie unzuverlässig und treulos, wie labil und intrigenreich, wie arglistig und hinterhältig das menschliche Herz sein kann. Zudem hatte er erfahren, auf welch schwachen Füßen aller irdische Ruhm sich bewegte. So wurde ihm in Hinblick auf Jesus, der die Seinen nie im Stich ließ, bewußt, daß es nicht nur das Menschlich-Allzumenschliche gibt, sondern auch das, was über das bloß Menschliche weit hinausgeht. Hätte man Napoleon gefragt: „Für wen halten Sie Jesus Christus?", er hätte vermutlich geantwortet: „Er ist ein Mann, der auf Gedeih und Verderb zu den Seinen steht. Er ist ein Mann unbedingter Treue."

„Ich kenne die Menschen. Jesus Christus aber war mehr als ein Mensch!" Aus diesem Wort spricht also nicht nur eine Bewunderung für Jesus, sondern auch eine Verachtung der Menschen. Das zu bemerken ist nicht nebensächlich. Auffallend ist nämlich, wie oft man im Schrifttum der sogenannten „Großen der Welt" solcher Menschenverachtung begegnen kann. So schreibt beispielsweise Johann Wolfgang von Goethe in einem Aphorismus: „Man muß so lange leben wie ich, um die Menschen ganz verachten zu lernen."[1] Nun erreichte Jesus zwar nicht das Alter von Goethe, aber wir dürfen vermuten, daß die Menschenkenntnis Jesu die Menschenkenntnis Goethes um einiges übertraf. Vor allem fällt auf, daß der Grund, weshalb „die Großen der Welt" die Menschen bei genauerer Kenntnis verachteten, bei Jesus zum genauen Gegenteil führte. Je tiefer Jesus in das menschliche Herz hinabschaute und dort das Dunkle in seiner Vielgestaltigkeit wahrnahm, um so mehr stieg er zu den Menschen herab, um sie in Liebe heimzusuchen. Das weisen die biblischen Erzählungen unaufhörlich aus. Sie alle machen deutlich: Wo einer wegen seiner Schwächen von anderen verachtet wird, da wendet ihm Jesus sein ganzes Mitgefühl zu. Jesus war nicht nur anders als „die kleinen Leute", sondern auch anders als „die Großen der Welt". Wo der einzelne unter die Last seiner selbst gebeugt ist, tritt Jesus an seine Seite. Dabei gibt er ihm nicht irgend etwas Sachliches, sondern er gibt sich ihm selbst; er gibt ihm seine eigene Schulter, schiebt sie unter seine Last und trägt sie mit ihm. So wird sie leicht; der Betreffende fühlt sich entlastet und befreit. Würde man also die Bibel fragen, für wen sie Jesus Christus hält, sie würde uns sagen: Jesus Christus ist derjenige, dem du dich restlos und rückhaltlos anvertrauen kannst; denn er ist das Du Gottes, das dein tiefstes Ich meint und liebt. Durch ihn entlastet, wirst du deinerseits fähig, anderen beizustehen, um ihnen das Leben ein wenig erträglicher zu machen, und das nicht nur dann und wann, sondern mit der Hinwendung deiner ganzen Existenz, mit der Hilfe, die du selber bist.[2]

Wir haben bislang bedacht, was Napoleon über Jesus gesagt hat, und gelangten von dort aus zu dem, was die Bibel von Jesus verkündet. So bedeutsam es jedoch ist, dem nachzugehen, was andere von Jesus halten, für Jesus selbst ist es wichtiger, von uns zu hören, was wir in eigener Person ihm abgewinnen. Darauf machen die Evangelien an verschiedenen Stellen aufmerksam. So kommt Jesus auf jeden einzelnen zu, um zu erfahren: „Du, für wen hältst du mich?" Es könnte sein, daß uns diese Frage in Verlegenheit bringt; denn in ihr geht es um jenes Verhältnis, das ich ganz persönlich zu Jesus gefunden habe. Wenn uns auch kein anderer die Antwort darauf abnehmen kann, so sollen hier doch einige Hilfen gegeben werden, die eine persönliche Stellungnahme ermöglichen.

Zunächst könnten wir uns fragen: Durfte ich schon einmal erfahren, daß durch ein Jesuswort so etwas wie eine Sinnerhellung in mein Leben kam? War ich schon einmal in die Dunkelheit des Daseins getaucht, um dann durch meine Hinwendung zu Jesus erleben zu dürfen, daß auch mir gilt, was der Evangelist sagt: „Das Licht leuchtet in der Finsternis" (Joh 1,5)? Konnte ich schon einmal in der Niedergeschlagenheit seinen Trost, in der Mutlosigkeit seine Kraft, in der Ohnmacht seine Hilfe, in der Ruhelosigkeit seinen Frieden, in der Traurigkeit seine Freude, in der Haltlosigkeit seinen Halt erfahren? Ist mein Herz schon einmal weit und leicht geworden, als mir das Wort zugesprochen wurde: „Deine Sünden sind dir vergeben"? Wem solches oder etwas ähnliches widerfahren ist, der wird auf die Frage: „Du, für wen hältst du mich?" antworten können: „Du bist der Sinn und das Licht meines Lebens; du bist mein Trost, meine Kraft, meine Hilfe, mein Frieden, meine Freude und mein Halt; du bist die Vergebung meiner Schuld." Um mir der Bedeutung bewußt zu werden, die Jesus für mich und mein Leben hat, könnte ich zudem versuchen, von ihm – zumindest in meiner Phantasie – ein Bild zu malen. Die Bibel ist ja voller Bilder, die das Geheimnis Jesu zu deuten suchen. Ich denke hier an die Schüler eines 8. Schuljahres, die aufgefordert wurden, ein Bild zu dem Wort Jesu zu malen: „Ich bin der Weg" (Joh 14,6). Die jungen Leute malten einen Weg, auf dem Jesus ausgestreckt lag, und Menschen, die über Jesus hinweggingen. Wie vielfältig kann man dieses Bild deuten! In welcher Weise würde also Jesus in Erscheinung treten, wenn *ich* ihn malen würde? – Schließlich könnte ich überdenken, was ich Jesus schreiben würde, wenn ich mich hinsetzte, um einen Brief an seine Adresse zu richten.

Diese Wege verdeutlichen möglicherweise, wie fremd uns Jesus bislang geblieben ist. Es könnte aber auch sein, daß uns bewußt wird: Zuerst war es etwas ganz Menschliches, das mich an ihm faszinierte. Doch plötzlich wurde mir klar, daß noch etwas ganz Anderes dabei war, etwas sehr Geheimnisvolles. Und vielleicht durften wir auch erfahren, daß sich uns dieses Geheimnisvolle zu entziehen begann, als wir danach greifen wollten, um es festzuhalten.[3] Erst solche Erfahrungen bringen uns zu jenem Ort, von dem aus auch wir sagen können: „Du bist der Messias Gottes!"

Jesus betete einmal in der Einsamkeit, und die Jünger waren bei ihm. Da fragte er sie: Für wen halten mich die Menschen? Sie antworteten: Für Johannes den Täufer, andere aber für Elija; wieder andere glauben, einer der alten Propheten sei auferstanden. Da sagte er zu ihnen: Und ihr, für wen haltet ihr mich? Petrus antwortete: Für den Messias Gottes. Er aber verbot ihnen streng, es jemand weiterzusagen.
Lukas 9,18–21

40 In ihm will Gott eines jeden Menschen Nächster sein

R. Guardini: Aufzeichnungen
Lk 10,25–37

Wenn wir nach einer kühlen Sommernacht frühmorgens unseren Weg durch irgendwelche Grünanlagen nehmen, dann entdecken wir, wie sich die Strahlen der aufgehenden Sonne in Millionen kleiner Tautropfen spiegeln, die an Gräsern, Blättern oder Spinnweben hängen. Ähnlich ist es mit der Vielzahl der kleinen Erzählungen des Neuen Testamentes. Wie sich der ganze Himmel in jedem Tautropfen spiegelt, so ist in jeder dieser kleinen Geschichten die ganze Botschaft Jesu gegenwärtig. Von diesem Hintergrund her können wir jene Aufzeichnung verstehen, die Romano Guardini unter dem „Ostermontag 1943" in seinem Tagebuch festgehalten hat. Dort lesen wir: „Ein Bekannter erzählte mir, sein Freund sei ganz zuletzt aus Stalingrad wegbefohlen worden und habe folgendes erlebt: Als es einmal für eine bestimmte Gruppe von Soldaten zu Ende ging, habe der protestantische Feldgeistliche sein Neues Testament aus der Tasche genommen, den Einband weggerissen und jedem ein Blatt des heiligen Buches gegeben. Keiner habe es abgelehnt.

Romano Guardini, Wahrheit des Denkens und Wahrheit des Tuns, Notizen und Texte 1942–1964, Verlag Ferdinand Schöningh, Paderborn 1980, S. 12.

Warum hatte jener Feldgeistliche sein Neues Testament in dieser Weise ‚aufgeteilt'? Offensichtlich war auch er der Überzeugung, daß sich in jeder kleinen Geschichte, die darin Seite für Seite erzählt wird, die ganze Botschaft des Himmels spiegelt. Wo immer der Weg jener Soldaten dann auch hinging, ob in die Gefangenschaft oder in den Tod, mit dem einen Blatt aus dem heiligen Buch blieben sie nicht sich selbst überlassen. Gott war mit ihnen auf dem Weg. – Daß die ganze Botschaft Jesu in der Tat in jeder einzelnen neutestamentlichen Erzählung gegenwärtig ist, verdeutlicht sich, wenn wir uns beispielsweise in das „Gleichnis vom barmherzigen Samariter" vertiefen. Zu Recht hat man dieses Gleichnis die „berühmteste aller Mitleidsgeschichten" (Arthur Gordon) genannt.

Da ist zunächst jener Mann, der auf dem Weg von Jerusalem nach Jericho überfallen und niedergeschlagen worden war. Was diesem Mann geschah, kann jedem von uns täglich widerfahren. Schon immer war es gefährlich, in dieser Welt zu leben, und so wird es auch in Zukunft bleiben. Damit ist etwas über den Menschen gesagt: Er ist eben nicht nur das stolze, gefeierte und selbstsichere, sondern auch das ständig gefährdete Wesen. Daher ist ihm ‚Vorsicht' geboten. Sie hält den Leichtsinn, der die meisten Gefahren ermöglicht, zurück. Vorsichtig ist, wer vorher bedenkt, was auf ihn zukommen kann, und sich dementsprechend verhält. Doch mit Vorsicht allein läßt sich nicht leben. Die ‚Zuversicht' muß hinzukommen. Sie überwindet alle übertriebene Ängstlichkeit. Jesus sagt es so: „Seid klug wie die Schlangen und arglos wie die Tauben!" (Mt 10,16). Vorsicht und Zuversicht gehören zusammen wie Schlangenklugheit und Taubeneinfalt. Keiner sollte die Wichtigkeit dieser Verbindung herunterspielen.

Jeder, der schon einmal hilflos am Boden lag, weiß nun, wie dankbar das Herz ist, wenn man gerade in einer solchen Situation die Nähe eines Mitmenschen erfahren darf. So ist es bei uns, so war es auch bei jenem Notleidenden. Sosehr in diesem ein Gefühl der Erleichterung aufstieg, als er die beiden Tempeldiener kommen sah, so niedergeschlagen war er, als er bemerkte, daß sie an ihm vorbeigingen, obwohl sie ihn gesehen hatten. Warum taten sie das? Ich weiß keinen anderen Grund zu nennen als den, daß sie sich bei seinem Anblick in ihrer eigenen Existenz bedroht fühlten. Die Angst zog ihnen das Herz zu und klemmte ihnen die Sehkraft ab. Obwohl sie ihm räumlich nahe waren, waren sie doch nicht bei ihm. Das ist die ‚geschlossene Nähe'. Wir können beispielweise mit anderen im selben Haus oder in derselben Wohnung zusammenleben und ihnen doch – trotz räumlicher Nähe – unendlich weit entfernt sein. Wir sehen sie und sehen sie doch nicht, weil unser Herz ihnen gegenüber verschlossen ist. So können aus den Nächsten die Fernsten werden. Das verschlossene Herz ist der Grund für die geschlossene Nähe.

Aber es gibt auch die ‚offene Nähe'. Ich erfahre sie, wenn ein anderer mich in meiner augenblicklichen Situation sieht und in Vertrauen und Liebe zu mir kommt. Und auch dies gehört zur offenen Nähe, daß ich sie fühle, empfinde und erlebe.[1] Solche Nähe leuchtet am Verhalten des barmherzigen Samariters auf. Sie bewirkte, daß der Notleidende ihn als seinen Nächsten erfuhr. Der Samariter klagt nicht über die Räuber und ihr gewissenloses und rücksichtsloses Vorgehen, auch nicht über die Behörden, die wenig tun, um ihnen das Handwerk zu legen. Er redet nicht, er handelt, schlicht, ohne Worte, ohne Aufhebens. So erweist er sich als eine voll entfaltete Persönlichkeit, die sich durch Selbstbeherrschung, innere Freiheit, Herzlichkeit und Sachlichkeit auszeichnet. Sein ganzes Tun ist durchseelt von einer auffallenden Zärtlichkeit; Zärtlichkeit verstanden als Einfühlsamkeit, Achtsamkeit, Behutsamkeit, Ehrfurcht, als Hinneigung zum Schwachen, Hilflosen und Leidenden. Er liebt nicht die Menschheit, sondern den einzelnen konkreten Menschen. Wie gelangen wir zu dieser Liebe? Dadurch, daß wir sie einüben im Kreis der eigenen Familie, im Arbeitsteam, in der kirchlichen Gemeinde. Dann wird sie für uns auch praktizierbar, wenn der Notfall sie uns abverlangt.

Wir gingen davon aus, daß sich die ganze Botschaft Jesu in einer einzigen neutestamentlichen Erzählung spiegelt wie der Himmel in einem kleinen Tautropfen. So ist es auch hinsichtlich des eben bedachten Gleichnisses. Wir brauchen dem Menschen weder im allgemeinen noch im besonderen anzudichten, daß er in irgendeiner Weise niedergeschlagen am Boden liegt. Jeder Tag weist aufs neue aus, daß sowohl die Menschheit wie auch der je einzelne an mannigfaltigen Wunden leidet und der liebevollen Hilfe bedarf. Daher schreibt Augustinus: „Jener Mensch, den die Räuber halbtot am Weg liegen ließen, über den der Priester und der Levit hinwegsahen, als sie vorübergingen, er, zu dem der vorüberkommende Samariter hintrat, um ihn zu pflegen und ihm Hilfe zu leisten, ist das ganze Menschengeschlecht. Der Unsterbliche und Gerechte war weit weg von uns, den Sterblichen, den Sündern. Aber er stieg herab zu uns, weil er, der weit Entfernte, unser Nächster werden wollte.“[2] Daher steht in der Person des barmherzigen Samariters Jesus selbst vor uns. In ihm wollte Gott, der weit Entfernte, eines jeden Menschen Nächster sein. Das ist eines der Hauptthemen neutestamentlicher Verkündigung. Immer wieder neu lenkt sie unseren Blick darauf, wie Jesus den notleidenden Menschen sieht, zu ihm hingeht und sich mit unüberbietbarer Zärtlichkeit um ihn sorgt. So sehr hat er sich zum verwundeten Menschen herabgeneigt, daß er am Ende seines Lebens selbst als der Verwundete und Zerschlagene der Öffentlichkeit vorgestellt wird. „Ecce homo Seht den Menschen!“ Mit diesen Worten versucht Pilatus das Mitleid der zusammengelaufenen Menge zu wecken. Doch das Volk zeigt kein Erbarmen. Kompromißlos erzwingt es seine Hinrichtung. Ausgeplündert und nackt hängt er schließlich, von zwei Räubern umgeben, am Kreuz. Auch in dieser Situation wird die Nähe zum alles entscheidenden Kriterium. Während der eine der beiden Mitgekreuzigten Jesus gegenüber in geschlossener Nähe verharrt, öffnet sich der andere. Auf seine Bitte: „Jesus, denk an mich, wenn du in deiner Macht als König kommst!“ antwortet ihm

Jesus: „Amen, ich sage dir: Heute noch wirst du mit mir im Paradies sein" (Lk 23,42–43). Was im Gleichnis die Herberge für jenen unter die Räuber Gefallenen bedeutet, das ist für diesen das Paradies. Seine offene Nähe für den notleidenden Jesus bewirkt, daß er für ihn zum Nächsten wird. Zugleich aber macht sie ihn empfänglich für das ewige Leben. Im Hinblick auf den Gekreuzigten bleibt jedoch zu sagen: Er ist der unter die Räuber Gefallene und der barmherzige Samariter in einer Person. In offener Nähe bleibt er dem Menschen verbunden, wer immer er auch sei. Nichts kann sie ihm nehmen. Seine am Kreuz ausgebreiteten Arme und sein durch die Lanze geöffnetes Herz haben seine offene Nähe zum Menschen gleichsam verewigt.

Kehren wir zum „Gleichnis vom barmherzigen Samariter" zurück. Es eignet sich in vortrefflicher Weise, von Kindern als Rollenspiel gestaltet zu werden. Was aber die Kinder spielen, kann für die Erwachsenen viel Stoff zum Nachdenken sein. Daher die Frage: Welche Rolle spiele ich in meinem alltäglichen Verhalten meinen Mitmenschen gegenüber: die Räuber, die ihre Mitmenschen bedenkenlos ausnutzen und ausbeuten; den Niedergeschlagenen, dem ein großes Unrecht widerfahren ist; den Priester oder Leviten, die am Notleidenden mit verschlossenem Herzen vorübergehen; den barmherzigen Samariter, der ihm aufgrund seiner offenen Nähe zum liebevollen Nächsten wurde? Diese Frage zeigt, das uns eine kleine Erzählung aus dem heiligen Buch nicht nur Großes von Gott offenbart, sondern darüber hinaus uns unsere eigene Wirklichkeit vor Augen hält.

Damals stand ein Gesetzeslehrer auf, und um Jesus eine Falle zu stellen, fragte er: Meister, was muß ich tun, um das ewige Leben zu gewinnen? Jesus sagte zu ihm: Was steht im Gesetz? Was liest du dort? Er antwortete: Du sollst den Herrn, deinen Gott, lieben von ganzem Herzen und von ganzer Seele, mit all deiner Kraft und deinem ganzen Denken, und deinen Nächsten sollst du lieben wie dich selbst. Jesus sagte zu ihm: Du hast richtig geantwortet. Handle danach, und du wirst leben. Jener wollte seine Frage rechtfertigen und sagte zu Jesus: Und wer ist mein Nächster? Jesus antwortete: Ein Mann ging von Jerusalem nach Jericho hinab und wurde von Räubern überfallen. Sie plünderten ihn aus und schlugen ihn nieder, dann gingen sie und ließen ihn halbtot liegen. Zufällig kam ein Priester diesen Weg herab; er sah ihn und ging weiter. Auch ein Levit kam zu der Stelle; er sah ihn und ging weiter. Schließlich kam ein Mann aus Samaria, der auf Reisen war; er sah ihn und hatte Mitleid. Er ging zu ihm hin, goß Öl

und Wein auf seine Wunden und verband sie. Dann hob er ihn auf sein Reittier, brachte ihn zur Herberge und pflegte ihn. Am anderen Tag holte er zwei Denare hervor, gab sie dem Wirt und sagte: Sorge für ihn, und wenn du mehr für ihn brauchst, werde ich es dir bezahlen, wenn ich wiederkomme. Was meinst du: Wer von diesen dreien hat den Mann der von den Räubern überfallen wurde, wie seinen Nächsten behandelt? Der Gesetzeslehrer antwortete: Der, der barmherzig war und ihm geholfen hat. Da sagte Jesus zu ihm: Dann geh hin und handle genauso.
Lukas 10,25–37

41 Man kreuzigte ihn, weil man ihn für einen Narren hielt

S. Kierkegaard: Die Tagebücher
Röm 12,1–2

Der dänische Philosoph Sören Kierkegaard (1813–1855) gibt in einem seiner Tagebücher einen Rat, der dahin führen kann, erneut über das Kernstück christlichen Glaubens nachzudenken. Der Rat hat den folgenden Wortlaut: „Nimm ein Kind, das man nicht verdorben hat durch Geschwätz und dadurch, daß man es hat auswendig lernen lassen, daß Christus gekreuzigt ward; nimm ein solches Kind, leg ihm dann verschiedene Bilderbogen vor (...), Alexander, Napoleon und dergleichen; mische dann unter diese Bilder den Gekreuzigten. Das Kind wird nun bei diesem Bild wie bei jedem der übrigen fragen: Wer ist das? Sage dann zu dem Kind, das war der liebevollste Mensch, der jemals gelebt hat – dann wird das Kind fragen: aber wer hat ihn denn getötet, und weshalb hat man ihn getötet?“

Sören Kierkegaard, Die Tagebücher, herausgegeben und übersetzt von Hayo Gerdes, Eugen Diederichs Verlag, Düsseldorf-Köln 1980, S. 303.

„Er war der liebevollste Mensch, der jemals gelebt hat – aber weshalb hat man ihn dann getötet?“ Darauf antwortet Theresia von Lisieux (1873–1897) in einem ihrer Briefe: „Das einzige Vergehen, das Herodes Jesus zum Vorwurf machte, war, daß er ein Narr sei.“ Die Heilige dachte dabei offensichtlich an den Hinweis beim Evangelisten Lukas: „Herodes und seine Soldaten zeigten ihm offen ihre Verachtung. Er trieb seinen Spott mit Jesus, ließ ihm ein Prunkgewand umhängen und schickte ihn so zu Pilatus zurück“ (Lk 23,11). Bemerkenswert ist auch der Hinweis, den die Heilige folgen läßt: „Und ich denke wie er (...) Er, der König der Herrlichkeit (...), war ein Narr (...), da er auf die Erde kam, um Sünder zu seinen Freunden zu machen ...“ (Br 169). – Wie Herodes dachten selbst seine nächsten Verwandten. Als Jesus von vielen Menschen, die bei ihm Hilfe suchten, umgeben war, kamen seine Angehörigen, um ihn zurückzuholen; denn sie sagten: „Er ist von Sinnen“ (Mk 3,20–21). Dieser Meinung war auch einer der Soldaten der kaiserlichen Leibwache zu Rom. Auf ihn geht eine der ältesten

Kreuzesdarstellungen zurück; möglicherweise ist es sogar die älteste, die wir kennen. Sie wurde nicht lange nach dem Tod Jesu in eine Wand des Raumes eingeritzt, in dem sich die Leibwache der römischen Kaiser aufhielt: Jesus am Kreuz mit einem Eselskopf. Davor kniet ein Legionär. Die Unterschrift lautet: „Alexamenos betet seinen Gott an.“ Jener Leibwächter wollte auf diese Weise zum Ausdruck bringen: Ein Gott, der sich von den Menschen ans Kreuz schlagen läßt, kann nur ein Narr sein, und wer vor ihm in die Knie geht, ist ebenfalls ein Narr!

Die jedes vernünftige Maß übersteigende Liebe Jesu zu den Menschen offenbart sich nicht nur in seinem Leben, sondern auch in seiner Lehre, deren Mittelpunkt die „Bergpredigt“ ist: „Selig sind die Armen im Geiste; denn ihnen gehört das Himmelreich“ (Mt 5,3). Wie oft wurde dieses Wort Jesu schon benutzt, um einen seiner Anhänger für verrückt zu erklären? „Euch aber, die ihr mir zuhört, sage ich: Liebt eure Feinde, tut denen Gutes, die euch hassen. Segnet die, die euch verfluchen. Betet für die, die euch mißhandeln. Dem, der dich auf die linke Backe schlägt, halt auch die andere hin, und dem, der dir den Mantel wegnimmt, laß auch das Hemd ...“ (Lk 6,27–29). „Das geht zu weit; das ist verrückt; das ist nicht zu machen; das geht an der Wirklichkeit vorbei! Wo kämen wir da hin?“ So reagiert der vielgepriesene gesunde Menschenverstand.

Ja, wo kämen wir da hin? Ich las neulich in einem Roman von einem jungen Familienvater, der damit begonnen hatte, sich in den verschiedenen Situationen seines Lebens zu fragen, was Jesus jetzt wohl getan hätte. Es war an einem kalten Vormittag des Heiligen Abends, an dem er Geschenke für seine Frau, seine Kinder und seine Mutter besorgen wollte. Als er einige Einkäufe erledigt hatte, fiel ihm ein Hilfsarbeiter auf, der keine Handschuhe hatte. Seine Hände spielten in den Farben zwischen Blau und Violett. Da schenkte ihm jener Vater seine Handschuhe; denn er sagte sich, er könne seine Hände ja in die Manteltaschen stecken. Auch den Mantel besaß er nicht mehr lange. Etwas später bekam ein Notleidender seine Jacke. „Ich habe doch noch den warmen Pullover“, sagte er sich. Als es auch dabei nicht blieb, wurde man auf ihn aufmerksam. Plötzlich stand er in einer Schar von Schaulustigen. Wie das geschehen konnte, vermochte er nicht zu verstehen; er tat doch nur, was Jesus in einer solchen Situation ebenfalls getan hätte. Es dauerte nicht lange, da wurde er von einer Funkstreife mitgenommen. Als Begründung gab man an, er habe sich verdächtig gemacht. Alle Versuche, der Polizei sein Verhalten klarzumachen, brachten ihm nichts ein. Im Gegenteil! Es verschlechterte seine Lage.

Kurz und gut, man brachte ihn zur Psychiatrischen Klinik, wo er das Weihnachtsfest verbrachte. Das hätte er sich am Morgen des Heiligen Abends nicht einmal im Traum vorstellen können. „Ich war überrascht und hatte viel nachzudenken. Ich weiß nicht, ob der Rest meines Lebens noch dazu ausreichen wird.“[1] Nachdenken wollen auch wir.

Das Erste, was in diesem Zusammenhang bedacht werden muß, ist folgendes: Seit Gott in Jesus Christus Mensch geworden ist, gibt es in dieser Welt zwei völlig verschiedenartige Wirklichkeiten und dementsprechend auch zwei völlig unterschiedliche Denk- und Lebensweisen. Da der wirkliche Christ in Gottes Wirklichkeit lebt, muß er dem „gesunden Menschenverstand“ zwangsläufig weltfremd erscheinen. In der Tat, weltfremd ist der Christ, weil er sich nicht dieser Welt, sondern der überweltlichen Wirklichkeit Gottes anzupassen sucht. Bricht diese in ein Leben ein – meist geschieht es in Augenblicken, da das irdische Leben in irgendeiner Weise zusammenbricht –, dann erscheint alles übertriebene Bemühen um vordergründiges Vergnügen, Ansehen, Reichtum, Ehre, Macht und Einfluß als törichter Unverstand. So fremd dem wahren Christen die irdische Wirklichkeit bleibt, so fremd bleibt andererseits dem irdisch denkenden Menschen die Wirklichkeit Gottes.

Damit meldet sich ein Zweites an: Für den natürlich denkenden Menschen ist das Habenwollen bezeichnend. Aus diesem Grund ist sein Denken in erster Linie ein Zweck- und Nützlichkeitsdenken, gleichgültig wie es dem anderen dabei ergeht. Da er nur auf diese Welt setzt, versucht er mitzunehmen, was er bekommen kann. In vielem gleicht er einer Ameise, die Franziskus von Assisi bei all seiner Tierliebe wegen ihrer Habsucht nicht mochte. Der wirkliche Christ hingegen, für den die Wirklichkeit Gottes wirklicher ist als das Sichtbare und Greifbare, hat eine andere Rangordnung von Werten. Für ihn ist nicht in erster Linie das Haben wichtig, sondern das *Sein*. Deshalb kann er vieles sein lassen. Eine tiefe innere Ruhe durchwaltet sein ganzes Dasein. Das tritt bei keinem so deutlich in Erscheinung wie bei Jesus Christus. Von ihm sagt Romano Guardini (1885–1968) in seinem Buch „Die menschliche Wirklichkeit des Herrn“: „Seine eigentliche Bedeutung liegt überhaupt nicht in dem, was Er sagt, oder tut, oder was Ihm – als Form von Schicksal unter anderen Schicksalen – geschieht, sondern was Er ist. Seine Worte und Handlungen sind nur Funken aus etwas, was ungeheuer, jeden Ausdruck übersteigend, dahinter liegt. Dieses Sein aber wiederum nicht so gefaßt, wie es sonst bedeutungsvoll ist: als große, oder reine, oder lebendige Persönlichkeit, sondern in einem Sinne, der sich schwer in Worte bringen läßt. Worauf es bei

Jesus im Letzten ankommt, ist nicht, was Er als religiöse Natur leistet oder darstellt, sondern was durch Ihn von Gott her geschieht. Nicht was Er über Gott sagt, sondern wie Er ihn bringt. Nicht daß Er Gott finden lehrt, sondern daß dieser durch Ihn gegenwärtig wird."[2]

Daraus ergibt sich ein Drittes: Nur die Ruhe im Sein befähigt zu einer tiefen Liebe, kraft derer der Mensch alles gibt und in allem sich selbst. Man denke beispielsweise an Maximilian Kolbe, den Papst Paul VI. als „die wahrscheinlich strahlendste und lauterste Gestalt der grausamen Nazizeit" bezeichnete. Obwohl er selbst krank und schwächer war als viele andere, die zu seiner KZ-Baracke gehörten, hatte er stets etwas übrig. Obwohl er sich selbst kaum auf den Beinen halten konnte, sprang er immer wieder für einen anderen ein, den die Kräfte verließen. Als er schließlich für einen Familienvater in den Hungerbunker gehen wollte, erklärte der Lagerkommandant Fritsch: „Wohl verrückt geworden!" Ein Biograph des Heiligen fragt: „Was dachte Fritsch, während er in die klaren, heiteren Augen in dem eingefallenen Gesicht starrte? Spürte er in diesem einzigartigen Augenblick, daß er da eine Kraft vor sich hatte, die der seinen überlegen war?" (Lawrence Elliott) „Genehmigt", brummte er und wandte sich ab. Fritsch war ein Mann, der für einen Flüchtling zehn Häftlinge *haben* wollte; Kolbe hingegen ein Mann, der Kraft seines Seins für das Leben eines Familienvaters in den Tod ging. Und er tat es betend und singend. Hier stehen sich „Haben" und „Sein" gegenüber. Doch das „Haben" kann in dieser Welt das „Sein" nicht dulden; es sucht das Sein zu durchkreuzen. Genau das wurde Jesus zum Schicksal; es wurde zum Schicksal von Maximilian Kolbe. Und es kann zum Schicksal werden für jeden Christen, der ernsthaft in die Nachfolge Jesu Christi tritt.

Angesichts des Erbarmens Gottes ermahne ich euch, meine Brüder, euch selbst als lebendiges und heiliges Opfer darzubringen, das Gott gefällt; das ist für euch der wahre und angemessene Gottesdienst. Gleicht euch nicht dieser Welt an, sondern wandelt euch und erneuert euer Denken, damit ihr prüfen und erkennen könnt, was der Wille Gottes ist: was ihm gefällt, was gut und vollkommen ist.
Römerbrief 12,1–2

42 Sei gut zu mir

W. Borchert: Das Brot
1 Kor 11,23–26

In einer seiner Kurzgeschichten, die den Titel „Das Brot" hat und in der Nachkriegssituation spielt, erzählt der Hamburger Dichter Wolfgang Borchert (1921–1947) vom Erwachen einer nicht mehr jungen Frau. Es war nachts halb drei: „In der Küche hatte jemand gegen einen Stuhl gestoßen. Sie horchte nach der Küche. Es war still. Es war zu still, und als sie mit der Hand über das Bett neben sich fuhr, fand sie es leer. Das war es, was es so besonders still gemacht hatte: sein Atem fehlte. Sie stand auf und tappte durch die dunkle Wohnung zur Küche. In der Küche trafen sie sich." Ihr 63jähriger Mann hatte sich verstohlen von dem wenigen Brot ein Stück abgeschnitten und wollte es nicht eingestehen. „Ich dachte, hier wär was", sagte er und sah in der Küche umher. Doch seiner Frau entging nicht, wie unecht seine Stimme klang, wenn er nicht bei der Wahrheit blieb. „Komm man. Das war wohl draußen. Komm man zu Bett. Du erkältest dich noch ..." Es dauerte nicht lange, bis sie wieder zu Bett lagen. Nach vielen Minuten vernahm sie, wie er vorsichtig und leise kaute. Doch sie atmete tief und gleichmäßig, damit er nicht merkte, daß sie noch wach war. Am nächsten Abend schob sie ihm vier statt drei Scheiben hin. „Iß du man eine mehr. Ich vertrag es nicht so gut." Da bemerkte sie, wie ihr Mann sich tief über seinen Teller beugte. In diesem Augenblick tat er ihr leid. „Du kannst doch nicht nur zwei Scheiben essen", sagte er auf seinen Teller. „Doch. Abends vertrag ich das Brot nicht gut. Iß man. Iß man."

Vgl. Wolfgang Borchert, Das Brot, in: Das Gesamtwerk, Rowohlt Verlag, Hamburg 1949, S. 304–306.

Im Brot ist etwas verborgen, das uns tief betroffen machen kann. Gehen wir zunächst von dem Wort selbst aus. Der Dichter Hermann Hesse zählt es zu den „guten, bedeutungsschweren Wörtern". In einer kleinen Betrachtung über das Wort „Brot"[1] schreibt er: „Man braucht es nur auszusprechen und das in sich einzulassen, was es enthält, so sind schon alle unsere Lebenskräfte, die des Leibes wie der Seele, angerufen und in Tätigkeit versetzt." Vielfältige Erinnerungen werden in uns wach. Hesse führt uns zu jenem Eßtisch zurück, an dem wir in unserer Kindheit mit den uns vertrauten Gestalten aus unserer Familie saßen: „Vater oder Mutter schneidet vom ganzen Laib die Stücke und bemißt ihre Größe und Dicke je nach Alter oder Hunger des Empfängers (...) Oder es überfällt uns mit heftigem Reiz die Erinnerung, wie es ganz früh am Morgen, noch bei halber Nacht, vom Haus des Bäckers her gerochen hat, warm und nahrhaft, anregend und begütigend, Hunger weckend und ihn auch halb schon stillend (...) Und weiter erinnern wir uns, durch die ganze Weltgeschichte hindurch, der tausend Szenen und Bilder, in denen das Brot eine Rolle spielt, die Worte von Dichtern melden sich und viele Worte der Bibel, und überall hat das Brot neben der derben nahrhaften Bedeutung des Alltags auch noch eine höhere, bis hinauf zu jenem Gleichnis des Heilands bei der Stiftung des Abendmahls ..." Unwillkürlich denkt man an die vielen Verwandlungen, die einander folgen, damit aus dem Weizenkorn das Brot wird: Das Weizenkorn muß sterben, die Ähren müssen gemäht –, die Körner gemahlen – und das Mehl gebacken werden. So verstehen wir, warum die Italiener und Tessiner einen wahrhaft guten Menschen „buono come il pane" nennen.

Von einem solchen Menschen, der „gut wie das Brot" ist, erzählt Wolfgang Borchert in seiner Kurzgeschichte. „Gut wie das Brot" ist jene Frau, die mit der zusätzlichen Brotscheibe ihren Mann ihre Güte erfahren läßt. Worin besteht nun ihre Güte? Diese Frau vermag sich tief in die Situation ihres Mannes einzufühlen. Der Hunger nach Brot hatte diesen in die Küche getrieben. Von seiner Frau überrascht, versteckt er sich hinter einer Lüge. Doch aufgrund ihrer Feinfühligkeit versteht sie sein Verhalten. Das tiefe Mitleid, das sie mit ihm hat, befähigt sie, ihm von ihrer Brotration eine Scheibe zu opfern. Einfühlung, Verstehen, Mitleid, Opferbereitschaft: eines löst das andere aus. Und auch dieses dürfen wir sagen: Einfühlung, Verstehen, Mitleid, Opferbereitschaft – alle diese Eigenschaften gehen ein in das Brot, das die Frau ihrem Mann überläßt. Sich über das Brot beugend, beugt er sich zugleich vor der Güte seiner Frau, und er tut es, nicht ohne sich zu schämen.

Diese Hinweise lassen uns fast wie von selbst an die biblische Situation der wunderbaren Brotvermehrung (Joh 6,1–15) denken: „Als Jesus aufblickte und sah, daß so viele Menschen zu ihm kamen, fragte er Philippus: Wo sollen wir Brot kaufen, damit diese Leute zu essen haben? Das sagte er, um ihn zu prüfen; denn er selbst wußte, was er tun wollte" (Joh 6,5–6). Was mit diesem Satz gesagt ist, leuchtet durch den Zusammenhang auf, in den wir ihn stellen. Er offenbart, wie tief das Leben Jesu von Einfühlung, Verstehen, Mitleid und Opferbereitschaft bestimmt war. Mit dem Brot wurden diese seine Eigenschaften an die versammelte Menschenmenge ausgeteilt. Dadurch wurde aus der „Menge" eine „Gemeinschaft". Die Wirkung ließ nicht auf sich warten. Sie wollte ihn zu ihrem König machen. Doch Jesus, der für sie nur unscheinbares Brot sein wollte, zog sich in die stille Verborgenheit zurück. Rudolf Alexander Schröder bemerkt in seinen „Aphorismen und Reflexionen" hierzu: „Eine der herrlichsten Wundergeschichten des Neuen Testamentes ist die von der Speisung der Zehntausend. Es hat mich immer tief berührt und ergriffen, daß sich gerade nach diesem Wunder Christus, wie in einer Erschütterung über sein eigenes Vermögen, in die Einsamkeit begeben habe. Jeder, der etwas dergleichen erfahren hat, weiß, was es mit den wenigen Fischen und Broten auf sich habe. Gott ist in der Tat, in den Schwachen mächtig'."[2] Warum zog sich Jesus also in die stille Verborgenheit zurück? Vor allem zwei Gründe sind hier zu nennen: einmal, um sein „Vermögen", das heißt seine Einfühlungsgabe, sein Verstehen, seine Mitleidensfähigkeit und seine Opferbereitschaft zu bewahren; zum anderen, um gerade im Schwachen und Unscheinbaren mächtig zu sein.

An diesem Punkt angekommen, beginnen wir das Geheimnis der hl. Eucharistie zu erahnen. Er, der „gut wie das Brot" war, wollte im Brot über seinen Tod hinaus bei den Menschen sein. Was bewegte ihn dazu? Vielleicht ist es erlaubt, auf diese Frage fragend zu antworten. Könnte es nicht sein, daß Jesus in den so verschiedenartig veranlagten Jüngern die ganze Menschheit – also auch dich und mich – mit ihrem tiefen Lebenshunger versammelt sah? Damals nahm er das Brot, und in seinem „göttlichen Vermögen" sprach er darüber: „Das ist mein Leib", damit ich heute an meinem Ort die Gewißheit habe: Hier ist einer, der mit mir fühlt, der mich versteht, der mit mir leidet und der mir alles gibt, was er ist und was er hat. Sich selbst in das Brot hineinverwandelnd, fügt er den vielen Verwandlungen des Brotes diese höchste hinzu. Der Eigenart des Brotes entsprechend, hält er sich in stiller Verborgenheit zurück, um von ihr aus seine göttliche Macht wirksam werden zu lassen. Wer in seiner Ohnmacht nach Gottes Macht wirklich hungert, wird verstehen, was Jesus meinte, als er sagte: „Wer von diesem Brot ißt, wird in Ewigkeit leben" (Joh 6,51). Dieses Brot, das so vielfältiger Verwandlungen fähig ist, wird auch den verwandeln, der es gläubig empfängt, und gibt ihm darüber hinaus das „Vermögen", den leiblichen und seelischen Hunger seiner Mitmenschen zu stillen; denn Hunger kann man nur in Gemeinschaft stillen. Hier haben wir das Geheimnis, aus dem die Kirche lebt. Nur auf den Knien finden wir zu ihm.

Ich habe vom Herrn empfangen, was ich euch überliefert habe: Jesus, der Herr, nahm in der Nacht, in der er ausgeliefert wurde, Brot, sagte Dank, brach es und sprach: Das ist mein Leib, der für euch hingegeben wird. Das tut zum Gedenken an mich. Ebenso nahm er nach dem Mahl den Kelch und sprach: Dieser Kelch ist der Neue Bund in meinem Blut. Das tut, sooft ihr trinkt, zum Gedenken an mich. Denn sooft ihr von diesem Brot eßt und aus dem Kelch trinkt, verkündet ihr den Tod des Herrn, bis er kommt.
1. Korintherbrief 11,23–26

43 Wehrlos legt er sich in unsere Hand

H. Hesse: Vom inneren Reichtum
1 Kor 11,23–26

Zum Schrifttum von Hermann Hesse (1877–1962) gehört eine Sammlung von Prosatexten, Erinnerungen und Studien, die unter dem Titel „Die Kunst des Müßiggangs“ veröffentlicht worden sind. In ihr findet sich eine kurze Betrachtung über den „inneren Reichtum“, die Hesse 1916 für die deutschen Kriegsgefangenen geschrieben hat. Wenn sich auch die Zeiten inzwischen geändert haben, unveränderlich bleibt jener Weg zu einem innerlich erfüllten Leben, der hier gewiesen wird:

„In Zeiten der Not und des Leidens zeigt sich erst, was wirklich unser ist, was uns treu bleibt und nicht genommen werden kann. Es gibt viele, denen ein schöner Spruch aus dem Neuen Testament oder ein gedankenvoller Goethe-Vers in guten Zeiten lieb und wertvoll war, die gern einen guten Vortrag und gern eine gute Musik hörten, und denen doch von alledem nichts zu eigen bleibt, wenn Not, Hunger, Sorge ihr Leben beschatten. Wem es so geht (...), der ist ein armer Mann, und ohne Zweifel hat er zu jener schönen Welt des Geistigen schon vorher nicht das echte, richtige Verhältnis gehabt ...

Im täglichen persönlichen Erleben macht jeder von uns die alte Erfahrung, daß keine Beziehung, keine Freundschaft, kein Gefühl uns treu bleibt und zuverlässig ist, dem wir nicht Blut vom eigenen Blut, dem wir nicht Liebe und Mitleben, Opfer und Kämpfe dargebracht haben ...

Die Erziehung, die wir vom Leben erfahren, fordert von jedem, der aus einem Kinde ein Mann werden soll, die Fähigkeit der Unterordnung und des Opferns, die Anerkennung von Zusammenhängen, deren Erhaltung und Pflege wir unsre eigene augenblickliche Lust und Begierde opfern müssen. Wir werden innerlich erwachsen und erzogen in der Stunde, wo wir diese Zusammenhänge anerkennen und uns ihnen nicht nur gezwungen, sondern freiwillig fügen. Darum ist der

Verbrecher, der das niemals lernte, für unsere Erkenntnis ein Zurückgebliebener und Minderwertiger ..."

Hermann Hesse, Die Kunst des Müßiggangs, Kurze Prosa aus dem Nachlaß, Suhrkamp Taschenbuch 100, Frankfurt a.M. 1973, S. 178f.

Im Bereich der Psychologie spricht man zuweilen von „Erschließungs-Situationen" (disclosure situations) und versteht darunter Augenblicke, in denen der gewohnte Gang der Dinge unterbrochen und eine neue Erfahrung gemacht wird. So gibt es in jedem Menschenleben immer wieder Situationen, in denen unsere gewohnten äußeren Stützen erschüttert werden, wenn beispielsweise ein Vorhaben unerwartet durchkreuzt wird, wenn uns ein schweres Unrecht geschieht, wenn man uns heftig kritisiert, wir eine arge Enttäuschung erleben, einen guten Freund verlieren oder von einer ernsthaften Krankheit heimgesucht werden. In solchen Lebenslagen tritt unverhüllt zutage, wer wir in Wirklichkeit sind. In ihnen zeigt sich, inwieweit wir mit dem *eins* geworden sind, was wir bislang als wertvoll gepriesen haben, in welche Tiefen es hinabgesunken ist, um uns von dorther zu verwandeln. Damit leuchtet ein Teilaspekt des Leides auf. Nichts kann uns unsere wahre Wirklichkeit so deutlich vor Augen führen wie das Leid. Aus diesem Grund verwundert es nicht, daß vor allem die Bibel das Leid oft genug unter dem Gesichtspunkt der „Prüfung" betrachtet: Im Leid wird der Mensch geprüft wie das Gold im Feuer.

Was wir hier sagen wollen, erhält ein höchstes Maß an Anschaulichkeit, wenn wir auf Jesus schauen. Es ist uns bekannt, wie er gelebt hat, wie er umherzog, um den Menschen Gutes zu tun, wo er konnte. Es ist uns vertraut, wie er ihnen von der bedingungslosen Liebe Gottes zu jedem einzelnen erzählte. Wir wissen, wie tief er diesem Gott, den er seinen Vater nannte, verbunden – und wie sehr dieser seine innere Heimat war. Doch gab es auch für Jesus eine Situation, in der all das auf seine innere Werthaftigkeit und Tragfähigkeit überprüft werden sollte, eine Situation, in der alle Stützen zerbrachen und ihm alle Äußerlichkeiten, woran er sich hätte halten können, genommen wurden. Ich meine jene Nacht, in der er verraten wurde und in der sich alle von ihm zurückzogen, die sich ihm noch kurz zuvor in Freundschaft verbunden fühlten. Es war jene Nacht, von der Sören Kierkegaard einmal sagte: „Das Menschengeschlecht müßte diese Nacht fortwünschen aus seiner Geschichte."[1] Doch mit dem Fortwünschen dieser Nacht ist es nicht getan; sie ist unwiderruflich in die Menschheitsgeschichte eingegangen. Wie hat sich Jesus in dieser Nacht verhalten? Wir können nur sagen: für menschliche Begriffe völlig unerwartet. Die biblischen Berichte sagen es genau: „Jesus, der Herr, nahm in der Nacht, in der er verraten wurde, Brot, sagte Dank, brach es und sprach: Das ist mein Leib, der für euch hingegeben wird" (1 Kor 11,23–24). In diesen Worten findet sich keine Spur von Ungehaltenheit oder Resignation, von Vergeltung oder Verwünschung; sie enthalten nicht einmal einen Anflug von Enttäuschung. Im Gegenteil! Nirgendwo erscheint Jesus gefaßter und ruhevoller als in diesem Augenblick. Ausgerechnet den Zeitpunkt, da man ihn aus der Welt auszustoßen im Begriff ist, nimmt er wahr, um sich noch einmal ganz und vorbehaltlos zu geben, und er tut es in einer Weise, daß ihn künftig keine Weltmacht mehr daran hindern kann, bei den Menschen zu sein. So zeigt Jesus gerade in jener Nacht, da er verraten wurde, wer er wirklich ist: einer, der sich das Gesetz des Handelns nicht von außen aufdiktieren läßt, sondern der zutiefst aus dem ihm innerlichen Geheimnis der Liebe Gottes lebt und es sich durch nichts und niemanden nehmen läßt, diese Liebe den Menschen zu schenken.

Damit ist noch nicht die ganze Fülle jener nächtlichen Offenbarungssituation Jesu erschöpft. Indem Jesus sagt: „Nehmt und esset alle davon!", legt er sich heute wie damals wehrlos und wortlos in die Hand des Menschen; denn in jeder Kommunion liefert er sich erneut ihm aus. Jeder weiß, wie die Hände von Menschen, in die er sich begibt, aussehen können; wieviel Unrecht und Schuld an ihnen haften kann. Warum tut er es trotzdem? In einer kleinen Meditation von Joseph Ratzinger über das Thema „Heil aus der Wehrlosigkeit Gottes" finden sich einige Leitsätze, die es uns sagen.[2] Der erste Grund lautet: „Seine Wehrlosigkeit soll uns vertrauen machen: Wir dürfen unsere Schwachheit ihm übergeben." So birgt sich gerade in seiner Wehrlosigkeit die Einladung: Komm, gib mir deine Schuld, ich gebe dir Gottes Liebe dafür. – Der sich uns in seiner Wehrlosigkeit anvertrauende Gott will uns darüber hinaus sagen:

„Wem das Lamm sich ausliefert, der darf nicht selbst ein Wolf sein. Der sollte versuchen, mit ihm angstlos Lamm zu werden." Das geschieht, wo ein Mensch tut, was der Apostel Paulus so formuliert: „Seht zu, daß keiner dem anderen Böses mit Bösem vergilt, sondern bemüht euch immer füreinander und für alle um das Gute!" (1 Thess 5,15). – Der wehrlose Gott legt sich schließlich in unsere Hände, um uns in die Verpflichtung zu rufen: „Die Wehrlosigkeit Gottes (...) sollte uns dazu führen, in allen Wehrlosen, Leidenden und Bedrängten dieser Welt ihn zu erkennen." Indem wir mit unseren Gedanken, in unseren Herzen und mit helfenden Händen bei ihnen sind, sind wir zugleich bei Gott, der uns vor allem aus den ratlosen und hilfesuchenden Augen der Wehrlosen entgegenblickt.

Wie kommen wir zu jenem Vertrauen, ihm unsere Schuld zu übergeben? Wo lernen wir, Böses nicht mit Bösem zu vergelten? Wann wachsen uns die Augen, den wehrlosen Gott vor allem in den wehrlosen Menschen zu sehen? Auf diese Fragen ist die Feier der Eucharistie selbst die Antwort. Sie ist die Schule der Reifung eines jeden Christen; denn in ihr wird er aufgefordert, „Blut vom eigenen Blut, Liebe und Mitleben, Opfer und Kämpfe darzubringen". Durch solche Opferung innerhalb der Eucharistie wächst die freundschaftliche Beziehung zu Jesus Christus, die in den Augenblicken leidvoller Prüfung zuverlässig ist und treu bleibt. Es ist jene Opferung, ohne die es keine innere Wandlung und keine wahre Kommunikation gibt. Der lebendige Mitvollzug dieser Zusammenhänge ist es, der uns als Christen reif werden läßt. Wir lernen, unsere augenblickliche Lust und Begierde zu überwinden. Zugleich wird uns bewußt, wie fragwürdig jene Rede ist, die Feierstunde der Eucharistie nur dann zu besuchen, wenn man das innere Bedürfnis dazu hat. Denn vor allem hinsichtlich der Eucharistie, deren Geheimnis in den Zusammenhängen von Opferung, Wandlung und Kommunion waltet, bekommen die Worte von H. Hesse ihre tiefste Bedeutung: „Wir werden innerlich erwachsen und erzogen in der Stunde, wo wir diese Zusammenhänge anerkennen und uns ihnen nicht nur gezwungen, sondern freiwillig fügen." Wenn Hesse dann fortfährt: „Darum ist der Verbrecher, der das niemals lernt, für unsere Erkenntnis ein Zurückgebliebener und Minderwertiger", so gibt es einen, der durch sein Leben bestätigt, wie wahr dies ist. Wir meinen hier Judas Iskariot. Auch für ihn wurde jene Nacht zu einer Offenbarungssituation. In ihr zeigte sich, wie wenig der Zusammenhang von Opferung, Wandlung und Kommunion, Geheimnis des Lebens Jesu wie der Eucharistie, zur bestimmenden Wirklichkeit seines Lebens geworden war. Man fragt sich, was er in der Nähe Jesu überhaupt gelernt hatte.

„In der Nacht, da er verraten wurde, nahm er das Brot und sagte Dank, brach es, reichte es seinen Jüngern und sprach: Das ist mein Leib, der für euch hingegeben wird." Das sind die Wandlungsworte. Sie werden über jeden gesprochen, der mit gläubigem Herzen zur Messe kommt, um mit Brot und Wein sein eigenes Leben auf den Altar zu legen.

Ich habe vom Herrn empfangen, was ich euch überliefert habe: Jesus, der Herr, nahm in der Nacht, in der er ausgeliefert wurde, Brot, sagte Dank, brach es und sprach: Das ist mein Leib, der für euch hingegeben

wird. Das tut zum Gedenken an mich! Ebenso nahm er nach dem Mahl den Kelch und sprach: Dieser Kelch ist der Neue Bund in meinem Blut. Das tut, sooft ihr daraus trinkt, zum Gedenken an mich. Denn sooft ihr von diesem Brot eßt und aus dem Kelch trinkt, verkündet ihr den Tod des Herrn, bis er kommt.
1. Korintherbrief 11,23–26

44 Wie Erstarrtes wieder lebendig werden kann

H. Franck: Das Herzgeschenk
Joh 4,9–14

Während seines ersten Aufenthaltes in Paris ging der deutsche Schriftsteller Rainer Maria Rilke (1875–1926) jeden Mittag in der Begleitung einer jungen Französin an einer alten Bettlerin vorbei. Stumm, starr, unbeweglich und unbeteiligt saß sie Tag für Tag auf einem Mauerstück eines öffentlichen Gartens. Zu keinem Geber sah sie auf. Sie bat nicht und dankte nicht. Hatte einer ein Geldstück in ihren Handteller gelegt, dann holte sie die Hand zu sich zurück, ließ die Münze in ihrer Kleidertasche verschwinden und schickte die aufgetane Hand wieder von sich fort.

Während nun die Französin die Bettlerin stets mit einer ansehnlichen Gabe bedachte, spendete Rilke keinen Sou. „Man müßte ihrem Herzen schenken, nicht ihrer Hand", sagte er ihr, als sie sich über sein Verhalten wunderte. Am nächsten Mittag trug der Dichter eine kaum erblühte weiße Rose zart, behutsam und gütig zwischen den Spitzen seiner Finger. Über das Gesicht der Freundin lief Freudenröte. Sie dachte: „Mir eine Rose aus der Hand Rainer Maria Rilkes!" Doch sie bekam die Rose nicht. Bei der Bettlerin angekommen, stand der Dichter still und legte die weiße Rose in die geöffnete Hand der alten Frau. Da geschah, was bisher noch nie geschehen war: Die Bettlerin sah zum Geber empor. Mehr noch: sie stand auf, griff nach der Hand des fremden Mannes, küßte sie und ging mit der Dichterrose fort.

An den folgenden Tagen mied Rilke die Straße der Bettlerin. Die Freundin hingegen konnte es nicht unterlassen, alle Tage den gewohnten Weg zu gehen, nur um – wie sie sich selbst zur Entschuldigung sagte – der Bettlerin die ihr täglich zustehende Münze zu geben. Doch zu ihrer großen Verwunderung traf sie die Bettlerin nicht an. Nach einer Woche hielt sie das Schweigen nicht länger aus. Sie war entschlossen, mit dem Dichter über die Wirkung seiner Gabe zu sprechen, und zwar sobald er das nächste Mal an der Bettlerinstraße vorübergehen wollte. Aber genau in dem Augenblick, da sie ihre Frage stellen wollte, bog Rilke in die seit einer Woche gemiedene Straße ein. „Jetzt können wir wieder hier entlanggehen, denn sie sitzt heute wieder an ihrem Platz.“ Die Freundin war nur noch eine einzige Frage. Der Dichter hatte recht. Die alte Bettlerin saß wie gewohnt auf dem Mauerstück: stumm, starr, unbeweglich, unbeteiligt. Und während die Rilke-Freundin eine Münze in die ausgestreckte Hand legte, die größer war als je zuvor, und die Bettlerin diese auf die übliche Weise verschwinden ließ, gab Rilke nichts. Die Freundin aber hatte eine Frage, die sie nicht unterdrücken konnte: „Wovon hat sie all die Tage, da niemand Geld in ihre Hand legen konnte, gelebt?“ Rainer Maria Rilke antwortete ihr: *„Von der Rose!“*

Vgl. Hans Franck, Das Herzgeschenk, Sponholtz Verlag, Hannover-Hameln 1954.

Sie leben alle noch – die alte Bettlerin, die junge Französin und der deutsche Dichter. Sie leben alle noch – in uns selbst. Wer könnte denn daran zweifeln, daß in jedem Menschen ein Bettler sitzt? Man achte einmal darauf, wieviele Fragen jeder Mensch täglich stellt. Jede Frage enthält aber eine Bitte, die uns bereits zu einem Bettler werden läßt. Leider beziehen wir das Betteln fast ausschließlich auf jene hilfsbedürftige und armselige Gestalt, die – wenn sie nicht an den Haustüren schellt – das bunte Leben vom Straßenrand her verfolgt und die Hand ausstreckt, um auch etwas davon mitzubekommen. Wir haben das Bewußtsein dafür verloren, wie hilfsbedürftig wir selbst täglich sind und wie oft wir mit unseren vielfältigen Bedürfnissen auf andere angewiesen sind. Erst wenn unser Angewiesensein durch einen unglücklichen Zwischenfall oder einen Schicksalsschlag deutlicher zutage tritt, erkennen wir wieder, was wir im Grunde sind: einsame Bettler.

Das Gefühl, ein Bettler zu sein, so reich man auch ist, offenbart etwas von der tiefsten menschlichen Seinsverfassung. Keinem Menschen geht es im letzten um dieses oder jenes; er will zutiefst nur ein einziges; er will das Leben in seiner ganzen Fülle haben. Besäße er es, so wäre er frei von jeder Bitte. Aber er besitzt es nicht. Er findet es weder in sich selbst noch unter den unzähligen Angeboten auf den Marktplätzen. Es ist nicht käuflich; man kann es nur geschenkt bekommen. Das heißt: die Sehnsucht des Menschen nach dem Leben in seiner ganzen Fülle ist die Sehnsucht, grenzenlos beschenkt zu werden.

Warum war es der Französin nicht gelungen, die alte Bettlerin mit ihrer beachtlichen Gabe aus ihrer Stummheit und Starrheit herauszulocken? Warum sah die Bettlerin nicht einmal zu ihr auf:? Warum sagte sie ihr kein Wort des Dankes? Die Antwort wird vielleicht überraschen. Mit dem, was sie gab, erfüllte sie vor allem eine *Pflicht*. Hinzu kommt, daß sie jeden Tag das gleiche tat. Was aber Tag für Tag pflichtgemäß getan wird, kann schnell zur bloßen *Gewohnheit* werden, der die innere Anteilnahme fehlt. Außerdem gab sie immer nur Geld. „Mit Geld kann niemandem geholfen werden", sagt in einem der Romane von Luise Rinser eine junge Frau. Verwundert fragt man sie: „Womit sonst?" Ihre Antwort: „Mit Liebe!"[1] Allerdings sollte man nicht übersehen, daß mit jeder Geldspende immer auch ein Stück geleisteter Arbeit und damit ein Stück eigener Lebenskraft gegeben wird. Wenn die Bettlerin trotzdem nicht reagierte, dann deshalb, weil es schwer fällt, aufrichtig für etwas zu danken, das aus Pflicht oder Gewohnheit gegeben wird.

Wieviel geschieht im täglichen Zusammenleben aus Pflicht oder Gewohnheit! Wie schnell kann eine alltägliche Grußformel zur Gewohnheit werden? Dieser Gefahr ist alles ausgeliefert, was mit einiger Regelmäßigkeit geschieht. Sie ist, wie sich am Beispiel der stummen und starren Bettlerin zeigt, eine tödliche Gefahr. Jesus hat einmal gesagt: „Alles, was ihr von anderen erwartet, das tut auch für sie" (Mt 7,12). Was erwarten wir denn von anderen? Vor allem, daß sie uns verstehen. Der Wunsch, verstanden zu werden, gehört zu den tiefsten Bedürfnissen im menschlichen Leben. Wer keinen hat, der ihn versteht, wird sein Selbstvertrauen verlieren; er wird seelisch verkümmern und erstarren. Wo sich aber einer verstanden fühlt, da wird er sich öffnen; er wird Vertrauen schenken und sich selbst besser verstehen lernen. Keiner lernt sich durch Selbstbetrachtung kennen, sondern durch das persönliche Gespräch. Wo immer wir eine solch persönliche Zuwendung erfahren dürfen, da wird uns ein großes *Geschenk* zuteil.

Der Unterschied zwischen einem persönlichen Geschenk und einer pflichtgemäßen oder gewohnheitsmäßigen Gabe drückt sich schon in unserem Sprachgebrauch aus. Was aus Pflicht oder Gewohnheit getan wird, nimmt man entgegen, ein persönliches Geschenk hingegen empfängt man. Dort bleibt man in sich verschlossen, hier öffnet man sich. Je persönlicher aber ein Geschenk ist, um so mehr erwacht der Beschenkte zu neuem Leben. Immer ist es also die im persönlichen Geschenk zum Einsatz gebrachte Person, ihre Herzlichkeit und Opferbereitschaft, ihre Liebe und Phantasie, wodurch neues Leben geweckt wird. Wo so etwas geschieht, da ereignet sich ein *Fest*.

„Keiner wird je in Worten auszudrücken vermögen, welch großes Verlangen nach Festen und Geschenken in jedem menschlichen Herzen verborgen liegt."[2] Von dieser tiefen Sehnsucht des Menschen ging Rilke aus: „Man müßte ihrem Herzen schenken, nicht ihrer Hand", sagte er zu seiner Freundin, die davon träumte, das persönliche Geschenk aus der Hand des Dichters zu empfangen: Über ihr Gesicht lief Freudenröte. Doch der Dichter hatte es nicht ihr zugedacht. Bei der Bettlerin angekommen, blieb er stehen, wandte sich ihr zu und legte die kaum erblühte weiße Rose behutsam und gütig in die geöffnete Hand der alten Frau. Da geschah, was bisher noch nie geschehen war. Die Bettlerin schaute zum Geber empor. Mehr noch: sie stand auf, ergriff seine Hand und küßte sie. Dann ging sie ihren Weg, um mit der Rose und von der Rose zu leben. Eine ganze Woche dauerte das Fest, das sie als Beschenkte feierte. Erst als die Rose verwelkt war, waren für sie die Festtage vorbei. Sie kehrte in ihren Alltag zurück. – Eine Kleinigkeit mit etwas Dichterphantasie ausgesucht und zart, behutsam und gütig geschenkt, das ist es, wovon wir Menschen in der Einförmigkeit des Alltags leben.

Die junge Französin erlebte das Wunder, daß durch ein „Herzgeschenk" eine verbitterte Frau wenigstens für eine Woche ein neuer Mensch war. Trotzdem blieb sie bei ihrer gewohnten Pflichterfüllung. Ob auch wir nicht mehr zu wandeln sind?

Das teuerste Geschenk aber, das Menschen einander machen können, ist jene Hand, die einer in die des anderen legt, um mit ihm in Liebe und Treue bis zum Tod verbunden zu bleiben. Wenn man heute auch einen umfangreichen Einblick in die psychologischen Hintergründe der Partnerwahl gewonnen hat, dann ist damit noch nicht das Geheimnis der personalen Liebe erklärt. Dieses besteht darin, daß nicht dieses oder jenes *am* anderen, sondern dieser selbst in seiner unfaßbaren und unwiederholbaren Einzigartigkeit erwählt und geliebt wird. Solche Liebe ist von Dauer, weil sie sich auf Bereiche bezieht, die jenseits vom Auf und Ab des Vergänglichen und Wandelbaren liegen. Aus diesem Grund verläßt der eine den anderen auch dann nicht, wenn sein Äußeres seine Vorzüge verliert. Diese Liebe behält ihre Herzlichkeit, wenn die gegenseitige Erwählung immer wieder durch ein „Herzgeschenk" bestätigt wird.

Alle Menschen leben letztlich – gleichgültig ob sie darum wissen oder nicht – vom liebenden Interesse, das Gott ihnen in Jesus Christus schenkt. Jesus Christus – das größtmögliche Geschenk Gottes an den Menschen! Wer ihm in persönlicher Weise zu begegnen sucht, weiß, wie sehr er sich ihm zuwendet. Man erinnere sich hier an den blinden Bettler Bartimäus. „Jesus, hab Erbarmen mit mir", schrie er, als er hörte, daß Jesus in der Nähe sei. Viele wurden ärgerlich und versuchten, ihn zum Schweigen zu bringen. Der Bettler aber schrie noch lauter. Da wandte Jesus sich ihm zu: „Was soll ich für dich tun?" „Ich möchte wieder sehen können!" Jesus sagte zu ihm: „Geh! Dein Glaube hat dich geheilt." Im gleichen Augenblick konnte er wieder sehen, und von dieser Stunde an blieb er bei Jesus (Mk 10,46–52). Diese Geschichte ist eines der vielen Zeugnisse von den guten Taten Jesu. Woran kann man eigentlich erkennen, daß wirklich etwas Gutes geschehen ist? Gibt es dafür ein untrügliches Zeichen? Unsere Antwort lautet: Was den anderen aus der Tiefe seiner Seele heraus öffnet, das ist gut. Damit ist auch gesagt: wenn sich ein Mensch durch unser Verhalten verschließt, verbittert und in die Isolation geht, dann sind wir in der Regel in irgendeiner Weise nicht gut zu ihm gewesen. Jesus öffnete dem blinden Bettler mit den Augen auch das Herz, indem er ihm seine Liebe schenkte. Das Wunder aller Wunder ist die Liebe! Sie lockt den andern aus seiner Verschlossenheit und ruft ihn in die Offenheit seines Wesens.

Mancher wird nun fragen: Kommt Jesus auch heute noch in persönlicher Weise auf uns zu? Er tut es in seinem Wort, das uns plötzlich in seinem tiefen Sinngehalt aufgehen kann, und in seinen Sakramenten, vor allem in der heiligen Eucharistie, in der sich Jesus in der schlichten Gestalt des Brotes in unsere geöffnete Hand gibt. Schon oft wurde darüber diskutiert, ja gestritten, wie er im eucharistischen Brot gegenwärtig sei. Dieses Geheimnis erschließt sich nur dem, der vor Gott arm geworden ist. In ihrem „Septembertag" erzählt Luise Rinser, wie sie den Tag in Rom mit der Eucharistiefeier in der Benediktinerkirche S. Anselmo beginnt. Die große Kirche ist fast leer. Außer einigen Ordensbrüdern sind nur noch eine alte Portiersfrau und die Schriftstellerin anwesend. Beide sind seit Jahren befreundet, und die eine vermißt sorgenvoll die andere, wenn sie einmal fehlt. „Meine alte Freundin neben mir", so lesen wir, „weiß nichts von Realpräsenz und hypostatischer Union, und fragte ich sie, wie denn ihr Gott da sei in dem weißen Brot, so würde sie gewiß flink und zuversichtlich eine Häresie sagen; was tut's, ihr *Herz* weiß die Wahrheit, wo Theologie Verwirrung stiftet; genug, der Herr ist da, das Geheimnis ist tägliches Brot, dient zum Essen, wirkt Liebe; mehr zu wissen, mehr zu glauben: unnötig!"[3] Der Herr ist da, für jeden ganz persönlich. Das zu wissen ist genug.

Der gläubige Empfang des eucharistischen Brotes, in dem Gott sich selbst uns schenkt, gibt uns eine Vorahnung von der Vollendung unseres Lebens. „Im Grunde leben alle Menschen immer in der mehr oder weniger bewußten und unbestimmten Hoffnung, vielleicht eines Tages etwas zu erhalten, worum sie nie zu bitten gewagt hatten, irgendein königliches Geschenk."[4] Erfüllung dieser Hoffnung auf irgendein königliches Geschenk ist Gott selbst. Wer dies bedenkt, sieht im Tod nicht mehr das größte Übel, sondern die größte Wohltat für den Menschen. Diese Gewißheit, die aus einem lebendigen Glauben an Jesus Christus erwächst, konnte der griechische Philosoph Platon (427–347 v. Chr.) noch nicht haben. Doch legt er seinem großen Lehrer Sokrates ein Wort in den Mund, das in diese Richtung zielt: „Niemand kennt den Tod, und niemand weiß, ob er nicht vielleicht die größte Wohltat für den Menschen ist. Trotzdem fürchten ihn alle, als wüßten sie gewiß, daß er das größte Übel ist."[5]

Gottes Liebe zu uns ist dadurch offenbar geworden, daß Gott seinen einzigen Sohn in die Welt gesandt hat, damit wir durch ihn das Leben empfangen. Darin besteht die Liebe: nicht wir haben Gott geliebt, sondern er hat uns geliebt und seinen Sohn als Sühne für unsere Sünden gesandt. Liebe Brüder, wenn Gott uns so geliebt hat, müssen auch wir einander lieben. Niemand hat Gott je gesehen; doch wenn wir einander lieben, bleibt Gott in uns, und seine Liebe ist in uns zur Vollendung gekommen. Daß wir in ihm bleiben und er in uns, erkennen wir daran, daß er uns von seinem Geist gegeben hat. Wir aber haben gesehen und bezeugen, daß der Vater den Sohn als Retter der Welt gesandt hat.
1 Johannes 4, 9–14

45 Wer ist ein Christ?

J. Niederer: Ein Christ
Eph 5,8–17

Ein Christ hatte eines Tages eine Erleuchtung. Er versuchte, sein Christsein radikal ernst zu nehmen, bemerkte dabei aber nicht, wie unerleuchtet seine Erleuchtung war. Indem er sich bemühte, radikal „Licht der Welt" zu sein, blendete und brannte er die anderen. Indem er versuchte, radikal „Salz der Erde" zu sein, versalzte er gründlich das Leben seiner Mitmenschen. Auch mißlang sein Versuch, radikal „Sauerteig" zu sein; er versauerte den Alltag derer, die es mit ihm zu tun bekamen.

Glücklicherweise hörte der unerleuchtete Christ an einem Sonntag eine geisterfüllte Predigt, die bei ihm auf fruchtbaren Boden fiel. Der Prediger sagte etwa so: „Wir können im Alltag zuweilen so radikal ‚christlich' sein, daß wir dabei radikal unchristlich werden." Der Christ, der sich ausnahmsweise persönlich angesprochen fühlte, wandte diese Wahrheit heilsam auf sich selber an.

Und siehe da: Er wurde mehr und mehr auf eine Weise „Licht der Welt", daß andere sich im milden Schein seiner Liebenswürdigkeit und Güte erwärmten und erfreuten. Er wurde so „Salz der Erde", daß er das Leben seiner Mitmenschen würzte. Er wurde auf eine so liebe und geheimnisvolle Weise „Sauerteig", daß immer mehr Menschen durch ihn gestärkt wurden. Dahin gelangte der Christ jedoch nur, weil er sich immer wieder öffnete, um einen anderen die Wandlungsworte über sich sprechen zu lassen.

Vgl. Johannes Niederer, Ein paar Zeilen zum Verweilen, Verlag Schweizer Kongregationszentrale, Zürich 1973, S. 7.

Es ist leicht zu erkennen, daß das Leben dieses Christen drei unterschiedliche Phasen durchlief. In der ersten Phase bestand kein wesentlicher Unterschied zwischen ihm und seinen Mitmenschen. Er lebte in der Welt und *wie* die Welt. Er mag am Sonntag zur Kirche gegangen sein; doch der sonntägliche Gottesdienstbesuch hatte keinen tiefgreifenden Einfluß auf sein alltägliches Leben, das im Strom der übrigen dahinfloß. Er dachte und handelte, wie man eben in der Welt zu denken und zu handeln pflegt, um vorwärts zu kommen. Die „öffentliche Meinung" bestimmte seine Maßstäbe. So war er weder „Licht", noch „Salz", noch „Sauerteig". Wer wird bestreiten, daß es eine ständige Gefahr aller Christen ist, aus Angst, von der Welt abgeschrieben zu werden, das eigene Verhalten dem gängigen Trend anzupassen? Mit solcher Anpassung schwindet das „Unterscheidend-Christliche" und damit die Glaubwürdigkeit des Christen und der Kirche. Im Römerbrief (12,2) des Apostels Paulus lesen wir den Satz: „Gleicht euch nicht dieser Welt an, sondern wandelt euch und erneuert euer Denken, damit ihr prüfen und erkennen könnt, was der Wille Gottes ist: was ihm gefällt, was gut und vollkommen ist." Mit Sicherheit hätte Paulus diese Worte nicht geschrieben, wenn die Christen der Weltstadt Rom immer in jener Distanz zur Welt gelebt hätten, in welcher der Wille Gottes erkannt und getan werden kann.

Dieses oder ähnliches muß jenem Christen zu Bewußtsein gekommen sein, als er anfing, sein Christsein radikal ernst zu nehmen. Es ging ihm auf, daß von einem lebendigen und kraftvollen Glauben nur dann die Rede sein kann, wenn sich der Christ immer wieder aus den Bindungen dieser Welt herausrufen läßt. Er ließ sich herausrufen, um das Besondere und Außerordentliche des Christlichen zu tun. Worin besteht es? Darin, „Licht der Welt", „Salz der Erde" und „Sauerteig" zu sein. So bot er alle Kraft auf, dies alles zu werden. Dabei fiel er jedoch in ein anderes Extrem. Er wurde zu einem rücksichtslosen, hartherzigen und verständnislosen Fanatiker. Es lebte in ihm eine Idee, die er unter allen Umständen und mit allen Mitteln der Welt aufzuzwingen suchte. Mit Recht setzte man sich dem zur Wehr. Kein Wunder, daß der unerleuchtete Christ seine Mitmenschen blendete und brannte, ihnen das Leben gründlich versalzte und den Alltag versauerte. Kein Wunder, daß man ihm aus dem Weg ging. Hätte er in diesem Zustand seiner inneren Vereinsamung nicht jene geisterfüllte Predigt gehört, er wäre sicherlich in seine frühere Gleichgültigkeit zurückgefallen. In seiner Ratlosigkeit war er für das Wort des Predigers disponiert: „Wir können im Alltag zuweilen so radikal ‚christlich' sein, daß wir dabei radikal unchristlich werden." Dieses Wort befreite ihn aus seiner Verschlossenheit. Es öffnete ihn für Gottes Wirklichkeit die nicht in einer fanatischen Idee, sondern in einer die Menschen und die Welt liebenden Person unter uns lebte.

Aus einem Aktivisten wurde in der dritten Phase ein Empfangender. Bevor er die anderen verwandeln konnte, mußte er selbst verwandelt werden. Das war die wahre Erleuchtung des unerleuchteten Christen. Sie wurde ihm zuteil, indem er sich immer wieder öffnete, damit Jesus Christus die Wandlungsworte über ihn spreche – die Worte: „Gott liebt dich!" Allein diese Worte sind es, die den Menschen aus den Bindungen der Welt und von der krankhaften Unruhe des Fanatikers, der sich nicht geliebt weiß, befreien. „Gott liebt dich!" Wer die verwandelnde Kraft dieser Worte in sich entfalten läßt, weiß sich von seiner Bedeutungslosigkeit und Namenlosigkeit erlöst; er fühlt sich bejaht und angenommen. Wodurch unterscheidet sich denn der Christ vom Nichtchristen? Der Christ hat erfahren, daß Gott ihn liebt. Diese Erfahrung macht ihn liebenswürdig und gütig: er gibt weiter, was er empfangen hat. So wird das Handeln des Christen nicht bestimmt durch das Handeln der Menschen, sondern durch das Handeln Gottes an ihm. Seine Offenheit für alle Nöte des Nächsten wird zu einem Zeichen für Gottes Menschenfreundlichkeit und Liebe.

Betrachten wir an dieser Stelle die Bilder, die Jesus gebraucht, um das Besondere und Außerordentliche des Christlichen zu veranschaulichen. Immer macht er es ja so, daß er von den Dingen ausgeht, die zur menschlichen Alltagswelt gehören. Dann aber lenkt er unseren Blick auf das, was wir noch nicht bedacht haben.

Christen sind „das Licht der Welt". Lichter sind Orientierungspunkte. Man denke an die Straßenbeleuchtung in der Dunkelheit oder an die Ampeln im Verkehr. Sie helfen uns, den rechten Weg zu finden, und bewahren uns vor Gefahren. Ähnlich sollen die Christen durch ihre Güte und ihre Liebenswürdigkeit den richtigen Weg zeigen und auf tödliche Gefahren aufmerksam machen. Das gilt nicht nur innerhalb der Kirche. „Christentum, das nur bis zur Kirchentür reicht, nützt nicht allzuviel, es sollte überall in unserem Alltagsleben sichtbar werden. Als Christen sollte man uns daran erkennen, wie wir mit Verkäufern, Kellnern, Angestellten oder Vorgesetzten umgehen, an der Art, wie wir ein Spiel betreiben oder Autofahren, an der Art, wie wir sprechen, und schließlich auch an dem, was wir lesen ... Jesus hat nicht gesagt: ‚Ihr seid das Licht der *Kirche*', sondern: ‚Ihr seid das Licht der Welt'" (William Barclay).

Christen sind „das Salz der Erde". Das Salz gibt den Speisen die Würze. Ohne Salz bleibt das beste Essen fad. Warum haben heutzutage viele Menschen die Freude am Leben verloren? Warum zweifeln sie am Sinn ihres Daseins? Warum schmeckt ihnen ihre Arbeit nicht mehr? Liegt es am Leben; liegt es an der Arbeit? Oder liegt es nicht vielmehr daran, daß sie all dem keine Würze zu geben vermögen? Die Frage ist: Für *wen* leben wir? Wer nur für sich selber lebt, muß den Geschmack am Leben bald verlieren. Erst im Für-die-anderen-Dasein erschließen sich Sinn und Freude des Lebens. Das Dasein für andere gibt dem Leben seine Würze. Genau das ist es, was am Leben der Christen offenbar werden soll.

Christen sind „Sauerteig". Die Eigentümlichkeit des Sauerteigs ist seine verwandelnde Kraft. Brot ohne Sauerteig ist wegen seiner Härte ungenießbar. Erst durch den Sauerteig wird es weich und locker. Das heißt: Wie der Sauerteig das Brot verwandelt, so sollte durch die Christen eine Verwandlung des Lebens geschehen. Durch die Christen sollte das Leben glücklicher, froher und befreiter werden. Hier wiederholt sich die Frage: Wodurch unterscheiden sich bürgerliche und christliche Existenz? Inwiefern ist der Christ herausgetreten aus den Ordnungen der Welt? Was ist also das Außerordentliche, das Besondere des Christlichen? „Es ist die Existenz der Seliggepriesenen, der Nachfolgenden, es ist das leuchtende Licht, die Stadt auf dem Berge, es ist der Weg der Selbstverleugnung, völliger Liebe, völliger Reinheit, völliger Wahrhaftigkeit, völliger Gewaltlosigkeit; es ist hier die ungeteilte Liebe zum Feind, die Liebe zu dem, der keinen liebt und den keiner liebt; die Liebe zum religiösen, zum politischen, zum persönlichen Feind. Es ist in all dem der Weg, der seine Erfüllung fand am Kreuze Jesu Christi."[1]

Es bleibt nun noch etwas zu berücksichtigen, das wesentlich zum Christsein gehört. Obwohl die Welt die guten Werke des Christen sieht, der Christ selbst erkennt sie nicht. Sein Blick geht ja gerade von ihm weg. Es ist hier wie mit dem Auge. Das Auge sieht sich nicht selbst. Es ist auf den anderen gerichtet. Weil das Gute aus Gott getan wurde, bleibt es auch in Gott verborgen. Paulus nennt den Grund dafür: „Denn ihr seid gestorben, und euer neues Leben ist mit Christus verborgen in Gott. Wenn Christus, unser Leben, offenbar wird, dann werdet auch ihr mit ihm offenbar werden in Herrlichkeit" (Kol 3,3 f.).

Einst wart ihr Finsternis, jetzt aber seid ihr Licht im Herrn; wandelt als Kinder des Lichtes. Die Frucht des Lichtes besteht nämlich in lauter Güte und Gerechtigkeit und Wahrheit. Prüft, ob etwas dem Herrn wohlgefällig ist, und habt nichts gemein mit den unfruchtbaren Werken der Finsternis, bringt sie vielmehr ans Licht. Denn was von jenen im geheimen getrieben wird, das (nur) zu nennen ist eine Schande. Alles aber, was ans Licht gebracht wird, wird vom Licht erhellt; denn alles, was erhellt wird, ist Licht. Deshalb heißt es: „Wach auf, du Schläfer,

steh auf von den Toten, und Christus wird dir aufleuchten." So seht denn genau zu, wie ihr wandelt, nicht wie Toren, sondern wie Weise. Kauft die Zeit aus, denn die Tage sind böse. Seid darum nicht unverständig, sondern lernt verstehen, was der Wille des Herrn ist.
Epheser 5,8–17

46 Was heißt „Stellvertretung"?

S. Lenz: Nacht im Hotel
Joh 5,1–3.5–9

Herr Schwamm ist vom Land in die Stadt gekommen. Da im Hotel kein Einzelzimmer mehr zu haben ist, entschließt er sich zögernd, mit einem Fremden, der sich auf Krücken durch das Leben schleppt, ein Doppelzimmer zu teilen. Der Fremde liegt bereits zu Bett und bittet Herrn Schwamm, kein Licht zu machen. Damit der Ankömmling nicht über seine Krücken und den Koffer fällt, dirigiert er ihn durch die Dunkelheit. Zögernd sagt Herr Schwamm nach einer Weile seinen Namen. Damit beginnt zwischen den beiden ein Gespräch.

„Sind Sie zu einem Kongreß hierhergekommen?" fragt der andere. „Nein", sagt Herr Schwamm. „Wahrscheinlich habe ich den merkwürdigsten Grund, den je ein Mensch hatte, um in die Stadt zu fahren." „Wollen Sie in der Stadt Selbstmord begehen?" Mit banger Fröhlichkeit in der Stimme erwidert ihm Schwamm, daß Gott ihn davor bewahren möge; er habe einen Sohn, einen kleinen Lausejungen, und seinetwegen sei er hier. Der Junge sei zwar gesund, aber äußerst sensibel. Er reagiere bereits, wenn ein Schatten auf ihn falle. Daher sei er sehr bedroht. „Warum begeht er nicht Selbstmord?" fragt der andere, der seinen Namen nicht nennt. „Aber hören Sie, ein Kind wie er, ungereift, in solch einem Alter", entgegnet ihm Schwamm. „Warum sagen Sie das? Nein, mein Junge ist aus folgendem Grunde gefährdet: Jeden Morgen, wenn er zur Schule geht – er geht übrigens immer allein dorthin –, jeden Morgen muß er vor einer Schranke stehenbleiben und warten, bis der Frühzug vorbei ist. Er steht dann da, der kleine Kerl, und winkt, winkt heftig und freundlich und verzweifelt ... Dann geht er in die Schule, und wenn er nach Hause kommt, ist er verstört und benommen, und manchmal heult er auch. Er ist nicht imstande, seine Schularbeiten zu machen, er mag nicht spielen und nicht sprechen: das geht nun schon seit Monaten so, jeden lieben Tag. Der Junge geht mir kaputt dabei!" Da der Fremde noch nicht durchschaut, was den Jungen zu solchem Verhalten veranlaßt, fährt Schwamm fort: „Sehen Sie ...: Der Junge winkt, und – wie er traurig sieht – es winkt ihm keiner der Reisenden zurück ... Er winkt, und keiner winkt zurück; man kann die Reisenden natürlich nicht dazu zwingen, und es wäre absurd und lächerlich, eine diesbezügliche Vorschrift zu erlassen, aber ..." Der Fremde beginnt zu erahnen, was den Zimmergenossen in die Stadt bewegt hat: „Und Sie, Herr Schwamm, wollen nun das Elend Ihres Jungen aufsaugen, indem Sie morgen den Frühzug nehmen, um dem Kleinen zu winken?" Herr Schwamm bejaht. „Mich", fuhr der Fremde fort, „gehen Kinder nichts an. Ich hasse sie und weiche ihnen aus, denn ihretwegen habe ich – wenn man's genau nimmt – meine Frau verloren. Sie starb bei der ersten Geburt." Herr Schwamm nimmt diese Worte mit Anteilnahme auf und spürt, daß er jetzt würde einschlafen können. Doch bevor es dazu kommt, fragt ihn der andere: „Und Ihnen kommen keine Bedenken bei Ihrem Vorhaben? Offener gesagt: Sie schämen sich nicht, Ihren Jungen zu betrügen? Denn, was Sie vorhaben, Sie müssen es zugeben, ist doch ein glatter Betrug, eine Hintergehung." Schwamm ist empört: „Was erlauben Sie sich!" Mit diesen Worten bricht er das Gespräch ab, verschwindet unter der Decke und schläft bald ein.

Als er am anderen Morgen erwacht und sich im Zimmer umsieht, bemerkt er, daß er allein ist. Verwundert schaut er auf die Uhr. Da überfällt ihn der Schrecken. Es ist ihm klar, daß er den Frühzug heute nicht mehr erreichen wird. Da er es sich nicht leisten kann, eine weitere Nacht zu bleiben, kehrt er am Nachmittag niedergeschlagen und enttäuscht nach Hause zurück. Sein Sohn öffnet ihm die Tür. Er ist außer sich vor Freude. Überglücklich wirft er sich dem Vater entgegen und hämmert mit den Fäusten gegen seinen Schenkel. „Einer hat gewinkt, einer hat ganz lange gewinkt", rief er. „Mit einer Krücke?" fragt der Vater. „Ja, mit einem Stock. Und zuletzt hat er sein Taschentuch an den Stock gebunden und es so lange aus dem Fenster gehalten, bis ich es nicht mehr sehen konnte."

Vgl. Siegfried Lenz, Nacht im Hotel, in: Jäger des Spotts, Geschichten aus dieser Zeit, dtv Nr. 276, München 1972, S. 133–136.

Die unerwartete Überraschung des Vaters wird zur unerwarteten Überraschung des Lesers. Weder der Vater noch der Leser haben mit diesem Ausgang rechnen können, nachdem das Gespräch zwischen den beiden Zimmergenossen abgebrochen worden war. Was hat diese Veränderung der Situation bewirkt? Um auf diese Frage antworten zu können, müssen wir die Personen dieser Geschichte etwas genauer ansehen. Sie alle leiden an dem Problem mitmenschlicher Begegnung.

Den Sohn nennt der Vater einen „kleinen Lausejungen", ein Ausdruck dafür, daß er ein guter Junge ist, der ihm dennoch große Sorgen macht. Er ist, wie betont wird, äußerst sensibel. Aufgrund dieser Sensibilität braucht er in besonderer Weise die Liebe seiner Mitmenschen. Da er jedoch die liebende Begegnung nicht erfährt, ist er voller Resignation und Depression. Er leidet an jener inneren Vereinsamung, die jeden Menschen überfällt, wenn er vor Schranken steht. Obwohl der „Zug des Lebens" tagtäglich sehr viele Menschen an uns vorbeifahren läßt, bleiben wir einander oft fremd, bleibt der Weg zueinander versperrt. Das erfährt der Junge jeden Morgen. Daher befürchten seine Eltern seinen seelischen Ruin.

Im Verhalten des Vaters erscheint immer wieder ein Zögern. Für das Doppelzimmer entschließt er sich erst, als ihm keine andere Wahl mehr bleibt. Vor der Zimmertür verlangsamt er seine Schritte, um eventuelle Geräusche des Fremden zu vernehmen. Als er im Bett liegt, spürt er, daß er vorerst nicht wird einschlafen können. Nur zögernd sagt er nach einer Weile seinen Namen. Warum dieses fortwährende Zögern im Verhalten von Herrn Schwamm? Er fürchtet sich vor der Begegnung mit dem andern. Weil er den Fremden nicht kennt, weiß er nicht, mit wem er es zu tun bekommt. Wer sich aber neben einen anderen schlafen legt, vermag dies nur zu tun, wenn es zwischen ihnen ein Vertrauen gibt. Als Herr Schwamm gewahr wird, daß auch der Unbekannte die Last des Lebens zu tragen hat, empfindet er ein gewisses Mitleid und hat das Gefühl, daß er jetzt wird einschlafen können. In dem Augenblick aber, da der andere seinen „merkwürdigsten Grund" als einen glatten Betrug und eine Hintergehung deutet, weiß er sich in seiner väterlichen Sorge und Liebe nicht verstanden und bricht das Gespräch ab. So bleibt ihm der Fremde letztlich fremd. Herr Schwamm erweist sich als ein Vater, der zum Merkwürdigsten bereit ist, um seinen Sohn aus seiner Vereinsamung zu befreien. Da er niemanden zur Menschenfreundlichkeit und Güte zwingen kann, will er ihm *stellvertretend* für die Reisenden dieses Zeichen der Liebe geben. Doch halten ihn seine väterliche Sorge und Liebe so gefangen, daß er nicht fähig ist, das leidvolle Schicksal des anderen tiefer auf sich wirken zu lassen. Das Bewußtsein, daß der Fremde ihm des Nachts nichts Böses antun wird, läßt ihn bald neben ihm einschlafen.

Vom Fremden wird gesagt, daß er eine dunkle und energische Stimme hat. Damit werden zwei seiner wesentlichsten Charakterzüge angedeutet. Vieles von ihm bleibt im dunklen. Zunächst bittet er darum, das Licht nicht anzumachen. So bleibt er ungesehen. Seinen Namen nennt er nicht. Auch schweigt er sich über den Grund seines

Aufenthaltes in der Stadt aus. Dennoch erfahren wir, daß er an Krücken geht und auf tragische Weise seine Frau verloren hat. All das hat ihn verbittert. Die herumliegenden Krücken und der Koffer in der Mitte des Zimmers weisen darauf hin, daß er dem Leben widerwillig gegenübersteht. Selbstmordabsichten sind ihm offensichtlich nicht fremd. Der Fremde ist ein Mensch, der alle Hoffnung verloren hat. Am Morgen bricht er frühzeitig auf. Warum? Um unerkannt zu bleiben? Dies mag mitgespielt haben. Doch kommt etwas Wesentliches hinzu. Er bricht auf, um dem Jungen *stellvertretend* jene Liebe zu schenken, die ihm der Vater nicht mit lauterem Herzen schenken kann. Der Fremde winkt mit ganzer Hingabe. Schließlich greift er zur Krücke und bindet sein Taschentuch daran. So wird aus der Krücke des Leidenden eine Fahne der Freude. Was veranlaßte ihn dazu? Die Sehnsucht des Kindes, aus der Einsamkeit befreit zu werden, und das Bemühen des Vaters, dies zu besorgen, lassen ihn seine Begegnungsfeindlichkeit und damit seine eigene Verlassenheit überwinden und aus der Dunkelheit ins Helle treten. So wird die helfende Liebe zu einem Licht, das den Menschen aus seiner Sinnlosigkeit und Verlassenheit, aus seiner Einsamkeit und Verbitterung erlöst.

Hierauf war ein Fest der Juden. Und Jesus zog nach Jerusalem hinauf. Nun befindet sich in Jerusalem am Schafteich die Anlage, die auf hebräisch Betzata heißt, mit fünf Säulenhallen. In diesen lag eine Menge von Kranken: Blinde, Lahme, an Auszehrung Leidende. Dort befand sich aber ein Mann, der schon achtunddreißig Jahre an seiner Krankheit litt. Als Jesus diesen daliegen sah und erfuhr, daß er schon lange krank sei, sagt er zu ihm: „Willst du gesund werden?" Der Kranke antwortete ihm: „Herr, ich habe keinen Menschen, um mich, sobald das Wasser in Bewegung gerät, in den Teich zu bringen. Während ich aber hinkomme, steigt schon ein anderer vor mir hinab." Jesus sagt zu ihm: „Steh auf, nimm dein Bett und geh umher." Und sofort wurde der Mann gesund. Und er nahm sein Bett und ging umher.
Johannes 5,1–3. 5–9

47 Gehe hinüber

Fr. Kafka: Von den Gleichnissen
Lk 18,9–14

Unter den Erzählungen von Franz Kafka (1883–1924) findet sich eine, die den Titel „Von den Gleichnissen" trägt. Sie beginnt mit der Feststellung, daß sich viele beklagen, die Worte der Weisen seien immer nur Gleichnisse, die aber im täglichen Leben nicht verwendet werden könnten, und doch hätten wir nichts als dieses. „Wenn der Weise sagt: ‚Gehe hinüber', so meint er nicht, daß man auf die andere Seite hinübergehen solle, was man immerhin noch leisten könnte, wenn das Ereignis des Weges wert wäre, sondern er meint ein sagenhaftes Drüben (...) Aber das, womit wir uns jeden Tag abmühen, sind andere Dinge." Dem erwiderte einer: „Warum wehrt ihr euch? Würdet ihr den Gleichnissen folgen, dann wäret ihr selbst Gleichnisse geworden und damit schon der täglichen Mühe frei." Dieser Hinweis löste unter den anderen eine kurze Diskussion aus, die zur Folge hat, daß der Leser in völlige Verwirrung gerät und „von den Gleichnissen" nichts mehr versteht.

Vgl. Franz Kafka, Von den Gleichnissen, in: Beschreibungen eines Kampfes, Fischer Taschenbuch Verlag, Frankfurt a.M. 1980, S. 72.

Wer ist eigentlich ein Weiser? In Anlehnung an Sören Kierkegaard können wir sagen: Derjenige, der mit Mähe und Ausdauer die eine oder andere Lebenswahrheit entdeckt und sie der Nachwelt als Lehre hinterläßt, damit diese danach strebe, sie zu verstehen und sich anzueignen; in einem noch strengeren Sinn aber nennen wir den einen Weisen, der sich selbst, sein eigenes Leben als Vorbild hinterläßt, damit sich jeder daran orientieren kann in den Wirrnissen seiner Zeit.[1] Somit läge es in der Bestimmung eines jeden Menschen durch ein vorbildliches Leben Lehrer für viele andere zu sein. Legen wir nun die genannten Kriterien an Jesus Christus an, dann zeigt sich, daß er Lehrer im tiefsten Sinn des Wortes ist; denn er verkündete eine Wahrheit, die zu allen Zeiten unzählbare Menschen aufhorchen läßt, und dabei deckte er diese Wahrheit durch sein Leben vollkommen ab. Das gab ihm eine Überzeugungskraft, die man mit den Worten umschreiben kann: Er lehrte, und sie staunten (Mk 1,21–28).

Nun fällt auf, daß die großen Weisheitslehrer ihre Wahrheit vornehmlich in Gleichnissen verkündet haben. Das gilt auch von Jesus: „Dies alles sagte Jesus der Menschenmenge durch Gleichnisse; er redete nur in Gleichnissen zu ihnen“ (Mt 13,34). Damit erhebt sich die Frage: Kann man wirklich ernsthaft sagen, daß die Gleichnisse, die er erzählt, nichts mit unserem Leben im Alltag zu tun haben? Wer das meint, übersieht, daß Jesus in seinen Gleichnissen immer vom Leben im Alltag ausgeht, um dann eine Lehre für das Leben im Alltag zu geben. Wie kommt dann jener Sprecher in der Erzählung von Kafka dazu, sich mit den vielen zu identifizieren, die sich beklagen, die Gleichnisse der Weisen seien „unverwendbar im täglichen Leben?“ Der Grund offenbart sich in der Bemerkung: „Und nur dieses allein haben wir.“ Das ist die Überzeugung eines jeden Diesseitsmenschen. Da er nur den Alltag kennt und damit selbst nichts als bloßer Alltag ist, hat sich für ihn das Geheimnis, das über unserem Alltag waltet, in ein „sagenhaftes Drüben“ vernebelt, an das er nicht glauben kann. Es ist ihm nicht wert hinüberzugehen. Allein das Nächstliegende zählt für ihn, ist für ihn faßbar. Damit haben für ihn alle Gleichnisse zwangsläufig ihren Sinn verloren. Die Erfahrung aber zeigt: Versteht man das Leben allein vom Diesseits her, so verliert es seine Einfachheit; es wird ungeheuer kompliziert, was es an sich nicht ist. Daher sagt man ihm zu Recht: „Warum wehrt ihr euch? Würdet ihr den Gleichnissen folgen, dann wäret ihr selbst Gleichnisse geworden und damit schon der täglichen Mühe frei.“

In einem Punkt müssen wir ihm allerdings unsere Anerkennung schenken. Er erkannte genau, worum es in jedem Gleichnis geht, und faßte diese seine Einsicht in ein Schlüsselwort, das uns hilft, alle Gleichnisse zu deuten. Das Wort lautet: *„Gehe hinüber!“* Alles, was Jesus lehrte, ist darin gegenwärtig. Was aber ist damit gemeint? Holen wir die Antwort nicht von irgendwoher. Nehmen wir das „Gleichnis vom Pharisäer und Zöllner“, und lassen wir sie uns von dorther geben. Wie lautet sie? Im wesentlichen so: „Gehe vom Pharisäer *hinüber* zum Zöllner; dann erfährst du Gottes Nähe. Dein Leben wird selbst zu einem Gleichnis, und viele deiner Alltagssorgen sind einfach nicht mehr da.“

Schauen wir zunächst auf den Pharisäer. Warum lohnt es sich nicht, bei ihm zu bleiben? Er ist ein Egozentriker. Menschen dieser Art schenken sich selbst das meiste Interesse, das damit den anderen entzogen wird. Je mehr ein solch ich-bezogener Mensch auf sich selbst bedacht ist, um so gleichgültiger sind ihm seine Mitmenschen, um so weniger macht es ihm aus, sie fallenzulassen. Sosehr er von sich überzeugt ist, so wenig hält er von den übrigen. An ihnen sieht er nur das Schlechte. Obwohl er selbst viel Anerkennung braucht, gibt er davon wenig seinem Nächsten. Weil aber mit solcher Isolierung zugleich das ganze Gefühls- und Gemütsleben in Mitleidenschaft gezogen wird, ist auch dieses noch zu sagen: Immer ist der Egozentriker auch ein liebesunfähiger und gefühlsarmer Mensch. Auf andere einzugehen und sich in andere einzufühlen, ist ihm nur schlecht möglich. Daher ist er auch keines echten Mitgefühls fähig. Das ist nur derjenige, der von sich selbst absehen und sich in andere hineinversetzen kann, mögen diese auch Ehebrecher, Dirnen oder Sünder anderer Art sein. Was also übersieht der egozentrische Mensch? Er übersieht, daß alles Leben Begegnung ist; er übersieht, daß er sein „Ich" erst von dem, den er liebt, empfängt. So bringt er sich um sein eigenes Glück. Wen wundert es, wenn er sich in seiner Seele einsam fühlt? – Aber seien wir behutsam mit unserer Rede; denn Jesus will uns sagen, daß es zumindest Spuren von einem solchen Menschen in uns allen gibt. Erst wenn wir erkennen, daß wir hier mehr oder weniger von uns selbst geredet haben, werden wir sein Wort *„Gehe hinüber!"* unter die Füße bekommen, das heißt, den Pharisäer in uns selbst verlassen, um zum Zöllner zu gelangen.

Warum ist dieser Mann uns auf Anhieb sympathisch? Er ist, mag er getan haben, was er will, eine ehrliche und aufrichtige Haut. Er belügt sich nicht selbst. Er verdrängt nicht seine Schuld. Vielmehr schaut er sie mit innerer Ruhe und Wahrhaftigkeit an. In seinem Roman „Die Brüder Karamasoff" schreibt Dostojewski: „Das, was Ihnen in Ihrem eigenen Inneren schlecht erscheint, wird schon allein dadurch, daß Sie es in sich bemerken, geläutert."[2] Vielleicht ist es solche Läuterung, die uns die Kraft gibt, so wie wir sind, zu dem uns liebenden Gott zu gehen, in sein Licht zu treten. Der Zöllner hat es getan. Er exponierte sich nicht. Bescheiden, nicht ohne Würde und Selbstachtung ging er im Bewußtsein seiner Hilfsbedürftigkeit in den Tempel, um sein durch eigene Schuld verwundetes Ich in die sich erbarmende Liebe seines Gottes zu verlieren. Was in ihm vor sich ging, läßt sich am besten mit den Worten des Psalmisten wiedergeben, der seinerseits den Weg zu Gott gefunden hatte, um ihm zu sagen: „Leiden ohne Zahl umfangen mich, meine Sünden holen mich ein, ich vermag nicht mehr aufzusehen. Zahlreicher sind sie als die Haare auf meinem Kopf, der Mut hat mich ganz verlassen. Gewähre mir die Gunst, Herr, und reiß mich heraus; Herr, eile mir zu Hilfe!" (Ps 40,13–14). Fest steht: der Zöllner wurde nicht enttäuscht. Das Dunkle in sich sehend, ging ihm die unendliche Ferne zwischen ihm und Gott auf; aber gerade im Bewußtsein dieser Ferne erfuhr er Gottes beglückende Nähe.

Übersehen wir jedoch nicht, daß es auch möglich ist, angesichts seiner Schuld nicht zu Gott hinüberzugehen. Romano Guardini beschreibt dies so: „Wenn wir uns selbst anblicken und Selbsttäuschung uns nicht schützt, erschrecken wir und ertragen uns nicht. Wir halten es mit all dem Armseligen, Häßlichen, Bösen, das da sein Wesen treibt, nicht aus; blicken von dem entstellten Bilde, worin wir unser Selbst erkennen sollen, weg; werfen uns auf irgend etwas anderes, einen Besitz, einen Wert, eine Reform, eine Weltverbesserung, und fühlen doch zugleich, wie wir uns täuschen.“[3] Hier leuchtet der Glaube des Zöllners auf; denn nur der gläubige Mensch kann sich mit seiner ganzen Unzulänglichkeit in den Abgrund von Gottes Liebe werfen. *„Gehe hinüber!“* Diese Einladung beschreibt mithin den Weg vom übersteigerten Selbstbewußtsein zum unerschütterlichen Gnadenbewußtsein.

Beide, Pharisäer und Zöllner, waren zum Tempel gekommen. Und beide gingen von dort wieder weg. *Wie* gingen sie weg? Der Pharisäer ging, wie er gekommen war. Möglicherweise hat er unterwegs sogar gesagt: „Die Zeit im Tempel hat mir nichts gegeben!“ Anders der Zöllner. Er kam schwach und ging gestärkt; er kam armselig und ging reich beschenkt; er kam in einem seelisch schwer angeschlagenen Zustand und ging vollkommen geheilt in seinen Alltag zurück. So groß können die Unterschiede zwischen Menschen sein, die zur selben Zeit zum Haus Gottes gehen, um dort zu beten. Der eine von ihnen erfährt das Heil, der andere nicht – damals wie heute.

Einigen, die davon überzeugt waren, gerecht zu sein, und alle anderen verachteten, erzählte Jesus dieses Gleichnis: Zwei Männer gingen zum Tempel hinauf, um zu beten; der eine war ein Pharisäer, der andere ein Zöllner. Der Pharisäer stellte sich hin und sprach leise dieses Gebet: Gott, ich danke dir, daß ich nicht wie die anderen Menschen bin, die Räuber, Betrüger, Ehebrecher oder auch wie dieser Zöllner dort. Ich faste zweimal in der Woche und gebe dem Tempel den zehnten Teil meines ganzen Einkommens. Der Zöllner aber blieb hinten stehn und wagte nicht einmal, seine Augen zum Himmel zu erheben, sondern schlug sich an die Brust und betete: Gott, sei mir Sünder gnädig! Ich sage euch: Dieser, nicht der andere, kehrte als Gerechter nach Hause zurück. Denn wer sich selbst erhöht, wird erniedrigt werden, wer sich selbst erniedrigt, wird erhöht werden.
Lukas 18,9–14

48 Wegweiser zur inneren Erneuerung

W. Bergengruen: Schreibtischerinnerungen
Mt 1,18–25

In den „Schreibtischerinnerungen“ von Werner Bergengruen findet sich eine Stelle, an der der Dichter ein paar kritische Anmerkungen zu seinem für ihn fragwürdigen Vornamen macht. Nur leidlich konnte er sich an diesen gewöhnen. Deshalb hatte er ihn zeit seines Lebens „mäßig verwünscht“. Einmal störte ihn daran das Fehlen eines in Wahrheit großen Namenspatrons. Zudem fand er ihn als nicht ganz stimmig. Die fürchterliche Anhäufung der „er-er-er“-Silben sagte ihm nicht zu. Hätte man ihn befragt, er hätte gleich seinem Großvater und manch anderem Mann aus seiner Verwandtschaft Alexander heißen mögen: „Nun, man tat mir nicht den Willen, und so habe ich mich begnügen müssen, den geliebten, mir vorenthaltenen Namen wenigstens meinem Sohn zu tradieren.“

Vgl. Werner Bergengruen, Schreibtischerinnerungen, Bonner Buchgemeinde o. J., S. 27, 29.

Mit jedem Namen ist ein vielfältiges Geheimnis verbunden. Manches müßte hierzu gesagt werden. Beschränken wir uns auf die folgenden Andeutungen.

Der Name individualisiert uns. Er hebt uns aus der Vielzahl heraus, in der wir so schnell untergehen können, und stellt uns in unsere unverwechselbare Einmaligkeit. Vielleicht ist das der Grund, weshalb wir immer ein wenig in Bewegung geraten, wenn man uns bei unserem Namen ruft. Wenn wir nun auch nicht wissen, warum man uns aus gerechnet diesen oder jenen Namen gegeben hat, so können wir doch durch unser Leben mit unserem Namen zu einer unaufhebbaren Einheit verwachsen. Das geht einem besonders auf, wenn man an die Namen der Großen denkt. Bei ihnen stehen Name und Leben für ein und dasselbe. Man denke beispielsweise an Konrad Adenauer, Dag Hammarskjöld, Angelo Roncalli, Romano Guardini, Martin Buber oder auch an Werner Bergengruen. Sie alle kann man sich nur schwer unter einem anderen Namen vorstellen. Aber es sind nicht nur die Großen, die mit ihrem Leben vollkommen in ihrem Namen aufgegangen sind. Dasselbe gilt von den sogenannten Kleinen, deren Name nicht selten für Bescheidenheit, Genügsamkeit, Selbstlosigkeit, Zuverlässigkeit und Treue stehen.

Schenken wir nun unsere Aufmerksamkeit drei besonderen Namen. Aus der in ihnen gegenwärtigen Kraft haben Unzählige gelebt. Im Vertrauen auf diese Namen sind sie gestorben.

Der erste Name heißt *Jesus*. Mit diesem Namen verbindet sich vor allem eine große Ruhe. Bei Konfuzius lesen wir: „Nur wer selber ruhig ist, kann zur Ruhestätte alles dessen werden, was Ruhe sucht." Von hier aus verstehen wir, warum Jesus die Menschen zu sich eingeladen hat: „Kommt alle zu mir, die ihr euch plagt und schwere Lasten zu tragen habt. Ich werde euch Ruhe verschaffen. Nehmt mein Joch auf euch, und lernt von mir; denn ich bin gütig und von Herzen demütig; so werdet ihr Ruhe finden für eure Seele. Denn mein Joch drückt nicht, und meine Last ist leicht" (Mt 11,28–30). Woher kommt diese seine Ruhe? Forschen wir nach den letzten Gründen, so stehen wir vor dem Wunder seiner geistgewirkten Empfängnis. Um zu verstehen, was damit gemeint ist, muß man in das innerweltliche Geschehen schauen. In ihm löst alles Neue das Alte nur ab, um seinerseits alt und hinfällig zu werden. Das ist der ewige Kreislauf dieser Welt. Er ist es, der die Welt daran hindert, sich aus sich selbst zu erneuern. Seit der Menschwerdung Gottes gibt es aber einen, der diesen Kreislauf aufgerissen hat: Jesus Christus. Er vermochte es, weil seine Wurzeln unmittelbar in Gott liegen. „Genau dies besagt die geistgewirkte Empfängnis Jesu" (Schönborn) . In ihr liegt der Grund seiner unbedingten Ruhe. Nichts kann sie ihm nehmen. Das macht die Erzählung vom „Sturm auf dem Meer" (Mt 8,23–27) anschaulich. Während das kleine Boot von einem großen Unwetter hin- und hergeworfen wird und die Jünger voller Unruhe sind, schläft Jesus. Dieses sein Schlafen ist zunächst auf seine Ermüdung zurückzuführen. Andererseits tritt hier seine unbedingte Ruhe im Gegensatz zur Aufregung des Meeres und der Jünger in beeindruckender Weise in Erscheinung. Schließlich wird an dieser Stelle deutlich, daß Jesus in völligem Vertrauen auf den himmlischen Vater lebte. Spontan denkt man in diesem Zusammenhang an den Psalmisten, der in einem seiner Lieder sagt: „In Frieden leg' ich mich nieder und schlafe ein; denn du allein, Herr, läßt mich sorglos ruhen" (Ps 4,9). „Kommt alle ..." Wer in gläubigem Vertrauen dieser Einladung Jesu folgt, der wird die gleiche Erfahrung wie die Jünger machen: „Es trat völlige Stille ein." Und staunend wird auch er fragen: „Was ist das für ein Mensch, daß ihm sogar die Winde und der See gehorchen?" (Mt 8,26–27).

Der zweite Name heißt *Maria*. Die Tatsache, daß die Zeugung eines Kindes in einer unberührten Frau durch den Heiligen Geist die menschliche Vorstellungskraft damals nicht weniger als heute sprengte, läßt uns erahnen, in welche Situation Maria durch Gott gebracht worden war. Da sie bereits verlobt war, stand sie als Treulose da. Nach damaligem Gesetz wurde ein solcher Treuebruch mit Steinigung vor den Mauern der Stadt bestraft, das heißt mit dem schändlichen Ausschluß aus der menschlichen Gemeinschaft. Wörtlich heißt es in jenem Gesetzbuch: „Wenn ein unberührtes Mädchen mit einem Mann verlobt ist und ein anderer Mann ihr in der Stadt begegnet und sich mit ihr hinlegt, dann sollt ihr beide zum Tor dieser Stadt fahren. Ihr sollt sie steinigen, und sie sollen sterben" (Dtn 22,23–24). Vielleicht können wir die Angst nachfühlen, die auf ihr lag. Worin besteht nun das Große, das sich ein für allemal mit ihrem Namen verbindet? Sie ließ alles in Gottes Hand: sich selbst, ihr Leben, ihre Ehre. Hier zeigt sich das Vertrauen dieser Frau, das ihr half, ihre Angst zu überwinden. Hinsichtlich dieser Angst schreibt Werner Bergengruen wiederum in seinen „Schreibtischerinnerungen": „Doch wird das Vertrauen des Menschen immer von irgendeiner Furcht bestritten und oft genug verdunkelt werden. Eine Zeit, die keine Angst mehr kennt, weiß ich mir nicht vorzustellen, und noch weniger möchte ich sie herbeiwünschen. Es wäre keine menschliche Zeit mehr. Die Welt würde stumpf. Denn eine Zeit, die von keiner Angst wußte, könnte auch kein Vertrauen mehr kennen. Die Furcht und ihre Bezwingung gehört in die Welt des Menschen. Hier ist seine ewige Aufgabe, seine ewige Erprobung". Auch im späteren Leben Marias wurde das Vertrauen oft genug von der Angst verdunkelt; denn die Angst und ihre Überwindung gehören zu ihrem ganzen Leben. Man denke nur an den Augenblick, da sie ratlos und machtlos unter dem Kreuz ihres Sohnes stand. In dieser fortwährenden Erprobung wurde ihr immer wieder neu ihr unbedingtes Vertrauen zur Hilfe. Es war das Vertrauen auf jenen Gott, der das Tiefste ins Höchste zu verwandeln vermag.

Der dritte Name, der hier kurz überdacht werden soll, ist *Josef*: Von ihm wird gesagt, er sei ein „Gerechter" gewesen. Gerecht ist ein Lebenswandel nach dem Willen Gottes. Da auch Josef davon ausgehen mußte, daß seine Verlobte ihm untreu geworden war, beschloß er, sie heimlich zu entlassen, das heißt, ohne Angaben von Gründen. Um es genauer zu sagen: er wollte den Mangel seiner Vaterschaft nicht bekanntgeben (Gerhard Maier). Obwohl dem Anschein nach betrogen, wollte er seine Verlobte dennoch schätzen. Und während er all das bis in den Schlaf hinein überdachte, sprach ihn im Traum ein Engel Gottes an: „Josef, Sohn Davids, fürchte dich nicht, Maria als deine Frau zu dir zu nehmen; denn das Kind, das sie erwartet, ist vom Heiligen Geist." Und Josef tat, was ihm gesagt wurde. So verbindet sich mit seinem Namen ein unbedingter Glaubensgehorsam: Er hört das Wort Gottes, ohne es zu verstehen; er bricht auf, ohne zu wissen, wohin der Weg führt; er tut, was Gott ihm sagt, ohne die Folgen ermessen zu können. Hinsichtlich dieses Mannes schreibt Stefan Andres in einem seiner Romane: „Der heilige Josef, das ist wirklich ein ausgezeichneter Mann, wissen Sie warum? Der ist berühmt geworden und hat doch nie ein Wort gesagt! Heißt nur immer: Der Engel sagte ihm: tu dies, und der Engel sagte ihm: tu das! Und er tut's und keinen Mucks! Und es wurden ihm doch ziemlich starke Sachen zugemutet."[1] Später, in einem anderen Zusammenhang, sagt der Dichter: „Wir brauchen keine Propheten mehr – Tuer brauchen wir – Vollzieher!"[2] Dieser Hinweis erinnert uns an ein Wort von Antonius von Padua: „Die Rede hat Leben, wenn die Taten sprechen. Ich bitte: Schluß mit den Worten, die Taten sollen sprechen! Wir sind voll von Worten und leer an Werken."[3]

Drei Namen, mit denen sich drei große Eigenschaften verbinden. Dadurch wurden sie unsterblich bei Gott. Jesus: die unbedingte Ruhe, Maria: das unbedingte Vertrauen, Josef: der unbedingte Glaubensgehorsam. So bleibt für uns nur noch die Frage: Was verbindet sich mit unserem Namen?

Mit der Geburt Jesu Christi war es so: Maria. seine Mutter, war mit Josef verlobt; noch bevor sie zusammengekommen waren, zeigte sich, daß sie ein Kind erwartete – durch das Wirken des Heiligen Geistes. Josef, ihr Mann, der gerecht war und sie nicht bloßstellen wollte, beschloß, sich in aller Stille von ihr zu trennen. Während er noch darüber nachdachte, erschien ihm ein Engel des Herrn im Traum und sagte: Josef, Sohn Davids, fürchte dich nicht, Maria als deine Frau zu dir zu nehmen; denn das Kind, das sie erwartet, ist vom Heiligen Geist. Sie wird einen Sohn gebären; ihm sollst du den Namen Jesus geben; denn er wird sein Volk von seinen Sünden erlösen.

Dies alles ist geschehen, damit sich erfüllte, was der Herr durch den Propheten gesagt hat: Seht, die Jungfrau wird ein Kind empfangen, einen Sohn wird sie gebären, und man wird ihm den Namen Immanuel geben, das heißt übersetzt: Gott ist mit uns.

Als Josef erwachte, tat er, was der Engel des Herrn ihm befohlen hatte, und nahm seine Frau zu sich. Er erkannte sie aber nicht, bis sie ihren Sohn gebar. Und er gab ihm den Namen Jesus.
Matthäus 1,18–25

Quellen

1 Achtung bitte – hier und jetzt

[1] S. Kierkegaard, Die Lilie und der Vogel, in: Erbauliche Reden, Göttingen 1929, S. 484ff.

2 Jeder Morgen lädt zu neuem Leben ein

[1] M. Hausmann, Nüchternheit, Neukirchener Verlag, Neukirchen-Vluyn 1975, S. 39.
[2] R. Guardini, Von heiligen Zeichen, Matthias-Grünewald-Verlag, Mainz 1927, S. 51 f.
[3] A. Solschenizyn, Im Interesse der Sache, Hermann Luchterhand Verlag, Neuwied-Berlin 1970, S. 279.
[4] E. Ginsberg, Abschied, Erinnerungen, Verlag AG Die Arche, Zürich 1965, S. 244.

4 Ihr Alltag – Ihre Geschichte

[1] R.A. Schröder, Aphorismen und Reflexionen, Suhrkamp Verlag, Frankfurt a.M. 1977, S. 65 (200).
[2] Vgl. hierzu: K. Rahner, Schriften zur Theologie, Bd. VII, Benziger Verlag, Einsiedeln-Zürich-Köln 1966, S. 205ff.
[3] F.M. Dostojewski, Gesammelte Briefe 1833–1881, R. Piper & Co Verlag, München 1966, S. 144.
[4] F.M. Dostojewski, Die Brüder Karamasoff, Roman, R. Piper & Co Verlag, München-Zürich 1977/1980, S. 521f.

5 Den Dingen in der Nähe das Geheimnis der Ferne lassen

[1] E. Fromm, Haben und Sein, Die seelischen Grundlagen einer neuen Gesellschaft, Deutsche Verlags-Anstalt, Stuttgart 1976, S. 25ff.

6 Von allen Dingen kann man etwas lernen

1 W. Barclay, Er wird euch einen Beistand geben. Das biblische Zeugnis vom Heiligen Geist, J. G. Oncken Verlag, Kassel 1968, S. 10f.

2 Vgl. hierzu: W. Barclay, Freut euch und frohlocket. Eine Anleitung zum Verständnis der Seligpreisungen, J. G. Oncken Verlag, Kassel 1968, S. 70; W. Heinen, Das Gewissen, sein Werden und Wirken zur Freiheit, Echter Verlag, Würzburg 1971, S. 119f.

3 A. o. O., S. 119f.

7 Die Spiegelbilder unseres Verhaltens

1 R. Guardini, Von heiligen Zeichen, Matthias-Grünewald-Verlag, Mainz 1927, S. 51 vgl. Hierzu: Walter Müller, Der gemeinsame Lernprozeß; Feedback - geistlich betrachtet. In: Christ in der Gegenwart 25 1973) S. 217. Otto Hürter, in: Triebsteuerung, hrsg. v. Johannes Gründel, Kösel-Verlag, München 1972, S. 38f.

2 W. Müller, a. a. O., S. 217.

8 Eine Situation, in der alle Masken fallen

1 Vgl. L. Rinser, Gespräche über Lebensfragen, Echter Verlag, Würzburg 1966, S. 12.

2 M. Buber, Werke III, Schriften zum Chassidismus, Kösel-Lambert Schneider, München-Heidelberg 1963, S. 263.

3 V. Frankl, Ärztliche Seelsorge, Deuticke Verlag, Wien 1971, S. 100.

4 G. Bernanos, Tagebuch eines Landpfarrers, Fischer Taschenbuch Verlag Nr. 116, Frankfurt a. M. 1958, S. 67.

5 M. Buber, a. a. O., S. 167.

6 Augustinus, In epist. Joan. tract. 7,8.

9 Fast immer ist der richtige Weg der schwerste

1 V. Frankl, Ärztliche Seelsorge, Verlag Franz Deuticke, Wien 1971, S. 67.

2 L. Rinser, Abenteuer der Tugend, Roman, Fischer Taschenbuch Verlag Nr. 1027, Frankfurt a. M. 1975, S. 120f.

3 L. Rinser, Abenteuer der Tugend, a. a. O., S. 141.

10 Wenn der Anfang ein guter ist, geht vieles wie von selbst

1 F. M. Dostojewski, Tagebuch eines Schriftstellers, R. Piper & Co Verlag, München 1977/1980, S. 570.

[2] Fr. Mauriac, Von Tag und Ewigkeit, Drei Brücken Verlag, Heidelberg 1955, S. 258 f.
[3] Fr. Huber, Das Geschenk des Anfangs, in: Christ in der Gegenwart 18 (1966) S. 41.

11 Das Leben läßt sich nicht belügen

[1] D. Bonhoeffer, in: Bonhoeffer Brevier, hrsg. v. Otto Dudzus, Chr. Kaiser Verlag, München 1968, S. 287 f.
[2] H. Knef, Das Urteil, Verlag Fritz Molden, Wien-München-Zürich 1975, S. 17 u. 325.

12 Durch Staunen zu neuem Leben

[1] A. Einstein, Mein Weltbild, hrsg. v. Carl Seelig, Ullstein Verlag, Frankfurt a. M.-Berlin 1965, S. 9 f.
[2] A. a. O., S. 8.
[3] Zitiert nach: J. Wickert, Einstein, rowohlts monographien Nr. 162, Reinbek bei Hamburg 1972, S. 7.
[4] A. Einstein, Mein Weltbild, a. a. O., S. 10.
[5] A. a. O., S. 18.

14 Es muß im Leben noch mehr als alles geben

[1] K. Rahner, Der Mensch – die unbeantwortbare Frage, in: Eberhard Stammler (Hrsg.), Was ist das eigentlich – der Mensch? Kösel-Verlag, München 1973, S. 119.
[2] R. Guardini, Den Menschen erkennt nur, wer von Gott weiß, in: Gläubiges Dasein / Die Annahme seiner selbst, Grünewald / Schöningh, Mainz / Paderborn 1993, S. 91.
[3] J. Améry, träger der Freiheit, in: Eberhard Stammler (Hrsg.), a. a. O., S. 15.
[4] R. Affemann, Gott und die Psychologie, in: Gott in dieser Zeit, hrsg. von L. Reinisch, Verlag C. H. Beck, München 1972, S. 49–67.

15 Alles liegt an dem ersten Schritt

[1] Vgl. hierzu: Fr. Kafka, Brief an den Vater, Fischer Taschenbuch Verlag Nr. 1629, Frankfurt a. M. 1975; sowie M. Brod, Über Fr. Kafka, Fischer Taschenbuch Verlag Nr. 1496, Frankfurt a. M.
[2] M. Brod, a. a. O., S. 148.
[3] M. Brod, a. a. O., S. 190.

[4] M. Brod, a. a. O., S. 154.
[5] M. Brod, a. a. O., S. 277.

16 Gott ist immer im Kommen

[1] Fr. Maierhöfer, Samuel Beckett, Warten auf Godot, R. Oldenbourg Verlag, München 1973, S. 69.

17 Wo ist Gott für mich?

[1] K. Rahner, Grundkurs des Glaubens, Verlag Herder, Freiburg-Basel-Wien 1976, S. 56ff.
[2] Vgl. hierzu: Kl. Tilmann, Wie spricht man heute in der Familie über Gott?, Verlag Ludwig Auer, Donauwörth 1974.
[3] Kl. Tilmann, Leben aus der Tiefe, Benziger Verlag, Zürich-Einsiedeln-Köln 1975, S. 17f.
[4] M. Buber, in: Werke III, Schriften zum Chassidismus, Kösel-Lambert Schneider, München-Heidelberg, 1963, S. 388.

18 Der Himmel grüßt manchen, der ihn nicht grüßt

[1] A. Gide, Aus den Tagebüchern 1889-1939, Deutsche Verlags-Anstalt, Stuttgart 1961, S. 4.
[2] F. M. Dostojewski, Gesammelte Briefe (1833–1881), Brief vom 22. 12. 1849, R. Piper & Co Verlag, München 1966, S. 77.
[3] Johannes XXIII., Geistliches Tagebuch, Verlag Herder, Freiburg i. Br. 1964, S. 257f.

19 Gib der Wahrheit die Ehre – du Illusion

[1] H. Hesse, Über die Einheit, in: Mein Glaube, Suhrkamp Verlag, Frankfurt a. M. 1971, S. 21.
[2] Kleine Sammlung geistlicher Lieder, Verlag R. Brockhaus, Wuppertal Nr. 214, S. 434f.

20 Gott zürnt nicht bitterer als eine Frau

[1] S. Lenz, Beziehungen, Ansichten und Bekenntnisse zur Literatur, Deutscher Taschenbuch Verlag Nr. 800, München 1973, S. 54f.

2 M. Frisch, Biedermann und die Brandstifter, in: Stücke 2, suhrkamp taschenbuch 81, Frankfurt a.M. 1983, S. 81–145.
3 Christ in der Gegenwart 29 (1977) S. 73.
4 Vgl.: E. Jüngel, Tod, Kreuz-Verlag, Stuttgart-Berlin 1971, S. 144.

22 Wir sind Gottes Angehörige

1 H. Haag, Wenn ihr betet, theologische Meditationen Bd. 16, Benziger Verlag Einsiedeln 1967.
2 K. Rahner, Schriften zur Theologie Bd. III, Benziger Verlag, Einsiedeln-Zürich-Köln 1962, S. 106f.
3 G. Ebeling, Vom Gebet, Siebenstern-Taschenbuch Nr. 89, München-Hamburg 1967, S. 44f.

23 Keinem Menschen bleiben Dummheiten erspart

1 A. a. O., S. 70.
2 A. a. O., S. 35f.
3 A. a. O., S. 118.

25 Die Freude an Gott ist unsere Kraft

1 Philip D'Souza, Manchmal höre ich die Leute sagen ..., in: Christ in der Gegenwart 9 (1980) S. 68.
2 Vgl. Christ in der Gegenwart 14 (1970) S. 111.
3 Bonhoeffer Brevier, hrsg. v. O. Dudzus, Chr. Kaiser Verlag, München 1968, S. 21.

26 Ich habe das Meer gesehen

1 H. Hesse, Von der Seele, in: Mein Glaube, Suhrkamp Verlag, Frankfurt a.M. 1971, S. 18f.
2 A. Stifter, Briefe, a. a. O., S. 270.
3 A. Stifter, Briefe, a. a. O., S. 271 f.
4 Katharina von Siena, in: Lektionar zum Stundenbuch II/3, S. 268.

27 Der Weg zur Quelle führt gegen den Strom

1 L. Rinser, Die vollkommene Freude, Roman, Fischer Taschenbuch Verlag Nr. 1235, Frankfurt a. M. 1975, S. 186.
2 K. Rahner, Von der Not und dem Segen des Gebetes, Herder-Bücherei Nr. 28, Freiburg – Basel – Wien 1961, S. 18f.

28 Durch Einkehr zur Umkehr

1 Dag Hammarskjöld, Zeichen am Weg, Droemer Knaur, München/Zürich 1965, S. 60.
2 Vgl. L. Wachinger, Ein Grabspruch, in: Christ in der Gegenwart 47 (1973) S. 372.

29 Umkehr bedeutet: Unterwegssein zu Gott

1 F. M. Dostojewski, Rodion Raskolnikoff, Roman, R. Piper & Co Verlag, München – Zürich 1977/1980, S. 302.
2 Vgl. Christ in der Gegenwart 20 (1975) S. 159.

31 Von allem entblößt

1 Zitiert nach: N. G. v. Doornik, Franz von Assisi, Verlag Herder, Freiburg – Basel – Wien 1977, S. 15.
2 C. Carretto, Was Franziskus uns heute sagt, Verlag Herder, Freiburg – Basel – Wien 1981, S. 21.
3 L. Rinser, Bruder Feuer, Fischer Taschenbuch Verlag Nr. 2124, Frankfurt a. M. 1978, S. 85f.

32 Im Menschen den Menschen finden

1 Die Brüder Karamasoff, Roman, R. Piper & Co Verlag, München – Zürich 1977/1980, S. 960ff (= K).
2 Vgl. hierzu: Aufzeichnungen aus einem Totenhaus, R. Piper & Co Verlag, München – Zürich 1977/1980, S. 107 (= AT).
3 Tagebuch eines Schriftstellers, Notierte Gedanken, R. Piper & Co Verlag, München – Zürich 1977/1980, S. 618f (= T).
4 Der Idiot, Roman, R. Piper & Co Verlag, München – Zürich 1977/1980, S. 680 (= I).
5 Aufzeichnungen aus einem Totenhaus (= AT), a. a. O., S. 102.

6 A. G. Dostojewski, Erinnerungen, R. Piper & Co Verlag, München-Zürich 1980, S. 368 f.

7 Vgl. hierzu: R. Guardini, Religiöse Gestalten in Dostojewskijs Werk, Kösel-Verlag, München 1977, S. 361 ff.

33 Der Überfall Gottes

1 P. Claudel, Der seidene Schuh, Herder-Bücherei Nr. 199/200, Freiburg-Basel-Wien 1965.

2 P. Claudel, Verkündigung, Fischer Bücherei Nr. 119, Frankfurt a. M. u. Hamburg 1958.

34 Was nicht in meinem Plan lag, das hat in Gottes Plan gelegen

1 Wertvolle Informationen und Stellenhinweise verdanke ich den Werken von Waltraud Herbstrith.

35 Wer erlöst die Welt

1 H. Beckmann, in: Rheinischer Merkur 43(1973) S. 26.

2 W. Barclay, Er wird euch einen Beistand geben. Das biblische Zeugnis vom Heiligen Geist, J. G. Oncken Verlag, Kassel 1968, S. 24

3 D. Bonhoeffer, Nachfolge, Chr. Kaiser Verlag, München 1971, S. 74.

4 D. Bonhoeffer, a. a. O., S. 78.

36 Menschliches Denken kann Gottes Liebe nicht verstehen

1 L. Boros, Offenheit des Geistes, Begegnungen, Walter-Verlag, Olten und Freiburg i. Br. 1977, S. 117.

38 Jesus Christus – wer ist er für dich?

1 S. Kierkegaard, Einübung ins Christentum, Eugen Diederichs Verlag, Düsseldorf-Köln o. J., S. 18.

39 Ich kenne die Menschen – Er war mehr als ein Mensch

1 Goethe, Aphorismen und Anekdoten, hrsg. v. W. W. Barth, Wilhelm Heyne Verlag, München 1982, S. 62.

[2] Vgl. hierzu: E. Biser, in unserer Mitte, in: Christ in der Gegenwart 30 (1974) S. 237f.
[3] Vgl. H. Thielicke, Ich glaube, Das Bekenntnis der Christen, Herderbücherei Nr. 396, S. 112f.

40 In ihm will Gott eines jeden Menschen Nächster sein

[1] Vgl. hierzu: R. Guardini, Jesus Christus, Werkbund-Verlag, Würzburg 1957, S. 100.
[2] Sermo 171, zitiert nach: Lektionar zum Stundenbuch, I/3, S. 294.

41 Man kreuzigte ihn, weil man ihn für einen Narren hielt

[1] Vgl. O. Fr. Lang, Alle Schafe meiner Herde, Roman, Ehrenwirth Verlag, München 1964, S. 241–245.
[2] R. Guardini, Die menschliche Wirklichkeit des Herrn, Beiträge zu einer Psychologie Jesu, Werkbund-Verlag, Würzburg 1958, S. 95f.

42 Sei gut zu mir

[1] H. Hesse, Über das ‚Brot', in: Die Welt der Bücher, suhrkamp taschenbücher 415, Frankfurt a. M. 1977, S. 345f.
[2] R. A. Schröder, Aphorismen und Reflexionen, Suhrkamp Verlag, Frankfurt a. M. 1977, S. 95.

43 Wehrlos legt Er sich in unsere Hand

[1] S. Kierkegaard, Christliche Reden 1848, Gütersloher Taschenbücher Siebenstern Nr. 618, S. 299.
[2] J. Ratzinger, Die Hoffnung des Senfkorns, Kyrios-Verlag, Meitingen–Freising 1973, S. 12ff.

44 Wie Erstarrtes wieder lebendig werden kann

[1] L. Rinser, Die vollkommene Freude, Roman, Fischer Taschenbuch Verlag Nr. 1235, Frankfurt a. M. 1975, S. 58.
[2] L. Rinser, Septembertag, Fischer Taschenbuch Verlag Nr. 1695, Frankfurt a. M. 1976, S. 16.

3 P. Tournier, Verstehen und schenken, Herderbücherei Nr. 577, Freiburg-Basel-Wien 1976, S. 73.
4 P. Tournier, a. a. O.
5 Platon, Apologie 29a.

45 Wer ist ein Christ?

1 D. Bonhoeffer, Nachfolge, Chr. Kaiser Verlag, München 1971, S. 128.

47 Gehe hinüber

1 S. Kierkegaard, Hiob, in: Der Einzelne und sein Gott, Herder-Bücherei Bd. 105, S. 56.
2 F. M. Dostojewski, Die Brüder Karamasoff, R. Piper & Co Verlag München-Zürich 1977/1980, S. 94.
3 R. Guardini, Vom Leben des Glaubens, Matthias-Grünewald-Verlag, Mainz 1963, S. 88.

48 Wegweiser zur inneren Erneuerung

1 St. Andres, Die Liebesschaukel, Roman, Fischer Bücherei 46, Frankfurt a. M., 1954, S. 34.
2 St. Andres, a. a. O., S. 166.
3 Lektionar zum Brevier II/5, S. 291.

Rudolf Stertenbrink

In Bildern und Beispielen

Rudolf Stertenbrink

In Bildern und Beispielen

Exemplarische Texte
zur Besinnung und Verkündigung

Band 3

Herder
Freiburg · Basel · Wien

Umschlaggestaltung: Finken & Bumiller
unter Verwendung des Motivs „Seiltänzer“ von August Macke,
Städtisches Kunstmuseum, Bonn.
Satz: Fotosetzerei G. Scheydecker, Freiburg im Breisgau
Herstellung: Freiburger Graphische Betriebe 1998
ISBN 3-451-26650-4

Vorwort

Gut vier Jahre vor Vollendung seines Lebens bat der große englische Kardinal John Henry Newman (1801–1890), man möge auf seine Gedenktafel die Worte setzen: „Ex umbris et imaginibus in veritatem – Aus Schatten und Bildern zur Wahrheit." Mit diesem kurzen Wort charakterisierte Newman, von seinen Zeitgenossen der „Plato von Oxford" genannt, seinen langen Lebensweg. Ob es einen anderen Weg zum Licht der göttlichen Wahrheit gibt?

Newman wußte aus Erfahrung, daß alles, was sich unmittelbar aufdrängt, auf die Dauer nicht gefallen kann. Mit der Zeit verliert es seinen Reiz, es macht müde und wird zur Last. Es bietet letztlich weder Erfüllung noch Halt. Die Wahrheit Gottes, die das Leben trägt und ihm Geborgenheit schenkt, drängt sich nicht auf. Sie vermittelt sich dem Menschen in dieser Welt behutsam durch Schatten und Bilder. Einmal erkennen wir sie, ein andermal wieder nicht. Wir entdecken sie in Zeiten der Ruhe und verlieren sie wieder in Zeiten innerer Erregung. Newman, der darüber einmal vor Medizinstudenten sprach, bringt ein Beispiel: „Wenn sich Himmel und Berge im See widerspiegeln, so beweist dies, daß der See von Himmel und Bergen umgeben ist, aber die Dämmerung, der Nebel oder der plötzliche Sturm verscheuchen das schöne Bild." Ähnlich ist es mit der Wahrheit Gottes. Daher ist jedes Bild, in dem sich das Geheimnis Gottes widerspiegelt, ein wirkliches Geschenk. Wo aber der Mensch in einem Bild das Geheimnis Gottes erfährt, da erfährt er zugleich das Geheimnis, das er selber ist. So gehen Gotteserlebnis und Selbsterlebnis, Gotteserkenntnis und Selbsterkenntnis ineinander über. In der Tat ist das eine ohne das andere nicht möglich. Daher ist das Bild der Ort, an dem sich Gott und Mensch einander begegnen, an dem das Heil des Menschen durch Gott geschieht.

In diesem nun vorliegenden Band werden erneut eine Fülle von Bildern und Beispielen vorgestellt und überdacht. Auch sie wollen Orte sein, an denen sich Gott und Mensch einander begegnen. Die überaus positive Aufnahme, die die ersten beiden Bände in verschiedenartigsten Kreisen gefunden haben, haben mich ermutigt, das Werk fortzusetzen.

Inhalt

Vorwort 5

Wir glauben weil wir leben

1. Nicht wir haben den Glauben, der Glaube hat uns 9
Fr. Kafka: Die kaiserliche Botschaft – Lk 2,15–20

2. Aller Glaube ist Wagnis 13
Eine abenteuerliche Einladung – Mt 14,22–33

3. Glauben heißt: Gott beim Wort nehmen 17
R. F. Kennedy: Alles hat seine Stunde – Sir 2,1–6

4. Grenzübergang im Glauben 22
W. Busch: Kritik des Herzens – Lk 5,4–7

5. Die Naturwissenschaft und Gott 27
J. Hemleben: Darwin – Mt 5,14–16

6. Nur mit dem Herzen sieht man gut 33
A. Flew: Es muß einen Gärtner geben – Joh 20,24–29

7. Glauben Sie an Gott? 38
C. Zuckmayer: Des Teufels General – Röm 11,33–36

8. Warum glauben Sie an Gott? 42
David Ben Gurion und Martin Buber – Joh 16,23–28

9. Dreimal wird der gute Mensch geboren 47
Das Wunder einer Geburt – Lk 18,1–8

10. Die betenden Hände 52
Fr. Nietzsche: Excelsior! – Mt 6,5–6

11. Wie sich Glaubenszweifel überwinden lassen 58
A. Solschenizyn: Krebsstation - Mt 11,2-6

Du wünscht dir, daß die Leute dich lieben? Liebe sie zuerst

12. Ich bin von meinem Nächsten weit entfernt 62
A. Philipe: Nur ein Seufzer lang - Joh 5,1-9

13. Pflege das Leben, wo du es triffst 68
F.M. Dostojewski: Aufzeichnungen - Mk 7,31-37

14. Die helfenden Hände 72
L. Rinser: Die römische Bettlerin - Lk 8,49-56

15. Vom Glück des Gebens 76
Brüder Grimm: Die Sterntaler - Joh 6,1-15

16. Nichts ist vergeudet, was aus Liebe geschieht 81
L. Rinser: Die vollkommene Freude - Joh 13,34-35

17. Ohne dieses Kapitel ist kein Mensch ein Mensch 87
A. Solschenizyn: Matrjonas Hof - 1 Kor 13,4-8

18. Was tun Sie für die Gemeinschaft? 92
S. v. Radecki: Der Spiegel - 1 Kor 12,4-7.12-13.26-27

19. Not und Elend schreien uns ins Gesicht 96
K. Birkenhauer: Samuel Beckett - Jes 58,9-12

20. Der Traum von einer friedlichen Welt läßt sich verwirklichen 101
F.M. Dostojewski: Traum eines lächerlichen Menschen - Gal 2,19b-20

21. Zum Frieden erziehen 105
M.L. Dieckmann: Wie man Frieden spielt - Phil 4,4-9

22. Auch Du kannst die Welt verändern 109
J. Giono: Der Mann mit den Bäumen - Mt 13,31-32

23. Auch das Kleine trägt zur Größe bei 117
L. Rinser: Abenteuer der Tugend - Mt 13,31-32

24. Das Rezept eines berühmten Zauberkünstlers 122
D. Carnegie: Wie man Freunde gewinnt - Joh 6,1-13

25. Dein bester Freund ist, wer deine besten Eigenschaften zur Entfaltung bringt 127
H. Ford: Der beste Freund – Lk 9,28–36

26. Kennen Sie Ihre Feinde? 131
Karel Capek: Der Mordversuch – Jes 53,7–12

27. Sag ja zu mir 135
Z. Maurina: Geliebtes Leben – Gelebtes Leben – Mk 2,13–17

28. Schau mich bitte an 141
J. W. von Goethe: Aphorismen – Num 6,24–26; Ps 34,4–6

29. Liebe läßt sich daran messen, wie oft man übereinstimmt .. 146
A. de Saint-Exupery: Der kleine Prinz – Joh 15,15–17

Wer heiratet wird ein anderer Mensch

30. Viele Eheleute werden nie ein Ehepaar 151
Fr. Sagan: Ein verlorenes Profil – Kol 3,12–16

31. Ehe-Tugenden 158
H. Rahner: Der spielende Mensch – Mt 18,20–21

32. Wer ist glücklich verheiratet? 162
R. St. Peale: Von der Erfüllung menschlicher Urbedürfnisse in der Ehe – Eph 5,25–33

33. Tag für Tag erwähle ich dich 170
Zeugnis eines Ehepaares – Pred 4,9–12

34. Überempfindliche Menschen sind nicht zu beneiden 177
E. Barlach: Der Empfindsame - Joh 12,20–25

35. Bleib bei mir 181
M. Buber: Begegnung – 1 Joh 2,10–11

Quellenangaben 186

1 Nicht wir haben den Glauben, der Glaube hat uns

Fr. Kafka: Die kaiserliche Botschaft
Lk 2,15–20

Franz Kafka (1883–1924) hat eine Parabel geschrieben, die den Titel „Die kaiserliche Botschaft" trägt. Sie hat ungefähr folgenden Inhalt: Der Kaiser – so heißt es – hat ausgerechnet dir, dem fernsten Untertanen, dem vor der kaiserlichen Sonne in die Ferne geflüchteten Schatten, von seinem Sterbebett aus eine Botschaft gesandt. Den Boten hat er am Bett niederknien lassen und ihm die Botschaft ins Ohr geflüstert. Sosehr war ihm an dieser Botschaft gelegen, daß er sie sich noch einmal ins Ohr wiederholen ließ, um gewiß zu sein, daß der Bote sie richtig verstanden hat.

Der Bote hat sich gleich auf den Weg gemacht. Er ist ein kräftiger und unermüdlicher Mann. Er schafft sich Bahn durch die Menge, indem er seine Arme gebraucht. Er kommt auch leicht vorwärts. Aber die Menge ist so groß. Sie nimmt kein Ende. Nutzlos müht er sich ab. Immer noch zwängt er sich durch die weiten Räume des kaiserlichen Palastes. Niemals wird er sie überwinden. Und selbst wenn es ihm gelingen würde, nichts wäre gewonnen; denn die Treppe hinab müßte er sich kämpfen, die Höfe wären zu durchmessen, und wieder ein Palast und wieder Höfe. Und stürzte er endlich aus dem äußersten Tor, aber niemals kommt er so weit, so liegt die Residenzstadt vor ihm. Niemand dringt hier durch und erst recht nicht mit der Botschaft eines Toten. – Du aber sitzt an deinem Fenster und erträumst sie dir, wenn der Abend kommt.

Vgl. Franz Kafka, Sämtliche Erzählungen, hrsg. von Paul Raabe, Fischer Taschenbuch Verlag, Nr. 1078, Frankfurt a. M. , 1971, S. 138 f.

Vergleichen wir diese „Verkündigungsgeschichte" bei Kafka einmal mit jener beim Evangelisten Lukas (2,15–20), so lassen sich einige Gemeinsamkeiten feststellen. Hier wie dort ist eine göttliche Botschaft gemeint; hier wie dort wird die Richtigkeit der Botschaft bestätigt; sowohl die Hirten bei Lukas als auch der Bote bei Kafka brechen sofort auf; hier wie dort soll die Botschaft an die weitergesagt werden, welche in der Dunkelheit des Lebens sitzen, damit sie in ihrer Dunkelheit Licht und damit Freude, Friede und Sinn sehen. – Aber neben diesen Gemeinsamkeiten gibt es auch wesentliche Unterschiede. Hier ist von einem Kind die Rede, das noch ein ganzes Leben vor sich hat, dort von einem sterbenden Kaiser, dessen Leben vorbei ist. Die Hirten kommen mit ihrer Botschaft durch, der Bote nicht. Bei Lukas lesen wir: „Alle, die es hörten, staunten über die Worte der Hirten" (2,18). Bei Kafka heißt es: „Du aber sitzt an deinem Fenster und erträumst sie dir, wenn der Abend kommt."

Weil die Parabel von Kafka unserer heutigen Glaubenssituation offensichtlich mehr entspricht als die Hirtenerzählung von Lukas, tun wir gut daran, zunächst die Botschaft von Kafka zu vernehmen. Vielleicht hören wir dann die Botschaft der Hirten wieder neu. Wer ist dieser sterbende Kaiser, der alles daransetzt, den Menschen in der Ferne, in der Gottferne, Kunde von sich selbst zu geben? In seiner Gestalt erkennen wir den heute scheinbar ohnmächtig gewordenen und im Sterben liegenden Gott. Für viele Menschen ist er heute bereits tot. Trotzdem sind sie von einer tiefen Sehnsucht nach Gott ergriffen; denn auch sie wollen wissen, wofür man eigentlich lebt. Auch sie suchen letzte Geborgenheit. Auch sie schauen aus nach einer Hoffnung über den Tod hinaus. Aber die Botschaft erreicht sie nicht. Woran liegt es? Der Bote kommt nicht durch. Zu viele Hindernisse stellen sich ihm in den Weg. Sie wachsen mit dem Weg, den er sich erkämpft, ins Unermeßliche. Was ist mit diesen Hindernissen gemeint? Welcher Art sind sie?

Die Antwort, die Kafka gibt, wird überraschen: Das einzige Hindernis ist der Bote selbst. Aus seinem Innern steigt das immer wiederkehrende Gefühl der Aussichtslosigkeit auf. Alle äußeren Hindernisse, die Kafka schildert, die große Menge, die sich dem Boten in den Weg stellt, die vielen Räume des Palastes, die es zu durchqueren gilt, die lange Treppe, die er nicht hinunterkommt, die Höfe, die er zu überwinden hat, die zahllosen Paläste, an denen er vorbei muß, das äußerste Tor, das er nie erreicht, die Residenzstadt, die keiner durchdringt – das alles sind Projektionen, Angstgebilde, die aus seinem Innern angesichts seines gewichtigen Auftrags aufsteigen und ihn kraftlos machen.

Geht es nicht jedem Menschen so? Überfallen nicht auch uns solche Gefühle der Ohnmacht und Angst, sobald wir uns vor schwierige Aufgaben und Situationen gestellt sehen? Was wird in uns lebendig, wenn uns eine hohe Verantwortung oder ein schwerwiegender Auftrag übergeben wird? Fragen wir uns dann nicht ängstlich: „Wie wirst du es schaffen?" Entstehen aus dieser Sorge nicht auch in uns Vorstellungen, die uns alles aussichtslos erscheinen lassen? Solche Ängstlichkeit, die eine Vielzahl von Vorstellungen in uns weckt, ist es wohl auch, die uns davon abhält, mit der Botschaft Jesu Ernst zu machen. Welche Folgen könnte beispielsweise der ehrlich gesprochene Satz: *„Dein Wille geschehe"* für unser Leben haben? Weil wir uns selbst nicht an das Wort Gottes wagen wollen, deshalb verschließen wir uns in uns selbst. Deshalb also kam jener Bote nicht vorwärts, deshalb kam die Botschaft, die er zu bringen hatte, nicht an. Weil er aus mangelnder Bereitschaft zum Risiko in seinem fensterlosen Ich eingeschlossen blieb, weil die Angst und ihre Vorstellungen ihm den Weg versperrten, deshalb kam er nicht zum Du, das am Fenster saß und sehnsüchtig auf die Botschaft wartete. Jener Bote – der sind *wir*!

Wie kommen wir hier weiter? Genau das sagt uns die Hirtenerzählung beim Evangelisten Lukas. Die Hirten vertrauten sich der Botschaft unbekümmert an. Sie ließen sie nicht nur ins Ohr, sondern vor allem ins Herz. Nicht sie trugen die Botschaft, sondern die Botschaft trug sie. Weil sie sich von der Botschaft getragen wußten, deshalb sprachen sie zueinander: „Kommt, laßt uns gehen!" So liefen sie hin und berichteten, was ihnen gesagt worden war. Und alle, die es hörten, staunten über ihre Worte. Das umsorgte und verletzbare Ich muß sich also öffnen und der Botschaft von Gottes Liebe einfach überlassen. Denn das bedeutet Glaube: nicht wir haben die Botschaft Gottes, sondern die Botschaft Gottes hat uns. Wer sich an diese Botschaft wagt, der wird frei von sich selbst, der wird erlöst von seiner Ängstlichkeit, dem Mißtrauen und der Aussichtslosigkeit. Nur wenn der Bote selbst von seiner Botschaft ergriffen und verwandelt wird, kommt er mit seiner Botschaft bei den Fernstehenden an, die nicht an Gott glauben und sich dennoch nach ihm sehnen.

Als die Engel sie verlassen hatten und in den Himmel zurückgekehrt waren, sagten die Hirten zueinander: Kommt, wir gehen nach Betlehem, um das Ereignis zu sehen, das uns der Herr verkünden ließ. So eilten sie hin und fanden Maria und Josef und das Kind, das in der Krippe lag. Als sie es sahen, erzählten sie, was ihnen über dieses Kind

gesagt worden war. Und alle, die es hörten, staunten über die Worte der Hirten. Maria aber bewahrte alles, was geschehen war, in ihrem Herzen und dachte darüber nach. Die Hirten kehrten zurück, rühmten Gott und priesen ihn für das, was sie gehört und gesehen hatten; denn alles war so gewesen, wie es ihnen gesagt worden war.
Lukas 2,15–20

2 Aller Glaube ist Wagnis

Eine abenteuerliche Einladung
Mt 14,22-33

In einer Stadt - so erzählt eine Geschichte - hat ein Artist sein Hochseil gespannt und führt vor dem Publikum seine Kunststücke vor, eines spannungserregender als das andere. Die Menschenmenge ist begeistert. Totenstille liegt über dem Platz, als er zum Abschluß auch noch eine Schubkarre über das Hochseil schiebt. Donnernder Applaus anerkennt sein Können.

Der Artist fragt die Menge: „Trauen Sie mir zu, daß ich die Schubkarre auf dem gleichen Weg wieder zurückschieben kann?" Begeistert klatscht man Zustimmung. Der Artist schweigt eine Weile. Die Menge meint, er zaudere. „Weitergehen", rufen ihm einige zu. Der Mann auf dem Hochseil fragt einen der Rufer: „Sie da unten, trauen Sie mir wirklich zu, die Karre zurückschieben zu können?" „Selbstverständlich", ruft der Mann zurück. „Dann", fordert der Artist ihn auf, „kommen Sie doch herauf und setzen sich in die Karre!" Nein - so war die Zustimmung nun doch nicht gemeint.

Obwohl der aufgeforderte Zuschauer dem Artisten eine weitere Steigerung seines Könnens zutraute, war er nicht bereit, sich mit seiner eigenen Person auf das abenteuerliche Wagnis einzulassen. Warum nicht? Er wollte eine Sensation ohne eigenes Risiko und Engagement erleben. Wäre er der Einladung gefolgt, so hätte er sich selbst bedingungslos ausliefern müssen. Dazu fehlten ihm der Mut und das rückhaltlose Vertrauen in die Person des Artisten. Obwohl in dieser Geschichte alles für nichts gefordert wurde, kann sie uns doch verdeutlichen, was gläubiges Vertrauen eigentlich bedeutet.

Wer sich einem anderen restlos anvertraut, gibt sich selbst ganz aus der Hand und überläßt sich und sein weiteres Schicksal dem andern. Dabei läßt sich nie mit Gewißheit voraussehen, was aus einem selber wird. Nicht im voraus, sondern immer nur im nachhinein läßt sich feststellen, ob uns die vertrauensvolle Übergabe zum Glück oder zum Unglück gereichte. Aus diesem Grund kennt das menschliche Leben verschiedene Stufen des Vertrauens. Im Alltag überlassen wir uns in der Regel nur unter einem gewissen Gesichtspunkt auf einen andern. So vertrauen wir beispielsweise auf die Aufrichtigkeit eines Gesprächspartners, auf die Fahrtüchtigkeit eines Taxifahrers oder auf die Ehrlichkeit einer Angestellten. Die Menschen, denen wir uns vorbehaltlos anvertrauen, sind sehr wenige. Wir wählen sie normalerweise sorgfältig aus. So den Chirurgen, der eine risikoreiche Operation vornehmen muß. Oder den Lebenspartner, an den wir uns durch gesunde und kranke, gute und böse Tage hindurch bis zum Tod binden. Hier wird das bisherige Leben aufs Spiel gesetzt, damit es gesünder, erfüllter und beglückender werde. Die Dinge, die das Leben in Wirklichkeit bereichern, werden dem Menschen nur im Vertrauen zuteil. Im Gegensatz zu unserer Geschichte geht es hier nicht nur um eine Belanglosigkeit, die nichts anderes als ein sensationelles Erlebnis zur Folge hat. Hier geht es vielmehr um eine große Verheißung, auf die hin wir im Vertrauen auf eine bestimmte Person alles wagen.

Um dem Menschen ein Leben anzubieten, das den Tod überdauert, ist Jesus in diese Welt gekommen. Weil es hier um ein völlig neues Leben geht, kommt alles darauf an, daß der Mensch im Vertrauen auf Jesus und sein Wort sein altes Leben verläßt, indem er aus dem Land seiner bisherigen Vorstellungen, Gesinnungen, Träume, Wünsche und Gewohnheiten auszieht und nicht mehr aus sich selbst, sondern aus Gott lebt. Solange wir auf unseren eigenen Wegen gehen, bewegen wir uns im Kreis und kehren immer zu uns selbst zurück. Erst wenn wir uns Gott und seiner Führung überantworten, damit er unsere Wege leitet, kommen wir zu ihm. „Gott leitet uns durch Glück und Unglück – immer nur zu Gott“ (D. Bonhoeffer).

Jesus zeigt uns nicht nur den Weg zu Gott; er hat uns ihn vorgelebt. Dieses sein Leben hat zu allen Zeiten viele Bewunderer gehabt. Doch blieben sie mit ihrer Bewunderung im Gegenüber und setzten auf den ihnen gewohnten Wegen ihr altes Leben fort. Der von ihnen Bewunderte bedeutete für sie keine Veränderung ihres Daseins. Weil sie nichts verlieren wollten, verloren sie alles. Jesus hat, wie Sören Kierkegaard schreibt, nie davon geredet, daß er Bewunderer haben wollte. Es ging ihm vielmehr darum, Nachfolgende zu gewinnen. Auf die Frage, was denn der Unterschied zwischen einem Bewunderer und einem Nachfolgenden sei, antwortet er: „Ein Nachfolger ist oder strebt, das zu sein, was er bewundert; ein Bewunderer hält sich für seine Person aus dem Spiel; bewußt oder unbewußt: er entdeckt nicht, daß das Bewunderte eine Forderung an ihn enthält, die, das Bewunderte zu sein oder doch danach zu streben, es zu sein.“[1]

Ein gläubiger Nachfolger, der immer wieder herausspürt, daß das Bewunderte eine Aufforderung enthält, ist Simon Petrus. Als der Herr in der Nacht über den See geht und seine Jünger vor Angst erschrecken, ruft Jesus ihnen zu: „Habt Vertrauen; ich bin es, habt keine Angst!“ Weil man dort, wo Jesus ist, in der Tat keine Angst zu haben braucht und deshalb alles wagen kann, sagt Petrus: „Herr, wenn du es bist, so befiehl, daß ich auf dem Wasser zu dir komme.“ Das Wort Jesu: „Komm!“ bewirkt, daß für Petrus alles, was ihn von der Hinwendung zu Jesus abhalten könnte, bedeutungslos wird: die hin- und hergeworfenen Wellen, der Gegenwind, die nächtliche Dunkelheit und selbst die Tiefe des Sees. Nur noch Jesus hat er vor Augen. Wo Jesus steht, ist für ihn Halt und fester Grund. Deshalb verläßt er die Sicherheit des Bootes und geht Jesus entgegen. Erst als seine Glaubenskraft nachläßt und Zweifel sein Vertrauen erschüttern, beginnt er zu sinken. Der innerlich kleiner werdende Glaube wird äußerlich sichtbar in der immer kleiner werdenden Gestalt des Petrus. Der kleingläubig Gewordene wird auf einmal vom Verlangen nach menschlicher Sicherheit überfallen und überantwortet sich nicht mehr voll und ganz der Allmacht seines Herrn, die alles trägt.

Wer sich im gläubigen Vertrauen auf den Weg zu Jesus begibt, der muß sich entscheiden, seine menschliche Sicherheit zu verlassen. Eine solche Entscheidung kann jedoch wegen der Bewegtheit des Lebens nie ein für allemal sein. Sie muß vielmehr angesichts neuer Schwierigkeiten, vor denen wir resignieren und davonlaufen können, immer wieder neu getroffen werden. Wo dies geschieht, geht der Christ auf seinen Christus zu. Ja, er wird selbst zu einem ‚alten Christus‘, zu einem zweiten Christus, der stirbt und lebt. Das ist gemeint, wenn wir sagen, unsere Hinwendung zu Jesus hat für unser Leben Folgen, die nicht vorauszusehen sind. Sie baut unser Leben um, so daß kein Stein mehr auf dem anderen bleibt.

Das Boot war schon mitten auf dem Meer und wurde von den Wellen bedrängt, denn es war Gegenwind. Um die vierte Nachtwache aber kam Jesus auf sie zu, über den See schreitend. Als ihn aber die Jünger über den See schreiten sahen, entsetzten sie sich und meinten, es sei ein Gespenst, und vor Furcht schrien sie auf. Er aber redete sie sogleich an und sprach: „Mut! Ich bin es. Fürchtet euch nicht.“ Da antwortete ihm Petrus und sagte: „Herr, wenn du es bist, so heiße mich zu dir auf das Wasser kommen.“ Er aber sprach: „Komm!“ Und Petrus stieg aus dem Boot und schritt auf dem Wasser hin und kam auf Jesus zu. Als

er aber den Wind sah, fürchtete er sich, und als er zu sinken begann, schrie er: „Herr, rette mich!" Sogleich streckte Jesus die Hand aus, ergriff ihn und sprach zu ihm: „Du Kleingläubiger, warum hast du gezweifelt?" Und als sie ins Boot gestiegen waren, legte sich der Wind. Die Männer aber im Boot fielen vor ihm nieder und sagten: „Wahrhaftig, du bist Gottes Sohn."
Mattäus 14,22–33

3 Glauben heißt: Gott beim Wort nehmen

R. F. Kennedy: Alles hat seine Stunde
Sir 2,1–6

Rose Fitzgerald Kennedy (geb. 1890) läßt in ihrem Buch „Alles hat seine Stunde" die gut achtzig Jahre ihres ereignisreichen Lebens noch einmal an sich vorüberziehen. Die Wahl dieses Titels ist nicht zufällig. Er verweist auf eine Stelle im „Buch Prediger" (3,1–8) des Alten Testamentes. Dort fand Mrs. Kennedy, was auch für ihr Leben gilt: sie hat die schönsten, aber auch die schrecklichsten Stunden erlebt. Von ihren neun Kindern kam der älteste Sohn als Aufklärungspilot ums Leben; ihre Tochter Kathleen verunglückte bei einem Flugzeugabsturz tödlich; ihr Sohn John Fitzgerald fiel als Präsident der USA einem Attentat zum Opfer; ihr Sohn Robert wurde ermordet. Darüber hinaus trägt sie das Schicksal ihrer geistig behinderten Tochter Rosemary. Auf den letzten Seiten ihrer Lebenserinnerungen stellt sie sich die Frage, was ihr Leben trotz mancher schmerzlichen Erfahrungen so glücklich gemacht hat. Ihre Antwort lautet:

„Ich bin zu dem Schluß gekommen, daß das wichtigste Element im menschlichen Leben der Glaube ist. Wenn Gott mir alle seine Segnungen, Gesundheit, körperliche Kräfte, Reichtum und Verstand nähme und mir nur eine Gabe ließe, so würde ich um den Glauben bitten, denn mit dem Glauben an ihn, an seine Güte, Gnade und Liebe und mit dem Glauben an das ewige Leben könnte ich den Verlust seiner anderen Gaben wohl verschmerzen und trotzdem glücklich sein. Ich könnte ihm vertrauen und alles seiner unfehlbaren Vorsehung überlassen. Wenn ich meinen Tag mit einem Gebet beginne, in dem ich mich ihm weihe und ihm mein ganzes Vertrauen schenke, dann bin ich vollkommen ruhig und glücklich, gleichgültig, welche Schicksalsschläge mich erwarten, weil ich weiß, sie sind Teil seines göttlichen Plans, und er wird für mich und die Menschen sorgen, die ich liebe.

Für mich bedeutet Glaube das unaufhörliche Bewußtsein der Existenz Gottes; nicht als einer fernen und von mir getrennten Wirklichkeit, sondern als eines Gegenstandes der spirituellen Erfahrung, mit dem mich eine ganz persönliche Beziehung verbindet. Damit will ich nur sagen, daß die Existenz Gottes für mich ebenso wirklich ist wie meine eigene ...

Was ich sagen will, ist, daß wir aus dem Glauben und durch den Glauben zu einem neuen Verständnis unserer selbst und der Welt kommen, die uns umgibt. Er stellt alles in eine geistige Perspektive, so daß Liebe, Freude und Glück ebenso wie Kummer, Sorgen und Verlust zu Teilen eines großen Bildes werden, das weit über Zeit und Raum hinausreicht."

Rose Fitzgerald Kennedy, Alles hat seine Stunde, Meine Lebenserinnerungen, S. Fischer Verlag, Frankfurt a.M. 1974, S. 444f.

Der Glaube ist für Mrs. Kennedy die höchste Gabe Gottes. Inwiefern ist der Glaube eine Gabe Gottes und nicht Leistung des Menschen? Es ist hier wie bei der Liebe. Man stelle sich beispielsweise einen Studenten vor, der gescheit und erfolgreich, aber in seinem Herzen einsam war, weil sich die anderen – aus welchen Gründen auch immer – von ihm zurückzogen. „Als einmal ein Mädchen ihm seine Zuneigung schenkte, wurde er daher sehr unsicher. Er gestand, er habe anfangs gar nicht den Mut gehabt, diese Zuwendung auf sich zu beziehen. Er konnte es lange nicht fassen, daß er selbst und persönlich, so wie er war, angenommen sei. ‚Soll das tatsächlich mir gelten?' Es war aber so" (Klaus Becker). Wie hier steht am Anfang eines jeden aus der Tiefe herauswachsenden Glaubens ein Wort, mit dem jemand sein persönliches Interesse an uns zeigt. Wo wir ein solches Wort aufmerksam hören, da wird gläubiges Vertrauen unsere einzige Antwort sein.

Doch übersehen wir nicht: auch das gültigste menschliche Wort hat seine Grenzen. Es erreicht uns nicht in unseren letzten Tiefen, wo wir die hellsten Freuden und das dunkelste Leid erleben. So bleibt der Mensch im letzten immer einsam und allein. Ins Innerste reicht nur das Wort, das uns durch Jesus Christus zugesprochen worden ist und uns sagt, daß jeder Mensch im Brennpunkt der bedingungslosen Liebe Gottes steht. Wer Gott bei diesem Wort nimmt und ebenso bedingungslos ihm sein Vertrauen schenkt, der glaubt. Für ihn wird der Glaube zum wichtigsten Element seines Lebens, weil er sich auch dann noch von Gottes Güte getragen weiß, wenn uns – spätestens in der Stunde des Todes – alles genommen wird. Denn: „Gott kennt den ganzen Weg, wir wissen nur den nächsten Schritt und das Ziel" (D. Bonhoeffer). Solcher Glaube lebt von der täglich erneuerten Hingabe. Vielleicht sollten wir es einmal mit der Anleitung versuchen, die uns der evangelische Theologe Jörg Zink gibt: „Zwei Gedanken rahmen den Tag: Am

Morgen denken wir dem Wort ‚Liebe' nach, das den Willen ordnet, die Phantasie beflügelt und die Tat vorbereitet. Am Abend erwartet uns das Wort ‚Friede', das Mißgunst und Enttäuschung, Müdigkeit und Überreiztheit auffängt. Morgens könnten wir dem Wort Jesu nachgehen, ‚ich komme vom Vater', abends sein Wort aufnehmen, ‚ich gehe zum Vater'. Dazwischen liegt ein Tag, an dem er uns auf dieser Erde begleitet. Am Ende folgt eine Nacht, in der wir mit ihm heimkehren in das ‚Haus des Vaters'. Dann mag der Tag wichtig sein oder unwichtig, schön oder voller Last, wir fassen ihn in die Liebe und in den Frieden Christi ein und legen am Ende alles, was gewesen ist, in seine Hand."[1]

Es kann nun sein, daß der eine oder andere ‚Gott' für etwas sehr Unwirkliches hält und somit auch alles Reden über ihn. Dem widerspricht jedoch die Glaubenserfahrung vieler Menschen. Mrs. Kennedy etwa hat das unerschütterliche Bewußtsein, daß Gott wirklich da ist. Das Dasein Gottes ist für sie ebenso wirklich wie das eigene. So echt dieses Glaubensbewußtsein ist, es bleibt dennoch weit hinter der Wirklichkeit Gottes zurück. Ich denke in diesem Zusammenhang an jenen Rabbi, von dem Martin Buber erzählt.[2] Als einer seiner Schüler bei ihm eintrat, fragte er diesen: „Was ist das, ‚Gott'?" Da der Schüler nach dreimaliger Wiederholung der Frage immer noch schwieg, gab der Rabbi selbst die Antwort: „Er ist deutlich da, und außer ihm ist nichts deutlich da." Manch einer wird dem unmittelbar widersprechen und sagen, es sei genau umgekehrt: „Alles ist deutlich da, nur ‚Gott' suchen wir vergebens." Ihm geben wir zu bedenken, daß alles in dieser Welt kommt und geht wie die Blätter in den Jahreszeiten. Wo sind die Menschen, die vielleicht im letzten Jahr noch unter uns lebten? Wir können nur eines sagen: Sie sind nicht mehr da! Das zeigt uns bereits, wie unbeständig, wechselhaft und brüchig das irdische Dasein ist. „Was ist die Welt?" fragte Buddha. Seine Antwort: „Das, worin Vergehen waltet." Im Gegensatz dazu ist Gott der, der ewig bleibt. Von ihm sagt die Bibel, daß tausend Jahre vor ihm wie der Tag seien, der gestern vergangen ist. Aus diesem Grund gibt es ihn in unserer Welt nicht so, wie es anderes gibt. Es gibt ihn nicht als Ding *neben* Dingen oder Person *neben* Personen; er ist vielmehr als tiefster Grund *in* allem da (Alfred Beckmann). Deshalb kann man Gott auch nicht so erfahren, wie man die Dinge oder Menschen erfährt. Man erfährt ihn nur als jenes Geheimnis, das alles im Tiefsten begründet und umfängt.

Damit deutet sich auch an, daß Gott nicht eine ferne und von mir getrennte Wirklichkeit ist. Und man versteht von hier aus ebenfalls, wie Meister Eckehart (um 1260–1327) in einer seiner berühmtesten Predigten sagen konnte: „Ich bin des so gewiß, wie ich lebe, daß mir nichts so ‚nahe' ist wie Gott, Gott ist mir näher, als ich mir selber bin; mein Sein hängt daran, daß mir Gott ‚nahe' und gegenwärtig sei! Er ist es auch einem Stein und einem Holze, sie aber *wissen* nichts davon!"[3] Der gläubige Mensch hingegen weiß aufgrund seiner Glaubenserkenntnis um die unüberbietbare Nähe Gottes und seine bergende Gegenwart. So tun wir gut daran, uns regelmäßig die Zeit zu nehmen, um alles loszulassen und uns selbst vertrauensvoll Gott zu überlassen. Wer das tut, gelangt zur Gelassenheit.

Es fällt dem heutigen Menschen schwer, alles loszulassen und sich selbst Gott vertrauensvoll zu überlassen. Er gebraucht vielmehr die Dinge und nicht selten auch seine Mitmenschen, und wenn sie verbraucht sind, dann wirft er sie weg, nicht selten zum Schluß sich selbst. An die Stelle des Lassens ist heute allzuoft das Wegwerfen getreten.

Die Gelassenheit macht uns ruhig und glücklich, welche Schicksalsschläge uns auch erwarten. Aber nicht nur das. In seiner gläubigen Gelassenheit kommt der Mensch zu einem neuen Verständnis seiner selbst und der Welt, die ihn umgibt und sieht alles in einer geistigen Perspektive. Alles, was er Gott übereignet hat, wird ihm verwandelt zurückgeschenkt. Das lehrt uns jeder eucharistische Gottesdienst. Das Brot und der Wein, die wir opfern, werden uns nicht genommen, sondern Gott selbst kommt in ihnen auf uns zu. Ähnliches geschieht in der gläubigen Selbsthingabe: Wenn der Mensch aus sich selbst auszieht, zieht Gott in ihn ein und schenkt ihm seinen Geist, so daß ihm ein neues Auge wächst. Landschaften, die er durchfährt; Menschen, denen er begegnet; Situationen, in die er eintritt – auf all das fällt ein neues Licht. Weil wir Gottes Gegenwart in uns selbst erfahren, erfahren wir sie auch in allem anderen. Wenn uns im Leben alles verwandelt zurückgeschenkt wird, was wir in gläubiger Gelassenheit Gott überlassen haben, dann gilt dies auch im Sterben und im Tod. Wer im Tod restlos von sich lassen kann, um sich ganz in Gott zu verlieren, der findet sich in ihm in verwandelter Weise wieder, und diese seine Verwandlung ist sein ewiges Leben.

Mein Sohn, wenn du dich anschickst, dem Herrn zu dienen, dann mache dich gefaßt auf Versuchungen. Straffe dein Herz, und sei stark, auch überstürze nichts in der Zeit der Heimsuchung. Hänge ihm an, und weiche nicht ab, damit du erhöht werdest an deinem Ende. Alles,

was über dich kommen mag, nimm an, und in der Vielfalt dessen, was dich niederbeugt, harre aus. Denn im Feuer wird das Gold geprüft, der Mensch aber, der Gott gefällt, im Ofen der Trübsal. So vertraue auf Gott, und er wird sich deiner annehmen, wandle den geraden Weg und hoffe auf ihn.
Jesus Sirach 2,1–6

4 Grenzübergang im Glauben

W. Busch: Kritik des Herzens
Lk 5,4–7

Wer die treffsicheren Zeichnungen von Wilhelm Busch (1832–1908) betrachtet und seine simplen Versreime liest, den verblüfft immer wieder die Einfachheit, mit welcher dieser Spaßmacher einen Charakter in einer konkreten Situation darzustellen versteht. Unverkennbar bleiben jedoch die dumpfe Resignation gegenüber einer heillosen Welt und der tiefe Pessimismus, der auch aus den folgenden Versen spricht:

Es sitzt ein Vogel auf dem Leim,
er flattert sehr und kann nicht heim.
Ein schwarzer Kater schleicht herzu,
die Krallen scharf, die Augen gluh.
Am Baum hinauf und immer höher
kommt er dem armen Vogel näher.
Der Vogel denkt: Weil das so ist
und weil mich doch der Kater frißt,
so will ich keine Zeit verlieren,
will noch ein wenig quinquilieren,
und lustig pfeifen wie zuvor. –
Der Vogel, scheint mir, hat Humor.

Wilhelm Busch, Kritik des Herzens, in: Sämtliche Werke, hrsg. v. Otto Nöldeke, Bd. 6, Braun & Schneider, München 1943, S. 236.

Humor hat nach Wilhelm Busch, wer in aussichtsloser Situation angesichts eines unaufhaltsam herannahenden Übels die Nerven nicht verliert und aufgrund nüchterner Überlegungen in den letzten ihm verbleibenden Augenblicken sich noch einmal seines Daseins erfreut. Solcher Humor ist selbstverständlich nicht nur angesichts eines baldigen Todes möglich, sondern in jeder für uns dummen oder peinlichen Situation, in der wir nicht wissen, was mit uns geschehen wird. So hilfreich diese Art von Humor sein kann, durch sie wird das unheilvolle Übel nicht bewältigt, sondern nur durch Ablenkung überspielt.

Das Unheil kann uns deshalb immer wieder neu zu Bewußtsein kommen und uns so immer tiefer zermürben. Wir haben es hier mit einem tragischen Humor zu tun, der aus den Tiefen einer pessimistischen Weltanschauung stammt und deshalb nicht die Kraft hat, eine völlig neue Situation zu eröffnen. Er ist letztlich nichts anderes als eine Flucht vor der harten Wirklichkeit des Lebens, in deren Grenzen der Mensch unausweichlich gefangen bleibt. Er kann sich vor ihnen noch einmal zurückziehen, doch überwinden kann er sie nicht.

Gibt es überhaupt eine Möglichkeit, die Grenzen unseres Daseins so zu überschreiten, daß das drohende Übel nicht überspielt, sondern innerlich überwunden wird? Auf diese Frage antwortet ein biblisches Wort: „Das ist der Sieg, der die Welt besiegt: unser Glaube" (1 Joh 5,4). Es ist der Glaube an das menschgewordene Wort Gottes, das unvorhersehbare Bereiche aufzuschließen und ungeahnte Möglichkeiten dort zu eröffnen vermag, wo wir am Ende sind. Als Begründung wird uns an anderer Stelle gesagt: „Denn bei Gott ist nichts unmöglich" (Lk 1,37). Wer ist also ein gläubiger Mensch? Derjenige, der Gott beim Wort nimmt und sich mit einem vertrauensvollen Herzen Gottes Möglichkeiten überläßt.[1] Wer so glaubt, der hat bereits die Grenze überschritten, in die sein Leben eingeschlossen war. Er betritt das Land, das das Land Gottes ist. Von ihm aus sieht er alles in einem neuen Licht. In seiner „Nachfolge" schreibt Dietrich Bonhoeffer: „Glaubst du – so tu den ersten Schritt." Dieser eine Schritt bringt dich über die Grenze. Mit ihm verläßt du die Sphäre menschlicher Ohnmacht und trittst in die Sphäre göttlicher Allmacht ein. Die Bibel wird nicht müde, uns immer wieder neu Menschen solchen Glaubens vor Augen zu stellen. Wir erinnern hier nur an das Verhalten der Mutter Jesu bei der Hochzeit von Kana (Joh 2,1–11). Wie es aussieht, hatte sie dort für einen reibungslosen Ablauf des Festes zu sorgen. Daher ging man zu ihr, als man in eine Situation geriet, in der man am Ende war. In ihrem Glauben wußte sie, an wen sie sich wenden konnte. Weil sie unerschütterlich glaubte, eröffnete sich ein Bereich, der jenseits aller menschlicher Möglichkeiten und Erfahrungen lag. Glauben heißt: beständig das Wunder dieses Grenzüberschreitens erleben. Der Christ ist ein Mensch des Glaubens, weil er jeden Tag gewisse Dinge allein ‚auf dein Wort hin, Herr!' (Lk 5,5) tut (Albert-Marie Besnard).

Solcher Glaube verwandelt unsere Situation, weil er uns selbst verwandelt. Wenn immer Gott durch den Glauben in das Leben eines Menschen tritt, dann ist es, „wie wenn Wasser in Wein verwandelt wird" (William Barclay), und sein Herz bekommt etwas von jener heiteren und fröhlichen Gelassenheit, die nur ein göttlicher Wein hervorzurufen vermag. Diese Gelassenheit spürt man deutlich aus einem Wort des heiligen Aloysius von Gonzaga (1568–1591) heraus: „Als eines Tages die Jesuiten-Novizen Jägerball spielten, unterbrachen sie ihr Spiel, um – wie man damals sagte – ein erbauliches Gespräch zu führen. Da stellte einer die Frage: ‚Was würden wir tun, wenn man uns ankündigte, wir müßten in einer Stunde sterben?' Die jungen Novizen machten ihre Vorschläge – einer frommer als der andere. Aloysius aber sagte: ‚Ich würde weiter Jägerball spielen.'"[2] Wüßten wir von diesem Heiligen nur dieses eine Wort, es würde genügen, ihn nie zu vergessen.

Aus dem neuen Sein, das der Glaube schenkt, erwächst uns eine göttliche Kraft: „Wer glaubt und nicht zweifelt, wer vertraut und nicht mit seinem Vertrauen zurückhält, wer ganz in Gott Stand nimmt und nicht mit einem Bein doch lieber auf menschlichem Boden bleiben möchte, wer sich auf Gottes Macht verläßt und alle Eigenmacht losläßt, dem wird Unmögliches geschehen, dem wird Unmögliches zuteil, dem gelingen Gottes Möglichkeiten" (Rudolf Pesch). Er wird, wie die Bibel (Mk 11,22f.) sagt, Berge versetzen. Gemeint sind hier vor allem „die Ölberge des Lebens", die sich uns in den Weg stellen können und vor denen wir nicht mehr weiterwissen. Als Jesus vor *seinem* Ölberg stand und sich dort im Gebet Gottes Möglichkeiten anvertraute, „da erschien ihm ein Engel vom Himmel und stärkte ihn" (Lk 22,43), und in der Kraft Gottes bewältigte er diesen Berg.

Aber noch etwas anderes wird dem Gläubigen gelingen: Er geht sicheren Fußes über Abgründe hinweg. Man denke hier an Petrus, der aus dem Boot steigt und über das Wasser auf Jesus zugeht (Mt 14,28–31). Erst als er zu zweifeln beginnt und auf sich selbst schaut, sinkt er. „Dem gläubigen Petrus, der sich auf Jesu göttlichen Ruf ‚Komm!' verläßt, gelingen göttliche Möglichkeiten; der zweifelnde Petrus, der sein Herz zwischen Vertrauen und Furcht teilt, der statt Jesu göttliche Möglichkeiten solch irdische wie die des Windes in den Blick faßt, der kleingläubige Petrus fängt an zu sinken. Wahrer Glaube versetzt Berge und trägt über das Wasser, Kleinglaube nicht" (Rudolf Pesch).

Man übersehe in diesem Zusammenhang den alten Mann Noach nicht, der sich auf Gottes Wort hin gläubigen Herzens seine Bretter zusammensuchte, um daraus die rettende Arche zu bauen. Man kann sich leicht vorstellen, wie die anderen ihn verlachten. Was aber wußten sie nicht? Sie wußten nicht, daß sie alle in der hereinbrechenden Katastrophe vernichtet werden sollten (Gen 6f.). Wer glaubt, der betritt die Arche Gottes, die ihn glücklich zu anderen Ufern bringt.

Damit deutet sich aber auch an: Wer glaubt, nimmt am Sieg Gottes über die finsteren Mächte dieser Welt teil. Von hier aus können wir sagen: Christlicher Humor ist Siegesfreude, die Gott durch den Glauben in das Herz des Menschen gibt. Aus ihr erwächst ein unerschütterlicher Optimismus. „Optimismus ist in seinem Wesen keine Ansicht über die gegenwärtige Situation, sondern er ist eine Lebenskraft, eine Kraft der Hoffnung, wo andere resignieren, eine Kraft, den Kopf hoch zu halten, wenn alles fehlzuschlagen scheint, eine Kraft, Rückschläge zu ertragen, eine Kraft, die die Zukunft niemals dem Gegner läßt, sondern sie für sich in Anspruch nimmt ... Es gibt Menschen, die es für unernst, Christen, die es für unfromm halten, auf eine bessere irdische Zukunft zu hoffen und sich auf sie vorzubereiten. Sie glauben an das Chaos, die Unordnung, die Katastrophe als den Sinn des gegenwärtigen Geschehens und entziehen sich in Resignation oder frommer Weltflucht der Verantwortung für das Weiterleben, für den neuen Aufbau, für die kommenden Geschlechter. Mag sein, daß der Jüngste Tag morgen anbricht, dann wollen wir gern die Arbeit für eine bessere Zukunft aus der Hand legen, vorher aber nicht."[3]

Ein Mann des Glaubens, der mit seinem Humor niemals diesen Optimismus verlor, war Papst Johannes XXIII. Im Hinblick auf seinen Tod erklärte er: „Es besteht kein Grund, Illusionen zu hegen, vielmehr muß ich mich mit dem Gedanken an das Ende vertraut machen. Nicht mit Schrecken und Zagen, denn das schwächt und ermüdet, wohl aber mit Vertrauen, wodurch der Mut zum Leben, der Eifer zu arbeiten und zu dienen erhalten bleibt. Seit langem habe ich mir vorgenommen, diesem Grundsatz treu zu sein, so den Tod zu erwarten, in diesem ‚Hilarescit' – ‚Er wird heiter sein', das das letzte Lächeln meiner Seele sein soll im Augenblick, da sie aus diesem Leben scheidet."[4]

Der Glaube schenkt uns mit einem neuen Sein eine heitere Gelassenheit; er gibt uns göttliche Kraft, indem er uns an Gottes Möglichkeiten teilhaben läßt; er verleiht uns ein hurmorvolles und optimistisches Herz, das vom Sieg Gottes über die dunklen Mächte dieser Welt lebt. Was diesen Glauben so schwer macht, ist der Zweifel, der immer aus einem zwiespältigen Herzen aufsteigt. An seiner Wurzel sitzen Mißtrauen gegenüber Gottes unbegrenzten Möglichkeiten und Ängstlichkeit, sich selbst loszulassen. Weil Jesus um all das weiß, deshalb sagt er als der auferstandene Herr: „Fürchtet euch nicht; habt keine Angst, denn ich habe die Welt überwunden!" Was uns fehlt und was uns die Zweifel nehmen könnte, ist jene kindliche Einfalt, die vor allem den Heiligen zu eigen ist. Aufgrund ihrer Einfalt besaßen sie den Mut, sich kopfüber ins göttliche Abenteuer zu stürzen. Eine kindliche

Einfalt, ein rückhaltloses Vertrauen und ein bedingungsloses Ja zu Gottes Möglichkeiten, das ist es, was unser Glaube braucht.

Als Jesus aufgehört hatte zu reden, sagte er zu Simon: „Fahre hinaus ins tiefe Wasser und werft eure Netze zum Fang aus!“ Simon antwortete ihm: „Meister, die ganze Nacht haben wir uns abgemüht und nichts gefangen. Doch auf dein Wort will ich die Netze auswerfen.“ Sie taten es und fingen eine große Menge Fische. Ihre Netze drohten zu zerreißen. Sie winkten ihren Gefährten im anderen Boot, sie möchten kommen und ihnen helfen; und sie kamen und füllten beide Boote, so daß sie fast versanken.
Lukas 5,4–7

5 Die Naturwissenschaft und Gott

J. Hemleben: Darwin
Mt 5,14–16

Charles Robert Darwin (1809–1882) ist durch seine Theorie über die Entwicklung des Menschen aus „affenähnlichen Vorfahren" berühmt geworden. Wenn Kopernikus bewiesen hatte, daß die Erde sich um die Sonne dreht, und Newton das Gesetz der Schwerkraft entdeckt hatte, das die Bewegung der Gestirne erklärte und jede andere Hypothese überflüssig machte, so zeigte Darwin mit der Unwiderlegbarkeit des Naturwissenschaftlers, daß sich alles Lebendige nach eigenen, biologischen Gesetzen entwickelt hat. Sein Grundwerk „Von der Entstehung der Arten durch natürliche Zuchtwahl" wurde im Jahre 1859 zum Bestseller: die erste Auflage von 1250 Stück war am Tag des Erscheinens ausverkauft, so groß war schon damals die Autorität des „Newton der Biologie" und so brisant das Thema.

Da Darwin jedoch bei seinen Gedanken den geistig-religiösen Gesichtspunkt außer acht ließ, widerstand ihm seine Frau Emma. In einem Brief gab sie ihm folgendes zu bedenken: „... Ist es nicht möglich, daß es im Wesen der naturwissenschaftlichen Forschung liegt, nichts zu glauben, was sich nicht beweisen läßt, und daß Dein Geist auch in anderen Dingen, die sich nicht beweisen lassen, sich durch die Gewohnheit wissenschaftlichen Denkens zu stark beeinflussen läßt? Ich möchte sogar so weit gehen zu sagen, daß es gefährlich ist, die Vorstellung von der Offenbarung aufzugeben, eine Gefahr, welche auf der anderen Seite (im rein naturwissenschaftlichen Denken) nicht existiert, nämlich die Furcht vor der Undankbarkeit, etwas von sich zu weisen, was für unser Wohl und auch für dasjenige der ganzen Welt getan wurde. Dies sollte Dich vorsichtiger machen und Dich sogar fürchten lassen, Du habest Dich nicht genug um die Wahrheit bemüht ..."

Dieser Brief hatte Darwin tief getroffen. Obwohl er sonst Briefe zu vernichten pflegte, bewahrte er diesen auf und schrieb für seine Frau auf den Rand: „Wenn ich tot bin, so sollst Du wissen, daß ich manches Mal diese Worte küßte und darüber weinte. C. D."

Vgl. Johannes Hemleben, Darwin, rowohlts monographien Bd. 137, Reinbek bei Hamburg 1968, S. 139ff.

Dieser Brief enthält vier Feststellungen, die auch für uns wertvoll genug sind, um darüber kurz nachzudenken. Emma Darwin beginnt sehr behutsam, indem sie ihrem Mann eine Frage stellt: Ist es nicht möglich, daß es im Wesen der naturwissenschaftlichen Forschung liegt, nichts zu glauben, was sich nicht beweisen läßt? Als Darwin sich an einer fünfjährigen Weltreise (1831–1836) beteiligte, gewann er vor allem nach Beobachtungen in Südamerika und auf den Galapagos-Inseln die Überzeugung, daß alle Lebewesen in einer gewissen Verwandtschaft zueinander stehen und daß sich im Laufe ungeheuer langer Zeiträume aus einfacheren Organismen kompliziertere entwickelt haben. Zwar wurde diese Entwicklungstheorie schon vor ihm ausgesprochen. Doch war es sein Verdienst, das notwendige Beweismaterial beigebracht zu haben. So erlangte diese Auffassung durch ihn allgemeine Geltung. Darwin geht von der „künstlichen Zuchtwahl" aus, bei der es im Belieben des Züchters steht, innerhalb kurzer Zeit eine neue Rasse mit einer gewünschten Eigentümlichkeit zu züchten. Indem er jene Individuen auswählt und miteinander kreuzt, die die gewünschte Eigentümlichkeit in höchstem Maß ausgebildet haben, und auch unter ihren Nachkommen die geeignetsten auswählt, ist es möglich, etwas Neuartiges zu züchten. Darwin war nun der Überzeugung, daß durch eine „natürliche Zuchtwahl" im „Kampf ums Dasein" jedesmal die geeignetsten Individuen ausgewählt worden seien. Die „Selektionstheorie" geht also von zwei Grundvoraussetzungen aus: erstens von der Veränderlichkeit der Merkmale der Lebewesen und zweitens von der Überproduktion an Nachkommen. Von diesen überleben im „Kampf ums Dasein" diejenigen am besten, die ihrer Umwelt am besten angepaßt sind. Die Auslese ist also ein entscheidender Kausalitätsfaktor der Evolution. Weil die „Selektionstheorie" zu keinem Ergebnis der Biologie im Widerspruch steht, ist sie heute allgemein anerkannt, selbst wenn die Kausalität von Sonderproblemen sich als komplizierter herausgestellt hat, als Darwin zunächst angenommen hatte. An dieser skizzenhaften Darstellung verdeutlicht sich die Eigenart naturwissenschaftlichen Denkens. Die Naturwissenschaft bezieht sich mit ihren Forschungen auf das Gegebene, das Faßbare und Nachprüfbare. Immer ist sie darum bemüht, die Zusammenhänge empirisch nachweisbarer Tatsachen aufzudecken und auf ihre natürlichen Ursachen zurückzuführen. Dabei kann durchaus ein Glaube im weiteren Sinn im Spiele sein. Im 16. Kapitel seiner „Welträtsel" schreibt der große Zoologe Ernst Haeckel (1834–1919): „Wenn wir irgendeine Tatsache nicht sicher wissen, so sagen wir: Ich glaube sie. In diesem Sinne sind wir auch in der Wissenschaft selbst zum Glauben gezwungen; wir vermuten oder nehmen an, daß ein bestimmtes Verhältnis zwischen zwei Erscheinungen besteht, obwohl wir dasselbe nicht sicher kennen. Handelt es sich dabei um die Erkenntnis von Ursachen, so bilden wir eine Hypothese. Indessen dürfen in der Wissenschaft nur solche Hypothesen zugelassen werden, die innerhalb des menschlichen Erkenntnisvermögens liegen und den bekannten Tatsachen nicht widersprechen." In diesem Sinn sind die Worte von Emma Darwin zu verstehen, daß es im Wesen naturwissenschaftlicher Forschung liegt, nur das zu glauben, was sich beweisen läßt. Ihre große Sorge ist aber, daß sich der „religiöse Glaube" ihres Mannes in einen bloß „wissenschaftlichen Glauben" verkehrt. Daher ihre zweite Feststellung:

Beeinflußt nicht die Gewohnheit wissenschaftlichen Denkens Deinen Geist in anderen Dingen, die sich nicht beweisen lassen, zu stark? Bei dieser Anfrage geht sie davon aus, daß es Gegebenheiten gibt, denen mit rein naturwissenschaftlichem Denken nicht beizukommen ist. Um welche Gegebenheiten geht es hier? Werfen wir ein Auge auf die von der Naturwissenschaft exakt formulierten Gesetze. Entstammen diese dem menschlichen Gehirn, oder sind sie in der uns umgebenden Natur grundgelegt? Sollten sie ein Produkt menschlichen Denkens sein, dann ist nicht einzusehen, warum die Natur ihnen folgen sollte. Man denke hier beispielsweise an den Bauplan, nach dem sich ein Organismus gestaltet. Allem Anschein nach gehören die Gesetze, die das Verhalten der Materie lenken, zur Natur selbst. Da aber das Gesetz etwas Nicht-Materielles, etwas Geistiges ist, hat die Natur immer schon eine nicht-materielle, das heißt eine geistige Prägung.[1] Wie denken wir über diese geistigen Elemente, die die ganze Natur durchdringen und die mit Sicherheit nichts Materielles sind? Hierzu kann die Naturwissenschaft letztlich *nichts* sagen. Es ist ihr weder eine positive noch negative Aussage möglich. Denn hier geht es nicht mehr um eine naturwissenschaftliche, sondern um eine weltanschauliche Frage. Die Antwort, die wir geben, hängt in jedem Fall von jenem weltanschaulichen Horizont ab, in dem der Gefragte persönlich steht. Ein ungläubiger Mensch wird sagen: Alle Entwicklungsvorgänge, alle Lebewesen und auch der Mensch sind Produkte des Zufalls. Der gläubige Mensch hingegen wird aufgrund der geistigen Elemente darin eine göttliche Schöpfung erkennen. Dabei entspricht es durchaus seinem Schöpfungsglauben, „daß Gott nicht erschafft, was durch Entwicklung werden kann ..., daß die Geschöpfe erst durch Entwicklung und Geschichte werden, was sie nach dem Schöpfungswillen sein sollen" (H. Volk). Doch kann *keine* der beiden Richtungen „Beweise" für ihre Überzeugung liefern. Dies gilt in noch höherem Maß hinsichtlich der Frage, warum überhaupt Seiendes ist und nicht vielmehr Nichts. Auch sie kann nur weltanschaulich beantwortet werden. Von hier aus können wir verstehen, warum es nicht wenige namhafte Naturforscher gegeben hat und gibt, die sich nicht nur dem wissenschaftlichen Denken verpflichtet wissen, sondern darüber hinaus tief gläubige Menschen sind. Man denke an den Astronomen Johannes Kepler (1571–1630), der sein Hauptwerk „Weltharmonik in fünf Büchern" mit einem Gebet schließt, in dem es heißt: „Dir sage ich Dank, Herrgott, unser Schöpfer, daß Du mich die Schönheit schauen läßt in Deinem Schöpfungswerk ... Siehe, ich habe das Werk vollendet, zu dem ich mich berufen fühlte; ich habe mit dem Talent gewuchert, das Du mir gegeben hast." Oder erwägen wir die Worte des Raketenkonstrukteurs Wernher von Braun (geb. 1912): „Der Pfarrer, der Sonntag für Sonntag in glühender Sonne seine Gemeindemitglieder sammelte und mit seinem alten Bus zur Kirche brachte, hatte mich gelehrt: Zum Glauben gehören Disziplin und Beständigkeit. Ich begann zu beten, zu ganz bestimmten Stunden, nicht nur im Augenblick der Krise, wenn ich das Knöpfchen drückte – stundenlang ritt ich hinaus in die Wüste unter der glühenden Texassonne, war allein und betete. – Unser Zeitalter der Raumflüge und der Atomspaltungen fordert eine hohe Verantwortung von jedem einzelnen. Wir haben allen Grund zu beten, daß Gott uns die Kraft schenke, dieser Verantwortung gerecht zu werden. Beten wir wirklich um diese Kraft und diesen Geist? Ich will es weiterhin versuchen!" Wie sehr wir heutzutage in der Gefahr stehen, den „religiösen Glauben" in einen „wissenschaftlichen Glauben" aufzulösen, zeigen uns die mit vielen Vorurteilen und Vorentscheidungen besetzten Ausführungen von Theo Löbsack in seinem Buch „Die Biologie und der liebe Gott". Zitieren wir daraus nur zwei Sätze: „Das, was die Kirche unter ‚Erlösung' versteht, sollte ersetzt werden von dem Bemühen um ein inneres Gleichgewicht. Das Bittgebet, das nur sinnvoll wäre, wenn ein persönlicher, allmächtiger Gott es vernehmen könnte, sollte abgelöst werden durch Selbsterkenntnis und Praktiken, die eine persönliche Verantwortung und humanistisches Streben fördern."[2]

Wie aber kommen wir zur religiösen Überzeugung von der Existenz des Göttlichen? Wir wollen hier vor allem zwei Quellen nennen, aus denen unsere religiöse Überzeugung gespeist wird. Die eine ist die unbegreifliche Weisheit, die sich in der Natur offenbart. Denken wir nur an die Konstruktion, durch die das Wasser von den Wurzeln eines Baumes bis in seine höchsten Spitzen befördert wird, an die Konstruktion einer Vogelfeder oder die Konstruktion des Auges. Die andere Quelle ist Gottes Selbstmitteilung, die die Heiligen Schriften bezeugen.

Diesen beiden Offenbarungsquellen entsprechen die zwei Hauptfähigkeiten des Menschen: die Fähigkeit zu erkennen und die Fähigkeit zu lieben. Während jedoch Gott in seiner unergründlichen Weisheit als der Ferne erscheint und für das menschliche Erkennen unerreichbar bleibt, ist er durch seine Menschwerdung in unsere Nähe gekommen, um sich vom liebenden Herzen erfassen zu lassen. Während also Gott für die Fähigkeit zu erkennen unbegreiflich bleibt, wird er doch erreichbar für die Fähigkeit zu lieben. „Auf den ersten Blick könnte dies seltsam scheinen, aber diese Wahrheit läßt die Gerechtigkeit Gottes ahnen, die für alle dasein will. Wäre Gott nur dem Verstand zugänglich, dann wäre er etwas für die Schlauen, die Gelehrten, die Großen, unbegreiflich aber für die Dummen, die Armen, die Kleinen. So aber ist es nicht, so gerade nicht. Gott offenbart sich in der Liebe, gerade in jener Fähigkeit, in der wir alle gleich sind. Der Direktor liebt nicht anders als der Proletarier, der Gebildete nicht anders als der Ungebildete. Ja, der Liebende steht der Wahrheit näher als der Erkennende: ‚Ich preise dich, Vater, Herr des Himmels und der Erde, weil du all das den Weisen und Klugen verborgen, aber den Unmündigen offenbart hast‘ (Mt 11,25).“[3] Hier können wir die dritte Feststellung von Emma Darwin verstehen, wenn sie ihrem Mann schreibt: Es ist gefährlich, die Vorstellung von der Offenbarung aufzugeben und damit in Undankbarkeit etwas von sich zu weisen, was für unser Heil und auch für dasjenige der ganzen Welt getan wurde.

Aus all dem ergibt sich nun die vierte Feststellung: Das sollte Dich vorsichtiger machen und Dich sogar fürchten lassen, Du habest Dich nicht genug um die Wahrheit bemüht. Es gibt ja nicht nur die naturwissenschaftliche Wahrheit; es gibt auch die religiöse Wahrheit; es gibt vor allem den, der von sich selbst sagte: „Ich bin der Weg, die Wahrheit und das Leben.“ Während die einfachen Menschen ihn anerkannten, lehnten ihn die Intellektuellen seiner Zeit vielfach ab. Sie wußten mit ihm nichts anzufangen. Überheblichkeit und Selbstsicherheit versperrten ihnen den Blick für die eigentliche Wahrheit. Davor möchte Emma Darwin ihren Mann bewahren. Sie weiß offenbar, daß die Wahrheit des Evangeliums nur den einfachen, behutsamen und demütigen Menschen geschenkt wird. Wer nicht die Einfachheit, die Unschuld und das Vertrauen eines kindlichen Herzens hat, schließt sich selbst von ihr aus. – Emma Darwin stand in dieser Wahrheit. Davon gibt nicht nur die liebenswürdige Art ihres Briefes Zeugnis, sondern auch seine Wirkung. Emma Darwin war für ihren Mann ein Licht. „Christen sollen Lichter sein, die man sieht, Lichter, die wärmen, und Lichter, die anderen den Weg weisen“ (William Barclay).

Ihr seid das Licht der Welt. Eine Stadt, die auf dem Berge liegt, kann nicht verborgen bleiben. Auch zündet man nicht ein Licht an und stellt es unter den Scheffel, sondern auf den Leuchter, dann leuchtet es allen, die im Hause sind. So soll euer Licht leuchten vor den Menschen, damit sie eure guten Werke sehen und euren Vater im Himmel preisen.
Mattäus 5,14–16

6 Nur mit dem Herzen sieht man gut

A. Flew: Es muß einen Gärtner geben
Joh 20,24–29

Zwei Forschungsreisende kamen einmal zu einer Lichtung im Dschungel. Weil dort viele Blumen und Kräuter wuchsen, sagte der eine von ihnen: „Es muß einen Gärtner geben, der dieses Stück Land bebaut." Doch der andere widersprach ihm: „Es gibt keinen Gärtner." Um herauszufinden, wer von ihnen im Recht sei, schlugen sie ihre Zelte auf und überwachten die Lichtung. Doch kein Gärtner ließ sich sehen. Da aber noch die Möglichkeit bestand, daß es sich um einen unsichtbaren Gärtner handelte, zogen sie einen Zaun aus Stacheldraht, den sie unter Strom setzten und mit Spürhunden abschritten. Dennoch vernahmen sie weder einen Schrei, noch geriet der Draht durch einen Unsichtbaren in Bewegung. Auch die Spürhunde schlugen niemals an. Selbst das vermochte den Gläubigen noch nicht zu überzeugen. „Es gibt doch einen Gärtner, unsichtbar, unberührbar, unempfindlich gegen elektrische Schläge, einen Gärtner, der keine Spur hinterläßt und keinen Laut von sich gibt, der aber heimlich kommt und sich um den Garten kümmert, den er liebt." Der Skeptiker hielt ihm jedoch verzweifelt entgegen: „Was ist denn eigentlich von deiner ursprünglichen Behauptung übriggeblieben? Wie unterscheidet sich denn dein unsichtbarer, unberührbarer, ewig unbegreifbarer Gärtner von einem eingebildeten oder gar von überhaupt keinem Gärtner?"

Vgl. A. Flew, in: P. M. van Buren, Reden von Gott – in der Sprache der Welt, Zur säkularen Bedeutung des Evangeliums, Theologischer Verlag, Zürich 1965, S. 8 f.

Diese Szene ist für manch einen ein Bild und Gleichnis, den Glauben an einen Schöpfergott als ein Machwerk des noch unaufgeklärten Menschen zu entlarven. Während der eine der beiden Forschungsreisenden in der Anordnung der vielen Blumen und Kräuter die Hand eines Gärtners am Werk sieht, widerspricht ihm der andere von vornherein, indem er kategorisch erklärt: „Es gibt keinen Gärtner!" In ähnlicher Weise sind nicht wenige Menschen angesichts der erkennbaren Ordnung, die sich in der Natur und im Weltall entdecken läßt, der

Überzeugung, daß es einen Schöpfergott geben muß. Andere lehnen einen solchen Gedanken entschieden ab, wobei sie auf ihre wissenschaftlichen Methoden verweisen, die bislang trotz ihrer Exaktheit noch keinen Schöpfergott zum Vorschein gebracht haben. Während also der ‚Glaubensmensch' in der sichtbaren Ordnung die Existenz eines unsichtbaren Urhebers erahnt, geht der ‚Erkenntnismensch' von der Tatsache aus, daß dieser Urheber mit wissenschaftlichen Methoden nicht nachprüfbar ist. Deshalb hält er die Rede von dem unsichtbaren, unberührbaren, ewig unbegreifbaren Gott für eine naive Einbildung.

Es ist zunächst wahr, daß für die wissenschaftliche Methode Gott nicht existiert. Welcher Art wäre dieser Gott, den man überwachen und überprüfen könnte oder der sich vom Menschen wie ein Stück Wild aus seiner Unsichtbarkeit herauslocken ließe? Wir können Gott nicht in ein Experiment einspannen, um von seinem Ausgang unsere Entscheidung abhängig machen zu wollen. Sonst wäre Gott nichts anderes als ein Objekt, das der Willkür des Menschen ausgeliefert ist. Wer sich Gott so zu nähern sucht, verbaut sich selbst von vornherein den Weg zu ihm. Auf diese Weise kommen wir nicht einmal an das Geheimnis eines Menschen heran. Wieviel weniger wird es uns dann gelingen, mit dieser Einstellung dem Geheimnis Gottes zu begegnen! Wer kennt denn beispielsweise ein Kind wirklich? Der Mediziner, der es mit allen ihm zur Verfügung stehenden Methoden untersucht und seine Diagnose stellt? Der Lehrer und Erzieher, der sich über dessen Leistung, Veranlagung, über Willenskraft und Gemütsreichtum im klaren ist? Der Psychologe, der bis in die letzten Winkel den Regungen der kindlichen Seele nachgegangen ist? Oder aber eine einfache und schlichte Frau, die von all dem keine Ahnung hat, die aber ihr Kind wirklich liebt und es von Herzen gern hat? Selbstverständlich kann eine solche Frau viel von den Fachleuten lernen. Aber sie hat ihnen das eine voraus: sie glaubt an ihr Kind und liebt es. Daraus erwächst ihr eine Kenntnis, die ihr kein Studium vermitteln kann. Es gibt also Wirklichkeiten, die nicht mit dem bloßen Intellekt wahrzunehmen sind, sondern sich nur dem glaubenden und liebenden Herzen vermitteln. Daher sagt im ‚Märchen für Erwachsene' von Antoine de Saint-Exupéry der Fuchs dem kleinen Prinzen beim Abschied: „Adieu, hier ist mein Geheimnis, das ganz einfach ist: Man sieht nur mit dem Herzen gut. Das Wesentliche ist für die Augen unsichtbar."[1]

So ist es nicht nur hinsichtlich des personalen Geheimnisses eines Menschen; so ist es vor allem hinsichtlich des Geheimnisses, das wir gläubig ‚Gott' zu nennen wagen. Darauf macht uns der französische Philosoph Blaise Pascal (1623–1662) in seinem klassischen Werk ‚Gedanken' aufmerksam: „Das Herz hat seine Vernunft, die der Verstand nicht kennt. Das weiß man aus tausend Beispielen." Wenig später heißt es weiter: „Es ist das Herz, das Gott fühlt, nicht der Verstand. Das ist Glaube: Gott dem Herzen fühlbar, nicht dem Verstand."[2] Damit wird gesagt, daß Glauben die dem Geheimnis entsprechende Haltung ist. Das einzusehen ist wahre Weisheit. Deshalb sagt die Schrift: „Es spricht der *Tor*: es ist kein Gott." Aber bleiben wir noch für einen Augenblick bei dem Satz von Pascal: „Es ist das Herz, das Gott fühlt." Er führt uns nämlich unmittelbar zu einer Aussage, die für alle Gotteserkenntnis und Gotteserfahrung die notwendigste Voraussetzung ist. Wir meinen das Wort Jesu:

„Wohl denen, die ein reines Herz haben; denn sie werden Gott sehen" (Mt 5,8). Dieses Wort gilt schon jetzt – nicht erst für das Leben in der Ewigkeit. Was aber bedeutet das: „ein reines Herz haben"? Es bedeutet, daß unser Auge die tieferen Dinge des Daseins nur vom freien Herzen her zu sehen vermag, von einem Herzen her, in dem nicht die Selbstsucht in ihren vielfältigen Ausprägungen wohnt, sondern die geordnete Liebe. Wer ein solches Herz hat, der erkennt in allen Dingen den, der ihr Schöpfer ist. Sobald aber der Blick, der aus einem solchen Herzen stammt, auf Jesus fällt, erkennt er in ihm Gott selbst, den also, der der Inbegriff aller Liebe ist. Das verdeutlicht sich uns, wenn wir einen Blick auf die biblische Erzählung vom ‚ungläubigen Tomas' werfen.

Diese Erzählung läßt an zwei Stellen Ähnlichkeiten mit jener ‚Dschungel-Geschichte' erkennen. Wie dort geht es auch hier um Glauben oder Unglauben: die Jünger stehen für den ‚Glaubensmenschen', während in Tomas der ‚Erkenntnismensch' zum Vorschein kommt. Dort wird ein Zaun gezogen, um das Eindringen eines Unsichtbaren zu verhindern; hier ist eine verschlossene Tür, die eine Begegnung mit dem Herrn auszuschließen scheint. Daß aber zwischen diesen beiden Geschichten ein wesentlicher Unterschied besteht, zeigt ihr jeweiliger Ausgang: Aus dem ungläubigen Tomas wird ein gläubiger Nachfolger des Herrn. Wie ist es dazu gekommen? Tomas ist von Zweifeln umschlossen. Deshalb sucht er eine Bestätigung durch Sehen und Fühlen. Als die Jünger ihm erzählen, was sie mit Jesus erlebt haben, erwidert er ihnen: „Wenn ich an seinen Händen nicht die Nagelwunden sehe und wenn ich meine Finger nicht in die Nagelwunden und meine Hand nicht in seine Seite lege, glaube ich nicht." Doch dieser Unglaube – es ist sehr wichtig, dies festzustellen – ist frei von aller überheblicher Selbstsicherheit, mit der sich nicht wenige Ungläubige der Wirklichkeit des Glaubens zu entziehen suchen. Tomas möchte sich ja gerade nicht entziehen. Vielmehr sucht er die Begegnung mit dem Herrn. Aber er will redlich bleiben. Er will sehen und fühlen, weil die Mitteilung der Jünger, der Herr sei bei verschlossenen Türen gekommen, auch auf Einbildung beruhen kann. Das Wort allein genügt ihm nicht. „Er will nur glauben, wenn die Gegenwart des Auferstandenen eine *Realität* ist und wenn es ihm nicht bloß um ‚Gedanken' und ‚Geist' geht" (Helmut Thielicke). Weil er ein Suchender ist, weiß Jesus um ihn. Erneut kommt er durch die verschlossene Tür und wendet ihm seine ganze Aufmerksamkeit zu. Er läßt sich zum Zweifler hinab und holt ihn ab, wo er steht. So öffnet Jesus die verschlossene Herzenstür des Ungläubigen. Davon wird Tomas überwältigt. „Mein Herr und mein Gott!" – das ist alles, was er jetzt noch sagen kann. Dieser Ausruf ist keineswegs eine sachliche Feststellung, wie sie einer nüchternen Sinneserkenntnis eigentümlich ist. Wir haben hier das kürzeste und persönlichste Glaubensbekenntnis, das als solches nur aus einer tiefen Herzenserkenntnis formuliert werden kann.

Ist dieser Weg, den Jesus hier geht, nicht auch der Weg, den der Gläubige zu gehen hat, um einen Ungläubigen von der lebensverändernden Kraft des Glaubens zu überzeugen? Wir treffen zum Beispiel mit einem zusammen, der vom Glauben nichts hält. Aber er ist voller Angst und Unfrieden. Wie wenig nützt es, wenn wir mit ihm über das Wesen des Glaubens diskutieren und theoretisieren. Wäre es nicht weitaus besser, wir würden ihm schlicht und einfach *erzählen*, wie sich unser ganzes Leben wandelt, wenn es sich Jesus öffnet. Die Bibel selbst tut doch nichts anderes. Sie ist, wie Martin Buber sagt, eine „erzählte Gotteslehre". So sollten auch wir von unseren Gottes- und Glaubenserfahrungen erzählen, die uns zu einem persönlichen Gottesverhältnis führten, das – wenn es echt ist – allen Mächten dieser Welt standzuhalten vermag. „Der Gott, der von der Erfahrung aus gesehen wird, ist also nicht der systemhafte, dogmatische, wißbare Allerweltsgott für jedermann lernbar und bekannt, für alle Zeiten gleich und anerkannt wie ein logisches Prinzip –, sondern er ist zunächst ein ‚Augenblicksgott' (M. Buber), aber real und bedrängend; er ist zunächst ‚mein Gott', von dem ich begründet, auf Grund meiner Erfahrung, also echt sagen kann: ‚Mein Hirt ist Gott der Herr' oder auch ‚Mein Gott, warum hast du mich verlassen?' ... Erfahrung kann nicht bewiesen werden, sondern nur bezeugt und erhellt, bescheidener gesagt: erzählt und geglaubt. Der Gott, der aus und an der Welterfahrung erkannt wird, ist nicht beweisbar wie ein Prinzip; er wird bezeugt und ausgerufen – und ich muß mit meiner Person für ihn einstehen, anstatt nur Argumente für sich sprechen zu lassen ... Die Evidenz dieses Gottes liegt im Leben der ihn Bekennenden."[3] Sie liegt in der Wegrichtung, in welcher Jesus zu den Menschen gegangen ist. Sein Weg geht immer nach unten.

Tomas aber, einer von den Zwölfen, Zwilling genannt, war nicht unter ihnen, als Jesus kam. Die Jünger sagten ihm nun: „Wir haben den Herrn gesehen." Er aber sprach zu ihnen: „Wenn ich nicht an seinen Händen das Mal der Nägel sehe und meinen Finger in das Mal der Nägel lege und meine Hand in seine Seite lege, so werde ich nimmermehr glauben." Und nach acht Tagen waren seine Jünger wiederum drinnen und Tomas unter ihnen. Da kommt Jesus bei verschlossenen Türen, trat in ihre Mitte und sagte: „Friede sei mit euch." Dann sagte er zu Tomas: „Tu deinen Finger hierher, und sieh meine Hände an, und tu deine Hand her, und lege sie in meine Seite, und sei nicht ungläubig, sondern gläubig." Tomas antwortete und sagte zu ihm: „Mein Herr und mein Gott." Jesus sagte zu ihm: „Weil du mich gesehen hast, hast du geglaubt. Selig, die nicht sehen und doch glauben."
Johannes 20,24–29

7 Glauben Sie an Gott?

C. Zuckmayer: Des Teufels General
Röm 11,33–36

Im Drama „Des Teufels General" von Carl Zuckmayer ist General Harras die zentrale Figur. Von Anfang an hat er sich der Fliegerei verschrieben. Den Nationalsozialismus, in dessen Diensten er steht, lehnt er als ein teuflisches System instinktiv ab. Doch ist er in seinem Kern zu weich, um sich für die Seite der Widerstandskämpfer zu entscheiden. – Eines Tages spricht sein verwundeter Fliegeroffizier Hartmann bei ihm vor. Hartmann war anfangs ein ‚gläubiger' Nationalsozialist gewesen. Erst als er zusehen mußte, wie die SS ein Ghetto ‚durchkämmte', gingen ihm die Augen auf. In letzter Stunde tritt er dem Kreis der Widerstandskämpfer bei.

Im Gespräch, das beide miteinander führen, sagt der junge Fliegeroffizier zum General: „Ich möchte Sie etwas fragen. Vielleicht werden Sie mich auslachen. Glauben Sie an Gott?" Nach einer langen Überlegungspause antwortet ihm der General: „Ich weiß es nicht. Er ist mir nicht begegnet. Aber das lag an mir. Ich wollte ihm nicht begegnen. Er hätte mich – vor Entscheidungen gestellt, – denen ich ausweichen wollte. Ich habe an das Erdenkbare und an das Erkennbare geglaubt. An das, was man prüfen, entdecken kann. Aber die größte Findung aller Zeiten habe ich nicht erkannt. Sie heißt Gott ... Ich kenne ihn nicht. Aber ich kenne den Teufel. Den habe ich gesehen – Aug in Auge. Drum weiß ich, daß es Gott geben muß ..."

Hartmann hofft, auf einem näherliegenden Weg weiterzukommen. Deshalb fragt er den General: „Haben Sie gebetet?" „Ich glaube ja. Wenn ich sehr glücklich war", erwidert der General. „Dann muß er Ihnen doch begegnet sein!" fährt der Fliegeroffizier fort. „Die meisten beten nur, wenn sie Angst haben." Der General: „Ich weiß es nicht. Ich habe seine Hand nicht ergriffen. Ich habe – die andere gewählt. Du aber, – wenn du mich fragst –, du darfst ihm vertrauen." „Es ist sehr schwer", entgegnet ihm Hartmann. Der General bestätigt es ihm: „Es war wohl immer schwer – für jeden, der gefragt hat. Für euch ist es am schwersten ... Ihr seid in den Tag geboren, mit dem das Recht zerbrach.

Aber glauben Sie mir – es gibt ein Recht. Es gibt einen Ausgleich ... Es schlüpft kein Aal durchs Netz. Und auf den großen Fischzug folgt das große Fest. Glauben Sie, Hartmann – glauben Sie getrost an das göttliche Recht! Es wird Sie nicht betrügen."

Vgl. Carl Zuckmayer, Des Teufels General, Fischer Taschenbuch Verlag Nr. 7019, Frankfurt a.M. 1973, S. 140f.

Es wird heute oft genug erklärt, der Mensch sei nichts anderes als ein Produkt seiner Umwelt, der gesellschaftlichen Verhältnisse. Wie aber ist es möglich, daß sich immer wieder Menschen gegen das Unrecht in ihrer Umwelt erheben? Wir können es nur so erklären, daß der Mensch als einmalige und unwiederholbare Person dem unbedingt Wahren und Guten zugeordnet ist. Solange der Mensch nicht völlig aus dieser Zuordnung herausfällt, behält er ein Gespür für das, was eigentlich sein sollte. Je mehr er sich jedoch selbst verliert, um so weniger vermag er das Rechte vom Unrechten zu unterscheiden. Indem er sich nicht mehr von seiner Wesensmitte her bestimmt, verfällt er den Einflüssen seiner Umwelt. Die Suche nach der eigenen Identität eröffnet denn auch den Raum, in dem ein wirkliches Glaubensgespräch möglich wird. Das macht die Unterredung zwischen dem General und seinem jungen Fliegeroffizier im Drama „Des Teufels General" von Carl Zuckmayer deutlich.

Im General und dem Fliegeroffizier stehen sich zwei unterschiedliche Persönlichkeiten gegenüber. Der Fliegeroffizier war ein ‚gläubiger' Anhänger eines Systems, von dem er sich das Heil versprach. Als ihm die Augen geöffnet wurden, zögert er nicht, auf die Seite des Widerstandes zu treten. Wo aber sollte für ihn nach dieser Enttäuschung das Heil zu finden sein? Diese Frage läßt ihn Ausschau halten nach Gott. Die Ungewißheit jedoch, die solch einem Suchen innewohnt, führt ihn zum General. Der General ist offensichtlich kein Mann der Entscheidungen. Wo er sich wirklich entscheiden müßte, weicht er aus. Das zeigt sich hinsichtlich seines Verhaltens gegenüber jenem teuflischen System, in dessen Dienst er steht. Obwohl er es durchschaut und innerlich instinktiv ablehnt, findet er nicht den Mut, auf die Seite des Rechtes zu treten. So wächst er nicht über das Mitläufertum hinaus. Diese Unentschlossenheit offenbart sich auch in seinem Verhältnis zu Gott. Weil er sich bewußt ist, daß Gott ihn vor Entscheidungen stellen wird, weicht er einer Begegnung mit ihm aus, indem er sich an das Nächstliegende, das Erdenkbare und Erkennbare hält. Er flüchtet in das, was man nachprüfen kann, aber nicht vor die Entscheidung, die Konsequenzen mit sich bringt, stellt. Daher antwortet er auf die Frage, ob er an Gott glaube: „Ich weiß es nicht. Er ist mir nicht begegnet. Aber das lag an mir. Ich wollte ihm nicht begegnen ... Ich kenne ihn nicht.“ Dem Fliegeroffizier hingegen empfiehlt er, Gott und seinem Recht zu vertrauen, obwohl dies sehr schwer sei. Hier zeigt sich, daß es leichter ist, anderen Menschen beizubringen, wie man handeln sollte, als einer dieser Menschen zu sein und der eigenen Lehre zu folgen.

Das Bekenntnis des Generals macht uns auf etwas sehr Wichtiges aufmerksam: Wer Gott begegnen und ihn erkennen will, darf den Entscheidungen, vor die ihn Gott durch das Leben stellt, nicht ausweichen. Nur wer Gottes Hand, die er uns in den konkreten Situationen des Lebens entgegenstreckt, ergreift, kann ihm begegnen. Das heißt: alle wirkliche Gotteserkenntnis erwächst aus der Glaubensentscheidung, die im Vertrauen vollzogen wird, daß Gott und sein Recht den Glaubenden nicht betrügen werden. Mit einer solchen Entscheidung ist der Mensch immer allein, genauso wie er im Sterben allein sein wird. Denn immer ist es der einzelne, den Gott anspricht, um ihm die Hand zu reichen. Ja, erst im Angesprochenwerden durch Gott wird der Mensch zum einzelnen, der sich deutlichen Angesichts von allen anderen unterscheidet. Unter diesem Gesichtspunkt steht immer nur der einzelne vor Gott, weil es immer nur der einzelne ist, den Gott ruft, um ihn von seinen bisherigen Bindungen zu befreien. Das erinnert uns an Mose auf dem Berg. Während das ‚goldene Kalb‘ – wie vielgestaltig kann es sein! – die Masse des Volkes blendet und gefangenhält, steht Mose als Einzelner und Einsamer auf der Spitze des Berges vor Gott. Erst im Alleinsein auf dem Berg wird Mose im Angesichte Gottes ganz er selbst. Vor solchem Alleinsein, welches das Wesen einer jeden Entscheidung des Menschen vor seinem Gott ist, fürchtet sich der Mensch. Deshalb klammert er sich an das Erdenkbare und Erkennbare, an das, was man nachprüfen kann. So flieht er nicht nur vor Gott, sondern auch vor sich selbst. „Er schlägt die Augen nieder ... er geht in Deckung. In dieser Deckung will er seine Entscheidung fällen. Oder richtiger: durch diese Deckung will er seine Unentschiedenheit rechtfertigen. ‚Die Füchse haben ihre Höhlen, die Vögel ihr Nest‘ (Lk 9,58): das ist der Mensch – schlau wie der Fuchs, wenn es gilt, sich in die Erde einzugraben, sich in die Löcher zu verkriechen, und emsig ängstlich bemüht wie der Vogel, wenn es ihm darum geht, sich einzunisten.“[1] Daher ist Gott das Schwert, das scheidet, das zur Entscheidung führt. Weil aber keiner vorausschauen kann, welche Konsequenzen eine solche Glaubensentscheidung mit sich bringt, weil sich Gott nur im bedingungslosen Tun seines Willens als der tragende und bergende offenbart, deshalb ist Glaube zu allen Zeiten schwer gewesen. Von hieraus verstehen wir Augustinus, der sagt: „Suche also nicht zu verstehen, um (dann) zu glauben, sondern glaube, damit du (so) verstehest." Ein solcher Entschluß kann selbstverständlich kein einmaliger sein. Da der Glaube nie ein fester Besitz ist, muß er täglich neu gewagt werden. Wer immer wieder bereit ist, sich von Gott in den Engpaß der Entscheidung hineinrufen zu lassen, dem eröffnet sich eine neue Welt, das Reich Gottes, das ihm hundertfach wiedergibt, was er verlassen hat. „Inwiefern hundertfach? Weil er jetzt in allem Begegnenden Gott findet, auch wenn das Begegnende widrig ist, auch wenn es kreuzigt, weil die Liebe Gottes alles verantwortet, alles darreicht, sobald einer glaubt, die Wahl erwidert, mit der er erwählt ist."[2] So wandelt sich die fragende Ungewißheit in fragendes Staunen.

O Tiefe des Reichtums und der Weisheit und der Erkenntnis Gottes! Wie unerforschlich sind seine Entscheidungen und wie unaufspürbar seine Wege! Denn wer hat den Sinn des Herrn erkannt? Oder wer ist sein Ratgeber gewesen? Oder wer hat ihm zuerst gegeben, daß er es ihm vergelten müßte? Denn aus ihm und durch ihn und für ihn ist alles. Ihm sei Ehre in Ewigkeit! Amen.
Römer 11,33–36

8 Warum glauben Sie an Gott?

David Ben Gurion und Martin Buber
Joh 16,23–28

Der frühere israelische Ministerpräsident David Ben Gurion (1886–1973) gab einmal einen Empfang, zu dem auch der Religionsphilosoph Martin Buber (1878–1965) geladen war. Bei dieser Gelegenheit fragte ihn der Regierungschef: „Professor Buber, warum glauben Sie eigentlich an Gott?“ Buber erwiderte ihm: „Wenn es ein Gott wäre, von dem man reden kann, dann würde ich auch nicht glauben. Weil es aber ein Gott ist, zu dem man reden kann, darum glaube ich an ihn.“

Um die Antwort des Religionsphilosophen tiefer zu verstehen, greifen wir auf eines seiner Werke zurück, das den Titel „Ich und Du“ trägt. Darin ist die Rede von den menschlichen Grundworten, die nicht Einzelworte, sondern Wortpaare sind. Das eine Wortpaar lautet: „Ich – Es“, das andere: „Ich – Du“. Nehmen wir als Beispiel ein Haus. Solange ich dieses nur als Außenstehender betrachte, ist es für mich ein Es, ein Ding, ein Gegenstand, ein Objekt, zu dem ich keine persönliche Beziehung habe. Trete ich aber ein, versuche ich mich darin einzurichten, fühle ich mich darin wohl, dann wird es für mich in gewisser Weise zu einem Du, das irgendeinen Einfluß auf mich und mein alltägliches Leben nimmt. Weil ich mich in ihm geborgen fühle, kehre ich immer wieder gerne zurück. Um wieviel mehr gilt dies für eine vertraute Beziehung zu einem geliebten Menschen. Bevor ich ihn näherhin kennenlernen konnte, war auch er gewissermaßen ein bloßes Es, ein Objekt, über das ich ohne innere Anteilnahme so manches sprechen konnte. Seitdem er sich mir aber offenbarte, seitdem ich ihn in vielen persönlichen Gesprächen schätzen und lieben lernte, rede ich ganz anders von ihm. Nicht anders ist es mit unserem Verhältnis zu Gott. Wem Gott nicht viel oder gar nichts bedeutet, wer weder seinen Willen sucht noch erfüllt, für den ist auch er ein Es, ein namenloses Wesen, das ihm nichts sagt, über das man diskutieren kann, um sich dann bald wieder aktuelleren Themen zuzuwenden. Versucht man jedoch, sich auf jenes Geheimnis, das wir „Gott“ nennen, einzulassen, öffnet man sich seinem Wort und handelt danach, so wird man seine beglückende und befreiende Gegenwart erfahren dürfen. Aus dem Ich-Es-Verhältnis ist ein Ich-Du-Verhältnis geworden. Wo dies geschieht, da wird der Mensch aufgrund seines persönlichen Gottesverhältnisses spontan sprechen müssen, was der Psalmist mit folgenden Worten ausdrückt: „Ich will Dich lieben, Herr, meine Stärke, Herr, meine Felsenburg, mein Retter, mein Gott, mein Fels, auf den ich baue ... Ja, Du, Herr, bist mein Licht, Du erhellst mein Dunkel" (Ps 18,2f. 29). Ob es einen wahren Glauben gibt, der nicht von einer solchen Erfahrung getragen wird, die aus einem Ich-Du-Verhältnis zwischen Gott und dem Menschen erwächst? Übersehen wir aber nicht, daß auch Gott, wie jedes Du, wieder zu einem bloßen Es werden kann. Das ist der Fall, wenn wir uns nicht mehr dem Du zuwenden, um es immer wieder neu zu entdecken, sondern unsere eigenen Wege gehen.

Das Reden *mit* Gott ist nicht nur die Seele eines lebendigen Glaubens; es ist darüber hinaus die Seele einer überzeugenden Rede *von* Gott. Geht unserem Sprechen von Gott nicht das persönliche Gespräch mit Gott voraus, so werden unsere Worte unwahr. „Gott ist ja nicht vor allem ein Gegenstand unseres Fragens und Nachdenkens, der sich nicht rührt, sondern der lebendige ‚Mit-uns', der Schauende, Liebende, Rufende, Wartende, Schenkende, der uns trägt und führt, der sich uns immer mehr eröffnen und uns mit seiner Liebe erfüllen und sättigen will. Darum gehört zum Sprechen von Gott immer das Sprechen mit Gott."[1]

Das Sprechen mit Gott fällt dem heutigen Menschen sehr schwer. Wir haben Gott aus den Augen verloren. Wo ist er, fragen wir. Ist er oben oder unten, in der Höhe oder in der Tiefe? Ist er jenseits oder diesseits, in der Vergangenheit oder in der Zukunft? Wohin also sollen wir uns wenden, wenn wir beten? Könnte es aber nicht sein, daß uns Gott deshalb entschwunden ist, weil wir uns selbst entglitten sind? Muß nicht ein Mensch, der sich selbst verloren hat, konsequenterweise auch Gott verlieren? Müßte daher nicht dem Sprechen mit Gott das Sprechen des Menschen mit sich selbst vorausgehen? Man könnte dies Selbstbesinnung oder innere Sammlung nennen: „Wer bin ich – vor Gott?" Könnte uns diese Frage und ihre ehrliche Beantwortung nicht zu Bewußtsein bringen, daß das Schicksal jenes „verlorenen Sohnes", von dem Jesus in einem Gleichnis erzählt, unser eigenes Schicksal geworden ist? Dieser junge Mann sprach doch auch zuerst mit sich selbst, bevor er das Gespräch mit seinem Vater suchte: „Da begann er nachzudenken und sagte: Wie viele Tagelöhner meines Vaters haben mehr als genug zu essen, und ich komme hier vor Hunger um. Ich will zu meinem Vater gehen und zu ihm sagen: Vater, ich habe gegen Gott im Himmel und gegen dich gesündigt. Ich bin nicht mehr wert, dein Sohn zu sein; mach mich zu einem deiner Tagelöhner" (Lk 15,17–19). Solch ein ehrliches Gespräch mit sich selbst hilft dem Menschen seine bisherige unklare und verschwommene Situation präzis ins Auge und ins Wort zu fassen. Daraus erwächst uns die Energie, das aufrichtige Gespräch mit Gott zu suchen. Vom „verlorenen Sohn" heißt es am Ende des Gespräches mit sich selbst: „Dann brach er auf und ging zu seinem Vater." Was dann geschah, ist schnell erzählt: Der Vater sah ihn schon von weitem kommen und hatte Mitleid mit ihm. Er lief ihm entgegen, fiel ihm um den Hals und küßte ihn. Nachdem der Sohn ihm gesagt hatte, was er im Gespräch mit sich selbst formuliert hatte, tat der Vater, was der Sohn sich nicht einmal erträumt hatte. So ist Gott. Wo der Mensch im Bewußtsein seiner Armseligkeit und Hilfsbedürftigkeit den gleichen Weg geht und sich im kindlichen Vertrauen in die Hände Gottes legt, da wächst er über sich hinaus und verläßt die Einsamkeit seines Alleinseins. Welcher Mensch wäre denn stark genug, die Lasten des Lebens und die quälenden Sorgen ganz allein zu tragen, ohne dabei einen seelischen Schaden zu erleiden? Jeder Psychiater wird uns sagen, wie verhängnisvoll es für uns ist, wenn wir unsere Seelenqualen mit uns selbst herumschleppen, und wie heilsam, wenn wir jemand haben, dem wir unsere Sorgen und Ängste anvertrauen können. Sollten wir niemanden haben, dem wir uns mitteilen können, Gott ist immer für uns da.

Manch einer wird nun sagen: Wie oft habe ich schon gebetet, und es ist mir nicht geholfen worden! Mir scheint, es gibt einige Gründe, diese Aussage anzuzweifeln. Das Gebet hat immer eine Wirkung, selbst wenn diese anders ist, als wir sie uns zunächst erwünschten. Das verdeutlicht ein Text, der im Wartesaal eines Spitals von New York auf einer Bronzetafel zu lesen ist:

Herr, ich habe dich um Kraft gebeten, um Erfolg zu haben;
Du hast mich schwach werden lassen, damit ich gehorchen lerne.
Ich habe dich um Gesundheit gebeten, um große Dinge zu tun;
ich habe die Krankheit erhalten, um Besseres zu tun.
Ich habe dich um Reichtum gebeten, um glücklich zu sein;
ich habe die Armut erhalten, um weise zu sein.
Ich habe dich um Macht gebeten, um von den Menschen geschätzt zu werden;
ich habe die Ohnmacht erhalten, um Verlangen nach dir zu verspüren.
Ich habe dich um Freundschaft gebeten, um nicht allein leben zu müssen;

Du hast mir ein Herz gegeben, um alle meine Brüder zu lieben ...
Ich habe nichts gehabt von dem, was ich erbeten hatte;
ich habe alles gehabt, was ich erhofft hatte.
Fast gegen meinen Willen sind meine ungesagten Gebete erhört worden.
Ich bin der Beschenkteste aller Menschen.
Dank dir, Herr![2]

Das Gebet als Sprechen mit Gott ist ja ein Vorgang zwischen zwei Polen: der eine ist ganz klein und schwach – das menschliche Ich, das kaum die eigene Situation überblickt; der andere ist ganz groß und mächtig – das göttliche Du, das nicht nur meinen gegenwärtigen Augenblick, sondern das Ganze meines Lebens, vor allem aber mein ewiges Heil im Auge hat. Wenn ich also bete: „Erlöse mich von dem Bösen", wie kann ich wissen, was für mich wirklich böse und heilsam ist? Könnte es nicht sein, daß mir gerade das zum Heile dient, was ich als böse erachte, und das von mir erwünschte Gute gar nicht gut für mich ist? Dies einzusehen fällt uns oft sehr schwer. Auch die Jünger Jesu hatten damit ihre Not. Daher sagte der auferstandene Herr zu den beiden Weggenossen, mit denen er nach Emmaus ging: „Begreift ihr denn nicht? Wie schwer fällt es euch, alles zu glauben, was die Propheten gesagt haben! Mußte nicht der Messias all das erleiden und so in seine Herrlichkeit eingehen?" (Lk 24,25f.). Hier wird auch deutlich, wie wir die Zusage Jesu zu verstehen haben, daß jeder, der den Vater in seinem Namen bittet, auch empfängt, worum er bittet. Worum bitten wir denn in all unseren Gebeten? Geht es uns nicht immer um ein glückliches, unzerstörbares Leben? Dieses wird Gott dem ihn Bittenden „fast gegen seinen Willen" mit Gewißheit schenken. Erwarten wir es aber augenblicklich, so übersehen wir, daß der Weg zu jenem Leben der Kreuzweg ist. Wir wollen das Ziel, ohne den unbequemen Weg zum Ziel zu durchlaufen. – Aber noch etwas anderes ist hier wichtig. Wir vergessen sehr leicht, daß Gott der Vater aller Menschen ist. Daher darf der Betende nicht nur seine eigene Situation berücksichtigen; er muß auch um die anderen besorgt sein. Rücksichtnahme auf die anderen verwandelt und reinigt unser Beten, denn es ist doch durchaus möglich, daß unter gewissen Umständen den anderen zum Schaden sein kann, was ich für mich von Gott erbitte. Was wäre denn aus dem Heil der Menschen geworden, hätte der Vater im Himmel die Bitte Jesu am Ölberg erfüllt: „Vater, wenn du willst, nimm diesen Kelch von mir!"? Weil aber Jesus selbst in seiner Todesnot nicht nur auf sich schaute, sondern an alle Menschen dachte, gab er sich dem Willen seines Vaters frei. Unmittelbar fügte er seiner Bitte hinzu: „Aber nicht mein, sondern dein Wille geschehe" (Lk 22,42). Damit ist gesagt: erst vor dem Kreuz Christi werden alle unsere Bitten echt; nur vor seinem Kreuz stehend, können wir den Vater in seinem Namen bitten. „Indem wir (also) das, was uns bedrängt, was uns in Sorge verstrickt, uns unfrei und unfroh macht, indem wir unser Wünschen, Begehren, Wollen, Verlangen weder einfach in Aktion umsetzen noch bloß in uns selber herumtragen, sondern in Gebet umwandeln, vor Gott aussprechen und besprechen, gerät es in einen Maßstab hinein, der es mustert, richtet, reinigt. Der uns dazu zwingt, von einigem Abschied zu nehmen oder wenigstens es gelassen freizugeben."[3]

An jenem Tage werdet ihr mich nichts fragen. Wahrlich, wahrlich, ich sage euch: Wenn ihr den Vater um etwas bitten werdet, wird er es auch in meinem Namen geben. Bis jetzt habt ihr um nichts in meinem Namen gebeten. Bittet, und ihr werdet empfangen, damit eure Freude vollkommen sei. Dies habe ich in Bildern zu euch gesprochen. Es kommt die Stunde, da ich nicht mehr in Bildern zu euch sprechen, sondern euch unverhüllt vom Vater künden werde. An jenem Tage werdet ihr in meinem Namen bitten. Und ich sage nicht zu euch, daß ich den Vater für euch bitten werde. Denn der Vater selbst liebt euch, weil ihr mich geliebt und geglaubt habt, daß ich von Gott ausgegangen bin. Ich bin vom Vater ausgegangen und in die Welt gekommen. Nun verlasse ich die Welt wieder und gehe zum Vater.
Johannes 16,23–28

9 Dreimal wird der gute Mensch geboren

Das Wunder einer Geburt
Lk 18,1–8

Es ist gewiß nichts Weltbewegendes, was da von einem Mann in besten Jahren berichtet wird; aber für ihn selbst bedeutete es so etwas wie ein Erdrutsch in seinem Leben. Als junger Mensch, vor allem während seiner Studienzeit, hatte er seinen Glauben zunehmend verloren: „Ich lernte immer mehr und glaubte immer weniger." Gott war für ihn eine Erfindung von Menschen, um mit mancherlei Nöten fertigzuwerden.

Eines Tages kam etwas völlig Neues in sein Leben. Er erlebte das Wunder einer Geburt. Natürlich stand er auch früher schon vor neugeborenen Babys; aber diesmal handelte es sich um seine Tochter. Sie ging ihn so unmittelbar an, daß sich ihm die Frage nach Geburt und Leben neu stellte. Zwei Monate später starb seine Mutter. Sie starb gefaßt, stark im gläubigen Wissen, wohin ihr Weg ging.

„Ich fing an zu beten und machte die Erfahrung, daß bei jeder Gelegenheit Zeit für ein kurzes Gebet ist, beim Rasieren, beim Autofahren ... Ich lernte nur langsam. Doch irgendwie fand ich im Gebet meine Seele wieder." Er bat Gott nicht nur um Kleinigkeiten, sondern auch um den Glauben für die Ungläubigen, für die Armen, die Kranken, für die Behinderten, die Alten, die Einsamen. „Seitdem fühle ich mich nicht nur Gott, sondern auch ihnen allen verbunden. Ich lebe mit ihnen in einer großen Gemeinschaft."

Die Menschwerdung dieses Mannes beginnt mit dem Staunen. Es ist nicht der Verstand, sondern immer das Herz, das zum Staunen gelangt. Wir staunen über das Unbegreifliche, das uns überraschend heimsucht und sich unerwartet als überaus sinnvoll erweist. Deutlich spüren wir, daß der Grund dafür nicht in dieser Welt liegen kann. Wir erahnen, daß es ein überweltliches Geheimnis geben muß, das alles liebend und sorgend umfängt. Eine Lehrerin, so las ich unlängst, ließ einmal ihre kleinen Schülerinnen den Himmel malen. Eine von ihnen malte einen goldenen Thron, der von viel Licht umgeben war. Und unter dem Thron lag eine große Schachtel. Erstaunt fragte die Lehrerin, was denn in dieser Schachtel sei. „Darin ist wieder eine Schachtel, eine kleinere", erklärte die kleine Künstlerin. „Ja, und was ist dann in dieser zweiten Schachtel?“ fragte die Lehrerin mit zunehmendem Interesse. „Noch einmal eine Schachtel!“ sagte die Kleine. Als dann die Lehrerin nach dem Inhalt dieser dritten Schachtel forschte, da sagte das Mädchen: „Darin ist das Geheimnis!“ Josef Bommer, Professor an der Theologischen Fakultät Luzern, fügt dieser kleinen Begebenheit hinzu: „Kinder begreifen es, daß Gott und unser Leben voll sind von Geheimnissen, daß wir als Menschen immer wieder vor dem Geheimnis stehen.“ Vor ihm erscheinen uns all unsere eigenen Leistungen wie Spreu. Immer ist es also das Geheimnis, an dem sich das Staunen des Menschen entzündet. Bei jenem Mann war es das Wunder der Geburt seiner eigenen Tochter. Seine Verwunderung können wir verstehen, wenn wir bedenken, daß nicht das Fernste das größte Geheimnis ist, sondern das Nächste; denn je näher etwas auf uns zukommt, desto geheimnisvoller wird es für uns. Welches Kind aber ist Eltern näher als das eigene, vor allem wenn es ein neugeborenes ist.

Jede Geburt hebt den Menschen in eine größere, lichtvollere, reichhaltigere und schönere Welt hinein. Ich glaube nun, daß jeder heile Mensch dreimal geboren wird: einmal durch seine Mutter, durch die er in diese sichtbare Welt gelangt; das zweite Mal durch das geliebte Du, durch das sich ihm die Welt der Liebe erschließt, an deren Existenz er vorher vielleicht nicht glaubte; und das dritte Mal durch das gläubige Gebet, durch das er in die grenzenlose Welt Gottes gehoben wird. In ihr erlebt er staunend den Anflug jener Seligkeit, die der Apostel Paulus in das verheißungsvolle Wort zusammenfaßt: „Wir verkündigen, wie in der Schrift steht, was kein Auge gesehen und kein Ohr gehört hat, was keinem Menschen in den Sinn gekommen ist: wie Großes Gott denen bereitet hat, die ihn lieben“ (1 Kor 2,9). Darin liegt die Erfüllung jenes doppelten Urbedürfnisses, das jeder Mensch in sich trägt; denn in jedem lebt die Sehnsucht, im Unendlichen aufzugehen, und darüber hinaus der Wunsch, das Absolute in sich aufzunehmen. Wo dies betend geschieht, da atmet der Mensch auf; da ist er in seinen letzten Tiefen nicht mehr allein; da kommt Licht, Rat, Kraft und Trost in ihn hinein; da fühlt er sich wie neu geboren. Im guten Gebet vergißt der Mensch sich selbst; denn der Mittelpunkt seines Lebens liegt nicht mehr in ihm, sondern im Zentrum der Liebe seines Gottes. Und seltsam: in Gott ruhend, ist der Mensch ganz bei sich selbst. Das ist der Grund, weshalb der betende Mensch überaus viel verkraften kann. Da sein Ich im Du seines Gottes geborgen ist, ist es unzerstörbar. Ein junger Mann formulierte es auf seine Weise. Er sagte: „Für mich ist das Gebet so etwas wie ein Haken, den ich in den Himmel Gottes werfe.

Habe ich ihn dort fest gemacht, dann kann ich mich daran festhalten, wenn mir jemand die Welt unter den Füßen wegzieht."

Von hierher können wir verstehen, warum nicht wenige Menschen das Verlangen haben, wieder einmal gut zu beten. Aber sie wissen nicht, wie man beten soll. Sie gleichen jenem Jünger, der seinerzeit zu Jesus kam. Auffallend ist, daß er ihn nicht bat: „Herr, lehre *mich* beten!" Er sagte vielmehr: „Herr, lehre *uns* beten!" (Lk 11,1). Wie wir heute, so wußten auch die Jünger damals nicht recht, wie man beten soll. Man muß das Beten also lernen. Und man lernt es nur langsam, nicht von heute auf morgen. Daher seien hier drei Grundformen des Betens kurz vorgestellt. Sie alle beginnen damit, daß der Beter innerlich zur Ruhe findet, indem er sich in Gottes Gegenwart versetzt.

Ich denke zunächst an das *erzählende* Gebet. Was darunter zu verstehen ist, sagt uns die Bibel selbst. Sie berichtet, wie Jesus die Zwölf zu sich rief und sie zu je zweien aussandte. Dann heißt es: „Die Apostel versammelten sich wieder bei Jesus und erzählten ihm alles, was sie getan und gelernt hatten. Da sagte er zu ihnen: Kommt mit an einen einsamen Ort, wo wir allein sind, und ruht ein wenig aus! Denn die Leute, die kamen und gingen, waren so zahlreich, daß sie nicht einmal Zeit zum Essen fanden" (Mk 6,30-31). Ähnlich könnten wir es tun. Erzähle Gott, was du getan hast, erzähle ihm, was du erleben durftest: in deinem Leben, in deinen Ferien, in den Träumen während der Nacht, in den mitmenschlichen Begegnungen während des Tages. – Zu Beginn des ersten Buches Samuel ist die Rede von einer Frau namens Hanna. Da sie kinderlos war, wurde sie gedemütigt und gekränkt. Nachdem sie lange im Tempel gebetet hatte, sagte sie zum Hohenpriester Eli: „Ich habe dem Herrn mein Herz ausgeschüttet!" (1 Sam 1,15) Und ihr Gebet blieb nicht unerhört. Sie schenkte einem Sohn das Leben und nannte ihn Samuel. Dankbaren Herzens wandte sie sich an Gott und sagte: „Mein Herz ist voll Freude über den Herrn, große Kraft gibt mir der Herr" (1 Sam 2,1). Schütten auch wir vor dem Herrn unser oft kummervolles Herz aus, und er wird uns hören. So geschieht, was Karl Rahner rät: „Bete im Alltag; bete den Alltag!"

Darüber hinaus gibt es das *sprechende* Gebet. Und es ist gut, auch von dieser Gebetsform immer wieder Gebrauch zu machen; denn nicht immer haben wir die Kraft, erzählend bei Gott zu verweilen. Selbst den Heiligen erging es so. Daher raten sie uns, einfach die uns vertraut und teuer gewordenen Gebete langsam und nachdenklich zu sprechen. Entsprechend lesen wir im Schrifttum von Therese von Lisieux: „Wenn mein Geist sich zuweilen in so großer Trockenheit befindet, daß es mir unmöglich ist, daraus einen Gedanken zu ziehen, um mich mit Gott zu vereinigen, dann bete ich *sehr langsam* ein ‚Vaterunser' und dann den ‚Englischen Gruß'. Diese Gebete beflügeln mich; sie geben meiner Seele weit mehr Nahrung, als wenn ich sie überstürzt hundertmal heruntergesagt hätte" (MsC, 25 v). Oft genügte ihr sogar ein einziges Wort aus diesen Gebeten: „‚Vater unser im Himmel.' Wie trostreich ist dieses Wort; welch unendlichen Horizont eröffnet es unseren Augen" (LT 127). Hier zeigt sich, daß es beim Gebet nicht darauf ankommt, vor Gott etwas leisten zu wollen; denn Beten bedeutet: Ausruhen bei Gott. Einswerden mit ihm, um dann aus seiner Kraft zu leben.

Schließlich gibt es das *schweigende* Gebet. Jeder weiß, daß das glücklichste Beieinandersein, das Liebende erleben können, sich in einem gemeinsamen tiefen Schweigen vollzieht. Wen wundert es, wenn man uns sagt, solches Schweigen sei die Sprache des Himmels? Das tiefe Schweigen ist Ausdruck von Innerlichkeit. Darauf macht der dänische Philosoph Sören Kierkegaard innerhalb eines persönlichen Bekenntnisses aufmerksam. Er schreibt: „Als mein Gebet immer andächtiger und innerlicher wurde, da hatte ich immer weniger zu sagen. Zuletzt wurde ich ganz still. Ich wurde, was womöglich noch ein größerer Gegensatz zum Reden ist, ich wurde ein Hörer. Ich meinte zuerst, Beten sei Reden. Ich lernte aber, daß Beten nicht bloß Schweigen ist, sondern Hören. So ist es: Beten heißt nicht, sich selbst reden hören, beten heißt still werden und warten, bis der Betende Gott hört."[1] Je deutlicher er Gott vernimmt, um so lebendiger wird in ihm der Wunsch, sich in das Geheimnis seiner Liebe hineinzugeben, wie es ein Fluß tut, wenn er sich im Ozean verliert. Und indem er in seinem Beten die notleidende Welt mit sich führt, lebt er in der Tat in einer alle und alles umfassenden Gemeinschaft.

Übersehen wir jedoch das Folgende nicht: Alles Große in unserem Leben verlangt nach rhythmischer Wiederkehr, nach Regelmäßigkeit. Man denke nur an den Rhythmus des Lichtes im Wechsel von Tag und Nacht. Oder an den der Jahreszeiten im Wechsel von Blüte, Reife, Frucht und Ruhe. Oder an den Rhythmus von Einatmen und Ausatmen, von Schlafen und Wachen. Nur im rhythmischen Wechsel wächst und entfaltet sich das Leben. Dies gilt auch vom Beten. Nur derjenige, der es nicht dem Zufall überläßt, sondern in eine Ordnung fügt, wird erfahren, daß das Gebet eine Geburt ist, durch die wir zum eigentlichen Leben gelangen. Daher sagt Augustinus: „Wer recht zu beten weiß, der weiß auch recht zu leben." Ob damit nicht auch gesagt ist, daß nicht recht zu leben weiß, wer sich nicht um ein rechtes Beten bemüht?

Jesus sagte den Jüngern durch ein Gleichnis, daß sie immer beten und darin nicht nachlassen sollten: In einer Stadt lebte ein Richter, der Gott nicht fürchtete und keinen Menschen scheute. In der gleichen Stadt lebte auch eine Witwe, die immer wieder zu ihm kam und sagte: Verschafft mir Recht gegen meinen Feind! Lange wollte er nichts davon wissen. Dann aber sagte er sich: Ich fürchte zwar Gott nicht und nehme auch auf keinen Menschen Rücksicht; trotzdem will ich dieser Witwe zu ihrem Recht verhelfen, denn sie läßt mich nicht in Ruhe. Sonst kommt sie am Ende noch und schlägt mich ins Gesicht. Und der Herr fügte hinzu: Bedenkt, was der ungerechte Richter sagt. Sollte Gott seinen Auserwählten, die Tag und Nacht zu ihm schreien, nicht zu ihrem Recht verhelfen, sondern zögern? Ich sage euch: Er wird ihnen unverzüglich ihr Recht verschaffen. Wird jedoch der Menschensohn, wenn er kommt, auf der Erde noch Glauben antreffen?
Lukas 18,1–8

10 Die betenden Hände

Fr. Nietzsche: Excelsior!
Mt 6,5–6

Zu den namhaftesten Gestalten, die auf die neuere Geistesgeschichte einen überaus starken Einfluß ausgeübt haben, gehört der Philosoph Friedrich Nietzsche (1844–1900). Nietzsche zeichnete sich aus durch eine erstaunliche Fülle des Wissens, durch eine ungewöhnliche Kraft des Geistes und durch eine Sprache von charismatischer Ausdruckskraft. Etwas davon findet sich auch in dem folgenden Aphorismus. Darin macht er in einem ersten Teil deutlich, worauf ein Mensch in seinem Leben verzichten muß, wenn er sich von Gott loslöst. In einem zweiten Teil erklärt er dann aber, daß der Mensch seine volle Größe nur erreicht, wenn er bereit ist, ohne Gott zu leben:

„*Excelsior!* – ‚Du wirst niemals mehr beten, niemals mehr anbeten, niemals mehr im endlosen Vertrauen ausruhen – du versagst es dir, vor einer letzten Weisheit, letzten Güte, letzten Macht stehen zu bleiben und deine Gedanken abzuschirmen – du hast keinen fortwährenden Wächter und Freund für deine sieben Einsamkeiten – du lebst ohne den Ausblick auf ein Gebirge, das Schnee auf dem Haupte und Gluten in seinem Herzen trägt – es gibt für dich keinen Vergelter, keinen Verbesserer letzter Hand mehr – es gibt keine Vernunft in dem mehr, was geschieht, keine Liebe in dem, was dir geschehen wird – deinem Herzen steht keine Ruhestatt mehr offen, wo es nur zu finden und nicht mehr zu suchen hat, du wehrst dich gegen irgendeinen letzten Frieden, du willst die ewige Wiederkunft von Krieg und Frieden – Mensch der Entsagung, in alledem willst du entsagen? Wer wird dir die Kraft dazu geben? Noch hatte niemand diese Kraft!‘ – Es gibt einen See, der es sich eines Tages versagte, abzufließen, und einen Damm dort aufwarf, wo er bisher abfloß: seitdem steigt dieser See immer höher. Vielleicht wird gerade jene Entsagung uns auch die Kraft verleihen, mit der die Entsagung selber ertragen werden kann; vielleicht wird der Mensch von da an immer höher steigen, wo er nicht mehr in einen Gott ausfließt.“

Friedrich Nietzsche, Die fröhliche Wissenschaft, IV, 285.

Dieser See, der es sich eines Tages versagte, in einen Ozean abzufließen, und statt dessen an der Stelle einen Damm aufwarf, wo er bislang abfloß, trägt Nietzsches eigenen Namen. Von dem Zeitpunkt an, da er mit seiner Lebens- und Geisteskraft nicht mehr in den Ozean Gottes abfloß, stieg der See, als den er sich selbst verstand, immer höher, bis er schließlich in eine völlige Umnachtung ausfloß. In seinem Werk „Ecce homo" schrieb Nietzsche: „Ich will kein Heiliger sein, lieber noch ein Hanswurst." Die Tragik seines Lebens liegt darin, daß dieser in der unbedingten Gottesferne lebende Denker elf Jahre vor seinem Tod es tatsächlich wurde, nachdem er bereits zehn Jahre zuvor aus dem Basler Lehramt ausscheiden mußte und seitdem ein ruheloses und unstetes Wanderleben führte. Ein winziger Bazillus hatte genügt, um alle seine Geisteskräfte lahmzulegen. In der Nervenheilanstalt machte man seine Späße mit ihm. Den Studenten im Kursus von einem Professor als Schulbeispiel einer Paranoia vorgeführt, ließ man ihn auf und ab marschieren. Und weil er nicht stramm genug ging, um die Symptome zu zeigen, erklärte ihm der Professor: „Ein alter Soldat wie Sie wird doch anständig marschieren können." Der Wärter streichelte ihm den buschigen Schnurrbart, klopfte ihm auf die Schulter und umarmte den Mann, der in seiner hellsichtigen Zeit auch die leiseste Berührung als zudringlich empfand. Unwillkürlich denkt man an ein Wort von F. M. Dostojewski am Ende seines Romans „Die Dämonen": „Das ganze Gesetz des menschlichen Seins besteht nur darin, daß der Mensch sich immer vor etwas unermeßlich Großem beugen kann (...) Das Unermeßliche und Unendliche ist für den Menschen ebenso notwendig, wie dieser kleine Planet, auf dem er lebt (...) Selbst der dümmste Mensch braucht unbedingt wenigstens irgend etwas Großes. „Um wieviel mehr dann erst jener, der – wie Nietzsche – über geniale Geisteskräfte verfügt. Indem Nietzsche sich von Gott absetzte, um sein Leben in seine eigenen Hände zu nehmen, bewahrheitete sich an ihm das alte Sprichwort: „Man kann in keine schlimmeren Hände fallen als in seine eigenen." Und was einst David zu Gad sagte, gilt auch angesichts einer Situation, in der man als Mensch nicht mehr ernst genommen wird: „Wir wollen lieber dem Herrn in die Hände fallen, denn seine Barmherzigkeit ist groß; den Menschen aber möchte ich nicht in die Hände fallen" (2 Sam 24,14).

Es gab jedoch im Leben Nietzsches einmal eine Zeit, in der auch er nach seinen eigenen Worten „in allem Gottes segnende Hand" erkannte. Mit einem tiefen kindlichen Vertrauen schrieb der damals 14jährige beim Eintritt in das Gymnasium Schulpforte bei Naumburg: „Nun, der Vater im Himmel wird mich auch hier an seiner Hand führen und leiten." Zum Himmel aufblickend, erahnte er etwas von der unermeßlichen Größe dieses Vaters: „Ich betrachte immer im Geiste das unermeßliche All; wie wunderschön und erhaben ist die Erde und wie groß ist sie, da sie doch kein Mensch in allen ihren Teilen kennenlernen kann, aber wie wird mir, wenn ich erst die unzählbaren Sterne, wenn ich die Sonne sehe, und wer bürgt mir dafür, daß dieses ungeheure Himmelsgewölbe mit allen den Gestirnen nur ein kleiner Teil des Weltalls ist und wo endigt dieses? Und wir erbärmlichen Menschen, wir wollen den Schöpfer desselben verstehen, da wir seine Werke kaum erahnen können!" Ohne diese Gläubigkeit wäre es Nietzsche nicht möglich gewesen, im ersten Teil des eingangs zitierten Aphorismus so treffsicher zu formulieren, worauf ein Mensch verzichten muß, wenn er sich eines Tages entschließt, Gott aus seinem Leben auszustoßen. Diese Zeilen sind das Echo tiefer Religiosität aus jugendlichen Jahren. Es war jene Zeit, da das Gebet und die Anbetung zur Selbstverständlichkeit seines alltäglichen Lebens gehörten und er sich in einem endlosen Vertrauen in den Händen Gottes geborgen fühlte; da er vor Gottes Weisheit, dieser letzten Güte und letzten Macht stehenblieb, um alle seine menschlich-allzumenschlichen Gedanken abzuschirmen. Damals war Gott für ihn eine Ruhestatt, die ihm immer offenstand, ein treuer Wächter und Freund für seine vielfältigen Einsamkeiten. Zu diesem Freund blickte er auf wie zu einem großen Gebirge, das Schnee auf dem Haupt und Glut in seinem Inneren trägt. Wie sehr ihn dieser Glaube beseelte, gibt das Wort zu erkennen: „Wir können in keinen Abgrund fallen, außer in den der Hände Gottes!"

Verlassen wir hier die Person Nietzsches, um uns diesem Wort, das uns leben läßt, zuzuwenden. Es macht uns innerlich frei und mutig; es nimmt uns die Angst vor den dunklen Mächten des Daseins und läßt uns auch in unserer letzten Stunde die Hoffnung nicht verlieren.

Kardinal Suenens erzählt einmal eine Begebenheit, die ein eindrucksvolles Bild und Gleichnis zu jenem Wort von Nietzsche ist: Es war in der Nähe von Brüssel, in einem fünfstöckigen Haus. Dort brach eines Nachts ein Feuer aus. Die Eltern und die beiden Töchter konnten sich gerade noch ins Freie retten. Das jüngste Kind, ein fünfjähriger Junge, schaffte es nicht mehr. An der Haustür schlugen ihm die Flammen entgegen. Er stürmte das Treppenhaus hinauf. Oben angekommen, riß er ein Fenster auf und schrie nach seinem Vater: „Papa, hol mich!" Der Vater, der ihn hörte, rief zurück: „Komm und spring!" Der Junge bebte vor Angst. Ein Sprung in einen solchen Abgrund. Unter ihm nur Rauch und Qualm. Daher rief er: „Papa, ich sehe dich nicht!" Der Vater: „Aber ich sehe dich! Komm und spring!" Der Junge überlegte, er zögerte und – sprang; er sprang in die ihn auffangenden Hände seines Vaters.

Wir alle sehnen uns nach solchen Händen, in die wir uns hineinfallen lassen können mit all unseren Nöten und Ängsten, mit unseren Kümmernissen und Schwächen, mit unseren Wunden und unserem Nichtkönnen oder Nichtmehrkönnen, mit der Verfahrenheit unseres Lebens. Aber seltsam, obwohl wir als gläubige Menschen wissen, daß es diese Hände gibt, wagen wir es nicht. Warum? Vielleicht sagen auch wir: „Ich sehe sie nicht!" Dann wird auch Gott uns zurufen: „Aber ich sehe dich! Und das genügt!" Entscheidend ist also nicht, daß wir Gott sehen; entscheidend ist sein Wort, daß er uns sieht. Allein aufgrund dieses Wortes können wir den Sprung in die uns rettenden und bergenden Hände Gottes wagen. Das ist christlicher Glaube; er wagt es mit dem Wort: „Komm und spring! Jetzt! So, wie du bist!"

Solch rückhaltloser und bedingungsloser Glaube ist schwer. Wir werden ihn nur vollbringen können, wenn wir die Hände Gottes in unserem alltäglichen Erfahrungsbereich zu entdecken suchen. Dazu lädt uns die Bibel ein. Sie richtet unseren Blick zunächst auf die Wunderwerke seiner Schöpfung mit ihren geheimnisvollen Gesetzmäßigkeiten, auf die Sonne am Tag und das unzählbare Heer der Sterne bei Nacht, auf die Blumen des Feldes und die Vögel des Himmels. Und dann sagt sie: „All das ist seiner Hände Werk!" Noch stärker möchte sie uns ins Bewußtsein rufen, wie oft uns seine Hände beschützt, geführt, getragen, geheilt und befreit haben. Beim Propheten Jesaja (57,18) lesen wir, wie Gott spricht: „Da ich ihre Wege ansah, heilte ich sie und leitete sie und gab ihnen wieder Trost." Dazu sagt der evangelische Theologe Dietrich Bonhoeffer: „‚Ich heilte, ich leitete, ich tröstete – da ich ihre Wege ansah', – hat Gott es nicht unzählige Male in unserem Leben getan? Hat er nicht die Seinen oftmals durch große Not und Gefahr geführt? Wie heilt, wie leitet, wie tröstet Gott? Allein dadurch, daß es eine Stimme in uns gibt, die sagt, betet, ruft, schreit: ‚Lieber Vater!'" Solch sprechender Glaube wird meinen Händen wie von selbst Ausdruck verleihen. Meine Hände werden zu Händen des Gebetes. Schauen wir näher zu.

Es gibt betende Hände, die sich fest zusammenschließen, so daß sich die Finger miteinander verschränken. So werden zwei unruhige Hände, die sich im Vielerlei alltäglicher Arbeit verloren hatten, wieder eins. Unser Leben fließt in seinen schöpferischen Grund zurück, in den uns inwendigen Gott. Wir kommen wieder zu uns selbst. Ruhe breitet sich in uns aus. Sie ist notwendig, um mit Gott Zwiesprache zu halten. Was geschieht? „Die Verhärtung unseres Herzens, in der wir einsam und verlassen waren, löst sich auf; unsere Verliebtheit in tausend unwesentliche Dinge ernüchtert sich; Positionen, die wir eigensinnig verteidigt haben, werden plötzlich unwichtig. Wir werden sehend. Unsere Verirrungen klären sich. Gehbare Wege zeigen sich" (Theresia Hauser). Solche oder ähnliche Erfahrungen lassen uns mit dem Psalmisten sprechen: „Bei dir ist die Quelle des Lebens, in deinem Licht schauen wir das Licht" (Ps 36,10).

Ausdruck tiefer Ehrfurcht und Verehrung sind jene Hände, die flach aufeinander liegen und nach oben zeigen. So entsteht das Bild einer Kathedrale. „Jede Kathedrale ist heiliger Raum, abgesondert aus den lauten Straßen des Lebens ... Eine Kathedrale sammelt und fängt ein ... Sie tröstet ... und beruhigt ... Sie heilt und stillt ... Eine Kathedrale ist ein Haus, das Geborgenheit schenkt und in ein Daheim einlädt" (Hans Wallhof). Die zu einer Kathedrale geformten Hände folgen dieser Einladung, indem sie sich in die Hände Gottes legen, wie der neugeweihte Priester seine Hände in die Hände seines Bischofs legt. Gleichsam gebunden, drücken diese sich so oft wehrenden Hände Ergebenheit und Hingabe aus. Ein solcher Beter wird sagen: „Auf dich, o Herr, vertraue ich; ich sage: Du bist mein Gott. In deiner Hand liegt mein Geschick" (Ps 31,16).

Auch ist es möglich, daß einer sein ganzes Leben zusammenfaßt, um es Gott und seinem unerforschlichen Willen zu übereignen. Dann legt er Arme und Hände über Kreuz auf die Brust. Es ist, als sage er: „Herr, nicht wie ich will, sondern wie du willst!" (Mt 26,39). So tat es jener Mann, der Gott lange Jahre um die Wiedererlangung seiner Gesundheit bat, die er verloren hatte. Dieses sein vieles Bitten verwandelte ihn mehr und mehr, ohne daß er es selbst bemerkte. Denn immer mehr lieferte er sich Gott mit allem, was er war und hatte, aus. So kam der Tag, da er Gott überhaupt nicht mehr um seine Gesundheit bat, deren Fehlen ihm so bitter war. In der Übergabe an Gottes Willen hatte er etwas viel Größeres gefunden. Er fühlte sich in das Geheimnis Gottes hineingezogen und erfuhr in ihm das Heil. Wenn er auch seine Gesundheit nicht wiedererlangte, so war er doch geheilt.

Schließlich gibt es Stunden, in denen das Herz von Gottes Macht und Größe ergriffen ist. In solchen Stunden erheben sich die Arme mit geöffneten Händen voll Dankbarkeit und Freude. In gleicher Weise vermag die Sehnsucht nach Gottes lichtvollen Höhen die Hände zu erheben. So öffnet sich der ganze Mensch. Das Herz wird zu einer großen Schale, um die ganze Herrlichkeit Gottes zu empfangen. Die Grundströmung solchen Betens läßt sich in dem Psalmwort erkennen: „Ich breite die Hände aus und bete zu dir: meine Seele dürstet nach dir wie lechzendes Land" (Ps 143, 6). Das Beten in dieser Weise prägte das Leben des heiligen Benedikt. Es kennzeichnete auch sein Sterben. In seiner letzten Stunde ließ er sich von seinen Mitbrüdern in die Kirche tragen. Obwohl er schon zu schwach war, um selbst stehen zu können, wünschte er, von seinem Lager aufzustehen. Die Mönche stützten ihn von allen Seiten. Dann erhob er mit letzter Kraft seine Hände zum Himmel, und betend tat er seinen letzten Atemzug. So floß sein Lebensstrom in den Ozean seines Gottes aus.

Was immer wir betend sagen mögen, immer geschieht das gleiche: Wir vertrauen unser Leben den Händen Gottes an. Wo dies geschieht, da erfahren wir, was Dag Hammarskjöld in die Worte kleidete: „Das ‚Unerhörte' – in Gottes Hand zu sein."

Wenn ihr betet, macht es nicht wie die Heuchler. Sie stellen sich beim Gebet gern in die Synagogen und an die Straßenecken, damit sie von den Leuten gesehen werden. Amen, das sage ich euch: Sie haben ihren Lohn bereits erhalten. Du aber geh in deine Kammer, wenn du betest, und schließ die Türe zu; dann bete zu deinem Vater, der im Verborgenen ist. Dein Vater, der auch das Verborgene sieht, wird es dir vergelten.
Matthäus 6,5–6

11 Wie sich Glaubenszweifel überwinden lassen

A. Solschenizyn: Krebsstation
Mt 11,2–6

In seinem Roman „Krebsstation“ erzählt Alexander Solschenizyn von zwei Kranken, Schulubin und Kostoglotow, die sich im Park der Klinik treffen. Während Kostoglotow seinem Entlassungstag hoffnungsvoll entgegenschaut, steht Schulubin unmittelbar vor einer schweren Operation. Daher hält er seinen augenblicklichen Zustand für den schwierigsten der Welt. Doch Kostoglotow, durch Gefängnishaft und Lagerleben an Leid und Erniedrigung gewöhnt, entgegnet ihm: „Es ist immer schwierig zu beurteilen, wer es am schwersten hat. Das ist noch schwieriger, als Erfolge zu vergleichen. Jeder hadert mit dem eigenen Unglück am meisten. Ich zum Beispiel könnte den Schluß ziehen, daß mein Leben besonders mißlungen ist. Aber woher weiß ich denn, ob es Ihnen nicht noch mieser ergangen ist? Wie kann ich als Außenstehender das beurteilen?“

Gerade dieses Wort legte den Finger auf eine offene Wunde im Leben Schulubins. Im Gegensatz zu Kostoglotow hatte er dem politischen System Stück für Stück nachgegeben. Er schwieg um seiner Frau, seiner Kinder und seines eigenen Lebens willen. Inzwischen ist seine Frau gestorben, seine Kinder sind unbegreiflich hartherzig geworden, und er selbst ist nun ein kranker Mann. Während er an all das denkt, sagt er zu Kostoglotow: „Wenn jeder einzelne nach seinem Tod vor der Geschichte Rechenschaft ablegen muß, wer er war, wird es nach Puschkin nur drei Möglichkeiten geben: In unserem erbärmlichen Jahrhundert / ... kann der Mensch nur sein / Tyrann, Verräter oder Gefangener (...) Und wenn ich bedenke, daß ich nie im Gefängnis saß, wenn ich genau weiß, daß ich kein Tyrann war, bleibt also ...“ – „Nein“, erwiderte ihm Kostoglotow, „das ist zu einfach geurteilt, das ist zu hart ...“

Alexander Solschenizyn, Krebsstation, Roman in zwei Büchern, Buch zwei, Hermann Luchterhand Verlag, Neuwied/Berlin 1969, S. 189–199.

Es kann hier nicht unsere Absicht sein, das Wort von Puschkin in irgendeiner Weise zu verharmlosen. Dieses Wort ruft einen jeden vielmehr dazu auf, sich in einer besinnlichen Stunde zu fragen: Wenn ich nach meinem Tod vor der Geschichte Rechenschaft ablegen muß, wer ich war, welche Antwort muß ich mir dann geben? War ich ein selbstsüchtiger Tyrann, der ohne Rücksichtnahme immer nur seine eigenen Ziele verfolgte, oder war ich ein Verräter, der immer mit denen lief, die andere bedenkenlos auszubeuten verstanden, oder war ich ein Gefangener von Wahrheit und Gerechtigkeit, dem daraus mancherlei Nachteile erwuchsen? Diese Fragen drängen sich uns nicht zuletzt deshalb auf, weil es unter den biblischen Gestalten einen Mann gibt, der nicht wie ein Schilfrohr im Wind der Zeit hin- und herschwankte, der sich und seine Überzeugung nicht den augenblicklichen gesellschaftlichen Gepflogenheiten anpaßte, sondern mutig, unerschrocken und tapfer seine Glaubensüberzeugung lebte und diese in aller Öffentlichkeit bekannte, ohne auf die Nachteile und Gefahren zu achten, die sich für ihn daraus ergaben. Und diese blieben in der Tat nicht aus. Man verhaftete ihn und setzte ihn ins Gefängnis. Wir meinen Johannes den Täufer. Aufgrund seines beispielhaften Lebens ergeben sich einige Grundsätze, die uns davor bewahren, vor der Weltgeschichte einmal als Verräter zu stehen: Jeder sollte sich über das, was die anderen sagen, erheben, und einfach tun, was ihm sein vom Glauben erleuchtetes Gewissen sagt, und damit nicht bis morgen warten, sondern bereits heute beginnen; jeder sollte so handeln, als hinge die Vollkommenheit der Welt von seinem persönlichen Leben ab; jeder sollte in dieser Welt sich so verhalten, als hätte er darin nur noch zwei Tage zu leben.

In seiner Gefängniszelle sitzend, wurde Johannes der Täufer von den ärgsten Glaubenszweifeln heimgesucht. Woher kamen sie? Angesichts seiner Lage im Gefängnis hatte der Täufer geglaubt, Jesus mache der Ungerechtigkeit in dieser Welt endgültig ein Ende. Dabei kam ihm das Bild von einer Axt in den Sinn, die alle unguten Bäume umlegt. So hatte er gehofft, Jesus werde die Feinde Gottes besiegen, den Gerechten Hilfe bringen und ihn selbst durch ein Wunder aus dem Gefängnis befreien. Und da all dies nicht geschah, wurde er von der Frage bedrängt, ob Jesus wirklich der Erlöser der Welt sei: „Da schickte er seine Jünger zu ihm und ließ ihn fragen: Bist du der, der kommen soll, oder müssen wir auf einen anderen warten?“ (Mt 11,3). In seinem Kommentar zum Matthäus-Evangelium schreibt Gerhard Maier hierzu: „Wir denken an den alten Rabbi von Witebsk, der, auf Jesus angesprochen, zum Fenster ging, hinausblickte und dann das Gespräch beendend sagte: ‚Es hat sich nichts geändert.' Und wir denken an die vielen Menschen unserer Zeit, die angesichts ihres persönlichen Leidens, angesichts der Kriege, der Not, der Unglücksfälle, des Hungers, des Elends ähnlich fragen: Muß der Erlöser nicht erst kommen?"[1] Johannes mußte jedenfalls erkennen, daß der Erlöser ganz anders aussieht, als er es sich vorgestellt hatte. Predigend wirbt er um jeden einzelnen. Er will nichts anderes, als Menschen zu Gott führen, Sünder aus ihrer Unheilssituation befreien. Immer wieder spricht er von Gott als dem absolut liebenden Vater, der auch den schlimmsten Sünder einlädt, damit er schon jetzt Gottes vergebende Liebe und seine beglückende Gemeinschaft erfahre und anfange, aus dieser unvorstellbaren Liebe zu leben. Alles, was Jesus sagt, steht in dieser Spannung von Gottes bedingungsloser Vergebung und Umkehr des Menschen. Wie er sollen auch seine Jünger nicht mit dem Schwert kommen, sondern es vorziehen, das Schwert zu erleiden.

Aber auch in seinen Glaubenszweifeln, die bis an die Wurzeln seiner gläubigen Existenz reichen, verhält sich der Täufer beispielhaft. Er geht mit seinen Anfechtungen nicht irgendwo hin, vielmehr fragt er bei Jesus selbst an. Hier zeigt sich, wie alle Glaubenszweifel überwunden werden können. Wir müssen unsere Not zu Jesus selbst bringen, vor ihm ausbreiten und mit ihm besprechen; denn in solchen Situationen hilft weder Menschenweisheit noch Menschenrat. Nur wer den Weg zu Jesus findet, um sich vor ihm zu öffnen, wird eine Antwort bekommen. Was läßt Jesus dem gefangenen Täufer sagen? Er läßt ihm keine direkte Antwort überbringen. Vielmehr weisen ihn seine Taten als Erlöser aus: „Blinde sehen wieder, und Lahme gehen; Aussätzige werden rein, und Taube hören; Tote stehen auf, und den Armen wird das Evangelium verkündet" (Mt 11,5). Johannes erhält als Antwort also nicht ein bloßes Wort, das mit der Wirklichkeit nichts zu tun hat, sondern er kann sich an Gottes Taten halten und sich an ihnen in seiner Trostlosigkeit aufrichten. Es geht, mit anderen Worten, um den Glauben des Johannes, wie es um unseren eigenen Glauben geht; es geht um den Glauben an den Gott, der durch Jesus dem Menschen entgegengeht, um ihm das Heil seiner aller menschlichen Maßstäbe spottenden Liebe anzubieten. Weil Gott ganz anders ist, als wir Menschen uns ihn denken, sagt Jesus: „Selig ist, wer an mir keinen Anstoß nimmt" (Mt 11,6). Dieses Wort bedeutet: Selig ist, wer mit Gott einverstanden ist, daß er die Erlösung der Welt nicht mit der Axt, sondern auf den Wegen der den Menschen suchenden Liebe verwirklicht.

Aus dem Gesagten ergibt sich für uns ein Dreifaches: *Erstens*: Glaube an Gott bedeutet Glaube an die Macht des Guten, an die Macht der Liebe, die stärker ist als der Tod. Nicht die Gewalt, sondern die Liebe wird siegen. *Zweitens*: Damit offenbart sich etwas von „Gottes Fahrplan", der im Gegensatz zum „Fahrplan der Welt" steht. Letzterer läßt sich mit den Worten umschreiben: Leben und dann sterben. Aber was ist das für ein Leben? Ein bißchen Glück, ein bißchen Urlaub, ein bißchen Geld, ein bißchen Anerkennung, ein bißchen Vergnügen. Doch bei alldem herrscht im Tiefsten des Herzens eine unüberwindbare Einsamkeit. Und je älter man wird, um so dunkler und hoffnungsloser wird dieses Leben. Das Selbstwertgefühl schwindet zunehmend. Man wird zum „alten Eisen" gezählt, das nichts mehr wert ist, selbst wenn es in früheren Jahren viel geleistet hat. „Das ist unser Fahrplan – der Fahrplan Gottes sieht anders aus" (K. Barth). Er lautet: Sterben und dann leben. Gott verspricht dem Gläubigen nicht, daß er es in dieser Welt besser haben wird. Wie er Johannes den Täufer und seinen Sohn Jesus Christus nicht davor bewahrt hat, ungerechterweise getötet zu werden, so kann es jedem Gläubigen widerfahren. Wie aber Johannes und Jesus bei allem Unrecht, das sie zu erleiden hatten, innerlich nicht zerbrochen und nicht verzweifelt sind und durch Leiden und Sterben zum vollen Leben gelangten, so wird auch der Gläubige in aller Verlassenheit und Einsamkeit der von Gottes Liebe Gehaltene sein, wenn er seinem Eigenwillen stirbt, damit durch ihn Gottes Wille geschieht. *Drittens*: Glaube an Gottes Fahrplan ist somit die unerschütterliche Überzeugung, daß durch die Tat der Liebe etwas Göttliches heranwächst, das durch die Mächte in dieser Welt nicht zerstört werden kann. So gleicht die Welt einem Acker, auf dem der Gläubige Gottes Sämann ist, indem er den Samen guter Taten ausstreut, damit dieser aufgeht und heranwächst, bis der Zeitpunkt der Ernte gekommen ist, den nur Gott kennt.

Johannes hörte im Gefängnis von den Taten Christi. Da schickte er seine Jünger zu ihm und ließ ihn fragen: Bist du der, der kommen soll, oder müssen wir auf einen anderen warten? Jesus antwortete ihnen: Geht und berichtet Johannes, was ihr gehört und seht: Blinde sehen wieder, und Lahme gehen; Aussätzige werden rein, und Taube hören; Tote stehen auf, und den Armen wird das Evangelium verkündet. Selig ist, wer an mir keinen Anstoß nimmt.
Matthäus 11,2–6

Du wünscht dir, daß die Leute dich lieben? Liebe sie zuerst

12 Ich bin von meinem Nächsten weit entfernt

A. Philipe: Nur ein Seufzer lang
Joh 5,1–9

Die sonnendurchflutete „Landschaft mit dem Sturz des Ikarus“ von Breughel versinnbildlicht die Einsamkeit – nicht den Egoismus, sondern die Gleichgültigkeit, die die Menschen voneinander trennt. Sicherlich hat er recht, dieser pflügende Bauer, wenn er seine Furche zieht, während Ikarus umkommt. Das Leben muß weitergehen, das Korn gesät oder geerntet werden, während andere sterben. Und doch wünschte man, daß er seinen Pflug stehenließe und seinem Nächsten zu Hilfe eilte. Vielleicht irre ich mich, und sicherlich weiß er nicht, daß ein Mensch umkommt. Er ist sich dessen ebensowenig bewußt wie das Meer und der Himmel, die Hügel und die Felsen. Ikarus stirbt nicht verlassen, aber unbemerkt. Wir alle gleichen diesem Pflügenden. Sooft man aus dem Haus geht, kommt man, ohne es zu wissen, an einem Verzweifelten, einem Leidenden vorbei. Die flehenden Blicke, das Elend von Leib oder Seele sieht man nicht. Ich bin von meinem Nächsten weit entfernt. Wäre ich ihm wirklich nahe, so würde ich, ohne im geringsten nachzudenken, meine jeweilige Beschäftigung verlassen, um zu ihm zu gehen.

Anne Philipe, Nur einen Seufzer lang, Rowohlt Taschenbuch Verlag, Nr. 1121, Reinbek bei Hamburg 1969, S. 75f.

Ikarus ist eine Figur der griechischen Mythologie. Mit seinem Vater Dädalus, so wird erzählt, wurde er im Labyrinth zu Kreta gefangen gehalten, doch gelang ihnen mit Hilfe von künstlich durch Wachs zusammengehaltenen Flügeln die Flucht. Dabei stürzte Ikarus unweit der Insel Samos ins Meer, weil er trotz der väterlichen Warnung der Sonne zu nahe flog und diese seine Flügel schmolz. Sein Vater begrub ihn auf der Insel Ikaria, die wie das benachbarte Ikarische Meer nach ihm benannt sein soll.

Dieser alte Mythos inspirierte den niederländischen Maler Pieter Brueghel (um 1528–1569) zu seinem Gemälde „Landschaft mit dem Sturz des Icarus".[1] Man sieht vor allem einen Angler, einen Hirten und einen pflügenden Bauern, die sich bedächtig ihrer Aufgabe widmen, ohne zu bemerken, wie der hochfliegende Ikarus ins Meer stürzt. Auch ein Schiff verfolgt unbeirrt seinen Kurs, obwohl gleich neben ihm der Gestürzte kopfüber in die Wellen sinkt. Dieses sonderbare Verhalten der Umwelt kam der französischen Schriftstellerin Anne Philipe in den Sinn, als sie sich selbst nach dem Tod ihres Mannes, des Schauspielers Gerard Philipe, in der Situation des Ikarus fühlte. Das gewohnte Leben der Welt ging weiter, ohne daß es sich um sie und ihre beiden noch jüngeren Kinder gekümmert hätte. Die kleine Meditation, die sie zu diesem Bild geschrieben hat, kann uns nachdenklich machen und uns veranlassen, unseren alltäglichen Lebenswandel zu ändern.

Vielleicht ist es tatsächlich nicht in erster Linie der Egoismus, sondern die Gleichgültigkeit, die die Menschen voneinander trennt. Worin besteht der Unterschied zwischen Egoismus und Gleichgültigkeit? Der Egoist hat nur seine eigenen Wünsche, Interessen und Ziele im Auge. Bei all seinen Unternehmungen sieht er nur auf seinen eigenen Gewinn. Daher sind ihm die anderen nur soviel wert, wie er sie für seinen Vorteil gebrauchen und nicht selten verbrauchen kann. Dabei kann er nie genug bekommen. Neid und Mißgunst sind seine ständigen Begleiter. Er kann nicht sehen, daß andere etwas haben, was ihm bislang abging. All das macht ihn rücksichtslos und gewissenlos, kalt und hart. Immer gereicht sein Handeln seinen Mitmenschen zum Schaden. – Der Gleichgültige hingegen fügt dem andern keinen Schaden zu, jedenfalls nicht bewußt. Aber es bekümmert ihn auch nicht, wenn dieser zu Schaden kommt. Aufgrund seiner seelischen und geistigen Stumpfheit bemerkt er es gar nicht. Und wenn er es bemerkt, dann schenkt er ihm keine besondere Aufmerksamkeit. Er wird sich der Situation des andern nicht bewußt. Er denkt an seine Arbeit und erfüllt seine Pflicht. So ist der Gleichgültige ein Gewohnheitsmensch, der mechanisch und gleichmäßig seinen „Trott" geht. Weil ihm die Fähigkeit fehlt, sich umzustellen und sich unvorhergesehenen Situationen anzupassen, unterbricht er seinen eingeschlagenen Weg nicht. Mangelnde Ansprechbarkeit, Empfindungslosigkeit und Erlebnisfähigkeit sind seine besonderen Merkmale. Seine Schuld besteht in den vielen „Unterlassungssünden“, durch die er anderen seine Hilfe versagt.

Fragt man sich nun, wie es zu solcher Gleichgültigkeit kommen kann, so lautet die Antwort: es ist ein geheimer innerer Zwang, der uns klar machen will, daß unser Leben weitergehen –, daß dieses oder jenes Pensum geschafft werden muß. Mit anderen Worten: Wir wollen keine Zeit verlieren. Aber gerade so verlieren wir uns selbst und unsere Mitmenschen. Wenn Anne Philipe im Hinblick auf den pflügenden Bauern sagt: „Das Leben muß weitergehen, das Korn gesät oder geerntet werden, während andere sterben. Und doch wünschte man, daß er seinen Pflug stehenließe und seinem Nächsten zu Hilfe eilte“, dann zeigt sie zunächst großes Verständnis für die Forderungen des Alltags; zugleich empfindet sie aber, daß es Situationen gibt, da diese Forderungen und Notwendigkeiten zurückzustehen haben, weil es Wichtigeres und Bedeutsameres zu tun gibt. Damit deutet sie an, worin das Wesen eines menschenwürdigen Lebens überhaupt besteht, nämlich in der treuen Erfüllung der Alltagspflichten *und* in der hochherzigen Praxis der Nächstenliebe. Beides gehört zusammen und nicht selten profitiert das eine vom andern. Wollen wir unsere Menschlichkeit nicht verlieren, so müssen wir lernen, uns in unserem Tagesablauf von der Hilfsbedürftigkeit anderer unterbrechen zu lassen; wir müssen bereit werden, unseren Alltagsweg immer wieder von solchen durchkreuzen zu lassen, die uns notwendig brauchen. Man denke hier an Edzard Schapers Roman „Der vierte König“[2], an den kleinen russischen König, der aufbrach, um den neugeborenen König der Welt zu suchen und anzubeten, unterwegs aber immer wieder durch die Not der Menschen von seinem Vorhaben abgebracht wurde, alles, was er hatte, verschenkte und zum Zeitpunkt der Kreuzigung des Herrn ankam, um ihm nur noch sein altes und müdes Herz zu übergeben.

Nicht selten kommt es allerdings vor, daß wir die notwendige Hilfeleistung deshalb unterlassen, weil wir Angst haben, in irgendeiner Weise in die Sache verwickelt zu werden. Aus Vorsicht überlegen wir hin und her. Und indem wir so mit uns selbst beschäftigt sind, sind wir bereits vorübergegangen. Hier gilt das Wort Alexander Solschenizyns: „Wenn wir immer nur vorsichtig sind – sind wir dann noch Menschen?“

Werfen wir an dieser Stelle ein Auge auf die biblische Erzählung von dem „unter die Räuber Gefallenen“ (Lk 10,25–37), die „zu den schönsten Beispielen der Gleichniskunst Jesu“ (Eugen Biser) gehört. Wieviel von dem, was das Gemälde von Brueghel darstellt, findet sich in ihr. Und doch führt sie uns weit darüber hinaus. In den Räubern begegnen uns die wirklichen Egoisten. Ihre Rücksichtslosigkeit und Gewissenlosigkeit wird kurz und bündig mit einem Satz charakterisiert: „Sie plünderten ihn aus und schlugen ihn nieder; dann gingen sie weg und ließen ihn halbtot liegen" (10,30). In dem vorübergehenden Priester und dem Leviten kommen die Gleichgültigen auf uns zu. „Ihr menschliches Verhalten ist in Wahrheit das allermenschlichste"[3], denn wie sie verhalten sich die meisten. Sie kommen nicht aus dem engmaschigen Netz ihrer Lebensgewohnheiten heraus. Als Gewohnheitsmenschen haben sie kein Auge für das Ungewöhnliche und kein Ohr für den Anruf der konkreten Situation. „So bleibt ihr Lebenskonzept in Takt, der halbtot Geschlagene jedoch am Wege liegen." Aus den Nächsten wurden die Fernsten. Ganz anders der als „ungebildet" und „ketzerisch" angesehene Samariter. Der tiefste Unterschied zwischen ihm und den Tempeldienern ist dieser: „Bei seinem Anblick wurde er von Mitleid ergriffen" (10,33). Durch alle Hindernisse und Gefahren hindurch wußte er sich spontan verantwortlich für ihn. „Da diese Einsicht nicht der Überlegung, sondern der Schaukraft des Herzens entstammt, geht sie bruchlos, als geschehe das Selbstverständlichste der Welt, in die helfende Tat über ... weil sie keinem Kalkül entsprang, steckt sie den Rahmen ihrer Leistungen auch nicht rechnend ab." Der Samariter hat sich „die Ansprechbarkeit des Herzens" bewahrt. Deshalb läßt er sich in seinen Plänen und Verpflichtungen vom Gebot der Stunde durchkreuzen. Erst als getan war, was dem Wohl des Niedergeschlagenen entsprach, setzte er seine Geschäftsreise fort. Wer sich so verhält, dem wird gesagt: „Du bist nicht mehr weit vom Reich Gottes entfernt" (Mk 12,34).

Beachtenswert ist in diesem Zusammenhang eine Antwort, die ein kluger Geistlicher auf die Frage gab: „Was war es, das den Samariter so handeln ließ?" Der Geistliche erwiderte: „Es waren wohl drei Dinge, die ihn zu dem gemacht haben, was er gewesen ist. Das *erste* war Einfühlung, die Übertragung der eigenen Empfindungen auf die eines anderen. Als der Samariter das Opfer der Räuber liegen sah, nahm er es nicht nur einfach wahr. Es wurde ein Teil von ihm. Dieses Einswerden war so stark, daß man fast sagen könnte, er habe, als er dem Mann zu Hilfe kam, zugleich sich selbst geholfen. Das *zweite* war Unerschrockenheit. Die, die ‚vorübergingen', hatten Angst. Angst vor dem Unbekannten, Bedrohlichen. Angst, in etwas hineingezogen zu werden. Angst, die Räuber könnten zurückkommen. Der Samariter aber war beherzt genug, diese Ängste beiseite zu schieben und zu handeln. Als *drittes* war er zweifellos zu helfen *gewohnt*. Für den Samariter war dies kein einmaliges Erlebnis. Er hatte sich zeit seines Lebens darin geübt, auf die Nöte anderer positiv zu reagieren. Wie? Genauso, wie es jeder von uns könnte, nicht mit heroischer Opferbereitschaft, sondern durch immer neue kleine Bemühungen. Dadurch, daß man – wenn es sich so ergibt – einen Schritt mehr tut. Dadurch, daß man jemandem – wenn es geht – die Hand reicht. Dadurch, daß man – soweit es möglich ist – an den öffentlichen Dingen teilnimmt. Das alles bedeutet auf den ersten Blick nicht viel. Aber eines Tages sieht man sich um und entdeckt erstaunt, daß das Ich von seinem erhabenen Thron gestürzt und man selbst, fast ohne es zu wissen, ein Samariter geworden ist."[4] Einfühlung, Beherztheit und die Gewohnheit zu helfen, das war es also, was den Fernsten zum Nächsten werden ließ.

Ein Rückblick auf „diese berühmteste aller Mitleidsgeschichten" (Arthur Gordon) zeigt, wie sich in ihrer Gestaltung der Fragepunkt völlig verschiebt. Die Frage des Gesetzeslehrers: „Wer ist denn mein Nächster?" (10,29) verwandelt Jesus in die Frage: „Wer von diesen dreien hat sich nun deiner Ansicht nach demjenigen als Nächster erwiesen, der unter die Räuber gefallen war?" (10,36). Darauf kommt es an: entscheidend ist nicht, wer *mein* Nächster ist, sondern wem ich zum Nächsten werde.

Ikarus stirbt nicht verlassen, denn es gab genügend Menschen um ihn herum. Er war nicht allein, aber unbemerkt. Auch die zusammengeschlagene Kreatur auf der Straße nach Jericho war nicht verlassen, denn es gab zumindest zwei, die ihn sahen. Und doch sahen sie ihn nicht. Deshalb blieb auch er unbemerkt, bis jener Samariter kam. Auch Jesus am Ölberg (Mt 26,36–46) war nicht verlassen, denn seine Jünger waren bei ihm. Aber auch sie bemerkten nichts von seiner inneren Not. Obwohl er sie in seiner Einsamkeit dreimal aufsuchte, schliefen sie immer wieder ein. Was hatten sie von ihm, der nie an einer menschlichen Situation vorüberging, eigentlich gelernt? Als es dann hart auf hart ging, flohen sie in alle Richtungen. Selbst als er am Kreuz hing, war er nicht von den Menschen verlassen, denn viele standen um das Kreuz herum. Er war vielmehr unbemerkt. Er war es, bis jener Hauptmann bemerkte: „Wahrlich, dieser Mann war gerecht!" (Lk 23,47). Doch da war es zu spät. Wir alle gleichen dem pflügenden Bauern, dem Hirten, dem Angler und der Schiffsbesatzung, von denen das Gemälde von Brueghel bildhaft spricht; wir alle gleichen dem Priester und dem Leviten, die in Jesu Gleichnis geschildert werden; wir alle gleichen den schlafenden und fliehenden Jüngern. Denn: „Sooft man aus dem Haus geht, kommt man, ohne es zu wissen, an einem Verzweifelten, einem Leidenden vorbei. Die flehenden Blicke, das Elend von Leib oder Seele sieht man nicht. Ich bin von meinem Nächsten weit entfernt. Wäre ich ihm wirklich nahe, so würde ich, ohne im geringsten nachzudenken, meine jeweilige Beschäftigung verlassen, um zu ihm zu gehen."

Hierauf war ein Fest der Juden. Und Jesus zog nach Jerusalem hinaus. Nun befindet sich in Jerusalem am Schafteich die Anlage, die auf hebräisch Betzata heißt, mit fünf Säulenhallen. In diesen lag eine Menge von Kranken: Blinde, Lahme, an Auszehrung Leidende. Dort befand sich auch ein Mann, der schon achtunddreißig Jahre an seiner Krankheit litt. Als Jesus diesen daliegen sah und erfuhr, daß er schon lange krank sei, sagte er zu ihm: „Willst du gesund werden?" Der Kranke antwortete ihm: „Herr, ich habe keinen Menschen, der mich, sobald das Wasser in Bewegung gerät, in den Teich trägt. Während ich hinkomme, steigt schon ein anderer vor mir hinab." Da sagte Jesus zum ihm: „Steh auf, nimm dein Bett und geh." Sofort wurde der Mann gesund. Er nahm sein Bett und ging umher.
Johannes 5,1–9

13 Pflege das Leben, wo du es triffst

F. M. Dostojewski: Aufzeichnungen
Mk 7,31–37

Vier Jahre seines jungen Lebens mußte der russische Schriftsteller F. M. Dostojewski (1821–1881) in einem Zwangslager in Sibirien verbringen. Sieben Jahre nach seiner Entlassung schrieb er seine dortigen Erlebnisse in seinen „Aufzeichnungen aus einem Totenhaus" nieder. Darin erfahren wir von einem jungen Sterbenden, der etwa fünfundzwanzig Jahre alt war, einst hoch gewachsen und von edlem Äußeren. Auffallend waren vor allem seine leuchtenden Augen.

Jetzt, da er im Sterben lag, war sein Körper bis auf Haut und Knochen abgemagert. Bewußtlos und schwer atmend lag er auf seinem Bett. Die Decke und seine Bekleidung hatte er von sich geworfen. Alles war ihm zu schwer geworden. Nur noch ein kleines Holzkreuz lag auf ihm. Eine halbe Stunde vor seinem Tod verstummten alle Mithäftlinge, oder sie sprachen nur flüsternd. Wer gehen mußte, trat leise, kaum hörbar auf. Er starb gegen drei Uhr nachmittags. In einem breiten Strom fiel das Sonnenlicht auf sein Gesicht.

Schließlich erschien der Unteroffizier der Wache mit Helm und Seitengewehr. Als er bis auf einen Schritt vor dem Toten angelangt war, blieb er plötzlich stehen, wie von Furcht befangen. Der Tote schien ihn zu erschüttern. Unerwartet nahm er seinen Helm ab und machte eine tiefe Verneigung. Neben ihm stand ein Häftling. Auf den Toten weisend, sagte er aus einem unbekannten Grund mit zitternder Stimme: „Hat doch auch eine Mutter gehabt!" und ging fort. Dostojewski, der als Augenzeuge dabei war, war tief betroffen: „Diese Worte durchbohrten mich förmlich ... Warum nur hatte er sie gesagt, und wie war er überhaupt darauf gekommen?"

F. M. Dostojewski, Aufzeichnungen aus einem Totenhaus, R. Piper & Co Verlag, München–Zürich 1977/1980, S. 263–266.

„Hat doch auch eine Mutter gehabt!" Dies ist ein Wort aus den emotionalen Tiefen menschlichen Daseins. Deshalb kann es auch den Hörer in diesen Tiefen ergreifen. Wer aber versteht von solchen Tiefen mehr als eine gute Mutter? Alle dem Menschen zugewandten Berufe vereinen sich in ihr. Sie ist Arzt, Lehrer und Psychologe in einer Person. Sie kennt ihr Kind. Sie weiß, was es braucht, und gibt es ihm. Selbst wenn sie schläft, vernimmt sie nahezu jedes Geräusch, das von ihm kommt. In jeder guten Mutter ist etwas gegenwärtig, das sich nicht definieren läßt. Von unserer Mutter kommen wir niemals los. Unsere Mutter lebt in uns. Und immer ist der Grund, aus dem wir leben, ein mütterlicher Grund. So wundert es uns nicht, daß es nicht wenige Menschen gibt, die in ihrer Sterbestunde nach ihrer Mutter rufen. „Hat doch auch eine Mutter gehabt!" So überkam es jenen Mitgefangenen, als er den Sterbenden sah, dessen Leben – einst von der Mutter umhüllt, umsorgt, geschützt und gepflegt – zugrunde gerichtet worden war. Wo der Mensch das Leben eines anderen in irgendeiner Weise verletzt, da trifft er immer dessen Mutter.

Was könnte das für uns bedeuten? Mir scheint, vor allem dies: Sei ein mütterlicher Mensch, indem du das Leben pflegst, wo du es triffst. Du kannst es; denn deine Mutter lebt in dir. Der mütterliche Mensch hat eine positive Einstellung zum Leben; denn er glaubt, daß die Welt trotz aller Lebensfeindlichkeit in guten Händen ist. Der mütterliche Mensch hat Zeit; denn wer keine Zeit hat, lebt nicht mehr. Der mütterliche Mensch hat Geduld; denn er weiß, daß die wenigsten Wege geradlinig verlaufen. Deshalb kann er hoffen und vertrauen. Der mütterliche Mensch kann verzeihen; denn er fühlt nach, daß das meiste in unserem Leben nicht aus bösem Willen, sondern vielmehr aus Schwäche geschieht. Der mütterliche Mensch kann mitfühlen und mitleiden; denn er lebt im anderen, und der andere lebt in ihm.

In seinem ersten kurzen Roman „Arme Leute", der Dostojewski einen stürmischen Erfolg brachte, ist von einem kleinen Angestellten die Rede, der das wenige, das er verdiente, eisern zusammenhalten mußte, um schlecht und recht leben zu können. Eines Tages unterlief ihm eine Unachtsamkeit, eine Nachlässigkeit, die für das Unternehmen einige Unannehmlichkeiten hätte haben können. Er wurde zu seinem Vorgesetzten gerufen, um den sich bereits verschiedene Herrn versammelt hatten. Furcht überfiel ihn; denn hier ging es nicht nur um seine Stelle, sondern auch um seine Ehre. Der Vorgesetzte schaute ihn an; dann tat er etwas Unerwartetes. An die Umstehenden verteilte er verschiedene Aufträge, so daß sie einer nach dem andern gingen. Kaum hatte der letzte den Raum verlassen, da zog er seine Brieftasche hervor und entnahm ihr einen Hundertrubelschein: „Hier ... soviel ich kann ... nehmen Sie nur ... lassen Sie's gut sein ..." Damit drückte er ihm den Schein in die Hand. Dieser wußte nicht, wie ihm geschah: „Ich wollte seine Hand ergreifen, um sie zu küssen, er aber errötete, und er nahm (...) sie ganz einfach und schüttelte, ganz als wäre das die Hand eines ihm völlig Gleichstehenden (...). Damit hatte er mich mir selbst zurückgegeben."[1] Diese Situationsschilderung erinnert uns an ein Wort, das Dostojewski in seinem Roman. „Die Erniedrigten und Beleidigten" notiert hat. Es lautet: „Auch der armseligste Mensch, mag er noch so eingeschüchtert und heruntergekommen sein, ist auch ein *Mensch* – und er heißt *mein Bruder.*"[2]

So kann nur sprechen, wer tief in einen anderen hineinzuschauen vermag. Der mütterliche Mensch ist dazu fähig. Er allein erkennt die gemeinsame Wurzel, aus der alles Leben kommt. Deshalb ist er zugleich der brüderliche Mensch. Das verdeutlicht eines der anschaulichsten Gleichnisse Jesu. Ich meine das Gleichnis vom Weltgericht (Mt 25,31–46). Darin zeigt sich, daß nicht Wissen, Ansehen, Leistung oder das gefundene Glück den Wert des Menschen ausmacht, sondern einzig seine Brüderlichkeit, die aus der Einfühlsamkeit in die konkrete Situation des anderen hervorgeht, der uns täglich begegnet. Dabei handelt es sich bei jenen Hungrigen und Durstigen, Nackten und Fremden, Kranken und Gefangenen, von denen im Gleichnis die Rede ist, nur um Gestalten, die für alle diejenigen stehen, die in irgendeiner leiblichen oder seelischen Not stecken. Ihnen spontan und ohne jede Berechnung zu helfen, ist – so sagt Jesus – Gottesdienst; denn in jedem x-beliebigen Menschen steht Gott selbst vor uns. Daß Menschendienst zugleich Gottesdienst ist, gehört zu den zentralen Lehren, die Jesus durch sein Leben und sein Wort auf vielfältige Weise verkündet hat. Doch verdeutlicht er auch, daß man Gott nur dann im Menschen begegnen kann, wenn man Gott kennt. Aus diesem Grund erzählt die Bibel immer wieder, wie Jesus zunächst in die Höhen des Himmels schaut, um in den Tiefen der menschlichen Seele heilsam wirken zu können.

Wie aber hat ein Menschendienst auszusehen, damit er zugleich ein Gottesdienst ist? Schauen wir auf Jesus. Da brachte man einen Mann zu ihm, der weder hören noch sprechen konnte. Jesus nahm ihn zur Seite, von den Menschen weg. Er wollte mit ihm alleine sein. Warum? In der Masse kann man einem Notleidenden nicht helfen. Immer geht es in solchen Situationen um etwas sehr Persönliches, das vor neugierigen Augen geschützt werden will. Das wußte Jesus. Nie behandelt er einen Menschen als „Fall". Immer sieht er den je einzelnen in seiner unwiederholbaren Eigenart und mit seinen augenblicklichen Gegebenheiten. In diesem feinfühligen Beiseitenehmen erkennen wir einen ersten mütterlichen Zug Jesu. Dann blickte er zum Himmel auf und sprach zu dem Kranken: Öffne dich! Und da Jesus in seinem Wort ganz gegenwärtig war, tat sein Wort, was es sagte: Die Ohren des Mannes öffneten sich, und die Fesseln seiner Zunge lösten sich. Nur wer den anderen zu öffnen vermag, bringt ihn zum Leben. Hier offenbart sich ein weiterer mütterlicher Zug. Schließlich verbot Jesus dem Geheilten, jemand davon zu erzählen; denn das Geschehene sollte im Verborgenen bleiben. Diese Selbstlosigkeit beinhaltet einen dritten mütterlichen Zug. Weil Jesus ein mütterlicher Mensch war, deshalb wußte er um die Tiefen jenes Wortes: „Auch der armseligste Mensch, mag er noch so eingeschüchtert und heruntergekommen sein, ist auch ein *Mensch* – und er heißt *mein Bruder.*

Jesus verließ das Gebiet von Tyrus wieder und kam über Sidon an den See von Galiläa; von dort zog er weiter in das Gebiet der Dekapolis. Da brachte man einen Taubstummen zu Jesus mit der Bitte, ihm die Hand aufzulegen. Er nahm ihn beiseite, von der Menge weg, legte ihm die Finger in die Ohren und herrührte die Zunge des Mannes mit Speichel; dann blickte er zum Himmel auf, seufzte und sprach zu ihm: Effata, das heißt: Öffne dich! Da öffneten sich seine Ohren und sogleich löste sich die Fessel seiner Zunge, und er konnte richtig reden. Jesus verbot ihnen, jemand davon zu erzählen. Doch je mehr er es ihnen verbot, desto mehr machten sie es bekannt. Außer sich vor Staunen sagten sie: Er hat alles gut gemacht; Tauben gibt er das Gehör und den Stummen die Sprache.
Markus 7,31–37

14 Die helfenden Hände

L. Rinser: Die römische Bettlerin
Lk 8,49–56

Die in Italien lebende Schriftstellerin Luise Rinser erzählt einmal, wie sie längere Zeit in der Nähe einer römischen Bettlerin stand, um diese und die Vorübergehenden zu beobachten. Ein offensichtlich wohlhabender Mann ließ ihr im Vorübergehen etwas in ihren Handteller fallen, ohne das Gespräch mit seiner Frau zu unterbrechen. Eine Frau überließ ihr mit einem sauren Blick eine Semmel. Die Bettlerin schickte ihr einen Blick nach, der deutlich sagte, was sie dachte. Ein Einheimischer drückte ihr einen Schein in die Hand, ohne sie anzuschauen. Hastig setzte er seinen Weg fort, so als würde er sich schämen, es getan zu haben. Schließlich kam eine ältere Frau mit Krampfaderbeinen. Sie blieb stehen, unterhielt sich mit der Bettlerin und ließ während des Redens ganz unauffällig ein Geldstück in die Rocktasche der Alten gleiten. Deren Gesicht leuchtete auf, es verlor seine Verdrossenheit und verwandelte sich in ein Gesicht, das voller Ausdruck war. Lautlos zeigte sie ihre Dankbarkeit mit jeder Falte ihres verwandelten Gesichts.

Vgl. Luise Rinser, Gespräche über Lebensfragen, Echter Verlag, Würzburg 1966, S. 48 f.

Wie vieler Dinge bedient sich täglich unsere Hand, um sie in irgendeiner Weise als Werkzeuge zu gebrauchen! Darunter gibt es manche, mit denen wir durch unseren Beruf verwachsen sind. Von allen aber ist die Hand selbst das wichtigste, das kunstvollste und zugleich das vielfältigste aller Werkzeuge. Da wir uns mit ihrer Hilfe am besten helfen können, ist sie Ausdruck unserer Unabhängigkeit und Freiheit. Was wären wir ohne Hände?

Aber es gibt sie: Menschen, die keine Hände haben. Ich hörte jüngst von einem Mädchen, das ohne Arme und ohne Hände geboren wurde. Lediglich an der Armbeuge hat es einige Fingerspitzen. Dieses Mädchen schrieb einen Brief an Gott. Darin heißt es: „Wenn ich in den Spiegel schaue, dann sehe ich, daß ich hübsch bin. Wenn ich mein Zeugnis betrachte, dann weiß ich, daß ich eine gute Schülerin bin. Ich kann mit meinen Füßen so schnell auf der Maschine schreiben, wie andere Menschen nicht mit ihrer Hand, und malen und Dinge greifen, wie es für andere unmöglich ist. Aber, Gott, ich habe keine Arme und keine Hände. Vor allem kann ich eines nicht: ich kann nie meine Mutter umarmen; nie wird ein Mensch von mir umarmt." Arme und Hände: Werkzeuge eines liebenden Herzens. Habe ich schon einmal Gott für meine Hände gedankt? Mit ihnen vermag ich nicht nur mir selbst zu helfen; durch sie ist es möglich, für viele andere dazusein. Jenes Mädchen hat keine Hände, und doch kann es deren viele haben, wenn es Menschen gibt, die ihm in Liebe verbunden sind und ihm ihre eigenen Hände leihen.

Doch wie unterschiedlich können sich die Hände geben! Das eingangs erzählte Beispiel zeigt es uns. Wer etwas vom menschlichen Herzen versteht, der erkennt in jener Bettlerin sich selbst; denn er weiß, daß im Grunde seines Herzens jeder Mensch ein Bettler ist. Vielleicht gehört diese Aussage zu den Definitionen, die das Wesen des Menschen am tiefsten deuten. Wie oft sagen wir: „Gib mir mal bitte ..." Oder: „Würden Sie so gut sein ..." Oder: „Kann ich dieses oder jenes haben?" Und selbst wenn wir alles bezahlen, was wir empfangen, bleiben wir doch, was wir sind: stille und einsame Bettler, hungernd nach ein bißchen Menschlichkeit, Verständnis und Güte. Das erzählte Beispiel zeigt jedoch, was zu berücksichtigen ist, damit unsere gebenden Hände zu wirklich helfenden Händen werden. Es führt uns die *Tugenden der helfenden Hand* vor Augen.

Die Frau mit den Krampfaderbeinen mag sein, was sie will. Eines ist unübersehbar: sie ist eine *vornehme* Frau. Das kann man von den anderen, die der Bettlerin ebenfalls begegneten, nicht sagen. Obwohl auch sie ihr etwas gaben, halfen sie ihr nicht. Im Gegenteil! Ihre Gabe wurde vielmehr zu einer Beleidigung. Die Tatsache, daß von vier Passanten nur diese ältere Frau über ein vornehmes Herz verfügt, macht sichtbar, wie es heutzutage um diese Tugend steht. Vielleicht war sie immer selten. Ihr Verdienst ist es, eine gebende Hand in eine helfende zu verwandeln. Was aber bedeutet ‚Vornehmheit'? Ein hinduistisches Sprichwort sagt: „Es ist nichts Vornehmes daran, sich über andere zu erheben. Wahrhaft vornehm ist, wer über sich selbst hinauswächst." Der offensichtlich wohlhabende Mann, der der Bettlerin etwas zufallen ließ, ohne das Gespräch mit seiner Frau zu unterbrechen, die Frau, die der Bettlerin eine Semmel mit saurem Blick überließ, und schließlich jener, der ihr einen Schein in die Hand drückte, ohne sie anzuschauen, lassen die Vornehmheit vermissen, weil sie nicht über sich selbst hinauswachsen. Ihrem Verhalten haftet etwas Verächtliches an. Verächtlichkeit aber ist immer auch Überheblichkeit. Diese drei sind die Gefangenen ihrer eigenen Situation; sie sind die Gefangenen ihrer selbst. Deshalb kommen sie bei der Bettlerin nicht an. Hier verdeutlicht sich: Nicht die Gabe ist das Wichtigste, sondern die vornehme Hand, die gibt, um gut zu sein. Der englische Dramatiker William Congreve (1670–1729) hat geschrieben: „Wer liebt, schenkt Schönheit." Die vornehmen Hände tun es. Und mit der Schönheit bringen sie menschliche Wärme in das Leben des anderen hinein.

Es ist jedoch nicht nur die Vornehmheit jener hilfreichen Frau, die ihre Hände in beglückender Weise wirksam werden läßt. Auch ein tiefes Einfühlungsvermögen ist ihr zu eigen. Sie ist eine *einfühlsame* Frau. Ein Mensch mit einem tiefen Einfühlungsvermögen erspürt, was sich im anderen tut, wie ihm zumute ist, was er fühlt, wonach er sich sehnt, worunter er leidet. Wonach sehnte sich die Bettlerin? Sie wollte als Mensch angenommen, bejaht und geliebt werden. Wer von uns möchte das nicht? Wo uns dies zuteil wird, da leuchtet auch unser Gesicht auf, da verliert es seine Verdrossenheit; da verwandelt es sich in ein Gesicht, das mit jeder Falte seine Dankbarkeit zum Ausdruck bringt. So ist es neben der Vornehmheit die Einfühlsamkeit, die uns zu einer guten Tat ermächtigt. „Was ist eigentlich eine gute Tat?" fragte einst ein Ratsuchender einen Weisen. Der Weise antwortete: „Das ist eine Tat, die auf dem Antlitz eines anderen ein Lächeln erscheinen läßt." Der einfühlsame Mensch berührt nicht dieses oder jenes vom anderen; er berührt vielmehr sein Herz, seine Personmitte, ihn selbst. Er vermag es, weil er in seiner Tat gegenwärtig ist. Mit dem Wenigen, das er gibt, gibt er sich ganz.

Die Frau mit den Krampfaderbeinen ist schließlich eine *liebende* Frau. Was bedeutet, ‚Liebe', dieses kleine Wort, das nur aus fünf Buchstaben besteht, aber tausend Mißverständnisse in sich birgt? Liebe ist die Aufnahme des anderen ins eigene Herz. Eigentümlich: Der helfende Mensch gibt in seiner guten Tat sich selbst; aber sich selbst gebend, nimmt er den anderen in sich auf, ihn tragend, ihn bergend im Geheimnis seines eigenen Daseins. Von einer 12jährigen aus Trinidad stammt die folgende Kurzgeschichte: „Wer bist du, einsamer alter Mann? Deine Augen strahlen nicht. Dein Gesicht ist voller Falten. Dein Bart ist ein Urwald. Es dürfte nicht sein: Alter Mann, du bist ganz allein. Deine Augen sehen ohne Blick. Keiner tröstet dich. Keiner lacht dich an. Keiner hält deine Hand. Keiner schenkt dir Liebe. Nimm meine Hand, komm schlag ein. Alter Mann, du bist nicht mehr allein!"

Während Jesus noch redete, kam einer, der zum Haus des Synagogenvorstehers gehörte, und sagte zu Jairus: Deine Tochter ist gestorben. Bemüh den Meister nicht länger! Jesus hörte es und sagte zu Jairus: Sei ohne Furcht; glaube nur, dann wird sie gerettet. Als er in das Haus ging, ließ er niemand mit hinein außer Petrus, Johannes und Jakobus und die Eltern des Mädchens. Alle Leute weinten und klagten über ihren Tod. Jesus aber sagte: Weint nicht! Sie ist nicht gestorben, sie schläft nur. Da lachten sie ihn aus, weil sie wußten, daß sie tot war. Er aber faßte sie an der Hand und rief: Mädchen, steh auf! Da kehrte das Leben in sie zurück, und sie stand sofort auf: Und er sagte, man solle ihr etwas zu essen geben. Ihre Eltern aber waren außer sich. Doch Jesus verbot ihnen, irgend jemand zu erzählen, was geschehen war.
Lukas 8,49–56

15 Vom Glück des Gebens

Brüder Grimm: Die Sterntaler
Joh 6,1–15

Die Brüder Jakob Grimm (1785–1863) und Wilhelm Grimm (1786–1859) sind ein Beispiel wahrer Brüderlichkeit. Ihr Leben und ihr Werk sind aufs engste miteinander verbunden. Die beiden harmonierten in der äußeren Lebensgestaltung, in ihrer Weltanschauung und in ihrer wissenschaftlichen Arbeit. In Glück und Unglück standen sie treu zusammen. Bereits während seines Jurastudiums in Marburg hatte sich Jakob Grimm mehr mit Sprachwissenschaft und Literatur als mit den trockenen Pandekten beschäftigt. Sein Bruder Wilhelm sammelte schon als Junge im heimatlichen Kinzigtal bei Schäfern und bei den Frauen in der dörflichen Spinnstube eifrig Sagen und Märchen, die sich in mündlicher Überlieferung von Generation zu Generation erhalten hatten. 1812 veröffentlichte er in Berlin in Gemeinschaft mit seinem Bruder die gesichtete und gereinigte Sammlung der „Kinder- und Hausmärchen". Aus dieser Sammlung stammt das Märchen „Die Sterntaler", das wir hier gerafft und in unserer Sprache vorstellen möchten.

Es war einmal ein kleines Mädchen, dem Vater und Mutter gestorben waren. Mit seinen Eltern hatte es auch seine Bleibe verloren. Seine Kleider am Leib und ein Stück Brot in der Hand, das war alles, was es hatte. Aber das Mädchen war gut und voller Gottvertrauen. In diesem Gottvertrauen machte es sich, von aller Welt verlassen, auf den Weg. Alsbald begegnete es einem hungrigen Mann. Ihm schenkte es sein Brot mit dem Wunsch: „Gott segne dir's!" Auf seinem weiteren Weg überließ es das wenige, was es hatte, den Bedürftigen und Notleidenden. Es war schon dunkel geworden, als es einen Wald erreichte und nur noch sein Hemd besaß. Selbst dieses gab es einem frierenden Kind, das ihm dort begegnete. Denn es sagte sich: „Es ist dunkle Nacht, da sieht dich niemand!" Als es so stand und nichts mehr hatte, da fielen auf einmal die Sterne vom Himmel und waren lauter Silbermünzen. Und plötzlich hatte es ein neues Hemd von feinstem Linnen an, in das es die Münzen sammelte. So war für es gesorgt sein Leben lang.

Vgl. Brüder Grimm, Die Sterntaler, in: Kinder- und Hausmärchen, Verlag Carl Ueberreuter, Wien-Heidelberg o. J., S. 179 f.

Rudolf Alexander Schröder (1878–1962) stellt in seinen „Aphorismen und Reflexionen" die Frage, warum uns echte Märchen so unmittelbar anrühren. Er selbst gibt die Antwort: „Weil sie das unmittelbare Hervortreten und Sichtbarwerden eines Inneren sind. Anders herum: alles, was im Märchen geschieht, geschieht in dir selbst. Du bist zugleich der Schatz und der Riese, die schlafende Königstochter, die Dornenhecke und der Prinz, der sie durchschreitet."[1] Wir dürfen fortfahren: Du bist jenes kleine Mädchen, der Bedürftige und auch der Stern. Nur sind wir uns dessen meist nicht bewußt. „Es war einmal ...", das heißt, was sehr weit in die Vergangenheit zurückweist, liegt dennoch greifbar nahe; es liegt in dir, es liegt in mir. Die heilsame und befreiende Kraft, die in jedem echten Märchen liegt, besteht darin, daß sie das Ursprüngliche und Geheimnisvolle, das im Abgrund unserer Seele schlummert, zu wecken versteht, indem sie es ins Bild hebt und somit anschaubar macht. Aus diesem Grund lieben Kinder, die dem geheimnisvollen Ursprung des Daseins noch nahe sind, die Märchen. Sie eröffnen ihnen eine Welt, in der sie sich geborgen fühlen. Aber Märchen vermitteln nicht nur Geborgenheit. Sie geben darüber hinaus auf ihre Art Antwort auf die Grundfragen des Menschen. So verstehen wir Johann Gottfried Herder (1744–1839), wenn er sagt: „Im Märchen liegt eine uralte Ernte der Weisheit."

Dementsprechend lautet die Weisheit jenes angeführten Märchens: Gibst du dem Bedürftigen und Notleidenden selbstlos und absichtslos, was du hast, so geht es dir nicht verloren; es wird dir vom Himmel auf geheimnisvolle Weise größer und vielfältiger zurückgeschenkt. Das ist in der Tat eine Erfahrung, die von guten Menschen unterschiedlichster Zeiten und Kulturen immer wieder gemacht worden ist. So lesen wir bei dem chinesischen Philosophen Lao-tse (6. Jh. v. Chr.): „Der Heilige Mensch häuft nicht an. / Je mehr er für die Menschen tut, / Desto mehr hat er selbst. / Je mehr er den Menschen gibt, / Desto mehr wird ihm selbst zuteil."[2] Am Ende ihres jungen Lebens erklärte die heilige Theresia von Lisieux (1873–1897): „Immer bin ich sehr gut entschädigt für die Mühe, die ich mir gebe, um dem Nächsten zu dienen." Schließlich sei an ein Wort der Schriftstellerin Gertrud von Le Fort erinnert. Sie sagte: „Von allem, was mir gehörte, blieb mir nur das, was ich verschwendete und verschenkte." Sie alle gaben nicht einfach etwas weg. In dem, was sie gaben, schenkten sie sich selbst. So wurde ihre Gabe zu einem Samenkorn, das vielfache Frucht aus sich hervorgehen ließ. Wie werden wir solchen Gebens mächtig?

Hier berät uns keiner besser als Jesus. Warum? Nicht einmal drei Jahre hat sein öffentliches Leben in dieser Welt gedauert. In dieser kurzen Zeitspanne hat er sich in einer Weise gegeben, daß wir heute noch von den Früchten seiner Taten leben. Das liegt nicht zuletzt daran, daß den wenigen Jahren seines Wirkens viele Jahre der Stille vorausgegangen waren. Jesus zeigt uns, daß die großen Taten, in denen der Mensch ganz gegenwärtig ist, nur in der Stille wachsen können.

Wie tief Jesus in der Stille verwurzelt war, verdeutlicht die biblische Erzählung vom „Sturm auf dem Meer" (Mt 8,23–27). Kleine Kinder können tief schlafen, während um sie herum der Sturm tobt – und derjenige, der uns sagt: „Wenn ihr nicht umkehrt und wie die Kinder werdet ..." (Mt 18,3), kann es auch. Die Stille in sich habend, gebot Jesus den Winden und dem See: „Und es trat völlige Stille ein." Der bekannte amerikanische Seelsorger Norman Vincent Peale bemerkt hierzu: „Man fragt sich, ob jene Stille die Wellen des Meeres betraf oder vielleicht die Herzen der Männer, was eine noch tiefere Bedeutung ergäbe (...) Es ist Jesus, der Wellen und Sturm auch in unserem Gemüt besänftigen kann."[3] Durch die Begegnung mit Jesus zieht die Stille in uns ein. Die Daseinsängste legen sich. Wir fühlen uns frei von aller falschen Anhänglichkeit und Abhängigkeit und werden uns bewußt, wie wenig man braucht, um glücklich zu sein. Das schenkt uns die *Kraft* zum Geben.

Mit der inneren Freiheit schenkt uns die Stille zugleich neue Augen. Schauen wir auch hier auf Jesus. Seine Augen sehen alles: die Blumen auf dem Feld und den Spatzen auf dem Dach, die Frau beim Brotbacken und den Bauern beim Pflügen, die Kinder beim Spielen und die Fischer mit ihren Netzen. Sie alle sind für ihn Boten der Freude, durch die er sich beschenkt weiß. Weil er spürt, wie viele Freuden sie bringen, hat er sie zu Trägern seiner Frohbotschaft gemacht. Wie viele unscheinbare Boten der Freude möchten täglich auch in unser Leben kommen. Der Tautropfen am Grashalm, das gefärbte Blatt am Boden, die Wolken am Himmel, die untergehende Sonne am Abend, die vielen schlichten und einfachen Menschen, denen wir täglich begegnen und die es gut mit uns meinen. All das nehmen wir oft erst wahr, wenn unser Dasein seine Selbstverständlichkeit verliert. Ich denke hier an einen Mann, der von seinem Arzt erfahren hatte, daß er schwer krank sei und nur noch wenige Monate zu leben habe. Mit diesem Augenblick begann für ihn ein neues Leben: „Seitdem erscheint mir alles schön und bedeutungsvoll. Ich komme mir vor, als hätte ich mein ganzes bisheriges Leben geschlafen und wäre jetzt erst aufgewacht." Die Stille sensibilisiert uns für die vielen kleinen Dinge, die uns innerlich froh machen wollen. So erfahren wir uns selbst als die Beschenkten und werden fähig, mit *Freude* zu geben.

Durch die Begegnung mit Jesus in der Stille wird in uns schließlich der Glaube an einen großen Sinnzusammenhang in dieser Welt lebendig. Dieser Glaube schenkt uns das Vertrauen, auch dann noch zu geben, wenn wir nicht mehr einsehen können, wozu es gut sein soll. Das gilt vor allem, wenn das Leben schwer für uns wird und wir vieles aufgeben müssen, um uns selbst mit ungeteilter Kraft geben zu können. Was damit gemeint ist, verdeutlicht ein Beispiel aus dem Leben von Thomas Alva Edison (1847–1931), dem größten Erfinder Amerikas. Im Park seiner Sommerresidenz in Florida, so wird erzählt, gab es ein Riesenbeet mit den seltensten Rosen. Doch war es dem Besucher nicht möglich, ohne weiteres an dieses Beet zu gelangen. Zuvor mußte er mit größter Kraftanstrengung ein Drehkreuz in Bewegung bringen, das Edison auf dem Weg zu jenem paradiesischen Beet hatte anbringen lassen. Eines Tages äußerte einer seiner Gäste sein Befremden darüber, daß der große Erfinder sich nichts Gescheiteres hatte einfallen lassen als dieses unpraktische und schwere Kreuz. Da erklärte ihm Edison lächelnd: „Jeder, der durch dieses Drehkreuz geht, pumpt mir fündunddreißig Liter Wasser zu meinem Wasserturm auf das Dach hinauf." Indem diese Leute sich auf das schwere Kreuz einließen, dienten sie, ohne daß sie es erahnen konnten, einer größeren Sache. Wie sie, so fragen auch wir zuweilen, warum denn dieses oder jenes unbedingt sein muß. Mit dieser bedrückenden Frage verließen zwei der Jünger Jesu ratlos Jerusalem, nachdem ihr Meister am Kreuz gestorben war. Der Gekreuzigte aber war ihnen nachgegangen, um ihnen als der Auferstandene Licht in diese dunkelste aller menschlichen Fragen hineinzubringen: „Mußte nicht der Messias all das erleiden, um so in seine Herrlichkeit zu gelangen" (Lk 24,26). Hier zeigt sich, was christlicher Glaube ist, nämlich die Einladung Gottes an den Menschen, sich seinen unerforschlichen Planen kindlich anzuvertrauen. Kindlichkeit verlangt dieser Glaube, weil wir – wie das Kind – erst später, nämlich in Gottes Herrlichkeit, erfahren werden, wozu alles hatte sein müssen. Aus der Stille kommend, ist uns Jesus auch in dieser Situation vorausgegangen. Sein österliches „Mußte" ist gegenwärtig in unserem Muß, das uns unser Kreuz auferlegt. Indem wir uns in Kreuz und Leid selbst geben, geschieht irgendwo das Heil anderer.

So schenkt uns die Begegnung mit Jesus in der Stille die Kraft zum Geben, die Freude am Geben und den Glauben daran, daß unser Geben als Selbsthingabe auch dann noch einen Sinn hat, wenn uns alles sinnlos erscheint. Solches Geben, das aus der Stille kommt, ist immer ein kostbares Saatgut, das eine reichhaltige Ernte erwarten läßt. Dafür steht ein kleiner Junge ein, von dem nur beiläufig in der Erzählung „Von der wunderbaren Brotvermehrung" die Rede ist. Weil dieser Junge das, was er hatte, nicht für sich behielt, sondern es sich still und einfach wegnehmen ließ, ereignete sich das Wunder, daß von seinen fünf Gerstenbroten und seinen zwei Fischen unerwartet weit über fünftausend Menschen gesättigt wurden und auch für diesen Jungen bestens gesorgt war.

Danach ging Jesus an das andere Ufer des Sees von Galiläa, der auch See von Tiberias heißt. Eine große Menschenmenge folgte ihm, weil sie die Zeichen sahen, die er an den Kranken tat. Jesus stieg auf den Berg und setzte sich dort mit seinen Jüngern nieder. Das Pascha, das Fest der Juden, war nahe. Als Jesus aufblickte und sah, daß so viele Menschen zu ihm kamen, fragte er Philippus: Wo sollen wir Brot kaufen, damit diese Leute zu essen haben? Das sagte er aber nur, um ihn auf die Probe zu stellen; denn er selbst wußte, was er tun wollte. Philippus antwortete ihm: Brot für zweihundert Denare reicht nicht aus, wenn jeder von ihnen auch nur ein kleines Stück bekommen soll. Einer seiner Jünger, Andreas, der Bruder des Simon Petrus, sagte zu ihm: Hier ist ein kleiner Junge, der hat fünf Gerstenbrote und zwei Fische; doch was ist das für so viele! Jesus sagte: Laßt die Leute sich setzen! Es gab dort nämlich viel Gras. Da setzten sie sich; es waren etwa fünftausend Männer. Dann nahm Jesus die Brote, sprach das Dankgebet und teilte an die Leute aus, soviel sie wollten; ebenso machte er es mit den Fischen. Als die Menge satt war, sagte er zu seinen Jüngern: Sammelt die übriggebliebenen Brotstücke, damit nichts verdirbt. Sie sammelten und füllten zwölf Körbe mit den Stücken, die von den fünf Gerstenbroten nach dem Essen übrig waren. Als die Menschen das Zeichen sahen, das er getan hatte, sagten sie: Das ist wirklich der Prophet, der in die Welt kommen soll. Da erkannte Jesus, daß sie kommen würden, um ihn in ihre Gewalt zu bringen und zum König zu machen. Daher zog er sich wieder auf den Berg zurück, er allein.
Johannes 6,1–15

16 Nichts ist vergeudet, was aus Liebe geschieht

L. Rinser: Die vollkommene Freude
Joh 13,34–35

In ihrem Roman „Die vollkommene Freude" schildert Luise Rinser das Leben der jungen Französin Marie-Catherine, die mit Clemens, einem deutschen Dozenten für Neuphilologie, verheiratet ist. Clemens ist überaus empfindlich, unduldsam und nervös. Nie ist vorauszusehen, wie er etwas aufnimmt und beantwortet. Wortlose Anklage und verletztes Schweigen sind seine Waffen. Marie-Catherine ist dagegen heiter, gescheit und gläubig. Ihre Augen drücken Vertrauen, Hoffnung, Mut und unendliche Geduld aus. Obwohl sie in Philosophie promoviert hat, zeigt sie nie ihr Wissen. Alle ihre guten Eigenschaften setzt sie ein, um das Leben dieses Mannes und seiner problemgeladenen Familie zu erhellen. Sie weiß, daß sie hier eine Aufgabe hat, und für sie bedeutet „eine Aufgabe übernehmen", um sie mit Hingabe zu erfüllen, so viel wie „lieben". Daher ist sie bereit, auf vieles zu verzichten.

Doch es kommt für sie der Tag, da ihr Mann ihre lichtvolle Gegenwart nicht mehr erträgt und sich von ihr scheiden läßt. Marie-Catherine willigt schließlich in die Scheidung ein. Sie bezieht eine kleine Mansardenwohnung in einer Arbeitersiedlung am Rand der Stadt. Für jeden ist sie da, auch für Clemens, als dieser unheilbar krank wird und mehrere Wochen später auf einer Reise mit unbekanntem Ziel unbemerkt verstirbt. Es sieht so aus, als sei ihre ganze Mühe umsonst gewesen. Bald zeigt sich aber, daß alle, die in ihren Lebenskreis getreten sind, irgendwie gewandelt wurden. Wie sehr dies auch für Clemens gilt, offenbart sein Testament, das alle Hinterbliebenen in großes Staunen versetzt. Erwähnenswert ist vor allem ein wertvolles Kreuz, das seit vielen Jahren in seiner Familie vererbt wurde und jetzt Marie-Catherine zugedacht worden war. Als sie das Schmuckkästchen öffnet, da entdeckt sie in ihm einen beiliegenden Brief, dessen kurzer Inhalt vor allem ein Bitten um Vergebung ist.

In der Folgezeit arbeitet Marie-Catherine viel. Sie ist kaum noch zu Hause. Sie putzt, wäscht und kocht in der Siedlung, wo eine Hilfe fehlt. Sie pflegt die Kranken, hält Nachtwache bei ihnen und ist stets zu Aushilfen im Krankenhaus bereit. Die Leute kommen einfach und bitten, und sie bitten nie vergebens. Als sie einmal aufs Sterben zu sprechen kommt, sagt sie: „Ich möchte so gerne an einem Frühlingsmorgen sterben, wenn möglich an einem Ostersonntagmorgen vor Tagesanbruch.“ Das ununterbrochene Dasein für andere macht sie müde und krank. Man überredet sie, sich einmal in der Klinik untersuchen zu lassen. Da Ostern vor der Türe steht, wird für Osterdienstag ein Zimmer bestellt und alles verabredet. Aber so lange lebt Marie-Catherine nicht mehr. Am Ostermorgen ist sie tot. Sie starb ganz allein in der Frühe des Ostersonntags. In einem letzten Brief an ihren Schwager schrieb sie: „Ich freue mich darauf zu sterben. Ich bin glücklich und ganz ruhig, obwohl ich nicht weiß, wohin ich jetzt gehen werde. Ich hoffe, daß barmherzige Arme mich auffangen.“

Vgl. Luise Rinser, Die vollkommene Freude, Roman, Fischer Taschenbuch Verlag, Nr. 1235, Frankfurt a. M. 1975.

Vielleicht standen wir schon einmal am Grab eines Menschen, der bei allem, was er tat, immer nur sich selbst sah und seine eigenen Interessen und Wünsche verfolgte. Schweigend und anteilnahmslos sahen wir zu, wie er der Erde zurückgegeben wurde. Warum empfanden wir dabei keine Trauer? Er hatte uns nie viel zu sagen. Da er immer nur um sich selber kreiste, war es uns nicht möglich, näheren Kontakt mit ihm zu bekommen. Deshalb bedeutete sein Tod für uns keinen schweren Verlust. – Vielleicht standen wir aber auch schon einmal am Grab eines Menschen, dem wir heute noch viel zu verdanken haben. Er war einfach für uns da. In seiner Nähe fanden wir Güte, Verständnis, Hilfsbereitschaft und Treue. Möglicherweise wurde uns erst bei seinem Tod bewußt, was er uns gegeben hat. Mit seinem Tod kam in unser Leben eine Lücke, die kein anderer ausfüllen kann. Daher empfanden wir einen seelischen Schmerz, der nicht heilen will. Doch tiefer als dieser Schmerz lebte in uns die Freude darüber, daß es diesen Menschen überhaupt unter uns gegeben hat. Sein Leben ist für uns eine bleibende Botschaft. Deshalb geht von seinem Grab eine seltsame Anziehungskraft aus.[1] Ein solcher Mensch war Marie-Catherine. Diejenigen, die ihr begegnen durften, werden sie nicht vergessen können. Ihr Leben ist ein Maßstab für das unsrige.

Wenn wir das Leben dieser Frau überdenken, dann kann in uns eine selige Hoffnung aufbrechen, die uns zuversichtlich in unsere Welt und in die Zukunft schauen läßt. Wir dürfen nämlich vermuten, daß die Zahl der wirklich guten Menschen viel größer ist, als wir erahnen können. Da es zu ihrem Wesen gehört, sich nicht an die Öffentlichkeit zu drängen, wird man ihre Zahl nie ermitteln können. Vielleicht haben wir das Glück, den einen oder anderen von ihnen in unserer Umgebung zu wissen, doch außer ihnen gibt es – in der ganzen Welt zerstreut – noch „eine große Schar, die niemand zählen kann“ (Offb 7,9). Von ihnen lebt letztlich die Welt. Obwohl sie einander nicht kennen, bilden sie eine große Gemeinschaft, die nicht mit Worten, sondern durch ihre Lebensweise jeden von uns einlädt, sich still in ihre Reihen einzugliedern. Solch wirklich gute Menschen wird es auch in Zukunft geben; denn „was einmal geschieht, kann hundertmal, tausendmal, kann immerfort geschehen, und es kann geschehen wider alle Erwartung, wider jede Voraussicht, wider jede negative Kraft“[2]. So wächst bereits heute im jungen Menschen verborgen das Gute heran, um morgen seine Frucht zu bringen. Darum wußte jener alte Lehrer, von dem erzählt wird, daß er jeden Morgen vor seinen Schülern eine tiefe Verneigung machte. Auf die Frage, warum er das tue, sagte er, keiner könne wissen, in welchem dieser jungen Menschen etwas Großes heranwachse.

Im Hinblick auf Marie-Catherine müssen wir zunächst feststellen, daß sich ihr die Frage nach dem Sinn des Lebens nicht stellte. Nie wurde sie am Sinn ihres Lebens irre. Sie verstand ihn, oder sagen wir besser: sie lebte ihn; denn man versteht nur, was man lebt. Weil sie den Sinn ihres Lebens lebte, erfuhr sie ihn unaufhörlich. Worin aber bestand er für sie? Sie wollte ihr Leben nicht sparen. Wofür sparen Menschen ihr Leben auf, wenn sie es geizig zurückhalten? Oft wissen sie es selber nicht. Aufgespartes Leben zerfällt und macht unglücklich. Auf diese Weise werden wir nie zum Sinn des Lebens und schon gar nicht zu einem persönlichen intensiven Leben kommen. Was „Leben“ eigentlich ist, erfährt nur, wer es im Dienst für andere intensiv verzehrt. In ihrem Briefroman „Abenteuer der Tugend“[3] schreibt Luise Rinser: „Früher hätte ich gesagt: geh fort, wirf deinen Lebenskomfort über Bord, riskiere etwas, tu was du willst, nur nicht das Gewohnte, und lebe, lebe. Aber was ist ‚leben‘? Tun, was man will? Das glaubt man, wenn man jung ist. Leben, das bedeutet immer: tun, was man soll. Ich glaube fast, es ist gleichgültig, was man tut. Es kommt nur auf die Intensität an, mit der man es tut. Wer diese Intensität nicht hat, der wird niemals erfahren, was leben heißt, und der, der glüht, wird in allem, was er tut, ‚leben‘.“ Indem Marie-Catherine ihr Leben verzehrte, fühlte sie es intensiv. Sie erlebte es in seiner Fülle.

Manch einer wird nun fragen: „Kann man denn hier von Fülle sprechen, angesichts der Tatsache, daß diese Frau auf so vieles verzichtete, was sie durchaus hätte haben können? Fehlte ihr nicht beinahe alles, was sonst das Leben einer Frau ‚erfüllt'?" Darauf ist zu erwidern „daß das Leben noch ganz andere Freuden hat als erfüllte Wünsche" (AT 123). Das kann man nicht verstehen, aber man kann es erfahren. Freude ist keineswegs nur das Ergebnis erfüllter Wünsche, sondern auch und vor allem die Frucht eines Verzichtes. „Man ist dem Glück nie näher als im Verzicht darauf. Doch dies ist eine Erfahrung, die so sehr Geheimnis ist, daß man sich fürchten sollte, sie auszusprechen" (AT 188). Allerdings kann ein solcher Verzicht nur aus einer tiefen Liebe erwachsen, die unser Leben auf etwas bezieht, was außerhalb unserer oberflächlichen Tageswünsche liegt. Wer in seinem Leben nicht etwas Großes verfolgt, der wird im Verzicht keinen Sinn erkennen können, alsbald aber irgendeinem Laster verfallen. Wo einer einem Laster frönt, da ist „etwas, das früher war als das Laster. Man verfällt nicht einem Laster, wenn man glücklich oder auch nur halbwegs in Ordnung ist. Man muß sehr unglücklich sein, um anfällig zu sein" (AT 146). Allein das intensive Streben nach einem hohen Ziel hält unser Leben in Ordnung und macht es glücklich; so werden wir fähig, auf vieles zu verzichten.

Das Große, das Marie-Catherine in ihrem Leben zu erreichen suchte, war, ihre ganze Lebenskraft in Liebe umzusetzen. Was ist das eigentlich – Liebe? Jedenfalls hat sie nichts zu tun mit „Verliebtheit, die kommt, brennt und erlischt" (VF 138). Liebe ist zunächst das Übereinstimmen zweier Menschen, ein herzliches und ernstes Zueinanderstehen, „auch dann noch, wenn man sich nicht mehr darüber täuschen kann, daß man weder im Fleische noch im Geiste wirklich ganz eins sein könne." Aber Liebe ist noch mehr, „mehr noch auch als das schöpferische Vermögen und Verlangen, aus dem geliebten Wesen ein besseres, höheres zu bilden" (VF 184). Sie ist „ein Zeichen für etwas anderes, für eine andere Liebe; eine Verheißung, ein Gleichnis" (VF 185), ein Gleichnis der Liebe Gottes, die in Jesus Christus aufleuchtet und das menschliche Herz mit beinahe tödlicher Macht aufzureißen sucht, so daß es nun offensteht für alle. Solche Liebe ist „eine unheilbar offene Wunde, groß genug, um andern als tröstliche Zuflucht zu dienen" (VF 186). Das Leben von Marie-Catherine war eine tröstliche Zuflucht für jeden, der sie brauchte. Sie liebte „ausschließlich, vorbehaltlos, glühend, ohne Berechnung, ohne Erwartung, ohne die Möglichkeit des Rückzugs" (AT 158). Indem sie die vielen Aufgaben, die sich ihr täglich neu in ihren mitmenschlichen Begegnungen stellten, offenherzig übernahm und intensiv erfüllte, wurde ihr Leben zu einem Gleichnis der Liebe Gottes zum Menschen.

Wie aber machte sie es, daß sie zugleich genau sehen, klug urteilen und dennoch lieben konnte? Wie kann man Menschen lieben, wenn man sieht, wie sie sind: eng, hartherzig, geizig, lügenhaft, feige, gierig ...? Marie-Catherine war eine gläubige Frau. In ihren Glauben vereinigte sie jene Gegensätze, die sonst unversöhnbar bleiben. Im Nächsten liebte sie den fernen Gott. Sie konnte jenem alten und weisen Franziskanerpater, dessen Glaubensgespräche sie regelmäßig besuchte, nur zustimmen, als er einmal sagte: „Der unbequeme Nachbar, das nämlich, hört gut zu, das ist Gott." Daraufhin erklärte er, daß Gott selbst die Maske der uns abstoßenden Menschen annimmt, um uns Gelegenheit zu geben, ernst zu machen mit der Nächstenliebe. „Es schadet nichts, wenn ihr so denkt wie meine Mutter, Gott habe sie selig, sie ist lange tot. Wenn da ein recht unliebsamer Besuch kam, ein grober Vetter oder eine bettelhafte Nachbarin, dann sagte sie: ‚Kinder, seid gut, das könnte der Herrgott sein.' Seht, das ist Nächstenliebe. Darin ist nichts von Herablassung, nichts von Anpassung nach unten, das ist vielmehr der Blick nach oben, der Blick in den großen Zusammenhang. Das ist Liebe, das allein: den andern lieben, weil er Gottes ist, weil Gott in ihm ist" (VF 182).

In dieser gläubigen Liebe verwandelte Marie-Catherine – oft ohne es zu wissen – ihre Welt, wie Jesus Christus sie verwandelt hat. Wie sollten wir auch einen Menschen wirklich verwandeln können, wenn nicht so, daß wir liebend seinen göttlichen Grund anzurühren suchen? Solche Liebe kann sehr anstrengend sein und manchmal scheint die Situation hoffnungslos. Doch werden auch wir erst später erkennen, „daß nichts vergeudet ist, was aus Liebe geschieht" (AT 38). Kam Marie-Catherine jedoch in eine Situation, wo für sie wirklich nichts mehr zu machen war, dann ließ sie in tiefem Gottvertrauen und in gläubiger Gelassenheit den Dingen ihren Lauf. Was sie ihrem Schwager sagte, das ist auch für uns ein guter Rat: „Wenn etwas so schlimm verwickelt, so ganz und gar heillos aussieht, dann tut man am besten, gar nichts zu unternehmen, sondern alles ruhig in die Hände dessen zu legen, der es überschauen und ordnen kann" (VF 201).

Marie-Catherine fühlte ihren baldigen Tod. Sie sprach gern von ihm. Sie konnte es, weil ein erfülltes Leben hinter ihr lag. Für sie war das Leben, aber auch das Sterben schön. Sie freute sich darauf, denn sie war nicht ohne Hoffnung. Sie empfing den Tod aus der Hand eines menschenliebenden Gottes als ein beseligendes Geschenk, auf das hin unser irdisches Leben nichts als eine lange und schwere Vorbereitung ist (vgl. VF 194). An ihrem Grab sagte der alte Priester: „Laßt die Fußböden eurer Küchen sprechen, die sie geputzt hat. Laßt eure zerknitterten Bettlaken sprechen, die sie glattgezogen hat, und eure schweißnassen Kissen, die sie unermüdlich umgewendet hat in langen Nachtwachen. Laßt die große Stille der Liebe sprechen, in die eure Klagen fielen: kleine Klagen über kleine Sorgen, große Klagen über großes Leid; Klagen über ein verfehltes Leben, eure Untreue dem Herrn gegenüber, eure Verzweiflung. Laßt euer Lächeln sprechen, mit dem ihr fortginget von ihr, getröstet, erleichtert, ohne zu bedenken, daß sie zurückblieb, auf den Knien liegend, die ungeheure Last eurer Not am eigenen Leibe spürend, mit Gott hadernd eurer Schmerzen wegen, mit ihm ringend um die Erfüllung eurer Wünsche, um euern Frieden, euer Heil ... Wollt ihr die Liebe vergelten, die sie euch gab, so lebt wie sie: versucht zu lieben" (VF 237f.). Damit schloß er und fügte nur noch ein lautes „Amen" hinzu, das wie ein Trompetenstoß in den Ohren klang.

Ein neues Gebot gebe ich euch: Liebt einander. Wie ich euch geliebt habe, sollt auch ihr einander lieben. Daran werden alle erkennen, daß ihr meine Jünger seid, wenn ihr untereinander Liebe habt.
Johannes 13,34–35

17 Ohne dieses Kapitel ist kein Mensch ein Mensch

A. Solschenizyn: Matrjonas Hof
1 Kor 13,4–8

Ignatytsch erhielt eine Anstellung als Mathematiklehrer in Torfoprodukt und quartierte sich in einem nahegelegenen Dorf bei der alleinstehenden Witwe Matrjona Wassiljewna ein. Es war ein altes, graues, vermodertes Haus. Hinter den verblichenen Tapeten rumorten, kratzten und piepsten die Mäuse. Dennoch fühlte sich Ignatytsch hier wohl, denn beide hatten sich schnell aneinander gewöhnt, und so lebten sie einträchtig zusammen.

Im Verlauf ihrer sechzig Jahre hatte man Matrjona vielerlei Unrecht angetan. Obwohl sie krank war, rechnete man sie nicht zu den Invaliden. Ein Vierteljahrhundert hatte sie im Kolchos gearbeitet. Trotzdem stand ihr keine Rente zu. Ihr Mann war seit dem Krieg verschollen. Da es ihr nicht möglich war, von den verschiedenen Stellen all die Bescheinigungen beizubringen, ging sie auch hier ohne Unterstützung aus. Sechs Kinder hatte sie geboren. Sie starben alle sehr früh. Matrjona klagte nicht. In ihren Augen fand sich immer ein strahlendes Lächeln. Wenn sie morgens gegen vier oder fünf Uhr aufstand, hatte sie die Reihenfolge ihrer Arbeit genau im Kopf. Sie kochte, sammelte alte Baumstümpfe, pflückte im entlegenen Wald Preiselbeeren, hackte Kartoffeln und versorgte ihre einzige, schmutzigweiße Ziege mit Heu. Jede Arbeit begann sie „mit Gott“. Wurde sie von Nachbarn gebraucht, so half sie dort. Hatte sie getan, was sie sich vorgenommen hatte, dann lächelte sie freundlich und zufrieden und war mit allem ausgesöhnt.

Von der Krankheit ausgelaugt, hatte Matrjona angesichts ihres baldigen Todes entschieden, daß ihre Pflegetochter, die sie zehn Jahre lang wie ihr eigenes Kind betreute, den kalten Teil des Hauses bekommen sollte. Nun ergab es sich, daß die inzwischen verheiratete Pflegetochter nur dann ein Stück Land bekommen und behalten konnte, wenn darauf ein Haus errichtet würde. Da es nicht möglich war, anderswoher Bauholz zu bekommen, stimmte Matrjona zu, den kalten Teil des Hauses schon jetzt in seine Bestandteile zu zerlegen und zu jener Stelle zu schaffen, wo das Haus errichtet werden sollte. Ihre drei

Schwestern, die es auf das Kernstück des Hauses abgesehen hatten, kamen und beschimpften sie als dumme Trine. Matrjona begleitete den Transport. Es war schon dunkel, als sie zum unbeschränkten Bahnübergang kamen. Hier riß der Strick. Der Anhänger blieb auf dem Bahnübergang stecken. Während man das Dilemma zu beheben suchte, wurden Matrjona und zwei Arbeiter von zwei aneinandergekoppelten Lokomotiven, die rückwärts und ohne Licht fuhren, erfaßt und zerquetscht.

Nach diesem Unglücksfall wurde das Haus von Matrjona bis zum Frühjahr zugenagelt. Ignatytsch zog in die Nähe zu einer ihrer Schwägerinnen. Diese kam öfters auf Matrjona zu sprechen und ließ ihn die Tote von einer ganz anderen Seite sehen. „Sie wurde“, so erklärte sie ihm, „von ihrem Mann nie geliebt. Da sie nichts brauchte, vertrank er, was übrigblieb. In der Stadt hatte er sich einmal eine andere angeschafft und war entschlossen, nicht mehr zu Matrjona zurückzukehren.“ Alles, was sie zu sagen hatte, sprach gegen die Verstorbene. Selbst ihre schlichte Herzlichkeit unterzog sie einer verächtlichen Kritik. Vor allem sei sie so dumm gewesen, anderen umsonst zu helfen. Erst die mißbilligenden Äußerungen verhalfen Ignatytsch, Matrjona zu sehen, wie sie wirklich war. Obwohl sie unverstanden blieb, sechs Kinder verlor und von ihrem Mann verlassen wurde, hatte sie ihr liebenswürdiges und hilfsbereites Wesen nicht eingebüßt. Ihre Schwestern und Schwägerinnen hielten sie für eine lächerliche Person. Ignatytsch aber erkannte plötzlich: „Wir alle haben neben ihr gelebt und nicht begriffen, daß sie jene Gerechte war, ohne die, wie das Sprichwort sagt, kein Dorf bestehen kann. Und keine Stadt. Und nicht unser ganzes Land.“

Vgl. Alexander Solschenizyn, Matrjonas Hof, in: Im Interesse der Sache, Luchterhand Verlag, Neuwied und Berlin 1970, S. 5–56.

Ob wir uns an einem Ort wohl fühlen, hängt nicht in erster Linie vom äußeren Komfort ab, sondern von den Menschen, mit denen wir zusammenleben. Erleben wir es nicht häufig genug, wie das übertriebene Streben nach materiellem Wohlstand die menschlichen Kräfte lähmt und die Mitglieder einer Familie eher auseinandertreibt als zusammenführt? Ein Palast mit allen Reichtümern kann die Menschen, die darin herzlos und selbstsüchtig miteinander umgehen, mit Widerwillen erfüllen. Dagegen können Leute, die friedlich und einträchtig zusammenleben, in einem alten, grauen und vermoderten Haus, hinter dessen Tapeten die Mäuse rumoren, alle häuslichen Unannehmlichkeiten vergessen. Solche Leute waren die Witwe Matrjona Wassiljewna und der Mathematiklehrer Ignatytsch. Hier leuchten Werte auf, die den Weg zu wirklicher Mitmenschlichkeit oder – wenn wir es christlich sagen – zur Nächstenliebe weisen.

An Leid fehlte es im Leben von Matrjona nicht. Vielfältiges Unrecht war ihr widerfahren. Hinzu kamen Armut und Krankheit, das Fehlen ihres Mannes und der Tod ihrer sechs Kinder. Trotzdem klagte und stöhnte sie nicht. Ihre Stirn blieb nicht lange umwölkt. „Ich merkte“, so sagt Ignatytsch, „sie hatte ein sicheres Mittel, um wieder guter Laune zu werden: Arbeit. Sogleich ergriff sie den Spaten oder hackte Kartoffeln oder ging mit dem Sack unter dem Arm nach Torf oder mit dem Spankorb nach Beeren in den entlegenen Wald. Und da verneigte sie sich nicht mehr vor Amtstischen, sondern vor den Sträuchern des Waldes, und kehrte, gebeugt unter der schweren Last, nach Hause zurück, freundlich lächelnd, zufrieden, mit allem ausgesöhnt.“ Woran liegt es, daß Arbeit eine solch heilsame Wirkung auf den Menschen ausüben kann, wenn er voller Kummer und Sorgen ist? Nie können wir in einem konkreten Augenblick mehreren Herren dienen. Wir können uns immer nur einer Sache widmen. Das ist das Geheimnis einer jeden „Beschäftigungstherapie“. Sie sorgt dafür, daß wir keine Zeit für nutzlose Grübeleien haben. Diese höhlen uns nur aus, lähmen unsere Tatkraft und Willensstärke und führen uns in die Verzweiflung. Auch abends nach dem Tagewerk überließ sich Matrjona nicht den heimtückischen Angriffen der Sorgen. Da teilte sie sich die Arbeiten des kommenden Tages ein. Wenn sie dann morgens gegen vier oder fünf Uhr aufstand, hatte sie die Reihenfolge genau im Kopf und wußte immer, womit heute ihr Tag ausgefüllt sein würde. Solche Tageseinteilung verschafft ein ungeheures Gefühl der Herrschaft über sich selbst.

Obwohl Matrjona sich ihre Arbeit genau einteilte, war sie zu jeder Zeit bereit, den Forderungen des Kolchos zu entsprechen oder die Bitten ihrer entfernten Verwandten und anderer zu erfüllen. Weil sie niemandem eine Bitte abschlagen konnte, unterbrach sie die Reihenfolge ihrer eigenen Arbeit und ging beispielsweise zur Nachbarin, um ihr zu helfen, die letzten Kartoffeln herauszuholen. Kam sie dann nach Hause, so sagte sie ohne eine Spur von Neid: „Ach, Ignatytsch, hat die aber große Kartoffeln! Hab' gern gehackt, wollt gar nicht weggehen, weiß Gott, wirklich wahr!“ Kein Acker wurde ohne ihre Hilfe gepflügt. Geld nahm sie dafür nicht. Man mußte ihr schon heimlich etwas zustecken. Aus allem, was sie sagte oder tat, sprach eine tiefe Selbstlosigkeit, die sich immer bekundet in Bescheidenheit, Bedürfnislosigkeit, Güte, Mitgefühl, Rücksicht, Warmherzigkeit, Pflichtgefühl, Gewissenhaftigkeit, Einsatz- und Opferbereitschaft. Aus all diesen Tugenden erwuchs ihr zufriedenes, freundliches, entschuldigendes oder entwaffnendes Lächeln. Was ein solches Lächeln wert ist, sagen uns folgende Worte: „Ein Lächeln ... Es kostet nichts und bringt viel ein. Es bereichert den Empfänger, ohne den Geber ärmer zu machen. Es ist kurz wie ein Blitz, aber die Erinnerung daran ist oft unvergänglich. Keiner ist so reich, daß er darauf verzichten könnte, und keiner so arm, daß er es sich nicht leisten könnte. Es bringt Glück ins Heim ... und ist das Kennzeichen der Freundschaft. Es bedeutet für den Müden Erholung, für den Mutlosen Ermunterung, für den Traurigen Aufheiterung und ist das beste Mittel gegen den Ärger. Man kann es weder kaufen noch erbitten, noch leihen oder stehlen, denn es bekommt erst dann einen Wert, wenn es verschenkt wird ... Niemand braucht so bitternötig ein Lächeln wie derjenige, der für andere keines mehr übrig hat!"[1] Diese Aussagen bestätigen sich, wenn wir auf Matrjona und ihren schlichten Umgang mit Menschen schauen.

Ein Geheimnis bleibt indes, aus welchen Quellen sie letztlich die Kraft für dieses ihr Leben schöpfte, denn inbrünstig gläubig war sie nicht. Ignatytsch, der in ihrer Nähe lebte, sagt von ihr: „Solange ich bei ihr wohnte, habe ich sie nie beten sehen, kein einziges Mal hat sie sich bekreuzigt. Jede Arbeit aber begann sie ‚mit Gott', und zu mir sagte sie immer ‚Mit Gott!', wenn ich zur Schule ging. Vielleicht betete sie auch, aber so, daß ich es nicht zu sehen bekam – sei es, daß sie sich genierte, sei es, daß sie mich nicht belästigen wollte. In der Stube hingen Heiligenbilder. Wochentags hingen sie unbeleuchtet, aber zur Zeit der Abendmessen und feiertags vom Morgen an zündete Matrjona das Öllämpchen davor an. Freilich, Sünden hatte sie weniger als ihre lahme Katze. Die biß Mäuse tot ..." Wer erinnert sich hier nicht an die Worte des Herrn: „Wenn du betest, geh in deine Kammer und schließ die Tür zu; dann bete zu deinem Vater, der im Verborgenen ist. Dein Vater, der auch das Verborgene sieht, wird es dir vergelten" (Mt 6,6). Wieviel wäre bereits gewonnen, wenn der Mensch jede Arbeit „mit Gott" beginnen würde? Dieses „Mit Gott" ist die Methode, wie sein Leben unser Leben wird.

Ihre selbstlose Einsatz- und Opferbereitschaft kosteten Matrjona schließlich das Leben. Das Urteil ihrer Hinterbliebenen über sie war nicht das beste. Wen kann es wundern? Immer sehen und beurteilen wir den anderen in dem Licht, das in uns selber ist. Wer in seinem Herzen eifersüchtige, habsüchtige und neidische Gefühle hegt, Gefühle der Bitterkeit und des Hasses, wird nichts Gutes am anderen lassen können. Unsere eigene Herzensbildung, unser Charakter und unsere

Geisteshaltung entscheiden darüber, was wir sehen. Dessen wurde sich Ignatytsch bewußt, und er erkannte plötzlich: „Wir alle haben neben ihr gelebt und nicht begriffen, daß sie jene Gerechte war, ohne die, wie das Sprichwort sagt, kein Dorf bestehen kann. Und keine Stadt. Und nicht unser ganzes Land." Diese Gerechten sind das „Salz der Erde". Ohne dieses Salz kann die Welt nicht fortbestehen. Um dieser Gerechten willen, die die Welt verstößt, kann die Erde weiterleben. Matrjona wurde eine jener Gerechten, weil in ihrem selbstlosen Leben das 13. Kapitel des ersten Korintherbriefes seine Verwirklichung gefunden hat. Von diesem Kapitel schrieb Helmut James von Moltke (1906–1944) in einem seiner letzten Briefe vor seiner Hinrichtung an seine Frau: „Ohne dieses Kapitel ist kein Mensch ein Mensch."

Die Liebe ist langmütig,
die Liebe ist gütig,
die Liebe ist nicht eifersüchtig,
sie prahlt nicht, sie ist nicht aufgeblasen.
Sie handelt nicht taktlos, sie sucht nicht den eigenen Vorteil,
sie läßt sich nicht erbittern,
sie trägt das Böse nicht nach.
Sie freut sich vielmehr mit an der Wahrheit.
Alles deckt sie zu, alles glaubt sie, alles hofft sie, alles erträgt sie.
Die Liebe hört niemals auf.
1 Korinther 13,4–8

18 Was tun Sie für die Gemeinschaft?

S. v. Radecki: Der Spiegel
1 Kor 12,4–7.12–13.26–27

Ein wohlhabender und selbstsüchtiger Mann besuchte einen weisen Rabbiner. Der Rabbi ging mit ihm zum Fenster und fragte ihn: „Was siehst du da draußen?" „Menschen", antwortete ihm der Selbstsüchtige. Darauf führte er ihn zu einem Spiegel. „Was siehst du nun?" fragte der Rabbi. „Ich sehe mich selbst", antwortete der Gefragte. Da sprach der Rabbi: „Merke auf – das Fenster ist aus Glas, und der Spiegel ist aus Glas. Was den Spiegel vom Fenster unterscheidet, ist nur die dünne Silberschicht auf seiner Rückseite. Das heißt: Kaum kommt etwas Silber hinzu, so hörst du auf, andere Menschen zu sehen, und siehst nur noch dich selbst."

Vgl. Sigsimund v. Radecki, Der Spiegel, in: ABC des Lachens, rororo Taschenbuch, Bd. 84/85, Reinbek bei Hamburg 1970, S. 98.

Eine Frage sei vorausgeschickt: Brauchen wir nicht alle „etwas Silber", um uns selbst zu sehen, um zu einem gesunden Selbstbewußtsein zu erwachen? Die Psychologie zeigt uns ja deutlich genug, welche Bedeutung ein gesundes Selbstbewußtsein zum Gelingen unseres Lebens hat. Sie zeigt uns, wie ein Leben auf schiefe Bahnen kommen kann, wenn das Selbstbewußtsein in seiner Entfaltung durch sogenannte Minderwertigkeitsgefühle gehemmt wird. Geld und Eigentum fördern aber nicht nur unser Selbstbewußtsein; sie sind auch ein Garant unserer Freiheit. Frei und unbefangen fühlt sich nur, wer bis zu einem gewissen Grad unabhängig ist; unfrei und abhängig ist dagegen, wer ständig auf andere angewiesen ist. Besitz und Vermögen ermöglichen somit jene Selbstliebe, ohne die es keine wahre Nächstenliebe gibt. Wie es aber keine wirkliche Nächstenliebe ohne Selbstliebe gibt, so gibt es auch umgekehrt keine wahre Selbstliebe ohne Nächstenliebe. Hier dürfte wohl der kritische Punkt liegen, der den Rabbiner veranlaßte, dem Besucher eine anschauliche Lektion zu erteilen.

Das Silber jenes Besuchers war wie eine Wand zwischen ihm und seine Mitmenschen getreten, so daß er diese völlig aus den Augen verlor und nur noch sich selber sah. Auf diese Weise verkehrt sich Selbstliebe in Selbstsucht. Solche Selbstsucht offenbart ihr Gesicht in Gewinnsucht, Raffgier, Habsucht und Geiz. Was selbstsüchtigen Menschen fehlt, ist Güte, Mitgefühl, Einfühlungsvermögen, Rücksichtnahme, Einsatzbereitschaft und Begeisterungsfähigkeit. „Es bedarf kaum ausführlicher Begründung, daß der Selbstsüchtige auch in hohem Maße zu Neid und Mißgunst neigt ... Aber nicht nur in persönlicher, sondern auch in sachlicher Hinsicht fehlt es ihm an Hingabebereitschaft und Verbindlichkeitsbewußtsein; wenn er etwas tut, dann nur in Hinblick auf den zu erwartenden subjektiven Gewinn" (Heinz Remplein). Von hier aus fällt es nicht schwer, sich vorzustellen, wie unglücklich selbstsüchtige Menschen im Grunde ihres Herzens sind. Weil sie im Gegensatz zur Gemeinschaft stehen, sind sie innerlich vereinsamte Menschen, die sich den Weg zu ihrer Selbstverwirklichung, die sich nur in der Gemeinschaft vollzieht, verbauen. Wie wir unser Leben aus der Gemeinschaft empfangen haben, empfangen wir es immer wieder neu, wenn wir in ihr ein lebendiges Glied sind.

Menschsein bedeutet Glied-sein. Es entfaltet sich nur insofern, als wir uns mit allem, was wir sind und haben, in das Gemeinschaftsleben eingliedern. Dabei können wir nicht nur von unseren eigenen Maßstäben ausgehen. Wir müssen uns vor allem fragen, was die Gemeinschaft berechtigterweise von uns fordert. Trefflich sagt Albert Einstein: „Was ein Mensch für seine Gemeinschaft wert ist, hängt in erster Linie davon ab, inwieweit sein Fühlen, Denken und Handeln auf die Förderung des Daseins anderer gerichtet ist." Ist also das, was uns zu eigen ist – wozu neben den materiellen Gütern auch unsere geistigen und seelischen Kräfte und Fähigkeiten gehören –, für uns nur ein Spiegel, der uns auf uns selbst zurückweist, oder Tore, die uns zum anderen führen? Das bedeutet nicht, daß wir uns selbst untreu werden müßten, denn Gliedsein meint nicht nur Offensein für andere; es schließt auch unsere Besonderheit gegenüber den anderen ein. In jeder Gemeinschaft muß der Mensch etwas Eigenes und Besonderes sein. Wir sollen anders als die anderen sein. Genauso ist es ja auch bei den Gliedern eines jeden Leibes. Aber dieses Eigene und Persönliche muß in den Dienst des Gesamten gestellt werden. Gerade weil die Gemeinschaft die Verbundenheit verschiedener Glieder ist, die alle einander brauchen, ist sie so fruchtbar.

Wenden wir das Gesagte nun zunächst auf die Familiengemeinschaft an. „Die Familie ist die Grundschule aller Erziehung zur Gemeinschaft" (Ernst zur Nieden). Sieht in einer Familie jeder nur auf seinen eigenen Vorteil, so muß dies zu einer Existenzbedrohung aller ihrer Mitglieder – und zur Erschütterung des ganzen Familienlebens führen. Hier fällt den Eltern eine besondere Aufgabe zu. Verstehen sie sich in ihrer Ehe nicht mehr, haben sich zwischen ihnen Wände erhoben, so kann es sein, daß ihre Kinder dieses ihr zerstörtes Verhältnis zeitlebens zu durchleiden haben. Weil das heranwachsende Kind sehr oft das Verhalten seiner Eltern nachahmt, ist es wichtig, daß sie sich selbst in ihrer sorgenden und liebenden Hingabe als lebendige Glieder für alle in der Familiengemeinschaft verantwortlich fühlen. Sie sollen das Selbstbewußtsein ihrer Kinder stärken, sie aber zugleich im Namen der gesamten Familiengemeinschaft zur Erfüllung ihrer Pflichten rufen, damit sie ein die Gemeinschaft förderndes Glied werden.

Ähnlich wie in der Familiengemeinschaft ist es auch in der Glaubensgemeinschaft der Kirche Jesu Christi. Der Apostel Paulus vergleicht sie ausdrücklich mit den vielen Gliedern des Leibes, die trotz ihrer Vielheit eine Einheit bilden. Es gibt keine arbeitslosen Glieder; ein jedes hat seinen besonderen Auftrag. Erfülle ich ihn nicht, weil ich nur meine eigenen Interessen, Wünsche und Ziele verfolge, dann kann die Kirche ihre Sendung in dieser Welt nicht so verwirklichen, wie es möglich wäre, wenn auch ich als ein lebendiges Glied in ihr wirksam würde. Glaube ich hingegen, ich könnte als Christ außerhalb der Glaubensgemeinschaft meinen Glauben leben, so wird dieser Glaube erfahrungsgemäß bald seine Lebenskraft verlieren. „Eine glühende Kohle, aus dem Bereich der Glut herausgenommen und allein gelegt, verlischt. Legt man sie aber wieder zu den anderen im Ofen, so vermag sie glühend zu werden ... Was Kirche ist, erleben wir in ihrer beglückenden und Gemeinschaft stärkenden Kraft erst dann, wenn wir in ihr wirklich Glieder sind."[1] Diese die Kirche durchdringende Kraft ist der Heilige Geist Gottes. Er ist jener innere Antrieb, der uns aus dem Gefängnis unserer Selbstsucht ausbrechen läßt. Wo wir uns von diesem Geist ergreifen lassen, da ist wahrhaft gesundes Leben, das von allen Krankheiten des Ichs befreit ist. Bin ich mir also im klaren, welche Funktion ich in meiner Kirche aufgrund meiner Gaben und Fähigkeiten habe? Nehme ich am Gemeinschaftsleben der Kirche teil, oder bleibt mein Platz unbesetzt? Führe ich in Familie und Beruf ein wirklich christliches Leben, das sich am Vorbild Jesu Christi bemißt? Nehme ich teil an der Verkündigung seiner frohen Botschaft, indem ich Zeugnis für sein Evangelium gebe? Bin ich bereit, mein Hab und Gut mit den notleidenden Brüdern zu teilen? Wer sich diese Fragen stellt, wird wahrscheinlich sprechen müssen: „Herr, erbarme dich. Ich habe meine Freude ohne dich gesucht. Ich habe an mich geglaubt und dabei die Hoffnung verloren. Christus, ich habe dich nicht im Bruder wiedererkannt. Ich bin meinem täglichen Kreuz ausgewichen und habe dich nicht angenommen. Herr, ich habe deine Gabe für mich behalten. Ich habe mit meinem Leben kein Zeugnis für dein Evangelium gegeben."[2]

Es gibt Verschiedenheiten in den Gnadengaben, aber nur einen Geist. Und es gibt Verschiedenheiten in den Ämtern, aber nur einen Herrn. Und es gibt Verschiedenheiten in den Wunderkräften, aber nur einen Gott, der alles in allen wirkt. Jedem aber wird die Offenbarung des Geistes verliehen, damit sie allen nützt. Wie nämlich der Leib nur einer ist, jedoch viele Glieder hat, alle Glieder des Leibes aber trotz ihrer Vielheit einen einzigen Leib bilden, so ist es auch mit Christus. Denn in dem einen Geist sind auch wir alle zu einem Leib getauft worden. Wenn darum ein Glied leidet, leiden alle Glieder mit; wenn ein Glied ausgezeichnet wird, freuen sich alle Glieder mit. Ihr seid der Leib Christi, und jeder einzelne ist ein Glied an ihm.
1 Korinther 12,4–7. 12–13. 26–27

19 Not und Elend schreien uns ins Gesicht

K. Birkenhauer: Samuel Beckett
Jes 58,9–12

Auf einer Party in England wurde der Dichter und Dramatiker Samuel Beckett – wie er selbst erzählt – von einem sogenannten Intellektuellen gefragt, warum er eigentlich immer nur über Not und Elend schreibe. Weil der Fragesteller dahinter irgendeine Form von Perversität vermutete, versuchte er, einiges aus der Vergangenheit des Dichters in Erfahrung zu bringen. Er fragte ihn, ob er als Kind von seinem Vater häufig geschlagen worden sei oder ob seine Mutter von zu Hause weggelaufen war. Als ihm der Dichter erwiderte, daß er eine sehr glückliche Kindheit hatte, fand ihn der Intellektuelle noch perverser als zuvor.

Beckett verließ die Party so bald wie möglich und machte sich mit einem Taxi auf den Heimweg. Auf der Trennscheibe zwischen dem Fahrer und ihm klebten drei Schilder. Das eine bat um Hilfe für die Blinden, ein weiteres um Hilfe für Waisenkinder und das dritte um Unterstützung für die Kriegsflüchtlinge. Der Kommentar Becketts zu diesem Zwischenfall: „Nach Not und Elend braucht man nicht zu suchen. Sie schreien uns ins Gesicht, sogar in den Londoner Taxis."

Vgl. Klaus Birkenhauer, Samuel Beckett in Selbstzeugnissen und Bilddokumenten, rowohlts monographien Nr. 176, Reinbek bei Hamburg 1971, S. 7 f.

Wie laut der Schrei von Not und Elend heute ist, lassen uns am besten nüchterne Informationen erahnen. Dabei geht es keineswegs nur um Hilfe für die Blinden, Waisenkinder und Kriegsflüchtlinge. Schauen wir nach Kalkutta. Hier schlafen 600 000 von sieben Millionen auf den Straßen, 50 000 haben Lepra. Die Hälfte der Stadt hat keine Kanalisation. Viele benutzen die Straßen und Fußwege als Toiletten. Tausende hungern und kramen in rattenverseuchten Müllhalden. Jeden Morgen werden hundert Verhungerte auf die Leichenkarren geworfen. Zur gleichen Zeit beschäftigen wir uns mit Übergewicht und Diätproblemen. Tag für Tag werden in Asien, Afrika und Lateinamerika 460 Millionen Menschen nicht satt. In den nächsten zwanzig Jahren werden rund zwei Milliarden Menschen in den Entwicklungsländern an Unterernährung sterben. Dabei läßt sich der staatliche Entwicklungsexperte den Verzicht auf die Annehmlichkeiten seines gewohnten Lebens daheim teuer entgelten.

Die Ernährungswissenschaftler haben festgestellt, daß die Ursachen dieser katastrophalen Weltlage nicht allein im explosiven Bevölkerungswachstum liegen. Sie sind vielmehr auf die wachsenden Ansprüche der reichen Länder zurückzuführen, denen rund 80 Prozent der gesamten Wirtschaftsleistung in der Welt zugute kommen. Drei Viertel der Menschheit müssen sich hingegen mit dem restlichen Fünftel begnügen. „Wären die Menschen in den Industrieländern noch mit der Ernährung zufrieden, die vor 15 Jahren als normal galt, so würden die jährlich produzierten Nahrungsmittel auch die Menschen ausreichend sättigen, die heute darben" (Misereor '75). Sagen wir es anschaulicher: Würde man allein in der Bundesrepublik die Butterbrote sammeln, die in die Mülltonnen der Schulhöfe geworfen werden, so könnte man damit täglich eine Armee hungernder Kinder sättigen. Das schreiende Mißverhältnis zwischen dem reichen Norden und dem armen Süden verdeutlicht auch der folgende Vergleich. Während hierzulande die Menschen täglich 55 Gramm an tierischem Eiweiß zu sich nehmen, sind es in Indien nur sechs Gramm. Was aber wird getan? Im Jahre 1973 wurden aus den Staatskassen der reichen Länder insgesamt 25 Milliarden DM für die Dritte Welt zur Verfügung gestellt. Im gleichen Jahr haben jedoch die Bundesbürger allein für Alkohol 40 Milliarden DM ausgegeben.

Zum Grundübel der Unterernährung kommt das Problem der wachsenden Arbeitslosigkeit. 1970 waren in den unterentwickelten Ländern Asiens, Afrikas und Lateinamerikas 80 Millionen Menschen ohne Arbeit. Bis 1980 wird sich diese Zahl nach den Schätzungen der Entwicklungsexperten auf 300 Millionen vergrößern. Allein in Indien wächst das Heer der Arbeitslosen täglich um 7000 Menschen. Reden wir in diesem Zusammenhang von Faulheit, Desinteresse und Schmarotzertum, so übersehen wir, daß der Teufelskreis der Armut von vielen Faktoren in Bewegung gesetzt wird. Die Unterernährung bewirkt eine hohe Krankheitsanfälligkeit. Diese bringt eine geringe physische Belastbarkeit mit sich, was eine niedrige Arbeitsleistung zur Folge hat, so daß nur eine geringe Steigerung der Nahrungsmittelproduktion erzielt werden kann.

Ein drittes Grundproblem ist die schulische Ausbildung. Von den 1,3 Milliarden Kindern unter 15 Jahren, die es auf der Welt gibt, lebt eine runde Milliarde in den Entwicklungsländern. Aber nur die Hälfte von ihnen erhält eine bescheidene Ausbildung. Es fehlt an Schulen, Lehrern und Lehrmaterialien. Von hundert Kindern in den Ländern der Dritten Welt beenden nur dreißig die Elementarschule, und von diesen dreißig haben nur drei die Chance zu einer weiterführenden Berufsausbildung. 1970 wurden in der Welt 200 Milliarden DM für Bildung ausgegeben. Davon entfielen rund 90 Prozent auf die Industrieländer und nur 10 Prozent auf die Dritte Welt. Das bedeutet: die Kinder und Jugendlichen in den wohlhabenden Ländern der Welt (insgesamt nur 25 Prozent) bekommen zehnmal soviel Bildungsförderung wie jene drei Viertel in der übrigen Welt.

Nach Not und Elend braucht man tatsächlich nicht zu suchen. Sie schreien uns ins Gesicht, wo immer wir hinschauen. Das Wort von Boris Pasternak „Was wir heute tun, entscheidet, wie die Welt morgen aussehen wird“ wird mit jedem Tag bedrängender. Können und dürfen wir an diesen zum Himmel schreienden Mißverhältnissen, die sich in unserer Welt mit jedem Tag mehr ausweiten, bedenkenlos und nichtstuend vorübergehen? Wir könnten es nur, wenn uns die blinde Selbstsicherheit und die unbekümmerte Verantwortungslosigkeit jenes Intellektuellen zu eigen wären, der mit dem Dichter Samuel Beckett ins Gespräch zu kommen suchte. Angesichts seines Verhaltens müßte man fragen, in welchen Verhältnissen er groß geworden ist. Samuel Beckett leidet am Zustand unserer Welt. Wer auch nur einen kleinen Einblick in sein vorliegendes Werk hat, vernimmt in seinen sonderbaren Gestalten immer wieder den versteckten oder offenen Aufschrei, der aus dem Elend unserer perversen Welt geboren wird und nach Erlösung verlangt. Um so bedrängender wird hier die Frage, wie wir uns als Christen in einer solchen Welt zu verhalten haben. Darauf antwortet Bernhard Stoeckle mit einigen Grundsätzen, die uns sehr bedenkenswert erscheinen.[1]

Um erst gar keine Mißverständnisse aufkommen zu lassen, wird von vornherein betont: „Wo immer wir Christen in der Welt von heute auf Vorgänge treffen, die Menschen entwürdigen, schänden, erniedrigen, vergewaltigen und in all dem um den Anspruch ihrer Gottebenbildlichkeit (Gottunmittelbarkeit) bringen, kann und darf uns so etwas auf keinen Fall gleichgültig lassen. Es fordert uns zu Wort und Tat des Beistandes, der wirkkräftigen Hilfe.“ Diese Grundsatzerklärung wird vor allem im Blick auf die Dritte Welt formuliert. Dennoch sieht sich B. Stoeckle genötigt, jene christliche Liebe kritisch zu überprüfen, die den vorhin beschriebenen Verhältnissen zu begegnen sucht. Angesichts des Elendsgürtels, der sich um die ganze Welt gelegt hat und sich immer mehr zusammenzieht, fühlen sich nicht wenige Christen bedrängt, etwas zu tun. Dieser moralische Druck kann aber zweierlei bewirken. Die Erfahrung, wie wenig man in der Lage ist, dieses weltweite Elend auch nur ein klein wenig einzugrenzen, kann entweder zur Resignation führen oder zum Ausweichen „auf die Ebene des rein Deklamatorischen", das sich in lautstarken Worten, bloßen Gefühlsausbrüchen oder augenblicklichen Protestaktionen erschöpft. B. Stoeckle zitiert in diesem Zusammenhang Gerhard Szczesny, welcher der Meinung ist, die Christen seien zu rasch bei der Sorge um den Nächsten. Daher erscheinen sie ihm „wie Leute, die angesichts eines sinkenden Schiffes ohne Zögern bereit sind, ins Wasser zu springen, um die Ertrinkenden ans rettende Ufer zu bringen, aber dann entdecken müssen, daß sie vergessen haben, rechtzeitig schwimmen zu lernen. Der Entschluß, zusammen mit den Schiffbrüchigen unterzugehen, ist gewiß auch eine Form von Liebe, aber nicht eigentlich Hilfe."[2] Um uns einerseits vor dem Erlebnis der Ohnmacht und andererseits vor der Flucht in eine abstrakte Menschenliebe, die im Grunde nur enthusiastische Gefühle und Phrasen hervorzubringen vermag, zu bewahren, skizziert B. Stoeckle einige Bedingungen, die zu beachten sind, damit christliche Liebe dauerhaft wirksam werden kann.

Der Christ, dem es ernsthaft um die Verwirklichung der Nächstenliebe geht, muß zunächst um seine Selbstverwirklichung bemüht sein. Wer darauf verzichtet, wird für die Nächstenliebe untauglich sein. Daher ist das Bemühen um einen gefestigten Selbstbesitz und ein hohes Maß an Ichstärke die beste Vorbereitung für das Tun der Nächstenliebe. Diese muß sich zuerst – das wäre die zweite Bedingung – an den im wörtlichen Sinn Nächsten richten. Hier ist die Ausgangs- und Anfangsbasis, von der her jene entscheidenden Erfahrungen und Maßstäbe gewonnen werden können, ohne die die Liebe zum Nächsten in der Ferne nicht gelingt. „Nur wer gelernt hat, sich am unmittelbar Nächsten zu bewähren, besitzt den Auftrag, die Nächstenliebe auf die Fernen und Fernsten auszuweiten." Darüber hinaus muß betont werden, daß ein Mensch nur im Ausmaß seiner Möglichkeiten zum Handeln verpflichtet ist. Jede Überforderung wäre nicht nur verantwortungslos; sie würde auch zur baldigen Erschlaffung der Kräfte führen. Schließlich bleibt zu erwähnen, daß alles echte Mitleiden seine Ausprägung im persönlichen Lebensstil finden muß. Daher schreibt Papst Paul VI. in seiner Enzyklika „Über den Fortschritt der Völker": „Wenn so viele Völker leiden, wenn so viele Familien in Elend sind, wenn so viele Menschen in Ungewißheit dahinleben, wenn so viele Schulen, Krankenhäuser, richtige Wohnungen zu bauen sind, dann ist jede öffentliche und private Vergeudung, jede aus nationalem oder persönlichem Ehrgeiz gemachte Ausgabe ... ein unerträgliches Ärgernis." Was diese Worte für das eigene Leben bedeuten, geht aus dem Text eines Mannes hervor, der um seine „gute Linie" besorgt war. Er fand sie, nachdem er seine innere Linie gefunden hatte: „Mein Leben war bis vor kurzem beinahe eine einzige Abmagerungskur. Jede Diät, die ich ausprobierte, half eine Weile, aber zum Schluß wurde ich doch wieder rückfällig. Jetzt habe ich in einem Spendenaufruf zugunsten hungernder Menschen einen Anreiz gefunden, wie ich ihn brauche. Solange es noch Menschen gibt, die nicht genug zu essen haben, habe ich kein Recht zu schlemmen. Ich beschloß, das Geld, das ich normalerweise für kulinarische Extravaganzen ausgegeben hätte, sagen wir fünfzehn Mark pro Woche, beiseite zu legen und es monatlich einer Organisation zu überweisen, die sich unterernährter Menschen annimmt. Ich nenne das meine humanitäre Schlankheitsdiät. Wenn ich einmal schwach zu werden drohe, halte ich mir vor Augen, daß jemand anders darunter zu leiden hätte. Bisher hat sich die Methode bewährt. Versuchen Sie es doch einmal. Sie helfen damit den Hungernden und tun obendrein etwas für Ihre schlanke Linie."[3]

So spricht Jahwe zu seinem Volk: Wenn du aus deiner Mitte Bedrückung, Fingerrecken und Unheilsrede entfernst, wenn du Hungrigen dein Brot schenkst und den Gebeugten sättigst, dann wird im Dunkel dein Licht erstrahlen, und deine Finsternis wird zur Mittagshelle. Dann wird Jahwe dich allezeit leiten und deine Seele selbst im dürren Lande sättigen. Er wird deine Glieder mit Kraft erfüllen, du wirst wie ein wohlbewässerter Garten sein, wie eine Quelle, deren Wasser nie versiegt. Und du wirst uralte Trümmer wieder aufbauen, die Grundmauern vergangener Geschlechter wirst du wieder aufrichten. Dann wird man dich nennen: Der Breschen vermauert, und: Der Trümmer zum Wohnen wiederherstellt.
Jesaja 58,9–12

20 Der Traum von einer friedlichen Welt läßt sich verwirklichen

F.M. Dostojewski: Traum eines lächerlichen Menschen
Gal 2,19b–20

In seiner Erzählung „Traum eines lächerlichen Menschen" schildert F.M. Dostojewski einen Mann, der seinen Mitmenschen und der Welt gegenüber völlig gleichgültig geworden war. Und da er dem freudlosen Leben keinen Sinn mehr abgewinnen konnte, entschloß er sich, keinen weiteren Tag in dieser Welt zu bleiben. In der Dunkelheit seines Heimweges stieß er plötzlich auf ein kleines Mädchen, das ihn um Hilfe bat. In seiner Verzweiflung rief es immer wieder dasselbe: „Mutti! Mutti!" Er blickte sich zwar einmal nach ihm um, sagte aber kein Wort und ging seinen Weg weiter; denn angesichts seines Vorhabens schien es ihm sinnlos, noch eine gute Tat zu setzen.

Zu Hause angekommen, schlief er, ohne es selbst zu merken, auf seinem Sessel ein. Er träumte, wie er nach seinem Tod durch unendliche Räume getragen und schließlich in einer ganz anderen Welt abgesetzt wurde. Dort lebten Menschen wie wir. Aber es waren Menschen ohne Sünde. Daher lebten sie in vollkommener Harmonie und in beständigem Glück miteinander. Eifersucht, Haß und Schmerz kannten sie nicht. Sie freuten sich über jedes neugeborene Kind; denn in den Neugeborenen sahen sie neue Teilhaber ihrer Glückseligkeit. Als er sie nach dem ewigen Leben fragte, verstanden sie ihn nicht. Sie waren von ihm so fest überzeugt, daß für sie überhaupt kein Zweifel daran bestehen konnte. Alles, was sie sagten, kam aus dem Herzen und ging zu Herzen.

Doch nicht lange nach dem Erscheinen des Erdenmenschen begann sich diese paradiesische Welt zu ändern. Das Böse, das in ihm steckte, infizierte alsbald alle diese glücklichen Menschen. Sie lernten lügen und gewannen die Lüge lieb. Ein jeder von ihnen wurde sich der liebste von allen. Ein jeder wurde so eifersüchtig auf sein Ich, daß er das Ich in den anderen mit allen Mitteln zu erniedrigen und zu verringern suchte. Sie lachten sogar über die Möglichkeit ihres früheren Glücks und nannten es eine Illusion. Als der Erdenmensch ihnen schließlich erklärte, daß er die Schuld an allem trage, verlachten sie ihn in gleicher Weise. Da verkrampfte sich sein Herz und – er erwachte.

Dieser Traum wurde zum bedeutsamsten Ereignis seines Lebens. Er führte ihn zu seinem Daseinsgrund zurück und vermittelte ihm von dorther eine Einsicht, wie er fortan in der Welt zu leben habe. Sie durch das Vorbild seines Lebens zu verkünden, war von nun an sein einziges Interesse. Denn durch seinen Traum hatte er die unerschütterliche Überzeugung gewonnen: „In einem Tage, *in einer einzigen Stunde* – könnte sich alles verwirklichen! Die Hauptsache: Liebe die anderen wie dich selbst! – das ist das Wichtigste, und das ist alles, weiter ist so gut wie nichts mehr nötig: sofort wirst du wissen, wie du leben sollst. Und dabei ist das ja doch nur eine – alte Wahrheit, die aber- und abertausendmal wiederholt und gelesen worden ist, und doch hat sie sich nirgendwo eingelebt!" Und er brach auf, um jenes kleine Mädchen aufzusuchen ...

Vgl. F. M. Dostojewski, Traum eines lächerlichen Menschen, in: Der Spieler, späte Romane und Novellen, R. Piper & Co Verlag, München-Zürich 1977/1980, S. 717–746 .

Der Traum von einer vollkommen glücklichen und friedvollen Welt lebt in allen Völkern und in den unbewußten Tiefen eines jeden Menschen. Aus welchen Quellen lebt er eigentlich? Die Tiefenpsychologen und Traumanalytiker verweisen uns in diesem Zusammenhang auf eine dunkle Erinnerung an eine allumfassende Verbundenheit von Gott, Mensch und Natur, an einen paradiesischen Ur-Frieden, der für unser Bewußtsein unermeßlich weit zurückliegt: „Aber wie jedes vergangene Entwicklungsstadium der Menschheit in der Entwicklung des Einzelmenschen wiederkehrt und seine Spuren, vielleicht unbewußt, in der Seele hinterläßt, so scheint auch die einstige Einheitswelt nicht nur als bloße Erinnerung, sondern gleichzeitig auch als eine ferne Möglichkeit in der Tiefe eines jeden Menschen zu leben; als die Möglichkeit, die verlorene paradiesische Einheit in neuen Formen zurückzugewinnen" (Ilse von Grote). Diese versunkene Welt des Einsseins wieder ins Bewußtsein zu heben und den gespaltenen Menschen mit seinem Urgrund zu verbinden, war vor allem das Bemühen des Schweizer Psychologen Carl Gustav Jung (1875–1961), der darin den einzigen Weg sah, der zum Frieden in einer gespaltenen Welt führen kann.

Wenn hier vom gespaltenen Menschen die Rede ist, so geht es um etwas, das ein jeder in sich selbst erfahren kann; denn jeder Mensch ist bis zu einem gewissen Grad eine gespaltene Persönlichkeit. Wir wissen beispielsweise, daß wir gelegentlich voller Herzensgüte sein können und dann wieder so hartherzig, daß man uns kaum wiedererkennt. Wir haben Zeiten, in denen das Licht des Himmels unser ganzes Denken und Streben erhellt; doch sind uns auch jene Augenblicke vertraut, in denen die Selbstsucht mit ihren vielfältigen Schatten unser Sinnen und Trachten verdunkelt. Daher glaubten die Menschen früherer Zeiten, jedem von uns seien zwei sehr unterschiedliche Naturen zu eigen. Sie sprachen von einem guten Engel, der uns zur Rechten stehe und uns zum Guten bewege, während ein böser Engel nicht von unserer Linken weiche und uns winke, ihm auf seinen Wegen zu folgen. Diese Vorstellung erinnert uns an ein Bild, das der griechische Philosoph Platon (427–347 v. Chr.) von der menschlichen Natur entworfen hat. Er sieht die menschliche Seele in der Gestalt eines Wagenlenkers. Vor seinen Wagen sind zwei Pferde gespannt. Das eine heißt Leidenschaft, das andere Vernunft. Beide muß die Seele lenken und im Geschirr gehen lassen.

Der Alltag zeigt nun aber immer wieder neu, wie sehr sie damit überfordert ist. Deutlich spüren wir, daß unsere seelischen Kräfte in diesem Kampf von Gegensätzlichkeiten nicht ausreichen. Der Apostel Paulus, selbst ein Leidender unter diesem inneren Zwiespalt, beschreibt jenen endlosen Kampf mit den Worten: „Ich weiß, daß in mir, das heißt in meinem Fleisch, nichts Gutes wohnt: das Wollen ist bei mir vorhanden, aber ich vermag das Gute nicht zu verwirklichen. Denn ich tue nicht das Gute, das ich will, sondern das Böse, das ich nicht will. Wenn ich aber das tue, was ich nicht will, dann bin nicht mehr ich es, der so handelt, sondern die in mir hausende Sünde“ (Röm 7,17–20). Aufgrund dieser schmerzlichen Erfahrung, nicht Herr seiner selbst zu sein, stellt sich die Frage nach einer anderen Kraft, die die Zügel in die Hand nehmen kann. Diese Kraft fand Paulus in Jesus Christus. Er, die Kraft Gottes, wurde für ihn zum bedeutsamsten Fund seines Lebens. Durch Jesus Christus der Machtsphäre des Bösen entzogen, fand er die Versöhnung und den Frieden mit sich selbst. In seiner Freude schreibt er: „Nun lebe nicht mehr ich, sondern Christus lebt in mir“ (Gal 2,20a). Ob es einen anderen als Jesus Christus gibt, der uns die Versöhnung und den Frieden mit uns selbst geben kann?

Wer mit Paulus sprechen kann: „Nun lebe nicht mehr ich, sondern Christus lebt in mir“, der ist in der Lage, die anderen wie sich selbst zu lieben und somit der Versöhnung und dem Frieden in unserer gespaltenen Welt zu dienen. Denn wer in der Kraft seines Herrn sein selbstsüchtiges Ich ans Kreuz geschlagen hat, der hat auch sein geheimes Streben überwunden, den anderen gegenüber immer der Überlegene sein zu müssen oder immer das letzte Wort haben zu wollen. Er hört auf, sich selbst der liebste von allen zu sein oder das Ich in den andern klein zu halten, zu verringern oder zu erniedrigen. Wo nicht mehr das selbstsüchtige Ich, sondern Jesus Christus in uns herrscht, da sind wir fähig, den anderen als ein fühlendes Wesen wahrzunehmen, zu achten und zu lieben; da haben wir ein Herz für den notleidenden Menschen und suchen ihn auf, um ihm zu geben, was er braucht. Unser Leben hat einen neuen Sinn bekommen, und dieser Sinn heißt: Jesus Christus.

„Liebe die anderen wie dich selbst (...). Das ist eine alte Wahrheit, die aber- und abertausendmal wiederholt und gelesen worden ist, und doch hat sie sich nirgendwo eingelebt." Hat sie sich wirklich nirgendwo eingelebt? Wer wollte so etwas angesichts der unzählbaren selbstlosen Diener der Liebe behaupten, die es immer in dieser Welt gegeben hat und geben wird? Doch bringt dieses Wort zum Ausdruck, wie schwer es ist, solcher Liebe weltweite Wirklichkeit zu verschaffen. Daher verweisen viele Christen mit Nachdruck auf die betende Hinwendung an Gott, der – anders als wir – einen unmittelbaren Einfluß auf alle Menschenherzen hat. Vielleicht unterschätzen wir heute die Macht des Gebetes. Doch wer weiß, welche Wirkung für den Frieden vom Gebet in den Klöstern, in den kirchlichen Gemeinschaften und von den einsamen Betern in aller Welt bereits ausgegangen ist und weiterhin ausgehen wird? Viel gibt Gott in diese Welt hinein, weil Menschen ihn unablässig darum bitten. Darauf vertraut der glaubensstarke Beter. In ihm lebt die unerschütterliche Überzeugung, die Reinhold Schneider in das Wort faßte: „Viel geschieht, wenn sich zwei Hände falten."

Ich bin mit Christus gekreuzigt worden; so lebe nun nicht mehr ich, sondern Christus lebt in mir. Soweit ich aber jetzt noch in dieser Welt lebe, lebe ich im Glauben an den Sohn Gottes, der mich geliebt und sich für mich hingegeben hat.
Galaterbrief 2,19b–20

21 Zum Frieden erziehen

M.L. Dieckmann: Wie man Frieden spielt
Phil 4,4–9

Der russische Schriftsteller Marschak beobachtete einmal sechs- bis siebenjährige Kinder beim Spiel. „Was spielt ihr?“ fragte er sie. „Wir spielen Krieg“, antworteten ihm die Kinder. Daraufhin erklärte ihnen der Schriftsteller: „Wie kann man nur Krieg spielen! Ihr wißt doch sicher, wie schlimm Krieg ist. Ihr solltet lieber Frieden spielen.“ „Das ist eine gute Idee“, sagten die Kinder. Dann Schweigen, Beratung, Tuscheln, wieder Schweigen. Da trat ein Kind vor und fragte: „Großväterchen, wie spielt man Frieden?“

Aus: Marie Luise Dieckmann, Wie man Frieden spielt, in: Christ in der Gegenwart 26 (1974) S. 254.

Daß diese Geschichte sich nicht nur auf den russischen Schriftsteller und die von ihm angesprochenen Kinder beschränkt, kann jeder Katechet erleben. Fragt er die Kinder, was das Wort „Krieg“ eigentlich bedeutet, so bekommt er sehr anschauliche Antworten, die förmlich zum Spiel drängen. Will er aber wissen, was das Wort „Frieden“ besagt, so verlieren die gegebenen Erklärungen die vorausgegangene Anschaulichkeit, weshalb sie auch von den Kindern nicht so spontan in ein Spiel umgesetzt werden können. Die Kinder wissen also mit dem Wort „Krieg“ mehr anzufangen als mit dem Wort „Frieden“. Woher kommt das?

Zunächst muß man wohl sagen, daß der Krieg – wie alles Böse – auf die kindliche Vorstellung eine andere Faszination auszuüben vermag als das Gute, das auf die Kinder eher langweilig als abenteuerlich wirkt. Außerdem kommt das Kriegspielen dem kindlichen Bewegungsdrang in einer ganz anderen Weise entgegen als das Friedenspielen. Darüber hinaus dürfte das Friedenspielen viel schwerer sein als das Kriegspielen, wie ja auch alles Aufbauen viel mühsamer ist als das Zerstören. Aus diesen Gründen muß der Mensch lernen, den Frieden zu bauen; er muß zum Frieden erzogen werden. Das beginnt bereits im Schoß der eigenen Familie, wobei der erfahrene Frieden zwischen

Vater und Mutter von ausschlaggebender Bedeutung ist. Und dies aus einem doppelten Grund: einmal im Hinblick auf das Geborgenheitserlebnis des Kindes, dann hinsichtlich des kindlichen Nachahmungstriebes.

Im liebevollen Umfangensein, das Vater und Mutter gewähren, spürt das Kind sein Angenommensein und darin die Bejahung seiner Existenz. Es empfindet sich als einen Wert und weiß sich bedeutsam für andere. So beginnt das Leben in einem ursprünglichen Frieden, aus dem das Urvertrauen und die Urerfahrung erwachsen, daß das Leben einen Sinn hat: es hat einen Sinn für andere. Erlebt das Kind am Beispiel seiner betenden Eltern, wie sie sich der Hilfe und dem Schutz Gottes anvertrauen und ihm die Ehre geben, so lernt es seinerseits, auf Gott zu vertrauen, ihn zu verehren und in ihm jenen Frieden zu finden, den die Welt nicht geben kann. Ohne eine tiefe Gottesverehrung ist im letzten kein Frieden möglich. Daher verkündet der Engel des Herrn die Geburt des Friedensfürsten mit den Worten: „Ehre sei Gott in der Höhe *und* Friede auf Erden." Diese ursprünglichen Erfahrungen werden den Menschen zeitlebens nicht mehr verlassen und ihn befähigen weiterzugeben, was ihm selbst als Geschenk zuteil geworden ist. Wenn die Familienverhältnisse dagegen so sind, daß sich das Kind zu Hause nicht geborgen und anerkannt fühlt, dann wird es eines Tages ruhelos nach anderen Zufluchtsorten suchen. Es wird überall herumstreunen und doch nirgendwo Heimat und Frieden finden. Fast unweigerlich wird es sein Ausgesetztsein als eine letzte Verlorenheit ins Sinnlose deuten. Unter gewissen weiteren Voraussetzungen kann diese kindliche Ungeborgenheit „zu einer Mischung von chronischer Kriminalität und Verwahrlosung" (H. Kaufmann) führen. Tatsächlich läßt sich bei vielen Verbrechern nachweisen, daß es den Tätern in ihrer Kindheit an Geborgenheit gefehlt hat.

Für die Erziehung zum Frieden ist aber nicht nur das Geborgenheitserlebnis, sondern auch – wie schon angedeutet – das vorgelebte Beispiel von Vater und Mutter von großer Wichtigkeit. Wenn ein Mensch geboren wird, ist er ja das hilfloseste Geschöpf, das es gibt. Weil es nicht wie das Tier über Instinkte verfügt, ist es darauf angewiesen, daß ihm seine Umwelt zeigt, wie man sich verhalten muß, das heißt, wie man sich einerseits durchsetzt und andererseits einordnet, um in dieser Welt bestehen zu können. Dieser Lernprozeß geschieht beim heranwachsenden Menschen vor allem durch unbewußte Nachahmung dessen, was ihm die Erwachsenen vorleben. Da aber das Verhalten der Erwachsenen nicht nur aus guten Eigenschaften besteht, übernimmt das Kind eine Mischung von Gutem und Bösem und erstellt daraus eine eigene Mischung. Wenn es auch den Erwachsenen nicht möglich ist, in jedem Fall ein fehlerfreies Leben vorzuleben, so können sie doch darum bemüht sein, die gröbsten Unzulänglichkeiten zu vermeiden. Worauf es ankommt, ist die Reinigung der Atmosphäre.

Das bedeutet nun nicht, daß es zu keinen Auseinandersetzungen kommen dürfte. Doch diese müssen auf eine menschenwürdige Art und Weise bewältigt werden. Die Partner müssen lernen, einander zu verstehen, zu achten und in ihrer Verschiedenheit einander anzuerkennen. Frieden beansprucht also keine allgemeine Gleichheit. Daher schreibt der Friedensnobelpreisträger Dominique Pire: „Der Friede besteht positiv in einer wohlwollenden Haltung dem andern gegenüber, dem, der verschieden von uns ist. Es ist eine Tatsache, daß die Menschen sich voneinander sehr unterscheiden. Indessen wage ich mit meinem Freund Bernard Hansoul zu glauben, ‚daß sich die Menschen verstehen könnten, wenn sie sich nur gegenseitig ihre Widersprüche zugeständen'. Definieren wir also den positiven Frieden folgendermaßen: er ist der Anfang des gegenseitigen Verständnisses, der Achtung und der Schätzung des anderen als verschiedenen. Die Definition des positiven Friedens, die ich eben brachte, gilt ebensosehr für den Frieden unter Gruppen, Nationen, Religionen, Blocks usw. wie für den Frieden unter Einzelwesen.“[1]

Das gegenseitige Verständnis, die Achtung und Schätzung des anderen als Verschiedenen umfaßt wie selbstverständlich die Hilfe, wann, wo und wie immer der andere ihrer bedarf. Ja, man muß sagen: die engagierte Hilfeleistung ist der Prüfstein für den Ernst unseres Willens, den Frieden zu verwirklichen. Wer rechte Hilfe bringen will, muß einerseits verstehend und mitfühlend sein, andererseits aber auch sachlich und nüchtern. In der Heiligen Schrift findet sich ein Beispiel, durch das ein solches Verhalten vorbildhaft dargestellt wird. Es ist die Erzählung vom barmherzigen Samariter, der einem Notleidenden zu Hilfe kommt, obwohl dieser ihm aufgrund seiner unterschiedlichen Religion feindlich gesinnt war. Das Tun des Samariters bemißt sich genau an der Situation des Erschlagenen. Dadurch erhält es seine Sachlichkeit. Der Fremdling tut alles, wonach der Zustand des Erschlagenen verlangt. Zunächst werden seine Wunden sachgerecht behandelt und verbunden. Da er weder stehen noch gehen kann, wird er auf das Reittier gehoben und in das nächste Gasthaus gebracht. Dort kümmert sich der Samariter persönlich um ihn. Weil er aber auch seinen persönlichen Verpflichtungen nachkommen muß, gibt er dem Wirt Geld und erklärt ihm: „Sorge für ihn, und wenn du mehr für ihn brauchst, werde ich es dir bezahlen, wenn ich zurückkomme.“ Mitfühlende Herzlichkeit und nüchterne Sachlichkeit verbinden sich hier in einer beglückenden Weise miteinander und lassen zwei Menschen, die aus sehr gegensätzlichen Lagern kommen, zu Freunden werden. Das Gleichnis Jesu, durchaus geeignet, um von Kindern gespielt zu werden, führt uns neben dem Samariter und dem Erschlagenen noch die Räuber und den achtlos vorbeigehenden Leviten und Priester vor Augen. Wer sich fragt, in welcher der hier vorgestellten Personen er sich selbst wiederfindet, wird Auskunft darüber erhalten, welchen Beitrag zum Aufbau des Friedens er leistet. Zugleich verdeutlicht das Gleichnis, wie das Engagement für eine brüderliche und friedliche Welt zum Wesen eines wirklich christlichen Lebens gehört. Sicherlich wird der Mensch solche Feindesliebe nicht aus eigener Kraft aufbringen können, wohl aber in der Nachfolge Christi. Nicht im „Vorübergehen", sondern im persönlichen Einsatz mit Christus und in Christus können wir Frieden stiften und uns als echte Kinder Gottes erweisen gemäß der Bergpredigt Jesu.

Freut euch im Herrn allezeit. Noch einmal will ich es sagen: Freut euch. Euer gütiges Wesen sollen alle Menschen erfahren. Der Herr ist nahe. Um nichts macht euch Sorgen, laßt vielmehr in jeder Lage eure Anliegen durch Bitten und Flehen mit Danksagung vor Gott kund werden. Dann wird der Friede Gottes, der alles Begreifen übersteigt, eure Herzen und eure Gedanken in Christus Jesus behüten. Im übrigen, Brüder, auf alles, was wahr ist, was würdig, was gerecht, was rein, was liebenswürdig, was dem guten Rufe dient, was immer es an Tugend und was immer es an Lob gibt, darauf richtet euer Sinnen. Und was ihr gelernt und empfangen, gehört und gesehen habt bei mir, das tut. Dann wird der Gott des Friedens mit euch sein.
Philipper 4,4–9

22 Auch Du kannst die Welt verändern

J. Giono: Der Mann mit den Bäumen
Mt 13,31–32

Elzéard Bouffier (1858–1947) besaß in einer fruchtbaren Ebene Frankreichs einen Bauernhof. Als er seinen einzigen Sohn und dann auch seine Frau verlor, zog er sich in die Einsamkeit der Cevennen zurück. An den trostlosen Gebirgsabhängen gab es vier oder fünf Dörfer, die weit voneinander entfernt lagen. Die Lebensbedingungen waren hoffnungslos. Die Familien tobten ihren Egoismus im engen Kreis aus. Man stritt sich unaufhörlich über alles. Elzéard Bouffier hatte sich überlegt, daß diese Gegend aus Mangel an Bäumen völlig absterben werde. So beschloß er, hier Abhilfe zu schaffen.

Immer wieder besorgte er sich einen Sack mit Eicheln. Diese schüttete er auf seinen Tisch und schied die guten von den schlechten. Von den guten sonderte er nochmals die kleinen aus und die, welche leichte Risse hatten. Die sorgfältig Geprüften tränkte er in einem Eimer Wasser. Dann machte er sich mit ihnen und einer Eisenstange auf den Weg. Dort angekommen, wohin er wollte, begann er, mit seinem Eisenstab ein Loch in das steinige Erdreich zu stoßen. Er legte eine Eichel hinein und machte es wieder zu. In drei Jahren hatte er in diesem Wüstenland, von dem er nicht einmal wußte, wem es gehörte, 100 000 Eicheln gesetzt. Nüchtern rechnete er damit, daß nur 10 000 treiben würden. Doch im Fall, daß Gott ihm noch einige Jahre schenke, dachte er, sollten noch viele andere dazukommen. Das Schauspiel wurde mit jedem Jahr beeindruckender. Dort, wo es vorher nichts gegeben hatte, breitete sich ein Wald aus, der in drei Abteilungen elf Kilometer in der Länge und drei Kilometer in der Breite maß. Jetzt pflanzte er Buchen und, wo er richtig Feuchtigkeit unter der Oberfläche vermutete, Birken. Einer der schönsten Wälder Frankreichs wuchs heran.

Wie eine Kettenreaktion breitete sich sein schöpferisches Werk aus. Wasser, angesaugt durch die unendlichen Wurzeln, durchfloß die Flußbetten, die seit Menschengedenken immer trocken waren. Mit dem Wasser kamen Weiden, Wiesen, Blumen und ein gewisser Sinn des Lebens. Alles hatte sich verändert, selbst die Luft. In den Dörfern hatte man die Ruinen weggeräumt. Die neuen Häuser, frisch verputzt, waren von Gemüsegärten umgeben. Die alte Bevölkerung war nicht wiederzuerkennen, seit sie mit Lust lebte. Kaum einer erahnte etwas von der Selbstlosigkeit und Beharrlichkeit dieses Mannes. Was durch ihn in jahrzehntelanger Arbeit unbemerkt geschaffen worden war, schrieben nicht wenige irgendeiner Laune der Natur zu. Elzéard Bouffier starb mit 89 Jahren.

Vgl. Jean Giono, Der Mann mit den Bäumen, Flamberg Verlag, Zürich 1972.

Wenn wir einen schweren Verlust erleiden, glauben wir nicht selten, wir seien am Ende. Wie oft zeigt sich aber, daß das Ende in Wirklichkeit ein neuer Anfang ist! – Elzéard Bouffier hatte in einer fruchtbaren Ebene einen Bauernhof. Welche Bedeutung konnte er für ihn noch haben, nachdem sein einziger Sohn und dann seine Frau gestorben waren? Elzéard Bouffier – so schien es – war am Ende. Er verließ den Hof und zog sich mit etwa fünfzig Schafen in die Einsamkeit einer trostlosen Einöde zurück. Auch hier war alles am Ende: keine Bäume, kein Wasser, kein Leben, keine Liebe. Und doch sollte sich dieses Ende in einen ganz neuen Anfang verwandeln. Birgt nicht *jedes* Ende – der Tod nicht ausgeschlossen – einen neuen Anfang in sich? Und liegt darin nicht der Grund all unserer Hoffnung? Man müßte nur im Ende den neuen Anfang erkennen.

Elzéard Bouffier veränderte ein Stück dieser Welt. Das machte ihn groß und wertvoll. Ob nicht jeder Mensch nur dadurch groß und wertvoll wird, daß er die Welt ein klein wenig zum Besseren verändert? Ja, es scheint, als hätte sich unser Leben am Ende nur gelohnt, wenn durch uns wenigstens ein winziges Fleckchen dieser Erde fruchtbarer geworden ist. Manch einer wird sich durch ein solches Wort überfordert fühlen: „Was kann ich schon tun?“ Darauf antwortet der Dichter Reinhold Schneider (1903–1958) mit einem aufmunternden Hinweis: „Eine Stelle der Welt, ein winziges Teilchen wenigstens, können wir alle verändern – das ist unser eigenes Herz.“ In der Tat, hier liegt der Anfang; hier muß begonnen werden. Die Veränderung der Welt beginnt mit der Bewältigung unserer Fehler, Schwächen und ungeordneten Leidenschaften. Wer wäre aber nicht daran interessiert, wie das gelingen kann?

Vielleicht kann uns das Vorgehen des ehemaligen Bauern ein Wegweiser sein. Er ließ nicht jede Eichel zum Zug kommen. Sorgfältig prüfte er sie und schied von vornherein die guten von den schlechten. Er wußte, daß etwas Großes nur gelingen kann, wenn der allererste Anfang ohne Schatten ist. Das erinnert uns an ein Wort des Thomas von Aquin (1225–1274), der als siebenundzwanzigjähriger sein berühmtes Erstlingswerk „Über das Sein und das Wesen“ mit dem aristotelischen Satz beginnt: „Ein kleiner Irrtum zu Beginn wird am Ende zu einem großen.“ Diese Feststellung gilt nicht nur im Bereich des Denkens, sondern in allen Lebensbereichen. Immer und überall wird sich ein kleiner unbemerkter Fehler am Anfang in unguter Weise auswirken und alles andere in Mitleidenschaft ziehen. Dabei gehen uns oft genug erst am Ende die Augen auf. Wir haben es hier mit dem „Schneeballeffekt“ zu tun: Läßt man an einem schneebedeckten Abhang einem Schneeball freien Lauf, so wird er mit jeder Umdrehung mächtiger und kann schließlich vieles vernichten. Ähnlich ist es mit dem Feuer: „Wie klein kann ein Feuer sein, das einen großen Wald in Brand steckt“ (Jak 3,5). Daher rät Leo N. Tolstoi (1828–1910) in seiner Erzählung „Lösche den Funken, eh' er zur Flamme wird“, man solle das Böse unverzüglich beseitigen: „Lösche das Feuer im Entstehen. Brennt es erst lichterloh, dann bringst du's nicht mehr fertig.“[1] Wenn wir uns nun vergegenwärtigen, daß alles Boshafte seinen unscheinbaren Anfang in unseren Gedanken, Vorstellungen und Gefühlen nimmt, und damit beginnen würden, das Böse, sobald es sich zeigt, entschlossen in etwas Gutes zu verwandeln, dann würde sich gewiß die Landschaft unseres Herzens verändern. Der junge Iwan Schtscherbakow, von dem Tolstoi erzählt, beherzigte diesen Rat, und vieles in ihm und um ihn herum wurde anders. Am Ende der Geschichte heißt es von ihm: „Wenn ihm jemand etwas Böses antut, so denkt er nicht darüber nach, wie er sich rächen, sondern wie er die Sache gutmachen kann; und wenn ihm jemand ein schlimmes Wort sagt, denkt er nicht daran, ihm noch ein schlimmeres zu erwidern, sondern wie er den anderen belehren kann, nicht schlimm zu sprechen.“

Möglicherweise liegt die Einöde, die in fruchtbares Land verwandelt werden könnte, in der eigenen Ehe, in der einer dem andern nichts Bedeutsames mehr zu sagen und zu geben hat, in der man sich nicht mehr mit Aufmerksamkeit, Interesse und Wohlwollen begegnet, weil man der Meinung ist, daß beim andern nichts mehr zu holen ist. Hier sind es vor allem zwei Dinge, die einer ehelichen Beziehung neuen Atem geben könnten. Wir meinen zunächst das gemeinsame *Gespräch*.

Allzuoft nimmt im Verlauf der Ehejahre die Bereitschaft, miteinander zu sprechen, erschreckend ab. Man nimmt sich nicht mehr die Zeit, dem anderen zuzuhören. Was der andere sagt, ist einem im Grunde völlig egal. Die Folge ist ein oberflächlicher Gedankenaustausch, in dem das Persönliche nicht mehr zur Sprache kommt. Häufig ist der Mann der schlechtere Gesprächspartner. Er meint, er wisse immer schon im voraus, was seine Frau ihm zu erzählen habe, sobald sie den Mund aufmacht. Das macht die Frau mit der Zeit mutlos. Sie wird bald darauf verzichten, sich ihrem Mann weiterhin mitzuteilen, was sie in irgendeiner Weise seelisch krank werden läßt. „Mein Mann ist eine geheimnisvolle Insel, die ich unaufhörlich umkreise, ohne einen Strand zu finden, wo ich landen könnte!" Das erklärte eine Frau ihrem Arzt, der seinerseits betont: „Man kann nicht genug darauf hinweisen, wie groß das Bedürfnis der Menschen ist, wirklich gehört, ernst genommen, verstanden zu werden."[2] Wenn Eheleute einander keine „Landeerlaubnis" mehr gewähren, wenn das vertraute Gespräch keinen Platz mehr in ihrer Ehe hat, werden sich die beiden immer fremder.

Das zweite, was für das Glück einer Ehe unerläßlich ist und ihre Dauerhaftigkeit garantiert, ist die gegenseitige *Offenheit*. Ein Ehemann Anfang dreißig sagt in diesem Zusammenhang: „Es ist wunderbar, jemand zu haben, der einem hilft, über sich selbst klar zu werden. Wir benutzen Worte, um uns näher zu kommen. Wir sind übereingekommen, daß jeder von uns sich bemüht, dem anderen gegenüber völlig offen zu sein ... Wenn ich zum Beispiel zornig bin oder eifersüchtig oder mich von einer anderen Frau angezogen fühle und das vor ihr verberge, aber immer mit mir herumtrage, dann entfremdet uns das mit der Zeit. Ich finde, wenn ich etwas verberge, dann errichte ich mit der Zeit eine Mauer zwischen uns."[3] Wenn Mann und Frau voreinander keine Geheimnisse haben, wenn sie immer wieder einander ihre geheimen Gedanken, Wünsche, Sehnsüchte, Gefühle, Überzeugungen und Reaktionen mitteilen, wird jeder von beiden eine Menge über den anderen erfahren. Paul Tournier schreibt hierzu: „Als Gott die Ehe einsetzte, sagte er: ‚Sie werden ein Leib sein'. Das heißt: Sie werden nicht mehr zwei, sondern eins sein. Eins sein bedeutet offensichtlich, kein Geheimnis vor dem anderen zu haben. Sobald die Eheleute anfangen, sich etwas zu verheimlichen, untergraben sie diese grundlegende Einheit der Ehe und betreten den Weg, der zur Niederlage führt."[4] Schluckt hingegen in einer Ehe einer der Partner seinen Groll ständig herunter, dann wird der innere Druck eines Tages so stark sein, daß es zu einem explosiven Knall kommt und die negativen Gefühle sich in harten Anschuldigungen und Anklagen äußern. Gewiß steht eine lange Erfahrung hinter den Worten des bekannten Eheberaters Carl R. Rogers, wenn er sagt, Eheleute könnten durch das Unterdrücken negativer Gefühle zwischen sich solche Barrieren errichten, daß sie sich einander wie Fremde vorkommen.

Die vollständige Offenheit, um die es hier geht, erfordert Mut und Vertrauen. So kann eine zweifache Angst überwunden werden. Einmal die Angst vor dem Urteil und der Kritik des anderen, weil man selbst anders denkt und fühlt; dann die Angst vor Ratschlägen, in die sich schnell ein verletzender Ton einschleichen kann. Wenn auch beide Partner von diesen Ängsten beherrscht werden, so tut sich doch der Mann wegen seines Stolzes schwerer als die Frau, sie einzugestehen. Wo diese Ängste mutig und vertrauensvoll überwunden werden, da wird die Ehe zu einem Wachstumsprozeß, in dem einer mit dem anderen einen verborgenen Teil seines Selbst teilt. Gerade hier ist die Fähigkeit, einander vorurteilslos zuzuhören, von großer Wichtigkeit. Dann ist es möglich, „daß die Dinge, die man vor dem anderen *unmöglich* enthüllen kann, dennoch ausgesprochen werden können, daß man die Probleme, die man für sich *behalten muß*, mit dem andern teilen kann“[5]. Ehepaare, die immer wieder neu dieses Wagnis der vollständigen Offenheit eingehen, werden gewiß durch manche Enttäuschungen hindurchgehen müssen, aber ihre eheliche Gemeinschaft wird sich vertiefen, weil nur so einer den andern verstehen lernt. Selbst wenn diese Art der Kommunikation auch nur teilweise zustande kommt, sind die Aussichten auf eine dauerhafte und glückliche Beziehung sehr groß. Einer muß den Anfang machen. Dann geschieht, was Carl R. Rogers so beschreibt: „Diese tiefverletzbare Kommunikation hat eine Wirkung, die die meisten Leute nicht glauben, solange sie es nicht versucht haben: Das Teilen und Mitteilen der tiefsten Empfindungen, die man in sich selbst finden kann, führt fast unausweichlich zu einem ähnlichen Teilen und Mitteilen auf seiten des anderen ... Ein Partner genügt, um den Ball ins Rollen zu bringen, doch wenn die Kommunikation ständig einseitig bleibt, dann verschlechtern sich die Aussichten auf Entwicklung und Wachsen.“[6]

Bei allem kommt es entscheidend darauf an, daß die Ehepartner lernen, nur ihre Gefühle zum Ausdruck zu bringen und auf jede Form der Anklage zu verzichten. „Diese Art der Kommunikation basiert auf der Einstellung: ‚Ich möchte meine Gefühle mit dir teilen, selbst wenn diese nicht immer positiv sind!‘“[7] An früherer Stelle schreibt Rogers: „Wenn man sagt, daß man sich unter Druck gesetzt *fühlt*, dann weiß ich nicht, wie jemand das bezweifeln sollte, denn so *fühlt* der andere ... Ich glaube, je mehr jeder die Sache im Hinblick auf seine Gefühle sieht, desto größer ist die Möglichkeit, zu einer Art von gegenseitigem Verstehen zu gelangen.“[8]

Die Welt, die wir verändern könnten, ist vielleicht die Welt der eigenen Familie, in der es keinen wahren Frieden gibt. Unser Wort „Friede“

stammt aus der indogermanischen Wurzel „pri", das heißt: lieben, schonen. Damit ist gesagt, daß der Friede aus der Liebe erwächst. „Liebe ist, wenn jeder um den anderen besorgter ist als um sich selbst" (David Frost). Das Eigentümliche solcher Liebe ist, daß sie den anderen in seiner Andersartigkeit erkennt und anerkennt. Immer werden die Kinder anders sein als ihre Eltern. Wenn die Kinder auch vieles von ihren Eltern übernehmen, so beginnt doch mit jeder Generation etwas Neues. Das ist schon deshalb ein geheimnisvoller Vorgang, weil somit jeder Generation ein neuer Anfang gewährt wird. Wo also Eltern in Wahrheit lieben, werden sie billigen, daß ihre heranwachsenden Kinder verschieden von ihnen selber sind, andere Neigungen haben und eigene Interessen verfolgen. Oft muß man eine längere Wegstrecke zurückgelegt haben, bis man gelernt hat, die anderen in ihrer Verschiedenheit zu verstehen und zu fördern; denn oft meinen die Eltern, sie könnten auf diese Weise ihre Kinder verlieren. Doch ist es eine Erfahrungstatsache, daß die Chance für eine starke Bindung desto größer ist, je mehr die Eltern ihre Kinder zur Selbständigkeit, zur Gewissenhaftigkeit und Selbstverantwortung erziehen. Was hier vom Erkennen und Anerkennen des anderen in seiner Andersartigkeit gesagt wurde, muß andererseits von den Kindern hinsichtlich ihrer Eltern berücksichtigt werden. Wo Kinder ihre Eltern abgeschrieben haben, weil sie ihnen altmodisch und rückständig erscheinen, da wird es keinen wechselseitigen Kontakt mehr geben, und jeder wird – mehr oder weniger vereinsamt – seinen eigenen Weg gehen. Man überdenke hier einige Verse, die Eugen Roth unter die Überschrift „Kontaktlos"[9] gesetzt hat:

Ein Mensch mag noch so wertlos sein –
Er ist doch nicht nur tauber Stein:
Hat er nicht gleich ein goldnes Herz,
Ein bißchen führt ein jeder Erz:
Seis Silber, Kupfer, Eisen, Zinn,
Ja, seis nur Blei – es steckt was drin.
Jedoch kein Mensch, obwohl er dürft,
In andern Menschen tiefer schürft,
Weil er von vornherein betont,
Daß sich der Abbau wohl nicht lohnt.

Diese Verse decken nicht nur in humorvoller Weise den Grund für ein kontaktloses Leben auf; sie weisen uns indirekt den Weg, der allein zu einem glücklichen Zusammenleben führt. Wir müßten nur den unerschütterlichen Glauben haben, daß *jeder* Mensch wertvolle Schätze in sich birgt, und daran interessiert sein, sie zu entdecken. Hier verdeutlicht sich, aus welchen Quellgründen alle echten mitmenschlichen Beziehungen erwachsen.

Hat ein Mensch das eigene Herz, seine partnerschaftlichen Beziehungen und seine familiären Verhältnisse verwandelt, dann wird er auch dort, wo er täglich seiner Arbeit nachgeht, eine bessere Atmosphäre herbeiführen. Sein Verdienst ist wirklich verdient; er tut etwas für das Geld, das er bekommt. Darüber hinaus ist er für seine Kollegen da. Wie das Auge Jesu denjenigen in der Menschenmenge erkannte, der voller Sorgen war, so entdeckt er denjenigen unter seinen Mitarbeitern, der irgendwie nicht mehr weiter weiß, und kümmert sich um ihn. Im Gespräch bleibt er sachlich, im Urteil gerecht, und bei Streitigkeiten sucht er die Versöhnung. Er steigt nicht auf ein niedriges Niveau hinab und läßt nicht zu, daß Werte der Lächerlichkeit preisgegeben werden. Sein Wesen ist eindeutig und durchsichtig.

Wenn wir uns schließlich bewußt machen, daß jeder gläubige Christ für das Gemeindeleben in seiner Pfarrei Verantwortung trägt, dann dürfte es kein Gemeindemitglied geben, das sich nicht in irgendeiner Weise engagiert. Dieses Engagement beginnt damit, daß man an den Gemeindegottesdiensten teilnimmt und in ihnen mitbetet und mitsingt. Bereits dadurch kann die Welt des Gottesdienstes geändert werden. Man sage nicht, das sei nicht der Rede wert. Wie oft formulieren Besucher auswärtiger Gottesdienste von solchen Erfahrungen her ihr Urteil über eine Gemeinde. Gewiß, damit ist es noch nicht getan; aber damit fängt es an. Was darüber hinaus getan werden muß, erkennt schnell, wer die Gottesliebe und die Nächstenliebe in ihren vielfältigen Entfaltungsmöglichkeiten in der eigenen Pfarrgemeinde zu konkretisieren sucht. Dabei ist zu berücksichtigen, daß die praktizierte Nächstenliebe immer in der Gottesliebe verwurzelt sein muß. Hierzu schreibt der evangelische Theologe Paul Tillich (1886–1965): „Die gewöhnliche Frage: ‚Was sollen wir tun?‘ muß mit der ungewöhnlichen Frage: ‚Von wo empfangen wir etwas?‘ beantwortet werden. Die Menschen müssen wieder verstehen lernen, daß man nicht viel geben kann, wenn man nicht viel empfangen hat. Die Religion ist in erster Linie eine geöffnete Hand, eine Gabe entgegenzunehmen, und erst in zweiter Linie eine tätige Hand, Gaben auszuteilen. Nur wer von dem tiefsten Bezirk des Religiösen herkommt und etwas Ewiges in sich trägt, kann der religiösen Aufgabe dienen, das Zeitliche zu verwandeln.“

Was nun die Verwandlung des Zeitlichen durch das Ewige, das wir in uns tragen, betrifft, so geht diese in der Regel von einzelnen aus.

Diese fragen nicht: „Was könnte *man* hier tun?“ Wo so gefragt wird, geschieht nichts Wesentliches. Wo aber einer entschlossen tut, was getan werden muß, da wird er schnell Gesinnungsgenossen treffen. Er trifft sie vor allem in der Gemeinde, die nur über eine innere Gesundheit verfügt, wenn sie über sich selbst hinauswächst und mithilft, die Not in der Welt zu überwinden.

Kehren wir hier zu Elzeard Bouffier zurück. Er sah, er überlegte, er beschloß, und unbeirrbar ging er seinen Weg, der ihn von einem unscheinbaren Anfang zu einem kaum erahnten Ziel führte. Elzeard Bouffier sah die Not und war von ihr betroffen. Er zog sich nicht mit einer Entschuldigung aus der Affäre; er schob die Verantwortung nicht auf andere ab. Er fragte nicht, was man hier tun könne. Er war bereit, sich persönlich zu engagieren: „Was kann ich hier tun?“ Dann überlegte er sachlich, wie vorgegangen werden muß. Die stille Sachlichkeit machte ihn unauffällig und selbstlos; sie ließ ihn alle Widerstände überwinden und gegen die Verzweiflung ankämpfen. Was er aufgrund sachlicher Überlegungen beschlossen hatte, setzte er mit zäher Geduld in die Tat um. Aufmerksamkeit in der Erkenntnis, Sachlichkeit in der Überlegung, Unauffälligkeit und Geduld in der Verwirklichung, – diese Eigenschaften brachten sein Werk zur Vollendung. Nie können wir abschätzen, wieweit letztlich reicht und welche Auswirkungen hat, was wir tun.

Ein anderes Gleichnis legte er ihnen vor und sprach: „Das Himmelreich ist gleich einem Senfkorn, das einer nahm und in seinen Acker säte. Das ist zwar das kleinste von allen Samenkörnern. Wenn es aber ausgewachsen ist, ist es größer als die Gartengewächse und wird zu einem Baum, so daß die Vögel des Himmels kommen und in seinen Zweigen wohnen.
Mattäus 13,31–32

23 Auch das Kleine trägt zur Größe bei

L. Rinser: Abenteuer der Tugend
Mt 13,31–32

Mittelpunktsfigur des Briefromans „Abenteuer der Tugend" von Luise Rinser ist Nina Buschmann, eine Frau in besten Jahren. Ihr Mann, der schwermütig und süchtig ist, macht ihr das Leben schwer. Aber Nina ist ein religiöser Mensch. So hat ihr Leben ein Ziel. Ein solches Ziel hält sie für notwendig; denn sie ist der Überzeugung, „daß wir unser Leben auf etwas beziehen (müssen), das außerhalb unserer Wünsche liegt". Von diesem Ziel her bekommt jede kleine Handlung in ihrem Leben eine Richtung, einen Sinn und ein Gewicht.

Zu den Sorgen, die Nina mit ihrem Mann hat, kommt der Kummer mit ihrer Schwester, die mit sich selbst nicht zurecht kommt. Inzwischen hat sie sich „mit allem abgefunden". Sie meint, sie sei eben nur für ein ‚kleines' Leben bestimmt. „Was ist klein und was ist groß?" entgegnet ihr Nina. „Unser Leben ist so klein oder so groß, wie wir es machen (...) Wir beide können nichts Großes tun, wir können das Kleine aber in höchster Intensität tun und es ins Große heben ..."

Vgl. Luise Rinser, Abenteuer der Tugend, Roman, Fischer Taschenbuch Verlag Nr. 1027, Frankfurt a.M. 1975, S. 139f.

Unser Leben ist von seinem tiefsten Wesen her zielgerichtet. Bereits in den Abläufen der Natur gibt es vieles, was dafür Bild und Gleichnis ist. Wir erfahren es aber auch aufgrund eines psychologischen Vorgangs. Es ist die offenkundige Tatsache, daß wir uns innerlich um so wohler fühlen, je mehr wir uns in etwas hineinverlieren, das über uns waltet und größer ist als wir. Davon spricht F. M. Dostojewski am Ende seines Romans „Die Dämonen" durch den Mund des todkranken Stepan Trofimowitsch: „Es ist für den Menschen weit notwendiger als das eigene Glück ... zu wissen und jeden Augenblick daran zu glauben, daß es irgendwo schon ein vollkommenes und ruhiges Glück für alle und für alles gibt ... Das ganze Gesetz des menschlichen Seins besteht nur darin, daß der Mensch sich immer vor etwas unermeßlich Großem beugen kann. Wollte man aber den Menschen das unermeßlich Große nehmen, so würden sie nicht mehr leben wollen und in Verzweiflung sterben. Das Unermeßliche und Unendliche ist für den Menschen ebenso notwendig, wie dieser kleine Planet, auf dem er lebt (...) Selbst der dümmste Mensch braucht unbedingt wenigstens irgend etwas Großes."[1] Diese intuitive Erkenntnis findet ihre Bestätigung durch die therapeutische Praxis von Carl Gustav Jung (1875–1961). Was tat er, um die vielen Menschen, die mit nahezu unlösbaren Problemen zu ihm kamen, von ihren Konflikten zu befreien? Er half ihnen, eine neue Bewußtseinsebene, einen weiteren Gesichtskreis zu entwickeln. So wuchsen nicht wenige seiner Patienten über ihre seelischen Nöte hinaus. C. G. Jung schreibt: „Irgendein höheres und weiteres Interesse trat in den Gesichtskreis, und durch diese Erweiterung des Horizontes verlor das unlösbare Problem seine Dringlichkeit. Es wurde nicht in sich selber logisch gelöst, sondern verblaßte gegenüber einer neuen und stärkeren Lebensrichtung." Die religiöse Dimension, die in diesem Wort verborgen liegt, deckte C. G. Jung in einem Vortrag „Über die Beziehung der Psychotherapie zur Seelsorge" 1932 in Straßburg vor Theologen auf: „Unter allen meinen Patienten jenseits der Lebensmitte, das heißt jenseits 35, ist nicht ein einziger, dessen endgültiges Problem nicht das der religiösen Einstellung wäre. Ja, jeder krankt in letzter Linie daran, daß er das verloren hat, was lebendige Religionen ihren Gläubigen zu allen Zeiten gegeben haben, und keiner wird wirklich geheilt, der seine religiöse Einstellung nicht wieder erreicht."[2] Den theologischen Grund dafür finden wir bei Augustinus (354–430) zu Beginn seiner „Bekenntnisse", in denen er mit unerhörter Offenheit seinen Weg zu Gott schildert: „Du selber reizest an, daß dich zu preisen Freude ist; *denn* zu dir hin hast du uns geschaffen, und ruhelos ist unser Herz, bis daß es seine Ruhe hat in dir" (I, 1). Diese Einsicht war für Augustinus der Anfang eines neuen zielgerichteten und überaus fruchtbaren Lebens. Wahrscheinlich gibt es nur wenige, die so deutlich wie er erfaßten, wie sehr es darauf ankommt, „daß wir unser Leben auf etwas beziehen, was außerhalb unserer Wünsche liegt".

Die Größe Gottes liegt aber nicht nur darin, daß er der Zielpunkt aller Dinge ist; seine Größe übersteigt sich noch einmal um ein Unendliches durch seine Liebe zum Kleinen und Kleinsten.

Ein römisches Sprichwort sagt: „Um Kleinigkeiten kümmert sich der Prätor nicht." Man fragt sich, um was sich der höchste Richter im alten Rom dann wirklich gekümmert hat. Gott ist kein Prätor: „Kauft man nicht zwei Sperlinge um einen Pfennig? Dennoch fällt deren keiner auf die Erde ohne euren Vater. Nun aber sind auch eure Haare auf dem Haupt alle gezählt" (Mt 10, 29 f.). Der dänische Philosoph Sören Kierkegaard kommentiert: „Vergiß nun aber, daß du das von Kind auf auswendig gelernt hast, so daß es auf dich keinen Eindruck mehr macht. Laß einen alltäglichen Menschen sagen, daß er das ganz buchstäblich glaubt, daß er also jede Sekunde von Gott umgeben ist; geht er im Herbstwald, wo die Blätter von den Bäumen fallen, so fällt kein einziges ohne Gottes Willen: gib acht, er wird als verrückt angesehen werden."[3] Anderswo schreibt er: „Je unendlicher einer ist, desto mehr kann und will er sich um Kleinigkeiten kümmern. Ich glaube dies buchstäblich, daß er sich um jeden Sperling kümmert."

Der Hinweis Kierkegaards, daß einer sich um so mehr um Kleinigkeiten kümmern kann und will, je unendlicher er ist, läßt uns erahnen, warum der unendlich große Gott durch seine Menschwerdung in die Kleinigkeiten menschlichen Daseins eingegangen ist. Seine Menschwerdung ist der unüberbietbare Ausdruck seiner Vorliebe für das Kleine, das er in seine unendliche Größe erheben will. So bringt uns Gott unmißverständlich zu Bewußtsein, daß es vor allem die kleinen Dinge des Alltags sind, die in seinen Augen zählen. Gerade dafür öffnete der sympathische anglikanische Primas Michael Ramsey seinen jungen Priesterkandidaten die Augen. Er wußte zu gut, wie schnell ein Priester in der heutigen Zeit angesichts der Fragen resignieren kann, was es denn schon in der Welt ausmacht, eine Jugendgruppe zu leiten, in einer Kirche ein paar wenigen Leuten zu predigen oder Familien zu besuchen, und das alles mit einem kaum nennenswerten Erfolg. Deshalb sagte er zu ihnen: „Bedenken Sie: die Herrlichkeit des Christentums ist sein Anspruch, daß kleine Dinge wirklich zählen, daß die spärliche Begleitung, die Wenigen, der eine Mann, die eine Frau, das eine Kind für Gott von unbegrenztem Wert sind (...) Betrachten Sie unseren Herrn selbst. Inmitten einer weiten Welt mit ihren ausgedehnten Reichen, ihren gewaltigen Ereignissen und Tragödien widmete er sich einem kleinen Land, kleinen Dingen, einzelnen Männern und Frauen, verschwendete Stunden an die Wenigen (...) In einem Land, wo es zugkräftige Bewegungen und Postulate gab (...), schenkt unser Herr der einen Frau aus Samaria, dem einen Nikodemus, der einen Martha, der einen Maria, dem einen Lazarus, dem einen Simon Petrus viele Stunden, denn der unendliche Wert des Einen ist der Schlüssel zum christlichen Verständnis der Vielen (...) Sie werden Christus nie näher sein als in der Sorge um den einen Mann, die eine Frau, das eine Kind."[4]

Ob zu solchem Dienst, wie Jesus selbst ihn ausübte, nur der Priester berufen ist? Solcher Dienst ist vielmehr die Berufung eines jeden Christen; er ist die Berufung der „kleinen Herde" (Lk 12,32), die in dieser Welt nichts zu fürchten braucht, da die Welt nicht den Gewalttätigen gehört, sondern Gottes Eigentum ist. Wer sich in ihr dem Dienst am Kleinen widmet, gehört zu den von Jesus Seliggepriesenen: „Ich preise dich, Vater, Herr des Himmels und der Erde, weil du all das den Weisen und Klugen verborgen, den Unmündigen aber offenbart hast" (Mt 11,25). Wer sind diese Weisen und Klugen? Es sind jene, die sich selbst für groß halten, in Gottes Augen aber klein sind. Und wer sind diese Unmündigen? Es sind die „Kleinen", die selbstlos die vielen kleinen, unscheinbaren alltäglichen Dinge verrichten, ohne von sich reden zu machen. Sie fallen nicht auf. Das liegt schon daran, daß man sich klein machen muß, wenn man mit den kleinen Dingen Kontakt bekommen will. So verschwinden die Kleinen in der Verborgenheit des Alltags. Solche Verborgenheit – Inbegriff des Reiches Gottes in dieser Welt – ist aber der Ort, an dem sich ihnen Gott offenbart. So verstehen wir, was Romano Guardini (1885–1968) meinte, als er von der „Umwertung der Werte" durch Jesus Christus und von der „Andersartigkeit des Christlichen in der Welt" sprach. In dieser Umwertung der Werte, die die Andersartigkeit des Christen in der Welt bewirkt, liegt der Sinn unseres Alltagslebens; denn im alltäglich Kleinen verbirgt sich die Verheißung des Großen und im alltäglichen Ablauf der Zeit das Werden der Ewigkeit. So hebt uns das Kleine ins Große und die Nahziele ins Fernziel, vorausgesetzt, daß wir das Kleine „in höchster Intensität tun".

Ein junger Schauspieler tat es. Von ihm erzählt der Dichter Manfred Hausmann in einem Büchlein mit dem bezeichnenden Titel: „Kleine Begegnungen mit großen Leuten". Als er etwa im Jahre 1938 in Münster eine Morgenfeier zu bestreiten hatte, stellte er fest, daß am Abend in den Kammerspielen seine dramatische Ballade „Lilofee" aufgeführt wurde. Daher beschloß er, sich die Vorstellung anzusehen. Nicht zuletzt wegen jenes jungen Schauspielers blieb sie ihm bis ins hohe Alter unvergeßlich. Der junge Mann hatte eine vollkommen nebensächliche und unbedeutende Rolle zu spielen. Im Programmheft war sie nicht einmal erwähnt. Ein anderer hätte sie wahrscheinlich als eine Zumutung empfunden. Der junge Mann aber machte sie sich zur Aufgabe. Er nahm sie so ernst, daß er in ihr förmlich aufging. In aufrichtiger Bewunderung schrieb Manfred Hausmann viele Jahre später: „Ich merkte, daß ich hier eine Lehre erhielt (...) Er spürte offenbar, daß es in der Kunst wie im Leben darauf ankommt, auch an die beiläufigste Aufgabe, die einem gestellt wird, mit seinem ganzen Können heranzugehen, nichts mit der linken Hand zu erledigen, außer man ist Linkshänder, nichts, was zum Großen gehört, für gering zu halten. Wie sich denn die Größe und die Wahrheit eines Künstlertums darin erweisen, daß sie das Kleine wohl in seiner Rolle als Kleines belassen, es aber nicht als etwas Nebensächliches behandeln. An einem großen Kunstwerk trägt auch das Kleine zur Größe bei, hat auch das Kleine an der Größe teil. Ich weiß nicht, was aus jenem jungen Schauspieler geworden ist. Nicht einmal sein Name ist mir gegenwärtig (...) Aber das weiß ich, daß er eine Chance hatte, ein Bedeutender zu werden. Ob er sie genutzt hat, steht dahin."[5]

Man hat dieses Erlebnis des Dichters und die Lehre, die er daraus gewann, erst richtig verstanden, wenn einem zu Bewußtsein kommt, daß das ganze Leben so etwas wie ein von Gott inszeniertes Schauspiel ist, dessen Ende und Ausgang er alleine kennt. In ihm hat jeder, der in diese Welt hineingeboren wird, *seine* Rolle zu spielen. Und da das Nebensächlichste und Unbedeutendste für das Gelingen des Ganzen nicht bedeutungslos ist, kommt alles darauf an, daß es mit Intensität geschieht. So trägt auch das Kleine und Kleinste zur Größe bei. Ist unsere Rolle zu Ende, dann verlassen wir die Bühne des Lebens und treten in den Hintergrund Gottes zurück. Doch das Schauspiel geht weiter; es geht weiter ohne uns. Aber die von uns investierte Kraft wirkt in ihm irgendwie fort bis ganz zum Schluß. Darum wissend, sagt Augustinus: „Im Kleinen treu sein, ist etwas Großes. Willst du groß sein? Dann fang beim Kleinen an." Jesus sagt uns dasselbe in bildhafter Weise: Mach es wie das Senfkorn; fang klein an, und du wirst dich wundern, was daraus einmal werden wird.

Er erzählte ihnen ein weiteres Gleichnis und sagte: Mit dem Himmelreich ist es wie mit einem Senfkorn, das ein Mann auf seinen Acker säte. Es ist das Kleinste von allen Samenkörnern; sobald es aber hochgewachsen ist, ist es größer als die anderen Gewächse und wird zu einem Baum, so daß die Vögel des Himmels kommen und in seinen Zweigen nisten.
Matthäus 13,31–32

24 Das Rezept eines berühmten Zauberkünstlers

D. Carnegie: Wie man Freunde gewinnt
Joh 6,1–13

Howard Thurston (1869–1936) war einer der berühmtesten Zauberkünstler aller Zeiten, der König der Taschenspieler. Vierzig Jahre reiste er durch die ganze Welt und zog seine Zuschauer in den Bann seiner Persönlichkeit. Mehr als sechzig Millionen Menschen besuchten seine Vorstellungen, obwohl er von der Zauberkunst nicht mehr als seine Kollegen verstand. Nach dem Geheimnis seines Erfolges gefragt, antwortete er: „Viele Zauberkünstler denken nach einem Blick in den Saal heimlich: ‚Ist das wieder eine Bande von Dummköpfen und Tölpeln! Die werd' ich mal ganz schön auf den Arm nehmen.'" Thurston machte es anders. Bevor er auf die Bühne trat, sagte er sich wiederholt: „Ich liebe mein Publikum. Ich bin dankbar, daß diese Leute gekommen sind, um mich zu sehen. Sie ermöglichen mir ein angenehmes Leben. Ich will mir Mühe geben, ihnen für ihr Geld das Beste zu bieten."

Vgl. Dale Carnegie, Wie man Freunde gewinnt, Scherz Verlag, Bern–München–Wien o. J., S. 81f.

Die Zauberkunst ist seit den ältesten Zeiten bekannt. Ihr Ursprung liegt in dem Aberglauben, durch Beschwörung überirdischer Geister irdische Probleme lösen zu können. Erst seit Anfang des 19. Jahrhunderts entwickelte sie sich zu dem, was sie heute ist: eine der beliebtesten Volksunterhaltungen. Das Verblüffende an dieser Kunst ist die Fertigkeit des Künstlers, sein Publikum auf elegante Weise zu täuschen, indem er etwas „erscheinen" oder „verschwinden" läßt oder einen Gegenstand in einen anderen „verwandelt". Seine Absicht ist nicht, den Zuschauer zu überlisten, sondern ihn zum Staunen zu bringen. Daher wünscht er sich ein Publikum, das bereit ist, sich täuschen zu lassen. Ein Franzose hat einmal gesagt: „Die Zauberkunst ist so alt wie die Lüge, und die Lüge ist so alt wie die Welt." Dieses Wort wird der Zauberkunst nicht gerecht. Zwar arbeitet der Zauberer mit „Tricks", aber er gibt dies auch zu. Deshalb ist er ein ehrlicher Mensch, im

Gegensatz zu allen, die bei ihren Unternehmungen mit „Tricks“ arbeiten und dies entschieden leugnen wollen.

Was nun Howard Thurston von vielen seiner Kollegen unterschied, war seine Gesinnung. Was der Kern für die Frucht, das ist die Gesinnung für unser sittliches Leben. Sie ist das Innerste in einem Menschen. Von ihr wird sein ganzes Denken, Reden und Handeln durchdrungen und gespeist. Dabei hängt es von ihrer Werthaftigkeit ab, ob wir von einer niederen, gemeinen und verwerflichen oder von einer edlen, hohen und lauteren Gesinnung sprechen. Welche Gesinnung in einem Menschen lebendig ist, offenbart sich vor allem in seiner inneren Einstellung dem anderen gegenüber. Die Frage, die sich hier erhebt, lautet: „Wie denkst du über deine Mitmenschen?“ Darauf dürfte es letztlich nur drei Antworten geben.

Da sind zunächst die *Gleichgültigen.* Für sie ist der andere eigentlich gar nicht da. Ohne innere Anteilnahme leben sie an ihm vorbei. Was in ihrer näheren oder weiteren Umgebung geschieht, berührt sie nicht. Sie sind mit sich selbst beschäftigt, mit ihren eigenen Gedanken, Gefühlen, Stimmungen, Interessen und Angelegenheiten. Es ist leicht nachzuempfinden, wie einförmig und öde es in ihrem Inneren aussieht, wie freudlos und gedrückt sie im Grunde ihres Herzens sind. Von ihnen geht nichts Bedeutsames aus. Deshalb bleibt ihr Leben unfruchtbar. Welche Gesinnung haben sie? Man ist versucht zu sagen, sie hätten überhaupt keine.

Neben diesen Gleichgültigen gibt es die *Überheblichen.* Sie haben die Überzeugung, daß nur sie selbst etwas können. Mehr oder weniger versteckt schauen sie auf ihre Mitmenschen herab. Diese sind in ihren Augen nur Dummköpfe und Tölpel. Hier wird offenkundig, wie wenig der überhebliche und verächtliche Mensch seine Mitmenschen ernst nimmt. Deshalb ist er selbst nicht ernstzunehmen. Für den Wert und das Geheimnis im anderen bleibt er blind. Der andere ist für ihn nur so lange gut, wie er ihn für seine Zwecke gebrauchen kann. Weil sich aber die innere Einstellung immer auch im äußeren Verhalten kundtut und unsere Gesinnung stets einen mächtigen Einfluß auf unser Tun nimmt, geht vom überheblichen Menschen etwas Zurückweisendes oder gar Abstoßendes aus. Aufgrund seiner niedrigen Gesinnung bleibt er einsam und verlassen.

Es bleiben die *Gütigen.* Güte bedeutet, daß einer es mit dem anderen von Grund auf gut meint. Wegen seiner inneren Freiheit und Gelöstheit hat der gütige Mensch die Fähigkeit, sich selbst zu vergessen und sich mit der Situation anderer Menschen zu identifizieren. Er denkt und fühlt mit ihnen. Wärme und Milde, Ehrfurcht und Achtung,

Gerechtigkeit, Verantwortungsbewußtsein und Dankbarkeit strahlt er aus. Durch diese geheimnisvollen Kräfte schafft er einen hohen, hellen und freien Raum. All das verdeutlicht sich am Verhalten von Howard Thurston. Er zog seine Zuschauer in jenen hohen, hellen und freien Raum, den er durch seine Güte schuf. Wie kam dieser Zauberkünstler zu solcher Güte? Bevor der Vorhang geöffnet wurde, hatte er bereits sein Herz geöffnet; bevor die Zuschauer ihn mit seinem Können aufnehmen konnten, hatte er sie schon mit all ihren Erwartungen in sich selbst aufgenommen. „Ich liebe mein Publikum!" Diese innere Einstellung überbrückte jede Distanz, hob sie förmlich auf. Das Geheimnis der Güte ist also die Liebe, die den andern selbstlos in das eigene Innere aufzunehmen vermag. Dadurch weiß sich der andere angenommen.

Was könnte das für uns bedeuten? Nicht weniger als eine Überprüfung all unserer mitmenschlichen Beziehungen, wodurch sich auch uns ein neuer Lebensraum eröffnen würde. „Ein Mann ... in verantwortungsvoller Position erklärt, daß Gespräche regelmäßig gut gelängen, wenn er Zeit gehabt habe, den Gerufenen, ehe dieser sein Zimmer betrat, vorher kurz meditativ in sich aufzunehmen, und ohne das spürbar nicht so gut. Eine wirkliche Ehe ist eigentlich gar nicht anders möglich als so, daß die beiden Eheleute sich innerlich aufnehmen, und was der Sprachgebrauch so hintergründig als Ergebnis der ehelichen Gemeinschaft mit ‚erkennen' bezeichnet, gilt allgemein für das ganze Zusammenleben auch bei Tage – es geht immer darum, daß die ‚Liebe' den ganzen Menschen sieht, seine stillsten Erwartungen, die Sehnsucht und den Adel seiner ‚Seele' ‚erkennt'. ‚Ich liebe dich' kann man überhaupt nicht sagen, ohne daß Seele zu Seele findet."[1] Auch das Folgende ist eine Erfahrungstatsache: Wo immer ein Mensch des Morgens, *bevor* er auf die Bühne des alltäglichen Lebens tritt, zu sich selber sagt: „Ich liebe die Menschen, die mir heute begegnen werden!", da schafft er eine menschenfreundliche Atmosphäre, in der eine fruchtbare Zusammenarbeit möglich wird.

Das Wort „Ich liebe die Menschen!" sollte zu den Lieblingsworten eines jeden Christen gehören. Schauen wir zunächst noch einmal auf den Zauberkünstler Thurston. Auf dem Grund seiner guten Gesinnung wirkte vor allem das Gewissen. Er liebte *sein* Publikum, weil es gekommen war, ihn zu sehen, und weil es ihm ein angenehmes Leben ermöglichte. Darum sah er sich in seinem Gewissen verpflichtet, ihm für sein Geld das Beste zu bieten. Auf dem Grund der Gesinnung eines guten Christen ist eine noch tiefere und selbstlosere Antriebskraft wirksam. Darum ist auch der Wirkungskreis seiner Güte und Liebe weiter. „Ich liebe die Menschen!“, sagt sich der wirkliche Christ, weil er sich vor allem drei Dinge bewußt hält. Erstens weiß er, daß jeder Mensch liebesbedürftig ist: „Liebe deinen Nächsten, denn er ist genau wie du!“ (M. Buber). Zweitens sieht er, daß hinter allem Menschlichen im Menschen noch etwas Göttliches liegt. Drittens ist er sich gewiß, daß Gott den Menschen liebt und diese seine Liebe zum Menschen in der Menschwerdung Jesu Christi unüberbietbar gezeigt hat.

Wenn immer Jesus Christus bei den Menschen war, empfand er mit ihnen. Nie ging er gleichgültig oder gar überheblich an ihnen vorbei. Er konnte sich in ihre Lage versetzen. Er freute sich mit ihnen; er litt mit ihnen. Wie sie waren, nahm er sie in sein Inneres auf. Man denke beispielsweise an seine Begegnung mit Zachäus. Noch ehe dieser Jesus sah, war er von Jesus gesehen worden; noch ehe er Jesus in sein Haus aufgenommen hatte, hatte Jesus ihn in sein Inneres aufgenommen. „Ich liebe die Menschen!“ Dieses Wort war Jesus fortwährend gegenwärtig. Alles, was er den Menschen in seiner Güte tat, kam aus diesem Wort. Es gibt kein anderes, das seine menschenfreundliche Gesinnung deutlicher zum Ausdruck bringen könnte. Daher spiegelt das Verhalten Gottes zum Menschen wider, wer in seiner Weise liebt. Solche Liebe reinigt seine Gesinnung immer mehr, so daß ihm jene Augen wachsen, die fähig sind, Gott einmal selbst zu schauen: „Indem du den Nächsten liebst, reinigst du die Augen, um Gott sehen zu können“, sagt Augustinus.[2]

Hierauf begab sich Jesus auf die gegenüberliegende Seite des Sees von Galiläa, der auch See von Tiberias heißt. Es folgte ihm aber eine große Menge, weil sie die Zeichen sahen, die er an den Kranken tat. Jesus stieg auf den Berg hinauf und setzte sich dort mit seinen Jüngern. Ostern, das Fest der Juden, war nahe. Als Jesus aufblickte und sah, daß eine große Volksmenge zu ihm kam, sagte er zu Philippus: „Wo sollen wir Brote kaufen, damit diese Leute zu essen bekommen ?“ Das sagte er aber, um ihn auf die Probe zu stellen. Denn er selbst wußte, was er tun wollte. Philippus antwortete ihm: „Für zweihundert Denare Brot reicht nicht aus für sie, damit jeder nur ein kleines Stück bekommt.“ Einer von seinen Jüngern, Andreas, der Bruder des Simon Petrus, sagte zu ihm: „Es ist ein Kind da, das fünf Gerstenbrote hat und zwei Fische. Aber was ist das für so viele ?“ Da sagte Jesus: „Laßt die Leute sich setzen. „Es gab nämlich viel Gras an dem Ort. Sie setzten sich also, etwa fünftausend Männer. Da nahm Jesus die Brote, sprach das Dankgebet und teilte sie an die sitzende Menge aus, ebenso

auch die Fische, soviel sie wollten. Als sie satt waren, sagte er zu seinen Jüngern: „Sammelt die übriggebliebenen Stücke, damit nichts verdirbt." Sie sammelten und füllten zwölf Körbe mit Resten, die von den fünf Gerstenbroten übriggeblieben waren.
Johannes 6,1–13

25 Dein bester Freund ist, wer deine besten Eigenschaften zur Entfaltung bringt

H. Ford: Der beste Freund
Lk 9,28-36

Mit dem Namen des amerikanischen Automobilfabrikanten Henry Ford (1863-1947) verbindet sich vieles. Er ist der Begründer der Fließbandarbeit. Auf ihn geht zurück, daß sich das Auto vom Spielzeug weniger zum Gebrauchsgegenstand für jedermann entwickelte. Durch seinen Einsatz für hohe Arbeitslöhne wurde er zu einem bedeutsamen Sozialreformer unserer Zeit. Zu Henry Ford gehört auch, daß er ein sehr schwieriger Mensch war. Er konnte sehr witzig und umgänglich sein, aber auch grob und rücksichtslos. So verkörperte sich in seiner Persönlichkeit eine sonderbare Mischung von Widersprüchen. In jeder Situation mußte man auf Unberechenbares gefaßt sein. Etwas davon zeigt sich auch in der folgenden Begegnung.

Eines Tages lud Ford einen Bekannten zum Essen ein. Während sie nun miteinander aßen, fragte er plötzlich seinen Tischgenossen: „Wer ist dein bester Freund?" Dieser nannte mehrere Namen. Da nahm Ford einen Stift aus der Tasche und schrieb damit auf das Tischtuch: „Dein bester Freund ist der, der deine besten Eigenschaften zur Entfaltung bringt."

Vgl. Norman Vincent Peale, Trotzdem positiv, Emil Oesch Verlag, Thalwil-Zürich o. J., S. 74.

Dieses für den Tischgenossen überraschende Wort hat die Kürze und die Eindringlichkeit einer Spruchweisheit, die das Ergebnis vieler Erfahrungen und mitmenschlicher Begegnungen ist. Es weist uns zunächst darauf hin, daß der Mensch nicht in erster Linie einem Gefäß gleicht, das mit allem möglichen zu füllen wäre. Jeder trägt vielmehr einen ganz persönlichen Reichtum in sich, von dem er keine Ahnung hat, solange er ihm nicht durch einen guten Freund zu Bewußtsein kommt. Würden wir also diesen oder jenen fragen, was ihm denn durch seinen Freund zuteil geworden sei, er würde wahrscheinlich antworten: „Ich verdanke ihm alles, denn durch ihn bin ich überhaupt erst ich selbst geworden. Durch ihn habe ich mich selbst entdeckt."

Verstehen wir den guten Freund in dieser Weise, dann ist es durchaus möglich, daß wir viel mehr gute Freunde haben, als wir glauben. Ich denke beispielsweise an ein uferloses Meer, an einen hohen Berg oder an ein gutes Buch. All diese Erscheinungen haben etwas an sich, das unsere Tiefen wecken kann, weshalb sie uns zu guten Freunden werden können. Vom *Meer* sagt die Dichterin Gertrud von le Fort: „Es übte eine ungeheure, ernste und ergreifende Wirkung auf mich aus." Warum? Im Anblick der Weite des Meeres weitet sich das Herz; die Engherzigkeit wird überwunden. Wir erfahren uns in unserer tieferen Wirklichkeit. Der *Berg* besorgt es auf seine Weise. Er läßt uns unser Leben als einen Aufstieg zu einem faszinierenden Gipfel begreifen. Damit weckt er in uns die Kraft zu einem hochgesinnten Tun. Hinsichtlich der „Bergpredigt Jesu" schreibt der evangelische Theologe Leonhard Ragaz: „Es handelt sich wirklich um einen Berg, einen Berg, der in den Himmel hinaufreicht und von dem aus man die Welt überblickt." Oder das *Buch*. Für Augustinus, Ignatius von Loyola und Edith Stein, um nur drei Namen aus zwei Jahrtausenden zu nennen, wurde es zum teuersten Sinndeuter, Ratgeber und Wegweiser. So wurde ihr Leben zu einem wirklichen Weg. Wer gute Bücher liebt, von dem kann man eigentlich nicht sagen, er stände ohne Freunde da.

Gute Freunde entfalten aber nicht nur unsere besten Eigenschaften. In der Begegnung mit ihnen erfahren wir, daß es noch ganz andere Welten gibt als den Alltag mit seiner oft bedrückenden und dumpfen Alltäglichkeit. Es ist, als seien wir der Zeit entrückt, und wir haben den Wunsch, es möge immer so bleiben, damit das Glück dieses Augenblicks nie vergeht. Wir erfahren Gegenwart, nicht die, auf die der Uhrzeiger weist, sondern erfüllte Gegenwart, die nur aus der Begegnung mit guten Freunden hervorgeht. Daß solche Erfahrungen nicht aus der Luft gegriffen sind, weist jenes biblische Zeugnis aus, das von der Verklärung Jesu auf dem Berg erzählt (Lk 9,28–36). Als seine Freunde in das, was da geschah, einbezogen wurden, waren sie so ergriffen, daß Petrus sagte: „Meister, es ist gut, daß wir hier sind." Und es drängte ihn, Hütten zu bauen, um dieses Erlebnis zu einem Dauerzustand zu machen. Etwas gewitzt sagt der Evangelist dazu: „Er wußte aber nicht, was er sagte." Er wußte es wirklich nicht. Wieso? Es lohnt sich, auf diese Frage kurz einzugehen; denn in ihrer Beantwortung kommt etwas zum Vorschein, das auch für uns von großer Bedeutung ist.

Jesus war damals in einer sehr schwierigen Situation. Er stand vor der Entscheidung, nach Jerusalem zu gehen oder nicht. Das war buchstäblich eine Frage auf Leben und Tod; denn in Jerusalem hatte sich inzwischen alles so zugespitzt, daß er auf dem Weg dorthin mit einem katastrophalen Ausgang seines Lebens rechnen mußte. Er hatte das Ende des Täufers miterlebt. Und außerdem stand ihm das Leiden der Propheten vor Augen. Da Jesus nie den leichteren Weg dem schwereren vorzog, hatte er sich für den Leidensweg entschieden. Doch hier kommt etwas hinzu, das für Jesus charakteristisch ist: Nie tat er etwas, ohne vorher Gottes Zustimmung einzuholen. Aus diesem Grund stieg er auf jenen Berg, um dort im Gebet Gott zu fragen, ob er mit seiner Entscheidung auf dem richtigen Weg sei. Durch das, was dann geschah, bestätigte ihm Gott: Du hast dich richtig entschieden! Mit dem Willen Gottes im Einklang, überstrahlte ihn das Licht der Ewigkeit.

In diesem gewaltigen Ereignis birgt sich etwas, von dem wir sagten, daß es für uns von großer Bedeutung sei. In den folgenden Fragen trägt es sich uns zu: Welche Wege gehst du? Sind es deine eigenen Wege, oder kannst du sagen, daß es die dir von Gott gewiesenen Wege sind? Wie gewinnen wir darüber Klarheit? Das Beispiel Jesu sagt es uns: Nur im Gebet. Beten bedeutet also: seine Wege vor Gottes Angesicht offenlegen, damit Gott darüber befinden kann. In seinen „Bekenntnissen", die ein einziges Gebet darstellen, sagt Augustinus zu Gott: „Der ist dein bester Diener, der nicht das von dir zu hören trachtet, was er sich selber wünscht, sondern das zu wollen, was er von dir hört" (X, 27). Das ist die Gebetshaltung, die zur Klarheit führt. Entsprechend heißt es im Buch der Weisheit: „Ich betete, und es wurde mir Klarheit geschenkt" (7,7). Das Gebet aber, das klärt, verklärt den Beter. In solcher Verklärung erfährt er die Kraft, seinen ihm von Gott gewiesenen Weg zu gehen, auch wenn dieser ein sehr schwerer ist und der Wille Gottes nicht mehr zu verstehen ist. Professor Albert Görres, Arzt an der Medizinischen Fakultät der Technischen Universität München, erzählt einmal von einer unvergeßlichen Erfahrung, die verdeutlichen kann, was wir hier meinen: „1945, kurz nach Kriegsende (...) wurde eine junge, lieb und lebhaft blickende Frau, Mutter von vier Kindern, kurz vor der Geburt des fünften mit einer schweren Blutung eingeliefert. Ihr Zustand war lebensbedrohlich. Sie spürte das und sagte zu ihrem Mann: ‚Franzl, ich muß wohl sterben, segne die Kinder.' Er: ‚Marile, erstehst du den Herrgott noch?' Sie: ‚Nein, ich versteh ihn überhaupt nicht' – und nun mit einem strahlenden Lächeln – ‚aber ich bin ganz und gar mit ihm einverstanden!' Wenige Minuten später war sie tot. Sie hatte wohl verstanden, daß der schreckliche Abgrund der Unbegreiflichkeit Gottes ein Abgrund des unfaßlichen Lichtes, einer unendlichen, heiligen Liebe ist. Diese schien das Gesicht der Sterbenden zu spiegeln. Ihre Religion war Einverständnis mit dem Geist, aus dem Anfang, Mitte und Ende hervorgehen; der sie und den sie verstand, ohne zu begreifen."[1]

„Wer ist dein bester Freund? – Dein bester Freund ist der, der deine besten Eigenschaften zur Entfaltung bringt." Was aber ist des Menschen beste Eigenschaft? Es ist seine Fähigkeit, auf seinen Wegen Gottes Willen zu erfüllen. Diese Fähigkeit in uns zur Entfaltung zu bringen ist Jesus unser brüderlicher Freund geworden. Als man Eugene K. Bird, US-Kommandant in Spandau, bat, etwas über sein Verhältnis zu Jesus Christus zu sagen, erklärte er: „Er ist für mich die Brücke zum allmächtigen Gott (...) mein Weg und mein allerbester Freund (...) Seit ich Christ bin, habe ich Hoffnung, Freude, Frieden. Ich weiß, wer ich bin, wem ich gehöre und wohin ich gehe."[2]

Jesus nahm den Petrus, den Johannes und den Jakobus mit sich und stieg auf einen Berg, um zu beten. Und während er betete, veränderte sich das Aussehen seines Gesichtes, und sein Gewand wurde leuchtend weiß. Und plötzlich redeten zwei Männer mit ihm. Es waren Mose und Elija. Sie erschienen in strahlendem Licht und sprachen von seinem Weggang, der sich in Jerusalem vollenden sollte. Petrus und seine Begleiter waren eingeschlafen, wurden aber wach und sahen Jesus in strahlendem Licht und die zwei Männer, die bei ihm standen. Und als die beiden sich von ihm trennen wollten, sagte Petrus zu Jesus: Meister, es ist gut, daß wir hier sind. Wir wollen drei Hütten bauen, eine für dich, eine für Mose und eine für Elija. Er wußte aber nicht, was er sagte. Während er noch redete, kam eine Wolke und überschattete sie. Sie gerieten in die Wolke hinein, und es ergriff sie Furcht. Da kam eine Stimme aus der Wolke: Dies ist mein auserwählter Sohn, auf ihn sollt ihr hören! Als die Stimme geendet hatte, war Jesus wieder allein. Die Jünger aber schwiegen über das, was sie gesehen hatten, und erzählten in jenen Tagen niemand etwas davon.
Lukas 9,28–36

26 Kennen Sie Ihre Freinde?

Karel Čapek: Der Mordversuch
Jes 53,7–12

Herr Thomsa saß eines Abends in einem Zimmer, das im Erdgeschoß lag, und lauschte vergnügt einer Radiomusik, als es plötzlich zweimal knallte und über seinem Kopf das Fensterglas zersplitterte. Nachdem er einen Augenblick still verharrte, schaute er nach, was geschehen war. Erschrocken stellte er fest, daß das Fenster zwei Schußstellen aufwies. Eine der Kugeln entdeckte er im Holz der gegenüberliegenden Tür. „Hallo, schicken Sie mir sofort jemand her; soeben ist ein Mordanschlag auf mich verübt worden", schrie er durch das Telefon. „Die Sache muß so streng wie möglich untersucht werden!" „Gut, ich werde Ihnen jemand hinschicken", hatte ihm die Polizei versichert.

Wütend vor Ungeduld wartete Herr Thomsa zwanzig Minuten, bis ein Polizeiinspektor bei ihm eintraf und gewissenhaft die Spuren prüfte. „Wen haben Sie in Verdacht?" fragte der Inspektor, da er überzeugt war, daß Herr Thomsa getroffen werden sollte. „Was heißt Verdacht?" erwiderte Thomsa gereizt. „Ich habe diesen Lumpen ja nicht gesehen ... Wenn ich wüßte, wer er gewesen ist, so brauchte ich Sie nicht hierher zu bemühen." Der Inspektor versuchte, besänftigend auf ihn einzuwirken, indem er ihm entgegnete: „Vielleicht fällt Ihnen jemand ein, der von ihrem Tod einen Nutzen hätte oder sich an Ihnen für irgend etwas rächen will." Herr Thomsa, der sich für einen harmlosen Bürger hielt, war bestürzt. Von dieser Seite hatte er den Vorfall noch nicht betrachtet. „Ich habe keine Ahnung", brachte er zögernd hervor. „Ich wüßte nicht, daß ich auch nur einen einzigen Feind hätte! Das ist vollkommen ausgeschlossen." Der Inspektor empfahl ihm jedoch, die Sache bis zum Morgen zu überdenken, damit die Nachforschungen in Gang gebracht werden könnten.

„Nein", sagte sich Herr Thomsa, als er wieder allein war. „Warum sollte jemand auf mich schießen ... Ich erledige meine Arbeit im Amt und gehe nach Hause – ich habe doch eigentlich mit niemand etwas zu tun ... Was gibt es doch für unergründliche Bosheit unter den Menschen ... Wem könnte ich wohl etwas getan haben ... Vielleicht handelt es sich um einen Irrtum ... Es muß eine Verwechslung vorliegen. Der Mann hat mich sicher für jemand gehalten, auf den er es abgesehen hatte." Doch plötzlich besann er sich auf ein dummes Wort, das ihm herausgerutscht war, als er mit seinem Freund sprach und dabei eine sehr taktlose Anspielung auf seine Frau machte. Es kam ihm weiter zu Bewußtsein, wie er einen sehr hilflosen und kranken Menschen, der fünfzehn Jahre für ihn gearbeitet hatte, mit einer unwahren Begründung abgewiesen hatte. „Herr Kolinsky", sagte er zu ihm. „Schauen Sie, es geht nicht ... Ich war nicht zufrieden mit Ihnen." Auch erinnerte er sich, wie er als Vorgesetzter seine Untergebenen behandelt hatte. Ein junger Mann, den er erniedrigt hatte, stand ihm vor Augen. Und dann tauchte in seinem Geist noch ein anderes Bild auf: das bleiche und aufgedunsene Gesicht eines Kollegen, den er rücksichtslos übergangen hatte, weil er ihn für einen schwerfälligen Dummkopf hielt. Auch jener Kellner, der ihn um ein paar Groschen prellen wollte, tauchte plötzlich wieder in seinem Gedächtnis auf. „Sie Dieb", hatte er ihn angefaucht. „Ich werde dafür sorgen, daß Sie in keinem Lokal mehr beschäftigt werden!" Und der Mann ging, ohne ein Wort zu sagen. Den Kopf in die Hände gestützt, dachte Thomsa an alle Menschen, die ihm irgendwann einmal begegnet waren und die er für zu gering erachtete, als daß er ihnen einen Gedanken geschenkt oder sich ihnen genähert hätte.

Bleich und verlegen ging er am Morgen zum Polizeirevier. Erneut fragte ihn der Inspektor: „Ist Ihnen jemand eingefallen, der Sie vielleicht hassen könnte?" „Ich weiß nicht", sagte Thomsa unsicher und kleinlaut. „Es gibt nämlich so viele, die mich hassen könnten ... Man weiß niemals, wie vielen Leuten man etwas in den Weg gelegt hat ... Ich bin gekommen, um Sie zu bitten, die Angelegenheit auf sich beruhen zu lassen."

Vgl. Karel Čapek, Der Mordversuch, in: Ein erwachender Zweig, hrsg. von Rudolf Malik, Verlag J. Pfeiffer, München 1964, S. 144–149.

Nicht wenige Menschen sind der Überzeugung, daß sie überall gern gesehen und gelitten sind, daß man sie schätzt und daß es niemanden gibt, der etwas gegen sie haben könnte. Da sie sich für liebenswerte Leute halten, merken sie nicht, wie leicht sie sich etwas vormachen und wie wenig das Bild, das sie von sich haben, der Wirklichkeit entspricht. Es bleibt ihnen unbewußt, wie selbstsicher und herrschsüchtig, wie egoistisch und arrogant, wie rücksichtslos und beleidigend sie in ihren mitmenschlichen Beziehungen sein können. Ein solcher Typ dürfte wohl auch Herr Thomsa gewesen sein, der eines Abends aus seiner Selbsttäuschung herausgeschossen wurde.

Bis zu jenem Zeitpunkt konnte sich Herr Thomsa nicht vorstellen, daß er Feinde hatte. Da er sich für einen braven, anständigen und harmlosen Bürger hielt, glaubte er sogar an eine Verwechslung. Das Gespräch mit dem Polizeiinspektor vermittelt aber einen anderen Eindruck. Hier kommt sein wahrer Charakter bereits unverkennbar zum Vorschein. Während sich der Inspektor sachlich, ruhig und besänftigend gibt, erweist sich Thomsa wütend vor Ungeduld. In seinen Antworten ist er ungehalten, ausfallend und verletzend. Dies läßt uns erahnen, wie schonungslos er auch seine Mitmenschen im Alltagsleben behandelt haben mußte. Kein Wunder, daß sich seine vorgetäuschte Selbstsicherheit in Bestürzung auflöste, als er gefragt wurde, ob es einen gebe, der sich an ihm rächen wollte. Die Tatsache, daß Thomsa nicht auf den Gedanken gekommen war, den Vorfall von dieser sich nahelegenden Seite zu betrachten, zeigt, wie wenig er bislang sich selbst und sein mitmenschliches Verhältnis kritisch überprüft hatte. Erst die Fragen des Inspektors brachten ihn zur Selbstbesinnung und Selbsterkenntnis. So wurde aus dem Selbstsicheren mehr und mehr ein Zögernder, der die Bosheit, die er bisher nur in anderen erblickte, in sich selbst entdeckte. Donnerte er anfangs lautstark: „Die Sache muß so streng wie möglich untersucht werden", so erklärte er am Schluß kleinlaut: „Ich bin gekommen, um Sie zu bitten, die Angelegenheit auf sich beruhen zu lassen." Seine Begründung: „Man weiß niemals, wie vielen Leuten man etwas in den Weg gelegt hat."

Unsere Geschichte erscheint uns deshalb so wertvoll, weil sie das fünfte der zehn Gebote „Du sollst nicht töten" in ein neues Licht rückt. Viele Menschen meinen, solange sie keinen umgebracht haben, seien sie keine schlechten Leute. Sie bedenken offenbar nicht, daß man dem andern auch ohne Schußwaffe das Leben nehmen kann. Wer wüßte denn nicht, daß bereits kleine Dosierungen von Lieblosigkeit und Gemeinheit tödlich treffen können? Rücksichtslosigkeit und Geringschätzung, Verachtung und Verleumdung, Ungerechtigkeit und geheime Unterdrückung – all das kann die Lebenskraft eines Menschen zerstören und töten. Was der eigentliche Sinn des Gebotes „Du sollst nicht töten" ist, wird deutlich, wenn wir es ins Positive wenden. Dann lautet es: „Du sollst das Leben deines Nächsten schonen."[1] Dabei beinhaltet dieser Anruf Gottes nicht nur, daß wir nichts unternehmen, was den andern verletzt, sondern auch, daß wir seine Lebenskraft fördern und seinen Lebenswillen stärken und so einander zur Fülle des Lebens verhelfen. Schauen wir in diesem Zusammenhang auf Jesus. Er ist der Mensch, der sich ungeteilt dem geplagten und verletzlichen Menschen zuwendet und durch schöpferische Kraft wahrhaft menschliches Leben hervorruft. Was also ist Liebe? Sie ist eine schöpferische Kraft, die Leben schafft. Wird daher der andere durch unsere Liebe ärmer anstatt reicher, so ist es eine tödliche Liebe.

Viele Menschen, denen wir Böses zugefügt haben – und wie vielfältig kann dies geschehen! –, schlagen nicht zurück, sei es, daß sie uns nicht gewachsen sind, sei es, daß sie über eine Herzensgröße verfügen, die sich nicht wehrt. Im Bild des Gekreuzigten stehen sie uns gegenüber und schauen uns an; denn im Gekreuzigten versammelt sich alles Unrecht, das wir anderen getan haben. Der Gekreuzigte wehrt sich nicht. Er ist, wie Dietrich Bonhoeffer sagt, ein Gott des Tragens. Er trägt unsere Schuld und schafft durch sein Tragen Versöhnung. Daher ist auch sein Nachfolger zum Tragen berufen. „Wie Christus unsere Last trägt, so sollen wir die Last der Brüder tragen. Das Gesetz Christi, das erfüllt werden muß, ist das Kreuztragen. Die Last des Bruders, die ich zu tragen habe, ist nicht nur dessen äußeres Geschick, dessen Art und Veranlagung, sondern sie ist im eigentlichen Sinne seine Sünde. Ich kann sie nicht anders tragen, als indem ich sie ihm vergebe, in der Kraft des Kreuzes Christi, dessen ich teilhaftig geworden bin. So stellt der Ruf Jesu zum Kreuztragen jeden Nachfolgenden in die Gemeinschaft der Sündenvergebung."[2] Ein Zweifaches ist es also, was der Anblick des Gekreuzigten im stillen Betrachter bewirkt: Er läßt uns all jene erkennen, die wir in irgendeiner Weise tödlich getroffen haben. Auf diese Weise führt er uns zur Selbstbesinnung und Selbsterkenntnis. Darüber hinaus bewegt er uns, all denen, die an uns schuldig geworden sind, zu vergeben, wie auch uns vergeben wird.

Er wurde mißhandelt, doch er beugte sich. Er öffnet nicht seinen Mund. Wie ein Lamm, das man zur Schlachtbank führt, wie ein Schaf vor dem Scherer verstummt, öffnet er nicht seinen Mund.

Durch Gewalt und Gericht ward er ergriffen; wer kümmert sich um seinen Rechtsfall? Er ward herausgerissen aus dem Land der Lebendigen; unserer Sünden wegen ward er zu Tode getroffen. Bei Verbrechern bestimmte man sein Grab und bei Reichen seine Gruft, obgleich er niemals Unrecht tat und kein Trug in seinem Munde war. Jahwe gefiel es, ihn durch Leiden zu zermalmen, der sein Leben als Schuldopfer hingab.

Durch sein Leiden wird mein Knecht viele rechtfertigen, indem er ihr Verschulden auf sich nimmt. Darum will ich ihm die Vielen als Anteil geben, und die Mächtigen fallen ihm als Beute zu dafür, daß er sein Leben in den Tod dahingegeben hat und unter die Übeltäter gezählt ward, während er doch die Schuld der Vielen trug und für die Sünder eintrat.
Jesaja 53,7–12

27 Sag ja zu mir

Z. Maurina: Geliebtes Leben – Gelebtes Leben
Mk 2,13–17

Bei archäologischen Ausgrabungen in Badenweiler fand man ein kleines Schmuckstück aus römischer Zeit. Es hat die Form eines Schlüssels. So wertvoll dieser Schlüssel an sich sein mag, er würde uns nicht sonderlich berühren, wäre auf ihm nicht ein Wort zu lesen, das offensichtlich ein junger Römer für seine Geliebte in diesen Schlüssel eingravieren ließ. Erst diese Inschrift macht jenen Schlüssel auch für uns bedeutsam. Sie lautet: „Si me amas – Wenn du mich liebst." Die Schriftstellerin Zenta Maurina, die von diesem Fund erzählt, fügt erläuternd hinzu: „Dieser Schlüssel, der uralte Zeiten mit dem Evangelium und mit unserer Gegenwart verbindet, ist so alt wie das menschliche Herz, so alt wie die ganze Kulturgeschichte, zu der wir erst durch diesen Schlüssel Zugang gewinnen."

Vgl. Zenta Maurina, Geliebtes Leben – Gelebtes Leben, Maximilian Dietrich Verlag, Memmingen 1981, S. 46.

Was hat jener junge Römer seiner Geliebten mit diesem Schlüssel sagen wollen? Um dies zu erraten, tun wir gut daran, einen Schlüssel zu betrachten und auf uns wirken zu lassen. Wer hätte noch nicht erlebt, wie einem zumute ist, wenn man eine Tür öffnen will und plötzlich bemerkt, daß man den Schlüssel vergessen hat? Spätestens in einem solchen Augenblick kommt uns die große Macht eines kleinen Schlüssels zu Bewußtsein. Ohne Schlüssel stehen wir machtlos vor verschlossenen Türen, auch vor verschlossenen Herzenstüren. Damit deutet uns der Schlüssel das Geheimnis der Liebe. Durch ihn erfahren wir, daß die Liebe der einzige Schlüssel ist, der das Herz eines Menschen zu öffnen vermag. „Si me amas – Wenn du mich liebst", dann öffne meine Herzenstür! Offensichtlich geht es hier um eine Tür, die nur von außen geöffnet werden kann.

Was aber ist es, das die Liebe dazu befähigt? Es ist das kleine Wörtchen „ja". Wo einer „ja" zum anderen sagt, da lebt er auf; denn nichts ist für den Menschen so wohltuend, nichts wirkt auf ihn so befreiend wie die Erfahrung, daß man ihn bejaht. Dann fühlt er sich wie verwandelt. Vieles sieht er wie zum ersten Male. Das kleine Wörtchen „ja" ist wie die Sonne. Unter ihrem Schein blüht alles auf. Was bislang verborgen war, kommt ans Licht. Nicht geahnte Kräfte werden frei. Wir können geben, was an Gutem in uns ist: „Wenn ich spüre, daß ich angenommen bin, dann ist alles gut, dann fällt die Angst von mir ab, dann blüht meine Phantasie, dann fällt mir etwas ein, dann habe ich Lebensmut, dann spüre ich die Kräfte, die ich brauche, um den Tag zu bestehen, dann bin ich wie zu Hause (...) Aber wehe mir, wenn ich spüre, daß ich nicht angenommen bin, dann kann ich Titel haben, soviel wie ich will, Positionen und Konten helfen mir dann gar nicht, dann ziehe ich mich in mich selbst zurück, werde unfroh und verkrampft, und die anderen können mit mir nichts mehr anfangen" (H. A. Höntges). Das Ja zum anderen verwandelt aber nicht nur diesen, sondern auch uns selbst. Es öffnet unser eigenes Herz, macht es einfühlsamer und gütiger. Das Ja zum anderen erhellt unser eigenes Denken und Fühlen. „Si me amas – Wenn du mich liebst", dann sag ja zu mir! Das ist es wohl, worum jener junge Römer seine Geliebte bat.

Jeder weiß nun aber, wie schwer es sein kann, einen anderen zu bejahen. Was hindert uns daran? Darauf antwortet Bertolt Brecht mit einer kurzen Geschichte, die unter der Überschrift steht: „Wenn Herr K. einen Menschen liebte". „Was tun Sie", wurde Herr K. gefragt, „wenn Sie einen Menschen lieben?" – „Ich mache mir einen Entwurf von ihm", sagte Herr K., „und sorge, daß er ihm ähnlich wird." – „Wer? Der Entwurf?" – „Nein", sagte Herr K., „Der Mensch."[1] Diese Geschichte sagt auf ihre Weise, was der Tod jeder echten Liebe ist. Indem der Mensch sich vom anderen seine Vorstellungen macht und versteckt oder offen dafür sorgt, daß der andere ihnen entspricht, sperrt er ihn in seine eigenen Gedankengebilde ein. Und er tut es in der festen Überzeugung, den anderen zu kennen und zu wissen, was für ihn das Beste ist.

Im „Tagebuch" von Max Frisch findet sich eine Stelle, die als ein guter Kommentar zur Geschichte von Brecht verstanden werden kann. Dort werden die Hintergründe solchen Verhaltens aufgedeckt: „Nicht weil wir das andere kennen, geht unsere Liebe zu Ende, sondern umgekehrt: weil unsere Liebe zu Ende geht, weil ihre Kraft sich erschöpft hat, darum ist der Mensch fertig für uns. Er muß es sein. Wir können nicht mehr! Wir künden ihm die Bereitschaft, auf weitere Verwandlungen einzugehen. Wir verweigern ihm den Anspruch alles Lebendigen, das unfaßbar bleibt, und zugleich sind wir verwundert und enttäuscht, daß unser Verhältnis nicht mehr lebendig sei." Entwürfe, Vorstellungen, Bildnisse, die wir uns vom anderen machen, sie sind es, die uns daran hindern, ihn in seinem Anderssein zu bejahen. Wir sagen, er sei nicht, wofür wir ihn gehalten haben. Die Wahrheit aber ist, daß wir gerade den Menschen, den wir wirklich lieben, am wenigsten kennen: „Wir lieben ihn einfach. Eben darin besteht ja die Liebe, das Wunderbare an der Liebe, daß sie uns in der Schwebe des Lebendigen hält, in der Bereitschaft, einem Menschen zu folgen in allen seinen möglichen Entfaltungen (...) Das ist das Erregende, das Abenteuerliche, das eigentlich Spannende, daß wir mit den Menschen, die wir lieben, nicht fertig werden: weil wir sie lieben; solang wir lieben. Man höre bloß die Dichter, wenn sie lieben; sie tappen nach Vergleichen, als wären sie betrunken, sie greifen nach allen Dingen im All, nach Blumen und Tieren, nach Wolken, nach Sternen und Meeren. Warum? So wie das All, wie Gottes unerschöpfliche Geräumigkeit, schrankenlos, alles Möglichen voll, aller Geheimnisse voll, unfaßbar ist der Mensch, den man liebt. Nur die Liebe erträgt ihn so."[2]

Wiederholen wir in diesem Zusammenhang die Bitte: „Wenn du mich liebst, sag ja zu mir!", dann erahnen wir, was dem in Wahrheit Liebenden abverlangt wird. Wer „ja" zum anderen sagt, sagt damit nein zu seinen eigenen Entwürfen, Vorstellungen und Bildnissen, durch die er ihn entmündigt. Und auch dies ist der bejahenden Liebe zu eigen: Sie wartet nicht den ersten Schritt des anderen ab. Sie fängt einfach an; denn sie weiß, daß wenig besitzt, wer nur das Recht auf seiner Seite hat, und daß noch weniger hat, wer hinsichtlich des anderen über Macht verfügt. Daher gehören Hingabe und Wagnis zu ihren wesentlichen Eigenschaften.

All das, was wir bisher überdachten, spiegelt sich in einer Geschichte wider, die der amerikanische Schriftsteller William Saroyan in seinem Roman „Menschliche Komödie"[3] erzählt: Eines Tages kam ein junger Bursche in ein Telegrafenamt, um dem Beamten kurz und bündig zu erklären: „Ich bin gekommen, um mir bei Ihnen Geld zu holen, und zwar beabsichtige ich nicht, darum zu bitten. Ich bin gekommen, um es mir zu nehmen." – „Was ist mit Ihnen los?" fragte der Beamte. „Das ist mit mir los", erwiderte der junge Mann. Dabei holte er aus seiner rechten Rocktasche einen Revolver hervor und erhob ihn. „Los", schrie er, „geben Sie mir das Geld – alles Geld, das Sie hier haben!" Der Mann hinter dem Schalter legte alles, was er an Geld da hatte, auf das Schalterbrett. Dann schaute er den Eindringling an und sagte ihm: „Ich hätte Ihnen das Geld sowieso gegeben, aber nicht weil Sie mir den Revolver unter die Nase halten, sondern weil Sie das Geld brauchen. Nehmen Sie es. Ich werde keinen Raubüberfall melden. Ich werde das

Geld aus meiner Tasche ersetzen." Der junge Mann war sprachlos. Langsam steckte er den Revolver wieder in die Tasche und sagte: „Ich sollte hinausgehen und mich selber erschießen." Dann schwieg er. Nach einigen Augenblicken fuhr er nachdenklich fort: „Ich weiß nicht, wer Sie sind, aber so wie Sie hat noch nie ein Mensch mit mir gesprochen. Ich nehme das Geld nicht." Wieder machte er eine Pause. Dann sagte er: „Ich bin immer unruhig und unbefriedigt gewesen. Für mich hat nichts eine Bedeutung. Ich mag die Menschen nicht. Ich bin nicht gern mit ihnen zusammen, denn ich finde kein Vertrauen zu ihnen. Ich muß sagen, daß ich Sie erschossen hätte, wenn Sie Angst gehabt hätten oder zu mir unfreundlich gewesen wären. Jeder Mensch in dieser Welt ist unfreundlich oder hat Angst. Ich weiß jetzt, daß ich nicht wegen des Geldes hergekommen bin. Ich weiß nicht, ob Sie mich verstehen werden, aber ich bin mit dem Revolver hierhergekommen, weil ich herausfinden wollte, ob Sie, der Sie mich schon früher einmal freundlich bedient haben, es taten ohne besonderen Grund, ob Sie dieser anständige Mensch wirklich sind. Ich konnte nicht glauben, daß jemand wirklich anständig sein könnte, da es meine ganze Vorstellung Lügen gestraft hätte – die Vorstellung, daß es in der Welt nicht einen einzigen Menschen gibt, der wirklich menschlich und der Achtung eines anderen Menschen wert wäre. Und nun finde ich plötzlich, tausende Meilen von meiner Heimat entfernt, in einem merkwürdigen Städtchen, einen anständigen Menschen. Es quälte mich. Ich konnte es nicht glauben. Ich mußte es herauskriegen. Ich wollte es glauben, weil ich mir seit Jahren immer sage: Laßt mich einen Menschen sehen, den die Welt nicht verdorben hat, damit auch ich unverdorben sein kann. Als wir uns das erstemal trafen, war ich mir meiner Sache nicht sicher, aber jetzt bin ich es. Sonst will ich nichts von Ihnen. Mehr können Sie mir nicht geben. Ich werde leben. Und jetzt werde ich wissen, wie ich zu leben habe." Er bedankte sich und verließ das Telegrafenamt. Der Beamte sah ihm nach, wie er das Büro verließ. Dann ging er zur Kassenlade und legte das Geld an seinen Platz zurück.

Ich erzähle diese Geschichte nicht, damit wir nun jedem, der uns bedroht, unser ganzes Vermögen aushändigen, obwohl das in solchen Situationen nicht das Dümmste ist. Vielmehr soll hier deutlich herausgestellt werden, wie sehr das Verlangen nach Freundlichkeit, Achtung und Angenommensein zum Menschen gehört. Rücksichtslos kann es seine eigenen Wege gehen, um sich Geltung zu verschaffen, wenn ihm seine Erfüllung vorenthalten wird. Ob sich von hier aus nicht manches Fehlverhalten verstehen läßt, das uns heutzutage oft genug mit Schrecken und Entsetzen erfüllt? Von seiner Wurzel her betrachtet, könnte es nichts anderes sein als ein unüberhörbarer Schrei, angenommen und bejaht zu werden. – Zum anderen erscheint in der wohlwollenden Gestalt jenes Beamten ein Mensch, der den Mut hatte, seine Persönlichkeit ohne Vorbehalt, Vorurteil und Angst, ohne Rüstung und Waffen einzusetzen. Wohlgesonnen schaute er den anderen an, war einfach für ihn da. So sehr durchwaltete die Bejahung des Mitmenschen sein Wesen, daß sie ihn auch in den kritischsten Augenblicken seines Daseins nicht verließ. Durch ihn erfahren wir, wie wir selbst zu leben und zu lieben haben. Wir müssen lernen, hinter den Handlungen unserer Mitmenschen den wahren Menschen zu entdecken. Wer es fertig bringt, in jeder Situation ein tiefes Mitgefühl für andere aufzubringen, wird erleben, daß die Betreffenden nicht nur ihm, sondern auch anderen Vertrauen und Glauben entgegenbringen. Damit haben wir jenen Ort erreicht, an dem sich uns im Licht jenes außergewöhnlichen Beamten das Lebensgeheimnis Jesu offenbart.

„Weil ich dich liebe, sage ich ja zu dir!" Nichts hat die Menschen an Jesus so fasziniert wie die Erfahrung, daß er eben das getan hat. „Kommt alle", rief er ihnen zu. Keinen schloß er aus. Und sie konnten kommen, wie sie waren. Ohne Vorleistungen oder Vorbedingungen nahm er alle an, die in Vertrauen seine Nähe suchten. Durch den Kontakt mit ihm wurden sie anders, lebten sie auf, der Aussätzige, der Blinde, Zachäus, der Zöllner Levi, die Dirne, der Verbrecher am Kreuz. Irgend etwas Befreiendes ging von ihm aus und verwandelte sie, gab ihrem Leben einen neuen Sinn. Durch Jesus erkannten sie, wie sie fortan zu leben hatten. Doch all das genügt noch nicht. Denn Jesus hat die Menschen nicht nur angenommen und bejaht. Er hat sich mit seinem Leben hineingestellt in ihre Bedrängnis, in ihre Not und ihre Schuld, hat sie an sich herangelassen, in sich aufgenommen. So wurde er für sie zu einem unvergleichlichen Arzt. „Man muß sich das Bild von dem Arzt Jesus durch *Kierkegaard* erklären lassen, wenn man hier klarer sehen will. Nach seiner Deutung besteht die Hilfe dieses unvergleichlichen Arztes nicht darin, daß er wie Ärzte sonst von dem einen zum anderen seiner Patienten geht, um dem das eine, jenem das andere Heilmittel zu verschreiben und die von ihm Betreuten dann schließlich wieder sich selbst zu überlassen, sondern darin, daß er erstens sich aller annimmt, daß er zweitens sich aller so annimmt als ob es für ihn trotz der Vielzahl immer nur den jeweils einzelnen gäbe, und daß er zum dritten von keinem mehr abläßt, dessen er sich einmal angenommen hat. Genau das ist die Hilfe, die wir in unserer lebenslangen Krankheit brauchen. Uns ist nicht mit einer Hilfe gedient, die uns nur punktuell und vorübergehend zur Verfügung steht (...) Was wir brauchen, ist eine Hilfe, die nicht mehr von uns abläßt, die in unser Innerstes eingeht, mit uns in unserer Schwäche eins wird und unserer Schwachheit damit ein Ende setzt. Von dieser Art ist die Hilfe, die wir von Jesus erwarten dürfen. Denn das Heilmittel, das er und nur er anzubieten hat, ist er selbst. Deshalb ist er unser Arzt. Und deshalb ist uns durch ihn – wie durch keinen anderen und nichts anderes – geholfen."[4]

Durch Jesus von Gott bejaht, können wir ja sagen zu uns selbst und unseren Mitmenschen; können wir ja sagen zu Gott und seinen unerforschlichen Wegen. Das ist vielleicht das Schwerste, aber auch das Höchste, was ein Mensch vollbringen kann.

Jesus ging wieder hinaus an den See. Scharen von Menschen kamen zu ihm, und er lehrte sie. Als er weiterging, sah er Levi, den Sohn des Alphäus, am Zoll sitzen und sagte zu ihm: Folge mir nach! Da stand Levi auf und folgte ihm. Und als Jesus in seinem Haus beim Essen war, aßen viele Zöllner und Sünder zusammen mit ihm und seinen Jüngern; denn es folgten ihm schon viele. Als die Schriftgelehrten, die zur Partei der Pharisäer gehörten, sahen, daß er mit Zöllnern und Sündern aß, sagten sie zu seinen Jüngern: Wie kann er zusammen mit Zöllnern und Sündern essen? Jesus hörte es und sagte zu ihnen: Nicht die Gesunden brauchen den Arzt, sondern die Kranken. Ich bin gekommen, um die Sünder zu rufen, nicht die Gerechten.
Markus 2,13–17

28 Schau mich bitte an

J. W. von Goethe: Aphorismen
Num 6,24–26; Ps 34,4–6

Zum 150. Todesjahr von Johann Wolfgang von Goethe (1749–1832) erschien ein kleines Büchlein, in dem sich neben vielen Anekdoten eine Fülle von Aphorismen des größten deutschen Dichters finden. Meist sind es weniger bekanntgewordene kurze Sprüche, die Goethe von seiner menschlichen Seite zeigen. Zu ihnen gehört auch der folgende:

> „Welche Frau hat einen guten Mann,
> Der sieht mans am Gesicht wohl an."

Goethe, Aphorismen und Anekdoten, hrsg. von W. W. Parth, Wilhelm Heyne Verlag, München 1982, S. 68.

Was in dieser Welt „groß" ist, gehört zwar zum Alltag, aber es macht nicht den Alltag aus; denn der Alltag wird nicht in erster Linie vom Großen, sondern vom Kleinen getragen. Ähnliches läßt sich von der „Nächstenliebe" sagen. Es gibt die große Nächstenliebe. Aber sie fordert uns nicht täglich heraus. Sie hat ihre Stunde, und diese ist da, wenn einer in große Not gerät und unserer Hilfe bedarf. Neben dieser großen Nächstenliebe gibt es auch die kleine. Ihre Stunde ist immer da; denn von ihr lebt das alltägliche Leben. Sie verwirklicht sich – oft vergessen wir das – in mitmenschlicher Höflichkeit. Höflichkeit bedeutet das richtige Benehmen, das durch eine gute Erziehung vermittelt wird.[1] Zu solcher Höflichkeit gehört nun, daß man den anschaut, der mit einem spricht. Auf diese Weise schenken wir dem anderen unsere Aufmerksamkeit und unser Interesse.

Das Anschauen ist aber nicht nur Ausdruck eines guten Benehmens. Es ist die Antwort auf eine der Urbitten im Leben eines jeden Menschen. Um dies besser zu verstehen, gehen wir von Goethes Aphorismus aus: „Welche Frau hat einen guten Mann, / Der sieht mans am Gesicht wohl an." Dieses Wort läßt uns fragen: Wann hat denn eine Frau einen guten Mann? Gewiß dann, wenn er ihr immer wieder liebevolle Beachtung schenkt. Diese schließt Verständnis, Einfühlungsvermögen und nicht zuletzt immer neue Bestätigung ein. Der Inbegriff solcher Beachtung aber ist, daß er sich die Zeit nimmt, sie stets aufs Neue anzuschauen. Wie eine Frau ausschaut, hängt nämlich davon ab, wie oft sie von ihrem Mann angeschaut wird. Dementsprechend sagt ein Sprichwort: „Man sieht es einer Frau an, ob sie oft angeschaut wird.“ Dieses Sprichwort bestätigt, was Goethe auf seine Weise sagte.

Doch muß nun darauf hingewiesen werden, daß man es nicht nur einer Frau ansieht, ob sie oft angeschaut wird. Das gleiche gilt von jedem Mann. Auch er bedarf immer wieder des wohlwollenden Anblicks, durch den er Anerkennung und Bestätigung erfährt. Andernfalls kann er in irgendeiner Weise zu einem Sonderling werden. In einer seiner Novellen erzählt F. M. Dostojewski[2] von einem Studenten, der ein stilles und einsames Leben führte. Seine einzige Leidenschaft war die Wissenschaft. Doch glücklich und zufrieden war er nicht. Ging er durch die Straßen, so kam er sich nicht selten wie ein Entfremdeter vor, wie ein Gefangener, der sich in seiner Zelle gleichsam begraben hatte. Es kam ihm plötzlich in den Sinn, daß ihn bislang niemand geliebt hatte und daß es auch ihm niemals gelungen war, jemanden zu lieben. Eines Tages traf es sich, daß er einer jungen Frau begegnete. Sie war zwanzig Jahre alt und hieß Katerina. Im Gegensatz zur früheren ‚Windstille‘ erlebte er jetzt, daß ein neues, starkes, unsichtbares Leben für ihn anbrach. Vom Gefühl der Liebe bis tief ins Innerste erschüttert, erschien ihm dieses Leben wie ein Leben nach einer Auferstehung. In einem Gespräch sagte er zu Katerina: „Ich weiß nicht, was mit mir ist ... Wenn ich dich ansehe, ist mir, als sähe ich in die Sonne.“ „Du Armer!“ erwiderte ihm Katerina. „Du hast wohl noch nie mit einem guten Menschen gelebt? Bist ganz allein und einsam in der Welt?“ – „Nein, keinen einzigen ... bin allein ... das macht nichts! Jetzt wird mir besser ... jetzt ist mir wohl !“ – „Was siehst du mich so an ...“, sagte sie plötzlich nach minutenlangem Schweigen und stockte. „Was ... wie sehe ich dich denn an?“ – „So, als wärmten dich meine Augen.“ Später fügte sie hinzu: „Ich werde dich lieben, weil deine Seele so rein ist, so hell, so durchsichtig (...) Ich werde dich lieben, weil deine Augen lieben, wenn du einen ansiehst, und von deinem Herzen künden.“

Diese Begegnung offenbart, daß es gleichgültig ist, was wir sind: ob Frau oder Mann, jedem Menschen, auch dem Kind, sieht man es an, ob er oft angeschaut wird. Ohne den liebenden Anblick bleibt die Seele lichtlos, wie Augen, in die noch nie das Licht der Sonne gefallen ist. Vielfältigsten Verwirrungen und Verirrungen ist sie ausgesetzt. Erst durch den gütigen Anblick öffnet sich das Verschlossene in uns. Wir erfahren uns selbst, werden uns unserer besonderen Individualität bewußt; denn es ist der reine und unverstellte Blick, der unser Herz erwärmt und uns zum eigentlichen Leben führt. So fallen alle Masken von uns ab. Unser Inneres blüht in Freiheit und in Schönheit auf. Es gibt also eine Liebe, die zum Wesen dringt. Solche Liebe macht nicht blind; sie allein macht sehend. Denn sie öffnet das Herz für das, was der andere ist. Sie enträtselt ihn nicht. Vielmehr entdeckt sie in ihm immer neue Seiten. Sie erahnt die Unergründlichkeit seiner menschlichen Natur in ihren ewigen Tiefen. Lassen wir uns deshalb fragen: Bin ich ein guter Mensch? Schaue ich die Menschen, denen ich begegne, mit reiner, heller und durchsichtiger Seele an? Oder geschieht es im Wechsel von Feindseligkeit und Begehren? So fragen wir, weil uns das Wort vor Augen steht: „Alles, was ihr von anderen erwartet, das tut auch für sie!“ (Mt 7,12).

Das ist gewiß leichter gesagt als getan. Wer wäre denn nicht daran interessiert, seine inwendige Finsternis zu überwinden und ein lichtvoller Mensch zu werden? Wie aber kann es uns gelingen? Die beste Antwort lautet: Durch den Glauben, daß wir unablässig im Blickfeld Gottes stehen. Was damit gemeint ist, veranschaulicht eine biblische Erzählung (Gen 22,1–14), die uns Gottes Liebe neu zu Bewußtsein bringen kann. Sie berichtet von den dunkelsten Stunden im Leben von Abraham, den wir den Vater des Glaubens nennen. Von ihm hatte Gott den einzigen, lange ersehnten und endlich bekommenen Sohn gefordert. In gläubigem Vertrauen hatte Abraham gehorcht. In dem Augenblick aber, da er sich anschickte, seinen Sohn zu opfern, rief ihn ein Engel Gottes beim Namen und entließ ihn aus dieser harten Prüfung. Da gingen Abraham die Augen auf. Er erkannte, daß er selbst in dieser notvollen Situation nicht der von Gott Verlassene war, sondern Gottes Auge auf ihm ruhte. „Daher nannte Abraham jenen Ort Jahwe Jire: Gott sieht“ (Gen 22,14); denn an diesem Ort durfte er sich als ein von Gott Gesehener erfahren.

Daß Gott den Menschen sieht, ist eine grundlegende Aussage aller Bücher der Heiligen Schrift. „Sollte der nicht sehen, der das Auge geformt hat?“ fragt der Psalmist (94,9). So kann es uns eigentlich nicht wundern, zu hören, daß vor dem Auge Gottes alles offenliegt, das Kleinste wie das Größte, sei es am lichtvollen Tag oder in dunkelster Nacht. Gott sieht in die tiefsten, für einen anderen unzugänglichen Winkel des Herzens, in die letzten Beweggründe seines Denkens und Planens, in die geheimsten Absichten seiner Unternehmungen. Nichts kann sich vor ihm verbergen. Wie töricht muß es daher in unseren

Ohren klingen, wenn wir lesen: „Adam und Eva versteckten sich (nach ihrem Sündenfall) vor Gott, dem Herrn, unter den Bäumen des Gartens“ (Gen 3,8). Und doch offenbart sich gerade durch dieses Verhalten, daß der Glaube an das Auge Gottes dem Ur-wissen des Menschen, aus dem das Gewissen lebt, nicht wesensfremd ist.

Es könnte nun sein, daß manch einer es als furchtbar empfindet, dem Auge Gottes in dieser Weise ausgeliefert zu sein. Furchtbar wäre es in der Tat, wenn Gott das Auge eines Polizeirichters hätte. Aber so ist es glücklicherweise nicht; denn die Botschaft der Bibel läßt uns wissen, daß Gott voll Güte und Liebe, voll Erbarmen und Vergebung auf uns schaut. „Von ihm gesehen sein heißt nicht preisgegeben werden, sondern umfangen sein, im Tiefsten behütet“ (R. Guardini). Man denke hier an das „Gleichnis vom verlorenen Sohn“, in dem Jesus erzählt: „Da ging er in sich und sagte: ... Ich will aufbrechen und zu meinem Vater gehen und zu ihm sagen: Vater, ich habe mich gegen den Himmel und gegen dich versündigt. Ich bin nicht mehr wert, dein Sohn zu sein; mach mich zu einem deiner Tagelöhner. Dann brach er auf und ging zu seinem Vater. Der Vater sah ihn schon von weitem kommen, und er hatte Mitleid mit ihm. Er lief dem Sohn entgegen, fiel ihm um den Hals und küßte ihn“ (Lk 15,17–20).

Von diesem Liebesblick Gottes lebt der Mensch. Er gibt dem Menschen sein Angesicht. Je mehr es dem Menschen gegeben ist, etwas von dieser Liebe Gottes zu erahnen, um so unaufhaltsamer drängt es ihn, sein Leben vor den Augen dieser Liebe zu gestalten: „Ich habe den Herrn allezeit vor Augen“ (Ps 16,8); „Was ich im Herzen erwäge, stehe dir vor Augen“ (Ps 19,15). Diese beiden Psalmenworte vermitteln uns den Eindruck, hier sei ein Mensch gewesen, dessen ganzes Glück in nichts anderem bestand als darin, vor Gottes Angesicht zu leben. Auf diese Weise verwandelt sich das Herz. Es reinigt sich wie von selbst von aller Feindseligkeit und von allem Begehren. Es wachsen ihm die Augen, die Wesenstiefen im anderen und das in diesen Tiefen verborgene Abbild Gottes zu erspüren. Wir sagen dies im Bewußtsein, daß es auch möglich ist, sich den Augen Gottes zu entziehen und seinem Angesicht zu entfliehen. Dann verfinstert sich das Herz, und sein Antlitz entartet zu einer nichtssagenden Miene. Daher ist das Verlangen: „Schau mich bitte an!“ nicht nur die Sehnsucht des Menschen, sondern zugleich der tiefste Wunsch im Herzen Gottes.

Der Herr segne dich und behüte dich. Der Herr lasse sein Angesicht über dich leuchten und sei dir gnädig. Der Herr wende sein Angesicht dir zu und schenke dir Heil.
Numeri 6,24–26

Verherrlicht den Herrn mit mir, laßt uns gemeinsam seinen Namen rühmen. Ich suchte den Herrn, und er hat mich erhört, er hat mich all meinen Ängsten entrissen. Blickt auf zu ihm, so wird euer Gesicht leuchten, und ihr braucht nicht zu erröten.
Psalm 34,4–6

29 Liebe läßt sich daran messen, wie oft man übereinstimmt

A. de Saint-Exupery: Der kleine Prinz
Joh 15,15–17

Der französische Dichter und Flieger Antoine de Saint-Exupery (1900–1944) gehört zu den Menschen, die einen überaus geheimnisvollen Tod gefunden haben. Am 31. Juli 1944 unternahm er unter General de Gaulle seinen letzten Flug. Kameraden sahen sein silberglänzendes Flugzeug im Sonnenlicht entschwinden. Seitdem blieb er für immer verschollen. „Der Radar hatte Saint-Exuperys Flugzeug bis zur Küste begleitet ... dann war es in die Welt des Schweigens eingegangen", schreibt sein Hauptmann Jean Leleu. Keiner weiß, wo und wie sein irdisches Leben zu Ende ging. Man baute ihm ein Denkmal und schrieb darauf das biblische Wort vom Adler, der nur kurze Zeit auf der Erde weilt, um bald wieder in seine Heimat zurückzukehren.

Zu seinen am meisten gelesenen Büchern gehört das Märchen vom „Kleinen Prinzen", das der Dichter nach Aussage seines Freundes Pierre Guillain de Benouville „als seine Autobiographie betrachtete". Als das bedeutsamste Kapitel dieses Märchens gilt die Begegnung des kleinen Prinzen mit seinem Freund, dem Fuchs. Hier sind die wichtigsten Gedanken aus dieser Begegnung zusammengefaßt.

Der kleine Prinz befindet sich in einer traurigen Stimmungslage. Daher bittet er den Fuchs, mit ihm zu spielen. Der Fuchs erwidert ihm jedoch: „Ich kann nicht mit dir spielen. Ich bin noch nicht gezähmt!" Der Prinz überlegt; dann fragt er: „Was bedeutet das: ‚zähmen'?" „Das ist eine in Vergessenheit geratene Sache", sagt der Fuchs. „Es bedeutet: ‚sich vertraut machen'." Diese Antwort versetzt den kleinen Prinzen ins Staunen. Aber der Fuchs versucht, sich zu erklären: „Du bist für mich noch nichts als ein kleiner Knabe, der hunderttausend kleinen Knaben völlig gleicht. Ich brauche dich nicht, und du brauchst mich ebensowenig. Ich bin für dich nur ein Fuchs, der hunderttausend Füchsen gleicht. Aber wenn du mich zähmst, werden wir einander brauchen. Du wirst für mich einzig sein in der Welt. Ich werde für dich einzig sein in der Welt ..." – „Ich beginne zu verstehen", sagt der kleine Prinz. Doch der Fuchs ist noch keineswegs am Ende: „Wenn du mich zähmst, wird mein Leben wie durchsonnt sein. Ich werde den Klang deines Schrittes kennen, der dich von allen andern unterscheidet. Die anderen Schritte jagen mich unter die Erde. Der deine wird mich wie Musik aus dem Bau locken." Der Fuchs verstummt und schaut den Prinzen lange an. Schließlich sagt er ihm: „Bitte ... zähme mich!" „Ich möchte schon", entgegnet ihm der kleine Prinz, „aber ich habe nicht viel Zeit." Der Fuchs erwidert ihm: „Man kennt nur die Dinge, die man zähmt. Die Menschen haben keine Zeit, irgend etwas kennenzulernen. Sie kaufen sich alles fertig in den Geschäften. Aber da es keine Kaufläden für Freunde gibt, haben die Leute keine Freunde mehr. Wenn du einen Freund willst, so zähme mich!" – „Was muß ich da tun?" fragt der kleine Prinz. „Du mußt sehr geduldig sein", antwortet der Fuchs. „Du setzt dich zuerst ein wenig abseits von mir ins Gras (...) Aber jeden Tag wirst du dich ein bißchen näher setzen können ..." Beim Abschied offenbart der Fuchs dem kleinen Prinzen sein tiefstes Geheimnis: „Man sieht nur mit dem Herzen gut. Das Wesentliche ist für die Augen unsichtbar (...) Die Zeit, die du für deine Rose verloren hast, sie macht deine Rose so wichtig (...) Die Menschen haben diese Wahrheit vergessen. Aber du darfst sie nicht vergessen. Du bist zeitlebens für das verantwortlich, was du dir vertraut gemacht hast. Du bist für deine Rose verantwortlich ..." Jeden dieser Sätze wiederholt der Prinz, um ihn sich zu merken.

Vgl. Antoine de Saint-Exupéry, Der kleine Prinz, Karl Rauch Verlag, Düsseldorf 1967, Kap. XXI, S. 48–53.

Daß sich unser Leben nur in der Liebe erfüllt, haben wir schon oft genug gehört. Worin aber das Geheimnis solcher Liebe besteht und auf welchen Wegen man sich ihm nähern kann, bleibt nicht selten im dunklen. Versuchen wir, diesem Geheimnis wenigstens ein wenig auf die Spur zu kommen.

Alle Liebe beginnt mit der positiven *Zuwendung* zu allem Lebendigen.[1] Solche Zuwendung beinhaltet Aufmerksamkeit, Achtsamkeit und liebendes Interesse. Sie macht uns frei von allem gierigen Habenwollen und öffnet unsere Sinne für das Schöne, das uns allerorts umgibt. Die Erfahrung zeigt, daß sie uns Erwachsenen – im Gegensatz zum Kind – leicht verlorengehen kann. Vielleicht liegt es daran, daß unser Leben mehr einem schematischen Ablauf als einer immer wieder neu anzutretenden Entdeckungsreise gleicht. „Wer sich der Welt und allem Lebendigen aufmerksam und aufgeschlossen zuwendet, besitzt die allgemeine seelische Liebesfähigkeit, die letztendlich auch zur Liebe zwischen zwei Menschen führt. Ohne diese Voraussetzung ist keine Liebe möglich" (Peter Lauster). Das heißt zugleich: Man kann das Lieben lernen. Man kann lernen, sich allem und jedem bewußter zuzuwenden. Und auch dieses wird hier deutlich: Lieben verwirklicht sich im Geben, im Geben von Aufmerksamkeit, Achtsamkeit und liebendem Interesse.

Wo der Mensch in dieser Weise liebt, kann seine Zuwendung alsbald zur *Zuneigung* werden. Zuneigung ist die Kraft, den geliebten Menschen zu zähmen. Als der Fuchs davon zu sprechen begann, horchte der kleine Prinz auf und wollte wissen, was das bedeutet: „zähmen". Dieses Wort, das uns in einem solchen Zusammenhang nicht geläufig ist, ist für A. de Saint-Exupery ein Schlüsselwort zum Verständnis einer echten und tiefen Freundschaft: „Wenn du einen Freund willst, so zähme mich", sagt der Fuchs zum kleinen Prinzen. Warum mutet uns dieses Wort hier sonderbar an? Wir sind gewohnt, Tiere zu zähmen, um sie an uns zu gewöhnen und möglichst ungefährlich werden zu lassen. Und doch ist es zulässig, dieses Wort im übertragenen Sinn auf den Menschen zu beziehen, da es in jedem Menschen eine Vielzahl von „wilden Neigungen" gibt. Wir verstehen darunter alles Triebhafte, Selbstsüchtige und Blinde, kurz: das Tier in den Kellerräumen der menschlichen Seele, das nur durch Zuneigung gezähmt werden kann. So ist das Zähmen ein wertvoller Dienst, der ein freundschaftliches Zusammenleben möglich macht.

Wenn wir nun fragen, was Saint-Exupery genauer unter „zähmen" versteht, so geben uns drei Hinweise Aufschluß. „Zähmen" bedeutet zunächst „vertraut machen". Solange ich mir einen Menschen nicht vertraut gemacht habe, ist er für mich bedeutungslos; er bleibt einer von vielen. Man sieht ihn und geht weiter. Alles bleibt im Unverbindlichen. Man braucht einander nicht. Mache ich mir ihn hingegen vertraut, dann verwandelt sich alles. Von Unverbindlichkeit ist keine Rede mehr; denn mit der Vertrautheit wächst auch die Verbindlichkeit. Hier bedeutet „zähmen": das Leben des geliebten Du durchsonnen. Das geschieht vor allem im vertrauten Gespräch. In einem Essay „Über Liebe und Tod" der Schriftstellerin Zenta Maurina finden sich zwei Bilder, die veranschaulichen, zu welch seligem Glück der Mensch durch das vertraute Gespräch gelangen kann: „Im Dialog trägt sich das Schwerste leichter. In der Aussprache wandelt sich der auf uns herabstürzende Stein in einen Felsen, auf dem man festen Fuß fassen kann." Von noch größerer Ausdruckskraft ist das Bild, das im folgenden Wort erscheint: „Müßte ich die seligsten Augenblicke meines Lebens nennen, in denen ich am intensivsten gelebt habe, so sind es meine Gespräche (...) Bei einem beseelten Gespräch ist einer der Partner das Instrument, der andere ein virtuoser Spieler, beim nächsten Gespräch aber weiß man nicht, wer der Spieler und wer das Instrument ist."[2] Im Gespräch kommen sich Freunde immer näher. Sie begegnen einander immer tiefer, zähmen einander immer mehr. Nur in der Tiefe des gezähmten Herzens erfährt man die Nähe des anderen, lernt man ihn in seiner seelischen Vielfalt kennen. In der Tiefe des gezähmten Herzens werden Lieben und Erkennen eins. Daher sagt der Fuchs: „Man sieht nur mit dem (gezähmten) Herzen gut. Das Wesentliche ist für die (begehrlichen) Augen unsichtbar." In diesem Wort zeigt sich die dritte Bedeutung von „zähmen". In ihr sind die beiden vorausgegangenen gegenwärtig.

Jeder wird verstehen, daß solch liebendes Erkennen viel Zeit in Anspruch nimmt. Damit stoßen wir auf den Grund, weshalb es so wenig wahre Freundschaften gibt oder warum so viele Freunde wieder auseinandergehen. Der Fuchs sagt: „Die Menschen haben keine Zeit, irgend etwas kennenzulernen. Sie kaufen sich alles fertig in den Geschäften. Aber da es keine Kaufläden für Freunde gibt, haben die Leute keine Freunde mehr." Wer einen wirklichen Freund haben möchte, der muß sich Zeit für ihn nehmen, um sich ihn vertraut machen zu können, sein Herz zu durchsonnen und seine Herzenstiefen liebend kennenzulernen. Diese scheinbar verlorene Zeit ist es, was den Freund so wertvoll macht. Sie hebt ihn in seine Einzigkeit hinein. „Die Zeit, die du für deine Rose verloren hast, sie macht deine Rose so wichtig." Wieviel Zeit schenken wir also dem, den wir zu lieben vorgeben?

Wie sich aus der Zuwendung die Zuneigung ergibt, so geht aus der Zuneigung die *Verantwortung* hervor. Liebe ist Verantwortung, weil sie teilnimmt am so schnell verletzbaren Geheimnis des anderen. „Du bist zeitlebens für das verantwortlich, was du dir vertraut gemacht hast", sagt der Fuchs dem kleinen Prinzen zum Abschied, und der kleine Prinz, der das Gewicht dieser Aussage spürt, wiederholt diesen Satz noch einmal, damit er tief in ihn hineinfalle und er ihn nie vergesse: „Du bist zeitlebens für das verantwortlich, was du dir vertraut gemacht hast."

Liebe ist Zuwendung, Zuneigung und Verantwortung. Wo Menschen darin übereinstimmen und einander solche Liebe schenken, da lieben sie nicht nur mit Worten, sondern in der Tat und in der Wahrheit. In ihr spiegelt sich die Liebe, die den Himmel geöffnet hat. Das weisen die Evangelisten aus. Sie werden nicht müde, immer wieder neue Begegnungen zu erzählen, in denen Menschen durch Jesus von der Liebe Gottes ergriffen wurden. Jesus ist der den Menschen zugewandte und zugeneigte Gott. Man denke nur an die Szene vor dem Abendmahl: In Jesus wäscht Gott denen die Füße, die er sich vertraut gemacht hat.

Für sie fühlt er sich verantwortlich. Obwohl sie ihn verlassen hatten, verläßt er sie nicht. Aufgrund der Erfahrung solcher Liebe gingen sie in die Welt. Sie wurden Botschafter der Liebe Gottes. Botschafter der Liebe Gottes zu sein, das macht den Christen aus. Angesichts solcher Würde schreibt Sören Kierkegaard in seinen „Tagebüchern“: „Ich denke, daß ich, wofern ich einmal im Ernst ein Christ werde, mich am meisten dessen schämen werde, daß ich es nicht eher geworden bin, sondern zuerst alles andere habe versuchen wollen.“[3]

Ich nenne euch nicht mehr Knechte; denn der Knecht weiß nicht, was sein Herr tut; ich habe euch Freunde genannt, weil ich euch alles geoffenbart habe, was ich von meinem Vater gehört habe. Nicht ihr habt mich erwählt, sondern ich habe euch erwählt, und ich habe euch dazu bestimmt, daß ihr hingeht und Frucht bringt und daß eure Frucht bleibt. Dann wird euch der Vater alles geben, um was ihr ihn in meinem Namen bittet. Dies trage ich euch auf: Liebt einander.
Johannes 15,15–17

Wer heiratet, wird ein anderer Mensch

30 Viele Eheleute werden nie ein Ehepaar

Fr. Sagan: Ein verlorenes Profil
Kol 3,12–16

Alan Ash und seine junge Frau Josée schienen das glücklichste und harmonischste Ehepaar zu sein: gleich groß, schlank, er blond mit blauen Augen, sie mit dunklem Haar und grauen Augen, dieselben Gebärden und auch dieselbe Niedergeschlagenheit. Ihre Freunde, diejenigen, die telefonierten, oder die, welche einen Besuch machten, waren der Überzeugung, die beiden seien immer noch in den Flitterwochen. Was sich in Wirklichkeit innerhalb ihrer vier Wände abspielte, konnte kein Außenstehender erahnen. Nach vierjährigem Zusammenleben glich ihre Ehe einem vom Kurs abgekommenen Schiff, dessen Kapitän, Alan, innerlich völlig verstört war und dessen einziger Passagier, Josée, alle Hoffnung verloren hatte.

Es stimmt: die beiden hatten sich geliebt und waren von der scheinbar unauslöschlichen Gewißheit beseelt, daß sie miteinander alt würden. Inzwischen hatte sich diese Gewißheit aufgelöst und beide waren sich darüber im klaren, daß sie zugrunde gehen würden, wenn sie so weitermachten. Wie konnte es zu diesem Wechsel kommen?

Ständig wurmte in Alan die Angst, seine Frau könnte ihn verlassen. Deshalb verlor er sie nie aus den Augen. Er verhörte sie und machte ihr nicht selten bittere Vorwürfe. Niemals duldete er, daß irgend etwas sie von ihm, von dem, was er „wir“ nannte, ablenkte. Aufgrund solcher Eifersucht wurde ihre Liebe immer aussichtsloser. Josée stumpfte mit der Zeit ab und verlor zunehmend die Kraft, sich zu wehren. Halb niedergeschlagen, halb vergewaltigt, wie sie war, fragte sie sich, warum er ihr immer wieder die Rolle der Treulosen zutraute. Im Wirbel von inständigen Bitten und Anklagen, Versprechungen und Grobheiten wurde ihr bewußt, wie das Leben gleichsam an ihr vorüberging. Wenn sie einen jungen Mann mit einem jungen Mädchen sah, die miteinander lachten, dann kam sie sich selbst wie in einem Gefängnis vor, und sie erinnerte sich an das, was sie gewesen war, was sie hätte sein können und was, wie sie glaubte, auf immer verspielt war. Bei allem fühlte sie, daß sie zwangsläufig ein Teil Schuld am Zustand ihrer Ehe hatte, und das insofern, als sie Alan nicht zu beruhigen vermochte. Zuweilen fragte sie sich, ob sie ihn nicht genug, zu sehr oder nur nebenbei geliebt hatte.

Da das Zusammenleben immer unerträglicher wurde, kam für Josée der Zeitpunkt, da sie sich von Alan trennte. Deutlich empfand sie die Tragik, die in einem solchen Entschluß liegt: „Das ist wirklich das Schlimmste bei einer Trennung: Man geht nicht nur auseinander, sondern man geht auch aus unterschiedlichen Gründen auseinander. Nachdem man glücklich gewesen ist, so verbunden, einander so nahe, daß nichts richtig ist, wenn es nicht gemeinsam geschieht, ist man plötzlich verwirrt, verstört und sucht Wege in der Wüste, die sich nicht mehr kreuzen."

Vgl. Françoise Sagan, Ein verlorenes Profil, Roman, Verlag Ullstein, Frankfurt a.M.–Berlin o.J.

Angesichts dieser gescheiterten Ehe sei zunächst festgestellt: Auch bei einem „idealen" Paar kommt es zu keiner vollkommenen Übereinstimmung. In jeder Ehe gibt es in gewissen Punkten Differenzen. Sind diese harmloser Art, so bedeuten sie für die Ehe keine allzu große Gefahr. Immer werden die beiden Partner auch ihre Fehler haben, die – solange sie nicht schwerwiegend sind – keine letzte Belastungsprobe für die Ehe darzustellen brauchen. Anders liegen die Dinge, wenn es nicht nur um harmlose Differenzen oder um mehr oder weniger geringfügige Menschlichkeiten geht, sondern um einen unguten Charakterzug, der den überwiegenden Teil der Persönlichkeit eines Partners ausmacht. Dann liegt das Scheitern der Ehe von vornherein in greifbarer Nähe. Wollte man in einem solchen Fall das „Schicksal" verantwortlich machen, so wäre man der Wirklichkeit des Lebens nicht gerecht geworden. Schicksal ist nicht immer das, wofür wir es halten. Sagen wir es anders: Daß junge Menschen, die sich lieben, im allgemeinen unkritisch sind, ist verständlich. Aufgrund ihrer Gemütsbewegung schauen sie über manches hinweg. Im Hinblick auf einen solch radikal neuen Lebensabschnitt, wie ihn die Ehe darstellt, wäre es jedoch unverantwortlich, wenn man sich überhaupt nicht die Mühe macht, den andern in seiner besonderen Art genauer kennenzulernen, sondern einfach darauf vertraut, daß es schon „irgendwie" gut gehen wird.

Im Roman von Françoise Sagan sagt an einer Stelle Alans Mutter ihrer Schwiegertochter: „Versteh mich richtig, Josée. Ich war immer gegen diese Heirat. Alan war zu sensibel und du zu selbständig, das mußte unweigerlich Kummer und Leid für ihn bedeuten" (82). Hier geht es offensichtlich nicht nur um harmlose Differenzen oder geringfügige Fehler, sondern um charakterliche Veranlagungen, die von vornherein ernsthaft überdacht werden mußten. Was allem Anschein nach am Anfang ihrer Freundschaft nicht geschah, wurde am Ende ihrer Ehe zur bitteren Erkenntnis. Informativ ist, was Josée in ihrer unglücklichen Situation einem ihrer Bekannten gegenüber äußert: „Alan ist nicht krank, er leidet an einer Zwangsvorstellung. Das ist ein Junge, ein Mann", verbesserte sie sich, „mit einer angeborenen verrückten Eifersucht. Ich habe es erst zu spät begriffen." Der Bekannte erwiderte ihr: „Er hat einfach Angst gehabt, daß Sie ihn verlassen, und weil er sich so davor gefürchtet hat, ist es eingetreten. Das ist logisch" (36). Die Frage ist, ob Josée diese Logik nicht schon früher hätte begreifen können oder ob nicht auch sie vor der Eheschließung der Meinung war, daß alles schon „irgendwie" gut gehen wird.

Alans Eifersucht, so scheint es, hatte ihre Liebe aussichtslos gemacht. Hinsichtlich der Eifersucht schreibt Alfred Adler (1870–1937) in seinem Standardwerk „Menschenkenntnis", sie sei „ein Charakterzug, der unser Augenmerk durch seine außerordentliche Häufigkeit fesselt". Dabei hat er nicht nur die Eifersucht in den Liebesbeziehungen im Auge, sondern auch jene, die in allen anderen menschlichen Beziehungen anzutreffen ist. Die Eifersucht, ein Zug, der dem Menschen oft sein ganzes Leben anhaftet, wurzelt in dem Gefühl des Zurückgesetztseins. Wenn der Eifersüchtige bemerkt, daß einem anderen mehr Aufmerksamkeit, Sorgfalt, Freundlichkeit und Liebe als ihm geschenkt wird, kommt er sich wie ein entthronter König vor. Daher treibt es ihn zur gegnerischen, kämpferischen Stellungnahme, die in verschiedensten Formen in Erscheinung treten kann. „Man erkennt sie an Zügen des Mißtrauens, des Lauerns, des Messens und an der steten Furcht, daß man nicht verkürzt werde ... Es kann eine Eifersucht sein, die sich selbst verzehrt, oder eine, die in ein waghalsiges, energisches Verhalten ausmündet. Sie kann erscheinen in der Spielverderberin, die versucht, den Rivalen herabzusetzen, oder im Bestreben, jemanden zu fesseln, seine Freiheit einzuschränken, um sich zum Herrn über ihn zu machen." Dabei ist es eine überaus beliebte Methode, dem anderen gewisse Gesetze aufzunötigen, ihm vorzuschreiben, wie er sein ganzes

Denken, seine Blicke und Handlungen auszurichten habe.[1] Fügen wir dem eine Anmerkung aus der „Psychologie der Persönlichkeit" von Heinz Remplein hinzu, in der es heißt: „Weil Frauen der Anspruch auf Liebesbesitz (Gemütsegoismus) häufiger eignet als Männern, findet sich die Anlage zur Eifersucht beim weiblichen Geschlecht mehr als beim männlichen." Wie auch immer, in unserem Fall geht ihr zerstörerisches Unwesen vom Mann aus und nicht von der Frau.

Inzwischen ist gewiß deutlich geworden, daß Eifersucht ein Zeichen mangelnder Reife ist, die eine mangelnde Liebesfähigkeit zur Folge hat, und, daß Alan mehr ein unreifer Jüngling als ein wirklicher Mann ist. Sonst wüßte er, daß trotz ehelicher Gemeinschaft, dem, was er „wir" nannte, beide Partner eigene Persönlichkeiten sind und aus diesem Grund neben allen Gemeinsamkeiten der Bereich der persönlichen Eigeninteressen gewahrt bleiben muß. „Wenn es für Ehepartner kein Eigenleben geben darf, ist auch Kommunikation nur in beschränktem Maße möglich. Die Entwicklung eigener Bereiche kann daher geradezu eine intensivere Gemeinsamkeit bedeuten."[2]

Hier ist der Punkt erreicht, von dem aus auch jene Problematik erkannt werden kann, die seitens Josée in die Ehe eingebracht wurde. Ihre Schwiegermutter nannte sie zu selbständig. Erforschen wir die Hintergründe, so erfahren wir, wie unreif auch sie gewesen ist. Man höre aus ihrem eigenen Mund, wie sie von ihren Bekannten eingeschätzt wurde : „Ich hörte sie von mir wie von einem unmündigen Kind sprechen, was mir zuerst ganz unwahrscheinlich vorkam und mich verblüffte und belustigte und schließlich beunruhigte. Vielleicht war ich tatsächlich diese schwache, wehrlose und charmante junge Frau, der kein verantwortliches Handeln zuzutrauen war, so daß es ihnen oblag, sie zu beschützen? Es gibt eine Sorte Menschen, zu der ich gehöre, die in jedem anderen elterliche Gefühle und den Wunsch, sie zu beschützen, wachruft. Daß diese ‚Eltern' bald Verdruß oder Ärger erregen und daß man es ihnen zeigt, ändert nichts an ihrer Entschlossenheit: dann werden sie eben die Eltern eines undankbaren Kindes, das ist alles" (43f.). Später meint sie: „Zu meiner Entlastung muß gesagt werden, daß ich von Geburt an sehr naiv war und es auch weiterhin geblieben bin" (47).

Was bedeutet Naivität? Mangelnde Kritikfähigkeit, unüberprüftes Hinnehmen fremder Anschauungen, Unfähigkeit zu differenziertem Denken und damit zur Selbstentscheidung und Selbstverantwortung, die immer auch Verantwortung für andere einbezieht. Darüber hinaus bedeutet Naivität das unkontrollierte Aussprechen eigener Urteile, das Sichhinwegsetzen über Hemmungen, weil solche überhaupt nicht vorhanden sind. All das bringt eine leichte Beeinflußbarkeit mit sich. Daß Kleinkinder in besonderem Maß naiv-unkritisch und deshalb stark beeinflußbar sind, ist offensichtlich. Sie vermögen noch nicht die „Spreu vom Weizen" zu scheiden. Daher bedürfen sie des Schutzes. Andernfalls würden sie sich schutzlos ausliefern.

Nach diesen Erwägungen müssen wir feststellen: Mit Alan und Josée sind in Wirklichkeit Eifersucht und Naivität eine Ehe eingegangen. Gewiß eine unglückliche Kombination. War Alan schon von Natur aus sehr eifersüchtig, so wurde seine Eifersucht durch die mangelnde Kritikfähigkeit und tatsächliche Beeinflußbarkeit seiner naiven Frau noch verstärkt. Damit verstehen wir auch, warum Josée sich selbst immer wieder am Scheitern ihrer Ehe mitschuldig weiß. „Ich war wieder in der ausweglosen Lage, in der ich mich während unserer ganzen Ehe befunden hatte, immer verdächtigt und niemals unschuldig" (89). „Schließlich habe ich in gewisser Weise ebenso schuld wie er, ... insofern ich ihn nicht zu beruhigen vermochte. Er hat immer an mir gezweifelt, selbst zu Unrecht. Ich muß zwangsläufig ein Teil Schuld gehabt haben" (36). „Ich war schuldig, weil ich ihn schon lange nicht mehr geliebt hatte, ich hatte mich der Gleichgültigkeit schuldig gemacht, und allein dieses Wort ließ mich schaudern" (30). „Erst als ich aufhörte, ihn zu lieben, und er es spürte, da wurde mein Leben ein ständiges Unglück" (54).

Professor Wilhelm Heinen nennt einmal acht Merkmale[3], die dort zu finden sind, wo eine Ehe gelingt. An ihnen verdeutlicht sich einerseits, wie groß das Defizit in der Ehe Alan-Josée war, andererseits kennzeichnen sie jenen Weg, auf dem Eheleute zu einem wirklichen Ehepaar heranreifen können:

1. Beide Partner hatten sich von ihren Eltern seelisch gelöst und waren zu relativ freien, verantwortlichen Menschen herangereift.
2. Beide hatten die ursprüngliche Verschiedenheit des anderen Partners sehen und annehmen gelernt.
3. Jeder wollte mehr für den andern als für die eigene Person dasein.
4. Das beiderseitige Sichbemühen um die „beseelte", beglückende Liebe hatte den Vorrang vor der „Erfüllung der ehelichen Pflicht".
5. Das Wartenkönnen und Verzeihen wurde besonders geschätzt und geübt.
6. Die Kinder wurden als gewolltes Geschenk, nicht als aus dem Zufall entstandene Last aufgenommen und aufgrund gemeinsamer Überlegungen erzogen.
7. Diese Ehen und Familien genügten sich nicht selbst, sondern waren

sowohl offen zur eigenen Großfamilie wie bereit zum Dienst in der Gemeinde.
8. Über gelegentliche Meinungsverschiedenheiten wurde vertrauensvoll gesprochen, niemals „feindselig" geschwiegen.

Es wurde bereits erwähnt, daß es in *jeder* Ehe immer wieder Schwierigkeiten gibt. Sie werden nicht dadurch bewältigt, daß man vor ihnen davonläuft oder so tut, als existierten sie nicht. Hier gilt vielmehr das Wort: „Der Weg hinaus ist der Weg hindurch." Man muß einen Weg durch das Dickicht der Mißverständnisse, Meinungsverschiedenheiten und Fehler bahnen. So kommt man gereift am anderen Ende heraus und eine neue Landschaft eröffnet sich. Wo Eheleute ihren Weg mit dieser inneren Einstellung gehen, da gleichen sie Pionieren, „die immer neue Flüsse überqueren und neue Berge bezwingen" (Norman Vincent Peale). „Der Weg hinaus ist der Weg hindurch." Es *gibt* einen Weg hindurch. Er deutet sich an im letzten der acht vorhin genannten Merkmale. Wir meinen das gemeinsame vertrauensvolle Gespräch, das Reibungen entschärft, Spannungen behebt und der Ehe die Qualitäten der Festigkeit und Dauerhaftigkeit einverleibt. Außerdem hilft es, die späteren Jahre einer Ehe zu gestalten. Nach dem Rat des erfahrenen Arztes David R. Reuben sind es vor allem drei Fragen, die sich Eheleute in einem solch vertrauensvollen Gespräch von Zeit zu Zeit stellen und beantworten sollten.

Die *erste* Frage: „Was erwarte ich als Wichtigstes von der Ehe?" So ähnlich die Antworten der Ehepartner am Hochzeitstag waren, so sehr können sie nach einigen Ehejahren voneinander abweichen. Das zeigt, wieweit sie sich bereits von einander entfernt haben und wieviel notwendig ist, um wieder zueinander zu finden. Die *zweite* Frage: „Inwiefern belaste oder gefährde ich selbst die Ehe?" Nachdem sich jeder der beiden diese Frage selbst gestellt und seine Antwort dem andern mitgeteilt hat, sollten sie sich wechselseitig fragen: „Was glaubst du, inwiefern belaste oder gefährde ich unsere Ehe?" Das hilft, das eigene Verhalten aus der eigenen Sicht und aus der Sicht des anderen zu klären. Die *dritte* Frage: „Was kann ich zu einer glücklichen Ehe beitragen?" Bei dieser Frage sollte der Hauptteil des gemeinsamen Gespräches liegen, denn, daß einer den andern glücklich macht, darauf kommt es doch in der Ehe an.

Werden diese drei Fragen in einem ruhigen und liebevollen Ton durchgesprochen, dann wächst das gegenseitige Vertrauen; es entsteht der eigentliche Intimbereich der Ehe, in dem Eheleute zu einem Ehepaar werden. Geschieht dies unter gläubigen Eheleuten, so sind sie nicht ohne jenen geheimnisvollen Begleiter unterwegs, der jedes Ende in einen neuen Anfang, Tod in Leben, Niedergeschlagenheit in Freude, Verzweiflung in Hoffnung verwandelt und die Seinen in jener unauflöslichen Liebe zusammenführt und zusammenhält, die er selber ist. Voraussetzung dafür ist ein Glaube, der Berge versetzen kann.

Als von Gott Geliebte und von ihm auserwählte Heilige bekleidet euch mit herzlichem Erbarmen, Güte, Demut, Sanftmut und Geduld. Ertragt einander und verzeiht einander, wenn einer dem andern etwas vorzuwerfen hat. Wie der Herr euch verziehen hat, so sollt auch ihr tun. Vor allem aber liebt einander, denn die Liebe hält alles zusammen. Der Friede Christi regiere in euren Herzen; dazu seid ihr berufen als Glieder des einen Leibes. Seid dankbar. Das Wort Christi wohne mit seinem ganzen Reichtum bei euch. Belehrt und ermahnt euch gegenseitig in aller Weisheit.
Kolosserbrief 3,12–16

31 Ehe-Tugenden

H. Rahner: Der spielende Mensch
Mt 18,20–21

Das erste Buch des Alten Testamentes (Gen 26,7–11) erzählt von einem jungen Ehepaar namens Isaak und Rebekka. Aufgrund einer Hungersnot verließen sie ihre Heimat und zogen in das Land des Philisterkönigs Abimelech. Wenn sich die Leute nach seiner Frau erkundigten, erklärte Isaak ihnen: „Sie ist meine Schwester." Er hatte nämlich Angst, man könnte ihn umbringen, um an seine hübsche Frau zu gelangen.

Als sie schon längere Zeit dort zugebracht hatten, schaute der Philisterkönig durch das Fenster und sah, wie Isaak mit seiner Frau Rebekka spielte. Da ließ er Isaak kommen und sagte: „Ganz gewiß ist sie deine Frau! Wie konntest du nur sagen: Sie ist meine Schwester?" Isaak erwiderte: „Ich dachte, ich müßte ihretwegen sterben." Abimelech erwiderte ihm: „Wie leicht hätte einer aus dem Volk sich deiner Frau nahen können! Dann hättest du eine Schuld über uns gebracht." Dem Volk aber erklärte er: „Wer sich an diesem Mann oder an dieser Frau vergreift, wird mit dem Tod bestraft."

In der sinnbildlichen Auslegung der alexandrinischen Schriftdeuter bedeutet „Isaak" das „Lächeln" und „Rebekka" bedeutet die „Geduld". Daran, daß „Lächeln" und „Geduld" miteinander spielen, erkennt der zuschauende König, daß die beiden in einer glücklichen Ehe leben müssen.

Vgl. Hugo Rahner, Der spielende Mensch, Johannes Verlag, Einsiedeln 1952, S. 40.

Lächeln und Geduld haben vor allem dies gemeinsam: Sie erhalten die eheliche Liebe und eröffnen immer wieder eine neue Zukunft, wenn die partnerschaftliche Beziehung aufgrund vielfältiger Schwierigkeiten am Ende zu sein scheint.

Wo einer dem anderen ein liebevolles Lächeln schenkt, da sagt er ihm ohne Worte: „Ich kann dich verstehen; ich weiß, was in dir vor sich geht; ich kenne deine Sorgen und Nöte; ich verurteile dich nicht; ich habe dir verziehen; wir wollen wieder neu beginnen." Vielleicht gibt es kein tieferes, umfangreicheres und zugleich schlichteres Zeichen gegenseitiger Annahme als ein verständnisvolles Lächeln. Mit ihm anerkennen wir den anderen, wie er ist. Denn solch ein Lächeln weiß nicht nur um das Begrenzte, Menschlich-Allzumenschliche, Ohnmächtige und Armselige im anderen, sondern auch um seine guten Seiten, die im Grunde immer überwiegen. Das zeigt, wie tief es sich in das Innere des anderen einzufühlen vermag. Weil es aus der Tiefe aufleuchtet, kann es auch in die Tiefe hineinwirken. Nie verliert es den Glauben an die Entwicklungsfähigkeit und Veränderungsmöglichkeit des Partners und gibt ihm einen sanften Impuls dazu. Deshalb hat es etwas Befreiendes. Es öffnet ihn in seiner Selbstverschlossenheit und löst ihn aus seinen inneren Verkrampfungen. So unscheinbar es auch sein mag, es ist eine schöpferische Macht. Es weckt Kräfte, die zusammenführen und zusammenhalten: Vertrauen, Glaube, Liebe.

Möglicherweise wird man sagen, daß es einem oft genug nicht danach ist, dieses Zeichen zu schenken. Wer im täglichen Zusammenleben immer wieder denselben Fehlern und Charakterschwächen des andern begegnet, kann sehr schnell mutlos werden. Doch gibt es eine Möglichkeit, die uns vor einer solchen Resignation bewahren kann. Sie besteht darin, daß man lernt, über sich selbst, über die eigenen Fehler, Schwächen und Absonderlichkeiten zu lächeln. Diese Fähigkeit gehört zu den höchsten Künsten des menschlichen Lebens. Sie bewahrt uns davor, uns selbst zu wichtig zu nehmen, uns selbst zu bemitleiden oder uns in verächtlicher Weise über den andern zu erheben. Wer über sich selbst zu lächeln vermag, der hört auf, beim andern nur die dunklen – und bei sich selbst nur die hellen Seiten zu sehen. Er erkennt und bleibt sich bewußt, daß seine eigene Wirklichkeit zugleich hell und dunkel ist. Lächelnd über sich selbst, vermag er lächelnd dem Helldunkel im anderen zu begegnen. In einer glücklichen Ehe hört das Lächeln niemals auf, denn auf ihr liegt das wohlwollende Lächeln Gottes. Ob nicht erst dieses gläubige Bewußtsein das positive Lächeln im tiefsten ermöglicht und auch rechtfertigt? In schweren Stunden vergißt es nicht: Es wird alles gut, denn alles ist in Gottes Hand.

Die innere Kraft solchen Lächelns ist die Geduld. Es ist schwer zu sagen, wieviele Chancen sich der Mensch im Leben durch seine Ungeduld verdirbt. Franz Kafka ist sogar der Überzeugung, daß alle Fehler des Menschen letztlich auf die Ungeduld zurückzuführen sind. Daher hält er sie für die eigentliche Hauptsünde im menschlichen Leben. Von ihr leiten sich alle andern ab: „Wegen der Ungeduld sind die Menschen aus dem Paradiese vertrieben worden ... wegen der Ungeduld kehren sie nicht zurück.“[1] Was immer dazu von theologischer Seite her zu sagen wäre, wahr ist, daß nicht wenige Ehen an der Ungeduld des einen mit dem anderen gescheitert sind. So können wir sagen: Eine gute Ehe lebt und erneuert sich stets von der Geduld her. Sie ist die Voraussetzung dafür, daß etwas wachsen und reifen kann. Der Geduldige weiß um die Art und Weise, wie das Leben geht, wie langsam sich ein Vorgang entwickelt. Deshalb besitzt er die Fähigkeit zu warten. Er läßt dem Werden seine Zeit; er kann im Gegensatz zum Kind die Spannung aushalten zwischen dem, was ist, und dem, was noch werden soll. Geduld ist somit ein Zeichen von Weisheit und Kraft. „So gesehen ist Geduld eine ausgesprochen männliche Tugend. Ich sage ‚männlich', weil das Wort sofort verstanden wird im Sinne von kraftvoll, überlegen, groß angelegt. Ich will aber damit keineswegs sagen, daß es darum die typische Eigenschaft von Männern ist. Eher ist das Gegenteil zu behaupten: daß die echte Frau, weil sie viel gelassener in sich selber ruht als der Mann, die Geduldigere ist. Aber darüber soll jetzt nicht gestritten werden. Wichtig ist nur, daß wir merken: Geduld ist immer ein Zeichen geistiger Überlegenheit, das darum auch kräftemäßig überlegen macht. Der Geduldige ist der Sieger."[2]

Geduld braucht es in einer Ehe vor allem dann, wenn man den anderen in seiner Gesinnung, in seinem Verhalten und seinen Reaktionen nahezu auswendig kennt. Hier kann sich die Versuchung melden, sich von ihm zurückzuziehen und einen anderen zu nehmen. Steht man aber trotzdem zu ihm, dann erweist sich die Geduld als Treue. Wird diese nicht geübt, so sind die Möglichkeiten, die auch in einer solchen Beziehung noch liegen, verspielt, und alles geht in die Brüche.

Im Roman „Abenteuer der Tugend" von Luise Rinser schreibt Nina Buschmann ihrer Schwester Margret: „Du schreibst, daß du glaubst, ich hielte diese Art von Leben nicht lange aus. Doch, ich werde, so hoffe ich, sie lange aushalten. Man hält immer aus, wenn man das, was man tun soll, gern tut. Das ist eine simple Wahrheit, aber eben eine Wahrheit. Du meinst, diese Ehe sei doch eine große Last für mich, und Du sagst in diesem Zusammenhang, M. sei recht schwer zu ertragen. Nun, du kennst das Wort: ‚Daß einer des andern Last trage.' Das ist eben die Ehe, und keine Ehe ist leicht, das wissen wir doch alle; und wer glaubt, seine Ehe sei leicht, der macht sie sich eben leicht, das heißt bequem, und dann weiß er eben nicht, was Ehe sein kann wenn man sie sich *nicht* leicht macht."[3]

Nina Buschmann hat die Zuversicht, ihre Ehe noch lange aushalten zu können, weil sie sich ihre Ehe nicht leicht macht, sondern das, was sie tun soll, gern tut, nämlich die Last des anderen zu tragen. Das fällt dem gläubigen Menschen leichter als dem ungläubigen. Nina Buschmann ist eine gläubige Frau. Sie weiß: „Gott ist ein Gott des Tragens. Der Sohn Gottes trug unser Fleisch, er trug darum das Kreuz, er trug all unsere Sünden und schuf durch sein Tragen Versöhnung. So ist auch der Nachfolger zum Tragen berufen. Im Tragen besteht das Christsein. Wie Christus im Tragen die Gemeinschaft des Vaters bewahrt, so ist das Tragen des Nachfolgenden Gemeinschaft mit Christus."[4] Nina Buschmann schüttelt die ihr auferlegte Last nicht ab. Kraft ihres Glaubens, ihrer Gemeinschaft mit Christus, trägt sie diese mutig und tapfer.

Doch dürfen wir nicht meinen, das Tragen des uns auferlegten Kreuzes bedeute, es einfach hinzunehmen. Auch dann hätte man sich die Sache zu leicht gemacht. Das Evangelium zeigt uns vielmehr, daß Jesus immer zunächst darum bemüht war, den Menschen zur Verhaltensänderung zu bewegen und das Leid zu bewältigen. Erst dann hat er den unlösbaren Rest auf sich genommen und ihn getragen, weil er wußte, daß auch dieser seinen Sinn hat, da er den Menschen zu größerer Reife führen kann. Geduld bedeutet demnach keineswegs bloße Passivität, einfaches Hinnehmen der negativen Seiten des Lebens, sondern Wachsein, um im rechten Augenblick das Angemessene zu tun.

Petrus trat zu Jesus und fragte: Herr, wie oft muß ich meinem Bruder vergeben, wenn er sich gegen mich versündigt? Siebenmal? Jesus sagte zu ihm: Nicht siebenmal, sondern siebenundsiebzigmal.
Matthäus 18,20–21

32 Wer ist glücklich verheiratet?

R. St. Peale: Von der Erfüllung menschlicher Urbedürfnisse in der Ehe
Eph 5,25–33

Vor einiger Zeit hat Ruth Stafford Peale ein Buch geschrieben über das Abenteuer, Ehefrau zu sein. Darin geht es um eine glückliche Ehe – ihre eigene. Nach seinem Erscheinen erhielt sie eine Flut von Zuschriften, meist von Leuten, die trotz aller Mühe nicht zu einem glücklichen Eheleben gelangten. Nicht wenige von ihnen vertraten die Auffassung, die Ehe sei ein schlechtes Geschäft: man stecke mehr hinein, als man herausbekomme. Dieses Gefühl der Unausgewogenheit, Ungerechtigkeit und Enttäuschung war für sie der Hauptgrund ihrer Schwierigkeiten.

Ruth Stafford Peale erwiderte ihnen, sie sehe in der Ehe in erster Linie eine Einrichtung, von der beide Teile mit Recht die Erfüllung von drei elementaren gefühlsmäßigen Bedürfnissen erhoffen, die dem ganzen Menschengeschlecht gemeinsam sind. Daher seien diejenigen glücklich verheiratet, die um diese Urbedürfnisse wissen und bereit sind, etwas zu ihrer Erfüllung zu tun. Wo dies nicht geschehe, da werde es wegen des seelischen Vakuums unweigerlich zu Enttäuschung, Ernüchterung und zu immer schlimmeren Reibereien kommen.

Um welche Urbedürfnisse geht es hier? Peale antwortet: Jeder möchte „für einen Menschen an erster Stelle stehen, bei ihm Hilfe finden und von ihm gebraucht werden. Drei Dinge, mehr nicht. Aber sie genügen".

Vgl. Ruth Stafford Peale, Ist Ihre Ehe mottensicher?, in: Das Beste aus Reader's Digest 7 (1973) 110ff.

Bevor wir diese drei menschlichen Urbedürfnisse ein wenig erläutern, wollen wir versuchen, das Eigentümliche der Ehe kurz zu skizzieren. Gehen wir von einem allgemeinen Lehrsatz aus: Weil der Mensch von Natur aus ein Gemeinschaftswesen ist, bedarf er eines anderen, um glücklich zu sein. Die intensivste Form von Gemeinschaft ist das Zusammenleben in der Ehe. Deshalb gilt sie bei den meisten als eine der tiefsten Quellen menschlichen Glücks.

Um nun einen ersten Gesichtspunkt, was Ehe eigentlich bedeutet, nicht zu übersehen, ist folgende Feststellung notwendig: „Zunächst sollte man sich ehrlich eingestehen, daß es für jeden Menschen mehrere Möglichkeiten ehelicher Bindung gibt. Wer sagt, ‚ich könnte mir auf keinen Fall mit einem anderen Partner eine Ehe vorstellen', ist entweder ein seltener Glücksfall, oder er schwelgt in romantischer Übertreibung. Normalerweise kommen eben mehrere Menschen für eine eheliche Partnerschaft in Frage. Allerdings würde jede dieser Verbindungen ein anderes Gesicht tragen. Heiraten bedeutet eine Entscheidung treffen. Aus mehreren möglichen Partnern wird ein Mensch ausgewählt."[1] Eine solche Wahl gehört sicherlich zu den folgenreichsten Entscheidungen im Leben.

Manchmal fragt man sich: Wie konnte er nur diese Frau –, wie konnte sie nur diesen Mann heiraten? Tatsächlich können wir uns oft nicht vorstellen, was im einzelnen bei einer Partnerwahl vor sich geht. Selbst den Betreffenden bleibt es meist verborgen. Nicht selten glauben sie, alles sei auf eine zufällige Begegnung zurückzuführen: „Warum mußtest *ausgerechnet* du mir begegnen?" Die moderne Psychologie und Psychoanalyse haben uns jedoch gezeigt, daß es hier keineswegs nur um Zufälle geht.[2] Sie haben die geheimen Motive, Wünsche und Ziele aufgedeckt, die die Wahl eines bestimmten Partners entscheidend beeinflussen können. So verdeutlichte sich, welch eine maßgebliche Rolle frühkindliche Prägungen, Familien- und Geschwisterkonstellationen und überhaupt der jeweilige individuelle Lebensstil bei einer Partnerwahl spielen. Wer sich daher bei seiner Entscheidung für einen bestimmten Menschen nicht einfach von geheimen Triebfedern bestimmen und von dunklen Gefühlen kutschieren oder von unbewußten Anziehungsmechanismen steuern lassen möchte, der muß sich über seine tieferen Absichten Rechenschaft geben, seine Beweggründe prüfen und seine Partnerbeziehungen kritisch kontrollieren. So gewinnt er hinsichtlich der Qualität seiner Liebe ein klein wenig Klarheit und kann spätere – oft unkorrigierbare – Konflikte von vornherein vermeiden.

Was aber könnte man jenen sagen, denen die Entscheidung für einen einzigen Partner widerstrebt, weil sie darin eine Einengung ihrer Lebensmöglichkeiten sehen? Ich denke hier an eine Neunzehnjährige, die ihrer Mutter eines Tages offenbarte, sie wolle mit ihrem Freund zusammenleben. „Nächstes Jahr ist es wahrscheinlich ein anderer", fügte sie unbekümmert hinzu. „Warum sich fürs ganze Leben auf einen einzigen festlegen?“ *Einen* Mann zu lieben, findet sie langweilig und monoton. Daher möchte sie frei bleiben, keine festen Bindungen eingehen und keine Verpflichtungen übernehmen. Außerdem erscheint ihr die Ehe als ein sehr riskantes Unternehmen. Um sich gegen alle Mißerfolge abzusichern, will sie jedes Risiko vermeiden.

Gewiß steht diese junge Frau mit ihrer inneren Einstellung heutzutage nicht allein. Die Antwort, die ihr die Mutter in liebevoller Weise gab, gilt deshalb nicht ihr allein. Was sie ihrer Tochter zu sagen hat, kennzeichnet zugleich den Weg zum verborgenen Reichtum einer glücklichen Ehe.

„Noch nie bin ich mir dir gegenüber so hilflos vorgekommen“, begann sie. „Wie soll ich dir sagen, was Liebe ist, was es bedeutet, einen Mann zu lieben, so wie ich die ganzen Jahre deinen Vater geliebt habe? ... Nicht die Bindung eines Mannes an eine Frau – wobei jeder mehr das Glück des andern im Auge hat als das eigene – zerstört eine Beziehung, sondern gerade das Fehlen einer solchen Bindung und die Einstellung: ‚Mir geht es vor allem um mich‘ ... Zur Jugend gehört Unbekümmertheit und Ungebundenheit, aber man muß darüber hinauswachsen. Du wirst nie richtig erwachsen werden, wenn du nicht bereit bist, Verantwortung für das Glück eines anderen zu übernehmen. Zwischen Mann und Frau ist echte Intimität nur möglich, wenn beide diesen Grad der Reife erreicht haben. Der Versuch, die Erwartungen und Träume eines anderen zu erfüllen, läßt den Abgrund der Einsamkeit überspringen – des schlimmsten aller menschlichen Leiden ... Die Ehe bedeutet gemeinsam gefeierte Erfolge, aber auch gemeinsam ertragene Rückschläge, unter denen man allein zerbrechen würde.“

Hinsichtlich der Bemerkung ihrer Tochter, nur *einen* Mann zu lieben, finde sie langweilig und monoton, ruft sie ihr ein Erlebnis ins Gedächtnis zurück: „Erinnerst du dich an das Jahr am Meer? Unser kleiner Strand wurde dir nie langweilig. Er war immer gleich und doch immer anders. Du warst dort an sonnigen Tagen glücklich und auch an stürmischen, wenn die Wellen Schaumkronen trugen und der Wind das trockene Seegras über den Sand jagte. Jedesmal, wenn du am Strand entlanggewandert bist, hast du etwas Neues ausfindig gemacht. Im Sommer hast du beim Tauchen unter der vertrauten Wasseroberfläche glitzernde Fische und Felsgrotten entdeckt. Als es im September zum Tauchen zu kalt war, warst du untröstlich. Du sagtest, du hättest gerade erst ‚mit dem Erforschen angefangen‘. Das kommt dem Gefühl ziemlich nahe, das ich nach all den gemeinsamen Jahren mit deinem Vater habe. Man braucht sehr viel Zeit, um zu erforschen, was das Meer tief unter der Oberfläche an Schätzen birgt – oder der Mann, den man liebt.“[3]

In diesen Worten ist der Atem einer erfüllten Ehe spürbar. Man muß sie immer wieder überdenken, um sie in ihrer Tiefe erleben zu können. Bleiben wir bei ihrer Kernaussage, die sich so zusammenfassen läßt: Die feste Bindung hält die eheliche Beziehung lebendig, solange jeder mehr das Glück des andern im Auge hat als das eigene; das ist der Fall, wenn jeder versucht, die Erwartungen und Träume des andern zu erfüllen; so wird der Abgrund der Einsamkeit überwunden. Die Erwartungen und Träume des anderen erfüllen – genau darauf hat auch Ruth Stafford Peale hingewiesen: „Es sind dies nicht nur so naheliegende Dinge wie Nahrung, Kleidung, Geld und Sex, sondern drei elementare gefühlsmäßige Bedürfnisse, die dem ganzen Menschengeschlecht gemeinsam sind.“ Schauen wir sie uns deshalb etwas genauer an.

Das *erste* Grundbedürfnis besteht darin, daß jeder Mensch die Gewißheit braucht, im Leben eines anderen an erster Stelle zu stehn, für ihn der Liebste zu sein. Die Erfüllung dieser Sehnsucht ist gleichsam der Eckpfeiler der Ehe. Um sich dieser bevorzugten Stellung sicher sein zu können, ist es notwendig, daß sie vom anderen immer wieder durch deutliche Liebesbeweise bestätigt wird. Hier zeigt sich, daß sich das Eigentliche einer Ehe nicht im geschlechtlichen, sondern im gefühlsmäßigen Bereich vollzieht. Nicht dort, sondern hier werden die anhaltenden Bindungen geknüpft. Daher kommt es entscheidend darauf an, daß sich die Eheleute nicht nur mit Worten verständigen, sondern vor allem durch die vielen spontanen Zeichen, die keiner Erklärung bedürfen. Wo dies nicht mehr geschieht, sei es durch Überbewertung der Arbeit oder durch unbewußte Gedankenlosigkeit und Gleichgültigkeit, da wird der ehelichen Liebe die Nahrung entzogen, und die eheliche Treue steht ständig auf dem Spiel. Nicht selten erklärt denn auch der untreu gewordene Partner: „Sie (er) kümmert sich nicht mehr so wie früher um mich. Ich bin für sie (ihn) selbstverständlich geworden.“ Eine solche Äußerung kann sichtbar machen, was eheliche Treue in erster Linie bedeutet, nämlich die beiderseitige nie endende Erfüllung des tiefen Wunsches, in der Zuneigung des andern an erster Stelle zu stehn, für ihn der Liebste zu sein.

Das *zweite* Grundbedürfnis besteht im Verlangen, bei einem andern Hilfe zu finden. Der Mensch ist ein Gemeinschaftswesen, weil er ein bedürftiges, ein dürftiges Wesen ist. Das können wir täglich an uns selbst erfahren. Wir fühlen uns oft arm und schwach, überfordert und ratlos, niedergeschlagen und ohnmächtig. Als die Dürftigen sind wir die Bedürftigen, diejenigen, die auf den Rat, den Trost, den ermutigenden Zuspruch, die Unterstützung, kurzum: auf die Hilfe des anderen angewiesen sind. Selbst der Stärkste bedarf immer wieder der Hilfe; auf sich allein gestellt, könnte er die Belastungen des Lebens nicht bewältigen. Gemeinsam aber geht es besser. Daher ist ein guter Ehepartner, wer ein aufmerksames Auge für die Hilfsbedürftigkeit des andern hat und ihm das unbezweifelbare Bewußtsein schenkt: „Ich bin einfach da für dich, dir zuhörend, dich verstehend, dich tragend, dir helfend, wo immer es mir möglich ist." Das dem anderen geschenkte Bewußtsein: „Ich bin einfach da für dich!" schafft eine Atmosphäre der Sicherheit, Geborgenheit und Dankbarkeit. Wir spüren, welches Zartgefühl und Einfühlungsvermögen hier notwendig sind. Was damit gemeint ist, verdeutlicht eine kleine Begebenheit, von der Ruth Stafford Peale erzählt. Eine ihrer Freundinnen hat einen dickköpfigen, leicht aufbrausenden, aber trotzdem sehr liebenswerten Mann. An einem Freitag kam er höchst ungehalten aus dem Büro, weil er das Gefühl hatte, zu Unrecht kritisiert worden zu sein. Er setzte sich sofort hin und schrieb einen wütenden Kündigungsbrief. Seine Frau tat nichts, um ihn davon abzubringen. Sie brachte ihm vielmehr Briefumschlag und Marke und sagte: „Ich muß noch etwas zum Abendessen einkaufen. Ich komme am Briefkasten vorbei, da werde ich das gleich erledigen." Sie erledigte es auf ihre Weise. Am Sonntag morgen gab sie ihm den Brief zurück und sagte: „Wenn du ihn noch immer abschicken willst, ich habe nichts dagegen. Aber ich dachte, du brauchtest etwas Zeit, um dich zu beruhigen." Ihr Mann zerriß den Brief und erwiderte ihr: „Danke! Was täte ich nur ohne dich!"

Das *dritte* Grundbedürfnis besteht in dem Wunsch, gebraucht zu werden. In dem Augenblick, da ein Mensch den Eindruck hat, daß man ihn braucht, bekommt sein Leben einen Sinn. Damit ist aber auch gesagt, daß das Leben sinnlos wird, wo man sich sagen muß: „Dich braucht niemand; für niemanden bist du wichtig; eigentlich bist du überflüssig." Ein solches Gefühl isoliert, läßt vereinsamen und nimmt den Lebensmut. Warum ist das so? Weil jeder Mensch in dem, was er ist, erkannt und anerkannt sein möchte. Wer wüßte denn nicht, welche Rolle im menschlichen Leben die Beachtung, die Bewunderung, die Auszeichnung, der Beifall spielt? Ohne solche Gesten kämen keine mitmenschlichen Beziehungen zustande. Nicht selten hat die Frau das Bedürfnis, ihren unverständigen Mann darauf hinzuweisen, daß auch sie eine notwendige, oft schwierige Aufgabe zu erfüllen hat. Sie möchte, daß sich ihr Mann ein klein wenig bewußt ist, was sie ihm bedeutet, und es ihr auch zu verstehen gibt. Tatsächlich hat die Ehefrau als Hausfrau einen schweren Stand. Alles, was sie tut, ist von kurzer Dauer. Die Wohnung, die sie putzt, die Wäsche, die sie reinigt, all das ist wieder schmutzig, kaum, daß einige Tage vergangen sind. Und je besser das Essen von ihr zubereitet wurde, um so schneller ist es verzehrt. Ehemänner sollten sich in diesem Zusammenhang einmal fragen lassen, wann sie sich zum letztenmal bei ihrer Frau für ihre unscheinbare und doch so lebensnotwendige Arbeit bedankt haben.

„Für einen Menschen an erster Stelle stehn, bei ihm Hilfe finden und von ihm gebraucht werden. Drei Dinge, nicht mehr. Aber sie genügen."

Eheleute sollten hier bedenken, daß ein Eheproblem nie bei einer Person allein liegt. Jeder von ihnen trägt seinen Teil dazu bei, daß das Problem überhaupt existiert. Es ist gut, daß es so ist. Dadurch besteht die Möglichkeit, das Verhalten des anderen zu ändern. Man müßte nur sich selbst ändern, indem man anfängt, etwas zur Erfüllung jener drei Grundbedürfnisse zu tun. Dann wird sich auch der andere ändern; denn die Ehe ist ein System: Wenn sich ein Teil des Systems ändert, reagiert der andere Teil entsprechend.

„Die Ehe bedeutet gemeinsam gefeierte Erfolge, aber auch gemeinsam ertragene Rückschläge, unter denen man allein zerbrechen würde", hatte die Mutter ihrer Tochter gesagt. Durch dieses „Prinzip der Gemeinsamkeit" wird das eine Band, das die beiden Partner am Anfang ihrer Ehe umschloß, zu vielen Bändern, die – vielfältig miteinander verknüpft – ein festes und straffes Netz bilden. „Es besteht aus Loyalität und gegenseitiger Abhängigkeit und gemeinsamen Erlebnissen – ein Gewebe aus Erinnerungen an Gemeinsamkeiten und Gegensätze, an Triumphe und Enttäuschungen. Es ist ein Netz aus Vertraulichkeiten, einer gemeinsamen Sprache und auch der Sprachlosigkeit, ein Wissen um Neigungen und Abneigungen, Gewohnheiten und Reaktionen seelischer und körperlicher Natur – ein Netz aus Instinkt und Intuition und bewußter und unbewußter Ergänzung. Das Netz einer Ehe wird in beständiger Gemeinsamkeit geknüpft, im tagtäglichen Beisammensein, im vereinten Streben nach dem Ziel. Es wird in Raum und Zeit auf dem Webstuhl des Lebens selbst gewoben."[4]

Es drängt sich nun die Frage auf, was denn nach all dem Gesagten für gläubige Eheleute das unterscheidend Christliche an der Ehe sei. Daß Mann und Frau zueinanderdrängen, daß sie in gegenseitiger Erfüllung ihrer Wünsche und Träume miteinander glücklich werden und daß eheliche Liebe ihrem tiefsten Wesen nach eine feste und dauerhafte Bindung will, das hat ja noch nichts mit dem Glauben zu tun, sondern gehört zum natürlichen Wesen von Mann und Frau. Wo liegt also das „Mehr" einer christlichen Ehe?

Betrachten wir die Ehe mit gläubigen Augen, so offenbart sich uns zunächst ihre theo-logische Tiefe. Auf sie verweist Jesus die im Gesetzesdenken geschulten Pharisäer, die von ihm die Frage beantwortet haben wollten: „Darf man seine Frau aus jedem beliebigen Grund aus der Ehe entlassen?" Jesus antwortet ihnen: „Habt ihr nicht gelesen, daß der Schöpfer die Menschen am Anfang als Mann und Frau geschaffen hat und, daß er gesagt hat: Darum wird der Mann Vater und Mutter verlassen und sich an seine Frau binden, und die zwei werden ein Fleisch sein? Sie sind also nicht mehr zwei, sondern eins. Was aber Gott verbunden hat, das darf der Mensch nicht trennen" (Mt 19,3–6). Mit dieser Erklärung greift Jesus hinter das bloße Gesetzesdenken auf den göttlichen Ursprung der Ehe zurück: Der Bund zwischen Mann und Frau ist im Schöpfungsgeheimnis Gottes begründet. Wenn Mann und Frau Vater und Mutter verlassen und damit die Urgeborgenheit des Elternhauses aufgeben, dann nur, weil es in Gottes Schöpfungsplan eine noch tiefere Einheit gibt: „Die beide werden ein Fleisch sein." Indem Gott Mann und Frau in der Ehe zusammenfügt, wirkt er beim Abschluß der Ehe mit und stiftet ihre unauflösbare Einheit. Er ist das Zentrum ihrer Liebe. Die Unwiderruflichkeit des menschlichen Ja wird hineingenommen in die Unwiderruflichkeit des göttlichen Ja. Darauf macht Jesus aufmerksam. Sein Blick richtet sich nicht auf das Gesetz, sondern auf Gottes Schöpfungsgeheimnis, auf das Geheimnis der Liebe. Je echter die Liebe zwischen Mann und Frau ist, desto mehr ist sie der Quell gegenseitigen Vertrauens, gegenseitiger Treue und Freiheit, desto mehr erscheint das Gesetz als etwas rein Äußerliches. Erst wenn die Liebe stirbt, rückt das Gesetz in den Vordergrund und zeigt seine Härte.

Für den gläubigen Menschen hat die Ehe aber nicht nur eine theologische, sondern auch eine christo-logische Dimension. Von ihr ist beim Apostel Paulus in seinem Brief an die Gemeinde in Ephesus (5,22–33) die Rede. Hier wird das Schöpfungsgeheimnis der Ehe in das Christusgeheimnis hineingeholt; der von Gott gestiftete Bund zwischen Mann und Frau wird in den Bund zwischen Christus und seiner Kirche aufgenommen. Dieses Ineinander von Schöpfungsgeheimnis und Christusgeheimnis stellt das Charakteristikum der christlichen Ehe dar. Es gibt ihr im Vergleich zur bloßen „Naturehe" einen grundsätzlich neuen Charakter. „Wie die Taufe den Menschen ‚in Christus' zu einem neuen Menschen macht, ohne ihm seine natürlichen Eigenheiten zu nehmen, so wird auch die Ehe, ohne ihren natürlichen Charakter zu verlieren, ‚in Christus' für alle Getauften etwas Neues."[5] Die christliche Ehe wird also keineswegs nur äußerlich verchristlicht. Indem sie in das Beziehungsfeld, das zwischen Christus und seiner

Kirche liegt, hineingenommen wird, wird sie auf eine neue Ebene gehoben. Die christlichen Eheleute stehen im Wirk- und Herrschaftsbereich Jesu Christi. „Die Gemeinschaft Christi mit der Kirche wirkt sich aus in der Gemeinschaft zwischen Mann und Frau" (M. Schmaus). Von Jesus Christus in seiner Kirche geliebt, können sie einander lieben; von ihm beschenkt, können sie einander beschenken; von ihm getragen, können sie einander tragen und ertragen. So bilden sie in ihrer gegenseitigen Liebe die Liebe Christi zu seiner Kirche ab. Sie nachahmend, stellen sie diese dar und bezeugen sie. Je mehr das gelingt, desto mehr ist ihre Ehe lebendig gewordenes Sakrament. Daß dies nur möglich ist, wenn die Eheleute in der Kirche und mit der Kirche leben, versteht sich gewiß von selbst.

In das Christusgeheimnis hineingenommen, steht die eheliche Liebe immer unter dem Zeichen von Kreuz und Auferstehung, sowohl in den Stunden gegenseitiger Beglückung als auch gegenseitigen Ungenügens. Nur als gekreuzigte Liebe, in der Kreuzigung des selbstsüchtigen Ich, hat sie die Kraft, für den andern in Herzlichkeit und Geduld dazusein, ihm zu dienen, zu vergeben, die leidvollen Situationen durchzustehn und ohne innere Verbitterung mutig und tapfer ihr Dennoch und Trotzdem zu sprechen. Unter dem Kreuz wird die Liebe reif.

Ihr Männer, liebt eure Frauen, wie auch Christus die Kirche geliebt und sich für sie hingegeben hat, um sie im Wasser und durch das Wort rein und heilig zu machen. So will er die Kirche in ihrer ganzen Herrlichkeit vor sich erscheinen lassen, ohne Flecken, Falten oder andere Fehler. Darum sind auch die Männer verpflichtet, ihre Frauen zu lieben wie ihren eigenen Leib. Wer seine Frau liebt, liebt sich selbst. Es hat ja noch nie einer sein eigenes Fleisch gehaßt, sondern er hegt und pflegt es wie auch Christus die Kirche. Denn wir sind Glieder seines Leibes. „Deshalb wird ein Mensch seinen Vater und seine Mutter verlassen und sich mit seiner Frau verbinden, und die beiden werden ein Fleisch." Dies Geheimnis ist groß; ich deute es auf Christus und die Kirche. Jedenfalls sollt auch ihr, jeder einzelne von euch, seine Frau so liebhaben wie sich selbst; die Frau aber ehre den Mann.
Epheserbrief 5,25–33

33 Tag für Tag erwähle ich dich

Zeugnis eines Ehepaares
Pred 4,9–12

Marie-Thérèse und Régis M., ein französisches Ehepaar, das anonym bleiben möchte, lernten sich beim Studium kennen. Nach dreijähriger Freundschaft entschlossen sie sich zur Heirat. Dabei wurden sie nicht von ihrer Liebe übermannt. Sie fühlten sich vielmehr erwachsen und waren bereit, für den andern Verantwortung zu übernehmen. Klipp und klar planten sie, gemeinsam durchs Leben zu gehen, ohne sich deshalb zu verstümmeln oder das aufzugeben, was für jeden von ihnen wesentlich war. Nach achtjähriger Ehe überdachten sie ihren gemeinsamen Weg und versuchten, ihr Leben als Paar zu schildern. Dabei ließen sie das Verhältnis zu ihren Kindern bewußt unberücksichtigt, da dieses Thema weitere Ausführungen erforderlich gemacht hätte.

Als Marie-Thérèse und Régis heirateten, glaubten sie, nur noch ein Leben zu leben. Mit den Jahren mußten sie aber erkennen, daß die Vorstellung, in der Ehe zu einer einzigen Seele zu verschmelzen, ein Wunschtraum ist, welcher in keiner Weise der Wirklichkeit entspricht. Nach und nach entdeckten sie, daß eine solche Einheit letzten Endes nichts anderes bedeuten würde, als die Persönlichkeit des anderen aufzusaugen, was die Verhärtung und Inaktivität beider zur Folge hätte. Auch die Meinung, Mann und Frau hätten in der Ehe die sich ewig gleichbleibenden Rollen zu übernehmen, die ihnen von der Tradition zugewiesen sind, erwies sich bald als Illusion. Da Marie-Thérèse als Lehrerin tätig war, änderte sich automatisch auch die Rolle, die ihr Mann, Mitglied einer Forschergruppe, zu spielen hatte, und die Beziehung zwischen Eltern und Kindern. So waren sie bemüht, sich Tag für Tag neu in ihre Rollen einzuleben und die Persönlichkeit und den Rhythmus des andern zu respektieren. „Wir leben nicht im gleichen Rhythmus. Es ist wichtig, dies zu wissen."

Ihre Einheit fanden sie immer mehr in ihren Zwiegesprächen. Versuchte einer von ihnen, sich im ehelichen Alltag hinter einer Fassade zu verkriechen und sein inneres Gerümpel verschlossen zu halten, so wurde ihm ein echtes Zuhören unmöglich. Das Zwiegespräch war dann nur noch eine Parodie, weil man nur noch ein Komplice, aber nicht mehr der wahre Freund war. Aus solchem Komödienspiel erwuchsen viele ihrer Schwierigkeiten. Aufgrund ihrer Liebe fühlten sie sich getrieben, ein echtes Leben solchem Komödienspiel vorzuziehen. Indem einer sich in seinem Verhalten vom andern in Frage stellen ließ, wirkte ihr Leben als Paar erzieherisch. „Du offenbarst mich mir selbst." Daher erschien ihnen der Gedankenaustausch als Haupterfordernis ihres Lebens als Paar. Ihre Unterhaltungen waren seine Höhepunkte: „Du sprichst mir von dir, du vertraust mir deine Sorgen an. Du schöpfst deinen Trost aus mir. Vor allem aber offenbarst du dich mir in deiner Tiefe." Das Zwiegespräch war für sie kein Rededuell, sondern eher ein Stammeln. „Ich muß wahrhaft entdecken, was ich bin, um es dir mitzuteilen." Das Zwiegespräch war Befreiung.

Als den größten Verrat beim Leben als Paar erkannten sie den Versuch, den anderen zum Objekt zu erniedrigen, ihm die freie Existenz zu verweigern. „Unser Leben als Paar erhöht unser Sein: Du machst mich zum Mann; du machst mich zur Frau." Dadurch lernten sie, jeden anderen Mann und jede andere Frau wirklich zu lieben. Durch ihre eheliche Liebe erhellten sich alle ihre menschlichen Beziehungen; sie wurden in eine universelle Liebe eingeordnet. Auf diese Weise wurde ihnen der Gedanke, aus einer anderen Frau oder einem anderen Mann einen Gegenstand persönlicher Befriedigung zu machen, unerträglich.

Die Bestätigung ihrer Seinstiefe fand das Paar im radikalen Unterschied ihrer andersartigen Geschlechtlichkeit: „Du bist Mann. Du bist Frau. Dieser Unterschied ist unreduzierbar, und eben deshalb ist er der reichste, der schöpferischste, der faszinierendste Unterschied. Du bist anders, ganz anders. Deine geschlechtsbedingte Erfahrung ist gewissermaßen unmittelbar. Ich kann dich nicht assimilieren, zu meinem Ich machen." Deshalb wurde der Geschlechtsakt von diesem Ehepaar in ganz besonderer Weise als ein Augenblick der Wahrheit erlebt. Weil er der Augenblick ist, da Liebe von keiner Seite geheuchelt werden kann, war die geschlechtliche Hingabe die ernsthafteste Schwierigkeit ihres Paar-Lebens; er war der „Prüfstein" der Echtheit ihres Lebens als Paar. Außer Zweifel stand für sie, daß dieser priviligierte Augenblick, dessen Schwierigkeit sie erlebten, ihnen die Absolutheit Gottes offenbarte. Das Durchscheinen ihres Seins als Mann und Frau wurde ihnen hier zum Durchscheinen Gottes: „Weil in dir das Sein am augenscheinlichsten ist, ist die Begegnung mit dir der Ort meiner tiefsten und sichersten Begegnung mit Gott." Zugleich erfuhren sie in der Unmöglichkeit vollkommener Vereinigung die Unmöglichkeit, Gott zu erfassen. Vor allem in diesem Augenblick wurde ihnen bewußt, daß der Egoismus ihrer Beziehungen das greifbarste Zeichen ihrer Sünde war.

Obwohl ihr Glaube an Jesus Christus der gleiche war, lebte jeder von ihnen mit dem Herrn das Geheimnis einer persönlichen Beziehung und machte so eine einzigartige, schwer mitteilbare Erfahrung. Daher sah ihrer Meinung nach ihr gemeinsames Gebet „ganz schlecht“ aus, wenn sie ihr Gebet in Worte zu kleiden bemüht waren. Es kam vor, daß sie, entschlossen, gemeinsam zu beten, jedoch von den Schwierigkeiten gelähmt, ohne Worte blieben, „in den Geburtswehen liegend ...“. In glücklichen Augenblicken konnte ihr Gebet leidenschaftlich und unversiegbar sein. Aber es kam auch vor, daß sie mitunter wochenlang nicht miteinander beteten: „Unser Leben zu zweit hat seine Lebensrhythmen, und wir stellen fest, daß unser gemeinsames Gebet diesen Rhythmen folgt.“ Und doch, oft beteten sie täglich mit dem gleichen Blick, mit dem gleichen Lächeln, mit der gleichen Gebärde, mit der gleichen Liebe.

Vgl. Marie-Thérèse und Régis M., Tag für Tag erwähle ich dich, Das Zeugnis eines Paares über seine Eheerfahrungen, Freiburg–Basel–Wien 1969, S. 73–83.

Vielleicht kommt es öfters vor, als wir glauben, daß Eheleute sich die Zeit nehmen, um gemeinsam über die Erfahrungen ihres ehelichen Alltagslebens nachzudenken. Die Wiederkehr des Hochzeitstages, die Feier der Silbernen oder Goldenen Hochzeit drängen ja förmlich dazu. Andererseits kann eine verfahrene Ehesituation es notwendig machen, den gemeinsam zurückgelegten Weg noch einmal zu überdenken, um einen Ausweg aus der Verworrenheit zu finden. Etwas Außergewöhnliches ist es aber, wenn ein Ehepaar nicht aufgrund eines besonderen Datums oder einer verfahrenen Situation den Versuch unternimmt, ihr Leben als Paar zu schildern und dies der Öffentlichkeit als Zeugnis vorzulegen. So etwas ist immer ein Wagnis, vor allem wenn es in aller Offenheit geschieht. Denn gerade die Ehe hat ihren Intimbereich, den man in der Regel hermetisch von der Außenwelt abzuschirmen sucht. Warum eigentlich? Dafür gibt es mancherlei Gründe.

In jeder Ehe gibt es Schwierigkeiten. Sie gehören einfach zur Ehe dazu, wenn man die Ehe als einen gemeinsamen Entwicklungs- und Reifungsprozeß versteht. Für einen Außenstehenden kann aber sehr schnell als Endstation erscheinen, was in Wirklichkeit nur Durchgangsphase ist. Außerdem ist die Ehe der Ort, an dem man sich so mitteilen und geben kann, wie man wirklich ist. Dies ist nur möglich, weil man einander vertraut. Im Vertrauen weiß sich der eine beim andern gut aufgehoben. Er braucht nicht zu befürchten, daß man ihn schonungslos auseinandernimmt. Nur der Vertraute hat die Fähigkeit, die innere Einheit im andern auch dann noch zu sehen, wenn manches aus ihr herausfällt. Solange diese innere Einheit gesehen wird, lebt die Liebe fort. Sie vermag das einzelne in das Ganze einzuordnen und ihm seinen angemessenen Stellenwert zu geben. Echte Liebe relativiert also ungute Einzelheiten, während eine lieblose Umwelt schnell bei der Hand ist, sie absolut zu setzen und sich so ihr „Bild" zu machen. Schließlich gehört es zum Wesen der Ehe als solcher, ihr Geheimnis zu umzäunen. Eheleute leben nicht zuletzt von jenem Wissen, das ihnen allein gehört.

Um so mehr drängt sich die Frage auf, warum das Ehepaar Marie Thérèse und Régis mit seinen persönlichen Eheerfahrungen an die Öffentlichkeit getreten ist. Zunächst ist zu beachten, daß es den Wunsch hatte, anonym zu bleiben. So lenkt es von sich selbst ab und konzentriert unseren Blick auf Erfahrungswerte, die ihm im Bemühen um ein echtes Eheleben zugewachsen sind. Es geht hier also nicht um eine oberflächliche Illustrierten-Geschichte. Der tiefe Ernst zwingt den Leser, falls er selbst verheiratet ist, sein eigenes Eheleben zu überprüfen. Er wird erkennen, was eheliches Leben bedeuten kann, welche Möglichkeiten zur Persönlichkeitsentfaltung in ihm liegen und wie weit er vielleicht mit seiner eigenen Ehe hinter der Verwirklichung dieser Möglichkeit zurückgeblieben ist. Sie sollen im folgenden noch einmal erwogen und durch das eine oder andere ergänzt werden.

Zu Beginn ihrer Ehe träumten Marie-Thérèse und Régis davon, nur noch ein Leben zu leben, zu einer Seele zu verschmelzen. Doch erkannten sie bald, daß dies nicht ohne Schaden für beide möglich ist. In einer der „Drei Geschichten aus dem Leben Knulps" von Hermann Hesse findet sich ein Wort, das uns an dieser Stelle erwähnenswert erscheint: „Ein jeder Mensch hat seine Seele", sagte Knulp, „die kann er mit keiner anderen vermischen. Zwei Menschen können zueinander gehen, sie können miteinander reden und nah beieinander sein. Aber ihre Seelen sind wie Blumen, jede an ihrem Ort angewurzelt, und keine kann zu der anderen kommen, sonst müßte sie ihre Wurzel verlassen, und das kann sie eben nicht."[1] Seelen lassen sich also nicht miteinander vermischen oder verschmelzen. Wenn Mann und Frau gewöhnlich in der „Wir" Form sprechen, läuft vielfach einer von ihnen Gefahr, vom anderen unterdrückt oder aufgesaugt zu werden, was in irgendeiner Weise zur seelischen Erkrankung führen muß. Wer immer in einem anderen aufzugehen sucht, ist anfällig für Depressionen. Das zeigt, daß es auch in der Ehe für jeden der beiden Partner gewisse eigene Bereiche geben muß. Das Paar ist ja gerade die Begegnung zweier Persönlichkeiten.

„Begegne ich dir, so begegne ich deiner Freiheit ... Unsere Ehe ist keine Kette. Weil du freiwillig für mich da bist, ist dein Vorname das allerschönste Liebeswort, das ich an dich richten kann" (76).

Die eigenen Lebensbereiche dürfen allerdings nicht vom gemeinsamen Leben in der Ehe ausgeschlossen werden. Die Ehepartner müssen vielmehr versuchen, sie aufeinander abzustimmen und den andern mit dem eigenen Bereich in Kontakt zu bringen: „All unser Tun kommt dem Paar zustatten: ‚Gern höre ich dich von deinen Schülern, von deinen pädagogischen Forschungen, von deinem Arbeitskreis sprechen. Ich kenne deine Kollegen namentlich' – ‚Ich besuche dich im Laboratorium ... Ich entdecke dich in deiner Beziehung zu den andern. Ich versuche nicht, dich auf das zu reduzieren, was du zu Hause bist.' – ‚Deine Arbeit, grundverschieden von der meinen, ist für mich ein Quell der Erschließung für das Universelle ... Selbst unsere nächsten Freunde können mir nicht so wie du Zugang zu der Wirklichkeit einer anderen Welt verschaffen'" (76). Diese Zeugnisse verdeutlichen, wie eigene Lebensbereiche eine intensivere Gemeinsamkeit und Kommunikation bedeuten können: „Unsere Zweisamkeit ist der Ort unserer höchsten Entfaltung. Sie ist das neue Sein, das uns in Freiheit eint ... Wir sind uns voll und ganz unserer Verantwortung bewußt. Kühn haben wir eine gewisse Unsicherheit erwählt, und wir beide wollen eine Liebe, die ständig wieder in Frage gestellt wird. Tag für Tag erwähle ich dich" (82f.).

Eine der vielen Gefahren, durch welche die persönliche Freiheit in der Ehe bedroht werden kann, sahen die beiden in einer erstarrten Verteilung der Rollen von Mann und Frau. Für sie gab es hier kein unumstößliches Gesetz. Ehe bedeutete für sie keine Fertigkeit, „in dem von vornherein alle Funktionen klar verteilt sind", sondern der Versuch, „gemeinsam einen Weg zu finden, auf dem sich ihre Verschiedenheiten am besten ergänzen" (Bernhard Liss). So gab es für Régis keinen Grund, sich von seiner Frau billig verwöhnen zu lassen, und Marie-Thérèse lehnte es ab, ihrem Mann eine fürsorgliche Mutter zu sein. Für sie war er groß genug, um seine Schuhe selbst zu putzen oder eventuell einen Knopf anzunähen. Doch zermarterten sie sich nicht um der Vollkommenheit in der Zweisamkeit willen. Sie lernten, über eine gespannte Situation hinwegzusehen. Dadurch schützten sie sich vor den kleinen Dramen des häuslichen Alltags und verhinderten, daß man sich in parallel laufende Leben verschloß, was das Scheitern ihres Lebens als Paar bedeutet hätte. Ihr Trachten ging auf das Wesentliche. Sie hielten sich bewußt: „Ein Paar bilden ist ein Werk ohne Ende" (82).

Haupterfordernis, Höhepunkt und Befreiung waren für sie die vielen Zwiegespräche. „Nicht das ständige Hintereinanderhersein zählt, sondern, daß jeder dort, wo man ist, die Verantwortung übernimmt und daß dies ein Quell zum Gedankenaustausch wird“ (77). Die Bücher, die sie beide lasen, die Kunstwerke, die sie gemeinsam bewunderten, die Begegnungen und Tagesereignisse, all das waren Gelegenheiten, die sie benutzten, um ins Zwiegespräch zu kommen und sich kennenzulernen. Gemeinsam unterrichteten sie sich über die politischen, wirtschaftlichen und religiösen Probleme. Dabei gewannen sie Zeit und Tiefe. So erhielt beispielsweise das Geschirrspülen den Nimbus einer gesammelten oder heiteren Atmosphäre, je nach dem Thema ihres Gedankenaustausches. Darüber hinaus bot ihnen das gemeinsame Gespräch die Möglichkeit, einander die innersten Erfahrungen des eigenen Ich anzuvertrauen. Vor allem aus solchen Gesprächen erwuchs der eigentliche Intimbereich ihrer Ehe.

Es dürfte inzwischen klar geworden sein, wie sehr es den beiden widerstrebte, den anderen als Objekt zu benutzen. Worte wie „Hafen der Ehe“ oder „Dich habe ich“ deuten bereits darauf hin, wie oft dies geschehen kann. Sagt einer: „Sieh doch, wie er – oder sie – an mir hängt!“, so macht er sich selbst zum Objekt des anderen. Nicht selten aber versuchen Ehepartner, eine ganze Menge von Empfindungen, die sie aus der Erfahrung ihrer ehelichen Verbindung schöpfen, unbewußt auf eine andere Frau, die einem sympathisch ist, oder auf einen anderen Mann, der einem gefällt, zu übertragen. Auch dann wird ein Mensch zum Objekt gemacht. Darum wußten Marie-Thérèse und Régis, weil ihre eheliche Liebe sie sensibilisiert hatte und alle ihre menschlichen Beziehungen erhellte. „Meinen besten Freund finde ich daheim“ (74). Von diesem Bewußtsein her vermochten sie jeden anderen Mann und jede andere Frau wirklich zu lieben, ohne dem Partner in irgendeiner Weise untreu zu werden. Der andere Mann oder die andere Frau war kein Gegenstand persönlicher Befriedigung mehr; er war in eine universelle Liebe eingeordnet.

„Prüfstein“ für die Echtheit ihres Lebens als Paar war der Augenblick ihrer geschlechtlichen Hingabe. Deutlich spürten sie, daß dieser Akt am stärksten das Sein von Mann und Frau offenbart. In ihm ereignet sich jenes „Erkennen“, von dem in der Bibel die Rede ist. Daher ist er ganz besonders ein Augenblick der Wahrheit, ein Augenblick der Durchsichtigkeit oder der Undurchsichtigkeit, des Verstehens oder aber der Ablehnung und des Egoismus. Als ständige Gefahr erkannten sie die Verflachung ihrer geschlechtlichen Beziehungen, die dann bedeutungslose, egoistische Gewohnheiten wurden. Da sie diese Verflachung als unerträgliche Mittelmäßigkeit nicht hinnahmen, wurden ihre geschlechtlichen Beziehungen immer bedeutsamer für ihr tiefes Leben als Paar.

Weil sie von der Suche nach sich selbst zum Ausdruck ihres Wesens durchgestoßen waren, schöpften sie aus ihrer geschlechtlichen Begegnung größere Frische als zu Beginn ihrer Ehe. Waren ihre Leiber einander zuerst fremd, so wurden sie mehr und mehr ausdrucksvolle Zeichen ihres Seins als Mann und Frau. Deshalb erfuhren sie gerade in diesen Augenblicken die Nähe und Absolutheit Gottes: „Unsere Liebe, die uns die tiefste Tiefe unseres Wesens offenbart, läßt uns ‚das Unsichtbare' sehen. Wie uns unsere Liebe ergreift, so ergreift uns auch Gott ... Die Transparenz unseres beiderseitigen Seins wird hier zum Durchscheinen Gottes. Die unmögliche vollkommene Vereinigung entspricht gewissermaßen dem unmöglichen Erfassen Gottes. Er bleibt unsichtbar" (80).

Marie-Thérèse und Régis M. waren ein gläubiges Ehepaar. Als solches war es auch um ein gutes Gebetsleben bemüht. Es trennte sein Gebet nicht vom Gebet in der Familie und dem der Gemeinde, der es angehörte. Es erachtete sein Gebet – oft nur ein unbeholfenes Stammeln – als eine in das universelle Gebet der Kirche eingeschaltete Stimme. Neben dem ausdrücklichen Gebet, dessen Schwierigkeiten sie zur Genüge erlebten, versuchten sie, ihren Meinungsaustausch, ihre Beziehungen zu ihren Kindern, ihre gesellschaftlichen Beziehungen Gebet sein zu lassen. „Wir glauben, daß wir als Paar berufen sind, Gott mehr durch die Tat als durch Worte zu verherrlichen. Vielleicht wird uns der Herr eines Tages die Freude schenken, so schlicht und einfach wie Kinder zu ihm beten zu können" (82). Das Zeugnis dieses Ehepaares schließt mit einer Erklärung, die zugleich den tiefsten Grund der Aufzeichnung und Veröffentlichung seiner Eheerfahrungen offenbart: „Gott ist kein Polizist, der uns an jenem Julitag, als wir uns in sein Haus begaben, auf Gedeih und Verderben aneinander gefesselt hat. Wir wollten im Gegenteil bekunden, daß es nur eine einzige Liebe gibt und daß wir, als wir heirateten, in gewisser Hinsicht die Mitverschworenen der Liebe Christi zu den Menschen geworden sind."

Zwei sind besser daran als nur einer;
denn ihnen wird guter Lohn zuteil aus ihrer Mühe.
Kommen sie zu Fall, kann der eine den anderen wieder aufrichten.
Doch wehe dem Einsamen, wenn er fällt
und keiner da ist, ihm aufzuhelfen!
Und liegen zwei beieinander, so wärmt einer den anderen;
einer allein – wie soll er warm werden?
Und wenn jemand den einen angreift,
zu zweien sind sie ihm gewachsen.
Prediger 4,9–12

34 Überempfindliche Menschen sind nicht zu beneiden

E. Barlach: Der Empfindsame

Joh 12,20-25

Zu den Künstlern neuerer Zeit mit großer Popularität gehört der Bildhauer, Graphiker und Dichter Ernst Barlach (1870–1938). Von Geburt und Charakter her ist Barlach ein Niederdeutscher. Die Endlosigkeit und Verlorenheit der weiten niederdeutschen Landschaft blieb nicht ohne Einfluß auf sein künstlerisches Schaffen. Entscheidender aber waren die Eindrücke, die er im Jahre 1906 durch seine Reise nach Südrußland zu seinem Bruder Hans empfing. Dort begegnete er den bäuerischen Schnitzern, durch die er zu seiner eigenen künstlerischen Auffassung fand.

In „Ein selbsterzähltes Leben" schreibt Barlach: „Ich fand in Rußland diese verblüffende Einheit von Innen und Außen, dies Symbolische ... Form – bloß Form? – Nein, die unerhörte Erkenntnis ging mir auf, die lautete: du darfst alles Deinige, das Äußerste, das Innerste, Gebärde der Frömmigkeit und Ungebärde der Wut, ohne Scheu wagen, denn für alles ... gibt es einen Ausdruck, wie denn wohl in Rußland eins oder beides verwirklicht ist." So wundert es uns nicht, daß Barlach immer wieder Menschen aus dem russischen Volk dargestellt hat.

Unbekümmert um Lob und Tadel seiner Mitmenschen gestaltete er sein Werk nach seinem Stil. Vor allem seine Bildwerke in Holz besitzen eine große Ausdruckskraft durch eine meisterhafte Vereinfachung und Typisierung auf das Allgemeinmenschliche hin. Alles Nebensächliche und Unwesentliche fällt weg. So spielt auch das Gesicht seiner Gestalten keine besondere Rolle. Was Barlach sagen will, vermittelt sich durch das Gesamt seines Werkes. Auf diese Weise beginnt die Seele, die ja den ganzen Leib durchwaltet, zu sprechen. Deutlich spürt der Betrachter: Irgendwie lebt diese Seele auch in dir!

Ich denke hier an eine Figur aus dem „Fries der Lauschenden", die den Namen „Der Empfindsame" (1935) trägt. Läßt man diesen „Empfindsamen" auf sich wirken, so gewinnt man den Eindruck, dieser Mensch habe nur eine ganz dünne Haut. Ungeschützt und wehrlos steht er da, wie eine zarte Pflanze in winterlicher Landschaft. Es fehlt ihm jede Vitalität. Sein Gewand ist halboffen und gibt seine Brust frei. Schüchtern liegen seine Arme und Hände über Kreuz vor dem Leib. Es sind keine Hände, die in Bedrängnis durchgreifen oder gar zuschlagen könnten. Dazu haben sie keine Kraft. Sie haben nur eine Bitte: „Verletze mich nicht!" Seine Schultern sind schmächtig. Aus seinen Augen schaut uns die Frage an: „Was wird auf mich noch alles zukommen?" In seltsamer Weise scheint alles auf ihn bezogen zu sein.

Vgl. Ernst Barlach, Plastik, Zeichnungen, Druckgraphik, Katalog zur Ausstellung in der Kunsthalle Köln 1974/75.

Jeder von uns weiß, daß es nicht einfach ist, mit überempfindlichen Menschen auszukommen. Sie machen sich und anderen das Leben schwer. Weil sich der Überempfindliche sehr leicht ge- und betroffen fühlt, muß man im Umgang mit ihm immer damit rechnen, bereits durch Bagatellen unangemessene Reaktionen auszulösen. Entweder meint er, unmittelbar auf die Barrikaden steigen zu müssen, oder aber er zieht sich in seinen Schmollwinkel zurück. Man hat solche Menschen mit der Mimose verglichen. Das ist eine Pflanze warmer Länder, die bereits auf ein leichtes Antippen hin ihre gefiederten Blätter zusammenlegt und nach unten klappt, um sie erst nach einer Zeit der Ruhe wieder in die normale Lage zu heben. Daher unsere Redewendung: „Du bist aber mimosenhaft empfindlich!" Man wird solchen Menschen gegenüber selber unsicher. Hilflos fragt man sich, was man bei ihnen überhaupt noch sagen oder tun darf.

So viel wird uns jedenfalls bewußt: Bei einem überempfindlichen Menschen stimmen die mitmenschlichen Bezüge nicht. Sagen wir es genauer: Je mehr unsere mitmenschlichen Beziehungen verlorengehen, um so empfindlicher können wir werden, weil wir alles nur noch auf uns selbst beziehen. Der junge Dostojewski ist hierfür ein gutes Beispiel. Über ihn schrieb die weltgewandte Schriftstellerin Panajewa (1820–1893) in ihren Erinnerungen: „... seine winzigen grauen Augen wanderten ständig in etwas beängstigender Weise von einem Gegenstand zum anderen, und seine blassen Lippen zuckten nervös ... Fast in jedem Wort, das ohne jede böse Absicht gesagt wurde, vermutete er den Wunsch, sein Werk herabzusetzen und ihn zu beleidigen."[1] Im Rückblick auf diese Zeit charakterisiert Dostojewski am 24. 3. 1856 jenen Zustand, den er an sich erlebt hatte, mit folgenden Worten: „Ich war übertrieben reizbar, hatte eine krankhaft entwickelte Empfindlichkeit und die Fähigkeit, die gewöhnlichsten Vorfälle ins Unermeßliche zu verzerren."[2] Dieser Hinweis verdeutlicht, daß den überempfindlichen Menschen bereits verletzt, was der andere keineswegs verletzend gemeint hat.

Zugleich wird sichtbar: So verletzbar der überempfindliche Mensch in bezug auf die eigene Person ist, so wenig bekümmert ihn, was dem anderen widerfährt. Der Psychologe Josef Rattner schreibt in diesem Zusammenhang: „Für ihn (den überempfindlichen Menschentyp) gilt die Formel: hellhörig in bezug auf sich selbst, taub in bezug auf andere; heftig ansprechend in persönlichen Belangen, stumpf und gleichgültig in anderen Bereichen. Die Differenz liegt also im Verhältnis zur Umwelt. Der große französische Menschenkenner Larochefoucauld wunderte sich bereits im 17. Jahrhundert darüber, wie leicht es uns falle, die Schmerzen anderer zu ertragen. Dies gilt vor allem für jeden egozentrisch-irritierbaren Menschen, der anläßlich seiner eigenen Probleme Zeter und Mordio schreit, aber von allem, was sich sonst in der Welt tut, wenig betroffen ist.“[3]

Damit verdeutlicht sich auch der Unterschied zwischen „Überempfindlichkeit“ und „Sensibilität“. Überempfindlichkeit und Mangel an Sensibilität hängen immer zusammen. Der sensible Mensch ist der feinfühlende Mensch. Aufgrund seines „Fingerspitzengefühls“ versteht er es, behutsam und angemessen auf die Belange seines Mitmenschen einzugehen. In der Gestalt des barmherzigen Samariters (Lk 10,25–37) stellt uns kein anderer als Jesus selbst einen wahrhaft sensiblen Menschen vor. Im Gegensatz zu jenen beiden, die an dem Niedergeschlagenen vorübergehen, spürt der barmherzige Samariter genau, was für diesen gut ist. Nicht mehr und nicht weniger tut er.

Da es aber auch in unserem Leben zumindest dann und wann Zeiten der Überempfindlichkeit gibt, sollten wir die Last auf uns nehmen, unsere Überempfindlichkeit zu erkennen, und danach streben, diese Schwäche durch einen Verwandlungsprozeß zu überwinden. Deuten wir wenigstens die Richtung an, in welche der Prozeß laufen müßte.

Immer wieder zeigt es sich, daß es uns nicht gut bekommt, wenn wir den Schwerpunkt unseres Lebens im eigenen Ich ansiedeln. Wo das geschieht, treten wir unserer eigenen Entwicklung in den Weg. Wir verkümmern; noch schlimmer: wir verkrüppeln im Innersten. Romano Guardini, der hierüber oft nachgedacht hat, schreibt: „Darin vollzieht sich die geheimnisvolle Dialektik der Person: Je mehr der Mensch sich sucht, desto mehr entgleitet er sich. Je wichtiger er tut, desto kümmerlicher wird er.“[4] Wir müssen also das Abenteuer wagen, unser Ich fallenzulassen. Offensichtlich gehört dies zu jenen einfachen Dingen des Lebens, die zugleich die schwersten sind. Sein Ich fallenlassen, das ist das Gesetz des Evangeliums. Aber wohin sollen wir es fallenlassen?

In die Hände eines guten Du. Nur das gute Du kann Heimat sein für unser Ich.

Es ist beglückend, wenn wir ein menschliches Du gefunden haben, das unser Ich liebend in seine Hände nimmt. Aber diese Hände genügen nicht. Wir sehen es spätestens in dem Augenblick, da uns das geliebte Du genommen wird. Wer hält uns dann? Oder wer hält uns, wenn unser eigenes Leben unterzugehen droht? Es *muß* Hände geben, die uns nicht entzogen werden können. Und es gibt sie! Gott hat sie uns in Jesus Christus entgegengestreckt. Im Leben von Friedrich Nietzsche gab es einmal eine Zeit, da auch er an diese Hände glaubte: „Wir können in keinen Abgrund fallen, außer in den der Hände Gottes!" Allein in ihnen findet unser empfindliches Ich Schutz und Sicherheit. In ihnen wird es frei und unbefangen, leicht und stark, weit und besonnen, beständig und geduldig. Ungeahnte Kräfte entfalten sich in uns und befähigen uns, in dieser Welt alles zu geben, weil wir in Gottes Händen alles gefunden haben.

„Ich suchte mich und hatte mich verloren; dann suchte ich dich und habe mich in dir gefunden." Dieses Wort hat verschiedene Tiefen, je nach dem, wem man es sagt. Seine letzten Tiefen öffnet es dem, der es seinem Gott zu sagen vermag.

Auch einige Griechen waren anwesend – sie gehörten zu den Pilgern, die beim Fest Gott anbeten wollten. Sie traten an Philippus heran, der aus Betsaida in Galiläa stammte, und sagten zu ihm: Herr, wir möchten Jesus sehen. Philippus ging und sagte es Andreas; Andreas und Philippus gingen und sagten es Jesus. Jesus aber antwortete ihnen: Die Stunde ist gekommen, daß der Menschensohn verherrlicht wird. Amen, amen, ich sage euch: Wenn das Weizenkorn nicht in die Erde fällt und stirbt, bleibt es allein; wenn es aber stirbt, bringt es reiche Frucht. Wer an seinem Leben hängt, verliert es; wer aber sein Leben in dieser Welt geringachtet, wird es bewahren bis ins ewige Leben.
Johannes 12,20–25

35 Bleib bei mir

M. Buber: Begegnung
1 Joh 2,10–11

In einem kleinen Büchlein mit dem Titel „Begegnung“ erzählt der jüdische Religionsphilosoph Martin Buber (1878–1965) von der frühesten Erinnerung aus seinem Leben, die auf die Art und Richtung seines Denkens einen bestimmenden Einfluß ausgeübt hat. Sie stammte aus seinem vierten Lebensjahr. Etwa ein Jahr zuvor war das Heim seiner Kindheit in Wien zusammengebrochen. Seine Eltern blieben nicht beieinander. Er selbst wurde zu seinen Großeltern gebracht, „im genauen Sinn adelige Menschen, und in eigentümlicher Weise einander zugepaßt und einander ergänzend“. Von dem, was sich zwischen seinen Eltern ereignet hatte, wurde nicht gesprochen. Das Kind selber wartete darauf, seine Mutter bald wiederzusehen, brachte jedoch keine Frage über die Lippen. Dann ereignete sich das, was für das spätere Denken von Buber überaus bedeutsam wurde.

Im Haus seiner Großeltern gab es einen großen quadratischen Innenhof. Dort stand der kleine Junge in seinem 4. Lebensjahr einmal mit einem um mehrere Jahre älteren Mädchen, der Tochter eines Nachbarn. „Ich kann mich nicht erinnern, daß ich zu meiner überlegenen Gefährtin von meiner Mutter gesprochen hatte. Aber ich höre noch, wie das große Mädchen zu mir sagt: ‚Nein, sie kommt niemals zurück.‘ Ich weiß, daß ich stumm blieb, aber auch, daß ich an der Wahrheit des gesprochenen Wortes keinen Zweifel hegte.“ Dieses Wort verhaftete sich seinem Herzen von Jahr zu Jahr immer mehr. Immer deutlicher erspürte er, daß in diesem Wort etwas lag, das nicht nur ihn, sondern den Menschen anging. Später hatte er dafür das Wort „Vergegnung“ geprägt, womit er das Verfehlen einer wirklichen Begegnung zwischen Menschen bezeichnen wollte.

Hinzugefügt sei, daß es viele Jahre dauerte, bis Buber seine Mutter wiedersah. Aus der Ferne war sie gekommen, um ihn, seine Frau und seine Kinder zu besuchen. Doch er konnte nicht in ihre Augen blicken, ohne irgendwoher das Wort ‚Vergegnung', als ein zu ihm gesprochenes Wort, zu vernehmen.

Vgl. Martin Buber, Begegnung, Autobiographische Fragmente, Verlag Lambert Schneider, Heidelberg 1978, S. 9–11.

In jedem Menschen tauchen immer wieder Erinnerungen an verschiedene Erlebnisse aus schon längst vergangenen Jahren auf. Und seltsam, je mehr unsere Gedächtniskräfte abnehmen, um so eher fallen sie uns wieder ein, und zwar mit einer so erstaunlichen Deutlichkeit bis in die geringsten Details, als durchlebe man das längst Vergangene in Wirklichkeit von neuem. So erweisen sich Erinnerungen als Brücken, auf denen wir im Nu in vergangene Zeiten, in unsere Jugendzeit, in unsere Kindheit zurückkehren können. Von allen unseren Erinnerungen sind es gerade die aus unserer Kindheit, die auf die Art und die Richtung unseres Lebens einen bestimmenden Einfluß ausüben. Dazu sagt F. M. Dostojewski in seinem Roman „Die Brüder Karamasoff" durch den Mund des Staretz Sossima: „An mein Elternhaus habe ich nur die teuersten Erinnerungen, denn es gibt keine Erinnerungen, die für den Menschen wertvoller wären, als die der ersten Kindheit im Elternhaus, und das ist fast immer der Fall, wenn in der Familie auch nur ein wenig Liebe und Einigkeit herrschen. Ja, selbst aus der schrecklichsten Familie kann man teuerste Erinnerungen bewahren, wenn nur deine Seele selbst fähig ist, das Kostbare herauszufinden."[1] Aus schrecklichen Familienerlebnissen die kostbaren Erinnerungen herauszufinden, gelingt um so eher, je älter man wird. Darauf weist Martin Buber selbst indirekt hin: „Wenn man mich in meiner frühen Jugendzeit gefragt hätte, ob ich es vorziehen würde, nur mit Menschen oder nur mit Büchern zu verkehren, hätte ich mich gewiß zugunsten der letzteren ausgesprochen. Später hat sich das mehr und mehr geändert. Nicht als hätte ich so viel bessere Erfahrungen mit Menschen als mit Büchern gemacht – im Gegenteil, rein erfreuliche Bücher kommen mir noch weit öfter als rein erfreuliche Menschen in den Weg –, aber die vielen schlechten Erfahrungen mit Menschen haben mein Lebensmark genährt, wie es das edelste Buch nicht vermöchte, und die guten haben mir die Erde zum Garten gemacht."[2] Alles, was er an Gutem in echten Begegnungen mit Menschen erfahren durfte, hatte nach seiner eigenen Vermutung in jener Stunde seinen Ursprung, in der er mit dem ihm überlegenen Mädchen zusammentraf.

Begegnung – Vergegnung: wie kommt es zum einen, wie kommt es zum anderen? Bleiben wir bei Martin Buber. In seinem Werk „Ich und Du"[3] macht er darauf aufmerksam, daß die menschlichen Grundworte nicht Einzelworte, sondern Wortpaare seien. Das eine Wortpaar lautet „Ich – Es“, das andere „Ich – Du“. Dabei kann nur das Grundwort „Ich – Du“ mit ganzem Herzen ausgesprochen werden, das Grundwort „Ich – Es“ hingegen nicht. Während nämlich das „Es“ nur ein Äußeres umschreibt, meint das „Du“ einen Innenraum, der nicht von außen aufgebrochen werden kann. Soll er sich öffnen, dann muß er sich selbst öffnen. Das geschieht in jeder Hingabe. Ohne Hingabe kommt es zu keiner wirklichen Begegnung, weder zwischen mir und einem Ding, zwischen mir und einem anderen Menschen, noch zwischen mir und Gott. Ohne Hingabe bleibt alles ein mir nichtssagendes Es, ein Objekt und ich selbst ein Außenstehender. Trete ich aber zu diesem Es in eine persönliche Beziehung, schenke ich ihm mein Interesse und meine Aufmerksamkeit, dann verwandelt sich das Es zunehmend in ein Du, das sich mir in seinem geheimnisvollen Innenraum immer mehr erschließt und mich zum lebendigen Mitvollzug seiner Wesenstiefen einlädt. Geschieht dies wechselseitig, so verbinden sich „Ich und Du“. Es kommt zu einer echten Begegnung. Je mehr das Ich in solcher Begegnung das Du entdeckt, desto deutlicher erkennt es sich selbst. Es kommt ihm zu Bewußtsein: Ich habe *dich* gesucht und *mich* gefunden. In diesem beglückenden Erlebnis hört die Zeit auf; es entsteht Gegenwart. „Gegenwart, nicht die punkthafte, die nur den jeweilig in Gedanken gesetzten Schluß der ‚abgelaufenen‘ Zeit, den Schein des festgehaltenen Ablaufs bezeichnet, sondern die wirkliche und erfüllte, gibt es nur insofern, als es Gegenwärtigkeit, Begegnung, Beziehung gibt. Nur dadurch, daß das Du gegenwärtig wird, entsteht Gegenwart“ (85f.). Solche Gegenwart schenkt Geborgenheit, das heißt Ruhe in der Ruhelosigkeit, Frieden in der Friedlosigkeit, Schutz in der Gefährdetheit des Daseins, Befreiung aus der Einsamkeit und der darin liegenden Müdigkeit und Angst. Aus solcher Gegenwart erwächst das tiefe Verlangen: Bleib bei mir für immer!

Es war an einem unbeschwerten Abend ihrer Verlobungszeit, als A.G. Snitkina, die spätere Frau von F.M. Dostojewski, eine Frage stellte, auf deren Beantwortung sie seit langem neugierig war. Sie wollte von ihrem Verlobten erfahren, wann er zum erstenmal empfunden habe, daß er sie liebe. Der Verlobte gestand ihr, in den ersten Wochen ihrer Bekanntschaft habe er ihr Gesicht gar nicht bemerkt. „Gar nicht bemerkt?“ fragte sie erstaunt. Er aber versuchte, sich zu rechtfertigen: „Wenn man dir einen neuen Bekannten vorstellt und du mit ihm nur einige konventionelle Worte wechselst, wirst du dich dann an sein Gesicht erinnern? (...) Ich wenigstens vergesse es immer. So geschah es auch diesmal: Ich sprach zwar mit dir und sah dein Gesicht. Kaum aber warst du fort, konnte ich mich schon nicht mehr darauf besinnen und wußte nicht recht, ob du blond oder schwarz seist.“ Später fiel ihm ihr gutes Benehmen auf. Ganz unbedacht gebrauchte er ein unpassendes Wort. Das gab sie ihm liebevoll zu verstehen, so daß er sich von diesem Augenblick an alle seine Äußerungen besser überlegte. Dann überraschte ihn ihre Herzlichkeit, mit der sie sich seiner annahm. Er bemerkte ihr Mitgefühl, das sie zeigte, wenn er in einer schwierigen Situation war. Diese Herzlichkeit und dieses Mitgefühl öffneten ihm die Augen. „Dein Gesicht begann mir zu gefallen, und je länger ich dich sah, um so mehr! Jetzt gibt es für mich auf Erden kein schöneres Gesicht als das deine. Du bist für mich die Schönste.“ Glücklich darüber, einen Menschen mit solch guter Gesinnung gefunden zu haben, hatte er nur noch den Wunsch, sie möge für immer bei ihm bleiben.[4]

Nun lehrt uns die Erfahrung, daß die Gegenwärtigkeit in der Begegnung von Ich und Du nicht von ununterbrochener Dauer ist. Der lichtvolle Augenblick, der das Du umgreift und vergegenwärtigt, verdunkelt sich im Alltagsleben nahezu zwangsläufig immer wieder. Daraus erwächst jene Schwermut, die ebenfalls aus der Bitte „Bleib bei mir“ zu vernehmen ist: „Bleib bei mir, auch wenn Wolken unsere Beziehung überschatten.“ Zugleich wird aber deutlich, wie man dieser bangen Sorge Rechnung tragen kann. Es geschieht durch die täglich neue Zuwendung, die das Ich dem geliebten Du schenkt. Von ihr lebt das Du, das täglich neu entdeckt und gefeiert werden möchte. Geschieht dies, dann wird die gemeinsame Liebe stark genug sein, kleinere Unstimmigkeiten zu verkraften. Im Roman „Die Liebesschaukel“[5] von Stefan Andres wird der Grund genannt: „Das gemeinsame Leben zweier Menschen, die sich gut kennen, hat eine Art von aufsaugendem Grund. Darin schwinden die Lappalien, die kleinen Ungezogenheiten. Ja, ich glaube, das gemeinsame Leben hat diese Art Vertraulichkeit nötig, und der Mensch hat sie auch nötig – es versteht sich, in den Grenzen der Rücksicht, des Respektes vor dem anderen. An Haaren im Kamm und ungeniertem Zahnstochern vor dem anderen ist noch keine Liebe gescheitert, wenn eines von den beiden nicht gerade hysterisch war. Wie gesagt: es sind menschliche Purzelbäumchen, über die man lacht oder auch nicht lacht- die man hinnimmt aus Liebe.“ Übertreibt man jedoch solche Vertraulichkeiten, indem man die Grenzen der Rücksicht und der Achtung vor dem anderen überschreitet, so schwindet die Gegenwärtigkeit des Du. Eine gegenseitige Entfremdung ist die Folge. Das Du wird wieder zu einem Es, es sei denn, es bleibt vor diesem Schicksal durch das gute Gespräch bewahrt. Andernfalls werden die Schwierigkeiten wachsen, und das beiderseitige Wohlwollen wird geringer werden: „Wir haben ja alle etwas vom anderen Geschlecht in uns, die Frau hat Männliches, der Mann Weibliches; zumindest haben wir so viel vom andern Pol, um zu wissen, wie man ihm auf die beste Weise wehtun kann."[6] Die Vergegnung ist das Ende.

Übersehen wir an dieser Stelle jedoch nicht, daß die Begegnung von Ich und Du eine Dimension in sich birgt, die bis in das tiefste Geheimnis Gottes reicht. In Ihm ist alles „Ich"; in Ihm ist alles „Du"; in Ihm ist alles „Wir", weil unendlich-ewiges, absolutes Gespräch. Daher ist in Ihm alles Gegenwärtigkeit. Hier erahnen wir den Grund seiner ewigen Glückseligkeit. Diese Drei-Einheit von Vater, Sohn und Geist ist das Urbild jeder echten mitmenschlichen Begegnung. Daher können wir sagen: Je tiefer sich die Menschen diesem Gott kraft ihres Glaubens verbunden wissen, um so intensiver werden sie zu einer mitmenschlichen Begegnung fähig sein. Sie werden in ihrer Begegnung das Geheimnis des dreieinigen Gottes abbilden, und der dreieinige Gott wird das Geheimnis ihrer dauerhaften Liebe sein.

Wer seinen Bruder liebt, bleibt im Licht; da gibt es für ihn kein Straucheln. Wer aber seinen Bruder haßt, ist in der Finsternis und weiß nicht, wohin er geht; denn die Finsternis hat seine Augen blind gemacht.
1. Johannesbrief 2,10–11

Quellen

2 Aller Glaube ist Wagnis

1 S. Kierkegaard; Einübung im Christentum, Eugen Diederichs Verlag, Düsseldorf-Köln o. J., S. 241.

3 Glauben heißt: Gott beim Wort nehmen

1 J. Zink, Wie wir beten können, Kreuz-Verlag, Stuttgart 1975, S. 82.
2 M. Buber, Werke III., Schriften zum Chassidismus, Kösel-Lambert Schneider, München-Heidelberg 1963, S. 390.
3 Meister Eckehart, Deutsche Predigten und Traktate, hrsg. v. J. Quint, Carl Hanser Verlag, München 1969, S. 323.

4 Grenzübergang im Glauben

1 Vgl. hierzu: R. Pesch, Vom bergeversetzenden Glauben, in: Christ in der Gegenwart 20 (1968) S. 121f. u. 129f.; sowie: A. Besnard, Auf dein Wort hin, Herr, in: Christ in der Gegenwart 19 (1967) S. 185f.
2 J. Folliet, in: Glücklicher Abend, Verlag Ars sacra, München 1973.
3 D. Bonhoeffer, Widerstand und Ergebung, Siebenstern Taschenbuch Verlag Nr. 1, Hamburg 1971, S. 23f.
4 Johannes XXIII., in: Brevier des Herzens, Geistliche Wegleitung durch das Jahr, Verlag Heinrich Scheffler, Frankfurt a. M. 1967.

5 Die Naturwissenschaft und Gott

1 Vgl. hierzu: W. Heitler, Gott und die Naturwissenschaft, in: Gott in dieser Zeit, Becksche Schwarze Reihe Bd. 84, München 1972, S. 89–105.
2 Th. Löbsack, Die Biologie und der liebe Gott, dtv-report Nr. 564, München 1968, S. 119.
3 C. Caretto, Wo der Dornbusch brennt, Verlag Herder, Freiburg-Basel-Wien 1975, S. 65f.

6 Nur mit dem Herzen sieht man gut

1 A. de Saint-Exupéry, Der kleine Prinz, Karl Rauch Verlag, Düsseldorf o. J., S. 52.

2 Bl. Pascal, Gedanken, Carl Schünemann Verlag, Bremen o. J. Nr. 89 (277) und Nr. 90 (280).

3 L. Wachinger, Erinnern und Erzählen, Reden von Gott aus Erfahrung, Verlag J. Pfeifer, München 1974, S. 18.

7 Glauben Sie an Gott?

1 H. Spaemann, in: Christ in der Gegenwart 26(1974) S. 289.

2 H. Spaemann, a. a. O., S. 290.

8 Warum glauben Sie an Gott?

1 Kl. Tillmann, Wie spricht man heute in der Familie von Gott? Verlag Ludwig Auer, Donauwörth 1973, S. 29.

2 Zitiert nach A. Berz, Als Christ in der Tag I, Benziger Verlag, Zürich-Einsiedeln-Köln 1974, S. 195.

3 Joseph Ratzinger, Dogma und Verkündigung, Erich Wewel Verlag, München 1973, S. 125.

9 Dreimal wird der gute Mensch geboren

1 S. Kierkegaard, Die Lilie auf dem Felde und der Vogel unter dem Himmel, in: Kleine Schriften 1848/49, GTB 619, 1996, S. 37f.

11 Wie sich Glaubenszweifel überwinden lassen

1 G. Maier, Matthäus-Evangelium, 1. Teil, Hänssler-Verlag, Neuhausen-Stuttgart 1979, S. 373 ff.

12 Ich bin von meinem Nächsten weit entfernt

1 Vgl. Seidel-Marijnissen, Breughel, Chr. Belser Verlag, Stuttgart o. J., S. 74 ff.; Bob Claessens-Jeanne Rousseau, Pieter Breugel, Pawlak Verlag, Herrsching o. J., S. 162 ff.; dazu: Ovid. Metamorphosen, Lib VIII.

2 E. Schaper, Der vierte König, Roman, Verlag Jakob Hegner, Köln 1973, vor allem S. 82–127.
3 Dieses Zitat und die folgenden dieses Abschnitts finden sich bei: E. Biser, Die Gleichnisse Jesu, Versuch einer Deutung, Kösel-Verlag, München 1965, S. 94ff.
4 A. Gordon, Was Mitgefühl vermag, Das Beste aus Reader's Digest, Juni 1973, S. 73.

13 Pflege das Leben, wo du es triffst

1 F. M. Dostojewski, Arme Leute, in: Der Doppelgänger, R. Piper & Co Verlag, München 1977/1980, S. 164f.
2 F.M. Dostojewski, Die Erniedrigten und Beleidigten, in: Onkelchens Traum, R. Piper & Co Verlag, München 1977/1980, S. 258.

15 Vom Glück des Gebens

1 R.A. Schröder, Aphorismen und Reflexionen, hrsg. v. R. Exner, Suhrkamp Verlag, Frankfurt a.M. 1977, S. 27 (53).
2 Lao-tse, Tao-Tê-King, Philipp Reclam jun., Universal-Bibliothek Nr. 6798/98a, Stuttgart 1970, S. 112 (195).
3 N. V. Peale, Leben kann Freude sein, Emil Oesch Verlag, Thalwil-Zürich o. J., S. II, 7.

16 Nichts ist vergeudet, was aus Liebe geschieht

1 Vgl. hierzu Bonhoeffer-Brevier, hrsg. v. O. Dudzus, Chr. Kaiser Verlag, München 1968, S. 274f.
2 L. Rinser, Die vollkommene Freude (in folgendem mit VF abgekürzt), Fischer Taschenbuch Verlag Nr. 1235, Frankfurt a.M. 1972, a.a.O., S. 212.
3 L. Rinser, Abenteuer der Tugend (in folgendem mit AT abgekürzt), Fischer Taschenbuch Verlag Nr. 1027, Frankfurt a.M. 1975, S. 93.

17 Ohne dieses Kapitel ist kein Mensch ein Mensch

1 Fr. I. Fletcher in einem seiner Inserate für Oppenheimer, Collins & Co., zitiert nach: Dale Carnegie, Wie man Freunde gewinnt, Scherz Verlag, Bern-München-Wien o. J., S. 96f.

18 Was tun Sie für die Gemeinschaft?

[1] E. zur Nieden, Sprechstunden mit deinem Ich, Siebenstern Taschenbuch Nr. 95, München und Hamburg 1967, S. 114f.
[2] Aus: Gen-Rosso-Messe, Neue Stadt Verlag, München-Wien-Zürich.

19 Not und Elend schreien uns ins Gesicht

[1] Vgl. B. Stoeckle, Der Nächste in der Ferne, in: Christ in der Gegenwart 26 (1974) S. 14.
[2] G. Szczesny, Worauf ist Verlaß?, in: Herder-Korrespondenz 27 (1973) S. 402.
[3] Zitiert in: Das Beste aus Reader's Digest, März 1974, S. 197.

21 Zum Frieden erziehen

[1] D. Pire, Baut den Frieden, Herderbücherei Bd. 296, Verlag Herder, Freiburg i. Br. 1967.

22 Auch du kannst die Welt verändern

[1] L. N. Tolstoi, Gesammelte Novellen, Vierter Band, Verlag Eugen Diederichs, Jena 1924, S. 67.
[2] P. Tournier, Verstehen und schenken, Wege zu einer glücklichen Partnerschaft, Herderbücherei Nr. 577, Verlag Herder, Freiburg-Basel-Wien 1976, S. 16f. u. 30.
[3] C. R. Rogers, Partnerschule, Zusammenleben will gelernt sein - Das offene Gespräch mit Paaren und Ehepaaren, Kindler Verlag, München 1975, S. 55.
[4] P. Tournier, a. a. O., S. 55.
[5] C. R. Rogers, a. a. O., S. 25.
[6] C. R. Rogers, a. a. O., S. 173f.
[7] C. R. Rogers, a. a. O., S. 173.
[8] C. R. Rogers, a. a. O., S. 47.
[9] E. Roth, So ist das Leben, Verse und Prosa, dtv 908, München 1975, S. 37.

23 Auch das Kleine trägt zur Größe bei

[1] F. M. Dostojewski, Die Dämonen, Roman, R. Piper & Co Verlag, München 1977/1980, S. 972.
[2] C. G. Jung, Das Geheimnis der Goldenen Blüte, München 1929, S. 21; das zweite Zitat: Gesammelte Werke 11, S. 362.

[3] S. Kierkegaard, Randbemerkungen zum Evangelium, Kösel-Verlag, München 1956, S. 27.
[4] M. Ramsey, Worte an meine Priester, Johannes Verlag, Einsiedeln 1972, S. 27.
[5] M. Hausmann, Kleine Begegnungen mit großen Leuten, Neukirchener Verlag, Neukirchen-Vluyn 1973, S. 105ff.

24 Das Rezept eines berühmten Zauberkünstlers

[1] O. Haendler, Meditation im Alttag, in: Meditation in Religion und Psychotherapie, hrsg. v. W. Bitter, Kinder Verlag, München o. J., S. 271f.
[2] In: Tract. 17,7–9.

25 Dein bester Freund ist, wer deine besten Eigenschaften zur Entfaltung bringt

[1] A. Görres / K. Rahner, Das Böse, Wege zu einer Bewältigung in Psychotherapie und Christentum, Verlag Herder, München-Basel-Wien 1982, S. 184.
[2] Fr. May, Christus aktuell, Prominente über ihr Verhältnis zu Jesus Christus, Brendow-Verlag, Moers 1980, S. 26f.

26 Kennen Sie ihre Feinde?

[1] Vgl. hierzu: W. Lohff, Wie unser Leben gelingen kann, Agentur des Rauhen Hauses, Hamburg 1970, S. 41ff.
[2] D. Bonhoeffer, Nachfolge, Chr. Kaiser Verlag, München 1971, S. 66.

27 Sag ja zu mir

[1] B. Brecht, Geschichten vom Herrn Keuner, suhrkamp taschenbuch Nr. 16, Frankfurt a.M. 1972, S. 33.
[2] M. Frisch, Tagebuch 1946–1949, Droemersche Verlagsanstalt Th. Knaur, München-Zürich 1967, S. 26f.
[3] W. Saroyan, Menschliche Komödie, Fischer Bücherei Nr. 153, Frankfurt a.M.-Hamburg 1957, S. 107f.
[4] E. Biser, Heilung den gebrochenen Herzen, in: Christ in der Gegenwart 48 (1975) S. 381f.

28 Schau mich bitte an

1 Vgl. hierzu R. Guardini, Tugenden, Werkbund-Verlag, Würzburg 1963, S. 143.
2 F.M. Dostojewski, Ein junges Weib (Die Wirtin), in: Der Doppelgänger, R. Piper & Co Verlag, München 1977/1980, S. 470–516.

29 Die Liebe läßt sich daran messen, wie oft man übereinstimmt

1 Vgl. P. Lauster, Die Liebe, Psychologie eines Phänomens, Econ Verlag, Düsseldorf-Wien 1980, S. 60ff.
2 Z. Maurina, Über Liebe und Tod, Essays, Maximilian Dietrich Verlag, Memmingen 1960, S. 124–164.
3 S. Kierkegaard, Die Tagebücher, Eugen Diederichs Verlag, Düsseldorf-Köln 1980, S. 61.

30 Viele Eheleute werden nie ein Ehepaar

1 Vgl. A. Adler, Menschenkenntnis, Fischer-Bücherei Nr. 726, Frankfurt a.M.-Hamburg 1966, S. 193ff.
2 B. Liss, Ehe - Familie, Verlag Herder, Wien-Freiburg-Basel 1974, S. 66.
3 W. Heinen, Das Gewissen - Sein Werden und Wirken zur Freiheit, Echter Verlag, Würzburg 1971, S. 75.

31 Ehe-Tugenden

1 Vgl. Fr. Kafka, Betrachtungen über Sünde, Leid, Hoffnung und den wahren Weg, , in: Gesammelte Werke, hrsg. v. M. Brod, Fischer Taschenbuch Verlag Bd. 6, Frankfurt a.M. 1976, S. 30.
2 L. Rinser, Gespräche über Lebensfragen, Echter Verlag, Würzburg 1966, S. 34.
3 L. Rinser, Abenteuer der Tugend, Roman, Fischer Taschenbuch Verlag Nr. 1027, Frankfurt a.M. 1975, S. 125.
4 D. Bonhoeffer, Bonhoeffer Brevier, hrsg. O. Dudzus, Chr. Kaiser Verlag, München 1968, S. 96f.

32 Wer ist glücklich verheiratet?

1 B. Liss, Ehe - Familie, Verlag Herder, Wien-Freiburg-Basel 1974, S. 39.
2 Vgl. hierzu: R. Ruthe, Psychologie der Partnerwahl, Herderbücherei Bd. 496, Freiburg-Basel-Wien 1974.

[3] M. Lane, Brief an meine Tochter, in: Das Beste aus Reader's Digest 1 (1977) S. 42 ff.
[4] A. M. Lindbergh, Muscheln in meiner Hand, R. Piper & Co Verlag, München 1971, S. 72 f.
[5] R. Schnackenburg, in: Theologie der Ehe, Verlag Friedrich Pustet, Regensburg 1969, S. 30.

33 Tag für Tag erwähle ich dich

[1] H. Hesse, Knulp, in: Gesammelte Dichtungen, Bd. 3, Suhrkamp Verlag, Frankfurt a. M. 1957, S. 57.

34 Überempfindliche Menschen sind nicht zu bewundern

[1] J. Lavrin, Dostojevkij, rowohlts monographien Nr. 88, Reinbek bei Hamburg 1979, S. 14.
[2] F. M. Dostojewski, Gesammelte Briefe 1833–18881, R. Piper & Co Verlag, München 1966, S. 533.
[3] J. Rattner, Der schwierige Mitmensch, Fischer Taschenbuch Verlag Nr. 6186, Frankfurt a. M. 1979, S. 80.
[4] R. Guardini, Tugenden, Werkbund-Verlag, Würzburg 1967, S. 168.

35 Bleib bei mir

[1] F. M. Dostojewski, Die Brüder Karamasoff, R. Piper & Co Verlag, München 1977/1980, S. 473.
[2] M. Buber, Begegnung, a. a. O., 88.
[3] M. Buber, Ich und Du, in: Werke, 1. Bd., Kösel-Verlag/Verlag Lambert Schneider, München-Heidelberg 1962, S. 79ff. 85f. 89.
[4] A. G. Dostojewski, Erinnerungen, R. Piper & Co Verlag, München 1980, S. 81 f.
[5] St. Andres, Die Liebesschaukel, Fischer Bücherei Nr. 46, Frankfurt a. M.–Hamburg 1956, S. 72 f.
[6] St. Andres, a. a. O., S. 40.

Rudolf Stertenbrink

In Bildern und Beispielen

Exemplarische Texte
zur Besinnung und Verkündigung

Band 4

Herder
Freiburg · Basel · Wien

Umschlaggestaltung: Finken & Bumiller
unter Verwendung des Motivs „Seiltänzer“ von August Macke,
Städtisches Kunstmuseum, Bonn.
Satz: Fotosetzerei G. Scheydecker, Freiburg im Breisgau
Herstellung: Freiburger Graphische Betriebe 1998
ISBN 3-451-26650-4

Vorwort

Der französische Maler Henri Matisse (1869–1954) bekam eines Tages den Besuch einer Dame, die etwas von Kunst zu verstehen glaubte. Nachdem sie ein Bild auf der Staffelei studiert hatte, sagte sie: „Der Arm dieses Mädchens ist zu lang." Matisse erwiderte ihr: „Madame, das ist kein Mädchen, es ist ein Bild!"

Dieser Hinweis offenbart etwas vom Geheimnis des schöpferischen Geistes eines Künstlers. Wenn dieser eine Landschaft, eine Kathedrale oder einen Menschen malt, stellt er etwas anderes dar, als dem unbefangenen Betrachter gewöhnlich ins Auge fällt. Der Künstler gibt nicht einfach ein äußeres Erscheinungsbild wieder, sondern das, was ihm daran wesentlich erscheint. Er hebt hervor, vergrößert oder verkürzt, er verschiebt, vereinfacht, modelt um. Entsprechend antwortete ein japanischer Künstler, als man ihn fragte, was das Schwierigste an einem Bild sei: „Das ist das Weglassen." Ähnliches ist hinsichtlich einer Bildrede zu sagen; denn wie der Künstler hebt auch der Dichter aus der Fülle dessen, was uns allerorts umgibt, das Besondere und Bleibende heraus und entzieht es somit einer flüchtigen Beiläufigkeit. „Das Bleibende ins Bild zu stellen, das ist die Aufgabe des Dichters heute und morgen, wie sie es gestern und vorgestern gewesen ist" (Werner Bergengruen).

Um ein Bild zu verstehen, muß man sich also durchfühlen. Nur so vernimmt man seine Seele. Man muß seine eigenen Nöte und Bedrängnisse hineinhalten. Nur dann erfährt man seine heilende Kraft, die es dem Schauenden oder Lesenden hier und jetzt gewährt. Man muß sich von ihm deuten lassen. Nur auf diese Weise wird es uns bedeutsam; denn von Bedeutung ist nur das, was uns zu deuten vermag. Deshalb kann der Mensch nicht ohne Bilder sein. Zu Recht kann man sagen, er sei ein Wesen, das von Bildern lebt. Er bedarf ihrer, um sich in seiner Eigentümlichkeit zu entdecken und zu gestalten. Demnach gibt es ohne Bilder keine echte Bildung. Fragt man nach dem letzten Grund, so bietet sich die biblische Antwort an: Weil er seinem tiefsten

Wesen nach selbst ein Bild ist. „Und Gott sprach: Laßt uns den Menschen machen als unser Abbild, uns ähnlich“ (Gen 1,26). Daher kann jedes gute Bild ein Bote sein, der den Menschen seine verborgene Wirklichkeit erahnen läßt.

Inhalt

Vorwort 5

Die Seele ernährt sich von dem, worüber sie sich freut

1. Ist das Glück eine Illusion? 11
A. Solschenizyn: Der erste Kreis der Hölle – Joh 15,9–12

2. Ohne Freude kann keiner leben 14
Eine beglückende Begebenheit – Lk 19,1–10

3. Mensch, ärgere Dich nicht 19
W. Bergengrün: Schreibtischerinnerungen – Röm 8,31–39

4. Nimm Dich nicht wo wichtig 24
P. Claudel: Grenzen zweier Welten – Mt 18,1–5

5. Mein Freund – Der Clown 28
E. Dietl: Clowns – Ps 125

6. Die Botschaft des Clowns 34
Ch. Rivel: Akrobat Schöön – Mt 7,15–20

7. Worüber wir lachen müssen 39
J. Niederer: Ein paar Zeilen zum Verweilen – 1 Kor 12,14–18; 27

8. Wer lacht, erträgt alles 43
L. Zenetti: Manchmal leben wir schon – Lk 6,20–26

9. Humor ist der Schwimmgürtel auf dem Strom des Lebens . . 47
Adenauer-Anekdoten – Mt 11,18–19

Wenn ich Gott wäre, würde ich allen Menschen vergeben

10. Vom Geist bestimmt 55
Bruce Marshall: Der Pfarrer von Ars – Röm 8,8–9.12–17

11. Die Hand der Versöhnung 58
M. Gandhi: Handeln aus dem Geist – Lk 23,32–43

12. Jeder Mensch ist Judas 62
J. Green: Jeder Mensch in seiner Nacht – Lk 22,54–62

13. Ich habe sündigen müssen, um wieder leben zu können ... 67
H. Hesse: Siddhartha – Jak 1,19–25

14. Der Mensch ist, was er behält 74
F. M. Dostojewski: Ein peinliches Gesellschaftsspiel – Eph 5,8–17

15. Ich habe bloß meinen Hund, der schweigt wie ein Priester .. 82
M. Frisch: Mein Name sei Gantenbein – Joh 20,19–23

Fremdes Leid macht nicht gescheit

16. Wenn das Leben schwer wird 89
A. Solschenizyn: Krebsstation – Röm 8,18–25

17. Ein Übel kann auch ein Geschenk sein 94
A. Gide: Krankheiten sind Schlüssel – Ps 23

18. Bewährung in der Krankheit 99
A. Solschenizyn: Krebsstation – Röm 5,1–5

19. Leid in Liebe empfangen 103
M. Buber: Das Leiden – Mt 16,21–23

20. Der Mensch in Gottes Hand 106
M. P. Engelmeier: Hat Krankheit einen Sinn? – 1 Kor 7,29–32

21. Holzweg oder Kreuzweg – Der Lebensweg kann beides sein .. 109
J.-M. Vianney: Das Kreuz ist das gelehrteste Buch – Gal 6,14

Nichts geht dem verloren, der Gott entgegenläuft

22. Wie der Fluß ziehen wir immer weiter 113
K. Rahner: Lebensreise – Ez 47,9.12

23. Immer nehmen wir Abschied 118
J. Pieper: Über das Schweigen Goethes – Phil 3,7–14

24. Hier wird einmal Ihr Denkmal stehen 123
H. v. Hofmannsthal – E. Friedell – Kol 3,1–4

25. Die Angst vor dem Vergessenwerden 127
P. Ernst: Der Tod des Dschinghiskhan – Lk 6,20–26

26. Wie weden wir mit dem Alter fertig? 131
P. Bichsel: Ein Tisch ein Tisch – Lk 2,25–32

Die beste Lebensphilosophie ist die Betrachtung des Todes

27. Wir kommen, wohin wir schauen 137
Eine italienische Überlieferung – Kol 3,1–4

28. Das Leben ist erstaunlich kurz 140
Fr. Kafka: Das nächste Dorf – Lk 23,39–43

29. Ist der Lebenslauf ein Lauf zum Tode? 144
Fr. Kafka: Kleine Fabel – Deut 30,19–20

30. Wenn ich mein Leben noch einmal beginnen könnte 147
I. Aichinger: Spiegelgeschichte – Joh 14,1–3

31. Was widerfährt uns im Tod? 152
M. Seckler: Auferstehung des Fleisches – 1 Kor 15,54–58

32. Haltet mich nicht zurück 158
A. G. Dostojewski: Erinnerungen – Röm 6,8–11

33. Ich habe Heimweh nach den Tiefen der Ewigkeit 163
P. Wust: Gestalten und Gedanken – Röm 14,7–9

34. Ich bin bereit zu gehen 168
L. Elliott: Johannes XXIII. – Mt 5,14–16

35. Das Letzte ist Licht 174
W. Fehse: Martineau – Apg 9,1–9

36. Die Botschaft des Auferstandenen:
Es gibt das Land der Gerechten 177
M. Gorki: Nachtasyl – Offb 12,10–12

37. In der Gegenwart des Auferstandenen leben 181
St. Andres: Das Grab des Neides – Mt 28,1–10

38. Wo die Welt die Achseln zuckt, richtet die Kirche
eine Botschaft aus 185
H. Knef: Das Urteil – Apg 5,34–35; 38–42

Quellen 194

Bibelstellen 202

Stichwortregister 205

Die Seele ernährt sich von dem, worüber sie sich freut

1 Ist das Glück eine Illusion?

A. Solschenizyn: Der erste Kreis der Hölle
Joh 15,9–12

Wegen angeblich politischer Vergehen sind der Dozent für Philologie Lew Rubin und der ihm befreundete Mathematiker Gleb Nershin unter der stalinistischen Regierung im gleichen Monat verhaftet und zu zehn Jahren verurteilt worden. In einem Spezialgefängnis in der Nähe von Moskau haben sie an einem neuen technischen Verfahren zu arbeiten, mit dessen Hilfe unbekannte Stimmen bei Telefongesprächen identifiziert werden sollen. Während sie auf diese Weise im ersten, das heißt im besten und vornehmsten Kreis der Hölle sitzen, kommt es zwischen den beiden zu einem Gespräch über das Glück im menschlichen Leben.

Nach mancherlei Erörterungen erzählt Rubin, der sich als Materialisten bezeichnet, von einem kleinen Zwischenfall, den er während einer seiner letzten Vorlesungen vor dem Krieg erlebte: „Ich entwickelte die elegische (= wehmütige) Idee, daß es kein Glück gebe, daß es entweder unerreichbar oder illusorisch sei. Plötzlich übergab man mir eine Notiz. Der Zettel, auf dem sie stand, war aus einem Millimeterheft herausgerissen: ‚Aber ich liebe. Ich bin glücklich! Was sagen Sie dazu?'" „Und was hast du gesagt?" interessierte sich Nershin. Ratlos antwortete ihm Rubin: „Was kann man darauf sagen?"

Vgl. Alexander Solschenizyn, Der erste Kreis der Hölle, S. Fischer Verlag, Frankfurt a. M. 1968, S. 45.

Das Frappierende an diesem Vorfall ist folgendes: Ein Dozent für Philologie, der sich als Materialisten bezeichnet, seine Zuhörer aber trotzdem „mit geistiger Nahrung" (15) stopft, versucht, den Nachweis zu erbringen, daß es in dieser Welt kein Glück gebe. Gegenüber dieser Behauptung meldet einer der Studenten mit einer schlichten und einfachen Feststellung seine Bedenken an und fragt den Dozenten, wie er sich das erkläre: „Aber ich liebe. Ich bin glücklich! Was sagen Sie dazu?“ So gescheit die Ausführungen des Lehrers gewesen sein mögen, so kopflos steht er mit seiner Idee vor einer erfahrbaren Wirklichkeit: „Was kann man darauf sagen?“ Als Materialist kann man darauf in der Tat nichts mehr sagen.

Der erfahrbare Zusammenhang von Liebe und Glück gehört zur Lebensweisheit aller Zeiten: „Es ist ein merkwürdiges, doch einfaches Geheimnis der Lebensweisheit aller Zeiten, daß jede kleinste selbstlose Hingabe, jede Teilnahme, jede Liebe uns reicher macht, während jede Bemühung um Besitz und Macht uns Kräfte raubt und ärmer werden läßt. Das haben die Inder gewußt und gelehrt, und dann die weisen Griechen, und dann Jesus, und seither noch Tausende von Weisen und Dichtern, deren Werke die Zeiten überdauern, während Reiche und Könige ihrer Zeit verschollen und vergangen sind. Ihr möget es mit Jesus halten oder mit Plato, mit Schiller oder mit Spinoza, überall ist das die letzte Weisheit, daß weder Macht noch Besitz, noch Erkenntnis selig macht, sondern allein die Liebe. Jedes Selbstlossein, jeder Verzicht aus Liebe, jedes tätige Mitleid, jede Selbstentäußerung scheint ein Weggeben, ein Sichberauben, und ist doch ein Reicherwerden und Größerwerden, und ist doch der einzige Weg, der vorwärts und aufwärts führt.“[1] In diesen Sätzen kommt das durch den bloßen Verstand nicht zu erfassende Geheimnis von Liebe und Glück zum Vorschein. Der verstandesmäßigen Logik nach müßten Besitz und Macht den Menschen reicher und größer, Verzicht und Selbstlosigkeit hingegen ihn ärmer und kleiner machen. Viele setzen auf dieses Kalkül. Doch zeigt sich bald, daß sie die Rechnung ohne die Wirklichkeit des Lebens gemacht haben. Sie lehrt uns das genaue Gegenteil: Jede Selbstentäußerung und Weggabe, die aus Liebe geschieht, macht nicht ärmer, sondern reicher, nicht kleiner, sondern größer.

Wann ist man also glücklich? Wenn man sich selbst in Liebe verloren hat und auf diese Weise rein, absichtslos und offengeworden ist, frei von aller berechnenden und besitzergreifenden Begierde, die den andern beherrschen und ausnutzen will. Solch selbstlose Liebe, die nicht nur ein Auge auf das Aussehen, die Gesundheit, die Berufschancen oder das gesellschaftliche Ansehen des anderen wirft, sondern vor allem seine unverwechselbare Einmaligkeit und Einzigartigkeit erschaut, ist immer von einer tiefen Ehrfurcht beseelt. Ehrfurcht besagt ein Doppeltes: In der liebenden Verehrung öffnet sich der

Mensch und nimmt den anderen an; die Furcht aber bewahrt ihn davor, seinem göttlichen Geheimnis zu nahe zu treten. Was Gott in der brennenden Feuerflamme dem sich nähernden Mose geboten hat, gilt auch dort, wo Menschen einander in Liebe begegnen: „Bleibe stehen, ziehe die Schuhe aus, denn die Stätte, auf der du stehst, ist heiliger Boden" (Ex 3,5). Hingebende Zurückhaltung macht also das Wesen wirklicher Liebe aus. Sie umschließt jenes „Paradies", in dem allein der Mensch das Glück erlangt. Von hier aus können wir verstehen, daß es immer das selbstsüchtige Ich ist, das uns aus dem Paradies vertreibt und uns in ein Land voller Dornen und Disteln treibt. Wie alle Süchtigen ist auch der Selbstsüchtige innerlich unsicher, haltlos und verzweifelt.

Wie mich der Vater geliebt hat, so habe ich euch geliebt. Bleibt in meiner Liebe. Wenn ihr meine Gebote haltet, werdet ihr in meiner Liebe bleiben, wie ich die Gebote meines Vaters gehalten habe und in seiner Liebe bleibe. Das habe ich zu euch geredet, damit meine Freude in euch sei und eure Freude vollkommen werde. Das ist mein Gebot, daß ihr einander liebt, wie ich euch geliebt habe.
Johannes 15,9–12

2 Ohne Freude kann keiner leben

Eine beglückende Begebenheit
Lk 19,1–10

Eine Europäerin lebte eine Zeitlang in China. Im Frühling war sie in Shanghai angekommen. Die Hitze war mörderisch, der Gestank der Kanäle fürchterlich, der Geruch von Sojabohnenöl nahezu unerträglich. In dieser fremden Welt fühlte sie sich ganz verloren. Da war keiner, der sich um sie kümmerte, der sie einmal gefragt hätte, wie es ihr zumute wäre. Für einige Tage wohnte sie bei einer europäischen Familie, die chinesische Diener hatte. Der oberste war der Koch, Ta-tse-fu, der große Herr der Küche.

Eines Abends, als sie wieder einmal verheult in ihrem Zimmer saß, überreichte ihr der Ta-tse-fu ein Geschenk. Es war eine chinesische Kupfermünze mit einem Loch in der Mitte. Durch das Loch waren viele bunte Wollfäden gezogen und dann zu einem Zopf zusammengeflochten. „Die Wollfäden", so erklärte er, „sind von mir und meiner Frau, vom Zimmer-Kuli und seiner Schwester und von den Eltern und Brüdern des Ofen-Kuli." Die Beschenkte war überrascht und bedankte sich sehr. Später erklärte man ihr, jeder Wollfaden bedeute eine Stunde des Glücks. Der Koch war zu seinen Freunden gegangen und hatte sie gefragt: „Willst du von den Stunden des Glücks, die dir für dein Leben vorausbestimmt sind, eine Stunde abtreten?" Daraufhin hatte der Ofen-Kuli, der Zimmer-Kuli und ihre Verwandten für die fremde Europäerin einen Wollfaden gegeben als Zeichen dafür, daß sie ihr von ihrem eigenen Glück eine Stunde schenkten. Das war ein großes Opfer, denn keiner von ihnen wußte, welche Stunde aus ihrem Leben es sein würde. Das Schicksal würde entscheiden, ob sie etwa jene Stunde abtreten würden, in der ihnen ein reicher Verwandter sein Hab und Gut verschrieben hätte, oder ob es nur eine der vielen Stunden sein würde, in der sie glücklich beim Reiswein säßen. Blindlings und doch mit weit offenen Augen machten sie der Fremden einen Teil ihres Lebens zum Geschenk.

Nie wieder hatte die Europäerin ein Geschenk erhalten, das sich hätte mit diesem vergleichen können. Von diesem Tag an hatte sie sich in China zuhause gefühlt. Die Münze mit dem bunten Wollzopf begleitete sie jahrelang, bis sie eines Tages jemanden kennenlernte, der noch übler dran war als sie in Shanghai. Da nahm sie einen Wollfaden, knüpfte ihn zu den anderen – und gab die Münze weiter.

Vgl. Joe Lederer, Von der Freundlichkeit der Menschen, F. A. Herbig Verlagsbuchhandlung, München 1980, S. 12–16.

Verlassen und verloren fühlt sich der Mensch immer, wenn keiner nach ihm fragt, wenn sich keiner um ihn kümmert. Dann bleibt oder wird ihm alles fremd, und es überfällt ihn das Gefühl der Einsamkeit und Sinnlosigkeit: „Mich braucht niemand; ich bin für niemanden wichtig; eigentlich bin ich überflüssig in dieser Welt." Ein solcher Zustand ist nicht leicht zu ertragen. Manch einer hält ihn nicht aus und gerät auf ‚die schiefe Bahn', wenn nicht Schlimmeres passiert.

Freilich, jene Europäerin befand sich in einem fernen Land. Aber das war es nicht, was sie zum Heulen brachte; denn sobald man ihr ein wenig Aufmerksamkeit, Freundlichkeit und herzliche Anteilnahme schenkte, fühlte sie sich dort daheim. Das Gefühl, irgendwo daheim zu sein, hängt also nicht in erster Linie von einer uns vertrauten Umwelt ab. Es gibt genügend Menschen, denen selbst das eigene Haus, in dem sie viele Jahre wohnten, auf einmal wie eine fremde Welt erschien, nachdem sie ihren Partner verloren hatten, mit dem sie glücklich zusammen lebten. Wo Menschen freundlich zu uns sind, wo man sich in unsere Situation versetzen kann und nachempfindet, wie es uns zumute ist, *da* sind wir zuhause, ob im fernen Osten oder hierzulande.

Das Mitgefühl „ist die heilsamste aller menschlichen Regungen. Wenn wir es ungehindert wirken ließen, könnte es die Welt verändern". Das ist die Überzeugung eines amerikanischen Psychiaters. Woraus entspringt aber die Fähigkeit, den Kummer anderer zu teilen oder ihre Schmerzen mitzufühlen? Sie entspringt aus einer unmittelbaren Herzlichkeit, die sich die Empfindungen des anderen zu eigen macht. So entsteht echte Menschlichkeit. Diese wird heute in vielen Fällen dadurch zerstört, daß man den Intellekt vom Fühlen und Handeln löst. Hier liegt wohl der Grund, weshalb sich jene europäische Familie nicht um die einsame Frau gekümmert hatte. Sie hatte gewiß ihre intellektuellen Gründe, mit denen sie ihr Verhalten vor sich selbst zu rechtfertigen suchte. Sind es nicht immer wieder solche aus dem bloßen Intellekt stammenden Entschuldigungsgründe, die uns an einsamen und notleidenden Menschen schuldig werden lassen? In Ta-tse-fu, dem obersten Herrn der Küche, waren Intellekt, Gefühl und Handeln noch nicht auseinandergefallen. Daher hatte er für die einsame Europäerin ein tiefes Verständnis. Seinen Möglichkeiten entsprechend machte er ihr mit einem kleinen Geschenk eine große Freude und veränderte so ihre Welt. Viel können wir hier von ihm lernen; vor allem, daß es in der Regel drei Akte sind, die andere zur anhaltenden Freude führen können. Sie sollen hier kurz beschrieben werden.

Der *erste* Akt läßt sich so umschreiben: Wer anderen eine wirkliche Freude machen will, muß mit offenen und aufmerksamen Augen durch seine Alltagswelt gehen. Andernfalls läßt er die vielen Möglichkeiten ungenutzt. Von den Augen her deuteten die alten Griechen das Wesen der menschlichen Person. „Person", dies Wort, mit dem wir das Eigentliche im Menschen zu treffen suchen, heißt im Griechischen „prosopon"; wortgetreu übersetzt bedeutet das „Hinblick". Nur der liebend hinblickende Mensch vermag mitzufühlen und mitzuleiden. Wer nicht hinblickt oder sofort wegblickt, bleibt herzlos und gefühlskalt. Von ihm wird keine Freude ausgehen. Der liebevoll hinblickende Mensch nimmt den anderen nicht nur einfach wahr, sondern er erkennt ihn in seiner Situation; er wird ein Teil von ihm. Das befähigt ihn zur intensiven An-Teil-Nahme, die Mitgefühl und Mitleid zum Schwingen bringt. Bei den Augen fängt es also an. „Hinzusehen auf das Elend des Nächsten, das ist der erste Akt der Nächstenliebe ... Die Liebe ergreift immer zuerst die Augen, dann erst die Hand. Mache ich die Augen zu, werden auch die Hände arbeitslos." Was der bekannte evangelische Theologe und Kanzelredner Helmut Thielicke hier von der Liebe sagt, gilt zugleich auch von der Freude. Augen zu haben, bedeutet noch nicht, wirklich sehen zu können. Ta-tse-fu hatte Augen, die wirklich sahen.

Der *zweite* Akt besagt: Wer anderen eine Freude machen will, muß seine Phantasie reaktivieren. Albert Einstein (1879–1955) sagte einmal: „Phantasie ist wichtiger als Wissen." Phantasie ist der Quellgrund all unserer schöpferischen Kräfte, die aus Wenigem, Kleinem und Unscheinbarem ganz neue und ungeahnte Welten entspringen lassen. Sie ist es, die den normalen Ablauf der Dinge unterbricht, die dumpfe Eintönigkeit und Gleichförmigkeit unseres Alltages aufreißt und ungeahnte Lebensgeister in uns weckt. Sie sorgt für unerwartete Überraschungen, die uns neuen Lebensmut und neue Hoffnungen geben. All das verdeutlicht sich an jener kleinen Gabe, die der Küchenchef der Europäerin überreichte. Eine einfache Münze mit einem Loch in der Mitte, durch das bunte Wollfäden gezogen waren, verwandelte sich auf einmal in ein bedeutsames Geschenk. Sind es nicht „die kleinen Zutaten", das also, worauf man in unserem nüchternen Zeitalter allzuoft bewußt verzichtet, was das Gewohnte in einem neuen Licht erscheinen läßt und wertvoll macht? Vielleicht können wir in diesem Zusammenhang das Wort von Albert Einstein, Phantasie sei wichtiger als Wissen, so deuten: Während sich das Wissen auf das Gewohnte, das wir herzustellen verstehen, bezieht, kümmert sich die Phantasie um die kleinen Zutaten, die das Gewohnte mit einem Zauber umgeben. An Wissen fehlt es uns heute nicht; doch vom Wissen allein kann keiner leben. Auf die phantasievoll gestalteten Zutaten kommt es an. Ob wir uns nicht wieder an das Kind in uns erinnern müssen, um zu den Tiefen zu gelangen, aus denen die schöpferischen Kräfte der Phantasie hervorsprudeln?

Der *dritte* Akt: Wer anderen eine Freude machen will, muß ein Herz haben, das etwas hergeben kann. Der Koch und seine Freunde gaben der Fremden jedoch nicht irgend etwas, sondern etwas sehr Persönliches. Sie machten ihr einen Teil ihres eigenen Lebens zum Geschenk. Darin liegt das eigentliche Wesen eines echten Geschenkes. In ihm übergeben wir immer einen Teil von uns selbst. Geht der Mensch nicht in irgendeiner Weise in sein Geschenk ein, so bleibt dieses eine reine Formsache; es fehlt ihm „die persönliche Note“. Das Sonderbare aber ist, daß ein Mensch, der sich selbst verschenkt, innerlich nicht ärmer, sondern reicher wird. Sein Reichtum liegt in seinen Beziehungen zum Mitmenschen, die ihm freundlich zugetan sind. Wir erinnern uns hier an die Fabel vom Schwein und von der Kuh. Das Schwein kam zur Kuh und jammerte: „Die Menschen sprechen immer nur über deine Freundlichkeit. Zugegeben: Du gibst Milch. Doch von mir haben sie viel mehr: Schinken, Speck, Borsten, und selbst meine Füße verspeisen sie. Und doch hat mich niemand gern. Für alle bin ich bloß das Schwein. Warum?“ – Die Kuh dachte einen Augenblick nach und sagte dann: „Vielleicht ist das so, weil ich gebe, während ich noch lebe!“

Als die Europäerin jemanden kennenlernte, der noch übler dran war als sie in Shanghai, da nahm sie einen Wollfaden, knüpfte ihn zu den anderen – und gab die Münze weiter. Die Freude, die einer in Gang bringt, pflanzt sich fort. Daher sollten wir den Rat des Philosophen Friedrich Nietzsche (1844–1900) befolgen, der sagt: „Das beste Mittel, jeden Tag gut zu beginnen, ist, beim Erwachen daran zu denken, ob man nicht wenigstens einem Menschen an diesem Tag eine Freude machen könnte.“ Dem sei ein Wort des heiligen Vincenz Pallotti (1795–1850) hinzugefügt: „Wenn du dir vornähmest, jeden Tag deines Lebens einem deiner Mitmenschen etwas Gutes zu tun – und wäre es nur, ihm ein freundliches Wort zu geben – und tätest du das jeden Tag, den du noch lebst, und wir alle täten es, wie anders sähe die Welt dann aus. Und wenn die anderen es nicht tun, sollten wir Christen nicht wenigstens damit anfangen?"

Warum sollten gerade die Christen damit den Anfang machen? Weil für den Christen Jesus Christus der große Lehrmeister der Freude ist. Er trat ein Stück seines göttlichen Glücks an uns ab: „Er war wie Gott, hielt aber nicht daran fest, Gott gleich zu sein, sondern entäußerte sich, wurde wie ein Sklave und den Menschen gleich. Sein Leben war das eines Menschen; er erniedrigte sich und war gehorsam bis zum Tod, bis zum Tod am Kreuz. Darum hat ihn Gott über alle erhöht" (Phil 2,6–9). Jesus hatte Augen, die den notleidenden Menschen im Blätterwerk des Lebens entdeckten; er hatte Phantasie, Mittel und Wege zu finden, ihn von seinen jeweiligen Fesseln zu befreien und ihn so zur Freude zu führen; er hatte vor allem ein Herz, das sich vorbehaltlos verschenken konnte. Immer gab er etwas Unerwartetes.

Dann kam er nach Jericho und zog durch die Stadt. Und siehe, da war ein Mann mit Namen Zachäus. Er war Zollaufseher und reich. Er versuchte Jesus zu sehen, vermochte es aber nicht wegen der Volksmenge, denn er war klein. Da lief er voraus und stieg auf einen Feigenbaum, um ihn zu sehen, wenn er vorbeikäme. Als Jesus an die Stelle kam, schaute er hinauf und sagte zu ihm: „Zachäus, steig schnell herab, denn heute muß ich in deinem Haus bleiben." Schnell stieg er herab und nahm ihn mit Freuden auf: Da murrten alle, die das sahen, und sagten: „Bei einem Sünder ist er eingekehrt." Zachäus aber wandte sich an den Herrn und sagte: „Siehe, Herr, die Hälfte meines Vermögens gebe ich den Armen, und wenn ich zu Unrecht etwas von jemand gefordert habe, gebe ich es vierfach zurück." Da sagte Jesus zu ihm: „Heute ist in dieses Haus das Heil gekommen, weil auch dieser ein Sohn Abrahams ist. Denn der Menschensohn ist gekommen, zu suchen und zu retten, was verloren war.
Lukas 19,1–10

3 Mensch, ärgere dich nicht

W. Bergengruen: Schreibtischerinnerungen
Röm 8,31-39

In seinen „Schreibtischerinnerungen“ (1961) erzählt der Dichter Werner Bergengruen (1892–1964), wie er sich während der Münchener Bombennächte im Herbst 1942 immer wieder mit seiner Frau und seinen Kindern zusammensetzte, um mit ihnen „Mensch, ärgere dich nicht“ zu spielen. Bergengruen schätzte dieses Spiel wegen seiner „so ausgeprägten Parallelen zum Auf und Ab menschlicher Schicksale“ sehr.

Eines Nachts, als wieder Alarm gegeben wurde, setzte sich die Familie wie gewohnt zum Spielen zusammen. Doch die Detonationen kamen näher, das elektrische Licht ging aus, und allerlei Dinge flogen umher. Unter dramatischen Umständen suchte der Dichter mit den Seinen Unterschlupf in einem nachbarlichen Keller. In dieser Nacht wurde sein Haus durch und durch erschüttert. Daher verfügte die Behörde die sofortige Räumung. Da begegnete der Schriftsteller unter einer Gerümpelschicht dem alten Familienspiel „Mensch, ärgere dich nicht“. Es war völlig mit Beulen und Kratzern bedeckt. Trotzdem ließ er dieses „getreue, lustige, weisheitsvolle Spiel“ nicht im Gerümpel zurück. Er nahm es mit.

Später übergab er dieses alte Erinnerungs- und Familienstück seinem Sohn. Zuvor aber hatte er ihm auf die Rückseite des Spiels in einem Vierzeiler einen väterlichen Rat geschrieben. Hier ist er:

Und ob beim Krachen der Granaten
dir Haus und Hirn in Stücke bricht,
dies eine laß dir raten:
Mensch, ärgere dich nicht!

Vgl. Werner Bergengruen, Schreibtischerinnerungen, Bonner Buchgemeinde o. J., S. 216–226.

Was besagt dieser Vierzeiler? Er macht uns zunächst darauf aufmerksam, was uns Anlaß zum Ärger werden kann. Irgend etwas, woran wir uns gewöhnt haben, wird zerbrochen. Und dabei muß es nicht einmal das Liebste und Teuerste sein, was Ärger in uns weckt. Oft genug reichen schon kleinere Anlässe aus. Denn wir ärgern uns bereits, wenn unsere Vorstellungen zerbrochen werden, wenn man uns kritisiert oder uns nicht ernst nimmt, wenn wir uns benachteiligt, ungerecht behandelt oder übergangen fühlen, wenn wir versagt haben, wenn die Dinge nicht so laufen, wie wir es uns gewünscht hatten, wenn uns eine Position genommen wird. In all diesen und vielen anderen Fällen können wir aufgrund unseres Ärgers schnell aus dem seelischen Gleichgewicht geworfen werden.

Was in solchen Situationen passiert, ist uns allzu vertraut. In der Regel lassen wir unserem Ärger freien Lauf. Ich denke hier beispielsweise an einen Mann in mittleren Jahren. Er war mit seiner Familie auf dem Weg in die Ferien. Als er unterwegs auf der Autobahn tanken wollte, mußte er sehr lange warten. Schließlich war er an der Reihe. Da teilte ihm der Tankwart mit, das Benzin sei ausgegangen. „Ich hatte eine solche Wut“, erklärte er, „daß ich mich nicht mehr beherrschen konnte. Ich stieg aus und brüllte wie ein Verrückter ...“ Hier verdeutlicht sich: Wer seinem Ärger freien Lauf läßt und dabei die Selbstbeherrschung verliert, verliert zugleich seine eigene Würde und die des anderen aus den Augen. Vielleicht darf man auch so formulieren: Je mehr wir den Sinn und das Gespür für die Würde des Menschen verlieren, um so schneller können wir im Ärger die Selbstbeherrschung verlieren.

Jeder weiß, daß man seinen Ärger auch in sich hineinfressen kann und dadurch zu einem feindseligen Schweigen kommt. Solcher hineingefressener Ärger frißt erfahrungsgemäß an der eigenen Lebenssubstanz. Zugleich kann er wie eine Zeitbombe wirken. Wird diese nicht beizeiten entschärft, so kann sie ein Leben, eine Beziehung oder eine ganze Familie zerstören. Wieviel besser wäre es, seinem Ärger in einem ruhigen und offenen Gespräch Ausdruck zu verleihen.

Aber kehren wir zum Vierzeiler von Bergengruen zurück. Darin geht der Dichter ja noch einen bedeutsamen Schritt weiter. Er rät seinem Sohn: Und selbst wenn dir das Allerschlimmste widerfährt, selbst wenn dir Granaten Haus und Hirn in Stücke brechen, laß dir dies eine raten: gib dem Ärger erst überhaupt keinen Raum in dir. Ist das überhaupt möglich? Mir scheint, nur ein Mensch mit tiefer Religiosität wird dies leisten können. Ein solcher Mensch ist Werner Bergengruen gewesen. Sein Lebensweg und sein dichterisches Werk weisen ihn als einen solchen aus.

Folgende Randbemerkungen mögen hier genügen: Bergengruen kennt die menschlichen Grenzsituationen zur Genüge. Gefahr, Bedrängnis und Leid sind ihm vertraut. Er weiß um Einsamkeit, Enttäuschung, Vergänglichkeit und Trauer. Er sieht die Abgründe menschlicher Schwachheit, Hinfälligkeit und Sünde. Und es ist nicht seine Absicht, all das zu verharmlosen. Und trotzdem sagt er von Herzen sein Ja zu dieser im Argen liegenden Welt. Er kann es, weil er trotz allen ärgerlichen Zwischenfällen an eine Weltordnung glaubt. In ihm lebt die Überzeugung, daß die Welt in guten Händen ruht. Daher ist sie eine heile Welt, in deren Tiefen eine göttliche Ordnung waltet. Dieser Glaube macht es möglich, die Welt von Grund aus zu lieben.

Gottes Hand ist aber nicht nur eine bergende, eine heilende und ordnende, sie ist zugleich eine lenkende, führende und leitende Hand. Bergengruens Glaube ist im Innersten Vorsehungsglaube. Er glaubt an Gottes Fügung. Blinder Zufall und sinnloses Schicksal gibt es für ihn nicht. Er setzt auf das Wort, daß „sogar die Haare auf dem Kopf alle gezählt" sind (Mt 10,30) und nicht eines von ihnen ausfällt, ohne daß Gott sich darum kümmert. Hans Bänziger, der den Sinn und das Ziel von Bergengruens Werk in subtilen Analysen aufgespürt hat, schreibt: „Statt in den größeren und kleineren Zwischenfällen des Lebens das Walten eines blinden Schicksals zu sehen, glaubt er auch da, ja gerade da an göttliche Fügung. An die Vorsehung, die keinen Sperling willkürlich vom Dach fallen läßt."[1] Weil Bergengruen an Gottes Führung glaubt, wird für ihn die Weltgeschichte wie auch die Lebensgeschichte des einzelnen Menschen zum Heilsgeschehen.

Doch der Glaube Bergengruens reicht noch tiefer. Er wurzelt in der untrüglichen Gewißheit, daß das Glück wie das Heil den Menschen nicht nach ihren eigenen Plänen zuteil werden, „sondern dahinein mischen sich unerwartete Zwischenfälle, und je weniger sie diese als Zufälle annehmen, sondern horchen, was ihnen nach unbekanntem, geheimnisvollem Plan dadurch offenbar werden soll, wird ihr Leben tiefer und heller". Unliebsame Geschehnisse sind also für Bergengruen keine vernichtenden Schrecknisse, sondern Offenbarungssituationen, in denen sich uns eine göttliche Botschaft zuträgt. Mehr noch: Unerwartete Zwischenfälle sind Augenblicke, in denen Gott die Zeit aufbricht, damit wir aus der Zeit heraus die Ewigkeit erblicken. Dieses göttliche Aufbrechen wird von uns nicht selten als sinnloses Zerbrechen verstanden. Wir fragen: „Wie kann Gott das zulassen?" Wir ärgern uns über Gott. Er wird für uns zum Ärgernis. Dieser Ärger zeigt, wie schnell der gläubige Mensch in seine menschlich-allzumenschlichen Vorstellungen von Glück und Heil zurückfallen kann. Er vergißt den wesentlichen Inhalt seines Glaubens, der ihm sagt, daß Gott die menschlichen Planungen immer wieder durchkreuzt, weil das vom

Menschen zutiefst ersehnte Glück eben nicht in menschlichen Unternehmungen liegt, sondern nur von Gott her auf ihn zukommen kann. So durchkreuzt Gott die Pläne des Menschen, weil er nur auf diese Weise mit seinen Plänen an den Menschen heranzukommen vermag. Vielleicht erahnen wir jetzt, was gemeint ist, wenn der Glaube uns sagt, das Heil liege im „Kreuz". Allein in diesem Glauben fand Bergengruen Geborgenheit, Sicherheit, Gelassenheit und nicht zuletzt einen universalen Optimismus, der es jedem Ärger schwer machte, von ihm Besitz zu ergreifen.

„Mensch, ärgere dich nicht!" Diese Einladung ist also keineswegs ein billiger Rat, welcher der Wirklichkeit nicht standhalten könnte. Er ist vielmehr Ausdruck eines persönlichen Glaubens, der uns sagen läßt: Wenn Gott nicht einmal einen Spatzen willkürlich vom Dach fallen läßt, um wieviel weniger kann er mein Leben das Opfer eines blinden Zufalls oder sinnlosen Schicksals werden lassen; in alles, was mir widerfährt, mischt sich etwas Geheimnisvolles, das mich tiefer und heller macht, wenn ich bereit bin, mich darauf einzulassen.

Im Herbst 1942, nur wenige Tage vor jener Münchener Bombennacht, beging Werner Bergengruen seinen fünfzigsten Geburtstag. Die alte Frankfurter Zeitung forderte ihn auf, irgendeinen Beitrag zu diesem Tag zu schicken. Er sandte ihr das etwa zwei Wochen zuvor geschriebene Gedicht „Die himmlische Rechenkunst". Dieser Titel ist bezeichnend. Er deutet an, daß Gott – uns zum Glück und Heil – anders denkt als wir. Man könnte dieses Gedicht Bergengruens religiöses Bekenntnis nennen. Es müßte auch das unsrige sein:

Was dem Herzen sich verwehrte,
Laß es schwinden unbewegt.
Allenthalben das Entbehrte
wird dir mystisch zugelegt.

Liebt doch Gott die leeren Hände,
und der Mangel wird Gewinn.
Immerdar enthüllt das Ende
Sich als strahlender Beginn.

Jeder Schmerz entläßt dich reicher.
Preise die geweihte Not.
Und aus nie geleertem Speicher
Nährt dich das geheime Brot.

Was ergibt sich nun, wenn wir das alles bedenken? Ist Gott für uns, wer ist dann gegen uns? Er hat seinen eigenen Sohn nicht verschont, sondern ihn für uns alle hingegeben – wie sollte er uns mit ihm nicht alles schenken? Wer kann die Auserwählten Gottes anklagen? Gott ist es, der gerecht macht. Wer kann sie verurteilen? Christus Jesus, der gestorben ist, mehr noch: der auferweckt worden ist, sitzt zur Rechten Gottes und tritt für uns ein. Was kann uns scheiden von der Liebe Christi? Bedrängnis oder Not oder Verfolgung, Hunger oder Kälte, Gefahr oder Schwert? In der Schrift steht: Um deinetwillen sind wir den ganzen Tag dem Tod ausgesetzt; wir werden behandelt wie Schafe, die man zum Schlachten bestimmt hat. Doch all das überwinden wir durch den, der uns geliebt hat. Denn ich bin gewiß: Weder Tod noch Leben, weder Engel noch Mächte, weder Gegenwärtiges noch Zukünftiges, weder Gewalten der Höhe oder Tiefe noch irgendeine andere Kreatur können uns scheiden von der Liebe Gottes, die in Christus Jesus ist, unserem Herrn.
Römerbrief 8,31–39

4 Nimm dich nicht so wichtig

P. Claudel: Grenzen zweier Welten
Mt 18,1-5

Der französische Dichter Paul Claudel (1868–1955) erzählt einmal eine alte chinesische Legende, die ebenso kurz wie tiefsinnig ist. Da sie ihren ‚Sitz' mitten im Leben hat, bleibt sie keiner Zeit verhaftet. So vielfältig aber das Leben ist, so mannigfaltig werden die Möglichkeiten sein, sie zu deuten.

Ein Abgesandter der Han-Kaiser, so wird erzählt, verirrte sich eines Tages in den Bergen im dichtesten Nebel. Plötzlich stand er vor einer halbverfallenen Stele, auf der er nur mit großer Mühe die Inschrift entziffern konnte: *Grenze zweier Welten.*

Vgl. Paul Claudel, Der Strom, Ausgewählte Prosa, Ullstein Bücher, Nr. 45, Frankfurt a. M. 1955, S. 130.

Die hier geschilderte Situation kann uns – auf einer anderen Ebene – täglich einholen. Wie oft verirren wir uns selbst in den „Bergen von Arbeit", in den „Bergen von Sorgen", in den „Bergen von Mißverständnissen". Wie oft verlieren wir uns im täglichen Einerlei, das uns wie ein dichter Nebel umhüllen kann, so daß wir nicht selten meinen, es gäbe außer diesem täglichen Einerlei überhaupt nichts anderes mehr. Wie oft stoßen auch wir plötzlich auf einen Grenzstein, der uns unvorhergesehen in den Weg tritt und unseren gewohnten Gang auf irgendeine Weise zum Stillstand bringt. Man denke beispielsweise an die Vielzahl von Überraschungen, die auf den ersten Blick unangenehm erscheinen und dann doch eine ganz neue Welt eröffnen. Was kann das nicht alles sein in den verschiedenartigen Landschaften, die wir täglich durchziehen, in Ehe und Familie, in der Welt von Arbeit und Gesellschaft?

Ich las einmal von einer Truppenbesichtigung im süddeutschen Raum durch einen hohen Kommandanten. Die Einheiten nahmen Aufstellung. Es folgten Kommandos, Ausrichten, Gewehrgriffe, Meldungen. Da huschte plötzlich mitten in dieses Zeremoniell ein kleines Mädchen. Es hatte in der Nähe gespielt, und man vergaß, es fortzuschicken. Das Mädchen stellte sich vor den ordensgeschmückten Vertreter militärischer Macht, der klein von Gestalt war. Es schaute ihn unschuldig an und sagte: „Du bischt aber ein klein's Soldätle!" Die nähere Umgebung konnte sich eines Lächelns nicht erwehren. Das Mädchen aber lief rasch wieder davon, um sein Spielen fortzusetzen.

Dieses Kind war zu einer lebendigen Stele, zu einem lebendigen Siegesmal geworden. Durch seine Unschuld hatte es die militärische Macht für einen Augenblick entwaffnet. Hilflos stand der ordensgeschmückte Kommandant ihm und der einfachen, aber vieldeutigen Wahrheit, die es sagte, gegenüber. Wie oft erweist sich der Mächtige als ohnmächtig, und wie mächtig ist nicht selten das Kleine, dem man nichts Bedeutsames zutraut. Der diesen „Grenzzwischenfall" erzählt, kommentiert: „Schon oft dachte ich mir: wenn doch zu den Mächtigen in Welt und Kirche, und besonders zu denen, die nach Macht und Einfluß streben, manchmal so ein kleines Mädchen käme, lächelte und sagte: ‚Du bischt aber ein klein's Soldätle.'"[1] Ja, dieses kleine Mädchen müßte ständig in uns selbst gegenwärtig sein und uns dieses Wort von innen her sagen, wenn wir anfangen, uns selbst zu wichtig zu nehmen.

Als ein neuernannter Bischof zum erstenmal von Papst Johannes XXIII. in Privataudienz empfangen wurde, klagte er, die neue Bürde lasse ihn nicht mehr schlafen. Mitfühlend sagte ihm der Papst: „Mir ging es in den ersten Wochen meines Pontifikats genauso. Aber dann sah ich auf einmal im Wachtraum meinen Schutzengel, der mir zuraunte: ‚Giovanni, nimm dich nicht so wichtig ...' Seitdem schlafe ich wieder."[2]

Zwei Gesichtspunkte sind an dieser kleinen Begebenheit bemerkenswert. Zunächst war es ein Engel, der dem Papst jenen heilsamen Rat gegeben hatte. Wie das Kind versteht auch der Engel vom glücklichen Leben mehr als der Erwachsene. Der humorvolle englische Schriftsteller Gilbert Keith Chesterton (1874–1936) schreibt: „Engel fliegen, weil sie sich selbst leicht nehmen ... Der Mensch neigt wirklich von Natur dazu, sein Ich gewichtig zu nehmen, denn das ist das Leichteste, was man tun kann ... Es ist bequem, schwer zu sein, doch schwierig, leicht zu sein. Satan fiel, weil er sich zu ernst nahm."[3] In diesem Hinweis steckt bereits das Zweite, worauf wir aufmerksam machen wollen. Denn der Rat, sich selbst nicht so wichtig zu nehmen, war dem Papst von seinem Schutzengel gegeben worden, von jenem Engel also, der von Gott dazu bestellt ist, unser Leben vor Gefahren zu schützen. Die Untugend, sich selbst zu wichtig zu nehmen, gehört nämlich zu den Gefahren, die das menschliche Leben – das Leben des einzelnen wie das Zusammenleben – am ernsthaftesten bedrohen können. Sie macht das Leben – und auch das Sterben – erdrückend schwer. Wie viele Sorgen, Probleme und Konflikte entstehen allein aus diesem Grund? Sie ist zugleich die verborgene Wurzel, aus der alle Schuld erwächst. Wer sich selbst zu wichtig nimmt, bringt sich also selbst zu Fall, drückt sich selbst an den Boden. Machen wir die Probe: Spüren wir die Bereiche auf, in denen wir unzufrieden, unglücklich oder bedrückt sind, und fragen wir uns dann, ob der Grund dafür nicht die Tatsache ist, daß wir uns selbst zu wichtig nehmen!

„Nimm dich nicht so wichtig!" Wie aber macht man das? Vielleicht gibt es nur diesen einen Weg: die Kunst, über sich selbst zu lächeln. Diese Kunst macht innerlich frei, sie öffnet Grenzen und führt in eine neue Welt. So erlebte es der venezianische Künstler Jacopo Tintoretto (1518–1594). Doch ist er keineswegs ein Einzelfall. Seinerzeit ging es um die Frage, wem der Auftrag zu erteilen sei, im Saal des Großen Rates, dem größten Saal des Dogenpalastes in Venedig, die großflächige Wand hinter dem Stufenpodest mit dem „Paradies" auszuschmücken. Gewisse Senatoren vertraten die Ansicht, Tintoretto sei für ein Kunstwerk von solchem Ausmaß bereits zu alt. Da trat der Künstler vor den Großen Rat und bat mit liebenswürdigem Lächeln: „Gewährt mir das Paradies in dieser Welt. Ich bin nicht so sicher, daß ich es in der anderen erlange." Dieses Wort berührte die besten Saiten in seinen Zuhörern und machte jeden Widerstand zunichte. Der Weg war frei für das bedeutendste Kunstwerk des Meisters. Die herrliche Darstellung des „Paradieses" (nach 1588 gemalt) ist das größte Leinwandbild der Welt.

Lächle über dich selbst, auch über deine menschlich-allzumenschlichen Grenzen. Du wirst es können, wenn du an einen Gott glaubst, der deinem Ich lächelnd zugewandt ist. Denn wie ein Kind, noch bevor es ein Wort zu sprechen vermag, zu lächeln beginnt, weil es von seiner Mutter angelächelt worden ist, so ist das Lächeln des gläubigen Menschen das Echo des ihm von Gott geschenkten Lächelns. Lächelnd will Gott die Botschaft seiner Freude in dein Ich einsenken, damit aus ihr dein Lächeln entspringt. Das ist die Verkündigung, die der lächelnde Verkündigungsengel am mittleren Westportal der Kathedrale zu Reims uns bringen will. Seine Anmut, seine Liebenswürdigkeit und innere Heiterkeit haben eine unwiderstehliche Anziehungskraft. Bei diesem Engel ist die Botschaft ganz angekommen. Sie hat ihn von innen her verwandelt; sie hat ihn entgrenzt. So verkündet dieser Engel die Botschaft, noch ehe er den Mund geöffnet hat. Er verkündet sie durch sein inwendiges Sein. Durch ihn wird das Licht einer ganz anderen Welt erfahrbar.

Lächeln entziffert den Menschen. Der Grund, weshalb einer lächelt, und die Art und Weise, wie er es tut, verraten von ihm mehr als seine Worte. Es gibt ein verlegenes, distanziertes, spöttisches, überhebliches, nichtssagendes oder gleichgültiges Lächeln. Aber es gibt auch das wohlwollende, stille, einfache, heitere, bescheidene, strahlende, freundliche, zufriedene und entwaffnende Lächeln. Nur dieses hat die Macht, die Grenze zweier Welten zu öffnen. Als die letzten Stunden im Leben von Johannes XXIII. gekommen waren, da zerschlug der sterbende Papst die bedrückende, trauerschwere Atmosphäre, indem er unter Aufbietung seiner letzten Kräfte zu lächeln versuchte und dann langsam – fast mit bittender Stimme – sagte: „Sorgt euch doch bitte nicht so sehr um mich ... Ich bin bereit, die große Reise anzutreten. Meine Koffer sind gepackt. Ich kann jederzeit abfahren ...“[4] Grenzen zweier Welten: Hier ist sie nicht mehr da.

In jener Stunde kamen die Jünger zu Jesus und fragten: Wer ist im Himmelreich der Größte. Da rief er ein Kind herbei, stellte es in ihre Mitte und sagte: Amen, das sage ich euch: Wenn ihr nicht umkehrt und wie die Kinder werdet, könnt ihr nicht in das Himmelreich kommen. Wer so klein sein kann wie dieses Kind, der ist im Himmelreich der Größte. Und wer ein solches Kind um meinetwillen aufnimmt, der nimmt mich auf
Matthäus 18,1–5

5 Mein Freund – der Clown

E. Dietl: Clowns
Ps 126

Es waren einmal ein schönes Mädchen, ein Clown und ein Lächeln. Dem Mädchen war eine letzte große Hoffnung zerronnen; vielleicht hatte ein lieber Mensch es für immer verlassen. So saßen sie nebeneinander. Das Mädchen weinte, und der Clown dachte nach. Auf einmal nahm der Clown den Kopf des Mädchens in seine Hände und drehte das verweinte Gesicht so, daß er ihm in die Augen schauen konnte. Dann ließ er es los, legte seine zwei Zeigefinger an seine eigenen Mundwinkel und schob sie nach oben, so daß auf seinem Gesicht ein Lächeln entstand. Da lächelte das Mädchen ebenfalls. Wenn es auch sein Leid nicht vergessen konnte, so lag in seinem Lächeln doch eine Hoffnung, die stärker war als sein Schmerz. Ob der Clown seine Hände zu Hilfe nahm, weil auch er ohne ihre mechanische Hilfe nicht zu lächeln vermochte? Oder ob er mit dieser Geste sagen wollte: „Wenn du keinen Grund zum Lächeln hast, dann gibt es doch noch einen – das Lächeln selbst!“? Wir wissen es nicht. Wir wissen nur: dieses Lächeln glich der Sonne, die nach tagelangem Regen zum ersten Male wieder durch die Wolken dringt. Es war das schönste Lächeln eines großen Clowns. Er heißt Charlie Chaplin.

Vgl. Eduard Dietl, Clowns, Markus Verlag, München 1967, S. 174f.

Die Liebe zum Clown hat sich von einer Generation zur andern vererbt. Was ist es, das uns den Clown so liebenswert macht? Sicherlich seine Absicht, uns zum Lachen zu bringen. Dies reicht vom stillen Lächeln bis zum schallenden Gelächter. Ohne das Lachen wäre unser Durchstehvermögen in dieser Welt voller Sorgen und Enttäuschungen, Ärger und Verdruß sehr begrenzt. Immer wieder bedürfen wir des Lachens als eines Ventils, aus welchem der Überdruck entweichen kann. Deshalb bedeutet der „Ausbruch“ des Lachens die Lösung von seelischen und auch leiblichen Spannungszuständen. Bezeichnenderweise sprechen wir ja von einem „herzbefreienden“ Lachen, von einer Freude, die das Herz höher schlagen läßt. Das Lachen hat etwas Lösendes und Befreiendes. Dabei geht es aber nicht nur um die vielen alltäglichen Belastungen. Ständig sind wir den bedrohlichen Mächten des Daseins ausgeliefert, die uns unverhofft erreichen und vernichten können. Das ist auch der Grund, weshalb in keiner Zirkusvorstellung der Auftritt des Clowns fehlt. „Die Clowns sehen täglich diesem Schauspiel zu. Ich vermute, daß sie mehr davon wissen, als sie sagen. Sie haben erkannt, daß es für das Publikum unerträglich wäre, müßte es pausenlos in jener atemlosen Spannung bleiben, die nur vom Knarren der Trapeze, von den kehligen Kommandos der Artisten oder vom Brüllen der Raubtiere unterbrochen wird. Niemand kann lange dem Tod nahe sein, besonders nicht als Zuschauer. Darum gibt es die Clowns im Zirkus. Sie erlösen das Publikum, bringen es zum Lachen, zum Lachen über den Tod."[1] In gewisser Weise ist aber unsere ganze Welt ein einziger Zirkus. In ihm erhebt sich der Mensch durch sein Lachen über alle Ungewißheiten und Gefahren, ja selbst über das Dunkel des Todes. Im Lachen liegt eine Hoffnung, die stärker ist als jeder Schmerz. Es gleicht der Sonne, die nach tagelangem Regen wieder durch die Wolken dringt.

Indem uns der Clown zum Lachen bringt, schlägt er ungezählte Brücken. Das besingt der Chanson-Sänger Udo Jürgens in seinem Dankeslied an den Clown: „Lachen kann von Mensch zu Mensch so leicht eine goldne Brücke baun. Wer hat das so oft wie du erreicht, wie du, mein Freund, der Clown? Weil ich dich so viele Jahre lang schon bewundere und bestaun, nimm von mir dieses kleine Lied als Dank an dich, mein Freund, den Clown."[2] Daß das Lachen Brücken bauen kann, hat gewiß jeder schon einmal erlebt. Wer wüßte denn nichts von seiner „ansteckenden" Wirkung? Wo gelacht wird, da müssen wir unwillkürlich mitlachen, selbst wenn wir uns in schlechter Stimmung befinden. Hier zeigt sich die Zaubermacht des Lachens: Es kann einen Umschlag unserer traurigen Stimmung hervorrufen. Eine geheimnisvolle Wechselwirkung zwischen unserem Lachen und unserer inneren Heiterkeit deutet sich an: Wir können lachen, weil wir heiter sind; wir können aber auch heiter sein, weil wir lachen. Entsprechendes gilt für das Weinen, von dem ja bekanntlich ebenfalls etwas Ansteckendes ausgehen kann: Wir können weinen, weil wir traurig sind; wir können aber auch traurig sein, weil wir weinen. Sehr bezeichnend für den Unterschied zwischen Lachen und Weinen ist die verschiedenartige Mundwinkelstellung. Dies hat schon Leonardo da Vinci (1452–1519) gesehen. In seinem „Traktat von der Malerei" schreibt er: „Der Weinende zieht die Augenbrauen, wo sie zusammenkommen, in die Höhe und preßt sie gegeneinander; er zieht die Stirne über und zwischen ihnen in Falten;

die Mundwinkel zieht er herab. Der Lachende zieht die Mundwinkel in die Höhe und hat die Augenbrauen offen und weit auseinander." Ob nicht schon das bloße Hochziehen der Mundwinkel eine Rückwirkung auf unser seelisches Erleben hat? Bereits durch diesen Mechanismus werden wir in die Höhe gezogen und unser Herz wird weit und offen. Von hier aus verstehen wir auch die charakteristische Ausmalung des breiten Clownsmundes mit seinen nach oben weisenden Flügeln. Allein dieser Mund reizt schon zum Lachen. Darum wußte der Clown Charlie Chaplin (geb. 1889). Deshalb legte er seine beiden Zeigefinger an seine Mundwinkel und schob sie nach oben. So entstand auf seinem Gesicht ein Lächeln. dem sich das Mädchen nicht entziehen konnte. Wenn du also keinerlei Grund zum Lachen hast, dann gibt es doch noch einen: das Lachen selbst! Es löst dich aus deiner erdgebundenen Traurigkeit, hebt dich in die Höhe und macht dein Herz wieder weit und offen. So beginnt für dich ein neues Leben. „Keiner, der wie du das Kunststück kann, kalte Herzen aufzutaun. Mehr für uns als mancher große Mann, tust du, mein Freund, der Clown."

Was aber ist das Eigentliche am Clown, das uns gefangennimmt? Es sind seine übertriebenen, ungeschickten, unbeholfenen, schüchternen, arglosen, naiven Verhaltensweisen; seine Versponnenheit, seine einfältigen Einfälle, sein Stolpern und sein Fallen, seine mangelnde Anpassungsfähigkeit. All das bringt einen ungeheuren Aufwand mit sich, der alles verzerrt und deshalb komisch erscheinen läßt. Wer kennt sie nicht: Dick und Doof, Stan Laurel und Oliver Hardy, die in eine bessere Gesellschaft geraten und sich hier nur sehr schwer zurechtfinden können. Aufgrund seiner Schüchternheit geht Stan jedem auf die Nerven. Bei allem, was er tut, hört man ihn flüstern: „Es tut mir leid." Als Hardy ihn schließlich anherrscht, sein dummes Gerede dranzugeben, meint er: „Es tut mir leid, daß es mir leid tut." Oder denken wir an den sowjetischen Zirkuskomiker Karandasch (geb. 1906). Nachdem er in ein Wasserbecken gefallen war, spannte er eine dicke Leine quer durch die Manege und hängte daran das nasse Handtuch auf. Dann befestigte er eine große Wäscheklammer an seiner Hose und hängte sich selbst zum Trocknen daneben. – Wer erinnert sich nicht an den unvergeßlichen Grock (1880–1959), den König der Clowns. Unbedingt möchte er Klavier spielen, wird daran aber durch eine nahezu unüberwindliche Schwierigkeit gehindert: Der Flügel steht zu weit vom Klavierstuhl entfernt! Verzweifelt überlegt er, wie dieses Übel zu beheben sei. Unter Aufbietung aller Kräfte stemmt er sich gegen das unbewegliche Instrument und versucht, es zum Stuhl zu schieben. Doch vergebens! Schon ist er schweißgebadet, als eine plötzliche Idee die ersehnte Lösung bringt: Er versucht es von der anderen Seite her und schiebt den Stuhl zum Flügel. Erstaunt darüber, daß es so geht, ist er überglücklich und denkt nicht mehr an alle mißlungenen Versuche. Er freut sich über seinen Erfolg und schenkt uns sein Lachen: „Nit m-ö-ö-ö-glich!“ Wie schwer ist es doch, mit einer ungewohnten Situation fertigzuwerden. Wie gut aber, wenn man angesichts einer Schwierigkeit nicht resigniert und kapituliert.

Damit haben wir angedeutet, daß in jedem Clown stark vergrößert in Erscheinung tritt, was in irgendeiner Weise in jedem Menschen steckt. Der Clown bringt uns zum Lachen, weil er in uns an die gleichen Saiten rührt: „Er hält uns mit Humor, wie im Spiegel vor, Fehler, die wir machen.“ Wie ungeschickt und hilflos, unvernünftig und dumm, zerstreut und hinfällig sind wir selbst als vernunftbegabte Wesen? Wie kompliziert erscheint uns vieles, was an sich ganz einfach zu lösen wäre? Wer also ist der Clown in Wirklichkeit? Jeder Mensch in seiner eigenen Person. Das ist es, was der Clown uns lehren will. Seine Themen findet er bei den Menschen; sie liegen für ihn auf der Straße. Und weil die menschliche Dummheit nahezu keine Grenzen kennt, darum bedarf es der unterschiedlichsten Clownstypen, um davon ein wenig einzufangen. Der Clown bringt somit unsere eigenen Verrücktheiten in die Manege oder auf die Bühne, damit wir in seinen Verhaltensweisen uns selbst erkennen. Wer also über einen Clown lacht, der lacht über sich selbst; denn in jedem Menschen steckt ein Clown. Schade, daß nur wenige ihn in sich selbst erkennen. Stan hat einmal gesagt: „Die Leute haben uns gern, weil sie glauben, uns weit überlegen zu sein – dabei gibt es Millionen von Laurels und Hardys in der Welt.“ Wer den Clown in sich selbst entdeckt, der gerät über sich selbst ins Lachen. Er stellt sich gleichsam abseits und betrachtet sein Leben als Zuschauer. Wer über sich selbst nicht zu lachen vermag, über den lachen gewiß andere.

Um dem Zuschauer wie in einem Spiegel seine Mängel, Schwächen und Fehler vorführen zu können, sind eine gute Beobachtungsfähigkeit, eine umfangreiche Menschenkenntnis und eine tiefe Lebenserfahrung notwendig. Daher sagte Galetti: „Ein Clown darf nicht zu jung sein, sonst nimmt ihm das Publikum seine Pointen nicht ab. Erst mit dreißig beginnt seine große Zeit.“ Damit aber die Gags des Clowns noch die Zuschauer der letzten Sitzreihe erreichen, müssen sie einfach und verständlich sein. Man lernt dies nur durch jahrelange Übung. Um den Eindruck des Leichten und Selbstverständlichen vermitteln zu können, muß täglich eine strenge Arbeit geleistet werden. In guten wie in schlechten Tagen haben die Clowns nicht aufgehört, an sich mit

Fleiß, Konzentration und Zähigkeit zu arbeiten. Viele von ihnen fingen ganz unten an. Nur über einen langen und harten Weg gelangten sie zur Meisterschaft. Dabei half ihnen nicht selten das Glück des Tüchtigen. Grock erzählt von seiner Premiere in Saragossa vor viertausend Zuschauern. Er hatte sich zeitig fertiggemacht und stand in den Kulissen, um sich das Programm anzusehen. Da kam der Clown Andreff haargenau in seiner Aufmachung in die Arena – mit seinem Glatzkopf und Schweinsgesicht. Grock dachte, er würde vom Schlag getroffen, denn damit war sein Auftritt gestorben. Er war so wütend, daß er in die Arena stürzen wollte, um Andreff zu verdreschen. Aber man hielt ihn zurück. Was sollte er jetzt tun? Er eilte in die Garderobe zurück und ließ sich mit roter Farbe Haare und einen Scheitel auf seine Glatze malen. Dieser kleine Ausweg aus der großen Verlegenheit wurde ein noch größerer Erfolg. Er brauchte Körbe, um die in die Arena geworfenen Zigarren einsammeln zu können.

Was den Clown vor allem auszeichnet, ist seine Liebe zu den Menschen: „Schön, daß es einen gibt, der die Menschen kennt und sie doch immer noch liebt." Der Clown liebt aufgrund seiner tiefen Einfühlungsgabe. Was er bei anderen entdeckt, fühlt er in sich selbst. Daher seine Fähigkeit, den Menschen die Wahrheit in einer liebenswürdigen Weise zu sagen. Das hebt die Distanz zum Publikum auf. Zwischen beiden besteht ein herzliches Verhältnis. Doch müssen wir hinzufügen: der Clown liebt die Menschen nicht um des Erfolges willen; er liebt sie, weil er das Leben liebt. In den meisten Fällen ist er ein unverwüstlicher Optimist, der weiß, daß letztlich alles gut ausgehen wird und man dann nicht mehr an all das Widrige denkt: „Da stolpert er und fällt, und ein lauter Jubel durchbraust das riesige Zelt. Einer, der im Pech noch lauter lacht, dem die Kinder blind vertraun, der aus Großen wieder Kinder macht, bist du, mein Freund, der Clown."

Der Clown ist unser Freund, weil er ein großer Lehrer der Menschheit ist. Hier seien nur einige Hinweise zusammengefaßt. Der Clown versteht sein Talent als Begnadung. Jeder Mensch hat seine Talente bekommen; der eine in einem größeren, der andere in einem geringeren Ausmaß. Daß jede Gabe eine Aufgabe ist, ist zwar eine Binsenwahrheit. Doch viele erkennen diesen Zusammenhang nicht. Man muß täglich an sich arbeiten, um eine Gabe zur vollen Entfaltung zu bringen. „Stufe um Stufe, mit gesammelter Konzentration und mit dem festen Glauben an das Gelingen, weiterzusteigen, vielleicht einen Augenblick zu verharren, um neue Kraft zu sammeln, aber nie auch nur einen einzigen Schritt zurückzugehen, das ist mein Prinzip gewesen", sagte Grock.[3] Zum inneren Wachstum und zur Reifung eines

Menschen gehört aber auch, daß er die unliebsamen Zwischenfälle des Lebens als gnadenhafte Augenblicke erkennt und annimmt. Meist sind gerade sie es, die unser Leben auf eine neue, höhere Stufe heben. Entscheidend aber kommt es darauf an, daß unser Sein und Tun zu einem wirklichen Dienst am Mitmenschen werden, um diese ein wenig glücklicher, froher und erlöster zu machen. Was wir sind und haben, wurde uns nicht nur zur persönlichen Bereicherung gegeben, sondern auch, um andere damit zu bereichern. Keiner darf durch uns menschlich ärmer werden. Das kann nur gelingen, wenn wir die Menschen und das Leben lieben, wenn uns ein unverwüstlicher Optimismus erfüllt. Die tiefste und zugleich reichhaltigste Quelle, aus der er wächst, ist ein lebendiger Glaube. Dieser ist die göttlichste aller Gaben, und als solche ist auch er Aufgabe. Auch an seiner Entfaltung muß täglich gearbeitet werden, damit das Licht und die Kraft von Gottes Wort unser ganzes Sein und Tun durchdringt und wir selbst Licht und Kraft in der Liebe zum Mitmenschen sein können. Daß damit immer ein harter Kreuzweg beschritten wird, ist jedem bekannt, der ernsthaft um ein Leben aus dem Glauben bemüht ist. Aber dieser Weg ist der einzige, der zur österlichen Vollendung führt, in der sich alle Mühen, Strapazen und Leiden in der Freude über ein gelungenes Leben auflösen. Grock schließt seine Erinnerungen mit dem Wort: „Wie bin ich glücklich, nur ein Clown zu sein." Der wahrhaft gläubige Mensch wird sagen: „Wie bin ich glücklich, nur ein Christ zu sein!"

Als der Herr die Gefangenen Zions heimwärts führte,
wie die Träumenden waren wir da alle.
Unser Mund war des Lachens voll und unsere Zunge voll Jubel.
Da sprachen sie unter den Heiden:
„Der Herr hat Großes an ihnen getan!"
Ja, Großes hat der Herr an uns getan,
fröhlich sind wir geworden.
Wende, Herr, unser Schicksal,
wie Du die vertrockneten Bäche im Südland wieder belebst.
Die in Tränen säen,
mit Jubel werden sie ernten.
Sie gehen hin unter Tränen
und tragen den Samen zur Aussaat.
Doch werden sie kommen mit Jubel
und bringen ihre Garben ein.
Psalm 126

6 Die Botschaft des Clowns

Ch. Rivel: Akrobat Schöön
Mt 7,15–20

Er steht vor dem Spiegel und bedeckt seine Lippen mit einer weißen Schminke. Dann zieht er diese Bemalung bogenförmig bis zu den Wangenknochen hoch. Anschließend stülpt er sich eine Halbglatzenperücke mit feuerrotem Haarkranz über seinen Schädel; sie hat die gleiche Farbe wie seine kastenförmige falsche Nase. Zum Schluß schlüpft er in ein übergroßes Trikothemd, das bis zu seinen riesigen, plumpen Schuhen reicht. Das ist Charlie Rivel, der König der Clowns.

Wenige Minuten später beginnt er mit seiner berühmtesten Nummer: dem stummen Kampf mit einem schlichten Holzstuhl. Jedesmal, wenn Charlie sich hinsetzen und Gitarre spielen will, landet er auf dem Boden. Charlie gibt dem Stuhl einen Tritt – und heult vor Schmerz auf: Der Stuhl hat angeblich zurückgetreten. Nach vielen Stürzen erklettert er schließlich den Stuhl. Mit triumphierend ausgebreiteten Armen steht er auf ihm. Doch gebrochen starrt er jetzt in die Tiefe. Er hat seine Gitarre vergessen. Männer, Frauen und Kinder, von überall herbeigeströmt, können sich von Anfang bis Ende vor Lachen nicht mehr halten.

Nicht selten kommt es aber vor, daß es diesem berühmten Clown innerlich gar nicht zum Lachen ist, wenn er die Menschen lachen macht. Am Ende seiner Selbstbiographie schreibt er: „Ich, der Clown, habe die Aufgabe, traurige Menschen froh zu machen. Ich habe die Verpflichtung auf mich genommen, andere ihre Sorgen und Leiden vergessen zu machen. Und auch wenn ich selbst voll Kummer und Leid bin, so muß ich doch in die Manege. Ich, der Clown, durfte nicht klagen, wenn ich hungerte. Hatte ich einen meiner nächsten Lieben verloren, durfte ich ihn nicht zur letzten Ruhestätte begleiten, durfte nicht weinen. Ich, der Clown, muß lachen, auch wenn das Herz weint (...) Ich bin ein Clown, mein Glück ist es, andere glücklich und froh zu machen. Ich wurde ein Clown, weil Gott mir diese Gnade geschenkt hat."

Vgl. Charlie Rivel, Akrobat Schöön, Der berühmte Clown erzählt, Wilhelm Heyne Verlag, München 1979, S. 251f.

Der sonst so ernste Papst Pius XII. ließ mitunter Bischöfe, die zu einem Pflichtbesuch nach Rom gekommen waren, geraume Zeit warten, während er den berühmten Schweizer Clown Grock sofort in Privataudienz empfing. Das hatten ihm manche verübelt. Da Pius XII. jedoch ein Mann war, der nie mit den Hintergründen seines Handelns hinter dem Berg hielt, erklärte er auch dieses sein Verhalten. Er sagte, ein Clown sei ein großer Wohltäter der Menschheit. – Auch Kurt Moser, der zu den führenden deutschen Bildhauern der klassischen Tradition der Nachkriegszeit gehört, hat eine besondere Verehrung für Clowns. Das bemerkte der Charakter-Komiker Heinz Rühmann, als er dem Künstler für eine Skulptur „Kleiner Clown" Modell stand. Der bekannte Schauspieler bemerkte im Münchener Atelier von Moser, daß dieser bereits die großen Musik-Clowns Chicky und Sandro, den sowjetischen Clown Oleg Popow und auch Charlie Rivel modelliert und in Bronze hatte gießen lassen. „Clowns machen uns viele Wahrheiten zugänglich, mit lachendem und mit weinendem Gesicht", sagte Moser zu seiner Passion. – Im Epilog seiner Geschichte des Clowns August nennt Henry Miller den Grund für seine Hochschätzung der Clowns: „Clowns und Engel stehen zueinander in gottgewollter Entsprechung (...) Und außerdem ... das erfolgreichste Bild, das ich jemals malte, war der Kopf eines Clowns, dem ich zwei Münder gab, einen für die Freude und einen für das Leid. Der Mund der Freude war scharlachrot – es war ein singender Mund. (Dabei fällt mir auf: ich habe seither nie wieder gesungen.) (...) Der Clown lehrt uns, wie wir über uns selbst lachen sollen. Und dieses unser Lachen wird aus Tränen geboren."[1]

Ob Pius XII. nicht recht hatte, als er sagte, daß ein Clown ein großer Wohltäter der Menschheit sei? Deshalb lacht man nicht nur über ihn, man liebt ihn. Man liebt ihn wegen der Botschaft, die er uns in einer Art und Weise bringt, wie nur er es kann. Um welche Botschaft geht es hier? Wir wollen sie in drei Leitsätzen formulieren und diese jeweils kurz erläutern. Dabei halten wir uns an das eingangs Erzählte.

Erstens: Dem Clown paßt nichts; und dennoch ist er in der Regel froh und heiter. Uns paßt manches nicht; dann sind wir in der Regel traurig und betrübt. – In der Tat: Dem Clown paßt nichts. Entweder ist es zu groß oder zu klein, zu eng oder zu weit, zu hell oder zu dunkel. Aber es regt den Clown nicht auf. Er läßt es gut sein. Auf diese Weise vermag er darüber hinwegzusehen, darüber hinwegzukommen, selbst wenn es ihm immer wieder hinderlich ist. Es ist für ihn ein Grund zum Lächeln. So liegt bereits in seinem Aussehen die Antwort darauf, wie man über so manches hinwegkommt, was einem im Alltagsgeschehen nicht paßt. Und was kann das nicht alles sein! Stellen wir uns einmal vor, wir würden in unserem Leben nur das auf uns nehmen, was uns paßt. Was würde aus uns; was würde aus denen, für die wir Verantwortung haben? Wir würden zu einem Spielball von Lust, Laune und Trieb; nie würden wir erwachsen und reif. Für andere aber wären wir keine Hilfe, sondern nichts als eine Belastung. Erwachsen und reif wird der Mensch erfahrungsgemäß erst dadurch, daß er vieles mit einem Lächeln trägt und erträgt, obwohl es ihm nicht paßt. Nur so erweist er sich als ein innerlich freier Mensch. Darum weiß der Clown. Obwohl er in vielem steckt, was ihm nicht paßt, verliert er seine Freude nicht.

Zweitens: Der Clown fällt immer wieder hin; aber er steht immer wieder auf. Auch wir fallen immer wieder hin; doch nicht selten wollen wir am Boden bleiben. – Hier sei zunächst einmal festgestellt, daß das Fallen zum Wesen des Menschen gehört. Der eine fällt hier, der andere dort; dieser so, jener anders. Wie auch immer, hinfällig sind wir alle. Das liegt an unserer Unbeständigkeit, an unserer menschlichen Schwäche. Würde der Mensch nicht fallen, so wäre er Gott; denn Gott steht in sich selbst. Deshalb bleibt er sich immer gleich. In all seinem Tun ist er gut, gerecht und heilig. Der Mensch aber ist nicht Gott. Würde sich der Mensch nicht wieder erheben, so wäre er ein Vierbeiner. Was also ist der Mensch? Er ist der Fallende und Aufstehende. Gut, daß auch Jesus unter dem ihm auferlegten Kreuz gefallen ist. Daran erkennen wir, daß er zu uns gehört. Daher ist auch der Punkt, an dem wir uns oft von den Heiligen unterscheiden, nicht der, daß die Heiligen nicht gefallen wären, sondern vielmehr der, daß sie immer wieder aufgestanden sind. Sie taten es, weil sie daran glaubten, daß Gottes Liebe größer ist, als je ein Mensch verschulden kann. So lesen wir es bei Johannes: „Wir werden unser Herz in seiner Gegenwart beruhigen. Denn wenn das Herz uns auch verurteilt – Gott ist größer als unser Herz, und er weiß alles" (1 Joh 3,19–20). Romano Guardini erläutert dieses Wort so: „Seine Größe, seine Weite, seine umfangende, erlösende Macht – alles ist in seinem Wissen ... Gottes Wissen um mich ist wie ein Meer, in das alles eingeht und Frieden findet. Es gibt ja doch Augenblicke, in denen die Erkenntnis des Verfehlten und Versäumten einem jeden den Mut nimmt, weil alles ausweglos scheint ... in denen keine Reue zustande kommt, weil man nicht mehr weiß, was recht und was falsch ist ... in denen Entschlüsse und Lebenspläne nichts helfen, weil man sich selber nicht mehr glauben kann ... Für einen solchen Augenblick hat Johannes diesen Satz geschrieben: Gib dich hinein in das Wissen Gottes, mit allem, was du bist. Ohne zu grübeln, noch dich zu rechtfertigen. Er weiß, und das ist genug." Außerdem sollte von uns nicht außer acht gelassen werden, was Dietrich Bonhoeffer, der selbst in schwerster Bedrängnis anderen noch Trost und Zuspruch geben konnte, in seinen Gefängnisaufzeichnungen „Widerstand und Ergebung“ schreibt: „Ich glaube, daß auch unsere Fehler und Irrtümer nicht vergeblich sind und daß es Gott nicht schwerer ist, mit ihnen fertig zu werden, als mit unseren vermeintlichen Guttaten.“ Dieser Glaube muß in Petrus trotz seiner dreimaligen Verleugnung des Herrn lebendig gewesen sein; ohne diesen Glauben wäre er nicht fähig gewesen, nach seinem wiederholten Fall in Tränen auszubrechen (Mk 14,72). Auch aus diesen Tränen wurde ein Lachen geboren, das in das Osterlachen der Urgemeinde eingegangen ist. Warum wurde eigentlich Petrus von Jesus an die Spitze seiner Kirche berufen? Vielleicht geschah es deshalb, weil gerade Petrus als der Fallende und Aufstehende eine Gestalt war, mit der sich alle Menschen in der Kirche wirklich identifizieren können. Aber die Bibel spricht nicht nur von Petrus, sondern auch von Judas. Judas ist der Prototyp eines Gefallenen, der nicht mehr aufgestanden ist. Denken wir uns einmal, Judas hätte sich nach seinem schweren Fall im Glauben an Gottes unbegrenzte Liebe wieder erhoben. Dann wäre er zur seligen Hoffnung aller geworden, die aufgrund ihrer Schuld in eine scheinbar ausweglose Situation hineingeraten. Aber Judas blieb liegen; deshalb blieb die Botschaft, die nur er hätte bringen können, der Menschheit vorenthalten. Hier sagt uns der Clown: Wer aufsteht, der lebt; wer liegenbleibt, ist tot; denn nur die Toten stehen nicht mehr auf. Wer trotz seiner Hinfälligkeit immer wieder aufsteht, der bereitet sich auf das Fest seiner Auferstehung vor.

Drittens: Auch im Leben eines Clowns gibt es Traurigkeit, doch er läßt sich nicht von ihr verschlucken. Für uns hingegen kann die Traurigkeit sehr schnell zu einer Grube werden. – Daß der Zirkus-Clown Charlie Rivel in seinem Leben oft genug Traurigkeit erfuhr, wurde eingangs bereits erwähnt. Zwar gehörte das gespielte Weinen zu seinen berühmten Gags. Als er einmal bei einem Auftritt nach einem Sturz übertrieben zu schluchzen begann, riß sich ein kleines Mädchen von seiner lachenden Mutter los, rannte zu ihm und gab ihm seinen Schnuller. Nicht selten aber waren seine Tränen echt. „1954 starb meine Mutter“, erinnert er sich. „Ich trat damals im Cirque Royal in Brüssel auf und beherrschte mich so lange, bis ich im Schutz der Maske in der Manege stand. An diesem Abend brauchte ich keine Tränen zu markieren. Keiner merkte, wie mir ums Herz war, und die Leute lachten wie immer.“ Der alte Spaßmacher fügt hinzu: „So soll es auch sein. Ein Clown muß seinen Schmerz verbergen.“[2] Denn: „Ich bin ein

Clown, mein Glück ist es, andere glücklich zu machen." Ob nicht jedes Glück daraus erwächst, daß man andere glücklich macht? Das Glück, das wir anderen machen, fällt ins eigene Herz zurück. Damit zeigt sich uns ein Weg, der aus der eigenen Traurigkeit herausführt. Ich denke hier an das Bild „Clown mit Violine" von Rosy Fernandez Diaz. Der Betrachter sieht einen Clown mit traurigem Gesicht. Daß dieser Clown nicht völlig traurig ist, erkennt man an dem, was er tut. Er spielt auf seiner Geige und neigt sich dabei zu einem Kind herunter. Das Kind steht vor ihm mit auf dem Rücken gekreuzten Armen und hört ihm andächtig zu. Warum spielt er für das Kind? Er will ihm eine Freude machen. Dadurch bewahrt er sich selbst davor, seiner Traurigkeit vollends anheimzufallen.

Wer von hier aus die dreifache Botschaft des Clowns noch einmal überdenkt, der wird bemerken, daß der Clown ein Mensch ist, der im „Trotzdem" lebt. Es ist das Trotzdem des Glaubens, der Hoffnung und der Liebe. Diese Tugenden sind ihm von Gott geschenkt. Sie sind das Geschenk Gottes an jeden Menschen; denn in jedem Menschen steckt ein Clown. Wo wir seine Botschaft leben, da wird er auch in anderen lebendig. – Als man Charlie Rivel in seinem hohen Alter fragte, wann er sich denn zur Ruhe setzen wolle, da lächelte er, stieß mit seinem Stock auf den Boden und sagte: „Solange Gott mir die Kraft gibt, werde ich nicht aufhören, den Clown zu spielen."[3]

Hütet euch vor den falschen Propheten; sie kommen zu euch wie (harmlose) Schafe, in Wirklichkeit aber sind sie reißende Wölfe. An ihren Früchten werdet ihr sie erkennen. Erntet man etwa von Dornen Trauben oder von Disteln Feigen? Jeder gute Baum bringt gute Früchte hervor, ein schlechter Baum aber schlechte. Ein guter Baum kann keine schlechten Früchte hervorbringen und ein schlechter Baum keine guten. Jeder Baum, der keine guten Früchte hervorbringt, wird umgehauen und ins Feuer geworfen. An ihren Früchten also werdet ihr sie erkennen.
Matthäus 7,15–20

7 Worüber wir lachen müssen

J. Niederer: Ein paar Zeilen zum Verweilen
1 Kor 12,14–18; 27

Ein Mann in besten Jahren hatte sich eine Hose gekauft. Sie gefiel ihm sehr gut, wenn auch die Hosenbeine um etwa drei Zentimeter zu lang waren. Er dachte sich: Ich habe in meinem Haushalt drei Frauen; eine von ihnen wird die Kürzung besorgen. Zuhause hängte er die Hose an den Haken und trug seiner Frau sein Anliegen vor. Doch diese war gerade nicht in bester Stimmung und zeigte ihm die kalte Schulter. Auch bei seiner Schwiegermutter konnte er nicht landen. Sie war in eine Lektüre vertieft und wollte sich nicht stören lassen. Als er ihr Zimmer verließ, stieß er im Hausflur auf seine Tochter. Es sah so aus, als hätten sich die Damen abgesprochen, denn auch die Tochter erklärte, daß ihr die Sache sehr ungelegen komme, da sie gerade ausgehen wolle. Da packte den dreimal Abgewiesenen der Zorn. Lautstark erklärte er, daß mit ihm vor Mitternacht nicht zu rechnen sei, und schlug hinter sich die Haustüre zu.

Es dauerte nicht lange, bis die Ehefrau erkannte, daß jetzt etwas geschehen muß. Unauffällig griff sie nach der Hose, nahm die Kürzung vor und hängte sie an ihren Platz zurück. Aber auch in der Schwiegermutter wuchs die Reue. Geräuschlos schlich nun sie zur Hose und schnitt drei Zentimeter weg. Als die Tochter gegen 23 Uhr nach Hause kam und die Hose am Haken hängen sah, da war auch sie bereit, ihre Gesinnung zu ändern. „Jetzt wird er sich freuen“, dachte sie, als sie die Arbeit beendet hatte. Und wie er sich bei seiner Rückkehr freute ...

Vgl. Johannes Niederer, Ein paar Zeilen zum Verweilen, 1, Verlag Schweizer Kongregations-Zentrale, Zürich 1973, S. 11f.

Warum nötigt uns diese Geschichte ein Lachen ab? Weil in ihr alles automatisch abläuft. Die Ehefrau, die Schwiegermutter und die Tochter, sie alle reagieren auf die gleiche Weise. Zunächst lehnen sie die bescheidene Bitte ab, weil jede mit sich selbst beschäftigt ist; dann wächst in ihnen ein ungutes Gefühl, das keiner offen zu erkennen gibt. Dadurch kommt es zur Verkettung der gleichartigen Verhaltensweisen.

Der Leser sieht bereits die dunklen Gewitterwolken heraufziehen, von denen die drei Frauen nichts erahnen. Im Gegenteil! Jede von ihnen ist der Überzeugung, dem Hausherrn eine Freude bereitet zu haben. Das setzt dieser Situationskomik die Krone auf, weil jeder Unbeteiligte unmittelbar erfaßt, was jetzt zwangsläufig geschehen wird. Deshalb braucht die Reaktionsweise des Spätheimkehrers gar nicht geschildert zu werden.

Hier haben wir die Ursache für alles, was uns komisch erscheint.[1] Komisch wirkt, wer sich in seinem Verhalten unbewußt von bestimmten Mechanismen beherrschen läßt, die automatisch ablaufen, sobald sie ausgelöst werden. Je sonderbarer dieser Mechanismus ist, desto belustigender wirkt er. Es gibt wohl keinen Menschen, der sich nicht von irgendeinem Mechanismus leiten ließe und dadurch komisch ist. Das Lächerliche an einem solchen Mechanismus ist die Steifheit, das Verkrampfte und Starre, die eingeschliffene Gewohnheit, die Verhärtung und Ungeschicklichkeit unseres Charakters, unseres Geistes. Diese Eigentümlichkeiten hindern uns daran, in eine konkrete Situation einzugehen und situationsgemäß zu handeln. Wenn immer wir uns als komisch erweisen, ist dies ein Zeichen von innerer Unfreiheit, von Ungeschicklichkeit, mangelnder Spontaneität, Elastizität, Lebendigkeit, Geschmeidigkeit und Überlegenheit. Wir wirken wie „Hampelmänner", bei denen sich ebenso aufgrund einer bestimmten Ursache eine vorausschaubare Wirkung automatisch einstellt. Verhält sich aber ein Mensch wie ein Hampelmann, dann reizt er zum Lachen, weil er das eigentlich Menschliche vermissen läßt. Hinzu kommt, daß der Hampelmann stets die gleichen Verhaltensweisen wiederholt. Das lebendige Leben kennt jedoch keine ständigen Wiederholungen. Wo in unserem Verhalten eine ständige Wiederholung geschieht, da läuft etwas Unfreiwilliges ab. Daher hat jede komische Situation Offenbarungscharakter: In ihr gibt der Mensch eine ihm nicht bewußte Eigenschaft preis, die ihn für ihren Teil daran hindert, er selbst zu sein.

Gehen wir noch einen Schritt weiter: Das Komische beginnt dort, wo einer sich – aus welchen Gründen auch immer – von der Gemeinschaft löst. Damit gerät er in die Isolation und geht automatisch seinen eigenen Weg, auf dem er mehr und mehr ein Sonderling wird. Er dreht sich nur noch um die eigene Achse und rechtfertigt sein sonderbares Verhalten nicht selten mit einer gewissen Selbstherrlichkeit. Wir sagen, er habe einen „Tick". Man überdenke hier folgende Geschichte: „Ein Mann besaß ein Cello mit einer Saite, über die er den Bogen stundenlang führte, den Finger immer auf der gleichen Stelle haltend. Seine Frau ertrug dieses Geräusch sieben Monde lang in der geduldigen Erwartung, daß der Mann entweder vor Langeweile sterben oder das Instrument zerstören würde. Da sich jedoch weder das eine noch das andere dieser wünschenswerten Dinge ereignete, sagte sie eines Abends, wie man glauben darf, in sehr sanftem Tone: ‚Ich habe bemerkt, daß dieses wundervolle Instrument, wenn es andere spielen, vier Saiten hat, über welche der Bogen geführt wird, und daß die Spieler ihre Finger ständig hin und her bewegen. Der Mann hörte einen Augenblick lang auf zu spielen, warf einen weisen Blick auf seine Frau, schüttelte das Haupt und sprach: ‚Du bist ein Weib. Dein Haar ist lang, dein Verstand kurz. Natürlich bewegen die anderen ihre Finger beständig hin und her. Sie suchen die richtige Stelle. Ich habe sie gefunden.'"[2] Indem die Gemeinschaft über ein solch verrücktes Verhalten lacht, versucht sie, ihn zu korrigieren und zur Gemeinschaft zurückzuführen.

Das Komische stellt also immer eine Abirrung vom wirklichen Leben dar. Die Sicht für die wahren Proportionen geht verloren und mit ihr das innere Gleichgewicht und die innere Ausgeglichenheit. Doch müssen wir uns vor einer Einseitigkeit hüten. Die Isolation von der Gemeinschaft ist nur die eine Quelle der Komik. Die andere liegt in der totalen Anpassung an sie. Solche Anpassung geschieht durch die kritiklose Bejahung und die seelenlose Übernahme dessen, was gerade gängig, was gerade Mode ist. Das macht den Mitläufertyp aus, dessen Mechanismus offensichtlich ist. Echtes Menschentum verwirklicht sich demnach nur in einer lebendigen Gemeinschaft, in der einer für den anderen da ist, ohne dabei seine Besonderheit zu verlieren.

In einem der Paulusbriefe findet sich ein Gleichnis (1 Kor 12,12–31), das uns zeigt, wie eine solche Gemeinschaft möglich wird. Wir meinen das Bild vom Leib und seinen verschiedenartigen Gliedern.[3] Dieses Bild hat zunächst für jede Gemeinschaftsform seine Gültigkeit. Wo Menschen in einer Gemeinschaft so harmonisch zusammenwirken wie die Glieder im Gefüge eines Leibes, da gibt es nichts Komisches, nichts wird verzerrt und überspannt. Jeder erfüllt seine Wesensart, indem er seine Besonderheit in den Dienst der Allgemeinheit stellt. Schauen wir beispielsweise auf das Auge. Es verwirklicht seine Eigenart dadurch, daß es nicht sich selbst, sondern den Leib und anderes mehr sieht. Ähnlich ist es auch mit dem Mund. Er ißt und trinkt nicht in erster Linie für sich selbst, sondern zum Aufbau des ganzen Leibes mit all seinen Gliedern. Indem jedes Glied für das Ganze sorgt, wird für es selbst gesorgt. Wollte sich eines der Glieder vom Ganzen isolieren, um nur noch für sich selbst dazusein, so wäre die Komik da. Es hätte seine Bestimmung verfehlt und käme nicht zu sich selbst. Ähnliches würde geschehen, wenn ein Glied seine ihm eigene Aufgabe nicht ausüben wollte, sondern sich einfach mit den andern Gliedern gleichschalten würde, so, als wollte es sagen: Ich tue, was *man* tut!

Paulus gebraucht jedoch das Bild vom Leib und seinen Gliedern auch, um uns damit das Geheimnis der Kirche Jesu Christi erahnen zu lassen. Wie das Ich, also die Persönlichkeit, die verschiedenartigen Glieder zu einer inneren Einheit verbindet, so schließt Jesus Christus die verschiedenartigen Gemeindemitglieder zu seiner Kirche zusammen. Wenn Paulus dann sagt: „Ihr seid der Leib Christi", dann bedeutet das: Weil Jesus Christus nicht mehr *leiblich* in dieser Welt ist, will er in den Christen, die sein Auge, sein Herz, seine Hände und Füße in dieser Welt sein sollen, dasein. „Wir müssen buchstäblich der Leib Christi sein, Hände, die sein Werk verrichten, Füße, die seine Aufträge ausrichten, eine Stimme, die für ihn spricht" (William Barclay). Ich denke hier an ein markantes Kreuz, das in der Ludgeri-Kirche zu Münster in Westfalen zu sehen ist. Als im September 1944 diese Kirche durch Bomben schwer getroffen wurde, verlor der Gekreuzigte im Gurtbogen des Hochchores beide Arme. Ein Bombensplitter durchschlug das Herz. An der Stelle, wo sich einst die Arme ausbreiteten, stehen heute die Worte: „Ich habe keine anderen / Haende als die eueren".

Ein Glied seines Leibes zu sein, ist der eigentliche Sinn des Christen in dieser Welt. Dazu hat uns Jesus Christus in seiner Sterbestunde vom Kreuz her berufen. Bei Johannes (19,30) lesen wir: „Da neigte er sein Haupt und übergab seinen Geist." Heinrich Spaemann fragt: „Wem übergab er den Geist? Dem Vater. Aber vom Vater her zugleich seinen Brüdern." Dieser Geist Jesu Christi ist als die Seele der Kirche lebendig, solange wir uns bewußt bleiben, daß wir einander brauchen, solange wir einander achten. Wo einer sich über den anderen stellt, wo einer übersieht, daß vor Gott jeder Dienst gleichermaßen zählt, oder wo einer nicht mehr über seinen eigenen Kreis hinausblickt, da schwindet der Geist, und die Kirche wird komisch und lächerlich in dieser Welt.

Besteht doch auch der Leib nicht aus einem Glied, sondern aus vielen. Wenn der Fuß nun sagen würde: „Weil ich keine Hand bin, gehöre ich nicht zum Leib", so gehört er doch dazu. Und wenn das Ohr sagen würde: „Weil ich kein Auge bin, gehöre ich nicht zum Leib", so gehört er doch dazu. Wäre der ganze Leib Auge, wo bliebe das Gehör? Wäre er ganz Gehör, wo bliebe der Geruchssinn? Nun aber hat Gott die Glieder dem Leib eingefügt, jedes einzelne von ihnen so wie er wollte ... Ihr seid nun der Leib Christi, einzeln genommen dessen Glieder.
1 Korinther 12,14–18. 27

8 Wer lacht, erträgt alles

L. Zenetti: Manchmal leben wir schon
Lk 6,20-26

In seinem mit tiefem Einfühlungsvermögen geschriebenen Büchlein, das den bezeichnenden Titel „Manchmal leben wir schon“ hat, erzählt Lothar Zenetti eine kleine Geschichte, die uns zeigt, wie der Weg zum Lachen verlaufen kann: In einem Zugabteil geraten zwei ältere Damen in einen Wortwechsel. Die eine von ihnen will das Fenster öffnen, während die andere darauf besteht, daß es geschlossen bleibt. „Ich ersticke, wenn ich nicht genügend frische Luft bekomme“, erklärt die eine und reißt das Fenster auf. „Unerhört“, protestiert die andere, „man holt sich ja den Tod bei diesem Luftzug!“ Erregt springt sie auf und macht das Fenster wieder zu. So geht es ein paarmal hin und her, bis es einem jungen Mann auf die Nerven geht. Als er sich anschickt, lautstark um Ruhe zu bitten, hält ihn ein älterer Herr in der Ecke zurück. Vollkommen ruhig sagt er ihm lächelnd: „Die Damen scheinen verschiedener Meinung zu sein. Ich würde vorschlagen: Zuerst lassen wir das Fenster zu, bis die eine erstickt; dann öffnen wir das Fenster, bis die andere erfroren ist. Ich denke, auf diese Weise könnten wir die Sache lösen.“

Vgl. Lothar Zenetti, Manchmal leben wir schon, Verlag J. Pfeiffer, München 1981.

Gehen wir zunächst von einer Alltagserfahrung aus: Wir leben in einer Welt, in der sich vieles sehr schnell ändert, das Bild unserer Stadt, die Gunst der Wähler, der Zuschnitt unserer Kleidung, unser Lebensstil und nicht zuletzt auch unsere Ausdrucksweise. Sagte einst der römische Kaiser Mark Aurel (161-180): „Was immer dir widerfahren mag, seit aller Ewigkeit war es dir bestimmt“, so hört sich dies heute so an: „Kann man nichts machen - alles vorprogrammiert!“ - So sehr sich der Mensch mit seiner Welt verändert, sein Wesen, sein Menschsein ändert sich hingegen nicht. Zu diesem Wesen gehört nun auch das Lachen. Das Lachen ist für den Menschen so charakteristisch, daß man ihn von hierher definieren kann: Der Mensch ist ein Wesen, das lachen kann. Ein Tier kann es nicht. Und einer, der vom tierischen Ernst gefangengehalten wird, kann es auch nicht; denn in irgendeiner Weise hat er aufgehört, ein Mensch zu sein. „Es gibt (demnach) kein französisches, kein italienisches, kein deutsches Lachen. Es gibt nur das Lachen des Menschen" (Marcel Marceau). Wenn wir jetzt vom Lachen sprechen wollen, haben wir es also mit dem Wesen des Menschen zu tun.

Das Lachen ist vor allem Ausdruck einer gesunden und herzhaften Lebensfreude. Darum weiß die menschliche Erfahrung von altersher. Irgendwo fand ich den Hinweis: „Für ein lachendes Gesicht brauchst du 13 Muskeln, für ein griesgrämiges Gesicht dagegen 60. Warum willst du dich überanstrengen?" Von welchem Wert das Lachen für die Gesundheit eines Menschen ist, sagt ein chinesisches Sprichwort: „Jede Minute, die man lacht, verlängert das Leben um eine Stunde." Bei Viktor Hugo finden wir den Grund dafür: „Lachen ist ein Beruhigungsmittel ohne Nebenwirkungen." An anderer Stelle schreibt er: „Das Lachen ist die Sonne, die aus dem menschlichen Antlitz den Winter vertreibt." Das Lachen entspannt den ganzen Menschen. Nirgendwo erscheinen Leib, Seele und Geist so geeint wie in den Augenblicken, da wir von Herzen lachen. Man denke in diesem Zusammenhang an die „Lachende Alte" von Ernst Barlach aus dem Jahre 1937. Bert Brecht schreibt hierzu: „Es heißt, Barlach habe die ‚Lachende Alte' gemacht, als er hörte, daß viele seiner aus den Museen als entartet entfernten Plastiken in der Schweiz verkauft wurden, Devisen für die Herstellung von Kanonen zu angeln. Es ist interessant, wie die historische Sicht den Genuß an solchen Kunstwerken vertieft."[1] Das Lachen löst und befreit; es erhebt das menschliche Herz über alle Unstimmigkeiten und Widerwärtigkeiten des Lebens; es öffnet das Herz für das Ganze des Daseins. Das zeigt bereits der lachende Mund, der durch den Lachmuskel in die Breite und zu gleich etwas nach oben gezogen wird. All das weist uns darauf hin, daß nur der lachende Mensch das Leben zu meistern versteht. Nur wer lacht, erträgt alles.

Hier stellt sich die Frage, was uns denn zum Lachen reizt.[2] Es ist die Komik, die sich im Leben eines jeden Menschen finden läßt, und zwar dort, wo in seinen Verhaltensweisen etwas unkontrolliert und mechanisch abläuft. Genau diese mechanischen Abläufe sind es, was unser Leben versteift, seine lebendige Vielfalt einschränkt und es somit komisch erscheinen läßt. Erinnern wir uns hier an die eingangs erzählte Geschichte. Die komische Situation, die darin geschildert wird, hatte sich aufgrund von rein mechanischen Abläufen im Verhalten der beiden Damen und des jungen Mannes zugespitzt. Gewendet wurde sie durch die betont ruhige Bemerkung des älteren Mannes, die die Komik der vorausgegangenen Diskussion aufgreift und ausbaut, um das Widersinnige, das Dumme und Lächerliche an dieser Sache nachzuweisen.

In allen menschlichen Verhärtungen und Erstarrungen, Verirrungen und Unduldsamkeiten, in allen Blindheiten und unpassenden Reaktionen, in allen Unachtsamkeiten und Verwechslungen, in aller Verklemmtheit und Bosheit ist es immer wieder der mechanische Ablauf der Dinge, wodurch eine komische Situation entsteht und den Zuschauer oder Zuhörer zum Lachen bringt. Überprüfen wir das Gesagte im Hinblick auf den folgenden Witz: Ein Mann ging nach zehn Jahren Ehe zu einem Eheberater. „Als Jungverheirateter war ich glücklich. Wenn ich damals nach einem schweren Tag nach Hause kam, lief mir unser kleiner Hund kläffend entgegen, und meine Frau brachte mir die Hausschuhe. Jetzt ist alles anders. Heute bringt mit der Hund die Hausschuhe und meine Frau kläfft mich an." – „Ich weiß gar nicht, worüber Sie sich beklagen", erwiderte der Eheberater. „Sie bekommen doch immer noch dasselbe wie früher!" – Wo liegt das Lächerliche in dieser Geschichte? Der Ehemann erwähnt zunächst, wie glücklich er am Anfang seiner Ehe war. Der kleine Hund tat das ihm wesensgemäße, und seine Frau zeigte ihre Liebe durch einen kleinen Liebesdienst. Darüber wird kaum einer lachen, obwohl man sich zuweilen wundert, worüber Menschen lachen können. Lächerlich wird unsere Geschichte erst an dem Punkt, da der Hund den Liebesdienst der Frau und die Frau die Funktion des Hundes übernimmt. Die Komik, die uns zum Lachen bringt, liegt darin, daß sich der Hund menschlicher gibt als der eigene Ehepartner. Dieses Lachhafte wird durch jenen Eheberater noch verstärkt. In seiner Naivität und Dummheit erfaßt er den Wandel der ehelichen Situation nicht, da er im mechanischen Ablauf der Dinge gefangen bleibt.

Hier zeigt sich eine andere Seite des Lachens. Es will uns auf die Unstimmigkeiten in unserem Leben aufmerksam machen und uns zum wahren menschlichen Leben zurückholen. Dies zu können ist die besondere Kunst des Clowns. Der Clown führt uns vor, wieviel Unerlöstes es in unserem Leben gibt und wie erlösungsbedürftig wir sind. Doch er tut es in einer Art und Weise, die uns nicht verletzt. Seine Liebenswürdigkeit bringt uns vielmehr dazu, über uns selbst zu lachen; denn wer über einen Clown lacht, lacht immer über sich selbst. Damit erweist uns der Clown einen überaus heilsamen Dienst.

Schon oft hat man gefragt, ob Jesus in seinem irdischen Dasein gelacht hat. Dazu ist anzumerken, daß in den Evangelien nicht wenige Situationen geschildert werden, in denen man gar nicht anders kann als lachen. Daher kann man sich nicht vorstellen, daß Jesus in solchen Situationen eine Ausnahme gebildet hat. Aber bedeutsamer als das Lachen Jesu ist für uns das Lächeln, das einfach zu seinem Wesen gehört haben muß. So ernst Jesus all denen begegnete, die für sein erlösendes Wort unansprechbar blieben, so liebevoll lächelnd war er zu all jenen, die in seiner Nähe erfuhren, wie erlösungsbedürftig sie waren. Von ihm angelächelt, verstanden sie: Du bist von Gott geliebt, so wie du bist. Diese Erfahrung gab ihnen die Kraft, sich selbst zu bejahen und an sich selbst zu arbeiten. Zugleich gab ihnen das Lächeln Jesu die Hoffnung, daß einmal alles, was unser menschliches Dasein begrenzt, überwunden sein wird. Das ist die Siegesfreude, aus der das Lachen des Himmels erwächst. Zu den Grunderfahrungen des christlichen Glaubens gehört demzufolge: Wer sich dem erlösenden Wort Jesu öffnet, dem begegnet Gott, der ihn lächelnd annimmt, wie er ist, damit er aufgrund solcher Liebe anfängt, an sich selbst zu arbeiten, und dies in der seligen Hoffnung, eines Tages zu denen zu gehören, die siegreich aus dieser Welt hervorgegangen sind.

Jesus richtete seine Augen auf seine Jünger und sagte: Selig, ihr Armen, denn euch gehört das Reich Gottes. Selig die ihr jetzt hungert, denn ihr werdet satt werden. Selig, die ihr jetzt weint, denn ihr werdet lachen. Selig seid ihr, wenn euch die Menschen hassen und aus ihrer Gemeinschaft ausschließen, wenn sie euch beschimpfen und euch in Verruf bringen um des Menschensohnes willen. Freut euch und jauchzt an jenem Tag; euer Lohn im Himmel wird groß sein. Denn ebenso haben es ihre Väter mit den Propheten gemacht. – Aber weh euch, die ihr reich seid; denn ihr habt keinen Trost mehr zu erwarten. Weh euch, die ihr jetzt satt seid; denn ihr werdet hungern. Weh euch, die ihr jetzt lacht; denn ihr werdet klagen und weinen. Weh euch, wenn euch alle Menschen loben; denn ebenso haben es ihre Väter mit den falschen Propheten gemacht.
Lukas 6,20–26

9 Humor ist der Schwimmgürtel auf dem Strom des Lebens

Adenauer-Anekdoten
Mt 11,18–19

Die kleinstmögliche Form der erzählenden Dichtkunst ist die „Anekdote“. In ihrer auf einen überraschenden Höhepunkt zugespitzten Kürze liegt eine magische Kraft, die in einem Augenblick die Wesensart eines bedeutenden Menschen – oft im Gespräch mit irgendeinem kleinen Unbekannten – blitzartig erhellt. Daher war Friedrich Nietzsche (1844–1900) der Meinung: „Aus drei Anekdoten ist es möglich, das Bild eines Menschen zu geben.“ Immer werden in einer Anekdote zunächst gegensätzliche Kräfte des Lebens entfaltet, so daß sich ein gespannter Bogen ergibt, der dann durch die Pointe seine Entspannung erfährt. Da die Anekdote stets vom Menschlich-Allzumenschlichen erzählt, wohnen in ihr Tragik und Komik unmittelbar beieinander. Erwähnenswert ist noch, daß die Anekdote Tatsachen berichten will, sich jedoch nicht für diese verbürgt. All diese Merkmale verdeutlichen sich an folgenden drei Anekdoten über Konrad Adenauer (1876–1967), die vor allem seine Weisheit und Phantasie, seine List und Taktik, seine Großmut und Liebe, seinen Witz und seinen Humor offenbaren:

In seiner Kölner Oberbürgermeisterzeit klagte ein als nicht übertrieben fleißig bekannter Mitarbeiter Dr. Adenauer seine Schlaflosigkeit und fragte, ob er nicht ein Mittel dagegen wüßte. Er habe schon alle Schlafmittel durchprobiert. Adenauer faßte sich kurz: „Versuchen Se doch mal zu arbeiten.“

In einer Sitzung wurde dem Kanzler von einem Gegner vorgehalten: „Herr Bundeskanzler, Sie äußern heute eine Auffassung, die abweicht von dem, was Sie uns gestern gesagt haben.“ Adenauer erwiderte: „Aber, meine Herren, et kann mich doch niemand daran hinderen, jeden Tag klüjer ze werden.“

Als der Kanzler mit bayrischen Partnern verhandelte, ging es sehr hitzig zu. Schließlich meinte eine echt bayrische Stimme: „Mir san aber net herkommen, Herr Bundeskanzler, damit daß wir einfach zu allem Ja und Amen sagen.“ Der Kanzler schmunzelte und schlug in unverfälschtem Kölsch verbindlich vor: „Dat is auch janich nötich, meine Herren. Mir jenücht schon, wenn Se Ja sagen."

Vgl. Im Adenauer-Jahr Adenauer Anekdoten, in: Kirchenzeitung Erzbistum Köln v. 27. Febr. 1976, Nr. 9, S. 34.

Stellen wir uns einmal vor, in unserem Leben verliefe alles glatt und reibungslos. Was wäre dann? Sicherlich würde sehr viel weniger geweint, aber gewiß auch sehr viel weniger gelacht. Denn es sind gerade die Reibungsflächen der Gegensätze und Widersprüche, zwischen denen sich nicht nur der Ärger, sondern auch das Lachen, nicht nur der Schmerz, sondern auch die Heiterkeit entzünden. Sagen wir es anders: Im Zwischenbereich der Gegensätze liegen die Quellen des Humors, der immer nur ein einziges Thema hat: „die wunderliche Traurigkeit ... des Menschenlebens und das Staunen darüber, daß dies jämmerliche Leben trotzdem so schön sein kann" (Hermann Hesse). In der wunderlichen Traurigkeit unseres Daseins liegt die Tragik, im staunenden Lachen darüber liegt der Humor. Daher fährt Hermann Hesse fort: „Tragik und Humor sind ja keine Gegensätze oder sind vielmehr nur darum Gegensätze, weil die eine den anderen so unerbittlich fordert."[1] So ist Humor nicht selten die unter Schmerzen errungene Freiheit und Souveränität gegenüber einem tragischen Schicksal. Er sorgt dafür, daß wir im Lebensstrom nicht untergehen. „Humor ist der Schwimmgürtel auf dem Strom des Lebens" (Wilhelm Raabe).

Diesen Schwimmgürtel besitzt, wer am Ernsten das Unbedeutende und am Großen das Kleine zu entdecken versteht. In seinem Humor bringt er das Vernunftwidrige des Lebens zum Vorschein und erkennt doch zugleich seine Vernunft an. Am Schlimmen hebt er das Belanglose hervor und mildert es so. Das Widrige wird nicht verdammt, es wird ihm nur seine Schärfe genommen, damit es erträglich wird. Wo einer Humor sich selbst gegenüber besitzt, da spürt er etwas von der Traurigkeit über die eigene Beschränktheit, aber zugleich auch die Freude an der eigenen Überlegenheit; er weiß um die eigene Bedeutung wie auch um die eigene Bedeutungslosigkeit. Hier liegt der Anfang des eigentlichen Humors. Humor hat, wer über die eigene Person zu lachen vermag: „Es war einmal ein Zwerg. Um ein Haar wollte er sich ärgern, daß er einer war. Aber sein Humor bewahrte ihn davor. Und noch etwas. Der Kleine war ein großer Philosoph ... Er dachte sich: Ganz absolut besehen bin ich gar nicht klein. Ich bin nur klein, weil die andern größer sind. Wären alle andern so wie ich, würde niemand Zwerg mich nennen. Und wär'n die andern kleiner noch als ich, so wär ich unter ihnen gar ein Riese ... Wie relativ ist alles doch auf dieser Welt! Und da er solches dachte, mußte der Zwerg plötzlich lachen. Und er freute sich, daß er es konnte. Denn lachen kann ja nur ein Mensch.“[2]

In seinem Humor nahm dieser Zwerg sich selbst so an, wie er nun einmal war. Aber Humor beinhaltet mehr. Er nimmt auch die andern wie sie sind.

Bei einer Begegnung mit Konrad Adenauer beklagte einmal Karl Theodor zu Guttenberg: „Herr Bundeskanzler, ich verstehe nicht die Unvernunft, die ihrer Politik entgegengebracht wird.“ Darauf entgegnete Adenauer: „Herr von Guttenberg, würden Sie von mir einen Rat annehmen?“ „Von niemand lieber als von Ihnen“, bejahte von Guttenberg. „Dann nehmen Sie die Menschen wie sie sind, – andere gibt's nicht!“[3]

Der humorvolle Mensch weiß um die menschliche Kreatürlichkeit und Armseligkeit, um die Gebrechlichkeit und die moralische Schwäche. All das kann er tief nachempfinden. „Liebe deinen Nächsten, denn er ist genau wie du!“ So übersetzt Martin Buber das Schriftwort: „Liebe deinen Nächsten wie dich selbst!“ Der humorvolle Mensch vermag es. Er ist eine innerlich freie Persönlichkeit, die zu sich selbst gefunden hat. Ernst, Achtung, Ehrfurcht und Liebe sind die Wurzeln, aus denen sein Humor erwächst. Zugleich zeigt sich hier, wie recht Rose Fitzgerald Kennedy hat, wenn sie in ihrer „Lebenserinnerung“ bemerkt: „Humor ist ein notwendiger Teil der Weisheit. Er verleiht Perspektive und befreit den Geist.“

Der Humor hat aber noch eine dritte Voraussetzung: Wir müssen die Welt mit ihren unberechenbaren und dunklen Schicksalsschlägen nehmen, wie sie ist.

Als der griechische Philosoph Anaxagoras (500–428 v. Chr.) die Nachricht vom Tod seines Sohnes vernahm, da blieb er äußerst gefaßt. „Ich wußte“, sagte er, „daß ich einen Sterblichen erzeugt habe!“[4]

Wer sich selbst, die anderen und die Welt nur ernst sieht, der hält es auf die Dauer nicht aus. „In der Welt zu leben, als sei es nicht die Welt, das Gesetz zu achten und doch über ihm zu stehen, zu besitzen, ‚als besäße man nicht‘, zu verzichten, als sei es kein Verzicht – alle diese beliebten und oft formulierten Forderungen einer hohen Lebensweisheit ist einzig der Humor zu verwirklichen fähig.“[5] Er hilft, gelassen zu sein, und trotz allem die Freude am Leben nicht zu verlieren, denn das Leben ist nicht nur voller Tragik, sondern auch voller Komik. Gerade das Komische ist es, was uns immer wieder zum Lachen reizt.

Im Unterricht wird dem Tünnes eine schwierige Frage gestellt. Wen wundert es, daß er sie nicht beantworten kann? „Der Lehrer ist ein

Mistvieh!" flüstert er dem Scheel zu. „Nichts einsagen!" ruft der Lehrer energisch. „Er wird schon selbst drauf kommen!"

Und wenn wir schon einmal bei den Lehrern sind: Eine ehemalige Studentin besuchte nach Jahren einen ihrer Hochschullehrer, dessen Zerstreuung sprichwörtlich war. „Erinnern Sie sich denn gar nicht mehr an mich?" fragte sie ihn. „Sie haben mich doch damals gebeten, Ihre Frau zu werden ..." „Ah, natürlich ...", rief der Professor mit aufflackerndem Interesse, „ja, ja, ich erinnere mich! Und ... sind Sie es geworden? ..."

Der humorvolle Mensch sieht aber nicht nur das Komische an einer Situation; er schafft durch seine Einfälle selbst eine komische Situation. Auf diesem Gebiet war Philipp Neri (1515–1595), den Walter Nigg den „Clown Gottes" nennt, ein Fachmann. Seine Späße können hier nicht wiedergegeben werden, da sie alle situationsgebunden waren und durch eine Wiedergabe mit trockenen Worten ihr eigentliches Fluidum schnell verlieren würden. In diesem Zusammenhang muß auch der schwäbische Pfarrer Michael von Jung erwähnt werden. Statt der obligaten Leichenrede pflegte er am offenen Grabe zur Laute den Lebenslauf des Verstorbenen zu besingen und der werten Trauergemeinde die Moral von der Geschichte in Knittelversen nahezubringen. Kein Wunder, daß er mit der Kirchenbehörde in Konflikt geriet, die ihn zunächst mit einer Legalstrafe belegte und ihn schließlich wegen fortgesetztem Ungehorsam als Kaplan nach Tettnang strafversetzte, wo er 1858 das Zeitliche segnete.[6] Man kann sich in der Phantasie leicht ausmalen, was er der versammelten Gemeinde beispielsweise am Grab einer alten Jungfrau, die tot im Bett gefunden wurde, oder am Grab eines Mannes, der in Betrunkenheit erfror, zu sagen hatte.

Aller höhere Humor hat eine verwandelnde Kraft. Deshalb wird er nicht selten in den Augenblicken lebendig, da wir uns in einer peinlichen Situation befinden. Erinnern wir uns an Angelo Roncalli, dem späteren Papst Johannes XXIII. (1881–1963).

Zur Zeit, da er apostolischer Nuntius in Paris war, wurde er zu einem Gala-Diner eingeladen, das von der Regierung arrangiert worden war. Wie es nun der Umstand wollte, kam der Nuntius neben eine Dame zu sitzen, die ein tief ausgeschnittenes Kleid trug. Als Monsignore Roncalli bemerkte, wie sich alle Augen auf ihn richteten, konnte er sich eines Lächelns nicht erwehren und meinte: „Sie sollten lieber auf meine Tischdame schauen. Sie ist viel attraktiver als ich!"

Diese Geschichte hätte auch ganz anders ausgehen können. Nämlich so, daß der Nuntius den Saal voller Empörung verlassen hätte.

Diese Begebenheit zeigt, was ein humorvolles Wort vermag. Es löst eine spannungsgeladene Situation, die tierischer Ernst zum Platzen bringt, zur allgemeinen Heiterkeit auf. Humor schließt neue Welten auf, indem er uns zu verstehen gibt: „Nehmt es doch nicht so wichtig; es gibt anderes und Größeres als das!" So kann allerdings nur sprechen, wer eine positive Welt- und Lebensanschauung hat, wer im Grunde seines Herzens ein Optimist ist. Während der Pessimist von vornherein denkt: „Wenn das nur nicht ins Auge geht!", sagt der Optimist: „Es kann höchstens schief gehen!" In leidvoller Situation sagt der Pessimist: „Keinem geht es so schlecht wie mir!" Der Optimist hingegen meint: „Ich habe noch Glück gehabt; es hätte viel schlimmer kommen können!" Diese Sicht, am Dunklen noch etwas Positives und Lichtvolles zu entdecken, ist dem Optimisten nur möglich, weil er die Überzeugung hat, daß die Welt trotz allem Verwirrenden und Negativen letztlich eine gute Welt ist. Hier rühren wir an die religiösen Wurzeln, ohne die es keinen tiefen Humor gibt. Der humorvolle Mensch lebt aus dem Glauben, daß es über uns einen Punkt gibt, der alle Gegensätze aufhebt. Diesen Punkt nennt der gläubige Mensch schlicht und einfach „Gott". Indem er in ihm Heimat und Geborgenheit findet, tritt er auf die Seite Gottes und sieht alles Weltgeschehen in seinem Licht. So gelangt er zu einer letzten Freiheit, in der er allem Verworrenen und Zwiespältigen gegenüber gläubig sein „Trotzdem" und „Dennoch" sprechen kann. Er glaubt an die Führung Gottes, der auch auf krummen Linien gerade zu schreiben vermag (Paul Claudel) und die Menschheitsgeschichte durch alles Chaotische hindurch in ihr Ziel holt. Dieser Glaube schenkt ihm eine letzte Unanfechtbarkeit und Heiterkeit. Das zeigt die folgende Anekdote:

Nuntius Pacelli, der spätere Papst Pius XII. (1876–1958), unterhielt sich in Berlin häufig mit Albert Einstein (1879–1955). Später berichtete Einstein, an diesem Mann der Kirche habe ihm immer am meisten imponiert, daß er den Glauben niemals mit dem Fanatismus des Eiferers, sondern immer mit der Güte des Wissenden vertreten habe. In einem Gespräch sagte einmal Einstein zu Pacelli: „Ich achte die Religion, aber ich glaube an die Mathematik. Bei Ihnen, Eminenz, wird es umgekehrt sein." Pacelli: „Sie irren. Mathematik und Religion sind für mich nur verschiedene Ausdrucksformen derselben göttlichen Exaktheit." Einstein war erstaunt: „Aber wenn die mathematische Forschung nun eines Tages ergäbe, daß gewisse Erkenntnisse der Wissenschaft denen der Religion widersprechen?" Pacelli lächelte: „Ich schätze die Mathematik so hoch, daß Sie, Herr Professor, in solchem Fall nie aufhören sollten, nach dem Rechenfehler zu suchen."

Solche Unanfechtbarkeit und Heiterkeit kann selbst der Tod nicht zunichte machen. „Die Koffer sind gepackt, die große Reise kann beginnen", sagte Papst Johannes XXIII. angesichts seines heranrückenden Todes. In seliger Hoffnung nahm er am Sieg Jesu Christi über die unheile Welt teil. Hier liegt der tiefste Grund christlichen Humors. In Jesus Christus hat der Christ die Welt überwunden. In seinem Glauben nimmt er die kommende Wirklichkeit vorweg. Sein humorvolles Lächeln ist immer ein österliches Lächeln. Wo immer Christen lachen, da müßte in ihrem Lachen das Geheimnis von Ostern aufleuchten.

Es stellt sich nun noch die Frage, ob Jesus selbst ein humorvoller Mensch gewesen ist. Der dänische Philosoph Sören Kierkegaard[7] beantwortet diese Frage, indem er auf mehrere biblische Äußerungen hinweist, in denen sich ein sehr feiner Humor andeutet. Zum Beispiel: „Schauet die Lilien, die auf dem Feld wachsen: Sie arbeiten nicht und weben nicht. Doch ich sage euch: Selbst Salomo war in all seiner Pracht nicht gekleidet wie eine von ihnen" (Mt 6,28–30). Oder: „Ich preise dich, Vater, Herr des Himmels und der Erde, weil du all das den Weisen und Klugen verborgen, aber den Unmündigen geoffenbart hast" (Mt 11, 25). Oder: „Marta, Marta, du machst dir viele Sorgen und Mühen. Aber nur eines ist notwendig" (Lk 10,41). Oder: „Ich sage euch: Ebenso wird auch im Himmel mehr Freude herrschen über einen einzigen Sünder, der umkehrt, als über neunundneunzig Gerechte, die eine Umkehr nicht nötig haben" (Lk 15,7). Kierkegaard erläutert diese Stelle: „Der Sinn von Lk 15,7 kann ja niemals sein, daß es einen einzigen Gerechten gäbe, der nicht der Buße bedürfte; derselbe Sinn ist auch in folgenden Worten ernst ausgedrückt: ‚Wer unter euch ohne Sünde ist, der werfe den ersten Stein auf sie' (Joh 8,7)." Der Evangelist fügt nicht ohne Humor hinzu: „Da verzogen sie sich, einer nach dem anderen, die Ältesten zuerst!" Der Humor Jesu zeigt sich auch in seinen Gleichnissen. Man denke hier beispielsweise an das Gleichnis vom Pharisäer und Zöllner (Lk 18,9–14) oder an das Gleichnis von der Witwe und dem Richter (18,1–8), dem Jesus die Worte in den Mund legt: „Ich will dieser Witwe doch zu ihrem Recht verhelfen, denn sie läßt mich nicht in Ruhe. Schließlich kommt sie noch und schlägt mich ins Gesicht." Jesu Sinn für Humor offenbart sich auch in seinem Verhalten. Man vergegenwärtige sich die Art und Weise, wie er Zachäus vom Baum herunterrief. Jesus nahm die Menschen so wie sie waren; das kann nur, wer Humor besitzt. Als er wegen seiner Menschenfreundlichkeit angegriffen wurde, brachte er einen Vergleich, mit dem wir dieses Thema beschließen möchten.

Es kam Johannes. Er aß nicht und trank nicht. Da sagen sie: „Er hat einen Dämon." Es kam der Menschensohn. Er aß und trank. Da sagen sie: „Seht den Schlemmer und Trinker, den Freund von Zöllnern und Sündern." Und doch rechtfertigte sich die Weisheit in ihren Werken.
Mattäus 11,18–19

Wenn ich Gott wäre, würde ich allen Menschen vergeben

10 Vom Geist bestimmt

Bruce Marshall: Der Pfarrer von Ars
Röm 8,8–9.12–17

Jean Vianney, der spätere Pfarrer von Ars, war aufgrund seines niedrigen „Intelligenzquotienten" das Kreuz vieler Lehrer. Eines Tages verlor selbst der zwölfjährige Klassenkamerad Matthias Loras, der ihm bei der Schularbeit zu helfen suchte, angesichts der geistigen Beschränktheit Vianneys die Geduld und ohrfeigte den Einundzwanzigjährigen im Beisein der übrigen Schüler. Statt zurückzuschlagen, sank Jean Vianney vor dem zwölfjährigen Jungen in die Knie und bat ihn, ihm zu verzeihen, daß er so langsamen Geistes sei. Der Junge war auf diese unerwartete Reaktion nicht gefaßt. Er schämte sich so sehr, daß er in Tränen ausbrach und Vianney um Nachsicht bat.

Vgl. Bruce Marshall, Der Pfarrer von Ars, Jakob Hegner Verlag, Köln-Olten 1958, S. 15.

Ob wir für andere ein Licht sind oder nicht, wird in der Regel in unseren „Alltagsgeschichten" offenkundig. Unter Alltagsgeschichten verstehen wir hier jene Begebenheiten alltäglichen Lebens, in denen wir uns in irgendeiner Weise mit unseren Mitmenschen auseinandersetzen. Sie haben immer einen konkreten *Anfang*, der sehr schnell eine *kritische Phase* heraufbeschwören kann. Aus ihr erwächst der *Höhepunkt*, dem das gute oder böse *Ende* folgt. Anfang, kritische Phase, Höhepunkt und Ende sind also die vier Bauelemente einer Alltagsgeschichte. Ob es sich dabei um eine gute oder eine böse handelt, entscheidet sich in der kritischen Phase. Hier zeigen wir unser wahres Gesicht.

Zwischen Matthias Loras und Jean Vianney spielte sich eine Alltagsgeschichte ab. Sie hat einen konkreten Anfang: der eine versucht dem anderen zu helfen. Dieses Bemühen führt alsbald zur kritischen Phase: der Zwölfjährige verliert die Nerven und ohrfeigt den Einundzwanzigjährigen. Wie reagiert dieser? Er bittet den Jüngeren, ihm zu verzeihen, daß er so langsamen Geistes sei. Der Höhepunkt: Matthias Loras ist aufgrund des unerwarteten Verhaltens von Jean Vianney über sich selbst erschrocken und bittet den Geschlagenen um Nachsicht. Und das Ende dieser Geschichte: die beiden verstehen sich tiefer als zuvor. Übersehen wir aber nicht, daß der innere Entwicklungsgang dieser Geschichte auch ganz anders hätte verlaufen können. Hätte sich Jean Vianney in der kritischen Phase einfach seinem Trieb überlassen, dann wäre es auf dem Höhepunkt nicht zur Aussöhnung, sondern zum Machtkampf gekommen, aus dem am Ende ein Sieger und ein Besiegter hervorgegangen wäre, die vorerst nichts mehr miteinander zu tun gehabt hätten. Zweifellos hätte Jean Vianney diesen Machtkampf wegen seiner körperlichen Überlegenheit gewonnen. Durch seine demütige Erniedrigung gelang es ihm jedoch, einen Sieg ganz anderer Art zu ermöglichen, einen Sieg, in dem es keinen Sieger und keinen Besiegten gab, sondern zwei Brüder, die einander die Hand reichten.

Zu seinem demütigen Verhalten wurde Jean Vianney durch die Kraft des Geistes, durch die Kraft des Heiligen Geistes ermächtigt. Denn Versöhnung durch Selbsterniedrigung ist die spezifische Wirkweise des Geistes Gottes in dieser Welt. Das verdeutlicht sich, wenn wir auf Jesus schauen. Seine Menschwerdung, in der sich zum Heil der schuldiggewordenen Welt die Selbsterniedrigung Gottes ereignet hat, geschah durch die Kraft des Heiligen Geistes. Wo immer der Geist Gottes wirksam wird, da geht es nicht um die Gewalt des Triebes, der nichts anderes als „Aug' um Aug' und Zahn um Zahn" kennt. Es geht vielmehr um die Kraft des Geistes, der nicht Böses mit Bösem vergilt, sondern bemüht ist, das Böse durch das Gute zu überwinden. Während nämlich das Böse durch selbstsüchtige Überheblichkeit den Mitmenschen zu erniedrigen sucht, ist es die Absicht des Guten, durch demütige Selbsterniedrigung den Mitmenschen zu erheben. Achten wir einmal darauf, ob es die Kraft des Geistes oder die Gewalt des Triebes ist, die wir in der kritischen Phase unserer Alltagsgeschichten zum Einsatz bringen. Denn immer sind wir füreinander Vermittler – sowohl zum Bösen als auch zum Guten. Wenn wir auch keinen unmittelbaren Einfluß auf den anderen zu nehmen vermögen, so können wir ihm doch durch unser Verhalten den Weg zu einem Wert eröffnen oder verschließen, indem wir diesen Wert für ihn zum Aufleuchten oder zur

Verdunklung bringen.[1] Somit eröffnen oder verschließen wir in jeder Alltagsgeschichte einander den Weg, der aus der Dunkelheit mitmenschlicher Beziehungen in das Helle und Lichtvolle führt.

Die im Fleische sind, können Gott nicht gefallen. Ihr aber seid nicht im Fleisch, sondern im Geist, da ja der Geist Gottes in euch wohnt. So sind wir also, Brüder, dem Fleisch nicht schuldig, daß wir fleischlich leben. Denn wenn ihr fleischlich lebt, werdet ihr sterben. Wenn ihr aber mit dem Geist die Werke des Fleisches tötet, werdet ihr leben. Alle, die sich vom Geist Gottes leiten lassen, die sind Söhne Gottes. Ihr habt doch nicht den Geist der Knechtschaft empfangen, daß ihr euch wieder fürchten müßtet, sondern ihr habt den Geist der Sohnschaft empfangen, in dem wir rufen: „Abba, Vater!" Der Geist selbst bezeugt mit unserem Geist, daß wir Kinder Gottes sind. Wenn aber Kinder, dann auch Erben, Erben Gottes, Miterben Christi, da wir mitleiden, um auch mitverherrlicht zu werden.
Römer 8,8–9.12–17

11 Die Hand der Versöhnung

M. Gandhi: Handeln aus dem Geist
Lk 23,32–43

Im Rückblick auf seine Jugendjahre erinnerte sich Mahatma Gandhi (1869–1948) an verschiedene Diebstähle, deren er sich seinerzeit schuldig gemacht hatte. Als 12jähriger nahm er Geld, als 15jähriger eignete er sich ein Stück Gold an. Vor allem letzteres war mehr, als er ertragen konnte. Deutlich spürte er, daß es ohne ein klares Geständnis keine Klärung gibt. So entschloß er sich, die Tat seinem Vater zu gestehen. Doch er wagte nicht zu sprechen. Daher schrieb er sein Geständnis nieder.

Sein Vater lag damals krank zu Bett. Zitternd händigte der Junge die Niederschrift seiner Schuld dem Vater aus und setzte sich dem Bett gegenüber. Der Vater las. Tränen liefen über seine Wangen und benetzten das Papier. In tiefem Nachdenken schloß er für einen kurzen Augenblick die Augen. Dann zerriß er die Notiz. Dem Sohn entging nicht, was in diesem Moment in seinem Vater vor sich ging. Zuerst glaubte er, der Vater würde sich ärgern und schimpfen. Doch dieser blieb vollkommen ruhig. Es war die Folge des offenen Geständnisses.

Für Mahatma Gandhi wurde diese Begegnung mit seinem Vater zu einem unvergeßlichen Erlebnis. Viele Jahre später schrieb er: „Wäre ich ein Maler, so könnte ich noch heute die ganze Szene malen. So lebhaft ist sie mir noch in Erinnerung (...) Nur wer solche Liebe erfahren hat, weiß, was sie ist. Wie es im Hymnus heißt: ‚Nur wer von den Pfeilen der Liebe getroffen ist, kennt ihre Macht.' (...) Ich weiß, daß mein Geständnis meinem Vater das Gefühl völliger Sicherheit über mich gab und seine Zuneigung zu mir über alles Maß hinaus steigerte."

Mahatma Gandhi, Handeln aus dem Geist, Herderbücherei Nr. 632, Freiburg–Basel–Wien 1977, S. 29 ff.

Wer kennt ihn nicht, Mahatma Gandhi, die personifizierte Liebe, Selbstlosigkeit, Gewaltlosigkeit und Frömmigkeit? Auf dem Weg zum Gebetshaus wurde er 1948 von einem fanatischen Hindu niedergeschossen. Sterbend wandte er seinen Kopf nach seinem Mörder um.

Aber er sah ihn nicht. Da zog er seine schon kraftlos gewordene Hand über seine Brust, über sein Gesicht und legte sie auf seine Stirn: das Zeichen der Versöhnung. Es war das letzte Zeichen, das Gandhi dieser Welt gegeben hat. Beachtenswert ist auch, daß der Name „Mahatma“ nicht der Vorname Gandhis war, sondern ein Ehrentitel, den man ihm verliehen hatte. Mahatma, das heißt: große Seele. Immer ist eine große Seele, wer in dieser Weise verzeihen kann. Wie werden wir dazu fähig? Vielleicht nur dadurch, daß wir selbst einmal in schwerwiegender Weise schuldig wurden und die befreiende und beglückende Hand der Versöhnung erfahren durften. So war es jedenfalls im Leben Gandhis. Er war nicht zuletzt deshalb eine große Seele, weil sein Vater eine große Seele hatte.

Der Erlebnisbericht von Mahatma Gandhi enthält manches, das wert wäre, überdacht zu werden. Ich denke beispielsweise an die Feststellung, daß es eine Schuld gibt, deren Last größer ist, als man zu tragen vermag. Oder an die Aussage, daß es ohne klares Geständnis keine Klärung von Schuld geben kann. Auch wäre zu fragen, warum es so schwer fällt, zum Geständnis seiner Schuld zu kommen. Offensichtlich gibt es da erhebliche Widerstände, die schwer zu überwinden sind. Von alldem soll jedoch in diesem Zusammenhang nicht gesprochen werden. Bleiben wir vielmehr bei dem Erlebnis des jungen Gandhi, der sich zitternd auf den Weg machte, um seine Schuld in die Hände seines Vaters zu legen, und überraschend erfahren durfte, daß es eine Liebe gibt, die alle Erwartungen übertrifft. Mehr noch: er durfte erkennen, wie durch sein Kommen die väterliche Zuneigung über alle Maße gesteigert wurde. Es wurde ihm bewußt: „Du bist geliebter, als du glaubst. „ Hilflos nach Worten suchend, erklärt Gandhi: „Nur wer solche Liebe erfahren hat, weiß, was sie ist. Wie es im Hymnus heißt: ‚Nur wer von den Pfeilen der Liebe getroffen ist, kennt ihre Macht.‘“ Es gibt also eine Liebe, die sich unendlich weit über alle Formen bloßen Reagierens erhebt. Sie ist nicht mechanischer, sondern schöpferischer Natur.

Diese Begebenheit hätte für uns selbst keine Bedeutung, könnten wir sie nicht als ein Gleichnis für jene Liebe verstehen, die Gott zu uns hat. Wenn wir hier von einem „Gleichnis“ reden, so möchten wir damit sagen: Im Vergleich zur Liebe Gottes bleibt die höchste Form menschlicher Liebe immer nur anfängerhaft. Anders gesagt: Die Liebe jenes Vaters verhält sich zur Liebe Gottes wie eins zu unendlich. „Du bist unendlich geliebter, als du glaubst!“ Das ist der Inbegriff der Botschaft Jesu: Du bist geliebt trotz allem, ja, gerade wegen allem Dunklen, das es in deinem Leben gibt; denn Gottes Liebe ist größer als all das, was je ein Mensch verschulden kann. Was aber macht Gott mit unserer

Schuld? Auch darauf kann man nur gleichnishaft antworten: Er zerreißt sie, wie der Vater es tat mit der Schuld seines Sohnes in unserer Erzählung. Beim Propheten Jesaja (38,17) lesen wir: „Du hast mich aus meiner bitteren Not errettet, du hast mich vor dem tödlichen Abgrund bewahrt; denn all meine Sünden warfst du hinter deinen Rücken." Ähnlich schreibt der Prophet Micha: „Wer ist ein Gott wie du, der du Schuld verzeihst (...) Ja, du wirfst all unsere Sünden in die Tiefe des Meeres hinab" (7,18–19). Das also ist biblischer Glaube: sein Leben, so wie es ist, in die uns entgegengestreckte Hand Gottes legen. Das vermag nur, wer noch ein kindliches Vertrauen hat.

Wer in dieser Weise glaubt, lebt auf. Er findet ein neues Verhältnis zu sich selbst. Seine Zwiespältigkeit und Reizbarkeit verlieren sich. Seine tiefste Einsamkeit hört auf. Weil Gott ihm verziehen hat, kann er sich selbst verzeihen. Wir sagen dies vor allem denen, die sich selbst nicht verzeihen können. Denn nichts lähmt den guten Willen eines Menschen mehr als das. Zugleich sind unerlöste Schuldgefühle die schwerwiegendste Ursache für seelische Trübsal. Ausgesöhnt mit Gott, kann sich der Mensch mit sich selbst aussöhnen. Von Gott angenommen, kann er sich selbst annehmen. Er vermag es, weil Gottes verzeihende Liebe auch aus unserer Schuld Gutes hervorgehen lassen kann, etwa die Erfahrung, die uns zu Bewußtsein bringt, wie wenig wir in uns selbst zu stehen vermögen und wie sehr wir seiner Hand bedürfen, die uns hält und trägt.

An dieser Stelle leuchtet noch etwas anderes auf. Je mehr ein Mensch mit sich selbst im reinen ist, um so milder wird er im Urteil über seine Mitmenschen. Aus der Einheit mit sich selbst erwächst ihm ein tiefes Mitgefühl, das ihm hilft, den „Menschen im Menschen" zu verstehen. Solches Mitgefühl ist die Seele aller Versöhnung. Wie schwer ist es aber, so etwas im konkreten Augenblick zu vollbringen? Woran liegt es? Gewöhnlich schauen wir in solchen Situationen zu sehr auf die vorgefallene Sache und zu wenig auf die betreffende Person. Bei Gott ist es umgekehrt. Er schaut vor allem auf die Person. Denn er weiß, daß oft genug „nicht viel Bosheit in den Menschen ist, aber viel Unwissenheit, Überrumpelung, Impulsivität, Gefühlsmäßiges, Kurzsichtigkeit, Gedankenlosigkeit" (Peter Lippert). Daher ist er der barmherzige Gott, der den Menschen einlädt, sein Auge vom Geschehenen auf die Person zu lenken. Auf diese Weise verwandelt sich das unversöhnliche Auge in ein mildes, das verstehen und verzeihen kann und dies durch die Hand der Versöhnung zum Ausdruck bringt.

Ich hörte von einem jungen Mann, der sich über seine Verlobte wiederholt sehr geärgert hatte. Jetzt wollte er es ihr schriftlich geben.

Er schrieb ihr einen Brief voll bitterer Vorwürfe. Am Schluß stellte er es ihr anheim, ihre eigenen Wege zu gehen: „Ich mache das nicht länger mit. „ Da es schon spät war, beschloß er, den Brief erst am anderen Morgen einzuwerfen. Über Nacht ging ihm plötzlich auf, wie egoistisch er seinerseits war. Er besann sich. Am Morgen verbrannte er den Brief und schüttete die Asche in ein Kuvert und schickte diesen mit den folgenden Zeilen an seine Braut: „Liebe Erika, beiliegend schicke ich Dir die Asche eines bösen Briefes, den ich Dir gestern abend geschrieben hatte (...) Du weißt, wie ich Dich liebe, daher habe ich diesen Brief verbrannt ...“ Noch am selben Tag kam seine Braut und entschuldigte sich. Zugleich brachte sie zum Ausdruck, wie sehr sie sich über seine gute Idee gefreut hatte und versicherte, die Asche als Mahnung verwahren zu wollen. - Hier bestätigt sich, daß Liebe ein schöpferischer Vorgang ist, der jeden Groll überwindet. Mit Groll im Herzen löst man keine Probleme. Im Gegenteil! Groll verschlimmert die Situation. Liebendes Verzeihen hingegen ist ein echter Sieg, der einen gemeinsamen Weg in eine neue Zukunft eröffnet. Daher ist der Mensch nirgendwo so göttlich wie dort, wo er verzeiht oder wo ihm selbst verziehen wird.

Zusammen mit Jesus wurden auch zwei Verbrecher zur Hinrichtung geführt. Sie kamen zur Schädelhöhe; dort kreuzigten sie ihn und die Verbrecher, den einen rechts von ihm, den anderen links. Jesus aber betete: Vater, vergib ihnen, denn sie wissen nicht, was sie tun. Dann warfen sie das Los und verteilten seine Kleider unter sich. Die Leute standen dabei und schauten zu; auch die führenden Männer des Volkes verlachten ihn und sagten: Anderen hat er geholfen, nun soll er sich selbst helfen, wenn er der erwählte Messias Gottes ist. Auch die Soldaten verspotteten ihn; sie traten vor ihn hin, reichten ihm Essig und sagten: Wenn du der König der Juden bist, dann hilf dir selbst! Über ihm war eine Tafel angebracht; auf ihr stand: Das ist der König der Juden. Einer der Verbrecher, die neben ihm hingen, verhöhnte ihn: Bist du denn nicht der Messias? Dann hilf dir selbst und auch uns! Der andere aber wies ihn zurecht und sagte: Nicht einmal du fürchtest Gott? Dich hat doch das gleiche Urteil getroffen. Uns geschieht recht, wir erhalten den Lohn für unsere Taten; dieser aber hat nichts Unrechtes getan. Dann sagte er: Jesus, denk an mich, wenn du in dein Reich kommst. Jesus antwortete ihm: Amen, ich sage dir: Heute noch wirst du mit mir im Paradies sein.
Lukas 23,32–43

12 Jeder Mensch ist Judas

J. Green: Jeder Mensch in seiner Nacht
Lk 22,54–62

Der im Jahre 1900 geborene französische Romancier Julien Green ist zeitlebens ein Sucher nach der Wahrheit gewesen. Protestantisch erzogen, konvertierte er mit fünfzehn Jahren zum katholischen Glauben. Dann wurde er Buddhist. Später bekannte er sich zum zweitenmal zum Katholizismus. Aufschlußreich für seine innere Entwicklung sind seine Tagebücher, Zeugnisse seines Ringens zwischen Gott und irdischer Lust. In seinen Romanen schildert Green den Menschen in seiner Versuchbarkeit und Verlorenheit, in seiner Lebensangst und seiner Sehnsucht nach einer höheren Wirklichkeit. Seine Personen sind meist einsam und verlassen, willensschwach und haltlos. Kennzeichnend für ihre Situation ist auch der Titel des 1960 erschienenen Werkes „Chaque homme dans sa nuit“ – „Jeder Mensch in seiner Nacht“.

Im Mittelpunkt dieses Romans steht Wilfred Ingram, der zwischen den Forderungen seines gläubigen Gewissens und einer hemmungslosen Geschlechtsgier hin- und hergerissen wird. Während seine Umwelt ihn für einen anständigen Menschen hält, ist Wilfred sich bewußt, daß er wie in erstickendem Schlamm in der Sünde steckt. Zwar trägt er in seiner Tasche einen Rosenkranz; aber sooft er sich in der Stadt auf Abwege begibt, läßt er ihn daheim in einem Schubfach, damit „der kleine Gekreuzigte“ nicht dabei sei. Zuweilen hat er sogar den Wunsch, den Glauben loszuwerden, weil er ihn am Genießen seiner ungeordneten Liebe hindert. Zugleich spürt er, wie durch das Begehren sein Glaube abgetötet wird. „Man könnte sehr wohl aus zwei verschiedenen Menschen bestehen“, denkt er manchmal mit Bestürzung. Seine Situation spitzt sich zu, als er die junge Frau des ihm entfernt verwandten James Knight kennenlernt und aus der Bekanntschaft ein intimeres Verhältnis wird. James weiß um das Ansinnen Wilfreds; doch er vertraut seiner Frau. Eines Nachts kommt es zu einem Gespräch zwischen den beiden Männern.

„Ich will mit Ihnen nicht über Religiöses sprechen, sondern Ihnen vier Bibelverse vorlesen“, sagt James zu Wilfred. „Es ist übrigens keine

Stelle, die einem in die Augen springt." Daraufhin schlägt er die Bibel auf und liest die Namenliste der Apostel vor, an deren Schluß er seinen eigenen Namen für den Namen „Judas" einsetzt. Verwirrt fragt Wilfred: „Warum sagen Sie das?" Der Lesende läßt das Buch sinken und erwidert: „Wir können ja statt seiner einen andern Namen einfügen: – Und der zwölfte hieß Wilfred, und er verriet ihn. – Merken Sie sich, daß wir alle, wie wir sind, unsern Namen statt des Judas Namen einfügen könnten. Haben Sie sich darüber nie Gedanken gemacht?" Dann fährt er fort: „Jesus liebte Judas. Nun aber war der Verrat an Jesus eine große Sünde, und dennoch war sie verzeihlich. Judas' Irrtum bestand in dem Glauben, sie sei es nicht, deshalb erhängte er sich. Stellen Sie sich vor, es sei alles ganz anders verlaufen, Judas sei zu Jesus geeilt, als er unter dem Kreuz wankte und strauchelte ... Was meinen Sie wohl, welcher Blick da auf ihn fällt? Ein Blick des Hasses? Ich glaube es nicht. Ein Blick voller Liebe, Wilfred, ein Blick voller Liebe. Es gab auf dem Leidensweg einen kurzen Augenblick, da einzig Judas hätte Jesus trösten können, indem er ihn um Vergebung bat. Das Ärgernis ist, daß jener Augenblick hinging, ohne daß Judas sich eingefunden hätte. So sehe ich die Dinge."

Wieder zu Hause angekommen, wird Wilfred vor allem durch seine letzte Begegnung mit der jungen Frau, die jener Unterredung unmittelbar vorausgegangen war, von heftigen Gewissensbissen heimgesucht. Er läßt kaltes Wasser ins Waschbecken laufen und taucht das Gesicht hinein, als wolle er sich ein neues erschaffen. Um jeden Preis will er die Erinnerung an diese widerwärtige Nacht aus seinem Gedächtnis und seinem ganzen Ich tilgen. Zu Bett zu gehen vermag er nicht. Das einzig Vernünftige, was er tun könne, so glaubt er, sei, in den Straßen herumzulaufen. Am übernächsten Tag sucht er eine ihm bekannte Kirche auf und erforscht sein Gewissen. „Mein Gott!" fleht er, „bleib bei mir!" Halblaut fährt er fort: „Bleib bei mir bis zum Ende." Nur wenige Stunden später wird er von einem Irren niedergeschossen. In den letzten Zügen liegend, verzeiht er seinem Mörder. James Knight findet sich an seinem Sterbebett ein. Seinen letzten Eindruck von Wilfred faßt er in folgende Worte: „Ich gehöre nicht zu den allzuschnell von Rührung überwältigten Leuten. Ich mißtraue der Rührung ... Ich habe viele, lange Jahre durchlebt. Aber nie zuvor habe ich auf dem Antlitz eines Menschenwesens einen Ausdruck des Glücks gesehn, der vergleichbar mit dem Wilfreds Züge verklärenden gewesen wäre. Auf ihn angewandt, verlor das Wort ‚Tod' jeden Sinn. Er lebte, er lebte! Eine Minute lang habe ich wie betäubt dagestanden; dann habe ich mich den Priester fragen hören: ‚Ist es aus?' Er hat geantwortet: ‚Ja, wenn Sie darunter verstehn, daß das Herz nicht mehr schlägt.'"

Julien Green, Jeder Mensch in seiner Nacht, Verlag Jakob Hegner, Köln & Olten 1960, vor allem S. 300f. und 358f.

Das alltägliche Leben von Wilfred Ingram wurde von einem starken Liebeshunger bestimmt, der dem Trieb erwuchs und nichts als Triebbefriedigung suchte. Um solches Verhalten besser verstehen zu können, wollen wir uns einige Informationen aus der Psychologie geben lassen.[1] Diese sagt uns, daß das bloß triebhafte Liebesverlangen nicht auf die Person, sondern höchstens auf den Typ schaut. Das Geheimnis des andern wird nicht erkannt, denn der Trieb ist von Hause aus blind und der Partner bloß triebhafter Beziehungen durchaus auswechselbar. Daher wundert es uns nicht, wenn wir im Roman lesen: „Es hatte in Wilfreds Leben bereits eine ganze Anzahl Mädchen gegeben." Im Gegensatz zu solch triebhaftem Verhalten macht wirkliche Liebe sehend. Sie entdeckt die Einzigartigkeit des geliebten Du. Erwächst solche Liebe aus einem gläubigen Herzen, dann sieht sie den anderen so, wie Gott ihn gemeint hat, und ist bemüht, ihn so werden zu lassen. Daher hütet sich solche Liebe davor, den geliebten Menschen als „Mittel zum Zweck" zu gebrauchen.

Damit soll keineswegs behauptet werden, echte Liebe und Triebhaftigkeit hätten nichts miteinander zu tun. Viktor E. Frankl schreibt in diesem Zusammenhang: wahre Liebe bedürfe des Geschlechtstriebes als ihres Ausdrucksmittels: „Menschliches Geschlechtsleben beginnt dort erst menschlich, will heißen menschen*würdig*, zu sein, wo es auch schon mehr ist als bloßes Geschlechtsleben, wo es eben Liebesleben ist." Andererseits bedarf die menschliche Triebhaftigkeit der Liebe, da erst die Liebe ein normales Triebleben ermöglicht und eine Triebreifung bewirkt, indem sie den Trieb auf die Person des geliebten Partners hin ordnet. Wo das geschieht, läßt sich der Trieb auch der eigenen Person ein- und unterordnen. „Nur ein Ich, das ein Du intendiert, kann das Es integrieren", sagt Frankl. Von hier aus ergibt sich auch eine endgültige und ausschließliche Partnerwahl. Wo der erwähnte Integrationsprozeß nicht gelingt, können nach Frankl zwei verschiedenartige Gründe die Ursache sein: Entmutigung, wenn eine glückliche Liebesbeziehung für unmöglich erachtet wird, und Enttäuschung, wenn der Aufbau einer glücklichen Beziehung durch den Partner abgebrochen wird. Sowohl im einen wie im andern Fall stürzen die Betroffenen nicht selten in eine bloße Triebbefriedigung. In ihr wird nicht der Trieb, sondern die Liebe verdrängt, was zur Folge hat, daß die Qualität durch die Quantität ersetzt wird: „Je weniger ein Mensch noch an die *Möglichkeit* glaubt, zu einer Erfüllung seiner Liebessehnsucht zu gelangen, um so mehr wird er sich vor die *Notwendigkeit* gestellt sehen, bloß möglichst viel Triebbefriedigung einzuheimsen."

Wilfred Ingram gehörte offensichtlich zu den Entmutigten, die sich den Aufbau eines glücklichen Liebesverhältnisses nicht als möglich vorstellen können. Hinzu kommt nun, daß sein Verhaftetsein an den Trieb nicht ohne Rückwirkungen auf sein Glaubensleben blieb. Weil der Glaube dazu anhält, nicht dem Fleisch, sondern dem Geist nach zu leben, nicht sich selbst, sondern den andern zu suchen, um sich in ihm zu finden, deshalb befand sich Wilfred in einem fortwährenden Konflikt. Deutlich empfand er den Glauben als Hindernis eines hemmungslosen Lebens. Wollte er einerseits aus Angst vor der Verdammnis seinen Glauben nicht verlieren, so dachte er andererseits nicht daran, auf die Lustgewinnung zu verzichten. Aus diesem Grunde führte er ein Doppelleben. Immer wieder schlug er das Kreuzzeichen über sich und ging zur Messe. Daneben versuchte er, die Forderungen seines Triebverlangens zu erfüllen. Dieses Sowohl-als-auch brachte ihn zur bestürzenden Erkenntnis, daß man sehr wohl aus zwei verschiedenen Menschen bestehen könnte. Mit der Zeit wurde ihm jedoch bewußt, daß der Glaube auf die Dauer diesen Widerspruch nicht verkraftet. Man könnte das Dilemma, in dem Wilfred stand, auf eine kurze Formel bringen und sagen: er bewegte sich andauernd zwischen Verrat und Treue. Weil dies eine Situation ist, in der jeder Mensch steht, griff James Knight in der Unterredung mit ihm auf Judas zurück: „Merken Sie sich, daß wir alle, wie wir sind, unseren Namen statt des Judas Namen einfügen könnten."

Judas war ein Gefolgsmann Jesu. Aus diesem Gefolgsmann wurde sein Verräter. Beachtenswert ist nun, daß James nicht im Verrat die größte Schuld im Leben von Judas sah. Obwohl er eine große Sünde war, war er verzeihlich, weil Jesus Judas liebte. Seine größte Sünde bestand vielmehr darin, daß er den Glauben an die Liebe seines Herrn und Meisters verloren hatte. Hätte Judas an die Liebe Jesu geglaubt, hätte er in seiner Schuld den Weg zu ihm gefunden, so wäre ihm die letzte Tragik seines Lebens erspart geblieben. Nicht nur daß ihm verziehen worden wäre, er wäre zu einem Zeichen der Hoffnung für all jene geworden, die in der Ausweglosigkeit ihrer Schuld nicht wissen, daß Gottes Liebe größer ist als unser Herz, das uns verklagt. „Das Ärgernis ist, daß dieser Augenblick hinging, ohne daß Judas sich eingefunden hätte." Man erinnere sich an dieser Stelle an die „Schriften zum Chassidismus" von Martin Buber, in denen wir unter der Überschrift „Die große Schuld“ lesen: Rabbi Bunam sprach zu seinen Chassidim: „Die große Schuld des Menschen sind nicht die Sünden, die er begeht – die Versuchung ist mächtig und seine Kraft gering! Die große Schuld des Menschen ist, daß er in jedem Augenblick die Umkehr tun kann und nicht tut.“[2]

Die tiefe Erfahrung, daß wir alle, wie wir sind, unseren Namen statt des Judas Namen einfügen könnten, bewahrte James Knight vor jeder Selbstgerechtigkeit und Überheblichkeit. Sie vermittelte ihm jenes mitfühlende Verständnis, das die Voraussetzung für ein Gespräch mit dem anderen war, der an ihm schuldig wurde. James Knight war ein Christ, der diesen Namen wirklich verdiente. Er war sich der Versuchbarkeit bewußt, der jedes menschliche Herz ausgeliefert ist. Darüber hinaus wußte er, daß es im menschlichen Leben keine Schuld geben kann, die unverzeihlich wäre, wenn sich der schuldig gewordene Mensch mit seiner Schuld auf den Weg macht, um Vergebung zu erbitten. Zu solcher Vergebung war er bereit, wie auch Jesus dazu bereit gewesen ist. Wilfred machte sich auf den Weg. Wenn er auch nicht zu James kam, er fand den Weg zu Gott. Da es ihm angesichts seines gelebten Lebens immer unheimlicher zumute wurde, betete er: „Mein Gott, bleib bei mir! Bleib bei mir bis zum Ende.“ Allem Anschein nach hatte Gott diesen Ruf nicht überhört, denn obwohl sein Herz aufgehört hatte zu schlagen, gewann James die Überzeugung: Er lebte, er lebte!

Sie nahmen ihn fest, führten ihn ab und brachten ihn in das Haus des Hohenpriesters. Petrus folgte von weitem. Als sie mitten im Hof ein Feuer angezündet und sich zusammengesetzt hatten, saß Petrus mitten unter ihnen. Da sah ihn eine Magd im Feuerschein sitzen, blickte ihn genau an und sagte: „Der war auch bei ihm.“ Er aber leugnete und sagte: „Frau, ich kenne ihn nicht.“ Und kurz darauf sah ihn ein anderer und sagte: „Auch du bist einer von ihnen.“ Petrus aber sagte: „Mensch, ich bin es nicht.“ Und ungefähr nach einer Stunde behauptete ein anderer nachdrücklich: „Wahrhaftig, auch dieser war bei ihm; er ist doch auch ein Galiläer.“ Petrus aber sagte: „Mensch, ich weiß nicht, was du meinst!“ Und sogleich, während er noch redete, krähte der Hahn. Da wandte sich der Herr um und blickte Petrus an; da erinnerte sich Petrus an das Wort des Herrn, wie er zu ihm gesagt hatte: „Ehe heute der Hahn kräht, wirst du mich dreimal verleugnen.“ Und er ging hinaus und weinte bitterlich.
Lukas 22,54–62

13 Ich habe sündigen müssen, um wieder leben zu können

H. Hesse: Siddhartha
Jak 1,19–25

In seiner indischen Dichtung „Siddhartha“ schildert Hermann Hesse (1877–1962) den Lebensweg des Brahmanensohnes Siddhartha, der sich auf der Suche nach seinem Selbst von der Welt einfangen ließ und sich mehr und mehr an Lust und Macht, an Weib und Geld verlor. Doch in diesem Kreislauf lief er sich müde, alt und krank. Wertlos und sinnlos, so schien ihm, hatte er dahingelebt. Deutlich spürte er, daß in seinem Innern etwas gestorben war.

Voll von Überdruß und Ekel kam er schließlich an den großen Fluß im Wald. Nur nach einem sehnte er sich noch: nichts mehr von sich zu wissen, Ruhe zu haben, tot zu sein. Mit verzerrtem Gesicht starrte er in das Wasser, ganz und gar von dem Wunsch erfüllt, sich loszulassen und in diesem Wasser unterzugehen. Während er diesem Gedanken nachging, durchzuckte ein Klang seine Seele aus entlegenen Bezirken. Es war das alte Anfangswort und Schlußwort aller brahmanischen Gebete, das heilige „Om“, das so viel bedeutet wie „das Vollkommene“ oder „die Vollendung“. Siddhartha erschrak. Jetzt wußte er wieder um die Unzerstörbarkeit des Lebens, und er erinnerte sich an alles Göttliche, das er vergessen hatte: „Wunderlich in der Tat war mein Leben“, so dachte er, „wunderliche Umwege hat es genommen ... Ich habe durch so viel Dummheit, durch so viel Laster, durch so viel Irrtum, durch so viel Ekel und Enttäuschung und Jammer hindurchgehen müssen, bloß um wieder ein Kind zu werden und neu anfangen zu können ... Ich habe Verzweiflung erleben müssen, ich habe hinabsinken müssen bis zum törichtesten aller Gedanken, zum Gedanken des Selbstmordes, um Gnade erleben zu können ... Ich habe sündigen müssen, um wieder leben zu können ... Daß Weltlust und Reichtum nicht vom Guten sind, habe ich schon als Kind gelernt. Gewußt habe ich es lange, erlebt habe ich es erst jetzt. Und nun weiß ich es, weiß es nicht nur mit dem Gedächtnis, sondern mit meinen Augen, mit meinem Herzen, mit meinem Magen ...“

Währenddessen kam der Fährmann Vasudeva mit seiner Fähre auf ihn zu, und Siddhartha ließ sich von ihm an das andere Ufer bringen. Dort lud ihn der Fährmann ein, sein Gast zu sein, in seiner Hütte zu schlafen und ihm zu erzählen, woher er komme. Bis tief in die Nacht hörte ihm der Gastgeber zu: „Alles nahm er lauschend in sich auf, Herkunft und Kindheit, all das Lernen, all das Suchen, alle Freude, alle Not. Dies war unter des Fährmanns Tugenden eine der größten: er verstand wie wenige das Zuhören. Ohne daß er ein Wort gesprochen hätte, empfand der Sprechende, wie Vasudeva seine Worte in sich einließ, still, offen, wartend, wie er keines verlor, keines mit Ungeduld erwartete, nicht Lob noch Tadel daneben stellte, nur zuhörte. Siddhartha empfand, welches Glück es ist, einem solchen Zuhörer sich zu bekennen, in sein Herz das eigene Leben zu versenken, das eigene Suchen, das eigene Leiden."

„Selten sind die Menschen", erklärte Siddhartha, „welche das Zuhören verstehen." „Du wirst es lernen", antwortete ihm Vasudeva, „aber nicht von mir. Das Zuhören hat mich der Fluß gelehrt, von ihm wirst auch du es lernen. Er weiß alles, der Fluß, alles kann man von ihm lernen. Sieh, auch das hast du schon vom Wasser gelernt, daß es gut ist, nach unten zu streben, zu sinken, die Tiefe zu suchen." Oft saß Siddhartha am Fluß. Er lernte von ihm das Warten, die Geduld, das Lauschen, „das Lauschen mit stillem Herzen, mit wartender, geöffneter Seele, ohne Leidenschaft, ohne Wunsch, ohne Urteil, ohne Meinung". Oft saß er mit dem Fährmann gemeinsam dort. Sie schwiegen und hörten die zehntausend Stimmen des Wassers, die frohen und weinenden, die kindlichen und männlichen, die Klage der Sehnsucht, das Lachen des Wissenden und das Stöhnen der Sterbenden. All das war ineinander verwoben. Indem sie alle diese Stimmen zusammen zu hören suchten, um auf das Ganze, auf die Einheit zu hören, vernahmen sie das Wort aller Wörter, das heilige Om. Von Mal zu Mal wurde das Lächeln der beiden immer ähnlicher. Es wurde beinahe ebenso strahlend, ebenso kindlich, ebenso vom Glück durchglänzt. Oft geschah es, daß beide an dieselben Dinge dachten und beglückt waren, auf dieselbe Frage dieselbe Antwort gefunden zu haben.

Vgl. Hermann Hesse, Siddhartha, Eine indische Dichtung, Suhrkamp Verlag, Frankfurt a.M. 1972, vor allem: S. 88–100.

Hermann Hesse war eine tief religiöse Persönlichkeit: „Daß Menschen ihr Leben als Lehen von Gott ansehen und es nicht in egoistischem Trieb, sondern als Dienst und Opfer vor Gott zu leben suchen, dies größte Erlebnis und Erbe meiner Kindheit hat mein Leben stark beeinflußt. Ich habe die ‚Welt' und die Weltleute nie ganz ernst genommen, und tue es mit den Jahren immer weniger."[1] Sein Vater und auch seine Mutter und deren Vater standen ihr Leben lang im Dienst der christlichen Mission in Indien. So hatte er das geistige Indertum wie das Christentum von Kindheit auf miterlebt. Doch das Christentum, das Hesse in der protestantischen Kirche mit ihrer Vielzahl kleiner Landeskirchen erlebte, brachte ihm nichts an Erlebnis. Daher war die indische Religion für ihn verlockender. Darüber hinaus beschäftigte ihn die Weisheit des Lao-tse (6. Jh. v. Chr.). So ist seine persönliche Religiosität vielseitig beeinflußt. „In meinem religiösen Leben spielt also das Christentum zwar nicht die einzige, aber doch eine beherrschende Rolle, mehr ein mystisches Christentum als ein kirchliches, und es lebt nicht ohne Konflikte, aber doch ohne Krieg neben einer mehr indisch-asiatisch gefärbten Gläubigkeit, deren einziges Dogma der Gedanke der Einheit ist."

„Siddhartha" war für Hesse der Versuch, seinen Glauben in einem Buch niederzulegen. „Sein Glaubensinhalt ist von indischen Studenten und japanischen Priestern häufig geprüft und diskutiert worden, nicht aber von deren christlichen Kollegen." „Siddhartha" ist also nicht die Schilderung eines Einzelschicksales, sondern der Weg der Menschwerdung des Menschen. Das ist auch die Bedeutung dieses altindischen Namens. Er besagt: „einer, der sein Ziel erreicht hat". Die Seelengeschichte beginnt demnach mit der Unschuld des Kinderparadieses und führt alsbald in die Schuld, in das Wissen von Gut und Böse. Wer diese Stufe ernsthaft durchlebt und durchleidet, kann bis zur Verzweiflung erfahren, daß Gerechtigkeit und Gutsein letztlich unerreichbar sind. Diese Verzweiflung führt entweder zum Untergang oder aber zum Erleben von Gnade und Erlöstsein, zum Glauben, daß wir nach dem Guten streben sollen, soweit wir vermögen, daß es über unserem Erkennen einen liebenden Gott gibt oder sonst ein ‚Es', dessen Diener wir sind. „Nochmals skizziert: Der Weg führt aus der Unschuld in die Schuld, aus der Schuld in die Verzweiflung, aus der Verzweiflung entweder zum Untergang oder zur Erlösung." Hesse erwähnt, daß durchaus in die zweite Stufe zurückfallen kann, wer schon das Erlebnis der Gnade und der Erlösung kennt.

Die erwähnten Entwicklungsstufen finden sich bei jedem, der Seelenerlebnisse hatte. Dabei schätzt Hesse die Zahl derer, denen solche Erlebnisse vertraut sind, nicht sehr hoch ein: „Die Mehrzahl wird ja nie Mensch, sie bleibt im Urzustand, im kindlichen Diesseits der Konflikte und der Entwicklungen; die Mehrzahl lernt niemals vielleicht auch nur die ‚zweite Stufe' kennen, sondern bleibt in der verantwortungslosen

Tierwelt ihrer Triebe und Säuglingsträume stehen und die Sage von einem Zustand jenseits ihrer Dämmerung, von einem Gut und Böse, von einer Verzweiflung an Gut und Böse, von einem Auftauchen aus der Not in Lichter der Gnade klingt ihnen lächerlich." Auffallend aber ist, daß die Stufenfolge der Individuation, auf welche Art und Weise sie sich auch konkret vollziehen mag, in den verschiedensten Religionen stets die gleiche ist. Was sich ändert, ist die Bildsprache, nicht aber jene Grunderlebnisse. Man braucht sich hier nur das Gleichnis vom verlorenen Sohn zu vergegenwärtigen (Lk 15,11–32), das die Perle unter allen biblischen Gleichnissen ist. Diese Erzählung ist eine Geschichte aus dem Leben, und doch ist sie mehr als das.

Im „Verlorenen Sohn" tritt uns der Weltmensch entgegen. Er will frei und unabhängig sein. Die Sehnsucht nach dem vollen, reichen Leben drängt ihn in die Weite der Welt. Er glaubt, nur dort könne er zu sich selber kommen. Deshalb verläßt er die Geborgenheit seines Elternhauses. Doch in seiner zügellosen Freiheit vertut er alles, was er hat und verliert sich selbst. Das selbstverschuldete Elend treibt ihn in die Verzweiflung. In ihr geht ihm auf, was er im tiefsten war: freier Sohn eines guten Vaters. Natürlich hatte er das auch schon früher gewußt, aber er hatte nicht geahnt, was das bedeutet. Das Gewahrwerden seines wirklichen Seins, das er bedenkenlos beiseite geschoben hatte, bringt ihn in einer Weise zu sich selbst, daß er jetzt – mitten in seinem Elend – in seinem Innersten wird, was er früher nur dem Namen nach gewesen war. In dieser tiefgreifenden Wandlung liegt „der Reichtum des Verelendeten" (Eugen Biser). Es ist ihm klar, daß „der einzige Weg, auf dem es noch etwas zu hoffen gibt" (Eta Linnemann), die Heimkehr ist. Doch diese „Heimkehr" ist nicht nur eine „Rückkehr". Der Sohn kommt eben nicht so zu seinem Vater zurück, wie er ihn verlassen hatte. Nur weil er in seinem Innersten heimgefunden hat, vermag er den Heimweg anzutreten. Man überdenke in diesem Zusammenhang ein Wort des chinesischen Philosophen Konfuzius (551–478 v. Chr.): „Der Mensch hat drei Wege, klug zu handeln. Erstens durch Nachdenken: das ist der edelste. Zweitens durch Nachahmung: das ist der leichteste. Drittens durch Erfahrung: das ist der bitterste." Für den verlorenen Sohn ist der Heimweg ein ebenso bitterer wie seliger Weg: „Bitter, weil mit jedem Schritt das Bewußtsein des eigenen Versagens wächst. Und doch voller Seligkeit, weil er, sosehr er Heimweg ist, doch nicht zurück, sondern vorwärts führt, dorthin, wo das Selbstsein erst wahrhaft beginnt, indem es sich aus dem Angenommensein durch Gott zu eigen gewinnt."[2] Als der Gescheiterte in den Armen seines Vaters jener Liebe begegnet, „die ihn nie entlassen hatte" (Heinrich Kahlefeld), da erkennt er, daß er „verlierend mehr gewann, als er besitzend je zu eigen hatte" (Eugen Biser). „Nichts habend und doch alles besitzend" (2 Kor 6,10), hätte auch er sagen können: „Wunderlich in der Tat war mein Leben, wunderliche Umwege hat es genommen ... Ich habe durch so viel Dummheit, durch so viel Laster, durch so viel Irrtum, durch so viel Ekel und Enttäuschung und Jammer hindurchgehen müssen, bloß um wieder ein Kind zu werden und neu anfangen zu können ..."

Wenn Hermann Hesse meint, daß die Mehrzahl nie Mensch werde, weil sie im Urzustand, im kindlichen Diesseits der Konflikte und Entwicklungen bleibe, dann ist der ältere Bruder des „Verlorenen Sohnes" einer ihrer Vertreter. Warum ist dieser ältere Bruder über die Liebe des Vaters verärgert? Obwohl das ganze Vermögen des Vaters auch ihm gehört, degradiert er sich zum Knecht, der nur Arbeit kennt und sich keinerlei Freuden gönnt. Das macht ihn blind. So sieht er in seinem jüngeren Bruder nur den Zurückgekommenen. Weil ihm das Auge fehlt, seine innere Wandlung wahrzunehmen, ist er unfähig, die Liebe des Vaters zu verstehen. Hier wird deutlich, daß sowohl die zügellose Freude als auch die tierisch betriebene Arbeit den inwendigen Menschen absterben lassen. Wo sich der Mensch aber in seinen göttlichen Ursprung wissend und willentlich einwurzelt, da vermag er als Kind vor Gott beides in glücklicher Weise aufeinander abzustimmen.

Kehren wir hier zur Erzählung von Hermann Hesse zurück. Sie zeigt uns den Weg, auf dem jene Einwurzelung, die zugleich Selbstgewinnung ist, gelingen kann.

Im Fährmann Vasudeva fand Siddhartha einen Menschen, der bereit war, sein Leben zuhörend in sich aufzunehmen. Jeder Mensch, vor allem aber jener, der sich selbst verloren hat, braucht einen andern, der des Zuhörens fähig ist. Das Verhalten des Fährmanns zeigt, worin diese Fähigkeit besteht: „Alles nahm er lauschend in sich auf ... Ohne daß er ein Wort gesprochen hätte, empfand der Sprechende, wie Vasudeva seine Worte in sich einließ, still, offen, wartend, wie er keines verlor, keines mit Ungeduld erwartete, nicht Lob noch Tadel daneben stellte, nur zuhörte." Solches Zuhörenkönnen finden wir nur dort, wo Tiefe ist, denn nur aus ihr erwachsen Offenheit und Stille und lautlose Geduld. Wo sich uns in einem Zuhörer solche Tiefen eröffnen, da empfinden wir ein tiefes Glück. Wir erleben, wie es möglich ist, das eigene Leben in die Herzenstiefen des andern zu versenken. So fühlen wir uns erleichtert und frei. „Selten sind die Menschen", sagte Siddhartha dem Fährmann, „welche das Zuhören verstehen." Wer wollte das bestreiten? Kinder finden in ihren Eltern keine Zuhörer; der Partner sucht ihn vergebens in der Ehe; der Gläubige in der Beichte. Je mehr der Mensch an der Oberfläche lebt, desto lauter, bewegter, ungeduldiger und ruheloser wird er sein. Wer mit ihm sprechen will, muß sich kurz fassen. Je geringer aber die Zahl derer wird, denen sich der leidende Mensch anvertrauen kann, desto häufiger wird man das eigene Leben dem Nichts überantworten, um es darin auszulöschen.

Hier bedrängt uns die Frage, ob man das Zuhören erlernen kann. „Du wirst es lernen“, sagte Vasudeva zu Siddhartha, „aber nicht von mir. Das Zuhören hat mich der Fluß gelehrt, von ihm wirst auch du es lernen.“ Der Fluß lehrt uns, „daß es gut ist, nach unten zu streben, zu sinken, die Tiefe zu suchen“. Das erinnert uns an die sogenannte „Schalenbewegung“. Klemens Tilmann, ein Meister der Meditation, charakterisiert sie mit folgenden Worten: „Unter ‚Schalenbewegung‘ wird die Bewegung der Meditation verstanden, die bei einer Wirklichkeit von außen nach innen, also vom äußerlich Erfahrbaren zum Sinngeheimnis vordringt und von oben nach unten, also von der Oberfläche in die Tiefe. Diese von außen und oben nach innen und unten drängende Bewegung gleicht einer Schale, die vom äußeren oberen Rand zur Mitte und Tiefe verläuft. Eine ähnliche Bewegung vollzieht sich bei der Meditation auch im Inneren des Menschen, die von einer mehr äußeren und oberflächlichen Alltagshaltung zur Sammlung, zur Innerlichkeit und zur Tiefe vordringt.“[3] Siddhartha lernte dies vom großen Fluß. Je länger er dort in stiller Versenkung verweilte, desto mehr öffnete sich seine Seele. Das Lauschen mit wartendem Herzen, ohne Leidenschaft, ohne Wunsch, Urteil und Meinung wurde zu einer Wesenshaltung. Indem er gemeinsam mit Vasudeva schweigend in den zehntausend Stimmen des Wassers die Einheit zu hören suchte, vernahmen sie das heilige Om. Wer dieses Wort in den vielen Stimmen vernehmen kann, der ist zur Vollendung gelangt. Das Wort aller Worte wohnt in ihm und gibt all seinen Verhaltensweisen Richtung und Einheit. Unter christlichem Aspekt dürfen wir sagen: Zur Vollendung gelangt, wer in den zehntausend Stimmen des Lebensflusses jenes Wort vernimmt, von dem es zu Beginn des Johannes-Evangeliums heißt: „Im Anfang war das Wort, und das Wort war bei Gott, und das Wort war Gott ... Durch das Wort ist alles geworden ... In ihm war das Leben, und das Leben war das Licht der Menschen ... Und das Wort ist Fleisch geworden und hat unter uns gewohnt.“

Dieses Wort aller Worte will jedoch nicht nur unter uns, sondern in uns wohnen. Wo der Mensch sich ihm öffnet, da kommt Licht und Leben in das Dunkel seiner Seele. Wo Menschen dies gemeinsam tun, da entsteht Gemeinschaft. Denn das eine Wort, das gemeinsam vernommen wird, macht aus vielen „ein Herz und eine Seele“.

Ihr wißt es, meine lieben Brüder: Jedermann sei schnell bereit zum Hören, langsam zum Reden, langsam zum Zorn. Denn der Zorn eines Menschen erfüllt nicht die Gerechtigkeit Gottes. Legt darum alles Schmutzige und Böse ab und nehmt in Sanftmut das eingepflanzte Wort auf, das euch zu retten vermag. Hört das Wort nicht nur an, sondern tut es; sonst betrügt ihr euch selber. Denn wenn einer das Wort nur hört, aber nicht nach ihm handelt, so gleicht er einem Mann, der sein Gesicht im Spiegel betrachtet. Nachdem er sich betrachtet hat, geht er weg und vergißt alsbald, wie er aussah. Wer sich dagegen gründlich in das Gesetz der vollkommenen Freiheit vertieft, wer kein vergeßlicher Hörer, sondern ein tatkräftiger Vollbringer ist, der wird durch sein Tun glücklich sein.
Jakobusbrief 1,19–25

14 Der Mensch ist, was er behält

F. M. Dostojewski: Ein peinliches Gesellschaftsspiel
Eph 5,8–17

In einigen Kapiteln seines Romans „Der Idiot“ erzählt F. M. Dostojewski (1821–1881) von einer Gesellschaft, die sich bei Nastassja Filippowna eingefunden hatte, um deren Geburtstag zu feiern. Der Kreis bestand aus alten Bekannten, die sie öfters besuchten. Während nun die Unterhaltung ihren Lauf nahm, kam von einer Seite der Vorschlag zu einem ganz neuen Gesellschaftsspiel: „Wir hatten uns einmal zu einer ganzen Gesellschaft zusammengefunden“, erklärte Ferdyschtschenko, von dem die Idee kam. „Und da machte plötzlich jemand den Vorschlag, daß jeder von uns etwas aus seinem Leben erzählen solle, ganz einfach, so wie wir da alle um den Tisch herumsaßen, doch dieser Etwas – jetzt kommt der Haken! – mußte unbedingt gerade das sein, was der Erzähler auf Ehr' und Gewissen für die schlechteste Tat hielt, die er je im Laufe seines Lebens begangen hatte; und zwar nur unter dieser einen Bedingung: daß er nicht log, sondern aufrichtig, ganz aufrichtig, nur der Wahrheit gemäß die Sache wiedergab.“ Um den Kreis für dieses Spiel zu gewinnen, fügte er hinzu: „Die ganze Aufgabe ist ja so einfach, wie man sie sich einfacher gar nicht denken kann: die häßlichste Tat von allen im Laufe des Lebens begangenen ... wie gesagt: die Einfachheit selbst. Sie werden ja sehen.“

„Ein sonderbarer Einfall“, war die erste Reaktion. „Ich finde den Einfall lächerlich“, äußerte ein anderer, „Prahlerei besonderer Art.“ – „Ich halte ein solches Spiel für ganz unmöglich“, meinte der folgende. „Aber wenn es etwas ist, was man ... in Gegenwart von Damen nicht erzählen kann?“ wollte ein schüchterner junger Mann wissen. „Wie läßt sich das feststellen, ob einer nicht lügt? Wenn man aber lügt, ist doch der ganze Sinn des Spiels verdorben. Und wer wird nicht lügen? Das ist doch selbstverständlich, daß bei einer solchen Gelegenheit ein jeder lügt“, lautete ein weiterer Einwand. „Aber so ist doch schon das allein interessant, wie ein jeder lügt“, erwiderte Ferdyschtschenko darauf. „Ach, gehen Sie“, sagte eine Dame, die der Meinung war, daß ein solches Spiel einen eher zum Weinen als zum Lachen bringe. Als man ihn dann fragte, ob dieses Spiel denn seinerzeit gelang, gestand er: „Das ist es ja eben, daß es nicht gelang, es ging daneben."

Daneben ging es auch an diesem Abend. Denn jedermann gewann alsbald den Eindruck, daß es keineswegs die schlechtesten Taten waren, die in diesem Kreis bekannt wurden. Nach dem dritten Geständnis machte die Gastgeberin diesem Spiel ein Ende, indem sie kurzerhand erklärte: „Das Spiel ist sehr langweilig, wir wollen es abbrechen." Und sie sagte es in wegwerfendem Ton.

Vgl. F.M. Dostojewski, Der Idiot, Roman, R. Piper & Co Verlag, München-Zürich 1977/1980, S. 219-238.

Es liegt in jedem Menschen der Drang, seine guten Taten vorzukehren, seine schlechten hingegen zu verbergen. In Wahrheit sollte es genau entgegengesetzt sein: Unsere guten Taten sollten wir für uns behalten, die schlechten aber offenlegen. Dafür gibt es mehrere Gründe. Bleiben wir zunächst bei der Verbergung des Guten, das durch uns geschehen ist. Ein Mensch, der sich seiner guten Taten rühmt, wäre - wie Theresia von Lisieux in ihrer humorvollen Art sagt - gleich einem Huhn, das alle Passanten darauf aufmerksam macht, sobald es ein Ei gelegt hat. Dieser Vergleich erinnert an ein malaiisches Sprichwort, das lautet: „Schildkröten legen unbemerkt Tausende von Eiern; wenn aber eine Henne ein Ei legt, erfährt es das ganze Land." Hier ist gefühlsmäßig erfaßt, was dem wahren Wesen des Menschen entspricht. Tiefer greift jedoch ein Wort des Psychotherapeuten Erik Blumenthal. Er schreibt: „Mache ich meine eigene gute Tat bekannt, so habe ich, wie es in der Bibel heißt, ‚meinen Lohn dahin'. Ich bekomme nämlich Anerkennung für mein gutes Tun und werde gleichsam sofort dafür belohnt. Ich sammle in mir also nichts Gutes an, sondern gebe es gleich wieder aus. Verberge ich aber meine gute Tat, dann ist es, wie wenn ich auf ein Bankkonto Geld einzähle, um ein Guthaben anzusammeln. In dem Augenblick, wo ich meine gute Tat verberge, bleibt das Gute in mir, und ich werde immer positiver und immer mehr in der Lage sein, auch zukünftig Gutes zu tun. Denn der Mensch ist das, was er behält." Behält er seine guten Taten für sich, dann ist er gut. Gut ist also, wer Gutes tut und nicht darüber spricht. Auf diese Weise handelt der Mensch gegen seine selbstsüchtige Natur, die sich auf vielerlei Wegen ins gute Licht zu rücken sucht. Er verwandelt sich in das Geheimnis Gottes hinein; denn das ist das Geheimnis Gottes: Er, dessen Wesen ungetrübte Gutheit ist, ist der verborgene Gott. Die Gutheit Gottes ist demnach der Grund seiner Verborgenheit. Auf diesen Zusammenhang hat Jesus öfters hingewiesen. Am deutlichsten geschah es in seinem Gleichnis vom Schatz, der in einem Acker verborgen war (Mt 13,44). Hier erahnen wir, worin sich die Gottebenbildlichkeit des Menschen vollzieht. Sie vollzieht sich darin, daß der Mensch sein gutes Werk in Schweigen hüllt.

Sosehr der Mensch versucht, sich selbst durch die Veröffentlichung seiner guten Taten zu verherrlichen, sosehr ist er andererseits bemüht, seine schlechten Taten zu verbergen. Doch das Schlüsselwort, daß der Mensch ist, was er behält, hat auch in diesem Zusammenhang seine Gültigkeit. Das heißt, ein Mensch, der das durch ihn geschehene Böse in seinem Inneren verbirgt, sammelt Schuld und Schuldgefühle an, die in ihm nicht untätig bleiben. Daher ergänzt Erik Blumenthal seine therapeutische Erfahrung, wenn er sagt: „Je mehr wir unsere eigenen Fehler und schlechten Taten verbergen, desto negativer werden wir und desto unfähiger, in Zukunft Gutes zu tun. Somit lautet unsere Empfehlung, die schlechte Tat, den Fehler einzugestehen."[1] Wo das geschieht, da räume ich das Schlechte aus, so daß es in mir nicht weiterarbeiten kann.

Ist nun die Aufgabe, die schlechte Tat preiszugeben, wirklich so einfach, daß man sie sich – wie Ferdyschtschenko in jenem Kreis behauptet hatte – einfacher gar nicht denken kann? Etwas ist daran tatsächlich einfach. Wir meinen die Leichtigkeit, mit der wir uns an eine schlechte Tat erinnern können. Ja, wir können sagen: je schlechter sie war, um so gegenwärtiger ist und bleibt sie uns. Das gilt natürlich erst recht von der schlechtesten Tat, die wir in unserem Leben begangen haben. „Was mir meine Aufgabe vor allem sehr erleichtert", begann Tozkij, der als dritter an die Reihe kam, „ist die strikte Vorschrift, nichts anderes als die unbedingt häßlichste Tat meines Lebens wiederzugeben. Angesichts einer solchen Bedingung kann es selbstverständlich kein Schwanken geben: das Gewissen und das Gedächtnis des Herzens sagen einem sofort, was man zu erzählen hat. Ich muß zu meinem Kummer gestehen, daß es unter allen vielleicht leichtsinnigen und unbedachten Handlungen meines Lebens eine gibt, deren Eindruck sich möglicherweise sogar allzu tief meinem Gedächtnis eingeprägt hat. Die Sache trug sich zu vor ungefähr zwanzig Jahren ..." (234). Der General, der vor ihm sprach, vermochte sich an einen noch länger zurückliegenden Vorfall zu erinnern: „Es sind jetzt inzwischen fünfunddreißig Jahre darüber vergangen; doch dessen ungeachtet empfinde ich noch jedesmal, wenn ich daran denke, so etwas wie ein nagendes Gefühl am Herzen" (229). An einer ganz anderen Stelle, aber in einem entsprechenden Zusammenhang schreibt Dostojewski: „Vor einigen Tagen fiel mir diese Geschichte plötzlich ein, und seit der Zeit kann ich sie nicht mehr loswerden, ganz wie ein lästiges musikalisches Motiv, das einem zuweilen nicht aus den Ohren will. Und doch muß ich mich endlich davon befreien. Solcher Erinnerungen habe ich zu Hunderten; zuweilen aber löst sich aus den Hunderten eine einzige, irgendeine, die dann anfängt, mich zu quälen."[2]

Hier deutet sich eine andere Wahrheit an. So leicht es nämlich ist, sich an die schlechten Taten seines Lebens zu erinnern, so schwer ist es, sie einzugestehen und zu bekennen. Dazu sagt Dostojewski: „In den Erinnerungen eines jeden Menschen gibt es Dinge, die er nicht allen mitteilt, sondern höchstens seinen Freunden. Aber es gibt auch Dinge, die er nicht einmal den Freunden aufdeckt, sondern nur sich selbst und auch das nur unter dem Siegel der Verschwiegenheit. Schließlich aber gibt es auch noch Dinge, die der Mensch sogar sich selbst zu sagen fürchtet, und solcher Dinge sammelt sich bei jedem anständigen Menschen eine ganz beträchtliche Menge an."[3] Warum ist es so schwer, gewisse Dinge vor anderen oder vor sich selbst aufzudecken? Der Mensch schämt sich. Er scheut den unangenehmen Eindruck, den sein Geständnis auf das Wertempfinden der anderen oder auf sein eigenes Selbstwertbewußtsein macht. Mit anderen Worten: er befürchtet, von den anderen oder von seinem eigenen Gewissen gerichtet zu werden und damit sein Ansehen und seine Ehre zu verlieren. Daher geht er seiner Schuld aus dem Weg. Er lenkt von sich selbst auf andere ab. Oder er verharmlost, beschwichtigt und beschönigt, indem er an die Stelle seiner niedrigen Beweggründe bessere setzt, die seine Taten rechtfertigen oder gar hochwertig erscheinen lassen. Auf diese Weise können Schandtaten sogar zu Heldentaten werden. In der Psychologie bezeichnet man diesen Vorgang als „Rationalisierung". Ein anderer Befreiungsversuch ist die „Projektion". Dabei denkt der Mensch - meist unbewußt - seine eigene Unzulänglichkeit in einen anderen hinein, so daß an die Stelle der eigenen schuldiggewordenen Person die des anderen tritt. Aus diesem Grund sagt die Art und Weise, wie ich einen anderen sehe und beurteile, manches über mich selber aus. Beim Evangelisten Lukas (18,9–14) findet sich dafür eine interessante Beispielerzählung. Es ist das „Gleichnis vom Pharisäer und Zöllner". Zugleich zeigt sich, wie eine mitmenschliche Beziehung durch verdrängte Schuld sehr erschwert werden kann. Daher muß nun überdacht werden, wie das Bekenntnis von Schuld möglich werden kann.

Erste Voraussetzung dazu ist, daß man sich entschließt, sich selbst gegenüber ganz und gar aufrichtig zu sein, indem man die ganze Wahrheit auf sich zukommen läßt. Nicht wenige taten es, indem sie ihr

Leben nicht nur überdachten, sondern es in Form einer Autobiographie niederschrieben. Bleiben wir bei Dostojewski. Er schreibt bei dieser Gelegenheit: „Heine behauptet, vollkommen wahrheitsgetreue Autobiographien seien fast unmöglich, und der Mensch werde bestimmt immer vieles, was er über sich aussagt, beschönigen. Seiner Meinung nach hat zum Beispiel Rousseau in seinen Bekenntnissen bestimmt über sich selbst gelogen, und sogar bewußt gelogen, aus Ruhmsucht. Ich bin überzeugt, daß Heine recht hat: ich verstehe sehr gut, wie man sich zuweilen einzig aus Eitelkeit ganze Verbrechen aufschwätzen kann, und ich begreife auch vollkommen, welcher Art diese Eitelkeit ist."[4] Es mag also dahingestellt bleiben, welchen Wert Autobiographien im einzelnen haben. Es gibt allerdings eine Autobiographie, die von besonderer Art ist. Wir meinen die „Bekenntnisse" von Augustinus (354–430). Augustinus schrieb dieses Buch, auf das wir später ausführlicher eingehen werden, als ein von der Wahrheit Ergriffener. Deshalb kann es auch den heutigen Leser noch ergreifen.

Dem Geheimnis dieser „Bekenntnisse nähert man sich vielleicht am besten von unterschiedlichen Standpunkten aus. Der Philosoph Friedrich Nietzsche (1844–1900), gewohnt, alle guten Eigenschaften von vornherein zu verdächtigen, war der Ansicht, mit Hilfe seiner Entlarvungspsychologie Augustinus auf die Schliche gekommen zu sein. In einem Brief an seinen Freund, den Kirchenhistoriker Franz Overbeck, schrieb er: „Ich las jetzt, zur Erholung, die Confessionen des hl. Augustinus, mit welchem Bedauern, daß Du nicht bei mir warst. Oh dieser alte Rhetor! Wie falsch und augenverdreherisch! Wie habe ich gelacht ... Übrigens sieht man bei diesem Buche dem Christentum in den Bauch: ich stehe dabei mit der Neugierde eines radikalen Arztes und Physiologen." Walter Nigg, der Friedrich Nietzsche zu den großen Unheiligen zählt, kommentiert diese Briefstelle bezüglich des großen Heiligen: „Nicht die leiseste Ahnung von Augustinus, hintergründiger und doch wiederum offener Seele ist ihm aufgegangen. Augustins ‚Konfessionen' erschließen sich nicht dem lachenden Leser, da sie unter zu vielen Tränen geschrieben worden sind. Die Geschichte seines äußeren Lebens diente dem Kirchenvater zur Deutung seiner seelischen Reifung, und das Eingeständnis seiner Schuld wurde zum Lob des Allmächtigen (...) Augustins ‚Konfessionen' sind ein Markstein in der Geschichte der Autobiographie (...) Ohne Nietzsche unrecht zu tun, müßte man doch sagen, es habe ihm ein Gefühl für christliche Größe gefehlt."[5] Dieses Gefühl für christliche Größe war dem Religionsphilosophen Romano Guardini (1885–1968) zu eigen. In einem kleinen Büchlein mit dem Titel „Anfang" hat er die ersten fünf Kapitel der

„Bekenntnisse" von Augustinus ausgelegt. In der Vorbemerkung dazu heißt es: „Die Bekenntnisse (...) gehören zur kleinen Zahl jener Bücher, die unzerstörbare Lebenskraft in sich tragen. Eine strenge literarische Prüfung wird kaum feststellen können, es sei gut geschrieben (...); trotzdem ist es heute, fünfzehnhundert Jahre nach seiner Niederschrift, lebendig wie zu Beginn (...) Das ganze Buch will ‚bekennen'. Das hat mit dem oft so fragwürdigen Sich-Darstellen, welches die Neuzeit mit dem Wort meint, nichts zu tun. ‚Confiteri' ist ein Wort aus der liturgischen Sprache und bedeutet soviel wie Gott preisen; erkennen, wer Gott ist und was er tut und das Erkannte ihm in feierlichem Wort entgegentragen. ‚Bekennen' ist die preisende Darbringung der Wahrheit Gottes, wie sie im Leben des Bekennenden aufleuchtet, welches ja für ihn immer dieses eine und einzige, nie wiederkehrende und durch nichts zu ersetzende ist. Eins und einzig aber auch für Gott selbst, da er jedem Menschen, und also auch diesem, ‚sein Gott' ist, ihm zugewandt."[6]

Der in Wahrheit Bekennende schaut also mit gläubigen Augen auf seinen Lebensweg zurück. Er sichtet die unterschiedlichen Situationen, die er durchschritten ist. Dabei wird ihm bewußt, daß Gott nie von seiner Seite gewichen war, sosehr auch seine Wege Irrwege gewesen sind. Aufgrund solcher Gotteserfahrung vermochte der französische Schriftsteller François Mauriac seinerseits zu bekennen: „Es ist der Irrtum einer gewissen katholischen Erziehung, uns davon überzeugen zu wollen, daß die Sünde jede Verbindung mit Gott zerschneide. Dann bliebe nur noch übrig, sich ihr mit freudigem Herzen hinzugeben ... Aber es ist in Wahrheit nicht so. Sie können nichts tun, was diesen Blick, der uns niemals verläßt, von Ihnen abwenden könnte; er ist nur mehr oder minder traurig, entsprechend unseren Taten. In diesem Drama mit zwei Personen steht es nicht bei Ihnen allein, den Dialog zu unterbrechen: Sie verzichten auf ihn, aber er verzichtet nicht auf Sie."[7] In diesem Wort tritt jener Gott in Erscheinung, dessen Größe seine Liebe ist. Sie ruft uns ins Vertrauen, ihr das eigene Leben mit all seiner Schuld zu überantworten. So sind es diese drei Elemente, die ein echtes Bekenntnis möglich machen: Die *Erinnerung* an die eigenen Irrwege; die *Erfahrung* des liebenden Gottes, der uns nicht verließ, als wir ihn verlassen hatten; und die vertrauensvolle *Hineingabe* all unserer Schuld in das Geheimnis solcher Liebe. Wo ein Beichtvater nicht als Richter in Erscheinung tritt, sondern durch sein Verhalten Gottes Liebe sichtbar werden läßt, da öffnet diese Liebe Herz und Mund eines jeden, der guten Willens ist; denn nur einem Liebenden kann man seine Schuld bekennen. Einen solchen Beichtvater stellt uns Dostojewski mit dem

Staretz Sossima vor, ein Mönchspriester voll innerer Schönheit, Kindlichkeit, Reife, Gläubigkeit, Frömmigkeit und Wärme. Von weither kommen die Menschen zu ihm, um bei ihm Trost in ihrem Leid und Befreiung von ihrer Schuld zu finden. Die ganze Liebesmacht seiner Seele offenbart sich, als eine beladene Sünderin vor ihn tritt. Sie ist schuld am Tod ihres Mannes. Stumm blickte sie ihn an. Ihre Augen baten um etwas, aber sie schien Angst zu haben näherzukommen. „Womit bist du gekommen, mein Kind?“ – „Erlöse meine Seele, Vater“, sagte sie leise und ohne Hast. „Ich habe gefehlt, mein Vater, ich fürchte meine Sünde.“ Da setzt sich der Staretz zu ihr und nähert sein Ohr ganz dicht an ihre Lippen. Sie aber beichtet. Der Priester läßt ihr Leid und ihre Schuld stehen, wie sie sind. Er begegnet ihr nicht als Richter, sondern ist ihr ein gütiger Vater, der ihr von dem Einen, was ihr nottut, redet: „Fürchte nichts, und fürchte dich niemals, und ängstige deine Seele nicht. Wenn nur die Reue in dir nicht erlahmt, so wird Gott alles verzeihen. Gibt es doch keine Sünde, kann es doch auf der ganzen Welt keine so große Sünde geben, die Gott der Herr dem wahrhaft reuigen Sünder nicht verziehe. Und kann doch der Mensch nie und nimmer eine so große Sünde begehen, daß sie die endlose Liebe Gottes ganz erschöpfte. Oder glaubst du, daß es eine Sünde gäbe, die größer wäre als die Liebe Gottes (...) Glaube daran, daß Gott dich so liebt, wie du es dir gar nicht denken kannst, daß er dich mitsamt deiner Sünde und in deiner Sünde liebt (...) Dem Verstorbenen vergib im Herzen alles, söhne dich aus mit ihm in Wahrheit. Wenn du bußfertig bist, so liebst du, liebst du aber, so bist du schon Gottes Kind ... Liebe erkauft alles, Liebe rettet alles. Wenn du schon mich, der ich doch ein ebenso sündiger Mensch bin wie du, gerührt hast und ich Mitleid mit dir empfinde, um wieviel mehr wird es dann Gott tun. Die Liebe ist ein so unschätzbarer Schatz, daß du mit ihr die ganze Welt kaufen kannst und nicht nur deine, sondern auch fremde Sünden loskaufst. Gehe hin in Frieden und fürchte dich nicht.“[8] Das ist der Glaube des Vaters Sossima, es ist der Glaube, zu dem uns Jesus im Evangelium ruft. Je tiefer dieser Glaube in uns lebt, um so mehr verwandelt er sich in jene Liebe, die der Apostel Paulus in einem seiner Briefe (1 Kor 13) charakterisiert.

Sicherlich kann uns keine Überraschung so im Innersten treffen wie die, daß wir geliebt sind. Und gewiß wird unsere größte Überraschung einmal darin bestehen, daß wir erkennen dürfen: Trotz allem, ja, wegen allem bist du geliebt – geliebt mit ewiger Liebe. Und das wird dann unser Himmel sein.

Einst wart ihr Finsternis, jetzt aber seid ihr durch den Herrn Licht geworden. Lebt als Kinder des Lichts! Das Licht bringt lauter Güte, Gerechtigkeit und Wahrheit hervor. Prüft, was dem Herrn gefällt, und habt nichts gemein mit den Werken der Finsternis, die keine Frucht bringen, sondern deckt sie auf! Denn man muß sich schämen, von dem, was sie heimlich tun, auch nur zu reden. Alles, was aufgedeckt ist, wird vom Licht erleuchtet. Alles Erleuchtete aber ist Licht. Deshalb heißt es: Wach auf du Schläfer, und steh auf von den Toten, und Christus wird dein Licht sein. Achtet also sorgfältig darauf; wie ihr euer Leben führt, nicht töricht, sondern klug. Nützt die Zeit; denn diese Tage sind böse. Darum seid nicht unverständig, sondern begreift, was der Wille des Herrn ist.
Epheserbrief 5,8–17

15 Ich habe bloß meinen Hund, der schweigt wie ein Priester

M. Frisch: Mein Name sei Gantenbein
Joh 20,19–23

Im Roman „Mein Name sei Gantenbein" von Max Frisch sitzt ein Mann in einer verlassenen Wohnung. Seine Frau hat sich von ihm getrennt. Offenbar ist seine Ehe gescheitert. Um seine Erfahrung auszudrücken, erfindet er viele Geschichten und versucht, seine eigentliche Wirklichkeit in unterschiedlichsten Rollen zu entdecken. Doch läßt er diese wegen ihrer Unangemessenheit mehr und mehr wieder fallen und entscheidet sich schließlich für die Rolle eines scheinbar Blinden namens Gantenbein. Wenn er mit seinem „Ich" auch in dieser Rolle nicht restlos aufzugehen vermag, so findet er doch in ihr den optimalen Ausdruck für seine Grunderfahrung.

Ab und zu aber hat er es satt, fortwährend als angeblich Blinder herumzulaufen und die anderen zu täuschen. Dann, so stellt er sich vor, begibt er sich in die Natur. Er geht mit seinem Blindenhund spazieren, wirft Kiefernzapfen in das Wasser und freut sich, lebendigen Auges zu sehen, wie der Hund hinterherspringt, sie schnappt, zurückbringt und sich einen kurzen Regenschauer aus dem Fell schüttelt. Während dieses spannenden Spiels, das er von Zeit zu Zeit einfach braucht, kommt ihm ein sonderbarer Gedanke in den Sinn:

„Ein Katholik hat die Beichte, um sich von seinem Geheimnis zu erholen, eine großartige Einrichtung; er kniet und bricht sein Schweigen, ohne sich den Menschen auszuliefern, und nachher erhebt er sich, tritt wieder seine Rolle unter den Menschen an, erlöst von dem unseligen Verlangen, von Menschen erkannt zu werden. Ich habe bloß meinen Hund, der schweigt wie ein Priester, und bei den ersten Menschenhäusern streichle ich ihn. Brav, Patsch, brav! Und wir nehmen einander wieder an die Leine."

Vgl. Max Frisch, Mein Name sei Gantenbein, Roman, Fischer Taschenbuch Verlag, Frankfurt a.M. 1969, Nr. 1000, S. 95f.

Die Idee, die diesem umfangreichen Roman zugrundeliegt, läßt sich vielleicht so formulieren: Unsere inneren Erfahrungen und Einfälle –

und damit unser eigentliches Ich – sind letztlich unaussagbar. Sie lassen sich bestenfalls andeuten, umschreiben, eingrenzen. Das beste Mittel, um sie wenigstens annähernd zum Ausdruck zu bringen, ist das Erfinden und Erzählen von Geschichten. Ich denke hier an eine junge Frau, die von manchem seelischen Kummer geplagt wurde. Als wir auf die Erzählung „Narziss und Goldmund" von Hermann Hesse zu sprechen kamen, meinte sie plötzlich: „Das könnte *meine* Geschichte sein!" Gewiß war dies nicht die einzige Geschichte, die sie in ihrem Leben gelesen hatte. Aber in ihr fand sie sich mit all ihren Selbsterfahrungen am angemessensten wieder. Dadurch war diese Geschichte *ihre* Geschichte geworden. Oder denken wir an einen Künstler. Er fertigt viele Skizzen an, bis ihm jene gelingt, die seinem Einfall am ehesten entspricht. Vielleicht ist es erlaubt, in diesem Zusammenhang auch Jesus zu erwähnen. Um seinen Zuhörern seine Gotteserfahrung mitzuteilen, erzählte er ihnen viele Gleichnisse. Dabei dürfte das eine Gleichnis seine eigentliche Aussageabsicht deutlicher als das andere getroffen haben. Das macht uns bewußt: Keine Geschichte, kein Bild und kein Gleichnis offenbart das Geheimnis einer Person; aber das eine stellt es besser dar als das andere.

Wenn also im Roman von Max Frisch eine erfundene Geschichte der anderen folgt, so deshalb, um unter den vielen jene ausfindig zu machen, die der gemachten Erfahrung am nächsten kommt. In diesem Sinn haben wir das Schlüsselwort des Romans zu verstehen: „Ein Mann hat eine Erfahrung gemacht, jetzt sucht er die Geschichte seiner Erfahrung" (6). Wenig später heißt es: „Ein Mann hat eine Erfahrung gemacht, jetzt sucht er die Geschichte dazu – man kann nicht leben mit einer Erfahrung, die ohne Geschichte bleibt, scheint es, und manchmal stellte ich mir vor, ein andrer habe genau die Geschichte meiner Erfahrung ..." (9). Nach diesem anderen wird im Roman gesucht, wie man unter vielen Kleidern das eine sucht, welches einem am besten paßt: „Ich probiere Geschichten aus wie Kleider" (19). So versteht sich, daß im Roman mehr und mehr alle Geschichten zugunsten einer einzigen fallengelassen werden. Der Mann gewinnt zunehmend die Überzeugung, daß er sich mit seiner Erfahrung noch am ehesten in der Rolle eines scheinbar Blinden wiederfindet.

Warum aber bedürfen wir überhaupt einer Rolle, um uns selbst mit unserer Erfahrung dazustellen? Es ist nicht nur die Unsagbarkeit, sondern auch die Zwiespältigkeit unseres eigenen Ich. Wo kämen wir hin, wenn wir nackt durch die Welt liefen? – Ins Irrenhaus! „Jeder muß sich Kleider anziehen, Rollen vorhängen, Geschichten ausdenken, wenn er mit seiner umgebenden Gesellschaft leben will. Jeder lernt eines Tages, Kompromisse zu schließen, was auch heißen kann, sich zu verstellen. Wer kann es sich schon leisten, unverblümt der zu sein, als der man sich – möglicherweise – selbst erkannt hat."[1] Würden wir einander ehrlich und ohne Rollenspiel begegnen, so wäre dies die paradiesische Situation: Adam und Eva stehen sich unverkleidet gegenüber. Seit dem Auszug aus dem Paradies – Sinnbild der Schuld – muß jeder seine Rolle spielen. Keiner kann es wagen, sich in aller Offenheit so zu geben, wie er wirklich ist. Jeder braucht eine Hülle, um hinter ihr seine Unzulänglichkeit, seine Zwiespältigkeit, seine Lüge zu verheimlichen. Auf diese Weise verlieren wir jedoch unsere Eigenständigkeit. Unter dem Zwang, in eine bestimmte Rolle hineinschlüpfen zu müssen, werden wir indirekt zu Gefangenen unserer Mitmenschen. Außerdem raubt uns das dauernde Sichverstecken unsere Seelenkraft und bewirkt das Altern.

Hier drängt sich die Frage auf, warum jener verlassene Mann sich ausgerechnet die Rolle eines Blinden zulegt. Mit ihrer Hilfe glaubt er, zunächst einmal seinen Mitmenschen entgegenkommen zu können. Er weiß, daß man einem Blinden nichts vorzumachen sucht. Er hofft also, „die Menschen etwas freier zu machen, frei von der Angst, daß man ihre Lügen sehe. Vor allem aber, so hofft Gantenbein, werden die Leute sich vor einem Blinden wenig tarnen, so daß man sie besser kennenlernt, und es entsteht ein wirklicheres Verhältnis, indem man auch ihre Lügen gelten läßt, ein vertrauensvolleres Verhältnis" (41). Wie oft stellen wir uns selbst – nicht selten aus Eifersucht – blind, tun so, als würden wir dieses oder jenes nicht sehen, um den anderen in seiner Wirklichkeit zu entdecken, zu entlarven. Ob wir auf diesem Weg tatsächlich zu einem wirklicheren und vertrauensvolleren Verhältnis kommen? Wahr aber ist, daß man im mitmenschlichen Umgang manches einfach übersehen muß, um nicht aus Kleinigkeiten fortwährend eine Szene heraufzubeschwören: „Es sind die kleinen Rechthabereien, die eine große Liebe zermürben" (80f.).

Die Übernahme der Blindenrolle hat für Gantenbein aber noch einen anderen Grund. Als Blinder kann er jeder Stellungnahme aus dem Weg gehen. So kommen nicht wenige zur Karriere. Sie tun, als sähen sie nichts. „Was die Welt braucht, sind Leute wie Gantenbein, die nie sagen, was sie sehen, und seine Vorgesetzten werden ihn schätzen" (32). Wer ist also Gantenbein, der scheinbar Blinde? Wir selbst sind es, wenn wir nicht sehen wollen, was vor unseren Augen gespielt wird; wenn wir uns eines verantwortungsvollen Urteils enthalten; wenn wir mit dem Strom schwimmen und dabei vergessen: Nur tote Fische schwimmen mit dem Strom.

Wen kann es wundern, daß sich Gantenbein oft genug wie ein Schwindler vorkommt? Manchmal fragt er sich: „Wozu die Verstellerei?“ Seine Rolle macht ihn unsicher und erfüllt ihn zuweilen mit Schrecken. Deutlich spürt er, daß sich sein Ich in keiner Rolle verwirklichen kann. Deshalb hat er es ab und zu satt, den scheinbar Blinden zu spielen. Dann versucht er, aus seinem zur Gewohnheit verhärteten Dasein auszubrechen. Er sehnt sich nach dem verlorenen Paradies, nach dem wirklichen und echten Leben in aller Offenheit. Aber es fehlt ihm die Entscheidungskraft zu einem Ich ohne verkleidende Rollen. Nur manchmal, im Zusammensein mit seinem Hund, gibt er sich so, wie er ist. Solche Augenblicke bedeuten für ihn eine kolossale Entspannung, die er von Zeit zu Zeit einfach braucht. Von diesem seelischen Bedürfnis her lernt er die Beichte als eine großartige Einrichtung schätzen. Sie gibt dem Menschen wenigstens für einen kurzen Augenblick die Möglichkeit, einmal alle Rollen, alle Masken, alle Larven abzulegen, um in aller Offenheit so zu sein und erkannt zu werden, wie man wirklich ist, ohne dabei Angst haben zu müssen, sich an die Mitmenschen auszuliefern. „Ich habe bloß meinen Hund, der schweigt wie ein Priester“, sagt Gantenbein. Aus diesem Wort spricht ein tiefes Bedauern, die Möglichkeit zur Beichte nicht zu besitzen. Die Beichte – ein Stück Paradies, in dem der gläubige Mensch wieder zu sich selbst kommen kann. Welch eine Möglichkeit zur seelischen Entspannung und Entkrampfung bietet sich durch sie an. Jeder, der in ihr sein vor den Augen der Umwelt gehütetes Geheimnis bricht und sich ohne jede Verstellung in seiner eigentlichen Wirklichkeit offenbart, weiß um ihre paradiesischen Gaben.

Aber damit ist noch nicht das Wesentlichste der Beichte berührt worden. Ist es unsere Zwiespältigkeit, die uns unter einem großen seelischen Energieaufwand zu einem vielseitigen Rollenspiel nötigt, so wird in jeder guten Beichte der ungute Grund dafür, nämlich Sünde und Schuld, genommen. Daher vermag der gläubige Mensch durch die Beichte zu seiner inneren Einheit, zu seiner eigenen Identität zurückzukehren. Weil Gott nach einem aufrichtigen Bekenntnis alle Schuld vergißt, deshalb kann er selbst sie vergessen; weil Gott ihn bejaht, kann er ja zu sich selbst sagen. Diese ihm von Gott gnadenhaft geschenkte innere Einheit eröffnet ihm einen neuen Weg zu seinen Mitmenschen, denn das Verhältnis eines Menschen zu seinen Mitmenschen ist immer das Spiegelbild des Verhältnisses eines Menschen zu sich selbst. Indem die Beichte den Menschen mit sich selber – weil mit Gott – eint, eint sie ihn zugleich mit seiner Umwelt. So erscheint die Beichte auch als ein gemeinschaftsstiftendes und gemeinschaftsförderndes Heilmittel. Wer durch die Beichte zu sich selbst gefunden hat, kann seinen Mitmenschen offener, ehrlicher und unmittelbarer begegnen.

Auffallend ist nun, daß unter den Katholiken heutzutage weitgehend nicht die persönliche Beichte, sondern vielmehr die allgemeine Bußandacht „als eine großartige Einrichtung“ empfunden wird. Gewiß ist die Bußandacht ein Gewinn für das Leben der Kirche und ihrer Gläubigen. Vielfältig sind die Hände Gottes, um seine Vergebung demjenigen anzubieten, der seine Selbstsicherheit ablegt und seine Schuld erkennt. Was vom gläubigen Gottesvolk an einer Bußandacht besonders geschätzt wird, faßt der Bischof von Aachen, Dr. Klaus Hemmerle, so zusammen: „In einem gemeinsamen Hören auf das Wort Gottes, in einer gemeinsamen Besinnung geht uns manches deutlicher auf und betrifft uns manches tiefer als im bloß einsamen Nachdenken.“ Doch betrachtet der Bischof die Bußandacht nicht isoliert von der Beichte. Das eine sollte vielmehr das andere neu ermöglichen. So tritt beides in einen großen wechselseitigen Zusammenhang: „Die gemeinsam gemachte Erfahrung, daß wir Sünder sind und daß Gott barmherzig ist, macht uns den Schritt auch wieder leichter zum persönlichen Bekenntnis und Gespräch der Beichte, die Gottes Vergebung und unseren neuen Anfang besiegeln ... Es geht bei der Bußandacht nicht darum, schnell und womöglich ‚billig‘ mit einem Paket an Schuld fertig zu werden; nein, es soll genau andersherum laufen: in der gemeinsamen Besinnung sollen sich die Knoten lösen, soll das, was verschnürt und verpackt war, aufbrechen, damit ich persönlich Gott neu begegnen, neu vor ihm und mit ihm anfangen kann. Bußandacht will Beichten nicht überflüssig, sondern Beichten neu möglich machen.“[2] Daß es kein Gewinn, sondern ein schwerer Verlust ist, wenn uns die Bußandacht davon abbringt, das Geschenk der sakramentalen Beichte zu achten und zu gebrauchen, bezeugt der folgende Brief einer Gymnasiallehrerin, die mit ihren Erfahrungen von Bußandacht und Beichte sicherlich nicht alleine steht:

„Es mag mir nicht gerade ein gutes Zeugnis als mündigem Christen ausstellen, wenn ich sage, daß für mich die überaus seltene Beichte keinen Gewinn gebracht hat. Denn mein Kardinalfehler dürfte sein, nicht genügend Durchstehvermögen zu besitzen, richtig Erkanntes nicht konsequent genug zu praktizieren. Früher war der Zeitraum überschaubarer und eher zu bewältigen. – Ich suche nach einem geeigneten Bild, etwa aus der Naturwissenschaft. Energie. Ungefähr so: Je weiter man sich von einer Heizquelle entfernt, um so weniger verspürt man ihre wohltuende Wärme, bis man schließich ganz aus ihrer Reichweite herausgetreten ist und unter Umständen erst nach einiger

Zeit bemerkt, daß man elend friert. – Ich brauchte dann dringend eine Selbstkritik, eine Aufmunterung, einen persönlichen Rat, um wieder neu beginnen zu können. Darum ist eine Bußandacht für mich auch nicht das Wahre: Ich habe den Eindruck, daß alles beim alten bleibt. Man bleibt mit seinen eigenen Problemen allein – vor Gott. Man kommt nicht weiter. Man tritt auf der Stelle. Man sieht alles immer aus derselben Perspektive, während ein anderer, wenn man darüber sprechen kann, viel leichter etwas zurechtzurücken vermag und Dinge sieht, die einem selbst verborgen blieben."

Die Vollmacht, Sünden zu vergeben, ist ein Geschenk des auferstandenen Herrn an seine Kirche. Er stellt sie in seinen Dienst, damit sie die von ihm begonnene Aufgabe in seinem Geist weiterführe. Damit wurde die Kirche zum Botschafter Jesu Christi, wie dieser der Botschafter Gottes war. Wie Jesus Christus überall, wo ein Mensch seine Schuld erkannte und bereute, die Vergebung Gottes mit absoluter Gewißheit aussprach, sie aber versagte, wo man nicht zur inneren Umkehr bereit war, so sollte es fortan in seiner Kirche geschehen. In dieser Botschaft verbinden sich unsagbares Glück und tiefer Ernst.

Am Abend des ersten Tages der Woche, als die Jünger aus Furcht vor den Juden hinter verschlossenen Türen versammelt waren, kam Jesus, trat in ihre Mitte und sagte zu ihnen: „Friede sei mit euch!" Als er dies gesagt hatte, zeigte er ihnen seine Hände und seine Seite. Als die Jünger den Herrn sahen, freuten sie sich. Da sagte er noch einmal zu ihnen: „Friede sei mit euch! Wie mich der Vater gesandt hat, so sende auch ich euch." Nach diesen Worten hauchte er sie an und sprach: „Empfanget heiligen Geist. Allen, denen ihr die Sünden erlaßt, sind sie erlassen; allen, denen ihr sie nicht erlaßt, sind sie nicht erlassen."
Johannes 20,19–23

16 Wenn das Leben schwer wird

A. Solschenizyn: Krebsstation
Röm 8,18–25

Jelisaweta Anatoljewna ist noch keine fünfzig Jahre alt. Doch auf der Straße würde man sie für eine alte Frau halten. Um Augen und Mund haben sich inzwischen etliche Falten strahlenförmig eingegraben. Sie zeugen vor allem von ihren erlittenen Qualen. Seit etlichen Jahren muß sie und ihre Familie in der Verbannung leben. Weshalb, weiß keiner von ihnen. Ihren Mann hat man in ein Lager abtransportiert. Ihre Tochter ist in der Verbannung gestorben. Sie selbst lebt mit ihrem achtjährigen Sohn in einer armseligen Behausung. Sie ist verurteilt, als Putzfrau und Pflegerin auf der „Krebsstation" einer Klinik irgendwo in Asien ihr Leben zu beschließen. Hier kriecht sie unter die Betten, um den Boden aufzuwischen. Das Wasser hat ihre kleinen aufgesprungenen Hände inzwischen ausgelaugt. Mit einem Lappen reibt sie die Wände ab. Sie leert die Spucknäpfe und putzt sie blitzend sauber. Sie bringt den hoffnungslos Kranken die Gläser mit den Etiketten. All das, was einer Schwester zu schwer, zu unhandlich oder zu unsauber ist, bringt sie herbei und trägt es wieder fort. Und je selbstverständlicher sie ihre Arbeit verrichtet, desto weniger wird sie auf der Station beachtet. Schon zweitausend Jahre lang Augen haben bedeutet noch nicht, sehen zu können.

Vgl. Alexander Solschenizyn, Krebsstation II, Luchterhand Verlag, Neuwied und Berlin 1969, S. 249 ff.

Keiner kann sagen, wieviel in dieser Welt gelitten wird. Wir können es nicht sagen, weil alles Leid, das mit innerer Größe getragen wird, sich nicht von Haus zu Haus begibt, sich nicht an die Öffentlichkeit drängt. Daher sollten wir bei all unseren Kümmernissen, Sorgen und Ängsten nicht vergessen: wir sind nicht allein. Unzählige durchleiden in diesem Augenblick etwas Ähnliches; ihnen ergeht es genau wie uns. Jelisaweta Anatoljewna ist der Name für die vielen Namenlosen, die still und unauffällig die Last ihres Schicksals tragen, ohne ihre Würde zu verlieren. Lebenslängliche Verbannung, Trennung von der Familie, menschliche Erniedrigung und der Tod ihrer Tochter haben Jelisaweta Anatoljewna zu einer alten Frau gemacht. Das Qualvollste aber ist, daß keiner weiß, weshalb. Trotzdem zeigt sie keine Spur von Auflehnung oder Verbitterung. Warum nicht? Das Nächstliegende wäre doch, sich in sich selbst zurückzuziehen und sich mit der eigenen Person, mit dem ungerechten Schicksal zu beschäftigen. Wer aber im Leid auf sich selber schaut, verliert zunehmend seine Substanz und wird mehr und mehr zu einem Nichts. Jelisaweta Anatoljewna tut es nicht. Gewissenhaft verrichtet sie ihre Arbeit. Mehr als alle anderen ist sie für die hoffnungslos Kranken da. So wird für sie ihr unabänderliches Schicksal ein klein wenig erträglicher. Je mehr man an das Leid und die Not der anderen denkt und sich ihnen zuwendet, desto erträglicher wird der eigene Schmerz. Hier liegt die heldenhafte Größe dieser Frau. Durch ihre innere Haltung und ihre äußeren Handlungen wächst sie über sich selbst hinaus. Sie ist stärker als ihr Schicksal. Ein solches Leben hat trotz all seiner Härten und Widerwärtigkeiten noch immer einen Sinn. „Der Sinn liegt dann darin, in welcher Haltung wir ihm begegnen; der Sinn liegt darin, wie wir dieses Schicksal auf uns nehmen, wie wir uns *einstellen* zu solchem Leiden, wie wir es tragen, wie wir es schultern als unser Kreuz: genau darin, in diesem Wie, ist eine Möglichkeit gegeben, Werte zu verwirklichen." Das sagt Professor Viktor E. Frankl, der seinerseits die Hölle eines nationalsozialistischen Konzentrationslagers durchlitten hat.[1]

Es findet sich in einem anderen Werk von Frankl eine bedeutsame Stelle, an der dieses „Wie" ausführlich behandelt wird.[2] Dort spricht Frankl von drei verschiedenartigen Wertkategorien, mit deren Verwirklichung sich der Sinn des Daseins erschließt, gleichgültig von welcher Situation es in Anspruch genommen wird. Zunächst ist von den „schöpferischen Werten" die Rede. Sie ergeben sich aus der Art und Weise, wie wir unsere alltäglichen Arbeiten und Aufgaben ausführen. Dabei ist es nebensächlich, was wir tun, wo wir es tun und welchen Aktionsradius unser Tun hat. Wichtig ist, daß es gewissenhaft geschieht. Wer wird bezweifeln, daß das Leben einer einfachen Frau, die das ihr Aufgetragene mit Sorgfalt erfüllt, viel wertvoller und damit auch sinnvoller ist als das Leben eines Mannes, der an bedeutender Stelle steht, es aber an der entsprechenden Verantwortung fehlen läßt? Ein „kleines Leben" kann also sehr groß sein und ein „großes Leben" sehr klein. Von Jelisaweta Anatoljewna heißt es: Sie kriecht unter die Betten und wischt den Boden auf; mit einem Lappen reibt sie die Wände ab; sie leert die Spucknäpfe und putzt sie blitzend sauber; sie bringt den Kranken die Gläser mit den Etiketten; all das, was einer Schwester zu schwer, zu unhandlich oder zu unsauber ist, bringt sie herbei und trägt es wieder fort. Diese wenigen Notizen genügen, um zu verstehen, wie der Mensch durch die Verwirklichung „schöpferischer Werte" auch sein schmerzvolles Schicksal noch sinnvoll gestalten und dadurch bejahen und annehmen kann.

Die zweite Wertkategorie wird im Erleben verwirklicht, im Entdecken der Vielfalt des Lebens, in der Hingabe an die Schönheit von Natur, Kunst oder Literatur. Von Jelisaweta Anatoljewna erfahren wir, daß sie gern die alten französischen Romane las. Außerdem pflegte sie Gespräche, die ihr neuen Atem gaben. Hier geht es also um die Verwirklichung der „Erlebniswerte". Frankl schreibt: *„Schon an der Größe eines Augenblicks läßt sich die Größe eines Lebens messen:* die Höhe einer Bergkette wird ja auch nicht nach der Höhe irgendeiner Talsohle angegeben, sondern ausschließlich nach der Höhe des höchsten Berggipfels. *So entscheiden aber auch im Leben über dessen Sinnhaftigkeit die Gipfelpunkte,* und ein einziger Augenblick kann rückwirkend dem ganzen Leben Sinn geben." Genauso wichtig ist es, solche Erlebnisse im Gedächtnis zu behalten und sich immer wieder daran zu erinnern. Darauf weist der in leitender Stellung beim amerikanischen Fernsehen tätige Journalist Max Wylie hin. Er war glücklich verheiratet und hatte zwei erwachsene Töchter. Im Jahre 1963 wurde seine einundzwanzigjährige Tochter mit einem anderen Mädchen in der gemeinsamen New Yorker Wohnung von einem Eindringling brutal ermordet. 1968 erlag seine Frau einem langwierigen Krebsleiden, und wenige Monate später starb seine ältere Tochter im Alter von dreißig Jahren an Lungenentzündung. Dieser schwer geprüfte Mann sagt hinsichtlich der Erlebniswerte: „In wenigen Familien ist wohl so viel gelacht worden wie bei uns. Denen, die das Glück haben, im Kreise ihrer Angehörigen zu leben, möchte ich die Frage stellen: Was für Erinnerungen schafft ihr euch jetzt und hier mit dem, was ihr sagt und tut? Gerade die einfachen, alltäglichen Wechselbeziehungen sind das Schönste am Leben. Jetzt und hier in deinem Alltag füllst du selbst den Brunnen, aus dem du schöpfen mußt, wenn du einmal allein bist."[3]

Die dritte Wertkategorie, auf die uns Frankl aufmerksam macht, umfaßt die „Einstellungswerte". Ihre Verwirklichung liegt darin, wie wir uns auf eine Einschränkung unseres Lebens einstellen. In der inneren Haltung angesichts einer unabänderlichen Einengung kann sich ein neues Reich von Werten erschließen, die Frankl zu den höchsten zählt. Sie können einem noch so verarmten Dasein einen tiefen Sinn geben. Hier geht es darum, wie wir unser Kreuz tragen. „Es geht um Haltungen wie Tapferkeit im Leiden, Würde auch noch im Untergang und im Scheitern." Solche Haltungen sind entscheidend davon abhängig, ob jemand in seinem Leben einen festen Halt besitzt. Was damit gemeint ist, verdeutlicht eine Begebenheit, von der der bekannte Kanzelredner und Theologe Helmut Thielicke erzählt. Öfters besuchte er eine Mutter und traf sie immer wieder am Bett ihres qualvoll sterbenden Sohnes. Dabei beobachtete er, „wie sie ihn mit stiller Gelassenheit pflegte, ihn bei seiner letzten Not in ihre Mütterlichkeit förmlich einhüllte. Sie ließ sich keine Spur davon anmerken, wie sie selber von Schmerz und Angst zerfressen war. Unter diesem Eindruck sagte ich ihr einmal spontan: ‚Ich bewundere Ihre Haltung.' ‚Nun ja, Haltung vielleicht, aber schauen Sie bloß nicht dahinter. Ich habe überhaupt keinen Halt.'" Dies war das Wort einer ungläubigen Mutter, die seit Jahrzehnten mit der Kirche gebrochen hatte. Thielicke fährt fort: „Dieses ungläubige und verzweifelte, aber doch sehr tapfere Wort ist mir lange nachgegangen. Mir wurde dabei überhaupt erst klar, was Glaube heißt. Glaube heißt nämlich einen Halt haben und damit in jenem Fundament gründen, das Gott gelegt hat und das er letztlich selber ist."[4] Der dem Menschen von Gott gegebene Halt ist eine göttliche Person. Sie heißt: Jesus Christus. Wer sich an ihm festhält, wird in guten und in bösen Tagen, in Freud und Leid seine Haltung bewahren können.

Warum ist Jesus Christus der Halt unseres Lebens? Darauf antwortet das Glaubensbekenntnis ganz kurz: „Gelitten unter Pontius Pilatus." Das heißt: Der Gottessohn ist uns Halt im Leid, weil er selbst gelitten hat. Er hat gelitten, obwohl er nichts Unrechtes getan hatte. In ihm stieg Gott selbst in die dunklen Abgründe von Angst, Einsamkeit, Leid und Sünde hinab, um den Menschen ins Licht zu holen. Doch in diesen Abgründen brachte man ihn um. Deshalb geht er an unserer Seite, wo immer wir in solche Abgründe geraten. Seine Augen sehen uns nicht nur am Tag der Freude, sondern auch in der Nacht der Trauer und Verlassenheit. Er nimmt Anteil nicht nur an unseren Hoffnungen, sondern auch an unseren Schwächen und Prüfungen. Er ist, wo man uns bedrängt, denn er weiß, wie es ist, hier keinen Halt zu haben. Das Wichtigste aber ist die Blickrichtung, die er uns zeigt, um tapfer und mutig das Leben zu Ende zu leben. Jesus schaute nach oben. Im Aufblick bekam er die Kraft, nicht um das Leid herumzugehen, sondern durch das Leid hindurch. Er ging seinen Weg in der Hoffnung auf die zukünftige Herrlichkeit. Der in ihm lebende Mensch sieht nicht nur diese Welt, sondern hinter ihr die Welt Gottes. Er schaut nicht auf den Tod, sondern auf das Leben. Der Grundton seines Lebens ist nicht Verzweiflung, sondern Hoffnung. Er empfängt sie, indem er aufblickt. Der Aufblick öffnet das menschliche Herz. Er bringt es in die Richtung, aus welcher der Geist Gottes, der uns aus aller Not errettet, uns entgegenkommt.

Ich schätze, daß die Leiden der gegenwärtigen Zeit in keinem Verhältnis stehen zu der künftigen Herrlichkeit, die sich an uns offenbaren wird. Denn die ungeduldige Sehnsucht der Schöpfung harrt auf das Offenbarwerden der Söhne Gottes. Wurde doch die Schöpfung der Nichtigkeit nicht mit freiem Willen unterworfen, sondern durch den, der sie unterwarf, mit der Hoffnung, daß auch sie, die Schöpfung, von der Knechtschaft der Vergänglichkeit befreit werde zur Freiheit der Herrlichkeit der Kinder Gottes. Wir wissen ja, daß die gesamte Schöpfung bis zur Stunde seufzt und in Wehen liegt. Und nicht nur das, auch wir, die wir die Erstlingsgabe des Geistes besitzen, auch wir seufzen in uns selbst in der Erwartung der Erlösung unseres Leibes. Denn auf Hoffnung sind wir gerettet. Eine Hoffnung aber, die man schon erfüllt sieht, ist keine Hoffnung. Was man schon erfüllt sieht, braucht man darauf noch zu hoffen? Hoffen wir aber auf das, was wir nicht sehen, so erwarten wir es in Geduld.
Römer 8,18–25

17 Ein Übel kann auch ein Geschenk sein

A. Gide: Krankheiten sind Schlüssel
Ps 23

In einem seiner Tagebücher schreibt der französische Dichter André Gide (1869–1951) unter dem 25. Juli 1930 hinsichtlich der Bedeutung von Krankheiten:

„Ich glaube, daß die Krankheiten Schlüssel sind, die uns gewisse Tore öffnen können. Ich glaube, es gibt gewisse Tore, die einzig die Krankheit öffnen kann. Es gibt jedenfalls einen Gesundheitszustand, der es uns nicht erlaubt, alles zu verstehen. Vielleicht verschließt uns die Krankheit einige Wahrheiten; ebenso aber verschließt uns die Gesundheit andere oder führt uns doch davon weg, so daß wir uns nicht mehr darum kümmern.

Ich habe unter denen, die sich einer unerschütterlichen Gesundheit erfreuen, noch keinen getroffen, der nicht nach irgendeiner Seite hin ein bißchen beschränkt gewesen wäre; wie solche, die nie gereist sind; und ich erinnere mich, daß Charles-Louis Philippe die Krankheiten sehr schön ‚die Reisen der Armen' nannte. Die noch nie krank waren, sind des Mitgefühls für eine ganze Anzahl Elendszustände nicht fähig."

Aus André Gide, Aus den Tagebüchern 1889–1939, Deutsche Verlagsanstalt, Stuttgart 1961, S. 312f.

Die Chinesen sagen, ein Bild wiege tausend Worte auf. Man muß dem zustimmen, wenn man die Sätze von André Gide auf sich wirken läßt. Darin finden sich zwei Bilder, die uns nicht nur veranschaulichen, daß sich auch in der Krankheit ein Geheimnis birgt; sie lassen uns darüber hinaus die Tiefen dieses Geheimnisses erahnen. Das erste Bild vergleicht die Krankheiten mit einem Schlüssel, der uns gewisse Tore öffnen kann und uns so Zugänge zu Bereichen unseres Daseins erschließt, in denen wir mehr als anderswo zur Selbsterkenntnis und Selbstfindung gelangen. Je mehr der Mensch mit Hilfe eines solchen Schlüssels diese Bereiche betritt, wird er ein anderer. Er wird reifer und menschlicher; ja, er wird überhaupt erst Mensch. Daher sagt André

Gide: „Ich habe unter denen, die sich einer unerschütterlichen Gesundheit erfreuen, noch keinen getroffen, der nicht nach irgendeiner Seite hin ein bißchen beschränkt gewesen wäre." Was heißt „beschränkt"? Beschränkt ist, wer vor einer Schranke steht. Er kommt nicht weiter. Er muß stehenbleiben, wo er ist. Der Weg zum Eigentlichen ist ihm versperrt. Es wird berichtet, daß Sir Edward Elgar (1857–1934), der zu den bedeutendsten Komponisten der neueren Zeit gehört, einmal ein junges Mädchen singen hörte. Das Mädchen hatte eine schöne Stimme und verfügte über eine nahezu fehlerlose Technik. Aber irgend etwas fehlte. „Sie wird einmal eine große Sängerin werden", sagte Elgar, „wenn irgend etwas geschieht, das ihr das Herz bricht." Das Mädchen lebte offensichtlich in einem Gesundheitszustand, der es ihr nicht erlaubte, *alles* zu verstehen. Es gibt eben Dinge, zu denen wir nur gelangen, wenn wir gewisse Tore durchschreiten, die uns einzig das Leid oder die Krankheit öffnen können.

Krankheiten sind Reisen. Das ist das zweite Bild. Wer noch nie krank war, ist wie einer, der noch nie gereist ist. Er kennt nur einen kleinen Ausschnitt des Lebens und der Welt. Viele Menschen mit anderen Lebensgewohnheiten und Daseinserfahrungen bleiben ihm fremd. Ähnlich wird der Kranke demjenigen fremd bleiben, der selbst noch nie gelitten hat. Erst wenn er mit ihm sein Leben und sein Schicksal teilt, wird er ihn mit seinen Eigenheiten verstehen können. So ist es ja auch hinsichtlich der Einwohner fremder Länder. Erst wenn ihr Leben mit all seinen Härten unser Leben wird, kommen wir ihnen näher und lernen sie kennen. Was jedoch die Krankheiten als „die Reisen der Armen" anbelangt, so dürften sich inzwischen die Zeiten geändert haben. Kranksein ist heute in vielen Fällen sehr kostspielig. Daran ändert auch die Zugehörigkeit zu einer Krankenkasse nichts.

Wenn wir uns nun für die „Reiseerlebnisse" des kranken Menschen interessieren, tun wir gut daran, unsere Aufmerksamkeit dem bekannten Facharzt für Psychiatrie und Neurologie Dr. Leo Dembicki zu schenken. In einem Aufsatz zum Thema „Psychologie der Krankheit" durchwandert er die vielfältige Landschaft, die sich dem Kranken erschließt.[1] Beschränken wir uns auf das Wesentliche, was dort zu lesen ist. Auch Dr. Dembicki ist der Überzeugung, daß die Krankheit die geeignetste und wirksamste Konfrontation des Menschen mit seiner personalen Wirklichkeit ist. Solange es die Krankheit gibt, und darin liegt gerade ihr Segen für die heutige Zeit, wird der Mensch zur Rückbesinnung auf sein eigentliches Menschentum gerufen. Deshalb muß man sie „nahezu ein Geschenk des Schicksals an den Menschen" nennen. Aus seinem bisherigen Gefüge hinausgeworfen, erlebt der

Kranke seine Krankheit als ein „Elementarereignis“, das ihn tiefer und intensiver als alles andere zuvor angeht. Die Zeit steht für ihn still. Obwohl um ihn herum alles in Bewegung ist, ist er davon ausgenommen. Während sich der Gesunde im naiven Gefühl der Unversehrtheit wiegt, weiß der Kranke um seine Verwundbarkeit. Seine Schmerzen vermitteln ihm die heilsame Erfahrung, wie verletzlich und wie wenig großartig er ist. Der Gesunde verfügt mit Selbstverständlichkeit über seinen Körper; der Kranke hingegen kann nicht mehr, wie er gerne möchte. Er kommt zur Einsicht, daß der Körper keineswegs sein Eigentum ist, über das er willkürlich verfügen kann. Dem alltäglichen Leben entzogen, hat sein Denken und Empfinden aufgehört, alltäglich zu sein. Er erfährt, daß er anders ist als die übrigen. Weil er sich selbst nicht versteht, fühlt er sich in seinem Alleinsein und in seiner Einsamkeit den Mächten des Daseins überantwortet. Es überfällt ihn die Angst. Das befreit ihn von allen Schablonen, in denen sich der Gesunde häufig bewegt. So steht der Kranke ungeübt einer neuen, ihm völlig fremden Welt gegenüber. Viele Fragen tauchen vor ihm auf. Die Dinge verlieren ihre Selbstverständlichkeit. Sie offenbaren plötzlich Tiefe und zwingen zur Kenntnisnahme. Aufgrund seiner mangelnden Bewegungsfreiheit ist der Kranke auf die Hilfe seiner Mitmenschen angewiesen. Daraus erwächst ihm die Erkenntnis, daß er vielfältiger, als er zuvor glaubte, von seinen Mitmenschen abhängig ist. Die Erfahrung der eigenen Individualität einerseits und das Erleben seines Angewiesenseins auf die Gemeinschaft andererseits können seine Persönlichkeit nachhaltig bereichern. Die sich aus der Bewegungsunfreiheit ergebende Ruhe läßt ihn für manche Dinge hellsichtiger werden. Er merkt, daß vieles, woran er seine Kraft verschwendete, nicht hält, was er sich davon versprochen hatte, und daß er Wichtiges und Bedeutsames unterschätzte und vernachlässigte. Er wird sich bewußt, daß ihm der Erfolg oft wichtiger erschien als die Verwirklichung von Werten. So sieht er sich und seine Mitmenschen in einem neuen Licht. Er ist entschlossen, anderen gegenüber nachsichtiger und gütiger zu sein. Außerdem vermittelt ihm die Ruhe einen neuen Eindruck von der Welt. War er vordem ständig in Aktion, so wird er jetzt zum Empfangenden. Er bekommt ein Auge für die mannigfaltige Schönheit, an welcher der Gesunde häufig verständnislos vorbeiläuft. Ja, er empfindet ein tiefes Verlangen, mit allem Schönen im Einklang zu sein. Er glaubt, jetzt endlich dort zu sein, wohin er eigentlich immer kommen wollte. Auch zum Tod gewinnt er einen neuen Standort. Während der Gesunde den Gedanken an den Tod mit einem ungeheuren Kraftaufwand abzuweisen sucht, gelangt der Kranke auch hier zu einer neuen Einsicht.

All dies zeigt, daß die Krankheit, wenn sie auch an und für sich ein Übel ist, ein Geschenk von unschätzbarem Wert darstellt. Durch sie wird der Mensch zu den Quellen geführt, die in ihm selber liegen. Aus ihnen erhält er die Kraft, sich nach innen und außen neu zu orientieren.

Ein Übel kann also auch ein Geschenk sein. Das ist die christliche Lehre vom Kreuz. Damit der Mensch sein Kreuz als ein wirkliches Geschenk Gottes erfahren kann, muß er es im Vertrauen auf die Botschaft Jesu annehmen; er muß ja dazu sagen. Solches Vertrauen ist immer ein Wagnis, das einen doppelten Verzicht von uns fordert. Wir müssen zunächst lernen, in Freiheit auf manche Annehmlichkeit des Lebens zu verzichten. Wer immer etwas wagt, muß diesen Verzicht leisten. Der Kranke weiß, was damit gemeint ist. Die Arbeitsunfähigkeit, die Bewegungsunfreiheit, die Erfahrung des Alleinseins, das Angewiesensein auf andere, die Schmerzen und die Angst und anderes mehr verlangen ihm einen vielfältigen Verzicht ab, damit er als gläubiger Mensch gerade in dem, was ihm lästig erscheint, zu einem ganz neuen Leben kommt. Sagen wir es deutlicher: damit er *in* all dem Gott selbst entdeckt. Die Krankheit ist gleichsam jener Acker, in dem der teure Schatz verborgen liegt. Damit klingt der zweite Verzicht an, der uns sagt: Entthrone dich selbst, und räume Gott den Thron in deinem Leben ein, denn du selbst bist nicht das beherrschende Prinzip in deinem Leben. Räumt der Mensch Gott den ersten Platz in seinem Leben ein, dann erfährt er unmißverständlich, wie Gottes Liebe ihn umfängt. J. H. Kardinal Newman hat dieses Erlebnis mit folgenden Worten umschrieben: „Gott schaut dich, wer immer du seist, so wie du bist, persönlich. Er ‚ruft dich bei deinem Namen'. Er sieht dich und versteht dich, wie Er dich schuf. Er weiß, was in dir ist, all dein eigenes besonderes Fühlen und Denken, deine Anlagen und Wünsche, deine Stärke und deine Schwäche. Er sieht dich an deinem Tag der Freude und an deinem Tag der Trauer. Er fühlt mit in deinen Hoffnungen und Prüfungen. Er nimmt Anteil an all deinen Ängsten und Erinnerungen, an allem Aufstieg und Abfall deines Geistes. Er hat wahrhaft gezählt die Haare deines Hauptes und die Maße deiner Gestalt. Er umfängt dich rings und trägt dich in seinen Armen. Er hebt dich auf und setzt dich nieder. Er liest in deinen Zügen, ob sie lächeln oder Tränen tragen, ob sie blühen in Gesundheit oder welken in Krankheit. Er schaut zärtlich auf deine Hände und Füße. Er horcht deiner Stimme, dem Klopfen deines Herzens, selbst deinem Atem. Du liebst dich nicht mehr, als Er dich liebt. Du kannst nicht mehr zurückschrecken vor Leid, als ihm leid ist, daß du es trägst; und wenn Er es dir auflegt, so ist es, als legtest du selbst es dir auf – wenn du weise bist –, zu größerem Heil."[2] Wer eine ähnliche Gotteserfahrung in seinem Leben machen darf, der weiß, daß es ein anderes Leben gibt, wofür man gern auf sein bisheriges Leben verzichtet. Er wird fortan nicht mehr seine eigenen Wege gehen, sondern dem Weg seines Herrn folgen, wohin diese auch führen mögen.

Jahwe ist mein Hirte, ich leide nicht Not;
auf grünender Weide läßt er mich lagern.
Er führet mich an Wasser der Ruhe,
Erquickung spendet er meiner Seele.
Er leitet mich auf dem rechten Pfad, getreu seinem Namen.
Und muß ich auch wandern im finsteren Tale,
ich fürchte kein Unheil, denn du bist bei mir.
Dein Stock und dein Hirtenstab, die geben mir Zuversicht.
Du hast einen Tisch mir bereitet vor den Augen der Feinde.
Du salbest mein Haupt mit Öl,
mein Becher ist gefüllt bis zum Rande.
Es geleiten mich deine Gnade und Huld
durch alle Tage des Lebens.
Und wohnen darf ich im Hause Jahwes für immerwährende Zeiten.
Psalm 23

18 Bewährung in der Krankheit

A. Solschenizyn: Krebsstation
Röm 5,1–5

In seinem Arzt- und Krankenhausroman „Krebsstation“ schildert Alexander Solschenizyn das Schicksal von Menschen, denen plötzlich bewußt wird, daß sie von einer tödlichen Krankheit gezeichnet sind. Die Atmosphäre des Krankensaales ist seltsam. Hier teilen alle denselben Lebensraum, alle erfahren die gleiche Behandlung, alle bekommen das gleiche Essen, alle tragen die gleichen abgetragenen Schlafanzüge der Klinik. Sie alle brauchten sich nur umzuziehen, das Krankenzimmer zu betreten, sich von den Verwandten zu verabschieden, und schon ist das ganze frühere Leben abgeschnitten und alle früheren Unterschiede sind wie weggewischt. Hier sind sie alle nur noch Menschen, kranke Menschen, die eine begrenzte Zukunft haben. Dieses Zurückgeworfenwerden auf die nackte menschliche Existenz ruft jedoch im Krankensaal sehr unterschiedliche Reaktionen hervor. Das sei an vier Personen des Romans verdeutlicht.

Wadim Zadyrko, ein 26jähriger Geologiestudent, hat die Krebsstation mit Fachbüchern unter beiden Armen bezogen. Selbst hier gönnt er sich keine Ruhe und geizt mit der Zeit. Kaum hat er drei von den Büchern, deren Ränder er mit vielen Frage- und Ausrufezeichen versieht, durchgearbeitet, läßt seine Konzentrationskraft nach. Manchmal möchte er alle Beherrschung verlieren und wie ein Tier, das in ein Tellereisen geraten ist, aufheulen. Jetzt liegt er oft nur da und überlegt, ob er nicht, statt zu kämpfen, einfach nachgeben und nichts mehr tun soll. Als er die Nachricht bekommt, daß seine Mutter ein Heilmittel hat auftreiben können, lebt in ihm die Hoffnung wieder auf. Doch angesichts seines Krankheitsbefundes versuchen die Ärzte, ausdruckslose Gesichter zu machen.

Zu dem ehemaligen Gesetzeshüter und Parteifunktionär Pawel Nikolajewitsch Rusanow kommt die tödliche Krankheit völlig ungesetzmäßig. Auch gibt es keine Vorschrift, keine Anweisung, die ihn davor hat schützen können. Er hält es nicht aus, kein notwendiges Bindeglied im großen Staatsapparat zu sein. Deshalb will er so schnell wie möglich dorthin zurückkehren. Natürlich weiß auch er, daß alle Menschen sterblich sind und daß auch er irgendwann einmal seine Akten schließen muß. „Irgendwann zu sterben ist nicht schlimm", sagt er, „aber jetzt! ..." Auf den Tod hin angesprochen erwidert er: „Lassen Sie den Tod aus der Debatte. Wir wollen nicht einmal daran denken." Rusanow kann schließlich entlassen werden. Beim Abschied empfiehlt ihm die Ärztin Donzowa eindringlich: „Sie werden einmal im Monat zur Untersuchung kommen." Doch der gutgelaunte Rusanow ist der Überzeugung, daß diese obligatorischen Untersuchungen nur um der Statistik willen vorgeschrieben sind.

Jefrem Poddujew, der bärenstarke Kraftmensch und Frauenheld, ist Bauarbeiter. Niemals ist er krank gewesen. Jetzt auf einmal leidet er. Ausgerechnet an Krebs. Dieser Umschwung übersteigt seine Kräfte. Im Krankensaal treibt es ihn täglich vom Fenster zur Tür und von der Tür zum Fenster. An einem besonders bedrückenden Abend gibt ihm ein Leidensgenosse ein Buch von Leo Tolstoi. Vor allem die Erzählung „Wovon die Menschen leben" läßt ihn nicht mehr los. Er liegt und schweigt und läuft nicht mehr auf und ab. An der Schwelle des Todes erkennt er zum erstenmal in seinem Leben, „daß die Menschen nicht aus der Sorge um sich selbst, sondern von der Liebe zu anderen leben" (I, 161). Es geht ihm auf, was er, der stets nur dem eigenen Ich gelebt hat, verfehlt hat. Da erwacht in ihm die Sehnsucht, trotz allem wenigstens etwas Eigenes hinüberzuretten und nicht alles verscharren zu lassen.

Oleg Kostoglotow, ein 34jähriger Mann, der aus politischen Gründen längere Zeit in überfüllten Gefängniszellen zugebracht hat, um dann „auf ewig" in die Verbannung geschickt zu werden, benutzt die schlaflosen Nächte auf der Krebsstation, um über manches nachzudenken. Das einzige, was ihn quält, ist die Tatsache, daß er nicht weiß, wie lange er noch hier bleiben muß. Seine Freundschaft mit der Ärztin Wera Korniljewna Hangart macht ihm das Leben interessant. Seinen Entlassungstag erlebt er als einen zweiten Schöpfungsmorgen: „Die Welt war von neuem erschaffen, um Oleg wieder geschenkt zu werden: Beginne ein neues Leben!" Er kehrt heim, nicht völlig beruhigt um die weitere Entwicklung seiner Krankheit, aber mit Hoffnung im Herzen.

Alexander Solschenizyn, Krebsstation, I, II, Luchterhand Verlag, Neuwied und Berlin 1968.

Mit seinem Roman „Krebsstation" reiht sich Alexander Solschenizyn in den großen Strom der christlichen Denker und Dichter ein. Daher wollen wir fragen, was er zum Thema „Bewährung in der Krankheit" sagt.

Solschenizyn ist der tiefen Überzeugung, daß es in jedem Menschen bei aller Krankheit, bei aller Not und bei allem Elend dennoch etwas Unzerstörbares und Ewiges, ein Stück göttlichen Seins gibt. So sagt der krebskranke Schulubin vor seiner Operation: „Manchmal fühle ich es ganz deutlich, daß in mir mehr ist als mein bloßes Ich. Etwas Unzerstörbares, Erhabenes!“[1] Wenn dieses Stück göttlichen Seins auch vielen unbewußt bleibt, so ist es doch da. Ja, es gibt eine Möglichkeit, es spürbar in Erfahrung zu bringen. Das Ewige und Unzerstörbare wird in uns in dem Ausmaß lebendig, wie wir auf die Tolstoi-Frage, wovon der Mensch eigentlich lebe, eine Antwort finden, die über das Irdisch-Greifbare hinauslangt, hinein in das Überirdisch-Unbegreifbare, das wir als Menschen nicht mehr verstehen, von dem wir uns aber als gläubige Menschen in allen Tagen unseres Lebens umgriffen wissen. So ist es der lebendige Glaube, der das Letzte und Ewige in uns weckt und seinem göttlichen Ursprung entgegenträgt.

Weil es in uns dieses durch den Glauben geweckte Ewige und Unzerstörbare gibt, deshalb gibt es auch eine unzerstörbare Hoffnung, die Hoffnung nämlich, daß alles, was ist, auch das Negative, wie Krankheit, Leiden, Sterben und Tod, sich als etwas Positives erweisen wird. Diese Hoffnung verharmlost und verschleiert die qualvollen Schmerzen nicht. Aber der hoffnungsvolle Mensch hat ein Licht, das ihm entgegenleuchtet. Das Sehen dieses Lichtes bringt ihm neues Leben. Weil es ohne Licht kein Leben gibt, ist das Leben des Hoffnungslosen, dem alle Lichter erloschen sind, zu Ende. Von Oleg Kostoglotow heißt es: „Die Welt war von neuem erschaffen, um Oleg wieder geschenkt zu werden: Beginne ein neues Leben!“ Er kehrte nach Hause zurück, besorgt um die weitere Entwicklung seiner Krankheit, aber mit Hoffnung im Herzen.[2] Wir leben, solange wir Hoffnung haben. Das gilt in erhöhtem Maß hinsichtlich der vom Glauben getragenen Hoffnung, die selbst der Tod nicht zerstören kann. Auch der gläubig Sterbende kehrt heim, vielleicht nicht völlig beruhigt, aber mit Hoffnung im Herzen.

Die gläubige Hoffnung bewirkt im Menschen eine neue Einstellung zu den Dingen. Sie läßt uns alles in einem wahren Optimismus sehen. „Sich an dem freuen, was ist. Der ist weise, der mit wenigem zufrieden ist. Wer ist ein Optimist? Einer, der sagt: Überall ist es schlechter, wir haben es noch gut, haben Glück gehabt. Einer, der sich an dem freut, was vorhanden ist, und nicht hadert. Wer ist ein Pessimist? Einer, der sagt: Überall ist es herrlich, überall ist es besser, nur wir haben Pech gehabt. Und der ständig unter seinem Schicksal leidet.“[3] Dieser Optimismus verwandelt den kranken Menschen zu einem liebenswürdigen Patienten, der die Dienste der ihn Pflegenden nicht als eine Selbstverständlichkeit, sondern in dankbarer Aufmerksamkeit hinnimmt. Solches Verhalten leuchtet an Scharaf Sibgatow auf. Von ihm sagt Solschenizyn: „Trotz dreier Jahre ununterbrochenen Leidens war dieser junge Tartar der sanfteste und freundlichste Mensch in der ganzen Klinik. Er lächelte oft, als wolle er sich für die Unannehmlichkeiten entschuldigen, die man seinetwegen hatte.“[4]

Wie bewähren wir uns in der Krankheit? Bewährung in der Krankheit erfordert von uns einen lebendigen Glauben an das Ewige und Unzerstörbare in uns selbst, eine unerschütterliche Hoffnung, daß sich alles Negative als etwas Positives erweisen wird, und einen Optimismus, der uns zu liebenswürdigen Menschen macht.

Da wir nun auf Grund des Glaubens gerechtfertigt sind, haben wir Frieden mit Gott durch unseren Herrn Jesus Christus. Durch ihn haben wir ja im Glauben Zutritt zu dieser Gnade, in der wir stehen, erlangt, und wir wollen uns der Hoffnung auf die Gottesherrlichkeit rühmen. Aber nicht nur dies, sondern wir wollen uns auch der Drangsale rühmen, da wir wissen, daß die Drangsal Geduld bewirkt, die Geduld Bewährung, die Bewährung Hoffnung. Die Hoffnung aber läßt nicht zuschanden werden, weil die Liebe Gottes in unseren Herzen ausgegossen ist durch den Heiligen Geist, der uns geschenkt wurde.
Römer 5,1–5

19 Leid in Liebe empfangen

M. Buber: Das Leiden
Mt 16,21-23

Zum Maggid von Mesritsch kamen einst zwei Glaubensbrüder und brachten dies vor: „Unsere Weisen haben ein Wort gesprochen, das uns keine Ruhe läßt, weil wir es nicht fassen können. Es ist das Wort, der Mensch solle Gott für das Übel genauso danken wie für das Gute und es in gleicher Freude empfangen. Rate uns, Rabbi, wie wir es fassen." Der Maggid antwortete: „Geht in das Lehrhaus, da werdet ihr Sussja finden, wie er seine Pfeife raucht. Er wird euch die Deutung geben." Die beiden gingen zu Sussja und legten ihm ihre Frage vor. Als er sie angehört hatte, legte er seine Pfeife auf die Seite, lachte und erklärte ihnen: „Da habt ihr euch den Rechten ausgesucht! Ihr müßt euch schon an einen andern wenden, und nicht an einen wie mich, dem zeitlebens kein Übel widerfuhr." Sie aber wußten, daß das Leben von Rabbi Sussja vom Tag seiner Geburt an bis zu diesem Tag aus nichts anderem als Not und Leid gewoben war. Da verstanden sie, was es heißt, Leid in Liebe empfangen.

Vgl. Martin Buber, Das Leiden, in: Werke III, Schriften zum Chassidismus, Kösel Verlag – Verlag Lambert Schneider, München-Heidelberg 1963, S. 357 f.

Nicht wenige Menschen nehmen die guten Tage ihres Lebens als Selbstverständlichkeit hin und denken nicht daran, daß es auch anders sein könnte. Erst wenn sich ihre Gesundheit in Krankheit verkehrt, wenn an die Stelle von Glück und Freude Schmerz und Leid treten, erinnern sie sich an Gott und klagen ihn an. Solches Verhalten macht uns auf etwas Wichtiges aufmerksam. Nur wer versteht, daß die glücklichen Tage seines Lebens ein Geschenk sind, auf das wir keinen Anspruch haben, wird sich nicht gegen Gott erheben, wenn sich die Zeiten ändern. Solange es ihm gut geht, wird er nicht überheblich, und er verzagt nicht, wenn das Leben seine Schatten auf ihn wirft. Denn auch die Schatten haben ihren Sinn.

Von Adalbert Stifter stammt das Wort: „Durch Schmerzen sind die Menschen größer geworden als durch alle Freuden dieser Welt." Seine eigentliche Größe gewinnt der Mensch demnach nicht im Erleben der Freude, sondern durch seine Bewährung im Leid. Denn einerseits vermag das Leid im Menschen jene Kräfte wachzurufen, durch die er sich stärker weiß als alle zerstörerischen Mächte dieser Welt und zur Freiheit des Geistes gelangt; andererseits kann es ihm seine totale Geschöpflichkeit zu Bewußtsein bringen. „Nackt kam ich hervor aus dem Schoß meiner Mutter, und nackt kehre ich dorthin zurück. Der Herr hat gegeben, der Herr hat genommen, der Name des Herrn sei gepriesen", sagte Hiob, als ihm seine bisherige Welt unterging. Nicht allein das Leid hatte diesen Mann zur Erde geworfen, sondern auch die Anbetung. Sören Kierkegaard kommentiert dieses Bekenntnis mit folgenden Worten: „In dem Augenblick, wo der Herr alles nahm, sagte er nicht zuerst: Der Herr hat's genommen, sondern er sagt zuerst: Der Herr hat's gegeben. Das Wort ist kurz, aber es bezeichnet in seiner Kürze vollständig, was es bezeichnen soll, daß Hiobs Seele nicht zermalmt wurde in der stummen Unterwerfung des Leides, sondern daß Verlust des Ganzen zuerst ihn dankbar macht gegen den Herrn, daß er ihm all den Segen gegeben hatte, den er nun von ihm nahm ... Nun erinnerte er sich an alles, was der Herr gegeben hatte, an einzelnes vielleicht sogar mit größerer Dankbarkeit, als da er es empfing."[1] Weil das Leid das menschliche Herz weiten und erheben kann, deshalb sagen die Weisen, der Mensch solle Gott für das Übel genauso danken wie für das Gute und es in gleicher Freude empfangen.

Es gibt nun Augenblicke, in denen eine bloße Lehraussage nicht vollends überzeugen kann. Hier wird von einem Lehrer mehr verlangt als nur die Mitteilung einer Wahrheit. Daher nennen wir vor allem den einen Lehrer der Menschheit, der nicht nur eine Lehre vermittelt, sondern diese Lehre durch sein eigenes Leben anschaubar macht und damit für jeden Menschen zum Vorbild und Wegweiser wird. Lehrer und Wegweiser in diesem Sinn sind Hiob und Sussja gewesen. Ihre Bedeutung liegt keineswegs in dem, was sie sagten, sondern in dem, was sie getan haben. Hier haben wir den Grund, weshalb der Maggid den beiden Ratsuchenden nicht selbst die Antwort gab, sondern ihnen sagte: „Geht in das Lehrhaus, da werdet ihr Sussja finden, wie er seine Pfeife raucht. Er wird euch die Deutung geben." Da die beiden wußten, daß das Leben dieses Mannes seit vielen Jahren aus Not und Leid bestand, mußte seine abweisende Erklärung in ihnen eine große Verwunderung hervorrufen. „Da habt ihr euch den Rechten ausgesucht! Ihr müßt euch schon an einen andern wenden, und nicht an einen wie mich, dem zeitlebens kein Übel widerfuhr." Warum befremdet dieser Hinweis? Weil er allen natürlichen Erwartungen widerspricht. Rabbi

Sussja empfand die Not und das Leid seines Lebens keineswegs als ein Übel, sondern als eine Quelle der Freude. Wie ist so etwas möglich? Solange man das Leid rein objektiv betrachtet, werden wir ihm keine Bedeutung abgewinnen können, da eine rein objektive Betrachtung dem Leid nicht gerecht werden kann. Wie der Tod, so gehört auch das Leid zu jenen Gegebenheiten menschlichen Daseins, die sich in ihrem Wert erst erschließen, wenn wir darum wissen, daß sie zutiefst mit dem Menschsein verknüpft sind und uns zuinnerst subjektiv angehen. Erst dadurch, daß wir zu ihnen ein inneres, also subjektives Verhältnis gewinnen, werden sie sich uns in ihrem Licht erschließen. Als gläubiger Mensch vermochte Sussja seine Not und sein Leid in ein höheres Sinngefüge einzuordnen. Deshalb stand er ihnen nicht feindlich, sondern freundschaftlich gegenüber. Er lebte mit ihnen in Frieden.

Von da an begann Jesus seinen Jüngern zu zeigen, er müsse nach Jerusalem gehen und von den Ältesten und Hohenpriestern und Schriftgelehrten vieles leiden und getötet werden und am dritten Tage auferweckt werden. Da nahm ihn Petrus auf die Seite und fing an, ihm Vorhaltungen zu machen, und sagte: „Das verhüte Gott, Herr! Niemals darf dir das widerfahren!" Er aber wandte sich um und sprach zu Petrus: „Hinweg von mir, Satan! Ein Ärgernis bist du für mich. denn du denkst nicht die Gedanken Gottes, sondern der Menschen."
Mattäus 16,21–23

20 Der Mensch in Gottes Hand

M.P. Engelmeier: Hat Krankheit einen Sinn?
1 Kor 7,29–32

Ein Medizinprofessor berichtet von einer eindrucksvollen Begegnung mit einem 25jährigen Mann, der an einem rasch fortschreitenden Muskelschwund litt: „Als er bei uns aufgenommen wurde, war er bereits ganz von der Hilfe seiner Umgebung abhängig. Er konnte weder Arme noch Beine regen, wohl aber, wenn auch mit Mühe und gestützt, sitzen. Es war nun für uns alle – Mitpatienten, Schwestern und Ärzte – erstaunlich, wie sich die Atmosphäre des Krankenzimmers veränderte, sobald dieser bis zum Skelett abgemagerte Gelähmte es bezogen hatte. Der Umgangston der Kranken wurde ruhiger, ihr Verhalten zueinander rücksichtsvoller, ihre Stimmung zufriedener. Von dem neuen Zimmergenossen strahlte eine Gelassenheit aus, eine allen geöffnete Güte, eine dankbare Freude auch über die geringste Freundlichkeit – der sich niemand entziehen konnte. Über die Unaufhaltsamkeit und die Unheilbarkeit seines Leidens war er sich völlig im klaren. Er verzeichnete das immer weitere Fortschreiten der Lähmung mit distanzierter Nüchternheit. Und doch litt er in so zuversichtlicher Geduld, daß wir alle immer wieder betroffen waren. Ich fragte ihn einmal bei einer Abendvisite: ‚Wie machen Sie das nur, bei Ihrer Krankheit so zuversichtlich zu sein?' Die Antwort werde ich nie vergessen: ‚Was wollen Sie, Herr Doktor? Soll ich weinen? Den Muskelschwund werden Sie auch mit Ihrer neuen Medizin nicht aufhalten. Was macht das? – Mir geht es von Tag zu Tag besser!'"

Max P. Engelmeier, Hat Krankheit einen Sinn?, in: Theologie und Glaube 56 (1966), S. 468.

Die Freude in einem Menschenleben währt so lange wie der Grund, dem sie entstammt. Freut sich beispielsweise einer in der Hauptsache deshalb, weil er hat, was das Leben angenehm und heiter macht, so wird sich sein Gesichtsausdruck mit dem Augenblick merklich ändern, da sich ihm das Leben von einer weniger erfreulichen Seite zeigt. Die Freude jenes jungen Mannes muß also einen Grund gehabt haben, der jenseits all dessen liegt, wonach man in diesem Leben noch die Hände ausstrecken kann: seine Arme waren gelähmt. Obwohl ihm mit jedem Tag mehr die Kraft entschwand, durch die er sich selbst hätte tragen können, sagte er: „Mir geht es von Tag zu Tag besser!" Diese Worte, die ihre Glaubwürdigkeit durch das überzeugende Verhalten des jungen Patienten erhielten, zeigen in einer erstaunlichen Weise, wie in körperlicher Ohnmacht geistig-seelische Vollmacht gegenwärtig sein kann. Offensichtlich ging sie nicht aus dem Kranken selbst hervor; sie erwuchs aus jenem Grund, von dem sein Leben seinen Ausgang genommen hatte, von dem es sich zeitlebens getragen, gelenkt und geleitet wußte, in den zurückzukehren es mit zunehmender Freude bereit war und den wir als gläubige Menschen „Gott" zu nennen wagen. Das vorbildhafte Verhalten des jungen Mannes öffnet uns die Augen dafür, wie sich Gottes Kraft im Leben eines Menschen entfaltet, wenn der Mensch dieser Kraft nicht seine eigene entgegensetzt, sondern sich ihr restlos überläßt. Jeder, der eine Ahnung von der Stärke des menschlichen Selbsterhaltungstriebes hat, wird ermessen können, welche Selbstüberwindung und welch gläubiges Vertrauen notwendig sind, um zu solcher Gelassenheit zu kommen. „Von dem neuen Zimmergenossen strahlte eine Gelassenheit aus ..., der sich niemand entziehen konnte", erklärte der Arzt. Welche Bedeutung hat dieses so gewichtige Wort „Gelassenheit"? Diese Haltung, die in das innerste Wesen des Menschseins hinabreicht, kann ohne das typisch Christliche nicht verstanden werden. Meister Eckehart sagt: Gelassen ist, wer die Welt gelassen – und sich selbst Gott überlassen hat. Das hat nun nichts mit einer etwaigen Weltverachtung zu tun. Der junge Mann verachtete die Welt nicht. Doch wußte er um die Zweischichtigkeit des menschlichen Daseins. Weil er in seiner tieferen Seelenschicht im göttlichen Geheimnis verwurzelt war, konnte er „mit distanzierter Nüchternheit" die Dinge in seiner äußeren Seelenschicht an sich herankommen lassen. Den letzten Grund seines inneren Seins berührten sie jedoch nicht, weil er um ihre Vorläufigkeit wußte. Mitten im Auf und Ab des Lebens stehend, ließ er sich dennoch nicht vom Wechsel der Zeiten bestimmen. Seine gläubige Gelassenheit schenkte ihm eine innere Freiheit und Unabhängigkeit gegenüber allen irdischen Realitäten. Sie befähigte ihn dazu, „eine allen geöffnete Güte, eine dankbare Freude auch über die geringste Freundlichkeit – der sich niemand entziehen konnte", auszustrahlen.

Weil dieser junge Mann angesichts seiner tödlichen Krankheit niemanden verklagte, sondern sich in seiner zerbrechlichen Geschöpflichkeit annahm und sich Gott restlos überließ,. deshalb war er ein „Gerechter". Hinsichtlich des Gerechten aber sagt bereits Sokrates: „Er mag in Armut, Krankheit oder andere Not geraten, die ein Übel scheint, so wird ihm dennoch alles zum Guten ausschlagen, im Leben oder nach dem Tode. Denn nimmer vergessen die Götter den, der sich redlich bemüht, gerecht zu werden und in der Tugendübung gottähnlich, soweit es einem Menschen möglich ist. – Es ist ja offenbar, daß ein solcher Mensch von einem Wesen, das ihm ähnlich ist, nicht vernachlässigt werden kann."

Das aber sage ich euch, Brüder: Die Zeit ist knapp bemessen. Künftighin sollen deshalb auch die, welche Frauen haben, so leben, als hätten sie keine; die Weinenden so, als weinten sie nicht; die sich freuen, so, als freuten sie sich nicht; die etwas erwerben, so, als behielten sie es nicht zu eigen; die sich der Welt bedienen, so, als nutzten sie sie nicht aus; denn die Gestalt dieser Welt vergeht. Ich möchte aber, daß ihr ohne Sorgen seid.
1 Korinther 7,29–32

21 Holzweg oder Kreuzweg – der Lebensweg kann beides sein

J.-M. Vianney: Das Kreuz ist das gelehrteste Buch
Gal 6,14

Zu den liebenswürdigsten Gestalten unter den Heiligen gehört Jean-Marie Vianney, der heilige Pfarrer von Ars (1787–1859). Er wurde in der Nähe von Lyon geboren. Sein Vater war Kleinbauer. Bis zu seinem 19. Lebensjahr half er diesem als Knecht. Dann drängte es ihn zum Priesterberuf. Mit viel Jüngeren mußte er auf der Schulbank sitzen. Das Lernen fiel ihm so schwer, daß er von allen für einen kompletten Dummkopf gehalten wurde. Später zog er ins Seminar. Auch dort habe er, wie er selbst sagte, „ein wenig" zu leiden gehabt. Obwohl der Älteste, war er auch dort der schlechteste Student. Deshalb forderte man ihn auf, das Seminar zu verlassen. Da half ihm sein erster Lehrer M. Balley mit Privatstunden. Nach einem mißglückten und einem wiederholten Examen wurde er schließlich am 13. August 1815 gleichsam aus Gnade und Barmherzigkeit zum Priester geweiht. Das Sonderbare aber ist, daß ausgerechnet dieser Mann, bei dessen Weihe man beide Augen zugedrückt hatte, eines Tages von der Kirche zum Patron und Vorbild aller Priester erklärt werden sollte. Wer nach dem Lebensgeheimnis dieses Mannes fragt, der findet es in den wenigen Sätzen, die der heilige Pfarrer seinerzeit an seine Gemeinde gerichtet hat: „Das Kreuz ist das gelehrteste Buch, das wir lesen können. Jene, die dieses Buch nicht kennen, sind unwissend, auch wenn sie alle anderen Bücher kennen. Die wirklich Gelehrten sind nur die, die dieses Buch lieben, es um Rat fragen, es ergrün-den. Je mehr man in seiner Schule ist, desto mehr will man darin bleiben ..."

Gérard Rossé, Der Pfarrer von Ars an seine Gemeinde, Ausgewählte Gedanken und Predigten, Verlag Neue Stadt, München-Zürich-Wien 1980, S. 62 f.

Ausgerechnet derjenige, den die Kirche zunächst nicht zum Priester weihen wollte, wurde dann von dieser Kirche zum Patron und Vorbild aller Priester erklärt. Dieses Vorkommnis könnte uns veranlassen, über die eigentümlichen Wege Gottes mit dem Menschen nachzudenken.

Wie wenig diese Wege vom Menschen begriffen werden, formuliert die sprichwörtliche Redensart: „Der Mensch denkt, Gott lenkt." Das gleiche sagt das portugiesische Sprichwort: „Gott schreibt auf krummen Zeilen gerade." Unvergleichlich tiefer als in diesen nüchternen Feststellungen ist die innere Bewegung in jenem alten Hymnus, in dem es ebenfalls um die Wege Gottes mit dem Menschen geht: „O Tiefe des Reichtums, der Weisheit und der Erkenntnis Gottes! Wie unergründlich sind seine Urteile, wie unerforschlich seine Wege! Denn wer hat die Gedanken des Herrn erkannt? Oder wer ist sein Ratgeber gewesen" (Röm 11,33–34). Ob es nicht in jedem Menschenleben ähnliche Erfahrungen gibt? Wer sie sich bewußt macht, kann seiner Religiosität neue Impulse geben, um es erneut mit Gott zu wagen und sein Leben entschiedener als bisher Gottes Händen anzuvertrauen.

So einfach das an sich ist, es gehört doch zum Schwersten, was ein Mensch vollbringen kann; denn die Wege Gottes sind immer Kreuzwege. Sich auf diese Wege einzulassen, davor schrecken die meisten Menschen zurück. Lieber gehen sie ihre eigenen Wege. Doch zeigt sich früher oder später, daß die eigenen Wege nichts anderes als „Holzwege" sind. Was ist ein Holzweg? „Holz lautet ein anderer Name für Wald. Im Holz sind Wege, die meist verwachsen jäh im Unbegangenen aufhören. Sie heißen Holzwege ..." So schreibt der Philosoph Martin Heidegger zu Beginn seines Werkes „Holzwege". Holzwege sind also Irrwege, die alsbald ausweglos im Dickicht des Waldes enden. So bleibt uns nur die Wahl zwischen „Holzweg" und „Kreuzweg", zwischen unserem eigenen Weg und dem uns von Gott zugewiesenen Weg. Warum aber ist es nur der Kreuzweg, der unserem Dasein in dieser Welt entspricht? Weil es keinen Menschen gibt, dem nicht ein Kreuz auferlegt wäre. Jeder hat ein Kreuz. Auch dort, wo es den Anschein hat, es gäbe kein Kreuz, ist es gegenwärtig.

Wir müssen jedoch genauer formulieren und sagen: Jeder hat *sein* Kreuz, das heißt, eines, das genau zu ihm paßt, weil es seiner Eigenart sorgfältig angemessen ist. Es gibt eine alte Legende, die uns dies veranschaulichen kann. Sie erzählt von einem Mann, der sich bei Gott über sein Kreuz beklagte. Da führte ihn Gott in einen großen Raum, in dem alle Kreuze der Menschen versammelt waren, und ließ ihn wählen. Jener machte sich auf die Suche. Hier erblickte er ein dünnes, aber dafür war es länger als die anderen; dort stieß er auf ein kleines, doch es war schwer wie Blei. Dann stand er vor einem, das ihm zusagte; aber genau an der Stelle, wo es auf der Schulter auflag, zeigte es eine scharfe Spitze, die wie ein Dorn aussah. Er brauchte ziemlich lange, bis er schließlich eines entdeckte, an dem er fast vorbeigelaufen wäre. „Das ist genau das richtige", sagte er zu sich selbst. „Genau das, was du tragen kannst!" Doch kaum hatte er das gesagt, da traute er seinen Augen nicht; denn es war jenes Kreuz, das er bislang getragen hatte.[1] Was sagt uns diese Legende? Jeder hat sein Kreuz, das zu ihm paßt. Und dabei ist es gerade dieses eigene Kreuz, das wir oft am wenigsten verstehen. Deshalb wehren wir uns dagegen. Entweder werfen wir es ab; doch wer sein Kreuz abwirft, findet sicher ein anderes, das unter Umständen noch unbequemer ist. Oder wir tragen es widerwillig; wer aber sein Kreuz nur widerwillig trägt, macht es nur noch schwerer. Nur wer sein Kreuz gern annimmt und mit ihm in Freundschaft lebt, wird erfahren, daß sein Kreuz ihn selber trägt.[2] Sein Leben wird zu einem Kreuzweg, der ihn zunehmend in die Nähe Gottes führt.

Hier drängt sich die Frage auf, wie es möglich ist, das auferlegte Kreuz in Freude anzunehmen. Den Weg weist ein kurzes Gespräch, das der evangelische Theologe Walter Uhsadel mit dem berühmten Schweizer Psychologen Carl Gustav Jung 1938 in der ‚kleinen Bibliothek' in Jungs Küsnachter Haus hatte. Jung wies auf eine Nachbildung des Königsfelder Glasfensters, das die Kreuzigung Christi darstellt, und sagte: „Sehen Sie, dies ist doch das Entscheidende für uns." Als der Theologe ihn fragte, warum er das sage, antwortete Jung: „Ich komme gerade aus Indien, da ist mir dies von neuem aufgegangen. Der Mensch muß mit dem Problem des Leidens fertig werden. Der östliche Mensch will sich des Leidens entledigen, indem er das Leiden abstreift. Der abendländische Mensch versucht, das Leiden durch Drogen zu unterdrücken. Aber das Leiden muß überwunden werden, und überwunden wird es nur, indem man es trägt. Das lernen wir allein von ihm." Damit wies er auf den Gekreuzigten.[3] – Das heißt, im Hinblick auf den Gekreuzigten lernen wir, unser Kreuz anzunehmen, es zu tragen, um von ihm getragen zu werden.

Aber damit ist das Entscheidende noch nicht gesagt. Dieses vermittelt sich uns erst, wenn wir, wie der heilige Pfarrer von Ars, das Kreuz Christi als das gelehrteste Buch verstehen, das wir lesen können, wenn wir dieses Buch lieben, es um Rat fragen und es immer tiefer zu ergründen suchen. Dann führt es uns zum tiefsten Grund unseres Glaubens, indem es uns sagt: Immer wenn du vor etwas Dunklem stehst, wenn dich also dein Alleinsein quält, wenn du unter deiner inneren Leere stöhnst, wenn du vor scheinbar unüberwindbaren Schwierigkeiten stehst, wenn Abschied, Trennung, Enttäuschung, Treulosigkeit oder Unrecht dich schmerzt, wenn etwas Hartes auf dir lastet oder schwere Schuld dich bedrückt, dann stehst du vor etwas, das Jesus mit seinem Kreuz immer schon auf sich genommen, getragen und verwandelt hat. Was dich auch bedrücken oder gar erdrücken mag, immer bist du schon mitten in deiner inneren Leere, deinen Enttäuschungen, deinem Schmerz, deinen Leiden und deiner Schuld von einer ewigen Liebe umfangen, die mit ihren ausgebreiteten Armen vor dir steht. Daher brauchst du im Angesicht des Gekreuzigten nichts zu verdrängen, an nichts vorbeizusehen, nichts zu beschönigen, dich vor nichts in deinem Leben zu schämen.[4] Nur eines brauchst du: ein unbedingtes Vertrauen, kraft dessen du dein kleines, armseliges, zerbrechliches und verwundbares „Ich“ hineingibst in das große „Du“ dessen, der für dich gekreuzigt worden ist. In dem Augenblick, wo du nicht mehr „Ich“ sagst, sondern „Du“, wird dich deine Last nicht mehr erdrücken.

So stellen sich uns vom Kreuz Christi her drei Fragen: *Erstens*: Wie schaut mein bisheriger Lebensweg aus? Ist er ein Holzweg, oder ist er ein Kreuzweg? *Zweitens*: Welche Rolle spielt in meinem Leben das Kreuz Christi, das doch irgendwo in meiner Wohnung hängt? Habe ich zu ihm inzwischen eine persönliche Beziehung gewonnen? *Drittens*: Habe ich gelernt, mein kleines „Ich“ in das große „Du“ des Gekreuzigten hineinzuverlieren?

Ich will mich nur rühmen mit dem Kreuz unseres Herrn Jesus Christus,
durch das die Welt mir gekreuzigt ist und ich der Welt.
Galaterbrief 6,14

Nichts geht dem verloren, der Gott entgegenläuft

22 Wie der Fluß ziehen wir immer weiter

K. Rahner: Lebensreise
Ez 47,9.12

Karl Rahner (geb. 1904) ist ein weltbekannter Theologe, dessen Gedanken oft genug so hoch und so tief sind, daß man seine Not hat, ihm zu folgen. Nicht selten finden sich in seinen Werken aber auch Meditationen, die so anschaulich sind, daß sie dem Leser unmittelbar eingehen. Der folgende Text ist dafür ein Beispiel. Wenn in ihm das Bild vom Fluß des Lebens erst am Schluß erscheint, so ist es doch von Anfang an im Hintergrund gegenwärtig:

„Sagt selbst: Sind wir nicht alle Pilger, auf der Reise, Menschen, die keine bleibende Stätte haben, selbst wenn wir nie unsere Heimat verlassen mußten? Wie flieht die Zeit, wie schwinden die Tage, wie sind wir ewig im Wechsel, wie ziehen wir immer weiter: irgendwo und irgendwann fingen wir an, und schon waren wir aufgebrochen zur Reise, die immer weiter geht und nie mehr zur selben Stelle zurückkehrt. Und der Weg zieht durch die Kindheit, durch Jugendkraft und Altersreife, durch wenig Feste und viel Alltag, durch Hohes und Erbärmliches, durch Reinheit und Schuld, durch Liebe und Enttäuschung, immer weiter, unaufhaltsam weiter vom Morgenland des Lebens zum Abendland des Todes. So unaufhaltsam, so unerbittlich geht es weiter, daß wir es oft gar nicht mehr merken, daß wir meinen, wir ständen still, weil wir immer gehen und auch alles andere mitzugehen scheint, an dem wir die Bewegung unseres Lebens abzulesen vermöchten (...)

Aber wohin geht die Reise? (...) Gott heißt das Ziel unserer Pilgerschaft. Er wohnt in weiter Ferne. Allzu weit und allzu schwer mag uns der Weg dahin erscheinen. Und unbegreiflich, was wir selbst meinen, wenn wir ‚Gott' sagen: Grund aller Wirklichkeit, Meer, zu dem alle Bäche unserer Sehnsucht pilgern."

Karl Rahner, Lebensreise, in: Rechenschaft des Glaubens, Karl Rahner-Lesebuch, hrsg. v. K. Lehmann u. A. Raffelt, Benziger-Herder, Zürich–Köln/Freiburg–Basel–Wien 1979, S. 74.

Der Lebenslauf des Menschen läßt sich durch viele Bilder veranschaulichen. Dabei kann jedes Bild immer nur einen Teil von der Fülle und dem Geheimnis des Lebens sichtbar machen.

Bei Friedrich Hölderlin (1770–1843) findet sich das Bild des „Bogens". In einer Ode mit vier Strophen aus dem Jahre 1800 gestaltet er den menschlichen Lebenslauf als ein „Aufwärts oder Hinab". Erlebnisse wie Liebe, deren Vollkommenheit vom Menschen nicht zu erreichen ist, und noch stärker das Leid beugen das Streben des Menschen nach Größerem dorthin zurück, woher er kam. Sie begrenzen sein Über-sich-selbst-Hinauswachsen. In solcher Begrenzung sieht Hölderlin letztlich ein Geschenk des Himmels. Sie kräftigt den Menschen, sie lehrt ihn für alles danken und schenkt ihm die Einsicht, daß das Wesen der Freiheit darin besteht, in menschlichen Grenzen zu bleiben. Daß Hölderlin um all das viele Jahre gerungen hat, zeigt die vielfache Abänderung dieser Ode.[1] Die Kurz-Ode aus dem Jahr 1790 hat folgenden Wortlaut:

„Hoch auf strebte mein Geist, aber die Liebe zog
schon ihn nieder, das Leid beugt ihn gewaltiger;
So durchlauf ich des Lebens
Bogen und kehre, woher ich kam."

Ein anderes Bild enthält ein Gedicht von Hermann Hesse (1877–1962), das den bezeichnenden Titel „Stufen" trägt. In ihm deutet Hesse das Leben als die Bereitschaft zu fortwährendem Abschied und Neubeginn. So durchschreiten wir in innerer Gelöstheit und Heiterkeit die verschiedenartigen Lebensräume, von denen jeder seine eigene Weisheit und Tugend hat. Keiner darf zu unserer Heimat werden; denn der „Weltgeist" will uns von einer Lebensstufe zur anderen führen, um uns aus der Enge in die Weite zu heben. Behutsam formuliert Hesse in der letzten der drei Strophen:

„Es wird vielleicht auch noch die Todesstunde
Uns neuen Räumen jung entgegen senden."

In diesem überaus kunstvoll gestalteten Gedicht nimmt das Wort „Herz" eine zentrale Stellung ein. Seine Bestimmung ist, immer in Bewegung, immer auf der Wanderschaft, immer unterwegs zu sein.[2] Das ist auch die Bestimmung des Flusses.

Der Fluß wurde offensichtlich zu allen Zeiten und allerorts als Sinnbild des menschlichen Lebenslaufes angesehen. In dem berühmten Buch „Tao-Tê-King" des chinesischen Religionsstifters und Philosophen Lao-tse (6. Jh. v. Chr.) lautet der 76. Sinnspruch:

„Wenn du vergleichen willst
Des Weges Dasein in der Welt:
Es gleicht dem Bach, dem Talfluß,
Die strom- und meerwärts treiben."

Und der englische Kulturphilosoph Bertrand Russell (1872–1970) schreibt: „Das menschliche Leben ist wie ein Wasserlauf. Zuerst schießt es, klein und schmal in einem engen Bett, stürmisch an Klippen vorüber und über Wasserfälle eilend. Allmählich wird der Fluß dann breiter, die Ufer treten zurück, die Wasser fließen gelassener, bis sie endlich ohne spürbaren Übergang mit dem Meer verschmelzen ..." Diese beiden Beispiele lassen erkennen, warum gerade der Fluß als Sinnbild des menschlichen Lebenslaufes gilt. Zwischen ihnen gibt es auffallende Parallelen. Schauen wir näher zu.

Wie der Fluß hat auch unser Leben irgendwo und irgendwann begonnen. Dabei handelt es sich nicht nur um einen bloßen Anfang, sondern vielmehr um einen *Ursprung.* Ursprung bezeichnet den tiefsten Grund. Wie tief dieser hinsichtlich der menschlichen Seele ist, vermag niemand zu sagen. Warum nicht? Weil sie göttlichen Ursprungs ist. Daß es nämlich gerade ‚ich' in meiner Einmaligkeit und Unwiederholbarkeit gewesen bin, der geboren wurde, das konnten auch meine Eltern nicht gewollt haben. Daher muß in der Zeugungskraft meiner Eltern eine noch tiefere Kraft gegenwärtig gewesen sein, der ich mein Dasein verdanke. Sie sagt mir, daß nicht meine Eltern, sondern die schöpferische Liebe Gottes der tiefste und letzte Grund meines Daseins ist. Wie also die Quelle der Ursprung des Flusses ist, so ist Gott der Ursprung des Menschen.

Aber der Fluß sagt uns mehr. Unübersehbar weist er uns auf die unaufhaltsame Flüchtigkeit unserer Tage und auf die fortwährende Pilgerschaft unseres Lebens hin. Diese Wahrheit, daß alles fließt und nichts in beständigem Sein verharrt, machte Heraklit zum grundlegenden Gedanken seines Philosophierens: „Man kann nicht zweimal in denselben Fluß hineinsteigen." Damit ist auch gesagt, daß im Leben nichts rückgängig zu machen ist. Es bedeutet zugleich, daß Leben ein ständiges Sich-Wandeln ist. Gerade diesen Gesichtspunkt griff Leo Tolstoi (1828–1910) auf, um uns zur Behutsamkeit im Urteil aufzurufen. Der russische Dichter schreibt: „Einer der gewöhnlichsten Irrtümer besteht darin, daß man Menschen als gute, schlechte, dumme, gescheite ansieht. Der Mensch fließt wie ein Strom, in dem er sich beständig ändert und dennoch er selbst bleibt. In ihm sind alle Möglichkeiten da: Er war dumm, ward gescheit, war schlecht, ward gut und umgekehrt. Hierin besteht die Größe des Menschen, und eben deshalb kann man den Menschen nicht richten, wie er wohl wäre. Du hast ihn gerichtet, und er ist schon ein anderer."[3] Dieser Hinweis wirft ein neues Licht auf das Wort Jesu: „Richtet nicht!" (Mt 7,1).

Der Weg des Sich-Wandelns zieht durch die Kindheit, durch Jugendkraft und Altersreife. Verweilen wir einen Augenblick bei diesen für das menschliche Leben wesentlichen Entwicklungsphasen.[4] Das *Kind* ist unter normalen Bedingungen von einer schützenden Atmosphäre umgeben. Indem es sich ganz dem Nächstliegenden zuwendet, so daß es die Dinge über eine bestimmte Entfernung hinaus nicht mehr wahrnimmt, baut es an der es behütenden Umwelt selbst mit. Darin ist ihm alles vertraut; alles ist ihm freundlich zugewandt. Gewiß, den Idealzustand wird es nirgendwo geben. Dennoch kann man sagen, daß dort, wo das Kind Schutz und Geborgenheit erfährt, seine Grundhaltung das *Vertrauen* ist. Der *jugendliche* Mensch hingegen erfährt in sich einen mächtigen Lebenstrieb. Er drängt zu Aufstieg, sucht die Entfaltung seiner Persönlichkeit und will die Welt kennenlernen. Weil er nicht mehr behütet sein will, versucht er, sich gegen alles durchzusetzen, was ihn begrenzt oder in Abhängigkeit hält. Seine Grundhaltung ist der *Mut.* Je mehr der jugendliche Mensch jedoch dem Dasein in seiner Härte begegnet und seine eigenen Grenzen erfährt, je mehr er durch Mißerfolge und Enttäuschungen ernüchtert wird, um so mehr kommt es darauf an, daß die Wirklichkeit des Lebens im „Dennoch" angenommen wird. Dadurch vertieft sich die eigene Persönlichkeit. Innerlich verwandelt, vermag sie einen verwandelnden Einfluß auf die sie umgebende Welt auszuüben. Das macht den *reifgewordenen* Menschen aus. Seine Grundhaltung ist die *Treue.* Für den älterwerdenden Menschen relativiert sich die Wirklichkeit des Lebens noch einmal. Die diesseitigen Dinge verlieren für ihn ihre Intensität. Im Loslassen des Irdischen schafft er Raum für das Ewige. Seine Grundhaltung ist die Gelassenheit. Vertrauen, Mut, Treue und Gelassenheit, das sind die vier Grundhaltungen, durch die der Mensch angemessen seinem Ziel entgegenläuft.

So ziehen wir „vom Morgenland des Lebens zum Abendland des Todes". Auf diesem Weg zeigt sich ein sonderbares Phänomen, das nicht übergangen werden sollte. Daß nämlich das menschliche Leben einmal ein Ende haben wird, ist für uns selbstverständlich, wenn wir auf andere schauen. Daß aber auch mein Leben einmal an sein Ende kommen wird, scheint uns unvorstellbar; denn „ein jeder hält einen jeden für sterblich - außer sich selbst" (Young). In gleicher Weise äußerte sich Sigmund Freud. Aufgrund seiner Psychoanalyse gelangte er zur Überzeugung, daß im Grunde niemand an seinen eigenen Tod glaube. Vielleicht liegt dies daran, daß sich der einzelne nicht genügend auf seinen ureigenen Tod einzulassen wagt. Deshalb bleibt er ihm immer fremd. Wer in den Fluß seines Lebens schaut, der wird vernehmen, daß auch für ihn zutrifft, was für alle gilt, die unterwegs sind, unterwegs zur Mündung, unterwegs zu Gott, dem Meer, „zu dem alle Bäche unserer Sehnsucht pilgern". In einer Visionserzählung schildert der Prophet Ezechiel (47,1–12) die verwandelnde Kraft eines Flusses, dessen Quelle im Tempel entspringt. Das Rinnsal wächst alsbald zu einem Bach heran, der auf unerklärliche Weise sehr rasch an Tiefe und Wasserreichtum gewinnt. Noch erstaunlicher ist, wie der dahineilende Strom die unfruchtbare Wüstenlandschaft in fruchtbares Land verwandelt, so daß durch ihn die erstorbene Landschaft eine völlige Veränderung erfährt. So erweist sich dieser Fluß als ein von Gott gesandter Bote des Heiles. Ein Fluß in diesem Sinn war das Leben Jesu. Die Frage ist, ob sich Ähnliches von unserem Leben sagen läßt.

Wohin der Fluß gelangt, da werden alle Lebewesen, alles, was sich regt, leben können (...) An beiden Ufern des Flusses wachsen alle Arten von Obstbäumen. Ihr Laub wird nicht welken, und sie werden nie ohne Frucht sein. Jeden Monat tragen sie frische Früchte; denn das Wasser des Flusses kommt aus dem Heiligtum.
Ezechiel 47,9.12

23 Immer nehmen wir Abschied

J. Pieper: Über das Schweigen Goethes
Phil 3,7–14

Der Grundstrom unseres Lebens führt immer viel mehr mit sich, als uns im gewöhnlichen Tagesablauf zu Bewußtsein kommt. Dann aber gibt es Augenblicke, da an die Oberfläche tritt, was bis dahin in seinen Tiefen verborgen blieb. Einen solchen Augenblick bringt Johann Wolfgang von Goethe (1749–1832) in einem knapp bemessenen Wort zur Sprache. Es steht in einem Brief an J. J. von Willemer vom 6. Oktober 1824. Josef Pieper hat es mit vielen anderen Briefworten des Dichters in seinem kleinen Büchlein „Über das Schweigen Goethes“ notiert. Das Wort lautet: „Bei jeder Trennung wird empfunden, was eine befriedigte Gegenwart verschweigt.“

Vgl. Josef Pieper, Über das Schweigen Goethes, Aus Goethebriefen notiert, Kösel Verlag, München 1951, S. 57.

Was ist es, das eine befriedigte Gegenwart verschweigt, das aber im Augenblick der Trennung deutlich empfunden wird? Es ist vor allem die Einsicht, daß unser Leben ein fortwährendes Abschiednehmen ist. Abschiednehmen gehört zu den Urereignissen menschlichen Daseins. Das geht uns auf, wenn wir uns fragen, wie oft wir in unserem Leben bereits Abschied genommen haben. Zuallererst geschah es im Augenblick unserer Geburt. Es folgten – um nur wenige Stationen hervorzuheben – der Abschied von der Schule, vom Elternhaus, von den Kindern, von den einzelnen Lebensstufen, vom Berufsleben, von guten Freunden, von Ländern, Städten und Landschaften, von vielen Wegen, die man mit zunehmendem Alter nicht mehr gehen kann, weil man sich bereits von seinen Lebenskräften verabschieden mußte. Oder denken wir an die vielen Kleidungsstücke, die wir im Verlaufe unseres bisherigen Lebens getragen haben, und an die vielen Schuhe, die uns trugen. Immer nehmen wir Abschied – eine Grundwahrheit unseres Lebens, die bei jeder Trennung empfunden wird.

Es fällt nicht schwer zu sagen, weshalb uns das Abschiednehmen Schwierigkeiten macht. Der Ort, an dem wir sein durften, ist uns vertraut geworden. Wir haben seine Umgebung kennengelernt und uns an die dortigen Menschen gewöhnt. Verschiedenartige Erlebnisse haben Bindungen geschaffen, aus denen wir uns nicht ohne seelische Anstrengung zu lösen vermögen. All das gibt uns das Gefühl der Sicherheit, des Beschütztwerdens und des stillen Glücks. Von solchen Erfahrungen, die die befriedigte Gegenwart in der Regel verschweigt, die aber im Augenblick der Trennung empfunden werden, erzählt der Dichter Reinhold Schneider (1903–1958) in seinem letzten Werk „Winter in Wien". Dieses Wiener Tagebuch, dessen Manuskript er fünf Tage vor seinem Tod dem Verlag Herder übergab, hatte er in einem Caféhaus niedergeschrieben. Auch in diesem Caféhaus galt es eines Tages Abschied zu nehmen: „Der Ober, der stets meinen Platz hielt und mich väterlich betreute, immer in freundlicher Schweigsamkeit, verabschiedet sich: er geht auf Urlaub, der ihm freilich zu gönnen ist, denn er ist sehr abgearbeitet; wenn er in vierzehn Tagen zurückkommt, werde ich nicht mehr da sein. Es tut mir weh. Ich fühle mich unter seiner taktvollen Obhut beschützt. Seine kleinen Vergeßlichkeiten haben unser stummes Einvernehmen eher bestärkt als gestört. Ich habe einmal ähnliches in Paris empfunden, als ich mich von dem treuen Diener R. verabschiedete. Es half nichts, wir weinten beide. Wie die Abschiede, so sind es die Einsamkeiten, die verbinden."[1] Sie verbinden, weil von beiden Seiten dasselbe erlebt und durchlitten wird.

Bei jeder Trennung wird also empfunden, wie sehr wir die Beschenkten waren. Aus diesem Grund steigt in solchen Augenblicken wie von selbst unser Dank aus den seelischen Tiefen empor. Für ein empfindsames Herz wird es vor allem der Dank Gott gegenüber sein, der uns diese Zeiten, die uns auf einmal sonderbar kurz erscheinen, erleben ließ. Es ist aber zugleich der Dank dem Mitmenschen gegenüber, der uns näher stand, als wir vielleicht in befriedigter Gegenwart glaubten, und uns so zum „Nächsten" wurde. Offensichtlich war der jüdische Religionsphilosoph Martin Buber (1878–1965) bereits selbst ein älterer Mann, als er die folgenden Sätze niederschrieb: „Je älter man wird, um so mehr wächst in einem die Neigung zu danken. Vor allem nach oben. Das Leben wird ja nun, so stark wie es nie zuvor möglich gewesen wäre, als eine unentgeltliche Gabe empfunden, und gar jede restlos gute Stunde nimmt man wie ein überraschendes Geschenk mit ausgestreckten, dankbaren Händen entgegen. Sodann aber verlangt es einen mal und mal, seinem Mitmenschen zu danken, selbst wenn er nichts Besonderes für einen getan hat. Wofür denn? Dafür, daß er mir, wenn er mir begegnete, wirklich begegnet ist, daß er die Augen auftat und mich mit keinem anderen verwechselte; daß er die

Ohren auftat und zuverlässig vernahm, was ich ihm zu sagen hatte: ja, daß er das auftat, was ich recht eigentlich anredete, das wohlverschlossene Herz."[2] Wer sich ein dankbares Herz bewahrt, wird immer wieder neu bemerken, wie viele gute Worte, Taten und Werke jeden Tag auf ihn zukommen; er wird zudem nicht verbittern, wenn er sich zunehmend von allem verabschieden muß, was ihn im Alltag erfreute und was seinem Leben Sicherheit, Geborgenheit und Inhalt gab.

Warum aber fordert uns das Leben immer wieder zum Abschiednehmen heraus? Die Antwort darauf finden wir in einem bereits erwähnten Gedicht von Hermann Hesse (1877–1962), das unter der Überschrift „Stufen" steht. Darin heißt es: „Kaum sind wir heimisch einem Lebenskreise / Und traulich eingewohnt, so droht erschlaffen; / Nur wer bereit zu Aufbruch ist und Reise, / Mag lähmender Gewöhnung sich entraffen. / (...) Wohlan denn, Herz, nimm Abschied und gesunde!"[3] Das ist verdichtete Erfahrung. Sie ist auch in das Bildwort eingegangen: „Im Hafen sind die Schiffe am besten aufgehoben, aber dafür hat man sie nicht gebaut." Erachten wir unser Leben als ein großes Schiff, dann gehört zu ihm auch eine große Fahrt. Es ist also der Aufbruch zu immer neuen Ufern, der unsere Kräfte vor dem Erschlaffen bewahrt und unser Herz gesunden läßt.

Der Ruf ins Unbekannte und Ungewohnte, ins Unvorausschaubare und Unberechenbare bringt uns eine andere Seite des Lebens zu Bewußtsein: Das Leben ist ein Abenteuer.[4] Das Wagnis dieses Abenteuers macht das eigentlich menschliche Leben aus. Natürlich gibt es auch das ungute Abenteuer. In ein solches begeben wir uns, wenn die Ziele, denen wir entgegensteuern, unserer nicht würdig sind.

Wen wundert es nun, daß das „Buch des Lebens", die Bibel, ein Buch voller Abenteuergeschichten ist. Welches Abenteuer verbindet sich allein mit den Namen Noach, Abraham und Mose? Von ihnen spricht der Hebräerbrief, um uns Vorbilder echten Glaubens vorzuführen: „Aufgrund des Glaubens wurde Noach das offenbart, was noch nicht sichtbar war, und er baute im frommen Gehorsam eine Arche zur Rettung seiner Familie (...) Aufgrund des Glaubens gehorchte Abraham dem Ruf, wegzuziehen in ein Land, das er zum Erbe erhalten sollte; und er zog weg, ohne zu wissen, wohin er kommen würde (...) Aufgrund des Glaubens weigerte sich Mose, als er herangewachsen war, Sohn einer Tochter des Pharao genannt zu werden; lieber wollte er sich zusammen mit dem Volk Gottes mißhandeln lassen, als flüchtigen Genuß von der Sünde zu haben (...) Aufgrund des Glaubens verließ er Ägypten, ohne Furcht vor dem Zorn des Königs; er hielt standhaft aus, als sähe er den Unsichtbaren" (Hebr 11,7–27). Wie im Alten

Testament, so geht es auch im Neuen Testament immer wieder um dieses Abenteuer des Glaubens. Ich denke an das Abenteuer des Zachäus, der sein bisheriges Leben aufgab (Lk 19,1–10), oder an die Berufung der ersten Jünger, von denen gesagt wird: „Sie zogen die Boote an Land, ließen alles zurück und folgten Jesus nach" (Lk 5,11).

Erinnert sei aber auch an den jungen Mann, den Jesus einlud, seinen Besitz zu verkaufen und das Geld den Armen zu geben. „Als der junge Mann das hörte, ging er traurig weg; denn er hatte ein großes Vermögen!" (Mt 19,22). Damit versank er im Dunkel der Anonymität. Auch in seinen Gleichnissen fordert Jesus immer wieder zum Abenteuer heraus. So erzählt er einmal von einem Mann, der vor seiner Abreise seinen Dienern sein Vermögen anvertraute. Während die beiden ersten darangingen, damit zu wirtschaften, und ihren Teil verdoppelten, vergrub der dritte, was er bekommen hatte, um sich gegen jeden Verlust abzusichern. Bemerkenswert ist, was der dänische Philosoph Sören Kierkegaard (1813–1855) zu diesem Gleichnis sagt: „Das Nicht-wagen-Wollen wird im Evangelium (Mt 25,14–30) durch jenen Knecht bezeichnet, der sein Pfund vergrub – er war klug, vorsichtig, und doch verwirft ihn der Herr. Denken wir uns noch eine Möglichkeit zu diesem Evangelium hinzu, daß zum Beispiel noch einer kam, der sagte: Herr, ich wollte so gern mit Hilfe des mir anvertrauten Pfundes etwas erwerben. So wagte ich vermutlich zu viel, denn ich gewann nichts und verlor noch das eine Pfund – ob dieser Knecht nicht eher Vergebung fand als jener vorsichtige Knecht?"[5]

All diese Geschichten weisen den Menschen als „Abenteuer Gottes" aus. Um diese seine Bestimmung zu verwirklichen, muß er Abschied nehmen von dem Lebenskreis, in dem er sich traulich eingewohnt hat und heimisch fühlt; er muß den Aufbruch wagen und sich auf den Weg machen, auf den Gott ihn ruft; denn „wir sind Fremde und Gäste auf Erden" (Hebr 11,13). Das Abschiednehmen bewahrt den Menschen vor dem Trägheitsprinzip, das einer der größten Feinde des menschlichen Lebens ist; zugleich eröffnet es ihm eine neue Welt, in der ein neues Leben beginnt. „Wohlan denn, Herz, nimm Abschied und gesunde!" Dieses Wort ist ein Aufruf. Wozu? Zunächst einmal zur Selbstbesinnung: Bin ich in irgendeiner Weise mit dem Leben fertig? Gibt es in meinem Leben Kreise, in denen ich mich festgesetzt habe? Habe ich schlechte Angewohnheiten, von denen ich nicht lassen will? Wo ich durch diese oder ähnliche Fragen die Wahrheit auf mich zukommen lasse, da vernehme ich auch die Einladung, von all dem Abschied zu nehmen. In dem Augenblick, da es geschieht, eröffnet sich mir eine neue Welt, die ein neues Leben möglich macht. In dieser „Welt des

Geistes" lebend, wächst mir zugleich das untrügliche Gefühl zu, daß „auch noch die Todesstunde uns neuen Räumen jung entgegensenden" wird; denn Gottes Ruf an uns wird niemals enden ... Von diesem „Gefühl" ist auch in dem folgenden Wort eines älteren Mannes die Rede. Er meinte: „Ich bin jetzt 69 Jahre alt ... Ich *fühle*, daß das Beste noch vor mir liegt."

Was mir damals ein Gewinn war, das habe ich um Christi willen als Verlust erkannt. Ja noch mehr: ich sehe alles als Verlust an, weil die Erkenntnis Christi Jesu, meines Herrn, alles übertrifft. Seinetwegen habe ich alles aufgegeben und halte es für Unrat, um Christus zu gewinnen und in ihm zu sein. Nicht meine eigene Gerechtigkeit suche ich, die aus dem Gesetz hervorgeht, sondern jene, die durch den Glauben an Christus kommt, die Gerechtigkeit, die Gott aufgrund des Glaubens schenkt. Christus will ich erkennen und die Macht seiner Auferstehung und die Gemeinschaft mit seinen Leiden; sein Tod soll mich prägen. So hoffe ich, auch zur Auferstehung von den Toten zu gelangen. Nicht daß ich es schon erreicht hätte oder daß ich schon vollendet wäre. Aber ich strebe danach, es zu ergreifen, weil auch ich von Christus Jesus ergriffen worden bin. Brüder, ich bilde mir nicht ein, daß ich es schon ergriffen hätte. Eines aber tue ich: Ich vergesse, was hinter mir liegt, und strecke mich nach dem aus, was vor mir ist. Das Ziel vor Augen, jage ich nach dem Siegespreis: der himmlischen Berufung, die Gott uns in Christus Jesus schenkt.
Philipperbrief 3,7–14

24 Hier wird einmal Ihr Denkmal stehen

H. v. Hofmannsthal – E. Friedell
Kol 3,1–4

Hugo von Hofmannsthal (1874–1929), Mitbegründer der Salzburger Festspiele, war eine Dichterpersönlichkeit mit einem feinen und tiefen Einfühlungsvermögen und einer ungeheuren Ausstrahlungskraft. Seine Sprache erreichte eine Pracht und Fülle, die in der deutschen Dichtung nur wenige Gegenstücke hat. Seine „Kleinen Dramen", die er zu der Zeit schrieb, da er noch das Gymnasium besuchte, brachten ihm schon frühen Ruhm ein. Seine Neigung zur Musik führte ihn zur Zusammenarbeit mit Richard Strauß (1864–1949), zu dessen großen Opern („Elektra", „Der Rosenkavalier", „Ariadne auf Naxos") er die Texte schrieb. Mit seiner Erneuerung des Spiels von „Jedermann" wurde er weltberühmt. All das muß man sich vergegenwärtigen, wenn man die folgende Begebenheit liest.

Als Hugo von Hofmannsthal einmal im Wiener Volksgarten spazierenging, traf er den geistvollen Schriftsteller und Schauspieler Egon Friedell (1878–1938). Beide gingen ein Weilchen in lebhafter Unterhaltung nebeneinander her. Plötzlich blieb Friedell neben einer Baumgruppe stehen und sagte zu Hofmannsthal: „Hier, an dieser Stelle, wird in zwanzig oder in fünfzig Jahren Ihr Denkmal stehen!" Hofmannsthal fühlte sich geschmeichelt, doch wehrte er lächelnd ab. Friedell beharrte auf seiner Aussage: „Ganz gewiß wird hier Ihr Denkmal stehen, und die Leute werden daran vorübergehen oder auch stehen bleiben und einander fragen: Hofmannsthal? Hofmannsthal? Wer war denn dieser Kerl?"

Vgl. Karl Rauch, Heiteres aus der Welt des Buches, Werner Classen Verlag, Zürich-Stuttgart 1962, S. 40.

„Hier wird Ihr Denkmal stehen!" Durch diese Beteuerung fühlte sich der Dichter sichtlich geschmeichelt. Bleiben wir einmal für einen Augenblick bei diesem erhebenden Gefühl, das durch eine liebenswürdige Schmeichelei ausgelöst wird, denn keiner kann von sich behaupten, er falle auf Schmeicheleien nicht herein. Sag einer hübschen Frau, sie sei geistreich, so wird sie es dir danken; sag einem Tölpel, er sei ein Original, und er wird beglückt sein; sag einem kontaktgestörten Menschen, er verfüge über eine vornehme Zurückhaltung, er wird sich freuen. So beruhen Zustimmung, Anerkennung, Wohlwollen und Lob nicht selten auf Schmeichelei, bei der die Grenze zwischen Wahrheit und Lüge oft nicht mehr zu erkennen ist. Wer uns schmeichelt, streichelt unsere Eitelkeit, indem er übertreibt oder etwas findet, was gar nicht vorhanden ist. Wer aber hätte das nicht gern? Vielleicht bemerken wir sofort den faulen Zauber, der hier mit uns gespielt wird. Zunächst Lächeln wir überlegen, dann lachen wir darüber und wehren mit beiden Händen ab. Möglicherweise sind wir sogar verärgert und verbitten uns die Schmeicheleien. Aber der Schmeichler gibt keine Ruhe; er schmeichelt beharrlich weiter. Plötzlich fragen wir uns, ob er nicht doch recht haben könnte. Und schließlich glauben wir ihm. Damit aber wäre der Anfang vom Ende gegeben.[1] Denn wer immer wieder auf Schmeicheleien hereinfällt, wird bald die Wirklichkeit seines Lebens aus den Augen verlieren. Weil er immer mit der Frage beschäftigt ist, welchen Eindruck er auf andere macht, wird er unwahr und unsachlich in allem, was er denkt, redet und tut.

Nie ist der Schmeichler absichtslos. Immer will er etwas ganz Bestimmtes erreichen. Was denn? Er schmeichelt sich in uns hinein, um unsere Aufmerksamkeit und unsere Sympathie hervorzulocken. Wo wir uns aber zu einer blinden Vertrauensseligkeit hinreißen lassen, da kann unser unkritisches Verhalten einem Schmeichler gegenüber zu jener schwachen Stelle werden, die auch der Heldengestalt Siegfried eines Tages zum Verhängnis wurde.

Welche Absicht aber verfolgte Friedell mit seiner Schmeichelei bei Hofmannsthal? Er hob ihn empor, um ihn dann um so wirksamer zu ernüchtern. Die Erhebung lautet: „Ganz gewiß wird hier Ihr Denkmal stehen!“ Dann folgt unmittelbar die tiefe Ernüchterung: „Und die Leute werden daran vorübergehen oder auch stehen bleiben und einander fragen: Hofmannsthal? Hofmannsthal? Wer war denn dieser Kerl?“ Man kann sich gut vorstellen, wie beide ihren gemeinsamen Spaziergang schweigend und nachdenklich fortgesetzt hatten und wie Hofmannsthal schnell den Zusammenhang mit dem wirklichen Leben wiederfand, das uns sagt: „Aller Ruhm, alle Ehre und Verehrung währt nur einen kurzen Augenblick; dann wird es den meisten Menschen gleichgültig sein, ob du in dieser Welt gelebt hast oder nicht. Es wird keine zwanzig oder fünfzig Jahre dauern, bis du vergessen sein wirst.“ Daß man uns begräbt, ist ein Symbol und Gleichnis dafür, daß wir aus dem Bewußtsein der anderen verschwinden, wenn wir einmal von der Erdoberfläche verschwunden sind. Viele Menschen ereilt dieses Schicksal des Vergessenwerdens bereits zu ihren Lebzeiten. In der Angst davor liegt gewiß ein Großteil der Angst vor dem Älterwerden begründet.

Die Tatsache, daß man in dieser Welt schnell zu den Vergessenen gehören wird, ist ein vernichtender Tiefschlag für all unsere Eitelkeit. Die biblische Gestalt, die dies am deutlichsten empfunden hat, ist Kohelet. Er schreibt: „Nichtigkeit, nur Nichtigkeit. Alles ist Nichtigkeit. Was bleibt dem Menschen von aller seiner Mühe, womit er sich abmüht unter der Sonne? ... Kein Gedenken bleibt den Früheren; aber auch den Späteren, die kommen, wird kein Gedenken bleiben bei denen, die noch später sind" (Koh 1,2–3.11).

Vor dieser Gegebenheit stellt sich uns erneut die Frage nach dem Sinn unseres Daseins. Wenn von allem, womit sich der Mensch unter der Sonne abmüht, nichts bleibt, wofür lohnt sich dann das Leben? Oder radikaler gefragt: „Was hat dieses, daß ich da bin, für einen Sinn; wozu ist es gut?" Merkwürdig an dieser Frage ist bereits, daß sie sich uns überhaupt stellt, und dies in einer uns bedrängenden Weise. Warum leben und sterben wir nicht einfach fraglos dahin? Warum geben wir uns mit unserer Endlichkeit nicht einfach zufrieden, sondern fragen, wenn wir den letzten Sinn unseres Daseins suchen, über alle Endlichkeit hinaus? Und weiter: Ist es der dunkle Raum des unendlichen und gähnenden Nichts, auf den wir uns fragend beziehen, oder ist es der unendliche Gott, der alles – und somit auch unsere Endlichkeit – umfaßt, und uns deshalb auf unsere Frage Antwort geben kann? Auf diese Fragen haben wir bereits an früherer Stelle zu antworten versucht. Hier wird jedenfalls deutlich: Der Mensch kann sich den letzten Sinn seines Daseins nicht selbst geben; er kann ihn nur empfangen. Entweder entscheidet er sich für das absolute Nichts und muß dann auf eine letzte Sinndeutung verzichten, oder er entscheidet sich für den absoluten Gott und erwartet von ihm eine Antwort. Tut er das letzte, so fällt ihm Gottes Wort in den Heiligen Schriften in die Hand und möglicherweise ins Herz. Was wird er dann feststellen können? Vor allem das, was der Psalmist (Ps 119,105) so ausdrückt: „Dein Wort ist Leuchte für meinen Fuß, Licht über meinem Pfad." Mit Sicherheit hätte dieser Mann des Glaubens diesen Satz nicht niedergeschrieben, wäre er ihm nicht zur untrüglichen Erfahrung geworden. Gehen wir von hier aus noch einen Schritt weiter, dann können wir sagen: Antwort auf die Frage nach dem Sinn unseres Daseins gibt uns vornehmlich Gottes menschgewordenes Wort, gibt uns Jesus Christus. Er gibt sie uns nicht nur; er *ist* sie.

Was bedeutet das für unsere Situation, daß wir eines Tages in dieser Welt vergessen sein werden? Vor allem dies: *Gott* wird uns nicht vergessen. Er vergißt nach einem Wort Jesu nicht einmal einen Spatzen; bei uns aber sind sogar die Haare auf dem Kopf alle gezählt (Lk 12,6f.). Wichtig ist nicht, daß die Welt uns vergißt; entscheidend ist vielmehr, daß Gott uns nicht vergißt.

Unter den chassidischen Erzählungen von Martin Buber findet sich eine, die uns erläutert, wie das gemeint ist: Am Tag des Neuen Jahrs sprach Jehuda Zwi von Rozdol: „Wir haben heute gebetet: ‚Alles Vergeßnen gedenkst du von Weltzeit her.' Was haben wir damit gesagt? Gott will nur dessen gedenken, was der Mensch vergißt. Wenn einer das Gute tut und das Getane nicht im Sinn hält, sondern nichts vollbracht zu haben weiß, seines Dienstes ist Gott eingedenk. Redet aber einer zu seinem erhobenen Herzen: ‚Schön habe ich gebetet, schön habe ich gelernt', vor Gottes Augen ist nichts mehr davon da. Ist einer der Sünde verfallen, und danach besinnt er sich auf sie mit all seiner Kraft und bereut sie, hat Gott sie vergessen. Die leichthin abgestreiften Sünden aber sind bei ihm verwahrt."[2] Wer also alle seine Eitelkeiten ans Kreuz geschlagen hat, wer all das Gute, das er im Verlauf seines Lebens getan hat, vergißt und eben kein irdisches Denkmal erstrebt, wer sich zudem seiner Schuld bewußt geworden ist und sie bereut, den wird Gott nicht vergessen. Daran sollten wir in jeder Eucharistiefeier denken, wenn wir nach der Wandlung bekennen: „Deinen Tod, o Herr, verkünden wir, und deine Auferstehung preisen wir, bis du kommst in Herrlichkeit." Dazu sagt Johannes Tauler (nach 1300–1361) in seiner 31. Predigt: „Diese Verkündigung geschieht nicht mit Worten, nicht mit Gedanken, sondern sterbend, dich entäußernd, in der Kraft seines Todes."

Wenn ihr also mit Christus auferweckt seid, so sucht, was droben ist, wo Christus ist, sitzend zur Rechten Gottes. Trachtet nach dem, was droben ist, nicht nach dem, was auf Erden ist. Ihr seid ja gestorben, und euer Leben ist mit Christus verborgen in Gott. Wenn Christus, unser Leben, erscheint, dann werdet auch ihr mit ihm erscheinen in Herrlichkeit.
Kolosserbrief 3,1–4

25 Die Angst vor dem Vergessenwerden

P. Ernst: Der Tod des Dschinghiskhan
Lk 6,20–26

In den letzten Wochen vor seinem Tod ließ sich der alte Dschinghiskhan oft in seine Schatzkammern hinuntertragen. Während der vielen Stunden, die er hier verbrachte, griff er immer wieder in die Berge von Edelsteinen, Perlen und Goldmünzen und ließ sie durch seine Hände gleiten. Dabei entdeckte er eine Münze, die auf der einen Seite die kunstvolle Prägung eines Königs zeigte und auf der anderen mit einer Schrift versehen war, die er nicht lesen konnte. Deshalb ließ er einen Gelehrten kommen. Obwohl auch dieser die Zeichen nicht zu deuten vermochte, war er sich sicher, daß das Goldstück über zweitausend Jahre alt war und jener König über ein sehr großes Land geherrscht hatte.

Als der alte Dschinghiskhan das hörte, wurde er nachdenklich und sagte: „Was hat es mit dem Ruhm eines Menschen auf sich, wenn selbst der Name eines so mächtigen Königs vollkommen aus dem Gedächtnis verschwinden konnte. Vielleicht hat auch er geglaubt, daß sein Andenken nie untergehen wird. Und siehe, nichts als dieses Stückchen Gold ist von all dem übriggeblieben." Der Gelehrte entgegnete ihm: „Wie jede Blume und jedes Tier, so unterliegt auch der Mensch dem Zwang, daß auf seine Blüte der Tod folgt. Während sich jedoch alle andern Wesen diesem Zwang unterwerfen, wehrt sich der Mensch gegen den Tod. Und mehr noch: Jeder Mensch will etwas Besonderes sein. Alle sollen ihn lieben und rühmen. Auf diese Weise macht er sich selbst unglücklich, denn er läuft hinter etwas her, das ihm von der Natur nicht beschieden ist. So bekümmert auch dich das Schicksal des verschollenen Königs, weil du daran denkst, daß man auch dich vergessen wird."

Vgl. Paul Ernst, Der Tod des Dschinghiskhan, in: Anbruch der Gegenwart, hrsg. von Marcel Reich-Ranicki, R. Piper & Co. Verlag, München 1971, S. 75 ff.

Warum ließ sich der alte Dschinghiskhan in den letzten Wochen vor seinem Tod oft in seine Schatzkammern hinuntertragen, um immer wieder in die Berge seiner Reichtümer zu greifen? Angesichts seines herannahenden Endes erfaßte ihn eine tiefe Sehnsucht nach Unsterblichkeit. Auch über seinen Tod hinaus wollte er im Gedächtnis der Nachwelt weiterleben. In seinen Reichtümern sah er so etwas wie eine „Gedächtnisstütze“, die die vergeßlichen Menschen immer wieder an seinen Namen erinnern sollte. Durch die Entdeckung jener Münze kam ihm jedoch die ganze Fragwürdigkeit seiner Unsterblichkeitshoffnung zu Bewußtsein. Selbst jener König, der über ein sehr großes Land geherrscht hatte, war inzwischen den Unbekannten und Namenlosen zugerechnet worden und sein Andenken erloschen. Nichts als ein Stückchen Gold war von ihm übriggeblieben.

Der herbeigerufene Gelehrte konnte die seelische Not des alten Dschinghiskhan sehr gut nachempfinden. Er versuchte, ihn zur Einsicht in die Notwendigkeit des Sterbenmüssens zu bringen, indem er ihm die Pflanzen und die Tiere vor Augen hielt, die sich im Gegensatz zum Menschen lautlos dem Zwang ihrer Vergänglichkeit fügen. Anstatt sich gegen seinen Untergang zu wehren, würde er besser daran tun, dem Beispiel der Pflanzen- und Tierwelt zu folgen. Doch in der Auflehnung gegen den Tod liegt nach Meinung des Gelehrten nicht der einzige Grund, der den Menschen unglücklich macht. Hinzu kommt, daß jeder Mensch etwas Besonderes sein will und auf Liebe und Ruhm bedacht ist. So laufe er hinter etwas her, das ihm von der Natur nicht beschieden ist.

So interessant diese beiden Hinweise des Gelehrten auch sind, so problematisch ist, was darin behauptet und dem Menschen abverlangt wird. Denn bei aller Ähnlichkeit mit Pflanze und Tier besitzt der Mensch eine ihn kennzeichnende Eigenart. Im Unterschied zu ihnen weiß der Mensch um sich selbst. Das Wissen, daß ich heute bin und morgen nicht mehr dasein soll, ist für ihn ein unerträglicher Gedanke. Entweder hält er sich diesen Gedanken fern, oder er erklärt sich zwangsläufig mit dem Sterbenmüssen einverstanden, ohne darin einen Sinn zu sehen, oder aber er bemüht sich, angesichts seines Ausgeschiedenwerdens durch den Tod einen Ausweg zu schaffen, indem er in irgendeiner Weise in der Erinnerung der Nachwelt weiterzuleben sucht. Doch können alle Versuche dieser Art dem tiefen Willen nach Unsterblichkeit nicht entsprechen.

Hier stellt sich die Frage, wo der Ursprung dieses unzerstörbaren Willens liegt. Vielleicht gibt uns darauf einzig der Glaube die entscheidende Antwort. Er sagt: Jeder Mensch ist von Ewigkeit her von Gott erkannt, gewollt und geliebt und als sein Geschöpf auf ihn hin geschaffen worden. Aus diesem Grund ist unser Herz – wie Augustinus sagt – unruhig, bis es seine Ruhe gefunden hat in Gott. So gibt es inmitten der sterblichen Natur eines jeden Menschen ein Stück göttlichen Seins, das den Tod zu überdauern trachtet. Von hier aus fällt auch ein Licht auf unsere Sehnsucht, Ruhm und Anerkennung zu erlangen. Da jeder Mensch in der Tat etwas Besonderes ist, findet er erst dann seine innere Ruhe, wenn ihm hinsichtlich seiner Person eine Wertschätzung über den Tod hinaus zuteil wird. Der alte Dschinghiskhan mußte erfahren, daß solche Wertschätzung von der Nachwelt nicht zu erwarten ist. Sie kann nur von dem geschenkt werden, der Unsterblichkeit gewährt.

Was nun die Wertschätzung unserer Person durch Gott betrifft, so dürfen wir nicht außer acht lassen, daß die Wertskala Gottes eine andere als die der Menschen ist. Wenn wir uns einmal die Reden vergegenwärtigen, die ohnehin fast nur an den Gräbern der renommierten Leute gehalten werden, dann fällt es nicht schwer, sich vorzustellen, daß in den Augen Gottes sehr groß sein kann, was die Menschen geringschätzen, und daß das, wovor die Menschen mit Hochachtung stehen, von Gott verachtet werden kann. Diese Umkehr der Werte hat Gott durch die Menschwerdung seines Sohnes deutlich gemacht. Von ihm lesen wir beim Apostel Paulus: „Er war wie Gott, hielt aber nicht daran fest, Gott gleich zu sein, sondern entäußerte sich, wurde wie ein Sklave und den Menschen gleich. Sein Leben war das eines Menschen; er erniedrigte sich und war gehorsam bis zum Tod, bis zum Tod am Kreuz. Darum hat ihn Gott über alle erhöht und ihm den Namen verliehen, der jeden Namen übertrifft" (Phil 2,6–9). Diese Worte sagen unmißverständlich: Das Sich-Erniedrigende wird von Gott erhoben. Daher hält uns der Apostel an, wir sollen so gesinnt sein wie Jesus Christus.

In seiner „Bergpredigt", die alle menschlichen Wertungen vom Himmel her erschüttert, hat Jesus diese Gesinnung erläutert. Aus menschlicher Sicht nimmt man doch an, daß Reichtum, weltliche Freuden, Genuß, Macht, Glanz und Ruhm glücklich machen. Über alle, die danach ihre Hände ausstrecken, spricht Christus ein „Wehe!" Selig preist er dagegen die Armen und die Hungernden, die Weinenden und die Verachteten, denn ihr Lohn wird groß sein im Himmel. Zu welcher Gruppe von Menschen gehören wir selbst?

Er erhob zu seinen Jüngern seine Augen und sprach:
„Selig ihr Armen, denn euer ist das Reich Gottes. Selig, die ihr jetzt hungert, denn ihr werdet gesättigt werden.
Selig, die ihr jetzt weint, denn ihr werdet lachen. Selig seid ihr, wenn

euch die Menschen hassen, wenn sie euch ausstoßen, schmähen und euren Namen als schlecht wegwerfen um des Menschensohnes willen.
Freut euch an jenem Tage und frohlocket,
denn siehe, euer Lohn ist groß im Himmel.
Denn gerade so haben ihre Väter den Propheten getan.
Doch wehe euch, ihr Reichen, denn ihr habt euren Trost empfangen.
Wehe euch, ihr Satten, denn ihr werdet hungern. Wehe euch, die ihr jetzt lacht, denn ihr werdet klagen und weinen.
Wehe, wenn euch alle Leute schmeicheln, denn ebenso haben es ihre Väter den falschen Propheten getan."
Lukas 6,20–26

26 Wie werden wir mit dem Alter fertig?

P. Bichsel: Ein Tisch ist ein Tisch
Lk 2,25–32

Ein alter Mann bewohnte ein Zimmer in der obersten Etage eines Eckhauses. Kaum unterschied er sich von anderen seinesgleichen. Zum Inventar seines Zimmers gehörten zwei Stühle, ein Teppich, ein Bett, ein Schrank und ein Tisch, auf dem ein Wecker stand sowie alte Zeitungen und ein Fotoalbum lagen. An der Wand hingen ein Spiegel und ein Bild. Morgens und nachmittags machte der alte Mann einen Spaziergang und sprach ein paar Worte mit seinem Nachbarn. Abends saß er an seinem Tisch, wo er fortwährend den Wecker ticken hörte.

In dieser farblosen Eintönigkeit gab es dann einmal einen Tag, der nicht so war wie alle andern. Die Sonne schien, die Vögel zwitscherten, und die Leute waren freundlich. Das alles gefiel dem alten Mann. Er lächelte und freute sich. „Jetzt wird alles anders", dachte er. Als er aber in sein Zimmer zurückkehrte und sich wieder an seinen Tisch setzte, hörte er erneut den Wecker ticken. Im Nu war seine Freude verschwunden. Da überfiel ihn die Wut. „Es muß sich ändern", schrie er wiederholt vor sich hin. „Immer dasselbe, dieselben Stühle, das Bett, der Tisch ...!"

Völlig verkrampft stand der alte Mann im Zimmer. Er war entschlossen, alles zu ändern. Er nannte das Bett „Bild", den Stuhl „Wecker", den Tisch „Teppich", die Zeitung „Bett", den Spiegel „Stuhl", den Wecker „Fotoalbum", den Schrank „Zeitung", den Teppich „Schrank", das Bild „Tisch", und zum Fotoalbum sagte er „Spiegel". So blieb er des Morgens im Bild liegen, bis um neun das Fotoalbum läutete. Dann erhob er sich und stellte sich auf den Schrank und nahm seine Kleider aus der Zeitung. Er schaute in den Stuhl an der Wand, setzte sich dann auf den Wecker an den Teppich und schaute den Wandspiegel durch, bis er den Tisch seiner Mutter fand.

Der alte Mann fand dieses Verfahren lustig. Deshalb gab er auch den übrigen Dingen des Lebens eine neue Bezeichnung und vergaß dabei mehr und mehr die richtige. Mit der Zeit übte er sich darin so sehr, daß er eine neue Sprache hatte, die ihm ganz allein gehörte.

Wenn er die Leute reden hörte, mußte er lachen, weil er all das, was sie sagten, nicht mehr verstand. Aber diese Geschichte, die einen traurigen Anfang hatte, fand auch ein trauriges Ende. Daß er die Leute nicht mehr verstehen konnte, war nicht so schlimm. Das viel größere Übel war, daß er von niemandem verstanden wurde. Daher schwieg er und sprach nur noch mit sich selbst.

Vgl. Peter Bichsel, Ein Tisch ist ein Tisch, aus: Kindergeschichten, Hermann Luchterhand Verlag, Neuwied und Berlin 1970, S. 21–31.

Es ist unverkennbar, daß die soziale Entwicklung den alten Menschen unserer Tage in seinem Selbstwertgefühl tief erschüttert hat. War er früher als „Oberhaupt" seiner Familie anerkannt und wegen seiner Weisheit, Lebenserfahrung und Abgeklärtheit geachtet, so ist er heute an den Rand der Gesellschaft gedrückt. Die hierarchisch gestufte Großfamilie gibt es nicht mehr, und immer neue Erkenntnisse lassen bisherige Erfahrungen sehr schnell veralten. Zu diesen Schwierigkeiten, die sich durch die moderne Entwicklung ergeben haben, kommen jene, die zwangsläufig mit dem Prozeß des Alterns verbunden sind. So treten beispielsweise die emotionalen und charakterologischen Eigenheiten deutlicher hervor. Aus diesem Grund nimmt im allgemeinen die Anpassungsfähigkeit ab, was zu einer Verringerung der mitmenschlichen Kontakte führt und das Innere des alten Menschen mit einem tiefen Einsamkeitsgefühl erfüllt. Durch das subjektive Erleben, nicht mehr gebraucht zu sein, wird seine Motivation stark herabgesetzt, so daß er zu keiner größeren Arbeitsleistung Lust verspürt.

Wenden wir uns von hier aus jener sonderbaren Geschichte zu. Ihren Rahmen bilden die Worte: „Sie hat einen traurigen Anfang und hört traurig auf." Der traurige Anfang liegt zunächst darin, daß es für den alten Mann keinen Menschen gab, der sich um ihn persönlich gekümmert hätte. Obwohl er zweimal täglich unter die Leute ging und mit seinen Nachbarn ein paar Worte wechselte, fühlte er sich einsam und allein. Aber vielleicht waren diese Einsamkeit und das Alleinsein nicht die größte Not seiner alten Tage. Was ihm offensichtlich am meisten zusetzte, waren die tödliche Langeweile und die farblose Eintönigkeit, die ihn überfielen, sobald er in seinem Zimmer saß. Warum ging ihm dann das Ticken seines Weckers so schrecklich auf die Nerven? Der alte Mann wußte mit sich selbst nichts anzufangen. Durch das tatenlose Herumsitzen an seinem Tisch, auf dem es außer einigen alten Zeitungen, einem Fotoalbum und dem Wecker nichts gab, war er äußerst empfindsam und reizbar geworden. Daher verwundert es nicht, daß seine innere Unzufriedenheit immer größer wurde. An jenem Tag, der nicht so war wie alle anderen, schwor er sich, diesen trostlosen Zustand zu ändern. Was ihm an der strahlenden Sonne, den zwitschernden Vögeln und den freundlichen Menschen gefiel, wollte er seinerseits schöpferisch hervorbringen. Doch es gelang ihm nicht. Das brachte ihn zur Verzweiflung. Seine Verkrampfung zeigt, wie deutlich er sich bewußt war, daß seine Lage nur durch eine schöpferische Tat verändert werden konnte. Weil er darin aber nicht geübt war, wurden die letzten Dinge ärger als die ersten. Die neue Sprache, die er schuf, mußte jede weitere Kommunikation unterbinden und ihn selbst in die totale Isolation treiben. Das Ergebnis: „Der alte Mann im grauen Mantel konnte die Leute nicht mehr verstehn, das war nicht so schlimm. Viel schlimmer war, sie konnten ihn nicht mehr verstehn. Und deshalb sagte er nichts mehr."

Die Geschichte von Bichsel gibt uns zu verstehen, wie wichtig es ist, sich beizeiten auf das Alter vorzubereiten. Nicht wenige sagen sogar, daß damit bereits in der Kindheit begonnen werden muß. Obwohl in diesem Zusammenhang vieles zu sagen ist, wollen wir uns hier auf drei wesentliche Hinweise beschränken.

Zunächst sollten wir uns bewußt machen, wie bedeutsam es für das Gelingen der Altersphase ist, unsere schöpferischen Kräfte und Fähigkeiten zu entfalten. Wenn wir bedenken, daß heutzutage für viele jüngere Menschen die arbeitsfreie Zeit eine drückende Last bedeutet und die ersten Urlaubstage nicht wenige in eine ernste Krise führen, wenn wir hinzunehmen, daß achtzig bis neunzig Prozent der Bevölkerung ohnehin nur das tun, was *man* tut, dann erahnen wir, wie wenig unsere schöpferischen Kräfte entwickelt sind und wie schwer es uns eines Tages werden kann, die freie Zeit im Alter sinnvoll zu gestalten. Bemerkenswert ist auch, was Professor Hans Franke von der Universität Würzburg feststellt. Nachdem er zweihundertachtzig Hundertjährige untersucht hat, kommt er zu dem Ergebnis, daß diejenigen sich am wohlsten fühlten, die es in ihren jüngeren Jahren verstanden hatten, sich neben ihrer Berufsarbeit dem Persönlichen zuzuwenden, ein Interesse für geistige Dinge zu entwickeln und so ihre Freizeit sinnvoll zu gestalten.

Darüber hinaus sollten wir nicht übersehen, daß jeder Mensch – ob jung oder alt – im letzten und tiefsten alleine ist. In gewisser Weise ist jedes Geschöpf allein. Man denke beispielsweise an die Sterne, die in Einsamkeit ihre Bahn ziehen; man denke an den Baum, der sich nach seinen eigenen Gesetzen entwickelt; an das Tier, das sein eigenes Schicksal hat. So ist auch der Mensch letztlich allein. Er ist es mehr als alle anderen Geschöpfe, denn er weiß, daß er alleine ist. Wissen wir es wirklich? Oft erst dann, wenn Menschen, die uns unser Alleinsein vergessen ließen, von uns gehen. Wer die Oberfläche des Alltags durchbricht und sich sein Alleinsein nicht nur zu Bewußtsein bringt, sondern auch bereit ist, diese Tatsache zu bejahen und anzunehmen, der erfährt, daß das Alleinsein neben seinen negativen Seiten auch positive hat. Denn hier begegnen wir dem Ewigen, erkennen wir uns selbst und finden wir den Weg zum anderen. Woher haben wir denn, was wir in die Gemeinschaft einzubringen haben? Daher hüte sich vor der Gemeinschaft, wer nicht allein sein kann. Somit stellt sich uns die Frage: Wie wollen wir im Alter mit dem Alleinsein fertig werden, wenn wir vor ihm in jüngeren Jahren geflüchtet sind?

Deuten wir hier noch ein Drittes an. Wir meinen die Meditation. Während der betriebsame Mensch nach außen gerichtet ist und in Äußerlichkeiten seinen Halt sucht, schaut der meditierende Mensch nach innen. Alles, was äußerlich ist, läßt er los. So schenkt ihm die Meditation eine tiefe Gelassenheit. Man überdenke hier einige Sätze, die Hermann Hesse als 75jähriger geschrieben hat: „Die mir teuerste dieser Gaben ist der Schatz an Bildern, die man nach einem langen Leben im Gedächtnis trägt und denen man sich mit dem Schwinden der Aktivität mit ganz anderer Teilnahme zuwendet als zuvor ... Das Schauen, das Betrachten, die Kontemplation wird immer mehr zu einer Gewohnheit und Übung, und unmerklich durchdringt die Stimmung und Haltung des Betrachtenden unser ganzes Verhalten. Wir werden gelassener, nachsichtiger, und je geringer unser Verlangen nach Eingriff und Tat wird, desto größer wird unsere Fähigkeit, dem Leben der Natur und dem Leben der Mitmenschen zuzuschauen und zuzuhören, es ohne Kritik und mit immer neuem Erstaunen über seine Mannigfaltigkeit an uns vorüberziehen zu lassen, manchmal mit Teilnahme und stillem Bedauern, manchmal mit Lachen, mit heller Freude, mit Humor.“[1] Wo solches Meditieren von einem gläubigen Herzen ausgeht, da verwandelt es den Menschen im Verlauf der Zeit in jenen göttlichen Ursprung hinein, aus dem wir alle kommen und zu dem wir alle unaufhaltsam zurückkehren. Aus solcher Verwandlung stammt die Gewißheit, die der Psalmist mit den Worten beschreibt: Der Herr ist mein Hirt. Mir kann nichts fehlen. Und müßte ich gehen durch dunkle Schluchten, ich fürchte kein Unheil, denn du bist bei mir. Solche Glaubensgewißheit gewährt dem alten Menschen einen hoffnungsvollen Ausblick. Sie gibt ihm jenen Frieden ins Herz, der dem greisen Simeon zu eigen war. Weil seine gläubigen Augen in Jesus das uns entgegengekommene Licht Gottes schauten, starb er in Frieden.

Und siehe, es war in Jerusalem ein Mann namens Simeon; er war gerecht und gottesfürchtig und wartete auf den Trost Israels, und heiliger Geist war über ihm. Ihm war vom Heiligen Geist geoffenbart worden, er werde den Tod nicht sehen, bevor er den Messias des Herrn gesehen habe. Er kam im Geiste in den Tempel, und als die Eltern das Kind Jesus hereinbrachten, um nach dem Brauch des Gesetzes an ihm zu tun, nahm er es in seine Arme, lobte Gott und sprach:
„Nun entlässest du deinen Diener, Herr, nach deinem Worte in Frieden; denn meine Augen haben dein Heil geschaut, das du bereitet hast im Angesicht aller Völker,
ein Licht zur Offenbarung für die Heiden
und zur Verherrlichung deines Volkes Israel."
Lukas 2,25–32

Die beste Lebensphilosophie ist die Betrachtung des Todes

27 Wir kommen, wohin wir schauen

Eine italienische Überlieferung
Kol 3,1–4

An der Abschlußwand des Klosterrefektoriums von Santa Maria delle Grazie zu Mailand befindet sich das weltberühmt gewordene Abendmahlsbild von Leonardo da Vinci (1452–1519). Als der Künstler, so wird erzählt, die ersten Porträtstudien zu diesem Fresko machte, fand er zuerst einen jungen Mann, der ihm für das Antlitz Christi Modell stand. Danach skizzierte er ein Jahr lang die Apostelfiguren. Schließlich fehlte ihm nur noch der Entwurf zum Judas. Lange suchte er nach einem Gesicht, aus dem unverkennbar innerer Verrat und Zerfall sprachen. Nach mehreren Monaten fand er in einer üblen Mailänder Taverne das Modell, das er suchte. Im Verlauf der Malerarbeiten offenbarte sich der Mann mit dem Judas-Gesicht: Er war jener, der zuvor dem Künstler zum Antlitz Christi Modell gestanden hatte.

Vgl. Josef Reding, Papierschiffe gegen den Strom, Paulus Verlag, Recklinghausen 1963, S. 83.

Diese Erzählung, die in Italien in verschiedenen Versionen von einer Generation zur anderen weitergegeben wird, verdeutlicht, wie schnell ein Mensch in dieser Welt sein Gesicht verlieren kann. Die Verwüstung eines Gesichts durch innere Verrottung hat es zu allen Zeiten gegeben. Und doch gibt es zwischen damals und heute einen wesentlichen Unterschied. Aufgrund einer weitverzweigten Kosmetikindustrie kann der Mensch unserer Tage sein wahres Gesicht wie nie zuvor hinter einem Make-up, hinter einer Maske verbergen. „Die Flucht hinter die Larve hat begonnen. Der Auftakt zum permanenten Karneval ist gegeben" (J. Reding).

Hier erhebt sich die Frage: Was hatte das ehemals offene und strahlende Gesicht jenes jungen Mannes in der Zwischenzeit so verfinstern und entstellen können, daß es selbst der Künstler nicht wiedererkannte? Es war die Tatsache, daß sein Auge inzwischen eine andere Blickrichtung verfolgte und sein Herz seine Erfüllung auf anderen Wegen suchte; denn immer schreibt sich in das Angesicht, was ein Mensch mit seinen Augen sucht und in seinem Herzen schaut. „Was wir im Auge haben, das prägt uns, dahinein werden wir verwandelt. Und wir kommen, wohin wir schauen. Wer aufschaut, nach oben; wer herabschaut, nach unten."[1] Die Schrift gibt uns deutlich zu verstehen, daß der Aufblick die Blickrichtung Jesu gewesen ist. In den Stunden des Gebetes, der Versuchung, der Freude wie auch der Angst erhob er die Augen nach oben und durfte erfahren, wie sich ihm der Himmel öffnete und die Kraft Gottes ihn stärkte. Ähnliches wird von Stephanus erzählt, den man gefangengenommen und wegen seines Glaubens vor Gericht gestellt hatte. Wörtlich heißt es von ihm: „Er aber, voll heiligen Geistes, blickte zum Himmel empor ... und rief: Ich sehe den Himmel offen und den Menschensohn zur Rechten Gottes stehn" (Apg 7,55f.).

Was Jesus und Stephanus widerfuhr, widerfährt jedem Menschen, der den Blick nach oben zu seiner Wesenshaltung gemacht hat. Auch über ihm wird sich der Himmel öffnen. Wahrscheinlich haben wir alle schon solche Augenblicke erleben dürfen: in jener Situation, da wir uns nicht von der alltäglichen Betriebsamkeit und der vermeintlichen Zeitnot verschlucken ließen, sondern trotz aller Beschäftigung und Arbeit Minuten fanden, uns still und bescheiden niederzuknien, um die Hände zu falten und zu Gott aufzublicken; als wir ja sagten zu etwas, das uns schwer fiel; als wir nicht zurückschlugen, obwohl man uns Unrecht tat; als wir – gleich Stephanus – mutig für unseren Glauben eintraten, ohne dabei die Liebe zu verletzen; als wir uns nicht von einer dunklen Leidenschaft niederreißen ließen, sondern Gott und uns selbst treu blieben; als wir unsere Schuld offen und ehrlich bekannten, ohne dabei irgend etwas beschönigt zu haben; als wir einen Menschen annahmen, obwohl er uns nicht sympathisch war. Haben wir in solchen oder ähnlichen Momenten, da wir nach oben schauten und dem Höheren dienten, nicht auch erfahren dürfen, wie sich über uns der Himmel öffnete und Gott selbst in unser Herz hinabstieg, um es in seine Höhen zu erheben und es rein, weit und lichtvoll zu machen.

Die Verwandlung in das, wohin wir schauen, ist ein Prozeß, dessen Steuerung in unsere Hand gelegt ist. Er verläuft in der Zeit unseres irdischen Daseins und vollendet sich in der Stunde unseres Todes. So lange bleibt das menschliche Herz voller Unruhe. Fortwährend hat es zu wählen. Dabei kann es Höheres gegen Niedrigeres, das stärker lockt, eintauschen. Wo das geschieht, befindet sich der Mensch auf dem Heimweg vom „Hans im Glück". Für seinen siebenjährigen Dienst hatte er von seinem Herrn einen Klumpen Gold erhalten. Weil ihm auf dem Heimweg die schwere Last zu hinderlich war, tauschte er sie bald für ein Pferd ein. Das Pferd gab er dann für eine Kuh; die Kuh für ein Schwein, das Schwein für eine Gans und die Gans für einen Schleifstein, der ihm beim Trinken in den Brunnen fiel, wodurch jedoch nicht mehr viel verlorenging. Frei von aller Last und im Gefühl völliger Freiheit rief er aus: „So glücklich wie ich gibt es keinen Menschen unter der Sonne." Es wird gewiß nicht lange gedauert haben, bis er aus seinem Traum erwachte und feststellen mußte, wie arm und unglücklich er durch seinen leichtsinnigen Handel geworden war. Diesem armen „Hans im Glück" gleichen jene Menschen, die das Kapital ihrer Gesundheit, ihrer körperlichen Kräfte, ihrer geistigen Fähigkeiten oder ihres Geldes so verwenden, daß sie selbst immer weniger werden. Anders jene, die ohne Unterlaß nach Wertvollerem und Edlerem streben. Sie geben Geringeres für Höheres und gleichen dem Mann, der in einem Acker einen Schatz entdeckte. In seiner Freude verkaufte er alles, was er besaß, und kaufte den Acker (Mt 13,44).

Auf dem Weg nach unten veräußert sich der Mensch; auf dem Weg nach oben verinnerlicht er sich. So wächst ihm der Himmel mehr und mehr ins Herz hinein und verewigt sein Leben in das ewige Morgen seines Gottes, den er immer vor Augen hatte. Der französische Dichter Victor Hugo (1802–1885) spricht in einem seiner Werke von einer alten Frau, die über die Straße geht. Sie hat Kinder erzogen und Undank geerntet, gearbeitet und lebt im Elend, geliebt und ist allein geblieben. Aber sie ist frei von allem Haß und hilft, wo sie kann. Jemand sieht sie ihren Weg gehen und sagt: „Ça doit avoir un lendemain – Das muß ein Morgen haben!"[2]

Wenn ihr also mit Christus auferweckt seid, so sucht, was droben ist, wo Christus ist, sitzend zur Rechten Gottes. Trachtet nach dem, was droben ist, nicht nach dem, was auf Erden. Ihr seid ja gestorben, und euer Leben ist mit Christus verborgen in Gott. Wenn Christus, unser Leben, erscheint, dann werdet auch ihr mit ihm erscheinen in Herrlichkeit.
Kolosser 3,1–4

28 Das Leben ist erstaunlich kurz

Fr. Kafka: Das nächste Dorf
Lk 23,39–43

Franz Kafka (1883–1924) hat eine kurze Erzählung geschrieben, die den Titel „Das nächste Dorf" trägt und nur wenige Zeilen umfaßt. Sie lautet folgendermaßen: „Mein Großvater pflegte zu sagen: ‚Das Leben ist erstaunlich kurz. Jetzt in der Erinnerung drängt es sich mir so zusammen, daß ich zum Beispiel kaum begreife, wie ein junger Mensch sich entschließen kann, ins nächste Dorf zu reiten, ohne zu fürchten, daß – von unglücklichen Zufällen ganz abgesehen – schon die Zeit des gewöhnlichen, glücklich ablaufenden Lebens für einen solchen Ritt bei weitem nicht hinreicht.'"

Franz Kafka, Das nächste Dorf, in: Sämtliche Erzählungen, hrsg. von Paul Raabe, Fischer Taschenbuch Verlag, Nr. 1078, Frankfurt a. M. 1970, S. 138.

Wenn man diese Prosadichtung Kafkas überdenkt, kommt einem der Text eines anderen Dichters in den Sinn. Ernst Wiechert (1887–1950) schreibt einmal: „Mitunter, wenn ich mit Vorstellungen spiele, denke ich mir, daß jedes Leben sich darstellen ließe durch die Aufreihung der Kleider, die man getragen hat. Eine lange Stange in einem großen Raum, und auf ihr hingen am Beginn das erste Kinderkleid und am Ende das Totenhemd. Und dazwischen käme eins nach dem andern, was uns einmal bekleidet hat ... Und darunter ständen alle Schuhe, die wir vertreten haben, still nebeneinander, und unsichtbar hinge über ihnen die Wolke des Staubes, die ihren Erdenweg bedeckt hat. Eine eindringliche Biographie des Schweigens und der Vergänglichkeit."[1]

Sowohl Kafka wie auch Wiechert geht es um den menschlichen Lebensweg aus der Sicht des Alters. Bei Wiechert erscheint er jedoch sehr lang, bei Kafka hingegen erstaunlich kurz. Wie erklärt sich dieser uns befremdende Unterschied? Bei Wiechert geht es um die *objektive* Darstellung unserer Biographie, bei Kafka um die *subjektive* Lebenserinnerung. Das Bild von Wiechert zeigt den sich langsam vollziehenden Prozeß menschlicher Vergänglichkeit; das Beispiel von Kafka verdeutlicht die rasende Schnelligkeit, mit der dieser Prozeß unserem Bewußtsein mit zunehmendem Alter entschwindet. Bleiben wir zunächst bei Wiechert.

An jedem der nebeneinander aufgereihten Kleidungsstücke, die wir einst getragen haben, leuchtet ein bestimmtes, von uns durchlebtes Zeitmaß auf. Wir wieder-holen unser Leben in seiner ganzen Länge gleichsam noch einmal. Dabei sorgt jedes einzelne Kleidungsstück dafür, daß keine Phase unseres Lebens unberücksichtigt bleibt. Zugleich wird an den Kleidungsstücken der sich nur allmählich vollziehende Verschleißprozeß sichtbar. Ein Anzug und ein paar Schuhe verbrauchen sich nicht in wenigen Augenblicken. Monate oder Jahre hindurch wurden sie von uns getragen. Auf diese Weise offenbart sich uns einerseits die Unaufhaltsamkeit und andererseits die langsam fortschreitende Vergänglichkeit unseres Lebens. Dieses Bild unserer Lebensgeschichte nötigt uns ein anhaltendes Schweigen ab.

Es ist nun aber eine durch die wissenschaftliche Forschung bestätigte Erfahrungstatsache, daß unsere Lebenszeit mit zunehmendem Alter immer schneller zu vergehen scheint. Kam uns beispielsweise in der Kindheit ein Jahr unendlich lange vor, so haben wir im Alter den Eindruck, als vergehe es im Flug. Dieses sonderbare Phänomen deutet darauf hin, daß sich mit dem Älterwerden unser Empfinden und unser Zeitgefühl verändern. In diesen geheimnisvollen Vorgang haben die psychologischen Untersuchungen von Gretel und Udo Derbolowsky ein wenig Licht gebracht.[2] In Vorträgen auf verschiedenen internationalen Kongressen für Psychotherapie und Psychopathologie sagten sie: „Im Gegensatz zum vereinbarten Begriff uniformer oder objektiver Zeitbestimmung ist die subjektiv wirkliche Zeit eine Relation zwischen Vorgängen und der individuellen Länge gelebten Lebens. Die Dauer des zurückgelegten ersten Lebenstages eines Menschen ist gleich der Dauer, die sein ganzes gelebtes Leben bis dahin gewährt hat. Die Dauer des zweiten zurückgelegten Lebenstages ist gleich der Dauer der Hälfte seines gelebten Lebens. Der dritte Tag wird als Lebensdrittel gelebt usf. Daraus folgt, daß die Einwirkungsdauer sämtlicher Ereignisse in den ersten Lebensstunden bis Lebensjahren, relational gesehen, außerordentlich viel länger ist als im späteren Leben, eine gleich lange objektive Zeitspanne vorausgesetzt." Bringen wir zur Verdeutlichung dieses Sachverhaltes eines der beiden angeführten Beispiele: „Eine 25jährige Mutter läßt ihr 5jähriges Kind einen halben Tag lang allein. Das Kind fragt, als die Mutter mittags fortgeht: ‚Wann kommst du wieder?' Die Mutter sagt: ‚Heute abend. Das ist ja bald.' Das Kind jammert: ‚Oh, dann bist du ja so lange fort!' Tatsächlich ist die für das Zeitgefühl äquivalente Spanne, die einem halben Tag eines 5jährigen entspricht, bei einem 25jährigen Erwachsenen fünfmal so lang. Wollte er die Trennungsvorstellung des Kindes nachempfinden, so müßte er sich den Zeitraum von 2,5 Tagen vorstellen. Wäre der Erwachsene 50 Jahre alt, dann wären es fünf Tage. Ein 75jähriger müßte sich analog eine Trennungsdauer von über einer Woche vorstellen."

Aufgrund dieser Forschungsergebnisse können wir die Rede jenes Großvaters verstehen, den Kafka in seiner Erzählung sagen läßt: „Das Leben ist erstaunlich kurz." Je mehr es sich seinem Ende nähert, desto kürzer scheint es uns gewesen zu sein. Zum Schluß glaubt man, nur wenige Augenblicke gelebt zu haben, so daß man tatsächlich kaum begreifen kann, wie ein junger Mensch sich überhaupt entschließen kann, ins nächste Dorf zu reiten, ohne zu fürchten, daß die Lebenszeit für einen solchen Ritt bei weitem nicht ausreicht. Wo aber ist für den Großvater die vergangene Lebenszeit geblieben? Für ihn ist sie einfach verschwunden, so, als ob sie nie gewesen wäre. Mit ihr kann er nicht mehr rechnen; sie ist für ihn zu einer irrealen Größe geworden.

Auch wir könnten diesen Eindruck haben. Doch dieser Eindruck, unsere Vergangenheit sei vom Nichts verschlungen, bildet sich zu sehr an der Oberfläche unseres Lebensflusses, als daß wir uns damit einfach abfinden könnten. Sicherlich kommt es der Wahrheit näher, wenn wir christlich sagen: Je älter ein Mensch wird, um so mehr vergegenwärtigt sich sein ganzes Leben. „Die Vergangenheit ist in die Gegenwart eingeschlossen, ist untrennbar eins mit ihr."[3] Deshalb ist sie in jedem Augenblick unseres Lebens gegenwärtig. „Sie ist gegenwärtig, insoweit wir sind, was das Vergangene aus uns gemacht hat. In jeder Zelle unseres Körpers, in jedem Zug unseres Gesichtes, in jeder Regung unserer Seele ist das Vergangene gegenwärtig."[4] Was von unserem Leben untergeht, ist der Prozeß des Werdens, nicht aber das daraus Gewordene. „Was untergeht, ist nicht der geheime Extrakt des Lebens, sondern der Vorgang seiner Zubereitung. Ist dieser Vorgang, den wir unser Leben zu nennen pflegen, zu Ende, so ist das Vollendete da, und das sind wir, so wie wir in Freiheit geworden sind."[5] Auch dafür läßt sich ein literarisches Beispiel anführen. Gleich zu Beginn des Romans „Die vollkommene Freude" von Luise Rinser sagt der leidgeprüfte Onkel im Hinblick auf seine neunzehnjährige Nichte: „Sie ist jung, sie liebt die Gegenwart und die Zukunft, und obwohl sie über ihre Jahre ernst und erfahren ist, lehnt sie es ab, sich absichtlich vergangener Leiden zu erinnern; sie sagt, man dürfe dies nur tun, um sich Rechenschaft zu geben über das, was man falsch gemacht habe; wenn man einsehen müsse, daß man Vergangenes weder ändern noch gutmachen könne, müsse man ablassen vom Wühlen in dem, was hinter einem liege. Das ist eine gesunde Ansicht, ich gebe es zu. Die Frage ist nur, ob es Geschehnisse gibt, die ‚hinter einem liegen'. Ich glaube, daß nichts vergangen und alles gegenwärtig ist. Je mehr man sich dem Tod nähert, desto gegenwärtiger wird alles."[6]

Weil es so ist, daß es in unserem Leben keine Geschehnisse gibt, die „hinter einem liegen", deshalb müssen wir den Mut haben, das durch uns Geschehene anzuschauen. In dem Augenblick, in dem wir das tun, kann uns aufgehen, das längst nicht alles gut gewesen ist. Mutlosigkeit und Depressionen können uns überfallen. Wir schauen nach einem aus, der uns in dieser Situation helfen und uns aus ihr erretten kann. Gibt es einen solchen? Die Antwort hängt von dem Ernst ab, mit dem wir diese Frage stellen, und von unserem Glauben an den, der all unsere Schuld auf sich genommen hat.

Einer aber von den Verbrechern, die da hingen, lästerte ihn: „Bist du nicht der Messias? Hilf dir selbst und uns!" Doch der andere wies ihn zurecht und sagte: „Hast du keine Furcht vor Gott? Du bist doch genauso verurteilt. Wir zwar mit Recht, da wir empfangen, was unsere Taten verdienen; dieser aber hat nichts Unrechtes getan." Dann wandte er sich zu Jesus und sagte: „Jesus, denk an mich, wenn du in dein Reich kommst." Und Jesus sprach zu ihm: „Wahrlich, ich sage dir: Heute noch wirst du mit mir im Paradiese sein."
Lukas 23,39–43

29 Ist der Lebenslauf ein Lauf zum Tode?

Fr. Kafka: Kleine Fabel
Deut 30,19–20

Für den Schriftsteller Franz Kafka (1883–1924) waren Leben und Schreiben eines. Obwohl das Schreiben zu seiner Grundbestimmung gehörte, fand er seine Schreibversuche mißlungen. Einen großen Teil seiner Manuskripte vernichtete er selbst oder ließ ihn gegen Ende seines Lebens unter seiner Aufsicht vernichten. Testamentarisch bat er schließlich um die Vernichtung seines ganzen Nachlasses. Sein Freund Max Brod ist diesem Wunsch jedoch nicht nachgekommen und rettete so einige der bedeutendsten Werke der Weltliteratur. Aus einem Bündel loser Blätter zog er nach dem Tod Kafkas einen kurzen Text hervor, der keine Überschrift hatte. Er hat folgenden Wortlaut:

„Ach", sagte die Maus, „die Welt wird enger mit jedem Tag. Zuerst war sie so breit, daß ich Angst hatte, ich lief weiter und war glücklich, daß ich endlich rechts und links in der Ferne Mauern sah, aber diese langen Mauern eilen so schnell aufeinander zu, daß ich schon im letzten Zimmer bin, und dort im Winkel steht die Falle, in die ich laufe." – „Du mußt nur die Laufrichtung ändern", sagte die Katze und fraß sie.

Franz Kafka, Kleine Fabel, in: Sämtliche Erzählungen, hrsg. v. Paul Raabe, Fischer Taschenbuch Verlag Nr. 1078, Frankfurt a. M. 1971, S. 320.

In dieser „Kleinen Fabel", die eher eine „große Tragödie" (C. Schlingmann) zu nennen ist, skizziert Kafka mit wenigen Worten den Lebenslauf des Menschen. Was er beschreibt, läßt sich nicht bestreiten. Es zeigt sich jedem, der den Lebensweg eines Menschen verfolgt. Dem jungen Menschen steht in einer oft beängstigenden Weise die ganze Welt noch offen. Wird er aber alt und älter, was schneller geht, als man anfangs glaubt, hat er einmal seinen Beruf und seine Familie, verlassen die Kinder eines Tages das Elternhaus, weicht mit der Lebensfrische auch die Arbeitskraft, treten an die Stelle der Gesundheit die vielfältigen Altersgebrechlichkeiten, dann läuft das Leben unaufhaltsam auf ein einziges hinaus. Diese Erfahrung faßt die Fabel in die Worte: „Die Welt wird enger mit jedem Tag." Eines Tages wird sie so eng sein, daß wir das Zimmer, in dem wir angekommen sind, nicht mehr verlassen können. Es ist jenes Zimmer, in dem der Tod als Gegenspieler des Lebens nach uns greift. Kein Mensch kann ihm entkommen. Diese Tatsache bringt Kafka mit einer feinen Ironie im Rat der Katze zum Ausdruck. „Du mußt nur die Laufrichtung ändern", sagte sie zur Maus, um sich unmittelbar auf sie zu stürzen und sie zu fressen. Auch eine Änderung der Laufrichtung hätte die Maus nicht retten können. Hätte nämlich die Katze nicht hier auf sie gewartet, dann eben anderswo.

So eindrucksvoll die Fabel von Kafka wegen ihrer Wirklichkeitsnähe ist, sie spiegelt nur die äußere Seite unseres menschlichen Daseins wider, hinter der sich eine andere verborgen hält. Die Verengung unseres Lebens unterliegt nicht nur den biologischen Wachstumsgesetzen. Sie vollzieht sich auch durch unsere vielfältigen Entscheidungen, mit denen wir uns immer von vielem abwenden, um uns dem Erwählten hinzugeben. Das ist das Wachstumsgesetz des inneren Menschen. So ist Wachsen immer Gewinn durch Verlust, Bereicherung durch Opfer, denn die Aneignung des einen bedeutet immer auch den Verzicht auf vieles andere. Haben wir uns beispielsweise einmal für einen Beruf entschieden, kommen viele andere Berufsmöglichkeiten nicht mehr in Frage. Genauso ist es mit der Wahl eines Lebenspartners. Wollten wir alles haben oder würden wir uns an Entscheidungen vorbeidrücken, so wären wir profillose Gestalten. „Leben bedeutet (also): ständig sich entscheiden und durch Entscheidungen Möglichkeiten ausschließen. Dadurch wird das Leben, wenn es wächst, enger, obgleich es stets größer und stärker wird. Jede Entscheidung macht uns reifer und älter zugleich. Jugend ist Offenheit. Aber jede Entscheidung schließt Tore zu. Das ist unausweichlich so; es ist unentrinnbares Schicksal. In jedem Augenblick entscheiden wir uns, in jedem Augenblick schließen wir Tore zu."[1] Aber mit den vielen Toren, die wir zuschließen, öffnet sich das große Tor der gewählten Wirklichkeit, mit der wir durch unsere Entscheidung eins werden. Daher gibt es nicht wenige Menschen, die lieber ihr Leben verlieren, als an einer hohen Sache Verrat zu üben. Man überdenke in diesem Zusammenhang einmal das Wort, das der Gestapo-Häftling Wolfgang Kühne seiner Frau aus dem Gefängnis geschrieben hat: „Neun Wochen Wände um sich, die höchstens drei Meter voneinander entfernt sind, dafür hat sich uns eine Weite anderer Art geöffnet, von der wir früher nichts ahnten."[2] Von hierher verstehen wir denn auch das Wort, das den Jüngern Jesu gilt: „Sie verließen alles und folgten ihm nach." Oft genug bis in einen grausamen Tod hinein. Indem sie sich für Jesus den Auferstandenen entschieden, wurden sie mit ihm eins, verwandelten sie ihr sterbliches Leben in das Leben dessen, der den Tod überwunden hat.

Wir wollen hier jedoch nicht übersehen, daß es auch die Möglichkeit gibt, nicht nur äußerlich, sondern auch innerlich zusammenzuschrumpfen. Das ist der Fall, wenn wir durch die getroffene Wahl innerlich nicht reicher, sondern ärmer geworden sind. Ob also unser Lebenslauf ein Lauf zum Tod oder ein Lauf zum Leben ist, hängt davon ab, wofür wir uns letztlich entscheiden, denn, die Frage nach dem Tod ist die Frage nach der Qualifizierung des Lebens, nach Leere oder Erfüllung" (A. Schäfer).

Ich rufe heute Himmel und Erde wider euch zu Zeugen an: Leben und Tod, Segen und Fluch habe ich dir vor Augen gestellt. So sollst du denn, daß du und deine Nachkommen am Leben bleiben, das Leben wählen, indem du Jahwe, deinen Gott, liebst, seiner Stimme gehorchst und ihm anhängst! Denn das ist dein Leben und die Dauer deiner Tage, damit du in dem Lande wohnen bleibst, das Jahwe deinen Vätern, Abraham, Isaak und Jakob, zugeschworen hat, ihnen zu geben.
Deuteronomium 30,19–20

30 Wenn ich mein Leben noch einmal beginnen könnte ...

I. Aichinger: Spiegelgeschichte
Joh 14,1-3

Ilse Aichinger (geb. 1921), eine hervorragende Erzählerin der Gegenwart, rollt in ihrer „Spiegelgeschichte", für die sie 1952 mit dem Preis der Gruppe 47 ausgezeichnet wurde, einen Lebenslauf von rückwärts auf. Vom Augenblick der Bestattung an wird der Weg bis zur Geburt zurückverfolgt. Somit werden Anfang und Ende des Lebens - wie alles, was in einem Spiegel erscheint - vertauscht. Die Todesstunde wird zur Stunde der Geburt und die Stunde der Geburt zur Todesstunde. Der Sarg einer jungen Frau, die aufgrund einer mißlungenen Abtreibung gestorben ist, wird aus dem Grab gehoben und der Kranz vom Sargdeckel dem jungen Mann, der mit gesenktem Kopf am Grab steht, zurückgegeben. Dann bewegt sich der Zug zur Friedhofskapelle, wo die Kerzen angezündet werden und der Vikar die Totengebete spricht. Gleich darauf fährt der Leichenwagen zum Spital. Man trägt den Sarg in die dortige Leichenhalle. Am nächsten Tag liegt die junge Frau in einem Krankenbett und beginnt zu atmen, schwer und tief. Sie bäumt sich auf und schreit nach ihrer Mutter. Später steht sie auf und legt sich zuhause zu Bett. Am siebten Tag jagen die Schmerzen sie auf den Weg zur Kurpfuscherin, die in der Nähe einer Kneipe wohnt. Alles ist hier schmutzig. „Mach mir mein Kind wieder lebendig!" schreit die junge Frau. Die Alte erschrickt und erfüllt den Befehl. Anschließend trifft sie den jungen Mann und fällt ihm in die Arme. Sie weiß, daß sie sich für immer von ihm trennen sollte, tut es aber nicht. Bevor er ihr sagt, daß er sie liebt, spricht er von jener alten Frau. Es kommt die Schulzeit. Ihre Mutter stirbt und kehrt ebenfalls ins Leben zurück. Doch das Schlimmste bleibt noch zu tun: das Sprechen und Gehen zu verlernen und schließlich in die Windeln gewickelt zu werden. Im Augenblick ihrer Geburt beugt sich ihr Vater über sie. „Es ist zu Ende, sie ist tot!" sagen die Umstehenden hinter ihr.

Vgl. Ilse Aichinger, Spiegelgeschichte, in: Der Gefesselte, Erzählungen, S. Fischer Verlag, Frankfurt a.M. 1967, S. 44-53.

Wie eintönig verläuft oft unser Leben. Täglich passiert nahezu das gleiche. Wir stehen auf, tun unsere gewohnte Arbeit, suchen uns durch dieses oder jenes ein wenig abzulenken und legen uns dann wieder schlafen. So leben wir von einem Tag zum anderen, werden alt und älter und sind uns eigentlich gar nicht bewußt geworden, daß wir lebten. Einem solchen Dasein tritt die Schriftstellerin Ilse Aichinger mit ihrem literarischen Werk entgegen. Mit allem, was sie geschrieben hat, will sie den Menschen aus seinem abgestumpften und seelenlosen Tun, aus seiner Gewöhnung und erstarrten Erfahrung herausholen, um ihn zur eigentlichen Wirklichkeit des Lebens zu führen.[1] In einem ihrer Gedichte, das im Jahre 1960 entstand und den bezeichnenden Titel „Winterantwort" trägt, heißt es:

Die Welt ist aus dem Stoff,
der Betrachtung verlangt:
kein Auge mehr,
um die weißen Wiesen zu sehen,
keine Ohren, um im Geäst
das Schwirren der Vögel zu hören.
...

Die Betrachtung, die uns den Zugang zur unverstellten Wirklichkeit des Lebens erschließt, verlangt den wachen Einsatz aller fünf Sinne. Wer Augen hat, die sehen; Ohren, die hören; Lippen, die schmecken; eine Nase, die riecht, und die Fähigkeit des Tastens besitzt, der lebt und erlebt den Wirklichkeitscharakter des Lebens.

Wieviel können die Erwachsenen hier von den Kindern lernen! Für Kinder gibt es keine Gewöhnung. Ständig sind sie dabei, die Welt neu zu entdecken. Selten ist ihnen etwas gewiß. Sie sind voller Vermutungen und voller Fragen, mit denen sie die Geheimnisse immer wieder neu zu begreifen suchen. Deshalb stehen sie der Wirklichkeit näher als die Erwachsenen. In einem ihrer Aufsätze schreibt Ilse Aichinger hierzu: „Unsere Welt ist allzu bekannt geworden, sie ist durchfahren und überflogen und nach allen Richtungen durchquert ..., nur den Anfang finden wir nicht mehr, die Sicht der Kindheit, die Orte zu Orten werden läßt und ihnen ihre Namen neu gibt."[2]

Wie aber kommen wir dazu, den verlorenen Anfang wieder zu entdecken? Was schenkt uns die Sicht der Kindheit zurück? Wie gelangen wir wieder zur intensiven Betrachtung dessen, was Leben eigentlich ist? Die Antwort Ilse Aichingers überrascht. Sie sagt: „Durch das Wissen um den Tod." Der Tod öffnet uns die Augen für die Begrenztheit unseres Lebens. An allem, was wir tun, leuchtet das Ende auf. „Versucht es doch, geht heim, setzt eure Füße voreinander, so oft ihr wollt – es bleibt doch jeder Schritt der letzte, den ihr eben tut, und jede Handvoll Luft die letzte, die ihr atmet." Wir können also dasselbe nie zweimal tun; jeder einzelne Schritt und jeder Atemzug ist als solcher unwiederholbar. Damit ist auch gesagt: Durch die Begrenztheit und Unwiederholbarkeit erhält unser Leben und alles in ihm zugleich seine Einmaligkeit. Sie ist es, die unser Leben so kostbar macht und uns zu einem bewußten Leben einlädt.

Der Tod gibt aber unserem Leben nicht nur seine Unwiederholbarkeit und Einmaligkeit; er schenkt uns zugleich das Licht, in dem wir sie erkennen können. Vom Tod geht also ein Licht aus, in dem wirkliches Leben überhaupt erst möglich wird. Wer wüßte denn nicht, daß es ohne Licht kein Leben gibt? So beginnen wir erst im Licht, das vom Tod ausgeht, wirklich zu leben. Wir sehen die weißen Tauben fliegen; die roten Rosen leuchten uns röter und die grünen Blätter grüner; jeder Ort wird zu einem wirklichen Ort. Wo wären wir denn, wenn wir kein Ende hätten? Überall und nirgendwo! All das zeigt: erst der Tod macht uns lebendig. Diese Gedanken hat Ilse Aichinger in der „Rede unter dem Galgen"[3] gestaltet, die ein zum Tod durch den Strang verurteilter Mann den Umherstehenden hält.

Wenn man nun überdenkt, daß uns erst der Tod lebendig macht, indem er unserem irdischen Leben seine Einmaligkeit gibt und uns diese erkennen läßt, dann dürfen wir vermuten, daß der Mensch in der Stunde seines Todes seine eigentliche Geburtsstunde erlebt. Tod und Geburt würden dann zusammenfallen. Diese sich nahelegende Vermutung ist jenem zum Tode Verurteilten selige Glaubensgewißheit. Er, dem man bereits den Strick um den Hals gelegt hatte, erkennt im Licht des Todes das eigentliche Leben. In der letzten Minute wird er gegen seinen Willen begnadigt und muß damit auf den Tod als der Lichtquelle des Lebens verzichten: „Mein Henker ist gegangen, wie ein Dieb ist er gegangen und hat den Strick von meinem Hals gestohlen, ruft ihn zurück! ... Ich will auf morgen warten, das heute ist ... Ich will ... meiner Wege gehen, als ging ich heim ..., ich will den Himmel ernten, der verheißen ist." Hier wird deutlich, wie nach der gläubigen „Lebensauffassung" von Ilse Aichinger nur das in der Heilserwartung gelebte Leben das wirkliche Leben ist, das sich im Tod in seiner Einmaligkeit vollendet: „So aber bist du, bist, weil du vergehst, weil du gewesen bist, drum wirst du sein, und weil das Ende nie ein Ende hat, so hast du kein Ende ..., laß mich mein Ende lieben, das mich lebendig macht."

Um uns diese Lebenssicht deutlich zu Bewußtsein zu bringen, bedient sich Ilse Aichinger der „Sicht der Entfremdung". Sie ist auch der

Kunstgriff in der „Spiegelgeschichte", in der das Opfer einer mißlungenen Abtreibung im Sterben alle seine Lebenswege in der Phantasie zurückgeht und im Augenblick des Todes erst zur Welt kommt. So wird das Ende zum Anfang und die Todesstunde zur Stunde der Geburt. „Die Sicht der Entfremdung" besteht darin, daß der Lebensweg nicht von der Wiege bis zur Bahre, sondern von der Bahre zur Wiege verläuft. Jeder wird unmittelbar feststellen, daß dies nicht der Wirklichkeit entspricht. Aber gerade zu dieser Feststellung will uns die Geschichte provozieren. Indem der Gewohnheitszeit eine rückläufige Zeit entgegengesetzt wird, werden wir aus unserer gedankenlosen Gewöhnung an den Lauf der Zeit herausgerissen und zum Nachdenken gebracht. Das einmal gelebte Leben ist in keiner Phase rückgängig zu machen; das Geschehene läßt sich nicht ungeschehen machen. Diese Tatsache, die wir so schnell vergessen können, ruft uns in jeder Lebenssituation zu gewissenhaftem und verantwortlichem Handeln auf. Denn gerade dadurch, daß man das verflossene Leben wie in einem Spiegel betrachtet, werden jene Möglichkeiten aufgedeckt, die dieses Leben hatte, um zu einem glücklichen Ende zu kommen. Zugleich macht der Kunstgriff des Rücklaufs offenkundig, daß unser Lebenslauf nicht einer totalen Determination unterworfen ist. Der Rücklauf zeigt vielmehr, wie sich unser Schicksal aus unseren Veranlagungen, aus den Fremdbestimmungen und unserer freien Wahl formt.

Das zu betonen, ist notwendig, weil immer wieder behauptet wird, eine menschliche Freiheit gebe es nicht.[4] In dem Augenblick, da man die Einwände gegen eine menschliche Freiheit hört, klingen sie tatsächlich überzeugend. Je mehr man sich aber dem Lebensende nähert, spürt man im Rückblick auf die Ereignisse deutlich: Diese Einwände ziehen letztlich nicht. Es gibt die Freiheit doch. Ich war frei, vielleicht nicht immer und oft nicht ganz, nicht selten aber wirklich. Gewiß, Verschiedenes nahm Einfluß auf meinen Entschluß: Erbe, Veranlagung, Triebe, Erziehung, der jeweilige Zeitgeist, der augenblickliche Zustand und anderes mehr. Aber all das schaffte nur das Feld, auf dem meine Freiheit wirksam wurde. Außerdem wird vom Ende her der Widerhall unüberhörbar, der einem nicht nur sagt: „Das war gefährlich!" oder: „Das war schädlich!", sondern: „Das war unrecht, du hättest es nicht tun dürfen und hast es doch getan! Jetzt gehört es mit dir zusammen. Du bist dafür verantwortlich, nicht ein anderer, sondern du." Daher sagen viele Menschen, obwohl nur wenige von ihnen ihr Leben noch einmal leben wollen: „Wenn ich mein Leben nur noch einmal anfangen könnte, und zwar mit all den Erfahrungen, die ich jetzt habe, dann würde ich es in der rechten Weise leben. Es würde mehr sein als dieses Bruchstück, dieser unzulängliche Versuch, den ich mein Leben nenne." Wenn in einer solchen Äußerung das eigene Leben als ein Bruchstück empfunden wird, dann wegen so mancher unguten Wahl, die getroffen wurde und doch nicht unser Herz erfüllte. Eine ungute Wahl kann man eben nicht mit ganzem Herzen treffen, wohl eine gute. Von hier aus verstehen wir die Bitte Jesu am Kreuz: „Vater, vergib ihnen, denn sie wissen nicht, was sie tun" (Lk 23,34). Wer Ungutes tut, weiß nicht, was er eigentlich tut. Er erkennt es bestenfalls erst später.

In der Rückblende geht uns also unabweisbar auf, daß jeder Augenblick mehrere Möglichkeiten zuläßt. Das heißt für uns: Unser Leben und unser Sterben werden gelingen, wenn wir in der konkreten Situation angesichts ihrer Einmaligkeit aus der Vielzahl der Möglichkeiten jene auswählen, die der Verheißung Gottes entspricht. „Wie schwer ist es zu sterben, wenn man nicht gelebt hat", sagt in einem der Romane von Luise Rinser ein todkranker Arzt, der es in seinem Leben nie zu einem wirklichen Entschluß gebracht hatte.

Euer Herz erschrecke nicht. Glaubet an Gott und glaubet an mich. Im Hause meines Vaters sind viele Wohnungen. Wäre es nicht so, dann hätte ich es euch gesagt. Ich gehe, um euch einen Platz zu bereiten. Und wenn ich gegangen bin und euch einen Platz bereitet habe, komme ich wieder und werde euch zu mir nehmen, damit auch ihr seid, wo ich bin.
Johannes 14,1–3

31 Was widerfährt uns im Tod?

M. Seckler: Auferstehung des Fleisches
1 Kor 15,54–58

Von einem Theologie-Professor wird folgendes berichtet: Da er nun älter geworden war und sein Lebensende immer mehr auf sich zukommen sah, beschäftigten ihn vor allem die Fragen, was ihm im Tod widerfahre und was ihn im Jenseits erwarte. Da dieses Thema nicht zu seinem eigentlichen Fachgebiet gehörte, besorgte er sich eine Menge Bücher und Abhandlungen. Nicht die billige Neugier war es, die ihn bei all seinem Forschen trieb; er wollte schlicht und einfach wissen, was auf ihn zukomme, wenn er in absehbarer Zeit sich auf jenen Weg mache, von dem es keine Rückkehr gibt. So trieb er es mehrere Jahre lang, wobei seine Ungeduld immer größer wurde. Schließlich schob er alle Bücher auf die Seite und erklärte einigermaßen verzweifelt: „Nichts weiß man darüber. Unwissend und blind werde ich den letzten Schritt tun müssen."

Vgl. Max Seckler, Auferstehung des Fleisches, in: Das Glaubensbekenntnis, hrsg. v. Gerhard Reim, Kreuz-Verlag, Stuttgart–Berlin 1967, S. 63.

Mit dieser Überzeugung stand jener Theologie-Professor nicht allein, der im übrigen einen guten, wenn auch nicht leichten Tod gestorben ist. Ähnlich dachte auch der jüdische Religions-Philosoph Martin Buber (1878–1965). Auf eine Zeitungsumfrage zum Thema: „Was halten Sie vom Weiterleben nach dem Tod?" antwortete er: „Unsere Vorstellung ins Jenseits des Sterbens verlängern wollen, in der Seele vorwegnehmen wollen, was der Tod allein uns in der Existenz zu offenbaren vermag, scheint mir eine als Glaube verkleidete Ungläubigkeit zu sein. Der echte Glaube spricht: Ich weiß nichts vom Tod, aber ich weiß, daß Gott die Ewigkeit ist, und ich weiß dies noch, daß er mein Gott ist. Ob das, was wir Zeit nennen, uns jenseits unseres Todes verbleibt, wird uns recht unwichtig neben diesem Wissen, daß wir Gottes sind."[1] Bemerkenswert ist auch ein Wort des großen Schriftstellers François Mauriac (1885–1971).[2] Ein Jahr vor seinem Tod wurde er bei einem unvorbereiteten Interview gefragt, wie er sich die himmlische Existenz vorstelle. Darauf sagte er, er könne sich überhaupt nichts Jenseitiges vorstellen; er müsse es dem Herrgott überlassen, wie er die Seinen überraschen wolle. Erwähnenswert ist auch seine Tagebuchnotiz: „Mein Tod, das einzige Abenteuer, das ich nicht kommentieren werde."

Diese drei Aussagen machen uns darauf aufmerksam, daß der Tod ein undurchdringbares Geheimnis ist. Weil das Jenseitige alle unsere diesseitigen Vorstellungen unendlich übersteigt, schreibt Paulus: „Was kein Auge gesehen und kein Ohr gehört hat, was keinem Menschen in den Sinn gekommen ist: wie Großes Gott denen bereitet hat, die ihn lieben" (1 Kor 2,9). Unsere Augen, unsere Ohren und unser Sinn erfassen eben nur die Diesseitswirklichkeit, die uns zugewandte Seite des Todes. Wenn wir nun trotzdem das eine oder andere zur Frage: „Was widerfährt uns im Tod?" sagen, dann darf dies nicht eine „als Glaube verkleidete Ungläubigkeit" genannt werden. Wir sagen es, weil man es tatsächlich sagen kann und weil es uns in unserem Glauben zu stärken vermag. Natürlich kann am Ende der Eindruck entstehen, daß letztlich vom Eigentlichen *nichts* gesagt worden ist. Das aber muß dem Urteil eines jeden Lesers selbst überlassen bleiben.

Gehen wir von der Frage aus: „Was halten Sie vom Weiterleben nach dem Tod?" Tatsache ist, daß ein beachtlicher Prozentsatz der weltweiten Bevölkerung an ein Fortleben nach dem Tod glaubt. In den USA – so ermittelten Meinungsumfragen – teilten 1961 74% diesen Glauben; in der Bundesrepublik waren es zum selben Zeitpunkt 38%. 1968 waren es in den USA 73%, in der Bundesrepublik 42%. Fragen wir, warum überhaupt so viele Menschen an ein Leben nach dem Tod glauben, so gibt die Psychoanalyse einen aufschlußreichen Hinweis.[3] Sie erklärt, in unserer Persönlichkeit dränge ein mächtiger unbewußter Trieb zu dieser Überzeugung. Ein Sehnen nach Unsterblichkeit sei in unserer Wesensstruktur verwurzelt. Wollten wir dieses Sehnen als Selbsttäuschung ablehnen, so würde eine solche Entscheidung unser Unbewußtes nicht überzeugen. Wer also an ein Weiterleben nach dem Tod glaubt, folgt damit dem Drang seines Unbewußten; wer erklärt, er glaube nicht daran, reagiert auf eine der tiefsten Sehnsüchte seiner menschlichen Persönlichkeit mit Ablehnung. Dabei geht die Kraft, die eine solche Ablehnung erfordert, der Persönlichkeit verloren, was ein schnelleres Ende des irdischen Daseins herbeiführen kann. Um alle Mißverständnisse auszuschließen, sei hier deutlich betont: Die exakte Wissenschaft kann keinen sicheren Beweis für ein Überleben liefern. Das würde sie überfordern. Sie stellt einfach fest: „In den Tiefen der menschlichen Persönlichkeit lebt die Überzeugung, daß es ein Überleben gibt." Damit muß sie mit einem Achselzucken ihre Akte zu diesem Fall schließen, will sie ihre Grenzen nicht überschreiten.

Schenken wir nun den Traumanalytikern für einen Moment Gehör, so erfahren wir, wie die unerschütterliche Überzeugung eines Fortlebens nach dem Tod in den Träumen zutage tritt. In ihnen zeigt sich der Tod nicht als das absolute Ende, sondern als etwas Vorübergehendes.[4] „Es gibt unter den Träumen", so schreibt Christa Meves, „die mir erzählt worden sind, eine Kategorie, die sich mit dem eigenen Tod und dem Leben nach dem Tod beschäftigen und auf es Hinweise geben. Sie treten nicht in Bildern des Todes, in Phantasien von einem Verstorbenen oder der eigenen Beerdigung in Erscheinung (solche Bilder haben einen anderen Aussagewert ...), sondern meistens in Gestalt einer Rückkehr, Heimkehr oder auch in verzweifelten Situationen als das vergebliche Suchen nach der Heimat." Dabei wird in dieser Traumkategorie jene ersehnte Urheimat als ein „vertrautes oder besonders schönes Land, eine Insel jenseits des Meeres oder jenseits eines großen Stromes" erlebt und das „keineswegs allein unter den Gläubigen, sondern auch unter den Atheisten und Nihilisten". Darüber hinaus bringen diese Träume zum Ausdruck, daß dieses „Reisen" in das ferne Jenseitsland des Reichtums und des Glücks fast immer durch notvolle und bedrohliche Situationen führt. Dabei erlebt unser Unbewußtes den leiblichen Tod nicht so schrecklich, wie es unser bewußtes Ich tut. Unser Unbewußtes fürchtet nicht sosehr den leiblichen, als vielmehr den seelischen Tod, der es unmöglich macht, die Lebensschätze „in des Vaters Haus" einzubringen. „Daß die Seele verzagt und sich aufgibt ..., daß der Mensch an der Verwöhnung erstickt ..., daß sie in Verzauberung, Versteinerung fällt durch Ungehorsam, Bequemlichkeit, Gleichgültigkeit oder vorwitzige Neugier, lebt in unserem Unbewußten als eine viel höher bewertete Furcht und Bedrohung." Die Traumbilder sprechen aber nicht nur von den bedrohlichen Gefahren der Seele, sondern auch von einer notwendigen Bewältigung böser Kräfte in der Seele des Menschen, um zum Sieg des Guten, zum Ewigen Leben zu gelangen. Die Gefahren für die Seele können nur durch eine geistige Kraftanstrengung überwunden werden, sei es durch geduldiges Warten oder durch schmerzhafte Opfer. Es gibt also im Werdegang der Seele Wesentlicheres als den leiblichen Tod, der nicht mit dem Ende gleichgesetzt wird. Viele Beobachtungen sprechen dafür, daß die Läuterung von den bösen Kräften in der Seele keineswegs innerhalb des Erdenlebens abgeschlossen sein werden. So müssen wir vermuten, daß uns im Tod weder das Nirwana noch das absolute Nichts erwartet, sondern „mehr oder weniger lange, mehr oder weniger komplizierte Prozesse von Wandlungen, Läuterungen, Erleuchtungen und Vereinigungen auch noch im Jenseits vor sich gehen".

Kommen wir an dieser Stelle zu einer Zwischenbilanz. Ohne hier etwas „beweisen" zu können oder zu wollen, legt sich uns dennoch nahe, daß das Leben im Tod keineswegs vom Nichts verschlungen wird. Nicht der leibliche, sondern der seelische Tod wäre das Ende. Um zur unbedingten Heimat und Geborgenheit im „Haus des Vaters" zu gelangen, bedarf es gewaltiger geistiger Kraftanstrengungen und mancherlei Verwandlungsprozesse, die zur Vereinigung der zwiespältigen Kräfte führen und somit zum Erlebnis einer herrlichen Befreiung. Noch einmal sei erwähnt, daß sich diese Aussagen in endlosen Wiederholungen in den Träumen vieler Menschen unserer modernen Welt zum Ausdruck bringen und das nicht nur unter Gläubigen, sondern auch unter den Atheisten und Nihilisten. Wer wird bestreiten, daß damit viele Aussagen des biblischen Offenbarungsglaubens eine sonderbare Bestätigung erfahren. Daher können wir jene innere Bewegtheit nachvollziehen, die in einer Erzählung von Martin Buber geschildert wird: „Einer der Aufklärer", so heißt es, „ein sehr gelehrter Mann, der vom Berditschewer gehört hatte, suchte ihn auf, um auch mit ihm, wie er's gewohnt war, zu diskutieren und seine rückständigen Beweisgründe für die Wahrheit seines Glaubens zuschanden zu machen. Als er die Stube des Zaddiks betrat, sah er ihn mit einem Buch in der Hand in begeistertem Nachdenken auf und nieder gehen. Des Ankömmlings achtete er nicht. Schließlich blieb er stehen, sah ihn flüchtig an und sagte: ‚Vielleicht ist es aber wahr.' Der Gelehrte nahm vergebens all sein Selbstgefühl zusammen – ihm schlotterten die Knie, so furchtbar war der Zaddik anzusehen, so furchtbar sein schlichter Spruch zu hören. Rabbi Levi Jizchak aber wandte sich ihm nun völlig zu und sprach ihn gelassen an: ‚Mein Sohn, die Großen der Thora, mit denen du gestritten hast, haben ihre Worte an dich verschwendet, du hast, als du gingst, drüber gelacht. Sie haben dir Gott und sein Reich nicht auf den Tisch legen können, und auch ich kann es nicht. Aber, mein Sohn, bedenke, vielleicht ist es wahr.' Der Aufklärer bot seine innerste Kraft zur Entgegnung auf; aber dieses furchtbare ‚Vielleicht', das ihm da Mal um Mal entgegenscholl, brach seinen Widerstand."[5] Wo sich der Mensch dieses Wort „Vielleicht ist es wahr", bewußt hält, da wird er stets zumindest ein Fragender und Suchender bleiben und mit den Hintergründen seines Daseins nicht einfach „fertig" sein.

Es ist jedoch möglich, auf dem eingeschlagenen Weg noch einige Schritte weiterzugehen. Erinnern wir uns an das im Glauben gesprochene Wort Bubers: „Ich weiß dies noch, daß er *mein* Gott ist". Damit ist gesagt, daß zwischen Gott und dem gläubigen Menschen eine ganz persönliche Beziehung besteht. In dieser persönlichen Beziehung birgt sich ein tiefes Geheimnis, das allein jene Heimat gewährt, nach der sich das Unbewußte in jedem Menschen zutiefst sehnt. Versuchen wir, in ehrfürchtiger Scheu diese persönliche Beziehung zwischen Gott und dem gläubigen Menschen ein klein wenig zu verstehen, indem wir von einer zwischenmenschlichen Beziehung ausgehen. Wenn sich zwei Menschen zum erstenmal begegnen, dann sieht und erlebt der eine nur das Äußere des andern. Er kann es beschreiben und manches von dem erraten, was in ihm vor sich geht. Doch bleibt ihm verborgen, wie dieser zu sich selbst und seinem Gegenüber steht. Nie kann er es gewaltsam erfahren, sondern nur dadurch, daß der andere sich ihm öffnet. Das geschieht in der Liebe. In ihr offenbart sich sein innerstes Geheimnis und lädt zum lebendigen Mitvollzug ein. Auf diese Weise geschieht echte Gemeinschaft. Wie aber, wenn es kein Mensch, sondern der abgründige und unendliche Gott selbst ist, der sich uns in Liebe offenbart und uns einlädt, sein göttliches Geheimnis mitzuvollziehen? Der Gläubige weiß, daß diese Möglichkeit durch den vom Tod auferweckten Jesus Christus Wirklichkeit geworden ist. Im Glauben nimmt er diese göttliche Offenbarung und Einladung des ihn liebenden Gottes an. So lebt er bereits jetzt schon *in* Gott und *aus* Gott. Indem er seinen Willen tut, verwandelt er sich in das Sterben und den Tod Jesu Christi hinein und hat deshalb auch Anteil an seiner Auferstehung. Was im irdischen Glaubensleben beginnt, das vollendet sich im ewigen Leben. Diesen Zustand seliger Vollendung nennen wir „Himmel“. Er bezeichnet jenes unendliche Glück und jene unbedingte Geborgenheit, die der Mensch in Gott findet, indem er Gottes ureigenes Geheimnis mitvollzieht. Dadurch werden wir ihn nach einem Wort des Apostels Johannes (1 Joh 3,2) erkennen, wie er ist. Überall, wo es in unserem Glaubensleben zu einer echten Gotteserfahrung kommt, dürfen wir einen Funken solcher Seligkeit erleben.

Wenn der Apostel Johannes sagt: „Wir werden ihn sehen, wie er ist“, dann dürfen wir dieses Wort jedoch nicht mißverstehen. Wir müssen uns klar machen, „daß Gott auch in dieser Seligkeit der Unbegreifliche ist und bleibt.“[6] Wie aber kann der unbegreifliche Gott das Ziel und die unendliche Seligkeit des Menschen sein? Darauf ist zu antworten, daß gerade die Erfahrung der Unbegreiflichkeit Gottes die Erfüllung des Menschen ist. Damit ist zugleich gesagt, daß sich auch der Mensch, wegen der Unbegreiflichkeit seines tiefsten Grundes, selbst unbegreiflich bleiben wird. Im Sichfallenlassen in die Unbegreiflichkeit Gottes erfährt der Mensch seine Seligkeit und die Erfüllung seiner Liebe zu Gott. „Man denke sich hier unter ‚Liebe' nicht irgend etwas, was man davon von anderswoher zu verstehen meint, sondern eben diese Beschreibung des Sichfallenlassens in das Unbegreifliche als die Definition der Liebe, von der aus man überhaupt erst weiß, was mit diesem Wort gemeint ist" (Karl Rahner).

An diesem Punkt angekommen, dürfen wir nicht außer acht lassen, daß alle, die der Einladung Gottes gefolgt sind, in ihm versammelt sein werden. Himmel bedeutet also die vollendete Gemeinschaft mit den anderen in Gott. Darauf weist Jesus öfters in seinen Gleichnissen hin, wenn er das Bild vom gemeinsamen Mahl gebraucht. Das stärkste Abbild dieser himmlischen Gemeinschaft hat uns Jesus jedoch mit der heiligen Eucharistie geschenkt, von der es heißt, sie sei das Pfand Gottes an den Menschen für die ewige Glückseligkeit. In diesem Zusammenhang leuchtet auf, daß nur dort Eucharistie im Sinne Jesu Christi gefeiert wird, wo die zur Gemeinschaft Versammelten so füreinander da sind, wie Jesus da ist für sie. Davon sind wir vielerorts noch weit entfernt.

Schließen wir unsere Betrachtungen mit einem Wort nach Augustinus: „O herrlicher und schöner Tag, der keinen Abend kennt und kein Ende hat, ... an dem wir vernehmen: Tretet ein in die Freude eures Herrn, tretet ein in die ewige Freude, in die Wohnstätte des Herrn, eures Gottes, wo sich Erhabenes, Unergründliches und Wunderbares ohne Zahl findet; tretet ein in die Freude ohne Trauer, welche die ewige Wonne in sich schließt."

Wenn dieses Verwesliche Unverweslichkeit und dieses Sterbliche Unsterblichkeit angezogen haben wird, dann wird sich das Wort erfüllen, das geschrieben steht: „Verschlungen ward der Tod im Sieg. Wo ist, o Tod, dein Sieg? Wo ist, o Tod, dein Stachel?" Der Stachel des Todes aber ist die Sünde, die Kraft der Sünde aber das Gesetz. Doch Gott sei Dank, der uns den Sieg verleiht durch unseren Herrn Jesus Christus. Also, meine lieben Brüder, seid fest, weichet nicht von der Stelle, wachset unaufhörlich im Werke des Herrn; wißt ihr doch, daß eure Mühe nicht vergeblich ist im Herrn.
1 Korinther 15,54–58

32 Haltet mich nicht zurück

A. G. Dostojewski: Erinnerungen
Röm 6,8–11

Es war in der Nacht zum 26. Januar 1881, als der Federhalter des russischen Schriftstellers F. M. Dostojewskis (1821–1881) unter den Bücherschrank gefallen war. Dostojewski hatte den Schrank zur Seite geschoben. Dabei hatte er sich so überanstrengt, daß eine Lungenarterie geplatzt und ein Blutsturz eingetreten war. Nachdem der Arzt gegangen war, ließ der Dichter den Priester holen, beichtete lange und kommunizierte. Danach rief er seine Kinder zu sich und bat seine Frau, aus der Bibel die Geschichte vom Verlorenen Sohn vorzulesen. Mit geschlossenen Augen und in tiefes Nachdenken versunken nahm er diese Erzählung in sich auf. Dann sagte er zu seinen Kindern: „Meine Kinder, vergeßt niemals, was ihr eben gehört habt; habt unbedingtes Vertrauen auf Gott und zweifelt niemals an seiner Barmherzigkeit. Ich liebe euch sehr, aber meine Liebe ist nichts im Vergleich zu der unendlichen Liebe Gottes zu allen Menschen, die er geschaffen hat."

Seine Lage verschlechterte sich. Zwei Tage später sagte er zu seiner Frau: „Ich weiß, daß ich heute sterben muß." Seine Frau versuchte, ihn zu beruhigen. Er aber erwiderte ihr „Gib mir das Evangelium." Die erbetene Ausgabe war für Dostojewski über viele Jahrzehnte hinweg ein guter Ratgeber gewesen. Wenn er über etwas im Zweifel war und keine Entscheidung treffen konnte, dann öffnete er dieses Buch und las, was auf der zuerst aufgeschlagenen linken Seite stand. So tat er es auch diesmal. Er schlug es auf und bat seine Frau, ihm vorzulesen. Seine Frau las: „Evangelium nach Matthäus 3,14–15: Aber Johannes wehrte ihm und sprach: Ich bedarf wohl, daß ich von dir getauft werde, und du kommst zu mir? – Jesus aber antwortete und sprach zu ihm: Halte mich nicht zurück! Denn es geziemt uns, das Wort des Herrn zu erfüllen. Da tat er nach seinem Willen." – „Hörst du, ‚Halte mich nicht zurück', folglich sterbe ich", sagte Dostojewski und schloß das Buch. Sein friedliches Gesicht gab klar zu erkennen, daß der Gedanke an den Tod ihn nicht verließ und der Übergang in die andere Welt nichts Schreckliches für ihn hatte. Zwei Stunden vor seinem Tod ließ er seine Bibel seinem Sohn Fedja übergeben. Um 20.30 Uhr ging er in Gottes Ewigkeit ein.

Vgl. Anna Grigorjewna Dostojewski, Erinnerungen, R. Piper & Co. Verlag, München-Zürich 1980, S. 363–371, sowie: Zenta Maurina, Dostojewskij, Maximilian Dietrich Verlag, Memmingen/Allgäu 1981, S. 154–157.

In dieser eben skizzierten letzten Lebensphase Dostojewskis gibt es einige Momente, die von allgemeinem Interesse sein dürften. Diese ein wenig zu überdenken, ist unsere Absicht. Da ist zunächst der Federhalter, von dem alles ausgegangen war. Warum mußte er ausgerechnet zu diesem Zeitpunkt unter den schweren Schrank fallen, um eine Überanstrengung des Dichters herauszufordern? Wäre er irgendwo anders hingefallen, der Dichter hätte ihn mühelos aufheben können und seine Arbeit fortgesetzt. Mit seinen sechzig Jahren hätte er gewiß noch das eine oder andere Werk schreiben können. So aber wurden durch diesen „dummen Schrank" der Weltliteratur weitere Werke dieses genialen Mannes vorenthalten. – Solche oder ähnliche Gedanken können einem bei nicht wenigen Unfällen kommen. Meist beginnen sie mit den Worten: „Warum ausgerechnet ...?" Sagen wir ohne Umschweife dazu folgendes: Ein ungläubiger Mensch wird es schwer haben, auf Fragen dieser Art eine sinnvolle Antwort zu finden. Er wird in einem solchen „Unfall" letztlich nichts anderes sehen können als einen „blinden Zufall" oder einen „sinnlosen Schicksalsschlag", und damit muß er leben. Ein gläubiger Mensch hingegen, der trotz aller vordergründigen Sinnlosigkeit an Gott als einen liebenden Vater glaubt, *fühlt*, daß selbst die kleinsten Dinge in seinem Leben von Gott gefügt sind. Ein solch gläubiger Mensch war Dostojewski. Oder sagen wir es genauer: Zu einem solchen Glauben hatte er sich nach vielen Prüfungen durchgerungen. Sein Glaube in dieser für ihn schicksalhaften Situation läßt sich mit den Worten beschreiben, die er selbst durch den Briefschreiber Makar Djewuschkin in seinem ersten Werk „Arme Leute" niedergeschrieben hatte: „In allem wirkt Gottes Wille (...) Die Vorsehung des himmlischen Vaters, obschon für uns unerforschlich, hat immer nur das Wohl der Menschen im Sinn."[1] Daraus folgt, daß der Tod und auch die Umstände, die ihn herbeiführen, nicht einem blinden Zufall überlassen bleiben, sondern von Gott her gefügt werden. Das bedeutet zugleich, daß der Tod eines Menschen in eine Stunde fällt, welche die bestmögliche ist, um sein Leben abzuschließen. Dieser Gedanke macht es möglich, dem Leben wie dem Tod in innerer Unbekümmertheit zu begegnen. Diese spürt man aus einem Wort heraus, das der Apostel Paulus in seinem Römerbrief (14,8) notiert hat: „Leben wir, so leben wir dem Herrn; sterben wir, so sterben wir dem Herrn. Ob wir leben oder ob wir sterben, wir gehören dem Herrn."

Die Annahme des Todes war Dostojewski möglich, weil er kraft seines Glaubens in Gottes Wirklichkeit lebte. Fragen wir, wie er dazu kam, so wird die Antwort überraschen; denn es ist einer seiner Grundgedanken, daß der Mensch sich immer wieder neu von allen „Keimen der Verwesung" entgiften muß. In diesem Zusammenhang spricht der Dichter öfters vom „Gift der törichten Träume". In einem seiner frühen Romane sagt ein junger Mann, der auf dem Sterbebett liegt, seiner weinenden Freundin: „Weshalb weinst du? Weil ich sterbe? (...) Aber alles übrige ist ja doch schon längst gestorben, längst begraben! (...) Du hast ein reineres Herz als ich (...) Ich bin ein leerer und schlechter Mensch (...) Mein ganzes Leben war nur ein Traum. Ich habe nur geträumt, immer nur geträumt und nicht gelebt."[2] Was versteht Dostojewski hier unter einem träumenden Herzen? Wer ist für ihn ein Träumer? Derjenige, der sich selbst etwas vormacht und auf diese Weise sich selbst belügt; der sich in selbstsüchtigen, unedlen, hochmütigen und unaufrichtigen Gefühlen verliert; der dem Bösen in sich nicht widersteht. Dabei sind Einsamkeit und Faulheit der beste Nährboden solch törichter Träume, die unsere Seele in ihre Netze einweben wie die Spinne die Fliegen.[3] Solche Träume geben dem Menschen keinen Halt. Sie verwelken und sterben und mit ihnen die Seele des Träumers: „Man fragt sich: Wo sind denn deine Träume geblieben? Und schüttelt den Kopf und murmelt: Wie schnell die Jahre vergehen! Und wieder fragt man sich: Was hast du mit deinen Jahren angefangen? Wo hast du deine beste Zeit begraben? Hast du überhaupt gelebt oder nicht? Sieh, sagt man zu sich selbst, sieh, wie kalt es in der Welt wird. Es werden noch einige Jahre vergehen, und dann kommt die grämliche Einsamkeit, kommt mit der Krücke das zittrige Alter und bringt dir Kummer und Leid. Verbleichen wird deine phantastische Welt, verwelken und sterben werden deine Träume und wie das gelbe Laub von den Bäumen, so werden sie von dir abfallen."[4]

Nun war Dostojewski lange und oft genug selbst ein Träumer. Aber er blieb es nicht. Er arbeitete an sich selbst. In seiner letzten großen Rede, die er anläßlich der Puschkinfeier 1880 in Moskau gehalten hat, lesen wir: „Die Wahrheit ist nicht außerhalb deiner, sondern in dir, finde sie dort, unterwirf dich dir selbst, bemächtige dich deiner, und du wirst die Wahrheit erleben. Nicht in den Dingen ist diese Wahrheit, nicht außerhalb deiner und nicht irgendwo fern jenseits des Meeres, sondern zuerst und vor allem in deiner eigenen Arbeit an dir selbst. Wenn du dich selbst besiegst, wirst du dich besänftigen und wirst dann so frei sein, wie du es dir noch nie erträumt hast, und wirst damit zugleich ein großes Werk beginnen und auch andere freimachen und das Glück kosten; denn dein Leben wird sich mit Inhalt füllen.“[5]

Hinsichtlich dieser Arbeit an sich selbst benutzte Dostojewski vor allem vier Mittel. Erstens die *Bibellesung*. Die Bibel faszinierte Dostojewski. Sie war für ihn die Quelle, aus der er lebte und aus der er die Kraft schöpfte, die sein literarisches Werk ihm abverlangte. In diesem Buch fand er die Wahrheit, die den Menschen seelische Freiheit erfahren läßt. Die Bibel war das Buch, das er zuletzt aus den Händen legte. In seinem letzten Roman „Die Brüder Karamasoff“ schreibt er: „Mein Gott, was ist das für ein Buch und was sind das für Lehren! Welche Wunder enthält diese Heilige Schrift, und welch eine Kraft ist mit ihr dem Menschen gegeben! Es ist wie ein Herausmeißeln des Urbildes der Welt und des Menschen und der menschlichen Charaktere, und alles ist da mit Namen genannt und gedeutet für alle Zeiten. Und wie viele gelöste und geoffenbarte Geheimnisse.“[6] „Ich liebe dieses Buch!“ (K 479) „Es ist unheimlich, was man in diesem Buch finden kann. Es ist aber leicht, diese Sprüche anderen vor die Nase zu halten“ (K 506).

Zweitens das *Gebet*. Dostojewski hatte viel und intensiv gebetet. Oft suchte er die Kirche auf. Er kam als erster zum Gottesdienst und ging als letzter. Für ihn war das Gebet nicht zuletzt eine Sache der Erziehung. Das Gebet vor dem Schlafengehen sowie das Gedenken der Sterbenden und Verstorbenen war für ihn eine Selbstverständlichkeit. Es war seine tiefe Überzeugung, daß Gott dem betenden Menschen alles gewährt. Im Roman „Rodion Raskolnikoff“ erzählt Dostojewski, wie dieser seine Freundin Ssonja mit forschenden Augen betrachtete. Dann sagte er ihr: „So betest du denn wohl sehr zu Gott, Ssonja?“ Ssonja schwieg, er aber wartete auf eine Antwort. „Was wäre ich denn ohne Gott?“ flüsterte sie schnell und energisch, nachdem sie ihn flüchtig mit plötzlich aufblitzendem Blick gestreift hatte. „Und was tut Gott dafür für dich?“ fragte er, um sie weiter auszuforschen. Ssonja schwieg lange, als könnte sie nicht antworten. „Alles tut er!“ sagte sie schließlich schnell und leise.[7]

Drittens die *Beichte*. Dostojewski beichtete aufgrund seines Glaubens an Gottes unüberbietbare Barmherzigkeit. Was der Staretz Sossima jener Büßerin sagte, die zu ihm kam, um ihre schwere Schuld zu beichten, war seine persönliche Überzeugung: „Gibt es doch keine Sünde, kann es doch auf der ganzen Welt keine so große Sünde geben, die Gott der Herr dem wahrhaft reuigen Sünder nicht verziehe. Und kann doch der Mensch nie und nimmer eine so große Sünde begehen, daß sie die endlose Liebe Gottes ganz erschöpfte. Oder glaubst du, daß es eine Sünde gäbe, die größer wäre als die Liebe Gottes (...) Glaube daran, daß Gott dich so liebt, wie du es dir gar nicht denken kannst, daß er dich samt deiner Sünde und in deiner Sünde liebt. Weißt du nicht, daß geschrieben steht: Über einen reuigen Sünder wird im Himmel mehr Freude sein als über zehn Gerechte? So geh denn hin und fürchte dich nicht" (K 84).

Viertens die *Liebe*. Die Liebe war für Dostojewski der Grund, aus dem der Glaube an das Dasein Gottes und an die Unsterblichkeit des Menschen erwächst. Doch um welche Liebe ging es ihm? Nicht um die schwärmerische, sondern um die werktätige Liebe. Die schwärmerische Liebe sucht das Auffallende, das man in kurzer Zeit vollbringen kann, und zwar so, daß man von allen gesehen und gelobt wird. Die werktätige Liebe hingegen hat einen langen Atem. Sie liebt die Unauffälligkeit und Verborgenheit. Sie liebt nicht im allgemeinen, sondern im besonderen. Dostojewski zitiert einen bejahrten Arzt, der einmal sagte: „Ich liebe die Menschheit, aber ich wundere mich über mich selbst: je mehr ich die Menschheit im allgemeinen liebe, desto weniger liebe ich die Menschen im besonderen, das heißt, als einzelne Personen genommen" (K 90–94). So charakterisiert sich die Liebe, aus der der Glaube an das Dasein Gottes und an die Unsterblichkeit des Menschen erwächst, als eine Liebe, die dem Nächsten im einzelnen in Unauffälligkeit und Selbstlosigkeit zugewandt ist.

Bibellesung, Gebet, Beichte und tätige Nächstenliebe, das waren die Heilmittel, durch die sich Dostojewski vom Gift törichter Träume reinigte. Die Welt solcher Träume verlassend, wurde ihm die Berührung mit anderen Welten zuteil, in die er sich immer tiefer einwurzelte. Von diesen Welten ging für ihn eine große Anziehungskraft aus. Sie war es, die ihn sprechen ließ: „Haltet mich nicht zurück!" Dabei war er voller Spannung, was den Menschen in jener ganz anderen Welt erwartet.

Sind wir mit Christus gestorben, so glauben wir, daß wir auch mit ihm leben werden. Wir wissen, daß Christus, von den Toten auferweckt, nicht mehr stirbt; der Tod hat keine Macht mehr über ihn. Denn durch sein Sterben ist er ein für allemal gestorben für die Sünde, sein Leben aber lebt er für Gott. So sollt auch ihr euch als Menschen begreifen, die für die Sünde tot sind, aber für Gott leben in Christus Jesus.
Römerbrief 6,8–11

33 Ich habe Heimweh nach den Tiefen der Ewigkeit

P. Wust: Gestalten und Gedanken
Röm 14,7–9

Der Philosoph Peter Wust (1884–1940) gehört zu jenen Menschen, deren Lebensweg nach einem ruhmreichen Aufstieg ein unerwartetes Ende fand. Auf dem Höhepunkt seiner erfolgreichen Tätigkeit als Lehrer und Schriftsteller angekommen, wurde er vor Weihnachten 1937 von einer bösen Krankheit heimgesucht: Oberkieferkrebs, der in den letzten beiden Lebensjahren auf Zunge und Kehlkopf übergriff. So war der einst redegewandte Philosoph zuletzt dem Hunger und großen Schmerzen ausgeliefert sowie der Sprache beraubt. Berühmt geworden ist sein Brief vom 18.12.1939, den er als Abschiedsbrief von seinem Krankenlager aus seinen Studenten schrieb. Hier die bedeutsamsten Abschnitte daraus:

„... In den letzten Monaten sind nun mehrfach Wünsche aus dem Schülerkreis an mich herangekommen, ich möchte doch noch ein paar Worte zum Abschied, zum letzten Abschied, an Sie richten. Da meine Kräfte sich bereits sehr vermindert haben, ist es freilich für mich schwer geworden, mich zu einem solchen ‚Schlußwort' aufzuraffen. Es kann auch nicht viel sein, was ich Ihnen noch zu sagen versuche. Aber es soll so viel sagen, daß Sie daran die Liebe erkennen werden, in der ich mit Ihnen seit neun Jahren verbunden war und bis heute verbunden bin ...

Ich bin dem lieben Gott in meiner jetzigen Leidenszeit für zwei Dinge besonders dankbar: 1. dafür, daß er mir immer deutlicher in meinem Leben die Wahrheit dessen, was es um Christus ist, hat sichtbar werden lassen; 2. daß er mir auf dem Katheder in den neun Jahren meiner Münsterer Lehrtätigkeit die Kraft und die große Gnade verliehen hat, diese Wahrheit auch in aller Öffentlichkeit zu bekennen. Dieses Bekenntnis war, ich weiß es, oft sehr schwer, weil es gefahrvoll war. Aber: Ich habe auf die Gnade hin alles gewagt, und ich weiß jetzt: ‚Non confundar in aeternum.'

Und wenn Sie mich nun noch fragen sollten, bevor ich jetzt gehe und endgültig gehe, ob ich nicht einen Zauberschlüssel kenne, der einem das letzte Tor zur Weisheit des Lebens erschließen könne, dann würde ich Ihnen antworten: ‚Jawohl.' – Und zwar ist dieser Zauberschlüssel nicht die Reflexion, wie Sie es von einem Philosophen vielleicht erwarten möchten, sondern das Gebet. Das Gebet, als letzte Hingabe gefaßt, macht still, macht kindlich, macht objektiv. Ein Mensch wächst für mich in dem Maße immer tiefer hinein in den Raum der Humanität (- nicht des Humanismus -), wie er zu beten imstande ist, wofern nur das rechte Beten gemeint ist. Gebet kennzeichnet alle letzte ‚Humilitas' des Geistes. Die großen Dinge des Daseins werden nur den betenden Geistern geschenkt. Beten lernen aber kann man am besten im Leiden ..."

Peter Wust, Gestalten und Gedanken, Nachwort, Kösel-Verlag, München 1961, S. 257–262.

Peter Wust stammte aus einer tief gläubigen Familie, die in dem kleinen Dorf Rissenthal im Saarland lebte. Sein Vater war Siebmacher. Mit 16 Jahren verließ der begabte, wissensdurstige und lesehungrige Junge das Elternhaus, um in Trier das Abitur zu machen. Als Unterprimaner war ihm der Glaube an Jesus Christus völlig gleichgültig geworden. Seine Religion war von nun an der Humanismus, seine Vorbilder vor allem Kant und Goethe. Nach dem Abitur zog er zum Studium nach Berlin. Danach war er zwanzig Jahre Studienrat in Trier und am Dreikönigsgymnasium in Köln. Je älter er wurde, um so deutlicher ging ihm auf, daß sich im Grund allen Seins ein *alogischer* Rest birgt. Zunehmend wurde das Dasein für ihn zu einem unauslotbaren Mysterium. Auch wurde ihm bewußt, was er in einem Brief so formuliert: „Ein Mensch kann als Mensch niemals nach dem gemessen werden, was er und wieviel er weiß, sondern nur nach dem, was er liebt und in welchem Maße er zu letzter Liebe fähig ist." Sich an den Glauben seiner Eltern erinnernd, vollzog er die Umkehr. Es war die Umkehr vom Stolz der Vernunft zur schweigenden und schauenden Ehrfurcht. Im Herbst 1930 wurde er als Professor für Philosophie nach Münster berufen. Dort entwickelte er eine große akademische Lehrtätigkeit. Alsbald nannte man ihn den „Philosophen von Münster". Studenten aller Fakultäten besuchten seine Vorlesungen. In der Regel waren es 400 bis 500 Personen, die ihm im Großen Hörsaal der Universität zuhörten; denn er war ein Lehrer mit ungewöhnlicher Überzeugungskraft. Nicht wenige von ihnen waren beeindruckt, diesen berühmten Mann am nächsten Morgen im Dom oder in einer anderen Kirche von Münster still im Gebet versunken zu sehen. Auf diese Weise war er „tiefer und tiefer ins Religiöse hineingegangen". Peter Wust war ein Lehrer, der seine Religionsphilosophie nicht nur vortrug, sondern auch lebte.

Daher traf ihn seine schwere Krankheit keineswegs unvorbereitet. In ihr erwies sich seine Religionsphilosophie als Lebensphilosophie, die Ausdruck seines vollendeten Glaubens und Hoffens war. Sie vermittelt einige Einsichten, die auch uns interessieren dürften.

Zunächst verdeutlicht Wust, daß man nur für das zu sterben vermag, wofür sich auch zu leben lohnt; denn der Sinn, den wir unserem Leben geben, wird auch der Sinn unseres Sterbens sein. Der Sinn im Leben von Wust war, jedenfalls in seinen letzten fünfzehn Jahren, Jesus Christus. Ihn in seinem Leben und Lehren zu bezeugen wurde immer mehr zum Inbegriff seines Daseins. Die ihn hörten, sagen: „Über seinen Vorlesungen lag eine solche Tiefe und Eindringlichkeit gelebter Christus-Erfahrung, daß man sich seiner Überzeugungskraft nicht entziehen konnte." Daher charakterisiert Walter Nigg ihn in zutreffender Weise, wenn er schreibt: „Wust war dem Wortsinn nach noch ein Professor, ein Bekenner, der eine bekennende Philosophie vortrug und dies in schwer bedrängter Zeit."

Professor, das heißt, Bekenner Jesu Christi zu sein, darin liegt die Berufung eines jeden Christen. Zu ihr gelangt man nur, wenn man ihm begegnet. Wie ist dies möglich? Wust erklärt: nicht durch Reflexion, sondern durch Gebet. Beten bedeutete für Wust das Hineingeben des eigenen Daseins in das Mysterium Gottes. Wust schreibt: „Ganz ja sagen zu können zu Gottes großen Plänen, die niemals unsere Pläne sind. Wir müssen Gott alles opfern, in erster Linie den Ruhm vor der Welt, um Gottes Pläne zu erfüllen, die Er mit uns hat. Nicht daß wir siegen, ist die Hauptsache, lieber Freund, sondern daß die Liebe Gottes in unserem Herzen alles besiegt, auch unsere persönliche Ungeduld: das allein ist entscheidend." Sich in den Willen Gottes verlierend, werden dem Beter die großen Dinge des Daseins geschenkt. Wust war ein solcher Beter. Leben, Lehren, Lieben und Leiden des Philosophen wurden für ihn zunehmend nichts anderes als Gebet. „Mit Gott" begann er seine Vorlesungen und seine schriftstellerischen Arbeiten: „Wenn man schreibt, muß man zuerst beten, damit Gott unsere Feder führt." Solches Beten, als letzte Hingabe an den Willen Gottes verstanden, macht still, kindlich und objektiv.

Es fällt auf, wie oft Wust in ähnlichen Zusammenhängen von der Stille spricht: „Das Gebet erst macht unsere Seele still ..." Bezeichnend ist auch ein Wort vom 7.3.1938 an seinen Freund Karl Pfleger: „Übrigens: ich muß mich schämen. Denn ich habe eine Weile sehr gebebt vor dem Tode. Ist das der Sinn und das Ergebnis der Philosophie? (...) Hieß nicht das letzte Wort von ‚Ungewißheit und Wagnis': ‚Wenn du stille wirst, wird dir geholfen'?" Dieses letzte Wort seines Hauptwerkes ist ein Wort von Goethe, das Wust sehr liebte. Indem das Gebet in die Stille führt, überwindet es alle seelische Unruhe: „Nun werde ich stiller und stiller. Herr, dein Wille geschehe, nicht der meinige!" Aus dieser Stille erwuchs seine Sehnsucht nach den Tiefen der Ewigkeit: „Übrigens drängt alles in mir hinüber nach jenem fernen Land, wo ich meinen guten Vater wiederfinden werde und meine liebe Mutter und so manche anderen Menschen, die mir wertvoll sind. Ich habe Heimweh, ein brennendes Heimweh, nach den Tiefen der Ewigkeit." Dieses Wort schrieb Wust am 23. 8. 1939 an seinen Sohn Benno. Es überwand seine Sorge, mit seiner menschlichen Armseligkeit vor Gott nicht bestehen können. Oft betete er, Gott möge seine Armut und Sündhaftigkeit als das einzige Opfer annehmen, das er ihm bieten kann. „Und in der Tat, nur so kann ich Rettung finden. Ich will nur noch eben ein Stehplätzchen haben im Himmel für 10 Pfennig, nicht mehr. Denn ich könnte den Gedanken nicht ertragen, nicht wenigstens von ferne, ganz von ferne, die Ewige Liebe schauen zu dürfen."

Werfen wir nun noch einen Blick auf das, was Wust über diese Ewige Liebe sagt, so mutet es uns nicht sehr vertraut an: „Ich bin noch nicht losgelöst von der Welt. Aber ich fühle es, daß der liebe Gott dafür sorgt. Dieser absolute Erzieher liebt nicht sentimental, nicht nach den Maßen der ‚Welt'. Er liebt absolut. Seine Liebe ist hart, aber sie ist tief." Ähnlich schrieb er an Robert d'Harcourt vom Sterbebett aus: „Gott liebt nicht weichlich und sentimental wie die Welt. Wen er liebt, den verbrennt Er in Seiner Liebe zu Staub und Asche." Bereits 1931 erklärte er einem seiner vertrauten Mitarbeiter, worum es geht, wenn hier vom ‚Verbrennen' die Rede ist: „Im Feuerofen des Leidens wird eben alles ausgebrannt, was sich dem Menschen durch Eitelkeit anzusetzen pflegt. Und so soll man es dahin bringen, zu danken und immer zu danken für alles Leidendürfen. Durch Leiden erst lernt man Geduld und Stille!" In diesen Wochen der Schmerzen lernte Wust nach seinen eigenen Worten mehr als aus aller Philosophie der Welt: „Ich weiß jetzt, was die Formel des hl. Franz von Sales bedeutet, die den Inbegriff der christlichen Gelassenheit enthält: ‚Ni desirer, ni refuser' (Weder etwas wünschen noch etwas abweisen)." Diese Gelassenheit wurde zur Wirklichkeit seiner letzten Lebensjahre: „Ich glaube zu merken, wohin jetzt der Weg führt. Alles, wie der liebe Gott es will: Leben oder Tod!" Die folgenden Worte an seinen Jugendfreund P. Matthias Jager bilden ihrem Sinn nach das Schlußwort seines Lebens und seines Sterbens: „Ich habe das letzte, vorbehaltlose Ja gesprochen zu allem, was Gott mit mir vorhat. Er ist die Liebe: es ist ein ganz großes Glück, in die Hände der Ewigen Liebe zu fallen."

Peter Wust starb am 3. April 1940. Die Liebe Gottes hatte alles in seinem Leben besiegt. Damit hat es seine Erfüllung gefunden. Die Worte auf seiner Grabplatte beschreiben seinen Weg dorthin:

Aus dem Wirklichkeitstraum
Durch Ungewißheit und Wagnis
In den Wirklichkeitsraum
Der Geborgenheit in Gott.

Keiner von uns lebt sich selber, und keiner stirbt sich selber: Leben wir, so leben wir dem Herrn, sterben wir, so sterben wir dem Herrn. Ob wir leben oder ob wir sterben, wir gehören dem Herrn. Denn Christus ist gestorben und lebendig geworden, um Herr zu sein über Tote und Lebende.
Römerbrief 14,7–9

34 Ich bin bereit zu gehen

L. Elliott: Johannes XXIII.
Mt 5,14–16

Professor Antonio Gasbarrini war der Leibarzt von Papst Johannes XXIII., als dieser von einer schweren Krankheit heimgesucht worden war. Nach ausgedehnten Untersuchungen stand die endgültige Diagnose fest: ein nicht operierbarer Tumor. Als Prof. Gasbarrini dem Papst dieses Ergebnis mitteilte, wiederholte der Papst die Diagnose seines Arztes und fügte hinzu: „Gottes Wille soll geschehen." Und mit Rücksicht auf seinen ärztlichen Freund sagte er; gleichsam um diesen zu trösten: „Aber seien Sie nicht traurig, weil meine Koffer gepackt sind. Ich bin bereit zu gehen."

In den folgenden Monaten wurde er von einem begabten jungen Anästhesisten, Dr. Piero Mazzoni, betreut. Am Pfingstsonntag, dem 2. Juni 1963 äußerte der Papst ihm gegenüber: „Ich leide mit Liebe, aber auch mit Schmerzen, soviel Schmerzen." Er wollte seinem treuen Doktor etwas als Andenken geben. Beim Herumtasten fand er seinen Füllfederhalter auf dem Nachttisch. „Nehmen Sie ihn", sagte er zu Mazzoni. „Er ist fast neu."

Am Pfingstmontag verlor er zum letzten Mal das Bewußtsein. Abends wurde auf dem Petersplatz die Messe gefeiert. Etwas vor acht Uhr sprach Kardinal Traglia die Worte der Entlassung: „Ite, missa est!" Im gleichen Augenblick tat oben in dem schwach erleuchteten Schlafzimmer Johannes XXIII. einen letzten schweren Atemzug und gab damit sein Leben in die Hände seines Schöpfers zurück. Sein Leben war eine Messe. Jetzt war sie vollendet.

Vgl. Lawrence Elliott, Johannes XXIII., Herderbücherei, Band 671, Freiburg-Basel-Wien 1978, S. 290–298.

Bei Dag Hammarskjöld lesen wir das Wort: „Denke stets daran, daß alle froh waren, als du geboren wurdest, du selber aber weintest. Lebe so, daß alle weinen, wenn du stirbst, du selber aber froh bist." Was immer man zu diesem Wort sagen mag, es gibt einen, der dies vollbracht hat: Angelo Roncalli, der spätere Papst Johannes XXIII. (1881–1963).

Sein Sterben hatte um die Zeit seines achtzigsten Geburtstages, im November 1961, begonnen. In jenen Tagen schrieb er in sein Tagebuch: „Ich bemerke in meinem Körper den Anfang irgendeiner Störung. Es ist nicht gut, darüber zuviel nachzudenken."[1] Ein Jahr später wurde es unabweisbar: Angelo Roncalli war unheilbar krank. Einige Wochen vor seinem Tod wurde ihm der Balzanpreis verliehen. Trotz seiner Schmerzen bestand er darauf, den Vatikan zu verlassen, um an der Ehrung der anderen Preisträger teilzunehmen. „Warum nicht?" sagte er. „Was könnte schöner sein, als wenn ein Vater im Schoße seiner versammelten Kinder stirbt?" Bald danach nahm sein Magen keine Nahrung mehr an. Er mußte intravenös ernährt werden. Doch der Tod ließ sich nicht aufhalten. Der Papst erwartete ihn nicht nur, er ging ihm entgegen. Er tat es im gläubigen Bewußtsein, daß mit dem Tod ein neues Leben beginnt.

Auch andere Päpste hatten den Krieg verurteilt und für den Frieden gekämpft, in den Herzen der Gläubigen das Gute geweckt und das Böse bekämpft. Aber im Bewußtsein der Menschen hatte kaum ein Papst die Welt so fasziniert wie dieser. Den Gläubigen wie den Ungläubigen bedeutete dieses Bauerngesicht mehr als alle Titel und Ehrenstellungen. Und als er tot war, da trauerten sie um ihn, als ginge es ihnen um einen persönlichen Verlust. Zu Millionen pilgerten sie zu seinem Geburtsort Sotto il Monte oder zu seinem Grab in den vatikanischen Grotten. – „Lebe so, daß alle weinen, wenn du stirbst, du selber aber froh bist!" Wo liegt das Geheimnis im Leben dieses Mannes, daß ihm solches gelang? So fragen wir, weil es hier um das Geheimnis unseres eigenen Lebens und Sterbens geht.

Wenn wir das Sterben von Johannes aus seinem Leben heraus verstehen wollen, müssen wir zunächst seine *Liebe zur Armut* erwähnen. Johannes wußte, daß er arm geboren worden war. Daher wollte er auch arm leben und arm sterben: „Die Armut hat mich von Kindheit an in ihre Arme geschlossen, und sie entläßt mich auch jetzt nicht, da ich Bischof bin."[2] „Ich bin arm geboren und werde und will arm sterben: ich bin sicher, daß die göttliche Vorsehung es zur gegebenen Zeit – wie in der Vergangenheit – auch in der Zukunft mir nicht an dem Nötigen fehlen lassen wird, und sie wird mir darüber hinaus auch das Angemessene und Überfließende zuteilen. Wehe mir, wenn ich auch nur im geringsten mein Herz an irdische Güter hänge!" (W 11). Vieles von dem, was Johannes hatte, ließ er verkaufen und das Geld an die Armen verteilen. Daher konnte er am Ende seines Lebens weder seinem Arzt ein großes Geschenk machen noch seinen Familienangehörigen Bedeutsames hinterlassen. Es war seine tiefe Überzeugung, daß es nicht das Vermögen ist, was Würde verleiht, sondern einzig und allein ein gutes und tugendhaftes Leben. – Zu seiner materiellen Armut kam die Armut seines Geistes, das heißt, der Verzicht, in dieser Welt in irgendeiner Weise zu Erfolg, Ehre, Geltung oder Anerkennung zu gelangen. Seine Laufbahn verlief bis zu einem gewissen Zeitpunkt ganz ohne Glanz. Erwähnenswert ist, daß er seinen Aufstieg zum Stuhl Petri einem „Zufall" zu verdanken hatte. Als nämlich General de Gaulle gegen Ende des Zweiten Weltkrieges eine provisorische Regierung bildete, da wollte er im diplomatischen Bereich reinen Tisch machen. Er entließ alle Gesandten und Botschafter, auch den apostolischen Nuntius. Darüber war Pius XII. sehr verärgert. Er wählte einen völlig unbekannten Nachfolger, eben Roncalli. „Der genügt", soll Pius XII. gesagt haben. Und Roncalli meinte: „Wenn's keine Pferde mehr gibt, müssen eben die Esel laufen."[3] Mit dem neuen Amt war aber die Kardinalswürde verbunden. So war eine wichtige Weiche für den weiteren Weg von Johannes gestellt. – Im Leben dieses Mannes gab es nur einen einzigen Reichtum. Das war sein Glaube. Dieser bestand darin, losgelöst von allen irdischen Dingen an der Hand seines Vaters im Himmel zu leben: „Fehlt mir etwas? Gottes Vorsehung wird für alles reichlich sorgen, wie sie es bis heute immer getan hat" (W 12). „Ich bin bereit, alles stehenden Fußes und ohne Bedauern zu verlassen, und ich will mich bemühen, solange ich lebe, diese Bereitschaft, mich von allem persönlichen Besitz selbst von den Dingen, die mir am liebsten sind – zu lösen, lebendig zu bewahren" (W 13). Johannes hatte den unbedingten Glauben, daß Gott ihm jeweils das gebe, was er zum Leben brauche. Dieser „Vorsehungsglaube" brachte ihn dazu, unbekümmert von einem Tag zum anderen zu leben: „Ich bin ein Kind der Vorsehung, und die Vorsehung läßt es nicht (...) am Notwendigsten fehlen. Sie wird uns zur gegebenen Zeit das geben, was wir brauchen" (W 20). „Es genügt, von einem Tag zum anderen zu leben, Arm in Arm mit der Vorsehung zu gehen, ohne ihr vorauseilen zu wollen" (W 90). „Deshalb mache ich mir, wie Ihr wißt, keine Sorgen darüber, was die Vorsehung von Tag zu Tag verfügt. Jetzt bin ich hier, morgen kann ich woanders hingehen. Wir sind immer unter den Augen, ja in den Armen des Herrn. Freuen wir uns darüber!" (W 88 f.) „Lebt also weiterhin in Frieden und Geduld, von Tag zu Tag. Denken wir an das Heute, und überlassen wir uns dem Herrn, was den morgigen Tag angeht! Die Vorsehung ist da und wird uns Stunde um Stunde ihre Hilfe zukommen lassen" (W 92). Die Armut von Johannes und sein Vorsehungsglaube führten ihn nahezu zwangsläufig zu jener heiteren Gelassenheit, die sich wie von selbst mit seinem Namen verbindet. Sie machte ihm sowohl das Leben wie auch das Sterben leicht: „Sieh, ich denke alle Tage an mein Ende, und da mir der Gedanke daran ganz vertraut geworden ist, erhält er mich heiter und fröhlich. Für einen guten Christen ist dies das Glück: sich immer in der Hand und im Herzen Gottes zu fühlen“ (W 144). Er hielt es mit dem hl. Martin: „Er fürchtete den Tod nicht, aber er weigerte sich nicht zu leben“ (GT 326).

Johannes verschenkte nicht nur seinen materiellen Besitz, sondern vor allem sein Herz. Damit kommen wir zu einer zweiten Auszeichnung seines Lebens und Sterbens: sein *Gutsein.* Dieses wurzelte in seinem Bestreben, das Kleinste in großer Weise zu tun: „Die Heiligkeit der Heiligen beruht nicht auf aufsehenerregenden Taten, sondern auf Kleinigkeiten, die in den Augen der Welt als Lappalien gelten. In dieser Hinsicht sind mir die ersten dreißig Erdenjahre Jesu Christi eine Lehre mit leuchtenden Beispielen“ (W 59). Daher sein Grundsatz: „Minima maximi faciam – ich will auch das Geringste sehr hoch schätzen“ (GT 137). Hinzu kam sein Bemühen, an seinen Mitmenschen vor allem das Gute zu sehen: „An allem die gute Seite sehen und sie weiterverfolgen, indem man alles übrige beiseite läßt. Sodann gibt es bei den Sachen wie bei den Personen das Gestern, das Heute und das Morgen. Und dann, jeder in seinem eigenen Haus: Gutes sagen, wenn es möglich ist, und lieber nichts, als etwas Böses sagen. So erspart man sich Verdruß, und der Herr gibt seinen Segen“ (W 88). „Gewöhne dich vor allem daran, dir einen guten Charakter zu formen, aufrichtig, offen, immer zur Güte und Nachsicht für die Fehler der anderen geneigt. Aber mit den Grundsätzen, die ewig sind ...“ (W 93). „Schließlich habe ich Grund, überzeugt zu sein, daß mein Nächster immer besser ist als ich und daher größten Respektes würdig“ (W 103). „Man sollte auch bedenken, daß der Herr im Urteilen nachsichtiger ist als wir“ (W 71). Daraus ergab sich seine Güte gegenüber jedermann: „Im Umgang mit den Menschen immer Würde, Einfachheit und Güte: heitere und strahlende Güte“ (W 100). „Ich werde stets die Wahrheit, aber mit Milde, sagen und über alles schweigen, was ich meiner Meinung nach an Unrecht oder Kränkung erlitten habe (...) Vor allem will ich fortfahren, stets Böses mit Gutem zu vergelten und mich zu bemühen, in allem das Evangelium den Künsten der menschlichen Politik vorzuziehen“ (W 41). „Die Milde ist unsere Stärke. Sie löst alle Schwierigkeiten und besiegt jedes Hindernis“ (W 65). Aus all diesen Verlautbarungen geht deutlich hervor, daß ihn nicht das Mißtrauen gegenüber der menschlichen Schwäche beherrschte, sondern der unerschütterliche Glaube an Gottes Liebe zu jedem einzelnen Menschen. Alle Menschen sind Kinder Gottes, und „die ganze Welt ist meine Familie". Daher ging er in die Krankenhäuser, in die Waisenhäuser und zu den Häftlingen ins Gefängnis. Bei einem Besuch im römischen Gefängnis Regina Coeli sagte er zu den Gefangenen: „Ihr konntet nicht zu mir kommen, daher bin ich zu Euch gekommen." Da fragte ihn ein Mörder: „Kann es für einen wie mich Erbarmen geben?" Wortlos zog Johannes den Gefangenen zu sich empor und umarmte ihn. Das war seine Antwort. Das Geheimnis seiner Güte lag darin, sich dem einzelnen so zuzuwenden, als hätte er sich nur mit ihm allein zu beschäftigen.

Hier leuchtet eine dritte Eigentümlichkeit im Leben und Sterben von Johannes auf. Das ist seine *Einfachheit*. Bereits der griechische Philosoph Aristoteles (384–322 v. Chr.) schrieb in seiner „Nikomachischen Ethik" (II, 5) das bemerkenswerte Wort: „Gute Menschen sind einfacher Art, hundertfach schillert das Böse." Johannes war von seinem Wesen her ein einfacher Mensch: „Je älter ich werde, desto mehr konstatiere ich die Würde und die überwältigende Schönheit der Einfachheit sowohl im Denken wie im Tun und Reden. Es läutert sich die Tendenz heraus, alles zu vereinfachen, das verwickelt ist: alles auf die höchstmögliche Ursprünglichkeit und Klarheit zurückzuführen, ohne mich von Lappalien und künstlichen Winkelzügen in Gedanken und Worten gefangennehmen zu lassen. ‚Simplicem esse cum prudentia – mit Klugheit einfach sein.' Dieser Wahlspruch stammt vom heiligen Chrysostomus. Welch eine Lehre in zwei Sätzen!" (GT 304 f.) „‚Hoc est philosophiae culmen, simplicem esse cum prudentia.' Das ist der Gipfel der Philosophie: in Klugheit einfach sein.' Dieser Satz ist vom heiligen Johannes Chrysostomus, meinem großen Patron aus dem Orient" (GT 296). Das ganze Leben von Johannes war von solcher Einfachheit durchformt: „Wenn ich mit ihnen (mit den sogenannten Großen dieser Welt: mit Männern der Regierung, der Diplomatie, der Wissenschaft) verhandle, denke ich immer an die Einfachheit unserer Felder, unserer Familien, und davon lasse ich mir die Art und Weise eingeben, mit den Menschen umzugehen, mit ungekünstelter Ungezwungenheit, mit bescheidener und überzeugender Liebenswürdigkeit, die dann der Herr mit seinem Licht und seiner Liebe durchdringt und die den Erfolg rascher herbeiführt und dauerhafter macht" (W 123). Seine Einfachheit zeigte sich im Geben und Nehmen, im Empfinden und Reden. Man denke etwa an die Begegnung mit den führenden Vertretern des Judentums, die den Papst besuchten. Wie überbrückte dieser die große Distanz von 19 Jahrhunderten? Er gab keine großen Erklärungen, sondern hielt sich an eine biblische Erzählung, die von einem Mann berichtet, der lange von seiner Familie getrennt war. Wie dieser streckte auch Johannes seinen Besuchern die Hände entgegen und sagte: „Ich bin Joseph, Euer Bruder!" – Zu solcher Einfachheit fand Johannes, weil er alles auf den Willen Gottes zurückführte. Damit rühren wir an das tiefste Geheimnis seines Lebens: „Wenn man einmal, ohne an sich selbst zu denken, lebt, die Eigenliebe immer unter den Absatz der Schuhe bringt und allein auf der Suche nach dem Willen des Herrn ist, dann wird alles leicht und auch erträglich" (W 32). „Das ist das Geheimnis meines Lebens. Sucht nicht nach anderen Erklärungen. Ich habe mir oft die Worte des hl. Gregor von Nazianz wiederholt: Voluntas tua pax nostra – Dein Wille, Herr, ist unser Friede (GT 460 f.). In der Erfüllung von Gottes Willen fand er Ruhe, Ausgeglichenheit und inneren Frieden. Ein Vorgeschmack der ewigen Freude wurde ihm zuteil. So schaute er nicht mit Schrecken, wohl aber mit Vertrauen auf das Ende seines Lebens: „Seit langem habe ich mir vorgenommen, diesem Grundsatz getreu zu sein, so den Tod zu erwarten, in diesem ‚Hilarescit – Er wird heiter sein', das das letzte Lächeln meiner Seele sein soll im Augenblick, da sie aus diesem Leben scheidet" (GT 302).

Was war also in den Koffern, von denen Papst Johannes zu Professor Gasbarrini sprach? Sie waren gefüllt mit Armut, Güte und Einfachheit. Aufgrund dieser seiner Lebensinhalte vermochte er hinzuzufügen: „Ich bin bereit zu gehen." Das Losgelöstsein vom Irdischen machte ihm das Sterben leicht. Er glaubte, „daß der Herr die Freude seiner Kinder nie stört, es sei denn, um ihnen eine andere gewissere und größere vorzubereiten" (W 65). Seine Güte, die ihn befähigte, an allem etwas Gutes zu sehen, ließ ihn seinen Tod als Bruder erkennen, dem man sich vollkommen anvertrauen kann. Seine Einfachheit, mit der er Gottes Willen erfüllte, schenkte ihm die tiefe Überzeugung, daß der Tod heiter sein wird, und weckte in ihm den Wunsch, mit einem Lächeln diese Welt zu verlassen.

Ihr seid das Licht der Welt. Eine Stadt, die auf einem Berg liegt, kann nicht verborgen bleiben. Man zündet auch nicht ein Licht an und stülpt ein Gefäß darüber, sondern man stellt es auf den Leuchter; dann leuchtet es allen im Haus. So soll euer Licht vor den Menschen leuchten, damit sie eure guten Werke sehen und euren Vater im Himmel preisen.
Matthäus 5,14–16

35 Das Letzte ist Licht

W. Fehse: Martineau
Apg 9,1–9

D. war ein Schauspieler, der die Gabe hatte, das Publikum mitzureißen. Mit letzter Leidenschaft arbeitete er an seinen Rollen. Dennoch spürte er sein Unvermögen, das Letzte und Tiefste zu erfassen und zum Ausdruck zu bringen. Manchmal rief er seiner Frau zu: „Ich sehe es nicht ... Das Letzte ... das, was dahinter ist ... die Helligkeit ..." Trotzdem gelang es ihm immer wieder, das Schicksal in sein Wort und seine Gebärde zu zwingen. Was immer er auf der Bühne sagte oder zur Darstellung brachte, alles erschien in jener gelösten und lächelnden Natürlichkeit, die sich nicht mehr aus sich selbst erklärt.

Seinen Höhepunkt erreichte D. in der Darstellung von Martineau. Martineau war ein Soldat, der im Krieg sein Augenlicht verloren hatte. Es ging nun um den Augenblick, da er zum erstenmal auf seine Frau und seine Freunde als Blinder mit tastendem Schritt und vorgestreckten Händen zuzugehen versuchte. Dabei leuchtete sein Gesicht von innen heraus, wie es nur denen möglich ist, die ihr Unglück überwunden haben. Er ging in der Rolle des Blinden so auf, daß er sich schwer tat, den Weg zu sich selbst zurückzufinden. Nach jedem Auftritt fühlte er sich krank, und dieses Gefühl verschlimmerte sich mit jeder Vorstellung.

Bei einer der letzten Aufführungen des Dramas brach D. zusammen. Man brachte ihn in die Klinik. Hier wurde aus dem dramatischen Spiel ernste Wirklichkeit: der Schauspieler war über Nacht erblindet. Doch mit dieser Wandlung lief eine andere einher: war D. zu früheren Zeiten immer ein sehr ungeduldiger Patient, so fand er sich jetzt in sein dunkles Schicksal, obwohl dieses ihn von Tag zu Tag mehr gefangen nahm. Kurz bevor sein Ende nahte, richtete er sich nochmals auf und suchte mit seinen Händen in der Ferne, was sich ihm ein Leben lang entzog. Dann auf einmal rief er mit einer Stimme voller Freude: „Jetzt ... jetzt sehe ich es ... die Helligkeit ... Dahinter ..." Doch bevor er dieses Licht näherhin beschreiben oder deuten konnte, fiel er in die Kissen zurück. Während ihm die Augen aufgingen, schloß er sie für immer.

Vgl. Willi Fehse, Martineau, in: Deutsche Erzähler der Gegenwart, Philipp Reclam jun., Stuttgart 1970, S. 104–106.

Nicht wenige Menschen sind der Überzeugung, daß außer der sichtbaren Welt nichts anderes existiert. Sie halten sich an das Augenfällige, das Greifbare und Machbare. Diese Anschauungsweise legt sich vor allem in einer Welt nahe, in der man nahezu alles machen kann. Die Folgen zeichnen sich bereits ab. Ein tiefes Sinnlosigkeitsgefühl breitet sich allerorts aus. Der Schauspieler, von dem in der vorausgehenden Erzählung die Rede ist, dachte anders. Er erahnte, daß etwas „dahinter" ist; er glaubte an ein Letztes und Tiefstes. Obwohl er dieses nicht unmittelbar sehen und greifen konnte, versuchte er, sich ihm zu nähern, gleich einem Perlentaucher, der bis auf den Grund hinabsteigt. Er setzte seine ganze Kraft ein, es zu erfassen und dem Publikum anschaubar zu machen. Doch immer wieder spürte er sein Unvermögen. Das Letzte und Tiefste, „das, was dahinter ist", entzog sich seinem Zugriff. Wie kommen wir zur Erfahrung dieser hintergründigen Wirklichkeit?

Das Hintergründige offenbart sich immer nur als etwas Durchleuchtendes. Es zeigt sich in dem, was sichtbar vor unseren Augen steht oder hörbar an unsere Ohren kommt. So erkennen wir beispielsweise in den gütigen Augen eines Gesichts die selbstlose Liebe; im Klang des verstehenden Wortes begegnen wir dem Wohlwollen; im Druck der Hand spüren wir die Verbundenheit; in der helfenden Gabe erfahren wir die Brüderlichkeit. Was von all dem unmittelbar untersucht und nachgeprüft werden kann, ist das Auge, der Klang, der Druck, die Gabe. Liebe, Wohlwollen, Verbundenheit und Brüderlichkeit müssen hingegen wahrgenommen werden. In dieser Weise offenbart sich auch das Letzte und Tiefste, das wir „Gott" zu nennen pflegen. Er leuchtet durch anderes hindurch. Wir können ihn nicht unmittelbar greifen. Aber wir können sein Geheimnis erahnen. Zum Beispiel im Verhalten eines selbstlos liebenden Menschen. Je deutlicher diese hintergründige Wirklichkeit in den Verhaltensweisen eines Menschen zum Vorschein kommt, desto überzeugender wirkt er für die andern. Aus diesem Grund vermochte der Schauspieler die Zuschauer mitzureißen. In seinem Wort und seiner Gebärde leuchtete jene gelöste und lächelnde Natürlichkeit auf, die nicht mehr von dieser Welt ist. Sein von innen heraus leuchtendes Gesicht zeigte, was es heißt, ein schweres Unglück überwunden zu haben.

Die Erzählung sagt aber nicht nur etwas über die Existenz eines

Letzten. Sie gibt uns auch einen Eindruck davon, als was es sich zeigt. Das Letzte ist Helligkeit, ist Licht, das uns innerlich öffnet und uns mit „seligem Lächeln“ sehen läßt, was uns bisher verborgen blieb. Um dieses Licht in seiner ganzen Fülle wahrnehmen zu können, müssen alle irdischen Lichter erlöschen. Daher wurden dem Schauspieler die Augen geöffnet, als er sie für immer schloß. Trotzdem ist es uns während unseres irdischen Daseins möglich, in gnadenhaften Augenblicken Vorboten dieses „ewigen Lichtes“ zu erkennen. Das ist der Fall, wenn uns – wie wir sagen – „ein Licht aufgegangen“ ist und wir in der Trübsal unseres Lebens wieder deutlicher sehen; wenn uns in der Verfahrenheit unseres Daseins eine „Sinnerhellung“ zuteil wird oder wenn wir uns in einer Entscheidungssituation bewähren, indem wir uns für einen Wert entscheiden und so das Licht in unser Leben hineinlassen.

Es versteht sich von selbst, daß wir dieses Licht nicht herbeizwingen können. Es kommt über uns als ein unverfügbares Geschenk. Doch können wir uns für die Ankunft des Lichtes öffnen. Der Schauspieler ging ihm mit letzter Kraft entgegen. Sich in die schmerzvolle Dunkelheit seiner Blindheit fügend, „streckte er seine Arme der Ferne entgegen, in der alles verborgen war, was er ein Leben lang gesucht hatte“. Unter welchen Umständen auch immer das Licht Gottes in uns aufbricht, die Wirkung ist stets die gleiche: es verwandelt unser Leben. Es läßt uns die Dinge nicht mehr mit menschlichen Augen, sondern mit den Augen Gottes sehen. So war es im Leben des Schauspielers; so war es im Leben des Saulus, aus dem dann der heilige Paulus wurde; so wird es auch in meinem Leben sein.

Saulus, der noch immer mit Drohung und Mord gegen die Jünger des Herrn wütete, ging zum Hohenpriester und erbat von ihm Briefe an die Synagogen von Damaskus, um alle Anhänger des „Weges“, die er dort fände, Männer wie Frauen, gebunden nach Jerusalem zu führen. Schon war er auf seiner Reise bis in die Nähe von Damaskus gelangt, da umstrahlte ihn plötzlich ein Licht vom Himmel. Er fiel zu Boden und hörte eine Stimme, die ihm zurief: „Saul, Saul, warum verfolgst du mich?“ Er fragte: „Wer bist du, Herr?“ Dieser antwortete: „Ich bin Jesus, den du verfolgst. Doch steh auf und geh in die Stadt; dort wird man dir sagen, was du tun sollst.“ Seine Reisegefährten standen sprachlos da. Sie hörten die Stimme, sahen aber niemand. Saulus erhob sich vom Boden. Obwohl er aber die Augen aufschlug, sah er nichts. Da nahmen sie ihn bei der Hand und führten ihn nach Damaskus. Er blieb drei Tage blind und aß und trank nicht.
Apostelgeschichte 9,1–9

36 Die Botschaft des Auferstandenen: Es gibt das Land der Gerechten

M. Gorki: Nachtasyl
Offb 12,10–12

Im Drama „Nachtasyl“, dem zweifellos bedeutendsten dramatischen Werk Maxim Gorkis, erzählt der Pilger Luka von einem Mann, der fest daran glaubte, daß es irgendwo das Land der Gerechten gebe: „Es muß“, sagte er, „auf der Welt ein Land der Gerechten geben ... in dem Land wohnen sozusagen Menschen von besonderer Art ... gute Menschen, die einander achten, die sich gegenseitig helfen, wo sie können ... alles ist bei ihnen gut und schön.“ Dieses Land war seine einzige Freude.

Eines Tages begegnete er einem Gelehrten, der viele Bücher und Pläne besaß. Ihn fragte er, wo jenes Land liege und auf welchem Weg man dorthin gelange. Der Gelehrte schlug seine Bücher auf und breitete seine Pläne aus. Er guckte und guckte – aber das Land der Gerechten fand er nirgendwo. „Alle Länder sind aufgezeichnet – nur das Land der Gerechten nicht“, erklärte er schließlich. Der andere wollte es nicht glauben. „Es muß drauf sein“, sagte er, „such genauer! Sonst sind ja all deine Bücher und Pläne nicht 'nen Pfifferling wert.“

Der Gelehrte fühlte sich beleidigt. „Meine Pläne stimmen“, sagte er, „und ein Land der Gerechten gibt's überhaupt nirgends!“ Der andere wurde ungehalten: „Was?“ fragte er, „da hab' ich nun gelebt und gelebt, geduldet und geduldet und immer geglaubt, es gebe solch ein Land! Und nach deinen Plänen gibt es keins!“ Daraufhin schlug er dem Gelehrten den Schädel ein; dann ging er nach Hause und machte Schluß mit seinem Leben.

Vgl. Maxim Gorki, Nachtasyl, Philipp Reclam jun. Nr. 7671, Stuttgart 1979, S. 69f.

„Es muß auf der Welt ein Land der Gerechten geben ... ein Land mit Menschen besonderer Art, mit Menschen, die einander achten, die sich gegenseitig helfen, wo sie können.“ Es gibt wohl kaum einen Menschen, der sich nicht nach einem solchen Land sehnt. Vielleicht ist dies der letzte Rest des verlorenen Paradieses, den es in jedem

Menschen gibt. Eltern erhoffen es sich für ihre Kinder, Gelehrte, Ideologen und Politiker versuchen es zu schaffen, Friedensforscher träumen davon. Doch alle menschlichen Bemühungen bringen uns nicht weiter. Selbst vielfältigste Erfahrungen, vermittelt durch eine lange Menschheitsgeschichte, nützen uns nichts. Daher kann es keinen wundern, wenn er den einen oder anderen reden hört: „Ein Land der Gerechten gibt es nirgendwo." Und es werden auch jene nicht fehlen, die mit dem Lebenssinn den Lebensmut verlieren und nur noch sagen: „Da hab' ich gelebt und gelebt, geduldet und geduldet und immer geglaubt, es gebe solch ein Land ..." Was sollen wir hier sagen? Haben wir überhaupt etwas dazu zu sagen? Oder müssen auch wir mit den Achseln zucken?

Mir scheint, auf diese uns bedrängenden Fragen gibt es nur eine Antwort. Sie lautet: Jesus Christus. Als man ihn an das Kreuz geschlagen hatte, verloren auch seine Jünger ihren Glauben an das Land der Gerechten. Die Stimmung, die sich in den Emmausjüngern (Lk 24,13–35) ausgebreitet hatte, zeigt deutlich, was in ihnen vor sich ging. Indem sie Jerusalem verließen, verließen sie nicht nur diese Stadt, sondern vor allem ihren Herrn. Sie kehrten den Jahren, in denen sie mit ihm zusammen waren, den Rücken: „Wir hatten gehofft, daß er es sei ..." (Lk 24,21). Dann aber geschah etwas, was kein Gelehrter und kein Politiker in seinen Büchern und Plänen herauszufinden vermochte. Sie, die Furchtsamen, Mutlosen und Verzweifelten, sind auf einmal voller Leben; sie, die Ungelehrten, die auf Seen oder in der Einöde gelebt hatten, sind auf einmal voller Kraft und beginnen ein weltweites Unternehmen, wovon die Philosophen und die Herrscher nicht einmal zu träumen wagten. Wie war das möglich? In der Begegnung mit dem Auferstandenen erfuhren sie gegen alle Erwartungen, daß es das Land der Gerechten gibt. Zugleich ging ihnen auf, daß es in der Tat ein Land ganz anderer Art ist. Vor allem wurde ihnen bewußt, dem begegnet zu sein, der sie in dieses Land führen wird. Von der Macht des Auferstandenen bis in die letzte Faser ihres Herzens durchdrungen, zogen sie furchtlos bis an die Grenzen ihrer Welt, um ihre Botschaft unerschrocken zu verkünden und alle Suchenden in ihrem Glauben an das Land der Gerechten zu bestärken. Und sie vermochten es, weil in ihnen das Wort des Auferstandenen lebte: „Habt keine Angst!"

Der Dichter Werner Bergengruen (1892–1964) erzählt in seinen „Schreibtischerinnerungen", wie er sich hinsichtlich dieses Wortes einige Jahre hindurch in einem merkwürdigen Irrtum befand. In einem Neujahrsbrief machte ihn ein Theologe darauf aufmerksam, daß dieses wunderbare Wort genau 365mal in der Heiligen Schrift vorkomme. Dieser Gedanke faszinierte ihn: „Das heißt doch, so sagte ich mir, wir sollen uns an keinem Tag des Jahres, mithin nie, der Furcht überlassen (...) Zugleich aber zeigt die Übereinstimmung der Ziffern uns an, daß wir schwaches Menschengeschlecht täglich dieses imperativischen Zuspruchs bedürftig sind – der eine weniger, der andere mehr.“ Freudig und guten Glaubens hatte der Dichter den Irrtum auch in öffentlichen Vorträgen als eine Wahrheit verkündet. Das ging ein paar Jahre gut. Dann aber wurde er seines Irrtums freundschaftlich überführt. Einige seiner Zuhörer hatten sich die Mühe des Nachzählens gemacht und herausgefunden, daß man selbst bei weitherzigster Auslegung nur wenig über die Zahl 200 hinausgelangt. „Nur schwer habe ich mich von dem geliebten Irrtum getrennt.“[1] – Was macht es! Der eine Zuspruch des Auferstandenen gilt für alle 365 Tage eines Jahres; denn seit Ostern ist jeder Tag ein Auferstehungstag, vorausgesetzt, ein jeder hat den Mut, ihn auf sich selbst und sein persönliches Leben zu beziehen.

Was aber meint der auferstandene Herr eigentlich, wenn er uns sagt: „Habt keine Angst!“? Wovor sollen wir keine Angst haben? Davor, uns selbst zu geben. Hab also keine Angst, dich in Liebe zu geben, dein Leben einzusetzen, auch wenn man dich belächelt oder verlacht, auch wenn du scheinbar einen Verlust erleidest. Denn was Gott tut, löst immer etwas Unerwartetes und Überraschendes aus. Dieses Unerwartete liegt darin, daß das Gegebene nicht verlorengeht, sondern uns neu und größer zurückgeschenkt wird. Wer sich mit seinem Leben gibt, der verliert auch die Angst vor dem Tod. Mehr noch: er überlistet den Tod. Denn wer in Freiheit und Liebe sein Leben gegeben hat, dem vermag der Tod es nicht mehr zu nehmen. So hat er den Tod um seinen Sieg gebracht. Halte dich also nicht zurück. Gib dich, wie sich der Auferstandene gegeben hat; dann verwandelt sich dein Leben in das Land der Gerechten hinein. Du erfährst, daß es das Land der Gerechten wirklich gibt, weil du bereits in diesem Lande lebst. Für manch einen aber wirst du zu einem Wegweiser dorthin. Diese Wahrheit läßt uns an den Göttinger Privatdozenten Adolf Reinach denken, dem Edith Stein in der Phase ihres Suchens nach Gott begegnen durfte. Bereits beim ersten Zusammentreffen war er mit einer so reinen Herzensgüte und Liebenswürdigkeit auf sie zugegangen, daß sie tief betroffen war. In ihren Erinnerungen „Aus dem Leben einer jüdischen Familie“ schreibt sie: „Daß die nächsten Angehörigen und Freunde, die einen jahrelang kennen, einem Liebe erweisen, schien mir selbstverständlich. Aber hier lag etwas ganz anderes vor. Es war wie ein erster Blick in eine ganz andere Welt.“ Als sie später erfuhr, daß dieser für sie so bedeutsame Mensch in Flandern auf dem Schlachtfeld gefallen war, und sich aufmachte, die junge Kriegerwitwe zu besuchen, da überfiel sie die Angst. Was hatte sie, die an kein Weiterleben nach dem Tode glauben konnte, ihr zu sagen? Vor dieser jungen Witwe stehend, erlebte sie, wie diese keineswegs gebrochen war. Ja, diese leidgeprüfte Frau brachte es kraft ihres Glaubens fertig, die Ungläubige zu trösten. Edith Stein war überwältigt. Doch bedurfte es noch weiterer mitmenschlicher Begegnungen, bis auch sie ins Land der Gerechten gelangte.

Ich hörte eine laute Stimme im Himmel rufen: Jetzt ist gekommen die Rettung und die Macht und die Herrschaft Gottes und die Vollmacht seines Gesalbten; denn gestürzt wurde der Ankläger unserer Brüder, der sie Tag und Nacht vor unserem Gott verklagt. Und sie haben ihn besiegt durch das Blut des Lammes und durch das Wort ihres Zeugnisses; sie hielten ihr Leben nicht fest, sondern gaben es in den Tod. Darum jubelt, ihr Himmel, und alle, die in ihm wohnen!
Offenbarung 12,10–12

37 In der Gegenwart des Auferstandenen leben

St. Andres: Das Grab des Neides
Mt 28,1–10

Ein junges Ehepaar suchte auf einem sehr alten Friedhof ein bestimmtes Grab. Ihr Führer wies auf verschiedene Vertiefungen hin, die jetzt als Abfallhaufen dienten. Dieser Anblick machte den jungen Ehemann betroffen. Herausfordernd schaute ihn der Führer an und sagte: „Ist doch jedes Grab ein Abfallhaufen." – „Das – und noch etwas anderes!" – „Etwas anderes?" fragte der Führer erstaunt. „Die Akten unseres Lebens sind eines Tages abgeheftet, verstaubt und vermodert, und keiner kümmert sich mehr darum!" „Da bin ich anderen Glaubens", erwiderte der junge Mann. „Ansichtssache!" meinte der Führer. „Durchaus nicht Ansichtssache; vielmehr Sache der inneren Entscheidung!" Für einige Augenblicke blickten alle drei in die verschütteten Gräber, als dächten sie über irgend etwas nach.

Vgl. Stefan Andres, Das Grab des Neides, in: Meistererzählungen, Piper Verlag, München 1980, S. 145.

Jedes Grab kann uns zum Nachdenken bringen; denn jedes Grab stellt uns vor die tiefste Frage des Lebens und des Todes. An ihm scheiden sich Glauben und Unglauben. Was ist also das Grab? Ist es ein Abfallhaufen, oder ist es mehr als das? Was wir darauf antworten, ist nicht nur Ansichtssache; es ist vielmehr eine Sache innerer Entscheidung. Es ist eine Entscheidung für oder gegen den auferstandenen Herrn. Somit ist Ostern das Fest der Entscheidung. So war es damals am ersten Ostertag, so ist es heute.

Es gibt nun einen gewichtigen Grund, der uns antreiben kann, den Glauben an den Auferstandenen zu wagen. Dabei denke ich zunächst an eine bedeutsame Erfahrung, die das Leben eines jungen Mannes völlig veränderte. Er war ein zurückgezogener, etwas kontaktarmer und ehefeindlicher Mensch. Doch eines Tages fügte es sich, daß er eine nette und liebevolle Frau kennenlernte. Sie wirkte in seinem Leben Wunder. Heute ist seine Zurückhaltung verschwunden; er lacht unbeschwert, und sein Humor ist nicht mehr von bitterer Ironie durchsetzt. Neulich sagte er: „Bevor ich meine Frau kennenlernte, war ich eigentlich nicht unzufrieden mit meinem Leben. Ich wußte, was ich hatte. Aber ich wußte nicht, was ich nicht hatte. Dann kam diese Frau in mein Leben. Sie hat mir eine neue Welt erschlossen. Sie hat mir gezeigt, was Leben heißt. Heute kann ich mir ein Leben ohne sie nicht mehr vorstellen."

Hier offenbart sich das Geheimnis und auch die Macht der Liebe. Sie hat die Kraft, zwanglos ganz neue Welten zu erschließen. Damit befähigt sie uns zu einem neuen Leben; denn das Leben, das wir führen, entspricht immer der Welt, in der wir leben.

Wenn nun schon ein Mensch, der in unser Leben eintritt, uns kraft seiner Liebe eine ganz neue Welt eröffnet, um wieviel mehr kann dies geschehen, wenn einer in gläubigem Vertrauen den auferstandenen Herrn in sein Leben eintreten läßt. Die Jünger taten es. In der Begegnung mit dem Auferstandenen, der ihnen trotz ihres treulosen Verhaltens liebend nachgegangen war, ging ihnen eine ganz neue Welt auf – die Welt Gottes. Von diesem Augenblick änderte sich ihr Leben von Grund auf. Johannes Chrysostomus († 407), der als Prediger durch sein zündendes Wort bei seinen Zuhörern eine einzigartige Tiefenwirkung erreichte und deswegen von der Nachwelt den Ehrennamen „Goldmund" erhielt, versucht dieses österliche Ereignis, das alle menschlichen Vorstellungen übersteigt, mit folgenden Worten einzufangen:

„Das Kreuz machte Bauern und ungelehrte Männer zu Philosophen ... Viele versuchten, den Namen des Gekreuzigten auszulöschen. Doch dieser blühte auf und wuchs, sie aber verdarben und gingen unter. Die Lebenden, die gegen den Toten kämpften, konnten nichts ausrichten ... Was Zöllner und Fischer durch die Gnade Gottes ausrichten konnten, das vermochten Philosophen, Redner und Herrscher, ja die Weisen der ganzen Welt mit ihren tausend Listen und Künsten sich nicht einmal vorzustellen ... Daran wird offenbar, daß die Verkündigung göttlich ist. Denn wie kamen die zwölf ungelehrten Männer dazu, ein so großes Unternehmen anzufangen, sie, die auf Seen und Flüssen oder in Einöden gelebt hatten und vielleicht noch nicht einmal eine Stadt oder einen Markt gesehen hatten, wie kamen sie dazu, sich gegen eine ganze Welt zu stellen? Daß sie furchtsam und mutlos waren", zeigt sich daran, „daß sie nach der Gefangennahme Christi trotz so vieler Wunder flohen und daß der Erste von ihnen den Herrn verleugnete ... So ist es denn offenbar: Wenn sie nicht den Auferstandenen gesehen und den größten Beweis seiner Macht erhalten hätten, dann hätten sie nicht mit so hohem Einsatz gewürfelt."[1]

Die Jünger waren sich gewiß, daß das durch den Auferstandenen geschenkte neue Leben durch den Tod nicht vernichtet werden kann. Deshalb schauten die ehemals Furchtsamen dem Tod furchtlos ins Auge. Noch mehr: in der neuen Welt lebend, lernten sie ihren Tod lieben, weil er ihnen die Möglichkeit gab, *ganz* beim Herrn zu sein. Ohne ihn konnten sie sich ihr Leben wirklich nicht mehr vorstellen.

Vielleicht sagen auch wir: „Eigentlich bin ich nicht unzufrieden mit meinem Leben; ich weiß, was ich habe." Dann müßten wir uns von Ostern her sagen lassen: „Aber du weißt nicht, was du nicht hast, solange der Auferstandene nicht in dein Leben eingetreten ist." Daher die wichtige Frage: Wie ist es möglich, daß der auferstandene Herr in mein kümmerliches Leben kommt, damit auch ich in seiner Gegenwart leben kann? Es geschieht durch die Aufnahme seines österlichen Grußwortes: „Fürchtet euch nicht!" (Mt 28,10). In diesem Wort ist der Auferstandene ganz gegenwärtig. Er spricht uns vor allem dieses Wort zu, weil er weiß, wieviel Angst in dieser Welt wie auch im einzelnen Menschenleben herrscht und wie sehr diese Angst uns lähmen kann. Er weiß es aus eigener Erfahrung. Österlicher Glaube aber sagt uns: Du brauchst keine Angst zu haben, weder vor dem Leben noch vor dem Tod, weil der auferstandene Herr bei dir ist. Ob nicht die vielen Ängste, die es in unserem Leben gibt, auf die Angst vor dem Alleinsein zurückzuführen ist? Der Auferstandene nimmt uns diese Angst, indem er uns sagt: Du bist nicht allein, ich bin bei dir!

Dieser Glaube schenkt tiefen Frieden. Er macht uns gütig, heiter und froh. Er befähigt uns vor allem zur milden Kraft jener Liebe, die neue Welten erschließt. Sie ist die stärkste von allen Kräften und Mächten in dieser Welt. Diese Überzeugung hatte auch der alte Mönchspriester, der Staretz Sossima, den Fjodor M. Dostojewski in seinem letzten großen Roman „Die Brüder Karamasoff" zur Sprache bringt: „So manches Mal hält man ratlos inne, besonders wenn man die Sünden der Menschen sieht, und fragt sich: Soll ich es mit Gewalt versuchen oder mit demütiger Liebe? Wer sich ein für allemal für sie entschieden hat, wird die ganze Welt bezwingen können. Die liebevolle Demut ist eine furchtbare Macht, die stärkste von allen; es gibt nichts, das ihr gleichkäme."[2] Dieser Art ist die Liebe, die der Auferstandene uns schenkt. Sie ist stärker als der Tod, denn in ihr ist der Auferstandene gegenwärtig.

Der Staretz ist jedoch nüchtern genug zu wissen, daß die Grundentscheidung für die milde Kraft der Liebe immer wieder neu vollzogen werden muß, soll sie die Herrschaft über die Mächte dieser Welt behalten. Daher fährt der Mönchspriester fort: „Brüder, die Liebe ist unsere Lehrmeisterin, doch man muß sie zu erwerben wissen; sie ist schwer zu erwerben, sie wird teuer erkauft durch beharrliche Arbeit und erst nach langer Zeit, denn man soll ja nicht zufällig und nur für einen Augenblick lieben, sondern für immer. Zufällig kann jeder lieben, auch ein Bösewicht."[3] Sagen wir es anders: die hier gemeinte Liebe wächst mit dem Glauben an den auferstandenen Herrn, mit der gläubigen Aufnahme seines österlichen Grußwortes: „Fürchtet euch nicht; denn ich bin bei euch!" Man müßte das Abenteuer wagen, dieses Wort zu leben. Dann würde in uns die Gewißheit wachsen, daß Jesus, der auferstandene Herr, der einzige ist, auf den man sich vorbehaltlos verlassen kann.

Nach dem Sabbat kamen in der Morgendämmerung des ersten Tages der Woche Maria aus Magdala und die andere Maria, um nach dem Grab zu sehen. Plötzlich entstand ein gewaltiges Erdbeben; denn ein Engel des Herrn kam vom Himmel herab, trat an das Grab, wälzte den Stein weg und setzte sich darauf: Seine Gestalt leuchtete wie ein Blitz, und sein Gewand war weiß wie Schnee. Die Wächter begannen vor Angst zu zittern und fielen wie tot zu Boden. Der Engel aber sagte zu den Frauen: Fürchtet euch nicht! Ich weiß, ihr sucht Jesus, den Gekreuzigten. Er ist nicht hier; denn er ist auferstanden, wie er gesagt hat. Kommt her und seht euch die Stelle an, wo er lag. Dann geht schnell zu seinen Jüngern und sagt ihnen: Er ist von den Toten auferstanden. Er geht euch voraus nach Galiläa, dort werdet ihr ihn sehen. Ich habe es euch gesagt. Sogleich verließen sie das Grab und eilten voll Furcht und großer Freude zu seinen Jüngern, um ihnen die Botschaft zu verkünden. Plötzlich kam ihnen Jesus entgegen und sagte: Seid gegrüßt! Sie gingen auf ihn zu, warfen sich vor ihm nieder und umfaßten seine Füße. Da sagte Jesus zu ihnen: Fürchtet euch nicht! Geht und sagt meinen Brüdern, sie sollen nach Galiläa gehen, und dort werden sie mich sehen.
Matthäus 28,1–10

38 Wo die Welt die Achseln zuckt, richtet die Kirche eine Botschaft aus

H. Knef: Das Urteil
Apg 5,34–35; 38–42

Hildegard Knef schildert in ihrem Buch „Das Urteil" die Stationen ihrer vielen Krankheiten. Nach ihrer sechsundfünfzigsten Operation im Jahre 1973 wurde sie mit ihrer siebenjährigen Tochter von einem ihr befreundeten Priester eingeladen, sich in seinem dörflichen Pfarrhaus zu erholen. Schon bald ließ sich „die verwilderte Protestantin" überreden, an einer Abendmesse teilzunehmen. Während die Gemeinde das Vaterunser sprach, kam ihr unwillkürlich der Gedanke: „Wann habe ich es zum letzten Mal gehört – wann gesprochen – nicht einmal den Text kann ich mehr ... – Im Bombenkeller, vor dreißig Jahren ..."

Auf dem Weg zum Pfarrhaus fragte sie den gläubigen, wenn auch eigenwilligen und kritischen Priester: „Was sagst du, wenn ein Kind stirbt? Was sagst du den Eltern?" Der Priester: „Ein Fünfjähriger starb vor zwei Wochen. ‚Ich will euch sagen, warum ich ein Christ bin' – habe ich gesagt – ‚weil die Welt unglaublich geschwätzig ist, laut und vorlaut, solange alles gutgeht. Nur wenn jemand stirbt, dann wird sie verlegen, dann weiß sie nichts mehr zu sagen. Genau an dem Punkt, wo die Welt schweigt, richtet die Kirche eine Botschaft aus.' Ich liebe die Kirche um dieser Botschaft willen. Ich liebe sie, weil sie im Gelächter einer arroganten Welt sagt, daß der Mensch ein Ziel hat, weil sie dort ihren Mund aufmacht, wo alle anderen nur die Achseln zucken."

Vgl. Hildegard Knef, Das Urteil, Verlag Fritz Molden, Wien-München-Zürich 1975, S. 324 ff.

In diesem Beispiel kommt die Größe der christlichen Botschaft zur Sprache. Sie soll in diesem letzten Teil in einem Gesamtüberblick entfaltet werden.

Wenn Hildegard Knef in ihren Büchern immer wieder die Frage nach Gott stellt, mag das manchen verwundern. Im Grunde ist es etwas Selbstverständliches, denn in jedem Menschen gibt es eine tiefe Sehnsucht nach dem Absoluten. Man denke beispielsweise an Swetlana Allilujewa, Stalins einstige Lieblingstochter. Im Dezember 1966 flüchtete sie über Indien in den Westen und fand in den USA eine neue Heimat. Heute lebt sie in San Diego. In ihren beiden aufsehenerregenden Büchern „20 Briefe an einen Freund“ und „Das erste Jahr“ gibt sie einen Einblick in das Leben ihres grausamen Vaters und ihrer geliebten Mutter, die sich 1936 das Leben nahm. Für uns bedeutungsvoll ist ihr Bekenntnis in „Das erste Jahr“: „Gute Herzen gibt es mehr, als man glaubt, denn die ewigen Wahrheiten sind nicht vom Angesicht unseres modernisierten Planeten verschwunden, wie man sich das manchmal vorstellt. Das Ewige ist unzerstörbar. Viele lehrt man das schon in der Kindheit. Wieder anderen aber, die wie ich im Atheismus erzogen worden sind, hat sich diese ewige Wahrheit auf ganz unerwarteten und ungewöhnlichen Wegen offenbart. Dazu kann einem nur eine angeborene Religiosität verhelfen. Diese hatte ich in mir noch nie gefühlt. Auch hatte ich nicht gewußt, daß sie in mir lebendig sei, so wie der Mensch sich auch nicht seines musikalischen Gehörs bewußt wird, bevor er eine Melodie hört. Im Frühjahr 1962 wurde ich in einer russisch-orthodoxen Kirche in Moskau getauft. Ich wollte mit Menschen, die glauben, verbunden sein. Dieses Bedürfnis kam aus meinem Herzen.“

Gehen wir für einen kurzen Augenblick in die Schule des weltweit bekannten Existenzanalytikers Viktor E. Frankl.[1] Am Modell des Gewissens und der Traumdeutung erbringt er den Nachweis, daß der Mensch nicht nur von einem unbewußten Triebhaften beherrscht wird, sondern, daß er als geistig-existentielle Person auch über ein unbewußt Geistiges verfügt. Innerhalb dieser unbewußten Geistigkeit des Menschen kommt so etwas wie unbewußte Religiosität im Sinne einer unbewußten Gottbezogenheit zum Vorschein. „Die sich so enthüllende unbewußte Gläubigkeit des Menschen ... würde besagen, daß Gott von uns unbewußt immer schon intendiert ist, daß wir eine, wenn auch unbewußte, so doch intentionale Beziehung zu Gott immer schon haben. Und diesen Gott eben nennen wir den unbewußten Gott“ (55). Mit dieser Feststellung wendet sich Frankl zunächst gegen Sigmund Freud (1856–1939), der in seinem Werk „Die Zukunft einer Illusion“ sagt: „Die Religion ist die allgemein menschliche Zwangsneurose; wie die des Kindes stammt sie aus dem Ödipuskomplex, der Vaterbeziehung.“ Demgegenüber meint Frankl, es läge näher, diesen Satz umzukehren und eher die Behauptung zu wagen: „Die Zwangsneurose ist die seelisch erkrankte Religiosität.“ Jedenfalls spricht dafür die Äußerung eines seiner Kranken: „Ich bin der medizinische Beweis dafür, daß man ohne Gott nicht leben kann.“ Ebenso C.G. Jung (1875–1961) gegenüber hat Frankl seine Vorbehalte. Wenn es dessen Verdienst ist,

„innerhalb des Unbewußten auch das Religiöse gesehen zu haben, so beging er dennoch den grundlegenden Fehler, die unbewußte Religiosität wiederum ins Es-Hafte abgebogen zu haben: er hat den ‚unbewußten Gott' falsch lokalisiert" (58). Während Jung die unbewußte Religiosität im Bereich des Triebhaften ansiedelt, so daß sie mit dem Sexualtrieb und Aggressionstrieb auf der gleichen Stufe erscheint, ist sie für Frankl im Zentrum der geistig-existentiellen Person verwurzelt: „Wir aber sind der Ansicht, daß die unbewußte Religiosität aus der Mitte des Menschen, aus der Person selbst, hervortritt (und in diesem Sinne wahrhaft ‚exsistiert'), sofern sie nicht in der Tiefe der Person, eben im geistig Unbewußten, als verdrängte Religiosität in der Latenz verbleibt" (59).

Was Swetlana Allilujewa eines Tages zum unmittelbaren Erlebnis wurde, das entdeckte Viktor Frankl aufgrund seiner Existenzanalyse: Jeder Mensch ist von der Mitte seiner geistigen Person her immer schon auf Gott bezogen. Diese Urbezogenheit faßt der mittelalterliche Prediger Johannes Tauler (nach 1300–1361) in einen bildhaften Vergleich: „Wie es den Stein zur Erde zieht und das Feuer zur Luft aufflammt, so zieht es die Seele zu Gott."[2] Man kann diese religiöse Urbezogenheit wohl verdrängen, nicht jedoch zerstören. Aus diesem Grund ist jeder Mensch grundsätzlich religiös ansprechbar oder – falls er Gott verneint – bekehrbar.

Während nun viele Menschen in irgendeiner Weise an Gott glauben, ist es ihnen nicht möglich, in der Kirche etwas Göttliches zu erkennen. Sie bejahen zwar Gott, verneinen aber die Kirche. Es sind nicht immer die schlechtesten. Weil die Gründe, weshalb sie sich von der Kirche distanziert haben, von sehr unterschiedlichem Gewicht sind, muß man sie gesondert betrachten.

Da sind zunächst diejenigen, die aus Nachlässigkeit und Gleichgültigkeit den Kontakt zur Kirche verloren haben. Die Erfahrung zeigt, daß auf diese Weise die Glaubenskraft schnell nachläßt und selbst die ehemals vertrautesten Gebete in Vergessenheit geraten. Es ist hier wie mit einer glühenden Kohle. Nimmt man sie aus dem Bereich der Glut heraus und legt sie an den Rand, so dauert es nicht lange, bis sie erlischt. Oft haben solche Menschen, was sie zum Leben brauchen. Sie leiden an keiner größeren Not und sind überzeugt, daß man auch ohne die Kirche ein guter Mensch sein kann. Sie haben eigentlich nichts gegen die Kirche. Sie lassen die Kirche in Ruhe, wollen aber auch ihrerseits von der Kirche in Ruhe gelassen werden. Sie treten nicht aus der Kirche aus und bezahlen ihre Kirchensteuern weiter. Sie glauben, Gott werde auch so mit ihrem anständigen Leben einverstanden sein.

Doch was verstehen diese Menschen unter einem „anständigen Leben", und welche Vorstellungen haben sie von Gott? Könnte es nicht sein, daß Gott für sie der ihren Wünschen und Vorstellungen total angepaßte Gott ist, der so aussieht, wie sie ihn brauchen, um unbekümmert ihr eigenes Leben führen zu können? Eine Frage, über die man nachdenken sollte.

Eine zweite Gruppe hat sich bewußt gegen die Kirche entschieden und ist aus ihrer Gemeinschaft ausgetreten. Nicht selten wollen sie die Kirchensteuern sparen, weil sie dafür von der Kirche keine – wie sie meinen – entsprechenden Gegenleistungen bekommen. Oft genug weisen sie auf die Fehler der Kirche und der kirchentreuen Christen in Vergangenheit und Gegenwart hin. Manch einer von ihnen glaubt, daß man Gottes Nähe in der Natur besser als in der verbrauchten Luft eines Kirchenraumes erfahren könne und das Beten dort besser gelinge als hier. Sie haben nicht ganz Unrecht. Die Natur, die ja auch Gottes Schöpfung ist, kann tatsächlich zu einem Ort der Gottesbegegnung werden. Aber die Natur allein sagt noch nicht das Entscheidende, was Gott dem Menschen sagen will. Dieses ist dem Menschen im menschgewordenen Wort Gottes, in Jesus Christus, zugesprochen worden. Erst von seiner Botschaft aus gelangen wir zu einem tragfähigen Gottesverhältnis, in dem wir dann auch die Schöpfung mit ihren heilvollen *und* unheilvollen Mächten zu deuten verstehen. Wir verweisen hier auf ein Wort von Rudolf Bultmann, das lautet: „Ein Verhältnis des Menschen zu Gott, das nicht im Verhalten Gottes zum Menschen begründet ist, ist kein echtes Gottesverhältnis, sondern bleibt in der Sphäre menschlichen Unternehmens, in der Gott nicht erreichbar ist."[3] Dietrich Bonhoeffer führt diesen Gedanken weiter, wenn er sagt: „Der Weg Gottes ist der Weg von Gott zu den Menschen, und nur so der Weg der Menschen zu Gott. Er heißt Jesus Christus (Joh 14,6)."[4] Überdenkenswert aber ist vor allem der folgende Text: „Finden kann ich nur, wenn ich weiß, was ich suche. Nun weiß ich von dem Gott, den ich suche, entweder aus mir selbst, aus meinen Erfahrungen und Einsichten, aus der von mir so oder so gedeuteten Geschichte oder Natur, das heißt eben aus mir selbst oder aber ich weiß von ihm auf Grund seiner Offenbarung seines eigenen Wortes. Entweder ich bestimme den Ort, an dem ich Gott finden will oder ich lasse Gott den Ort bestimmen, an dem er gefunden sein will. Bin ich es, der sagt, wo Gott sein soll, so werde ich dort immer einen Gott finden, der mir irgendwie entspricht, gefällig ist, der meinem Wesen zugehörig ist. Ist es aber Gott, der sagt, wo er sein will, dann wird das wohl ein Ort sein, der meinem Wesen zunächst gar nicht entsprechend ist, der mir gar nicht gefällig ist. Dieser Ort aber ist das Kreuz Christi. Und wer ihn dort finden will, der muß mit unter dieses Kreuz, wie es die Bergpredigt fordert. Das entspricht unserer Natur gar nicht, sondern ist ihr völlig zuwider. Dies aber ist die Botschaft der Bibel ... Die ganze Bibel will also das Wort sein, in dem Gott sich von uns finden lassen will. Kein Ort, der uns angenehm oder von vornherein einsichtig wäre, sondern ein uns in jeder Weise fremder Ort, der uns ganz und gar zuwider ist. Aber eben der Ort, den Gott gewählt hat, uns zu begegnen."[5]

Darüber hinaus gibt es noch jene – mögen sie ausgetreten sein oder nicht –, die von der Kirche einmal schwer enttäuscht wurden. Immer ist es ja so, daß uns der kirchliche Glaube durch menschliche Autoritäten vermittelt wird. Wenn uns diese enttäuschen, dann trauen wir oft nicht mehr dem, was sie uns gelehrt haben. Aus diesem Grund haben Menschen, denen die Kirche einmal zum Ärgernis wurde, nicht selten auch ein gebrochenes Verhältnis zu Gott. Die Kirche wird immer wieder das Gespräch mit ihnen suchen – und sie um Vergebung bitten müssen. Doch ist es gut, in diesem Zusammenhang auch folgendes zu berücksichtigen: Wenn uns auch das Wort Gottes durch die kirchliche Verkündigung vermittelt wird, so glauben wir letztlich nicht aufgrund kirchlicher Autorität, sondern aufgrund der Autorität von Gottes Wort. Wird also unser Glaube durch ein kirchliches Ärgernis erschüttert, so zeigt sich, daß wir noch nicht zu einer wirklichen Glaubenspersönlichkeit herangereift sind. Wir zerbrechen dann nicht – wie es aussieht – an diesen oder jenen Schwierigkeiten, sondern daran, daß wir uns noch nicht zu einem persönlichen Glauben durchgerungen haben. Das kann uns eine Szene im Johannes-Evangelium (4,7–42) verdeutlichen. Jesus trifft am Jakobsbrunnen mit einer Frau zusammen. Während sie miteinander reden, erkennt die Frau in Jesus immer deutlicher die Gegenwart Gottes. Dadurch kommt sie mehr und mehr zu sich selbst. Von diesem Erlebnis tief beglückt, läuft sie in ihr Dorf und erzählt, was ihr widerfahren ist. Durch ihr Wort angeregt, gehen andere zu Jesus und bitten ihn, bei ihnen zu bleiben. Während der zwei Tage, die Jesus in diesem Dorf verbringt, finden viele durch sein Wort zum Glauben. Der Frau aber erklären sie ausdrücklich: „Wir glauben nicht mehr, weil *du* das geredet hast; denn *wir selbst* haben gehört und wissen: *Dieser* ist der wahre Retter der Welt" (4,42). Wo immer ein Christ durch die Kirche zu einem persönlichen Glauben gelangt, da wiederholt sich dieser geheimnisvolle Vorgang. Er könnte zur Kirche sprechen: „Ich glaube nicht mehr, weil *du* das geredet hast, sondern weil ich den gefunden und gehört habe, in dem die Rettung meines Lebens liegt." Dabei bleibt er sich jedoch bewußt, daß Gott eben durch die Kirche die Menschen rettet.

Mögen auch viele an die Kirche gerichteten Vorwürfe einseitig und ungerecht sein, so wird doch keiner bestreiten, daß manche gegen sie vorgebrachte Kritik berechtigt und begründet ist. Die Kirche ist sichtlich eine Gemeinschaft von Sündern. Nichts Menschliches ist ihr fremd. Dies hat die Kirche selbst immer gewußt. Aber gerade als eine Gemeinschaft von Sündern, die sich ihrer Sündhaftigkeit bewußt ist, ist sie die von Jesus Christus geliebte Kirche. Auch diese Wahrheit läßt sich in ein biblisches Bild kleiden. Karl Rahner hat es getan: „Die Schriftgelehrten und Pharisäer – es gibt solche ja nicht nur in der Kirche, sondern überall und in allen Verkleidungen – werden immer wieder ‚das Weib' vor den Herrn schleppen und sie ... anklagen: ‚Herr, dieses Weib ist beim Ehebruch auf frischer Tat ertappt worden. Was sagst du dazu?' Und dieses Weib wird es nicht leugnen können. Nein, es ist ein Ärgernis. Und es gibt nichts zu beschönigen. Sie denkt an ihre Sünden, weil sie sie wirklich begangen hat ... Und sie steht vor dem, dem sie angetraut ist, vor dem, der sie liebt und sich für sie dahingegeben hat, um sie zu heiligen, vor dem, der ihre Sünde besser kennt als alle ihre Ankläger. Er aber schweigt ... Und er verurteilt dieses Weib nur durch das Schweigen seiner Liebe, die begnadet und freispricht. In allen Jahrhunderten stehen neue Ankläger neben ‚diesem Weib' und schleichen immer wieder davon, einer nach dem andern, von den Ältesten angefangen; denn es fand sich nie einer, der selbst ohne Sünde war. Und am Ende wird der Herr mit dem Weib allein sein. Und dann wird er sich aufrichten und die Buhlerin, seine Braut anblicken und sie fragen: ‚Weib, wo sind sie, die dich anklagten? Hat keiner dich verurteilt?' Und sie wird antworten in unsagbarer Reue und Demut: ‚Keiner, Herr.' Und sie wird verwundert sein und fast bestürzt, daß es keiner getan hat. Der Herr aber wird ihr entgegengehen und sagen: ‚So will auch ich dich nicht verurteilen.' Er wird ihre Stirn küssen und sprechen: ‚Meine Braut, heilige Kirche.'"[6]

Hier deutet sich die andere Seite der Kirche an. Sie ist auch – heute wie zu allen Zeiten – die Kirche der Heiligen. Daher antwortet Hans Urs von Balthasar auf die Frage, warum er in der Kirche bleibe, unter anderem: „Weil es die Kirche der Heiligen ist, der verborgenen und einiger, die wider Willen in das Tageslicht gestoßen sind ... Sie leiden an der Kirche, aber sie werden nicht bitter und stehen nicht schmollend abseits ... sondern werfen ihr Feuer in die Mitte." So mischen sich in der Kirche Gutes und Ungutes, Heiliges und Sündhaftes, Göttliches und Menschliches. „Um in allem Uneigentlichen das Eigentliche, um in allem unguten Unwesen das gute Wesen zu finden, reicht das Auge des negativen Kritikers – mag es scharf oder weniger scharf, gerecht oder ungerecht, gutmeinend oder bösartig sein – nicht aus. Wie der oberflächliche Bewunderer erfaßt auch der negative Kritiker nicht der Kirche entscheidende Tiefendimension. Diese erfaßt nur das Auge des glaubenden Christen."[7] Damit ist der wichtigste Unterschied zwischen denen, die die Kirche bilden, und den anderen genannt. Das Auffallende an den kirchlichen Menschen ist dies: sie glauben. Sie glauben trotz allem Menschlich-Allzumenschlichen. So ist die Kirche vor allem die Gemeinschaft derer, die glauben.

An wen glauben sie? An Jesus Christus, den auferstandenen Herrn. Das unerwartete Ereignis seiner Auferstehung ist für die Entstehung der Kirche ausschlaggebend gewesen. Wäre Jesus vom Tod verschlungen worden, es gäbe keine Kirche. So aber lebt er als einer, der die Macht des Todes ein für allemal überwältigt hat. Er ist da und wirkt in seiner Kirche. Sie ist sein Leib; durch sie lebt, spricht und handelt der Herr. Wo immer seine Freuden- und Friedensbotschaft verkündet wird, sei es im Wort oder im Sakrament, ist der gekreuzigte Jesus als der auferstandene Christus selbst am Werk. Das ist der Grund, weshalb alle zerstörerischen Maßnahmen, mögen sie von außen oder von innen kommen, die Kirche noch nicht haben umbringen können. Der vom Tod auferstandene und als solcher in seiner Kirche lebende Herr ist gegenüber den Mächten der Finsternis unverletzbar und macht die Kirche selbst unzerstörbar. Die Geschichte der Kirche zeigt denn auch, daß sie immer wieder in österlicher Kraft neu erwacht, wenn man glaubt, ihr den Todesstoß versetzt zu haben. Man kann die Kirche angreifen, sie schmähen und ihr in gemeinster Weise zusetzen, aber töten kann man sie nicht. Der Todesüberwinder ist ihr tragender Grund.

Kirchlicher Glaube ist also österlicher Glaube. Das heißt: Wer an Jesus Christus, den in seiner Kirche lebenden und wirkenden Herrn, glaubt, der hat Anteil an seinem Auferstehungssieg. In diesem Bewußtsein geht die Kirche ihren Weg in die Zukunft, die Gottes Zukunft ist, weil durch Gott eröffnet in der Auferweckung seines Sohnes. So liegt der Sinn der Kirche „nicht in dem, was sie ist, sondern in dem, worauf sie zugeht" (Hans Küng). Die Zukunft gehört der Kirche, weil Gott ihre Zukunft ist, die in der Kirche mit der Auferstehung Jesu Christi bereits begonnen hat. In sie geht ein, wer nach dem Vorbild seines Herrn von Gott her und auf Gott hin lebt, wer also seinen selbstsüchtigen Eigenwillen unter den oft hart erscheinenden Willen Gottes bringt. Solange alles gut geht, bleibt sich der gläubige Christ bewußt: „Der Herr hat's gegeben." Und wenn er es nimmt, weiß er es als ein Zeichen dafür zu deuten, daß wir eben noch nicht die Besitzenden sind, sondern solche, die noch unterwegs sind. Von dieser unserer

Grundbefindlichkeit her bezeichnete man die Christen der Urgemeinde. Man nannte sie die „Anhänger des Weges," (Apg 9,2). ‚Weg' ist Bezeichnung für die Lebensart, von der die Christengemeinde geprägt ist, und indirekt für diese Gemeinde selbst. Wer diesem ‚Weg' folgt, dient Gott, wie er es will, daß man ihm diene."[8] Erinnern wir uns an dieser Stelle, warum jener Priester im Buch „Das Urteil" von Hildegard Knef die Kirche liebt. Er liebt sie, „weil sie im Gelächter einer arroganten Welt sagt, daß der Mensch ein Ziel hat, weil sie dort ihren Mund aufmacht, wo alle andern nur die Achseln zucken".

Inzwischen dürfte sich auch verdeutlicht haben, daß Glaube als stets zu wiederholende Entscheidung für Gott immer kirchlicher Glaube ist. Nur im umfassenden und vielfältigeren Glauben der kirchlichen Glaubensgemeinschaft bleibt der Glaube des einzelnen geborgen. Glaube und Kirche sowie Kirche und Glaube gehören untrennbar zusammen, weil das eine vom anderen lebt. Daher ist auch für beide die dauernde Umkehr wesentlich. Wenn Jesus Christus immer wieder neu zur Umkehr aufruft, dann meint er damit das Verlassen der selbstherrlichen Wege durch die gemeinsame Hinkehr zu Gott. Solche Umkehr als Hinkehr zu Gott ist Heimkehr ins gemeinsame Vaterhaus. Das vergegenwärtigt sich die Kirche, sooft sie das Gebet des Herrn spricht: „*Vater* unser ..." Gott als Vater, als Ursprung, als Führung, als Erbarmen, als Ziel; den Gläubigen widerfährt dies in tausend stillen Weisen mitten im alltäglichen Leben mit seinen vielen Sorgen und Mühen, mit seinen Augenblicken der Freude und des Glücks, aber auch der inneren Einsamkeit, der Verzweiflung und der Ausweglosigkeit. „Gott hat Wege zum Menschen in alle Verlassenheiten hinein" (Alfred Delp). Wo aber die Gläubigen mit der Kirche Gott als ihren gemeinsamen Vater bekennen, wo sie miteinander und füreinander beten: „Vater *unser* ...", da wird in ihnen der pfingstliche Geist lebendig: „Plötzlich sind die Entfernungen überwunden. Klar und hell wird die Wahrheit, daß der Weg zu Gott – über Gott immer schon der nächste Weg zum Menschen war. Der Mensch weiß sich im Bund und im Bündnis mit allen, die anbeten, glauben und lieben. Die gemeinsame Mitte, der personale Gott, der uns anspricht und den wir anrufen, macht den Menschen zum Menschen und die Gemeinschaft zur Gemeinschaft."[9] Hier wird uns bewußt, daß das Gebet des Herrn *das* Gebet der Kirche ist.

Der evangelische Theologe Helmut Thielicke erzählt: „Ich habe einmal, kniend im Steppensand, mit einigen Hereros in Südwestafrika das Mahl des Herrn gefeiert. Keiner verstand auch nur einen Laut von der Sprache des anderen. Aber als ich mit der Hand das Kreuzzeichen machte und den Namen ‚Jesus' aussprach, strahlten ihre dunklen Gesichter auf. Wir aßen dasselbe Brot und tranken aus demselben Kelch, und sie wußten nicht, was sie mir alles an Liebe erweisen sollten. Wir hatten uns nie gesehen. Soziale und geographische und kulturelle Grenzen standen zwischen uns. Und doch umschlossen uns Arme, die nicht von dieser Welt sind. Da fiel es mir wie Schuppen von den Augen, und ich begann die Pfingstgeschichte zu begreifen. Ich verstand das Wunder der Kirche."

Da erhob sich im Hohen Rat ein Pharisäer namens Gamaliel, ein beim ganzen Volk angesehener Gesetzeslehrer. Er ließ die Apostel für kurze Zeit hinausführen. Dann sagte er: „Israeliten, seht euch vor, was ihr mit diesen Leuten anfangen wollt ... Ich sage euch: Laßt ab von diesen Leuten und gebt sie frei. Denn stammt dieses Vorhaben oder dieses Werk von Menschen, so geht es von selbst zugrunde. Ist es aber von Gott, so könnt ihr es nicht zerstören; ihr könntet sonst noch als Kämpfer gegen Gott dastehn." Sie gaben ihm recht. Dann riefen sie die Apostel herein, ließen sie geißeln und verboten ihnen, im Namen Jesu zu predigen, und gaben sie frei. Diese aber gingen voll Freude vom Hohen Rat weg, weil sie gewürdigt worden waren, für seinen Namen Schmach zu erleiden. Sie hörten nicht auf, Tag für Tag im Tempel und in den einzelnen Häusern zu lehren und die frohe Botschaft zu verkündigen, daß Jesus der Christus sei.
Apostelgeschichte 5,34–35; 38–42

Quellen

1 Ist Glück eine Illusion?

1 H. Hesse, Lektüre für Minuten, Gedanken aus seinen Büchern und Briefen, suhrkamp taschenbücher Nr. 7, Frankfurt a. M. 1971, S. 198.

3 Mensch, ärgere dich nicht

1 H. Bänziger, Werner Bergengruen, in: Christliche Dichter im 20. Jahrhundert, Francke Verlag, Bern–München 1968, S. 377 f. Siehe auch: H. Bänziger, Werner Bergengruen, Weg und Werk, Dalp Taschenbücher Bd. 353 D, Franke Verlag, 1968.

4 Nimm dich nicht so wichtig

1 Fr. Huber, Der Hoffnung ‚letzte Waffe', in: Christ in der Gegenwart 28 (1972) S. 217.
2 K. Klinger, Ein Papst lacht, Herderbücherei Nr. 616, Freiburg–Basel–Wien 1977, S. 73.
3 G. Kranz, Gilbert Keith Chesterton, in: Lexikon der christlichen Weltliteratur, Verlag Herder, Freiburg–Basel–Wien 1978, S. 333 f.
4 K. Klinger, a. a. O., S. 128.

5 Mein Freund – der Clown

1 E. Dietl, Clowns, Markus Verlag, München 1967, S. 45 f.
2 U. Jürgens-Walter Brandin, Mein Freund, der Clown, aus: Udo 70.
3 Grock, Kleine Geige – großer Clown, in: Aus dem Leben großer Clowns, hrsg. von H. Bemman, Verlag Jakob Hegner, Köln 1983, S. 278.

6 Die Botschaft des Clowns

1 H. Miller, Das Lächeln am Fuß der Leiter, Suhrkamp Verlag, Frankfurt a.M. 1979, S. 67 f. u. 71.

2 R. Vázquez de Parga, Charlie Rivel, König der Clowns, Das Beste aus Reader's Digest 7(1974)52; vgl. dazu: Charlie Rivel, Akrobat Schöön, a.a.O., S. 212 f.

3 R. Vázquez de Parga, a.a.O., S. 56.

7 Worüber wir lachen müssen

1 Vgl. H. Bergson, Das Lachen, Verlag AG Die Arche, Zürich 1972.

2 W. Saroyan, Fabel Nr. XXIV, in: Fußtritt aus Liebe, Fischer Taschenbuch Verlag Nr. 807, Frankfurt a.M. 1967, S. 126.

3 Vgl. hierzu: W. Barclay, Briefe an die Korinther, Aussaat Verlag, Wuppertal 1973, S. 112f.

8 Wer lacht, erträgt alles

1 E. Barlach, Plastik, Zeichnungen, Druckgraphik, Katalog zur Ausstellung in der Kunsthalle Köln 1974/1975. S. 32 124.

2 Vgl. hierzu: H. Bergson, Das Lachen, Verlags AG Die Arche, Zürich 1972.

9 Humor ist der Schwimmgürtel auf dem Strom des Lebens

1 H. Hesse, Lektüre für Minuten, suhrkamp taschenbuch 7, Frankfurt a.M. 1972, S. 186.

2 J. Niederer, ein paar zeilen zum verweilen 1, Verlag Schweizer Kongregations-Zentrale, Zürich 1973, S. 6.

3 K.Th. Freiherr zu Guttenberg, Fußnoten, Seewald Verlag, Stuttgart 1971, S. 79.

4 R. W. Lang, Geh mir aus der Sonne, König, Südwest Verlag, München 1968, S. 18.

5 H. Hesse, a.a.O., S. 185.

6 Pfarrer M. von Jung, Fröhliche Grablieder zur Laute, Herderbücherei Nr. 599, Freiburg-Basel-Wien 1976; vgl. dazu: A. Weitnauer, Sing nicht, Vogel!, Allgäuer Zeitungsverlag, Kempen 1974.

7 S. Kierkegaard, Randbemerkungen zum Evangelium, Kösel-Verlag, München 1956, S. 16.

10 Vom Geist bestimmt

1 Vgl. P. Schoonenberg, Theologie der Sünde, Benziger Verlag, Einsiedeln-Zürich-Köln 1966, S. 219.

12 Jeder Mensch ist Judas

1 Vgl. hierzu V. E. Frankl, Um die Liebe, in: Psychotherapie für den Laien, Herderbücherei Nr. 387, Verlag Herder, Freiburg-Basel-Wien 1971, S. 81–86.

2 M. Buber, Werke III, Schriften zum Chassidismus, Kösel-Lambert Schneider, München-Heidelberg 1963, S. 641.

13 Ich habe sündigen müssen, um wieder leben zu können

1 H. Hesse, Mein Glaube, Suhrkamp Verlag, Frankfurt a. M. 1971, S. 59 f. Zu den folgenden Hesse-Zitaten vgl. S. 63 ff.

2 E. Biser, Die Gleichnisse Jesu, Versuch einer Deutung, Kösel-Verlag, München 1965, S. 120f.

3 Kl. Tilmann, Übungsbuch zur Meditation, Benziger Verlag, Zürich-Einsiedeln-Köln 1973, S. 17.

14 Der Mensch ist, was er behält

1 E. Blumenthal, Wege zur inneren Freiheit, Rex-Verlag, München-Luzern 1978, S. 115 f.

2 F. M. Dostojewski, Aufzeichnungen aus dem Untergrund, Eine Erzählung, in: Der Spieler, Späte Romane und Novellen, R. Piper & Co Verlag, München-Zürich 1977/1980, S. 475.

3 F. M. Dostojewski, a. a. O., S. 473.

4 F. M. Dostojewski, a. a. O., S. 473 f.

5 W. Nigg, Große Unheilige, Olten-Freiburg i. Br. 1980, S. 240 f.

6 R. Guardini, Anfang, Kösel-Verlag, München 1953, S. 12 f.

7 Fr. Mauriac, Noch ist es Zeit, Betrachtungen, Wilhelm Goldmann Verlag Nr. 872, München o. J., S. 106.

8 F. M. Dostojewski, Die Brüder Karamasoff, Roman, R. Piper & Co Verlag, München-Zürich 1977/1980, S. 83–85.

15 Ich habe bloß einen Hund, der schweigt wie ein Priester

1 S. Heidenreich, Max Frisch, Untersuchungen und Anmerkungen, Beyer Verlag, Hollfeld 1976, S. 89.

2 Kl. Hemmerle, Warum heute noch beichten? In: Kirchenzeitung für das Bistum Aachen vom 20. 3. 1977, Nr. 12, S. 10ff.

16 Wenn das Leben schwer wird

1 V. E. Frankl, Psychotherapie für den Laien, Herderbücherei Nr. 387, Verlag Herder, Freiburg-Basel-Wien 1973, S. 153.
2 Vgl. Ärztliche Seelsorge, Verlag Franz Deuticke, Wien 1971, S. 59 ff.
3 M. Wyllie, In Zeiten des Leids, in: Das Beste aus Reader's Digest, Mai 1971, S. 103 f.
4 H. Thielicke, Ich glaube, Das Bekenntnis der Christen, Quell-Verlag, Stuttgart 1965, S. 26.

17 Ein Übel kann auch ein Geschenk sein

1 Vgl. L. Dembicki, in: Psychologie im Alltag, Herderbücherei Bd. 467, Verlag Herder, Freiburg-Basel-Wien 191973, S. 117-130.
2 Christentum, 5. Bd., Verlag Herder, Freiburg i. Br. 1922, S. 13 f.

18 Bewährung in der Krankheit

1 A. a. O., Bd. II, S. 260.
2 A. a. O., Bd. II, S. 262.
3 A. a. O., Bd. I, S. 392.
4 A. a. O., Bd. I, S. 48.

19 Leid in Liebe empfangen

1 S. Kierkegaard, Der Einzelne und sein Gott, Herderbücherei Bd. 105, Verlag Herder, Freiburg-Basel-Wien 1961, S. 62 f.

21 Holzweg oder Kreuzweg – der Lebensweg kann beides sein

1 Vgl. W. Hoffsümmer, 255 Kurzgeschichten, Matthias-Grünewald-Verlag, Mainz 1981, S. 38.
2 Vgl. Thomas von Kempen, Nachfolge Christi, II. 12. 5.
3 Vgl. C. G. Jung, 100 Briefe, Eine Auswahl, Walter-Verlag, Olten-Freiburg i. Br. 1975, S. 51 f.
4 Vgl. hierzu: Kl. Hemmerle, Glauben – wie geht das?, Wege zur Mitte des Evangeliums, Verlag Herder, Freiburg-Basel-Wien 1980, S. 87.

22 Wie der Fluß ziehen wir immer weiter

1 Siehe: Fr. Hölderlin, Gedichte, Philipp Reclam jun., Stuttgart 1966, S. 73; dazu: Didaktisch-methodische Analysen, Handreichungen für den Lehrer zum Lesebuch ‚Kompaß', Ferdinand Schöningh, Paderborn 1973, S. 150f.

2 Siehe: H. Hesse, Gesammelte Dichtungen, Bd. 5, Suhrkamp Verlag, Frankfurt a. M. 1957, S. 786; dazu: Didaktisch-methodische Analysen, a. a. O., S. 337f.

3 L. Tolstoi, Was du heute denkst, wirst du morgen sein, Hyperion-Verlag, Freiburg i. Br. o. J., S. 58f.

4 Vgl. R. Guardini, Vom Wesen des Glaubens, Matthias-Grünewald-Verlag, Mainz 1963, S. 45ff.

23 Immer nehmen wir Abschied

1 R. Schneider, Winter in Wien, Aus meinen Notizbüchern 1957/58, Verlag Herder, Wien 1958, S. 233.

2 Zitiert nach: Christ in der Gegenwart 28 (1967) S. 218.

3 H. Hesse, Stufen, in: Gesammelte Dichtungen, Bd. 5, Suhrkamp Verlag, Frankfurt a. M. 1957, S. 786.

4 Vgl. hierzu: P. Tournier, Jeder Tag ist ein Abenteuer, Herderbücherei Bd. 531, Freiburg i. Br. 1975.

5 S. Kierkegaard, Randbemerkungen zum Christentum, Kösel-Verlag, München 1956, S. 49.

24 Hier wird einmal Ihr Denkmal stehen

1 Vgl. E. Ringenkul, 666 Anekdoten, Herderbücherei Nr. 73, Freiburg – Basel – Wien 1961, S. 167.

2 M. Buber, Werke III, Schriften zum Chassidismus, Kösel-Lambert Schneider, München – Heidelberg 1963, S. 605.

26 Wie werden wir mit dem Alter fertig?

1 H. Hesse, Über das Alter, in: Glück, Suhrkamp Verlag, Frankfurt a. M. 1962, S. 108f.

27 Wir kommen, wohin wir schauen

1 H. Spaemann, Orientierung am Kind, Patmos-Verlag, Düsseldorf 1970, S. 26, 29

2 Dieser Hinweis findet sich bei M. Horkheimer, Zur Kritik der intrumentellen Vernunft, Fischer-Athenäum-Taschenbuch-Verlag 4031, Frankfurt a.M. 1974, S. 212.

28 Das Leben ist erstaunlich kurz

1 Zitiert nach: Christ in der Gegenwart 20 (1974) S. 153
2 G u. U. Derbolowsky, Frühkindliche Fehlinformationen als Ursache für psychische Fehlentwicklungen und Funktionsstörungen, in: Materia Medica Nordmark 24 (1972) S. 38.
4 L. Rinser, Gefängnistagebuch, Fischer Taschenbuch Verlag, Nr. 1327, Frankfurt a.M. 1973, S. 6.
4 P. Tillich, Das Ewige im Jetzt, Evangelisches Verlagswerk, Stuttgart 1964, S. 123.
5 K. Rahner, Schriften zur Theologie, Bd. III, Benziger Verlag, Einsiedeln-Zürich-Köln 1962, S. 173.
6 L. Rinser, Die vollkommene Freude, Roman, Fischer Taschenbuch Verlag, Nr. 1235, Frankfurt a.M. 1972, S. 7.

29 Ist der Lebenslauf ein Lauf zum Tode?

1 P. Tillich, In der Tiefe ist Wahrheit, Evangelisches Verlagswerk, Stuttgart 1952, S. 166.
2 W. Kühne, Unverlorene Zeit, Briefe aus der Haft, Verlag Josef Habbel, Regensburg 1971.

30 Wenn ich mein Leben noch einmal beginnen könnte ...

1 Vgl. hierzu: H.-M. Gerresheim, Ilse Aichinger, in: Deutsche Dichter der Gegenwart, hrsg. v. Benno von Wiese, Erich Schmidt Verlag, Berlin 1973, S. 481–493.
2 I. Aichinger, Die Sicht der Entfremdung, Frankfurter Hefte 9. 1954, S. 46.
3 I. Aichinger, Rede unter dem Galgen, in: Der Gefesselte, S. Fischer Verlag, Frankfurt a.M. 1967, S. 70ff.
4 Vgl.: R. Guardini, Tugenden, Meditationen über Gestalten sittlichen Lebens, Werkbund-Verlag, Würzburg 1967, S. 165f.

31 Was widerfährt uns im Tod?

1 M. Buber, Nachlese, Verlag L. Schneider, Heidelberg 1965, S. 259.

[2] Vgl. K. Pfleger, François Mauriac – tot, aber höchst lebendig, in: Christ in der Gegenwart 22 (1970) S. 301f.
[3] Vgl. A. Greeley, Die öffentliche Meinung und das Leben nachdem Tod, in: Concilium 11 (1975) S. 299–306.
[4] Vgl. Chr. Meves, Jenseits des Todes, in: Leben nach dem Sterben, hrsg. v. A. Rosenberg, Kösel-Verlag, München 1974, S. 70–78.
[5] M. Buber, Werke III, Schriften zum Chassidismus, Kösel-Lambert Schneider, München–Heidelberg 1963, S. 348.
[6] K. Rahner, Der Mensch – die unbeantwortbare Frage, in: Wer ist das eigentlich – der Mensch?, Kösel-Verlag, München 1973, S. 121ff.

32 Haltet mich nicht zurück

[1] Arme Leute, im Band: Der Doppelgänger, R. Piper & Co Verlag, München–Zürich 1977/1980, S. 181.
[2] Onkelchens Traum, R. Piper & Co Verlag, München–Zürich 1977/1980, S. 173f.
[3] Vgl. Helle Nächte, im Band: Der Doppelgänger, a. a. O., S. 787.
[4] Helle Nächte, a. a. O., S. 795.
[5] Tagebuch eines Schriftstellers, R. Piper & Co Verlag, München–Zürich 1977/1980, S. 489.
[6] Die Brüder Karamasoff, Roman, R. Piper & Co Verlag, München–Zürich 1977/1980, S. 476 = K
[7] Rodion Raskolnikoff, Roman, R. Piper & Co Verlag, München–Zürich 1977/1980, S. 434f.

34 Ich bin bereit zugehen

[1] Johannes XXIII., Geistliches Tagebuch (= GT), Verlag Herder, Freiburg–Basel–Wien 1964, S. 343.
[2] Johannes XXIII., Worte der Güte (= W), Verlag Herder, Freiburg–Basel–Wien 1973, S. 11.
[3] Johannes XXIII., Mit Klugheit einfach sein, in: Georg Popp, Die Großen des 20. Jahrhunderts, Arena-Verlag, Würzburg 1978, S. 143f.

36 Die Botschaft des Auferstandenen: Es gibt das Land der Gerechten

[1] W. Bergengruen, Schreibtischerinnerungen, Bonner Buchgemeinde o. J., S. 134–137.

37 In der Gegenwart des Auferstandenen leben

1 Johannes Chrysostomus, Homilia in epistolam primam ad Corinthios 4,3.4: PG 61,34f.; zitiert nach: Lektionar zum Stundenbuch I. 6, S. 332ff.

2 F.M. Dostojewski, Die Brüder Karamasoff, dtv Nr. 2043, S. 430.

3 a. a. O.

38. Wo die Welt die Achseln zuckt, richtet die Kirche eine Botschaft aus

1 Vgl. V. Frankl, Der unbewußte Gott, Psychotherapie und Gott, Kösel-Verlag, München 1974

2 Johannes Tauler, Predigten, hrsg. v. G. Hofmann, Verlag Herder, Freiburg-Basel-Wien 1961, S. 41.

3 R. Bultmann, Das Evangelium des Johannes, Vandenhoeck & Ruprecht, Göttingen 1964, S. 141.

4 D. Bonhoeffer, Bonhoeffer Brevier, hrsg. v. O. Dudzus, Chr. Kaiser Verlag, München 1968, S. 22.

5 D. Bonhoeffer, a. a. O., S. 50f.

6 K. Rahner, Kirche der Sünder, in: Schriften zur Theologie, Bd VI, Benziger Verlag, Einsiedeln-Zürich-Köln 1965, S. 319f.

7 Hans Küng, Was ist Kirche?, Herder-Bücherei, Bd 376, Freiburg-Basel-Wien191970, S. 38.

8 Jerusalemer Bibel, Verlag Herder, Freiburg-Basel-Wien 1968, S. 203, Anm. Zu Vers 9,2.

9 A. Delp, Im Angesicht des Todes, Herder-Bücherei, Bd 30, Freiburg-Basel-Wien 1958, S. 108f.

Bibelstellen

(I = Band 1; II = Band 2; III = Band 3; IV = Band 4)

Genesis	
1,26	II 69
	IV 6
1,26-27	I 46
3,1-8	I 82
3,8	III 144
3,9	I 12
3,19	II 24
4,1-10	I 205
4,5	I 206
6-7	III 24
22,1-14	III 143
26,7-11	III 158
33,12	II 42
Exodus	
3,5	IV 13
20,7	II 84
Numeri	
6,24-26	III 145
Deutoronomium	
22,23-24	II 243
30,19-20	IV 146
1 Samuel	
1,15	III 49
2,1	III 49
18,5-9	I 208
2 Samuel	
24,14	III 53
1 Könige	
19,9-18	II 16
Nehemia	
8,10	II 128
Jiob	
1,21	IV 104
22,28	I 129
Psalmen	
4	II 87 f.
4,9	II 242
8,2-7	I 57
16,4	I 164
16,8	III 144
18,2-3. 29	III 43
18,3	I 197
19	I 98 f.
19,15	III 144
23	IV 98
23,4	I 180
31,16	III 56
34,4-6	III 145
34,6	I 187
36,10	III 56
40,1-3	I 147
40,5-6	I 147
40,9	II 114
40,9-11	I 147
40,13-14	II 239
42,2-6	II 136
91,1-5.9	II 97
94,9	II 125
94,9	III 143
119,97-102	I 172
119,105	IV 125
126	IV 33
139,1-3	I 36
139,8-10	I 36
139,13-14	I 36
141,3	II 192
143,6	III 56-57
144,3-4	II 186
144,7	I 19
Sprichwörter	
1,17	I 140
15,13	I 101
Prediger (Kohelet)	
1,2-3. 11	IV 125
3,1-8	III 17
4,9-12	III 176
Weisheit	
4,7-15	I 51 f.
7,7	III 129
9,1	II 35
Jesus Sirach	
2,1-6	III 20 f.
Jesaja	
38,17	IV 60
42,1-4	I 70
53,4-8	II 108
	II 195
53,7-12	III 134
57,18	III 55
58,9-12	III 100
Ezechiel	
47,1-12	IV 117
47,9. 12	IV 117
Micha	
7, 18-19	IV 60
Sacharja	
2,12	I 45
Matthäus	
1,18	II 184
1,18-25	II 243 f.
2,8	I 126 f.
3,1-6	I 221
3,1-12	II 143
3,7	II 142
3,14-15	II 161
	IV 158
4,1-4	II 101
4,1-11	I 128
	I 176
	I 229 ff.
4,8-11	I 169 f.
5,2	II 106
5,3	II135
	II 210
5,5	I 69
5,8	I 103
	III 35
5,14-16	III 31 f.
	IV 173
6,3	I 18
6,5-6	III 57
6,6	III 90
6,24-27. 33	I 140 f.
6,28-30	IV 52
6,31-34	II 13
7,1	IV 116
7,12	II 224
	III 143
7,15-20	IV 38
8,5-13	I 193
8,23-27	II 242
	III 78
8,26-27	II 242
9,9-13	I 241
10,16	I 82 f.
	II 205
10,16-17	II 120
10,29-30	III 118f.
10,30	IV 21
10,34-39	II 154 f.
11,2-6	III 59 f.
11,18-19	IV 53
11,25	III 31
	III 120
	IV 52
11,25-27	I 176
11,28	II 197
11,28-30	II 242
12,46-50	II 199
12,50	I 235
13,31-32	I 28
	III116
	III 121
13,34	II 238
13,43	II 18
13,44	II 27
	II 125
	IV 76
13,44-46	II 128
14,3-10	I 222
14,22-33	III 15 f.
14,24-31	I 218 f.
14,28-31	III 24
16,21-23	I 128
	IV 105
16,24-26	I 135
17,1-9	I 135
17,1-9	I 135 f.
17,2	II 91

17,21 I 76
18,1-5 I 60
18,1-5 IV 27
18,3 III 78
18,20-21 III 161
19,3-6 III 168
19,22 IV 121
19,30 II 108
20,1-16 II 52 f.
23,3 I 116 f.
23,37-39 I 194
24,14-30 II 80 f.
24,37-44 II 139
25,31-46 III 70
25,40 I 45
26,21 I 18
26,36-46 III 66
26,39 III 56
26,42 II 111
27,45 II 91
27,45-54 II 103 f.
28,1-10 IV 184
28,10 IV 183

Markus
1,21-28 II 237 f.
2,13-17 II 77
III 140
3,20-21 II 209
6,30-31 III 49
7,31-37 III 70 f.
10,46-52 I 214
II 225 f.
11,22-23 III 24
12,34 III 65
14,72 IV 37
16,1-7 II 19

Lukas
1,35 II 184
1,37 III 23
2,15-20 III 10 ff.
2,25-32 IV 135
3,21-22 I 69 f.
4,1 II 184
5,4-7 III 26
5,5 III 23
5,8-11 II 71
5,11 I 140
IV 121
6,20-21 II 108
6,20-26 IV 46
IV 130
6,27-29 II 210
7,14 II 146
8,49-56 III 75
9,18-21 II 203
9,28-36 III 128
III 130
9,58 III 40
10,21-22 I 61
10,25-28 I 190 f.
10,25-37 II 135 f.
II 204 f.
III 64 f.
III 107 f.
III 179
10,38-42 I 48 f.
II 25 f.
10,41 I 118
11,1 III 49
12,6-7 IV 126
12,27-28 I 98
12,32 III 119 f.
15,1-7 II 149
15,3-7 II 94 f.
15,7 IV 52
15,11-24 I 31 ff.
I 163 ff.
15,11-32 II 24
II 187
IV 70
15,13 II 29
15,17-19 III 43 ff.
15,17-20 III 144
17,11-19 I 181
18,1-8 III 51
IV 52
18,9-14 II 123
II 238 f.
IV 52
IV 77
19,1-10 IV 18
IV 121
21,19 II 47
22,39-43 I 94
22,40-46 I 176
22,42 III 46
22,43 III 24
22,54-62 IV 66
23,11 II 209
23,32-43 IV 61
23,34 I 77
I 94
IV 151
23,39-43 IV 143
23,42 I 168
23,42-43 II 207
23,47 III 66
24,13-16 II 40
24,13-21 II 49
24,13-35 IV 178
24,21 IV,178
24,25-26 II 49
III 45
24,25-31 II 40
24,26 III 79

Johannes
1,1.3.5 II 63
1,5 II 202
1,9-14 II 63
II 179
1,14 I 23
2,1-11 III 23
2,1-12 II 162
3,16 II 110
II 141
3,19-21 II 91
4,5-30 I 159 f.
4,7-42 IV 189
4,14 II 135
4,34 II 198
5,1-3.5-9 II 236
5,1-9 I 194
III 67
6,1-13 III 125 f.
6,1-15 II 214
III 80
6,21 II 138 f.
6,51 II 215
8,7 IV 52
8,12 I 176
II 91
10,9 II 76
10,11-16 I 23 f.
11,25 II 57
12,20-25 III 180
12,35-36 II 92
12,36 I 176
13,1-15 I 155 f.
13,34-35 II 166
III 86
14,1-3 IV 151
14,2 I 206
14,6 I 117
II 57
II 202
IV 188
14,23 I 159
14,23-29 II 193
15,9-12 IV 13
15,15-17 III 150
16,23-28 III 47
17,20-21 I 124
17,20-26 I 124
19,12-18 I 197 f.
19,30 IV 42
20,19-23 IV 87
20,24-29 III 35 ff.
20,28 II 87

Apostelgeschichte
5,34-35 IV 193
5,38-42 IV 193
7,55-56 I 176
7,56-56 IV 138
9,1-9 IV 176
9,2 IV 192
12,1-11 II 16
22,10 II 113

Römerbrief
5,1-5 IV 102
6,3-11 II 27 f.
6,8-11 IV 162
7,17-20 III 103
8,8-9 I 111
IV 57
8.12-17 I 111
IV 57
8,18-25 IV 93
8,31-39 IV 23
11,33-34 IV 110
III 41
11,33-36 II 132
12,1-2 II 212
12,2 II 145
II 229
12,21 I 75
13,13-14 II 148
14,7-9 II 58
IV 167
14, 8 IV 159-160

1. Korintherbrief
2,9 III 48
IV 153
3,16-17 I 38
4,7 I 181
7,29-32 IV 108
9,24-27 II 37
11,23-24 II 219
11,23-26 II 216
II 221
12,4-7 III 95
12,12-13 III 95
12,12-31 IV 41
12,14-18.27 IV 42
12,26-27 III 95
13 IV 80
13,4-8 III 91
13,12-13 I 42
15,54-58 IV 157

2. Korintherbrief
4,16-18 II 66
6,10 IV 71

Galaterbrief
2,19-20 I 235
2,19b-20 III 104
2,20a III 103
5,16-26 I 77
5,19-23 II 32
6,14 IV 112
6,14-16 I 235

Epheserbrief
4,17-24 II 113 f.
4,22-23 II 41
4,22-24 II 44
II 112
4,22-34 II 32
4,29-32 II 44
5,8-17 II 231 f.
IV 81
5,22-33 III 168 f.

Philipperbrief
2,5-9 I 66
2,5-11 I 152
2,6-9 IV 18
IV 129
2,12 II 138
3,7-14 IV 122
4,4-9 III 108
4,8 I 186 f.

Kolosserbrief
1,15 I 65
3,1-2 I 41
3,1-4 IV 126
IV 139
3,3-4 II 231
3,12-16 III 157

1. Thessalonicherbrief
5,4-11 I 87
5,15 II 219
5,16-24 II 173
5,21 I 81

1. Timotheusbrief
4,12-16 I 119

2. Timotheusbrief
4,1-8 I 203

Titusbrief
3,4-7 II 189

Hebräerbrief
4,12-13 I 12 f.
11,7-27 IV 120
11,13 IV 121

Jakobusbrief
1,2-8 I 129
1,19-25 IV 73
2,14.17 I 225
3,5 III 111

1. Petrusbrief
2,11-12 II 33

1. Johannesbrief
2,10-11 III 185
3,2 IV 156
3,19-20 IV 36
3,20 II 48
4,9 II 110
4,9-14 II 227
5,4 III 23
5,4-5 II 183
5,4-5.9-12 II 22

Offenbarung
3,20 I 160
7,9 III 83
12,10-12 IV 180
21,1-4 II 185

Stichwortregister

(I = Band 1; II = Band 2; III = Band 3; IV = Band 4)

Abend
- Die Vorbereitung des kommenden Tages am Vorabend, I 85 f.
- Jeder Abend ist ein kleiner Tod, II 14.

Abenteuer
- Das Wagnis des Abenteuers macht das eigentliche Leben aus, IV 120.
- Das Abenteuer des Lebens und des Glauben besteht im täglichen Ruf ins Unbekannte, ins Unvorausschaubare und ins Unberechenbare, IV 120-122.
- Das Abenteuer des Glaubens: III, 13-16.
- Ein „Abenteurer Gottes" ist nicht zuletzt Franziskus von Assisi gewesen, II 150-155.

Abschied
- Immer nehmen wir Abschied, IV 118-122.
- Was das Abschiednehmen schwer macht, IV 118-119.
- Warum fordert uns das Leben immer wieder zum Abschiednehmen heraus?, IV 120.
- Der Abschied macht uns bewußt, wie sehr wir die Beschenkten waren, IV 119.
- Der Abschiedsbrief einer Tochter an ihre Eltern, I 161-165.
- „Ich fühle, daß das Beste noch vor mir liegt", IV 122.

Absichtslosigkeit
- Je weniger Absichten einer hat, desto mächtiger ist er, I 62-66.
- Sie bedeutet selbstlose Hingabe an das Werk, I 63.
- Ein Mensch, der nicht absichtslos ist, ist nicht ‚bei der Sache', I 64.
- Von der Macht der Absichtslosigkeit, I 64.

Ärger
- „Mensch, ärger dich nicht!", IV 19-23.
- Der Dichter sagt es in Versen, IV 19.
- Selbst Gott kann uns zum Ärger werden, IV 21-22.

Alleinsein
- Eine Meditation im Alleinsein über das Alleinsein und die Einsamkeit, III 62-64.
- Alleinsein im Alter, IV 131-133.

Alltag
- Jeder ist an das Kreuz seines Alltags geschlagen, II 89-90.
- Alltag ist auch Werktag, in dem sich unsere Selbstverwirklichung vollzieht, II 25.
- Eine Flucht aus dem grauen Alltag gibt es nicht, II 24-25.
- Im Alltag arbeitend, kann der Mensch bloßer Alltag werden, I 38.
- Im Alltag innehalten, II 26.
- Man muß im Alltag den Dingen in der Nähe das Geheimnis der Ferne lassen, II 29.
- Das Gebet verwandelt den Alltag, I 26-27.
- Im Alltag in der Gegenwart des Auferstandenen Herrn leben, IV 181-184.

Alltagsgeschichten
- Vom Ablauf unserer Alltagsgeschichten, IV 55.
- Unserer wahres Gesicht zeigen wir in der kritischen Phase unserer Alltagsgeschichten, IV 55-57.

Alter
- Alter bedeutet nicht notwendigerweise Altern, II 50-53.
- Was das Alter mit sich bringt, IV 132.
- Das Alter kann das Selbstwertbewußtsein schwer erschüttern, IV 132.
- Mit dem Alter fertig werden, IV 135.
- Auf das Alter vorbereiten, IV 131-135.
- Meditation im Alter, IV 134.

Anbetung
- Anbeten heißt, sich im Unergründlichen verlieren ..., I 134-135.

Anerkennung
- Sie kann nur die Frucht unserer selbstlosen Hingabe sein, I 64.

Anblick
- Man sieht es einem an, ob und wie er angeschaut wird, III 141-145.
- Das Anschauen ist nicht nur Ausdruck guten Benehmens, III 141-142.
- „Was sieht du mich so an?", fragt ein Mädchen einen jungen Mann, III 142-143.

- Vor Gottes Auge liegt alles offen, III 143-144.
- Vor dem Liebesblick Gottes leben, III 144.

Anfang
- Am Anfang unseres Leben steht ein göttlicher Ruf, I 27.
- Wenn der Anfang ein guter ist, geht vieles wie von selbst, II 50-53.
- Was sich als Ende gibt, ist oft ein neuer Anfang, III 109-110.
- Lösche den Funken, bevor er zur Flamme wird, III 111.
- Fange immer wieder an!, I 240; II 50-53.

Angst
- Eine Zeit, die keine Angst mehr kennt, ist kaum vorstellbar, II 243.
- Kafka veranschaulicht: Angst versperrt uns den Weg, III 9-11.
- Angst ist meist Erwartungsangst, I 74.
- Angst schnürte ihm die Kehle zu, I 126.
- Wer spürt, daß er angenommen ist, von dem fällt die Angst ab, III 135-140.
- Die Botschaft des Auferstandenen: „Habt keine Angst!", IV 178.
- Wovor sollen wir keine Angst haben? IV 179.

Annahme
- Nehmen Sie die Menschen, wie sie sind, II 140-143.
- Matrjona, eine Gestalt aus einer Erzählung Solschenizyns, nimmt ihr leidvolles Schicksal an und verwandelt es, III 87-91.
- → Selbstannahme.

Arbeit
- Ein Mensch ist normal, wenn er ‚arbeiten und lieben' kann (S. Freud), I 63.
- Jede Arbeit will mit Interesse verrichtet werden, I 63.
- Der Anfang muß ohne Schatten sein, III 110-111.
- Übertriebe Arbeit läßt den inwendigen Menschen absterben, IV 71.
- Sie begann „mit Gott" III 87-90.
- Auf seine Weise tat es der Philosoph Peter Wust, IV 165.
- Von der Begegnung zwischen dem Pfarrer von Ars und einem Feldarbeiter, I 41.
- Unsere Arbeit kann plötzlich unterbrochen werden, IV 24.
- Leid kann durch Arbeit gelindert werden, III 89.
- Alle Arbeit an sich selbst, beginnt damit, die unterschiedlichen Stimmungen zu einen, I 29-30.
- Vier Mittel halfen Dostojewski bei der Arbeit an sich selbst, IV 161-162.

Armut
- Wer arm ist, kann dennoch viel geben: Matrjonas Hof, III 87-91.
- Was die Armut von Franziskus in seinem Leben bewirkte, II 153-154.
- Die Liebe zur Armut von Johannes XXIII., IV 169-171.
- Armut in der Welt, III 96-100.

Arzt
- Warum Doktor Oreschtschenkow auf seine Privatpraxis bestand, I 43-44.
- Jesus – der unvergleichliche Arzt des Menschen, III 139-140.
- Worin Jesu Heilkunst besteht, III 139-140.

Atheismus,
- Alles Religiöse ist für den Atheisten ein Produkt der Unwissenheit, II 116; 118.
- Gott hält er für eine Projektion des Menschen, II 62; 69-70.
- S. Freud sah in der Religion ist eine Zwangsneurose, IV 186.

Aufblick
- Der Aufblick macht das Wesen des Menschen aus, I 40-141.
- Wir kommen, wohin wir schauen, IV 137-139.
- Der Aufblick war die Blickrichtung Jesu und aller Heiligen, IV 138.

Auferstehung
- Hinweise, daß Jesus Christus in der Tat auferstanden ist, IV 178.
- Der Glaube an den Auferstandenen öffnet uns ganz neue Welten, IV 181-184.
- Durch seine Auferstehung hat Jesus den Tod entmachtet, IV 183.
- Die Nähe des Auferstandenen schenkt eine Liebe, die in ihrer milden Kraft alle Hindernisse überwindet , IV 183-184.
- Wer an den Auferstandenen glaubt, kann viel verkraften, IV 179-180.

Auge
- „Vielerlei Tiere sind in der Menschen Augen...", I 204-205.
- Das Hintergründige ist für die Augen unsichtbar, III 34-35.
- Was wir im Auge haben, das prägt uns, IV 138.
- Das Auge Gottes ist nicht das eines Polizeirichters, III 144.

Augenblick
- In jedem Augenblick ist unser ganzes Leben gegenwärtig, IV 142.

Ausstrahlung
- Ausstrahlung hat der in sich gesammelte Mensch, II 177.

- Ausstrahlung hat, wer sein persönliches Sein zum Einsatz bringt, II 46.

Ausweglosigkeit
- Trotz äußerem Erfolg, I 13.
- Jeder Mensch in seiner Nacht, IV 62-66.
- Ein Doppelleben läßt sich auf die Dauer nicht durchhalten, II 98-103.
- Der Trotzdem-Mensch überwindet jede Ausweglosigkeit, II 48.
- Sie kann zu einem Wendepunkt werden, II 103.
- → Selbstmord.

Barmherzigkeit
- Wie können wir vor Gott bestehen?, II 121-123.
- Das Leben kann noch einmal beginnen, II 105-108.
- Gottes Barmherzigkeit ist ohne Grenzen, II 98-104; II 121-123, III 53.
- Barmherzigkeit und Gerechtigkeit gehören wesentlich zusammen. II 105-108; 122-123.
- → Mitleidsgeschichten.

Begegnung
- Die Begegnung zwischen dem kleinen Prinzen und dem Fuchs, III 146 ff.
- Begegnung zwischen Vater und Sohn, IV 58ff
- Tag für Tag erwähl ich dich, III 170-176.
- Begegnung und Vergegnung, III 181-185.
- Wie es von dieser zu jener kommt, III 184-185.
- → Bettlerbegegnungen.

Begierde
- Immer ist sie besitzergreifend und berechnend, IV 12.

Beichte
- Mein Hund schweigt wie ein Priester, IV 82-87.
- Sie gibt uns die Möglichkeit, einmal alle Masken fallenzulassen und alles Rollenspiel aufzugeben, IV 83-85.
- heilt von unserer Zwiespältigkeit, IV 85-86.

Bekehrung
- Der Wandlungsweg vom Star zum Stern, II 93-97.
- Die Bekehrung von Augustinus, II 144-149.
- Ein Lebemann wird ein Heiliger: Franz von Assisi, II 150-155.
- Paul Claudel erlebte seine Bekehrung wie einen Blitz, II 167-173.

Bekenntnis
- Ein ehrliches Bekenntnis ruft Ehrfurcht und Zuneigung hervor, IV 59.
- Jeder weigert sich, die schlechteste Tat seines Lebens preiszugeben, IV 74-75.
- Die ‚Bekenntnisse' von Augustinus, IV 78-79.

Berg
- Der Berg ermuntert uns zu hochgesinntem Tun, III 128.
- Beim Aufstieg eines Berges geben wir uns zu erkennen, I 130-135.

Bergpredigt
- Die jedes vernünftige Maß übersteigende Liebe Jesu, II 210.
- Die Bergpredigt ist ein in den Himmel hinaufreichender Berg, III 128.

Betrachtung
- Ich betrachte, soviel ich kann, I 95-99.

Bettlerbegegnungen
- Augustinus, II 144.
- Rainer Maria Rilke, II 222-224.
- Die römische Bettlerin, III 72.

Beziehungen
- Ich-Du-Beziehungen; Ich-Es-Beziehungen, III 72-75; III 42-43; III 142-143.
- Gesten, ohne die keine mitmenschliche Beziehung zustande kommt, III 166.
- Eine Mann zu seiner Frau: Ich entdecke dich in deiner Beziehung zu den anderen, III 174.
- Die Beziehung zwischen einem Menschen und seinem Gott, III 42-43; IV 155-156.

Bibel
- Ihre erste Frage, I 12-13.
- Ein Therapeut meditiert täglich in der Bibel, II 29-30.
- Was die Bibel im Leben von Dostojewski bedeutete, II 160-164; IV 161.
- Die Bibel – eine erzählte Gotteslehre, III 36.
- Die Bibel ist ein Buch voller Abenteurergeschichten, IV 120-121.

Bild
- Bilder sind wie Fenster, die den Blick auf Überweltliches freigeben, I 5-6.
- Ein gutes Bild zeigt uns immer wieder Neues, II 5.
- Man muß sich durch ein Bild hindurchfühlen, um seine Seele zu vernehmen, IV 5.
- Das Bild, das Karl Barth ein Leben lang begleitete, II 116.
- Ohne Bilder gibt es keine Bildung, IV 5-6.

Bild Gottes
- Jeder Mensch ist „Bild Gottes", I 45-46; II 69; IV 5-6.

Brief
- Charles Darwin wird vom Brief seiner Frau tief getroffen, III 27.
- Viele Briefe gehen täglich in die Welt, die eigentlich ins Weltall gehen sollten, I 107.
- Von der Asche eines bösen Briefes, IV 61.

Brot
- Das Wort Brot gehört zu den guten, bedeutungsschweren Worten, II 213-214.
- Jesu Brotvermehrung, II 214-215.

Bruder
- Der armseligste Mensch ist auch ein Mensch – und er heißt mein Bruder, III 69-70.
- Jesus, der brüderliche Mensch, II 197-198.

Cella interna – Cella externa
- Die zwei Lebensbereiche des innerlichen Menschen, I 110.

Charakter
- Was ist ein Charakter und wem ist er zu eigen?, I 221.
- Der Charakterlose laviert sich durch alle Situationen des Lebens, I 220-221.
- Es fehlt ihm jedes Verantwortungsbewußtsein, I 221.
- Alles und alle sind ihm nur Mittel zum Zweck seiner unersättlichen Selbstsucht, I 221-222.
- Sie hatte einen schlechten Charakter, I 104-108.
- Forme dir einen guten Charakter, IV 171.

Christ
- Wer ist ein Christ?, II 228-232.
- Christ ist, wer auf Jesus Christus schaut und ihn nachahmt, I 65-66.
- Christ ist, wer durch sein Dasein auf Jesus Christus weist, II 116; II 143, 105-108.
- Christ ist, wer in Gottes Wirklichkeit lebt, II 211.
- Christsein beglaubigt sich im Für-die-anderen-Dasein, II 230-231.
- Ein Priester beantwortet die Frage, warum er ein Christ ist, IV 185.

Clown
- Der Clown ist aller Menschen Freund, IV 28-33.
- Er hält uns mit Humor den Spiegel vor, IV 31-32; IV 45.
- Die dreifache Botschaft des Clowns, IV 34-38.
- Er bringt uns zu einem befreienden Lachen, IV 28-30.
- Auch der Clown hat sein Kreuz zutragen, IV 37-38.
- Der Clown - ein großer Lehrer der Menschheit, IV 32-33.

Dankbarkeit
- Es wird heute nicht mehr so viel gedankt wie früher, I 177-179.
- Ein Mensch, der aufgehört hat zu danken, hat aufgehört, Mensch zu sein, I 177; 179-181.
- Ein Zauberer führt seinen ungewöhnlichen Erfolg auf seine dankbare Gesinnung zurück, III 122.
- „Danke! Was wäre ich nur ohne dich!", III 166.
- Je älter man wird, um so mehr wächst in uns die Dankbarkeit, IV 119-120.

Demut
- Demut ist Wahrheit, I 151.
- Wer hoch hinaus will, muß tief hinter, I 148.
- Wie sich Demut zeigt, I 151-152.

Dreifaltigkeit
- In Gott ist alles „Ich"; in Ihm ist alles „Du"; in Ihm ist alles „Wir", III 185.
- In Ihm ist alles Gegenwärtigkeit, III 185.
- Der dreifaltige Gott ist unendlich-ewiges Gespräch, III 185.
- Diese Drei-Einheit ist das Urbild jeder echten mitmenschlichen Begegnung, III 185.

Du
- Das Lied des Berditschewer, I 239.

Dummheit
- Keinem Menschen bleiben Dummheiten erspart, II 115-120.
- Wirklich dumm ist, wer aus seinen Erfahrungen nichts lernt, II 115.
- Ich habe durch so viel Dummheit hindurchgehen müssen, bloß um wieder ein Kind zu werden, IV 67.
- Das Märchen vom „Hans im Glück", IV 139.

Echtheit
- Einfache Leute sind oft echter, I 157.
- Gestalten des öffentlichen Lebens haben es oft schwer, echt zu sein, I 157.
- Echt ist, wer erscheint, wie er ist, I 157-158.
- Echtheit gedeiht nur im Dunkel. Wie Sellerie, I 157; I 159.

Egoismus
- Der Egoist sitzt im Gefängnis seiner selbst, III 63.

Ehe
- Sie öffnet eine neue Welt, IV 181-182.
- Ehe bedeutet eine Entscheidung, III 163.
- Die Wahl eines bestimmten Partners ist keineswegs ein Zufall, III 163.
- Die feste Bindung hält die eheliche Beziehung lebendig, solange jeder mehr das Glück des anderen im Auge hat als das eigene, III 163-165.
- Viele Eheleute werden nie ein Ehepaar, III 151-157.
- Gute Ehepaare brauchen ein ganzes Leben, um den Partner wirklich kennenzulernen, II 31; III 164.
- Acht Merkmale, die dort zu finden sind, wo eine Ehe gelingt, III 155-156.
- Wer ist glücklich verheiratet?, III 162-169.
- Von der Bedeutung des gemeinsamen Gespräches in der Ehe, III 111-112; III 170-171; III 174-175; III 184-185.
- Von der Erfüllung menschlicher Urbedürfnisse in der Ehe, III 165-167.
- Gegenseitige Offenheit in der Ehe ist die Garantie für ihre Dauerhaftigkeit, III 112-113; III 156-157.
- Ehetugenden: Lächeln und Geduld, III 158-161.
- Jeden Tag erwähle ich dich, III 170-176.
- Meinen besten Freund finde ich daheim, III 175.
- Der Augenblick der geschlechtlichen Hingabe in der Ehe, III175-176.
- Vom Entfremdungsprozeß in der Ehe, I 20-21; III 81; III 151-155; III 174; III 184-185.
- Auch in einer idealen Ehe kommt es zu keiner vollkommenen Übereinstimmung, III 152; III 156; III 172-173.
- Eheprobleme liegen nie bei einer Person allein, III 167.
- Wo liegt das Mehr einer christlichen Ehe, III 167-169.
- Das Durchscheinen Gottes in einer guten Ehe, III 171-172.

Ehrfurcht
- Ehrfurcht besagt immer ein Doppeltes, IV 12f.
- Ehrfurcht empfinden wir unmittelbar dort, wo wird zu Gast sind, II 33.
- → Gast.

Eifersucht
- Der heutige Mensch scheint mehr als früher unter der Eifersucht zu leiden, da ihm der geliebte Mensch oft zum einzigen Halt geworden ist, I 210.
- Was ist Eifersucht und wie wirkt sie sich aus?, III 153-155.
- Von der eifersüchtigen Angst, den geliebten Partner zu verlieren, I 209-210.
- Der Eifersüchtige hat ein geringes Selbstbewußtsein; es fehlen ihm Selbstvertrauen und Selbstwertgefühl, I 210-211.
- Zur Eifersucht gehört eine Herrschsucht, die nichts als Ohnmacht ist, I 211.
- In seiner Liebesunfähigkeit will der Eifersüchtige den andern nur für sich, I 211-213.
- Tieferen Gründe für eifersüchtiges Verhalten, I 211-212.
- Die wahre Liebe läßt uns die Eifersucht vergessen, I 213-214.

Einfachheit
- „Gute Menschen sind einfacher Art, hundertfach schillert das Böse“ (Aristoteles), IV 172.
- Von der Einfachheit in Denken, Reden und Tun, IV 172.
- Mit Klugheit einfach sein, IV 172.
- Die Einfachheit von Johannes XIII., IV 172-173.
- Eine einfache, namenlose Frau, I 158-159.

Einfalt
- Die Klugheit nützt nichts, wenn die Einfalt fehlt, I 83.
- Ohne Einfalt degeneriert die Klugheit zur List, I 83.
- Die Einfalt eines jungen und hübschen, aber auch naiven Mädchens, II 115-120.
- Der Einfältige setzt auf Gottes Möglichkeiten, III 25-26.

Einheit mit sich
- Verlust der Einheit, I 27.
- Selbstannahme, I 27.

Einsamkeit
- Liebe vertreibt Verlassenheit und Einsamkeit, III 18.
- Dostojewski erzählt, wie ein Mädchen durch ihre Liebe einen vereinsamten Studenten ein neues Leben schenkt, III 142.
- Wer bist du, einsamer alter Mann? III, 74.
- Fruchtbare Einsamkeit, I 43-46.
- Wie sich eine völlig vereinsamte Frau fühlt, IV 14.15.
- Wie es zu Verlassenheit und Vereinsamung kommt, IV 14-15

Engel
- Der Rat, den der Schutzengel Johannes III. gab, IV 25.
- Zwei Hilfen, die die Engel uns erweisen, IV 25-26.

Entscheidung
- Vom schweren Sterben eines Arztes, der es in seinem Leben nie zu einem Entschluß gebracht hat, IV 151.

- Was die Hinfälligkeit unserer Entschlüsse bewirkt, I 104-108.
- Durch unsere Entscheidungen verengt sich unser Leben auf das Wesentliche hin, IV 145.
- Unsere Entscheidung für den Auferstandenen läßt uns an seiner Auferstehung teilhaben, IV 145-146.

Entschiedenheit
- Augustinus schildert seine Unentschlossenheit, II 144-148.
- Nur die Unentschiedenheit macht den Menschen müde, I 192-193; I 194-195; 195-197; II 78-81.
- Dem Entschiedenen kommt Gott entgegen, II 78-81.
- Jesus verlangt von seinen Jüngern letzte Entschiedenheit, I 193-195; I 197-198; II 72-77.

Erfahrung
- Sie kann nicht bewiesen, sondern nur bezeugt werden, III 36.
- Sie sind letztlich unaussagbar, IV 82-83.
- Wir versuchen, unsere Erfahrungen in Bilder oder Geschichten zu kleiden, IV 83.

Erinnerung
- In der Erinnerung drängt sich das Leben zusammen, IV 140-143.
- Die Erinnerung an die eigenen Irrwege, IV 79.

Erkennen
- Man erkennt nur, was man liebt, I 24.
- Das Erkennen der Andersartigkeit des Geliebten in der ehelichen Vereinigung, III 171-172.

Erlösung
- Die Welt erlöst, wer nicht von dieser Welt ist, II 181-185.
- Erlösung durch das Bekenntnis unserer Schuld, IV 79-80.

Eucharistie
- Er war gut wie das Brot, II 213-216.
- Wehrlos legt er sich in unsere Hand, II 217-221.
- Das Wesen der Eucharistie: Der Herr ist da, das Geheimnis ist tägliches Brot, dient zum Essen, wirkt Liebe, II 226-227.

Ewiges Leben
- Was halten Sie vom Weiterleben nach dem Tod?, IV 152-153.
- Vielleicht ist es aber doch wahr!, IV 155.
- In unseren Tiefen lebt die Überzeugung, daß es ein Überleben gibt, IV 153-154.
- Die Botschaft unserer Träume, IV 154-155.
- Viktor Hugo über eine heiligmäßige Frau: „Das muß ein Morgen haben", IV 139.
- Die Erfahrungen eines Schauspielers, IV 174-176.
- „Ich bin bereit zu gehen" (Johannes XXIII.), IV 168-173.
- Der Schriftsteller Mauriac antwortet auf die Frage: „Wie stellen Sie sich die himmlische Existenz vor?", IV 152-153.
- „Ich habe ein brennendes Heimweh nach den Tiefen der Ewigkeit" (P. Wust), IV 166.

Familie
- Die Familie ist die Grundschule aller Erziehung zur Gemeinschaft, III 93-94.

Feedback
- Das Verhalten des anderen ist oft das Echo unseres eigenen Verhaltens, II 38-39.

Fehler
- Entscheidend ist, daß wir anfangen, an einer Stelle entschieden Ordnung zu schaffen, I 237.
- Drei Regeln, die uns helfen, unsere Fehler zu überwinden, I 238-240.
- Nach jeder Niederlage müssen wir den Kampf erneut aufnehmen, I 240-241.

Feind
- In der Regel hat jeder nicht nur Freunde, sondern auch Feinde, III 132-133.
- Kennen Sie ihre Feinde?, III 131-134.
- Man weiß nicht, wie vielen man etwas in den Weg gelegt hat, III 133.
- Unsere Feinde versuchen, uns unschädlich zu machen, III 131-134.
- Bonhoeffer wehrte sich seinen Feinden gegenüber nicht; er wußte: Gott ist ein Gott des Tragens, III 134.
- Im Gekreuzigten stehen uns alle gegenüber, die uns und denen wir Böses zufügten, III 134.

Flucht
- aus der Einsamkeit, I 15.
- vor der inneren Leere, I 39.
- in die Sexualität und den Rausch, I 39.
- in Gefahr, I 24.

Flügel
- Vergiß nicht, daß du Flügel hast, I 137-138. 140.
- Es gibt nicht nur sichtbare, sondern auch unsichtbare Flügel, I 137.
- Wir haben stärkere Flügel, als wir glauben, I 137; I 240.
- Was uns an die Erde kettet, I 138-140.

Fluß
- Der Mensch fließt wie ein Strom, IV 113-117.
- Was der Fluß uns lehrt, IV 72.

Freiheit
- Weil jeder Mensch einmalig ist, ist er auch frei, I 63.
- „Begegne ich dir, so begegne ich deiner Freiheit“ III 174.
- Obwohl vieles auf unsere Freiheit Einfluß nimmt, gibt es sie, IV 150.
- Das Tun des Bösen hat auf unsere innere Freiheit eine Rückwirkung, I 172.
- Augustinus als konkretes Beispiel, II 144 ff.
- Am Ende sind wir so, wie wir in Freiheit geworden sind, IV 142.

Freude
- Ohne Freude kann keiner leben, IV 14-18.
- Wer einem anderen eine Freude macht, befreit ihn aus seiner Vereinsamung, IV 14-15.
- Drei Akte, die zur Freude führen, IV 16-17.
- Die Regeln von Nietzsche und Vincenz Pallotti, IV 17-18.
- Jesus Christus, der große Lehrmeister der Freude, IV 18.

Freund
- Weil es keine Kaufleute für Freunde gibt, haben die Leute keine Freunde mehr, III 149.
- Dein bester Freund ist, wer deine besten Eigenschaften zur Entfaltung bringt, III 127.
- In der Gegenwart guter Freunde erleben wir ‚erfüllte Gegenwart‘, III 128.
- Der Freund läßt sich in dem, was er gerade tut, unterbrechen, wenn sein Freund in Not ist, II 189.
- Ein US.Kommandant bekennt: Er ist mein aller bester Freund, und er sagt auch, warum er es ist, III 130.

Friede
- Woher unser Wort „Friede“ kommt und was es bedeutet, III113-114.
- Der Traum von einer friedvollen Welt lebt in den unbewußten Tiefen eines jeden Menschen, III 102.
- Wie Friede möglich wird, III 105-108.
- Die Erziehung zum Frieden beginnt in der Familie, III 105-107.
- Friede erwächst immer aus der Liebe, II 113-114.
- Liebe den anderen wie dich selbst, und du wirst für deinen Teil den Traum von einer friedlichen Welt verwirklichen, III 101-104.
- Engagierte Hilfeleistung ist ein Prüfstein für unsere Absicht, Frieden zu schaffen, III 107.
- Der Samariter hilft einem Notleidenden, der ihm auf Grund seiner unterschiedlichen Religion feindlich gesinnt war, III 107-108.
- Franziskus lebte mit allen, selbst mit seinem Tod, in Frieden, II 154.

Führung
- Wer an Gottes Führung glaubt, für den wird die Weltgeschichte wie seine Lebensgeschichte zur Heilsgeschichte, IV 21.
- → Plan, Vorsehung.

Fußwaschung
- In der Fußwaschung verneigt sich Jesus vor der göttlichen Würde des Menschen, I 154-156.

G

Gast
- Wo wir zu Gast sind, stellt sich unmittelbar die Ehrfurcht vor dem Gut des anderen ein, II 33.
- Der Gast empfindet alles als Geschenk, II 33.

Geben
- Vom Glück des Gebens, III 76-80.
- Brüder Grimm: Die Sterntaler, III 76-77.
- Alles, was wir geben, wird uns größer zurückgegeben, IV 179.
- Jedes Weggeben ist ein Reicher - und Größerwerden, IV 12.

Gebet
- Die meisten beten nur, wenn sie Angst haben, III 38.
- Die großen Dinge werden nur den Betern geschenkt (Peter Wust), IV 163-164.
- Rodion Raskolnikoff fragt Ssonja: „Betest du zu Gott?“, IV 161.
- Den Tag mit einem Gebet beginnen, III 17; III 18-19.
- Beten heißt: vor Gott sein Herz ausschütten, III 49.
- „Beten heißt still werden und warten, bis der Betende Gott hört“ (S. Kiergegaard), III 50.
- Drei verschiedenartige Formen des Betens, III 49-50.
- Bei jeder Gelegenheit ist Zeit für ein kurzes Gebet, III 47.
- Nur wer mit Gott redet, kann von Gott reden, III 42-46.
- Nicht selten erhört Gott unsere Gebete gegen unseren Willen, III 45.
- Das Gebet macht unsere Seele still, IV 164. 165-166.
- Das Gebet, das klärt, verklärt den Beter, III 128-129.

- Beten lernt man am besten im Leiden, IV 164.
- Vom Gebet in der Ehe, III 176.
- Wer im Gespräch mit Gott steht, stirbt nicht, I 97.

Geborgenheit
- In meinem Elternhaus war es immer warm, I 161 ff.

Geburt
- Jeder Morgen ist eine kleine Geburt, II 14.
- Das Wunder einer Geburt, III 47.
- Jede Geburt hebt den Menschen in eine größere, lichtvollere Welt, III 48.
- Dreimal wird der gute Mensch geboren; III 47-51.

Gedanke
- Aus unseren Gedanken entwickelt sich unser Leben, I 72-74.
- Der Mensch wird, was er denkt, I 71-74.
- Der geistige Mensch gibt sich Rechenschaft von seinen Gedanken, I 72.
- Positive Gedanken haben eine schöpferische Verwandlungskraft, I 75.
- Die großen Persönlichkeiten der Weltgeschichte waren positiv denkende Menschen, I 76-77.
- Negative Gedanken sind Zerstörer unserer Gesundheit, I 73.
- In unserem Gedanken entscheidet sich, welche Menschen uns umgeben, I 74.
- Gib dem Negativen keinen Raum in dir, I 78-85.
- Ohne Gedankenkontrolle gibt es kein geistiges Wachstum, I 82.

Geduld
- Alle Fehler sind letztlich auf Ungeduld zurückzuführen, III 159-161.
- Eine Frau bewahrt ihren ungeduldigen Mann vor einem schweren Fehler, III 166.

Geheimnis
- Wir leben vom Geheimnis, II 61.
- Kinder begreifen, daß unser Leben voller Geheimnisse ist, III 48.
- Wir erahnen, daß es ein überweltliches Geheimnis gibt, III 47-48.

Geist
- Diese Welt ist durch Gottes Geist geordnet, II 35.
- Der Christ ist der durch Jesus Christus in den Geist eingetauchte Mensch, II 184-185.
- Jean Vianney - ein Mensch, der sich vom Geist bestimmen ließ, IV 55-57.
- Echte Siege sind immer Siege des Geistes, IV 56.
- Der Geist ermächtigt uns, das Böse durch das Gute zu besiegen, IV 56.
- Demütige Erniedrigung ist die uns vom Geist gegebene Waffe, IV 56.
- Der Heilige Geist im Bild der Taube, I 69-70.
- Durch Meditation - dem Geist Gottes Zugang zum Herzen verschaffen, I 109-110.

Gelassenheit
- Gelassen ist, wer von seinem selbstsüchtigen Ich gelassen hat, II 43-44.
- Gelassenheit macht ruhig und glücklich, III 20.
- Wie man zu ihr gelangt, IV 166.
- Wahre Gelassenheit erwächst nur aus dem Glauben, III 23-24.

Gemeinschaft
- Was tun Sie für die Gemeinschaft?, III 92-95.
- Selbstverwirklichung vollzieht sich nur in der Gemeinschaft, III 93.
- Wer sich von der Gemeinschaft löst, kann alsbald zu einem Sonderling werden, IV 40- 41.
- Was einer ehelichen Gemeinschaft Bestand gibt, III 163-167.

Geschenk
- Der Unterschied zwischen einem Geschenk und einer Gabe, II 224.
- Jesus ist ein schenkender Gott, II 225-227.

Geschichten
- Jede gute Geschichte kann für uns Bedeutsam werden, II 5; I 232-235; 38-40.

Gesicht
- Das menschliche Gesicht - die kleinste Bühne der Welt, I 182-187.
- Die Kunst, ein Gesicht zu fotografieren, I 182-184.
- Wann zeigt das Gesicht seinen wesentlichsten Zug?, I 184-185.
- Ein Vater zu seinem Sohn: ‚Junge, dein Gesicht gehört nicht dir allein!' I 216-217.
- Das Gesicht als Schlüssel der Seele, I 16; I 183.
- Die Schönheit eines guten Gesichtes erschließt sich dem Betrachter nur langsam, I 186.
- „Je mehr ich in dein Gesicht schaute, um so mehr begann es mir zu gefallen", III 183-184.
- Das Gesicht als Offenbarung von Niedrigkeit und Aufrichtigkeit, I 186-187.
- Die Verwüstung eines Gesichts durch innere Verrottung, IV 137-138.
- In der Nähe Jesu tauchen immer wieder Menschen auf, die ihr Gesicht verloren haben, I 76-77.

Gesinnung
- Was der Kern für die Frucht ist die Gesinnung für unser sittliches Leben, III 123.
- „Ich liebe mein Publikum", III 122
- Obwohl man ihr keine Beachtung schenkte, tat sie selbstvergessen ihren Dienst, IV 89ff.

Gespräch
- Im Gespräch kommen sich Freunde immer näher; III 111-112; III 148-149.
- Von der Bedeutung des gemeinsamen Gespräches in der Ehe, III 111-112; III 170-171; III 174-175; III 184-185.
- Das Gespräch einer Mutter mit ihrer Tochter, die sich nicht an einen einzigen Mann binden will, III 163-164.

Gewissen
- Das Unzerstörbare und Ewige in jedem Menschen, das sein Lebensschiff aus der Zeitlichkeit in die Ewigkeit steuert, I 167-169.
- Nur das Höchste über uns kann das Tiefste in uns wecken, I 175-176.
- Es ist kostbarer als das Leben, I 46.
- Wie sich das Gewissen bemerkbar macht, IV 58-59; IV 63.
- Der Ruf, im Handeln sich selbst und seinem göttlichen Ursprung treu zu bleiben, I 169-170.
- Immer haben ein schönes Gesicht, die mit ihrem Gewissen im Einklang leben, I 46; I 174-175.
- Der Verrat am eigenen Gewissen bleibt nicht ohne Folgen, I 171-172.

Gewöhnung
- Für Kinder gibt es keine Gewöhnung, IV 148.
- Sie kann allem den Glanz des Wertvollen rauben, II 29-31.
- Befreiung von der Gewöhnung, IV 148.

Gewohnheit
- Bemerkenswerte Hinweise von Dostojewski, I 139.

Glaube
- Glauben Sie an Gott?, III 38.
- Glücklich ist, wer einen Glauben hat, II 167-173.
- Nicht wir haben den Glauben, der Glaube hat uns, III 9-12.
- Der Glaube ist ein abenteuerliches Wagnis, III 13-16.
- Glauben heißt: Gott beim Wort nehmen, III 17-21.
- Das ist unser Glaube: Ich bin von Gott geliebt, III 18.
- Glaube ist die Heiterkeit, die von Gott kommt, II 44.
- Der Glaube des einen führt nicht selten zum Glauben des anderen, II 175.
- Glaube ist eine Umformung des ganzen Menschen, I 217-217.
- Wenn wir den Glauben haben, können wir notfalls auf alles Irdische verzichten, III 17.

Glaubenszweifel
- Glaubenszweifel entstehen, wenn unser Leben vor Gottes Angesicht nicht in Ordnung ist, I 12-13; I 237.
- Wie sich Glaubenszweifel überwinden lassen, III 58-61.

Gleichgültigkeit
- Gleichgültigkeit ist verheerender als Egoismus; III 62-65.
- Was Gleichgültigkeit mit sich bringen kann, III 101-102.
- Für den Gleichgültigen ist der andere eigentlich gar nicht da, III 123.
- Gleichgültigkeit in der Ehe, III 155.

Gleichnis
- Die Erzählung von Kafka: Von den Gleichnissen, II, 237-240.
- Das Gleichnis von der guten Tochter und dem verlorenen Sohn, I 161-165.

Glück
„Es gibt kein Glück. Entweder ist es unerreichbar oder illusorisch", IV 11.
- Ist das Glück wirklich nur eine Illusion, IV 11-13.
- Glück kann man nicht machen, IV 21,
- Die drei Regeln des Glücks von Teilhard de Chardin, I 132-135.
- Das Glück erfährt, wer ist, was er sein soll, I 50-51.
- „Ich liebe. Ich bin glücklich! Was sagen Sie dazu?", IV 11.
- Der Zusammenhang zwischen Liebe und Glück gehört zur Lebensweisheit aller Zeiten, IV 12.
- Der erfahrbare Zusammenhang von Liebe und Glück, IV 12.
- Glücklich ist, wer gebraucht wird, III 166.
- Erwachsen wird, wer Verantwortung für das Glück eines anderen übernimmt, III 164.
- Das Märchen vom „Hans im Glück", IV 139.
- Es ist ein großes Glück, in die Hände der ewigen Liebe zu fallen, IV 166.

Gott
- Seine Existenz; II 62-63; II 167-173; III 19; III 30-31; III 33-34.
- Gottes Größe, III 118-119.
- → Atheismus, Religiosität.
- In jedem Menschen gibt es eine tiefe Sehnsucht nach dem Absoluten, IV 185.

- In jedem Menschen gibt es eine tiefe Sehnsucht nach dem Absoluten, IV 185.
- „Ich bin der medizinische Beweis dafür, daß man ohne Gott nicht leben kann“, IV 186.
- Wo ist Gott - für mich?, II 82-88, III 43.
- Gott leuchtet durch alles Gute und Schöne hindurch, IV 175.
- Gott kümmert sich um jeden einzelnen mit letzter Hingabe, IV 97.
- Der uns fortwährend grüßende Gott, II 69-92; II 105-108.
- In Gottes Gegenwart leben, II 138.
- Der unbequeme Nachbar, das ist Gott, III 85.
- Gottes Liebe ist nicht sentimental, aber sie ist tief (P. Wust), IV 166.
- Vor Gottes liebenden Augen liegt unser ganzes Wesen offen, III 143-144.
- Gottes Wort scheidet, I 14.
- Gott ruft zur Verantwortung, I 11; I 14.

Gotteserfahrung
- Gotteserfahrung ist „Hand-Gottes-Erfahrung“ II 177.
- Sie läßt uns Gottes Umgang mit dem Menschen verstehen, II 86-88; II 170-173.
- In seiner inneren Unruhe erfuhr Leo Tolstoi: „Ich lebte nur, wenn ich an Gott glaubte“, I 217.
- Konkretes Beispiel: Gotteserfahrung an der Nähmaschine, II 115-119.

Gotteserkenntnis
- Gotteserkenntnis und Selbsterkenntnis gehen ineinander über, III 5.
- Gott als Schöpfer und Künstler kaum noch bekannt, II 82-88.
- Alle Gotteserkenntnis erwächst aus der Glaubensentscheidung, III 40-41.

Gottes Wille
- Wo Gottes Wille geschieht, geschieht unser Heil, II 110-114.
- Alles wird leicht und erträglich, wenn wir es auf den Willen Gottes beziehen, IV 173.

Grab
- Wie unterschiedlich nehmen wir Abschied am Grab von Menschen, die wir ein wenig kannten, III 82; III 85-86.
- Gräber von guten Menschen haben eine seltsame Anziehungskraft, III 82.
- Jedes Grab kann uns zum Nachdenken bringen, IV 181.
- Was ist ein Grab?, IV 181.
- Ist es nichts als ein Abfallhaufen? IV 181.
- Ist es nur ein Symbol dafür, daß wir bald aus dem Bewußtsein der anderen verschwunden sein werden, IV 124-125.
- Oder ist es eine Entscheidung für oder gegen den auferstandenen Herrn?, IV 181-184.
- Von den Reden an den Gräbern renommierter Leute, IV 129.

Größe
- Selbst der dümmste Mensch braucht den Aufblick zu etwas Großem, III 53-54.
- Der Mensch kann sich immer vor etwas unendlich Großem beugen, III 117-118.
- Wer hoch hinaus will, muß tief hinter, I 148.
- Sören Kierkegaard antwortet auf die Frage: „Was ist wahre menschliche Größe?“, I 121.
- Herzensgröße ist die wahre Größe, I 121.
- Wie der belgische Dichter Emile Verhaeren zur wahren Größe fand, I 120-122.
- Die wahrhaft große Mensch wagt sich über das Alltägliche hinaus, I 149.
- Wer in Größeres aufgeht, kann seine Probleme und seelischen Nöte lösen, III 118.

Güte
- Die Zahl, der wirklich guten Menschen, ist größer, als wir erahnen, III 82-83.
- Gut wird, wer Gutes tut und darüber schweigt, IV 75.
- Worin Güte sich zeigt, IV 171-173.
- Güte ist, daß einer es mit dem anderen von Grund auf gut meint, III 123-125.
- Der Gütige nimmt einen anderen vor der Begegnung mit ihm, meditativ in sich auf, III 124.
- Ein Mann der Güte: der Zauberkünstler Howard Thurston, III 124.
- „Ich liebe die Menschen!“. Es gibt drei Gründe, die den Christen so sprechen lassen, III 124-125.
- Die Güte ist eine unglaubliche Macht, IV 183.
- Jesus Christus, der gütige Mensch, III 125.

Haben und Sein
- Die Überlegungen von Erich Fromm, II 31-32.
- Selbstsüchtiges Habenwollen ist der Inbegriff von Lieblosigkeit, II 31-32.
- Haben und Sein stehen einander gegenüber, II 212.
→ Sein.

Hände
- Es gibt sie: Menschen, die keine Hände haben, III 72-73.
- Unsere Hand ist das wichtigste aller Werkzeuge, II 72.
- Wie unterschiedlich können Hände geben, III 72-74.
- Sie zeigen, wie es in uns aussieht, I 15-19.
- Die Eigenschaften guter Hände, III 74.
- Wir sehnen uns nach Händen, in die wir uns mit all unseren Nöten fallen lassen können, III 55.

- „Ich wollte seine Hand ergreifen, um sie zu küssen“, III 69-70.
- Hände brauchen wir, nicht Zungen, I 19.
- Wieviel geschieht, wenn zwei Hände sich falten, III 52-57; III 104.
- Lieber Gott als den Menschen in die Hände fallen, III 53.
- Es ist ein großes Glück, in die Hände der Ewigen Liebe zu fallen (P. Wust), IV 166.

Heilige
- Worin uns die Heiligen Vorbilder sein können, I 115-119.
- Die Heiligkeit der Heiligen beruht auf kleinen Dingen, IV 171.

Heiterkeit
- Durch sie wird das Leben leicht, II 44.
- Die Heiterkeit des Verkündigungsengels von Reims hat eine unwiderstehliche Anziehungskraft, IV 26.
- Johannes XXIII.: Der Tod wird heiter sein, III 25; IV 173.

Helfen
- Hände brauchen wir, nicht Zungen, I 19.
- Helfende Hände, III 72-75.
- Der Roman von Edzard Schaper „Der vierte König“, III 64.
- Ein Vorgesetzter hilft unerwartet einem Angestellten, III 69-68.
- Das Märchen „Die Sterntaler“, III 76-78.
- Die Erzählung vom barmherzigen Samariter, III 64-66.
- Jeder Menschendienst ist ein Gottesdienst, III 70.
- Jesus, der hilfreiche Gott, III 67, 70-71.

Herz
- Das Wort ‚Herz‘ gehört zu den Urworten unseres Lebens, I 100.
- Die Unerfüllbarkeit des Herzens, I 5; I 12.
- Das Herz hat seine Vernunft, die der Verstand nicht kennt, III 34-35.
- Gute Herzen gibt es mehr, als man glaubt, IV 186.
- Wer sich der Welt und der Freude öffnet, bewahrt sich in der Regel ein gesundes Herz, I 101. 102.
- Was heißt, ein reines Herz haben?, III 35.
- Wie negative Randerscheinungen unser Herzen bestimmen können, I 102.
- Dostojewski erlebt den Kölner, I 102.
- Man öffnete ihr das Herz, I 100-103.

Hier und Jetzt
- Man vergißt, was augenblicklich geschieht, II 113.

Himmel
- Es gibt das Land der Gerechten, IV 177-178;
→ Reich Gottes.
- Wie sich über uns der Himmel öffnet, IV 138.
- Viktor Hugo über eine heiligmäige Frau: „Das muß einen Morgen haben“, IV 139; → Matrjona, III 87-91.
- Was ist der Himmel? IV 157.
- Peter Wust wünscht sich im Himmel einen Stehplatz für 10 Pfennig, IV 166.
- → Wir kommen, wohin wir schauen, IV 137-139.

Höflichkeit
- Humanität ist eine Form mitmenschlicher Höflichkeit, I 153.
- Ihr steht Untertreibung besser als Übertreibung, I 67-69.

Hoffnung
- Hoffnung schenkt ein Licht, das neues Leben ermöglicht, IV 101.
- Sie läßt uns alles in einem wahren Optimismus sehen, IV 101-102.

Hören
- Hören wir nur auf uns selbst oder hören wir auf den Willen Gottes?, III 129.
- Gottes bester Diener ist, der will, was er von ihm hört, III 129.
- „Beten heißt still werden und warten, bis der Betende Gott hört“ (S. Kiergegaard), III 50.

Humor
- Was ist Humor?, IV 48.
- Im Humor überschreiten wir die Grenzen unseres Daseins, III 22-23; III 25.
- Humor sieht am Großen das Kleine, IV 48.
- Der humorvolle Mensch weiß um seine Armseligkeit, deshalb vermag er über sich selbst zu lachen, IV 48-49.
- Der humorvolle Mensch nimmt die Welt mit ihren Schicksalsschlägen wie sie ist, IV 49.
- Humor ist ein Schwimmgürtel auf dem Strom des Lebens, IV 47-53.
- Der Humor hat eine verwandelnde Kraft, IV 49-52.
- Humor und Tragik fordern einander, IV 48-49.
- War Jesus ein humorvoller Mensch?, IV 52-53. → Komik.

Hunger
- Not uns Elend in der Welt schreien uns ins Gesicht, III 96-100.
- Wir sind für die Hungernden verantwortlich, II 105-106. 108.

Ich
- Wer bin ich eigentlich? I 26, I 34.
- Unser Ich ist uns zugleich bekannt und unbekannt, I 26.
- Unglücklich ist, wer den Schwerpunkt seines Lebens im eigenen Ich ansiedelt, III 179-180.
- Das kleine Ich, das große Ich, I 126-129.
- Wie Jesus mit dem kleinen Ich umging, I 128.
- Wie wir unser besseres Ich mehr und mehr verlieren können, I 107-108.
- Nimm dich nicht so wichtig, IV 24-27.
- Bereits ein Kind kann uns verwirren, wenn wir uns zu wichtig nehmen, IV 24-25.
- Lächle über dich selbst, dann hast du Humor, IV 26; 48-49.

Illusionen
- Illusionen behindern uns auf dem Weg zum eigentlichen Leben, I 108; II 45-47.
- Kein Mensch ist frei von Illusionen, I 105.
- Ein Leben ohne Gott muß voller Illusionen sein, II 93-94.

Innerlichkeit
- Schweigen schenkt Reinheit und Klarheit; I 43-44.
- Selbstbesinnung, I 11-13.

Jesus Christus
- In ihm tritt Gott aus seiner Verborgenheit heraus, I 65-66.
- Jesus Christus ist das Wort, in das sich Gott ganz hineingegeben hat, II 190-193.
- Jesus ist die ‚Zugkraft Gottes', II 76-77.
- In ihm haben das Leben, II 57-58.
- Wer ist Jesus Christus für dich?, II 194-199.
- Jesus Christus ist das Du Gottes, das mein tiefstes Ich meint und liebt, II 200-203.
- In ihm will Gott eines jeden Menschen Nächster sein, II 204-208.
- In seiner Nähe tauchen immer wieder Menschen auf, die ihr Gesicht verloren haben, I 76-77.
- Was Dostojewski über Jesus Christus sagt, II 156-157; 162-166.
- Man kreuzigte Jesus, weil man ihn für einen Narren hielt, II 209-212.
- „Der Weg Gottes ist der Weg Gottes zu den Menschen, und nur so der Weg des Menschen zu Gott. Er heißt Jesus Christus" (D. Bonhoeffer), IV 188.

Kind
- Das Kind im Erwachsenen, I 58-61.
- Saint-Exupéry: Die Begegnung zwischen dem kleinen Prinzen und dem Fuchs, I 58-60.
- Kinder müssen mit den großen Leuten viel Nachsicht haben, I 59.
- Gott spricht zu den Kindern durch seine Schöpfung, I 60.
- Der Weg zur wahren Kindlichkeit, I 60.

Kirche
- Wo die Welt die Achseln zuckt, richtet die Kirche ein Botschaft aus, IV 185-193.
- Das Bild vom Leib und seinen Gliedern, IV 41-42; IV 42.
- Wir müssen seine Glieder sein, um sein Werk fortzusetzen, IV 42.
- Nehme ich am Gemeinschaftsleben der Kirche teil?, III 94.
- In der kirchlichen Gemeinschaft muß sich jeder engagieren, III 115.
- Warum glauben viele Menschen an Gott, aber nicht an die Kirche?, IV 187.
- Die Gleichgültigen, die Ausgetretenen, die Enttäuschten, IV187-189.
- Die Kirche ist sichtlich eine Gemeinschaft von Sündern, IV 190.
- Die Kirche ist auch die Kirche der Heiligen, IV 190.
- Das Eigentliche der Kirche erfaßt nur der Glaube, IV 190-191.
- Die Kirche ist die vom Auferstandenen geliebte Kirche, dessen Leib sie ist, IV 190.
- Die Unzerstörbarkeit der Kirche, IV 191.
- Kirchlicher Glaube ist österlicher Glaube, IV 191.
- Vom pfingstlichen Geist in der Kirche, IV 192-193.

Kleine Dinge
- Unser Leben ist so klein oder so groß, wie wir es machen, III 117-212.
- Im Kleinsten ist oft das Größte verborgen, I 60.
- Aus Kleinem kann Großes werden, III 109-116.
- Die kleinen Dinge zählen wirklich, III 119.
- An jedem Unternehmen trägt auch das Kleine zur Größe bei, III 120-121.
- Je größer einer ist, um so mehr kann er sich um das Kleine kümmern, III 119.
- Die Heiligkeit der Heiligen beruht auf kleinen Dingen, IV 171.
- Das Kleine ist der Wohnort Gottes, I 60.

Klugheit
- Der Mensch hat drei Wege, klug zu handeln, IV 70.
- In Klugheit einfach sein, IV 172.
- → Einfalt.

Komik
- Der Komische hat die Orientierung am wirklichen Leben verloren, IV 41.

- Komisch ist, wer die Gemeinschaft verläßt und zu einem Sonderling wird, IV 40-41.
- Komisch wirkt, wer sich von bestimmten Mechanismen beherrschen läßt, IV 40-41; IV 44-45.

Krankheit
- Was macht uns heute krank, II 47-49.
- Sie können Schlüssel zu neuen Bereichen sein, IV 94-98.
- Die vielfältigen Landschaften, die sich dem Kranken erschließen, IV 95-98.
- Eine schwere Krankheit kann unserem Leben eine andere Gestalt geben, I 95-98; II 14; II 151-152.
- Durch Krankheit wird der Mensch ein anderer, er wird reifer und menschlicher, IV 94-95.
- Bewährung in der Krankheit, IV 99-102.

Kreuz
- Die Wege Gottes sind immer Kreuzwege, IV 110.
- Holzweg oder Kreuzweg - unser Lebensweg kann beides sein, IV 109-112.
- Das Kreuz ist das gelehrteste Buch, IV 109.
- Jeder Mensch hat ein Kreuz, IV 110.
- Jeder Mensch hat sein Kreuz, IV 110-111.
- Von Jesus lernen wir, unser Kreuz anzunehmen, IV 111.
- Alles Dunkle in unserem Leben hat Jesus mit seinem Kreuz immer schon auf sich genommen, IV 111-112.
- Sein Schicksal in die Finsternis des Kreuzes hineingeben, II 103.112.
- Der Ort, wo Gott gefunden sein will, ist das Kreuz, IV 188-189.

Künstler
- Vom schöpferischen Geist des Künstlers, IV 5.
- Der Künstler ist am Wesentlichen interessiert, er vereinfacht, vergrößert oder verschiebt es, IV 5.

Lachen
- Es ist die Komik, die uns zum Lachen reizt, IV 40-41; IV 44-45.
- Das Lachen ist Ausdruck einer gesunden Lebensfreude, IV 44.
- Wer lacht, erträgt alles, IV 43-46.
- Die lachende Alte von Barlach, IV 44.
- Hat Jesus in seinem Leben gelacht?, IV 45-46.

Lächeln
- Lächeln entziffert den Menschen, IV 27.
- Ein Kind lächelt, noch bevor es sprechen kann, IV 26.
- Lächeln sagt mehr als Worte, IV 27.
- Das Lächeln des Verkündigungsengels von Reims, IV 26.
- Johannes XXIII.: Das letzte Lächeln meiner Seele soll sein im Augenblick, da sie aus diesem Leben scheidet!, III 25.

Leben
- Was ist ‚Leben'?, III 83-84.
- Das Leben läßt sich nicht belügen, II 54-58.
- Jeder Mensch lebt auf zwei Ebenen, II 153.
- Leben heißt nicht Nehmen, II 54-58.
- Indem sie ihr Leben für andere verzehrte, fühlte sie es intensiv, III 83.
- „Ich habe nicht gelebt, ich habe immer nur geträumt", IV 160.
- Jedes Leben ist wegen seiner Unwiederholbarkeit ein Ernstfall, II 138.
- Unser Leben ist unumkehrbar, IV 147-151.
- Ernst Wichert stellt sich die Dauer des Lebens vor, IV 140.
- Das Leben ist erstaunlich kurz, IV 140-143.
- Eine Prosadichtung von Franz Kafka, IV 140.

Lebenslauf
- Unser Lebens lauf gleicht einem Bogen, aufeinanderfolgenden Stufen, einer Reise, einem Fluß, IV 113-117.
- Worin sich die einzelnen Lebensstufen unterscheiden?, IV 116.
- Ist unser Lebenslauf ein Lauf zum Tod?, IV 144-146.

Lehrmeister
- Alle Dinge können uns Lehrmeister sein, II 34-37.

Leid
- Keiner kann sagen, wieviel in dieser Welt gelitten wird, IV 89-90.
- Nichts führt uns unsere wahre Wirklichkeit so deutlich vor Augen wie das Leid, II 218.
- Leid, das mit innerer Größe getragen wird, ist still, III 87-91; IV 89-90.
- Wir müssen zu unserem Leid ein persönliches Verhältnis finden, IV 105; IV 106-108.
- Jedes Leid will in Liebe angenommen werden, IV 103-105; IV 168.
- Vorbilder im Leid: Hiob, IV 104; Sussja, IV 103-05; ein 25jähriger, IV 106-108.
- Leid kann auch ein Geschenk sein, IV 94-98.
- „Im Leid wird alles ausgebrannt ..." (P. Wust), IV 166.
- Durch Leid sind die Menschen größer geworden als durch Freude; IV 103.
- Jesus ist uns Halt im Leid, weil er selbst gelitten hat, IV 92-93.

Licht
- Gott ist Licht, II 91.
- Christen sind Botschafter des Lichter, II 91-92; III 31-32.
- Das Licht, das vom Tod ausgeht, IV 148.
- Das Letzte ist Licht, IV 174-176.

Liebe
- Was bedeutet Liebe? III 74; III 84.
- Der gefundene Schlüssel aus römischer Zeit mit der Aufschrift: „Wenn du mich liebst" III 135.
- Das Wunderbare an der Liebe, III 136.
- Die Liebe hat die Kraft, zwanglos neue Welten zu öffnen, IV 182.
- Eine tiefe Liebe kann den Eindruck einer Auferstehung hervorrufen. So erlebt es ein Student, der unerwartet die Liebe eines liebevollen Mädchens erfahren durfte, III 142.
- Wer mich liebt, sagt ja zu mir, III 135-140.
- Wer mich liebt, der schaut mich an, III 141-145.
- Die Liebe rechnet nicht, II 187.
- Liebe läßt sich daran messen, wie oft man übereinstimmt, III 146-150.
- Nichts ist vergeudet, was aus Liebe geschieht, III 81-86.
- Von einer - im wahrsten Sinne des Wortes - entwaffnenden Liebe: III 137-139.
- Liebe ist Zuwendung, Zuneigung und Verantwortung, III 147-150.
- Liebe ist ein Gleichnis für die Liebe Gottes, III 84.
- Oft lieben wir nicht den anderen selbst, sondern nur unseren Entwurf von ihm, III 136.
- Max Frisch: Unsere Liebe geht zu Ende, wenn wir mit dem Geliebten fertig sind, III 136-137.
- Wie kann man Menschen lieben, wenn man sieht, wie sie sind?, III 85.
- Das Wort „Ich liebe die Menschen" sollte zu den Lieblingsworten eines jeden Christen gehören, III 124-125.
- Wie Dostojewski die christliche Liebe charakterisiert, IV 162.

Märchen
- Im Märchen liegt eine uralte Ernte der Weisheit, III 77.
- Was im Märchen geschieht, geschieht in uns, III 77.

Man
- Die unheimliche Macht dieses Wortes, I 173-174.
- Was „man" macht, gilt als wahr und richtig, I 173-174.
- „Man" lebt, wie „man" heute eben lebt, I 54-55.
- „Man" funktioniert, I 55.
- Unter der „Diktatur des Man" geht das Gewissen zugrunde, I 174.116.
- Verlust von Originalität, Tiefe und Würde, I 55.

Maske
- „Masken habe ich stets gehaßt", I 157-158.
- Vom Verbergen des wahren Gesichts hinter einer Maske, IV 137.
- Uneingestandene Schuld bedingt Masken und Rollenspiel, IV 83-84.
- Wann wir unsere Masken fallen lassen, II 41.168.
- → Rollenspiel.

Meditation
- Ihr Wesen, I 44; I 55-56.
- Vom Rückzug in die „cella interna", I 110.
- Sie führt von der Oberflächlichkeit zur Sammlung, zur Innerlichkeit, zur Tiefe, IV 72.
- Sie läßt den Menschen seine Ganzheit erfahren, I 44.
- Zur Meditation kommt, wer sich mit Vereinigungswürdigem eint, I 88-89; 93-94.
- Meditation führt zum ursprünglichen Wesen zurück, I 6; I 11; I 29-31; I 43; I 55-56; I 108-109.
- Oft bedarf es eines Schicksalsschlages, bis wir anfangen zu meditieren, I 95-99.
- Von der Bedeutung der Meditation im Alter, IV 134.
- Die Schalenbewegung innerhalb der Meditation, IV 72.

Meer
- Was uns das Meer erfahren läßt, I 56-57; II 129-132; III 128.
- Viele Ströme füllen nicht des Meer; viele Reichtümer nicht das menschliche Herz, I 5.
- Man braucht viel Zeit, um das Meer mit seinen Schätzen zu erforschen - oder der Mensch, den Man liebt, III 164.
- Der Vergleich von Newton, I 56.
- Das Meer als ein Gleichnis für die Unergründlichkeit Gottes, I 56; II 331-132.
- Romano Guardini: „Gott ist wie ein Meer, in das alles eingeht und Frieden findet", IV 36-37.

Mensch
- Der Mensch - das Hauptwerk der Schöpfung, II 35-36.
- Er ist Abbild Gottes, II 36; 105-108.
- Das Spiegelbild von Gottes Ewigkeit, I 45f; I 50-51.
- Der „alte" und der „neue" Mensch, II 41-44; 144-149; 150-154.

- Einen vollkommen harmonischen Menschen gibt es nicht, II 140.
- In jedem Menschen liegt ein Schatz verborgen, III 114-115.
- Was macht den Menschen heute krank?, I 47-49.
- Der Mensch hat sich weitgehend in seine Alltäglichkeit verloren, I 48-49.
- Die Gefahr, einer ruhelosen Aktivität anheimzufallen, I 48.
- Im Menschen den Menschen finden, II 159.
- Der Mensch ist in der Nachfolge seines Herrn der Fallende und Ausstehende, IV 36-38.

Menschlichkeit
- Was Menschlichkeit bedeutet, II 188-189.

Menschwerdung
- Der unendlich große Gott ist durch seine Menschwerdung in die Kleinigkeiten menschlichen Daseins eingegangen, III 19-120.
- In seiner Menschwerdung erniedrigt sich Gott zum Menschen, um den Menschen Gott zu erheben, IV 56.
- Die Menschwerdung Gottes versteht nur, wer eine Ahnung von Gottes Liebe hat, II 186-189.
- Wer den menschgewordenen Gott in sein Leben aufnimmt, dessen Leben wird zu einem Weg, II 188.
- Siddhartha: Von der Menschwerdung des Menschen, IV 67-73.

Milde
- Die Milde löst alle Schwierigkeiten und besiegt jedes Hindernis, IV 171.

Mitleid
- Mitleid ist das ganze Christentum, II 166.

Mitleidsgeschichten
- Ein kleiner Angestellter erfährt unerwartete Hilfe, I 19.
- Wer bist du, einsamer alter Mann? III 74.
- Eine Mitleidsgeschichte, die Dostojewski erzählt, III 69-70.
- Die Erzählung vom barmherzigen Samariter (Lk 10,25-37), II 135-136; II 204-208; III 64-67; III 107-108; III 179.

Mitgefühl
- Eines anderen Mitgefühl öffnet uns die Augen, III 184.
- Es ist heilsamste aller menschlichen Gefühle, das den Menschen und die Welt verändern kann, IV 15 f.

Mitte
- Der Verlust der Mitte und ihre Folgen, I 29-30.
- Die Wesensmitte im Symbol eines Rades, I 122.
- Durch Meditation zur Wesensmitte, I 30-32; I 43-44.
- Für Jesus hatte die Wesensmitte einen Namen: „Abba, Vater“, I 122.123.

Morgen
- Jeder Morgen lädt zu neuem Leben ein, II 14-19.
- Der Morgen ist eine Zeit der Entscheidung, der Erneuerung und der Verheißung, II 17-18.
- Viktor Hugo über eine Frau mit einem heiligmäßigen Leben: „Das muß einen Morgen haben, IV 139.

Mutter
- Wer versteht die Tiefen eines Kindes mehr als seine gute Mutter?, III 34.
- Ein Kamerad angesichts eines gestorbenen Häftlings: „Hat doch auch eine Mutter gehabt“, III 68-69.
- Der mütterliche Mensch hat Zeit und Geduld; er kann verzeihen, III 69-71.
- Jesu, der mütterliche Mensch schlechthin, III 70-71.

Nachfolge
- Nachfolge ist der Weg zur Kindlichkeit, I 31-33.
- Nachfolge bedeutet das Herausgerufenwerden aus der Unmittelbarkeit zur Welt, II 185.
- Jesus will keine Bewunderer, sondern Nachfolger, III 14-16.
- Die Nachfolge Jesu öffnet völlig neue Horizonte, IV 145.

Nächstenliebe
- Ich bin von meinem Nächsten weit entfernt; A. Philippe meditiert das Bild von Breugel „Landschaft mit dem Sturz des Ikarus“, III 62.
- Was uns an der Nächstenliebe hindert, sind Egoismus, aber vor allem unsere Gleichgültigkeit, III 63-64.
- Wege zur Nächstenliebe, III 74; III 69-70; III 81-86; III 87-91; III 65-67.
- Gott nimmt die Maske selbst der uns abstoßenden Menschen an, um uns Gelegenheit zur Nächstenliebe zu geben, III 85.
- Wer seinen Nächsten liebt, wird seine Liebe zum Fernen ausweiten, III 99.
- Liebe den anderen wie dich selbst, und du wirst für deinen Teil den Traum von einer friedlichen Welt verwirklichen, III 101-104.

Nähe
- Es gibt nicht nur die „offene“ Nähe, sondern auch die „geschlossene“, II 205-208.
- In der Nähe Gottes kommt der Mensch sich selber und seinen Mitmenschen nahe, II 135-136.
- Was wir in der Nähe Gottes erfahren, II 125-128; III 19-20.

Naivität
- Was bedeutet Naivität?, III 154-155.

Name
- Der Name individualisiert den Menschen, II 241-242.
- In einer glücklichen Ehe ist der Vorname des Geliebten das schönste Liebeswort, III 173-174.
- Drei Namen, aus deren Kraft unzählige gelebt haben, II 242-244.
- Alle Menschen könnten den Namen Judas haben, IV 65.66.

Neid
- Der neidische Mensch senkt seinen Blick, um den anderen dorthin zurückzuholen, wo er selber steht, I 206 -207.
- Das neidische Auge ist immer Ausdruck von Minderwertigkeitsgefühlen, I 204-205.
- Es ist urteilsunfähig, I 206.
- Warum Jesus gegen den Neid war, I 206.
- Wie sollen wir uns einem neidischen Menschen gegenüber verhalten?, I 207.
- Wie können wir den Neid in uns selbst überwinden?, I 207-208.

Nervensystem
- Es ist so etwas wie ein Bindeglied zwischen Leib und Seele, II 48.

Not
- In einer Not kann sich etwas Wertvolles verbergen, II 109-110.
- Not und Elend in der Welt schreien uns ins Gesicht, III 96-100.

Optimismus
- Wer ist ein Optimist?, IV 101-102.

Opfer
- Nicht bleibt uns treu, dem wir nicht Liebe Opfer dargebracht haben, II 217-220.
- Wir müssen Gott alles opfern, IV 165.

Ostern
- Ostern ist ein Fest der Entscheidung, IV 181-184

Paradies
- Seit dem Auszug aus dem Paradies muß jeder seine Rolle spielen, IV 83 f.
- Daß es das „Land der Gerechten“ gibt, ist ein letzter Rest aus dem Paradies, IV 177-178.

Persönlichkeit
- Wer ist eine Persönlichkeit?, I 144-145.
- Jeder ist bis zu einem gewissen Grad eine gespaltene Persönlichkeit, III 102-103.
- Wahre Persönlichkeiten sind wie Sterne, I 124; I 142.
- Die gläubige Persönlichkeit lebt aus den Tiefen Gottes, I 146; IV 158-162; IV 163-167; 168-173.

Phantasie
- Phantasie ist wie Humus, I 189-190.

Plan
- Von der Brüchigkeit menschlicher Pläne, II 64-66; II 137-139.
- Gottes Pläne sind niemals unsere Pläne, IV 165.
- Worin sich unser Fahrplan und der Fahrplan Gottes unterscheiden, III 61.
- Edith Stein erlebt, daß alles in Gottes Plan liegt, II 174-179.
- Sich den unerforschlichen Plänen Gottes anvertrauen, III 79.
- → Führung, Vorsehung.

Quelle
- Der Weg zur Quelle als Bild für Umkehr und Einkehr, II 133-136.

Reich Gottes
- Gottes Reich kommt von außen in unsere Welt hinein, II 110.
- Gottes Reich ist in uns, I 27-28.

Reichtum
- Er ist oft versteckte Armseligkeit, II 153.
- Reichtum kann herzlos und selbstsüchtig machen, III 88.
- Das Bild von der Armeise, II 153.

Reife
- Reife vollzieht sich in Form einer Spirale, I 240.
- Reif ist, wer das Ganze vor Augen hat, II 90.
- Reif ist, wer notwendige Zusammenhänge anerkennt und sich ihnen fügt, II 217-218.
- Reif und erwachsen ist, wer sich für das Glück eines anderen verantwortlich weiß, III 164.
- Für Mann und Frau gibt es nur echte Inti-

mität, wenn beide einen gewissen Grad von Reife erreicht haben, III 164.
- Wir reifen an unseren Schmerzen, II 45-46.

Religiosität
- „Je näher man das Leben an sich herankommen läßt, um so mehr muß man sich mit der Religion beschäftigen" (G. B. Shaw), II 15.
- Es gibt eine angeborene Religiosität, IV 185-186.
- Die Bestätigung durch Viktor Frankl, IV 186-187.
- Religiosität als Gottbezogenheit, IV 186.
- Der Vergleich von Johannes Tauler, IV 187.

Rollenspiel
- Seit dem Auszug aus dem Paradies muß jeder seine Rolle spielen, IV 82-87.
- „Jeder muß sich Kleider anziehen, Rollen spielen ...", IV 83-84.
- Keiner kann es wagen, sich in aller Offenheit zu geben, IV 84.
- Ein peinliches Gesellschaftsspiel, IV 74-75.
- Das Rollenspiel bewirkt unser Altern, IV 84.
- Es gibt eine Möglichkeit, alle Rollen und Masken abzulegen: die Beichte, IV 85.

Ruhe
- Von der Ruhelosigkeit, I 59.
- Nicht nur der äußere, auch der innere Mensch braucht Ruhe, I 43-44.
- Ruhe ist die Quelle jeder großen Kraft, II 51-52.
- Ich konnte nie bei etwas Ruhe finden, das weniger war als Gott, I 215. 217.

Sanftmut
- Sanftmut macht den Menschen gelassen und festigt ihn, I 69.
- Wer sanft auftritt kommt weit, I 69.
- Die Taube als Symbol der Sanftmut, I 69-70.

Schatten
- Jeder Mensch hat seinen Schatten, I 232-233.
- Man kann seinem Schatten nicht einfach davonlaufen, I 232.
- Nur im Schatten des Kreuzes werden wir unseren Schatten los, I 233-234.
- Von Gekreuzigten angenommen, können wir uns selbst annehmen, I 234-235.

Schicksal
- Schicksal ist nicht immer das, wofür wir es halten, III 152.
- Wie man sein Schicksal annehmen – und tragen kann, III 87-91.
- Schicksalswege erweisen sich erst im Rückblick als gut, II 45-49; II 93-97; II 124-125; II 156-166; III 79.
- Alles Schicksal wird sich einmal als etwas Positives erweisen, IV 101.

Schmeicheln
- Auf Schmeicheleien fallen wir alle herein, IV 123-124.

Schönheit
- Wie man Türen zum Reich der Schönheit öffnet, II 59-62.
- Wer liebt, schenkt Schönheit, III 74.
- → Gesicht, Gewissen

Schöpfung
- Wie es für einen Garten einen Gärtner geben muß, so steht hinter der Schöpfung der Schöpfer, III 33.
- Die Eigenart natürwissenschaftlichen Denkens, III 28-30.
- Der Schöpfergott ist kein Machwerk des unaufgeklärten Menschen, III 33-34.
- Die beiden Offenbarungsquellen, III 30-31.
- Namhafte Naturwissenschaftler waren tief gläubige Menschen, III 30.

Schuld
- Jeder Mensch in seiner Nacht, IV 62-66.
- In jedem Menschen gibt es Dinge, mit denen er nicht heraus will, IV 77.
- Unsere Schuld ist wie ein musikalisches Motiv, das uns nicht aus den Ohren will, IV 76-77.
- Je schwerer unsere Schuld ist, um so leichter erinnern wir uns an sie, IV 76.
- Uneingestandene Schuld wird in uns wirksam, IV 76.
- Mitmenschliche Begegnungen können durch verdrängte Schuld erschwert werden, IV 77.
- Es gibt eine Schuld, deren Last wir nicht ertragen können, IV 59; IV 62-64.
- Ich mußte sündigen, um wieder leben zu können, IV 67-68.
- Gottes Liebe ist größer als all das, was ein Mensch verschulden kann, IV 59-58; IV 62-63; IV 80.
- Wege zur Schuldbefreiung, IV 77-80.
- Was Gott mit unserer eingestandenen Schuld macht, IV 60.
- Schuldvergebung ist ein Geschenk des Auferstandenen an seine Kirche, IV 87.

Schweigen
- Es schenkt Klarheit und Reinheit, I 44.
- → Güte; Tat.

Seele
- Ein See kann Abbild der Seele sein, I 90-91.

- „Meine Seele ist mein Königreich“, I 215-216.
- „Ich liebe Dich!“, dies kann man einem anderen nicht erklären, ohne daß Seele zu Seele findet, III 124.
- „Ich werde dich lieben, weil deine Seele so rein, so hell, so durchsichtig ist“, III 142.
- Selbst in einer guten Ehe lassen sich Seelen nicht vermischen, III 173-174.

Sehen
- Wir müssen wieder sehen lernen, I 97.
- Weil sich das Bedeutungsvolle nur im geduldigen Hinsehen offenbart, finden wir nur auf diese Weise zum Sinn unseres Daseins, I 96-97.
- Zu solchem Sehen will uns Jesus die Augen öffnen, I 97.

Sein
- Leben ist Sein, II 31-32.
- Der Verkündigungsengel von Reims verkündet die Frohbotschaft vor allem durch sein Sein, IV 26.
- → Haben.

Selbstannahme
- Sie ist ein Grundakt des menschlichen Daseins, I 27.
- → Annahme.

Selbstbesinnung
- Was heißt Selbstbesinnung?, I 11-14.

Selbstbewußtsein
- Was unser Selbstbewußtsein stärkt, III 92.
- Rückkehr zur Innerlichkeit I 29-33.
- → Innerlichkeit.

Selbstentfremdung
- Durch Hingabe an Äußerlichkeiten, I 29-30; I 37-40.
- Durch Existenzprobleme, I 39.
- Durch Sinnverlust, I 39.
- → Sinn.

Selbsterziehung
- Psychohygiene hat etwas mit Selbsterziehung zu tun, I 67-70.
- Von Unzulänglichkeiten durch Selbsterziehung frei werden, I 63.
- Vier Mittel halfen Dostojewski bei der Arbeit an sich selbst, IV 161-162.

Selbstfindung
- Wann sie drängend wir, I 34-36.
- In dieser Welt kommen wir nie ganz zu selbst, I 25-28.
- Fremdbild - Selbstbild- Wesensbild, I 35-36.
- Kontemplation, I 38. 41-42.
- Von der Selbstfindung zur Selbstverwirklichung, die andere am eigenen Lebensglück teilhaben läßt, I 190-191; II 98-103.

Selbstvergessenheit
- Das falsche Selbst, das richtige Selbst. Wie R, Guardini sie charakterisiert, I 127.
- Selbstvergessenheit durch Selbsttranszendenz, I 39-40.
- Eine selbstvergessene Frau, die man nicht vergessen kann, III 87-91.

Selbstverwirklichung
- Wer auf seine Selbstverwirklichung verzichtet, wird für die Nächstenliebe untauglich sein, III 99.

Sinn
- Die Frage nach dem Sinn, stellt sich im Leben eines Menschen, der liebt, nicht, III 83.

Sonne
- Was wäre, würde die Sonne nicht mehr aufgehen?, II 15.
- Ohne die Sonne fällt der Mensch auf sich zurück, II 90-91.
- Ein junger Mann, der die Liebe eines Mädchens erfahren durfte: „Wenn ich dich ansehe, ist mir, als sähe ich in die Sonne!“, III 142.

Staunen
- Ohne Staunen gibt es keine geistigen Interessen, II 50-51.
- Durch Staunen zu neuem Leben, II 59-63.
- Mit dem Staunen beginnt die Menschwerdung des Menschen, III 47-48.

Stellvertretung
- Was heißt Stellvertretung?, II 233-236.
- Die Bilder, die uns Jesus gibt: Licht, Salz und Sauerteig, II 228-231.
- Jesus, der menschgewordene Gott, der für andere da ist, II 195.

Sterben
- Schwer ist es zu sterben, wenn man nicht richtig gelebt hat, IV 151.
- „Ich habe nicht gelebt, ich habe immer nur geträumt“, IV 160.
- Hildegard Knef fragt einen Priester: „Was sagst du den Eltern, wenn ein Kind stirbt?“, IV 185.
- Wie man anständig stirbt, II 57-58; III 78-79; III 85-86.
- Eine halbe Stunde vor seinem Tod verstummten alle Mithäftlinge. Warum?, III 68.
- Der Arzt Albert Görres schildert das Sterben einer jungen Mutter, III 129.

- Vom Sterben Dostojewskis: „Ich weiß, daß ich heute sterben muß“, IV 158-162.
- Das Sterben von Peter Wust, IV 163-167: „Ich glaube zu merken, wohin jetzt der Weg führt“, IV 166.
- Wie Johannes XXIII. gestorben ist: „Ich bin bereit, die große Reise anzutreten. Meine Koffer sind gepackt“, IV 27; IV 168-173.
- Sterben bedeutet: sich in den schrecklichen Abgrund der Unbegreiflichkeit Gottes fallen lassen, III 129.

Stern
- Ein Stern wird, wer Gott an die erste Stelle seines Lebens setzt, II 95-97.

Stille
- Große Taten wachsen in der Stille, III 78-79.
- Die Stille sensibilisiert uns für die Bedeutsamkeit der kleinen Dinge, III 79.
- Die Stille hilft uns, den Weg zu den leidenschaftslosen Tiefen und stimmungsfreien Tiefen unserer Seele zu finden, I 217.
- Die Stille trägt uns in den Himmel empor, I 217.
- „Beten heißt still werden und warten, bis der Betende Gott hört“ (S. Kierkegaard), III 50.
- „Das Gebet erst macht unsere Seele still“ (P. Wust), IV 165-166.
- Weil Jesus tief in der Stille verwurzelt war, vermochte er den Sturm auf dem Meer zu beherrschen, III 78-80.
- → Ruhe, Schweigen; Meditation.

Stimme
- Das Wunder der Stimme, I 21.
- Ihre Unverwechselbarkeit, I 23.
- Sie sagt das Innerste aus, I 20-24.
- Die Stimme in der Stimme, I 22.
- Auf die eigene Stimme hören, I 23-24.

Stimmungen
- Es lohnt sich, auf unsere Stimmungen zu achten, I 138; 215-219.
- Unsere Stimmungen werfen uns hin und her, I 216.
- Stimmungen rauben uns die Freude, I 216.
- Wer von Stimmungen abhängig ist, wirkt auf seine Umgebung bedrückend, I 216-217.
- Der positive Einfluß des Glaubens auf unsere Stimmungen, I 218-219.

Sünde
- Die Sünde dringt selten mit Gewalt in uns ein, sondern mit List, I 82.
- Auch die Sünde muß Gott dienen, II 171.
- Dostojewski: „Keine Sünde erschöpft die Liebe Gottes!“, IV 161-162.
- → Versuchbarkeit.

Symbolhandlung
- Franziskus entkleidet sich, um sein alleiniges Angewiesensein auf Gott zum Ausdruck zu bringen, II 150-151.

Symbolfiguren
- Martha und Maria als Symbolfiguren für Cella externa und Cella interna (Lk 10,38-42), I 110-111.

Tag
- Ein einziger Tag ist ein Gleichnis für das ganze Leben, II 14-15.
- Jeder Tag ist ein neuer Tag mit neuen Chancen, II 20-21.
- Ein junger sterbenskranker Mann fragt seinen Arzt: „Werde ich noch einen ganzen Tag auf Erden leben?“, II 14-15.
- Ginsberg: Laß mich diesen kleinen Tag bestehen, I 118-119.
- Den Tag „mit Gott“ beginnen, III 87; III 90.

Tageseinteilung
- Tageseinteilung verschafft ein Gefühl der Herrschaft über sich selbst, III 89.

Tat
- Verschwiegenheit ist die Kraft zum Handeln, I 18-19.
- Was ist eigentlich eine gute Tat? III 74.
- Jede Tat gleicht einem Samenkorn, II 160
- Jesus zeigt uns durch sein Leben: Große Taten, in denen der Mensch ganz gegenwärtig ist, wachsen in der Stille, III 78-80.

Taufe
- Der Christ wird in der Taufe durch Jesus Christus in den Geist eingetaucht, II 184-185.
- Die Glaubensgeschichte vom Atheismus zur Taufe von Swetlana Allilujewa, Stalins einstiger Lieblingstochter, IV 185-186.

Tiefe
- Das Fundament wahrhaft großer Menschen liegt in der Tiefe, I 149-150.
- Worte von Augustinus und Johannes vom Kreuz, I 149-150.
- Teilhard de Chardin beschreibt seine Erfahrungen auf dem Weg in die Tiefe, I 90.
- Wie wir in unsere Tiefen gelangen, I 26-28.
- Wie Jesus uns in die Tiefe führt, I 159-160.
- Der Weg in die Tiefe vollzieht sich in Demut, I 151.
- Nur in der Tiefe des gezähmten Herzens erfährt man die Nähe des anderen, III 149.
- Wer erkennt, daß Gott Tiefe ist, weiß viel von ihm, I 146.
- Gott zieht uns in die Tiefen seiner Selbst hinein, I 134.

Tod
- Je mehr man sich dem Tod nähert, desto gegenwärtiger wird alles, IV 142-143.
- Der Tod macht unser Leben wertvoll, indem er es begrenzt, IV 148-149.
- Was widerfährt uns im Tod? IV 152-157.
- Unerwartet für die umstehenden Gefangenen nahm der Unteroffizier seinen Helm ab und machte eine tiefe Verneigung. Warum tat er das?, III 68.
- Durch Gottes Liebe ist der Tod zum Wendepunkt geworden, II 48.
- Unsere Todesstunde ist unsere eigentlich Geburtsstunde, IV 149.
- → Sterben.

Tragen
- Wie man Leid mit Würde trägt, III 87-91.
- Einer trage die Last des anderen, III 160.
- Unser ganzes Christentum besteht im Tagen, III 134.
- Gott ist ein Gott des Tragens, III 161.

Trieb
- Wer sich vom Trieb treiben läßt, lebt nur noch den Augenblick, I 107-108; II 41-43.
- Wie triebhaftes Verhalten in Gang kommt, I 199-200.
- Schicke sie nicht weg, II 141-142.
- Augustinus im Umgang mit seinen Trieben, II 144-148.
- Keine Triebbewältigung ohne Triebverzicht, I 199-203.
- Zucht und Maß halten den Trieb in Form, I 200.
- Triebbewältigung bewirkt Ich-Stärkung, I 200-203.
- Von der Kultivierung des Triebspannungsbogens, I 202.
- Die Liebe ordnet unseren Trieb auf die geliebte Person hin, IV 64-65.

Überempfindlichkeit
- Überempfindliche Menschen sind nicht zu beneiden, III 177-180.
- Der Überempfindliche verzerrt gewöhnliche Vorfälle ins Unermeßliche, III 178-179.
- „Der Empfindsame" in Barlachs „Fries der Lauschenden", III 177-178.
- Überempfindlichen Menschen gegenüber wird man selber unsicher und hilflos, III 178.
- Der Unterschied zwischen Überempfindlichkeit und Sensibilität, III 179.

Umkehr
- Sie führt zur Quelle des Leben, II 133-136.
- Durch Einkehr zur Umkehr, II 137-139.
- Umkehr besagt: Unterwegssein zu Gott, II 142.
- Wenn Umkehr geschieht, ist jede Schuld verzeihlich, IV 62-66.
- Die Umkehr des „verlorenen Sohnes" ist nicht nur Rückkehr; er ist Heimkehr, IV 70.

Unzerstörbarkeit
- In jedem Menschen gibt es etwas Unzerstörbares, ein Stück göttlichen Seins, II 74-75; IV 101.

Urteil
- Der Herr ist im Urteilen nachsichtiger als wir, IV 171.

Vater
- Ein junger Vater unternimmt den Versuch, seinen Sohn und durch ihn die Welt zu erlösen, II 181-185.
- Mahatma Gandhi erzählt von seinem guten Vater, IV 58-59.
- Der Vater des verlorenen Sohnes, IV 70-71.
- Dostojewski, auf dem Sterbebett liegend, läßt seinen Kindern das „Gleichnis vom verlorenen Sohn" vorlesen, IV 158.
- Jesus stellt einen unvergleichbaren Vater in seinem „Gleichnis vom guten Vater" (Lk 15,11-32) vor, I 31- 33; I 163-165; II 24, II 187; IV 70.

Vater unser
- Hildegard Knef fragt sich: Wann habe ich zum letzten Mal das Vaterunser gebetet?, IV 185.
- Therese von Lisieux genügte oft ein einziges Wort aus dem Vaterunser: „Welch unendlichen Horizont eröffnet unseren Augen!", III 50.
- Die Worte des Vaterunsers helfen, Herz und Sinn von Tand zu säubern, I 109.
- Im Vater unser liegt ein unauslotbares Geheimnis verborgen, I 122-124.
- Franziskus erlebt Gott als seinen Vater, II 150-154.
- Was sich die Kirche durch das Gebet des Herrn vergegenwärtigt, IV 192.
- Im Vaterunser wird der pfingstliche Geist der Kirche lebendig, IV 192.

Veränderung
- Wer die Gesellschaft verändern will, muß zuerst sich selber ändern, II-159-160.
- Auch Du kannst die Welt verändern, III 109-116.

Verantwortung
- „Du bist zeitlebens für das verantwortlich, was du dir vertraut gemacht hast", III 149.
- Keiner wird erwachsen, der nicht Verantwortung für das Glück eines anderen übernimmt, III 164.

Verbergen
- Der Mensch tut sich schwer, seine bösen Taten zu offenbaren, IV 74-75.
- Das Offenbaren der guten Taten macht diese zunichte, IV 75.
- Jeder sollte seine guten Taten verbergen, IV 75.
- Das Verbergen unserer guten Taten macht uns gut, IV 75.
- Gott ist ein verborgener Gott, weil er sich über seine Gutheit ausschweigt, IV 75.

Verdrängung
- Verdrängung und Unterdrückung, I 79-81.

Vereinigung
- Die Kunst, sich zu vereinigen, I 88-99.

Verschwiegenheit
- Sie ist die Kraft zu handeln, I 18-19.

Vergangenheit
- Nur eine bewältigte Vergangenheit läßt uns im Hier und Jetzt und Heute leben, II 11-13.
- In jeder Regung unserer Seele ist das Vergangene gegenwärtig, IV 142-143.

Vergebung
- Nur wer Vergebung erfahren hat, weiß, was sie ist, IV 58-61; IV 63.
- Vergebung tilgt die tiefste Einsamkeit und menschliche Trübsal, die Schuld bewirkt, IV 60.
- Gottes Vergebungsbereitschaft ist grenzenlos, IV 62-63.
- Von Gott angenommen, können wir uns selbst wieder annehmen, IV 60.
- Gottes Vergebung kann unsere Schuld in Gottes verwandeln, IV 60.
- Wo Menschen einander vergeben, wird ein neuer Anfang möglich, IV 61.
- Menschliche Vergebung ist ein Gleichnis für die Vergebung Gottes, IV 58-61.
- Vergebung übersteigt alle Formen bloßen Reagierens, IV 58-61.
- Über die Vergebung der grenzenlosen Liebe Gottes, IV 161-161.
- Jesu Bitte am Kreuz: „Vater, vergib ihnen“, IV 151.
- Ein Mörder fragt Johannes XXIII.: „Kann es für einen wie mich Erbarmen geben?“, IV 172.
- Wir würden die meisten Dinge verzeihen, wenn wir eine genaue Kenntnisse der Tatsachen hätten, II 102.

Vergessenwerden
- Alle werden einmal zu den Vergessenen gehören, IV 123-1126.
- Vor dem Vergessenwerden haben wir Angst, IV 127-130.
- Das Vergessenwerden schmerzt, weil der Mensch um sich selber weiß, IV 128.
- Gott wird uns nicht vergessen, IV 126.

Versöhnung
- Wie Versöhnung geschieht, IV 56.
- Empfangene Versöhnungen vergißt man nicht IV 58-61.

Versuchbarkeit
- Jeder Mensch ist versuchbar, IV 62-66.
- Die Versuchbarkeit des Menschen gründet in seinen zwiespätigen Bedürfnissen und Sehnsüchtigen, I 83; I 226-229.
- Der Versucher ist ein nicht zu unterschätzender Taktiker, I 228-229.
- Die Erfahrungen von Augustinus, I 83-84; II 144-149.
- Wo Armut herrscht, fällt der Mensch in der Regel auf jedes Versprechen herein, I 223-224.
- Für Geld gibt der Mensch nicht selten jede Moral auf und erklärt sich zu allem bereit, I 223-225.
- Die Versuchungsgeschichte Jesu, I 229-231; II 101.

Verwandlung
- Die Verwandlungskunst eines berühmten Zauberers, III 122-124.
- Bevor wir andere verwandeln können, müssen wir selbst verwandelt werden, II 228-232.
- Die Verwandlung in das, wohin wir schauen, IV 137-139.
- Nur wer Ewiges in sich trägt, kann Zeitliches verwandeln, III 115-16.
- Verwandlung geschieht nicht durch die Hinwendung zum Vielen, sondern zum Einen, I 47-49.
- Glaube verwandelt den Menschen, wie wenn Wasser in Wein verwandelt wird, III 23-24.
- Wir verwandeln unsere Welt, wenn wir lieben, wie Jesus geliebt hat, III 85.
- „Gehe hinüber!“ (Kafka), dann wird dein Leben ein Gleichnis, II 237-240.

Verzicht
- Glaubwürdig ist, wer verzichten kann, II 45-46.
- Freude ist vor allem die Frucht eines Verzichtes, III 84.

Vorbild
- Es ist schwer, ein zeitgemäßes Vorbild ausfindig zu machen, I 113-114.
- Die Heiligen als Vorbilder religiösen Dasein, I 117-119.

Vorsehung
- Seit Ewigkeit ist alles vorherbestimmt, IV 43.
- Unser Leben ist bis in alle Einzelheiten in Gottes Vorsehung vorgezeichnet, II 174.
- Selbst die kleinsten Dinge in unserem Leben sind von Gott gefügt, IV 159-160.
- Der Vorsehungsglaube von Johannes XXIII., IV 170.
- Gott leitet uns durch Glück und Unglück - immer nur zu Gott, III 14.
- Christlicher Glaube ist im Innersten Vorsehungsglaube, IV 21.
- → Führung, Plan.

Wachsamkeit
- Was Wachsamkeit bedeutet, II 138.160.

Wahrheit
- Aus Schatten und Bildern zur Wahrheit (Newman), III, 5.
- Die Wahrheit liegt in der Arbeit an uns selbst, IV 160-161.
- Wahrheit läßt aufatmen, II 94-95.
- Die Wahrheit liegt nicht im Wissen, sondern in der Liebe, II 175-176.
- Nur die Wahrheit, die mit Liebe gesagt wird, ist annehmbar, I 23; I 68-69; II 39; III 27.
- Die Wahrheiten den Evangeliums blinzeln nie, I 200.

Warten
- Ein zentrales Wort in der Bibel, II 79-81.

Weg
- Der richtige Weg ist meist der schwerste, II 45-49.

Werte
- Es gibt Werte, die zu schützen wichtiger ist, als sich selbst zu erhalten, I 170-171.
- In jedem Menschen liegt ein Schatz verborgen, III 114-115.
- Viktor Frankl und die von ihm verdeutlichten drei Wertkategorien, IV 90-92.
- Von der Umwertung der Werte durch Gottes Menschwerdung, IV 129-130.

Wort
- Wir müssen uns in unser Wort hineinbegeben, II 191-192.
- Wer viele Worte macht, tut wenig, I 18-19.
- Das menschliche Wort erreicht nicht unsere letzten Tiefen, III 18.
- Durch das Wort Gottes kommt Sinnerhellung in unser Leben, II 202.

Würde
- Jeder Mensch verlangt Achtung vor seiner Menschenwürde, I 154.
- Der ehrliche Gruß ist Ausdruck für die Anerkennung menschlicher Würde, I 153-154.
- Woraus das Gefühl für Würde erwächst, I 153.
- Kein Mensch kann seine Würde restlos verspielen, I 155.

Wunder
- Das Wunder gehört zum Leben, II 47.

Zähmen
- Zähmen bedeutet: vertraut machen; III 148.
- Es bedeutet darüber hinaus: das Leben des geliebten Du durchsonnen, III 148.
- Man sieht nur mit dem gezähmten Herzen gut, III 149.

Zeit
- Der Mensch hat oft keine Zeit mehr, etwas wirklich kennenzulernen, I 59; III 149.
- Liebendes Erkennen nimmt viel Zeit in Anspruch, III 149.
- Die Zeit, die du für deine Rose verloren hast, sie macht deine Rose so wichtig, III 149.
- Wer keine Zeit hat, lebt nicht mehr, III 69.
- Unsere Lebenszeit vergeht mit zunehmendem Alter immer schneller, IV 141-142.

Zuhören
- Er verstand wie wenige das Zuhören, IV 68.71-72.